TEXTES ESSENTIELS

SCIENCES DE L'INFORMATION ET DE LA COMMUNICATION

17 Rue du Montparnasse 75298 Paris cedex 06

TEXTES ESSENTIELS

SCIENCES DE L'INFORMATION ET DE LA COMMUNICATION

DANIEL BOUGNOUX
professeur à l'université Stendhal de Grenoble

LAROUSSE

Directeur de collection
Émmanuel de Waresquiel

Responsable d'ouvrage
Bethsabée Blumel

Correction-Révision
Jacques Barbaut

Maquette et mise en page
Delacroix Assistance Graphique

Composition
Michel Vizet

Couverture
Simone Matuszek

Fabrication
Marlène Delbeken

Distributeur exclusif au Canada : les Éditions Françaises Inc.

ISSN : 1160-3097
ISBN 2-03-741010-7

SOMMAIRE

INTRODUCTION

NAISSANCE D'UNE INTERDISCIPLINE ?

« La communication » est une expression mal formée. Si le mot n'existait pas, la discipline mériterait-elle de voir le jour, et aurait-il fallu l'inventer? Que gagne-t-on à désigner du même terme les échanges d'une amibe avec son écosystème et la stratégie d'une multinationale? La campagne d'un politicien noyant son absence de programme dans le bruit et la couleur, et la conversation amoureuse? Quoi de commun entre le système des postes et le plumage des oiseaux? Entre la pose des rails et l'envoi d'un poème?

Il semble que l'extension illimitée des phénomènes associables à ce mot décourage *a priori* toute synthèse, et disqualifie l'idée même d'*une* discipline. Aussi parle-t-on des sciences de l'information et de la communication, les SIC, mais cet insurmontable pluriel a de quoi rebuter les esprits rigoureux. Il se traduit sur le terrain par la cacophonie des méthodes, des sensibilités, des échelles d'analyse ou des langages utilisés. Faut-il la blâmer? Notre interdiscipline est encore dans l'enfance. Elle a du mal à communiquer avec elle-même, donc à exister pleinement face aux autres, auxquelles elle emprunte, qu'elle séduit par ses promesses (pas de communication sans séduction), qu'elle irrite par ses débordements.

On examinera ici *comment la communication vient à la raison,* c'est-à-dire sur quelles ressources théoriques et sur quelles problématiques elle peut s'appuyer pour grandir. Mais aussi: comment elle transforme et enrichit une raison non pas innée (selon le schème platonicien ou cartésien), mais désormais ouverte, façonnée par les médias disponibles et la lutte des énonciations. Car raison et communication paraissent intimement liées. C'est pourquoi le commerce des SIC avec la philosophie n'a rien d'anachronique, et court dans les deux sens.

L'ubiquité déconcertante des pratiques communicationnelles passe facilement pour un effet de mode: quel acteur social n'est pas aujourd'hui saisi par la communication? « Être, c'est être perçu. » La maxime de l'évêque Berkeley s'applique particulièrement aux responsables politiques, aux entreprises, aux partis, aux écoles, églises ou associations, aux intellectuels ou aux artistes..., tous sommés d'apprendre les nouvelles règles du jeu sous peine de déclin, ou de disparition. Or la thèse du philosophe idéaliste peut se relier à celle qui domine l'œuvre de Bateson et Watzlawick: on ne peut pas *ne pas* communiquer, non parce que ce serait fou ou dangereux, mais simplement impossible. Il en résulte que la communication est l'affaire de tous et non (conséquence rassurante) celle d'une poignée d'experts; sa compétence est éparse et se confond avec l'exercice de la démocratie.

Cette compétence communicationnelle est certes inégalement répartie (il s'en faut de beaucoup que tous accèdent aux grands médias, jalousement gardés), mais à des degrés divers elle est indéniable et inaliénable en chacun puisqu'elle commence avec l'*expression,* qui n'est pas seulement linguistique. S'il est malaisé de définir positivement cette aptitude aux mille facettes, au moins pouvons-nous en première approximation désigner son antagoniste : à la communication s'oppose la violence, ou le bruit. Et cette alternative, *communication ou barbarie*, remonte aux Grecs qui appelaient barbares (étymologiquement « qui parlent par borborygmes, ou par vents du ventre ») ceux qui n'articulaient pas leur langage, inaudible à l'oreille grecque, donc qui n'accédaient pas au *logos*, à la claire raison. Pour naïve qu'elle paraisse, cette opposition a le mérite d'indiquer que la communication n'admet pas d'adversaire (sinon l'inhumain ou la brute), et qu'on ne peut donc « être contre ».

C'est pourquoi, comme l'expliquent Breton et Proulx [1], la communication constitue aussi la dernière, et la meilleure, des idéologies ou des religions de rechange : idéologie de la conciliation universelle, car elle ne connaît pas d'ennemi, sinon le démon inévitable du bruit. Se réclamer d'elle reviendrait donc à en appeler à l'humanité de l'autre et à sa raison, dans l'horizon d'une communauté partagée. Mais cet optimisme a bien sûr son revers, celui de camoufler en « simples malentendus » des violences trop réelles. La lutte de l'occupé contre l'occupant, ou des opprimés en général ne sera pas réglée par une meilleure communication, dont la phraséologie envahissante constitue l'opium de notre temps. Il revient à notre discipline de décrire, sans sombrer dans ces usages galvaudés, et parfois odieux. Si les thèmes de la communication favorisent une pensée molle, les sciences qui s'en réclament ne doivent pas demeurer résiduelles, ni fourre-tout.

Dans cet ensemble flou, nous nous efforcerons d'extraire et d'articuler plusieurs lignes de force. La carte des études nous révélera l'ancien sous le nouveau, la complexité sous l'évidence et les stéréotypes de surface. À terme nous avons l'ambition de rendre à cette discipline ses lettres de noblesse, en situant les recherches en communication au carrefour des modernes *humanités*.

L'ouverture communicationnelle

On doit à Karl Popper une description rigoureuse de l'ouverture dans la culture. Son ouvrage *la Société ouverte et ses ennemis* est souvent cité pour définir le modèle démocratique, tel qu'il s'oppose aux sociétés fermées, totalitaires ou « holistiques ». Sans reprendre ici ces analyses, il est clair qu'elles concernent ce que nous pourrions à notre tour décrire comme l'ouverture communicationnelle, phénomène sans précédent qui, de l'échelle de la famille à celle de la planète, modifie les représentations de l'espace, du temps et de l'identité, bouleverse les conditions de travail et de loisir, et précipite une proportion croissante de l'humanité dans des migrations et des transformations irréversibles.

Car l'axiome de l'école de Palo Alto, « on ne peut pas *ne pas* communiquer », veut dire aussi que, sous les coups de boutoir du marché mondial, par le tourisme ou par le maillage toujours plus fin des grands *networks* qui couvrent la terre d'une information en direct et en continu, nous vivons l'extinction progressive des isolats (géographiques, économiques, techniques ou civilisationnels). Sans doute existe-t-il encore des îles. Mais menacées de tous côtés par les satellites de surveillance, l'agence Reuter, l'American Express ou le tourisme charterisé.

Jonathan Swift imagina son « effet papillon » comme un paradoxe ou un prodige d'interaction écologique avant la lettre ; mais qu'un battement d'ailes aux antipodes puisse, pour

1. Philippe Breton et Serge Proulx, *l'Explosion de la communication*, La Découverte, Paris, 1989.

peu que certains seuils critiques ou conditions météorologiques s'y prêtent, déclencher dans les mers australes un ouragan qui viendrait mourir en zéphyr sur les prairies de la verte Érin..., voilà qui étonne moins depuis que le nuage de Tchernobyl a arrosé la Corse, ou que le mot d'un président peut faire chuter le dollar ou le yen. La communication ne se refuse pas, et la mondialisation en tous genres des échanges ne laisse à vrai dire guère de choix. C'est pourquoi le «sujet» de la communication – celui qui ne peut pas (pour le meilleur et pour le pire) ne pas savoir, ne pas subir, ne pas participer – est tout sauf simple. L'*homo communicans* a perdu la belle souveraineté du *sapiens* ou du *cogitans* de la philosophie et de la morale individualistes classiques; il se laisse moins facilement saisir, ou découper. Nous aurons à préciser dans plusieurs domaines ce primat de la relation dans laquelle, selon le mot de Pascal et que cela nous plaise ou non, «nous sommes embarqués».

En vrac et pour ouvrir, précisément, sur ce thème de l'ouverture sans précédent de nos frontières, il conviendrait d'examiner:

– l'extension rapide dans notre monde occidental (aire géographique et culturelle aux bords flous) de l'appareil d'information au sens large: médias, édition, appareils éducatifs et culturels, guidage scientifique et technique d'un nombre croissant d'activités... Jamais nous n'avons été mieux informés, ce qui ne veut pas dire que nous savons traiter et intégrer ces données qui littéralement nous submergent. Trop d'information tue peut-être l'information, suscite des évasions imaginaires, des refus de savoir, et se heurte de toute façon à la «clôture informationnelle» de chacun (un organisme n'utilise qu'une infime partie des signaux qui traversent son environnement);

– le recul du religieux (dans notre monde toujours) comme des formes idéologiques ou d'appartenance dures et exclusives. Les progrès du modèle démocratique, donc de l'individualisme, de la consommation et du commerce en général, nous détournent de la transcendance et du sacré, c'est-à-dire d'une gestion des affaires humaines qui s'effectuait d'en haut, depuis un ailleurs non négociable, ou une instance inaccessible (ce qu'on appelle en bref l'hétéronomie). Les modèles politiques et éthiques modernes valorisent au contraire la recherche de l'autonomie (ce qui ne veut pas dire qu'ils l'instaurent), soit d'une forme de vie sociale qui laisse les hommes *entre eux*. Dieu est devenu horizontal, et les hiérarchies, qui ne s'imposent plus par la violence du sacré, dorénavant se négocient dans une relation entre sujets potentiellement ou idéalement égaux. Le réseau de ces médiations croisées tend à remplacer la verticalité précédente, où l'homme s'éprouvait relié à des entités qui le dépassaient infiniment (les dieux dans le ciel et, sous la terre, ses morts)... Cette époque de l'autonomie, ou de l'autoréférence du groupe à lui-même, rabat donc les anciennes transcendances du ciel sur la terre, ou sur le corps social. Ce nivellement n'exclut pas certaines resacralisations secondaires, bien visibles dans la culture de masse;

– le déclin du monde rural offre une autre version de ce phénomène. Car le paysan traditionnel cultive un enclos aux frontières gardées par les dieux, et le souvenir de ses ancêtres. Pas de cultures sans clôtures. En arasant celles-ci, la modernité fait voyager chacun (physiquement, mentalement) fort au-delà. L'urbanisation, l'échange marchand, la multiplication des voies de communication et la *mobilisation* (militaire, industrielle ou touristique des individus) qui en est à la fois l'effet et la cause..., ont sonné le glas d'une certaine campagne et des formes «holistes» (familiales, villageoises) de sa culture. La jeunesse et le goût du mouvement sont devenus des valeurs dominantes. Ce qui progresse en tous domaines avec la communication moderne, c'est le détachement. Mais cette perte des terroirs et des territoires est aussi vécue comme celle du sens, et engendre un individualisme qu'on a décrit comme *l'Ère du vide* (Lipovetsky);

– l'extension des marchés, et la marchandisation de biens et de services qui échappaient traditionnellement à l'économie au sens strict, s'avèrent donc indissociables de cette ouverture. Examiner les formes de communication actuelle, c'est aussi décrire les jeux d'un commerce tentaculaire et toujours plus fluide;
– l'extension du secteur tertiaire et des services rend manifeste cet enchevêtrement du commerce et de la communication. Partout l'information seconde et pénètre la production. Avec les progrès de l'automation de même, une part grandissante des tâches industrielles se dématérialise. Au bureau mais aussi à l'usine, à l'armée et depuis peu à la ferme, les hommes et les femmes passent un temps croissant devant des écrans de contrôle. Ce pilotage sémiotique du travail aggrave la division entre le Nord, où se concentrent ceux qui opèrent sur les signes, et le Sud agricole ou voué aux industries de la première génération. La qualité de l'information est un paramètre de plus en plus évident de la production, en amont de celle-ci (où la «veille technologique» et le management des ressources humaines permettent les gains de productivité) autant qu'en aval (relations commerciales et essor irrésistible de la publicité). *Faire* se divise désormais en faire faire, et en faire savoir; une séduction double la production des biens et services comme son ombre portée. Notre époque n'a pas démenti la vieille prophétie de Marx: après avoir produit des marchandises, le capitalisme à la recherche de débouchés toujours plus vastes doit produire pour celles-ci des clients, donc des désirs ou des «modes de vie»;
– le recul de la guerre à l'horizon de notre monde, son exportation là aussi vers le Sud, et la sécurité dont nous jouissons globalement depuis 1945, favorisent également les tâches et les thèmes de la communication. Nous savons qu'il vaut mieux convaincre que vaincre; la cybernétique, née de la Seconde Guerre mondiale et en réaction contre elle, constitue l'un des aspects, pas forcément utopique, de cette idéologie montante du dialogue, de la médiation et d'un contrôle généralement plus «soft» des conflits;
– l'émergence d'une conscience planétaire, ou écologique, est fortement liée à cette cybernétique (étymologiquement «science du gouvernail ou du gouvernement»), qui trouve sa meilleure confirmation dans l'émouvante vision du «vaisseau spatial Terre», que la photo a révélé à ses occupants depuis les années soixante. Cette prise de conscience écologique renouvelle la formule de Pascal: oui nous sommes embarqués, et nous découvrons du même coup les limites d'un monde pas si ouvert que cela. Notre habitacle est fragile, et non susceptible de remplacement. Il faut donc nous plier aux lois du bord[1], traiter notre environnement non en adversaire mais civilement comme un partenaire, ou un autre sujet. Cette sensibilité écologique débouche sur une économie plus attentive aux coûts réels du mode industriel de production, sur une conscience plus exigeante et fine des interactions, des solidarités ou des collectifs (biotopes, chaînes vivantes...) qui nous soutiennent à l'existence;
– la parcellisation des savoirs a divisé «la culture» jadis structurée dans les fameuses «humanités», entre des sciences régionales de plus en plus ésotériques ou spécialisées, la culture littéraire (en déclin), et les formes tapageuses de la culture de masse. Ces trois cultures s'ignorent ou se méprisent mutuellement[2]. De même d'une science à l'autre la logique des recherches et de performances de plus en plus pointues veut qu'on se barricade, et le désir d'encyclopédie qui anima Diderot ou Hegel fait aujourd'hui sourire. Plusieurs voix pourtant s'élèvent périodiquement pour accuser le savoir mutilé de produire des

1. Michel Serres, *le Contrat naturel*, François Bourin, Paris, 1989.
2. Edgar Morin, *Sociologie*, Fayard, Paris, 1984.

barbares, et réclamer un peu plus d'interdisciplinarité. Ici encore les thèmes et les problèmes de la communication ont un rôle à jouer, et notre discipline, à l'instar de la philosophie, pourrait proposer (sans constituer une panacée) quelques modèles ou passerelles utiles pour combattre l'enfermement.

Ce bref survol a esquissé l'enjeu ou l'accent de nos études. Cette ouverture est un tournant. La communication n'est pas un objet dont on pourrait dénombrer les contenus, on ne peut la circonscrire en un lieu, mais elle fait lien, et se tient dans l'*inter* des médias, des milieux ou des disciplines.

Le premier effet théorique des SIC sera donc de suspendre et de remettre en chantier quelques oppositions trop familières : du dedans et du dehors, du vertical et de l'horizontal, du sujet (acteur) et du système, du contenu et de la relation, de l'organisme et du milieu, de l'objet (observé) et du sujet observateur... Dans chaque cas, notre « paradigme communicationnel » consiste à faire glisser le premier terme sous l'autorité du second. Ce recadrage de nos catégories touche rapidement aux « grandes questions » sous-jacentes aux principaux savoirs : comment naît, et que devient, le principe de réalité ? la raison ? le lien social ? la distinction des sphères privées et publiques ? Comment se découpe l'individu, ou le sujet ?

La communication nous intéresse moins comme idéologie que comme sensibilité, et cadre méthodologique pour les sciences humaines en général. Si nous devions d'un mot résumer la conscience qu'elle apporte, il faudrait retenir avec Edgar Morin celui de *complexité*. L'approche communicationnelle se montre attentive aux enchevêtrements des acteurs politiques et sociaux ; elle complique le sujet, envisagé moins comme individu que comme un collectif d'hommes, d'institutions et de machines en permanente interaction (exemples de problèmes complexes : le chômage, l'Europe, ou le drame du sang contaminé...). Le programme tracé par Morin ne se résume pas à dire que « tout communique, et ça rétro-agit », mais invite à chercher cas par cas et sur le terrain comment dépasser une vision mécanique ou trop linéaire des faits sociaux qui, n'en déplaise à Durkheim, ne doivent certainement pas être envisagés « comme des choses ».

La carte de nos études

Nos sciences ont souffert d'une maladie infantile résumée dans l'antagonisme des « apocalyptiques » et des « intégrés » proposé par Umberto Eco. D'un côté les uns s'appliquaient à la communication pour en dénoncer les méfaits : on ne compte plus les anathèmes lancés par la haute intelligentsia contre la vulgarité des médias, ou de la culture de masse, accusés de ruiner la culture, les territoires ou les identités. La phobie des technologies, de préférence nouvelles (car nul ne songe à dénoncer les anciennes, qui nous sont devenues naturelles et quasi consubstantielles), continue de nourrir de fastidieuses diatribes contre les écrans (abrutissants), la publicité (matraquante ou crétinisante), le « tautisme » et autres dragons de même farine.

De l'autre et symétriquement, on attend des mêmes machines la sortie de la crise, voire de l'âge industriel, une gestion plus douce et enfin rationnelle du travail, de l'administration, des rapports sociaux ou internationaux, en bref une proximité et une convivialité retrouvées.

Dans les deux cas, la prophétie ou l'extrapolation aura précédé l'analyse. On préfère déplorer ou applaudir que comprendre, mais ces bruyants certificats de moralité n'ont jamais fait progresser le savoir. Il convient donc d'entrer dans notre discipline en écartant ses imprécateurs et ses prophètes, et d'examiner les phénomènes d'un œil plus réaliste.

Les SIC nous l'avons dit ne forment pas une science, mais une interdiscipline en voie de constitution. Où peut-on étudier à la fois la bande dessinée, l'histoire de la photographie, le fonctionnement d'un ordinateur, l'indexation d'une bibliothèque, les feed-back d'un système écologique, le langage des sourds ou des dauphins, la dynamique de groupe, la mise en pages, ou la dernière campagne de Benetton? «En communication.» Mais la carte de nos études n'est pas fixée, et nul ne la tient sous un seul regard. On peut prévoir qu'il sera encore plus difficile d'embrasser «la communication» que le langage, dont la science est tardive et, remarque Wittgenstein, nécessairement lacunaire dans la mesure où le langage est à la fois opérateur et opérande, acteur et objet de l'étude, d'où fatal enchevêtrement.

Sans doute les SIC profiteront-elles des acquis de la linguistique, science pilote pour notre domaine (comme l'a posé en 1950 Lévi-Strauss dans un texte fameux[1]), et c'est donc de la sémiologie que nous partirons. Mais elles s'étendent fort au-delà, au point que cette extension fait songer à l'arrogance du sophiste Gorgias quand il explique à Socrate comment sa technique, l'art de persuader, double tous les autres savoirs qui, sans lui, demeureraient lettre morte: le médecin ne doit-il pas se faire rhéteur pour administrer sa potion? On peut craindre qu'à l'instar de l'ancienne sophistique, la communication ne s'arroge aujourd'hui un droit de cuissage illimité sur les autres sciences. D'où l'urgence d'en rabattre, et de borner son champ.

Nos études apportent «une logique» (c'est le titre en français de l'important ouvrage de l'école de Palo Alto, *Une logique de la communication*), qui peut servir de cadre et d'horizon à nos actuelles sciences humaines. Dans le champ des formes sociales ou symboliques en général, Saussure réservait ce rôle dirigeant à une future sémiologie, que nos SIC pourraient aujourd'hui remplir. Celles-ci correspondent en effet à une forte demande sociale (et pédagogique), à un tournant dans notre culture ainsi qu'à l'avènement de nouveaux modèles, que nous regrouperons en quelques thèmes.

Le primat de la relation

Partout où il pénètre, le modèle communicationnel pose la relation avant les termes de celle-ci; il étudie non des choses mais des flux, et remplace la vision sectorisée et statique du monde par l'approche de sa complexité dynamique.

Ce primat de la relation suppose philosophiquement qu'on cesse de penser en termes de sol ou de substance, et qu'on ne présuppose pas davantage les sujets, ou les termes, avant cette relation qui les façonne et les fait émerger. Il s'agit en particulier de prendre au sérieux la pragmatique, et d'en tirer rigoureusement toutes les conséquences. Dans *pragmatique*, il convient d'entendre étymologiquement la *praxis*, qui concerne les relations de sujet à sujet, et s'oppose en grec à *technè* (ou monde des relations sujet-objet). Ce sont nos relations intersubjectives ou pragmatiques qui donnent au monde son sens (les simples techniques sont neutres quant au sens); on se gardera donc de traiter de façon instrumentale ou technique une relation par définition réflexive (ou spéculaire, ou circulaire) : ce que je fais à quelqu'un, il peut me le faire en retour, la relation est interactive, et entraîne ses termes dans une logique qui dépasse chacun.

La pragmatique étudie l'énonciation, soit les conditions à la fois psychologiques et sociales de l'envoi d'un énoncé en général, pas seulement verbal. La distinction, fondatrice ou préalable en pragmatique, entre le contenu et la relation dans toute communication,

1. Claude Lévi-Strauss, *Introduction à l'œuvre de Marcel Mauss*, partiellement reproduite *infra* au chapitre II.

oblige à considérer pour examiner cette dernière tout le registre des signes, ce qui solidarise intimement dans nos études les approches pragmatiques et sémiologiques.

Le sujet de l'énonciation

Le monde des signes n'est pas celui de la force, mais nous cherchons en communication quelle est la force des signes. L'ouverture pragmatique qui se développe actuellement promet d'enrichir plusieurs disciplines :

– en linguistique post-saussurienne, l'étude de l'énonciation (qui parle ?), des actes de langage et des effets de « polyphonie » dans le discours (dont le sujet ou le locuteur est rarement ponctuel, ou simple) ;

– dans les « sciences dures », le renouvellement de la problématique Sciences-Techniques-Société avec l'étude de la vérité comme autorité, du discours comme parcours et de la raison comme réseau (Michel Serres, Bruno Latour) ;

– en psychanalyse, l'étude de l'imaginaire (en nous) et des masses (hors de nous) complique également le sujet, que nous ne devrons pas définir trop vite (malgré Lacan) comme *parlant*. Le slogan lacanien d'un « inconscient structuré comme un langage » est daté des années cinquante, sa référence au structuralisme saussurien ignore l'ouverture pragmatique, austinienne (les actes de parole) autant que systémique (l'école de Palo Alto).

Contre le logocentrisme spontané des philosophes tel que Derrida l'a décrit et critiqué, nous savons que tout n'est pas que langage. Les études de l'énonciation se montrent attentives aux différents codes (verbal, iconique, kinésique, indiciel, etc.), et aux cadres où ils s'insèrent : les situations de communication sont généralement complexes, et toutes les couches du sens s'y trouvent entremêlées. À l'inconscient lacanien structuré par la linguistique saussurienne, nous opposerons un inconscient qu'on peut dire, en effet, communicationnel mais par les indices, les relations para- ou proto-verbales et les effets de cadre. Quant aux clivages du sujet (thème cher aux psychanalystes), ils n'ont rien qui mérite d'étonner : il y a quelques décennies que la cybernétique, celle notamment du *Biological Computer Laboratory* de Von Foerster, la systémique née des sciences du vivant, l'étude des boucles écologiques, ou celle de la polyphonie énonciative..., mettent en évidence la diversité des strates et des modules qui composent la « société de l'esprit[1] ». C'est à partir de cette multiplicité irréductible que nous pensons, parlons et agissons.

Le sujet transcendantal et la question de la technique

Cette « société » se révèle en particulier sous le regard de la médiologie[2]. Cette discipline qui se lève depuis différents horizons du savoir oblige à redéfinir le sujet transcendantal kantien par l'histoire des techniques et des collectifs. Bien loin d'être immanente, innée et rayonnante dans quelque éther transparent sur le mode de la « lumière naturelle », notre raison dépend de nos outils. Un médiologue s'inscrira en faux contre *le Penseur* de Rodin, qui prétend nous montrer l'effort de la pensée nue, sans instruments, sans papier ni crayon, loin des laboratoires, bibliothèques et autres banques de données... Contre ce monument idéaliste ou romantique, il faut rappeler que l'homme seul ne pense pas (mais rêve, ou

1. Jerry Fodor, *la Modularité de l'esprit, essai sur la psychologie des facultés*, Minuit, Paris, 1986 ; Marvin Minsky, *la Société de l'esprit*, préface de Douglas Hofstadter, InterÉditions, Paris, 1988.
2. Régis Debray, *Cours de médiologie générale*, Gallimard, Paris, 1991 (cf. extrait *infra* chapitre VI).

imagine aux frontières du délire), en bref que c'est le collectif qui pense, et qu'il y faut des outils ou des médias en général.

Après les études de Goody, Eisenstein, Latour et aujourd'hui Pierre Lévy, la médiologie se propose comme l'inventaire des contraintes matérielles et des guidages techniques grâce auxquels circule une information. Elle repose donc, en des termes plus fins que ceux de Heidegger, la «question de la technique». Si la raison n'est jamais toute prête, spontanée ou disponible d'avance (im-médiate), mais résulte d'une adaptation à certains réseaux auxquels elle répond en s'y ajustant, nous poserons que la pensée «fait avec» l'infrastructure médiatique en général, qui constitue son partenaire caché. Notre approche se donnera pour principe de ne jamais couper les sciences des techniques, ni les techniques du corps ou de l'organisation vivante en général: la sphère des idées, la sphère des médias et la biosphère s'emboîtent successivement (ou s'engendrent dans l'ordre inverse).

On peut également, avec Régis Debray, définir cette écologie des idées, ou cette physique de nos pensées, comme l'étude des rapports entre un outil de communication et un pouvoir. Quelle conséquence tirer entre une innovation médiatique (la presse à imprimer par exemple) et tel mouvement intellectuel (la Réforme protestante)? Pourquoi une représentation est-elle plus dynamique qu'une autre? D'où vient l'efficacité de certaines doctrines dans le champ politique et social? Il est traditionnel qu'on connaisse mieux les idées que les moyens techniques qui assurent leur propagation: mieux l'histoire de la littérature que celle du livre, ou de la librairie; mieux le message évangélique que l'histoire de l'Église... «La théorie de Marx est toute-puissante parce qu'elle est vraie...» Ce mémorable slogan de Lénine n'a pas empêché son auteur d'organiser durement un parti bolchevique et l'assaut contre le palais d'Hiver. À supposer qu'une théorie soit vraie, elle ne s'impose jamais par la vertu de cette seule vérité, il faut pour la faire circuler lui mettre des roulettes, et poser sous celles-ci des rails. Mais nous nous empressons d'oublier ces milieux, ou ces infrastructures, dont nos idées tirent pourtant leur force. La pensée se croit spontanément autonome; et cet inconscient, constitutif d'une bonne communication en général, fait de la médiologie et de la pragmatique des sciences tardives.

Circularité de la raison et boucles récursives

Nous avons défini la pragmatique par la relation sujet-sujet, dont la particularité est d'être réflexive, spéculaire ou imprégnée d'imaginaire (d'identifications, d'anticipations et de projections). En rompant avec le schéma stimulus-réponse, le raisonnement cybernétique a préparé et peut relancer ces études. La cybernétique interprète toute organisation en termes non de substance mais d'information, et comme une combinaison de messages; cette synthèse logique apporte une révolution ontologique, qui bouscule les anciens partages entre le corps et l'esprit, l'organisme et son milieu, l'humain et la machine, le micro et le macro..., autant qu'entre les disciplines.

L'une des questions philosophiques où le raisonnement cybernétique mérite de pénétrer est notamment de savoir ce que veut dire «faire sens». L'alchimie du sens est au cœur de nos performances communicationnelles, dans la mesure où ne circulent bien d'un sujet à un autre, ou au sein d'une communauté, que les messages compatibles avec la clôture informationnelle (elle-même liée à la clôture organisationnelle) de chacun. Cette clôture résulte d'une construction indéfiniment récursive, où l'objet et le sujet, le moi et l'autre, l'individu et la communauté ne cessent de passer l'un dans l'autre selon différentes *interfaces*.

Nous identifions depuis Descartes notre raison à une chaîne, et condamnons les cercles comme vicieux. Le raisonnement cybernétique invite à rompre avec ce modèle de la chaîne, au profit de boucles ou de cercles non pas vicieux mais «vertueux». En faisant ressortir les relations et la causalité circulaire (qui ne va pas sans paradoxes pour l'ancien paradigme), la cybernétique aura multiplié les passerelles logiques et les métaphores. Cette science des solidarités et des systèmes privilégie partout l'interaction, et renvoie l'idée d'un sujet, d'un vivant ou d'un savoir *isolés* à la fiction.

Le rêve des masses et les stabilisations symboliques

On devine par ce qui précède combien la psychanalyse, notamment dans sa version lacanienne, peut nourrir la communication, mais aussi se trouver transformée par elle. L'intersection de la psychanalyse et des SIC est évidente: en se proposant de convaincre plutôt que de vaincre, les nouvelles techniques communicationnelles tendent à remplacer la production des objets par la séduction des sujets, et façonnent des «choses» aussi impalpables que les opinions, les désirs ou les rêves des masses. Les mass media investissent largement notre imaginaire, et réalisent ce rêve tenace: la transformation (relative) de l'espace et du temps ordinaires. L'enregistrement de plus en plus fidèle de l'image, du son et bientôt des sensations tactiles (avec le *data glove*) tend à multiplier autour de nous les fantômes; le téléphone, le fax, les messageries électroniques et les écrans nous confortent dans le sentiment narcissique d'être partout, ils brouillent nos territoires, oblitèrent les partages et les identités reçues. De l'appareil de diffusion tous azimuts qui fait désormais l'ordinaire de la communication émerge un homme lui-même diffus, rêveur ou volatil: le télé-spectateur.

Le comble de la communication, qu'on distinguera soigneusement de l'information, a été décrit par Freud comme *processus primaire*. Mais les courts-circuits du rêve ou de l'imaginaire sont aujourd'hui grandement favorisés et généralisés par les médias qui obéissent moins au principe de réalité qu'à la poursuite toujours relancée du plaisir; qui cherchent moins la vigilance critique que la bonne relation, ou la relaxation. L'immense assouvissement onirique qu'ils nous procurent (en même temps qu'une ouverture non négligeable sur le monde) oblige notre médiologie à croiser le champ ouvert par *l'Interprétation des rêves*. Mais il est à prévoir inversement que l'analyse ne sortira pas indemne, ou telle que Freud lui-même la rêva, d'une confrontation avec les problématiques que nous venons d'énumérer.

Là comme ailleurs, il s'agira d'ouvrir le sujet soi-disant autonome, et de penser l'intersubjectivité sans se donner les facilités d'un objet ou d'un sol fondateur. Il faudra d'autre part mieux décrire différents types de stabilisation symbolique, car nous ne croyons pas qu'on s'y installe jamais à demeure. Le tant vanté «accès au symbolique», qui constitue le ressort de la cure, fait aussi l'objet principal des travaux que nous venons de mentionner. Comment un réseau se construit, d'où vient le sens, quelle communauté s'y reconnaît, ou s'y relie?... Ces ajustements ne se feront pas sans peine ni «blessures narcissiques».

Réconcilier les trois cultures

Last but not least, nos SIC pourraient se donner pour dernière ambition de surmonter le divorce qui s'élargit depuis le XIXe siècle entre trois formes de culture: la littéraire, la scientifico-technique et la culture de masse, dont les représentants s'ignorent ou se méprisent mutuellement. L'étude des machines à communiquer les implique simultanément, et pourrait servir à les articuler.

On voit que le programme des sciences de l'information et de la communication est vaste, et qu'il dépend de l'imagination des enseignants et des chercheurs de leur donner la place qu'elles méritent.

Organisation de cet ouvrage

Notre ouvrage s'articule donc selon les grandes lignes que nous venons de rappeler, et nous l'avons découpé en six disciplines.

La sémiologie, la pragmatique, la psychanalyse, la cybernétique et la médiologie regroupent des études régionales aux objets bien repérés. Elles apportent des modèles et des concepts novateurs. À côté d'elles, beaucoup d'études se proposaient sur l'histoire et l'économie des médias, mais plus latéralement, car leurs discours n'interviennent pas à un niveau proprement théorique ou « paradigmatique », et nous en avons donc limité le nombre. De même n'avons-nous retenu dans cette collection, consacrée aux « Textes essentiels », aucun extrait de la littérature opératoire qui remplit les rayons de notre discipline avec les mille et une recettes d'une meilleure communication (comment conduire une réunion, passer un test d'embauche ou « bidouiller » son ordinateur...), et l'on n'en trouvera pas les titres dans nos bibliographies.

Un enjeu principal de cette anthologie est de rappeler que nos SIC ne sont pas nées d'hier, mais font partie intégrante de notre culture ou des « humanités modernes ». Il est clair que les auteurs contemporains qui nous font le plus avancer dans l'intelligence des phénomènes de communication ont lu et utilisé Platon, Hegel ou Freud. De même nos débats sur l'audiovisuel, sur la société de connivence ou sur les dangers de l'ordinateur..., commencent avec les Grecs.

C'est pourquoi la philosophie, qui figure le tronc commun d'où nos cinq branches (et quelques autres) ont émergé, précède ici les SIC. À relire certains classiques, on se persuadera aisément qu'ils sont « indépassables » et qu'ils demeurent un foyer de réflexion actif pour nos études, qui ne progresseront pas sans un peu d'ambition théorique, et de rappels historiques. Les savoirs ne s'annulent pas. On peut regarder la télévision ou la bande dessinée sans oublier ses classiques ; mais ceux-ci ne s'accumulent pas non plus passivement, ni tels quels ; l'interaction est permanente, les auteurs comme les disciplines dialoguent entre eux, et coévoluent.

D'où l'économie de ce volume qui fait la part belle aux « Anciens », avec le souci de rappeler l'antiquité de nos sciences, réinsérées ici dans le temps long de la culture et de « grands problèmes » que les nouveaux médias, pour l'essentiel, n'ont pas bouleversés.

Dans quel ordre classer nos textes ? Nous avons choisi la juxtaposition chronologique (à l'exception du chapitre VII), en laissant le lecteur randonner par lui-même et composer ses propres rapprochements. Certains auteurs chevauchent plusieurs rubriques (dont les bords sont forcément flous). Bruno Latour, par exemple, philosophe de formation, pouvait entrer en médiologie autant qu'en pragmatique ; Jean-Pierre Dupuy travaille sur un paradigme cybernétique ou systémique qui a atterri ici dans le voisinage de la psychanalyse. Les disciplines se touchent, et les textes de passage sont pour notre propos les plus intéressants.

Certains « grands auteurs » sont absents, soit parce que nous n'avons pas obtenu le droit d'en reproduire des extraits (Artaud, Benjamin, Debord), soit parce que l'œuvre dont nous disposions se prêtait mal au découpage, et que la présentation indirecte d'un critique était disponible. C'est ainsi que Habermas est résumé par Roger Bautier, Peirce par David Savan et McLuhan par Umberto Eco. Nous nous sommes fait une règle d'autre part de ne publier qu'un texte par auteur, quelle que soit la richesse de son œuvre.

Au-delà de notre tronc commun (« Approches philosophiques », où figurent des textes d'éveil), nous avons tenu à maintenir des textes « littéraires » (Segalen et Proust en sémiologie, Pascal en pragmatique, Borges en cybernétique...), voire franchement exotiques (Chef Seattle par exemple), parce qu'ils sont plus forts que les autres et que leur provocation émotionnelle, ou leur beauté, stimulera de toute façon la réflexion théorique. Nous ne voyons aucun avantage à noyer nos études sous une littérature grise.

Un autre écueil était d'aboutir à un volume trop franco-français, dans un domaine où les Anglo-Saxons jouissent d'une certaine antériorité. Il y a vingt ans, Francis Balle et Jean Padioleau ont publié chez ce même éditeur un recueil de textes fondamentaux qui leur faisait largement place[1]. Dans celui-ci, qui part de principes différents, nos compatriotes composent la moitié du volume. Jugera-t-on que c'est trop, ou trop peu ? Chacun regrettera forcément bien des lacunes, et nous découvrirons trop tard quelques textes non moins « essentiels » que ceux-ci. Qu'importe : notre ouvrage ne prétend pas couvrir exhaustivement une discipline, mais déployer une curiosité, lancer une chasse ou un jeu. Nous avons pris plaisir à coudre ensemble ces quatre-vingt-cinq textes. C'est au lecteur maintenant de poursuivre.

L'Ange

L'Ange qui orne notre couverture, c'est, en grec, le messager, et celui qui s'appelle Gabriel fait généralement son entrée par la gauche.

C'est que l'image, ici plus qu'ailleurs, est soumise à l'ordre du texte : l'Annonciation met en scène une énonciation, ce tableau très logocentrique est l'écrin d'une parole qui s'écrit sur certaines fresques (de Simone Martini ou Fra Angelico) à même la peinture. On voit les mots s'envoler de la bouche de l'Ange vers Marie, comme un phylactère.

Parole pleine, et plus qu'une autre fécondante, puisque ce *logos spermatikos* engrosse la Vierge d'un enfant qu'on dit Fils de Dieu. Mais l'Annonciation n'est pas une partie de plaisir, et l'on sait que Marie commence par refuser, saisie d'effroi devant cette chose énorme au seuil de la chambre... Quelques peintres nous ont rappelé la vraie nature des anges : non pas l'angelot kitsch mais l'éclaireur sillonnant le ciel, le guerrier des armées du Bien. Celui de Léonard de Vinci (conservé à Florence au musée des Offices) équilibre à merveille violence et suavité ; cet ange a le corps éloquent, et l'injonction des doigts dressés est de celles qu'on ne discute pas.

Cette communication céleste, et qui demeure unique dans l'histoire, a peut-être engendré une autre image : la dame des couvertures Larousse qui « sème à tout vent » les messages d'un pissenlit ne serait-elle pas un peu cousine de l'Ange ?

Remerciements

Ma reconnaissance va à tous ceux qui ont, à un moment ou à un autre, aidé, enrichi ou infléchi l'organisation de cette anthologie : tout d'abord à Brieuc, et à Emmanuel, qui ont scanné les textes ; à Stéphane Caro et Patricia André, de l'espace Recherche de l'université Stendhal, et à Geneviève Chignard qui m'a laissé libéralement emprunter dans les rayons du centre de documentation Yves de La Haye ; aux collègues et aux amis qui m'ont ouvert ou suggéré des titres : Roger Bautier, Jean-Michel Besnier, Louis-Jean Boé, Serge Gaubert,

1. Francis Balle et Jean Padioleau, *Sociologie de l'information*, Larousse, Paris, 1973.

Jean-Jacques Gimenez, Florence et Francis Goyet, Paul Keller, Vincent Lucci, Paul Mattéi, Maïté de Muller, Marie-Dominique Popelard, Michel Souchon et Denis Vernant, sans oublier l'équipe de la revue *Hermès*, ni les charmantes responsables de la librairie Tekhnè.

Cécile Kummerer a pris sur son temps pour scanner et traiter l'ange de Léonard sur un ordinateur de l'université de Seattle. Je remercie les directeurs des revues *Autrement, CinémAction, Communications, Critique, Culture technique, Esprit, Hermès, le Monde, MédiasPouvoirs* ou *Réseaux*, qui ont aimablement autorisé la reproduction de textes d'abord publiés par eux, et particulièrement Philippe Pignarre, qui dirige le département Communication des laboratoires Delagrange/Synthélabo et la collection « Les Empêcheurs de penser en rond ».

Sans l'amitié de Thierry Paquot enfin, qui m'en a proposé le projet, cet ouvrage n'aurait pas vu le jour.

I

APPROCHES PHILOSOPHIQUES

Les thèmes de nos études se trouvent depuis toujours au cœur de la réflexion des philosophes, qui leur ont donné une importance inégale mais qui n'ont pu les ignorer. Le premier est celui de l'origine de la raison : vient-elle aux hommes de façon immanente, comme une semence ou une lumière naturelle qui ferait partie intégrante de notre âme ou de notre génie natif (théorie « innéiste » défendue par Platon, ou Descartes), ou la raison est-elle le produit de nos échanges et la somme des raisons *(= des arguments) au terme desquels les hommes tombent d'accord ? Dans cette seconde hypothèse, qui sera la nôtre, le langage n'est pas un outil qui viendrait du dehors à la pensée pour favoriser son expression ou sa communication, mais il constituerait, avec tous les autres signes, son élément même. Être raisonnable ne serait autre chose que communiquer. De sorte que la raison ne résiderait pas en nous mais entre nous, dans la stimulation incessante du dialogue ou de la « dispute » (confrontation argumentée entre des opinions contraires).*

Cette extériorisation de ce qui relève du for intérieur dans le schéma innéiste a d'intéressantes conséquences. La première s'appelle la sophistique, dont nous verrons toute l'importance (par le texte infra *de Barbara Cassin). On sait que Platon accablait dédaigneusement les sophistes, et ne donnait pas cher d'une philosophie qui s'arrête aux « problèmes du langage » au lieu d'aller aux choses mêmes (comme il le demande à la fin du* Cratyle *et dans la* lettre VII, *qui décrit les étapes de ce dépassement nécessaire). Mais en discréditant les sophistes, Platon n'a pas vraiment réfuté leurs arguments. Pire : la mort de Socrate, qui refusa de se disculper devant ses juges au nom de la toute-puissance du vrai, donne une terrible justification à la détestable doctrine de Gorgias. Si le vrai ne s'impose pas de lui-même auprès des hommes ignorants, il faut en passer par la rhétorique, c'est-à-dire par cette industrie poly- ou méta-technique qui assiste tous les autres arts en les doublant d'un discours persuasif.*

On ne peut se dispenser des sophistes (argumentent les sophistes) parce que :

*– il y a au tribunal, à l'Assemblée, en morale ou dans les affaires qui agitent en permanence les hommes des matières douteuses, où le raisonnement s'embrouille et où il revient donc à l'*opinion *de trancher ; et le sophiste de s'avancer comme le héros ou le porte-parole de cette opinion, l'homme du juste milieu qui met la vérité aux voix ;*

– aucune compétence humaine ne peut s'actualiser hors du discours. Le médecin par exemple doit se doubler d'un rhéteur pour tout ce qui concerne la relation clinique. Chaque fois qu'une relation *humaine double le* contenu *proprement technique du savoir, une autre compétence (verbale, communicationnelle) est requise de l'homme de l'art pour « vendre » celui-ci aux hommes ignorants. La sophistique, que nous appellerions aujourd'hui le conseil*

en communication, est ainsi le vecteur et le faire-valoir obligé de tous les savoirs, surtout dans la société grecque qui fut certainement l'une des plus bavardes de l'histoire !

Aristote reprendra donc la question de la sophistique abandonnée par Platon, et il répondra à ses arguments avec plus de soin : en développant une rhétorique, une logique, une poétique, une casuistique (Éthique à Nicomaque), *tout cela au nom de sa Métaphysique, comme il l'explique au livre gamma de celle-ci, où il restaure contre les sophistes le principe de contradiction. Parler, c'est prendre position sur le monde, et sur le lien social ; c'est supposer que l'autre peut m'entendre, et qu'une communication minimum est possible. L'ontologie (étude de l'être en tant qu'être) passe par les catégories du discours, et inversement parler, c'est supposer de l'être hors des mots. Ontologie et discours sont enchevêtrés, et ne se laissent pas séparer.*

*Aristote se trouve ainsi par son œuvre à la source de nos études du discours, de la pragmatique, et de l'énonciation en général. En fondant la rhétorique, il a soigneusement distingué celle-ci de la logique. Tout savoir se change en opinion, dès qu'il pénètre dans les masses ; et l'opinion est irréductible, ou inéliminable des affaires humaines. Aussi la rhétorique ne peut-elle être qu'empirique : « L'erreur serait d'attendre du mathématicien des arguments simplement persuasifs, et du rhéteur des démonstrations scientifiques » (*Éthique à Nicomaque *I,1,1094 b 23-27).*

La sophistique conduit aujourd'hui à la pragmatique. En affirmant le primat de la relation, celle-ci tend à ruiner la transcendance ou l'innéité de la raison. C'est en particulier le motif des « écrits anti-cartésiens » de C. S. Peirce (cf. infra *chapitre* II*), et l'un des enjeux de l'épistémologie développée par Karl Popper. Pour Popper, une proposition scientifique se mesure à la résistance des arguments que le défenseur d'une hypothèse oppose à ses collègues ; une thèse est réputée vraie tant qu'elle n'a pas affronté de thèse plus puissante qui la renverse. La vérité scientifique est donc « à crédit », ou synonyme d'énoncé non encore réfuté, et la dispute lui est inhérente : on appelle* espace scientifique *cette arène où les propositions se confrontent en un tournoi indéfini, et* discours rationnel *le jeu de la réfutation (ou de la « falsifiabilité »).*

Popper rabat ainsi l'épistémologie sur la pragmatique : la raison est l'équipe des énoncés qui l'emportent (provisoirement) sur « les raisons » engagées dans le tournoi ; ou, de façon plus provocante, l'enceinte scientifique n'a rien qui l'oppose essentiellement à l'enceinte politique du Parlement (cf. infra *au chapitre* VI *le texte de Bruno Latour), le même modèle disputationnel englobe (idéalement parlant) notre démocratie et nos laboratoires. La science comme la démocratie exigent l'ouverture, et la confrontation des arguments ; un énoncé scientifique est isolé de sa source, et ne doit pas son autorité à la position de celui qui parle, de même que le vote en régime démocratique passe par l'isoloir, qui garantit l'égalité formelle et la valeur intrinsèque des voix.*

L'activité scientifique contient donc une morale, ou un modèle régulateur pour la communauté en général, et cet idéal (fort inégalement réalisé dans la pratique, bien sûr) tient en un mot : ouverture[1]. *C'est-à-dire communication. Être raisonnable, c'est préférer en tous domaines le dialogue. Et la raison n'est que l'ensemble des discours où l'autorité, tournante, se trouve constamment remise en jeu dans les relations intersubjectives. Espace décentré, anarchique au sens fort (il ne reconnaît pas d'archonte, de premier maître, ni d'instance extérieure de régulation) : avec la science comme avec la démocratie, les hommes sont entre eux, et ils négocient au mieux leurs raisons au présent de leur relation.*

1. Karl Popper, *la Société ouverte et ses ennemis*, 2 volumes, Le Seuil, Paris, 1979.

Il convenait de rappeler brièvement ces thèmes pour mettre en évidence les enjeux proprement épistémologiques de la communication. Il en résulte que notre raison a partie liée avec les outils de celle-ci, c'est-à-dire avec nos médias en général, dont le premier est l'écriture. C'est pourquoi notre anthologie s'ouvre par le célèbre texte du Phèdre *où Platon souligne toute l'ambivalence de celle-ci. La question de l'écriture – que nous retrouverons au fil des chapitres avec en particulier les textes de Derrida, Hegel, Goody (la « raison graphique »), Latour et Stiegler – soulève chez Platon les mêmes réserves que la sophistique, et perturbe également la sérénité philosophique qui se ramasse ou se résume à nouveau en un mot (que nous rencontrerons souvent dans ces pages) :* logocentrisme. *On appelle logocentrisme cette prétention du* logos *(à la fois langage, raison et calcul) à se tenir au plus près de l'esprit ou de l'âme, sans médiations extérieures, sans le secours de mémoires artificielles ni de machines logiques. « Machination », depuis que les hommes pensent, aura toujours été associée à la ruse maligne, et au danger d'aliénation ; le logocentrisme a une méfiance spontanée pour toutes ces médiations, il est le rêve de l'immédiateté, ou de la présence à soi des sujets, en tous domaines. Et c'est pourquoi la sophistique, ou l'écriture, peuvent paraître également dangereuses, ou scandaleuses : parce qu'elles entament cette intimité ou cette proximité rêvée, parce qu'elles viennent du dehors contrarier (ouvrir, « aliéner ») le soliloque de l'âme avec elle-même.*

La question de l'écriture ou de la sophistique est celle de la technique, *et cette question ne nous lâchera plus. Qu'il faille des outils pour penser, ou des médias pour façonner l'imagination des hommes, canaliser leur violence et les lier en une communauté..., inflige à notre narcissisme spontané une blessure dont nous reparlerons, et que dans son histoire la philosophie a préféré nier, plus souvent que de la regarder en face. De Platon à Heidegger, cette « question de la technique » se révèle donc centrale pour nos études ; mais nous verrons que le concept de « la technique » n'est pas évident à délimiter.*

Face à la raison, la puissance scandaleuse de l'imagination a toujours causé du souci aux philosophes. On lira ci-dessous dans les textes de La Boétie, Rousseau ou Adorno[1] *différentes tentatives pour cadrer l'imagination (inéliminable du cœur des hommes) et la rendre moins folle, ou compatible avec la raison, et notamment avec l'État qui incarne ou garantit l'usage de celle-ci. Cette imagination est aujourd'hui produite industriellement à l'échelle des masses, qui réclament du spectacle. Mais nous verrons (*infra *chapitre IV) que la masse est en nous, sous la forme du processus primaire rebelle à la raison, autant que*

1. Nous avons dû retirer de ce chapitre l'extrait prévu de *la Société du spectacle*, Guy Debord s'opposant à sa présence dans ce recueil. Était-il présomptueux d'inscrire le pape de l'Internationale Situationniste au programme ? Debord a écrit un livre solitaire et tranchant, suspendu comme l'épée de Damoclès. Non soluble dans « l'infor-com », il a « tout dit », et vingt-cinq ans après il réédite le mémorable pavé qui précéda de peu « la redoutable révolte de Mai » sans y changer une virgule. « Le spectacle est le discours ininterrompu que l'ordre présent tient sur lui-même, son monologue élogieux. C'est l'autoportrait du pouvoir à l'époque de sa gestion totalitaire des conditions d'existence... » Dont acte. Mais suffit-il pour avoir raison d'opposer son propre monologue au monologue dominant ? Nous avouerons que le ton grand-seigneur adopté par Debord ne nous fascine pas, il tourne trop facilement au pastiche (de La Boétie, Gracián, Pascal, Hegel..., qu'on lira *infra* dans ce volume). Contentons-nous donc de signaler que la première édition de *la Société du spectacle*, publiée en 1967 chez Buchet-Chastel et reparue aux éditions Champ Libre en 1971, est aujourd'hui disponible aux éditions Gallimard (1992). De Guy Debord, on peut lire d'autre part les *Commentaires sur « la Société du spectacle »*, suivi de *Préface à la quatrième édition italienne de « la Société du spectacle »* (Gallimard, Paris, 1992); de Raoul Vaneigem, le *Traité de savoir-vivre à l'usage des jeunes générations* (Gallimard, Paris, 1967). L'*Internationale Situationniste 1958-1969*, réimpression intégrale des numéros 1 à 12 de la revue, est aux éditions Champ libre (Paris, 1975).

hors de nous dans les formes collectives ou médiatisées du spectacle moderne. Le problème politique, bien perçu par exemple par Spinoza dans son Traité politique, *et déjà dans le livre IV de l'*Éthique *(où la proposition 37 définit les «fondements de la Cité»), est de rendre la masse ou la* multitude *susceptibles d'idées claires, c'est-à-dire actives et non passives; et pour cela d'instaurer la circulation la plus libre possible de l'information. Cet idéal de la liberté de la presse, et de la communication en général, définira la philosophie des Lumières, représentée ci-dessous par les textes de d'Alembert et Condorcet.*

Le XVIII*e siècle est celui qui voit monter en puissance, en même temps que les masses, les thèmes et l'exigence de la communication en tous domaines. Les philosophes ont compris que tous les hommes ne sont pas éclairés par le même soleil, que* les *raisons comme les mœurs sont multiples, et que par exemple les règles du beau, du bon ou du juste n'ont rien d'inné ni d'automatique, mais dépendent pour leur définition de la négociation entre les esprits. Les goûts et les couleurs (nous dirions avec Kant: le jugement esthétique) n'ont plus rien à voir avec la vérité, et c'est donc pour cela qu'il faut, précisément, en discuter dans les salons, les cafés, les gazettes. Cette ouverture d'un espace, public, de discussion des règles (d'abord esthétiques) glissera au cours du siècle à des sujets plus brûlants comme la religion, ou les règles du bon gouvernement. Le ciel platonicien des normes est rabattu sur la terre; c'est aux sujets (plus ou moins) raisonnables qu'il revient, ici et maintenant, de confronter leurs opinions, et cette* opinion *constituée au* XVIII*e siècle en sujet politique devient bientôt incontournable: les rois eux-mêmes ne pourront désormais la heurter de face, mais devront lui faire la cour.*

*Parmi les très nombreux thèmes qui intéressent à la fois les sciences de l'information et de la communication et la philosophie, il faut enfin mentionner la connexion générale des disciplines, et la perception des relations entre des domaines naguère disjoints. La philosophie s'est souvent définie comme encyclopédie, un terme qu'il ne faut pas entendre comme juxtaposition ou accumulation de savoirs partiels en vue d'une impossible totalisation, mais comme l'intuition que nos connaissances tournent dans un cercle, et se fortifient mutuellement. Leibniz est l'un de ceux qui poussa le plus loin, et mieux que Hegel, l'exploration de cette connexion ou de cette solidarité entre les savoirs. C'est que Leibniz est obsédé par le primat de la relation: «Il n'y a point de terme si absolu ou si détaché, qu'il n'enferme des relations et dont la parfaite analyse ne mène à d'autres choses et même à toutes les autres...» (*Nouveaux Essais sur l'entendement humain, *XXV, 10). Sa passion de la conciliation par englobement des contraires en découle. Le leibnizianisme, remarque Michel Serres, pourrait réconcilier bien des querelles. Plus on formalise, plus on comprend – et mieux on communique. L'idéal leibnizien est de s'élever jusqu'à une langue universelle (mathématique) qui énoncerait l'invariant des variations, auquel la simple intuition n'atteint pas, et qui ferait ainsi la théorie des correspondances, des variations et des analogies. Cette philosophie baroque tend au tableau, à la saisie des variations (qui «conservent l'analogie») sous un thème donné, à la randonnée à travers le multiple. Michel Serres ici-même, ou Douglas Hofstadter (*infra *chapitre* V*) poursuivent aujourd'hui le paradigme*[1] *leibnizien, et leurs œuvres comptent pour cela au premier plan de nos études*[2].

1. Modèle. Par extension cadre général d'explication.
2. Sur Aristote, Spinoza et Leibniz, dont nous n'avons reproduit ici aucun texte, on lira particulièrement: Pierre Aubenque, *le Problème de l'être chez Aristote*, PUF, Paris, 5e édition, 1984; Alexandre Matheron, *Individu et communauté chez Spinoza*, Minuit, Paris, nouvelle édition, 1988; Michel Serres, *le Système de Leibniz et ses modèles mathématiques*, 2 volumes, PUF, 1968; Gilles Deleuze, *le Pli: Leibniz et le baroque*, Minuit, Paris, 1988.

Phèdre

(vers 370 av. J.-C.)

PLATON

(427-347 av. J.-C.)

Le Phèdre, *dialogue composé par Platon dans sa maturité, est une œuvre d'une grande variété de tons et de préoccupations, dont nous extrayons le célèbre épisode de la présentation de l'écriture, présent dans la quatrième partie.*

L'abaissement de l'écriture, ou la dénégation des pouvoirs de celle-ci dans un Dialogue *soigneusement écrit (mais dont le héros, Socrate, incarne la figure du philosophe qui n'écrit pas...), organise en profondeur la pensée de Platon. Et au-delà de son œuvre, le même éloge de la parole vive donne à l'histoire de la philosophie une bonne partie de sa logique. Cette logique a été caractérisée par Jacques Derrida comme* logocentrique *: la voix constitue le média le plus immatériel, alors que l'écriture redouble et renforce une médiation technique. Si l'être se tient au plus près de la voix, l'écriture qui remplace ou supplée celle-ci sera toujours suspectée d'artifice, ou d'une médiation fort équivoque.*

Au cours du dialogue de Socrate avec le jeune Phèdre (tous deux sont étendus près d'un gattilier en fleur, au bord des eaux de l'Ilissos que domine l'Acropole...), cette équivoque est présentée à travers un mot particulièrement riche en renversements : l'écriture est un pharmakon, *c'est-à-dire une drogue, un philtre, un remède bien proche d'un poison, tantôt bon et tantôt mauvais. En s'en servant, en effet, les hommes risquent d'oublier le savoir le plus important, celui de la pensée quand elle réside en soi, ou de cette mémoire immédiate (sans médiations techniques) et qu'on dit pour cela « par cœur ».*

Dans la scène égyptienne campée par Socrate, le petit dieu Theuth, ou Toth, tente de faire agréer par le grand dieu Thamous sa dernière trouvaille, l'écriture, qu'il vante en expliquant qu'elle soulagera la mémoire des hommes. Mais le roi lui oppose qu'elle ne produira que des opinions et non pas la science désirée, source de vérité. L'écriture, argumente Toth, étendra démesurément la portée des messages ; à quoi Thamous rétorque : « Tu ne télécommuniqueras pas... » Le message qui voyage loin de sa source risque l'errance, et la déformation ; son auteur n'est plus là pour assister un sens désormais orphelin.

En bref l'écriture concentre les risques impliqués dans tout signifiant, ou dans la technique en général : l'auxiliarité, avec le possible retournement de la hiérarchie naturelle (la représentation suppléant la présence) ; le mort saisissant le vif (la monumentalité figée de l'écriture est oubli de la « vie ») ; l'impersonnalité (aucune signature ne peut dominer durablement un texte), et une errance constitutive : le message écrit s'en ira rouler au hasard des rencontres et des interprétations, comme un « fils bâtard » et meurtrier de son père (le logos *lié à la parole vive)...*

Jusqu'à quel point ce dialogue plusieurs fois enchâssé en lui-même (on lira les détails de la complexe scénographie du Phèdre *dans le commentaire de Jacques Derrida) représente-t-il la pensée de Platon ? L'auteur des* Dialogues *entendait-il blâmer l'écriture dans les mêmes termes que Thamous ? Et de quel œil regardait-il « croître ces fragiles jardins » ? Sans pouvoir traiter ici cette question, on peut remarquer l'ambivalence de Platon à cet égard, et sa position historique de transition entre deux paradigmes. Jusqu'au ve siècle avant Jésus-Christ, rappellent Barry Sanders et Ivan Illich, l'éducation athénienne fut purement orale, musicale et gymnique. « Son pivot était la* mousikè : *les élèves s'exerçaient à la récitation et à l'improvisation de poèmes, pratiquaient la rhétorique rythmique, apprenaient à jouer d'instruments à cordes et à vent, étaient formés au chant et à la danse*[1]*. » De sorte qu'au temps de Platon, des érudits pouvaient encore réciter par cœur l'épopée homérique ! (Comme nous l'apprend le dialogue* Ion.*) Platon fut le premier auteur grec mal à l'aise dans son rôle, le premier (soulignent Illich et Sanders) à écrire tout en s'inquiétant de trahir ainsi la parole : « Il se désolait de l'effet qu'exerçait l'alphabet sur ses élèves. [...] Avant lui, cette défiance à l'égard de l'alphabet s'était reflétée dans le* Prométhée enchaîné *d'Eschyle ; Zeus y châtiait Prométhée d'avoir apporté aux hommes l'alphabet, "l'art de la combinaison des lettres, mère créatrice des Muses, au moyen duquel garder toutes choses en mémoire". Zeus avait engendré des filles dans la fontaine de Mnémosyne afin qu'elles bouillonnent et s'écoulent, non pour qu'elles soient enfermées dans l'écrit »* (ibid.).

Il est frappant que ce face-à-face exemplaire de Theuth et de Thamous, et la réponse du roi des dieux, aient (grâce à l'écriture) traversé l'histoire, où les mêmes arguments seront périodiquement repris : contre la rhétorique et la sophistique, contre les auxiliaires mécaniques du calcul ou de la combinatoire (la « charactéristique » de Leibniz), contre les idéogrammes (cf. ci-dessous le texte de Hegel), comme aujourd'hui contre l'informatique, les logiciels et les « mémoires artificielles » des ordinateurs.

Mais la même histoire montre aussi que c'est par la longue chaîne des inscriptions, et aujourd'hui par les écrans, que progressent les sciences et la raison graphique. *La position résumée par Thamous (sinon par Platon) constitue donc une dénégation des conditions réelles de production de la pensée (cf.* infra *au chapitre* VI *les textes « médiologiques » de Jack Goody et de Bruno Latour).*

Source : *Platon,* Phèdre, *traduction de Léon Robin, in* Œuvres complètes, *Gallimard, coll. « Bibliothèque de la Pléiade », tome 2, Paris, 1950. Une nouvelle édition du* Phèdre *est disponible, dans la traduction et avec l'introduction et les notes de Luc Brisson, chez Garnier-Flammarion, Paris, 1989. Elle inclut l'essai de Jacques Derrida sur* Phèdre, *« La Pharmacie de Platon ».*

Bibliographie : *Jacques Derrida,* la Dissémination, *Le Seuil, Paris, 1972.*

Quatrième partie
L'invention de l'écriture : mythe de Theuth

SOCRATE : Alors, tenons-nous donc pour satisfaits en ce qui concerne dans les discours, la présence ou l'absence d'art. – PHÈDRE : Sans aucun doute ! – SOCRATE : Ce qui nous reste maintenant, n'est-il pas vrai ? c'est, concernant la convenance ou la non-convenance de l'œuvre écrite, d'examiner dans quelles conditions il serait beau que se produisît une telle œuvre et dans quelles conditions cela ne siérait pas. – PHÈDRE : Oui. – SOCRATE : Eh bien ! sais-tu, concernant les discours, quelles seront en action ou en parole, les conditions les meilleures pour plaire à la Divinité ? – PHÈDRE : Pas du tout ! Et toi ? (*c*) – SOCRATE : Je suis à même, du moins, de dire une tradition orale de l'Antiquité. Or, le vrai, ce sont les

1. Ivan Illich et Barry Sanders, *ABC : l'alphabétisation de l'esprit populaire,* La Découverte, Paris, 1990, pp. 30-31.

Anciens qui le savent: si c'était quelque chose que nous fussions capables de trouver par nous-mêmes, aurions-nous encore, en vérité, quelque souci des croyances passées de l'humanité? – PHÈDRE: Risible question! Mais dis-moi ce que tu prétends avoir entendu raconter. – SOCRATE: Ce qu'on m'a donc conté c'est que, dans la région de Naucratis en Égypte, a vécu un des antiques Dieux de ce pays-là, celui dont l'emblème consacré est cet oiseau qu'ils nomment l'ibis, et que Theuth est le nom de ce Dieu; c'est lui, me disait-on, qui le premier inventa le nombre et le calcul, la géométrie et l'astronomie, (*d*) sans parler du trictrac et des dés, enfin précisément les lettres de l'écriture. Or, d'autre part l'Égypte entière avait pour roi en ce même temps Thamous, qui résidait dans la région de cette grande ville du haut pays que les Grecs appellent Thèbes d'Égypte, comme Thamous est pour eux le Dieu Ammon. Theuth, s'étant rendu près du roi, lui présenta ses inventions, en lui disant que le reste des Égyptiens devrait en bénéficier. Quant au roi, il l'interrogea sur l'utilité que chacune d'elles pouvait bien avoir, et, selon que les explications de l'autre lui paraissaient satisfaisantes ou non, (*e*) il blâmait ceci ou louait cela. Nombreuses furent assurément, à ce qu'on rapporte, les observations que fit Thamous à Theuth, dans l'un et l'autre sens, au sujet de chaque art, et dont une relation détaillée serait bien longue. Mais, quand on en fut aux lettres de l'écriture: «Voilà, dit Theuth, la connaissance, ô Roi, qui procurera aux Égyptiens plus de science et plus de souvenirs; car le défaut de mémoire et le manque de science ont trouvé leur remède!» À quoi le roi répondit: «Ô Theuth, découvreur d'arts sans rival, autre est celui qui est capable de mettre au jour les procédés d'un art, autre celui qui l'est, d'apprécier quel en est le lot de dommage ou d'utilité pour les hommes appelés à s'en servir! (*a*) Et voilà maintenant que toi, en ta qualité de père des lettres de l'écriture, tu te plais à doter ton enfant d'un pouvoir contraire de celui qu'il possède. Car cette invention, en dispensant les hommes d'exercer leur mémoire, produira l'oubli dans l'âme de ceux qui en auront acquis la connaissance en tant que, confiants dans l'écriture, ils chercheront au-dehors, grâce à des caractères étrangers, non point au-dedans et grâce à eux-mêmes, le moyen de se ressouvenir; en conséquence, ce n'est pas pour la mémoire, c'est plutôt pour la procédure du ressouvenir que tu as trouvé un remède. Quant à la science, c'en est l'illusion, non la réalité, que tu procures à tes élèves: lorsqu'en effet, avec toi, ils auront réussi, sans enseignement, à se pourvoir d'une information abondante, ils se croiront compétents en une quantité de choses, (*b*) alors qu'ils sont, dans la plupart, incompétents; insupportables en outre dans leur commerce, parce que, au lieu d'être savants, c'est savants d'illusion qu'ils seront devenus!»

Enseignement écrit et enseignement parlé

PHÈDRE: Il ne te coûte guère, Socrate, de composer des discours égyptiens, comme de tout autre pays qu'il te plairait! – SOCRATE: Les prêtres du temple de Zeus à Dodone ont bien assuré que c'est d'un chêne que sont sorties les premières prophéties! Ainsi, les gens de ce temps-là, parce qu'ils n'étaient pas des savants comme vous autres, les modernes, se contentaient dans leur naïveté, d'écouter la voix d'un chêne ou d'une pierre, pourvu seulement que cette voix fût véridique (*c*) mais, pour toi, l'important, probablement, c'est qui est celui qui parle, de quel pays est-il! Car ce que tu envisages, ce n'est pas uniquement de savoir si les choses sont comme cela, ou bien autrement. – PHÈDRE: Tu as bien fait de me gronder, et, sur la question de l'écriture les choses sont, à mon avis, exactement comme le dit ton roi de Thèbes! – SOCRATE: C'est donc que s'imaginer avoir, dans des lettres d'écriture, laissé derrière soi une connaissance technique, recevoir à son tour cela comme si, de ces lettres, il devait sortir quelque chose de clair et de solide, c'est avoir plus que son plein de naïveté, c'est véritablement méconnaître l'oracle d'Ammon, (*d*) d'aller croire que des paroles écrites ont plus de prix que l'acte, pour celui qui connaît la question dont traite l'écrit, de se ressouvenir de ce qu'il sait. – PHÈDRE : Rien de plus juste ! – SOCRATE : Ce qu'il y a même en effet, sans doute, de terrible dans l'écriture, c'est, Phèdre, sa ressemblance avec la peinture : les rejetons de celle-ci ne se présentent-ils pas comme des êtres vivants, mais ne se taisent-ils pas majestueusement quand on les interroge ? Il en est de même aussi pour les discours écrits : on croirait que ce qu'ils disent, ils y pensent ; mais, si on les interroge sur tel point de ce qu'ils disent, avec l'intention de s'instruire, c'est une chose unique qu'ils donnent à comprendre, une seule, toujours la même ! D'autre part, une fois écrit, chaque discours s'en va rouler de tous côtés, (*e*) pareillement auprès des gens qui s'y connaissent, comme, aussi bien, près de ceux auxquels il ne convient nullement ; il ignore à quelles gens il doit ou ne doit pas s'adresser. Mais, quand il est aigrement critiqué, injustement vilipendé, il a toujours besoin du secours de son père, car il est incapable tout seul et de se défendre et de se porter secours à lui-même. – PHÈDRE : Voilà qui, encore, ne peut être plus justement dit !

– SOCRATE : Mais quoi ? y a-t-il lieu pour nous de jeter les yeux (*a*) sur un autre discours, frère légitime du précédent, pour voir dans quelles conditions il se produit, et de combien, en grandissant, il est meilleur que l'autre et a plus de pouvoir ? – PHÈDRE : De quel discours veux-tu parler, et se produisant dans quelles conditions ? – SOCRATE : De celui qui, accompagné de savoir, s'inscrit dans l'âme de celui qui s'instruit, du discours qui est capable de se défendre lui-même et qui, d'autre part, a connaissance de ceux auxquels il doit s'adresser ou devant qui il doit se taire. – PHÈDRE : Tu veux dire le discours de celui qui sait, un discours vivant et animé, dont le discours écrit serait, à bon droit, appelé un simulacre ? – SOCRATE : Hé ! oui, parfaitement ! (*b*) Réponds-moi maintenant sur le point que voici : le cultivateur intelligent, qui aurait des semences auxquelles il s'intéresse et qu'il souhaite voir fructifier, se réjouirait-il sérieusement de les voir mises en terre en plein été dans un jardin d'Adônis, rendre celui-ci magnifique en huit jours ? Ou bien ne serait-ce pas justement dans l'intention de s'amuser aussi bien que de participer aux Fêtes, qu'il le ferait, aussi souvent qu'il s'y déciderait ? S'il y en avait au contraire dont il eût sérieusement souci, alors, après les avoir semées, conformément à l'art de la culture, dans un terrain approprié, ne se féliciterait-il pas qu'au bout de huit mois tous ses semis eussent atteint leur terme ? (*c*) – PHÈDRE : C'est bien ainsi, je pense, qu'il ferait, Socrate, pour les semences dont il se soucie, et, pour les autres, d'une façon différente, celle que tu dis. – SOCRATE : Or, de l'homme qui possède la science de ce qui est juste, celle de ce qui est beau, celle de ce qui est bon, devons-nous dire que, eu égard aux semences qui sont les siennes, il a moins d'intelligence que n'en a le cultivateur ? – PHÈDRE : Pas le moins du monde, en vérité ! – SOCRATE : Ce n'est donc pas sérieusement qu'il ira les *écrire sur de l'eau,* en les semant dans une eau noire, au moyen d'un roseau, avec des discours qui, impuissants, par le discours, à se porter secours à eux-mêmes, sont d'autre part impuissants à enseigner comme il faut la vérité. – PHÈDRE : Il n'est du moins certes pas vraisemblable qu'il le fasse ! (*d*) – SOCRATE : Non, effectivement ! Ces jardins en lettres d'écriture, il les ensemencera, il les écrira, en vue, bien plutôt, de se divertir. Quand, d'ailleurs, il lui arrive d'écrire, c'est que, en constituant ainsi une réserve de remémoration, pour lui-même s'il parvient jusqu'à la vieillesse qui oublie, que, comme pour quiconque s'engage à sa suite dans la même voie, il trouvera de l'agrément à regarder croître ces fragiles jardins.

La Sophistique
(1982)

BARBARA CASSIN
(née en 1947)

La sophistique tend à la philosophie l'image renversée de son double, ou de son diable.

Platon et Aristote raisonnaient dans le cadre d'une onto-logie, c'est-à-dire d'une parole qui porte d'abord – et exclusivement – sur l'être. Cet être précède le langage, qui à l'occasion le dévoile. Cette conception référentielle limitait la parole à parler de*; elle n'envisageait pas d'autres jeux de langage, comme l'allocution, ou la persuasion, toutes les fois que l'on* parle à, *et que l'efficacité l'emporte sur la question de la vérité. Ou que l'instauration d'une* relation *importe plus que le* contenu *du discours.*

Le premier mérite des sophistes est d'avoir pratiqué, et réfléchi sur, ces jeux verbaux, que l'ontologie platonico-aristotélicienne rejetait dans l'agitation du non-être. «C'est parce que les mots ont une essence que les mots ont un sens», écrit Pierre Aubenque[1] pour résumer cet ancrage nécessaire du langage dans l'ontologie (nécessaire dans le cadre aristotélicien, sous peine de glisser dans l'immoralité et le bavardage sophistiques). Les sophistes ont décroché la parole de l'être, et ils ont du même coup imprimé à la réflexion philosophique ce qu'on a appelé au XXe siècle un linguistic turn. *Ils ont dispersé la pensée en lui révélant son médium (la parole), et quelques-uns de ses médias. Ils ont dit, non que le logos dévoilait l'être, mais que ce logos était dans l'âme comme un «pharmakon», un remède qui pouvait tourner au poison, question de dosage, de complexion ou d'occasion. Et que la parole circulait dans la cité pour y produire de l'influence, au tribunal comme dans les affaires internationales ou sur l'agora, voire de l'argent dans les affaires tout court.*

Ces maîtres de la parole se préoccupaient certes des conditions de la vérité, mais aussi des autres intérêts qui débordent largement celle-ci. La vérité (définie comme adéquation du discours et de l'être, ou comme dévoilement) vacille par exemple si l'on remarque que les mots produisent quelquefois les choses, et que dire *peut conduire à* faire *(un contrat, ou un traité de paix...). Mais s'il arrive donc que la parole enrichisse l'être, dans le performatif (cf.* infra *chapitre III) comme dans le poétique (du grec* poiein, *qui veut dire faire), ne faut-il pas changer d'ontologie ? Depuis les sophistes, les questions de sémiologie et de pragmatique, c'est-à-dire de communication, provoquent la philosophie.*

Barbara Cassin, qui a dirigé le colloque de Cerisy consacré à la sophistique, est chercheur au C.N.R.S.

Source: *Article paru dans l'*Encyclopaedia Universalis.
Bibliographie: *Barbara Cassin (sous la direction de),* Positions de la sophistique, *Vrin, Paris, 1986;* le Plaisir de parler, *Minuit, Paris, 1986.*

La sophistique est d'abord ce mouvement de pensée qui, à l'aube présocratique de la philosophie, séduisit et scandalisa la Grèce entière. Hegel qualifie les premiers sophistes, dans l'Athènes de Périclès, de «maîtres de la Grèce»: au lieu de méditer sur l'être comme les Éléates, ou sur la nature comme les physiciens d'Ionie, ils choisissent d'être des éducateurs professionnels, étrangers itinérants qui font commerce de leur sagesse, de

1. Pierre Aubenque, *Aristote et le problème de l'être*, PUF, 2e éd., Paris, 1966.

leur culture, de leurs compétences, comme les hétaïres de leurs charmes. Mais ce sont aussi des hommes de pouvoir, qui savent comment persuader des juges, retourner une assemblée, mener à bien une ambassade, donner ses lois à une cité nouvelle, former à la démocratie, bref, faire œuvre politique. Cette double maîtrise a sa source unique dans la maîtrise du langage, sous toutes ses formes, de la linguistique (morphologie, grammaire, synonymique) à la rhétorique (étude des tropes, des sonorités, de l'à-propos du discours et de ses parties). Mais les avatars de la transmission n'ont laissé subsister jusqu'à nous que fort peu de fragments originaux, d'ailleurs enchâssés dans des témoignages ou des interprétations visant à les disqualifier. Reconstituer les thèses et les doctrines relève d'une paléontologie de la perversion, puisque les mêmes textes sont source de notre connaissance et de notre méconnaissance de la sophistique.

C'est ici que la structure vient relayer l'histoire : la sophistique est un produit de la philosophie. La tradition dominante, platonico-aristotélicienne, construit en effet avec la sophistique un double d'autant plus inquiétant qu'il est plus difficile à distinguer d'elle-même, comme le loup du chien et la mauvaise intention de la bonne. La philosophie institue ainsi ses propres limites et tente de forclore, comme « sophisme » par exemple, tout autre discours que le sien : « Ceux qui se posent la question de savoir s'il faut ou non honorer les dieux et aimer ses parents n'ont besoin que d'une bonne correction, et ceux qui se demandent si la neige est blanche ou non n'ont qu'à regarder » (Aristote, *Topiques*, I, 105 a 5-7).

Dans cette perspective, on comprend l'intérêt qu'il y a à étudier les retours de la chose sophistique, la manière dont elle ne cesse de déjouer la censure philosophique, particulièrement avec le mouvement qui se désigne lui-même, en pleine période impériale, soit cinq siècles après Protagoras et Gorgias, comme « seconde sophistique ». Autre chose que la philosophie, que la métaphysique de Platon et d'Aristote jusqu'à Hegel, et pourtant rien de purement et simplement irrationnel : voilà pourquoi la sophistique est un enjeu toujours actuel. Bien entendu, on ne cesse de la tirer d'un côté ou de l'autre : première ébauche de l'*Aufklärung*, premier existentialisme tragique. Mais, à travers les contradictions de la critique, l'hétérodoxie sophistique fait encore percevoir le caractère d'artefact de la frontière entre rationnel et irrationnel.

La constitution de l'objet sophistique

H. DIELS ET W. KRANZ, puis M. Untersteiner ont rassemblé les fragments des sophistes. De ces grands ensembles ressort la minceur du corpus authentique, c'est-à-dire attribuable *expressis verbis* à l'un des sophistes. Il comporte deux lignes de force bien visibles : l'œuvre de Gorgias, avec l'ontologie, ou la méontologie, du *Traité du non-être*, la rhétorique de l'*Éloge d'Hélène* et de l'*Apologie de Palamède*, et celle d'Antiphon, avec les préoccupations éthiques et politiques du papyrus *Sur la vérité*. Cependant, les fragments conservés ne sont rien face à l'ampleur des témoignages qu'ils ont suscités. De Protagoras, qui fut, dit-on, le premier des sophistes, on ne possède somme toute que deux phrases. Mais la plus célèbre d'entre elles, qu'on a l'habitude de rendre par : « L'homme est la mesure de toutes choses : de celles qui sont, qu'elles sont, de celles qui ne sont pas, qu'elles ne sont pas », a, de façon paradigmatique, pour contexte de transmission ou d'interprétation, rien moins, entre autres, que le *Théétète* de Platon et le livre gamma de la *Métaphysique* d'Aristote.

Ainsi le dialogue entre Socrate et Théétète accrédite sans doute à jamais le sens relativiste et subjectiviste de la proposition de Protagoras : si la vérité se réduit pour chacun à l'opinion qui traduit sa sensation, Protagoras aurait à ce compte aussi bien fait de dire que « la mesure de toutes choses, c'est le cochon, ou le cynocéphale ». De l'ensemble des dialogues de Platon se dégage alors la figure désormais traditionnelle de la sophistique. Elle est déconsidérée sur tous les plans – ontologique : le sophiste ne s'occupe pas de l'être, mais se réfugie dans le non-être et l'accident ; logique : il ne recherche pas la vérité ni la rigueur dialectique, mais seulement l'opinion, la cohérence apparente, la persuasion, et la victoire dans la joute oratoire ; éthique, pédagogique et politique : il n'a pas en vue la sagesse et la vertu, pas plus pour l'individu que pour la cité, mais il vise le pouvoir personnel et l'argent ; littéraire même, puisque les figures de son style ne sont que les boursouflures d'un vide encyclopédique. À mesurer la sophistique à l'aune de l'être et de la vérité, il faut la condamner comme pseudo-philosophie : philosophie des apparences et apparences de la philosophie.

À son tour, Aristote réfute ceux qui prétendent avec Protagoras que « tous les phénomènes sont vrais » et qui croient pouvoir ainsi refuser de se soumettre au principe de non-contradiction : c'est tout simplement qu'ils confondent, comme Héraclite, la pensée avec la sensation et la sensation avec l'altération. Or se fier exclusivement au sensible et à la sensation, et chercher à traduire en mots fidèles ce devenir incessant, ne saurait mener qu'à la contradiction, aux paradoxes, au silence même, comme celui de Cratyle, qui se contente de bouger simplement le doigt. Du coup, Aristote ne se satisfait pas de réduire la sophistique à l'ombre, nuisible, portée par la philosophie : il élabore une véritable stratégie d'exclusion. Car le sophiste, s'il persévère dans sa prétendue phénoménologie, se condamne au mutisme ; et, s'il prétend encore parler, il parle alors pour ne rien dire, « pour le plaisir de parler », en faisant tout simplement du bruit avec sa bouche. S'il est possible en effet de déjouer la plupart des sophismes en distinguant les significations, grâce aux catégories par exemple, ou en dissipant les homonymies et les amphibolies, il faut renoncer à réfuter ceux qui se placent seulement sur le plan de « ce qui est dit dans les sons de la voix et dans les mots », sur le plan du signifiant : ceux-là, on ne peut que les réduire à l'insignifiance. Aristote, en faisant équivaloir exigence de non-contradiction et exigence de signification, parvient à marginaliser les réfractaires et à les reléguer, « plantes qui parlent », aux confins non seulement de la philosophie, mais de l'humanité.

L'effet sophistique

De l'ontologie à la logologie

Si la philosophie veut réduire la sophistique au silence, c'est sans doute parce que, à l'inverse, la sophistique produit la philosophie comme un fait de langage. [...]

L'effet de limite ou de catastrophe produit par la sophistique consiste à montrer que, si le texte de l'ontologie est rigoureux, c'est-à-dire s'il ne constitue pas un objet d'exception par rapport à la législation qu'il instaure, alors c'est lui qui se contredit.

Au lieu de l'ontologie, qui n'est plus qu'une possibilité discursive parmi d'autres, purement et simplement auto-légitimée, le sophiste propose dans ses « performances » (*epideixeis*) quelque chose comme une « logique », pour reprendre un terme de Novalis, où l'être, pour autant qu'il est, n'est jamais qu'un effet de dire. On le vérifiera sur *l'Éloge d'Hélène*, qui, loin de nous présenter adéquatement Hélène de Troie, la « face de chienne » deux fois traîtresse qui mit la Grèce à feu et à sang dans le réel de la guerre et des poèmes homériques, lâche dans le devenir (Euripide, Isocrate, Dion Chrysostome jusqu'à Offenbach, Claudel et Giraudoux) une Hélène innocente, contrainte, en particulier, par ce « grand tyran qui, au moyen du plus minuscule et du plus imperceptible des corps, parachève les œuvre les plus divines » : le logos.

La sophistique, si c'est un jeu, est un producteur de monde comme celui de l'enfant héraclitéen.

De la physique à la politique

Le monde ainsi produit, c'est d'abord ce que Jacob Burckhardt nommait « le système le plus bavard de tous » : la cité grecque. La sophistique a déconstruit l'identité de l'être et de la nature, l'immédiateté de leur présence et, avec elles, l'évidence d'une parole qui aurait à charge de les dire adéquatement. Dès lors, l'identité ne peut plus apparaître que comme le résultat d'une procédure, qu'il s'agisse de la quadrature du cercle ou de ce substitut du *kosmos* qu'est la cité : au physique que la parole découvre se substitue le politique que le discours crée. Cette nouvelle identité ne constitue pas une unité d'unicité, sur le modèle de la sphère de Parménide ; elle ne hiérarchise pas les différences, comme dans la république platonicienne, qui est structurée comme un organisme, ni ne les réduit à l'indistinction d'une sympathie entre amis, comme dans l'éthique aristotélicienne ; c'est au contraire le résultat toujours précaire d'une opération rhétorique de persuasion, qui produit pour l'occasion une unité faite tout entière de différences.

Le discours sophistique, en effet, est à l'âme ce que le *pharmakon*, remède/poison, est au corps : il induit un changement d'état pour le meilleur ou pour le pire. Mais le sophiste, comme le médecin, sait utiliser le *pharmakon* et peut transmettre ce savoir ; il sait et enseigne comment faire passer non pas selon la bivalence du principe de non-contradiction, de l'erreur à la vérité ou de l'ignorance à la sagesse, mais, selon la pluralité inhérente au comparatif, d'un état moins bon à un état meilleur. Protagoras, qui professe la vertu, le dit par la bouche de Socrate qui alors le défend : « C'est d'une disposition à la disposition qui vaut mieux que doit se faire le passage, mais le médecin produit ce passage par les drogues, le sophiste par des discours » (*Théétète*, 167 a).

Ainsi peut-on à chaque fois discursivement atteindre ce que Gorgias et, surtout, Antiphon nomment *homologia*, ou *homonoia*, à la fois accord, consensus et concorde. C'est tout d'abord la loi elle-même qui par différence d'avec la nature, est par essence un tel accord (Antiphon) ; et la Grèce quant à elle se distingue par la loi qui prescrit aux citoyens de prêter le serment d'accord, c'est-à-dire le serment d'obéissance aux lois. Cette réunion, qui contracte les dissensus, non seulement constitue explicitement le modèle des relations entre cités et du rapport entre citoyens d'une même cité, mais aussi elle sert à penser jusqu'à l'harmonie conflictuelle et temporalisée qui est constitutive de chaque individu.

Devant le calcul du meilleur, du plus utile, « la frontière entre bien et mal s'efface : c'est là le sophiste » (Nietzsche, *Fragments posthumes*). C'est ainsi qu'on peut expliquer le paradoxe d'une sophistique tantôt tyrannique et tantôt démocrate, tantôt cynique, sadienne, révolutionnaire et tantôt conformiste et conservatrice. [...]

L'identité des individus et des conduites se trouvant ainsi diffractée, on conçoit que le même Antiphon puisse proposer comme modèle de rhétorique judiciaire des *Tétralogies*, c'est-à-dire des séries de quatre discours : une accusation, une défense, une nouvelle accusation qui tient compte de la première défense, puis une ultime défense, chacune proposant son récit et sa version d'une même action selon les exigences instantanées de la tactique.

À la destitution de l'identité ontologique succède avec la pratique rhétorique la construction d'une identité politique qui tient compte de la diversité des opinions. Simultanément, la morale fondée sur une vertu ou un bien unique comme la vérité est relayée par la considération des conduites effectives et le souci du meilleur, empreint d'un vécu de la finitude.

De la philosophie à la littérature

La première sophistique a perdu la guerre philosophique: Platon et Aristote l'ont réduite au *pseudos* (non-être, faux, falsification) et reléguée au statut de mauvaise rhétorique, vide de sens. Expulsion réussie: la seconde sophistique appartiendra donc non pas au corpus des philosophes, mais à celui des orateurs; si on ne lui marchande plus guère une existence réelle, isolable, force est de constater que l'importance qu'on lui accorde n'est jamais qu'historique ou littéraire. Mais la seconde sophistique retourne, avec Philostrate qui en signe l'acte de naissance, l'accusation de *pseudos* contre la philosophie elle-même. Pour Philostrate, répondant au *Phèdre* de Platon, l'ancienne sophistique est une «rhétorique philosophante» (*Vies des sophistes*, I, 480) et seuls les meilleurs philosophes peuvent accéder au nom et au statut de sophiste: alors que la sophistique se définissait au livre gamma de la *Métaphysique* de «paraître philosophie, sans l'être», ce sont maintenant les philosophes «qui ne sont pas sophistes, mais le paraissent seulement» (*ibid.*, 484). [...]

Aussi bien le paradigme de la vérité s'en trouve-t-il transformé. La sophistique ne se mesure plus avec l'authenticité philosophique, mais bien plutôt désormais avec l'exactitude du fait historique. C'est maintenant le regard historien qui porte sur la sophistique et sur sa parentèle philosophique et littéraire, l'accusation de *pseudos*. De ce nouveau conflit témoigne par exemple le texte de Lucien intitulé *Comment écrire l'histoire*: l'historien, dont le jugement doit être un «miroir brillant sans tache et bien centré», s'oppose point par point au poète qui, lui, à la différence de Thucydide, a le droit de «renverser d'un trait de plume la forteresse des Épipoles». L'historien se définit de n'être pas romancier. Cependant Lucien fait de la sophistique sur la sophistique elle-même; son ironie, dans l'*Histoire véritable*, parvient à mettre en abîme sa propre pratique: «Je décidais de mentir, mais avec plus d'honnêteté que les autres, car il est un point sur lequel je dirai la vérité, c'est que je raconte des mensonges.» Jouant ainsi du paradoxe du menteur, l'histoire «véritable» oppose à l'histoire des chroniqueurs et au récit fidèle des événements la force inégalable de l'invention.

La première sophistique, face à la philosophie, préfère au discours conforme à l'étant, ou à l'être de l'étant, un discours créateur de consensus. C'est ce déplacement même, de l'adéquation au consensus politique et culturel, qui se répercute dans le déplacement de l'opposition pertinente: histoire, et non plus philosophie, face à la seconde sophistique. On passe ainsi de l'ontologie aux sciences humaines et de la sophistique à la littérature.

La postérité de la sophistique

L'HISTOIRE DE LA PHILOSOPHIE, métaphysique de l'être et du sens, est d'abord platonico-aristotélicienne. C'est dire qu'elle a dû contribuer à mésentendre, circonvenir ou reléguer l'hétérodoxie sophistique.

En premier lieu, on peut facilement montrer que les réévaluations successives qu'a connues la sophistique ne sont, somme toute, que des mises en éloge des dévalorisations primitives: elles consistent à affecter d'un signe positif ce que Platon stigmatise. Ainsi s'explique, par exemple, le caractère paradoxal de quelques positions modernes, qui continuent d'utiliser le terme «sophisme» au sens usuel depuis Platon tout en proposant une «réhabilitation des sophistes». Le tour est vite fait. Sur le plan théorique, les sophistes traitent du non-être et des phénomènes ou des accidents: Hegel dans ses *Leçons sur l'histoire de la philosophie,* montre combien Gorgias a logiquement raison d'insister sur le non-être de l'être et comment Protagoras inaugure «la réflexion dans la conscience». Sur le plan pratique, les sophistes platoniciens sont immoraux, préférant la puissance et l'argent: Nietzsche, renversant les valeurs, fait l'éloge de Calliclès, non sans proposer, cette fois à la suite d'un certain Platon, de revenir sur «le cas Socrate» dans toute son ambivalence. Enfin, leur savoir-faire rhétorique si pernicieux est valorisé comme politiquement nécessaire au bon fonctionnement des assemblées de la démocratie, ainsi que le souligne George Grote, et, selon l'analyse de Heinrich Gomperz, comme porteur de normes esthétiques et pédagogiques. [...]

Ce rejet du «parler pour parler», d'abord créé par Aristote pour stigmatiser la résistance sophistique, est structurellement nécessaire aux modernes théories du consensus. Pour K. O. Apel, celui qui refuse de se plier aux «règles du jeu de langage transcendantal» (Aristote disait: «de signifier quelque chose pour soi-même et pour autrui») doit le payer «par la perte de l'identité de soi comme agent sensé, dans le suicide» ou la «paranoïa autistique» («La Question d'une fondation ultime de la raison», in *Critique*, p. 926, oct. 1981): les plantes qui parlent s'en vont à la morgue ou à l'asile. De son côté, J. Habermas souligne que «la robinsonnade muette» du sceptique conséquent est pratiquement intenable (*Morale et communication,* trad. Bouchindhomme, p. 117, Paris, 1987): de même, pour Aristote, on ne voit pas celui qui refuse le principe de non-contradiction conformer sa pratique à sa théorie, pour marcher «droit au puits ou au précipice» comme s'il croyait pareillement qu'il soit «bon ou non bon» d'y tomber (*Métaphysique,* Gamma, 4, 1008 b 15-17).

Le *logos* sophistique est ainsi d'une manière ou d'une autre toujours rapporté à cela même qu'il cherche à circonvenir ou à catastropher: l'être et la parole de l'être, identique ou adéquate. Pour tenter de rendre justice à la sophistique, il faudrait au moins accepter de considérer, par-delà les oppositions entre philosophie et rhétorique, sens et non-sens, ses prestations logiques comme autant de prises de position sagaces contre l'ontologie: la sophistique comme esquive du métaphysique et alternative, dès les présocratiques, à la lignée classique, parménido-hégélienne, de la philosophie.

La sophistique, refoulée comme non-sens, oblige à reconsidérer les limites du concept de sens: aussi ne s'étonnera-t-on pas de trouver l'un des points de retour les plus marquants du *logos* sophistique dans la psychanalyse. Freud, comme toute la tradition philosophique, s'est engouffré dans l'exigence aristotélicienne du sens. Il n'est pas un trait de la théorie et de la pratique analytiques qui n'en puisse témoigner: symptôme, mais aussi bien rêve, lapsus, acte manqué, mot d'esprit ne deviennent qu'à ce prix objets de la psychanalyse. L'inconscient lui-même, dont ils sont les formations plus ou moins directes, ne doit son statut d'« hypothèse nécessaire et légitime » qu'à un « gain de sens et de cohérence » (*Métapsychologie*, trad. J. Laplanche et J.-B. Pontalis, pp. 66-67, Paris, 1968). Le projet freudien consiste à étendre de façon virtuellement infinie le domaine du sens de sorte qu'y puisse rentrer ce qui fut toujours considéré comme insensé : dans cette perspective, la définition récurrente du mot d'esprit comme « sens dans le non-sens » pourrait servir à définir le projet freudien tout entier.

Dans *le Mot d'esprit et ses rapports avec l'inconscient*, l'une des catégories les plus importantes mises en place à travers les tentatives de taxinomie se trouve être, justement, celle de « sophisme ». La position freudienne à l'égard du sophisme apparaît alors, d'un terme que seule la réflexion de Freud sur la non-contradiction permet d'introduire, ambivalente. Le sophisme ou mot d'esprit sophistique est simultanément dévalorisé sans appel comme faute de raisonnement, non-sens, relevant d'une activité régressive, infantile, toxicomaniaque, névrotique, voire psychotique, et valorisé sans cesse et malgré tout comme plaisir : plaisir pensé non sans mal en termes économiques comme « épargne », mais aussi plaisir de jouer avec les mots et avec les sons (de « gorgianiser », comme disait Aristophane), et surtout plaisir, au plus proche de l'essentiel de la sophistique, que l'esprit sait prendre en lui-même, « à sa propre activité » (*le Mot d'esprit*, trad. M. Bonaparte et M. Nathan, p. 155, Paris, 1930). Le sophisme dit ainsi la vérité du désir et délivre du joug de « la raison critique » : c'est un exercice de liberté. Si le sophisme devient finalement « le truchement de la vérité », c'est qu'il prône au moyen de la levée de l'inhibition, au lieu de la « vérité philosophique », cette vérité plus vraie qu'est, aux yeux de Freud, l'expression de l'inconscient.

Lorsque Jacques Lacan réfléchit à son tour sur la pratique psychanalytique du langage, pharmaceutique s'il en est, et coûteuse ou payante, il retrouve l'opposition entre ontologie et logologie : « Je me distingue du langage de l'être. Cela implique qu'il puisse y avoir fiction de mot. Je veux dire à partir du mot » (*le Séminaire*, livre XX, *Encore*, p. 107 Paris, 1975). Davantage, si l'être est un « effet de dire », un « fait de dit » (*ibid.*, p. 107), alors il faut distinguer la dimension du signifiant; de même que la logologie ne procède pas de l'être au dire, mais du dire à l'être, on n'ira pas du signifié au signifiant, mais à l'inverse : « Ce qu'on entend, c'est le signifiant. Le signifié, c'est l'effet du signifiant » (*ibid.*, p. 34). Car la grande ressource du signifiant, c'est de brouiller la certitude du sens, qui se définit de son unicité, en jouant sur l'équivoque, l'homonymie, l'amphibolie, armes recensées depuis Aristote comme perversions sophistiques. Ainsi, de Gorgias à Lacan, sommes-nous transportés dans un monde où « il n'y a que de l'entendre » (*Traité du non-être*, 980 b 9). Aristote définissait le sophiste par son art de « parler pour (le plaisir de) parler ». Lacan définit la psychanalyse comme Aristote la sophistique, mais avec une inversion révélatrice des siècles aristotéliciens : « La psychanalyse, à savoir l'objectivation de ce que l'être parlant passe encore du temps à parler en pure perte » (*Encore*, p. 79).

La perte et le profit constitutifs d'une autonomie discursive, c'est-à-dire d'un *logos* alternatif par rapport à la logique platonico-aristotélicienne qui n'a cessé d'être la nôtre, voilà ce que la sophistique, en philosophie, en politique, en littérature, pourrait à sa manière, contribuer à faire percevoir.

De la servitude volontaire

(vers 1550)

ÉTIENNE DE LA BOÉTIE
(1530-1563)

Ce texte fulgurant, conçu par un jeune homme qui n'avait pas vingt ans, lance à travers l'histoire un cri qui dépasse d'emblée les circonstances de sa rédaction (en 1549, la Guyenne a été le théâtre d'une sauvage répression : pour écraser la révolte des gabelles, les troupes de Henri II ont terrorisé les villes et les campagnes, et le Parlement de Bordeaux a été fermé).

La question qu'il traite en quelques pages semble si radicale, et difficile, qu'elle est régulièrement contournée ou refoulée, et le texte de La Boétie demeure précisément méconnu en vertu du mécanisme même qu'il dénonce : l'enchantement qui lie les sujets à un maître.

«Cherchons cependant à découvrir comment s'est enracinée si profondément cette opiniâtre volonté de servir...» La thèse de l'auteur est tellement paradoxale que nous avons aujourd'hui encore du mal à l'entendre : ce n'est pas le maître qui fait l'esclave mais l'esclave qui engendre le maître ; le pouvoir ne descend pas, il monte ; et la tyrannie des rois ne s'engrosse jamais que de la servitude ou de la faiblesse volontaire de leurs sujets.

L'aliénation envisagée ici est radicale, puisqu'elle porte non sur les liens ni les corps, mais sur la volonté, *ou le noyau le plus intime de la personne. L'explication cherchée passe donc par le dédoublement du sujet, ou en termes psychanalytiques son clivage ; il faut pour comprendre cette fantasmagorie faire appel aux concepts d'identification, de narcissisme et d'idéal du moi (qui seront développés* infra *au chapitre* IV*). En gros le schéma serait le suivant : les sujets-esclaves veulent* se voir *dans un grand sujet glorieux ou, comme le développe Claude Lefort dans sa belle postface au texte de La Boétie, dans* Un, *qui rassemble en un seul corps leurs petits corps débiles et morcelés. Par cette aliénation chacun pense (imaginairement) se grandir : la servitude volontaire est donc une ruse du narcissisme et de l'autoréférence. Cette «stratégie masochiste» qui sera également étudiée par Girard (*infra *chapitre* IV*) identifie chaque sujet au grand Autre. Dans une affirmation délirante, tous soutiennent ce double colossal, qui naît d'eux seuls et les écrase ; et le tyran tient tout son pouvoir de cette polarisation des mimétismes sur sa personne, qui incarne pour le collectif l'*idéal du moi, *ou du* nous, *de chacun (un pouvoir qui s'imite, et dévale de haut en bas de l'échelle sociale, comme Pascal le précisera dans sa description de l'homme déchu, cf.* infra *chapitre* III*).*

On rapprochera également ce mécanisme du «théorème d'incomplétude» développé par Régis Debray : le groupe humain ne peut se clore ou s'identifier par ses propres moyens, l'hétéronomie est sa règle, la loi qui le relie ne peut lui venir que d'en haut : la société ne se ferme que de l'extérieur en faisant appel à une transcendance (Dieu, roi ou héros fondateur) qui la dépasse[1]*. Et l'on pourra également rapprocher ces intuitions ou ces thèses des célèbres et inquiétantes expériences de Milgram*[2]*, qui donnent de la soumission à l'autorité une vérification empirique, et une échelle de mesure. (Une séquence du film*

1. Régis Debray, *Critique de la raison politique*, Gallimard, Paris, 1980.
2. Stanley Milgram, *la Soumission à l'autorité*, Calmann-Lévy, Paris, 1974.

d'Henri Verneuil, I comme Icare, *est consacrée à reconstituer et à expliquer cette expérience.)*

À cette union massifiante et mortifère, qui range les hommes sous le joug de l'Un, il est remarquable que dans l'extrait ci-dessous l'ami de Montaigne oppose le remède naturel de la parole et de la communication: « [la nature] nous a fait, à tous, ce beau présent de la voix et de la parole pour nous aborder et fraterniser ensemble, et par la communication et l'échange de nos pensées nous amener à la communauté d'idées et de volontés... » Non la parole du poète, car son monologue trop fascinant est considéré dès la première page, à travers l'exemple d'Homère, comme l'allié objectif des tyrans; mais le dialogue de la conversation, et particulièrement de l'amitié, qui rabat l'identification à notre « semblable » du ciel sur la terre.

C'est par la communication, que les tyrans ont toujours soin d'empêcher ou de limiter entre leurs sujets, agglutinés dans leur identification au maître imaginaire, que ceux-ci pourront défusionner. L'échange entre égaux rompt les charmes; là où régnait la masse, dominée par la transcendance de l'Un, il articule la communauté.

Source: *Étienne de La Boétie,* Discours de la servitude volontaire, *précédé et suivi de « La Boétie et la question du politique », par Pierre Clastres et Claude Lefort, et d'extraits de Lammenais, P. Leroux, A. Vermorel, G. Landauer et S. Weil, Payot, Paris, 1978.*

POUR LE MOMENT, je désirerais seulement qu'on me fît comprendre comment il se peut que tant d'hommes, tant de villes, tant de nations supportent quelquefois tout d'un Tyran seul, qui n'a de puissance que celle qu'on lui donne, qui n'a pouvoir de leur nuire, qu'autant qu'ils veulent bien l'endurer, et qui ne pourrait leur faire aucun mal, s'ils n'aimaient mieux tout souffrir de lui, que de le contredire. Chose vraiment surprenante (et pourtant si commune, qu'il faut plutôt en gémir que s'en étonner) ! c'est de voir des millions de millions d'hommes, misérablement asservis, et soumis tête baissée, à un joug déplorable, non qu'ils y soient contraints par une force majeure, mais parce qu'ils sont fascinés et, pour ainsi dire, ensorcelés par le seul nom *d'un,* qu'ils ne devraient redouter, puisqu'il est *seul,* ni chérir, puisqu'il est, envers eux tous, inhumain et cruel. Telle est pourtant la faiblesse des hommes ! Contraints à l'obéissance, obligés de temporiser, divisés entre eux, ils ne peuvent pas toujours être les plus forts. Si donc une nation, enchaînée par la force des armes, est soumise au pouvoir d'un seul (comme la cité d'Athènes le fut à la domination des trente tyrans), il ne faut pas s'étonner qu'elle serve, mais bien déplorer sa servitude, ou plutôt ne s'en étonner, ni s'en plaindre; supporter le malheur avec résignation et se réserver pour une meilleure occasion à venir.

Nous sommes ainsi faits que les communs devoirs de l'amitié absorbent une bonne part de notre vie. Aimer la vertu, estimer les belles actions, être reconnaissant des bienfaits reçus, et souvent même réduire notre propre bien-être pour accroître l'honneur et l'avantage de ceux que nous aimons et qui méritent d'être aimés; tout cela est très naturel. Si donc les habitants d'un pays trouvent, parmi eux, un de ces hommes rares qui leur ait donné des preuves réitérées d'une grande prévoyance pour les garantir, d'une grande hardiesse pour les défendre, d'une grande prudence pour les gouverner; s'ils s'habituent insensiblement à lui obéir; si même ils se confient à lui jusqu'à lui accorder une certaine suprématie, je ne sais si c'est agir avec sagesse, que de l'ôter de là où il faisait bien, pour le placer où il pourra mal faire, cependant il semble très naturel et très raisonnable d'avoir de la bonté pour celui qui nous a procuré tant de biens et de ne pas craindre que le mal nous vienne de lui.

Mais, ô grand Dieu ! qu'est donc cela ? Comment appellerons-nous ce vice, cet horrible vice ? N'est-ce pas honteux, de voir un nombre infini d'hommes, non seulement obéir, mais ramper, non pas être gouvernés, mais tyrannisés, n'ayant ni biens, ni parents, ni enfants, ni leur vie même qui soient à eux ? Souffrir les rapines, les brigandages, les cruautés, non d'une armée, non d'une horde de barbares, contre lesquels chacun devrait défendre *sa vie* au prix de tout son sang, mais d'un seul ; non d'un Hercule ou d'un Samson, mais d'un vrai Mirmidon souvent le plus lâche, le plus vil et le plus efféminé de la nation, qui n'a jamais flairé la poudre des batailles, mais à peine foulé le sable des tournois ; qui est inhabile, non seulement à commander aux hommes, mais aussi à satisfaire la moindre femmelette ! Nommerons-nous cela lâcheté ? Appellerons-nous vils et couards les hommes soumis à un tel joug ? Si deux, si trois, si quatre cèdent à un seul, c'est étrange, mais toutefois possible ; peut-être avec raison, pourrait-on dire : c'est faute de cœur. Mais si cent, si mille se laissent opprimer par un seul, dira-t-on encore que c'est de la couardise, qu'ils n'osent se prendre à lui, ou plutôt que, par mépris et dédain, ils ne veulent lui résister ? Enfin, si l'on voit non pas cent, non pas mille, mais cent pays, mille villes, un million d'hommes ne pas assaillir, ne pas écraser celui qui, sans ménagement aucun, les traite tous comme autant de serfs et d'esclaves : comment qualifierons-nous cela ? Est-ce lâcheté ? Mais pour tous les vices, il est des bornes qu'ils ne peuvent dépasser. Deux hommes et même dix peuvent bien en craindre un, mais que mille, un million, mille villes ne se défendent pas contre un seul homme ! Oh ! Ce n'est pas seulement couardise, elle ne va pas jusque-là ; de même que la vaillance n'exige pas qu'un seul homme escalade une forteresse, attaque une armée, conquière un royaume ! Quel monstrueux vice est donc celui-là que le mot de couardise ne peut rendre, pour lequel toute expression manque, que la nature désavoue et la langue refuse de nommer ?... [...]

Pauvres gens et misérables, peuples insensés, nations opiniâtres en votre mal et aveugles en votre bien, vous vous laissez enlever, sous vos propres yeux, le plus beau et le plus clair de votre revenu, piller vos champs, dévaster vos maisons et les dépouiller des vieux meubles de vos ancêtres ! Vous vivez de telle sorte que rien n'est plus à vous. Il semble que vous regarderiez désormais comme un grand bonheur qu'on vous laissât seulement la moitié de vos biens, de vos familles, de vos vies. Et tout ce dégât, ces malheurs, cette ruine enfin, vous viennent, non pas des ennemis, mais bien certes de l'ennemi et de celui-là même que vous avez fait ce qu'il est, pour qui vous allez si courageusement à la guerre et pour la vanité duquel vos personnes y bravent à chaque instant la mort. Ce maître n'a pourtant que deux yeux, deux mains, un corps et rien de plus que n'a le dernier des habitants du *nombre infini* de nos villes. Ce qu'il a de plus que vous, ce sont les moyens que vous lui fournissez pour vous détruire. D'où tire-t-il les innombrables argus qui vous épient, si ce n'est de vos rangs ? Comment a-t-il tant de mains pour vous frapper, s'il ne les emprunte de vous ? Les pieds dont il foule vos cités, ne sont-ils pas aussi les vôtres ? A-t-il pouvoir sur vous, que par vous-mêmes ? Comment oserait-il vous courir sus, s'il n'était d'intelligence avec vous ? Quel mal pourrait-il vous faire, si vous n'étiez receleur du larron qui vous pille, complices du meurtrier qui vous tue, et traîtres de vous-mêmes ? Vous semez vos champs, pour qu'il les dévaste ; vous meublez et remplissez vos maisons, pour fournir à ses voleries ; vous élevez vos filles afin qu'il puisse assouvir sa luxure ; vous nourrissez vos enfants, pour qu'il en fasse des soldats (trop heureux sont-ils encore !), pour qu'il les mène à la boucherie, qu'il les rende les ministres de ses convoitises, les exécuteurs de ses vengeances. Vous vous usez à la peine, afin qu'il puisse se mignarder en ses délices et se vautrer dans ses sales plaisirs. Vous vous affaiblissez, afin qu'il soit plus fort, plus dur et qu'il vous tienne la bride plus courte: et de tant d'indignités, que les bêtes elles-mêmes ne sentiraient point ou n'endureraient pas, vous pourriez vous en délivrer, sans même tenter de le faire, mais seulement en essayant de le vouloir. Soyez donc résolus à ne plus servir et vous serez libres. Je ne veux pas que vous le heurtiez, ni que vous l'ébranliez, mais seulement ne le soutenez plus, et vous le verrez, comme un grand colosse dont on dérobe la base, tomber de son propre poids et se briser.

Les médecins disent qu'il est inutile de chercher à guérir les plaies incurables, et peut-être ai-je tort de vouloir donner ces conseils au peuple, qui, depuis longtemps, semble avoir perdu tout sentiment du mal qui l'afflige, ce qui montre assez que sa maladie est mortelle. Cherchons cependant à découvrir, s'il est possible, comment s'est enracinée si profondément cette opiniâtre volonté de servir qui ferait croire qu'en effet l'amour même de la liberté n'est pas si naturel.

Premièrement, il est, je crois, hors de doute que si nous vivions avec les droits que nous tenons de la nature et d'après les préceptes qu'elle enseigne, nous serions naturellement soumis à nos parents, sujets de la raison, mais non esclaves de personne. Certes, chacun de nous ressent en soi, dans son propre cœur, l'impulsion tout instinctive de l'obéissance envers ses père et mère. Quant à savoir si la raison est en nous innée ou non (question débattue à fond dans les académies et longuement agitée dans les écoles de philosophes), je ne pense pas errer en croyant qu'il est en notre âme un germe de raison, qui, réchauffé par les bons conseils et les bons exemples, produit en nous la vertu; tandis qu'au contraire, étouffé par les vices qui trop souvent surviennent, ce même germe avorte. Mais ce qu'il y a de clair et d'évident pour tous, et que personne ne saurait nier, c'est que la nature, premier agent de Dieu, bienfaitrice des hommes, nous a tous créés de même et coulés, en quelque sorte au même moule, pour nous montrer que nous sommes tous égaux, ou plutôt tous frères. Et si dans le partage qu'elle nous a fait de ses dons, elle a prodigué quelques avantages de corps ou d'esprit, aux uns plus qu'aux autres, toutefois elle n'a jamais pu vouloir nous mettre en ce monde comme en un champ clos, et n'a pas envoyé ici bas les plus forts et les plus adroits comme des brigands armés dans une forêt pour y traquer les plus faibles. Il faut croire plutôt, que faisant ainsi les parts, aux uns plus grandes, aux autres plus petites, elle a voulu faire naître en eux l'affection fraternelle et les mettre à même de la pratiquer; les uns ayant puissance de porter des secours et les autres besoin d'en recevoir: ainsi donc, puisque cette bonne mère nous a donné à tous, toute la terre pour demeure, nous a tous logés sous le même grand toit, et nous a tous pétris de même pâte, afin que, comme en un miroir, chacun pût se reconnaître dans son voisin! si elle nous a fait, à tous, ce beau présent de la voix et de la parole pour nous aborder et fraterniser ensemble, et par la communication et l'échange de nos pensées nous amener à la communauté d'idées et de volontés; si elle a cherché, par toutes sortes de moyens à former et resserrer le nœud de notre alliance, les liens de notre société; si enfin, elle a montré en toutes choses le désir que nous fussions, non seulement unis, mais qu'ensemble nous ne fissions, pour ainsi dire, qu'un seul être, dès lors, peut-on mettre un seul instant en doute que nous ne soyons tous naturellement libres, puisque nous sommes tous égaux, et peut-il entrer dans l'esprit de personne que nous ayant mis tous en même compagnie, elle ait voulu que *quelques*-uns y fussent en esclavage?

Encyclopédie ou Dictionnaire raisonné des sciences, des arts et des métiers

(1772)

D'ALEMBERT

(1717-1783)

« Sapere aude ! *Aie le courage de te servir de ton propre entendement. Voilà la devise des Lumières », écrit Kant dans son opuscule* Qu'est-ce que les Lumières? *Il fallut en effet beaucoup d'audace à Diderot et à d'Alembert pour mener à bien la tâche « révolutionnaire » de l'*Encyclopédie, *à partir du projet d'abord modeste de traduire et de développer la* Cyclopaedia *de l'Anglais Ephraïm Chambers (1728, 30 planches, 2 volumes in-folio). L'*Encyclopédie *sous sa forme finale, achevée en 1772 grâce à des capitaux privés et malgré toutes sortes de cabales fomentées par différents pouvoirs, comptera 17 volumes de textes et 11 volumes de planches.*

En quoi ce dictionnaire a-t-il « changé la manière commune de penser », comme l'écrit Diderot? Par la proclamation de l'unité de la raison, qui doit comme la lumière pénétrer partout : dans les mystères de la religion, au Conseil du roi ou dans les ateliers des artisans, qui constituaient sous l'Ancien Régime autant de sanctuaires, interdits à la communication. Le sacré, et le secret, dominaient cette société à un point que nous ne pouvons plus imaginer après deux siècles de morale laïque et de politique bourgeoise, fondées sur l'échange marchand et sur le postulat d'une commune mesure entre les affaires humaines. L'Ancien Régime par contre se caractérisait encore, à la fin du XVIIIe siècle, par un compartimentage strict entre les activités, et les conditions des personnes ; et ce sont ces différences incommensurables que les encyclopédistes entendent niveler, par le simple usage de la raison.

*Le mot d'ordre d'une unité de la raison était révolutionnaire dans la mesure où ni la raison divine, ni la raison d'État ne relevaient alors de la raison ordinaire. C'est pourquoi les pouvoirs royaux et religieux, parfaitement solidaires en France (contrairement à l'Angleterre réformée), sentirent très tôt la menace que dirigeait contre eux cette nouvelle liberté de penser, malgré les formules apaisantes que les rédacteurs des prospectus et du « Discours préliminaire » avaient eu soin de glisser dans leur présentation du projet. Par arrêt du 7 février 1752, le Conseil du roi supprimait les deux premiers volumes de l'*Encyclopédie, *pour la raison qu'« on a affecté d'(y) insérer plusieurs maximes tendant à détruire l'autorité royale, à établir l'esprit d'indépendance et de révolte, et, sous des termes obscurs et équivoques, à élever les fondements de l'erreur, de la corruption des mœurs, de l'irréligion et de l'incrédulité ».*

On lira dans la scrupuleuse préface d'Alain Pons à l'édition Garnier-Flammarion une discussion et une évaluation des compromis que durent passer les promoteurs de l'ouvrage avec ces pouvoirs politiques et cléricaux, et avec eux-mêmes. Diderot et d'Alembert n'étaient ni athées, ni partisans de la république, et leur déisme libéral s'accommodait fort bien d'une monarchie réformée. L'idéologie d'un progrès *irréversible, auquel on associe en général le programme des Lumières, ne correspondait pas non plus exactement à leur pensée, comme on le voit dans l'extrait ci-dessous par l'émouvante hypothèse d'une destruction générale de la civilisation ; un déluge est toujours possible, mais l'*Encyclopédie, *prévoient ses rédacteurs, servira alors d'arche de Noé.*

D'Alembert reprend dans ce texte le Prospectus *rédigé un an auparavant par Diderot pour présenter aux souscripteurs le projet de l'*Encyclopédie. *Il y mentionne en particulier le soin apporté aux relevés et aux gravures des planches, qui mériteraient à elles seules un long commentaire. Avec l'*Encyclopédie, *en effet, la raison, qu'il s'agit de porter partout, passe largement par l'image, dont la clarté proprement révolutionnaire volatilise les secrets des jurandes et des corporations. Il n'était pas facile, explique ici d'Alembert, de faire parler les ouvriers, au savoir-faire taciturne, et de reproduire leurs outils à une échelle et avec une lisibilité qui permettent elles-mêmes la reproduction. Le travail des rédacteurs des chapitres consacrés aux «Arts» (c'est-à-dire aux métiers et aux différentes techniques de l'époque) les apparente ainsi, par ses difficultés, à ceux qui conçoivent aujourd'hui les systèmes experts: comment extraire partout la connaissance de son gisement, pour transformer un savoir-faire en faire-savoir? La démocratisation des techniques, et leur mise en communication, demeurent depuis l'héroïque réussite de Diderot et d'Alembert l'enjeu majeur de notre démocratie (cf.* infra *au chapitre* VI *le texte de Pierre Lévy).*

Source: Encyclopédie *(articles choisis, précédés du «Discours préliminaire» par d'Alembert), chronologie, introduction et bibliographie par Alain Pons, Garnier-Flammarion, 2 volumes, Paris, 1986.*

Bibliographie: *Jürgen Habermas,* l'Espace public, archéologie de la publicité comme dimension constitutive de la société bourgeoise, *Payot, Paris, 1978 (édition originale, 1962).*

Discours préliminaire

(1751)

[...] Nous avons donc cru qu'il importait d'avoir un Dictionnaire qu'on pût consulter sur toutes les matières des arts et des sciences, et qui servît autant à guider ceux qui se sentent le courage de travailler à l'instruction des autres, qu'à éclairer ceux qui ne s'instruisent que pour eux-mêmes.

Jusqu'ici, personne n'avait conçu un ouvrage aussi grand, ou du moins personne ne l'avait exécuté. Leibniz, de tous les savants le plus capable d'en sentir les difficultés, désirait qu'on les surmontât. Cependant on avait des Encyclopédies, et Leibniz ne l'ignorait pas, lorsqu'il en demandait une.

La plupart de ces ouvrages parurent avant le siècle dernier, et ne furent pas tout à fait méprisés. On trouva que, s'ils n'annonçaient pas beaucoup de génie, ils marquaient au moins du travail et des connaissances. Mais que serait-ce pour nous que ces Encyclopédies? Quel progrès n'a-t-on pas fait depuis dans les sciences et dans les arts? Combien de vérités découvertes aujourd'hui qu'on n'entrevoyait pas alors! La vraie philosophie était au berceau; la géométrie de l'infini n'était pas encore; la physique expérimentale se montrait à peine; il n'y avait point de dialectique; les lois de la saine critique étaient entièrement ignorées. Les auteurs célèbres en tout genre dont nous avons parlé dans ce Discours, et leurs illustres disciples, ou n'existaient pas, ou n'avaient pas écrit. L'esprit de recherche et d'émulation n'animait pas les savants; un autre esprit moins fécond peut-être, mais plus rare, celui de justesse et de méthode, ne s'était point soumis les différentes parties de la littérature, et les Académies, dont les travaux ont porté si loin les sciences et les arts, n'étaient pas instituées.

Si les découvertes des grands hommes et des compagnies savantes dont nous venons de parler offrirent dans la suite de puissants secours pour former un Dictionnaire encyclopédique, il faut avouer aussi que l'augmentation prodigieuse des matières rendit à d'autres égards un tel ouvrage beaucoup plus difficile. [...]

La seule opération dans notre travail qui suppose quelque intelligence, consiste à remplir les vides qui séparent deux sciences ou deux arts, et à renouer la chaîne dans les occasions où nos collègues se sont reposés les uns sur les autres de certains articles, qui paraissant appartenir également à plusieurs d'entre eux, n'ont été faits par aucun. Mais afin que la personne chargée d'une partie ne soit point comptable des fautes qui pourraient se glisser dans des morceaux surajoutés, nous aurons l'attention de distinguer ces morceaux par une étoile. Nous tiendrons exactement la parole que nous avons donnée; le travail d'autrui sera sacré pour nous, et nous ne manquerons pas de consulter l'auteur, s'il arrive dans le cours de l'édition que son ouvrage nous paraisse demander quelque changement considérable.

Les différentes mains que nous avons employées ont apposé à chaque article comme le sceau de leur style particulier, ainsi que celui du style propre à la matière et à l'objet d'une partie. Un procédé de chimie ne sera point du même ton que la description des bains et des théâtres anciens, ni la manœuvre d'un serrurier, exposée comme les recherches d'un théologien sur un point de dogme ou de discipline. Chaque chose a son coloris, et ce serait confondre les genres que de les réduire à une certaine uniformité. La pureté du style, la clarté et la précision sont les seules qualités qui puissent être communes à tous les articles, et nous espérons qu'on les y remarquera. S'en permettre davantage, ce serait s'exposer à la monotonie et au dégoût qui sont presque inséparables des ouvrages étendus, et que l'extrême variété des matières doit écarter de celui-ci.

Nous en avons dit assez pour instruire le public de la nature d'une entreprise à laquelle il a paru s'intéresser; des avantages généraux qui en résulteront, si elle est bien exécutée; du bon ou du mauvais succès de ceux qui l'ont tentée avant nous; de l'étendue de son objet; de l'ordre auquel nous nous sommes assujettis; de la distribution qu'on a faite de chaque partie, et de nos fonctions d'éditeurs. Nous allons maintenant passer aux principaux détails de l'exécution.

Toute la matière de l'Encyclopédie peut se réduire à trois chefs: les sciences, les arts libéraux et les arts mécaniques. Nous commencerons par ce qui concerne les sciences et les arts libéraux; et nous finirons par les arts mécaniques.

On a beaucoup écrit sur les sciences. Les traités sur les arts libéraux se sont multipliés sans nombre, la république des lettres en est inondée. Mais combien peu donnent les vrais principes! Combien d'autres les noient dans une affluence de paroles, ou les perdent dans des ténèbres affectées! Combien dont l'autorité en impose, et chez qui une erreur placée à côté d'une vérité, ou décrédite celle-ci, ou s'accrédite elle-même à la faveur de ce voisinage! On eût mieux fait sans doute d'écrire moins et d'écrire mieux.

Entre tous les écrivains, on a donné la préférence à ceux qui sont généralement reconnus pour les meilleurs. C'est de là que les principes ont été tirés. À leur exposition claire et précise, on a joint des exemples ou des autorités constamment reçues. La coutume vulgaire est de renvoyer aux sources, ou de citer d'une manière vague, souvent infidèle, et presque toujours confuse; en sorte que dans les différentes parties dont un article est composé, on ne sait exactement quel auteur on doit consulter sur tel ou tel point, ou s'il faut les consulter tous, ce qui rend la vérification longue et pénible. On s'est attaché, autant qu'il a été possible, à éviter cet inconvénient, en citant dans le corps même des articles des auteurs sur le témoignage desquels on s'est appuyé; rapportant leur propre texte quand il est nécessaire; comparant partout les opinions; balançant les raisons; proposant des moyens de douter ou de sortir de doute; décidant même quelquefois; détruisant autant qu'il est en nous les erreurs et les préjugés et tâchant surtout de ne les pas multiplier, et de ne les point perpétuer, en protégeant sans examen des sentiments rejetés, ou en proscrivant sans raison des opinions reçues. Nous n'avons pas craint de nous étendre quand l'intérêt de la vérité et l'importance de la matière le demandaient, sacrifiant l'agrément toutes les fois qu'il n'a pu s'accorder avec l'instruction.

Nous ferons ici sur les définitions une remarque importante. Nous nous sommes conformés dans les articles généraux des sciences à l'usage constamment reçu dans les Dictionnaires et dans les autres ouvrages, qui veut qu'on commence en traitant d'une science par en donner la définition. Nous l'avons donnée aussi, la plus simple même et la plus courte qu'il nous a été possible. Mais il ne faut pas croire que la définition d'une science, surtout d'une science abstraite, en puisse donner l'idée à ceux qui n'y sont pas du moins initiés. En effet, qu'est-ce qu'une science? sinon un système de règles ou de faits relatifs à un certain objet; et comment peut-on donner l'idée de ce système à quelqu'un qui serait absolument ignorant de ce que le système renferme? Quand on dit de l'arithmétique, que c'est la science des propriétés des nombres, la fait-on mieux connaître à celui qui ne la sait pas, qu'on ne ferait connaître la pierre philosophale en disant que c'est le secret de faire de l'or? La définition d'une science ne consiste proprement que dans l'exposition détaillée des choses dont cette science s'occupe, comme la définition d'un corps est la description détaillée de ce corps même; et il nous semble d'après ce principe que ce qu'on appelle définition de chaque science serait mieux placé à la fin qu'au commencement du livre qui en traite: ce serait alors le résultat extrêmement réduit de toutes les notions qu'on aurait acquises. D'ailleurs, que contiennent ces définitions pour la plupart, sinon des expressions vagues et abstraites, dont la notion est souvent plus difficile à fixer que celle de la science même? Tels sont les mots *science, nombre* et *propriété,* dans la définition déjà citée de l'arithmétique. Les termes généraux sans doute sont nécessaires, et nous avons vu dans ce discours quelle en est l'utilité: mais on pourrait les définir, un abus forcé des signes, et la plupart des définitions, un abus tantôt volontaire, tantôt forcé des termes généraux. Au reste, nous le répétons, nous nous sommes conformés sur ce point à l'usage, parce que ce n'est pas à nous à le changer, et que la forme même de ce Dictionnaire nous en empêchait. Mais en ménageant les préjugés, nous n'avons point dû appréhender d'exposer ici des idées que nous croyons saines. Continuons à rendre compte de notre ouvrage. [...]

Les sciences et les beaux-arts ne peuvent donc trop concourir à illustrer par leurs productions le règne d'un souverain qui les favorise. Pour nous, spectateurs de leurs progrès et leurs historiens, nous nous occuperons seulement à les transmettre à la postérité. Qu'elle dise à l'ouverture de notre Dictionnaire, tel était alors l'état des sciences et des beaux-arts. Qu'elle ajoute ses découvertes à celles que nous aurons enregistrées, et que l'histoire de l'esprit humain et de ses productions aille d'âge en âge jusqu'aux siècles les plus reculés. Que l'Encyclopédie devienne un sanctuaire où les connaissances des hommes soient à l'abri des temps et des révolutions. Ne serons-nous pas trop flattés d'en avoir posé les fondements? Quel avantage n'aurait-ce pas été pour nos pères et pour nous, si les travaux des peuples anciens, des Égyptiens, des Chaldéens, des Grecs, des Romains, etc., avaient été transmis dans un ouvrage encyclopédique, qui eût exposé en même temps les vrais principes de leurs langues! Faisons donc pour les siècles à venir ce que nous regrettons que les siècles passés n'aient pas fait pour le nôtre. Nous osons dire que si les Anciens eussent exécuté une Encyclopédie comme ils ont exécuté tant de grandes choses, et que ce manuscrit se fût échappé seul de la fameuse Bibliothèque d'Alexandrie, il eût été capable de nous consoler de la perte des autres.

Voilà ce que nous avions à exposer au public sur les sciences et les beaux-arts. La partie des arts mécaniques ne demandait ni moins de détails, ni moins de soins. Jamais peut-être il ne s'est trouvé tant de difficultés rassemblées, et si peu de secours dans les livres pour les vaincre. On a trop écrit sur les sciences : on n'a pas assez bien écrit sur la plupart des arts libéraux ; on n'a presque rien écrit sur les arts mécaniques ; car qu'est-ce que le peu qu'on en rencontre dans les auteurs, en comparaison de l'étendue et de la fécondité du sujet ? Entre ceux qui en ont traité, l'un n'était pas assez instruit de ce qu'il avait à dire, et a moins rempli son sujet que montré la nécessité d'un meilleur ouvrage. Un autre n'a qu'effleuré la matière, en la traitant plutôt en grammairien et en homme de lettres, qu'en artiste. Un troisième est à la vérité plus riche et plus ouvrier : mais il est en même temps si court, que les opérations des artistes et la description de leurs machines, cette matière capable de fournir seule des ouvrages considérables, n'occupe que la très petite partie du sien. Chambers n'a presque rien ajouté à ce qu'il a traduit de nos auteurs. Tout nous déterminait donc à recourir aux ouvriers.

On s'est adressé aux plus habiles de Paris et du royaume : on s'est donné la peine d'aller dans leurs ateliers, de les interroger, d'écrire sous leur dictée, de développer leurs pensées, d'en tirer les termes propres à leurs professions, d'en dresser des tables et de les définir, de converser avec ceux de qui on avait obtenu des mémoires, et (précaution presque indispensable) de rectifier dans de longs et fréquents entretiens avec les uns, ce que d'autres avaient imparfaitement, obscurément, et quelquefois infidèlement expliqué. Il est des artistes qui sont en même temps gens de lettres, et nous en pourrions citer ici ; mais le nombre en serait fort petit. La plupart de ceux qui exercent les arts mécaniques, ne les ont embrassés que par nécessité, et n'opèrent que par instinct. À peine entre mille en trouve-t-on une douzaine en état de s'exprimer avec quelque clarté sur les instruments qu'ils emploient et sur les ouvrages qu'ils fabriquent. Nous avons vu des ouvriers qui travaillent depuis quarante années sans rien connaître à leurs machines. Il a fallu exercer avec eux la fonction dont se glorifiait Socrate, la fonction pénible et délicate de faire accoucher les esprits, *obstetrix animorum*.

Mais il est des métiers si singuliers et des manœuvres si déliées, qu'à moins de travailler soi-même, de mouvoir une machine de ses propres mains, et de voir l'ouvrage se former sous ses propres yeux, il est difficile d'en parler avec précision. Il a donc fallu plusieurs fois se procurer les machines, les construire, mettre la main à l'œuvre ; se rendre, pour ainsi dire, apprenti et faire soi-même de mauvais ouvrages pour apprendre aux autres comment on en fait de bons.

C'est ainsi que nous nous sommes convaincus de l'ignorance dans laquelle on est sur la plupart des objets de la vie, et de la difficulté de sortir de cette ignorance. C'est ainsi que nous nous sommes mis en état de démontrer que l'homme de lettres qui sait le plus sa langue, ne connaît pas la vingtième partie des mots ; que, quoique chaque art ait la sienne, cette langue est encore bien imparfaite ; que c'est par l'extrême habitude de converser les uns avec les autres, que les ouvriers s'entendent, et beaucoup plus par le retour des conjonctures que par l'usage des termes. Dans un atelier c'est le moment qui parle, et non l'artiste.

Voici la méthode qu'on a suivie pour chaque art. On a traité :

1°) De la matière, des lieux où elle se trouve, de la manière dont on la prépare, de ses bonnes et mauvaises qualités, de ses différentes espèces, des opérations par lesquelles on la fait passer, soit avant que de l'employer, soit en la mettant en œuvre.
2°) Des principaux ouvrages qu'on en fait, et de la manière de les faire.
3°) On a donné le nom, la description et la figure des outils et des machines, par pièces détachées et par pièces assemblées; la coupe des moules et d'autres instruments dont il est à propos de connaître l'intérieur, leurs profils, etc.
4°) On a expliqué et représenté la main-d'œuvre et les principales opérations dans une ou plusieurs planches, où l'on voit tantôt les mains seules de l'artiste, tantôt l'artiste entier en action, et travaillant à l'ouvrage le plus important de son art.
5°) On a recueilli et défini le plus exactement qu'il a été possible les termes propres de l'art.

Mais le peu d'habitude qu'on a et d'écrire et de lire des écrits sur les arts rend les choses difficiles à expliquer d'une manière intelligible. De là naît le besoin de figures. On pourrait démontrer par mille exemples, qu'un Dictionnaire pur et simple de définitions, quelque bien qu'il soit fait, ne peut se passer de figures, sans tomber dans des descriptions obscures ou vagues; combien donc à plus forte raison ce secours ne nous était-il pas nécessaire? Un coup d'œil sur l'objet ou sur sa représentation en dit plus qu'une page de discours.

On a envoyé des dessinateurs dans les ateliers. On a pris l'esquisse des machines et des outils. On n'a rien omis de ce qui pouvait les montrer distinctement aux yeux. Dans le cas où une machine mérite des détails par l'importance de son usage et par la multitude de ses parties, on a passé du simple au composé. On a commencé par assembler dans une première figure autant d'éléments qu'on en pouvait apercevoir sans confusion. Dans une seconde figure, on voit les mêmes éléments avec quelques autres. C'est ainsi qu'on a successivement formé la machine la plus compliquée, sans aucun embarras ni pour l'esprit ni pour les yeux. Il faut quelquefois remonter de la connaissance de l'ouvrage à celle de la machine, et d'autres fois descendre de la connaissance de la machine à celle de l'ouvrage. On trouvera à l'article ART quelques réflexions sur les avantages de ces méthodes, et sur les occasions où il est à propos de préférer l'une à l'autre.

Il y a des notions qui sont communes à presque tous les hommes, et qu'ils ont dans l'esprit avec plus de clarté qu'elles n'en peuvent recevoir du discours. Il y a aussi des objets si familiers, qu'il serait ridicule d'en faire des figures. Les arts en offrent d'autres si composés, qu'on les représenterait inutilement. Dans les deux premiers cas, nous avons supposé que le lecteur n'était pas entièrement dénué de bon sens et d'expérience; et dans le dernier, nous renvoyons à l'objet même. Il est en tout un juste milieu, et nous avons tâché de ne le point manquer ici. Un seul art dont on voudrait tout représenter et tout dire, fournirait des volumes de discours et de planches. On ne finirait jamais, si l'on se proposait de rendre en figures tous les états par lesquels passe un morceau de fer avant que d'être transformé en aiguille. Que le discours suive le procédé de l'artiste dans le dernier détail, à la bonne heure. Quant aux figures, nous les avons restreintes aux mouvements importants de l'ouvrier et aux seuls moments de l'opération, qu'il est très facile de peindre et très difficile d'expliquer. Nous nous en sommes tenus aux circonstances essentielles, à celles dont la représentation, quand elle est bien faite entraîne nécessairement la connaissance de celles qu'on ne voit pas. Nous n'avons pas voulu ressembler à un homme qui ferait planter des guides à chaque pas dans une route, de crainte que les voyageurs ne s'en écartassent. Il suffit qu'il y en ait partout où ils seraient exposés à s'égarer.

Au reste, c'est la main-d'œuvre qui fait l'artiste, et ce n'est point dans les livres qu'on peut apprendre à manœuvrer. L'artiste rencontrera seulement dans notre ouvrage des vues qu'il n'eût peut-être jamais eues, et des observations qu'il n'eût faites qu'après plusieurs années de travail. Nous offrirons au lecteur studieux ce qu'il eût appris d'un artiste en le voyant opérer, pour satisfaire sa curiosité ; et à l'artiste, ce qu'il serait à souhaiter qu'il apprît du philosophe pour s'avancer à la perfection.

[...] De tout ce qui précède, il s'ensuit que dans l'ouvrage que nous annonçons, on a traité des sciences et des arts, de manière qu'on n'en suppose aucune connaissance préliminaire ; qu'on y expose ce qu'il importe de savoir sur chaque matière ; que les articles s'expliquent les uns par les autres, et que par conséquent la difficulté de la nomenclature n'embarrasse nulle part. D'où nous inférons que cet ouvrage pourra, du moins un jour, tenir lieu de bibliothèque dans tous les genres à un homme du monde ; et dans tous les genres, excepté le sien, à un savant de profession ; qu'il développera les vrais principes des choses ; qu'il en marquera les rapports ; qu'il contribuera à la certitude, et au progrès des connaissances humaines ; et qu'en multipliant le nombre des vrais savants, des artistes distingués et des amateurs éclairés, il répandra dans la société de nouveaux avantages.

Émile ou De l'éducation

(1762)

JEAN-JACQUES ROUSSEAU
(1712-1778)

*La rédaction de l'*Émile *est contemporaine du* Contrat social, *et ne s'en laisse pas dissocier. L'enfant est le père de l'homme, la formation du citoyen commence au berceau, et l'éducation est une affaire d'État. (Ce que comprirent très bien les deux États qui, à Paris comme à Genève, condamnèrent en 1762 ces deux ouvrages à être lacérés puis brûlés.)*

Dans ces pages consacrées aux premières années, Rousseau s'attache particulièrement à bien distinguer les besoins *(contenus dans l'ordre de la nature) des* désirs, *attisés par l'imagination ou par la rivalité sociale des hommes, toujours prompts à s'envier et à s'imiter (et se condamnant ainsi à une frustration indéfinie). Or les signes sont précisément, dès la plus tendre enfance, ce qui permet aux hommes d'étendre leur empire au-delà du rayon de leur force physique. Faut-il limiter cette force à la nature ?*

Ce concept fort vague de nature *désigne certes, chez Rousseau, cela qui par excellence devrait se suffire, mais cette nature n'est pas complète dans la constitution de l'enfant. Celui-ci naît, comme le soulignera Freud, sans défense et sans orientation,* prématuré *(contrairement aux animaux) ; sa débilité réclame donc dès l'origine les « dangereux suppléments » d'un langage et d'une société. Cette culture nécessaire ne doit pas se substituer à la nature, et tout l'effort de Rousseau dans ces pages vise à contenir l'usage des signes dans un juste rapport (auxiliaire ou second) avec les forces ou les choses.*

La tyrannie est en germe en effet dès qu'un enfant par ses cris ou ses premiers mots est en position de commander à son entourage. Les recommandations de Rousseau tendent donc à distinguer dès le berceau entre les prétentions du nourrisson, en accordant tout à ses besoins naturels, et très peu à ses désirs. (Cette condamnation de l'enfant-roi suggère en passant que les rois sont des enfants, et qu'un peuple adulte pourrait s'en passer.)

Nos premiers signes sont expressifs, et l'expression est l'extension spontanée d'un corps qui ne demande qu'à s'étendre. « Il ne faut pas une longue expérience pour sentir combien il est agréable d'agir par les mains d'autrui, et de n'avoir besoin que de remuer la langue pour faire mouvoir l'univers.» L'apprentissage des signes est donc immédiatement moral, et politique; de même l'articulation de la parole tient à plus de choses qu'on ne pense: certains pouvoirs ont intérêt à ce que la langue s'assourdisse, à ce que les hommes ne s'entendent pas clairement. Nos représentations *en général (sémiotiques, théâtrales, politiques...) nous éloignent de la nature, et l'affectation, la dissimulation et le mensonge ont tôt fait d'aggraver ce premier décalage.*

*«Ceux qui voudront traiter séparément la politique et la morale n'entendront jamais rien à aucune des deux», nous prévient l'auteur de l'*Émile *(livre IV). Il est remarquable que toutes deux supposent une sémiologie. En se penchant, dans l'*Émile *comme dans l'*Essai sur l'origine des langues, *sur nos premières représentations, Rousseau définit les fondements d'une éthique et d'une politique de la communication.*

Source: *Jean-Jacques Rousseau,* Émile ou De l'éducation, *chronologie et introduction par Michel Launay, Garnier-Flammarion, Paris, 1966.*

Bibliographie: *Jacques Derrida,* De la grammatologie, *Minuit, Paris, 1968.*

Livre premier

Toutes nos langues sont des ouvrages de l'art. On a longtemps cherché s'il y avait une langue naturelle et commune à tous les hommes; sans doute, il y en a une; et c'est celle que les enfants parlent avant de savoir parler. Cette langue n'est pas articulée, mais elle est accentuée, sonore, intelligible. L'usage des nôtres nous l'a fait négliger au point de l'oublier tout à fait. Étudions les enfants, et bientôt nous la rapprendrons auprès d'eux. Les nourrices sont nos maîtres dans cette langue; elles entendent tout ce que disent leurs nourrissons; elles leur répondent, elles ont avec eux des dialogues très bien suivis; et quoiqu'elles prononcent des mots, ces mots sont parfaitement inutiles; ce n'est point le sens du mot qu'ils entendent, mais l'accent dont il est accompagné.

Au langage de la voix se joint celui du geste, non moins énergique. Ce geste n'est pas dans les faibles mains des enfants, il est sur leurs visages. Il est étonnant combien ces physionomies mal formées ont déjà d'expression; leurs traits changent d'un instant à l'autre avec une inconcevable rapidité: vous y voyez le sourire, le désir, l'effroi naître et passer comme autant d'éclairs: à chaque fois vous croyez voir un autre visage. Ils ont certainement les muscles de la face plus mobiles que nous. En revanche, leurs yeux ternes ne disent presque rien. Tel doit être le genre de leurs signes dans un âge où l'on n'a que des besoins corporels; l'expression des sensations est dans les grimaces, l'expression des sentiments est dans les regards.

Comme le premier état de l'homme est la misère et la faiblesse, ses premières voix sont la plainte et les pleurs. L'enfant sent ses besoins, et ne les peut satisfaire, il implore le secours d'autrui par des cris: s'il a faim ou soif, il pleure; s'il a trop froid ou trop chaud, il pleure; s'il a besoin de mouvement et qu'on le tienne en repos, il pleure; s'il veut dormir et qu'on l'agite, il pleure. Moins sa manière d'être est à sa disposition, plus il demande fréquemment qu'on la change. Il n'a qu'un langage, parce qu'il n'a, pour ainsi dire, qu'une sorte de mal-être: dans l'imperfection de ses organes, il ne distingue point leurs impressions diverses; tous les maux ne forment pour lui qu'une sensation de douleur.

De ces pleurs, qu'on croirait si peu dignes d'attention, naît le premier rapport de l'homme à tout ce qui l'environne : ici se forge le premier anneau de cette longue chaîne dont l'ordre social est formé.

Quand l'enfant pleure, il est mal à son aise, il a quelque besoin, qu'il ne saurait satisfaire : on examine, on cherche ce besoin, on le trouve, on y pourvoit. Quand on ne le trouve pas ou quand on n'y peut pourvoir, les pleurs continuent, on en est importuné : on flatte l'enfant pour le faire taire, on le berce, on lui chante pour l'endormir : s'il s'opiniâtre, on s'impatiente ; on le menace : des nourrices brutales le frappent quelquefois. Voilà d'étranges leçons pour son entrée à la vie.

Je n'oublierai jamais d'avoir vu un de ces incommodes pleureurs ainsi frappé par sa nourrice. Il se tut sur-le-champ : je le crus intimidé. Je me disais : ce sera une âme servile dont on n'obtiendra rien que par la rigueur. Je me trompais : le malheureux suffoquait de colère, il avait perdu la respiration ; je le vis devenir violet. Un moment après vinrent les cris aigus ; tous les signes du ressentiment, de la fureur, du désespoir de cet âge, étaient dans ses accents. Je craignis qu'il n'expirât dans cette agitation. Quand j'aurais douté que le sentiment du juste et de l'injuste fût inné dans le cœur de l'homme, cet exemple seul m'aurait convaincu. Je suis sûr qu'un tison ardent tombé par hasard sur la main de cet enfant lui eût été moins sensible que ce coup assez léger, mais donné dans l'intention manifeste de l'offenser. [...]

Quand l'enfant tend la main avec effort sans rien dire, il croit atteindre à l'objet parce qu'il n'en estime pas la distance ; il est dans l'erreur ; mais quand il se plaint et crie en tendant la main, alors il ne s'abuse plus sur la distance, il commande à l'objet de s'approcher, ou à vous de le lui apporter. Dans le premier cas, portez-le à l'objet lentement et à petits pas ; dans le second, ne faites pas seulement semblant de l'entendre : plus il criera, moins vous devez l'écouter. Il importe de l'accoutumer de bonne heure à ne commander ni aux hommes, car il n'est pas leur maître, ni aux choses, car elles ne l'entendent point. Ainsi quand un enfant désire quelque chose qu'il voit et qu'on veut lui donner, il vaut mieux porter l'enfant à l'objet, que d'apporter l'objet à l'enfant : il tire de cette pratique une conclusion qui est de son âge, et il n'y a point d'autre moyen de la lui suggérer.

L'abbé de Saint-Pierre appelait les hommes de grands enfants ; on pourrait appeler réciproquement les enfants de petits hommes. Ces propositions ont leur vérité comme sentences ; comme principes, elles ont besoin d'éclaircissement. Mais quand Hobbes appelait le méchant un enfant robuste, il disait une chose absolument contradictoire. Toute méchanceté vient de faiblesse ; l'enfant n'est méchant que parce qu'il est faible ; rendez-le fort, il sera bon : celui qui pourrait tout ne ferait jamais de mal. De tous les attributs de la Divinité toute-puissante, la bonté est celui sans lequel on la peut le moins concevoir. Tous les peuples qui ont reconnu deux principes ont toujours regardé le mauvais comme inférieur au bon ; sans quoi ils auraient fait une supposition absurde. Voyez ci-après la Profession de foi du Vicaire savoyard. [...]

En même temps que l'Auteur de la nature donne aux enfants ce principe actif, il prend soin qu'il soit peu nuisible, en leur laissant peu de force pour s'y livrer. Mais sitôt qu'ils peuvent considérer les gens qui les environnent comme des instruments qu'il dépend d'eux de faire agir, ils s'en servent pour suivre leur penchant et suppléer à leur propre faiblesse. Voilà comment ils deviennent incommodes, tyrans, impérieux, méchants, indomptables ; progrès qui ne vient pas d'un esprit naturel de domination, mais qui le leur donne ; car il ne faut pas une longue expérience pour sentir combien il est agréable d'agir par les mains d'autrui, et de n'avoir besoin que de remuer la langue pour faire mouvoir l'univers.

En grandissant, on acquiert des forces, on devient moins inquiet, moins remuant, on se renferme davantage en soi-même. L'âme et le corps se mettent, pour ainsi dire, en équilibre, et la nature ne nous demande plus que le mouvement nécessaire à notre conservation. Mais le désir de commander ne s'éteint pas avec le besoin qui l'a fait naître; l'empire éveille et flatte l'amour-propre, et l'habitude le fortifie: ainsi succède la fantaisie au besoin, ainsi prennent leurs premières racines les préjugés de l'opinion.

Le principe une fois connu, nous voyons clairement le point où l'on quitte la route de la nature; voyons ce qu'il faut faire pour s'y maintenir.

Loin d'avoir des forces superflues, les enfants n'en ont pas même de suffisantes pour tout ce que leur demande la nature; il faut donc leur laisser l'usage de toutes celles qu'elle leur donne et dont ils ne sauraient abuser. Première maxime.

Il faut les aider et suppléer à ce qui leur manque, soit en intelligence, soit en force, dans tout ce qui est du besoin physique. Deuxième maxime.

Il faut, dans le secours qu'on leur donne, se borner uniquement à l'utile réel, sans rien accorder à la fantaisie, ou au désir sans raison; car la fantaisie ne les tourmentera point quand on ne l'aura pas fait naître, attendu qu'elle n'est pas de la nature. Troisième maxime.

Il faut étudier avec soin leur langage et leurs signes, afin que, dans un âge où ils ne savent point dissimuler, on distingue dans leurs désirs ce qui vient immédiatement de la nature et ce qui vient de l'opinion. Quatrième maxime.

L'esprit de ces règles est d'accorder aux enfants plus de liberté véritable et moins d'empire, de leur laisser plus faire par eux-mêmes et moins exiger d'autrui. Ainsi, s'accoutumant de bonne heure à borner leurs désirs à leurs forces, ils sentiront peu la privation de ce qui ne sera pas en leur pouvoir.

Voilà donc une raison nouvelle et très importante pour laisser les corps et les membres des enfants absolument libres, avec la seule précaution de les éloigner du danger des chutes, et d'écarter de leurs mains tout ce qui peut les blesser.

Infailliblement un enfant dont le corps et les bras sont libres pleurera moins qu'un enfant embandé dans un maillot. Celui qui ne connaît que les besoins physiques ne pleure que quand il souffre, et c'est un très grand avantage; car alors on sait à point nommé quand il a besoin de secours, et l'on ne doit pas tarder un moment à le lui donner, s'il est possible. Mais si vous ne pouvez le soulager, restez tranquille, sans le flatter pour l'apaiser; vos caresses ne guériront pas sa colique. Cependant il se souviendra de ce qu'il faut faire pour être flatté; et s'il sait une fois vous occuper de lui à sa volonté, le voilà devenu votre maître: tout est perdu.

Moins contrariés dans leurs mouvements, les enfants pleureront moins; moins importuné de leurs pleurs, on se tourmentera moins pour les faire taire; menacés ou flattés moins souvent, ils seront moins craintifs ou moins opiniâtres, et resteront mieux dans leur état naturel. [...] Les enfants entendent parler dès leur naissance; on leur parle non seulement avant qu'ils comprennent ce qu'on leur dit, mais avant qu'ils puissent rendre les voix qu'ils entendent. Leur organe encore engourdi ne se prête que peu à peu aux imitations des sons qu'on leur dicte, et il n'est pas même assuré que ces sons se portent d'abord à leur oreille aussi distinctement qu'à la nôtre. Je ne désapprouve pas que la nourrice amuse l'enfant par des chants et des accents très gais et très variés; mais je désapprouve qu'elle l'étourdisse incessamment d'une multitude de paroles inutiles auxquelles il ne comprend rien que le ton qu'elle y met. Je voudrais que les premières articulations qu'on lui fait entendre fussent rares, faciles, distinctes, souvent répétées et que les mots qu'elles expriment ne se rapportassent qu'à des objets sensibles qu'on pût d'abord montrer à l'enfant. La malheureuse facilité que nous avons à nous payer de mots que nous n'entendons point commence plus tôt qu'on ne pense. L'écolier écoute en classe le verbiage de son régent, comme il écoutait au maillot le babil de sa nourrice. Il me semble que ce serait l'instruire fort utilement que de l'élever à n'y rien comprendre.

Les réflexions naissent en foule quand on veut s'occuper de la formation du langage et des premiers discours des enfants. Quoi qu'on fasse, ils apprendront toujours à parler de la même manière, et toutes les spéculations philosophiques sont ici de la plus grande inutilité. [...] On se presse trop de les faire parler, comme si l'on avait peur qu'ils n'apprissent pas à parler d'eux-mêmes. Cet empressement indiscret produit un effet directement contraire à celui qu'on cherche. Ils en parlent plus tard, plus confusément : l'extrême attention qu'on donne à tout ce qu'ils disent les dispense de bien articuler; et comme ils daignent à peine ouvrir la bouche, plusieurs d'entre eux en conservent toute leur vie un vice de prononciation et un parler confus qui les rend presque inintelligibles.

J'ai beaucoup vécu parmi les paysans, et n'en ai ouï jamais grasseyer aucun, ni homme, ni femme, ni fille, ni garçon. D'où vient cela? Les organes des paysans sont-ils autrement construits que les nôtres? Non, mais ils sont autrement exercés. Vis-à-vis de ma fenêtre est un tertre sur lequel se rassemblent, pour jouer, les enfants du lieu. Quoiqu'ils soient assez éloignés de moi, je distingue parfaitement tout ce qu'ils disent, et j'en tire souvent de bons mémoires pour cet écrit. Tous les jours mon oreille me trompe sur leur âge; j'entends des voix d'enfants de dix ans; je regarde, je vois la stature et les traits d'enfants de trois à quatre. Je ne borne pas à moi seul cette expérience; les urbains qui me viennent voir, et que je consulte là-dessus, tombent tous dans la même erreur.

Ce qui la produit est que, jusqu'à cinq ou six ans, les enfants des villes, élevés dans la chambre et sous l'aile d'une gouvernante, n'ont besoin que de marmotter pour se faire entendre : sitôt qu'ils remuent les lèvres on prend peine à les écouter; on leur dicte des mots qu'ils rendent mal, et, à force d'y faire attention, les mêmes gens étant sans cesse autour d'eux devinent ce qu'ils ont voulu dire, plutôt que ce qu'ils ont dit.

À la campagne, c'est tout autre chose. Une paysanne n'est pas sans cesse autour de son enfant; il est forcé d'apprendre à dire très nettement et très haut ce qu'il a besoin de lui faire entendre. Aux champs, les enfants épars, éloignés du père, de la mère et des autres enfants, s'exercent à se faire entendre à distance, et à mesurer la force de la voix sur l'intervalle qui les sépare de ceux dont ils veulent être entendus. Voilà comment on apprend véritablement à prononcer, et non pas en bégayant quelques voyelles à l'oreille d'une gouvernante attentive. Aussi, quand on interroge l'enfant d'un paysan, la honte peut l'empêcher de répondre; mais ce qu'il dit, il le dit nettement; au lieu qu'il faut que la bonne serve d'interprète à l'enfant de la ville; sans quoi l'on n'entend rien à ce qu'il grommelle entre ses dents[1].

En grandissant, les garçons devraient se corriger de ce défaut dans les collèges, et les filles dans les couvents; en effet, les uns et les autres parlent en général plus distinctement que ceux qui ont été toujours élevés dans la maison paternelle. Mais ce qui les empêche d'acquérir jamais une prononciation aussi nette que celle des paysans, c'est la nécessité d'apprendre par cœur beaucoup de choses, et de réciter tout haut ce qu'ils ont appris car,

1. Ceci n'est pas sans exception; et souvent les enfants qui se font d'abord le moins entendre deviennent ensuite les plus étourdissants quand ils ont commencé d'élever la voix. Mais s'il fallait entrer dans toutes ces minuties, je ne finirais pas; tout lecteur sensé doit voir que l'excès et le défaut, dérivés du même abus, sont également corrigés par ma méthode. Je regarde ces deux maximes comme inséparables : *toujours assez*, et *jamais trop*. De la première bien établie l'autre s'ensuit nécessairement.

en étudiant, ils s'habituent à barbouiller, à prononcer négligemment et mal; en récitant, c'est pis encore; ils recherchent leurs mots avec effort, ils traînent et allongent leurs syllabes; il n'est pas possible que, quand la mémoire vacille, la langue ne balbutie aussi. Ainsi se contractent ou se conservent les vices de la prononciation. On verra ci-après que mon Émile n'aura pas ceux-là, ou du moins qu'il ne les aura pas contractés par les mêmes causes.

Je conviens que le peuple et les villageois tombent dans une autre extrémité, qu'ils parlent presque toujours plus haut qu'il ne faut, qu'en prononçant trop exactement, ils ont les articulations fortes et rudes, qu'ils ont trop d'accent, qu'ils choisissent mal leurs termes, etc.

Mais, premièrement, cette extrémité me paraît beaucoup moins vicieuse que l'autre, attendu que la première loi du discours étant de se faire entendre, la plus grande faute qu'on puisse faire est de parler sans être entendu. Se piquer de n'avoir point d'accent, c'est se piquer d'ôter aux phrases leur grâce et leur énergie. L'accent est l'âme du discours, il lui donne le sentiment et la vérité. L'accent ment moins que la parole; c'est peut-être pour cela que les gens bien élevés le craignent tant. C'est de l'usage de tout dire sur le même ton qu'est venu celui de persifler les gens sans qu'ils le sentent. A l'accent proscrit succèdent des manières de prononcer ridicules, affectées, et sujettes à la mode, telles qu'on les remarque surtout dans les jeunes gens de la cour. Cette affectation de parole et de maintien est ce qui rend généralement l'abord du Français repoussant et désagréable aux autres nations. Au lieu de mettre de l'accent dans son parler, il y met de l'air. Ce n'est pas le moyen de prévenir en sa faveur.

Tous ces petits défauts de langage qu'on craint tant de laisser contracter aux enfants ne sont rien; on les prévient ou on les corrige avec la plus grande facilité; mais ceux qu'on leur fait contracter en rendant leur parler sourd, confus, timide, en critiquant incessamment leur ton, en épluchant tous leurs mots, ne se corrigent jamais. Un homme qui n'apprit à parler que dans les ruelles[1] se fera mal entendre à la tête d'un bataillon, et n'en imposera guère au peuple dans une émeute. Enseignez premièrement aux enfants à parler aux hommes, ils sauront bien parler aux femmes quand il faudra.

Nourris à la campagne dans toute la rusticité champêtre, vos enfants y prendront une voix plus sonore; ils n'y contracteront point le confus bégayement des enfants de la ville; ils n'y contracteront pas non plus les expressions ni le ton du village, ou du moins ils les perdront aisément, lorsque le maître, vivant avec eux dès leur naissance, et y vivant de jour en jour plus exclusivement, préviendra ou effacera, par la correction de son langage, l'impression du langage des paysans. Émile parlera un français tout aussi pur que je peux le savoir, mais il le parlera plus distinctement, et l'articulera beaucoup mieux que moi.

L'enfant qui veut parler ne doit écouter que les mots qu'il peut entendre, ne dire que ceux qu'il peut articuler. Les efforts qu'il fait pour cela le portent à redoubler la même syllabe, comme pour s'exercer à la prononcer plus distinctement. Quand il commence à balbutier, ne vous tourmentez pas si fort à deviner ce qu'il dit. Prétendre être toujours écouté est encore une sorte d'empire, et l'enfant n'en doit exercer aucun. Qu'il vous suffise de pourvoir très attentivement au nécessaire; c'est à lui de tâcher de vous faire entendre ce qui ne l'est pas. Bien moins encore faut-il se hâter d'exiger qu'il parle; il saura bien parler de lui-même à mesure qu'il en sentira l'utilité. [...]

1. *Ruelle* (XVIIe-XVIIIe siècles): partie de la chambre à coucher où se trouvait le lit, et où les personnes de qualité recevaient leurs visiteurs. *(N.d.P.)*

Esquisse d'un tableau historique des progrès de l'esprit humain
(1795)

CONDORCET
(1743-1794)

*C'est dans ce texte, mieux que dans l'*Encyclopédie *de Diderot et d'Alembert, que s'exprime l'idéal du progrès indéfini de l'esprit humain, qu'on identifie à la philosophie des Lumières. Le véhicule de cette «lumière», ou plutôt ce qui rend sa propagation quasi palpable de générations en générations, réside dans les outils de communication: le langage, bientôt relayé et amplifié par l'écriture alphabétique, puis l'imprimerie qui accélère et multiplie tout ce mouvement.*

Condorcet est continuiste: il ne croit pas aux ruptures, ni à l'homme nouveau; et son opposition à Rousseau autant qu'à la religion motiva contre lui l'hostilité des Jacobins, qui précipitèrent sa mort tragique. L'évolution progressive qu'il brosse dans son grand «tableau» a pour moteur l'analyse, et la combinatoire: ce sont elles qui soutiennent le calcul et l'algèbre, dont Condorcet a prévu et préparé l'extension aux phénomènes sociaux, mais qu'on trouve également à la source des grandes inventions, comme celle de l'imprimerie (où l'on peut voir un progrès décisif de l'analyse en général).

Cette analyse permettra non seulement l'application des mathématiques aux sciences sociales, mais aussi l'institution d'une langue écrite qu'on rapprochera de la «charactéristique universelle» également annoncée par Leibniz: «Peut-être serait-il utile aujourd'hui d'instituer une langue écrite qui, réservée uniquement pour les sciences, n'exprimant que ces combinaisons d'idées simples qui se retrouvent exactement les mêmes dans tous les esprits, n'étant employée que pour des raisonnements d'une rigueur logique, pour des opérations de l'entendement précises et calculées, fût entendue par les hommes de tous les pays, et se traduisît dans tous leurs idiomes, sans pouvoir s'altérer comme eux en passant dans l'usage commun.» La philosophie des Lumières prophétise ici clairement l'avènement de l'informatique, soit d'une écriture façonnée pour le dialogue universel des hommes entre eux, et des hommes avec les machines (cf. infra *chapitre v): un espéranto de la raison.*

Source: *Condorcet,* Esquisse d'un tableau historique des progrès de l'esprit humain, *Garnier-Flammarion, Paris, 1988, pp. 79-87 et 291-293.*

Bibliographie: *Gilles-Gaston Granger,* la Mathématique sociale du marquis de Condorcet, *PUF, Paris, 1956.*

Introduction

L'HOMME NAÎT avec la faculté de recevoir des sensations, d'apercevoir et de distinguer, dans celles qu'il reçoit, les sensations simples dont elles sont composées, de les retenir, de les reconnaître, de les combiner, de conserver ou de rappeler dans sa mémoire, de comparer entre elles ces combinaisons, de saisir ce qu'elles ont de commun et ce qui les distingue, d'attacher des signes à tous ces objets, pour les reconnaître mieux, et s'en faciliter de nouvelles combinaisons.

Cette faculté se développe en lui par l'action des choses extérieures, c'est-à-dire par la présence de certaines sensations composées, dont la constance, soit dans l'identité de leur ensemble, soit dans les lois de leurs changements, est indépendante de lui. Il l'exerce également par la communication avec des individus semblables à lui ; enfin, par des moyens artificiels, qu'après le premier développement de cette même faculté, les hommes sont parvenus à inventer.

Les sensations sont accompagnées de plaisir et de douleur; et l'homme a de même la faculté de transformer ces impressions momentanées en sentiments durables, doux ou pénibles; d'éprouver ces sentiments à la vue ou au souvenir des plaisirs ou des douleurs des autres êtres sensibles. Enfin, de cette faculté unie à celle de former et de combiner des idées, naissent, entre lui et ses semblables, des relations d'intérêt et de devoir, auxquelles la nature même a voulu attacher la portion la plus précieuse de notre bonheur et les plus douloureux de nos maux.

Si l'on se borne à observer, à connaître les faits généraux et les lois constantes que présente le développement de ces facultés, dans ce qu'il a de commun aux divers individus de l'espèce humaine, cette science porte le nom de métaphysique.

Mais si l'on considère ce même développement dans ses résultats, relativement à la masse des individus qui coexistent dans le même temps sur un espace donné, et si on le suit de générations en générations, il présente alors le tableau des progrès de l'esprit humain. Ce progrès est soumis aux mêmes lois générales qui s'observent dans le développement individuel de nos facultés, puisqu'il est le résultat de ce développement, considéré en même temps dans un grand nombre d'individus réunis en société. Mais le résultat que chaque instant présente dépend de celui qu'offraient les instants précédents, et influe sur celui des temps qui doivent suivre.

Ce tableau est donc historique, puisque, assujetti à de perpétuelles variations, il se forme par l'observation successive des sociétés humaines aux différentes époques qu'elles ont parcourues. Il doit présenter l'ordre des changements, exposer l'influence qu'exerce chaque instant sur celui qui le remplace, et montrer ainsi, dans les modifications qu'a reçues l'espèce humaine, en se renouvelant sans cesse au milieu de l'immensité des siècles, la marche qu'elle a suivie, les pas qu'elle a faits vers la vérité ou le bonheur. Ces observations, sur ce que l'homme a été, sur ce qu'il est aujourd'hui, conduiront ensuite aux moyens d'assurer et d'accélérer les nouveaux progrès que sa nature lui permet d'espérer encore.

Tel est le but de l'ouvrage que j'ai entrepris, et dont le résultat sera de montrer, par le raisonnement et par les faits, qu'il n'a été marqué aucun terme au perfectionnement des facultés humaines ; que la perfectibilité de l'homme est réellement indéfinie ; que les progrès de cette perfectibilité, désormais indépendante de toute puissance qui voudrait les arrêter, n'ont d'autre terme que la durée du globe où la nature nous a jetés. Sans doute, ces progrès pourront suivre une marche plus ou moins rapide, mais jamais elle ne sera rétrograde ; du moins, tant que la terre occupera la même place dans le système de l'univers, et que les lois générales de ce système ne produiront sur ce globe, ni un bouleversement général, ni des changements qui ne permettraient plus à l'espèce humaine d'y conserver, d'y déployer les mêmes facultés, et d'y trouver les mêmes ressources.

Le premier état de civilisation où l'on ait observé l'espèce humaine, est celui d'une société peu nombreuse d'hommes subsistant de la chasse et de la pêche, ne connaissant que l'art grossier de fabriquer leurs armes et quelques ustensiles de ménage, de construire ou de se creuser des logements, mais ayant déjà une langue pour se communiquer leurs besoins, et un petit nombre d'idées morales, dont ils déduisent des règles communes de conduite, vivant en familles, se conformant à des usages généraux qui leur tiennent lieu de lois, et ayant même une forme grossière de gouvernement.

On sent que l'incertitude et la difficulté de pourvoir à sa subsistance, l'alternative nécessaire d'une fatigue extrême et d'un repos absolu, ne laissent point à l'homme ce loisir, où, s'abandonnant à ses idées, il peut enrichir son intelligence de combinaisons nouvelles. Les moyens de satisfaire à ses besoins sont même trop dépendants du hasard et des saisons, pour exciter utilement une industrie dont les progrès puissent se transmettre; et chacun se borne à perfectionner son habileté ou son adresse personnelle.

Ainsi, les progrès de l'espèce humaine durent alors être très lents; elle ne pouvait en faire que de loin en loin, et lorsqu'elle était favorisée par des circonstances extraordinaires. Cependant, à la subsistance tirée de la chasse, de la pêche, ou des fruits offerts spontanément par la terre, nous voyons succéder la nourriture fournie par des animaux que l'homme a réduits à l'état de domesticité, qu'il sait conserver et multiplier. À ces moyens se joint ensuite une agriculture grossière; il ne se contente plus des fruits ou des plantes qu'il rencontre; il apprend à en former des provisions, à les rassembler autour de lui, à les semer ou les planter, à en favoriser la reproduction par le travail de la culture.

La propriété qui, dans le premier état, se bornait à celle des animaux tués par lui, de ses armes, de ses filets, des ustensiles de son ménage, devint d'abord celle de son troupeau, et ensuite, celle de la terre qu'il a défrichée et qu'il cultive. À la mort du chef, cette propriété se transmet naturellement à la famille. Quelques-uns possèdent un superflu susceptible d'être conservé. S'il est absolu, il fait naître de nouveaux besoins; s'il n'a lieu que pour une seule chose, tandis qu'on éprouve la disette d'une autre, cette nécessité donne l'idée des échanges: dès lors, les relations morales se compliquent et se multiplient. Une sécurité plus grande, un loisir plus assuré et plus constant permettent de se livrer à la méditation, ou du moins, à une observation suivie. L'usage s'introduit, pour quelques individus, de donner une partie de leur superflu en échange d'un travail qui leur sert à s'en dispenser eux-mêmes. Il existe donc une classe d'hommes dont le temps n'est pas absorbé par un labeur corporel, et dont les désirs s'étendent au-delà de leurs simples besoins. L'industrie s'éveille; les arts déjà connus s'étendent et se perfectionnent; les faits que le hasard présente à l'observation de l'homme plus attentif et plus exercé, font éclore des arts nouveaux; la population s'accroît à mesure que les moyens de vivre deviennent moins périlleux et moins précaires; l'agriculture, qui peut nourrir un plus grand nombre d'individus sur le même terrain, remplace les autres sources de subsistance: elle favorise cette multiplication, qui, réciproquement, en accélère les progrès; les idées acquises se communiquent plus promptement et se perpétuent plus sûrement dans une société devenue plus sédentaire, plus rapprochée, plus intime. Déjà l'aurore des sciences commence à paraître; l'homme se montre séparé des autres espèces d'animaux, et ne semble plus borné comme eux à un perfectionnement purement individuel.

Les relations plus étendues, plus multipliées, plus compliquées, que les hommes forment alors entre eux, leur font éprouver la nécessité d'avoir un moyen de communiquer leurs idées aux personnes absentes, de perpétuer la mémoire d'un fait avec plus de précision que par la tradition orale, de fixer les conditions d'une convention plus sûrement que par le souvenir des témoins, de constater, d'une manière moins sujette à des changements, ces coutumes respectées, auxquelles les membres d'une même société sont convenus de soumettre leur conduite.

On sentit donc le besoin de l'écriture, et elle fut inventée. Il paraît qu'elle était d'abord une véritable peinture à laquelle succéda une peinture de convention, qui ne conserva que les traits caractéristiques des objets. Ensuite, par une espèce de métaphore analogue à celle qui déjà s'était introduite dans le langage, l'image d'un objet physique exprima des idées morales. L'origine de ces signes, comme celle des mots, dut s'oublier à la longue ; et l'écriture devint l'art d'attacher un signe conventionnel à chaque idée, à chaque mot, et par la suite, à chaque modification des idées et des mots.

Alors, on eut une langue écrite et une langue parlée, qu'il fallait également apprendre, entre lesquelles il fallait établir une correspondance réciproque.

Des hommes de génie, des bienfaiteurs éternels de l'humanité, dont le nom, dont la patrie même sont pour jamais ensevelis dans l'oubli, observèrent que tous les mots d'une langue n'étaient que les combinaisons d'une quantité très limitée d'articulations premières ; que le nombre de celles-ci, quoique très borné, suffisait pour former un nombre presque infini de combinaisons diverses. Ils imaginèrent de désigner, par des signes visibles, non les idées ou les mots qui y répondent, mais ces éléments simples dont les mots sont composés.

Dès lors, l'écriture alphabétique fut connue ; un petit nombre de signes suffit pour tout écrire, comme un petit nombre de sons suffisait pour tout dire. La langue écrite fut la même que la langue parlée ; on n'eut besoin que de savoir reconnaître et former ces signes peu nombreux, et ce dernier pas assura pour jamais les progrès de l'espèce humaine.

Peut-être serait-il utile aujourd'hui d'instituer une langue écrite qui, réservée uniquement pour les sciences, n'exprimant que ces combinaisons d'idées simples qui se retrouvent exactement les mêmes dans tous les esprits, n'étant employée que pour des raisonnements d'une rigueur logique, pour des opérations de l'entendement précises et calculées, fût entendue par les hommes de tous les pays, et se traduisît dans tous leurs idiomes, sans pouvoir s'altérer comme eux en passant dans l'usage commun.

Alors, par une révolution singulière, ce même genre d'écriture, dont la conservation n'eût servi qu'à prolonger l'ignorance, deviendrait, entre les mains de la philosophie, un instrument utile à la prompte propagation des lumières, au perfectionnement de la méthode des sciences.

C'est entre ce degré de civilisation, et celui où nous voyons encore les peuplades sauvages, que se sont trouvés tous les peuples dont l'histoire s'est conservée jusqu'à nous, et qui, tantôt faisant de nouveaux progrès, tantôt se replongeant dans l'ignorance, tantôt se perpétuant au milieu de ces alternatives, ou s'arrêtant à un certain terme, tantôt disparaissant de la terre sous le fer des conquérants, se confondant avec les vainqueurs, ou subsistant dans l'esclavage, tantôt, enfin, recevant des lumières d'un peuple plus éclairé, pour les transmettre à d'autres nations, forment une chaîne non interrompue entre le commencement des temps historiques et le siècle où nous vivons, entre les premières nations qui nous soient connues, et les peuples actuels de l'Europe.

On peut donc apercevoir déjà trois parties bien distinctes dans le tableau que je me suis proposé de tracer.

Dans la première, où les récits des voyageurs nous montrent l'état de l'espèce humaine chez les peuples les moins civilisés, nous sommes réduits à deviner par quels degrés l'homme isolé, ou plutôt borné à l'association nécessaire pour se reproduire, a pu acquérir ces premiers perfectionnements dont le dernier terme est l'usage d'un langage articulé ; nuance la plus marquée, et même la seule qui, avec quelques idées morales plus étendues, et un faible commencement d'ordre social, le fait alors différer des animaux vivant comme lui en société régulière et durable. Ainsi nous ne pouvons avoir ici d'autre guide que des observations sur le développement de nos facultés.

Ensuite, pour conduire l'homme au point où il exerce des arts, où déjà la lumière des sciences commence à l'éclairer, où le commerce unit les nations, où enfin l'écriture alphabétique est inventée, nous pouvons joindre à ce premier guide l'histoire des diverses sociétés qui ont été observées dans presque tous les degrés intermédiaires; quoiqu'on ne puisse en suivre aucune dans tout l'espace qui sépare ces deux grandes époques de l'espèce humaine.

Ici le tableau commence à s'appuyer en grande partie sur la suite des faits que l'histoire nous a transmis, mais il est nécessaire de les choisir dans celle de différents peuples, de les rapprocher, de les combiner, pour en tirer l'histoire hypothétique d'un peuple unique et former le tableau de ses progrès.

Depuis l'époque où l'écriture alphabétique a été connue dans la Grèce, l'histoire se lie à notre siècle, à l'état actuel de l'espèce humaine dans les pays les plus éclairés de l'Europe, par une suite non interrompue de faits et d'observations; et le tableau de la marche et des progrès de l'esprit humain est devenu véritablement historique. La philosophie n'a plus rien à deviner, n'a plus de combinaisons hypothétiques à former; il suffit de rassembler, d'ordonner les faits, et de montrer les vérités utiles qui naissent de leur enchaînement et de leur ensemble.

Il ne resterait enfin qu'un dernier tableau à tracer, celui de nos espérances, des progrès qui sont réservés aux générations futures, et que la constance des lois de la nature semble leur assurer. Il faudrait y montrer par quels degrés ce qui nous paraîtrait aujourd'hui un espoir chimérique doit successivement devenir possible et même facile; pourquoi, malgré les succès passagers des préjugés, et l'appui qu'ils reçoivent de la corruption des gouvernements ou des peuples, la vérité seule doit obtenir un triomphe durable; par quels liens la nature a indissolublement uni les progrès des lumières et ceux de la liberté, de la vertu, du respect pour les droits naturels de l'homme; comment ces seuls biens réels, si souvent séparés qu'on les a crus même incompatibles, doivent au contraire devenir inséparables, dès l'instant où les lumières auront atteint un certain terme dans un plus grand nombre de nations à la fois, et qu'elles auront pénétré la masse entière d'un grand peuple, dont la langue serait universellement répandue, dont les relations commerciales embrasseraient toute l'étendue du globe. Cette réunion s'étant déjà opérée dans la classe entière des hommes éclairés, on ne compterait plus dès lors parmi eux que des amis de l'humanité, occupés de concert d'en accélérer le perfectionnement et le bonheur. [...]

Il nous reste maintenant à parler de deux moyens généraux, qui doivent influer à la fois, et sur le perfectionnement de l'art d'instruire, et sur celui des sciences; l'un est l'emploi plus étendu et moins imparfait de ce qu'on peut appeler les méthodes techniques; l'autre, l'institution d'une langue universelle.

J'entends par méthodes techniques l'art de réunir un grand nombre d'objets sous une disposition systématique, qui permette d'en voir d'un coup d'œil les rapports, d'en saisir rapidement les combinaisons, d'en former plus facilement de nouvelles.

Nous développerons les principes, nous ferons sentir l'utilité de cet art, qui est encore dans son enfance, et qui peut, en se perfectionnant, offrir, soit l'avantage de rassembler dans le petit espace d'un tableau ce qu'il serait souvent difficile de faire entendre aussi promptement, aussi bien, dans un livre très étendu; soit le moyen plus précieux encore de présenter les faits isolés dans la disposition la plus propre à en déduire des résultats généraux. Nous exposerons comment, à l'aide d'un petit nombre de ces tableaux, dont il serait facile d'apprendre l'usage, les hommes qui n'ont pu s'élever assez au-dessus de l'instruction la plus élémentaire pour se rendre propres les connaissances de détails utiles dans la vie commune, pourront les retrouver à volonté lorsqu'ils en éprouveront le besoin; comment enfin l'usage de ces mêmes méthodes peut faciliter l'instruction élémentaire dans tous les genres où cette instruction se fonde, soit sur un ordre systématique de vérités, soit sur une suite d'observations ou de faits.

Une langue universelle est celle qui exprime par des signes, soit des objets réels, soit ces collections bien déterminées qui, composées d'idées simples et générales, se trouvent les mêmes, ou peuvent se former également dans l'entendement de tous les hommes; soit enfin les rapports généraux entre ces idées, les opérations de l'esprit humain, celles qui sont propres à chaque science, ou les procédés des arts. Ainsi, les hommes qui connaîtraient ces signes, la méthode de les combiner, et les lois de leur formation, entendraient ce qui est écrit dans cette langue, et l'exprimeraient avec une égale facilité dans la langue commune de leur pays.

On voit que cette langue pourrait être employée pour exposer, ou la théorie d'une science, ou les règles d'un art; pour rendre compte d'une expérience ou d'une observation nouvelle; de l'invention d'un procédé, de la découverte, soit d'une vérité, soit d'une méthode; que comme l'algèbre, lorsqu'elle serait obligée de se servir de signes nouveaux, ceux qui seraient déjà connus donneraient les moyens d'en expliquer la valeur.

Une telle langue n'a pas l'inconvénient d'un idiome scientifique, différent du langage commun. Nous avons observé déjà que l'usage de cet idiome partagerait nécessairement les sociétés en deux classes inégales entre elles; l'une composée des hommes qui, connaissant ce langage, auraient la clef de toutes les sciences; l'autre de ceux qui, n'ayant pu l'apprendre, se trouveraient dans l'impossibilité presque absolue d'acquérir des lumières. Ici, au contraire, la langue universelle s'y apprendrait avec la science même, comme celle de l'algèbre; on connaîtrait le signe en même temps que l'objet, l'idée, l'opération qu'il désigne. Celui qui, ayant appris les éléments d'une science, voudrait y pénétrer plus avant, trouverait dans les livres, non seulement les vérités qu'il peut entendre, à l'aide des signes dont il connaît déjà la valeur, mais l'explication des nouveaux signes dont on a besoin pour s'élever à d'autres vérités.

Nous montrerons que la formation d'une telle langue, si elle se borne à exprimer des propositions simples, précises, comme celles qui forment le système d'une science, ou de la pratique d'un art, ne serait rien moins qu'une idée chimérique; que l'exécution même en serait déjà facile pour un grand nombre d'objets; que l'obstacle le plus réel qui l'empêcherait de l'étendre à d'autres serait la nécessité un peu humiliante de reconnaître combien peu nous avons d'idées précises, de notions bien déterminées, bien convenues entre les esprits.

Nous indiquerons comment, se perfectionnant sans cesse, acquérant chaque jour plus d'étendue, elle servirait à porter sur tous les objets qu'embrasse l'intelligence humaine, une rigueur, une précision qui rendrait la connaissance de la vérité facile, et l'erreur presque impossible. Alors la marche de chaque science aurait la sûreté de celle des mathématiques, et les propositions qui en forment le système, toute la certitude géométrique, c'est-à-dire toute celle que permet la nature de leur objet et de leur méthode. [...]

Encyclopédie des sciences philosophiques
(1817)

GEORG WILHELM FRIEDRICH HEGEL
(1770-1831)

« À la fin sera le Verbe... », aurait pu dire Hegel. Toute sa philosophie du signe, qui commande étroitement à la hiérarchie des arts dans son Cours d'esthétique, *est en effet orientée et dominée par la finalité de la parole. Comme chez Saussure (cf.* infra *chapitre II), une linguistique donne aux autres signes leur modèle, et ce logocentrisme (dont la philosophie de Hegel est la réalisation la plus achevée) éclipse la sémiologie : les autres systèmes signifiants ne sont chez lui que des esquisses ou des étapes en direction de cette parole, où l'esprit se recueille et qui doit partout pénétrer.*

Quel est donc ce modèle, qui donne à l'histoire sa logique *(son logos organisateur)? La parole l'emporte sur l'écriture, et l'écriture alphabétique, c'est-à-dire phonétique, prime sur tous les autres systèmes d'inscription, en particulier les hiéroglyphes et les idéogrammes, mais aussi les écritures mathématiques et les projets leibniziens de « characteristique » (une combinatoire de signes qui n'auraient pas besoin de se référer à la voix). Le privilège de cette dernière tient en un mot, central dans la philosophie de Hegel :* Aufhebung, *mal traduit ci-dessous par « mise de côté ». Derrida a proposé* relève, *et retraduit ainsi le début du paragraphe 459 : « L'intuition, en tant qu'elle est d'abord immédiatement un donné* (ein Gegebenes) *et une spatialité* (ein Raümliches), *reçoit, pour autant qu'on l'utilise comme signe, la détermination essentielle d'être seulement en tant que relevée* (aufgehobene)[1]. *»* Relevée, *c'est-à-dire à la fois élevée et supprimée, comme lorsqu'on relève quelqu'un de ses fonctions :* aufheben, *c'est élever en supprimant. Le signe par exemple relève l'intuition sensible dans la signification intellectuelle, ou la visée idéale : lire, c'est voir les lettres sans doute, mais pour les nier aussitôt – les relever dans le sens, ou la visée spirituelle. De même le mouvement de l'intelligence en général ne s'arrête nulle part à l'espace comme tel, mais il relève celui-ci – dans le temps. Ce que dit la suite du texte : « [...] ainsi la figure plus vraie de l'intuition, qui est un signe, est une existence dans le* temps (ein Dasein in der Zeit) *».*

Le temps est la relève, et la vérité, de l'espace. Penser, c'est s'arracher à l'espace, pour articuler le discours au fil du temps. C'est donc la voix, dont le fil temporel est plus immatériel encore que celui de l'écriture (spatiale), qui favorise mieux que toute autre sémiologie les accomplissements de l'esprit. Le son est l'élément (le matériau) le plus spirituel, ou le moins étranger à la pensée. Et c'est pourquoi dans l'alphabet celle-ci se retrouve au plus près d'elle-même, bei sich. *« L'écriture alphabétique est en soi et pour soi la plus intelligente... » (§ 459).*

Dans la hiérarchie des cinq sens, du plus matériel au plus spirituel, Hegel a distingué deux « sens théoriques », ou propres à l'idéalité : la vue et l'ouïe. C'est sur eux que reposent par conséquent tous les arts ; l'odorat, le goût et le toucher, trop « matériels », ne laissent pas leurs objets exister à distance, et demeurent impropres à en fonder aucun. Mais nous

1. Jacques Derrida, « Le puits et la pyramide, introduction à la sémiologie de Hegel », in *Marges de la philosophie*, Minuit, Paris, 1972.

voyons par ce passage, confirmé par tout le système hégélien, que l'ouïe est plus spirituelle que la vue : les figures et les œuvres plastiques freinent le travail de la dialectique, qui n'est vraiment « chez elle » que dans l'élément du langage, et sous sa forme parlée. L'ouïe est le sens le plus sublime (comme, dans l'échelle des arts, la poésie, qui agence les sons pour leur valeur spirituelle). Par contre tout langage d'espace, toute écriture, et particulièrement celles qui ne sont « pas encore » alphabétiques : les notations hiéroglyphiques, ou idéographiques (de la Chine « immobile » !), ou logico-mathématiques (la caractéristique universelle de Leibniz)..., ne peuvent que retarder cette Aufhebung, *cette relève spirituelle qui est pour Hegel le mouvement même de l'Histoire.*

On rapprochera ce fragment de celui du Phèdre *de Platon* (supra), *et l'on verra surtout par Jack Goody, Bruno Latour ou Pierre Lévy* (infra *chapitre* VI) *comment la « raison graphique », et le développement contemporain des écrans dans tous les domaines du savoir, ont renversé l'esthétique et la sémiotique tracées par Hegel : la figure ou l'image n'est pas inférieure au son, et l'on s'intéresse de près aujourd'hui aux performances cognitives des « graphies » de toutes sortes.*

Source : *G. W. F. Hegel,* Précis de l'encyclopédie des sciences philosophiques, *troisième partie, « Philosophie de l'esprit », traduction de J. Gibelin, Vrin, Paris, 1967.*

§ 458. DANS CETTE UNITÉ PRODUITE PAR L'INTELLIGENCE, d'une *représentation indépendante* et d'une *intuition*, la matière de cette dernière est bien tout d'abord une chose reçue, immédiate ou donnée (par exemple la couleur de la cocarde, etc.), toutefois, en cette identité, l'intuition ne passe pas pour être positive et se représentant soi-même, mais bien autre chose. C'est une image qui a reçu comme âme, en soi, une représentation *indépendante* de l'intelligence, c'est sa *signification*. Cette intuition est le *signe*.

Remarque. Le signe est une certaine intuition immédiate, représentant un tout autre contenu que celui qu'elle détient pour-soi ; – c'est la *pyramide* dans laquelle une âme étrangère est transposée et conservée. Le signe se distingue du symbole, intuition dont la détermination concrète propre est, selon son essence et sa notion, plus ou moins le contenu qu'il exprime comme symbole. Dans le signe au contraire, le contenu *propre* de l'intuition et celui dont elle est le signe, n'ont aucun rapport entre eux. En affectant d'un signe, l'intelligence fait donc preuve d'une volonté et d'une maîtrise plus libres dans l'usage de l'intuition que lorsqu'elle symbolise. – D'ordinaire on introduit les *signes* et le *langage* comme *appendice* dans la Psychologie ou même dans la Logique, sans réfléchir à leur nécessité et à leur enchaînement dans le système de l'activité de l'intelligence. La vraie place du signe est celle qui a été indiquée, à savoir que l'intelligence, qui, comme intuitive, produit la forme du temps et de l'espace, et apparaît recueillant le contenu sensible et s'en formant des représentations, attribue maintenant à ses représentations indépendantes par elles-mêmes une existence déterminée, *utilise* l'espace et le temps pleins, l'intuition comme étant *sienne*, en ôte le contenu immédiat et particulier et lui donne pour sens et pour âme, un contenu différent. – Cette activité, créatrice de signes, peut s'appeler mémoire *productive* (Mnémosyne d'abord abstraite), puisque la mémoire qui, dans la vie ordinaire, est souvent confondue avec le souvenir *(Erinnerung)*, la représentation et l'imagination, étant même employée comme leur synonyme, n'a affaire d'une manière générale qu'à des signes.

§ 459. L'intuition, comme élément tout d'abord immédiatement donné et spatial, reçoit, utilisée en tant que signe, la détermination essentielle, de n'être que mise de côté. L'intelligence en est la négativité ; ainsi, la figure plus vraie de l'intuition, qui est un signe, est une existence dans le *temps* – une disparition de l'existence, tandis qu'elle existe, – et d'après sa nouvelle détermination concrète, extérieure et psychique, une *position* provenant du caractère naturel propre (anthropologique) de l'intelligence, c'est le son, la pleine manifestation de l'intériorité qui se révèle. Le son s'articulant ensuite pour les représentations déterminées, le *discours* et son système le *langage*, donne aux sensations, aux intuitions et aux représentations une seconde existence, plus haute que leur existence immédiate, d'une manière générale une existence valable dans la sphère de la représentation.

Remarque. Le langage n'est considéré ici que suivant sa détermination concrète propre, comme produit de l'intelligence, pour en manifester les représentations dans un élément extérieur. S'il fallait ici étudier concrètement le langage, il faudrait pour son matériel (lexicologique) rappeler le point de vue anthropologique, plus précisément psychophysiologique (§ 401) et anticiper pour la *forme* (la grammaire) sur celui de l'entendement. Concernant le *matériel élémentaire* du langage, d'une part, la conception de simple contingence est abandonnée – d'autre part, le principe de l'imitation s'est restreint à d'étroites limites, aux objets sonores. Cependant, on entend célébrer encore la richesse de la langue allemande à cause des nombreuses expressions particulières qu'elle possède pour des sons différents (bruire, siffler, grincer, etc. ; on en a réuni plus de cent de ce genre, le caprice du moment en crée de nouveaux quand cela lui plaît) ; cette abondance de termes sensibles et insignifiants ne doit pas être comptée parmi ce qui constitue la richesse d'une langue cultivée. Les vrais éléments reposent moins sur un symbolisme se rapportant à des objets extérieurs que sur un symbolisme intérieur, celui de l'articulation anthropologique, en quelque sorte un *geste* de la manifestation parlée corporelle. On a ainsi cherché pour chaque voyelle et chaque consonne, comme pour leurs éléments plus abstraits (mouvements des lèvres, du palais, de la langue) et leurs combinaisons un sens particulier. Mais ces rudiments confus et inconscients sont modifiés par d'autres moments extérieurs en tant que besoins culturels, jusqu'à devenir ternes et insignifiants, notamment parce que, intuitions sensibles, ils sont réduits à l'état de signes et que leur propre signification initiale s'altère et s'éteint. Toutefois, l'élément *formel* de la langue est l'œuvre de l'entendement qui informe en elle ses catégories. Cet instinct logique donne naissance à l'élément grammatical. L'étude de langues demeurées primitives, que l'on n'a commencé à connaître à fond que dans les temps modernes, a montré qu'elles possèdent une grammaire développée jusque dans les détails et qu'elles expriment des nuances qui manquent ou se sont effacées dans les langues des peuples les plus cultivés ; il semble que la langue des peuples les plus cultivés possède une grammaire moins parfaite et qu'une même langue a une grammaire plus parfaite si le peuple est moins cultivé que s'il l'est davantage (cf. W. de Humboldt, *Sur le duel*, J. 10-11).

À propos du langage vocal, qui est le langage primitif, on peut aussi mentionner la langue écrite, mais en passant seulement ; ce n'est qu'un développement ultérieur du domaine *particulier* de la langue, qui emprunte le concours d'une activité extérieure pratique. La langue écrite se développe dans le champ de l'intuition spatiale immédiate où elle prend et produit les signes (§ 454). L'écriture hiéroglyphique désigne les *représentations* par des figures spatiales ; mais l'écriture alphabétique exprime des sons qui sont eux-mêmes déjà des signes. Cette langue consiste donc en signes de signes, elle ramène les signes concrets de la langue des sons, les mots, à leurs éléments simples, et exprime ces éléments. – L'intelligence de Leibniz l'a induit en erreur lorsqu'il a cru fort désirable d'avoir un langage écrit complet, à base hiéroglyphique, – ce qui a lieu en partie dans notre écriture alphabétique (comme pour nos signes s'appliquant aux chiffres, aux planètes, aux corps chimiques, etc.), afin de servir de langage écrit universel pour le commerce des peuples et notamment des savants. On peut penser, au contraire, que ce fut le commerce des peuples (comme ce fut peut-être le cas en Phénicie et comme cela arrive actuellement à Canton – Cf. *le Voyage de Macartney*, par Staunton) qui a fait naître le besoin de l'écriture alphabétique et qui en a été la cause. D'ailleurs, on ne peut songer à une langue hiéroglyphique *achevée*, compréhensive; à des objets sensibles conviennent, il est vrai, des signes fixes, mais en ce qui concerne les signes pour le spirituel (*Geistig*), le développement de la pensée, l'évolution progressive logique entraîne des modifications dans la façon de concevoir leurs conditions intérieures et par suite leur nature, en sorte qu'il faudrait introduire une nouvelle notation hiéroglyphique. Cela n'arrive-t-il pas déjà pour les objets sensibles, que leurs signes dans la langue parlée, leurs noms, se modifient souvent comme en chimie et en minéralogie. Depuis que l'on a oublié ce que sont les noms, c'est-à-dire en soi des *éléments extérieurs sans signification*, n'ayant un sens qu'en qualité de *signes*, depuis qu'au lieu de noms véritables, on exige une espèce de définition, que l'on forme même souvent selon le caprice ou le hasard, l'appellation change, c'est-à-dire la combinaison des signes de sa détermination spécifique ou d'autres propriétés prétendues caractéristiques, suivant la différente conception qu'on se fait de l'espèce ou d'une prétendue propriété spécifique. – Ce n'est qu'au caractère immobile de l'esprit chinois que convient l'écriture hiéroglyphique de ce peuple; ce genre d'écriture ne peut d'ailleurs être propre qu'à la partie la moins nombreuse de ce peuple, celle qui détient exclusivement la culture intellectuelle. – Le développement de la langue parlée se rattache de la façon la plus étroite à l'habitude de l'écriture alphabétique, grâce à laquelle seulement la première acquiert la détermination concrète et la pureté de son articulation. L'imperfection de la langue chinoise parlée est connue; une foule de mots y ont plusieurs sens tout différents jusqu'à dix, même vingt, en sorte qu'en parlant, la distinction ne se remarque qu'à l'accent, à l'intensité, à un parler plus bas, au cri. Des Européens, commençant à parler chinois, s'exposent, avant de s'être rendus maîtres de ces absurdes finesses d'accentuations, aux plus comiques malentendus. La perfection consiste ici dans le contraire du *parler sans accent*, chose exigée en Europe à bon droit pour parler un langage cultivé. Il manque, à cause de l'écriture hiéroglyphique, au parler chinois la précision objective, acquise à l'articulation par l'écriture alphabétique.

L'écriture alphabétique est en et pour soi la plus intelligente, avec elle, le *mot*, qui, pour l'intelligence, est le mode le plus particulier, le plus digne d'exprimer ses représentations, est devenu conscient, l'objet de la réflexion. L'intelligence qui s'en occupe, l'analyse, c'est-à-dire que cette facture de signes est ramenée à des éléments simples, peu nombreux (les gestes primitifs de l'articulation); c'est ce qu'il y a de sensible dans le discours mis sous forme générale et ce qui acquiert par ce mode élémentaire en même temps une détermination concrète et une pureté entières. L'écriture alphabétique conserve en même temps ainsi l'avantage du langage parlé parce que dans l'une comme dans l'autre, les représentations ont des noms qui leur sont particuliers; le nom est le simple signe pour la représentation proprement dite, c'est-à-dire simple, non décomposée et recomposée en ses déterminations. Le langage des hiéroglyphes ne dérive pas, comme l'écriture alphabétique, de l'analyse immédiate des signes sensibles, mais de l'analyse préalable des représentations, qui conduit facilement à l'idée que toutes les représentations pourraient être ramenées à leurs éléments, à de simples déterminations logiques, de sorte que de l'assemblage des signes élémentaires choisis exprès (comme dans les *Koua* chinois, le simple trait droit ou le trait brisé en deux parties) résulterait le langage des hiéroglyphes. Cette circonstance, la notation analytique des représentations dans l'écriture hiéroglyphique, qui a conduit Leibniz à tenir par erreur cette écriture pour supérieure à l'écriture alphabétique, contredit au contraire la condition capitale du langage en général, le nom; ce qui consiste à avoir pour la représentation immédiate qui, quelque riche que l'on en conçoive le contenu, est pour l'esprit, simple dans le nom, un signe simple, immédiat, ne faisant pas penser comme un être-pour-soi et n'ayant pour destination qu'à signifier et présenter de façon sensible une simple représentation. L'intelligence représentative non seulement se plaît à s'arrêter à la simplicité des représentations, ainsi qu'à les recomposer avec les moments abstraits, dégagés par l'analyse, mais la pensée elle aussi résume le contenu concret de l'analyse, qui en a fait un ensemble de beaucoup de déterminations, sous la forme d'une simple idée. Dans les deux cas, c'est un besoin d'avoir, pour le sens, des signes simples, qui, composés de plusieurs lettres ou syllabes et même décomposés en lettres et syllabes, ne représentent pas cependant un groupe de plusieurs représentations. – Ce qui vient d'être dit constitue la détermination fondamentale qui est décisive pour la valeur de ces langages écrits. Il en résulte ensuite que dans l'écriture hiéroglyphique les rapports de représentations de l'esprit concrets, doivent être nécessairement embrouillés et confus; et de toute manière, l'analyse de ces représentations dont les produits immédiats doivent être de nouveau analysés de même, paraît possible en usant des façons les plus variées et les plus diverses. Toute différence dans l'analyse produirait une autre formation du substantif écrit; c'est ainsi qu'en ces derniers temps, suivant la remarque qui vient d'être faite, et même dans le domaine des sens, l'acide chlorhydrique a été désigné sous divers noms. Une écriture hiéroglyphique exigerait une philosophie aussi statique que l'est, d'une manière générale, la culture des Chinois.

Il s'ensuit qu'apprendre à lire et à écrire une écriture alphabétique doit être regardé comme un moyen de culture infini, que l'on n'apprécie pas assez; parce qu'ainsi l'esprit s'éloignant du concret sensible, dirige son attention sur le moment plus formel, le mot sonore et ses éléments abstraits, et contribue essentiellement à fonder dans le sujet le terrain propre à l'intériorité et à le purifier. – L'habitude acquise écarte aussi plus tard ce qu'a de particulier l'écriture alphabétique, à savoir, de paraître, dans l'intérêt de la vue, un détour par l'ouïe pour parvenir aux représentations, et en fait pour nous une écriture hiéroglyphique, en sorte qu'en en usant, nous n'avons pas besoin d'avoir présent dans la conscience l'intermédiaire des sons; des personnes, au contraire, qui n'ont pas une grande habitude de la lecture, prononcent à haute voix ce qu'elles ont lu, pour le comprendre en sa sonorité. Grâce à cette facilité qui transforme en hiéroglyphes cette écriture alphabétique, se conserve l'aptitude à l'abstraction acquise par ce premier exercice et, en outre, la lecture des hiéroglyphes est en soi une lecture sourde et une écriture muette; ce qui est perceptible par l'ouïe ou qui est dans le temps, et ce qui est le visible ou le spatial, ont chacun leur fondement propre, équivalent; mais dans l'écriture alphabétique, il n'y a qu'un fondement, offrant ce rapport exact que le langage visible se comporte comme un signe, à l'égard du langage sonore; l'intelligence se manifeste par la parole de façon immédiate et inconditionnée. – La médiation des représentations par l'élément plus immatériel des sons se manifeste ensuite dans le passage ultérieur qui conduit de la représentation à la pensée – la mémoire – dans son essentialité particulière.

Toutes choses se tiennent...

(1854)

CHEF SEATTLE
(1786-1866)

En 1854, le Grand Chef blanc à Washington (Franklin Pierce, président des États-Unis) offrit d'acheter une large zone du territoire indien et promit une « réserve » pour le peuple ainsi dépouillé. La réponse du Chef Seattle (« L'homme blanc est étrange... ») a été décrite comme la plus belle déclaration jamais faite sur l'environnement. Ce message sur l'état de l'union, *qu'on mettra en relation avec les modèles de von Foerster et Morin, présentés au chapitre* V, *se passe merveilleusement de commentaire. On le rapprochera des textes cybernétiques de Bateson (chapitre* III*) et Wiener (chapitre* V*), qui ont consacré leur œuvre à fonder théoriquement « cette structure qui relie ».*

Source : *Texte publié dans diverses revues, et notamment dans le numéro 18/19 de* Silex, *« La sensibilité écologique », Grenoble, 1980.*

COMMENT POUVEZ-VOUS ACHETER ou vendre le ciel, la chaleur de la terre ? L'idée nous paraît étrange. Si nous ne possédons pas la fraîcheur de l'air et le miroitement de l'eau, comment est-ce que vous pouvez les acheter ?

Chaque parcelle de cette terre est sacrée pour mon peuple. Chaque aiguille de pin luisante, chaque rive sableuse, chaque lambeau de brume dans les bois sombres, chaque clairière et chaque bourdonnement d'insecte est sacré dans le souvenir et l'expérience de mon peuple. La sève qui coule dans les arbres transporte les souvenirs de l'homme rouge.

Les morts des hommes blancs oublient le pays de leur naissance lorsqu'ils vont se promener parmi les étoiles. Nos morts n'oublient jamais cette terre magnifique, car elle est la mère de l'homme rouge. Nous sommes une partie de la terre, et elle fait partie de nous. Les fleurs parfumées sont nos sœurs ; le cerf, le cheval, le grand aigle, ce sont nos frères. Les crêtes rocheuses, les sucs dans les prés, la chaleur du poney, et l'homme – tous appartiennent à la même famille.

Aussi lorsque le Grand Chef à Washington envoie dire qu'il veut acheter notre terre, demande-t-il beaucoup de nous. Le Grand Chef envoie dire qu'il nous réservera un endroit de façon que nous puissions vivre confortablement entre nous. Il sera notre père et nous serons ses enfants. Nous considérons, donc, votre offre d'acheter notre terre. Mais ce ne sera pas facile. Car cette terre nous est sacrée.

Cette eau scintillante qui coule dans les ruisseaux et les rivières n'est pas seulement de l'eau mais le sang de nos ancêtres. Si nous vous vendons de la terre, vous devez vous rappeler qu'elle est sacrée et que chaque reflet spectral dans l'eau claire des lacs, parle d'événements et de souvenirs de la vie de mon peuple. Le murmure de l'eau est la voix du père de mon père.

Les rivières sont nos frères, elles étanchent notre soif. Les rivières portent nos canoës, et nourrissent nos enfants. Si nous vous vendons notre terre, vous devez désormais vous rappeler, et l'enseigner à vos enfants, que les rivières sont nos frères, et les vôtres, et vous devez désormais montrer pour les rivières la tendresse que vous montreriez pour un frère.

Nous savons que l'homme blanc ne comprend pas nos mœurs. Une parcelle de terre ressemble pour lui à la suivante, car c'est un étranger qui arrive dans la nuit et prend à la terre ce dont il a besoin. La terre n'est pas son frère, mais son ennemi, et lorsqu'il l'a conquise, il va plus loin. Il abandonne la tombe de ses aïeux, et cela ne le tracasse pas. Il enlève la terre à ses enfants et cela ne le tracasse pas. La tombe de ses aïeux et le patrimoine de ses enfants tombent dans l'oubli. Il traite sa mère, la terre, et son frère, le ciel, comme des choses à acheter, piller, vendre comme les moutons ou les perles brillantes. Son appétit dévorera la terre et ne laissera derrière lui qu'un désert.

Je ne sais pas. Nos mœurs sont différentes des vôtres. La vue de vos villes fait mal aux yeux de l'homme rouge. Mais peut-être est-ce parce que l'homme rouge est un sauvage et ne comprend pas.

Il n'y a pas d'endroit paisible dans les villes de l'homme blanc. Pas d'endroit pour entendre les feuilles se dérouler au printemps, ou le froissement des ailes d'un insecte. Mais peut-être est-ce parce que je suis un sauvage et ne comprends pas. Le vacarme semble seulement insulter les oreilles. Et quel intérêt y a-t-il à vivre si l'homme ne peut entendre le cri solitaire de l'engoulevent ou les palabres des grenouilles autour d'un étang la nuit? Je suis un homme rouge et ne comprends pas. L'indien préfère le son doux du vent s'élançant au-dessus de la face d'un étang, et l'odeur du vent lui-même, lavé par la pluie de midi ou parfumé par le pin pignon.

L'air est précieux à l'homme rouge, car toutes choses partagent le même souffle – la bête, l'arbre, l'homme, ils partagent tous le même souffle. L'homme blanc ne semble pas remarquer l'air qu'il respire. Comme un homme qui met plusieurs jours à expirer, il est insensible à la puanteur. Mais si nous vous vendons notre terre, vous devez vous rappeler que l'air nous est précieux, que l'air partage son esprit avec tout ce qu'il fait vivre. Le vent qui a donné à notre grand-père son premier souffle a aussi reçu son dernier soupir. Et si nous vous vendons notre terre, vous devez la garder à part et la tenir pour sacrée, comme un endroit où même l'homme blanc peut aller goûter le vent adouci par les fleurs des prés.

Nous considérons donc votre offre d'acheter notre terre. Mais si nous décidons de l'accepter, j'y mettrai une condition: l'homme blanc devra traiter les bêtes de cette terre comme ses frères.

Je suis un sauvage et ne connais pas d'autre façon de vivre, j'ai vu un millier de bisons pourrissant sur la prairie, abandonnés par l'homme blanc qui les avait abattus d'un train qui passait. Je suis un sauvage et ne comprends pas comment le cheval de fer fumant peut être plus important que le bison que nous ne tuons que pour subsister.

Qu'est-ce que l'homme sans les bêtes? Si toutes les bêtes disparaissaient, l'homme mourrait d'une grande solitude d'esprit. Car ce qui arrive aux bêtes, arrive bientôt à l'homme. Toutes choses se tiennent.

Vous devez apprendre à vos enfants que le sol qu'ils foulent est fait de cendre de nos aïeux. Pour qu'ils respectent la terre, dites à vos enfants qu'elle est enrichie par les vies de notre race. Enseignez à vos enfants ce que nous avons enseigné aux nôtres, que la terre est notre mère. Tout ce qui arrive à la terre, arrive aux fils de la terre. Si les hommes crachent sur le sol, ils crachent sur eux-mêmes.

Nous savons au moins ceci: la terre n'appartient pas à l'homme; l'homme appartient à la terre. Cela, nous le savons. Toutes choses se tiennent comme le sang qui unit une même famille. Toutes choses se tiennent.

Tout ce qui arrive à la terre, arrive aux fils de la terre. Ce n'est pas l'homme qui a tissé la trame de la vie: il en est seulement un fil. Tout ce qu'il fait à la trame, il le fait à lui-même.

Même l'homme blanc, dont le Dieu se promène et parle avec lui comme deux amis ensemble, ne peut être dispensé de la destinée commune. Après tout, nous sommes peut-être frères. Nous verrons bien. Il y a une chose que nous savons et que l'homme blanc découvrira peut-être un jour – c'est que notre Dieu est le même Dieu. Il se peut que vous pensiez maintenant le posséder comme vous voulez posséder notre terre, mais vous ne pouvez pas. Il est le Dieu de l'homme, et sa pitié est égale pour l'homme rouge et le blanc. Cette terre lui est précieuse, et nuire à la terre, c'est accabler de mépris le créateur. Les Blancs aussi disparaîtront; peut-être plus tôt que les autres tribus. Contaminez votre lit, et vous suffoquerez une nuit dans vos propres détritus.

Mais en mourant vous brillerez avec éclat, ardent de la force du Dieu qui vous a amenés jusqu'a cette terre et qui, pour quelque dessein particulier vous a fait dominer cette terre et l'homme rouge. Cette destinée est un mystère pour nous, car nous ne comprenons pas lorsque les bisons sont tous massacrés, les chevaux sauvages domptés, les coins secrets de la forêt chargés du fumet de beaucoup d'hommes et la vue des collines en pleines fleurs ternie par des fils qui parlent. Où est le hallier? Disparu. Où est l'aigle? Disparu. La fin de la vie et le début de la survivance[1].

1. Nous n'avons pas voulu rabaisser l'émotion du lecteur qui découvre pour la première fois ce discours, dont l'auteur se hausse au rang d'un Abraham Lincoln des Indiens d'Amérique. Hélas, ce texte est un faux, et Chef Seattle l'un des premiers « prophètes manufacturés » de l'âge médiatique (selon le mot de David Buerge, un historien du Nord-Ouest américain qui prépare un livre sur le chef indien).

Seattle (nommé See-ahth), chef des indiens Duwamish et Suquamish, prononça en effet en 1854, et dans sa propre langue, une célèbre oraison à l'adresse d'Isaac Stevens, commissaire aux questions indiennes venu proposer aux premiers habitants du Nord-Ouest un « arrangement territorial ». On n'en connaît aujourd'hui le contenu que par une transcription, parue trente-trois ans plus tard dans le *Seattle Sunday Star* du 29 octobre 1887 sous la signature du docteur Henry Smith (qui semble avoir bien connu son modèle). Elle n'a que quelques phrases en commun avec la trop éloquente profession de foi qui s'est répandue depuis sur les posters, les pochettes de disques et les livres d'enfants. Celle-ci semble avoir été rédigée en 1971 par un scénariste de l'État du Texas, Ted Perry. De flagrants anachronismes infirment la première attribution : le « fil qui parle » n'a pas encore franchi en 1854 les montagnes de Seattle, les bisons y demeurent inconnus dans un rayon de 1000 kms, et le premier chemin de fer ne reliera les Grandes Plaines à la côte Pacifique qu'en 1870... La prophétie écologique des années Nixon a donc utilisé ici un nom de plume, commode pour mieux faire passer son message. Mais cette supercherie médiatique ne doit rien retirer, bien sûr, ni à la stature historique de Seattle, qui fut un grand chef, ni aux idées des défenseurs de l'environnement.

Chef Seattle est mort à quatre-vingts ans, un an après que la ville qui avait pris son nom fasse défense à tous les Indiens d'y résider. Je remercie Sally Elliott de m'avoir procuré sa documentation sur cette affaire (article de Timothy Egan dans le *New York Times* du 21 avril 1992, et transcription du docteur Smith publiée par la bibliothèque de la ville).

L'Industrie culturelle
(1963)

THEODOR W. ADORNO
(1903-1969)

Principal représentant de l'école de Francfort avec Max Horkheimer et Walter Benjamin, Adorno a particulièrement réfléchi (à partir des concepts de Marx et de Freud) au devenir de la culture à l'époque de sa production industrielle et «de masse». Dans leur Théorie critique, *ces auteurs insistaient sur la continuité entre les formes de l'art et de la société: une œuvre exprime aussi les conditions sociales de sa production, fût-ce à l'insu de son créateur. Ils montraient la liquidation progressive du sujet autonome (kantien), dont le goût et les désirs se trouvent manipulés à grande échelle par la société de masse; ils dénonçaient le bonheur frauduleux de l'art affirmatif et kitsch, et les esthétiques prématurées de la réconciliation. (On appelle* kitsch *un art sans négatif, positif et douceâtre: les chromos de calendrier, les musiques d'aéroport, les bébés souriants, les hamburgers ou Disneyworld sont kitsch.)*

Réfugiés d'Europe centrale, héritiers d'une riche culture, Horkheimer et Adorno se trouvaient transplantés aux États-Unis (mais non Benjamin, mort en 1940 en tentant de passer la frontière espagnole à Collioure); ils se sentaient mal à l'aise dans ce milieu qu'ils jugeaient plus fruste, et Adorno en particulier n'arrivait pas à s'intéresser à la culture populaire américaine, détestait le jazz et trouvait le cinéma vulgaire. Il élabora avec Horkheimer la notion d' industrie culturelle *pour s'opposer précisément à tout sauvetage de la culture de masse en termes de folklore. Industrielle, cette «culture» produite en série brise selon lui les ensembles précédents, elle morcelle l'unité des œuvres, et aligne ses consommateurs dans le conformisme.*

Comme l'avait dit Benjamin dans un article alors très discuté, et souvent repris[1]*, la reproduction en série détruit l'* aura *de l'œuvre, c'est-à-dire le caractère unique, «ici et maintenant» de son énonciation, «l'unique apparition d'un lointain...», écrit Benjamin. La reproduction (comme celle du concert par le disque, ou du théâtre par le film) dégrade son culte en culture, et sa valeur quasi magique en une simple valeur d'exposition. Cette fin des cultes est celle en général des expériences enracinées dans une tradition: avec l'ouverture du temps et de l'espace, et la mobilité qui caractérise notre époque, les œuvres perdent leur résidence ou leur usage, donc leur raison d'être. Cet «art mobile» culmine dans le cinéma, art du mouvement qui mobilise lui-même et fusionne dans son creuset toutes les œuvres précédentes de l'humanité. Il n'y a pas une architecture, une musique, un roman..., qui ne seront un jour happés par la pellicule, prophétisait Abel Gance. Mais là où le génial cinéaste annonçait la «résurrection lumineuse» des œuvres, Adorno stigmatisait leur démembrement et la liquidation de leur* aura.

Benjamin pas plus que Brecht d'ailleurs (exilé dans les années quarante à Hollywood) ne suivaient Adorno dans sa condamnation globale. Ils appréciaient le cinéma (et particulièrement celui de Chaplin), alors que pour Horkheimer on s'y abandonne au sommeil et à l'amour, et qu'Adorno (qui voyait l'art comme occasion de concentration) n'avait que mépris pour cette forme spécialement veule de distraction. D'une façon générale, ces

1. «L'œuvre d'art à l'époque de sa reproduction mécanisée» (1936), aujourd'hui disponible dans les *Écrits français* (Gallimard, Paris, 1991).

intellectuels voyaient dans la culture de masse une forme de domination plus fine et moins visible, et donc d'autant plus redoutable, du capitalisme ; elle parachève la séparation des individus, dissout les médiations traditionnelles (familles, syndicats) et laisse chaque atome social, désormais anesthésié et sans défense, sombrer dans l'harmonie collective...

Mais en rabattant ainsi des formes nouvelles de culture de masse (le cinéma, le jazz ou aujourd'hui la télévision) sur la manipulation idéologique et le contrôle social, Adorno refusait d'envisager que les gens y prennent aussi *plaisir, et que ces médias détestés puissent favoriser l'éclosion d'œuvres au potentiel libérateur. Les enquêtes de « sociologie du présent » d'Edgar Morin, ou de Michel de Certeau quand il examine* l'ordinaire de la communication, *constituent un contrepoids bienvenu aux soupçons d'Adorno. Attaché à la légitimité culturelle d'une élite, son discours n'échappe pas tout à fait aux reproches d'ethnocentrisme.*

Source : *Texte de deux conférences prononcées en décembre 1962 par Theodor W. Adorno pour l'Université radiophonique et télévisuelle internationale, et publiées en traduction dans la revue* Communications, *numéro 3, Paris, 1963.*

Bibliographie : *T. W. Adorno et M. Horkheimer,* la Dialectique de la raison ; Fragments philosophiques, *Gallimard, Paris, 1974 ; T. W. Adorno,* Minima Moralia, Réflexions sur la vie mutilée, *Payot, Paris, 1983 ; Martin Jay,* l'Imagination dialectique ; Histoire de l'école de Francfort (1923-1950), *Payot, Paris, 1977.*

Il semble bien que le terme d'industrie culturelle ait été employé pour la première fois dans le livre *Dialektik der Aufklärung* que Horkheimer et moi avons publié en 1947 à Amsterdam. Dans nos ébauches il était question de culture de masse. Nous avons abandonné cette dernière expression pour la remplacer par « industrie culturelle », afin d'exclure de prime abord l'interprétation qui plaît aux avocats de la chose ; ceux-ci prétendent en effet qu'il s'agit de quelque chose comme une culture jaillissant spontanément des masses mêmes, en somme de la forme actuelle de l'art populaire. Or, de cet art, l'industrie culturelle se distingue en principe. Dans toutes ses branches on confectionne, plus ou moins selon un plan, des produits qui sont étudiés pour la consommation des masses et qui déterminent par eux-mêmes, dans une large mesure, cette consommation. Les diverses branches se ressemblent de par leur structure ou du moins s'emboîtent les unes dans les autres. Elles s'additionnent presque sans lacune pour constituer un système. Cela grâce aussi bien aux moyens actuels de la technique qu'à la concentration économique et administrative. L'industrie culturelle, c'est l'intégration délibérée, d'en haut, de ses consommateurs. Elle intègre de force même les domaines séparés depuis des millénaires de l'art supérieur et de l'art inférieur. Au préjudice des deux. L'art supérieur se voit frustré de son sérieux par la spéculation sur l'effet ; à l'art inférieur, on fait perdre par sa domestication civilisatrice l'élément de nature résistante et rude, qui lui était inhérent aussi longtemps que l'inférieur n'était pas entièrement contrôlé par le supérieur. L'industrie culturelle, il est vrai, tient sans conteste compte de l'état de conscience et d'inconscience des millions de personnes auxquelles elle s'adresse, mais les masses ne sont pas alors le facteur premier, mais un élément secondaire, un élément de calcul ; accessoire de la machinerie. Le consommateur n'est pas roi, comme l'industrie culturelle le voudrait, il n'est pas le sujet de celle-ci, mais son objet. Le terme de mass media, qui s'est imposé pour l'industrie culturelle, ne fait que minimiser le phénomène. Cependant il ne s'agit pas des masses en premier lieu, ni des techniques de communication comme telles, mais de l'esprit qui leur est insufflé, à savoir la voix de leur maître. L'industrie culturelle abuse de prévenances à l'égard des masses pour affermir et corroborer leur attitude qu'elle prend a *priori* pour une donnée immuable. Est exclu tout ce par quoi cette attitude pourrait être transformée. Les masses ne sont pas la mesure, mais l'idéologie de l'industrie culturelle, encore que cette dernière ne puisse exister sans s'adapter.

Les marchandises culturelles de l'industrie se règlent, comme l'ont dit Brecht et Suhrkamp il y a déjà trente ans, sur le principe de leur commercialisation et non sur leur propre contenu et sa construction exacte. La praxis entière de l'industrie culturelle applique carrément la motivation du profit aux produits autonomes de l'esprit. Depuis qu'en tant que marchandises sur le marché ces produits font vivre leurs auteurs, ils en étaient quelque peu contaminés. Mais ils ne s'efforçaient d'atteindre un profit que médiatement, à travers leur réalité propre. Ce qui est nouveau dans l'industrie culturelle, c'est le primat immédiat et avoué de l'effet, très étudié dans ses produits les plus typiques. L'autonomie des œuvres d'art, qui, il est vrai, n'a presque jamais existé de façon pure et a toujours été empreinte de la recherche de l'effet, se voit à la limite abolie par l'industrie culturelle. Il ne faut pas en accuser ici une volonté consciente de ses promoteurs. Bien plutôt il faudrait faire dériver le phénomène de l'économie, de la recherche de nouvelles possibilités de faire fructifier le capital dans les pays hautement industrialisés. Les anciennes possibilités deviennent de plus en plus précaires du fait de ce même processus de concentration qui de son côté rend seul possible l'industrie culturelle en tant qu'institution puissante. La culture qui d'après son propre sens non seulement obéissait aux hommes, mais toujours aussi protestait contre la condition sclérosée dans laquelle ils vivent et par là leur faisait honneur, cette culture, par son assimilation totale aux hommes, se trouve intégrée à cette condition sclérosée; ainsi elle avilit les hommes encore une fois. Les productions de l'esprit dans le style de l'industrie culturelle ne sont plus *aussi* des marchandises mais le sont intégralement. Ce déplacement est si énorme qu'il produit des qualités entièrement nouvelles. En définitive, l'industrie culturelle n'est même plus obligée de viser partout un profit immédiat, ce qui était sa motivation primitive. Le profit s'est objectivé dans l'idéologie de l'industrie culturelle et parfois s'est émancipé de la contrainte de vendre les marchandises culturelles qui, de toute façon, doivent être consommées. L'industrie culturelle se mue en *public relations*, à savoir la fabrication d'un *good will* tout court, sans égard à des producteurs ou des objets de vente particuliers. On s'en va chercher le client pour lui vendre un consentement total et sans réserve, on fait de la réclame pour le monde tel qu'il est, tout comme chaque produit de l'industrie culturelle est sa propre réclame.

En même temps, néanmoins, on conserve les caractères qui primitivement appartenaient à la transformation de la littérature en marchandise. Si quelque chose au monde a son ontologie, c'est bien l'industrie culturelle, table de catégories fondamentales, rigidement conservées ainsi qu'en témoigne par exemple le roman commercial anglais à la fin du XVIIe et au début du XVIIIe siècle. Ce qui dans l'industrie culturelle se présente comme un progrès, le sempiternel nouveau qu'elle offre, demeure dans toutes ses branches, le changement vestimentaire d'un toujours pareil; la variété couvre un squelette qui connaît aussi peu de changements que la motivation du profit elle-même depuis son ascension à l'hégémonie sur la culture.

Du reste, on ne doit pas prendre à la lettre le terme d'industrie. Il se rapporte à la standardisation de la chose même – par exemple la standardisation du western connue de chaque spectateur de cinéma, – et à la rationalisation des techniques de distribution, mais il ne se réfère pas strictement au processus de production. Alors que celui-ci dans le secteur central de l'industrie culturelle, à savoir le film, se rapproche de la méthodologie technique grâce à une division du travail très poussée, grâce à la séparation s'exprimant dans le conflit éternel entre les artistes travaillant dans l'industrie culturelle et les potentats de celle-ci – on conserve pourtant dans d'autres secteurs de l'industrie culturelle des formes de productions individuelles. Chaque produit se veut individuel ; l'individualité elle-même sert au renforcement de l'idéologie du fait que l'on provoque l'illusion que ce qui est chosifié et médiatisé est un refuge d'immédiateté et de vie. Cette idéologie fait appel surtout au système des vedettes emprunté à l'art individualiste. Plus toute cette sphère est déshumanisée, plus elle fait la publicité pour les grandes personnalités, et plus elle parle aux hommes avec la voix éraillée du loup déguisé en grand-mère. Cette sphère est industrielle dans le sens – les sociologues l'ont bien vu – de l'assimilation à des formes industrielles d'organisation même là où l'on ne produit pas, comme la rationalisation du travail dans les bureaux, plutôt que par une production véritablement rationnelle du point de vue technologique. C'est pour cette raison que les mauvais placements de l'industrie culturelle sont aussi extrêmement nombreux et plongent ceux de ses secteurs qui sont dépassés par de nouvelles techniques dans des crises qui sont rarement des chemins vers le mieux. D'un autre côté, dès qu'ils veulent s'assurer contre la critique, les promoteurs de l'industrie culturelle se plaisent à alléguer que ce qu'ils fournissaient n'est pas de l'art, mais de l'industrie.

Le concept de technique qui règne dans l'industrie culturelle n'a de commun que le nom avec celui qui vaut dans les œuvres d'art. Celui-ci se rapporte à l'organisation immanente de la chose, à sa logique interne. Au contraire, la technique de distribution et de reproduction mécanique reste pour cela toujours en même temps extérieure à son objet. L'industrie culturelle a son support idéologique en ce qu'elle se garde minutieusement de tirer toutes les conséquences de ses techniques dans ses produits. Elle vit en quelque sorte en parasite sur la technique extra-artistique de la production des biens matériels, sans se préoccuper de l'obligation que crée le caractère positif de ces biens pour la construction intra-artistique, mais aussi sans égard à la loi formelle de la technique artistique. Il en découle le mélange, si essentiel pour la physionomie de l'industrie culturelle, de *stream-lining*, de précision et de netteté photograhique d'une part, de l'autre de résidus individualistes, d'atmosphère, de romantisme fabriqué et déjà lui-même rationalisé. Si on adopte la définition de Walter Benjamin, la définition de l'œuvre d'art traditionnelle par l'*aura*, par la présence d'un non-présent, alors l'industrie culturelle se définit par le fait qu'elle n'oppose pas autre chose de façon nette à cette aura, mais qu'elle se sert de cette aura en état de décomposition comme d'un halo fumeux. Ainsi elle se convainc immédiatement même de sa monstruosité idéologique.

J'ai essayé la dernière fois de vous donner une idée de ce qu'est l'industrie culturelle. Aujourd'hui, je voudrais en venir aux discussions qu'elle soulève. En se référant à la grande importance de l'industrie culturelle pour la formation de la conscience de ses consommateurs, il est entre-temps devenu monnaie courante parmi les politiciens de la culture ainsi que chez les sociologues de mettre en garde contre sa sous-estimation. Ils proposent de s'abstenir de toute attitude suffisante et de la prendre au sérieux. En effet, l'industrie culturelle est importante en tant que facteur de l'esprit aujourd'hui dominant. Vouloir sous-estimer son influence par scepticisme à l'égard de ce qu'elle transmet aux hommes, serait faire preuve de naïveté. Mais l'exhortation à la prendre au sérieux est suspecte. Du *fait* de son rôle social, on élude des questions embarrassantes sur sa qualité, sur sa vérité ou non-vérité, des questions sur le rang esthétique de son message. On reproche au critique de se retrancher dans une tour d'ivoire. Mais il convient d'abord de souligner l'ambiguïté, qui passe inaperçue, de l'idée d'importance. La fonction d'une chose, concernerait-elle la vie d'innombrables individus, n'est pas caution de son rang. Confondre le fait esthétique et ses vulgarisations ne ramène pas l'art en tant que phénomène social à sa réelle vision, mais sert souvent à défendre quelque chose qui est contestable de par ses conséquences sociales. L'importance de l'industrie culturelle dans l'économie psychique des masses ne dispense pas de réfléchir à sa légitimation objective, à son en-soi, mais au contraire y oblige. La prendre au sérieux en proportion de son rôle incontesté, signifie la prendre critiquement au sérieux, non pas désarmer devant son monopole.

Chez les intellectuels qui veulent s'accommoder de ce phénomène et qui cherchent à concilier leurs réserves à l'égard de l'industrie culturelle avec le respect de sa puissance, un ton d'indulgence ironique s'est installé. « Nous savons, disent-ils, ce qu'il en est de tout cela, ce qu'il en est des romans feuilletons, des films de confection, des spectacles télévisés à l'intention des familles et délayés pour en tirer des séries d'émission, et ce qu'il en est des parades de variétés, des rubriques de l'horoscope et du courrier du cœur. Mais tout cela est inoffensif et d'ailleurs démocratique parce qu'obéissant à une demande, il est vrai pré-fabriquée. De plus, tout cela produit toutes sortes de bienfaits par exemple par la diffusion d'information et de conseils. » Or ces informations sont assurément pauvres ou insignifiantes comme le prouve toute étude sociologique sur une chose aussi élémentaire que le niveau d'information politique, et les conseils qui se dégagent des manifestations de l'industrie culturelle sont de simples futilités ou pire encore.

L'ironie mensongère qui s'est installée dans le rapport des intellectuels béni-oui-oui et de l'industrie culturelle n'est nullement limitée à ce groupe. On peut supposer que la conscience des consommateurs est elle-même scindée, placée qu'elle est entre la plaisanterie réglementaire que leur prescrit l'industrie culturelle et la mise en doute à peine déguisée de ses bienfaits. L'idée que le monde veut être trompé, est devenue plus vraie qu'elle n'a sans doute jamais prétendu l'être. Non seulement les hommes tombent, comme on dit, dans le panneau, pourvu que cela leur apporte une satisfaction si fugace soit-elle, mais ils souhaitent même cette imposture, tout conscients qu'ils en sont; s'efforcent de fermer les yeux et approuvent dans une sorte de mépris de soi qu'ils subissent et dont ils savent pourquoi on le fabrique. Sans se l'avouer, ils pressentent que leur vie leur devient tout à fait intolérable sitôt qu'ils cessent de s'accrocher à des satisfactions qui, à proprement parler, n'en sont pas. [...]

Les idées d'ordre qu'elle [l'industrie culturelle] inculque sont toujours celle de *statu quo.* Elles sont des *a priori* acceptés sans objection, sans analyse, en renonçant à la dialectique, même si elles n'appartiennent substantiellement à aucun de ceux qui les subissent. L'impératif catégorique de l'industrie culturelle, à la différence de celui de Kant, n'a plus rien de commun avec la liberté. Il dit: tu dois te soumettre – sans préciser ce à quoi il faut se soumettre; te soumettre à ce qui de toute façon est, et à ce que tous pensent de toute façon; te soumettre comme par réflexe à la puissance et l'omniprésence de ce qui est. Par la vertu de l'idéologie de l'industrie culturelle, le conformisme se substitue à l'autonomie et à la conscience: jamais l'ordre qui en ressort n'est confronté avec ce qu'elle prétend être ou avec les réels intérêts des hommes. Mais l'ordre n'est pas en soi quelque chose de bon. Ne le serait qu'un ordre digne de ce nom. Que l'industrie culturelle ne s'en soucie guère, qu'elle vante l'ordre *in abstracto,* atteste seulement l'impuissance et le non-fondé des contenus qu'elle transmet. [...]

Cependant même les défenseurs ne contrediront guère Platon, lorsqu'il dit que ce qui est objectivement, en soi, faux, ne peut être subjectivement, pour les hommes, vrai et bon. Ce que l'industrie culturelle élucubre ne sont ni des règles pour une vie heureuse, ni un nouveau poème moral, mais des exhortations à la conformité, à ce qui a derrière soi les plus gros intérêts. Le consentement dont elle fait la réclame renforce l'autorité aveugle et impénétrée. Mais si l'on mesure effectivement, conformément à un standard réel, l'industrie culturelle non pas par rapport à sa substantialité et à sa logique, mais par rapport à son effet, donc si on lui accorde ce dont elle se réclame toujours, il faut prendre l'entière mesure de tous les développements impliqués dans cet effet: l'encouragement et l'exploitation de la faiblesse du moi, à laquelle la société actuelle, avec sa concentration du pouvoir, condamne de toute manière ses membres. Leur conscience subit de nouvelles transformations régressives. Ce n'est pas pour rien que l'on peut entendre en Amérique de la bouche de producteurs cyniques que leurs films doivent tenir compte du niveau intellectuel d'un enfant de onze ans. Ce faisant, ils se sentent toujours plus incités à faire d'un adulte un enfant de onze ans

Certes, on ne pourra pas par une étude exacte prouver avec certitude l'effet régressif dans chaque produit de l'industrie culturelle. Mais la goutte d'eau finit par creuser la pierre, en particulier parce que le système de l'industrie culturelle traque les masses, ne permet guère d'évasion et impose sans cesse les schémas de leur comportement. C'est seule leur méfiance profondément inconsciente, le dernier reste dans leur esprit de la différence de l'art et de la réalité empirique, qui explique que les masses ne voient pas et depuis longtemps déjà n'acceptent pas tout à fait le monde, tel que l'industrie culturelle l'a préparé à leur intention. Les messages de l'industrie culturelle, fussent-ils aussi inoffensifs qu'on le dit – et d'innombrables fois ils le sont aussi peu que par exemple les films qui par leur seule manière de caractériser des personnes font chorus avec la chasse aux intellectuels, aujourd'hui en vogue – : l'attitude que produit l'industrie culturelle est tout autre chose qu'inoffensive.

Dépendance et servitude des hommes, visée dernière de l'industrie culturelle, ne pourraient guère être plus fidèlement caractérisées que par ce sujet d'un psychologue américain, qui pensait que les détresses des temps présents prendraient fin, si les gens voulaient seulement s'aligner sur des personnalités marquantes. La compensation que l'industrie culturelle offre aux hommes en éveillant le sentiment confortable que le monde se trouve dans cet ordre où elle les englue, les frustre de ce bonheur qu'elle présente trompeusement. L'effet d'ensemble de l'industrie culturelle est celui d'une anti-démystification, celui d'une anti-*Aufklärung*; dans l'industrie culturelle, comme Horkheimer et moi l'avons dit, la démystification, l'*Aufklärung*, à savoir la domination technique progressive se mue en tromperie des masses, c'est-à-dire en moyen de garotter la conscience. Elle empêche la formation d'individus autonomes indépendants, capables de juger et de se décider consciemment. Mais ceux-ci sont la condition préalable d'une société démocratique qui ne saurait se sauvegarder et s'épanouir qu'à travers des hommes hors de tutelle. Si d'en haut l'on diffame à tort les masses comme masses, c'est justement souvent l'industrie culturelle qui les réduit à cet état de masse qu'elle méprise ensuite et qui les empêche de s'émanciper, ce pourquoi les hommes seraient aussi mûrs que le leur permettent les forces de production de l'époque.

Le Don de Dom Juan, ou la Naissance de la comédie

(1967)

MICHEL SERRES
(né en 1930)

Michel Serres est un philosophe pour temps de crise et de noise. Au début de l'année 1991, encrassée par la guerre du Golfe et la fumée des puits en feu, le Contrat naturel *et* le Tiers instruit *passèrent par beaucoup de mains. Cette parole à laquelle la télévision donna alors son visage parut au grand public l'antidote nécessaire, une embellie au milieu des mensonges et du cafouillage médiatiques.*

Contre la logique de guerre qui domine notre culture, Michel Serres en appelle à l'expérience des corps mêlés. Au corps d'Arlequin par exemple, dont l'habit évoque la carte des champs de nos aïeux, toute en rapiéçage multicolore et en contrastes joyeux. Dans la sensation, le savoir se morcelle ; nos cinq sens sont comme ce manteau dont aucune science ne totalisera le bariolage : il n'y a que les descriptions locales qui vaillent, et pour sentir vraiment (un vin, un vent ou une fleur...), mieux vaut commencer par se taire. Le corps qui s'ouvre à l'expérience sensible ne se rassemble pas sous une tête (ou un concept), il fuit de partout, s'échappe et se mélange.

Nous avons avec les choses un rapport d'appropriation et de destruction négligente. Mais la nature n'est pas un objet, et ne se livre que par randonnées ; nous oublions qu'elle nous contient, nous relie, qu'elle est notre milieu, et que dans leurs langues les poètes ont parlé d'elle plus tôt, et mieux peut-être, que les savants.

C'est en poète que Michel Serres (comme Lucrèce) enseigne l'inépuisable pluralité des mondes, *du nôtre tel qu'il se multiplie pour nos cinq sens (quand nous ne lui infligeons pas le principe d'unité de la raison). Car les sens, comme les vents, composent une rose qui nous éparpille. Le livre des* Cinq Sens *édifiait sur chacun non seulement une esthétique mais une physique, une métaphysique, une politique ou une éthique... Et d'abord un turbulent poème, d'une langue houleuse, précise toujours, parfois précieuse dans la priorité donnée aux métaphores.*

Ce philosophe est de la nature plutôt que de l'histoire. Homme des foules et des commencements, des jouvences, des genèses.... Il raconte le chaos devenant cosmos, la déclinaison des atomes et des traductions, les ruses d'Ulysse croisant Aphrodite nue et toujours neuve au milieu des eaux agitées. Les dés n'arrêtent pas de rouler, et la connaissance est partout relancée. Dom Juan ou Tintin lui ont servi à rajeunir Hermès, la pompe à feu de Carnot, à expliquer Turner ou Zola (en bousculant un peu Bachelard). Il a reconnu en marin le passage du nord-ouest, là où les glaces dressent sur la mer une forêt de statues. Il nous presse de rajeunir nos mots, et notre corps, avant qu'ils ne deviennent comme nos écrans, lisses, durs et « blasés ». Il a noué sa parole à l'écheveau des vents qui déchirent et retissent les phrases, comme Pénélope sa toile (chaque mot est l'embryon d'une toile, et l'écrivain la femme d'Ulysse). Par exemple Genèse *commence ainsi : « Me promenant cet été-là, sous un ciel éclatant, à la voile, et dérivant avec paresse sous le soleil et dans le vent, je me trouvai, un beau matin, dans les parages morts et verts de la mer des Sargasses, en un lieu mystérieux où la lumière de l'aurore faisait miroiter follement des millions de petits éclats de toutes formes et couleurs. Laissant porter, je vis avec stupeur un champ d'à peu près cent hectares entièrement peuplé de bouteilles dansantes... »*

Bouteilles qui n'enivrent ni ne désaltèrent, carillons des messages... La communication qui recouvre tout a cousu Aphrodite de mots qui vitrifient la mer.

Le texte ci-dessous ouvrait à tous égards cette œuvre consacrée, comme demandait Leibniz, à « aller et venir dans le multiple ». On croyait connaître Dom Juan, « un "enragé" hors la loi de raison, un "chien", hors la loi de l'homme, un "diable" hors la loi de Dieu, un "Turc" hors la loi d'Espagne, un "hérétique", hors la loi chrétienne. [...] L'écart crie vengeance. »

On verra par le texte de Lévi-Strauss sur Marcel Mauss (chapitre II) que la culture se définit par la communication, et que celle-ci se schématise principalement à trois niveaux : les hommes échangent des mots, des biens et des femmes, et ces trois modalités de l'échange ont une structure comparable. Michel Serres nous montre Dom Juan trichant sur cette loi universelle. En récapitulant ces écarts, il a découvert sous le masque du discoureur un autre personnage, Hermès en personne, le dieu des Carrefours et de la Communication. Et sa démonstration est comme la fumée du tabac : légèrement stupéfiante !

Source : *« Le don de Dom Juan » est paru dans la revue* Critique, *éditions de Minuit, mars 1968, et se trouve repris au dernier chapitre de* Hermès ou la Communication, *Minuit, Paris, 1968.*

Bibliographie : *Michel Serres,* le Système de Leibniz et ses modèles mathématiques, *2 vol., PUF, Paris, 1968 ;* le Parasite, *Grasset, Paris, 1980 ;* Genèse, *Grasset, 1982 ;* les Cinq Sens, *Grasset, 1985 ;* Statues, *François Bourin, 1987 et Champs-Flammarion ;* le Contrat naturel, *François Bourin, 1990 ;* le Tiers instruit, *François Bourin, 1991 ;* Éclaircissements, entretiens avec Bruno Latour, *François Bourin, 1992.*

UNE STATUE EST UN OBJET D'ART, ou une icône rituelle. À l'âge classique, elle devient, de surcroît, automate, écorché, appareil de laboratoire, modèle mécanique de l'être vivant : après le robot cartésien, Condillac décrit son expérience (imaginaire) d'après une statue. La statue du Commandeur est une machine, la mort de Dom Juan une machination : Molière ne va pas mourir autrement, entre rampe et machinerie. L'athéisme arithmétique du grand seigneur méchant homme triomphe au tableau final, lorsque survient le *deus ex machina*[1]. L'homme à femmes est un homme à idées : le premier héros de la modernité. De tout cela, je crois, Molière était conscient ; il était, en outre, écouté du public ; si bien compris, du reste, que le spectacle fit long feu. Comment supporter une représentation qui montre à ceux qui la regardent que les pantins ne sont pas où ils croient, mais où ils sont ? Ce qu'ils sont et ce qu'ils croient.

Héros premier de la modernité, Dom Juan l'est par le nombre et le mécanisme, par le double désespoir de la représentation et de la volonté. Il l'est d'une autre manière, plus décisive sans doute, et si profonde qu'il reste à parier si Molière en fut conscient. Rêvons qu'il le fut : cela le classe observateur scientifique de la société ; qu'on s'interdise une hypothèse anachronique et l'on approche du mystère de la création littéraire. Jugeons sur pièces, et songeons qu'il s'agit d'un *festin*.

Selon Da Ponte, Kierkegaard, Pouchkine, Rank, etc., Dom Juan est un bel amateur du

1. Cf. *les Études philosophiques, 1966*, n° 3, pp. 385-390

sexe: volage voyageur d'un impossible amour (unique), mort des renaissances d'une irréductible culpabilité, héros de la Différence retiré, en son dernier avatar, dans un cloître espagnol, méditant, sous l'implacable lumière des plateaux de Castille, l'ancienne sagesse de Salomon: rien de nouveau sous le soleil. Ceci montrerait à loisir jusqu'où le romantisme approfondit le thème, ceci cacherait combien il le mutile: Dom Juan n'est plus, pour nous, qu'un archétype de la métapsychologie. Le personnage de Molière n'offre guère ces avenues aux analystes de la motivation: il est moins profond, au sens de Nietzsche. Sa conduite, en revanche, est plus riche en extension, plus complète; une fois encore, le romantisme nous aveugle, il nous donne à voir partout ailleurs qu'aux scènes de séduction des tableaux surajoutées, du remplissage. De fait, le prince classique est un diable à trois têtes, un personnage à trois conduites: homme à femmes, il séduit; homme à idées, il discourt; homme d'argent, il diffère sa dette. Ce troisième homme est le révélateur des deux premiers; il est trois fois en scène: pour l'aumône du pauvre, avec monsieur Dimanche, son créancier, dans l'unique tableau *post mortem*.

Sganarelle: mes gages! mes gages! (V, 7). Chacun, enfin, se trouve payé, content et satisfait: ciel et loi – la religion, la morale et le droit –, filles et familles, parents et maris – l'amour et la tribu –, tous remboursés par la mort du Tenorio, tous sauf le valet. Mes gages! le mot de la fin, comme de juste, c'est la morale de l'histoire: rupture de contrat, reniement de parole, abus de confiance, foi surprise. Méchant homme, mauvais payeur, le maître n'a point honoré sa promesse. Sganarelle non plus: son salaire, il le doit à monsieur Dimanche, qu'il a bouté dehors, en faisant fi de ces bagatelles (IV, 4). Le compte n'est pas apuré, le bilan n'est pas équitable. Voilà pour la morale.

Rapportons-nous, par symétrie, au lever de rideau, voici l'éloge du tabac: «il instruit les âmes à la *vertu,* et l'on apprend avec lui à devenir *honnête homme.* Ne voyez-vous pas bien, dès qu'on en prend, de quelle manière *obligeante* on en use avec tout le monde, et comme on est ravi d'en *donner* à droite et à gauche, partout où l'on se trouve? On n'attend même pas qu'on en *demande,* et l'on court au-devant du *souhait* des gens; tant il est vrai que le *tabac inspire* des sentiments *d'honneur* et de vertu à tous ceux qui en prennent» (I, 1)[1]. Dès l'ouverture, la loi qui va dominer la comédie, loi transgressée pour partie au bilan final, loi bafouée en toute péripétie, est prescrite sur un *modèle réduit.* Comment devenir vertueux, honnête homme? Par l'offrande avant le souhait, par le don qui anticipe la demande, par l'acceptation et le retour. Étrange objet que ce pétun, investi d'une puissance de communication, d'une vertu liante qui mène à la vertu. D'où vient qu'être méchant homme, fût-on grand seigneur, consiste à mépriser le tabac, je veux dire ne vouloir pas se plier à sa loi, à l'obligation et l'obligeance de l'échange et du don? Refus dangereux, où l'on risque la tête: «qui vit sans tabac *n'est pas digne de vivre*»; qui ne s'intègre pas dans la chaîne du commerce, qui ne transmet pas le calumet qu'il a reçu, se voit, au premier mot, *condamné à mort.* Voilà pour la règle du jeu[2], dont on connaît l'exécution.

Je ne vois plus rien à dire de nouveau, par rapport au premier tableau: il contient tout, le canevas, la règle, la menace, la fin. Reste à varier sur la structure d'échange, lisible sur le passage du tabac. Les trois conduites de Dom Juan, vis-à-vis des femmes, du discours, de l'argent, forment trois variations parallèles sur le thème du tabac.

1. Ici, et dans les citations qui suivent, c'est nous qui soulignons.
2. «Si je conservais ce don pour moi, comme il est investi d'un esprit, il pourrait m'en venir du mal, même la mort.» Il s'agit d'un texte de droit maori.

La démonstration recommence. Entre monsieur Dimanche, pour quérir sa créance. «Il est bon de les *payer de quelque chose:* et j'ai un secret de les renvoyer satisfaits sans leur donner un double», dit Dom Juan de ses bailleurs de fonds (IV, 2). À voir le secret. Le fer est engagé fort vite: «Je sais ce que je vous dois» (IV, 3), mais je parle, et force Dimanche à se taire; le voici déjà *payé de mots.* Mais ce n'est pas assez, il faut le payer de *caresses.* «*J'aime* de tout mon cœur» la jolie Claudine, et le petit Colin, qui fait tant de vacarme avec son tambour, et le chien Brusquet qui gronde si fort (faisons le plus de bruit possible), et votre épouse, la brave femme. «Je prends beaucoup *d'intérêt*» à toute la tribu. Pour vous, «êtes-vous de mes *amis?*». Je suis le vôtre, pour ma part, «et ceci *sans intérêt,* je vous prie de le croire». «*Embrassez-moi*», le valet va vous redire que *je vous aime* bien. Payé de mots, payé d'amour, *exit* monsieur Dimanche, conscient d'avoir été roulé, réduit au silence et la bourse légère. Le secret? Le voici: *croisez* sur la triple loi d'échange; ne rendez pas tabac pour tabac, c'est-à-dire bien pour bien, mot pour mot, amour pour amour, donnez au contraire *mot pour bien*[1] et *amour pour argent.* Le créancier alors peut courir la campagne. Mais songez-y: l'échange, c'est de tradition, doit toujours s'accomplir au cours d'un *festin;* les primitifs savent cela, les guerriers, fiancés et maquignons. «Sans façon, voulez-vous souper avec moi?» Non, réplique le créancier, la chose n'est point faisable: puisque l'échange est manqué. Qui ne devine qu'un autre festin, une autre invitation (réciproque) à souper, vont bientôt régler le compte, un autre compte, le même en fait? Qui ne sait que de tels festins ne sont que *représentations dramatiques* des dons et remises, que des dramatisations de la loi d'échange? Sommes-nous à la naissance même de la comédie?

Chacun sait, une fois encore, qu'il existe une seule manière de rompre la loi, en restant honnête homme, mieux même, en devenant grand seigneur. Donner sans contrepartie, c'est se donner honneur et vertu, faire éclater sa puissance: cela s'appelle l'Aumône. Qui n'offre du tabac à celui qui en est démuni, sans espoir de retour? Allons à la forêt prochaine[2]; nous voici perdus, ce chemineau va nous dire le chemin (III, 2). Il dit, et demande quelque secours: son avis est «intéressé». Sur l'intérêt, revenons à la règle du jeu. Le pauvre la décrit et s'en plaint, comme Sganarelle et monsieur Dimanche, comme Dom Carlos va bientôt s'en plaindre, mais sur le point d'honneur (III, 4). Il prie tout le jour pour que les généreux soient comblés, pour que le ciel leur «*donne* toute sorte de *biens*». Recevant, il rend des *mots sacrés,* destinés à ce que le donateur fasse à son tour recette. Dom Juan de railler: à ce métier, l'on doit faire fortune, être «bien à son aise» et «bien dans ses affaires». Le misérable, néanmoins, reste nécessiteux, il manque du premier pain. La contrepartie de l'aumône, du don sans contrepartie, est l'ensemble de la conduite du pauvre. C'est la seule conduite de rupture, où l'on puisse croiser sur la loi: rendre un mot pour un bien, mais le mot est sacré. Dans un premier temps, Dom Juan demeure au croisement; il demande sa contrepartie: voici un louis, donne-moi un *mot,* et tout à l'heure, voici un louis pour *l'amour* de l'humanité. C'est la scène duale de celle du créancier: le grand seigneur donne, et veut, à son tour, recevoir ce dont il a payé monsieur Dimanche, mot pour bien, amour pour argent. Il symétrise sa position, parce que la loi de l'Aumône est justement rupture de la loi d'échange, la seule déchirure permise au contrat: il rompt, par conséquent, la loi même de rupture, et se trouve à nouveau hors la loi. Il exige contrepartie sur le seul échange qui

1. Je *dis* à tout le monde, comme à vous, que je suis votre *débiteur.*
2. La scène a lieu non loin du mausolée du Commandeur. Les aumônes aux pauvres plaisent aux morts: il s'agit d'une règle de droit des Bori.

en soit privé, il exige la fausse contrepartie qu'il a coutume de donner. Mais, par un nouveau tour, il refuse la loi globale en inversant la valeur même du mot et de l'amour qu'il requiert en échange du louis: au mot sacré de la prière, il veut substituer la profanation du mot sacrilège. «Je te donne, si tu jures»; à l'amour de l'autre, ou à l'amour de Dieu, il substitue l'amour de l'humanité[1]. Qu'il pratique tout aussitôt, en se jetant, épée au poing, dans un combat douteux où «la partie est *inégale*».

Que faire en un festin, à moins qu'on n'y échange? Qui ne vient pas au banquet refuse la loi du don et déclare la guerre. Toute la question va être d'amener Dom Juan au souper où l'on apurera le compte. En attendant, la dette s'accumule, et d'abord la dette d'argent. Il n'est pas de règle de payer de mots et de caresses: il y faut prise pour prise. La contre-épreuve? Sganarelle, poltron, n'ose pas parler, ne peut soutenir le débat philosophique. Il faudrait pour cela disposer de mots, bons à faire théorie à l'encontre du maître. À s'habiller en médecin, on acquiert le savoir, on veut soutenir l'honneur de son habit. Or l'habit du valet c'est la robe d'un vieux médecin, laissée en *gage* quelque part: «il m'en a *coûté de l'argent* pour l'avoir» (III, 1). De l'argent pour des mots, Dom Juan encourage la chose: tu as acquis ainsi privilèges, art et raison. Le discours est possible, et le *Traité de l'homme* va pouvoir s'opposer à l'arithmétique de l'athée. Reste l'amour: la Charlotte dit à son Pierrot: laisse-moi amour et parole, «je te ferai gagner quelque chose, et tu apporteras du beurre et du fromage cheux nous» (II, 2); ce que Pierrot refuse pour même deux fois le prix. C'est à coups de gifles que Dom Juan cherche à conclure le marché au fromage[2]. Argent pour femme, comme tout à l'heure, argent pour mot, et la démonstration est fermée.

Après la bourse, la vie, dans la forêt ou sur la plage. Dom Juan tire Carlos des griffes des larrons: nouvelle occasion de décrire la règle du jeu. Elle est encore de doit et avoir: «c'est bien la moindre chose que je vous doive, après m'avoir sauvé la vie, que de me taire devant vous» (III, 4); pour la vie, au moins un mot; mais, pour la vie, exactement la vie: «souffrez, dit Carlos à Dom Alonso, que je lui rende ici ce qu'il m'a prêté» (III, 5); je lui suis «redevable de la vie», j'ai une «obligation» que je dois «acquitter». À Dom Juan: «vous voyez que j'ai soin de vous rendre le bien que j'ai reçu de vous». D'où le débat, qui sépare les deux frères d'Elvire, délicate pesée entre «l'injure et le bienfait», qu'il convient de «payer» ensemble, entre l'honneur et la vie, que le Tenorio a respectivement pris et donnée. Si l'honneur est plus que la vie, le suborneur est débiteur; à l'inverse, le sauveteur reste avec sa créance. Différé à vingt-quatre heures, pour les «réparations». C'est toujours la route au tabac. De cette règle, Dom Carlos se plaignait amèrement, tout à l'heure, comme d'un asservissement de sa vie, de son repos et de ses biens. Le Cid espagnol s'est amolli, a perdu le «furor».

Mais, au vu de la règle d'échange, Dom Juan est de nouveau hors jeu. Sa campagne amoureuse et maritime s'est terminée par un coup de tabac, dont il n'a pu se tirer que grâce à Pierrot, le fou galant de la froide Charlotte. Le paysan sait bien que le «gros monsieur» lui doit la vie, celle qu'il a pariée, gagée, gagnée contre le gros Lucas (II, 1). Son profit sera, au moins, deux fois «quatre pièces tapées et cinq sous en double». Mais sa perte est incomparable: le voici bientôt cocu et battu: «ce n'est pas là la *récompense* de vous avoir

1. Lorsque Sganarelle reçoit le soufflet adressé à Pierrot: «Te voilà payé de ta charité» (II, 3). C'est de nouveau l'inverse de l'Aumône: le soufflet est ce que devient l'amour de l'humanité quand c'est l'autre qui est charitable.

2. De toute manière, «un mariage ne lui coûte rien à contracter» (I, 1), dit de lui son serviteur. Et Mathurine: «ça n'est pas bien de courir sur le marché des autres» (II, 5).

sauvé d'être noyé» (II, 3). En échange de sa vie, Dom Juan donne, mais baisers à Charlotte et soufflets à Pierrot. Il donne à Dom Carlos, qui lui rend raison; il reçoit du paysan, et, en contrepartie, lui prend encore. La démonstration est stable: le méchant homme est hors la loi d'échange; ici, par le passage à tabac.

Donner, recevoir, reste à prendre. Il a donné la vie au frère d'Elvire, il l'a reçue du fiancé de Charlotte, il l'a prise enfin au Commandeur, il y a six mois, dans la ville même où l'entraîne une nouvelle beauté. Sganarelle n'y est pas tranquille, et fait part à son maître de ses inquiétudes. D'où l'on apprend que Dom Juan a eu sa «grâce de cette affaire», la rémission de son forfait. Aux dires du valet, la dette n'est pas épuisée: «cette grâce *n'éteint* pas peut-être le ressentiment des parents et des amis»... (I, 2). Ce qui est, de nouveau, la règle du Jeu: *vie pour vie,* le talion. La parole du tribunal, ou le dire du roi, ne sont pas suffisants à rendre le compte équitable. Il faudra bien que le héros paie cela de sa vie, accepte d'aller au *festin,* où la statue lui demande sa main: «*Donnez-moi* la main»; «la voilà». Au premier don, à la première remise, la reddition, et la *mort.* Là encore, la démonstration se ferme sur elle-même: loi d'échange, refus de la règle, retour à l'équilibre. Et qui vit sans tabac n'est pas digne de vivre. [...]

De la parole sacrée à la parole véridique, on passe du manquement au mensonge, de la rupture à l'imposture. Le séducteur payait de serments, l'hypocrite paie d'apparences. Dom Carlos, comme Elvire l'a fait, n'y croit guère: «Vous voulez que je me *paye* d'un semblable discours?» (V, 3). On a vu Sganarelle acheter un déguisement de médecin, on a vu Dom Juan proposer au valet d'échanger leur costume: échange d'habits, échange de mots, échange de risque mortel, ceci pour argent sonnant. Nouveau costume: qui prend «le manteau de la religion» prend «sous cet habit respecté... la permission d'être [le] plus méchant homme du monde». Ceci donne l'avantage «d'être en crédit parmi les gens»: habit pour crédit, crédit pour habit, le tour est aisé, c'est toujours le même (V, 2). Dom Louis a fait avertissement[1]: à force d'accumuler la prise, «vous avez *épuisé,* auprès [du souverain], le mérite de mes services et le *crédit* de mes amis»; puis a dicté la règle: les actions éclatantes des ancêtres «nous imposent un engagement de leur faire le même honneur» (IV, 6). Elvire élève le registre, mais sur le même thème: «vos offenses ont *épuisé* la miséricorde du ciel», et demandé son paiement: «j'ai fait toutes choses pour vous, et toute la *récompense* que je vous en *demande,* c'est de corriger votre vie, et de prévenir votre perte» (IV, 9). Remarquons au passage qu'ici encore Dom Juan retourne la stratégie, et propose *amour pour discours:* demeurez, il est tard, et l'on vous logera. Bref, le voici converti, mais à l'inverse: il rend à nouveau des *mots pour du crédit,* à la délaissée, à ses frères, à son propre père, pris au piège. Le changement de vie, ou l'échange d'habit, lui redonne les «grâces» dont il «prétend profiter» comme il doit, jusqu'à réparation, «*rémission*» enfin de sa dette (V, 1). Sous le masque, il peut «mettre en sûreté ses affaires»: il suffit de se faire le vengeur des «intérêts du ciel» (V, 2). Qu'on ne s'y trompe pas, c'est toujours la loi du tabac: par sa vertu liante et obligeante, le libertin professait n'être point *lié* (I, 2); mais la grimace est le bon tabac à faire une caste; d'où le faux dévôt: «on *lie* à force de grimaces une société étroite avec tous les gens du *parti*» (V, 2). Donnez soupirs et roulements d'yeux, vous êtes à l'abri, sous le bouclier, la cabale prend vos intérêts. D'où encore: Dom Juan n'est pas seul, héros solitaire hors la loi commune, au contraire, la tribu

1. Il intègre *l'existence* même de Dom Juan dans le cycle de l'échange: «J'ai souhaité un fils... je l'ai *demandé ;* et ce fils, que *j'obtiens* en fatiguant le ciel de mes vœux...» (IV, 4).

même suit sa loi illégale: le prétexte contre le texte. Le faux échange est générateur de la cellule sociale protectrice.

Le retournement, ici, est global. Dom Juan: ce n'est pas moi qui romps la promesse, c'est toi qui as failli à tes vœux... jusqu'à: ce n'est pas moi l'hypocrite, la société entière est imposture. S'il suffit d'offrir du tabac, faisons de la fumée, et restons-en à nos caprices. Le chien, le Turc, l'enragé, l'hérétique, le diable, désigne la société des hommes raisonnables, des chrétiens espagnols comme une cabale d'hérétiques, de démons, de chiens enragés. *L'Autre désigne les Mêmes comme des Autres:* c'est vous qui suivez ma loi, et me menacez pour ne la point suivre. L'hypocrisie implique une distance qui est le meilleur critère pour faire voir, représenter la société comme elle est. Comment peut-on être Turc? À cette distance, on décrit objectivement les mœurs. Non, Dom Juan ne devient pas dévôt, il reste sociologue, spécialiste des Ottomans et de leurs rites archaïques d'échange. Encore une turquerie, avec ses narghilés. Héros de la modernité, *il désigne la société contemporaine comme une tribu de primitifs.*

Que se passe-t-il parmi eux? Eh bien, on y échange les femmes, par mots, serments et grasses dots. La démonstration recommencerait si, dans *le Festin de Pierre,* elle n'était pas inutile. Comme il s'agit du thème central, toutes choses y sont distinctement lisibles. Prenez des paroles, sacrées ou mensongères, prenez des biens, argent, beurre ou fromage, et le reste vous sera donné par surcroît: le déduit s'en déduit[1]. La tradition est assez explicite sur le séducteur, pour que nous lui laissions et son discours et son crédit. «Mal payées de leur amour», Elvire, Mathurine, Charlotte seraient encore fondées à réclamer leurs gages.

Reste le festin, reste la mort. Dans l'échange des invitations à souper, dans l'aller et le retour des visites, curieusement, *tout le monde est de bonne foi.* Dom Juan fait visite au tombeau, et le Commandeur doit en avoir plaisir, «car ce serait mal recevoir l'honneur que je lui fais». «Faisant civilité» d'une visite, le tueur s'étonnerait si sa victime ne la recevait de bonne grâce. L'un donne, l'autre doit recevoir; ensuite il doit rendre: on peut donc lui demander de venir souper; ce à quoi la statue acquiesce, comme il est de règle (III, 6). Premier banquet: «à la santé du Commandeur» (IV, 12)! Deuxième invitation: «je vous invite à venir demain souper avec moi»; Dom Juan: «oui, j'irai», cela est de nouveau de règle. Deuxième festin: «vous m'avez hier donné parole de venir manger avec moi. Oui. Donnez-moi la main. La voilà», etc. Il meurt. Le festin est le lien électif de l'échange: vous battrez les chemins et les haies, le repas de noces est servi. Le grand seigneur ne triche pas sur la règle suprême, se rend au lieu privilégié des prestations totales, à la représentation finale, de type agonistique, où l'on apure tous les comptes. Il y trouve le dernier supplice, en échange du meurtre du Commandeur. *Et il ne peut tricher,* parce que le festin, la fête, le banquet, c'est la pièce même, non seulement pour le titre, mais pour la réalité vivante. *Dom Juan* est un traité complet du don et du contre-don mais, *dans le vécu collectif, les structures de l'échange ne sont représentables et représentées, dramatisées enfin, qu'au cours d'une fête.* Pour que le traité fût une comédie, il fallait bien que *Dom Juan* fût un festin. Mangeons, buvons, à la santé les uns des autres, échangeons du tabac, pour finir, alors qu'une main invisible écrit au mur les mots inconnus de la mort.

La démonstration recommence: incomplète, si on ne l'itérait à loisir. Faisant tourner trois fois la loi d'échange-don, le grand seigneur prend trois personnes, la même en trois visages:

1. «Je t'achète, sans reproche, des rubans à tous les marciers qui passont...» (II, 1).

mauvais payeur, sans parole et menteur, multiple séducteur. Reste néanmoins que la pièce est centrée sur le dernier sujet, *modèle principal* de la *structure* commune aux deux autres, la conduite au tabac, son *modèle réduit*. Les deux autres, révélateurs du principal, demeurent marginaux, *modèles secondaires*. Reprenons alors la comédie entière, et faisons tourner trois fois notre opérateur théorique. Que le modèle principal se fixe à la circulation des femmes, c'est bien *le Festin de Pierre;* un tiers de tour, et le modèle principal se fixe à la circulation des biens, il s'agit de *l'Avare*, ou du festin de maître Jacques, muni des modèles secondaires sur la circulation des femmes – sans dot! – et des mots; un tiers de tour encore, on découvre *George Dandin*, avec modèle principal sur les mots, et modèles secondaires sur les femmes et l'argent. On peut à loisir s'exercer à la déduction: facile et claire, elle plonge au dernier détail. Par élargissement de la spirale, exhalée du tabac, on atteint partie de l'œuvre du plus génial observateur des mœurs de l'âge classique.

Ouvrez maintenant l'*Essai sur le don*[1], vous ne manquerez pas d'être déçu. Vous y trouverez partie et contrepartie, l'aumône et le banquet, la loi suprême qui dicte la circulation des biens de même façon que celle des femmes et des promesses, des festins, rites, danses et cérémonies, des représentations, injures et *plaisanteries;* vous y trouverez le droit et la religion, l'esthétique et l'économie, la magie et la mort, la foire et le marché, la *comédie* enfin. Fallait-il errer trois siècles sur l'œil glauque du Pacifique pour apprendre lentement des Autres ce que nous savions déjà de nous-mêmes, pour assister outremer à des scènes archaïques, les mêmes que nous représentons tous les jours au bord de la Seine, au Français ou à la brasserie d'en face? Mais aurions-nous jamais pu lire Molière sans Mauss?

Nietzsche disait de Dionysos qu'il était le père de la Tragédie, et décrivait l'explosion du principe d'individuation dans le délire extatique du vin. Faut-il dire d'Hermès, le dieu du Commerce, qu'il est le père de la Comédie, en décrivant la circulation de toutes choses, la communication inter-individuelle dans la fête du tabac échangé? Est-ce le dieu du Carrefour, des Voleurs et du Secret, ce dieu adorné, sur les piliers milliaires, d'organes virils fort apparents, qui, comme Psychopompe, accompagne Dom Juan aux enfers?

Le rire est le phénomène humain de communication (définition réciproque), parallèle, dans la fête, à toutes les communications objectives: il est inextinguible à la table des dieux.

La Démocratie ajournée
(1989)

JACQUES DERRIDA
(né en 1930)

La référence à Jacques Derrida parsème ce chapitre, et elle peut beaucoup enrichir nos études de communication. Derrida a ouvert en effet son œuvre (considérable) par une question « médiologique »: quelles sont, se demandait-il à la fin des années cinquante, les

1. Marcel Mauss, « Essai sur le don – Forme et raison de l'échange dans les sociétés archaïques », in *Sociologie et anthropologie*, P.U.F., 1960, pp. 145 sqq.

conditions de l'idéalité d'un texte (littéraire, mais aussi scientifique)? Comment apparaissent ces objets que nous appelons idéaux?

La réponse, déjà formulée par Husserl dans l'Origine de la géométrie, *désigne dans l'écriture, et les techniques d'inscriptions en général, non un simple moyen auxiliaire au service des sciences (un recours illustratif ou pédagogique dont elles pourraient se passer), mais au contraire la condition de possibilité de ces objets idéaux, donc de l'objectivité scientifique.*

Or cette évidence semble spontanément et toujours refoulée, dans la tradition philosophique, par l'affirmation inverse du logocentrisme *: que le logos, lié à la voix, est l'origine (et l'essence) de la vérité, ou que l'être peut se révéler* immédiatement *à la pensée, sans auxiliaires techniques, sans médiations encombrantes, sans la représentation des* signes.

L'œuvre de Derrida consiste, à partir de là, en une méditation patiente sur le mode d'existence des signes, donc des médiations techniques ou des objets de substitution (= de représentation) en général. Son enquête est à la fois, et indissociablement, sémiologique, pragmatique et médiologique. Le logocentrisme croit à la présence, le signe n'est pour lui qu'une lieutenance provisoire entre deux présents : du monde à un regard, d'une conscience à elle-même, du sujet à un autre sujet... À ces évidences familières Derrida oppose que la perception comme telle n'existe pas, mais que nous sentons, percevons et pensons déjà à travers des signes, incluant une répétition et une certaine mémoire ; que rien ne se donne hors d'un système de traces, ou qu'au commencement était non le Verbe mais le téléphone...

Derrida «déconstruit» ainsi de proche en proche la métaphysique de la présence, telle qu'elle constitue (et ne pouvait pas ne pas constituer) notre culture. Cette déconstruction ne renverse rien, mais nous révèle en tous domaines le réseau infini des représentations et des renvois que nous appelons présence à soi, identité ou «vie». Il s'est appuyé dans ce travail sur différents concepts, dont le principal est peut-être celui de différance *(avec un petit a).*

Introduit dès l'Écriture et la différence *(1967) et thématisé dans* Marges *(1972), ce mot désigne à la fois ce qui diffère entre deux êtres (ils n'ont pas la même identité), et ce qui pour un «même être»* se diffère *dans le temps, notamment dans le passage de la présence à la représentation. L'acteur par exemple diffère sa présence dans celle de son personnage ; de même la voix vive se diffère dans l'écriture, mais aussi et toujours déjà dans la structure de la langue. La* différance *entame ainsi les valeurs de présence, d'identité, de stabilité, donc aussi celle d'un être pensé comme identique à lui-même.*

En appliquant «de la différance» à toute manifestation qui prétend à l'immédiateté (le fameux mais, selon Derrida, introuvable «présent vivant»), ce concept généralise le tournant sémiotique ou médiologique : en tous domaines la présence, avec ces corrélats ordinaires (vie, réalité, signifié transcendantal, immédiateté...), est la ruse ou le montage d'une représentation ; la médiation (théâtrale, scripturale, d'un code ou d'un dispositif sémiotique en général – nous dirons infra *avec Peirce : d'un interprétant) est incontournable. On voit l'intérêt de la position défendue par Derrida pour mieux comprendre le fonctionnement en général de nos médias (cf. ci-dessous aux chapitres* VII *et* VIII *les textes de J.-C. Guillebaud et J. Baudrillard).*

Car l'élan pris sur de minutieuses études de textes peut se réinvestir sur l'appareil des institutions : c'est ainsi que Derrida s'est intéressé de près au fonctionnement institutionnel de la philosophie (discipline appuyée sur un programme, un corpus d'ouvrages, des classes et des départements universitaires...) dans le cadre du GREPH (Groupe de recherches sur l'enseignement philosophique). Ou que ci-dessous, en réponse aux questions de deux journalistes du Monde, *il réfléchit aux effets, très complexes, de l'appareil médiatique sur nos régimes de représentation (à la fois symbolique, politique et sociale) : n'est-ce pas de nos médias en général que nous tenons ce que nous appelons intimement le juste, le vrai, l'urgent – ou le négligeable ?*

Source : *Entretien (avec Olivier Salvatori et Nicolas Weill) publié dans* le Monde de la Révolution française, *n° 1 (mensuel, janvier 1989). Une version plus développée a paru depuis en deuxième partie de* l'Autre Cap, *Minuit, Paris, 1991.*

Bibliographie : *Jacques Derrida,* l'Origine de la géométrie, de Husserl, *traduction et introduction, PUF, Paris, 1962 ;* l'Écriture et la différence, *Le Seuil, Paris, 1967 ;* De la grammatologie, *Minuit, Paris, 1967 ;* Marges – de la philosophie, *Minuit, Paris, 1972 ;* la Carte postale – De Socrate à Freud et au-delà, *Aubier-Flammarion, Paris, 1980 ;* Donner le temps 1 – La fausse monnaie, *Galilée, Paris, 1991 ;* Points de suspension *(volume d'entretiens), Galilée, Paris, 1992 ; Geoffrey Bennington,* Jacques Derrida, *Le Seuil, coll. « Les Contemporains », Paris, 1991.*

– *Aujourd'hui, qu'est-ce que l'opinion publique ?*

– Aujourd'hui ? La silhouette d'un fantôme, la hantise de la conscience démocratique. Le fantôme a des droits et des pouvoirs contradictoires. La démocratie parlementaire se garde donc de ce qui ressemble à la source de sa légitimité. Oui, vous avez raison de préciser : aujourd'hui, au *jour* d'aujourd'hui. Quant au *rythme,* au *médium* et d'abord à *l'histoire* de l'opinion publique, il s'agit de la question du *jour.*

1. – L'opinion prête aux « opinions publiques » le vice ou la vertu de l'imprévisibilité : « mobiles et changeantes », « difficiles à gouverner », disait déjà la *Lettre à d'Alembert.* Comme les « dés », elles défient à la fois « la force et la raison ». En fait et en droit, l'opinion peut changer *de jour en jour.* Littéralement *éphémère,* elle n'a pas de statut parce qu'elle n'est pas tenue à la stabilité, pas même à la constance dans l'instabilité, car elle a parfois des « temps longs ». Une première ambiguïté tient à ce *rythme :* si elle avait un lieu propre (mais c'est toute la question), l'opinion publique serait le forum d'une discussion permanente et transparente. Elle s'opposerait à des pouvoirs non démocratiques, mais aussi à sa propre représentation politique. Celle-ci ne lui sera jamais adéquate, elle respire, délibère et décide à d'autres rythmes. On peut aussi redouter la tyrannie de mouvements d'opinion. La vitesse, le « au jour le jour », même dans la « longue durée », affecte parfois la rigueur de la discussion, le temps de la « prise de conscience », avec des retards paradoxaux de l'opinion sur des instances représentatives. Au sujet de la peine de mort, on croit ainsi savoir (mais surtout par des sondages !) que les majorités ne seraient pas *aujourd'hui* les mêmes 1) au Parlement, 2) lors d'une consultation par référendum, 3) à l'occasion de « sondages d'opinion » ou d'enquêtes sociologiques. Discordances ou différences de rythme, les exemples ne manquent pas. Quant au droit de vote des immigrés dans les élections locales, la campagne lancée par SOS Racisme doit convaincre une opinion qui *ensuite* serait entendue par le Parlement ; mais le président de la République, alors candidat, avait *déjà* annoncé son « opinion » à ce sujet, en donnant son avis sur le retard de l'opinion et de la classe politique, ce qui n'est pas sans effet sur l'un et l'autre. Topologie déroutante. Comment identifier ici l'opinion publique ? A-t-elle *lieu* ? Où se donne-t-elle à voir, et *comme telle ?* L'errance de son corps propre, c'est aussi l'ubiquité d'un spectre. Mais il n'est *présent comme tel en aucun de ces espaces.* Débordant la représentation électorale, l'opinion publique n'est en droit ni la *volonté générale,* ni la *nation,* ni *l'idéologie,* ni la somme des opinions *privées* analysées par les sociologues ou les instituts de sondage. Elle ne parle pas à la première personne, elle n'est ni objet ni sujet («nous», «on»), on la *cite*, on la ventriloque («pays réel», «majorité silencieuse», *«moral majority»* de Nixon, *«main-stream»* de Bush, etc.), mais cette «moyenne» garde parfois le pouvoir de résister à ces moyens «propres à diriger l'opinion publique», à cet «art de la changer» que n'ont, dit encore Rousseau «ni la raison, ni la vertu, ni les lois».

2. – Or, ce dieu d'une politologie négative ne peut donner signe de vie, au grand jour, sans un certain *médium*. Son rythme *quotidien* suppose la diffusion massive de quelque chose comme *un journal*. Ce pouvoir techno-économique permet l'apparition d'une opinion *publique*. Bien que ces catégories soient aujourd'hui peu adéquates, le journal est censé assurer un lieu de visibilité publique propre à *informer, former, réfléchir* ou *exprimer*, donc à *représenter* une opinion qui trouverait là le milieu de sa liberté. Cette corrélation entre le *quotidien* – écrit ou audiovisuel – et l'histoire de l'opinion publique déborde largement ce qu'on appelle la «presse d'opinion». Précieux et dangereux, de plus en plus «affinés», les sondages s'ajustent à un rythme qui ne sera jamais celui des représentations politiques ou syndicales. Or, les sondages viennent au jour dans la presse qui en détient souvent l'initiative et le pouvoir. On sait enfin, et le journal *produit* la nouveauté de cette nouvelle autant qu'il la *rapporte*, que l'opinion publique n'est plus *de nos jours* ce qu'elle a été hier et depuis les débuts de son histoire.

3. – Car le phénomène n'a jamais été *naturel*, c'est-à-dire universel. Pas plus d'ailleurs que la quotidienneté comme catégorie majeure du rythme social. Avant de s'interroger sur la «réalité» supposée de l'opinion publique *aujourd'hui*, comme sur la cinématographie de sa silhouette, il faut rappeler que le fantôme a une *histoire*: européenne, récente et fortement scandée. Le discours sur l'opinion, certes, est vieux comme le monde: *doxa* ou «opinion» (négligeons leur différence) ont sans doute des équivalents dans des cultures non occidentales. Mais l'histoire de l'opinion *publique* paraît liée au discours politique de l'Europe. C'est un *artefact* moderne (les prémices des Révolutions américaine et française fournissent ici le repère le plus visible), même si le «temps fort» a été préparé par une tradition plus enfouie. L'opinion publique n'est posée comme telle qu'avec la démocratie parlementaire et tant qu'un appareil de lois (en France: de l'article XI de la Déclaration des droits de l'homme à la loi de 1881 sur la liberté de la presse) permet ou promet la «publication», justement, de cette opinion *en dehors* des représentations politiques ou corporatives.

Si elle n'est pas électorale en son moment propre, l'opinion, comme son nom l'indique, est appelée à se prononcer par *un jugement* (oui ou non). Au-delà du savoir, une évaluation engagée, un acte volontaire doit exercer un pouvoir de contrôle et d'orientation *sur* cette démocratie parlementaire. Mais cette puissance considérable reste toujours «en puissance», dans des frontières invisibles. Elle se situe *hors* de la représentation statutaire, mais ce dehors ne peut être reconnu comme celui d'une *opinion publique indépendante* que dans des démocraties parlementaires: *en vue d'un vote possible* et d'une intervention *dans* ou *sur* la représentation. Lieu d'un électorat potentiel, l'opinion publique est une assemblée de citoyens appelés *à se prononcer, par un jugement*, sur des sujets qui sont de la compétence des représentations légales, *mais aussi* sur des sujets qui leur échappent, au moins provisoirement, dans une zone qui s'étend aujourd'hui et se différencie de façon accélérée, posant ainsi de graves questions: sur le fonctionnement actuel de la démocratie libérale, sinon sur ses principes. Rappelez-vous les manifestations en faveur de l'«école privée», les «coordinations» d'étudiants ou d'infirmières, les débats autour du RU 486, du sida, de la toxicomanie ou des préservatifs, et même du film de Scorsese (je parle ici de la parole, de la déclaration ou de la manifestation, et non des bombes destinées à y mettre fin). [...] Mais un discours ne concerne l'opinion publique *comme telle* que s'il anticipe sur un débat législatif et si le «plus ou moins» annonce un «oui ou non». Que devient alors cette réserve d'expérience, d'évaluation et même de détermination (les «modes», les «goûts», les «mœurs») qui ne relève pas du jugement (oui ou non) et de la représentation, à tous les sens de ce mot? C'est là qu'on peut interroger l'autorité de l'opinion – non pas dans ses contenus, mais dans sa forme de jugement pré-électoral – et même la distinction privé/public dont la rigueur sera toujours menacée par le langage, à lui seul, et dès la moindre marque. Quelle place publique – et donc politique – faire à ce type de questions?

Un «gouvernement d'opinion» peut jouer de l'opinion, contre les représentations instituées. Du moins dans une démocratie formelle: une dictature populaire ou un régime totalitaire ne sont pas des gouvernements d'opinion (et ce qui aujourd'hui voit le jour en URSS, c'est peut-être tout simplement une opinion publique). Les nouveaux moyens de se «tenir à jour», d'ausculter l'opinion à un rythme quasi journalier autorisent et obligent un chef d'État ou de gouvernement à tenir compte d'un déplacement de majorité avant et au-delà de son expression au Parlement, dans les partis et les syndicats. Non que l'opinion soit le réservoir amorphe d'une spontanéité sauvage qui déborde les organisations politiques ou corporatives. Ni passives ni actives, les «coordinations» d'étudiants ou d'infirmières ne furent pas plus «manipulées» qu'elles ne relèvent d'une spontanéité inorganisée. D'autres catégories sont donc nécessaires pour conduire l'analyse – et l'action politique – au-delà de cette alternative. Il en va de même pour les rapports avec les institutions et surtout avec la presse: l'opinion publique ne *s'exprime* pas, si on entend par là qu'elle existe dans quelque for intérieur *avant* de se manifester au grand jour, comme telle, dans sa phénoménalité. Elle *est* phénoménale. Elle n'est pas plus *produite* ou *formée*, que *réfléchie* ou *représentée* par la presse. Ces interprétations naïves s'enracinent dans un puissant discours philosophique. Faire preuve de responsabilité, n'est-ce pas d'abord essayer de les reconsidérer? Tâche philosophique et politique, théorique et pratique, tâche dangereuse car elle risque de toucher au concept même de représentation, à l'«idée des représentants» que Rousseau disait «moderne». Mais un démocrate n'a-t-il pas la responsabilité de penser les axiomes ou les fondements de la démocratie? d'en analyser sans répit les déterminations historiques, celles qui, en 1989, peuvent être délimitées et celles qui ne le peuvent pas?

Car il s'agit de l'avenir de la démocratie. La dimension de l'espace «public» accède sans doute à sa modernité avec les Lumières, les Révolutions française ou américaine ou des discours comme ceux de Kant qui lie *l'Aufklärung* – le progrès des Lumières et du jour – à la liberté de faire un usage *public* de la raison dans tous les domaines (bien que la raison ne se réduise pas à l'«opinion» qu'elle doit aussi critiquer). Dans cette modernité, la mutation techno-économique des médias marque une autre scansion. Après la Première Guerre, les crises que la radio introduit dans l'espace de la démocratie parlementaire ont donné lieu à de graves débats (cf. *la Critique de l'opinion publique*, de Tönnies, en 1922, ou les travaux de C. Schmitt, dont l'influence reste vivante, à droite et à gauche, dans toutes les analyses de l'espace public, par exemple chez Habermas. On ne peut pas s'y engager ici, et n'oubliez pas les contraintes de la presse: quantitatives, elles imposent aussi des modèles de lisibilité. Les enjeux se concentrent dans ce que je dois confier ici à l'ellipse d'un télégramme. Peut-on parler de la presse dans la presse? Oui et non, en contrebande). Ces débats ne sont pas périmés: pensez aux effets *immédiatement* internationaux de la télévision de demain sur une opinion publique qu'on tenait d'abord pour nationale. Une technique des sondages qui peut littéralement *accompagner* l'événement télévisuel («L'heure de vérité»!), le produit. Cette technique peut certes, comme la presse, donner la parole à des minorités privées de représentation, corriger des erreurs et des injustices autant qu'elle l'*analyse ;* mais cette «démocratisation» ne représente jamais légitimement et sans filtrage une «opinion publique». Dans la mesure du moins où l'on n'a pas fait droit, dans les lois et dans les mœurs, aux questions que nous venons de poser, la «liberté de la presse» reste à inventer. *Chaque jour.* Au moins. Et la démocratie avec elle.

– *Quel système inventer, donc, pour que la presse formellement libre ne fonctionne pas comme censure ?*

– C'est dans le chapitre «De la censure» que le *Contrat social* traite justement de cette «espèce de loi» qu'est le «jugement» de l'opinion publique. Suffit-il de donner un contenu à la forme pour faire progresser la liberté de la presse, c'est-à-dire d'un droit qui n'ira jamais sans devoir et sans la reconnaissance d'une liberté «devant la presse»? Sans rigueur formelle, aucun droit n'est protégé. Il faut donc inventer des dispositifs plus fins, une législation mieux ajustée aux mutations techno-économiques du «libre-marché». Tâche infinie: non seulement parce qu'il y aura toujours plus ou mieux à faire, mais en raison d'une *contradiction principielle.* Une démocratie doit veiller, certes, à ce que la censure ne regagne pas le terrain perdu. Il faut aussi lutter contre les effets d'une «nouvelle censure» au sens large, qui menace les sociétés libérales, contre les concentrations, les monopoles, les phénomènes quantitatifs. Ils marginalisent tout ce qui ne se mesure pas à leur échelle. Mais on ne peut pas plaider *simplement* pour la pluralité, la dispersion, le fractionnement, la mobilité des lieux de filtrage ou des sujets qui en disposent. Car des forces pourraient encore abuser de ces marginalisations et de cette absence de forum général. Comment ouvrir l'avenue de grands débats, accessibles à la majorité, tout en enrichissant la multiplicité et la qualité des discours publics, des scènes d'évaluation? Impossible et nécessaire, cette invention ne peut s'annoncer qu'à partir d'un autre impératif: l'unité du forum démocratique ne doit pas se confondre avec celle de la masse, de l'homogénéité ou du monopole. Or la «nouvelle censure», c'est la force de sa ruse, combine concentration *et* fractionnalisation, accumulation *et* privatisation. Elle dépolitise. Plus sensible dans l'«audiovisuel», cette logique ne s'y confine pas. Elle est à l'œuvre dès qu'une interprétation, c'est-à-dire une évaluation sélective, informe un «fait». Aucune information n'y échappe.

C'est trop évident dans ce qu'on appelle la presse «culturelle» (arts, littérature, philosophie, etc.) et dans ces évaluation «fines» surcodées, qui n'induisent pas *immédiatement* un suffrage. Chaque fois qu'une institution médiatique commande des phénomènes de marché à une échelle massive, elle confisque et censure aussi massivement, elle dogmatise, quels que soient son éclectisme ou son libéralisme de façade, qu'elle captive ou ennuie, qu'on la trouve distinguée, vulgaire, ou les deux à la fois. Quand un seul juge, talentueux ou non, se voit confié ici ou là un monopole d'évaluation, de filtrage, d'exposition au grand jour, il détermine les ventes dans les supermarchés de la culture. Une œuvre alors est reléguée loin de la cour, vers la nuit d'un enclos *quasiment privé,* si elle ne remplit pas les conditions de visibilité dans ce grand petit miroir qui fascine en déformant, filtre et détourne vers lui tant d'énergie, interrompt la conversation, plie le corps et le regard social à une nouvelle physiologie, projette enfin à l'étranger les dernières icônes de la culture nationale. Aujourd'hui, un livre doit se vendre et, distinguons, se lire à plus de dix mille exemplaires pour être autre chose qu'une correspondance confidentielle et *quasiment* privée. Résultat: les recherches dites «difficiles», rebelles à la stéréotypie de l'image ou de la narration, sont exclues de la scène: occultées. *Par suite,* on les juge de plus en plus «obscures», «illisibles» et elles *deviennent* ainsi ce qu'on dit qu'elles sont et ce qu'on veut qu'elles soient: inaccessibles. Le cycle s'accélère. Quoi qu'on dise de la qualité de nos médias «culturels», est-ce par hasard si notre pays est en Europe l'un de ceux où on lit le moins? si nos bibliothèques sont dans un état désastreux, presque inavouable? et si, problème indissociable, l'école et l'Université, lieux privilégiés pour la «formation du jugement», endurent de telles souffrances?

Mais ne nous laissons pas fasciner par l'immédiateté quantitative. Il y a d'autres rythmes et d'autres trajets. Comme l'École, la presse participe à la qualité de la démocratisation. Certains journaux peuvent accentuer *ou* critiquer des évaluations officielles (par exemple, pour le meilleur *ou* pour le pire, celles des corps académiques). Enfin, la puissance médiatique est aussi évaluée de jour en jour par un public qui n'est pas toujours silencieux. Hétérogène, elle se critique parfois elle-même, d'un lieu à l'autre de son grand corps. N'est-elle pas finalement jugée sur un temps plus long et selon des critères qui lui restent souvent indéchiffrables? Les avancées intempestives qui échappent à sa grille de lisibilité peuvent un jour s'imposer sans contestation possible. Pour le cheminement à venir d'une œuvre, la qualité de dix lecteurs joue parfois un rôle plus déterminant que l'actualité de dix mille acheteurs. Nos grandes machines médiatiques, que feraient-elles de Rimbaud ou de Lautréamont, de Nietzsche ou de Proust, d'un Kafka ou d'un Joyce de 1989? Ils furent d'abord sauvés par une poignée de lecteurs (taux d'écoute minimal), mais lesquels! Analogie peut-être anachronique, hélas, car l'histoire *intrinsèque* de ces aventures fut sans doute liée à une structure désormais périmée du-dit «espace public». Mais le faible tirage garde une chance: *quasiment* privé, il a néanmoins accès à l'espace public. Entre les deux, le *samizdat.* La porosité d'une frontière entre le «privé» et le «public» paraît plus incalculable que jamais. Chaque événement traite avec la loi, comme les contrebandiers et les résistants. Le passage n'est jamais assuré.

Le seul choix n'est donc pas: concentration ou dispersion. L'alternative serait plutôt entre l'*unilatéral* ou le *multilatéral* dans les rapports des médias au «public», aux «publics». La *responsabilité,* à savoir la liberté *de* la presse et *devant* la presse, dépendra toujours de l'effectivité d'un «droit de *réponse*» qui permet au citoyen d'être plus que la fraction (privée, en somme, et de plus en plus) d'un «public» passif et consommateur, nécessairement lésé par là-même. Y a-t-il démocratie sans réciprocité?

– *Comment donner au droit de réponse une telle extension?*

– La France est un des rares pays qui reconnaissent le droit de rectification (réservé aux pouvoirs publics) et, plus largement, le droit de réponse. Mais on ne peut exercer ce droit fondamental que dans des conditions très restrictives. L'erreur ou la falsification, l'omission, l'interprétation abusive, la rhétorique de l'insinuation, la sottise aussi, restent le plus souvent sans réponse publique et immédiate, à la radio, à la télévision, dans les journaux et dans les livres. Même quand les difficultés juridiques ou techniques ne découragent pas d'avance, une réponse est en général neutralisée par la place, le cadrage et les délais. Tant que le droit de réponse ne recevra pas toute son extension et toute son effectivité, la démocratie en sera d'autant limitée. Seulement dans la presse? Certes, mais la presse est partout *aujourd'hui*: elle (se) donne en tout cas (pour) le jour même. Elle donne le jour à la publicité de l'espace. *Donc le droit de réponse existe à peine.* Pourquoi feint-on si souvent (fiction *de* la démocratie) d'ignorer la violence de cette dissymétrie, et ce qui en elle peut ou ne peut pas se laisser réduire ? Pourquoi dénier ce trop d'évidence ?

Attendu que la bonne volonté (indispensable) ne suffira pas à changer les choses, attendu que les dispositifs techniques et la légalité formelle (indispensables et perfectibles) ne viendront jamais à bout de cette démesure, attendu que, s'agissant de la réponse et de la responsabilité, de l'adresse et de la destination, etc., les concepts philosophiques dont nous avons hérité n'y ont jamais suffi, on ne se rappellera la Révolution de 1789 que si on en appelle à quelques autres. Mémoire d'une promesse, cet appel cherche un nouveau ton. Il ne sera sans doute plus « révolutionnaire », et il doit prendre son temps, au-delà de la « *journée* révolutionnaire ». Rien ne le lui garantit.

« Encore un effort. »

Et encore un mot, celui que vous m'avez donné pour commencer, *aujourd'hui.* Déjà les jours sont comptés : à une *autre vitesse,* le jour s'annonce où le *jour* (la visibilité de l'image, la publicité du public *et* l'unité de rythme quotidien) ne sera plus la *ratio essendi,* la ration ou la raison des effets dont nous venons de parler. Le jour a-t-il jamais été la mesure de toutes choses ?

Pour une communication sans concept
(1991)

JEAN-MICHEL BESNIER
(né en 1950)

Jean-Michel Besnier, qui enseigne à l'université de technologie de Compiègne et à l'École centrale de Paris, réfléchit en philosophe sur le renouvellement apporté à la problématique de la connaissance par les sciences cognitives, et par les études développées aux frontières de la pragmatique.

Il récapitule ici quelques modèles récents, en privilégiant ceux qui n'alignent pas prématurément la communication sur une science, fût-elle « du langage ». À cet égard la citation discrète de Georges Bataille, à la fin de son article, renvoie à une préoccupation essentielle, développée dans le chapitre XIII, *« Communication et finitude », du livre qu'il a consacré à ce philosophe,* la Politique de l'impossible.

Source : *article paru dans la revue* Réseaux, *numéros 46-47, mars-juin 1991.*

Bibliographie : *Jean-Michel Besnier,* la Politique de l'impossible, l'intellectuel entre révolte et engagement, *la Découverte, Paris, 1988.*

Le kantisme a rendu manifeste que la critique des systèmes est la toile de fond de toute pensée de la communication. C'est la leçon que je retire, avec d'autres, du criticisme : ayant déconstruit l'illusion transcendantale qui génère les Idées métaphysiques et qui engage à la construction de systèmes, c'est proprement le sens commun que la philosophie critique retrouve et, avec lui, l'espace d'une communication possible. Le passage de la *Critique de la raison pure* à la *Critique de la faculté de juger* traduit ce mouvement : sur la base de la Dialectique transcendantale, la réflexion se trouve fondée à interroger les conditions qui rendent pensable l'accord des sujets (autour de l'objet beau, autour d'une idée de la nature organisée). On sait peut-être que l'effort de Fichte ira dans le même sens: sur la base d'une déconstruction de l'idéalisme dogmatique à l'œuvre dans toute métaphysique – idéalisme qui repose sur l'idée que le Moi se prend pour le foyer de toute réalité –, l'auteur de la *Doctrine de la science* (1794) retrouve les conditions de l'intersubjectivité qui rendent l'action morale pensable et l'idée de Droit défendable.

Tel sera, en quelque sorte, le pré-requis de mon enquête sur la communication: la conviction, apparemment triviale, qu'il n'est d'interlocuteurs possibles dans un procès de communication que pour autant qu'on est parvenu à s'arracher à l'illusion d'une transparence – une transparence telle que les systèmes entendent justement l'imposer. Hegel a été lu, de ce point de vue, comme l'auteur d'une entreprise dont la conséquence fut d'abolir l'intersubjectivité. Contre les théoriciens de l'école de Francfort ou Georges Bataille, par exemple, qui font cette lecture, certains invoqueront, chez le jeune Hegel, l'effort pour fonder une pensée de l'interaction, d'autres rappelleront à juste titre que le système entend réconcilier le particulier et l'universel et non pas réduire le premier au second. Au risque de conforter certains poncifs, je soutiendrai pourtant que la démarche de Hegel peut être considérée comme pré-critique et qu'elle illustre justement la perte du sens commun et la disparition de toute chance de communiquer, en prétendant avoir enclos tout le pensable dans un système. Bref, mon propos impliquera que Hegel a refermé l'horizon ouvert par Kant et hypothéqué la possibilité de reconstruire l'espace commun détruit de longue date par les dogmatismes philosophiques.

Il y a plus d'une raison de penser que notre temps vit encore sous le signe de Hegel. En dépit de l'effort de ceux qui entendent nous débarrasser de lui (je pense aussi bien à Foucault qu'à Ricœur), sa pensée demeure présente à plus d'un égard. Au point qu'on puisse avancer qu'elle constitue l'implicite des sciences de l'homme contemporaines. L'affirmation se trouve étayée chez Heidegger: le projet de rationalisation à l'œuvre dans les sciences de l'homme renoue, explique-t-il, avec l'ambition du système hégélien à rendre raison de toute réalité et à réaliser toute raison. On se souvient en effet que Heidegger voit dans le système hégélien l'extrême pointe de la métaphysique et aussi l'accomplissement des temps modernes inaugurés par Descartes. D'après lui, les sciences héritent de la métaphysique dont le destin était de se constituer en un système du savoir absolu. En d'autres termes, plus bataillens d'ailleurs que heideggériens, la volonté d'être tout à l'origine du projet de Hegel devait ressurgir dans le contexte de sciences qui se pensaient pourtant débarrassées de la métaphysique.

Admettons donc que Hegel refoule Kant et, avec lui, toute possibilité de penser la communication intersubjective. Admettons aussi que la critique portée contre son système n'ait pas empêché que se développent des sciences qui traduisent le même vice que lui. Cela admis, il s'agirait de montrer que les sciences qui prennent explicitement pour objet la communication (au sens large du terme) manquent nécessairement leur objet. Ce que Adorno exprimait à sa façon: plus on traite scientifiquement de la communication, plus on la manque.

Mon propos voudrait éprouver la pertinence de cette approche critique. Non pas aux fins d'argumenter un point de vue antiscientifique, ce qui serait fort peu critique, mais en vue de déterminer si la communication ne relève pas, en définitive, d'une problématique du sens irréductible à celle de la vérité et du concept. Évoquant les principales prises en charge scientifiques de la communication, je serai en conséquence attentif aux indices révélant leurs insuffisances à rendre raison des relations intersubjectives.

L'essor des sciences du langage qui accompagnera le structuralisme dans les années soixante a évidemment beaucoup fait pour rendre crédible l'idée que la communication devrait pouvoir relever d'un traitement intégralement scientifique – et, pour cette raison, être arrachée au discours philosophique. On se souvient de la jubilante guerre déclarée au paradigme de la conscience par les structuralistes. [...] L'apport de la linguistique et de la sémiologie n'a pas peu fait pour établir la thèse selon laquelle toute communication consiste dans la transmission d'un message selon un code approprié, dont la maîtrise doit faire l'objet du savoir scientifique. Le modèle de Jakobson entretient vite l'illusion de l'exhaustivité en énumérant les six ingrédients qui composent toute communication et qui définissent les six fonctions du langage.

La théorie mathématique de l'information de Shannon (1948) offre parallèlement le même résultat. On sait qu'à partir du modèle de la thermodynamique, elle établit que toute transmission d'information – et toute communication ne sera désormais plus que cela – s'expose à soumettre son contenu à entropie en le faisant passer par son canal. Ce modèle avait de quoi séduire : il autorisait une approche homogène des phénomènes de communication (l'intersubjectivité devenait un simple cas de figure, à côté de la communication homme-machine ou machine-machine – communication universellement soumise à déperdition).

Le plus évident est que cette approche qui, avec la cybernétique, allait bientôt féconder le systémisme opérait une réduction dont il n'est pas sûr que l'approche scientifique puisse en général se passer: la communication est en effet identifiée par elle à l'information et celle-ci à la transmission de signaux. Le recours au modèle thermodynamique permet en outre la quantification qui authentifie toute démarche scientifique : on dira qu'une information est d'autant plus riche qu'elle est « improbable », c'est-à-dire néguentropique, et on calculera la quantité d'informations contenue dans un système par référence à la somme des improbabilités de chaque élément de ce système. Plus chaque élément est improbable, plus l'information totale potentielle est grande. Offerte aux sciences de l'ingénieur, la communication se voit désormais assigner une unité de mesure issue de la situation la plus simple qui se puisse concevoir, c'est-à-dire celle où une transmission d'information est obtenue ou n'est pas obtenue. C'est ainsi que le « bit » (binary digit) devient désormais la mesure de toute communication.

Est-il utile de souligner que la théorie de l'information, en servant de clé à la compréhension des phénomènes communicationnels, conduit à privilégier la bonne réception des messages émis, à l'exclusion de toute autre préoccupation ? Qu'est-ce donc que communiquer, selon elle ? Rien d'autre que transmettre quelque chose qui est reçu. Prétend-on aller au-delà quand on fait valoir les ressources en communication dont bénéficieraient les démocraties avancées ?

Dernière étape du tableau de la prise en charge scientifique de la communication dont nous sommes les héritiers : la cybernétique. Contemporaine de la théorie de l'information de Shannon, elle semble encore plus radicale. La communication humaine se trouve, avec elle, ravalée au dispositif de la communication entre machines capables de transmettre et d'interpréter des ordres. L'histoire de la cybernétique offre le premier grand projet d'unification du champ entier des sciences humaines autour du paradigme de la communication, lequel paradigme s'exprime dans le schéma bien connu : tout organisme, tout système est une « boîte noire » dotée d'une entrée et d'une sortie et soumis à une fonction de transformation caractéristique permettant d'anticiper l'effet (la sortie) à partir de la cause (l'entrée). Ce schéma n'est pas loin d'être responsable d'une nouvelle conception du monde. Qu'on songe, à cet égard, au succès français du livre de Joël de Rosnay, *le Macroscope. Vers une vision globale.*

Bien entendu, l'analyse de la communication va s'en trouver quelque peu affinée: la cybernétique l'aborde avec les concepts de feed-back, de redondance, de bruit, d'homéostase ou d'autorégulation. Les psychologues de l'apprentissage, les biologistes ou les sociologues font encore leur miel de tous ces concepts.

Il n'est pas difficile de tirer les conséquences de ce rapide parcours des étapes de l'annexion du problème de la communication par les sciences d'inspiration mathématique et physique. L'exposé en pourrait simuler la rigueur syllogistique:

– La communication, c'est l'information.
– Or, l'information est susceptible de calcul.
– On peut donc espérer une modélisation intégrale du champ des phénomènes communicationnels, ce qui s'exprimera, avec l'essor de l'informatique, par la volonté de traduire intégralement l'analogique en digital.

Le philosophe n'a plus, devant cette situation, qu'à constater la mise au rencart du problème du sens qu'il attachait au thème de la communication; il n'a plus qu'à enregistrer la relégation de toute préoccupation concernant l'intentionnalité et, d'une façon générale, la caducité de l'intérêt pour une herméneutique des relations intersubjectives.

La description prétend n'avoir jusqu'ici point trop forcé le trait. Il va sans dire qu'elle est orientée par la critique de la rationalité instrumentale évoquée, en commençant, dans le contexte philosophique d'une résistance de la communication à la visée scientifique. Elle serait toutefois incomplète sans l'évocation d'une part, de la pragmatique dont les développements chez les linguistes paraissent constituer, comme je le dirai bientôt, une révision à la baisse de la prétention des sciences du langage à la systématicité intégrale, d'autre part, de cette nébuleuse de disciplines en voie d'organisation qu'on nomme «sciences cognitives».

S'agissant de la pragmatique, il convient d'abord de s'entendre. Une brève mise au point étayera, pour cette raison, mon propos général: sous le nom de pragmatique, on peut identifier en effet deux entreprises dont le statut méthodologique est incompatible. La chose peut s'énoncer en termes kantiens: il y a une pragmatique qui se voudrait déterminante et une pragmatique qui n'ambitionne rien d'autre que d'offrir des règles pour la réflexion. La première assume l'objectif d'être systématique tandis que la seconde se limite à élucider les conditions de possibilité de l'intercompréhension (selon les termes de Habermas).

La pragmatique s'efforce, comme on sait, de remettre au premier plan les sujets parlants ordinaires et d'accorder au contexte d'interlocution un rôle décisif dans l'intercompréhension. Elle admet, en conséquence, que toute situation communicationnelle est trop complexe pour être abordée de manière unilatérale: il faut, pour en débrouiller le sens, non seulement invoquer le contexte d'énonciation, mais aussi les compétences idéologiques et culturelles des interlocuteurs, leurs déterminations psychologiques ainsi que les filtres d'interprétation qu'ils interposent entre les messages qu'ils échangent. Rien d'étonnant que la pragmatique ainsi conçue retrouve les analyses phénoménologiques ou bien celles de l'herméneutique de Gadamer concernant la compréhension.

L'approche de la communication devient pour une part plus modeste dans son projet. A. Culioli, par exemple, la définit comme «un ajustement plus ou moins réussi, plus ou moins souhaité, des systèmes de repérage de deux interlocuteurs». L'ambition d'une restitution intégrale des tenants et des aboutissants d'une action communicationnelle est en reflux et on n'hésite plus à critiquer, comme François Recanati, « le mythe de la parole explicite[1] ». La préoccupation pour le sens semble donc reprendre tous ses droits et, sans que les pragmaticiens souscrivent tous à cette perspective, les philosophes se sentent encouragés à ré-articuler la théorie des actes de discours avec une analyse de l'éthos moral. Je ne pense pas seulement, ici, aux travaux d'un Francis Jacques sur le dialogue mais aussi à la réflexion de Paul Ricœur découvrant par exemple une homologie entre les niveaux pragmatiques que sont la locution, l'interlocution et le langage comme institution d'une part et les niveaux de l'éthos moral que sont l'estime de soi, la sollicitude et les institutions justes d'autre part[2].

Un tel retour de l'intérêt éthique indique peut-être que la communication a bel et bien débordé les cadres d'une stricte approche scientifico-technique. [...] Est-il indifférent à cette réactualisation du point de vue critique que la conversation fasse aujourd'hui l'objet de l'enquête des théoriciens de la communication? Le phénomène n'est plus marginal: ce nouvel objet mobilise à la fois ce qu'on nomme la philosophie continentale (Apel n'y est pas insensible, pas moins que Habermas) et la philosophie anglo-saxonne (je parlerai dans un instant de Paul Grice). Par ailleurs, il est le plus souvent interrogé sur fond d'un constat des limites de l'approche scientifique, ce qui conforte évidemment le sens de mon propos général.

C'est Roland Barthes (dans un texte cosigné par Frédéric Berthet) qui formulait le mieux la chose: « La conversation est l'un de ces objets qui portent un défi discret à la science parce qu'ils sont asystématiques et tirent leur valeur, si l'on peut dire, de leur mollesse formelle.[3] » Voilà qui est on ne peut plus clair: la conversation oppose un cran d'arrêt aux analyses scientifiques. Plus précisément: elle mobilise avant tout une fonction du langage décrite par Jakobson et qui embarrasse les théoriciens d'un langage potentiellement transparent, à savoir la fonction phatique. Je cite Frédéric Berthet cette fois: « En un sens, la fonction phatique, c'est la conversation par excellence [...]. Si l'objet de la fonction phatique, c'est le contact ou son accentuation, bref si ce qui est visé c'est bien le lien social comme tel (son établissement comme sa vérification, sa condition d'existence comme sa consolidation), alors tous les autres objectifs de l'échange de paroles ne sont que secondaires, et parler n'est plus échanger de l'information, mais établir (inlassablement) la possibilité de l'échange » (*ibid.*, p. 127). Il faudra revenir sur la portée de cette citation. En attendant, comment ne pas trouver symptomatique qu'on songe à invoquer, à l'appui de cette approche de la conversation, l'*Anthropologie* de Kant et cette déclaration dans laquelle se reconnaissent aussi les orientations d'Apel ou de Habermas: « Ce qui doit guider la conversation, ce n'est pas simplement un certain plaisir social, mais aussi des principes qui, au moment où les hommes échangent franchement leurs pensées avec leur entourage, doivent servir de condition restrictive à leur liberté[4] »? L'autorité de Kant rappelle notamment que la communication est soumise aux conditions de la finitude humaine et que l'approximation d'une rencontre avec l'autre que soi ne saurait relever d'une codification d'inspiration scientifique.

C'est avec Kant, justement, que Paul Grice thématise la conversation. La pragmatique qu'il promeut affronte le fait que la communication est toujours habitée d'implicite,

1. F. Recanati, *la Transparence et l'énonciation. Pour introduire à la pragmatique*, Paris, Le Seuil, 1979.
2. Cf. Paul Ricœur, « Approches de la personne », in *Esprit*, mars-avril 1990.
3. Cf. l'ouverture du numéro 30 de *Communications*, 1979.
4. Trad. Foucault, éd. Vrin, p. 129.

qu'aucun code ne peut systématiquement élucider *a priori*. Ce qu'une théorie de la conversation peut au moins tenter, c'est de dégager les principes qui doivent présider à toute communication – étant bien entendu que ces principes ne sauraient être davantage que des maximes pour l'action communicationnelle. Résumée à gros traits, l'analyse gricéenne identifie d'abord un Principe de coopération formulé comme l'exigence que « votre contribution conversationnelle corresponde à ce qui est exigé de vous, au stade atteint par celle-ci, par le but ou la direction acceptés de l'échange parlé dans lequel vous êtes engagé[1] ». Ce principe mériterait sans doute d'être comparé avec ce qui constitue le point de départ de l'éthique de la discussion selon Apel, c'est-à-dire avec l'*a priori* transcendantal qui implique que, dès lors qu'on accepte de discuter, on a tacitement admis un principe normatif et éthique nous enjoignant de soumettre tout différend à des arguments destinés à réaliser un consensus. Le principe de coopération de Grice, l'*a priori* de la communauté de communication de Apel ou même l'anticipation contrefactuelle et régulatrice d'une situation idéale de parole selon Habermas, ont au moins en commun de porter témoignage de l'indispensable dimension éthique que comporte toute intersubjectivité. L'enjeu philosophique et politique d'une problématique de la communication s'en dégage par ailleurs clairement. On peut ajouter que les maximes, formulées par Grice à partir du Principe de coopération, déclinent, par référence aux catégories kantiennes, les conditions requises pour que l'implicitation à l'œuvre dans tout échange humain ne viole pas le principe en question : les maximes de la quantité (qui prescrivent le seuil d'information à respecter dans une conversation), celles de la qualité (qui invitent à la véridicité des propos), celles de la relation (qui enjoignent d'être « relevant ») et celles de la modalité (qui font un devoir d'être clair et précis) – toutes ces maximes expriment assez le statut seulement réfléchissant d'une théorie de la communication ainsi que la nature irréductiblement contingente des rapports qu'elles entendent organiser.

Faut-il en rester au constat de l'insuffisance de la visée technico-scientifique et à la nécessité de réactiver le point de vue d'une pensée critique dans le champ des théories contemporaines de la communication ? Il se trouve que l'entreprise de Grice a récemment fait l'objet d'une tentative de prolongement et d'amendement de la part de Dan Sperber et de Deirdre Wilson, tous deux chercheurs au CREA. Leur livre, *la Pertinence. Communication et cognition*[2], s'inscrit explicitement dans le cadre des sciences cognitives dont je n'aurai pas en vain évoqué les principes directeurs. [...] S'ils accordent bien une place tout à fait centrale au langage (en soulignant qu'il n'y a ni traitement ni mémorisation de l'information sans lui), ils ont, à mes yeux, l'intérêt de soutenir que toute communication n'est pas d'ordre linguistique. C'est-à-dire, et la thèse est essentielle pour un lecteur de Kant, que « la communication peut exister sans code » (p. 259). [...]

On aurait pu croire que cette théorie de la pertinence, qui refuse principiellement l'idée de code, allait s'inscrire dans une démarche réfléchissante (c'est-à-dire une démarche qui mise sur la saisie d'indices en vue de la construction d'une entente intersubjective). En fait, elle ne se propose que comme une logique de l'inférence non démonstrative, finalement de type systémique[3].

À tout prendre, l'étude de la conversation semblait promettre davantage. Elle permettait,

1. Cf. « Logique et conversation », in *Communications*, n° 30, p. 61.
2. Éd. de Minuit, 1989. Le C.R.E.A. – Centre de recherche en épistémologie appliquée –, dirigé par Jean-Pierre Dupuy est un laboratoire de l'École polytechnique et une unité associée du C.N.R.S.
3. Au sein même du C.R.E.A., il se mène une critique du paradigme de la rationalité qui régit l'individualisme méthodologique sous-jacent à la théorie de la pertinence de Sperber et Wilson.

du moins à mes yeux, de rompre avec le point de vue fonctionnaliste qui grève la plupart des théories de la communication. Point de vue fonctionnaliste selon lequel on parlerait toujours pour dire quelque chose, on émettrait toujours des signes pour produire des effets et éventuellement, pour en recevoir à son tour. Pensée sous le signe de la conversation, la communication me semblait ne pas devoir être rabattue sur le concept d'information et permettre de faire sa part à ce pur constat existentiel : il y a dans toute communication une part de jeu, de gratuité, de perte qui confine parfois à l'angoisse. Il y a non seulement de l'implicite en elle mais aussi de l'inconscient réfractaire au calcul.

Ce que la pragmatique et *a fortiori* les approches structuralo-systémiques manquent forcément dans la communication, c'est ce moment d'autoengendrement où un échange n'en est plus tout à fait un, où on ne parle plus tout à fait pour dire quelque chose mais seulement pour maintenir un contact, pour différer le moment de la solitude, l'échéance du silence. Je dois à Frédéric Berthet la connaissance de ces belles pages consacrées par Gabriel Tarde à la conversation dans laquelle il voyait le ressort du lien social à une époque où le garant transcendantal de la religion a perdu sa crédibilité. « Le phatique, commente Berthet, maintient, sous une forme laïcisée, une religiosité disparue de la conversation[1]. »

Sur ce point, je crois que si l'on considère la conversation comme paradigmatique de l'activité communicationnelle, on ne peut éviter de voir resurgir une dimension métaphysique, cette dimension même que les approches scientifiques entendaient refouler. Le lien social peut très bien s'accommoder aussi d'un usage non stratégique du langage et la communication ne plus être le véhicule d'un sens à décoder ou même à inférer. C'est la raison pour laquelle je trouve éminemment suggestif qu'on se tourne de plus en plus vers la littérature pour réactiver les théories de la communication. Proust mais également la littérature de Blanchot, par exemple, sont sans conteste exemplaires de cette conception d'une communication tout entière entêtée d'elle-même et qui échappe dès lors qu'on se la propose. Georges Bataille, dont l'œuvre expérimente le paradoxe d'une communication qui s'offre seulement à qui sait n'en rien attendre, exprimait selon moi quelque chose d'essentiel par ces mots : « Il est dans la communication je ne sais quoi de fragile, qui meurt si l'on appuie : la communication exige que l'on glisse[2]. »

Jean-Pierre Dupuy et André Orléan entreprennent par exemple de montrer que l'idée selon laquelle toute entité collective (la société) serait le produit de la seule action d'individus indifférents les uns aux autres, suppose quelque chose qui se révèle à la limite intenable et autoréfutant. Ce quelque chose est désigné comme *Common Knowledge* et décrit en termes de spécularité, dans un registre apparenté à celui de la sympathie selon Adam Smith : chaque individu a la vertu de se mettre à la place de l'autre et de voir le monde à travers ses yeux. C'est ainsi qu'on explique la rencontre des individus et leur contribution à la formation d'entités collectives et, plus précisément, le substrat des conventions. La critique du *Common Knowledge* passe par la mise en évidence de paradoxes qui révèlent eux-mêmes l'irrationalité résultant du paradigme de la rationalité. La transparence des rapports interindividuels s'impose finalement comme un obstacle et on découvre bientôt que la communication exclut que l'on prête aux individus un comportement intégralement rationnel – ce qui trahit, d'une certaine façon, les limites de l'ambition à systématiser (grâce à la théorie des jeux) les choix et décisions présidant aux interactions. Sur ce point, on lira avec profit les contributions de J-P. Dupuy et d'A. Orléan dans le numéro spécial consacré à « l'Économie des conventions », *Revue économique*, n° 2, mars 1989.

1. *Op. cit.*, p. 128.

2. Texte de 1942 publié sous le titre : « C'est une banalité... », in Tel Quel, n° 81, 1979. Voir aussi J-M. Besnier, *la Politique de l'impossible*, Paris, La Découverte, 1989, pp. 191 sq.

II

L'EMPIRE DES SIGNES (LA SÉMIOTIQUE [1])

L'homme descend du signe. Il vit non parmi les choses, mais dans une «forêt de symboles» où les représentations (pas seulement verbales) composent sous son regard un ordre familier *(remarqué par Baudelaire dans son célèbre sonnet des «Correspondances»). Cet empire des signes, qui double notre monde naturel d'une sémiosphère, est celui de la culture en général, ensemble de représentations et de conduites par lesquelles nous enveloppons, nous corrigeons et maîtrisons la nature.*

Faut-il opposer nature et culture? C'est le point de départ de la vulgate structuraliste, qui connut de 1950 à 1980 un remarquable essor; essor essentiellement dû à l'importation dans le champ des sciences humaines des conquêtes de la linguistique saussurienne, élargie en «sémiotique». Présenter celle-ci, et ouvrir par elle le champ de nos sciences de l'information et de la communication, conduit à retracer les principales étapes de la pensée formelle telle qu'elle s'applique aux sciences de l'homme depuis un peu moins d'un siècle.

«Au commencement était le Verbe...» Au commencement tout était signe, c'est-à-dire relation de sujet à sujet. Dieu, l'Être ou la Nature laissaient partout leur signature; les choses étaient gorgées de «confuses paroles». L'univers magique ou religieux est entièrement sémiotisé, tout signifie: les étoiles, les lignes de la main ou le marc de café, un oiseau paraphant le ciel déclarent la bataille perdue ou gagnée, un mariage, une forte somme d'argent...

Notre moderne sémiotique n'a rien à tirer de ces dévergondages herméneutiques, elle naît en rompant avec ces correspondances trop intéressantes ou prometteuses; dans le système qu'elle édifie, chaque élément signifie moins par l'adéquation avec telle chose ou événement empirique que par sa relation (d'opposition ou de distinction) avec les autres au sein de la structure. Ces relations de voisinage s'appellent chez Saussure la valeur *d'un terme signifiant. Là où la magie, qui voit des signes partout, tentait de leur trouver des références ou des correspondances terme à terme, le premier geste de la sémiotique, de Peirce ou de Saussure, est de suspendre la référence au profit du code ou de l'organisation signifiante. Et cette conscience sémiologique a pénétré profondément notre culture. Comme le souligne Roland Barthes au seuil d'un texte essentiel pour ce chapitre, «il est certain*

1. Faut-il dire sémiologie ou sémiotique? Les deux termes s'utilisent presque indifféremment selon les auteurs. Nous préférerons le second par égard pour la terminologie de Peirce, et pour nous conformer à la décision prise en janvier 1969 à Paris par un comité international qui a donné naissance à l'Association internationale de sémiotique : sans exclure l'emploi de «sémiologie», il a retenu celui de «sémiotique» pour couvrir toutes les acceptions possibles des deux termes (précise Umberto Eco en ouverture à la *la Structure absente, Introduction à la recherche sémiotique,* Mercure de France, Paris, 1972).

que le développement des communications de masse donne aujourd'hui une très grande actualité à ce champ immense de la signification, au moment même où le succès de disciplines comme la linguistique, la théorie de l'information, la logique formelle et l'anthropologie structurale fournissent à l'analyse sémantique des moyens nouveaux. Il y a aujourd'hui une sollicitation sémiotique, issue, non de la fantaisie de quelques chercheurs, mais de l'histoire même du monde moderne[1] *».*

La sémiotique accompagne donc l'essor et la généralisation de la culture de masse. Autrement dit l'émergence de cette conscience collective, où Durkheim voyait l'objet par excellence de la sociologie, et que Saussure cherchera dans le « trésor » d'une langue indépendante des manifestations de la parole.

« On peut donc concevoir une science qui étudie la vie des signes au sein de la vie sociale; *elle formerait une partie de la psychologie sociale, et par conséquent de la psychologie générale; nous la nommerons* sémiologie *(du grec* semeion, *"signe"). Elle nous apprendrait en quoi consistent les signes, quelles lois les régissent. » Dans le* Cours de linguistique générale *de Ferdinand de Saussure (passage reproduit* infra*), la sémiologie est une science seulement annoncée : « Puisqu'elle n'existe pas encore, on ne peut dire ce qu'elle sera ; mais elle a droit à l'existence, sa place est déterminée d'avance. La linguistique n'est qu'une partie de cette science générale, les lois que découvrira la sémiologie sont applicables à la linguistique, et celle-ci se trouvera ainsi rattachée à un domaine bien défini dans l'ensemble des faits humains. » Cette place s'annonce importante : la nouvelle discipline postulée par Saussure est appelée à servir de cadre ou de modèle aux sciences humaines, dont elle pourrait constituer l'organon. (Charles Morris, l'un des fondateurs américains de la pragmatique, verra dans la sémiologie la chance d'une totalisation des sciences.)*

En concevant la linguistique de façon rigoureusement structurale, Saussure lui permettait d'entrer parmi les sciences dures. À sa suite, la sémiologie accordera aux sciences de l'homme le même privilège, à condition qu'elles s'arrangent pour traiter les faits sociaux comme une langue. On s'explique le succès de la référence à Saussure à partir des années cinquante, la secousse et le défi reçus de sa théorie dans les disciplines connexes à la linguistique : partout on se mit à chercher le système, à traquer la structure ; la mise en évidence d'un code dans les phénomènes était la condition d'accès à la théorie, le gage du sérieux et de la dignité scientifique.

Deux grands courants sont nettement décelables à partir de cette ouverture saussurienne. Une première vague de recherches, où s'illustra notamment Roland Barthes, renversa la hiérarchie posée par Saussure en remarquant que si la linguistique était une science pilote, la sémiologie ne se développerait qu'en empruntant ses méthodes et en épousant sa rigueur, donc en constituant une sorte de trans-linguistique. *Et de fait, les objets signifiants de notre culture sont déjà transmis par le langage avant que le sémiologue n'entreprenne leur étude. Qu'il s'intéresse au mythe, à l'article de presse, à la mode ou au système des objets, le chercheur les abordera par leur face ou leur partie* parlée. *Les* Mythologies *de Barthes sont le meilleur exemple de cette approche, qui déchiffre la culture de masse en termes de stéréotypes, donc comme une rhétorique dont les grandes unités se ramènent « en dernière analyse » au discours.*

La tâche du sémioticien, dans ce schéma très hégélien, revient à faire passer le muthos

1. R. Barthes, *Essais de sémiologie* (précédé de *le Degré zéro de l'écriture*, Gonthier Médiations, Paris, 1965, p. 79).

(la parole des masses, confuse ou ignorante d'elle-même) à la clarté du logos *ou de la raison langagière. « Il faut en somme admettre dès maintenant la possibilité de renverser un jour la proposition de Saussure : la linguistique n'est pas une partie, même privilégiée, de la science générale des signes, c'est la sémiologie qui est une partie de la linguistique : très précisément cette partie qui prendrait en charge les* grandes unités signifiantes *du discours ; de la sorte apparaîtrait l'unité de recherches qui se mènent actuellement en anthropologie, en sociologie, en psychanalyse et en stylistique autour du concept de signification. (...) Le savoir sémiotique ne peut être actuellement qu'une copie du savoir linguistique* [1]. »

Cette conviction se trouvait renforcée pour Roland Barthes par la lecture du Danois Hjelmslev, qui, dans ses Prolégomènes à une théorie du langage [2], *remarquait que la langue, étant capable de recueillir et de traduire tous les codes des sémiotiques non verbales, constituait l'*interprétant universel *de toutes nos représentations. Ce logocentrisme plus ou moins déclaré, et justifié de cette référence théorique, inspirera les travaux de Roman Jakobson, de Louis Marin sur la peinture, de Barthes sur la mode ou de Lacan pour l'inconscient. On peut objecter à ces auteurs obsédés de « linguisterie » (Lacan) qu'ils étudiaient moins les phénomènes que le discours qu'on tient sur eux. Le défaut de ces recherches, toujours menacées d'autoréférence, est de frôler la tautologie.*

*Il n'est pas certain en effet que l'*interprétant universel *soit pour chacun le langage. Le musicien ne dirait-il pas que ses représentations les plus fortes passent par la musique ? Et le peintre se forme-t-il des idées langagières qu'il transforme ensuite en peinture ? Non, il pense par couleurs, par formes, lignes et masses sans la médiation du langage (qu'il a souvent du mal à articuler devant ses propres tableaux). Il est probable de même qu'un sportif de haut niveau forme des pensées ou des représentations nerveuses et musculaires, ou qu'un danseur pense et s'exprime avec son corps. Et que dire de l'interprétant universel des sourds-muets, qui « signent » leur pensée par des gestes ? Il semble que ceux-ci ne recouvrent pas exactement les énoncés de notre langue.*

L'autre courant plonge donc hardiment dans les sémiotiques « inférieures » ou infraverbales, sans chercher à les rabattre sur la linguistique. Il s'agit de la phase la plus actuelle de la sémiotique, celle qui se risque hors de l'abri ou du berceau linguistique pour explorer d'autres régimes signifiants, qu'on peut en gros regrouper comme ceux de l'icône et de l'indice. Leur fonctionnement s'écarte notablement de celui de la langue, et cet écart peut se décrire en termes de déficit : l'icône, et plus encore l'indice, ne connaissent pas la double articulation propre à nos phrases ; ils peuvent également ignorer la distinction entre le signifiant et le signifié (quel est le signifié de la musique ? ou d'un monochrome d'Yves Klein ?), ou entre le paradigme et le syntagme [3]*; ou manquer de code (dans le cas des*

1. *Ibid.*, p. 81.
2. Copenhague, 1943, traduction de Nicolas Ruwet, éditions de Minuit, Paris, 1971.
3. Ces différents termes de linguistique seront explicités dans le cours du chapitre. Brièvement : la célèbre distinction ternaire introduite par Peirce entre l'indice, l'icône et le symbole recouvre trois façons fondamentalement différentes de faire signe, qui correspondent respectivement aux traces, aux empreintes ou aux échantillons naturels d'un phénomène pour l'indice, aux images pour l'icône, et aux signes arbitraires ou « par convention » pour les symboles (comme les mots). La *double articulation* : nos phrases assemblent des mots (unités de première articulation), lesquels assemblent à leur tour des phonèmes (deuxième articulation). *Signifiant et signifié* : le signifiant est la face matérielle (sonore ou graphique dans le cas du mot) d'un signe, le signifié l'idée ou le concept auquel il renvoie. Le *paradigme* et le *syntagme* correspondent aux deux axes fondamentaux de la sélection des mots dans le lexique, et de leur combinaison au fil des phrases. Soit le syntagme « Le château de

traces ou des empreintes indicielles)... L'empilement de ces différentes strates ou logiques signifiantes pose le problème des limites inférieures de la sémiotique : faut-il inclure dans celle-ci le fonctionnement indiciel, par exemple le signal, le stimulus ou la trace ? La perception, l'émotion ou les simples objets fonctionnent-ils comme signes ? En bref, où passe la frontière entre la sémiosphère et la biosphère ? Entre la culture et la nature ?

Toute tentative pour tracer celle-ci suscitera forcément des chicanes. Une façon de résoudre l'embarrassante distinction du sémiotique et du non-sémiotique est de supprimer l'un des termes. C'est la voie adoptée par l'Américain Charles Sanders Peirce (1839-1914), dont la philosophie du signe excède largement la sémiologie prévue par Saussure. Pour apprécier la différence entre Peirce et Saussure, les deux géants fondateurs de notre sémiotique, il faut repartir de la question principale : qu'est-ce qu'un signe ?

Une chose qui se tient pour une autre chose, aliquid stat pro aliquo, *répondrait une vulgate venue de saint Augustin. La liaison d'un signifiant et d'un signifié, précise Saussure, aussi inséparables l'un de l'autre que le recto et le verso d'une même feuille. Le plan du signifiant constitue le* plan de l'expression *et celui du signifié le* plan du contenu, *ajoutera Hjelmslev. Mais Peirce avait frayé une autre voie : le rapport de sémiose désigne « une action, ou une influence, qui est, ou qui suppose, la coopération de trois sujets, tels que le signe, son objet et son interprétant, cette relation ternaire d'influence ne se laissant en aucun cas ramener à des actions entre paires »[1]. Dire que le rapport sémiotique dessine un triangle permet d'éliminer comme son seuil inférieur les « actions entre paires » du type cause-effet, ou stimulus-réponse.*

Le triangle sémiotique de Peirce

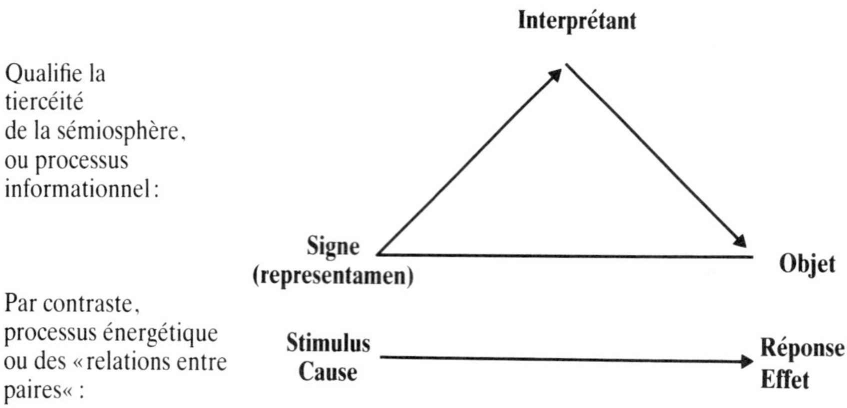

Windsor a brûlé. » L'auteur de cet énoncé a choisi /château/ dans une famille de mots (= un ensemble paradigmatique) évoquant en général l'habitation, qui lui proposait également / la demeure / les appartements / la résidence /..., voire, dans un registre satirique, / la résidence secondaire / la succursale / la cabane /... La substitution d'un paradigme à un autre se traduit par des connotations différentes. Une fois le mot sélectionné, il reste à l'enchaîner à ses voisins dans la phrase (= le syntagme). Tout énoncé suppose donc cette double compétence de sélection (lexicale) et de combinaison (syntaxique). Jakobson leur a superposé deux types d'associations, métaphorique ou par ressemblance pour les choix paradigmatiques, et métonymique ou selon la proximité le long du syntagme, et il a également cru possible de caractériser par cette distinction deux types d'aphasie.

1. C. S. Peirce, *Collected papers* (5.484).

La spécificité du sémiotique tient à la médiation de l'interprétant, c'est-à-dire du code, ou du signifié chez Saussure, en bref d'un élément non pas naturel mais social ou de convention. Dans l'énumération qu'il donne des objets de la sémiotique, Saussure n'envisage que des envois de message d'un émetteur vers un destinataire. L'ouverture sémiotique théorisée par Peirce accueille par contre quantité de « messages » dénués d'émetteurs, tels que les phénomènes naturels rapportés par celui qui les perçoit ou les déchiffre à un certain aspect, à un cadre, à une convention de lecture ou un code qui constituent leur interprétant. *La position adoptée par Peirce est donc la plus large qu'on puisse concevoir pour une sémiotique à venir puisqu'elle englobe la perception (percevoir une entité quelconque, c'est reconnaître une forme, donc saisir une répétition, c'est-à-dire déjà un signe sous ou à la faveur de l'objet) ; de même, selon Peirce, nos idées sont des signes, et de proche en proche toute la vie de l'esprit, qui se caractérise par la* tiercéité.

Nous ne pouvons nous attarder ici sur la richesse et les réelles difficultés de la logique des signes de Peirce (présentée infra *par le texte de David Savan). Au moins est-il devenu clair que la sémiotique, de Peirce à Saussure, concerne le passage de la nature à la culture. La passion proprement humaine est de transformer le corps (de l'homme mais aussi des choses) en signes : par exemple dans l'échange des femmes (étudié par Lévi-Strauss) ou des marchandises, ce n'est pas de sexualité ou de besoins seulement qu'il s'agit, mais de distinctions, de conventions et de valeurs symboliques. L'échange n'est pas naturel ni simplement matériel et physique. Comme le souligne Barthes, une fonction-signe parasite tous nos usages :* « Dès qu'il y a société, tout usage est converti en signe de cet usage [1]. » *La sémiotique n'ignore pas l'action de la biosphère mais elle ne l'étudie pas. À partir des relations bien réelles entre les choses, les hommes n'ont cessé d'extraire et d'échafauder des codes, des conventions, des systèmes d'interprétation. Selon Umberto Eco, la sémiotique est « une science de la culture et des conventions sociales, et non de la nature [2] ».*

Cette remarque permet de spécifier le bord inférieur de la sémiotique comme le passage des « relations entre paires » aux relations proprement signifiantes, qui sont triangulaires. Un stimulus (comme celui qui déclenche le mouvement réflexe) n'est pas un signe, dans la mesure où je ne peux pas ne pas *répondre. Pas davantage une pression énergique qui fait tomber, ou l'onde sonore du cri « Attention aux avalanches ! » qui déclenche celle-ci. L'information commence au-delà de l'énergie, et elle est d'un autre ordre : l'information ou le monde du message, donc du signe en général, c'est ce qui me laisse le choix de la réponse, ou de l'interprétation, à commencer par le choix de ne pas répondre (on est toujours libre d'ignorer ou de laisser tomber une information). Il est clair que cette liberté, ou ce pouvoir de recul pour le traitement ou l'interprétation suppose un espace : c'est le troisième sommet du triangle sémiotique, qui médiatise la relation du signe et de son objet (qui précise ce qui les rapproche* pour moi).

Cet espace de la médiation sémiotique est le siège de la liberté humaine d'interprétation, donc aussi du code ou de la convention. On peut y voir la digue que la culture oppose à la brutalité physique. Plus nous vivons dans les signes et moins les choses mordent sur nous. Au commencement était la substitution du logiciel, doux, au matériel dur (explique Michel Serres dans le Tiers instruit*). Cela ne veut pas dire que les signes soient inertes, ou dénués d'action (cf.* infra *chapitre* III, *« l'Action parlée ») ; mais qu'ils nous servent à* contenir *le réel, aux deux sens de ce verbe remarquable : à la fois envelopper et tenir à distance.*

1. *Op. cit.*, p. 113.
2. U. Eco, *la Structure absente*, p. 31.

Quelle est l'origine des manières de table par exemple (titre de l'une des Mythologiques de Lévi-Strauss), sinon l'exigence d'articuler et de différer l'oralité sauvage, dont l'irruption serait fatale à la société? De même les règles de mariage et de parenté contiennent les excès toujours à redouter de la sexualité.

En bref la sémiosphère apporte un détachement, un espace de dédoublement, d'apprentissage et de jeu qui libère l'esprit. Les conventions dont chacun pense qu'elles aliènent sa spontanéité ou sa nature (forcément bonne...) sont d'abord destinées à nous affranchir. Quel repos (et parfois quel émerveillement) d'entrer dans un monde tissé de conventions! Proust a longuement décrit cet apprentissage proprement humain. Et Roland Barthes de son côté nous a conté sa fascination pour le Japon, terre promise du sémioticien [1].

Il faut préciser rapidement quelques traits de cet admirable rapport de convention, qui gît au cœur du sémiotique. Qu'est-ce qu'un signe? Une façon de nommer des choses différentes de manière homogène, ou d'unifier des phénomènes divers sous un même point de vue. D'imposer, pour employer les catégories de Peirce, un type invariant (qui ne se trouve nulle part dans la nature) à des tokens: les rejetons, les exemplaires singuliers donc toujours différents de l'expérience. Cette unification suppose la médiation d'un code. Qu'est-ce derechef qu'un code? Un système de probabilités, agissant comme un filtre, une grille simplificatrice posée sur les phénomènes pour les rendre décidables. Par exemple, le tableau des phonèmes pertinents dans telle langue [2]; ou celui de la graphie des lettres, qui permet de reconnaître le même a (le type) sous l'extrême diversité de ses occurrences ou tokens graphiques: a A a A a A a A a A a A a A a A... On voit par ces deux définitions du signe et du code qu'ils sont inséparables de la notion de structure, qu'on peut définir à son tour avec Eco comme « un modèle construit à travers des opérations simplificatrices qui permettent d'uniformiser des phénomènes divers d'un même point de vue [3] ».

Nos définitions renvoient l'une à l'autre: tout signe, à commencer par la perception, est structurel (il entre dans des oppositions prévues par le code), toute structure est une combinaison de signes qui élaguent les propriétés réelles des choses. Au bilan, structuralisme et sémiotique se seront développés de pair; et ils auront contribué à étendre notre raison: la conscience sémiotique porte sur les règles, donc « en dernière analyse » sur les formations et l'émergence de la Raison.

Parmi les nombreux avantages du codage des phénomènes, il faut mentionner brièvement:

– l'abréviation: le devenir-signe (la sémiotisation) d'une entité quelconque suppose toujours sa miniaturisation, ou l'élagage de quelques-uns de ses aspects: il est inconcevable que le tout de la chose passe dans son signe; signifier, c'est simplifier. Or cette abréviation est un transport (en grec, metaphora), d'où résulte une télé-présence: littéralement, la re-présentation d'une chose qui n'est pas là. Quel repos de tenir le monde (réel) à distance par des signes (de suivre à la télévision le spectacle de la guerre sans avoir à la subir...)! Mais parfois aussi quelle frustration! (Les étiquettes de bouteille n'enivrent ni ne désaltèrent; et la photo de la femme aimée ne se laisse pas enlacer...) Le théâtre est à la charnière de cette double postulation de la chair et de sa négation, de la présence réelle et de sa

1. R. Barthes, *l'Empire des signes*, Skira, collection « Les sentiers de la création », Genève, 1970, aujourd'hui en collection Champs/Flammarion.
2. Phonème: atome de son, plus petit élément pertinent (mais non signifiant) de la langue; dénué de signification intrinsèque, il ne vaut que par ses relations aux autres phonèmes acceptés dans le système de la langue.
3. U. Eco, *la Structure absente*, p. 53.

représentation (cette bifurcation est bien illustrée par l'opposition d'Artaud et de Brecht, dont nous reparlons infra*) ;*
– l'idéalité : *les variations individuelles dans l'émission ou la réception des messages ont peu d'incidence au niveau du type, elles ne sont pas* pertinentes. *Traversée par ce vecteur d'idéalité, l'intention qui anime la saisie des signes, et permet de les reconnaître, tolère les accidents matériels dans la production du signifiant. L'accès au code (on dit aussi en psychanalyse l'accès au* symbolique*) est comparable à la reconnaissance d'une « bonne forme » dans la* Gestalttheorie[1] *: c'est une manière de stabiliser les phénomènes, de les soustraire aux déformations dues au lieu, à l'individu ou au temps ; le code est toujours facteur d'ordre, et le signe est par définition itérable, c'est-à-dire sujet à la répétition ;*
– la clôture sémiotique : *le fonctionnement du signe suppose qu'on mette entre parenthèses sa référence ou sa* Bedeutung, *pour ne considérer que sa seule signification (son* Sinn *pour citer le couple terminologique introduit par le logicien allemand Frege). La considération du référent (du* denotatum *ou de l'objet selon d'autres appellations) est en effet l'un des principaux obstacles épistémologiques (comme dirait Bachelard) de la sémiotique. Celle-ci ne connaît que le* designatum, *le signifié ou le* Sinn, *c'est-à-dire l'allusion à telle chose* sous un certain aspect. *Toute sémiotisation est un choix subjectif ou conventionnel, un coup de force simplificateur, voire un refus opposé à la diversité des apparences. Cette déliaison du signifié et du référent a le grand avantage de nous permettre d'imaginer, et de communiquer sur, des choses inexistantes mais aussi intéressantes que la psychologie d'Hamlet et les intrigues de la cour du Danemark, les mœurs des licornes, le sexe des anges ou quelques aspects de l'an 2000... Il n'y a que dans la sémiosphère qu'on peut jouer, échafauder des hypothèses, remplacer la valeur de vérité par celle de beauté, ou de cohérence, ou de suggestion. Sans la mise entre parenthèses du référent, pas d'ouverture des* autres mondes.

En cassant l'illusion référentielle, il semble que la sémiotique rende plus distant ou critique, moins mystifiable – plus intelligent ? « Ceci n'est pas une pipe » : le célèbre avertissement peint à même la toile par Magritte veut précisément décoller notre regard de la projection référentielle. Vous croyez voir une pipe ? Erreur, vous ne pouvez pas la fumer. En multipliant sur la toile la confrontation des codes iconiques et verbaux, et en jouant sur leurs performances inégales, Magritte a proposé une méta-peinture qu'on peut dire sémiotique : elle montre et compare les performances inégales des différents régimes de la représentation. D'une façon générale, le sémioticien, c'est-à-dire l'homme qui remarque et espionne les signes, développe devant toute représentation une conscience méta ; *face au théâtre, à la télévision ou aux spectacles de masse en général, il est celui qui refuse-de-se-faire-avoir... Depuis les* Mythologies *de Barthes (1957), l'esprit critique a été associé au développement de cette conscience sémiologique en tous domaines.*

Il faut pour conclure en évoquer quelques-uns. On lira dans la Structure absente *(pp. 14-19) un panorama, lui-même forcément simplifié, du champ des études sémiotiques ; Eco y classe les activités de codage-décodage par ordre de proximité croissante avec la linguistique. De fait le danger serait de mettre du langage partout, en ignorant la spécificité des* autres *sémiotiques (il n'est pas sûr qu'Eco échappe à ce logocentrisme).*

C'est ainsi que le slogan lacanien de « l'inconscient structuré comme un langage »

1. Ou *Théorie de la forme* : cette importante école de psychologie née en Allemagne entre les deux guerres (K. Goldstein, W. Kölher) s'est inspirée de la phénoménologie de Husserl pour critiquer l'associationnisme ou la théorie élémentaire des contenus de conscience. En France, elle a été popularisée notamment par l'œuvre de Merleau-Ponty.

s'appuie sur un détournement surprenant du schéma saussurien Signifiant/Signifié ($S^a/S^é$), en identifiant la barre de séparation à celle du refoulement. Lacan et ses commentateurs [1] *tentent ainsi de logiciser l'inconscient, ou de hausser sa sémiotique à celle des systèmes symboliques au sens de Peirce. Les mêmes verront dans la condensation et le déplacement du « processus primaire » (et notamment du « travail du rêve ») un équivalent du couple métaphore-métonymie. Nous discutons* infra *ces thèses contestables, avec la présentation des textes de Watzlawick (chapitre* III*) et de Lacan (chapitre* IV*).*

La sémiotique de la cuisine se laisse plus facilement dériver des concepts de la linguistique : on y retrouve en effet le jeu du paradigme et du syntagme (évident dans la présentation d'un menu sur la carte d'un restaurant), et la saisie d'oppositions pertinentes telles que le cru et le cuit (titre de la première Mythologiques *de Lévi-Strauss).*

La publicité est un domaine de choix, où ces études se sont très tôt déployées (Barthes faisant ici encore figure de pionnier avec son article de 1964, partout cité, sur les pâtes Panzani [2]*).*

Le design et le système des objets [3] *permettent d'étendre l'enquête au mobilier et suggèrent que celui-ci se décline comme un discours avec sa rhétorique, ses figures et ses tropes.*

Ces rapprochements nécessaires, où les modèles linguistiques tirés de Saussure, Hjelmslev, Greimas et Jakobson furent exploités à satiété, auront constitué l'enfance de la sémiotique. Il semble que celle-ci doive aujourd'hui envisager résolument d'autres codes : l'icône n'est pas un texte, le visible ne se laisse pas rabattre sur le lisible (quelle rage de vouloir toujours lire, jusque sur les tableaux !), et encore moins les signes ou les signaux qui intéressent d'autres sens. L'odorat, le tact ou le goût seraient-ils « structurés comme un langage » ? Il est permis d'en douter. Mais il est bien vrai que les signes inférieurs (la posture du corps, la mélodie, l'accent ou le débit de la voix...) soutiennent la moindre de nos performances verbales. Une conversation par exemple doit son succès à la superposition de ces couches sémiotiques, dont la parole ou les performances proprement symboliques au sens de Peirce ne constituent que l'émergence. Parce que nous pensons toujours depuis le sommet de la pile, nous avons tendance à oublier ces strates sous-jacentes, qui conditionnent pourtant notre pensée. La pragmatique et les études de l'énonciation, qui utilisent aujourd'hui tout le spectre de la sémiotique, devraient favoriser une étude moins logocentrique des différents jeux par lesquels on arrive à faire sens, et signe.

Nous ne pouvons clore cette introduction sans mettre en garde enfin contre la tentation de refermer la sémiosphère sur elle-même : la clôture sémiotique est une nécessité méthodologique, non une coupure ontologique. Rappelons-nous toujours que nos signes émergent de la biosphère, et interagissent avec elle. Une certaine ratiocination sémiotique ou structuraliste a pu combler les professeurs, enchantés par les thèmes de l'immanence et de la clôture du code, qui confirmaient le rêve de l'enceinte propre à tout laboratoire ou département universitaire. Que d'études pompeusement baptisées sémiotiques (de l'image, de la musique, du politique ou de la pulsion...) se sont contentées de fabriquer sur le dos des apparences quelques oppositions, aussitôt déclarées pertinentes ! Avec quel zèle on a joué à ces petits Meccano, préférés à l'étude empirique des phénomènes ! La sémiotique

1. J. Laplanche et S. Leclaire dans l'article « l'Inconscient », *les Temps modernes,* n° 183, juillet 1963. Sur Lacan, cf. *infra* chapitre IV.
2. « Rhétorique de l'image », in *Communications,* 1964, repris dans *l'Obvie et l'Obtus,* Seuil, Paris, 1982.
3. Jean Baudrillard, *le Système des objets,* Gallimard, Paris, 1968.

dégradée en idéologie, ou en recette du tout-signifiant, aura contribué à figer l'histoire (c'était le reproche de Sartre à Foucault), à sacraliser la structure au détriment du mouvement, et à offrir ainsi un refuge à la théologie (présente dans certains aspects du lacanisme).

Aussi cette inflation en tous domaines (l'inflation des signes est l'inflation par excellence) a-t-elle suscité le dégoût légitime de quelques-uns: assez décodé! Michel Serres peut servir ici d'antidote, dont l'œuvre est un cri antisémiotique lancé à partir des sciences, et des cinq sens: «Je crains que les philosophies dites du langage n'utilisent en fait que très peu de mots. (...) Ne dites pas, faites, même quand vous dites. Le sens se gagne en marchant. Assez de discours, des actes, dans le discours même. Trop de critique: des œuvres! Ce qu'on nomme théorie offre toujours le maximum de facilité avec le minimum de vocabulaire[1]*.» Si nous plaçons la sémiotique en tête de nos sciences de l'information et de la communication, c'est qu'il est capital sans doute d'avoir pris ce* tournant *(le fameux* linguistic turn*), mais tout aussi capital d'en sortir! Ce paradigme est à consommer avec modération.*

*Nous n'avons retenu dans ce chapitre aucun texte antérieur à Peirce et à Saussure, pour ne pas céder à l'*illusion du précurseur: *la sémiotique est d'abord un système, dont la description et la formulation rigoureuses sont venues assez tard. Quelques auteurs pourtant, qui ne furent pas linguistes, eurent une conscience exacerbée de la vie excessive des signes, dans la loi, dans la vie mondaine, ou par exemple au théâtre. D'où la présence ici de Segalen, et de Proust, témoins fascinés de cette sémiurgie. La beauté de leurs textes équilibrera les études qui analysent en termes plus ingrats ces pouvoirs. Ce chapitre devait également contenir la préface du* Théâtre et son double *d'Antonin Artaud, qui n'a pu malheureusement y figurer (mais qu'on peut lire dans l'édition Gallimard). En quoi le cri de révolte et de souffrance d'Artaud concerne-t-il nos études? On lira chez cet auteur sous le thème du théâtre de la cruauté, une tentative pour abolir la coupure sémiotique,* (différence du signe et de la chose) *en rapprochant la forme de la force ou les signes de la chose. Cette communauté* indicielle, *qui rabat les représentations théâtrales sur les essais de présence, intéresse au premier chef nos média contemporains. Ce qui tend à disparaître avec les nouvelles formes du direct, c'est la distance de la coupure sémiotique qui articule pourtant notre culture.*

La Séméiotique[2] de Charles S. Peirce
(1980)

DAVID SAVAN
(né en 1916)

Logicien, philosophe et homme de sciences américain, Charles Sanders Peirce (1839-1914) est un auteur à tous égards important, mais d'accès particulièrement difficile. Très diffé-

1. Michel Serres, *le Tiers instruit*, François Bourin, Paris, 1991, p. 119.
2. Peirce a suivi l'orthographe grecque et il a habituellement écrit «séméiotique» et non «sémiotique». Comme cet article est une présentation du système de Peirce, je me conformerai à cette orthographe. Les travaux des exégètes de Peirce m'ont été de la plus grande utilité et je tiens à les en remercier ici: Max Bense (Stuttgart), Hanna Buczynska-Garewicz (Varsovie), Gérard Deledalle (Perpignan), Max Fish (Indiana) et Elizabeth Walter (Stuttgart).

rente de celle de Saussure, sa pensée a marqué plusieurs sémiologues contemporains (Umberto Eco, Eliseo Veron), mais elle n'a pas encore eu la chance, comme celle de Bateson, de rencontrer son vulgarisateur (cf. infra *chapitre* III*) : l'œuvre de Peirce demeure ésotérique, prisonnière d'une terminologie fastidieuse, et d'une redoutable abstraction. Conçue d'un point de vue logique, et classificatoire, elle pourrait intéresser largement notre discipline ; mais si l'on veut qu'un plus vaste public accède à Peirce, il sera impératif de le simplifier*[1]*. Il n'est pas sûr que cet article de David Savan, philosophe à l'université de Toronto, y parvienne : il a toutefois le mérite de proposer une plongée dans ce qui constitue le cœur de son œuvre, la sémiotique, et d'explorer quelques-unes de ses difficultés : l'analyse triadique de la relation sémiotique ; la distinction des trois modalités de la saisie des êtres, priméité, secondéité, tiercéité ; les trois types de «fondements», qualisignes, sinsignes et légisignes ; l'icône, l'indice et le symbole ; la chaîne indéfiniment ouverte des interprétants, et le principe de traduction au cœur de la signification...*

Source : *«La Séméiotique de C.S. Peirce», revue* Langages, *n° 58, Larousse, Paris, 1980.*

Bibliographie : *C. S. Peirce,* Écrits sur le signe, *rassemblés, traduits et commentés par Gérard Deledalle, Seuil , Paris, 1978 ; C. S. Peirce,* Textes anticartésiens, *traduction de Joseph Chenu (précédés d'un essai introductif de 170 pages), Aubier, Paris, 1984 ; C. S. Peirce,* Textes fondamentaux de sémiotique, *traduction et notes de Berthe Fouchier-Axelsen et Clara Foz, introduction de David Savan, Méridiens Klincksieck, Paris, 1987 (trois des quatre textes de ce recueil figurent déjà dans les* Textes anticartésiens*). Sur Peirce, on consultera également : Umberto Eco,* la Structure absente, *Mercure de France, Paris, 1972, et* les Limites de l'interprétation, *Grasset, Paris, 1972 ; Eliseo Veron,* la Sémiosis sociale, *Presses universitaires de Vincennes, Saint-Denis, 1987.*

EN 1867, Charles Sanders Peirce, alors âgé de vingt-huit ans, publie *On a New List of Categories* (1.545-1.559[2]). Dans ce texte étonnant, il esquisse le fondement métaphysique d'une philosophie séméiotique et il entreprend l'élaboration d'une définition et d'une classification scientifique des signes. Le texte commence par une étude de la substance et de l'être et Peirce y formule l'hypothèse de l'existence des trois catégories fondamentales de l'être, qu'il nommera ultérieurement Priméité, Secondéité et Tiercéité, et grâce auxquelles il définit le *representamen.* Un representamen est une relation triadique dans laquelle un *fondement* est relié à un *objet* par le biais d'un *interprétant*[3]. La définition peircéenne du representamen est intentionnellement formelle et générale. Peirce prétendait alors que la séméiotique était une science de base et qu'elle constituait le fondement de la logique, de la psychologie et de la sociologie. Dans ses écrits ultérieurs, il a indiqué qu'il préférait

1. Nous avons nous-même tenté une utilisation, très réductrice, de quelques concepts de Peirce dans notre ouvrage *la Communication par la bande* (La Découverte, Paris, 1991).
2. Les références entre parenthèses qui suivent les citations renvoient au volume et au numéro de paragraphe des *Collected Papers* de Peirce, sélectionnés et présentés par Paul Weiss et Charles Hartshorne, et publiés par Harvard University Press en 8 volumes, 1932-1954. (Lorsque cela nous a été possible, nous avons utilisé pour les fragments de Peirce cités la traduction en français de Gérard Deledalle, *Charles S. Peirce, Écrits sur le signe,* Éditions du Seuil, Paris, 1978, N. d. T.)
3. En 1867, Peirce n'a pas encore mis au point sa logique des relations ni décidé d'une terminologie caractéristique. Je ferai appel à la terminologie qu'il a développée ultérieurement dans son œuvre.

utiliser le mot « signe » pour désigner les representamen dont la pensée et l'action humaines sont les interprétants.

Comme il existe trois types de representamen ou de relations-signes, il s'ensuit qu'il existe trois sciences séméiotiques subsidiaires. Premièrement la *grammaire formelle* qui est l'étude des fondements des signes étudiés en eux-mêmes et indépendamment de leurs relations avec leurs objets ou leurs interprétants. Deuxièmement la *logique* ou *critique* qui est l'étude de la relation des signes à leurs objets. Troisièmement la *rhétorique formelle* qui est l'étude de la relation des signes et de leurs interprétants. Peirce a repris ces termes à la philosophie grecque et à la philosophie médiévale, mais il est évident qu'il a anticipé sur la syntaxe, la sémantique et la pragmatique. C'est également dans cet article de 1867 que Peirce a introduit la tripartition des signes en « indice », « icône » et « symbole ». Il tient la séméiotique pour une science première par rapport à la logique et il considère qu'elle constitue une base pour la logique des termes, des propositions et des arguments. La séméiotique fonde également les trois formes de raisonnement qu'on utilise dans les sciences : l'hypothèse, la déduction et l'induction.

À la même époque que cet article sur les catégories, Peirce a écrit et publié toute une série d'articles particulièrement brillants dans lesquels il a développé sa théorie de manière plus détaillée, et dégagé plus complètement ses applications à l'étude de la logique, de l'histoire et de la méthodologie des sciences. Il a également appliqué cette séméiotique à la psychologie et à la théorie des sociétés [1]. L'homme est un signe. En fait l'homme est un signe extérieur, un signe dans le monde. Le corps de l'homme et ses actions constituent le médium matériel de l'homme-signe, tout comme l'encre et les sons constituent le médium matériel du langage. Les sensations et les émotions sont des « mots constitutionnels » (2.426, 5.291). Pendant les six années qui suivirent, Peirce en vint à penser que l'homme est un dialogue de signes, dans lequel le doute pose les questions tandis que les actions et les croyances sont les interprétants. Ces croyances et ces actions seront ultérieurement traduites en une conversation avec la société des signes. Peirce a esquissé une théorie de l'éthique dans laquelle ce sont des normes séméiotiques qui régissent la communauté en expansion où cette conversation a lieu.

Peirce a consacré tout le reste de son existence, jusqu'à sa mort, en 1914, à développer cette philosophie séméiotique tout en l'appliquant à d'innombrables domaines. Il avait reçu de son père, professeur de mathématiques à Harvard, une excellente éducation en philosophie, en logique, en mathématiques et dans les sciences en général. Il travailla pendant trente ans comme astronome, chimiste, physicien et mathématicien et il produisit une œuvre expérimentale et théorique d'une valeur éternelle. Mais dans le même temps il poursuivit ses recherches en séméiotique, en logique et en philosophie et, vers la fin de sa vie, il écrivit à lady Welby quelques remarques à propos de son article de 1867 : « ... Je n'ai jamais été capable d'étudier quoi que ce fût, les mathématiques, la métaphysique, la gravitation, la thermodynamique, l'optique, la chimie, l'anatomie comparée, l'astronomie, la psychologie, la phonétique, l'économie, l'histoire de la science, le whist, les hommes et les femmes, le vin, la métrologie... comme autre chose que comme de la séméiotique. » Il ne semble pas qu'il ait connu l'œuvre de Ferdinand de Saussure. « Je suis, autant que je sache, un pionnier ou plutôt un défricheur de forêts, dans la tâche de dégager et d'ouvrir

1. Voir ses trois articles de 1868, dans les *Collected Papers* : « Questions Concerning Certain Faculties Claimed for Man » (5.213, 5.263) ; « Some Consequences of Four Incapacities » (5.264, 5.317) ; et « Grounds of Validity of the Laws of Logic » (5.318, 5.357).

des chemins dans ce que j'appelle la séméiotique... et je trouve que le champ est trop vaste et le travail trop lourd pour le premier que je suis à entreprendre une telle tâche» (5.488).

1. La séméiotique de Peirce est systématique parce qu'elle est fondée sur une analyse catégorielle de l'être. Dans ce chapitre, je compte présenter schématiquement les catégories de l'analyse triadique de la relation-signe fondée sur ces trois catégories. Dans le chapitre suivant, j'expliquerai la classification peircéenne des dix types de signes.

À la fin du XVIIIe siècle, Kant a posé une question célèbre: «Comment la connaissance synthétique *a priori* est-elle possible?». Peirce soutient qu'il existe une question préalable et plus fondamentale: «Comment la synthèse est-elle possible de quelque façon que ce soit?» (2.680). Comment ramener le multiple à l'unité? Il s'agit d'une question qui remonte à Platon et qui a pris bien des formes. Comment peut-on réunir de nombreuses choses jusqu'à ce qu'elles n'en forment plus qu'une nouvelle? Comment de nombreuses idées peuvent-elles s'organiser en une seule structure? Comment un prédicat est-il uni à son sujet? Comment la connaissance se trouve-t-elle liée à son objet? Il s'agit là d'une question cruciale en ce qui concerne le changement, l'évolution et la croissance. Comment le développement est-il possible? Comment la science, l'art et la technologie évoluent-ils? Peirce répond que la synthèse n'est possible que grâce à la représentation. Être et devenir, c'est être représentable (5.257), et il affirme que la représentation est une succession ordonnée. Pourquoi en est-il ainsi?

Prenez une unité simple et non différenciée. Platon a montré dans le *Parménide* qu'il n'existe rien qui puisse être dit vrai d'une unité absolument simple. Pour prédiquer quoi que ce soit à son sujet il faut la diviser en une dyade constituée d'un sujet et d'un prédicat. On ne peut pas dire d'elle qu'elle est une, ni même qu'elle est. Il n'y a rien à gagner à supposer deux unités de ce genre ou davantage. Si rien n'est vrai de l'une ou de l'autre, leur différence est fausse (3.464, 4.319). Peirce ne commence donc pas par les êtres cardinaux mais par les ordinaux, non par *un*, mais par *premier*.

N'importe quoi peut être isolé et considéré comme le premier terme d'une série. Ces termes diffèrent les uns des autres de toutes les manières possibles. Que disons-nous d'eux lorsque nous affirmons que chacun d'entre eux peut être premier? Être premier, c'est être un nouveau commencement, une origine. Rien ne prédétermine ce qui est premier. Supposons, par exemple, que «5» soit premier. Qu'est-ce qui sera second? Le second n'est pas encore déterminé, ce pourra être «6» ou «4» ou bien «10»... Ou bien encore ce que vous voudrez. Le premier est libre et indéterminé. La catégorie de la *Priméité* est celle du commencement, de la nouveauté, de la liberté, de la possibilité et de l'indétermination. On peut prendre n'importe quoi comme point de départ et donc comme premier. Les exemples de premiers que Peirce donne de préférence sont la qualité et la conscience. Certains auteurs ont supposé, à tort, que ce sont les catégories de la Priméité. Ce sont des *premiers* et non des Priméités. Ce que Peirce nomme le *fondement* de la relation-signe est un premier.

Le second membre d'une série commence par limiter et déterminer le premier. Il pose une limite. Il ferme une porte. Seul, le premier n'est que la possibilité d'une série. Le second actualise la série. Le second introduit l'existence. Dans cette progression dyadique élémentaire le second membre termine la série. C'est une frontière. Si l'être n'était analysé qu'en termes de Priméité ou de Secondéité, ni la loi, ni la régularité n'existeraient. Le second serait arbitraire, imprévisible, ce serait une question de chance. D'après Kolmogorov et Chaïtin, une série de hasards est une série dans laquelle il n'est d'autre détermination des membres que leur énumération. Une série élémentaire de deux membres est une série de hasards. La Secondéité est donc la catégorie de l'existence, des frontières, de la limitation et de l'arbitraire. Comme exemples de seconds, Peirce nous propose la réaction, la résistance brute, le fait brut, les événements arbitraires ou dus au hasard. L'objet d'une relation-signe est un second.

Il existe deux formes de Secondéité car, bien que le premier et le second diffèrent l'un de l'autre, leur différence n'est pas symétrique. Le premier n'est *pas* marqué, le second l'est. Le premier, qui n'est qu'une possibilité, est agi et déterminé par le second. Le second est un agent et le premier un patient. Il existe, selon Peirce, deux objets d'un signe. L'un est actif et dynamique et l'autre est passif et intérieur au fondement du signe.

L'ajout d'un troisième terme dans la série introduit la possibilité d'une progression régulière non hasardeuse. La loi minimale d'une série peut être, par exemple « n + 1 ». La loi qu'introduit le troisième terme fait le lien entre le premier et le second et entre le second et le troisième. C'est le principe de synthèse puisqu'il unifie la série : (a) il représente la relation entre le premier et le second ; (b) il représente sa propre relation au second et (c) il représente le fait que la relation entre le premier et le second est la même que celle entre le second et le troisième. Le troisième terme introduit une relation triadique authentique parce que chacun des trois termes est représenté par les deux autres. Bien qu'un quatrième et qu'un cinquième terme puissent à leur tour modifier la règle, c'est le troisième, qui, le premier, introduit le principe d'une synthèse authentique.

La Tiercéité est la catégorie de la synthèse, de la médiation et de la continuité. Tout ce qui est intermédiaire entre deux choses et qui les réunit est un troisième. Les exemples que Peirce nous en propose sont, entre autres : une route entre deux points, un messager, le moyen terme d'un syllogisme, un interprète. Les habitudes, les lois et le langage sont également des troisièmes.

La Tiercéité est la catégorie séméiotique parce que, comme nous l'avons vu, le troisième synthétise en se représentant lui-même comme représentant un second à travers sa représentation d'un premier. Un interprétant est un troisième parce qu'il est médiateur entre le fondement et l'objet d'un signe en se représentant lui-même comme représentant du fondement et de l'objet. Comme l'interprétant est le troisième terme d'une relation triadique authentique, il se présentera sous trois formes. Premièrement, l'interprétant interprète le signe à partir de l'intérieur du fondement du signe. Deuxièmement, l'interprétant interprète le signe extérieurement au fondement comme son effet dynamique. Et troisièmement, l'interprétant s'interprète et se corrige lui-même. Nous étudierons plus avant les deux formes de l'objet du signe, et les trois formes de son interprétant ultérieurement.

Comment Peirce définit-il le signe ? Il nous propose deux types de définitions. La première est la plus formelle, elle est explicitement fondée sur les trois catégories : « Un Signe ou Representamen est un premier qui entretient avec un second appelé son *objet* une relation triadique si authentique qu'elle peut déterminer un troisième, appelé son *interprétant,* à entretenir avec son objet la même relation triadique qu'il entretient lui-même avec ce même objet » (2.274). Peirce, fréquemment, définit également le signe en termes de pensée et d'interprétation humaine. « Un Signe, ou *Representamen,* est quelque chose qui tient lieu pour quelqu'un de quelque chose sous quelque rapport ou à quelque titre. Il s'adresse à quelqu'un, c'est-à-dire crée dans l'esprit de cette personne un signe équivalent ou peut-être un signe plus développé. Ce signe qu'il crée, je l'appelle *l'interprétant* du premier signe. Ce signe tient lieu de quelque chose : de son *objet.* Il tient lieu de cet objet non sous tous rapports, mais par référence à une sorte d'idée que j'ai appelée quelquefois le *fondement* du representamen » (2.288). Peirce préfère le premier type de définition qui est plus formel parce que ce ne sont pas, à strictement parler, l'esprit et les idées qui expliquent les signes, mais plutôt la théorie des signes qui explique l'esprit, la pensée et les idées. La séméiotique n'est pas à la base de la seule logique, mais aussi de l'anthropologie et de la psychologie. L'homme est un signe, et l'esprit est une suite logique d'interprétants. J'utiliserai dans cet article le mot « signe », comme le faisait habituellement Peirce, plutôt que le néologisme « representamen ». Par « signe », j'entends la relation triadique du fondement, de l'objet et de l'interprétant. Comme notre usage habituel du mot est parfois plus proche de ce que Peirce entend par « fondement », j'écrirai parfois « signe-fondement » lorsqu'il s'agira de clarifier la signification.

Les signes ne constituent donc pas une classe d'entités parmi d'autres, comme par exemple les souris parmi les animaux ou les tables dans l'ensemble du mobilier. Tout peut participer de la relation-signe, que ce soit comme fondement, objet ou interprétant. Tout dépend de la place occupée dans le signe : comme premier, second ou troisième. Lorsqu'il est seul, le fondement est un signe virtuel, mais ce n'est pas encore un signe. Lorsqu'ils sont ensemble, le fondement et l'objet constituent également un signe virtuel. Sans l'interprétant, ce ne sont pas encore véritablement des signes.

On comprendra mieux ce que Peirce entend pas « signe », « fondement », « objet » et « interprétant », si l'on examine l'une après l'autre les deux catégories de signes. Peirce a affirmé que l'on pouvait analyser complètement n'importe quel signe si l'on parvenait à le classer dans l'une des dix classes. Un signe peut être classé selon la nature de son fondement (une classe). Il peut être analysé en fonction de la nature de ses objets et de la relation entre le fondement et son objet (trois classes). Enfin un signe peut être classé selon la nature de ses interprétants et de ses relations à ses interprétants (six classes). Dans chaque classe il y a trois sous-classes : ce qui constitue donc trente sous-classes en tout. Tout signe, lorsqu'il aura été complètement analysé, trouvera sa place dans l'une des sous-classes de l'une des dix classes principales.

2. Commençons par le *fondement.* Nous parlons souvent du signe en termes de signe-véhicule. Le fondement est pour Peirce ce point de vue ou ce caractère particuliers en fonction desquels le signe-véhicule est interprété comme signe de son objet. Le fondement n'est pas le signe-véhicule, parce que le signe-véhicule possède de nombreuses caractéristiques qui ne sont pas pertinentes en ce qui concerne sa fonction signe. Un exemple nous permettra d'éclairer ce que Peirce veut dire. Je peux utiliser un échantillon de couleur comme signe de la couleur de la peinture que je désire acheter. Cet échantillon peut être carré ou rond. Il peut être en papier ou en plastique. Tout ceci n'est pas pertinent au regard de la fonction de l'échantillon dans le signe. Seule la couleur de l'échantillon constitue le fondement, parce que c'est la couleur qui est le point de vue en vertu duquel l'échantillon peut être interprété comme un signe de la couleur de la peinture que je veux acheter.

Il existe trois sous-classes de fondements que Peirce nomme les *Qualisignes,* les *Sinsignes* et les *Légisignes.* Un qualisigne n'est un signe-fondement que par sa seule qualité et indépendamment de toute relation spatiale ou temporelle à son objet. On pourrait croire que le feu rouge qui signale un stop aux automobilistes, la flamme jaune qui permet d'identifier le sodium ou le chant d'un oiseau signalant son territoire sont des qualisignes, mais ce serait une erreur. Ce sont en fait des sinsignes qui *subordonnent* des qualisignes. En effet dans ces cas comme dans d'autres semblables, ce n'est pas la qualité mais un fait ou une connexion additionnelle qui constitue le point de vue à partir duquel la lumière rouge, etc., fonctionnent comme signes-fondements pour leurs interprétants. La lumière rouge fonctionne comme signal pour l'automobiliste en vertu de conventions légales, psychologiques et autres qui lui sont associées lorsqu'on la rencontre à tel endroit sur la route. Le jaune est le signe du sodium parce que l'interprétant connaît le lien physique entre l'oxydation du sodium et la production d'une lumière d'une certaine longueur d'onde. Le chant de l'oiseau est un signal territorial grâce à certaines structures de réponse héréditaires ou apprises. Par contre la couleur de l'échantillon est un qualisigne. La couleur seule, interprétée comme un signe-fondement, suffit à identifier la couleur de la peinture. Si j'enseigne la natation à quelqu'un, l'exemple des mouvements de mes bras et de mon corps est une qualité qui peut être interprétée en elle-même comme le signe-fondement des mouvements qualitativement semblables de mon élève. À chaque fois qu'une qualité est un signe-fondement qu'il s'agit de copier, d'imiter, de mimer ou de refléter, cette qualité est un qualisigne. Le camouflage et le mimétisme animal sont, en grande partie, des interprétants de qualisignes. Les qualisignes ont une importance primordiale. À vrai dire ils sont indispensables à la communication des qualités. Les qualisignes sont à l'origine de la métaphore, du semblable et de l'analogie.

Il est important de se souvenir que, par *qualité*, Peirce désigne tout caractère qui peut être considéré comme une unité et qui est susceptible d'être abstrait de son occurrence particulière. La qualité est générale et elle peut être instantifiée de nombreuses fois par de nombreux individus. Elle peut avoir la complexité d'un paysage alpin ou d'un final de Beethoven. Les qualités sont floues, elles n'ont pas de limites précises, elles s'interpénètrent et ne sauraient être comptées. On ne peut pas leur appliquer rigoureusement le principe de non-contradiction. Cette nuance de brun est peut-être rouge bien qu'elle ne le soit pas vraiment. Ce qui est épouvantable attire et repousse dans le même temps. C'est cet aspect contradictoire et non individué du qualisigne qui permet ce que Freud appelle les « processus primaires » de la pensée et c'est la raison pour laquelle ils sont souvent vagues et se contredisent eux-mêmes.

Le second type de fondement est le *sinsigne*. Dans ce cas, ce sont les circonstances particulières qui entourent un événement ou la chose isolée qui constituent le fondement du signe. Le coup de pistolet soudain qui donne le signal du départ d'une course est un sinsigne. L'odeur de la poudre brûlée et le poids du pistolet ne sont pas pertinents en ce qui concerne le signe-fondement. Il s'agit d'un événement particulier ; la brusque déchirure du silence à ce moment précis où un officiel tire, tel est le signe-fondement. Les échantillons de pierres lunaires sont des sinsignes. La singularité de ces pierres, l'endroit exact et la position dans lesquels on les a trouvées, les indications quant à leur âge constituent un indice des processus historiques de formation de la lune, de la terre et du système solaire. Assurément les pierres lunaires comportent également des qualisignes, mais les qualisignes sont subordonnés au fondement en tant que fait réel.

Les « déclencheurs » des animaux constituent une autre variété de sinsignes. La phéromone qui signale sa partenaire sexuelle au papillon mâle, ou bien la posture et les mouvements d'un oiseau en face d'un autre, déclenchent ou inhibent des réponses en fonction des circonstances particulières de leur occurrence. Les qualités de ces signes ne serviront pas de signaux, ou alors elles signaleront quelque chose de différent si elles sont considérées en dehors de leur contexte, si celui-ci est modifié ou si l'animal qui répond n'a pas atteint un stade déterminé de son cycle diurne ou saisonnier.

Les mots que l'on utilise dans des cérémomes rituelles sont des sinsignes. Le pouvoir des mots qu'on utilise pendant un mariage, ou lorsqu'on prête serment devant un tribunal, ou bien encore lorsqu'un juge profère la sentence, dépend du contexte, de la position de la personne qui énonce ces mots et parfois de l'intonation qu'elle utilise. Redisons-le, ces signes rituels et performatifs ne sont en fait essentiellement que des sinsignes. Les légisignes et les qualisignes leur sont subordonnés.

Le légisigne est le troisième type de fondement. Un légisigne est avant tout un signe dont le fondement est une loi, une règle, une convention ou une habitude. Le langage, les gestes, les structures culturelles et sociales d'une société sont essentiellement des légisignes. Chaque exemple est un signe parce qu'il s'agit de l'échantillon d'un type, de la réplique d'une règle. Sans la loi ou la règle qui sert à l'interpréter, chaque exemple n'est qu'un acte momentané et dépourvu de sens.

Il est évident qu'il serait erroné de penser que les qualisignes, les sinsignes et les légisignes sont trois entités distinctes. Il s'agit plutôt de trois fonctions distinctes qui prennent divers aspects en vertu desquels n'importe quoi peut devenir le fondement d'un signe. Une seule et même chose peut être en même temps, d'un certain point de vue un qualisigne, d'un autre un sinsigne et d'un autre encore un légisigne.

3. Le second terme de la relation-signe est *l'objet.* Comme l'objet occupe la seconde place dans la relation-signe, la catégorie de Secondéité suggère l'existence de deux types d'objets. Un second est extérieur au premier et indépendant de lui. Mais, par ailleurs, le second limite et détermine le premier. Peirce distingue l'objet extérieur et indépendant de l'objet intérieur, l'objet tel qu'il existe dans le fondement du signe. Il nomme le premier «objet *dynamique*», et le second «objet *immédiat*». La relation entre l'objet dynamique et le fondement de la relation est dyadique. On peut donc classer les signes en fonction de leur objet dynamique, de leur objet immédiat et enfin de la relation dyadique entre le fondement et l'objet dynamique.

Nous parviendrons peut-être à éviter les malentendus si, avant d'expliquer ce qu'est l'objet du signe, nous indiquons ce qu'il n'est pas. L'objet n'est pas nécessairement ce à quoi le signe réfère. La référence concerne l'interprétant du signe. C'est lorsque nous nous demandons à quoi réfère un signe que surgissent les fameuses questions: qu'est-ce que le référent d'une conjonction, d'une phrase, d'un mensonge, d'une question, d'un ordre?

Peirce définit l'objet d'un signe comme «ce dont il [le signe] présuppose la connaissance afin d'apporter une information supplémentaire à son sujet» (2.231). Il poursuit: «S'il existe une chose qui transmet une information sans avoir absolument aucune relation avec rien de ce que connaît directement ou indirectement la personne qui comprend cette information quand elle lui est communiquée (ce qui serait une curieuse espèce d'information), le véhicule de cette sorte d'information n'est pas appelé, dans ce volume, un signe» (2.231). Il faut qu'il existe un environnement ou un contexte qui limite le fondement et le détermine à être un signe pour un interprétant de quelque chose qui existe dans ce contexte. Le fondement et l'interprétant ne surgissent pas du néant. Ils surgissent au sein d'un monde, d'un contexte, auxquels ils sont liés par une expérience collatérale. Il faut que ce contexte existe indépendamment du signe et que, pourtant, il affecte le signe-fondement et tous ses interprétants de telle sorte qu'ils puissent tous servir d'indices de l'existence de ce contexte. L'objet n'est pas ce qui est désigné par le signe, mais ce qui, indépendamment du signe, harmonisera, en fin de compte, tous ses interprétants. Prenez par analogie l'exemple des masses des planètes et du soleil; il s'agit là d'objets dont les mouvements peuvent être interprétés comme en étant les signes. Prenons un autre exemple: un patient présente certains symptômes névrotiques. Ces symptômes sont, pour un interprétant, les signes de quelque chose qui existe dans le contexte du comportement ou du moins, qui est anaphoriquement relié à quelque chose d'autre qui existe dans le contexte des symptômes. Le contexte n'est pas donné par le signe. Il est déjà présent et il est partagé par le signe et ses interprétants. Au sein de ce contexte vécu, les interprétants successsifs identifient et fixent l'objet avec une précision croissante. Le signe-fondement peut être considéré comme un échantillon détaché de cet objet et par conséquent, comme un indice pour l'identification de l'objet. Comme ces échantillons et ces indices se trouvent au sein du signe-fondement lui-même, Peirce les nomme «objets *immédiats*».

Quel est l'objet d'un ordre? Un officier donne à ses hommes l'ordre de reposer les armes. L'ordre crié est le fondement du signe et les actions des hommes en sont les interprétants. L'objet dynamique est la volonté de l'officier dûment autorisé manifestée dans le contexte qui convient, par exemple sur le champ de tir militaire. L'objet immédiat est l'indice ou l'aspect de cet objet dynamique qui est dans le sinsigne, c'est-à-dire: le ton, le timbre et la force de la voix qui donne l'ordre.

Une question a-t-elle un objet? Peirce écrit: «Supposons qu'un matin je m'éveille avant ma femme, puis que, s'éveillant à son tour, elle me demande: "Quel temps fait-il?". Il s'agit d'un signe dont l'objet, tel qu'il est exprimé, est le temps qu'il fait à ce moment précis, mais dont l'objet dynamique est l'impression que j'en ai préalablement gardée en jetant un coup d'œil entre les persiennes» (8.314). L'objet dynamique est cet aspect qui, dans le contexte, induit et détermine le signe: nommément Peirce regardant par la fenêtre le temps qu'il fait.

Quel est l'objet du mot écrit: «et»? Cela dépend évidemment du contexte. S'il est écrit par un patient dyslexique qui l'a toujours préalablement écrit «te» et qui l'écrit correctement pour la première fois, l'objet serait alors une amélioration de son état. L'objet immédiat pourrait être la bizarrerie du mot écrit dont l'épellation est par ailleurs correcte. Si, en regardant Jean et Marie qui viennent au devant de moi je dis: «Voici Jean et Marie», l'objet sera Jean et Marie et l'objet immédiat sera la conjonction des noms «Jean» et «Marie».

Les catégories nous suggèrent l'existence de trois sortes d'objets dynamiques. En premier lieu, un objet dynamique peut être un possible. Un possible est une propriété ou un ensemble de propriétés comme, par exemple, la blancheur, la beauté ou la masse. (Peirce considère que la masse physique est un possible parce qu'elle n'existe pas en dehors de l'action des corps qui la rendent manifeste.) Un signe, considéré comme signe-fondement d'un objet dynamique possible est, pour Peirce, un signe *abstractif.* Le second type d'objet dynamique est un événement occurrent ou une entité spatio-temporelle réelle. Charlemagne en est un exemple tout autant qu'un éclair de lumière. Le signe d'un tel objet est un signe *concrétif.* En troisième lieu l'objet dynamique peut être une loi, une habitude, une continuité ou un principe. Les signes de ces objets sont dits *collectifs.*

On peut également classer les signes en fonction de leurs objets immédiats. Les possibles ne peuvent apparaître dans le signe qu'*in propria persona,* par leur exemplification propre ou par une description. Un signe qui comporte un tel objet immédiat est un signe *descriptif.* L'occurrence concrète d'un objet produit un certain effet dans le signe. Quand je rencontre mon ami, je l'appelle par son nom. Lorsque je vois un éclair, je peux le montrer du doigt en m'écriant: «là!». Les signes qui comportent des objets immédiats de ce genre sont des signes *désignatifs.* L'objet immédiat d'une loi, d'une habitude ou d'une classe collective d'objets sera une conjonction logique, une disjonction ou un conditionnel. On peut représenter une pyramide de fruits en disant: «celui-là *et* celui-ci *et...*». Si je désire en acheter quelques-uns, je dirai peut-être: «celui-ci ou celui-là ou...». Une loi ou une habitude est exprimée dans le signe par: «si ceci se produit, alors...». Peirce nomme ces signes des *copulants.*

La relation entre l'objet dynamique et le signe-fondement est séméiotique. Comment l'objet est-il lié à son signe? Peirce parle parfois de l'objet comme de l'*énonciateur* du signe. Entre l'énonciateur et l'énonciation il existe une relation dont l'interprétant doit faire usage s'il veut identifier l'énonciateur. On peut classer les signes de trois manières différentes selon les trois formes que prend cette relation dyadique. C'est ici que nous rencontrons la plus célèbre des tripartitions de Peirce: l'icône, l'indice et le symbole. Un objet dynamique qui est une qualité possible est relié à son signe descriptif par une similarité qualitative ou ressemblance. Un signe dont la liaison à l'objet est de ce genre est une *icône*. L'échantillon de tissu que me montre mon tailleur est une icône. Mais il en va de même pour une peinture ou une sonate. Lorsqu'un objet occurrent concret est relié à son signe désignatif par quelque action directe ou quelque réaction, comme l'action du vent sur les ailes d'un moulin, alors le signe est un *indice*. L'action de l'objet occurrent peut passer par une chaîne anaphorique. Ainsi Charlemagne est un indice parce qu'il se trouve relié par toute une série de documents, de monuments, etc., à un individu qui a existé. Un indice peut subordonner une icône. Ainsi un portrait peint qui porte comme titre le nom du modèle est d'un certain point de vue un indice, et d'un autre une icône.

Enfin une loi, une règle ou une habitude peuvent n'être reliées à leur signe que par l'interprétant du signe. Ce signe est alors un symbole. Le lien à son objet par le biais de l'interprétant est un élément essentiel pour la définition du symbole. Un symbole est un type, une loi, un légisigne. Le mot imprimé sur une page n'est pas un symbole mais un valant-pour ou une réplique du symbole. Ainsi le symbole «homme», par exemple, n'est-il relié à son objet, la classe collective des hommes, que par le fait qu'il est interprété comme le signe de cette classe. Sans les symboles, on ne pourrait pas représenter les classes et les lois. Un poème est un symbole tout autant que la classe générale des protocoles sociaux, la signature d'un document légal, le drapeau national, l'argent comme médium agréé d'échanges, etc. Le symbole doit subordonner les icônes et les indices.

Il est évident que tout comme les signes peuvent être complexes et structurés hiérarchiquement (un poème, une nouvelle, le geste politique d'un gouvernement), le signe sera lui aussi une série d'objets organisés hiérarchiquement. L'objet d'un signe complexe est un petit univers qui subordonne en son sein des soleils et des planètes.

4. Nous avons décrit jusqu'à présent quatre des dix classes que donne l'analyse des signes. L'une en fonction du fondement du signe et les trois autres en fonction des objets. Nous allons nous occuper maintenant du troisième facteur de la relation-signe qui est aussi le plus important: l'interprétant. Peirce dégage six autres classes qui sont essentielles pour l'analyse des signes.

Qu'est-ce qu'un interprétant? Dans la relation-signe triadique, le fondement est le terme premier, l'objet ou énonciateur est second et l'interprétant est troisième. En tant que troisième, l'interprétant est ce terme de la série qui introduit la règle ou le principe général qui relie les trois termes les uns aux autres. On peut analyser l'interprétant sous trois conditions. Premièrement l'interprétant est un signe-règle qui représente une relation entre le signe-fondement et un objet. Deuxièmement, l'interprétant représente le fait que les relations entre le signe-fondement et l'objet et entre l'interprétant et l'objet relèvent de la même règle. Bref, l'interprétant est un signe-règle qui est relié à son objet par son signe-fondement.

Quelques exemples nous aideront à clarifier cette conception fondamentale de Peirce. Supposons qu'un Anglais qui étudie le français rencontre pour la première fois le mot «homme». Il sait, bien sûr, que cette juxtaposition d'«homme» et de «man» est une convention de lecture des dictionnaires. Selon les conventions lexicographiques, « man » est une règle interprétante qui convertit « homme » en un signe-fondement de cette même classe de bipèdes déplumés que « man » représente également. L'interprétant est un médiateur entre le signe-fondement et son objet (la classe des bipèdes sans plumes), puisque c'est grâce à l'interprétant qu'ils sont pris dans une relation séméiotique. Si nous écartions pour un moment l'hypothèse peircéenne du primat de la séméiotique sur la psychologie et que nous nous autorisions à parler de l'interprétant-règle comme d'une idée dans l'esprit, nous pourrions dire que le signe-fondement « homme » est représenté par l'idée dans l'esprit de l'interprète comme étant également son objet propre. Mais il faut se souvenir qu'il ne s'agit que d'une façon de parler. Ce ne sont pas, selon Peirce, les idées et les esprits qui expliquent les signes, mais les signes qui doivent expliquer les idées et les esprits.

Prenons un autre exemple de Peirce. Si l'on fait tourner la lettre « p » autour de la ligne sur laquelle elle est imprimée et qu'on la fasse ensuite glisser sur un « b », les deux lettres coïncideront exactement. La règle de la rotation du « p » est alors l'interprétant médiateur entre le signe-fondement « p » et l'objet « b ». La règle interprète la lettre « p » comme étant le signe-fondement de « b ». Nous pourrions également dire que l'interprétant-règle représente « b » par « p ». Bien sûr, si l'on modifie légèrement l'interprétant et que l'on substitue « b » à « p » dans l'interprétant, on pourra faire de l'objet un signe et du signe un objet; de même que pour un francophone qui apprend l'anglais, les règles du dictionnaire feront d'« homme » l'interprétant de « man » et de « man » le signe-fondement d'« homme ».

L'interprétant est le paradigme qui comporte une règle de traduction. Comme le mètre-étalon à Paris, il est ce par rapport à quoi tous les autres sont mesurés. Il est général et peut être appliqué à l'infini. « Man », comme règle du dictionnaire, n'est pas seulement l'interprétant d'« homme », mais également celui d'« anthropos » d'« uomo », etc. Il n'existe en principe aucune limitation au nombre de signes-fondements que l'interprétant peut interpréter comme signes du même objet. Entre tout signe et son objet, l'interprétant peut, théoriquement, toujours introduire un autre signe. Mais l'interprétant-règle peut également être lui-même interprété par un autre interprétant-règle. Tout interprétant peut devenir le signe-fondement d'un autre interprétant. Nous avons remarqué que l'interprétant « man » peut être le signe-fondement de l'interprétant « homme » du français. Mais par ailleurs « man », pour un biologiste anglais, peut être un signe-fondement qui sera interprété par: vertèbre-mammifère-anthropoïde. En bref, tout signe-fondement peut devenir un interprétant et tout interprétant peut devenir un signe-fondement. Il faut décider de la différence entre les deux pour chaque cas particulier en répondant à la question suivante. De ces deux signes, lequel est le signe paradigmatique qui porte la règle (ou le principe) par laquelle l'autre signe est relié à l'objet du signe paradigmatique? Nous devons nous demander dans chaque cas particulier lequel de ces deux signes est nécessaire si l'autre doit être le signe-fondement de son objet. Lequel interprète l'autre? Lequel traduit l'autre?

Il s'ensuit que les signes forment un continuum. Entre deux signes on peut toujours, en principe, en insérer une infinité, de même qu'après tout signe on peut en ajouter également une infinité. Peirce souligne ceci en disant que chaque signe est infiniment traduisible. Il n'existe pas en principe un seul interprétant pour un signe, mais une succession infinie d'interprétants. Il résulte également de cette relation dialectique entre le signe-fondement et l'interprétant, et de cette permutation constante des places entre le premier et le troisième, que toute séméiose est un *dialogue*. « Il ne s'agit pas tout simplement d'un fait de la psychologie humaine, mais d'une nécessité de la logique si toute évolution logique de la pensée est dialogique» (4.551). Mais c'est la séméiotique qui est la logique de base, et Peirce répète que la séméiose est une fonction du dialogue.

Le dialogue séméiotique assume plusieurs formes. On sait toute l'importance que Peirce accorde au dialogue du doute et de la croyance. Le doute pose des questions auxquelles la croyance répond non sans parfois quelques hésitations. Une croyance interprétante peut être bouleversée et modifiée du fait de sa rencontre avec un fait brut qui lui résiste. L'objet pose une question à la croyance interprétante par le biais du signe-fondement. Il y a aussi dialogue entre une croyance et les actions qui en sont les interprétants. Le dialogue est une danse dans laquelle les deux partenaires peuvent permuter. En vérité le dialogue va jusqu'à la conversation des signes. Le continuum des signes est également une société ou une communauté de signes. Chacun parle à tous ceux qui l'entourent et chacun répond à ses voisins. La conversation est constamment modifiée par de nouvelles actions, introduites *ab extra,* et par de nouvelles hypothèses. Néanmoins, du fait de ces modifications constantes et de ces accommodations mutuelles, la conversation s'oriente vers un accord éventuel et idéal. En fait il se peut que cet accord ne soit jamais atteint.

Peirce distingue trois sortes d'interprétants qu'il nomme l'«Interprétant *Immédiat,*», l'«Interprétant *Dynamique*» et l'«Interprétant *Final*». On peut classer un signe en fonction de chacun de ces trois interprétants. Les relations de l'interprétant dynamique et de l'interprétant final à leurs signes-fondements sont dyadiques. Mais, de surcroît, la relation de l'interprétant final à son objet par son signe-fondement est triadique. Si un signe est classé selon chacune de ces trois relations à ses interprétants, nous obtiendrons trois classes supplémentaires, soit six en tout. Esquissons-en la description *seriatim.*

Qu'est-ce qu'un interprétant immédiat ? Tout signe comporte une signification minimale, ou signifiance, qui lui vient de son histoire. La signification est dans le signe-fondement à la surface duquel il peut être vu. Il peut être lu directement à même le signe. L'interprétant immédiat est donc «tout ce qui est explicite dans le signe indépendamment de son contexte et des circonstances de son énonciation» (5.473). Ou bien encore, c'est ce qui «permettrait à quelqu'un de dire si oui ou non le signe peut être assigné à quelque chose dont cette personne aurait une connaissance suffisante». Par exemple l'interprétant immédiat de la danse des abeilles est l'information apportée par cette danse quant à la distance et à la direction dans laquelle se trouve le nectar. L'interprétant immédiat de la cérémonie de mariage est la signification que tout le monde connaît, à savoir que deux personnes, ses objets, sont légalement unies l'une à l'autre.

On peut classer les signes en fonction de leurs interprétants immédiats. Si l'interprétant immédiat interprète un qualisigne, on peut appeler le signe un «signe *hypothétique*». Par exemple, l'interprétant immédiat du pas de danse d'un maître de ballet interprète le pas comme un signe du pas semblable que doit esquisser tel danseur. Mais ce second pas n'a pas besoin d'avoir lieu et il se peut même qu'il ne soit jamais esquissé. Le pas du maître de ballet est un signe hypothétique. Toutefois, l'interprétant immédiat peut interpréter le signe comme un sinsigne. Le signe peut alors être classé parmi les signes *catégoriques.* Ainsi la danse des abeilles, par exemple, est-elle un signe catégorique parce que, pour son interprétant immédiat, il s'agit d'un événement particulier et limité qui fournit directement une information au sujet d'un objet réel. Finalement l'interprétant immédiat peut interpréter son signe comme un type, une loi ou une liaison générale. Un tel signe est un signe *relatif.* La cérémonie de mariage est un signe relatif parce qu'elle est immédiatement interprétée comme un exemple de loi ou de règle qui établit une relation légale entre ses deux objets.

Le second type d'interprétant est l'interprétant dynamique. Les interprétants dynamiques d'un signe-fondement sont les effets séméiotiques réels que le signe produit *de facto.* Les interprétants dynamiques sont ces interprétants qui ont une existence indépendante réelle. Il va de soi qu'un signe peut produire des effets non séméiotiques. L'envol des abeilles en réponse à la danse peut produire un fort bourdonnement. La cérémonie de mariage peut endormir certains invités. L'effet *séméiotique,* et non l'effet physique, est l'interprétant dynamique. Le signe peut produire des interprétants dynamiques qui sont des sentiments, des émotions ou des humeurs. On peut classer un signe en fonction de ces interprétants affectifs parmi les signes *sympathiques.* Une cérémonie de mariage est un signe sympathique mais il en est de même pour une insulte, un geste moqueur, un éclair de lumière ou une mauvaise nouvelle. Tous ont également des interprétants dynamiques qui sont des émotions et des sentiments.

Peirce classe certains signes parmi les signes *percutants* si les interprétants sont des actions musculaires ou énergétiques. L'envol des abeilles est un interprétant énergétique et la danse des abeilles est donc un signe percutant. Le verdict d'un juge est également un signe percutant; son effet séméiotique sera peut-être l'emprisonnement d'une personne ou le paiement d'une amende.

Troisièmement, l'interprétant dynamique d'un signe peut être une idée ou une pensée ou encore un raisonnement particuliers. Il sera donc intellectuel ou logique. Toutefois, dans la vie de tous les jours et dans les circonstances habituelles, notre pensée n'est pas réfléchie et critique. Nous ne jugeons pas nos pensées en appliquant consciemment les principes généraux des conclusions vraies. Quand un signe est classé en fonction de ces interprétants logiques non critiques, Peirce le nomme signe *usuel.*

Tout comme la relation entre un signe et son objet dynamique (icône, indice et symbole), la relation d'un signe à son interprétant dynamique est dyadique. Premièrement, l'interprétant affectif émerge sans critique de son signe, auquel il n'est relié que par le sentiment non analysé d'une ressemblance ou d'une similarité. Le signe ne peut que suggérer son interprétant dynamique affectif. Un tel signe, classé en fonction de cette relation de suggestion, est un signe *suggestif.*

Un signe ne fait jaillir son interprétant énergétique que sous la contrainte d'un ordre ou d'une question. Peirce prétend qu'une question est un ordre d'un genre moins contraignant et qui n'entraîne qu'une légère punition, voire qui n'en entraîne aucune si l'on manque à y obtempérer. Tout sinsigne contraint son interprétant énergétique jusqu'à obtenir, à tout le moins, l'attention nécessaire pour qu'il réponde activement au signe. L'envol des abeilles en réponse à la danse est une réponse à un ordre, tout comme le poing qui se serre en réponse à une insulte. Si un signe produit son interprétant dynamique sur un ordre ou une question, on peut classer le signe parmi les signes *impératifs.*

Enfin un signe peut être relié à son interprétant logique de manière cognitive; lorsqu'il est relié de cette manière à l'interprétant dynamique, Peirce propose de le nommer signe *indicatif.*

Outre les interprétants dynamiques et immédiats, il existe un troisième type d'interprétant: l'interprétant final. Peirce le nomme également l'interprétant *normal, fatal* ou *ultime.* Le mot «final» doit être pris dans son acception aristotélicienne de «cause finale». Pour comprendre la conception peircéenne de l'interprétant final, il convient de se souvenir que tout signe est membre d'une communauté continue de signes. Il faut prendre en considération les conséquences de cette théorie sociale des signes pour comprendre ce qu'est l'interprétant final.

Tout interprétant est un signe qui peut être interprété par un autre interprétant. Mais

Peirce va plus loin car non seulement tout interprétant est traduisible, mais, pris dans le cours du temps, *il est réellement traduit.* «Il n'y a donc aucune exception à la loi suivant laquelle toute pensée-signe est traduite ou interprétée dans une pensée-signe subséquente, sauf le cas où toute pensée s'abîmerait d'une manière abrupte et définitive dans la mort» (5.284). La raison en est que tout interprétant est lui-même un signe réel et que nul signe n'existe s'il n'est interprété. Sans son interprétant, un signe-fondement n'est qu'un signe virtuel. Peirce fondait son hypothèse sur ses études empiriques en psychologie, en histoire et plus particulièrement en histoire des sciences. L'homme est un signe et tout interprétant contribue séméiotiquement aux interprétants subséquents dans la vie de l'être humain. Même les révolutions les plus radicales subissent l'influence séméiotique du passé. Tout souvenir, toute espérance et toute habitude est un interprétant qui est indéfiniment traduit et interprété. La mort elle-même n'est pas une fin puisque nous sommes membres d'une communauté de signes. L'histoire est une conversation des signes, une conversation qui n'est assurément pas toujours paisible. L'histoire est une réinterprétation continuelle du passé. Au sein de l'histoire, il existe un facteur réactif dont les signes, tout comme les interprétants, doivent s'arranger. La résistance brute, les objets butés et indépendants des signes exercent une pression constante qui donne forme au développement de leurs interprétants et le dirige.

La méthode scientifique a introduit dans l'histoire un processus conscient-de-soi, autocritique et autocorrecteur. Les méthodes scientifiques sont sans doute des habitudes, mais d'une nouvelle sorte plus complexe. Elles ont en commun une caractéristique générale qui est au fondement de toutes les sciences et de leurs pratiques. Le trait commun de toutes les méthodes scientifiques est une autocorrection constante, délibérée et critique. Il s'agit d'une habitude vivante car elle opère sur elle-même pour se modifier. La méthode autocorrectrice est à la fois guidée et animée par le désir d'atteindre à la vérité, bien qu'il ne soit pas nécessaire à la méthode scientifique que la vérité soit en fait jamais atteinte. Il suffit qu'il y ait quelque espoir qu'elle puisse être approfondie à long terme grâce à une méthode de perpétuelle autocritique. C'est cette méthode vivante de l'autocritique qui, selon Peirce, constitue l'interprétant final vers lequel tend la chaîne historique des interprétants dynamiques. L'idéal de vérité, peut-être inaccessible, est le critère de valeur de cet interprétant final. C'est ainsi que Peirce réinterprète les trois transcendantaux: *unum, verum* et *bonum* en Priméité, Secondéité et Tiercéité.

L'interprétant final de n'importe quel signe est cette habitude finale et normative d'interpréter qui *serait atteinte* si le signe était interprété selon un procédé scientifique et constamment autocorrecteur. Peirce affirme que l'interprétant final d'un signe est en fait un facteur qui contribue activement à former l'évolution des interprétants d'un signe. Même dans des sociétés primitives et relativement peu critiques, les interprétants se développent, selon lui, en accord avec les normes et les critères acceptés sans critique. Toutefois ces critères eux-mêmes sont progressivement modifiés, tout d'abord sans critique, et ces changements sont eux-mêmes guidés par des normes plus compréhensives. Peirce se réfère à l'opinion de Renouvier, pour qui les lois de la nature évoluent, ce qu'il réinterprète comme étant l'évolution des interprétants.

Il existe trois formes d'interprétants finals. Il peut s'agir premièrement d'une qualité d'excellence et d'admirabilité qu'exprime le mieux le mot grec «Kalos». Un signe peut être classé comme un signe *gratifique*, si son interprétant final est une qualité d'excellence. Les démonstrations et les systèmes mathématiques élégants sont des signes *gratifiques.* Deuxièmement, l'interprétant final peut être l'excellence et l'efficacité d'une conduite.

Lorsque l'interprétant final est une action efficace et belle le signe est dit *pratique*. Troisièmement, l'interprétant final peut être une autocritique et une autocorrection méthodologique. Le signe classé en fonction de cet interprétant final méthodologique est *pragmatique*.

Comment le signe influence-t-il et affecte-t-il son interprétant final ? La relation entre le signe et son interprétant final est dyadique. Peirce a montré que c'est sous les espèces de la logique formelle qu'un signe est relié à son interprétant final. L'interprétant final interprète l'action du signe sur lui-même en fonction de sa structure logique. C'est en ce point, au sein du domaine général de la pragmatique, que Peirce a introduit la science de la logique formelle. Il distingue dans la logique trois domaines fondamentaux : à un premier niveau le calcul quantificatoire (celui des fonctions dont le prédicat n'a qu'une place), à un second niveau le calcul des fonctions à plusieurs places, et enfin l'étude des principes du raisonnement vrai. En conséquence les signes peuvent être classés en *rhèmes, dicents* et *arguments*.

Finalement l'interprétant est lié triadiquement à son objet par le biais de son signe. La relation purement formelle entre un signe et son interprétant final ne donne aucune assurance quant à la vérité du signe en rapport à son objet. Conclure que la vie existe sur quelque lointaine planète peut être la conclusion valide d'un certain nombre de prémisses, toutefois il se peut que par ailleurs cette conclusion soit fausse. La logique formelle traite de la validité. Mais c'est la méthode scientifique qui doit s'assurer de la vérité autant que faire se peut. La méthode scientifique examine et interprète les signes comme une évidence de l'existence et des caractéristiques de leurs objets.

Nous ne pouvons examiner ici les analyses peircéennes de la méthode scientifique. Il convient de se souvenir que durant toute sa vie Peirce fut un scientifique parfaitement au fait des pratiques expérimentales et théoriques. Il a maintes fois répété que la science repose sur trois processus distincts mais complémentaires: l'hypothèse (qu'il nomme ordinairement *abduction*), l'*induction* et la *déduction*. Tout d'abord, il n'existe pas de science sans hypothèse. C'est par des théories, des modèles et des intuitions imaginatives mais informées que nous répondons en première instance à cet étonnement qui, selon Platon et Aristote, est le commencement de la sagesse. Pour dénouer les mystères du monde, nous avons besoin d'une imagination fertile qui nous permettra d'élaborer un modèle qui introduira quelque unité. La première hypothèse sera certainement loin d'être correcte, mais sans hypothèse aucune explication n'est possible. Seules les hypothèses permettent l'apparition de nouvelles idées et ce n'est que grâce à ces hypothèses que de nouvelles vérités seront dévoilées. Certes le nombre d'hypothèses qui peut logiquement vérifier et expliquer une série déroutante de données est, en principe, infini. Comment se fait-il donc que l'humanité soit si rapidement parvenue à construire de si nombreuses théories, face à un nombre infini d'hypothèses à prendre théoriquement en compte, et qui semblent si proches de la vérité ? Pour expliquer *la lumière naturelle*, comme l'appellent Descartes et Galilée, grâce à quoi l'homme a l'intuition des théories vraies, Peirce fait appel à l'instinct. L'homme a évolué dans une interaction intime et constante avec son environnement. Ce processus évolutif a produit des réponses instinctives à la faim et au besoin sexuel, mais également aux puzzles intellectuels et pratiques qui se répètent tout au long de toute vie humaine. On peut donc classer les signes en fonction de leur *assurance instinctive* de la vérité de leur interprétant final.

Il faut tester les hypothèses par induction en faisant recours à l'expérience. L'interprétant final peut traiter son signe-fondement comme un échantillon inductif de l'objet. On classe ce signe parmi ceux qui assurent le lien entre l'interprétant final et son objet, par *expérience*. C'est finalement par le processus formel de la déduction que nous inférons, à partir de l'hypothèse, les conséquences empiriques que l'induction peut vérifier. La déduction est intermédiaire entre les hypothèses et l'induction. Un signe qui relie son interprétant final à son objet par une déduction formelle s'assure *formellement* de la vérité. Cette classification des signes en fonction de leur rôle instinctif, expérimental ou formel dans la liaison de l'interprétant final à l'objet est la dixième et dernière des classes de signes de Peirce.

Peirce s'est passionnément intéressé à la linguistique toute sa vie, et l'une de ses toutes premières publications porte sur la phonétique shakespearienne. Il ne fait toutefois aucun doute qu'il a développé sa séméiotique dans une interaction continuelle avec son travail en logique, dans les sciences naturelles et les sciences humaines. Ce n'est qu'à un âge avancé que Peirce tenta une analyse séméiotique systématique de l'éthique et de l'esthétique. Il savait bien qu'il était un pionnier embarqué dans une vaste entreprise. Il a émis explicitement le souhait que son système soit critiqué et qu'il s'accroisse grâce au travail des explorateurs qui oseraient le suivre sur ce nouveau continent.

(Traduction de François Peraldi.)

Stèles
(1912)

VICTOR SEGALEN
(1878-1919)

Voici l'un des plus beaux textes de cette anthologie. Ce n'est pas seulement pour leur rigueur monumentale que nous introduisons ici les Stèles *; mais parce que Segalen, qui fut médecin de la marine, voyageur, et grand déchiffreur de signes, condensa dans cette écriture lapidaire une conscience médiologique du matériau, une pragmatique du lieu et du moment de l'énonciation, une sémiotique enfin et une esthétique de la noblesse des idéogrammes.*

On a discuté, et l'on disputera encore longtemps des mérites comparés des écritures idéographiques et alphabétiques (cf. ici même le texte de Hegel au chapitre I*). Les écrans d'ordinateurs, et l'écriture mixte ou idéo-alphabétique des Japonais, donnent à ces débats une actualité évidente, aux enjeux culturels (et économiques) importants. La méditation de Segalen peut nourrir ce débat, mais elle se situe en deçà ou fort au-delà, du côté de la genèse et des valeurs affectives, voire magiques, des caractères. Dans l'idéogramme, les deux valeurs du* graphein *grec, écrire et peindre, n'ont pas encore divorcé : une relation analogique attache le mot à la chose qu'il désigne. Or le support de la pierre redouble cet attachement, en assignant le message à la résidence du lieu : les stèles sont orientées, leur énonciation est commandée par l'espace et le site de l'inscription. La stèle signifie donc par son matériau, grave, et sa forme, qui est* arrêt*: arrêt du Prince, arrêt de mort du sacrifice, arrêt de la foule assemblée au spectacle sanglant, arrêt de la pierre immobile dans le flot incessant.*

L'écriture a toujours un rapport intime avec la mort. On déchiffrera celui-ci au fil des phrases où affleure l'allitération de l'œil, du deuil, du treuil ou du cercueil. De même la mémoire de la stèle, stellaire, condense le style, et la stabilité. Elle montre un arrangement de signes que leur lecture ou leur profération n'emporte pas: à la différence de la voix, l'écriture insiste. Comble de toute lettre, l'idéogramme gravé sur la pierre persévère dans l'être.

L'écriture chinoise a fasciné plusieurs poètes occidentaux; Claudel, Pound, Michaux ou Ponge ont célébré sa sorcellerie évocatoire, et tenté de la reproduire en jouant sur quelques ressources de la typographie. Segalen, qui s'est enfoncé plus loin qu'eux dans cette voie chinoise, précise: «Ils [les caractères] *dédaignent d'être lus. Ils ne réclament point la voix ou la musique. (...) Ils n'expriment pas; ils signifient; ils sont.» Et il formule un vœu: que la force des stèles passe dans son style, qu'à leur contact son écriture prolonge jusqu'à nous ces signes actifs, monumentaux.*

On lira dans la biographie du poète par Henry Bouillier, et surtout dans l'ouvrage de Christian Doumet, la description de la première édition des Stèles*: entre deux tablettes de camphrier nouées de soie jaune vif, une houle de pages non coupées mais articulées, où le papier de Corée montre par transparence (dira Claudel, dédicataire et premier destinataire de l'édition de 1912) «des algues, des cheveux de femme, des nerfs de poisson, des cultures d'étoiles ou de bacilles, la vapeur et tout un monde en formation». (Ces précieuses connotations sont évidemment perdues dans l'actuelle édition de poche.) Segalen poussa très loin le scrupule proprement médiologique du support, et le calcul du signifiant. Dosant l'art avec la science, son texte compose un sens sensible où la signification, la sensualité et la direction s'équilibrent: la stèle conjugue les trois sens du mot* sens.

Sa préface retrace également une genèse des usages du signe, du plus factuel (attacher une victime, soutenir un cercueil) au plus spirituel, de l'outil matériel au logiciel. Cette intériorisation des successives technologies change l'espace chinois en étrange miroir: à l'extrême de l'altérité, le poète recueille «un jour de connaissance au fond de soi». L'observation la plus aiguë et désintéressée ne peut manquer d'inclure l'observateur, le mouvement centrifuge est secrètement centripète: «De l'Orient d'amour à l'Occident héroïque, du Midi face au Prince au Nord trop amical – pour atteindre l'autre, le cinquième, centre et milieu – qui est moi.»

Il faut lire cette haute écriture, performative, et indicielle, «empreintes qu'on lui dérobe» d'un monde étranger. Comme il faut, à côté de Stèles *et au titre de la sémiotique lire son roman* René Leys, *où se déploie une enquête passionnée, médicale, musicale, qui ne concerne pas que les idéogrammes: Segalen ausculte* tous *les signes avec le désir et le désespoir de percer un peu de réel, cette Chose qui a toujours le dernier mot, et demeure fièrement inconnue.*

Source: *Victor Segalen,* Stèles, *Poésie/Gallimard, 1973.*

Bibliographie: *Daniel Bougnoux, «Dix-neuf, et un, gongs pour boômer* René Leys*», revue* Silex, *n° 1, Grenoble, 1976; Henry Bouillier,* Victor Segalen, *Mercure de France, Paris, 1961 (réédition en 1986 augmentée d'une mise à jour bibliographique); Christian Doumet,* le Rituel du Livre, sur «Stèles», de Victor Segalen, *Hachette, Paris, 1992;* Regards, espaces, signes, *colloque organisé par Éliane Formentelli au musée Guimet en 1978, édité par l'Asiathèque, Paris 1979.*

Préface

ELLES SONT DES MONUMENTS RESTREINTS à une table de pierre, haut dressée, portant une inscription. Elles incrustent dans le ciel de Chine leurs fronts plats. On les heurte à l'improviste: aux bords des routes, dans les cours des temples, devant les tombeaux. Marquant un fait, une volonté, une présence, elles forcent à l'arrêt debout, face à leurs faces. Dans le vacillement délabré de l'Empire, elles seules impliquent la stabilité.

Épigraphe et pierre taillée, voilà toute la stèle, corps et âme, être au complet. Ce qui soutient et ce qui surmonte n'est que pur ornement et parfois oripeau.

Le socle se réduit à un plateau ou à une pyramide trapue. Le plus souvent c'est une tortue géante, cou tendu, menton méchant, pattes arquées recueillies sous le poids. Et l'animal est vraiment emblématique; son geste ferme et son port élogieux. On admire sa longévité: allant sans hâte, il mène son existence par-delà mille années. N'omettons point ce pouvoir qu'il a de prédire par son écaille, dont la voûte, image de la carapace du firmament, en reproduit toutes les mutations: frottée d'encre et séchée au feu, on y discerne, clairs comme au ciel du jour, les paysages sereins ou orageux des ciels à venir.

Le socle pyramidal est aussi noble. Il représente la superposition magnifique des éléments: flots griffus, à la base; puis des rangées de monts lancéolés; puis le lieu des nuages et, surtout, l'espace où le dragon brille, la demeure des Sages Souverains. – C'est de là que la Stèle se hausse.

Quant au faîte, il est composé d'une double torsade de monstres tressant leurs efforts, bombant leurs enchevêtrements au front impassible de la table. Ils laissent un cartouche où s'inscrit la dévolution. Et parfois dans les Stèles classiques, sous les ventres écailleux, au milieu du fourmillement des pattes, des tronçons de queues, des griffes et des épines: un trou rond, aux bords émoussés, qui transperce la pierre et par où l'œil azuré du ciel lointain vient viser l'arrivant.

*

Sous les Han, voici deux mille années, pour inhumer un cercueil, on dressait à chaque bout de la fosse de larges pièces de bois. Percées en plein milieu d'un trou rond, aux bords émoussés, elles supportaient les pivots du treuil d'où pendait le mort dans sa lourde caisse peinte. Si le mort était pauvre et l'apparat léger, deux cordes glissant dans l'ouverture faisaient simplement le travail. Pour le cercueil de l'Empereur ou d'un prince, le poids et les convenances exigeaient un treuil double et par conséquent quatre appuis.

Or, ces appuis de bois percés d'un œil se désignaient dès lors sous le même nom de «Stèles». On les décorait d'inscriptions qui disaient les vertus et les charges du défunt. Plus tard ils s'affranchirent de leur emploi seulement funèbre: ils en vinrent à tout porter, et non plus un cadavre; – mais des victoires, des édits, des résolutions pieuses, un éloge de dévouement, d'amour ou d'amitié délicate. – La marque du treuil est restée.

*

Mille années avant les Han, sous les Tcheou, maîtres des Rites, on usait déjà du mot «Stèle» mais pour un attribut différent, et celui-là sans doute original. Il signifiait un poteau de pierre, de forme non quelconque mais oubliée. Ce poteau se levait dans la grand'salle des temples, ou en plein air sur un parvis important. Sa fonction:

«Au jour du sacrifice, dit le Mémorial des Rites, le Prince traîne la victime. Quand le cortège a franchi la porte, le Prince attache la victime à la Stèle.» (Afin qu'elle attende paisiblement le coup.)

C'était donc un arrêt, le premier dans la cérémonie. Toute la foule en marche venait buter là. Tous les pas encore s'arrêtent aujourd'hui devant la Stèle seule immobile du cortège incessant que mènent les palais aux toits nomades.

Le Commentaire ajoute: *«Chaque temple avait sa stèle. Au moyen de l'ombre qu'elle jetait, on mesurait le moment du soleil.»*

Il en est toujours de même. Aucune des fonctions ancestrales n'est perdue: comme l'œil de la stèle de bois, la stèle de pierre garde l'usage du poteau sacrificatoire et mesure encore un moment; mais non plus un moment du soleil du jour projetant son doigt d'ombre. La lumière qui le marque ne tombe point du Cruel Satellite et ne tourne pas avec lui. C'est un jour de connaissance au fond de soi: l'astre est intime et l'instant perpétuel.

*

Le style en doit être ceci qu'on ne peut pas dire un langage car ceci n'a point d'échos parmi les autres langages et ne saurait pas servir aux échanges quotidiens: le Wên. Jeu symbolique dont chacun des éléments, capable d'être tout, n'emprunte sa fonction qu'au lieu présent qu'il occupe; sa valeur à ce fait qu'il est ici et non point là. Enchaînés par des lois claires comme la pensée ancienne et simples comme les nombres musicaux, les Caractères pendent les uns aux autres, s'agrippent et s'engrènent dans un réseau irréversible, réfractaire même à celui qui l'a tissé. Sitôt incrustés dans la table, – qu'ils pénètrent d'intelligence, – les voici, dépouillant les formes de la mouvante intelligence humaine, devenus pensée de la pierre dont ils prennent le grain. De là cette composition dure, cette densité, cet équilibre interne et ces angles, qualités nécessaires comme les espèces géométriques au cristal. De là ce défi à qui leur fera dire ce qu'ils gardent. Ils dédaignent d'être lus. Ils ne réclament point la voix ou la musique. Ils méprisent les tons changeants et les syllabes qui les affublent au hasard des provinces. Ils n'expriment pas; ils signifient; ils sont.

*

Leur graphie ne peut qu'être belle. Si près des formes originales, (un homme sous le toit du ciel, – une flèche lancée contre le ciel, – le cheval, crinière au vent, crispé sur ses pattes, – les trois pics d'un mont; le cœur, et ses oreillettes, et l'aorte,) les Caractères n'acceptent ni l'ignorance ni la maladresse. Pourtant, visions des êtres à travers l'œil humain, coulant par les muscles, les doigts, et tous ces nerveux instruments humains, ils en reçoivent un déformé par où pénètre l'art dans leur science. – Aujourd'hui corrects, sans plus, ils étaient pleins de distinction à l'époque Yong-tcheng; étirés en long sous les Ming, telles les gousses de l'ail élégant; classiques sous les Thang; larges et robustes sous les Han; ils remontent combien plus haut, jusqu'aux symboles nus courbés à la courbe des choses. Mais c'est aux Han que s'arrête l'ascendance de la Stèle.

Car la table aveugle des caractères a l'inexistence ou l'horreur d'un visage sans traits. Ni ces tambours gravés ni ces poteaux informes ne sont dignes du nom de Stèle; moins encore l'inscription de fortune qui, privée de socle et d'espace et d'air quadrangulaire à l'entour, n'est plus qu'un jeu de promeneur fixant une historiette : bataille gagnée, maîtresse livrée, et toute la littérature.

*

La direction n'est pas indécise. Face au midi si la Stèle porte les décrets; l'hommage du Souverain à un Sage; l'éloge d'une doctrine; un hymne de règne; une confession de l'Empereur à son peuple; tout ce que le Fils du Ciel siégeant face au midi a vertu de promulguer.

Par déférence, on plantera droit au nord, pôle du noir vertueux, les Stèles amicales. On orientera les amoureuses, afin que l'aube enjolive leurs plus doux traits et adoucisse les méchants. On lèvera vers l'ouest ensanglanté, palais du rouge, les guerrières et les héroïques. D'autres, Stèles du bord du chemin, suivront le geste indifférent de la route. Les unes et les autres s'offrent sans réserve aux passants, aux muletiers, aux conducteurs de chars, aux eunuques, aux détrousseurs, aux moines mendiants, aux gens de poussière, aux marchands. Elles tournent vers ceux-là leurs faces illuminées de signes; et ceux-là, pliés sous la charge ou affamés de riz et de piment, passent en les comptant parmi les bornes. Ainsi, accessibles à tous, elles réservent le meilleur à quelques-uns.

Certaines, qui ne regardent ni le sud ni le nord, ni l'est ni l'occident, ni aucun des points interlopes, désignent le lieu par excellence, le milieu. Comme les dalles renversées ou les voûtes gravées dans la face invisible, elles proposent leurs signes à la terre qu'elles pressent d'un sceau. Ce sont les décrets d'un autre empire, et singulier. On les subit ou on les récuse, sans commentaires ni gloses inutiles, – d'ailleurs sans confronter jamais le texte véritable : seulement les empreintes qu'on lui dérobe.

Cours de linguistique générale
(1915)

FERDINAND DE SAUSSURE
(1857-1913)

Au nom de Ferdinand de Saussure s'attache l'idée d'une coupure, d'une inauguration. Non seulement il constitua la linguistique en discipline rigoureuse, mais il montra comment les sciences humaines pourraient pareillement être mises sur la voie sûre d'une science.

L'idée de placer la linguistique en position d'attractrice ou de science pilote, et de faire de la sémiologie la discipline cadre ou le paradigme des autres sciences humaines, satellisées par la linguistique, eut un énorme impact. L'enseignement de Saussure façonna les œuvres de Hjelmslev, Benveniste, Jakobson, Lacan, Lévi-Strauss, Greimas ou Barthes. Et sa pensée rayonna fort au-delà du cercle des sciences du langage. Mais ce rayonnement fut posthume. Le texte du cours que nous lisons n'a pas été écrit par lui, cette œuvre fragmentaire nous fut transmise grâce à la piété et à l'enthousiasme d'une poignée d'élèves.

Nous ne pouvons ici retracer « les drames secrets d'une vie austère[1] *». Ferdinand de Saussure craignait-il une systématisation prématurée de ses idées ? Son* Cours, *et cela lui donne sans doute son charme très réel, nous livre celles-ci* in statu nascendi, *à l'état*

1. Anne Hénault, *Histoire de la sémiotique*, PUF, « Que sais-je ? », 1992.

d'hypothèses plutôt que de thèses définitivement assurées; le ton et le style de leur présentation sont une incitation permanente à poursuivre la recherche, et à vérifier la théorie proposée. Théorie *est le maître mot, c'est à une stimulante unification que nous sommes conviés en réaction contre les grammairiens traditionnels qui demeuraient embarrassés par les multiples variations historiques, psychologiques et sociales de leur objet.*

Trois thèmes ressortent avec force des extraits ici présentés:

1. La définition du concept de langue. *Fondue dans les formes hétéroclites du langage en général, la langue est un objet qui se dérobe. Il faut pour la saisir dénouer plusieurs enchevêtrements redoutables,*

– *du son, des articulations buccales et des idées,*

– *de l'histoire des formes verbales avec leur système actuel (la linguistique se constitue en synchronie, c'est-à-dire en rompant avec la problématique diachronique des origines du langage),*

– *de l'individuel (la parole) et du social (le «trésor» de la langue). «Le signe est social par nature», on ne peut pas plus dire* ma langue, *ni parler par idiolecte, que battre sa propre monnaie.*

Il convenait également de rompre avec l'idée simpliste d'une langue-nomenclature, qui présuppose l'indépendance des idées (en attente de nomination?), et qui méconnaît la complexité du système de la langue. (On lira le même avertissement au début du texte de Wittgenstein reproduit infra, *chapitre* III*).*

Faute de ces précautions préalables, on n'a affaire qu'à «un amas confus de choses hétéroclites». Parti à la recherche d'un point d'appui et d'une théorie unitaire pour penser la diversité des phénomènes, Saussure définit le noyau dur ou le concept *de langue, invariante sous ses multiples manifestations acoustiques, graphiques ou autres, par les quatre traits suivants:*

– *«Dans la langue, il n'y a que des différences* sans termes positifs*» (*C.L.G., *p. 166);*

– *«Le signe linguistique est arbitraire» (*ibid., *p. 100);*

– *«Une langue constitue un système», tel que «ceux-là mêmes qui en font un usage journalier l'ignorent profondément» (*ibid., *p. 107);*

– *«Le phénomène linguistique présente perpétuellement deux faces qui se correspondent et dont l'une ne vaut que par l'autre» (*ibid., *p. 23).*

2. La liaison du signifiant et du signifié [1]. *Contrairement aux écoles qui soustraient le signifié aux études linguistiques pour le diriger sur la psychologie ou la logique, Saussure solidarise étroitement ces deux faces «également psychiques» du signe: elles sont comme le recto et le verso d'une même feuille, on ne peut découper l'une sans l'autre. Cette affirmation entraîne l'une des thèses les plus déconcertantes ou révolutionnaires du* Cours: *les idées ne préexistent pas à leur mise en forme par la langue, celle-ci est «un système de signes distincts correspondant à des idées distinctes». Mais sans distinction dans le signifiant, point d'articulation des idées. Penser c'est parler, écrire ou articuler par le moyen d'un code en général... La relation du signifiant au signifié d'autre part est arbitraire, c'est-à-dire non motivée; nous ne discuterons pas ici cette difficile notion d'arbitraire, qui a été critiquée par Benveniste (*arbitraire *ne peut qualifier que la relation au référent et non au signifié).*

3. L'ouverture sémiologique. *La langue une fois clarifiée dans son concept déborde*

1. Signifiant: la face matérielle du signe, qui peut être graphique ou sonore dans le cas d'un mot. Signifié: le concept ou l'idée déclenchés par cet élément.

*nécessairement le langage proprement dit: elle désigne notre capacité, quel que puisse être son siège cérébral (zone de Broca?), à articuler un système sémiotique en général. Saussure produit donc simultanément une linguistique et une sémiotique, dont la très célèbre définition qu'il en donne s'appliquerait également à la pragmatique: «On peut donc concevoir une science qui étudie la vie des signes au sein de la vie sociale; elle formerait une partie de la psychologie sociale...» (*ibid., *p. 33).*

Comme le Cours *nous précise d'autre part que l'arbitraire du signe s'oppose à tout arbitraire individuel, nous comprenons que cette psychologie sociale ne sera pas psychologique; par elle, Saussure a davantage en vue les grands stéréotypes ou les lieux communs de la culture de masse, soit la partie codée des représentations ordinaires, auxquelles les formalistes russes de leur côté s'intéressent beaucoup à la même époque.*

Mais Saussure précise également, dans des termes qui seront repris par Hjelmslev et Benveniste, que la langue est l'interprétant universel *des manifestations sémiologiques. Ce logocentrisme bien naturel pour le fondateur de la linguistique retentit sans surprise sur les tâches assignées à la future discipline: «Le principal objet [de la sémiologie] n'en sera pas moins l'ensemble des systèmes fondés sur l'arbitraire du signe» (*ibid., *p. 100).*

Faut-il donc en exclure la peinture, la musique, le théâtre et autres représentations dont les signes semblent à des degrés divers motivés*? Nous butons à nouveau sur l'équivoque et les difficultés du concept d'*arbitraire, *associé dans la suite du texte à la* convention. *Mieux vaudrait dire, mais ce sera la tâche des reformulations du projet saussurien proposées par Roland Barthes ou Umberto Eco, que la sémiologie étudie la culture en tant que communication, et qu'elle concerne donc l'ensemble des messages subordonnés à des codes sous-jacents («langue» ou plus largement convention culturelle).*

Encore cette définition, qui englobe des systèmes de signes sans signifié comme la musique, peut-elle sembler trop restrictive: qu'en est-il des signes sans code ou qui émergent au seuil du code, comme les indices? *C'est le cas en particulier de la photographie, qualifiée un temps de «message sans code» par Roland Barthes. Cette sémiologie des indices (au sens de Peirce) est certainement une des tâches les plus stimulantes de la sémiotique – et des plus urgentes, si l'on songe à l'impact émotionnel (donc indiciel) des communications de masse, et particulièrement de la télévision. On voit par ces brèves remarques que les discussions autour de la théorie du maître de Genève se déplacent, et se poursuivent.*

Source: Cours de linguistique générale, *de Ferdinand de Saussure, publié par Charles Bally, Albert Sechehaye et Albert Riedlinger en 1915, édition critique de Tullio de Mauro, Payot, Paris, 1982.*

Bibliographie: *Georges Mounin,* Ferdinand de Saussure, *Seghers, Paris, 1968; «Saussure et la linguistique pré-saussurienne», numéro 49 de la revue* Langages *dirigé par Claudine Normand, Larousse, Paris, 1978. On lira une bibliographie actualisée page 54 du «Que sais-je?» d'Anne Hénault,* op. cit.

Introduction
Objet de la linguistique

1. La langue ; sa définition

Quel est l'objet à la fois intégral et concret de la linguistique? La question est particulièrement difficile; nous verrons plus tard pourquoi: bornons-nous ici à faire saisir cette difficulté.

D'autres sciences opèrent sur des objets donnés d'avance et qu'on peut considérer ensuite à différents points de vue; dans notre domaine, rien de semblable. Quelqu'un prononce le mot français *nu:* un observateur superficiel sera tenté d'y voir un objet linguistique concret; mais un examen plus attentif y fera trouver successivement trois ou quatre choses parfaitement différentes, selon la manière dont on le considère: comme son, comme expression d'une idée, comme correspondant du latin *nudum,* etc. Bien loin que l'objet précède le point de vue, on dirait que c'est le point de vue qui crée l'objet, et d'ailleurs rien ne nous dit d'avance que l'une de ces manières de considérer le fait en question soit antérieure ou supérieure aux autres.

En outre, quelle que soit celle qu'on adopte, le phénomène linguistique présente perpétuellement deux faces qui se correspondent et dont l'une ne vaut que par l'autre. Par exemple:

1° Les syllabes qu'on articule sont des impressions acoustiques perçues par l'oreille, mais les sons n'existeraient pas sans les organes vocaux; ainsi un *n* n'existe que par la correspondance de ces deux aspects. On ne peut donc réduire la langue au son, ni détacher le son de l'articulation buccale; réciproquement on ne peut pas définir les mouvements des organes vocaux si l'on fait abstraction de l'impression acoustique.

2° Mais admettons que le son soit une chose simple: est-ce lui qui fait le langage? Non, il n'est que l'instrument de la pensée et n'existe pas pour lui-même. Là surgit une nouvelle et redoutable correspondance: le son, unité complexe acoustico-vocale, forme à son tour avec l'idée une unité complexe, physiologique et mentale. Et ce n'est pas tout encore:

3° Le langage a un côté individuel et un côté social, et l'on ne peut concevoir l'un sans l'autre. En outre:

4° À chaque instant il implique à la fois un système établi et une évolution; à chaque moment, il est une institution actuelle et un produit du passé. Il semble à première vue très simple de distinguer entre ce système et son histoire, entre ce qu'il est et ce qu'il a été; en réalité, le rapport qui unit ces deux choses est si étroit qu'on a peine de les séparer. La question serait-elle plus simple si l'on considérait le phénomène linguistique dans ses origines, si par exemple on commençait par étudier le langage des enfants? Non, car c'est une idée très fausse de croire qu'en matière de langage le problème des origines diffère de celui des conditions permanentes; on ne sort donc pas du cercle.

Ainsi, de quelque côté que l'on aborde la question, nulle part l'objet intégral de la linguistique ne s'offre à nous; partout nous rencontrons ce dilemme: ou bien nous nous attachons à un seul côté de chaque problème, et nous risquons de ne pas percevoir les dualités signalées plus haut; ou bien, si nous étudions le langage par plusieurs côtés à la fois, l'objet de la linguistique nous apparaît un amas de choses hétéroclites sans lien entre elles. C'est quand on procède ainsi qu'on ouvre la porte à plusieurs sciences – psychologie, anthropologie, grammaire normative, philologie, etc., – que nous séparons nettement de la linguistique, mais qui, à la faveur d'une méthode incorrecte, pourraient revendiquer le langage comme un de leurs objets.

Il n'y a, selon nous, qu'une solution à toutes ces difficultés: *il faut se placer de prime abord sur le terrain de la langue et la prendre pour norme de toutes les autres manifestations du langage.* En effet, parmi tant de dualités, la langue seule paraît être susceptible d'une définition autonome et fournit un point d'appui satisfaisant pour l'esprit.

Mais qu'est-ce que la langue? Pour nous elle ne se confond pas avec le langage; elle n'en est qu'une partie déterminée, essentielle, il est vrai. C'est à la fois un produit social de la faculté du langage et un ensemble de conventions nécessaires, adoptées par le corps social pour permettre l'exercice de cette faculté chez les individus. Pris dans son tout, le langage est multiforme et hétéroclite; à cheval sur plusieurs domaines, à la fois physique, physiologique et psychique, il appartient encore au domaine individuel et au domaine social; il ne se laisse classer dans aucune catégorie des faits humains, parce qu'on ne sait comment dégager son unité.

La langue, au contraire, est un tout en soi et un principe de classification. Dès que nous lui donnons la première place parmi les faits de langage, nous introduisons un ordre naturel dans un ensemble qui ne se prête à aucune autre classification.

À ce principe de classification on pourrait objecter que l'exercice du langage repose sur une faculté que nous tenons de la nature, tandis que la langue est une chose acquise et conventionnelle qui devrait être subordonnée à l'instinct naturel au lieu d'avoir le pas sur lui.

Voici ce qu'on peut répondre.

D'abord, il n'est pas prouvé que la fonction du langage, telle qu'elle se manifeste quand nous parlons, soit entièrement naturelle, c'est-à-dire que notre appareil vocal soit fait pour parler comme nos jambes pour marcher. Les linguistes sont loin d'être d'accord sur ce point. Ainsi pour Whitney, qui assimile la langue à une institution sociale au même titre que toutes les autres, c'est par hasard, pour de simples raisons de commodité, que nous nous servons de l'appareil vocal comme instrument de la langue: les hommes auraient pu aussi bien choisir le geste et employer des images visuelles au lieu d'images acoustiques. Sans doute cette thèse est trop absolue; la langue n'est pas une institution sociale en tous points semblable aux autres; de plus, Whitney va trop loin quand il dit que notre choix est tombé par hasard sur les organes vocaux; ils nous étaient bien en quelque sorte imposés par la nature. Mais sur le point essentiel, le linguiste américain nous semble avoir raison: la langue est une convention, et la nature du signe dont on est convenu est indifférente. La question de l'appareil vocal est donc secondaire dans le problème du langage.

Une certaine définition de ce qu'on appelle *langage articulé* pourrait confirmer cette idée. En latin *articulus* signifie «membre, partie, subdivision dans une suite de choses»; en matière de langage, l'articulation peut désigner ou bien la subdivision de la chaîne parlée en syllabes, ou bien la subdivision de la chaîne des significations en unités significatives; c'est dans ce sens qu'on dit en allemand *geglierderte Sprache*. En s'attachant à cette seconde définition, on pourrait dire que ce n'est pas le langage parlé qui est naturel à l'homme, mais la faculté de constituer une langue, c'est-à-dire un système de signes distincts correspondant à des idées distinctes.

Broca a découvert que la faculté de parler est localisée dans la troisième circonvolution frontale gauche; on s'est aussi appuyé là-dessus pour attribuer au langage un caractère naturel. Mais on sait que cette localisation a été constatée pour *tout* ce qui se rapporte au langage, y compris l'écriture, et ces constatations, jointes aux observations faites sur les diverses formes d'aphasie par lésion de ces centres de localisation, semblent indiquer: 1° que les troubles divers du langage oral sont enchevêtrés de cent façons avec ceux du langage écrit; 2° que dans tous les cas d'aphasie ou d'agraphie, ce qui est atteint, c'est moins la faculté de proférer tels ou tels sons ou de tracer tels ou tels signes que celle d'évoquer par un instrument, quel qu'il soit, les signes d'un langage régulier. Tout cela nous amène à croire qu'au-dessus du fonctionnement des divers organes il existe une faculté plus générale, celle qui commande aux signes, et qui serait la faculté linguistique par excellence. Et par là nous sommes conduits à la même conclusion que plus haut.

Pour attribuer à la langue la première place dans l'étude du langage, on peut enfin faire valoir cet argument, que la faculté – naturelle ou non – d'articuler des paroles ne s'exerce qu'à l'aide de l'instrument créé et fourni par la collectivité; il n'est donc pas chimérique de dire que c'est la langue qui fait l'unité du langage.

2. Place de la langue dans les faits de langage

Pour trouver dans l'ensemble du langage la sphère qui correspond à la langue, il faut se placer devant l'acte individuel qui permet de reconstituer le circuit de la parole. Cet acte suppose au moins deux individus; c'est le minimum exigible pour que le circuit soit complet. Soient donc deux personnes, A et B, qui s'entretiennent:

Le point de départ du circuit est dans le cerveau de l'une, par exemple A, où les faits de conscience, que nous appellerons concepts, se trouvent associés aux représentations des signes linguistiques ou images acoustiques servant à leur expression. Supposons qu'un concept donné déclenche dans le cerveau une image acoustique correspondante: c'est un phénomène entièrement *psychique*, suivi à son tour d'un procès *physiologique:* le cerveau transmet aux organes de la phonation une impulsion corrélative à l'image; puis les ondes sonores se propagent de la bouche de A à l'oreille de B: procès purement *physique*. [...]

Entre tous les individus ainsi reliés par le langage, il s'établira une sorte de moyenne: tous reproduiront, – non exactement sans doute, mais approximativement – les mêmes signes unis aux mêmes concepts.

Quelle est l'origine de cette cristallisation sociale? Laquelle des parties du circuit peut être ici en cause? Car il est bien probable que toutes n'y participent pas également. La partie physique peut être écartée d'emblée. Quand nous entendons parler une langue que nous ignorons, nous percevons bien les sons, mais, par notre compréhension, nous restons en dehors du fait social.

La partie psychique n'est pas non plus tout entière en jeu: le côté exécutif reste hors de cause, car l'exécution n'est jamais faite par la masse; elle est toujours individuelle, et l'individu en est toujours le maître; nous l'appellerons la *parole.*

C'est par le fonctionnement des facultés réceptive et coordinative que se forment chez les sujets parlants des empreintes qui arrivent à être sensiblement les mêmes chez nous. Comment faut-il se représenter ce produit social pour que la langue apparaisse parfaitement dégagée du reste ? Si nous pouvions embrasser la somme des images verbales emmagasinées chez tous les individus, nous toucherions le lien social qui constitue la langue. C'est un trésor déposé par la pratique de la parole dans les sujets appartenant à une même communauté, un système grammatical existant virtuellement dans chaque cerveau, ou plus exactement dans les cerveaux d'un ensemble d'individus; car la langue n'est complète dans aucun, elle n'existe parfaitement que dans la masse.

En séparant la langue de la parole, on sépare du même coup: 1° ce qui est social de ce qui est individu; 2° ce qui est essentiel de ce qui est accessoire et plus ou moins accidentel.

La langue n'est pas une fonction du sujet parlant, elle est le produit que l'individu enregistre passivement; elle ne suppose jamais de préméditation, et la réflexion n'y intervient que pour l'activité de classement dont il sera question ultérieurement.

La parole est au contraire un acte individuel de volonté et d'intelligence, dans lequel il convient de distinguer:

1° les combinaisons par lesquelles le sujet parlant utilise le code de la langue en vue d'exprimer sa pensée personnelle;

2° le mécanisme psycho-physique qui lui permet d'extérioriser ces combinaisons.

Il est à remarquer que nous avons défini des choses et non des mots; les distinctions établies n'ont donc rien à redouter de certains termes ambigus qui ne se recouvrent pas d'une langue à l'autre. Ainsi en allemand *Sprache* veut dire «langue» et «langage»; *Rede* correspond à peu près à «parole», mais y ajoute le sens spécial de «discours». En latin *sermo* signifie plutôt «langage» et «parole», tandis que *lingua* désigne la langue, et ainsi de suite. Aucun mot ne correspond exactement à l'une des notions précisées plus haut; c'est pourquoi toute définition faite à propos d'un mot est vaine; c'est une mauvaise méthode que de partir des mots pour définir les choses.

Récapitulons les caractères de la langue:

1° Elle est un objet bien défini dans l'ensemble hétéroclite des faits de langage. On peut la localiser dans la portion déterminée du circuit où une image auditive vient s'associer à un concept. Elle est la partie sociale du langage, extérieure à l'individu, qui à lui seul ne peut ni la créer ni la modifier; elle n'existe qu'en vertu d'une sorte de contrat passé entre les membres de la communauté. D'autre part, l'individu a besoin d'un apprentissage pour en connaître le jeu; l'enfant ne se l'assimile que peu à peu. Elle est si bien une chose distincte qu'un homme privé de l'usage de la parole conserve la langue, pourvu qu'il comprenne les signes vocaux qu'il entend.

2° La langue, distincte de la parole, est un objet qu'on peut étudier séparément. Nous ne parlons plus les langues mortes, mais nous pouvons fort bien nous assimiler leur organisme linguistique. Non seulement la science de la langue peut se passer des autres éléments du langage, mais elle n'est possible que si ces autres éléments n'y sont pas mêlés.

3° Tandis que le langage est hétérogène, la langue ainsi délimitée est de nature homogène: c'est un système de signes où il n'y a d'essentiel que l'union du sens et de l'image acoustique, et où les deux parties du signe sont également psychiques.

4° La langue n'est pas moins que la parole un objet de nature concrète, et c'est un grand avantage pour l'étude. Les signes linguistiques, pour être essentiellement psychiques, ne sont pas des abstractions; les associations ratifiées par le consentement collectif, et dont l'ensemble constitue la langue, sont pour ainsi dire tangibles; l'écriture peut les fixer dans des images conventionnelles, tandis qu'il serait impossible de photographier dans tous leurs détails les actes de la parole; la phonation d'un mot, si petit soit-il, représente une infinité de mouvements musculaires extrêmement difficiles à connaître et à figurer. Dans la langue, au contraire, il n'y a plus que l'image acoustique, et celle-ci peut se traduire en une image visuelle constante. Car si l'on fait abstraction de cette multitude de mouvements nécessaires pour la réaliser dans la parole, chaque image acoustique n'est, comme nous le verrons, que la somme d'un nombre limité d'éléments ou phonèmes, susceptibles à leur tour d'être évoqués par un nombre correspondant de signes dans l'écriture. C'est cette possibilité de fixer les choses relatives à la langue qui fait qu'un dictionnaire et une grammaire peuvent en être une représentation fidèle, la langue étant le dépôt des images acoustiques, et l'écriture la forme tangible de ces images.

3. Place de la langue dans les faits humains La sémiologie

Ces caractères nous en font découvrir un autre plus important. La langue, ainsi délimitée dans l'ensemble des faits de langage, est classable parmi les faits humains, tandis que le langage ne l'est pas.

Nous venons de voir que la langue est une institution sociale; mais elle se distingue par plusieurs traits des autres institutions politiques, juridiques, etc. Pour comprendre sa nature spéciale, il faut faire intervenir un nouvel ordre de faits.

La langue est un système de signes exprimant des idées, et par là, comparable à l'écriture, à l'alphabet des sourds-muets, aux rites symboliques, aux formes de politesse, aux signaux militaires, etc. Elle est seulement le plus important de ces systèmes.

On peut donc concevoir *une science qui étudie la vie des signes au sein de la vie sociale,* elle formerait une partie de la psychologie sociale, et par conséquent de la psychologie générale; nous la nommerons *sémiologie* [1] (du grec *sèmeîon,* «signe»). Elle nous apprendrait en quoi consistent les signes, quelles lois les régissent. Puisqu'elle n'existe pas encore, on ne peut dire ce qu'elle sera; mais elle a droit à l'existence, sa place est déterminée d'avance. La linguistique n'est qu'une partie de cette science générale, les lois que découvrira la sémiologie seront applicables à la linguistique, et celle-ci se trouvera ainsi rattachée à un domaine bien défini dans l'ensemble des faits humains.

C'est au psychologue à déterminer la place exacte de la sémiologie [2]; la tâche du linguiste est de définir ce qui fait de la langue un système spécial dans l'ensemble des faits sémiologiques. La question sera reprise plus bas; nous ne retenons ici qu'une chose: si pour la première fois nous avons pu assigner à la linguistique une place parmi les sciences, c'est parce que nous l'avons rattachée à la sémiologie.

Pourquoi celle-ci n'est-elle pas encore reconnue comme science autonome, ayant comme toute autre son objet propre? C'est qu'on tourne dans un cercle: d'une part, rien n'est plus propre que la langue à faire comprendre la nature du problème sémiologique; mais, pour

1. On se gardera de confondre la *sémiologie* avec la *sémantique,* qui étudie les changements de *signification,* et dont Ferdinand de Saussure n'a pas fait un exposé méthodique. N.d.E.
2. Cf. Ad. Naville, *Classification des sciences,* 2 éd., p. 104.

le poser convenablement, il faudrait étudier la langue en elle-même; or, jusqu'ici, on l'a presque toujours abordée en fonction d'autre chose, à d'autres points de vue.

Il y a d'abord la conception superficielle du grand public; il ne voit dans la langue qu'une nomenclature, ce qui supprime toute recherche sur sa nature véritable.

Puis il y a le point de vue du psychologue, qui étudie le mécanisme du signe chez l'individu; c'est la méthode la plus facile, mais elle ne conduit pas au-delà de l'exécution individuelle et n'atteint pas le signe, qui est social par nature.

Ou bien encore, quand on s'aperçoit que le signe doit être étudié socialement, on ne retient que les traits de la langue qui la rattachent aux autres institutions, celles qui dépendent plus ou moins de notre volonté; et de la sorte on passe à côté du but, en négligeant les caractères qui n'appartiennent qu'aux systèmes sémiologiques en général et la langue en particulier. Car le signe échappe toujours en une certaine mesure à la volonté individuelle ou sociale, c'est là son caractère essentiel; mais c'est celui qui apparaît le moins à première vue.

Ainsi ce caractère n'apparaît bien que dans la langue, mais il se manifeste dans les choses qu'on étudie le moins, et par contre coup on ne voit pas bien la nécessité ou l'utilité particulière d'une science sémiologique. Pour nous, au contraire, le problème linguistique est avant tout sémiologique, et tous nos développements empruntent leur signification à ce fait important. Si l'on veut découvrir la véritable nature de la langue, il faut la prendre d'abord dans ce qu'elle a de commun avec tous les autres systèmes du même ordre; et des facteurs linguistiques qui apparaissent comme très important au premier abord (par exemple le jeu de l'appareil vocal), ne doivent être considérés qu'en seconde ligne, s'ils ne servent qu'à distinguer la langue des autres systèmes. Par là, non seulement on éclairera le problème linguistique, mais nous pensons qu'en considérant les rites, les coutumes, etc... comme des signes, ces faits apparaîtront sous un autre jour, et on sentira le besoin de les grouper dans la sémiologie et de les expliquer par les lois de cette science.

Chapitre IV
Linguistique de la langue et linguistique de la parole

En accordant à la science de la langue sa vraie place dans l'ensemble de l'étude du langage, nous avons du même coup situé la linguistique tout entière. Tous les autres éléments du langage, qui constituent la parole, viennent d'eux-mêmes se subordonner à cette première science, et c'est grâce à cette subordination que toutes les parties de la linguistique trouvent leur place naturelle.

Considérons, par exemple, la production des sons nécessaires à la parole: les organes vocaux sont aussi extérieurs à la langue que les appareils électriques qui servent à transcrire l'alphabet Morse sont étrangers à cet alphabet; et la phonation, c'est-à-dire l'exécution des images acoustiques, n'affecte en rien le système lui-même. Sous ce rapport, on peut comparer la langue à une symphonie, dont la réalité est indépendante de la manière dont on l'exécute; les fautes que peuvent commettre les musiciens qui la jouent ne compromettent nullement cette réalité.

À cette séparation de la phonation et de la langue on opposera peut-être les transformations phonétiques, les altérations de sons qui se produisent dans la parole et qui exercent une influence si profonde sur les destinées de la langue elle-même. Sommes-nous vraiment en droit de prétendre que celle-ci existe indépendamment de ces phénomènes ? Oui, car ils n'atteignent que la substance matérielle des mots. S'ils attaquent la langue en tant que système de signes, ce n'est qu'indirectement, par le changement d'interprétation qui en résulte ; or ce phénomène n'a rien de phonétique. Il peut être intéressant de rechercher les causes de ces changements, et l'étude des sons nous y aidera ; mais cela n'est pas essentiel : pour la science de la langue, il suffira toujours de constater les transformations de sons et de calculer leurs effets.

Et ce que nous disons de la phonation sera vrai de toutes les autres parties de la parole. L'activité du sujet parlant doit être étudiée dans un ensemble de disciplines qui n'ont de place dans la linguistique que par leur relation avec la langue.

L'étude du langage comporte donc deux parties : l'une, essentielle, a pour objet la langue, qui est sociale dans son essence et indépendante de l'individu ; cette étude est uniquement psychique ; l'autre, secondaire, a pour objet la partie individuelle du langage, c'est-à-dire y compris la phonation : elle est psycho-physique.

Sans doute, ces deux objets sont étroitement liés et se supposent l'un l'autre : la langue est nécessaire pour que la parole soit intelligible et produise tous ses effets ; mais celle-ci est nécessaire pour que la langue s'établisse ; historiquement, le fait de parole précède toujours. Comment s'aviserait-on d'associer une idée à une image verbale, si l'on ne surprenait pas d'abord cette association dans un acte de parole ? D'autre part, c'est en entendant les autres que nous apprenons notre langue maternelle ; elle n'arrive à se déposer dans notre cerveau qu'à la suite d'innombrables expériences. Enfin, c'est la parole qui fait évoluer la langue : ce sont les impressions reçues en entendant les autres qui modifient nos habitudes linguistiques. Il y a donc interdépendance de la langue et de la parole ; celle-là est à la fois l'instrument et le produit de celle-ci. Mais tout cela ne les empêche pas d'être deux choses absolument distinctes.

La langue existe dans la collectivité sous la forme d'une somme d'empreintes déposées dans chaque cerveau, à peu près comme un dictionnaire dont tous les exemplaires, identiques, seraient répartis entre les individus. C'est donc quelque chose qui est dans chacun d'eux, tout en étant commun à tous et placé en dehors de la volonté des dépositaires. [...]

Telle est la première bifurcation qu'on rencontre dès qu'on cherche à faire la théorie du langage. Il faut choisir entre deux routes qu'il est impossible de prendre en même temps ; elles doivent être suivies séparément.

On peut à la rigueur conserver le nom de linguistique à chacune de ces deux disciplines et parler d'une linguistique de la parole. Mais il ne faudra pas la confondre avec la linguistique proprement dite, celle dont la langue est l'unique objet.

Nous nous attacherons uniquement à cette dernière, et si, au cours de nos démonstrations, nous empruntons des lumières à l'étude de la parole, nous nous efforcerons de ne jamais effacer les limites qui séparent les deux domaines.

Principes généraux
Nature du signe linguistique

1. Signe, signifié, signifiant

POUR CERTAINES PERSONNES la langue, ramenée à son principe essentiel, est une nomenclature, c'est-à-dire une liste de termes correspondant à autant de choses. Par exemple :

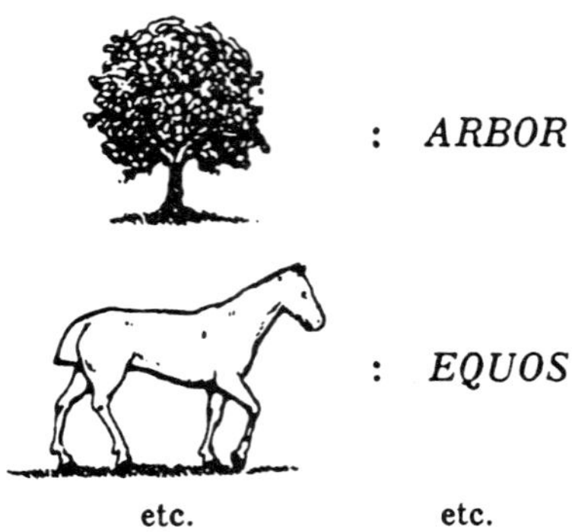

Fig. 1

Cette conception est critiquable à bien des égards. Elle suppose des idées toutes faites préexistant aux mots ; elle ne nous dit pas si le nom est de nature locale ou psychique, car *arbor* peut être considéré sous l'un ou l'autre aspect ; enfin elle laisse supposer que le lien qui unit un nom à une chose est une opération toute simple, ce qui est bien loin d'être vrai. Cependant cette vue simpliste peut nous rapprocher de la vérité, en nous montrant que l'unité linguistique est une chose double, faite du rapprochement de deux termes.

On a vu, à propos du circuit de la parole, que les termes impliqués dans le signe linguistique sont tous deux psychiques et sont unis dans notre cerveau par le lien de l'association. Insistons sur ce point.

Le signe linguistique unit non une chose et un nom, mais un concept et une image acoustique [1]. Cette dernière n'est pas le son matériel, chose purement physique, mais l'empreinte psychique de ce son, la représentation que nous en donne le témoignage de nos sens ; elle est sensorielle, et s'il nous arrive de l'appeler « matérielle », c'est seulement dans ce sens et par opposition à l'autre terme de l'association, le concept, généralement plus abstrait.

Le caractère psychique de nos images acoustiques apparaît bien quand nous observons notre propre langage. Sans remuer les lèvres ni la langue, nous pouvons nous parler à nous-mêmes ou nous réciter mentalement une pièce de vers. C'est parce que les mots de la langue sont pour nous des images acoustiques qu'il faut éviter de parler des « phonèmes » dont ils sont composés. Ce terme, impliquant une idée d'action vocale, ne peut convenir qu'au mot parlé, à la réalisation de l'image intérieure dans le discours. En parlant des *sons* et des *syllabes* d'un mot, on évite ce malentendu, pourvu qu'on se souvienne qu'il s'agit de l'image acoustique.

1. Ce terme d'image acoustique paraîtra peut-être trop étroit, puisqu'à côté de la représentation des sons d'un mot il y a aussi celle de son articulation, l'image musculaire des sons d'un mot phonatoire. Mais pour Ferdinand de Saussure, la langue est essentiellement un dépôt, une chose reçue du dehors. L'image acoustique est par excellence la représentation naturelle du mot en tant que fait de langue virtuelle, en dehors de toute réalisation par la parole. L'aspect moteur peut donc être sous-entendu ou en tout cas n'occuper qu'une place subordonnée par rapport à l'image acoustique (Éd.).

Le signe linguistique est donc une entité psychique à deux faces, qui peut être représentée par la figure:

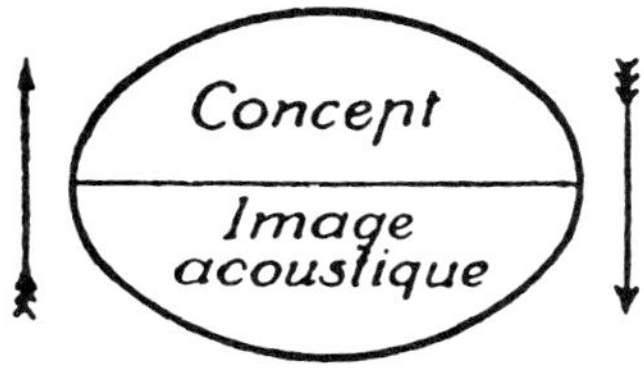

Ces deux éléments sont intimement unis et s'appellent l'un l'autre. Que nous cherchions le sens du mot latin *arbor* ou le mot par lequel le latin désigne le concept «arbre», il est clair que seuls les rapprochements consacrés par la langue nous apparaissent conformes à la réalité, et nous écartons n'importe quel autre qu'on pourrait imaginer.

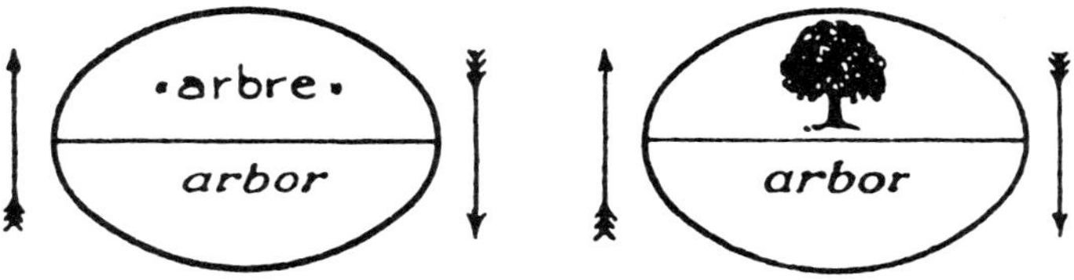

Fig. 2

Cette définition pose une importante question de terminologie. Nous appelons *signe* la combinaison du concept et de l'image acoustique: mais dans l'usage courant ce terme désigne généralement l'image acoustique seule, par exemple un mot (*arbor*, etc.). On oublie que si *arbor* est appelé signe, ce n'est qu'en tant qu'il porte le concept «arbre», de telle sorte que l'idée de la partie sensorielle implique celle du total.

L'ambiguïté disparaîtrait si l'on désignait les trois notions ici en présence par des noms qui s'appellent les uns les autres tout en s'opposant. Nous proposons de conserver le mot *signe* pour désigner le total, et de remplacer *concept* et *image acoustique* respectivement par *signifié* et *signifiant;* ces derniers termes ont l'avantage de marquer l'opposition qui les sépare soit entre eux, soit du total dont ils font partie. Quant à *signe,* si nous nous en contentons, c'est que nous ne savons par quoi le remplacer, la langue usuelle n'en suggérant aucun autre.

Le *signe* linguistique ainsi défini possède deux caractères primordiaux. En les énonçant nous poserons les principes mêmes de toute étude de cet ordre.

2. Premier principe: l'arbitraire du signe

Le lien unissant le signifiant au signifié est arbitraire, ou encore, puisque nous entendons par signe le total résultant de l'association d'un signifiant à un signifié, nous pouvons dire plus simplement: *le signe linguistique est arbitraire.*

Ainsi l'idée de «sœur» n'est liée par aucun rapport intérieur avec la suite de sons *s-ö-r* qui lui sert de signifiant; il pourrait être aussi bien représenté par n'importe quelle autre: à preuve les différences entre les langues et l'existence même de langues différentes: le signifié «bœuf» a pour signifiant *b-ö-f* d'un côté de la frontière, et *o-k-s (Ochs)* de l'autre.

Le principe de l'arbitraire du signe n'est contesté par personne; mais il est souvent plus aisé de découvrir une vérité que de lui assigner la place qui lui revient. Le principe énoncé plus haut domine toute la linguistique de la langue; ses conséquences sont innombrables. Il est vrai qu'elles n'apparaissent pas toutes du premier coup avec une égale évidence;

c'est après bien des détours qu'on les découvre, et avec elles l'importance primordiale du principe.

Une remarque en passant: quand la sémiologie sera organisée, elle devra se demander si les modes d'expression qui reposent sur des signes entièrement naturels – comme la pantomime – lui reviennent de droit. En supposant qu'elle les accueille, son principal objet n'en sera pas moins l'ensemble des systèmes fondés sur l'arbitraire du signe. En effet tout moyen d'expression reçu dans une société repose en principe sur une habitude collective ou, ce qui revient au même, sur la convention. Les signes de politesse, par exemple, doués souvent d'une certaine expressivité naturelle (qu'on pense au Chinois qui salue son empereur en se prosternant neuf fois jusqu'à terre), n'en sont pas moins fixés par une règle; c'est cette règle qui oblige à les employer, non leur valeur intrinsèque. On peut donc dire que les signes entièrement arbitraires réalisent mieux que les autres l'idéal du procédé sémiologique; c'est pourquoi la langue, le plus complexe et le plus répandu des systèmes d'expression, est aussi le plus caractéristique de tous; en ce sens la linguistique peut devenir le patron général de toute sémiologie, bien que la langue ne soit qu'un système particulier.

On s'est servi du mot *symbole* pour désigner le signe linguistique, ou plus exactement ce que nous appelons le signifiant. Il y a des inconvénients à l'admettre, justement à cause de notre premier principe. Le symbole a pour caractère de n'être jamais tout à fait arbitraire; il n'est pas vide, il y a un rudiment de lien naturel entre le signifiant et le signifié. Le symbole de la justice, la balance, ne pourrait pas être remplacé par n'importe quoi, un char, par exemple.

Le mot *arbitraire* appelle aussi une remarque. Il ne doit pas donner l'idée que le signifiant dépend du libre choix du sujet parlant (on verra plus bas qu'il n'est pas au pouvoir de l'individu de rien changer à un signe une fois établi dans un groupe linguistique); nous voulons dire qu'il est *immotivé,* c'est-à-dire arbitraire par rapport au signifié, avec lequel il n'a aucune attache naturelle dans la réalité

Signalons en terminant deux objections qui pourraient être faites à l'établissement de ce premier principe:

1° On pourrait s'appuyer sur les *onomatopées* pour dire que le choix du signifiant n'est pas toujours arbitraire. Mais elles ne sont jamais des éléments organiques d'un système linguistique. Leur nombre est d'ailleurs bien moins grand qu'on ne le croit. Les mots comme *fouet* ou *glas* peuvent frapper certaines oreilles par une sonorité suggestive; mais pour voir qu'ils n'ont pas de caractère dès l'origine, il suffit de remonter à leurs formes latines *(fouet* dérivé de *fagus,* «hêtre», *glas = classicum);* la qualité de leurs sons actuels, ou plutôt celle qu'on leur attribue, est un résultat fortuit de l'évolution phonétique.

Quant aux onomatopées authentiques (celles du type *glou-glou, tic-tac,* etc.), non seulement elles sont peu nombreuses, mais leur choix est déjà en quelque mesure arbitraire, puisqu'elles ne sont que l'imitation approximative et déjà à demi conventionnelle de certains bruits (comparez le français *ouaoua* et l'allemand *wauwau*). En outre, une fois introduites dans la langue, elles sont plus ou moins entraînées dans l'évolution phonétique, morphologique, etc., que subissent les autres mots (cf. *pigeon,* du latin vulgaire *pipio,* dérivé lui-même d'une onomatopée): preuve évidente qu'elles ont perdu quelque chose de leur caractère premier pour revêtir celui du signe linguistique en général, qui est immotivé.

2° Les *exclamations,* très voisines des onomatopées, donnent lieu à des remarques analogues et ne sont pas plus dangereuses pour notre thèse. On est tenté d'y voir des expressions spontanées de la réalité, dictées pour ainsi dire par la nature. Mais pour la plupart d'entre elles, on peut nier qu'il y ait un lien nécessaire entre le signifié et le signifiant. Il suffit de comparer deux langues à cet égard pour voir combien ces expressions varient de l'une à l'autre (par exemple au français *aïe!* correspond l'allemand *au!*) On sait d'ailleurs que beaucoup d'exclamations ont commencé par être des mots à sens déterminé (cf. *diable! mordieu! mort Dieu*, etc.).

En résumé, les onomatopées et les exclamations sont d'importance secondaire, et leur origine symbolique en partie contestable.

3. Second principe: caractère linéaire du signifiant

Le signifiant, étant de nature auditive, se déroule dans le temps seul et a les caractères qu'il emprunte au temps: a) *il représente une étendue*, et b) *cette étendue est mesurable dans une seule dimension*: c'est une ligne.

Ce principe est évident, mais il semble qu'on ait toujours négligé de l'énoncer, sans doute parce qu'on l'a trouvé trop simple; cependant il est fondamental et les conséquences en sont incalculables; son importance est égale à celle de la première loi. Tout le mécanisme de la langue en dépend. Par opposition aux signifiants visuels (signaux maritimes, etc.) qui peuvent offrir des complications simultanées sur plusieurs dimensions, les signifiants acoustiques ne disposent que de la ligne du temps; leurs éléments se présentent l'un après l'autre; ils forment une chaîne. Ce caractère apparaît immédiatement dès qu'on les représente par l'écriture et qu'on substitue la ligne spatiale des signes graphiques à la succession dans le temps.

Dans certains cas cela n'apparaît pas avec évidence. Si par exemple j'accentue une syllabe, il semble que j'accumule sur le même point des éléments significatifs différents. Mais c'est une illusion; la syllabe et son accent ne constituent qu'un acte phonatoire; il n'y a pas de dualité à l'intérieur de cet acte, mais seulement des oppositions diverses avec ce qui est à côté.

La Prisonnière
(1923)

MARCEL PROUST
(1871-1922)

À la recherche du temps perdu *est une recherche de la vérité pour laquelle le «forçat de la chambre de liège» s'épuisa. Or cette vérité ne s'exprime pas d'abord clairement, mais au moyen de signes «douteux» qui demandent à être déchiffrés. Les signes, tous les signes (de la mondanité, des amours ou de l'art), sont autant de hiéroglyphes qui résistent à l'interprétation: «J'avais suivi dans mon existence une marche inverse de celle des peuples, qui ne se servent de l'écriture phonétique qu'après n'avoir considéré les caractères que comme une suite de symboles (...); les paroles elles-mêmes ne me renseignaient qu'à la condition d'être interprétées à la façon d'un afflux de sang à la figure d'une personne qui se trouble.* [1] *» L'œuvre de Proust propose donc une sémiologie, comme le veut Deleuze qui a écrit là-dessus un livre essentiel: «Nous demandons seulement qu'on nous accorde que le problème de Proust est celui des signes en général; et que les signes constituent différents*

1. *La Prisonnière*, Gallimard, Bibliothèque de la Pléiade, tome III, p. 88.

mondes, signes mondains vides, signes mensongers de l'amour, signes sensibles matériels, enfin signes de l'art essentiels (qui transforment tous les autres) [1]*.»*

Dans l'échelle des apprentissages proustiens, l'accès à un langage transparent (analytique, logique) ne constitue pas la performance la plus haute. «La première, Françoise me donna l'exemple (que je ne devais comprendre que plus tard) que la vérité n'a pas besoin d'être dite pour être manifestée, et qu'on peut peut-être la recueillir plus sûrement sans attendre les paroles et sans tenir même aucun compte d'elles, dans mille signes extérieurs, même dans certains phénomènes invisibles, analogues dans le monde des caractères à ce que sont, dans la nature physique, les changements atmosphériques [2]*.» La musique, comme les orages de l'amour, concentre ces «changements atmosphériques», et elle figure pour cela dans l'esthétique proustienne au sommet de la hiérarchie. L'écrivain Bergotte apparaît moins puissant que le peintre Elstir, et il meurt d'ailleurs terrassé à la vue d'un tableau (le narrateur découvrira la littérature «moins chargée de réalité» qu'il n'avait d'abord cru); mais le peintre en revanche détient moins de prestige que Vinteuil le musicien.*

La médiation des œuvres d'art est capitale dans la Recherche*: c'est à travers elles que nous avons les meilleures chances de communiquer. Pourquoi la musique annonce-t-elle, mieux que les autres, une révélation et une promesse de réconciliation (une «communication des âmes»)? Parce qu'elle est harmonie des contraires; parce que le temps est ce qui nous troue, nous disloque, et que la musique enchaîne le temps, ou préfigure l'expérience que le narrateur recueillera aux pages finales du* Temps retrouvé, *quand la mémoire involontaire lui révélera «un peu de Temps à l'état pur». La musique est re-création démiurgique, aurore du monde: «D'abord le piano solitaire se plaignit, comme un oiseau abandonné de sa compagne; le violon l'entendit, lui répondit comme d'un arbre voisin. C'était comme au commencement du monde, comme s'il n'y avait encore eu qu'eux deux sur la Terre, ou plutôt dans ce monde fermé à tout le reste, construit par la logique d'un créateur et où ils ne seraient jamais que tous les deux: cette sonate* [3]*.»*

Ce qui nous émeut violemment quand l'expérience musicale est à son comble, c'est l'évidence de la différence qu'elle apporte. Le narrateur se plaint que le monde s'uniformise, et que les voyages deviennent source d'ennui; mais le septuor de Vinteuil impose l'évidence que des différences irréductibles, c'est-à-dire des Essences, existent. «Cette différence qui, s'il n'y avait pas l'art, resterait le secret éternel de chacun», remarque le narrateur à la fin du Temps retrouvé; *et ici même, «la composition intime de ces mondes que nous appelons les individus et que sans l'art nous ne connaîtrions jamais...» Ces remarques soulignent un principe d'individuation; lorsque Vinteuil écrit sa musique, celle-ci ne le mène à rien d'autre qu'à saisir et à approfondir son propre individu; l'artiste habite une île, et fortifie au fil de l'œuvre son individualité, sa différence incomparable. De même n'y a-t-il pas d'autre emploi quand on aime une musique, qui est un terminus sémiotique, ou à elle-même sa propre fin (une essence par définition n'est subordonnée à rien), que de la rejouer avec un sentiment croissant de reconnaissance, avec une «joie éperdue». Différence et répétition, commente Deleuze, sont les deux puissances de l'essence.*

Or il arrive que celle-ci nous relie, ou plutôt: il n'y a d'intersubjectivité qu'artistique. Pourquoi cette proximité de la musique et de l'amour? De même que chaque artiste est

1. Gilles Deleuze, *Proust et les signes*, PUF (deuxième édition augmentée), Paris, 1970.
2. *Le côté de Guermantes*, Gallimard, Bibliothèque de la Pléiade, tome II, p. 66.
3. *Du côté de chez Swann*, Gallimard, Bibliothèque de la Pléiade, tome I, p. 352.

un univers, voire cent univers, de même l'être aimé implique ou emprisonne une pluralité de mondes sous le regard amoureux qui voudrait tant les délivrer. Mais interpréter la musique ou les signes de l'amour revient à les subir, à éprouver leur toute-puissance. Ce que nous voulons méthodiquement, consciemment, ne nous mène pas loin; la volonté et l'intelligence sont «forcément superficielles». Le grand art comme le grand amour est toujours le fruit d'une contrainte subie, et d'abord d'une rencontre. Vinteuil a «dévoilé» la petite phrase de la Sonate plus qu'il ne l'a créée. Quand l'œuvre règne et nous submerge (comme l'amour) nous sentons qu'elle n'aurait pas pu ne pas être – *mais nous savons aussi que nous l'avons rencontrée par hasard. Nécessaire, et fortuite, transcendante à nos vies et pourtant contingente: la musique vit de la même contradiction que l'amour, et c'est pourquoi nous l'aimons avec cette violence.*

Lire la Recherche *conduit à refaire cet apprentissage aléatoire et complexe de quelques univers, jusqu'au déploiement de l'œuvre d'art qui les récapitule et les intègre tous dans son temps absolu. En sorte que tout ce que ce texte nous apprend de la communication par les signes de l'art doit d'abord se dire de* la Recherche *même. Sur cette incalculable puissance du message artistique, il faut conclure avec Deleuze: «Proust ne veut pas dire autre chose en nous conseillant non pas de lire son œuvre, mais de nous en servir pour lire en nous. Il n'y a pas une sonate ou un septuor dans la Recherche, c'est la Recherche qui est une sonate, et encore un septuor, et aussi un opéra bouffe; et encore, ajoute Proust, une cathédrale, et encore une robe. Et une prophétie sur les sexes, un avertissement politique qui vient à nous du fond de l'affaire Dreyfus et de la guerre de 1914, un crytogramme qui décode et recode tous nos langages sociaux, diplomatiques, stratégiques, érotiques, esthétiques, un western ou un film loufoque sur la Prisonnière, un* Mane-thecel-pharès, *un manuel mondain, un traité de métaphysique, un délire des signes ou de jalousie, un exercice de dressage des facultés*[1]*.»*

Source: La Prisonnière, *Gallimard, Bibliothèque de la Pléiade, tome III, pp- 252-259.*

MAIS BIEN VITE, le motif triomphant des cloches ayant été chassé, dispersé par d'autres, je fus repris par cette musique; et je me rendais compte que si, au sein de ce septuor, des éléments différents s'exposaient tour à tour pour se combiner à la fin, de même, sa Sonate, et comme je le sus plus tard, ses autres œuvres, n'avaient toutes été, par rapport à ce septuor, que de timides essais, délicieux mais bien frêles, auprès du chef-d'œuvre triomphal et complet qui m'était en ce moment révélé. Et je ne pouvais m'empêcher, par comparaison, de me rappeler que, de même encore, j'avais pensé aux autres mondes qu'avait pu créer Vinteuil comme à des univers clos comme avait été chacun de mes amours. [...]

Ce Vinteuil que j'avais connu si timide et si triste, avait, quand il fallait choisir un timbre, lui en unir un autre, des audaces, et, dans tout le sens du mot, un bonheur sur lequel l'audition d'une œuvre de lui ne laissait aucun doute. La joie que lui avaient causée telles sonorités, les forces accrues qu'elle lui avait données pour en découvrir d'autres, menaient encore l'auditeur de trouvaille en trouvaille, ou plutôt c'était le créateur qui le conduisait lui-même, puisant dans les couleurs qu'il venait de trouver une joie éperdue qui lui donnait

1. G. Deleuze, *op. cit.*, p. 158. «Mane, thecel, pharès»: compté, pesé, divisé. Dans la Bible, menace prophétique qu'une main invisible écrivit sur les murs de la salle où Balthazar se livrait à sa dernière orgie, au moment où Cyrus pénétrait dans Babylone (Livre de Daniel, chapitre v).

la puissance de découvrir, de se jeter sur celles qu'elles semblaient appeler, ravi, tressaillant comme au choc d'une étincelle quand le sublime naissait de lui-même de la rencontre des cuivres, haletant, grisé, affolé, vertigineux, tandis qu'il peignait sa grande fresque musicale, comme Michel-Ange attaché à son échelle et lançant, la tête en bas, de tumultueux coups de brosse au plafond de la chapelle Sixtine. Vinteuil était mort depuis nombre d'années; mais, au milieu de ces instruments qu'il avait aimés, il lui avait été donné de poursuivre, pour un temps illimité une part au moins de sa vie. De sa vie d'homme seulement? Si l'art n'était vraiment qu'un prolongement de la vie, valait-il de lui rien sacrifier? N'était-il pas aussi irréel qu'elle-même? À mieux écouter ce septuor, je ne le pouvais pas penser. Sans doute le rougeoyant septuor différait singulièrement de la blanche Sonate; la timide interrogation à laquelle répondait la petite phrase, de la supplication haletante pour trouver l'accomplissement de l'étrange promesse, qui avait retenti, si aigre, si surnaturelle, si brève, faisant vibrer la rougeur encore inerte du ciel matinal au-dessus de la mer. Et pourtant ces phrases si différentes étaient faites des mêmes éléments; car, de même qu'il y avait un certain univers, perceptible pour nous en ces parcelles dispersées çà et là, dans telles demeures, dans tels musées, et qui était l'univers d'Elstir, celui qu'il voyait, celui où il vivait, de même la musique de Vinteuil étendait, notes par notes, touches par touches, les colorations inconnues inestimables, d'un univers insoupçonné, fragmenté par les lacunes que laissaient entre elles les auditions de son œuvre; ces deux interrogations si dissemblables qui commandaient le mouvement si différent de la sonate et du septuor, l'une brisant en courts appels une ligne continue et pure, l'autre ressoudant en une armature indivisible des fragments épars, l'une si calme et timide, presque détachée et comme philosophique, l'autre si pressante, anxieuse, implorante, c'était pourtant une même prière, jaillie devant différents levers de soleil intérieurs, et seulement réfractée à travers les milieux différents de pensées autres, de recherches d'art en progrès au cours d'années où il avait voulu créer quelque chose de nouveau. Prière, espérance qui était au fond la même, reconnaissable sous ses déguisements dans les diverses œuvres de Vinteuil, et d'autre part qu'on ne trouvait que dans les œuvres de Vinteuil. Ces phrases-là, les musicographes pourraient bien trouver leur apparentement, leur généalogie, dans les œuvres d'autres grands musiciens, mais seulement pour des raisons accessoires, des ressemblances extérieures, des analogies plutôt ingénieusement trouvées par le raisonnement que senties par l'impression directe. Celle que donnaient ces phrases de Vinteuil était différente de toute autre, comme si, en dépit des conclusions qui semblent se dégager de la science, l'individuel existait. Et c'était justement quand il cherchait puissamment à être nouveau, qu'on reconnaissait, sous les différences apparentes, les similitudes profondes et les ressemblances voulues qu'il y avait au sein d'une œuvre; quand Vinteuil reprenait à diverses reprises une même phrase, la diversifiait, s'amusait à changer son rythme, à la faire reparaître sous sa forme première, ces ressemblances-là, voulues, œuvre de l'intelligence, forcément superficielles, n'arrivaient jamais à être aussi frappantes que ces ressemblances dissimulées, involontaires, qui éclataient sous des couleurs différentes, entre les deux chefs-d'œuvre distincts; car alors Vinteuil, cherchant puissamment à être nouveau, s'interrogeait lui-même, de toute la puissance de son effort créateur atteignait sa propre essence à ces profondeurs où, quelque question qu'on lui pose, c'est du même accent, le sien propre, qu'elle répond. Un accent, cet accent de Vinteuil, séparé de l'accent des autres musiciens par une différence bien plus grande que celle que nous percevons entre la voix de deux personnes, même entre le beuglement et le cri de deux espèces animales; une véritable différence, celle qu'il y avait entre la pensée de tel musicien et les éternelles investigations de Vinteuil, la question qu'il se posa sous tant de formes, son habituelle spéculation, mais aussi débarrassée des formes analytiques du raisonnement que si elle s'était exercée dans le monde des anges, de sorte que nous pouvons en mesurer la profondeur, mais pas plus la traduire en langage humain que ne le peuvent les esprits désincarnés quand, évoqués par un médium, celui-ci les interroge sur les secrets de la mort. Un accent, car tout de même, et même en tenant compte de cette originalité acquise qui m'avait frappé dans l'après-midi, de cette parenté aussi que les musicographes pourraient trouver entre des musiciens, c'est bien un accent unique auquel s'élèvent, auquel reviennent malgré eux ces grands chanteurs que sont les musiciens originaux, et qui est une preuve de l'existence irréductiblement individuelle de l'âme. Que Vinteuil essayât de faire plus solennel, plus grand, ou de faire du vif et du gai, de faire ce qu'il apercevait se reflétant en beau dans l'esprit du public, Vinteuil, malgré lui submergeait tout cela sous une lame de fond qui rend son chant éternel et aussitôt reconnu. Ce chant, différent de celui des autres, semblable à tous les siens, où Vinteuil l'avait-il appris, entendu? Chaque artiste semble ainsi comme le citoyen d'une patrie inconnue, oubliée de lui-même, différente de celle d'où viendra, appareillant pour la terre, un autre grand artiste. Tout au plus, de cette patrie, Vinteuil dans ses dernières œuvres semblait s'être rapproché. L'atmosphère n'y était plus la même que dans la Sonate, les phrases interrogatives s'y faisaient plus pressantes, plus inquiètes, les réponses plus mystérieuses; l'air délavé du matin et du soir semblait y influencer jusqu'aux cordes des instruments. Morel avait beau jouer merveilleusement, les sons que rendait son violon me parurent singulièrement perçants, presque criards. Cette âcreté plaisait et, comme dans certaines voix, on y sentait une sorte de qualité morale et de supériorité intellectuelle. Mais cela pouvait choquer. Quand la vision de l'univers se modifie, s'épure, devient plus adéquate au souvenir de la patrie intérieure, il est bien naturel que cela se traduise par une altération générale des sonorités chez le musicien, comme de la couleur chez le peintre. Au reste, le public le plus intelligent ne s'y trompe pas puisque l'on déclara plus tard les dernières œuvres de Vinteuil les plus profondes. Or aucun programme, aucun sujet n'apportait un élément intellectuel de jugement. On devinait donc qu'il s'agissait d'une transposition, dans l'ordre sonore, de la profondeur.

Cette patrie perdue, les musiciens ne se la rappellent pas, mais chacun d'eux reste toujours inconsciemment accordé en un certain unisson avec elle; il délire de joie quand il chante selon sa patrie, la trahit parfois par amour de la gloire, mais alors en cherchant la gloire il la fuit, et ce n'est qu'en la dédaignant qu'il la trouve, quand il entonne ce chant singulier dont la monotonie – car quel que soit le sujet qu'il traite, il reste identique à soi-même – prouve chez le musicien la fixité des éléments composants de son âme. Mais alors, n'est-ce pas que ces éléments, tout ce résidu réel que nous sommes obligés de garder pour nous-mêmes, que la causerie ne peut transmettre même de l'ami à l'ami, du maître au disciple, de l'amant à la maîtresse, cet ineffable qui différencie qualitativement ce que chacun a senti et qu'il est obligé de laisser au seuil des phrases où il ne peut communiquer avec autrui qu'en se limitant à des points extérieurs communs à tous et sans intérêt, l'art, l'art d'un Vinteuil comme celui d'un Elstir, le fait apparaître, extériorisant dans les couleurs du spectre la composition intime de ces mondes que nous appelons les individus et que sans l'art nous ne connaîtrions jamais? Des ailes, un autre appareil respiratoire, et qui nous permissent de traverser l'immensité, ne nous serviraient à rien, car si nous allions dans Mars et dans Vénus en gardant les mêmes sens, ils revêtiraient du même aspect que les choses de la Terre tout ce que nous pourrions voir. Le seul véritable voyage, le seul bain de Jouvence, ce ne serait pas d'aller vers de nouveaux paysages, mais d'avoir d'autres yeux, de voir l'univers avec les yeux d'un autre, de cent autres, de voir les cent univers que chacun d'eux voit, que chacun d'eux est; et cela nous le pouvons avec un Elstir, avec un Vinteuil, avec leurs pareils, nous volons vraiment d'étoiles en étoiles.

L'andante venait de finir sur une phrase remplie d'une tendresse à laquelle je m'étais donné tout entier; alors il y eut, avant le mouvement suivant, un instant de repos où les exécutants posèrent leurs instruments et les auditeurs échangèrent quelques impressions. Un duc, pour montrer qu'il s'y connaissait, déclara: « C'est très difficile à bien jouer. » Des personnes plus agréables causèrent un moment avec moi. Mais qu'étaient leurs paroles, qui, comme toute parole humaine extérieure me laissaient si indifférent, à côté de la céleste phrase musicale avec laquelle je venais de m'entretenir? J'étais vraiment comme un ange qui, déchu des ivresses du Paradis, tombe dans la plus insignifiante réalité. Et de même que certains êtres sont les derniers témoins d'une forme de vie que la nature a abandonnée, je me demandais si la Musique n'était pas l'exemple unique de ce qu'aurait pu être – s'il n'y avait pas eu l'invention du langage, la formation des mots, l'analyse des idées – la communication des âmes. Elle est comme une possibilité qui n'a pas eu de suites; l'humanité s'est engagée dans d'autres voies, celle du langage parlé et écrit. Mais ce retour à l'inanalysé était si enivrant, qu'au sortir de ce paradis le contact des êtres plus ou moins intelligents me semblait d'une insignifiance extraordinaire. Les êtres, j'avais pu, pendant la musique, me souvenir d'eux, les mêler à elle; ou plutôt à la musique je n'avais guère mêlé le souvenir que d'une seule personne, celui d'Albertine. Et la phrase qui finissait l'andante me semblait si sublime que je me disais qu'il était malheureux qu'Albertine ne sût pas, et si elle avait su, n'eût pas compris, quel honneur c'était pour elle d'être mêlée à quelque chose de si grand qui nous réunissait et dont elle avait semblé emprunter la voix pathétique.

Essais de linguistique générale
(1960)

ROMAN JAKOBSON
(1896-1982)

Né à Moscou, où il contribua à fonder le Cercle linguistique de Moscou (1915), et illustra par ses travaux de poétique le mouvement des «formalistes» russes, Jakobson vécut de 1920 à 1939 en Tchécoslovaquie, où son enseignement et ses recherches s'identifièrent au Cercle linguistique de Prague. Après un passage en Scandinavie, il se fixa à partir de 1940 aux États-Unis (où Lévi-Strauss le rencontra à la fin de la guerre).

«L'ingénieux Jakobson», comme l'appelait le linguiste danois Viggo Bröndal, est l'auteur d'une œuvre multiforme, qui fut jusqu'à la seconde guerre largement consacrée aux travaux de littérature et de poétique. Avec les «formalistes russes», il s'employa à définir le poème par sa forme (et non par ses thèmes, ou par les dispositions psychologiques ou sociales de son auteur, où se complaisait l'ancienne critique): «le procédé, voilà l'unique héros de la littérature», c'est-à-dire les récurrences phoniques, rythmiques, prosodiques, syntaxiques ou sémantiques décelables dans un texte. Son enquête le conduisait donc naturellement au-delà des textes spécifiquement étiquetés comme poèmes: la fonction *poétique déborde la littérature et constitue l'une des tendances de la parole, qu'on peut suivre dans les proverbes, sur les affiches ou dans la simple conversation.*

L'autre grande préoccupation de Jakobson à cette époque concerne la phonologie [1], *où sa contribution, étroitement liée à celle de Nikolaï Troubetskoï, est celle d'un pionnier. Le structuralisme du Cercle de Prague vérifiait et réalisait les espoirs des formalistes russes. C'est à partir de ses études sur le vers tchèque que Jakobson dégagea le concept de phonème. Il rêvera longtemps d'un tableau combinatoire des éléments phoniques universels, comparable à la table de Mendeleïev pour les atomes. Et ses analyses de poèmes révèlent son insistance à mettre la structure acoustique et ses « oppositions pertinentes » au premier plan. Le binarisme qui triomphait dans la phonologie pouvait-il s'étendre aux formes supérieures de la langue, donc à la sémantique ? La réponse affirmative à cette question constitue le structuralisme comme science et comme idéologie ; il eut pour champion Jakobson, qui privilégia à tous les niveaux d'organisation les oppositions digitales à deux termes, au détriment de distinctions moins tranchées ou plus fines.*

Cette pensée disjonctive est particulièrement nette dans le volume des Essais de linguistique générale *d'où nous extrayons le texte ci-dessous. Dans le chapitre « Deux aspects du langage et deux types d'aphasie » par exemple, Jakobson ramène les formes complexes de ce trouble aux deux axes constitutifs de la parole, l'axe paradigmatique de la sélection et l'axe syntagmatique de la combinaison. Et il renforce leur opposition en réservant le premier aux associations métaphoriques, et le second aux métonymies. Il couronne enfin cette construction par quelques vues cavalières sur l'art du roman, du cinéma et de la peinture, dont les œuvres ou les écoles se distribueraient pareillement sur ces deux axes : « On peut noter l'orientation manifestement métonymique du cubisme, qui transforme l'objet en une série de synecdoques* [2] *; les peintres surréalistes ont réagi par une conception visiblement métaphorique » (p. 63).*

On mesurera de même l'ampleur des vues de Jakobson, mais aussi leur fragilité, sur le très célèbre texte « Linguistique et poétique » qui clôt ce volume. C'est au cours de cette conférence, consacrée au style, que Jakobson introduisit son propos de poétique par le découpage des six fonctions du langage, calquées sur les « six facteurs inaliénables de la communication verbale ». Cette construction, tirée du schéma de Shannon et Weaver publié en 1948 [3], *eut un énorme impact, et se trouve partout citée dans les études de communication. Mais elle sert davantage aujourd'hui de repoussoir pour penser un autre modèle, en voie d'émergence du côté de la pragmatique et des conceptions interactionnistes (*infra *chapitre III).*

On a reproché à ce schéma de favoriser une conception trop unifiée du code, *alors que celui-ci est fort inégalement réparti entre les locuteurs, et que son imposition peut faire l'objet d'un conflit. En renchérissant sur cette critique venue de Bourdieu* [4], *Catherine Kerbrat-Orecchioni a également contesté l'unicité du canal : on voit par les segments supra-segmentaux et les signes intonatifs ou mimo-gestuels, que la communication verbale en emprunte simultanément plusieurs ; elle a surtout montré la complexité réelle des*

1. La phonologie étudie langue par langue le tableau des oppositions pertinentes entre les sons ou les phonèmes de base, conçus comme les atomes de nos phrases. Ces oppositions vont généralement par paires, d'où le *binarisme* qu'on accole à l'approche phonologique.
2. Procédé de style qui consiste à prendre la partie pour le tout (ex. : payer tant par tête), le tout pour la partie (ex. : acheter un vison), le genre pour l'espèce, l'espèce pour le genre.
3. Sous sa forme la plus développée, le schéma linéaire de la communication distingue : SOURCE... CODEUR... ÉMETTEUR... VOIE... RÉCEPTEUR... DÉCODEUR... DESTINATAIRE. Cf. *infra* chapitre v.
4. Cf. en particulier Pierre Bourdieu, *Ce que parler veut dire*, Fayard, 1982.

instances de l'émetteur et du récepteur, qui abritent couramment plusieurs « sujets », et fonctionnent en boucle, réflexivement ou par identification l'un à l'autre [1]. *Francis Jacques de son côté, avec une perspective dialogique, a repris point par point les affirmations de Jakobson dans un réquisitoire au titre sévère : « Le schéma jakobsonien de la communication est-il devenu un obstacle épistémologique ?* [2] *».*

*Mais l'ensemble du fameux schéma semble constituer un échafaudage pour soutenir la thèse principale, sur laquelle Jakobson n'aura guère varié depuis les années vingt, de l'*autoréférence *du discours poétique. C'est elle qui forme l'intention essentielle du texte que nous publions, dont les formules parfois sibyllines ou simplificatrices ne doivent pas dissimuler la complexité des questions qu'il soulève. Il est clair que Jakobson se réclame d'une conception de l'autonomie (ou de l'*autotélie *= qui est à lui-même sa propre fin) du discours poétique, née avec le romantisme, et qui culmina chez nous dans les œuvres à la fois poétiques et critiques de Mallarmé et de Valéry, puis bien sûr dans les études que la modernité structuraliste multiplia (par exemple dans la revue* Poétique*) depuis les années soixante. L'une des références majeures de ce courant est précisément l'étude, cosignée par Jakobson et Lévi-Strauss, du sonnet de Baudelaire « les Chats ».*

La critique de ce courant a été à la mesure de son déploiement historique : Georges Mounin a notamment relevé que « la fonction poétique chez Jakobson explique aussi bien (ou mieux) les slogans comme I like Ike *que* Spleen *de Baudelaire, dont toutes les structures mnémotechniques sont explicitées, mais jamais la qualité poétique à laquelle on dirait que Jakobson est totalement sourd* [3] *». Nous avons de notre côté consacré à la définition et à la critique de l'*autonomie poétique *un ouvrage* [4].

Jakobson fut l'homme des randonnées aux frontières et des stimulations. Son vif désir d'aboutir à des simplifications théoriques ou philosophiques enthousiasma souvent les spécialistes qui se sentaient à juste titre, sur l'aphasie, le poème ou l'histoire de l'art, embarrassés par la complexité des phénomènes. Ses incursions dans leurs disciplines, à l'occasion d'un colloque, firent un effet de Blietzkrieg. *Ses schémas ont une grande vertu heuristique, de pause et de clarification, avant de se trouver inéluctablement débordés par la reprise de la recherche.*

Source : *Roman Jakobson,* Essais de linguistique générale, *traduit et préfacé par Nicolas Ruwet, Minuit, Paris, 1963, pp. 213-222.*

Bibliographie : *R. Jakobson,* Essais de linguistique générale, *tome 2 :* Rapports internes et externes du langage, *Minuit, Paris, 1973 ;* Questions de poétique, *édité par Tzvetan Todorov, Seuil, Paris, 1973 ; revue* l'Arc, *n° 60, Aix-en-Provence, 1975 ; Tzvetan Todorov,* Critique de la critique, *Seuil, Paris, 1984 (pour une présentation succincte des formalistes russes).*

1. Catherine Kerbrat-Orecchioni, *l'Énonciation, de la subjectivté dans le langage*, A. Colin, 1980, chapitre I.
2. Publié dans *Langages, connaissance et pratique*, colloque franco-britannique organisé par l'université de Lille-III, mai 1981 (diffusion PUL).
3. Georges Mounin, *la Linguistique du* XXe *siècle*, PUF, Paris, 1972, p. 151.
4. Daniel Bougnoux, *Vices et vertus des cercles, l'autoréférence en poétique et pragmatique*, La Découverte, Paris, 1989.

Linguistique et poétique

Le langage doit être étudié dans toute la variété de ses fonctions. Avant d'aborder la fonction poétique, il nous faut déterminer quelle est sa place parmi les autres fonctions du langage. Pour donner une idée de ces fonctions, un aperçu sommaire portant sur les facteurs constitutifs de tout procès linguistique, de tout acte de communication verbale, est nécessaire. Le destinateur envoie un message au destinataire. Pour être opérant, le message requiert d'abord un contexte auquel il renvoie (c'est ce qu'on appelle aussi, dans une terminologie quelque peu ambiguë, le «référent»), contexte saisissable par le destinataire, et qui est, soit verbal, soit susceptible d'être verbalisé; ensuite, le message requiert un code, commun, en tout ou au moins en partie, au destinateur et au destinataire (ou, en d'autres termes, à l'encodeur et au décodeur du message); enfin, le message requiert un contact, un canal physique et une connexion psychologique entre le destinateur et le destinataire, contact qui leur permet d'établir et de maintenir la communication. Ces différents facteurs inaliénables de la communication verbale peuvent être schématiquement représentés comme suit:

CONTEXTE

DESTINATEUR ...... MESSAGE ...... DESTINATAIRE

CONTACT

CODE

Chacun de ces six facteurs donne naissance à une fonction linguistique différente. Disons tout de suite que, si nous distinguons ainsi six aspects fondamentaux dans le langage, il serait difficile de trouver des messages qui rempliraient seulement une seule fonction. La diversité des messages réside non dans le monopole de l'une ou l'autre fonction, mais dans les différences de hiérarchie entre celles-ci. La structure verbale d'un message dépend avant tout de la fonction prédominante. Mais, même si la visée du référent, l'orientation vers le contexte – bref la fonction dite «dénotative», «cognitive», référentielle – est la tâche dominante de nombreux messages, la participation secondaire des autres fonctions à de tels messages doit être prise en considération par un linguiste attentif.

La fonction dite «expressive» ou émotive, centrée sur le destinateur, vise à une expression directe de l'attitude du sujet à l'égard de ce dont il parle. Elle tend à donner l'impression d'une certaine émotion, vraie ou feinte; c'est pourquoi la dénomination de fonction «émotive», proposée par Marty [1], s'est révélée préférable à celle de «fonction émotionnelle». La couche purement émotive, dans la langue, est présentée par les interjections. Celles-ci s'écartent des procédés du langage réel à la fois par leur configuration phonique (on y trouve des séquences phoniques particulières ou même des sons inhabituels partout ailleurs) et par leur rôle syntaxique (une interjection n'est pas un élément de phrase, mais l'équivalent d'une phrase complète). «*Tt! Tt!* dit McGinty»: l'énoncé complet, proféré par le personnage de Conan Doyle, consiste en deux clicks de succion. La fonction émotive, patente dans les interjections, colore à quelque degré tous nos propos, aux niveaux phonique,

1. A. Marty: *Untersuchungen zur Grundlegung der allgemeinen Grammatik und Sprachphilosophie*, vol. 1, Halle, 1908.

grammatical et lexical. Si on analyse le langage du point de vue de l'information qu'il véhicule, on n'a pas le droit de restreindre la notion d'information à l'aspect cognitif du langage. Un sujet, utilisant des éléments expressifs pour indiquer l'ironie ou le courroux, transmet visiblement une information, et il est certain que ce comportement verbal ne peut être assimilé à des activités non sémiotiques comme celle, nutritive, qu'évoquait, à titre de paradoxe, Chatman[1] («manger des pamplemousses»). La différence, en français, entre [si] et [si:], avec allongement emphatique de la voyelle, est un élément linguistique conventionnel, codé, tout autant que, en tchèque, la différence entre voyelles brèves et longues, dans des paires telles que [vi] «vous» et [vi:] «sait»; mais, dans le cas de cette paire-ci, l'information différentielle est phonématique, tandis que dans la première paire elle est d'ordre émotif. Tant que nous ne nous intéressons aux invariants que sur le plan distinctif, /i/ et /i:/ en français ne sont pour nous que de simples variantes d'un seul phonème; mais si nous nous occupons des unités expressives, la relation entre invariants et variantes se renverse: c'est la longueur et la brièveté qui sont les invariants, réalisés par des phonèmes variables. Supposer, avec Saporta[2], que les différences émotives sont des éléments non linguistiques, «attribuables à l'exécution du message, non au message lui-même», c'est réduire arbitrairement la capacité informationnelle des messages.

Un ancien acteur du théâtre de Stanislavski à Moscou m'a raconté comment, quand il passa son audition, le fameux metteur en scène lui demanda de tirer quarante messages différents de l'expression *Segodnja vecerom,* « Ce soir », en variant les nuances expressives. Il fit une liste de quelque quarante situations émotionnelles et émit ensuite l'expression en question en conformité avec chacune de ces situations, que son auditoire eut à reconnaître uniquement à partir des changements dans la configuration phonique de ces deux simples mots. Dans le cadre des recherches que nous avons entreprises (sous les auspices de la Fondation Rockefeller) sur la description et l'analyse du russe courant contemporain, nous avons demandé à cet acteur de répéter l'épreuve de Stanislavski. Il nota par écrit environ cinquante situations impliquant toutes cette même phrase elliptique et enregistra sur disque les cinquante messages correspondants. La plupart des messages furent décodés correctement et dans le détail par des auditeurs d'origine moscovite. J'ajouterai qu'il est facile de soumettre tous les procédés émotifs de ce genre à une analyse linguistique.

L'orientation vers le destinataire, la fonction conative, trouve son expression grammaticale la plus pure dans le vocatif et l'impératif, qui, du point de vue syntaxique, morphologique, et souvent même phonologique, s'écartent des autres catégories nominales et verbales. Les phrases impératives diffèrent sur un point fondamental des phrases déclaratives: celles-ci peuvent et celles-là ne peuvent pas être soumises à une épreuve de vérité. Quand, dans la pièce d'O'Neill, *la Fontaine,* Nano «(sur un violent ton de commandement)» dit «Buvez!», l'impératif ne peut pas provoquer la question «est-ce vrai ou n'est-ce pas vrai?», qui peut toutefois parfaitement se poser après des phrases telles que: «on buvait», «on boira», «on boirait». De plus, contrairement aux phrases à l'impératif, les phrases déclaratives peuvent être converties en phrases interrogatives: «buvait-on?», «boira-t-on?», «boirait-on?».

Le modèle traditionnel du langage, tel qu'il a été élucidé en particulier par Bühler[3], se limitait à ces trois fonctions – émotive, conative et référentielle – les trois sommets de ce

1. S. Chatman, «Comparing Metrical Styles», in *Style in Language (SL)*, pp. 149-172.
2. Sol Saporta: «The Application of Linguistics to the Study of Poetic Language», *in* SL, pp. 82-93.
3. Cf. K. Bühler: «Die Axiomatik der Sprachwissenschaft», *Kant-Studien*, 38.19-90 (Berlin, 1933).

modèle triangulaire correspondant à la première personne, le destinateur, à la seconde personne, le destinataire, et à la «troisième personne» proprement dite – le «quelqu'un» ou le «quelque chose» dont on parle. À partir de ce modèle triadique, on peut déjà inférer aisément certaines fonctions linguistiques supplémentaires. C'est ainsi que la fonction magique ou incantatoire peut se comprendre comme la conversion d'une «troisième personne» absente ou inanimée en destinataire d'un message conatif. «Puisse cet orgelet se dessécher, tfu, tfu, tfu, tfu[1]». «Eau, reine des rivières, aurore! Emporte le chagrin au-delà de la mer bleue, au fond de la mer, que jamais le chagrin ne vienne alourdir le cœur léger du serviteur de Dieu, que le chagrin s'en aille, qu'il sombre au loin[2]», «Soleil, arrête-toi sur Gabaôn, et toi, lune, sur la vallée d'Ayyalôn! Et le soleil s'arrêta et la lune se tint immobile[3]». Nous avons toutefois reconnu l'existence de trois autres facteurs constitutifs de la communication verbale; à ces trois facteurs correspondent trois fonctions linguistiques.

Il y a des messages qui servent essentiellement à établir, prolonger ou interrompre la communication, à vérifier si le circuit fonctionne («Allô, vous m'entendez?»), à attirer l'attention de l'interlocuteur ou à s'assurer qu'elle ne se relâche pas («Dites, vous m'écoutez?» ou, en style shakespearien, «Prêtez-moi l'oreille!» – et, à l'autre bout du fil, «Hm-hm!»). Cette accentuation du contact – la fonction phatique, dans les termes de Malinowski[4] – peut donner lieu à un échange profus de formules ritualisées, voire à des dialogues entiers dont l'unique objet est de prolonger la conversation. Dorothy Parker en a surpris d'éloquents exemples: «Eh bien!» dit le jeune homme. «Eh bien!» dit-elle. «Eh bien, nous y voilà», dit-il, «Nous y voilà, n'est-ce pas», dit-elle. «Je crois bien que nous y sommes», dit-il, «Hop! Nous y voilà.» «Eh bien!» dit-elle. «Eh bien», dit-il, «eh bien.» L'effort en vue d'établir et de maintenir la communication est typique du langage des oiseaux parleurs; ainsi la fonction phatique du langage est la seule qu'ils aient en commun avec les êtres humains. C'est aussi la première fonction verbale à être acquise par les enfants; chez ceux-ci, la tendance à communiquer précède la capacité d'émettre ou de recevoir des messages porteurs d'information.

Une distinction a été faite dans la logique moderne entre deux niveaux de langage, le «langage-objet», parlant des objets, et le «métalangage» parlant du langage lui-même. Mais le métalangage n'est pas seulement un outil scientifique nécessaire à l'usage des logiciens et des linguistes; il joue aussi un rôle important dans le langage de tous les jours. Comme Monsieur Jourdain faisait de la prose sans le savoir, nous pratiquons le métalangage sans nous rendre compte du caractère métalinguistique de nos opérations. Chaque fois que le destinateur et/ou le destinataire jugent nécessaire de vérifier s'ils utilisent bien le même code, le discours est centré sur le code: il remplit une fonction métalinguistique (ou de glose). «Je ne vous suis pas, que voulez-vous dire?» demande l'auditeur, ou, dans le style relevé: «Qu'est-ce à dire?» Et le locuteur, par anticipation, s'enquiert: «Comprenez-vous ce que je veux dire?» Qu'on imagine un dialogue aussi exaspérant que celui-ci: «Le sophomore s'est fait coller.» «Mais qu'est-ce que *se faire coller?» «Se faire coller* veut dire la même chose que *sécher.» «*Et *sécher?» «Sécher*, c'est *échouer à un examen.» «*Et

1. Formule magique lithuanienne, cf. V.T. *Mansikka, Litauische Zaubersprüche. Folklore Fellows communications*, 87 (1929), p. 69
2. Incantation du Nord de la Russie, cf. P.N. Rybnikov, *Pesni*, vol.3, Moscou, 1910, p. 217 sv.
3. Josué, 10,12.
4. Malinowski, B.: «The Problem of Meaning in Primitive Languages», *in* C.K. Ogden et I.A. Richards, *The Meaning of Meaning*, New York et Londres, 9e éd., 1953, pp. 296-336.

qu'est-ce qu'un *sophomore?*» insiste l'interrogateur ignorant du vocabulaire estudiantin. «Un *sophomore* est (ou signifie) un étudiant de seconde année.» L'information que fournissent toutes ces phrases équationnelles porte uniquement sur le code lexical du français: leur fonction est strictement métalinguistique. Tout procès d'apprentissage du langage, en particulier l'acquisition par l'enfant de la langue maternelle, a abondamment recours à de semblables opérations métalinguistiques; et l'aphasie peut souvent se définir par la perte de l'aptitude aux opérations métalinguistiques.

Nous avons passé en revue tous les facteurs impliqués dans la communication linguistique sauf un, le message lui-même. La visée *(Einstellung)* du message en tant que tel, l'accent mis sur le message pour son propre compte, est ce qui caractérise la fonction poétique du langage. Cette fonction ne peut être étudiée avec profit si on perd de vue les problèmes généraux du langage, et, d'un autre côté, une analyse minutieuse du langage exige que l'on prenne sérieusement en considération la fonction poétique. Toute tentative de réduire la sphère de la fonction poétique à la poésie, ou de confiner la poésie à la fonction poétique, n'aboutirait qu'à une simplification excessive et trompeuse. La fonction poétique n'est pas la seule fonction de l'art du langage, elle en est seulement la fonction dominante, déterminante, cependant que dans les autres activités verbales elle ne joue qu'un rôle subsidiaire, accessoire. Cette fonction, qui met en évidence le côté palpable des signes, approfondit par là même la dichotomie fondamentale des signes et des objets. Aussi, traitant de la fonction poétique, la linguistique ne peut se limiter au domaine de la poésie.

«Pourquoi dites-vous toujours *Jeanne et Marguerite,* et jamais *Marguerite et Jeanne?* Préférez-vous Jeanne à sa sœur jumelle?» «Pas du tout, mais ça sonne mieux ainsi.» Dans une suite de deux mots coordonnés, et dans la mesure où aucun problème de hiérarchie n'interfère, le locuteur voit, dans la préséance donnée au nom le plus court, et sans qu'il se l'explique, la meilleure configuration possible du message.

Une jeune fille parlait toujours de «l'affreux Alfred». «Pourquoi affreux?» «Parce que je le déteste.» «Mais pourquoi pas *terrible, horrible, insupportable, dégoûtant?*» «Je ne sais pas pourquoi, mais *affreux* lui va mieux.» Sans s'en douter, elle appliquait le procédé poétique de la paronomase [1].

Analysons brièvement le slogan politique *I like Ike* [2]: il consiste en trois monosyllabes et compte trois diphtongues /ay/, dont chacune est suivie symétriquement par un phonème consonantique, /..l..k..k/. L'arrangement des trois mots présente une variation: aucun phonème consonantique dans le premier mot, deux autour de la diphtongue dans le second, et une consonne finale dans le troisième. Hymes [3] a noté la dominance d'un semblable noyau /ay/ dans certains sonnets de Keats. Les deux colons de la formule / *like* / *Ike* / riment entre eux, et le second i des deux mots à la rime est complètement inclus dans le premier (rime en écho), /layk/ – /ayk/, image paronomastique d'un sentiment qui enveloppe totalement son objet. Les deux colons forment une allitération vocalique, et le premier des deux mots en allitération est inclus dans le second: /ay/ – /ayk/, image paronomastique du sujet aimant enveloppé par l'objet aimé. Le rôle secondaire de la fonction poétique renforce le poids et l'efficacité de cette formule électorale.

Comme nous l'avons dit, l'étude linguistique de la fonction poétique doit outrepasser

1. *Paronomase*: se dit d'un mot inclus (totalement ou en partie) dans un autre mot. (N.d.P.)
2. *Ike* : nom de guerre du général Eisenhower, qui fut président (républicain) des États-Unis de 1953 à 1961. (N.d.P.)
3. Dell Hymes: « Phonological Aspects of Style: some English Sonnets», *in* SL, pp. 109-131.

les limites de la poésie, et, d'autre part, l'analyse linguistique de la poésie ne peut se limiter à la fonction poétique. Les particularités des divers genres poétiques impliquent la participation, à côté de la fonction poétique prédominante, des autres fonctions verbales, dans un ordre hiérarchique variable. La poésie épique, centrée sur la troisième personne, met fortement à contribution la fonction référentielle; la poésie lyrique, orientée vers la première personne, est intimement liée à la fonction émotive; la poésie de la seconde personne est marquée par la fonction conative, et se caractérise comme supplicatoire ou exhortative, selon que la première personne y est subordonnée à la seconde ou la seconde à la première.

Maintenant que notre rapide description des six fonctions de base de la communication verbale est plus ou moins complète, nous pouvons compléter le schéma des six facteurs fondamentaux par un schéma correspondant des fonctions:

RÉFÉRENTIELLE

ÉMOTIVE POÉTIQUE CONATIVE

PHATIQUE

MÉTALINGUISTIQUE

Selon quel critère linguistique reconnaît-on empiriquement la fonction poétique? En particulier, quel est l'élément dont la présence est indispensable dans toute œuvre poétique? Pour répondre à cette question, il nous faut rappeler les deux modes fondamentaux d'arrangement utilisés dans le comportement verbal: la *sélection* et la *combinaison*. Soit «enfant» le thème d'un message: le locuteur fait un choix parmi une série de noms existants plus ou moins semblables, tels que enfant, gosse, mioche, gamin, tous plus ou moins équivalents d'un certain point de vue; ensuite, pour commenter ce thème, il fait choix d'un des verbes sémantiquement apparentés – dort, sommeille, repose, somnole. Les deux mots choisis se combinent dans la chaîne parlée. La sélection est produite sur la base de l'équivalence, de la similarité et de la dissimilarité, de la synonymie et de l'antonymie, tandis que la combinaison, la construction de la séquence, repose sur la contiguïté. *La fonction poétique projette le principe d'équivalence de l'axe de la sélection sur l'axe de la combinaison.* L'équivalence est promue au rang de procédé constitutif de la séquence. En poésie, chaque syllabe est mise en rapport d'équivalence avec toutes les autres syllabes de la même séquence; tout accent de mot est censé être égal à tout autre accent de mot; et de même, inaccentué égale inaccentué; long (prosodiquement) égale long, bref égale bref; frontière de mot égale frontière de mot, absence de frontière égale absence de frontière; pause syntaxique égale pause syntaxique, absence de pause égale absence de pause. Les syllabes sont converties en unités de mesure, et il en va de même des mores ou des accents.

On peut faire remarquer que le métalangage lui aussi fait un usage séquentiel d'unités équivalentes, en combinant des expressions synonymes en une phrase équationnelle: A = A (*«La jument est la femelle du cheval»)*. Entre la poésie et le métalangage, toutefois, il y a une opposition diamétrale: dans le métalangage, la séquence est utilisée pour construire une équation, tandis qu'en poésie c'est l'équation qui sert à construire la séquence.

En poésie, et jusqu'à un certain point dans les manifestations latentes de la fonction poétique, les séquences délimitées par des frontières de mot deviennent commensurables, un rapport est perçu entre elles, qui est soit d'isochronie, soit de gradation. Dans «Jeanne et Marguerite», nous voyons à l'œuvre le principe poétique de la gradation syllabique, ce même principe qui, dans les cadences des épopées populaires serbes, a été élevé au rang de loi obligatoire [1]. Sans les deux dactyles qui la composent, l'expression anglaise *innocent bystander* serait difficilement devenue un cliché [2]. C'est la symétrie des trois verbes dissyllabiques avec consonne initiale et voyelle finale identiques qui donne sa splendeur au laconique message de victoire de César: «*Veni, vidi, vici.*»

La mesure des séquences est un procédé qui, en dehors de la fonction poétique, ne trouve pas d'application dans le langage. C'est seulement en poésie, par la réitération régulière d'unités équivalentes, qu'est donnée, du temps de la chaîne parlée, une expérience comparable à celle du temps musical – pour citer un autre système sémiotique. Gerard Manley Hopkins, qui fut un grand pionnier de la science du langage poétique, a défini le vers comme «un discours répétant totalement ou partiellement la même figure phonique [3]». La question que Hopkins pose ensuite: «Mais tout ce qui est vers est-il poésie?» peut recevoir une réponse définitive à partir du moment où la fonction poétique cesse d'être arbitrairement confinée au domaine de la poésie. Les vers mnémoniques cités par Hopkins – du genre «Tes père et mère honoreras...» – les modernes bouts-rimés publicitaires, les lois médiévales versifiées qu'a mentionnées Lotz [4], ou encore les traités scientifiques sanscrits en vers que la tradition indienne distingue strictement de la vraie poésie (kavya), tous ces textes métriques font usage de la fonction poétique sans toutefois assigner à cette fonction le rôle contraignant, déterminant, qu'elle joue en poésie. En fait donc, le vers dépasse les limites de la poésie, mais en même temps le vers implique toujours la fonction poétique. Et apparemment aucune culture n'ignore la versification, cependant qu'il existe beaucoup de types culturels où le «vers appliqué» est inconnu; de plus, même dans les cultures qui connaissent à la fois le vers pur et le vers appliqué, celui-ci apparaît toujours comme un phénomène secondaire, incontestablement dérivé. L'utilisation de moyens poétiques dans une intention hétérogène ne masque pas leur essence première, pas plus que des éléments de langage émotif, utilisés dans la poésie, ne perdent leur nuance émotive. Un flibustier [5] peut bien réciter *Hiawatha* parce que ce texte est long, la poésie *(poeticalness)* n'en reste pas moins le but premier du texte lui-même. Il va de soi que l'existence de sous-produits commerciaux de la poésie, de la musique ou de la peinture ne suffit pas à séparer les questions de forme – qu'il s'agisse du vers, de la musique ou de la peinture – de l'étude intrinsèque de ces différents arts eux-mêmes.

En résumé, l'analyse du vers est entièrement de la compétence de la poétique, et celle-ci peut être définie comme cette partie de la linguistique qui traite de la fonction poétique dans ses relations avec les autres fonctions du langage. La poétique au sens large du mot

1. On dit aussi que les deux axes (vertical de la sélection et horizontal de la combinaison) correspondent respectivement au *paradigme* et au *syntagme*. (N.d.P.)
2. Le lecteur français n'aura pas de peine à trouver des exemples au moins aussi frappants. Dans «OAS, assassins»; / o-a-es a-sa-sẽ /, on trouve appliqué le principe d'isochronie; l'équivalence des sons induit l'équivalence des sens. Dans «OAS, SS» /o-a-es es-es/, le second terme, écho amplifié, dédoublé, de la dernière syllabe du premier terme, sur le plan du son, offre l'image paronomastique des séquelles fâcheuses de l'action de l'OAS, sur le plan du sens. Ces exemples indiquent assez l'importance de la fonction poétique, son action structurante, cristallisatrice, sur la réalité sociale et culturelle. (N.d.T.)
3. G.M. Hopkins: *The Journals and Papers,* H. Elouse, ed., Londres, (1959).
4. J. Lotz: «Metric Typology», *in* SL, pp. 135-148.
5. «Flibustier» est le nom donné, aux États-Unis, aux parlementaires qui, dans le but de faire de l'obstruction, gardent la parole à la tribune le plus longtemps possible, en discourant sur n'importe quel sujet. *Hiawatha* est le titre d'un célèbre poème de Longfellow. (N.d.T.)

s'occupe de la fonction poétique non seulement en poésie, où cette fonction a le pas sur les autres fonctions du langage, mais aussi en dehors de la poésie, où l'une ou l'autre fonction prime la fonction poétique. [...]

Introduction à l'œuvre de Marcel Mauss
(1950)

CLAUDE LÉVI-STRAUSS
(né en 1908)

Publiée en 1950 par un jeune anthropologue de 42 ans, l' Introduction à l'œuvre de Marcel Mauss *(dont nous reproduisons ici un peu plus de la moitié) est un texte fondamental par la richesse des intuitions qu'il récapitule, et par ce qu'il annonce. À cette date Lévi-Strauss a déjà longuement et méthodiquement exploré dans sa thèse,* les Structures élémentaires de la parenté *(1949), l'analogie du discours et de l'alliance : les règles de la prohibition de l'inceste et de la circulation des femmes entre les hommes sont structurées comme un langage. Il développait ainsi en six cents pages l'intuition séminale, conçue lors de sa fréquentation de Jakobson à New York en 1944, et formulée dans son premier article, « L'analyse structurale en linguistique et en anthropologie* [1] *».*

À la phonologie Lévi-Strauss emprunte essentiellement trois notions, qui vont façonner son propre discours d'anthropologue : la structure, l'opposition pertinente, et l'inconscient qui en est le corollaire naturel, dans la mesure où la phonologie « passe de l'étude des phénomènes linguistiques conscients à celle de leur infrastructure inconsciente *» (*Anthropologie Structurale, *p. 40). Parmi les autres empreintes déjà reçues à cette époque, lui-même a mentionné Rousseau, Marx et Freud (pour n'évoquer que les philosophes).*

L'analogie fondatrice entre trois sortes de circulation, des phonèmes dans l'échange verbal, des marchandises dans l'échange économique, et des femmes dans les structures de parenté, se trouve scellée par le mot clé de communication *: « Les règles de la parenté et du mariage servent à assurer la communication des femmes entre les groupes, comme les règles économiques servent à assurer la communication des biens et des services, et les règles linguistiques la communication des messages » (*A. S., *p. 95).*

Sans doute faut-il quelques métaphores ou glissades sémantiques dans l'emploi des termes pour concevoir une aussi grandiose synthèse (à laquelle Michel Serres fait allusion dans son texte, le Don de Dom Juan, *reproduit* supra *chapitre* I*)! Dans un chapitre d'ailleurs chaleureux de son* Introduction à la sémiologie, *Georges Mounin* [2] *fait un bilan sévère des connaissances linguistiques de Lévi-Strauss ; il y relève avec raison le vieux syllogisme erroné qui guide notre auteur : le langage est communication, or tel échange représente un type de communication, donc tel échange est structuré comme un langage... Le linguiste demandera à ce compte ce que sont devenus les paires du signifiant et du signifié, la double articulation, le couplage des oppositions paradigmatiques et syntagmati-*

1. Publié en 1945 dans le numéro 2 de *Word*, le journal du Cercle linguistique de New York patronné par Jakobson, cet article est aujourd'hui repris au chapitre II de l'*Anthropologie structurale*.
2. Georges Mounin, « Lévi-Strauss et la linguistique », in *Introduction à la sémiologie*, Minuit, Paris, 1970.

*ques, et autres traits différentiels et pertinents, qui définissent l'échange linguistique mais demeurent introuvables dans celui des femmes. Lévi-Strauss anticipe l'objection, sans toujours s'y tenir, quand il déclare (*A. S., *p. 43) qu'il ne faut pas s'empresser de transposer les méthodes d'analyse des linguistes. Il suffit à celui qui, de son propre aveu, devint structuraliste en contemplant la boule des graines du pissenlit, que l'échange obéisse à un système rigoureusement codé : un système de signes fonctionne* structuralement *à partir du moment où l'on peut y identifier : 1) des unités (discrètes ou non) opposables les unes aux autres sans équivoque, et 2) les règles qui permettent de combiner celles-ci. Ces deux exigences se trouvent remplies par les systèmes linguistiques, économiques et matrimoniaux, et cela suffit à établir leur homologie.*

Si toute grande pensée s'apparente par quelques aspects au bricolage (dont Lévi-Strauss fait un éloge célèbre dans la Pensée sauvage*), il est fascinant de voir dans ce texte de maturité (1950) un bricoleur en pleine possession de ses moyens jeter les bases de ce qui passera rétrospectivement pour le programme fondateur des études structuralistes des trente années à venir. À défaut de pouvoir décrire ici la postérité d'une* Introduction *foisonnante pour notre auteur comme pour la modernité, contentons-nous d'en relever quelques prolongements dans le discours de Lacan, et singulièrement dans son grand discours de Rome, « Fonction et champ de la parole et du langage en psychanalyse », prononcé trois ans après cette* Introduction *et qui sans jamais la citer explicitement lui devra beaucoup (texte partiellement reproduit* infra, *chapitre* IV*). Le vif désir lacanien de mettre enfin la psychanalyse sur la voie sûre d'une science rencontre et répète dans des termes proches celui de Lévi-Strauss, qui élève dans ce texte les descriptions éparses de l'ethnographie au niveau d'une ethnologie, et qui espère suffisamment formaliser celle-ci (sur le modèle de la phonologie jakobsonienne) pour la hisser au plan du calcul et du raisonnement déductif. Elle pourrait alors devenir le paradigme unificateur de quelques autres sciences, celles qui concernent l'échange et la circulation entre les hommes, en bref « la communication ». Si Lévi-Strauss avait alors connu le* Cours *de Saussure, il se serait sûrement emparé du terme de sémiologie qui n'est pas prononcé ici, mais court en filigrane dans le leitmotiv communicationnel.*

C'est curieusement d'un appel à l'inconscient, relié aux performances langagières, que Lévi-Strauss dit attendre la synthèse de l'individu et du groupe, de l'objectif et du subjectif. Lacan s'engouffrera dans la voie ainsi ouverte : des affirmations telles que « comme le langage, le social est *une réalité autonome (la même, d'ailleurs) ; les symboles sont plus réels que ce qu'ils symbolisent, le signifiant précède et détermine le signifié... » annoncent clairement le lacanisme, où la détermination par le signifiant connaîtra la fortune que l'on sait. Comme Lévi-Strauss, Lacan attendra d'une combinatoire ou mathématisation langagière l'accès au symbolique, posé ici comme « structure innée de l'esprit humain », à partir de laquelle on pourra négliger « un donné purement phénoménologique, sur lequel l'analyse scientifique n'a pas de prise » (cette négligeable phénoménologie sera chez Lacan celle des affects et des accidents individuels en général). De même le psychanalyste fera fête à la notion de symbole zéro ou de signifiant flottant*[1] *qui apparaît à la fin de l'*Introduction *: l'autonomie du signifiant par rapport au signifié en sort renforcée, une autonomie poussée*

1. Associée au nom de Lévi-Strauss p. 279 des *Écrits*.

si loin chez Lacan que Lévi-Strauss s'inquiétera de voir par là réintroduit «Dieu sous un masque[1] *».*

Entre les deux hommes circule également une référence commune à la cybernétique. Lacan en tirera sa très célèbre lecture de la Lettre volée; *Lévi-Strauss salue dans l'ouvrage de Wiener,* cité en note infra, *les «immenses perspectives ouvertes (...) par l'application du raisonnement mathématique à l'étude des phénomènes de communication». Pour nous aussi cette* Introduction *prophétique se situe au carrefour des voies que nous articulons ici.*

Source: *«Introduction à l'œuvre de Marcel Mauss», in Marcel Mauss,* Sociologie et anthropologie, extraits, *PUF, Paris, 1950.*

Bibliographie: *Claude Lévi-Strauss,* Tristes Tropiques, *Plon, Paris, 1955;* Anthropologie structurale, *Plon, Paris ,958;* Mythologiques, *(tome 1:* le Cru et le Cuit*), Plon, Paris, 1964; C. Backès-Clément,* Lévi-Strauss, *Seghers, «Philosophes de tous les temps», Paris, 1970, édition reprise et augmentée dans* Lévi-Strauss ou la Structure et le malheur, *le Livre de Poche / Biblio, 1985; revue* l'Arc, *n° 26, Aix-en-Provence, 1967.*

On est d'abord frappé par ce qu'on aimerait appeler le *modernisme* de la pensée de Mauss. *L'Essai sur l'Idée de Mort* introduit au cœur de préoccupations que la médecine dite psychosomatique a rendues à l'actualité au cours de ces dernières années seulement. Certes, les travaux sur lesquels W. B. Cannon a fondé une interprétation physiologique des troubles nommés par lui homéostatiques remontent-ils à la Première Guerre mondiale. Mais c'est à une époque beaucoup plus récente[2] que l'illustre biologiste a compris dans sa théorie ces phénomènes singuliers, qui semblent mettre immédiatement en rapport le physiologique et le social, sur lesquels Mauss attirait l'attention dès 1926, non point, sans doute, parce qu'il les aurait découverts, mais comme un des premiers à souligner leur authenticité, leur généralité, et surtout leur extraordinaire importance pour la juste interprétation des rapports entre l'individu et le groupe.

Le même souci, qui domine l'ethnologie contemporaine, du rapport entre groupe et individu, inspire aussi la communication sur les techniques du corps par laquelle se clôt ce volume. En affirmant la valeur cruciale, pour les sciences de l'homme, d'une étude de la façon dont chaque société impose à l'individu un usage rigoureusement déterminé de son corps, Mauss annonce les plus actuelles préoccupations de l'École anthropologique américaine, telles qu'elles allaient s'exprimer dans les travaux de Ruth Benedict, Margaret Mead, et de la plupart des ethnologues américains de la jeune génération. C'est par l'intermédiaire de l'éducation des besoins et des activités corporelles que la structure sociale imprime sa marque sur les individus: «On exerce les enfants... à dompter des réflexes... on inhibe des peurs... on sélectionne des arrêts et des mouvements.» Cette recherche de la projection du social sur l'individuel doit fouiller au plus profond des usages et des conduites; dans ce domaine, il n'y a rien de futile, rien de gratuit, rien de superflu: «L'éducation de l'enfant est pleine de ce qu'on appelle des détails, mais qui sont essentiels.» Et encore: «Des foules de détails, inobservés et dont il faut faire l'observation composent l'éducation physique de tous les âges et des deux sexes.»

1. Le *Séminaire II* (1954-1955) évoque p. 48 ce différend avec Lévi-Strauss. Pour plus de détails sur la filiation de Lévi-Strauss à Lacan, on se reportera à François Roustang, *Lacan, de l'équivoque à l'impasse,* Minuit, Paris, 1986, et Mikkel Borch-Jacobsen, *Lacan, le maître absolu,* Flammarion, Paris, 1990.
2. W. B. Cannon, «Voodoo» Death, *American Anthropologist,* n. s., vol. 44, 1942.

Non seulement Mauss établit ainsi le plan de travail qui sera, de façon prédominante, celui de l'ethnographie moderne au cours de ces dix dernières années, mais il aperçoit en même temps la conséquence la plus significative de cette nouvelle orientation, c'est-à-dire le rapprochement entre ethnologie et psychanalyse. Il fallait beaucoup de courage et de clairvoyance à un homme, issu d'une formation intellectuelle et morale aussi pudique que celle du néo kantisme qui régnait dans nos universités à la fin du siècle dernier, pour partir, comme il le fait ici, à la découverte « d'états psychiques disparus de nos enfances », produits de « contacts de sexes et de peaux », et pour se rendre compte qu'il allait se trouver « en pleine psychanalyse, probablement assez fondée ici ». D'où l'importance, pleinement aperçue par lui, du moment et des modalités du sevrage et de la manière dont le bébé est manié. Mauss entrevoit même une classification des groupes humains en « gens à berceaux,... gens sans berceaux ». Il suffit de citer les noms et les recherches de Margaret Mead, Ruth Benedict, Cora Du Bois, Clyde Kluckhohn, D. Leighton, E. Erikson, K. Davis, J. Henry, etc., pour mesurer la nouveauté de ces thèses, présentées en 1934, c'est-à-dire l'année même où paraissaient les *Patterns of Culture,* encore très éloignés de cette position du problème et au moment où Margaret Mead était en train d'élaborer sur le terrain, en Nouvelle-Guinée, les principes d'une doctrine très voisine, et dont on sait l'énorme influence qu'elle était destinée à exercer.

À deux points de vue différents, Mauss reste d'ailleurs en avance sur tous les développements ultérieurs. En ouvrant aux recherches ethnologiques un nouveau territoire, celui des techniques du corps, il ne se bornait pas à reconnaître l'incidence de ce genre d'études sur le problème de l'intégration culturelle : il soulignait aussi leur importance intrinsèque. Or, à cet égard, rien n'a été fait, ou presque. Depuis dix ou quinze ans, les ethnologues ont consenti à se pencher sur certaines disciplines corporelles, mais seulement dans la mesure où ils espéraient élucider ainsi les mécanismes par lesquels le groupe modèle les individus à son image. Personne, en vérité, n'a encore abordé cette tâche immense dont Mauss soulignait l'urgente nécessité, à savoir l'inventaire et la description de tous les usages que les hommes, au cours de l'histoire et surtout à travers le monde, ont fait et continuent de faire de leurs corps. Nous collectionnons les produits de l'industrie humaine ; nous recueillons des textes écrits ou oraux. Mais les possibilités si nombreuses et variées dont est susceptible cet outil, pourtant universel et placé à la disposition de chacun, qu'est le corps de l'homme, nous continuons à les ignorer, sauf celles, toujours partielles et limitées, qui rentrent dans les exigences de notre culture particulière.

Pourtant, tout ethnologue ayant travaillé sur le terrain sait que ces possibilités sont étonnamment variables selon les groupes. Les seuils d'excitabilité, les limites de résistance sont différents dans chaque culture. L'effort « irréalisable », la douleur « intolérable », le plaisir « inouï » sont moins fonction de particularités individuelles que de critères sanctionnés par l'approbation ou la désapprobation collectives. Chaque technique, chaque conduite, traditionnellement apprise et transmise, se fonde sur certaines synergies nerveuses et musculaires qui constituent de véritables systèmes, solidaires de tout un contexte sociologique. Cela est vrai des plus humbles techniques, comme la production du feu par friction ou la taille d'outils de pierre par éclatement; et cela l'est bien davantage de ces grandes constructions à la fois sociales et physiques que sont les différentes gymnastiques (y compris la gymnastique chinoise, si différente de la nôtre, et la gymnastique viscérale des anciens Maori, dont nous ne connaissons presque rien), ou les techniques du souffle, chinoise et hindoue, ou encore les exercices du cirque qui constituent un très ancien patrimoine de notre culture et dont nous abandonnons la préservation au hasard des vocations individuelles et des traditions familiales.

Cette connaissance des modalités d'utilisation du corps humain serait, pourtant, particulièrement nécessaire à une époque où le développement des moyens mécaniques à la disposition de l'homme tend à le détourner de l'exercice et de l'application des moyens corporels, sauf dans le domaine du sport, qui est une partie importante, mais une partie seulement des conduites envisagées par Mauss, et qui est d'ailleurs variable selon les groupes. On souhaiterait qu'une organisation internationale comme l'UNESCO s'attachât à la réalisation du programme tracé par Mauss dans cette communication. Des *Archives internationales des Techniques corporelles,* dressant l'inventaire de toutes les possibilités du corps humain et des méthodes d'apprentissage et d'exercice employées pour le montage de chaque technique, représenteraient une œuvre véritablement internationale: car il n'y a pas, dans le monde, un seul groupe humain qui ne puisse apporter à l'entreprise une contribution originale. Et de plus, il s'agit là d'un patrimoine commun et immédiatement accessible à l'humanité tout entière, dont l'origine plonge au fond des millénaires, dont la valeur pratique reste et restera toujours actuelle et dont la disposition générale permettrait, mieux que d'autres moyens, parce que sous forme d'expériences vécues, de rendre chaque homme sensible à la solidarité, à la fois intellectuelle et physique, qui l'unit à l'humanité tout entière. L'entreprise serait aussi éminemment apte à contrecarrer les préjugés de race, puisque, en face des conceptions racistes qui veulent voir dans l'homme un produit de son corps, on montrerait au contraire que c'est l'homme qui, toujours et partout, a su faire de son corps un produit de ses techniques et de ses représentations.

Mais ce ne sont pas seulement des raisons morales et pratiques qui continuent de militer en sa faveur. Elle apporterait des informations d'une richesse insoupçonnée sur des migrations, des contacts culturels ou des emprunts qui se situent dans un passé reculé et que des gestes en apparence insignifiants, transmis de génération en génération, et protégés par leur insignifiance même, attestent souvent mieux que des gisements archéologiques ou des monuments figurés. La position de la main dans la miction chez l'homme, la préférence pour se laver dans l'eau courante ou dans l'eau stagnante, toujours vivante dans l'usage de fermer ou de laisser ouverte la bonde d'un lavabo pendant que l'eau coule, etc., autant d'exemples d'une archéologie des habitudes corporelles qui, dans l'Europe moderne (et à plus forte raison ailleurs), fournirait à l'historien des cultures des connaissances aussi précieuses que la préhistoire ou la philologie.

*

Nul plus que Mauss, qui se plaisait à lire les limites de l'expansion celtique dans la forme des pains à l'étalage des boulangers, ne pouvait être sensible à cette solidarité du passé et du présent, s'inscrivant dans les plus humbles et les plus concrets de nos usages. Mais en soulignant l'importance de la mort magique ou des techniques du corps, il pensait aussi établir un autre type de solidarité, qui fournit son thème principal à une troisième communication publiée dans ce volume: *Rapports réels et pratiques de la Psychologie et de la Sociologie.* Dans tous ces cas, on est en présence d'un genre de faits «qu'il faudrait étudier bien vite: de ceux où la nature sociale rejoint très directement la nature biologique de l'homme»[1]. Ce sont bien là des faits privilégiés qui permettent d'attaquer le problème des rapports entre sociologie et psychologie. [...]

C'est cette subordination du psychologique au sociologique que Mauss met utilement en lumière. Sans doute Ruth Benedict n'a jamais prétendu ramener des types de cultures à des troubles psycho-pathologiques, et encore moins expliquer les premiers par les seconds. Mais il était tout de même imprudent d'utiliser une terminologie psychiatrique pour caractériser des phénomènes sociaux, alors que le rapport véritable s'établirait plutôt dans l'autre sens. Il est de la nature de la société qu'elle s'exprime symboliquement dans ses coutumes et dans ses institutions; au contraire, les conduites individuelles normales *ne sont jamais symboliques par elles-mêmes:* elles sont les éléments à partir desquels un système symbolique, qui ne peut être que collectif, se construit. Ce sont seulement les conduites anormales qui, parce que désocialisées et en quelque sorte abandonnées à elles-mêmes, réalisent, sur le plan individuel, l'illusion d'un symbolisme autonome. Autrement dit, les conduites individuelles anormales, dans un groupe social donné, atteignent au symbolisme, mais sur un niveau inférieur et, si l'on peut dire, dans un ordre de grandeur différent et réellement incommensurable à celui dans lequel s'exprime le groupe. Il est donc à la fois naturel et fatal que, symboliques d'une part et traduisant de l'autre (par définition) un système différent de celui du groupe, les conduites psycho-pathologiques individuelles offrent à chaque société une sorte d'équivalent, doublement amoindri (parce que individuel et parce que pathologique) de symbolismes différents du sien propre, tout en étant vaguement évocateurs de formes normales et réalisées à l'échelle collective.

Peut-être pourrait-on aller plus loin encore. Le domaine du pathologique ne se confond jamais avec le domaine de l'individuel, puisque les différents types de troubles se rangent en catégories, admettent une classification et que les formes prédominantes ne sont pas les mêmes selon les sociétés, et selon tel ou tel moment de l'histoire d'une même société. La réduction du social au psychologique, tentée par certains par l'intermédiaire de la psycho-pathologie, serait encore plus illusoire que nous ne l'avons admis jusqu'à présent, si l'on devait reconnaître que chaque société possède ses formes préférées de troubles mentaux et que ceux-ci ne sont pas, moins que les formes normales, fonction d'un ordre collectif que l'exception même ne laisse pas indifférent. [...]

Toute culture peut être considérée comme un ensemble de systèmes symboliques au premier rang desquels se placent le langage, les règles matrimoniales, les rapports économiques, l'art, la science, la religion. Tous ces systèmes visent à exprimer certains aspects de la réalité physique et de la réalité sociale, et plus encore, les relations que ces deux types de réalité entretiennent entre eux et que les systèmes symboliques eux-mêmes entretiennent les uns avec les autres. Qu'ils n'y puissent jamais parvenir de façon intégralement satisfaisante, et surtout équivalente, résulte d'abord des conditions de fonctionnement propres à chaque système: ils restent toujours incommensurables; et ensuite, de ce que l'histoire introduit dans ces systèmes des éléments allogènes, détermine des glissements d'une société vers une autre, et des inégalités dans le rythme relatif d'évolution de chaque système particulier. Du fait, donc, qu'une société est toujours donnée dans le temps et dans l'espace, donc sujette à l'incidence d'autres sociétés et d'états antérieurs de son propre développement; du fait aussi que, même dans une société théorique qu'on imaginerait sans

1. Pour cet aspect de la pensée de Mauss, le lecteur aura intérêt à se reporter à deux autres articles, non inclus dans le présent volume: «Salutations par le Rire et les Larmes», *Journal de Psychologie*, 1922; «l'Expression obligatoire des Sentiments», *ibid.*, même date.

relation avec aucune autre, et sans dépendance vis-à-vis de son propre passé, les différents systèmes de symboles dont l'ensemble constitue la culture ou civilisation resteraient irréductibles entre eux (la traduction d'un système dans un autre étant conditionnée par l'introduction de constantes qui sont des valeurs irrationnelles), il résulte qu'aucune société n'est jamais intégralement et complètement symbolique; ou, plus exactement, qu'elle ne parvient jamais à offrir à tous ses membres, et au même degré, le moyen de s'utiliser pleinement à l'édification d'une structure symbolique qui, pour la pensée normale, n'est réalisable que sur le plan de la vie sociale. Car c'est, à proprement parler, celui que nous appelons sain d'esprit qui s'aliène, puisqu'il consent à exister dans un monde définissable seulement par la relation de moi et d'autrui [1]. La santé de l'esprit individuel implique la participation à la vie sociale, comme le refus de s'y prêter (mais encore selon des modalités qu'elle impose) correspond à l'apparition des troubles mentaux.

Une société quelconque est donc comparable à un univers où des masses discrètes seulement seraient hautement structurées. Dans toute société donc, il serait inévitable qu'un pourcentage (d'ailleurs variable) d'individus se trouvent placés, si l'on peut dire, hors systèmes ou entre deux ou plusieurs systèmes irréductibles. À ceux-là, le groupe demande, et même impose, de figurer certaines formes de compromis irréalisables sur le plan collectif, de feindre des transitions imaginaires, d'incarner des synthèses incompatibles. Dans toutes ces conduites en apparence aberrantes, les «malades» ne font donc que transcrire un état du groupe et rendre manifeste telle ou telle de ses constantes. Leur position périphérique par rapport à un système local n'empêche pas qu'au même titre que lui, ils ne soient partie intégrante du système total. Plus exactement, s'ils n'étaient pas ces témoins dociles, le système total risquerait de se désintégrer dans ses systèmes locaux. On peut donc dire que pour chaque société, le rapport entre conduites normales et conduites spéciales est complémentaire. Cela est évident dans le cas du shamanisme et de la possession; mais ce ne serait pas moins vrai de conduites que notre propre société refuse de grouper et de légitimer en *vocations,* tout en abandonnant le soin de réaliser un équivalent statistique à des individus sensibles (pour des raisons historiques, psychologiques, sociologiques ou physiologiques, peu importe) aux contradictions et aux lacunes de la structure sociale.

Nous voyons bien comment et pourquoi un sorcier est un élément de l'équilibre social; la même constatation s'impose pour les danses ou cérémonies à possession [2]. Mais si notre hypothèse est exacte, il s'ensuivrait que les formes de troubles mentaux caractéristiques de chaque société, et le pourcentage des individus qui en sont affectés, sont un élément constitutif du type particulier d'équilibre qui lui est propre. Dans une remarquable et récente étude, après avoir remarqué qu'aucun shaman «n'est, dans la vie quotidienne, un individu "anormal", névrosé ou paranoïaque; sans quoi il serait considéré comme un fou, et non comme un shaman», Nadel maintient qu'il existe une relation entre les troubles pathologiques et les conduites shamanistiques; mais qui consiste moins dans une assimilation des secondes aux premiers, que dans la nécessité de définir les premiers en fonction des secondes. Précisément parce que les conduites shamanistiques sont normales, il résulte que, dans les sociétés à shamans, peuvent rester normales certaines conduites qui, ailleurs, seraient considérées comme (et seraient effectivement) pathologiques. Une étude compara-

1. Telle est bien, nous semble-t-il, la conclusion qui se dégage de la profonde étude du professeur Jacques Lacan, «l'Agressivité en psychanalyse», *Revue française de Psychanalyse,* n° 3, juillet-septembre 1948.
2. Michel Leiris, «Martinique, Guadeloupe, Haïti», *les Temps modernes,* n° 52, février 1950, pp. 1352-1354.

tive de groupes shamanistiques et non shamanistiques, dans une aire géographique restreinte, montre que le shamanisme pourrait jouer un double rôle vis-à-vis des dispositions psychopathiques: les exploitant d'une part, mais de l'autre, les canalisant et les stabilisant. Il semble, en effet, que, sous l'influence du contact avec la civilisation, la fréquence des psychoses et des névroses tende à s'élever dans les groupes sans shamanisme, tandis que dans les autres, c'est le shamanisme lui-même qui se développe, mais sans accroissement des troubles mentaux [1]. On voit donc que les ethnologues qui prétendent dissocier complètement certains rituels de tout contexte psycho-pathologique sont inspirés d'une bonne volonté un peu timorée. L'analogie est manifeste, et les rapports sont peut-être même susceptibles de mesure. Cela ne signifie pas que les sociétés dites primitives se placent sous l'autorité de fous; mais plutôt que nous-mêmes traitons à l'aveugle des phénomènes sociologiques comme s'ils relevaient de la pathologie, alors qu'ils n'ont rien à voir avec elle, ou tout au moins, que les deux aspects doivent être rigoureusement dissociés. En fait, c'est la notion même de *maladie mentale* qui est en cause. Car si, comme l'affirme Mauss, le mental et le social se confondent, il y aurait absurdité, dans les cas ou social et physiologique sont directement en contact, à appliquer à l'un des deux ordres une notion (comme celle de maladie) qui n'a de sens que dans l'autre. [...]

Il est bien vrai qu'en un sens, tout phénomène psychologique est un phénomène sociologique, que le mental s'identifie avec le social. Mais, dans un autre sens, tout se renverse: la preuve du social, elle, ne peut être que mentale; autrement dit, nous ne pouvons jamais être sûrs d'avoir atteint le sens et la fonction d'une institution, si nous ne sommes pas en mesure de revivre son incidence sur une conscience individuelle. Comme cette incidence est une partie intégrante de l'institution, toute interprétation doit faire coïncider l'objectivité de l'analyse historique ou comparative avec la subjectivité de l'expérience vécue. En poursuivant ce qui nous était apparu comme une des orientations de la pensée de Mauss, nous étions parvenus tout à l'heure à l'hypothèse d'une complémentarité entre le psychique et le social. Cette complémentarité n'est pas statique, comme le serait celle des deux moitiés d'un puzzle, elle est dynamique et provient de ce que le psychique est à la fois simple *élément de signification* pour un symbolisme qui le déborde, et seul *moyen de vérification* d'une réalité dont les aspects multiples ne peuvent être saisis sous forme de synthèse en dehors de lui.

Il y a donc beaucoup plus, dans la notion de fait social total, qu'une recommandation à l'adresse des enquêteurs, pour qu'ils ne manquent pas de mettre en rapport les techniques agricoles et le rituel, ou la construction du canot, la forme de l'agglomération familiale et les règles de distribution des produits de la pêche. Que le fait social soit total ne signifie pas seulement que *tout ce qui est observé fait partie de l'observation;* mais aussi, et surtout, que dans une science où l'observateur est de même nature que son objet, *l'observateur est lui-même une partie de son observation.* Nous ne faisons pas ainsi allusion aux modifications que l'observation ethnologique apporte inévitablement au fonctionnement de la société où elle s'exerce, car cette difficulté n'est pas propre aux sciences sociales; elle intervient partout où l'on se propose de faire des mesures fines, c'est-à-dire où l'observateur (lui-même, ou ses moyens d'observation) sont du même ordre de grandeur que l'objet observé. D'ailleurs, ce sont les physiciens qui l'ont mise en évidence, et non les sociologues auxquels elle s'impose seulement de la même façon. La situation particulière des sciences

1. S. F. Nadel, «Shamanism in the Nuba Mountains», *Journal of the Royal Anthropological Institute*, vol. LXXVI, Part. I, 1946 (publié en 1949).

sociales est d'une autre nature, qui tient au caractère intrinsèque de son objet d'être à la fois objet et sujet, ou, pour parler le langage de Durkheim et de Mauss, «chose» et «représentation». Sans doute pourrait-on dire que les sciences physiques et naturelles se trouvent dans le même cas, puisque tout élément du réel est un objet, mais qui suscite des représentations, et qu'une explication intégrale de l'objet devrait rendre compte simultanément de sa structure propre, et des représentations par l'intermédiaire desquelles nous appréhendons ses propriétés. En théorie, cela est vrai : une chimie totale devrait nous expliquer, non seulement la forme et la distribution des molécules de la fraise, mais comment une saveur unique résulte de cet arrangement. Cependant, l'histoire prouve qu'une science satisfaisante n'a pas besoin d'aller aussi loin et qu'elle peut, pendant des siècles, et éventuellement des millénaires (puisque nous ignorons quand elle y parviendra) progresser dans la connaissance de son objet à l'abri d'une distinction éminemment instable, entre des qualités propres à l'objet, qu'on cherche seules à expliquer, et d'autres qui sont fonction du sujet et dont la considération peut être laissée de côté.

Quand Mauss parle de faits sociaux totaux, il implique au contraire (si nous l'interprétons correctement) que cette dichotomie facile et efficace est interdite au sociologue, ou tout au moins, qu'elle ne pouvait correspondre qu'à un état provisoire et fugitif du développement de sa science. Pour comprendre convenablement un fait social, il faut l'appréhender *totalement,* c'est-à-dire du dehors comme une chose, mais comme une chose dont fait cependant partie intégrante l'appréhension subjective (consciente et inconsciente) que nous en prendrions si, inéluctablement hommes, nous vivions le fait comme indigène au lieu de l'observer comme ethnographe. [...]

*

Le risque tragique qui guette toujours l'ethnographe, lancé dans cette entreprise d'identification, est d'être la victime d'un *malentendu ;* c'est-à-dire que l'appréhension subjective à laquelle il est parvenu ne présente avec celle de l'indigène aucun point commun, en dehors de sa subjectivité même. Cette difficulté serait insoluble, les subjectivités étant, par hypothèse, incomparables et incommunicables, si l'opposition entre moi et autrui ne pouvait être surmontée sur un terrain, qui est aussi celui où l'objectif et le subjectif se rencontrent, nous voulons dire l'inconscient. D'une part, en effet, les lois de l'activité inconsciente sont toujours en dehors de l'appréhension subjective (nous pouvons en prendre conscience, mais comme objet); et de l'autre, pourtant, ce sont elles qui déterminent les modalités de cette appréhension.

Il n'est donc pas étonnant que Mauss, pénétré de la nécessité d'une étroite collaboration entre sociologie et psychologie, ait constamment fait appel à l'inconscient comme fournissant le caractère commun et spécifique des faits sociaux : «En magie comme en religion comme en linguistique, ce sont les idées inconscientes qui agissent.» Et dans ce même mémoire sur la magie, d'où la citation précédente est extraite, on assiste à un effort, sans doute encore indécis, pour formuler les problèmes ethnologiques autrement qu'à l'aide des «catégories rigides et abstraites de notre langage et de notre raison», en termes d'une «psychologie non intellectualiste» étrangère à nos «entendements d'adultes européens», où l'on aurait tout à fait tort de discerner un accord anticipé avec le prélogisme de Lévy-Bruhl, que Mauss ne devait jamais accepter. Il faut plutôt en rechercher le sens dans la tentative qu'il a lui-même faite, à propos de la notion de *mana,* pour atteindre une sorte de «quatrième dimension» de l'esprit, un plan sur lequel se confondraient les notions de «catégorie inconsciente» et de «catégorie de la pensée collective».

Mauss voyait donc juste quand il constatait dès 1902 qu'«en somme, dès que nous en arrivons à la représentation des propriétés magiques, nous sommes en présence de phénomènes semblables à ceux du langage». Car c'est la linguistique et plus particulièrement la linguistique structurale, qui nous a familiarisés depuis lors avec l'idée que les phénomènes fondamentaux de la vie de l'esprit, ceux qui la conditionnent et déterminent ses formes les plus générales, se situent à l'étage de la pensée inconsciente. L'inconscient serait ainsi le terme médiateur entre moi et autrui. En approfondissant ses données, nous ne nous prolongeons pas, si l'on peut dire, dans le sens de nous-mêmes: nous rejoignons un plan qui ne nous paraît pas étranger parce qu'il recèle notre moi le plus secret; mais (beaucoup plus normalement) parce que, sans nous faire sortir de nous-mêmes, il nous met en coïncidence avec des formes d'activité qui sont à la fois *nôtres* et *autres,* conditions de toutes les vies mentales de tous les hommes et de tous les temps. Ainsi, l'appréhension (qui ne peut être qu'objective) des formes inconscientes de l'activité de l'esprit conduit tout de même à la subjectivation; puisqu'en définitive, c'est une opération du même type qui, dans la psychanalyse, permet de reconquérir à nous-mêmes notre moi le plus étranger, et, dans l'enquête ethnologique, nous fait accéder au plus étranger des autrui comme à un autre nous. Dans les deux cas, c'est le même problème qui se pose, celui d'une communication cherchée, tantôt entre un *moi* subjectif et un *moi* objectivant, tantôt entre un *moi* objectif et un *autre* subjectivé. Et, dans les deux cas aussi, la recherche la plus rigoureusement positive des itinéraires inconscients de cette rencontre, tracés une fois pour toutes dans la structure innée de l'esprit humain et dans l'histoire particulière et irréversible des individus ou des groupes, est la condition du succès.

Le problème ethnologique est donc, en dernière analyse, un problème de communication; et cette constatation doit suffire à séparer radicalement la voie suivie par Mauss, en identifiant *inconscient* et *collectif,* de celle de Jung, qu'on pourrait être tenté de définir pareillement. Car ce n'est pas la même chose de définir l'inconscient comme une catégorie de la pensée collective ou de le distinguer en secteurs, selon le caractère individuel ou collectif du contenu qu'on lui prête. Dans les deux cas, on conçoit l'inconscient comme un système symbolique; mais pour Jung, l'inconscient ne se réduit pas au système: il est tout plein de symboles, et même de choses symbolisées qui lui forment une sorte de substrat. Ou ce substrat est inné: mais sans hypothèse théologique, il est inconcevable que le contenu de l'expérience la précède; ou il est acquis: or, le problème de l'hérédité d'un inconscient acquis ne serait pas moins redoutable que celui des caractères biologiques acquis. En fait, il ne s'agit pas de traduire en symboles un donné extrinsèque, mais de réduire à leur nature de système symbolique des choses qui n'y échappent que pour s'incommunicabiliser. Comme le langage, le social *est* une réalité autonome (la même, d'ailleurs); les symboles sont plus réels que ce qu'ils symbolisent, le signifiant précède et détermine le signifié. Nous retrouverons ce problème à propos du *mana.*

Le caractère révolutionnaire de *l'Essai sur le don* est de nous engager sur cette voie. Les faits qu'il met en lumière ne constituent pas des découvertes. Deux ans auparavant, M. Davy avait analysé et discuté le potlatch sur la base des enquêtes de Boas et de Swanton, dont Mauss lui-même s'était attaché à souligner l'importance dans son enseignement dès avant 1914; et tout *l'Essai sur le don* émane, de la façon la plus directe, des *Argonauts of Western Pacific* que Malinowski avait publiés deux ans auparavant aussi, et qui devaient, indépendamment, le conduire à des conclusions très voisines de celles de Mauss [1]; parallélisme qui inciterait à regarder les indigènes mélanésiens eux-mêmes comme les véritables auteurs de la théorie moderne de la réciprocité. D'où vient donc le pouvoir extraordinaire de ces pages désordonnées, qui ont encore quelque chose du brouillon, où se juxtaposent de façon si curieuse les notations impressionnistes et, comprimée le plus souvent dans un appareil critique qui écrase le texte, une érudition inspirée, qui semble glaner au hasard des références américaines, indiennes, celtiques, grecques ou océaniennes, mais toujours également probantes? Peu de personnes ont pu lire *l'Essai sur le don* sans ressentir toute la gamme des émotions si bien décrites par Malebranche évoquant sa première lecture de Descartes: le cœur battant, la tête bouillonnante, et l'esprit envahi d'une certitude encore indéfinissable, mais impérieuse, d'assister à un événement décisif de l'évolution scientifique.

Mais c'est que, pour la première fois dans l'histoire de la pensée ethnologique, un effort était fait pour transcender l'observation empirique et atteindre des réalités plus profondes. Pour la première fois, le social cesse de relever du domaine de la qualité pure: anecdote, curiosité, matière à description moralisante ou à comparaison érudite et devient un système, entre les parties duquel on peut donc découvrir des connexions, des équivalences, et des solidarités. Ce sont d'abord les produits de l'activité sociale: technique, économique, rituelle, esthétique ou religieuse – outils, produits manufacturés, produits alimentaires, formules magiques, ornements, chants, danses et mythes – qui sont rendus comparables entre eux par ce caractère commun que tous possèdent d'être transférables, selon des modalités qui peuvent être analysées et classées et qui, même quand elles paraissent inséparables de certains types de valeurs, sont réductibles à des formes plus fondamentales, celles-là générales. Ils ne sont, d'ailleurs, pas seulement comparables, mais souvent substituables, dans la mesure où des valeurs différentes peuvent se remplacer dans la même opération. Et surtout, ce sont les opérations elles-mêmes, aussi diverses qu'elles puissent paraître à travers les événements de la vie sociale: naissance, initiation, mariage, contrat, mort ou succession; et aussi arbitraires par le nombre et la distribution des individus qu'elles mettent en cause, comme récipiendaires, intermédiaires ou donateurs, qui autorisent toujours une réduction à un plus petit nombre d'opérations, de groupes ou de personnes, où l'on ne retrouve plus, en fin de compte, que les termes fondamentaux d'un équilibre, diversement conçu et différemment réalisé selon le type de société considéré. Les types deviennent donc définissables par ces caractères intrinsèques; et comparables entre eux puisque ces caractères ne se situent plus dans un ordre qualitatif, mais dans le nombre et l'arrangement d'éléments qui sont eux-mêmes constants dans tous les types. Pour prendre un exemple chez un savant qui, mieux peut-être qu'aucun autre, a su comprendre et exploiter les possibilités ouvertes par cette méthode [2]: les interminables séries de fêtes et de cadeaux qui accompagnent le mariage en Polynésie, mettant en cause des dizaines, sinon des centaines de personnes, et qui semblent défier la description empirique, peuvent être analysées en trente ou trente-cinq prestations s'effectuant entre cinq lignées qui sont entre elles dans un rapport constant, et décomposables en quatre cycles de réciprocité entre les lignées A et B, A et C, A et D, et A et E; le tout exprimant un certain type de structure

1. Voir sur ce point la note de Malinowski (p. 41, n. 57) dans son livre *Crime and Custom in Savage Society*, New York - Londres, 1926.
2. Raymond Firth, *We, The Tikopia*, New York, 1936, chap. xv, *Primitive Polynesian Economics*, Londres, 1939, p. 323.

sociale tel que, par exemple, des cycles entre B et C, ou entre E et B ou D, ou enfin, entre E et C soient exclus, alors qu'une autre forme de société les placerait au premier plan. La méthode est d'une application si rigoureuse que si une erreur apparaissait dans la solution des équations ainsi obtenues, elle aurait plus de chance d'être imputable à une lacune dans la connaissance des institutions indigènes qu'à une faute de calcul. Ainsi, dans l'exemple qui vient d'être cité, on constate que le cycle entre A et B s'ouvre par une prestation sans contrepartie; ce qui inviterait aussitôt à rechercher, si on ne la connaissait pas, la présence d'une action unilatérale, antérieure aux cérémonies matrimoniales, bien qu'en relation directe avec elles. Tel est exactement le rôle joué dans la société en question par l'abduction de la fiancée, dont la première prestation représente, selon la terminologie indigène elle-même, la «compensation». On aurait donc pu la déduire, si elle n'avait pas été observée.

On remarquera que cette technique opératoire est très voisine de celle que Troubetzkoy et Jakobson mettaient au point, à la même époque où Mauss écrivait *l'Essai,* et qui devait leur permettre de fonder la linguistique structurale; là aussi, il s'agissait de distinguer un donné purement phénoménologique, sur lequel l'analyse scientifique n'a pas de prise, d'une infrastructure plus simple que lui, et à laquelle il doit toute sa réalité [1]. Grâce aux notions de «variantes facultatives», de «variantes combinatoires», de «termes de groupe» et de «neutralisation», l'analyse phonologique allait précisément permettre de définir une langue par un petit nombre de relations constantes, dont la diversité et la complexité apparente du système phonétique ne font qu'illustrer la gamme possible des combinaisons autorisées. [...]

Que la position du problème telle que Mauss l'avait définie fut la seule fondée est, au contraire, attesté par les plus récents développements des sciences sociales, qui permettent de former l'espoir de leur mathématisation progressive. Dans certains domaines essentiels, comme celui de la parenté, l'analogie avec le langage, si fermement affirmée par Mauss, a pu permettre de découvrir les règles précises selon lesquelles se forment, dans n'importe quel type de société, des cycles de réciprocité dont les lois mécaniques sont désormais connues, permettant l'emploi du raisonnement déductif dans un domaine qui paraissait soumis à l'arbitraire le plus complet. D'autre part, en s'associant de plus en plus étroitement à la linguistique, pour constituer un jour avec elle une vaste science de la communication, l'anthropologie sociale peut espérer bénéficier des immenses perspectives ouvertes à la linguistique elle-même, par l'application du raisonnement mathématique à l'étude des phénomènes de communication [2]. Dès à présent, nous savons qu'un grand nombre de problèmes ethnologiques et sociologiques, soit sur le plan de la morphologie, soit même sur celui de l'art ou de la religion, n'attendent que le bon vouloir des mathématiciens qui, avec la collaboration d'ethnologues, pourraient leur faire accomplir des progrès décisifs, sinon encore vers une solution, mais au moins vers une unification préalable, qui est la condition de leur solution. [...]

La difficulté de la position traditionnelle en matière de *mana* nous paraît être d'une autre nature. À l'inverse de ce qu'on croyait en 1902, les conceptions du type *mana* sont si fréquentes et si répandues qu'il convient de se demander si nous ne sommes pas en présence d'une forme de pensée universelle et permanente, qui, loin de caractériser certaines

1. N. S. Troubetzkoy, *Principes de phonologie (Grundzüge der Phonologie*, 1939) et les divers articles de R. Jakobson, publiés en annexe de la traduction française par J. Cantineau, Paris, 1949.
2. N. Wiener, *Cybernetics,* New York et Paris, 1948. C. E. Shannon and Warren Weaver, *The Mathematical Theory of Communication*, University of Illinois Press, 1949.

civilisations, ou prétendus « stades » archaïques ou mi-archaïques de l'évolution de l'esprit humain, serait fonction d'une certaine situation de l'esprit en présence des choses, devant donc apparaître chaque fois que cette situation est donnée. Mauss cite dans *l'Esquisse* une remarque très profonde du Père Thavenet à propos de la notion de *manitou* chez les Algonkins : « ... Il désigne plus particulièrement tout être qui n'a pas encore un nom commun, qui n'est pas familier : d'une salamandre une femme disait qu'elle avait peur, c'était un manitou ; on se moque d'elle en lui disant le nom. Les perles des trafiquants sont les écailles d'un manitou et le drap, cette chose merveilleuse, est la peau d'un manitou. » De même, le premier groupe d'Indiens Tupi-Kawahib à demi civilisés, avec l'aide desquels nous devions pénétrer, en 1938, dans un village inconnu de la tribu, admirant les coupes de flanelle rouge dont nous leur faisions présent s'écriaient : *O que é este bicho vermelho ?* : « Qu'est-ce que c'est que cette bête rouge ? » ; ce qui n'était ni un témoignage d'animisme primitif, ni la traduction d'une notion indigène, mais seulement un idiotisme du *falar cabóclo*, c'est-à-dire du portugais rustique de l'intérieur du Brésil. Mais, inversement, les Nambikwara, qui n'avaient jamais vu de bœufs avant 1915, les désignent comme ils ont toujours fait des étoiles, du nom de *atasu*, dont la connotation est très voisine de l'algonkin *manitou* [1].

Ces assimilations ne sont pas si extraordinaires ; avec plus de réserve sans doute, nous en pratiquons qui sont du même type, quand nous qualifions un objet inconnu ou dont l'usage s'explique mal, ou dont l'efficacité nous surprend, de truc ou de *machin*. Derrière machin, il y a machine, et, plus lointainement, l'idée de force ou de pouvoir. Quant à truc, les étymologistes le dérivent d'un terme médiéval qui signifie le coup heureux aux jeux d'adresse ou de hasard, c'est-à-dire un des sens précis qu'on donne au terme indonésien où certains voient l'origine du mot *mana* [2]. Nous ne disons certes pas d'un objet qu'il a « du truc » ou « du machin », mais d'une personne, nous disons qu'elle a « quelque chose » et quand le *slang* américain attribue à une femme du « oomph », il n'est pas sûr, si l'on évoque l'atmosphère sacrée et tout imbue de tabous qui, en Amérique plus encore qu'ailleurs, imprègne la vie sexuelle, que nous soyons très éloignés du sens de *mana*. La différence tient moins aux notions elles-mêmes, telles que l'esprit les élabore partout inconsciemment, qu'au fait que, dans notre société, ces notions ont un caractère fluide et spontané, tandis qu'ailleurs elles servent à fonder des systèmes réfléchis et officiels d'interprétation, c'est-à-dire un rôle que nous-mêmes réservons à la science. Mais, toujours et partout, ces types de notions interviennent, un peu comme des symboles algébriques, pour représenter une valeur indéterminée de signification, en elle-même vide de sens et donc susceptible de recevoir n'importe quel sens, dont l'unique fonction est de combler un écart entre le signifiant et le signifié, ou, plus exactement de signaler le fait que dans telle circonstance, telle occasion, ou telle de leurs manifestations, un rapport d'inadéquation s'établit entre signifiant et signifié au préjudice de la relation complémentaire antérieure. [...]

L'échange n'est pas un édifice complexe, construit à partir des obligations de donner, de recevoir et de rendre, à l'aide d'un ciment affectif et mystique. C'est une synthèse

1. C. Lévi-Strauss, *la Vie familiale*, etc., l. c., pp. 98-99, « The Tupi-Kawahib », in *Handbook of South American Indians*, Washington, 1948, vol. 3, pp. 299-305.
On comparera avec les Dakota qui disent du premier cheval, apporté selon le mythe par l'éclair : « Il ne sentait pas comme un être humain et on pensa que ce pourrait être un chien, mais il était plus gros qu'un chien de charge, aussi on l'appela *sunka wakan*, chien mystérieux » (M. W Beckwith, « Mythology of the Oglala Dakota », *Journal of American Folklore*, vol. XLIII, 1930, p. 379).
2. Sur cette dérivation du mot *mana*, cf. A. Capell, l.c.

immédiatement donnée à, et par, la pensée symbolique qui, dans l'échange comme dans toute autre forme de communication, surmonte la contradiction qui lui est inhérente de percevoir les choses comme les éléments du dialogue, simultanément sous le rapport de soi et d'autrui, et destinées par nature à passer de l'un à l'autre. Qu'elles soient *de l'un ou de l'autre* représente une situation dérivée par rapport au caractère relationnel initial. Mais n'en est-il pas de même pour la magie? Le jugement magique, impliqué dans l'acte de produire la fumée pour susciter les nuages et la pluie, ne se fonde pas sur une distinction primitive entre fumée et nuage, avec appel au *mana* pour les souder l'un à l'autre, mais sur le fait qu'un plan plus profond de la pensée identifie fumée et nuage, que l'un est la même chose que l'autre, au moins sous un certain rapport, et cette identification justifie l'association subséquente, non le contraire. Toutes les opérations magiques reposent sur la restauration d'une unité, non pas perdue (car rien n'est jamais perdu), mais inconsciente, ou moins complètement consciente que ces opérations elles-mêmes. La notion de *mana* n'est pas de l'ordre du réel, mais de l'ordre de la pensée qui, même quand elle se pense elle-même, ne pense jamais qu'un objet.

C'est dans ce caractère relationnel de la pensée symbolique que nous pouvons chercher la réponse à notre problème. Quels qu'aient été le moment et les circonstances de son apparition dans l'échelle de la vie animale, le langage n'a pu naître que tout d'un coup. Les choses n'ont pas pu se mettre à signifier progressivement. À la suite d'une transformation dont l'étude ne relève pas des sciences sociales, mais de la biologie et de la psychologie, un passage s'est effectué, d'un stade où rien n'avait un sens, à un autre où tout en possédait. Or, cette remarque, en apparence banale, est importante, parce que ce changement radical est sans contrepartie dans le domaine de la connaissance qui, elle, s'élabore lentement et progressivement. Autrement dit, au moment où l'Univers entier, d'un seul coup, est devenu *significatif*, il n'en a pas été pour autant mieux *connu*, même s'il est vrai que l'apparition du langage devait précipiter le rythme du développement de la connaissance. Il y a donc une opposition fondamentale, dans l'histoire de l'esprit humain, entre le symbolisme, qui offre un caractère de discontinuité, et la connaissance marquée de continuité. Qu'en résulte-t-il? C'est que les deux catégories du signifiant et du signifié se sont constituées simultanément et solidairement, comme deux blocs complémentaires; mais que la connaissance, c'est-à-dire le processus intellectuel qui permet d'identifier les uns par rapport aux autres certains aspects du signifiant et certains aspects du signifié – on pourrait même dire de choisir, dans l'ensemble du signifiant et dans l'ensemble du signifié, les parties qui présentent entre elles les rapports les plus satisfaisants de convenance mutuelle –, ne s'est mise en route que fort lentement. Tout s'est passé comme si l'humanité avait acquis d'un seul coup un immense domaine et son plan détaillé, avec la notion de leur relation réciproque, mais avait passé des millénaires à apprendre quels symboles déterminés du plan représentaient les différents aspects du domaine. L'Univers a signifié bien avant qu'on ne commence à savoir ce qu'il signifiait; cela va sans doute de soi. Mais, de l'analyse précédente, il résulte aussi qu'il a signifié, dès le début, la totalité de ce que l'humanité peut s'attendre à en connaître. Ce qu'on appelle le progrès de l'esprit humain et, en tout cas, le progrès de la connaissance scientifique, n'a pu et ne pourra jamais consister qu'à rectifier des découpages, procéder à des regroupements, définir des appartenances et découvrir des ressources neuves, au sein d'une totalité fermée et complémentaire avec elle-même.

Nous sommes apparemment très loin du *mana ;* en fait, fort près. Car, bien que l'humanité ait toujours possédé une masse énorme de connaissances positives et que les différentes sociétés humaines aient consacré plus ou moins d'effort à les maintenir et à les développer, c'est tout de même à une époque très récente que la pensée scientifique s'est installée en maîtresse et que des formes de sociétés sont apparues, où l'idéal intellectuel et moral, en même temps que les fins pratiques poursuivies par le corps social, se sont organisés autour de la connaissance scientifique, choisie comme centre de référence de façon officielle et réfléchie. La différence est de degré, non de nature, mais elle existe. Nous pouvons donc nous attendre à ce que la relation entre symbolisme et connaissance conserve des caractères communs dans les sociétés non industrielles et dans les nôtres, tout en étant inégalement marqués. Ce n'est pas creuser un fossé entre les unes et les autres que de reconnaître que le travail de péréquation du signifiant par rapport au signifié a été poursuivi de façon plus méthodique et plus rigoureuse à partir de la naissance, et dans les limites d'expansion, de la science moderne. Mais, partout ailleurs, et constamment encore chez nous-mêmes (et pour fort longtemps sans doute), se maintient une situation fondamentale et qui relève de la condition humaine, à savoir que l'homme dispose dès son origine d'une intégralité de signifiant dont il est fort embarrassé pour faire l'allocation à un signifié, donné comme tel sans être pour autant connu. Il y a toujours une inadéquation entre les deux, résorbable pour l'entendement divin seul, et qui résulte dans l'existence d'une surabondance de signifiant, par rapport aux signifiés sur lesquels elle peut se poser. Dans son effort pour comprendre le monde, l'homme dispose donc toujours d'un surplus de signification (qu'il répartit entre les choses selon des lois de la pensée symbolique qu'il appartient aux ethnologues et aux linguistes d'étudier). Cette distribution d'une ration supplémentaire – si l'on peut s'exprimer ainsi – est absolument nécessaire pour qu'au total, le signifiant disponible et le signifié repéré restent entre eux dans le rapport de complémentarité qui est la condition même de l'exercice de la pensée symbolique.

Nous croyons que les notions de type *mana,* aussi diverses qu'elles puissent être, et en les envisageant dans leur fonction la plus générale (qui, nous l'avons vu, ne disparaît pas dans notre mentalité et dans notre forme de société) représentent précisément ce *signifant flottant,* qui est la servitude de toute pensée finie (mais aussi le gage de tout art, toute poésie, toute invention mythique et esthétique), bien que la connaissance scientifique soit capable, sinon de l'étancher, au moins de le discipliner partiellement. La pensée magique offre d'ailleurs d'autres méthodes de canalisation, avec d'autres résultats, et ces méthodes peuvent fort bien coexister. En d'autres termes, et nous inspirant du précepte de Mauss que tous les phénomènes sociaux peuvent être assimilés au langage, nous voyons dans le *mana,* le *wakan,* l'*orenda* et autres notions du même type, l'expression consciente d'une *fonction sémantique,* dont le rôle est de permettre à la pensée symbolique de s'exercer malgré la contradiction qui lui est propre. Ainsi s'expliquent les antinomies, en apparence insolubles, attachées à cette notion, qui ont tant frappé les ethnographes et que Mauss a mises en lumière: force et action; qualité et état; substantif, adjectif et verbe à la fois; abstraite et concrète; omniprésente et localisée. Et en effet, le *mana* est tout cela à la fois; mais précisément, n'est-ce pas parce qu'il n'est rien de tout cela: simple forme, ou plus exactement symbole à l'état pur, donc susceptible de se charger de n'importe quel contenu symbolique? Dans ce système de symboles que constitue toute cosmologie, ce serait simplement une *valeur symbolique zéro,* c'est-à-dire un signe marquant la nécessité d'un contenu symbolique supplémentaire à celui qui charge déjà le signifié, mais pouvant être une valeur quelconque à condition qu'elle fasse encore partie de la réserve disponible, et ne soit pas déjà, comme disent les phonologues, un terme de groupe [1].

Cette conception nous paraît être rigoureusement fidèle à la pensée de Mauss. En fait, ce n'est pas autre chose que la conception de Mauss traduite, de son expression originale en termes de logique des classes, dans ceux d'une logique symbolique qui résume les lois les plus générales du langage. Cette traduction n'est pas notre fait, ni le résultat d'une liberté prise à l'égard de la conception initiale. Elle reflète seulement une évolution objective qui s'est produite dans les sciences psychologiques et sociales au cours des trente dernières années, et dont la valeur de l'enseignement de Mauss est d'avoir été une première manifestation et d'y avoir largement contribué. Mauss fut, en effet, un des tout premiers à dénoncer l'insuffisance de la psychologie et de la logique traditionnelles, et à faire éclater leurs cadres rigides en révélant d'autres formes de pensée, en apparence «étrangères à nos entendements d'adultes européens». Au moment où il écrivait (rappelons-nous que l'essai sur la magie date d'une époque où les idées de Freud étaient complètement inconnues en France), cette découverte ne pouvait guère s'exprimer autrement que sous forme négative, par l'appel à une «psychologie non intellectualiste». Mais que cette psychologie put un jour être formulée comme une psychologie *autrement* intellectualiste, expression généralisée des lois de la pensée humaine, dont les manifestations particulières, dans des contextes sociologiques différents, ne sont que les modalités, nul plus que Mauss n'eût eu raison de s'en réjouir. D'abord, parce que c'est *l'Essai sur le don* qui devait définir la méthode à employer dans cette tâche; ensuite et surtout, parce que Mauss lui-même avait assigné comme but essentiel à l'ethnologie de contribuer à l'élargissement de la raison humaine. Il revendiquait donc, par avance, pour celle-ci, toutes les découvertes qui pourraient encore être faites, dans ces zones obscures où des formes mentales difficilement accessibles, parce qu'enfouies simultanément aux confins les plus reculés de l'Univers et dans les recoins les plus secrets de notre pensée, ne sont souvent perçues que réfractées dans une trouble auréole d'affectivité. Or, Mauss s'est montré toute sa vie obsédé par le précepte comtiste, qui réapparaît constamment dans ce volume, selon lequel la vie psychologique ne peut acquérir un sens que sur deux plans: celui du social, qui est du langage, ou celui du physiologique, c'est-à-dire l'autre forme, celle-là muette, de la nécessité du vivant. Jamais il n'est resté plus fidèle à sa pensée profonde et jamais il n'a mieux tracé à l'ethnologue sa mission d'astronome des constellations humaines, que dans cette formule où il a rassemblé la méthode, les moyens et le but dernier de nos sciences et que tout Institut d'Ethnologie pourrait inscrire à son fronton: «Il faut, avant tout, dresser le catalogue le plus grand possible de catégories; il faut partir de toutes celles dont on peut savoir que les hommes se sont servis. On verra alors qu'il y a encore bien des lunes mortes, ou pâles, ou obscures, au firmament de la raison.»

1. Les linguistes ont déjà été amenés à formuler des hypothèses de ce type. Ainsi: «Un phonème zéro... s'oppose à tous les autres phonèmes du français en ce qu'il ne comporte aucun caractère différentiel et aucune valeur phonétique constante. Par contre, le phonème zéro a pour fonction propre de s'opposer à l'absence de phonème.» R. Jakobson and J. Lotz, «Notes on the French Phonemic Pattern», *Word*, vol. 5, n° 2, août 1949, New York, 1949, p. 155.
On pourrait dire pareillement, en schématisant la conception qui a été proposée ici, que la fonction des notions de type *mana* est de s'opposer à l'absence de signification sans comporter par soi-même aucune signification particulière.

Au-delà de l'analogie, l'image (présentation)

(1970)

CHRISTIAN METZ
(né en 1931)

Faut-il rabattre le visible sur le lisible, et logiciser les images? Jusqu'où les concepts d'une sémiotique elle-même très solidaire d'une linguistique sont-ils ici pertinents? Ce texte de Christian Metz tente une mise au point, en retraçant justement la frontière entre sémiotique (englobante) et linguistique englobée. Sa date de parution, en préface à un important numéro de la revue Communications *consacré à «l'analyse des images», coïncide avec le temps fort du structuralisme; Metz s'y pose en défenseur de cette école sur le front des images. Contre les partisans d'un visuel ou d'un visible qui ne serait aucunement marqué par les articulations de la langue, il a beau jeu de montrer comment la plupart de nos images sont d'avance informées ou façonnées par du texte. Il est vrai que Metz est un spécialiste de l'analyse structurale du récit filmique, une forme par excellence mixte, à laquelle s'appliquent en effet très bien les concepts de la sémiotique.*

*Il n'empêche: les années suivantes verront un certain recul, ou une stagnation de l'approche ici défendue. Pour l'analyse des images, la psychanalyse prendra le relais de la linguistique, et Christian Metz produira là-dessus aussi des études de référence (*le Signifiant imaginaire, *1977); on lira également dans la même mouvance* Discours, figure *de Jean-François Lyotard. Tous deux manient une psychanalyse marquée par Lacan, donc elle-même façonnée par la linguistique; mais l'évolution des études, comme la dérive des continents, morcellera ces rapprochements. Et la propre dérive de Roland Barthes accentuera cette évolution: on peut lire son dernier ouvrage,* la Chambre claire, *comme un adieu à l'ambition sémio-*logique *dans la saisie d'images qui précisément, et au contraire, nous saisissent.*

Il semble que les travaux actuels se concentrent sur une description plus attentive de la variété des images: si elles relèvent de codes qui diffèrent entre eux, ceux-ci diffèrent a fortiori *du code linguistique. Les chercheurs remettent également en question (ce qu'amorce déjà le texte de Metz) le concept de ressemblance ou d'analogie, demeuré assez flou ou «allant de soi» dans les études classiques.*

Source: *Revue* Communications, *n° 15, «l'Analyse des images», Seuil, Paris, 1970.*

Bibliographie: *Ce numéro s'achève par une bibliographie raisonnée de dix pages. On consultera, pour une actualisation des recherches: Christian Metz,* le Signifiant imaginaire, psychanalyse et cinéma, *U.G.E., 1977 et réédition augmentée Christian Bourgois, Paris, 1984; Jean-François Lyotard,* Discours, figure, *Klincksieck, Paris, 1972; Georges Didi-Huberman,* Devant l'image, *Minuit, Paris, 1990; Régis Debray,* Vie et mort de l'image. Une histoire du regard en Occident, *Gallimard, Paris, 1992; Groupe* μ, Traité du signe visuel. Pour une rhétorique de l'image, *Seuil, Paris, 1992; Umberto Eco,* la Production des signes, *le Livre de poche / Biblio, Paris, 1992.*

LORSQUE LA RÉFLEXION SÉMIOLOGIQUE se porte sur *l'image*, elle est forcément amenée, dans un premier temps, à mettre l'accent sur ce qui distingue le plus manifestement cette image des autres sortes d'objets signifiants, et en particulier de la séquence de mots (ou de morphèmes): son statut «*analogique*» – son «*iconicité*», diraient les sémioticiens américains –, sa ressemblance perceptive globale avec l'objet représenté. L'image d'un chat ressemble à un chat, alors que le segment écrit «chat» ne lui ressemble pas. On a beau savoir que certaines images ne sont pas figuratives, comme par exemple les diagrammes (que Charles Sanders Peirce rapprochait pourtant des «icones logiques»), on a beau savoir que les écritures phonétiques ne sont pas les seules qui existent, il n'en reste pas moins difficile de ne pas lier, fût-ce provisoirement, le problème de l'image à celui de l'analogie, d'autant que l'«arbitraire» saussurien donne à certains esprits l'impression implicite mais insistante de s'offrir tout uniment comme le contrepoids de l'«analogique». (C'est oublier que l'arbitraire, chez Saussure, ne s'oppose pas à l'analogique mais au «motivé», celui-là n'étant qu'une partie de celui-ci [1]; c'est oublier, aussi, qu'une image peut être analogique dans son aspect global tout en contenant en elle diverses relations arbitraires.) Pourtant, il reste vrai que la plupart des images, considérées dans leur allure générale, «ressemblent» à ce qu'elles représentent; et le cas des arts visuels «non figuratifs» ne constitue en aucune façon – du moins à ce niveau du problème – l'objection que l'on voudrait parfois y voir: car le tableau abstrait ou le «plan» de *cinéma pur*, comme les autres images, ressemble à quelque chose (silhouette ébauchée, contour suggéré, forme géométrique, etc.); c'est le statut de ce «quelque chose», et non le fait de la ressemblance, qui distingue l'image non figurative de celle où le représenté s'avoue comme un *objet usuel*.

Aussi est-il normal que la réflexion sémiologique sur l'image *commence* par poser la notion d'analogie. Mais elle ne saurait en rester là. De plus, l'analogie a déjà fait l'objet, dans le passé, de larges commentaires (notamment dans les travaux des sémioticiens américains depuis Charles William Morris, et en France dans les premiers numéros de notre revue). Ce que propose, pris dans son ensemble, le numéro de *Communications* que nous présentons aujourd'hui, c'est un effort pour porter la réflexion au-delà de l'analogie: effort explicite et «thématique» dans la contribution d'Umberto Eco, diversement *impliqué* dans toutes les autres.

Il existe en effet une attitude intellectuelle que l'on pourrait résumer comme un *arrêt sur l'iconicité*; elle est le propre d'un certain *moment* dans la sémiologie de l'image, d'un moment initial. On sait que Charles Sanders Peirce qui s'est trouvé, plus qu'aucun autre dans notre champ, en position d'initiateur avait fait de la ressemblance *(likeness)* le caractère définitoire des signes iconiques; c'est par ce trait qu'il les distinguait des deux autres catégories typologiques de signes, les index et les symboles. À la lumière des recherches plus récentes, cette conception appelle des aménagements et des correctifs: c'est là l'un des apports que l'on trouvera dans les deux premiers textes de cette livraison.

1. Du *symbole* (= signification arbitraire), C. S. Peirce ne distingue pas seulement *l'icône* (= signification analogique), mais aussi *l'index* (= signification par inférence causale). On remarquera que l'icône et l'index, en termes saussuriens, seraient l'un et l'autre «motivés». Dans le même sens, Éric Buyssens distingue deux sortes de significations «intrinsèques» (= motivées): celles qui reposent sur un lien causal (= index de Peirce), et celles qui reposent sur un lien «imitatif» (= icônes de Peirce). On pourrait dire en somme – dans la ligne d'une suggestion jakobsonienne – qu'il existe une *motivation métaphorique* (similarité) et une *motivation métonymique* (contiguïté).
Quoi qu'il en soit, l'analogique n'est pas le tout du motivé, et ce n'est donc pas seulement (ni simplement) à l'arbitraire qu'il s'oppose.

Après Peirce – et souvent avec moins de nuances et de profondeur que lui –, beaucoup d'autres ont cédé à la tentation de trop iconiciser l'icône. Autour de nous, pas loin de nous, se dessine tout un train de réflexions, d'impressions, de remarques, de réflexes – toute une *vulgate,* épandue, multiple, à la limite de l'anonymat – qui pousse obstinément à établir entre le «langage des images» et le «langage des mots» une infranchissable ligne de démarcation dont le tracé ôterait toute place aux formes intermédiaires ainsi qu'aux inclusions réciproques. Ce partage un peu mythologique ouvre le danger d'une sorte d'*antagonisme*: il propose des *rôles*, et l'investissement psychodramatique est toujours sur le point de s'en emparer: l'image *devient* proprement un enjeu, et c'est *contre le «mot»* qu'on a tendance à la jouer. Ainsi voyons-nous telles ou telles exaltations de l'«art cinématographique» créditer leur objet d'une puissance et d'une efficace qui sont conçues comme directement proportionnelles à sa non-linguisticité supposée. Ainsi voyons-nous certaines tentatives de la pédagogie audiovisuelle – qui ne représentent pas, heureusement, le tout de son effort – vouloir *évacuer* le mot des lieux mêmes dans lesquels sa présence demeure le recours éducatif le plus indispensable en même temps que le plus simple. Ainsi voyons-nous, un peu partout, des auteurs proposer gravement à leur public l'un de ces «schémas» qui se réduisent à deux points reliés par une flèche, de telle sorte que la phrase la plus courte et la plus simple aurait dit la même chose. Ainsi voyons-nous des professionnels de l'image – pas tous, et pas toujours – qui en arrivent à *dénigrer* le mot de façon explicite (c'est-à-dire par des mots!): «Laïus, nous disent-ils, bla-bla-bla, délayage! Parlez-moi d'un bon croquis, d'une bonne photo!»: comme s'il n'existait pas des images *oiseuses!*

Il n'y a, en vérité, aucun sens à être «contre» la langue ou pour elle, «pour» l'image ou contre elle. Notre tentative procède de la conviction que la sémiologie de l'image se fera *à côté* de celle des objets linguistiques (et parfois en intersection avec elle, car bien des messages sont mixtes: il ne s'agit pas seulement des images dont le contenu manifeste comporte des mentions écrites, mais également des structures linguistiques qui sont souterrainement à l'œuvre dans l'image elle-même, ainsi que des figures visuelles qui, en retour, contribuent à informer la structure des langues). Il n'est pas question, pour nous, de rejeter la notion d'analogie; plutôt de la *circonstancier,* et de la relativiser. L'analogique et le codé ne s'opposent pas de façon simple [1]. L'analogique, entre autres choses, est un moyen de *transférer des codes* : dire qu'une image ressemble à son objet «réel», c'est dire que,

1. C'est ici (notamment) que l'on touche au point où nos remarques, autant que critiques, sont autocritiques et voudraient marquer une *évolution.* Dans les premiers numéros de *Communications,* certains articles relatifs aux messages visuels (et en particulier les nôtres!) avaient le tort d'établir une opposition trop forte entre l'«analogique» et le «codé», au point de suggérer parfois que l'analogique, de plein droit, exclurait tout code. Cet exemple, comme bien d'autres, montre que l'arrêt sur l'iconicité fait peser sur toute tentative de sémiologie visuelle le risque permanent d'une sorte de maladie de jeunesse.
Ce qui frappe d'abord, et la chose se comprend, c'est que les significations analogiques diffèrent beaucoup de celles qui ont été le plus souvent et le plus précisément analysées, c'est-à-dire les significations linguistiques. Cet écart est bien réel, il est considérable; mais on a tendance à le voir encore plus grand que nature lorsqu'on en est aux débuts d'une réflexion iconique et que l'on s'attache surtout, dans les images, à leur aspect perceptif global. (C'est seulement en allant plus loin que l'on *retrouve la langue*, en fonction d'ailleurs partielle: autour de l'image, dans la légende ou le texte d'accompagnement; dans l'image, comme l'un de ses systèmes, parmi d'autres; par-dessus l'image, comme ce qu'on, en dit, et donc jusqu'à un certain point, ce qu'elle veut dire.)
Tant qu'on ne l'a pas retrouvée, ce qu'on remarque le plus est son absence (absence réelle et absence

grâce à cette ressemblance même, le déchiffrement de l'image pourra bénéficier des codes qui intervenaient dans le déchiffrement de l'objet: sous le couvert de l'iconicité, au sein de l'iconicité, le message analogique va *emprunter* les codes les plus divers. En outre, la ressemblance elle-même est chose codifiée, car elle fait appel au *jugement de ressemblance*: selon les temps et selon les lieux, ce ne sont pas exactement les mêmes images que les hommes jugent ressemblantes, et des travaux comme ceux de Pierre Francastel l'ont fort bien montré.

L'«image» ne constitue pas un empire autonome et refermé, un monde clos sans communication avec ce qui l'entoure. Les images – comme les mots, comme tout le reste – ne sauraient éviter d'être «prises» dans les jeux du sens, dans les mille mouvances qui viennent régler la signification au sein des sociétés. Dès l'instant où la culture s'en empare – et elle est déjà présente dans l'esprit du créateur d'images –, le texte iconique, comme tous les autres textes, est offert à l'impression de la figure et du discours. La sémiologie de l'image ne se fera pas en dehors d'une sémiologie générale.

Car c'est bien de cela qu'il s'agit, et non pas seulement de la linguistique. Dans certains des débats confus qui entourent l'image, celui qui fait appel à des notions un peu théoriques trouve en face de lui, en général, un contradicteur iconique au discours immuable qui l'accuse de transporter frauduleusement des concepts «linguistiques» dans un domaine absolument étranger et où ils n'auraient que faire. Sous des dehors de bon sens, ce classique reproche d'*extrapolation indue* dissimule beaucoup d'ambiguïtés et d'approximations. Il ne faudrait pas confondre l'outillage conceptuel de la linguistique avec celui, plus général, de la sémiologie. Ils ne sont pas sans rapport l'un avec l'autre, c'est vrai. Il existe des tentatives sémiologiques dans lesquelles l'extrapolation galope, c'est vrai aussi. Mais on ne devra pas, sous l'un ou l'autre de ces prétextes, en arriver à perdre de vue la distinction qui s'impose entre, d'une part, des notions comme phonème, morphème, mot, double articulation, suffixe, transformation-affixe, transformation singulière, degré d'aperture, etc. (qui sont proprement linguistiques par leur définition même), et d'autre part des concepts comme syntagme, paradigme, dérivation, engendrement, plan de l'expression, plan du contenu, forme, substance, unité significative, unité distinctive, etc., qui s'intègrent sans peine et de plein droit à une sémiologie générale: soit que, d'emblée, ils aient été conçus dans une telle perspective (*signe* chez Saussure ou chez Peirce, *contenu/expression* chez Hjelmslev, etc.), soit que, dans un premier temps, ils aient été définis par rapport à la langue, mais dans un mouvement de pensée suffisamment général pour qu'ils puissent s'appliquer (sans distorsion) à d'autres objets signifiants. À l'image, notamment (mais pas non plus à l'image seule; car il y a tout le reste, qu'il ne faut pas oublier: tout ce qui n'est ni linguistique ni iconique, et par exemple certaines formes d'écriture, ou encore les structures intrinsèques de la narrativité). Ainsi, c'est une chose que de rechercher dans l'image des paradigmes, et c'en serait une autre que de vouloir y retrouver à tout prix des phonèmes. Il ne suffit pas qu'un concept ait été initialement élaboré par des linguistes pour que son champ d'application soit définitivement limité à des objets linguistiques. Si l'on veut mesurer l'étendue de l'aire dans laquelle une notion est opérante, ce qui compte n'est

---

imaginaire). On court alors le risque d'une triple «réaction» en chaîne:

1° confondre langue et code, alors que la langue n'est qu'un des codes qui existent; privilégiée par l'importance considérable de sa fonction sociale, mais pas forcément privilégiée dans une typologie des codes;

2° de l'absence de langue, conclure à l'absence de codes;

3° par mouvement de retour, rejeter tous les codes du côté de la langue.

pas l'identité ou la profession du « père », mais les contours de la notion elle-même, sa portée, sa définition. Un concept comme celui de *trait phonique distinctif* – à ne pas confondre avec celui de *trait distinctif* – ne saurait être transporté dans les études iconiques ; mais ce n'est pas parce qu'il a été élaboré par des linguistes ; c'est parce que l'image (l'image visuelle, du moins) n'est pas phonique. Inversement, si la distinction du paradigme et du syntagme, en dépit du *lieu* originellement linguistique où les deux termes se sont imposés, reste entièrement disponible pour des études iconiques, c'est parce que, dans la définition que donnent de ces notions les linguistes eux-mêmes, on ne trouve aucun trait qui soit indissolublement lié à ce qui distingue les langues des autres systèmes de signification. Que les différents segments d'un message quelconque puissent contracter des rapports *in praesentia* (= rapports syntagmatiques), que ces segments soient par ailleurs susceptibles, *in absentia*, de « commuter » avec d'autres qui auraient pu apparaître au même emplacement (= relations paradigmatiques), c'est là, il est vrai, un phénomène qui a été étudié jusqu'ici de façon plus précise dans les langues que partout ailleurs, mais dont l'aire d'apparition, pour autant, n'est pas limitée au fait linguistique.

En somme, dans ces discussions qui s'élèvent parfois quant à la « légitimité » des extrapolations opérées à partir de la linguistique, on en arrive dans certains cas à oublier que ce n'est pas à partir de la linguistique qu'elles ont été opérées – et que ce ne sont donc pas des extrapolations –, mais qu'il s'agit de recours opératoires à un outillage de portée plus générale, qui s'est dégagé de diverses recherches dont certaines sont linguistiques. D'autres – et cela aussi, trop souvent, est perdu de vue – sont logiques, psychanalytiques, sociologiques, etc. Le ménage à deux (= image et langue) est d'un refermement imaginaire.

Ce n'est en aucune façon annexer l'étude de l'image à la linguistique que de se refuser à l'*isoler* dans la contemplation indéfinie de son iconicité, à la couper de toute autre considération, à la mutiler des mille liens qui l'unissent à la sémiologie générale et à une réflexion sur les cultures.

Il n'est pas mauvais de rappeler tout cela, à une époque où se développe un fanatisme du « visuel » (ou de l'« audio-visuel ») qui confine parfois au déraisonnable. Ce n'est pas parce qu'un *message* est visuel que tous ses *codes* le sont ; et ce n'est pas parce qu'un code se manifeste dans des messages visuels qu'il ne se manifeste jamais ailleurs. De plus, un code (même visuel) n'est jamais visible, car il consiste en un réseau de relations logiques. Les « langages » visuels entretiennent avec les autres des liens systématiques qui sont multiples et complexes, et on ne gagne rien à opposer le « verbal » et le « visuel » comme deux grands blocs dont chacun serait homogène, massif, et dépourvu de point de contact avec l'autre. Le visuel – si l'on entend par là l'ensemble des *systèmes* spécifiquement visuels – ne règne pas en maître incontesté sur toutes les parties de son royaume prétendu, c'est-à-dire sur le tout des messages *matériellement* visuels ; inversement, il joue un rôle appréciable dans des messages non visuels : l'organisation sémantique des langues naturelles, dans certains de leurs secteurs lexicaux, vient recouvrir avec une marge variable de décalage les configurations et les découpages de la vue ; le monde visible et la langue ne sont pas étrangers l'un à l'autre : bien que leur interaction codique n'ait pas encore été étudiée dans tout son détail, et bien que leur rapport ne puisse guère être conçu comme une « copie » intégrale et servile de l'un par l'autre (ni de l'autre par l'un), il n'en demeure pas moins certain qu'une fonction de la langue (parmi d'autres) est de nommer les unités que découpe la vue (mais aussi de l'aider à les découper), et qu'une fonction de la vue (parmi d'autres) est d'inspirer les configurations sémantiques de la langue (mais aussi de s'en inspirer). On touche là au problème des rapports entre la perception et le langage : question ancienne, fondamentale, et sur laquelle il a été beaucoup écrit. À date récente, et dans une perspective sémiologique, A. J. Greimas a apporté sur ce point des perspectives de grand interêt.

Ce n'est pas seulement *de l'extérieur* que le message visuel est partiellement investi par la langue (rôle de la légende qui accompagne la photographie de presse, des paroles au cinéma, des commentaires à la télévision, etc.), mais aussi bien de l'intérieur et dans sa visualité même, qui n'est intelligible que parce que les structures en sont partiellement non visuelles.

En outre, on ne pourrait rien dire du visuel s'il n'y avait pas la langue pour nous permettre d'en parler. Et si le visuel était une chose dont on ne disait rien, il existerait déjà beaucoup moins. Au vrai, la notion de «visuel», dans le sens totalitaire et monolithique que lui prêtent certaines discussions actuelles, est un fantasme ou une idéologie, et *l'image* (dans ce sens-là du moins) est proprement une chose qui n'existe pas.

Dans ce sens-là du moins: insistons bien sur cette réserve. Car on n'entreprend pas un numéro de revue consacré à l'image si l'on estime que l'image n'a, au fond, rien qui lui soit propre. Ce serait aussi, il ne faut pas l'oublier, une position possible; simplement, ce n'est pas la nôtre. Se refuser à créer un domaine fermé, comme on nous y invite trop souvent – une place forte en état perpétuel de guerre larvée contre tout ce qui n'est pas elle, et notamment contre le «verbe» –, c'est une chose; dénier toute importance au fait que l'on trouve des messages qui revêtent la forme d'images et des messages qui ne le font pas (sans oublier ceux qui le font à moitié, comme les diverses sortes de *schémas*), ce serait autre chose.

Simplement, on s'abstiendra d'opposer l'image et le mot de façon obsessionnelle et simpliste, on s'abstiendra de tout *irrédentisme de l'image.* Le travail, aujourd'hui, consiste bien plutôt à replacer l'image parmi les différentes sortes de *faits de discours;* c'est sans doute cela, «étudier l'image»: et il est vrai qu'il faut l'étudier.

Ce qui est aussi en cause, à travers tout cela, c'est la notion même de «*domaine*». Qu'est-ce qui nous prouve que, au sein de l'entreprise sémiologique, les divisions les plus essentielles sont celles des domaines? Qu'est-ce qui nous prouve que le travail sémiologique doit se répartir en une série de «secteurs» alignés les uns à côté des autres et entretenant uniformément, les uns avec les autres, ce type de rapport que les logiciens appellent l'extériorité (= absence de toute zone commune, de tout «produit logique»): domaine-de-l'image, domaine-de-la-musique, domaine-de-la-littérature, etc.? N'y a-t-il pas, dans cette façon de voir, le danger d'un *passage à la métaphysique?* Car les domaines – dans un autre sens, beaucoup plus littéral – ont bien une réalité: ils représentent des commodités de travail, des secteurs de bibliographie, des invites pratiques à la «spécialisation», des frontières expédientes pour une indispensable répartition des tâches; ils correspondent à des compétences; on ne saurait traiter de tout à la fois. Mais à partir de là, on n'est pas obligé d'anticiper sur des partages plus profonds, plus essentiels: ces derniers, lorsqu'ils auront été mieux étudiés, ne passeront pas forcément par les lignes dont le tracé paraît aujourd'hui si évident à beaucoup d'esprits. Chaque domaine constitue une unité traditionnelle, une unité léguée aux chercheurs par les classifications usuelles et «naïves» qui ont cours dans la société à laquelle appartiennent ces mêmes chercheurs. Le domaine représente, dans le sens le plus strict du terme, une unité pré-scientifique.

Certains domaines correspondent en quelque sorte à des *genres,* c'est-à-dire à des pratiques sociales plus ou moins stabilisées: ainsi la publicité, qui peut faire appel aussi bien à la langue parlée qu'à l'écriture, à l'image fixe, à l'image mouvante, etc. (mais qui demeure la publicité par ses intentions et fonctions sociales); ainsi le roman (le roman classique), lointain avatar de l'épopée; ainsi tels ou tels «genres littéraires» dont la répartition remonte à l'ancienne rhétorique. D'autres domaines doivent leur unité à ce que Louis Hjelmslev appellerait la *matière de l'expression* –, ou alors (mais le cas n'est guère différent) à une combinaison spécifique de plusieurs matières de llexpression. C'est en ce sens-là que la peinture est un domaine; elle a en propre – la peinture «classique», du moins – une matière de l'expression: l'image obtenue à la main, unique et immobile. Et aussi la photographie: image obtenue mécaniquement, unique et immobile. Et le photo-roman: image obtenue mécaniquement, immobile mais multiple. Et la bande dessinée: image obtenue à la main, immobile, multiple. Et le doublet cinéma-télévision: image obtenue mécaniquement, multiple, mobile, combinée avec différents éléments sonores (paroles, bruits, musique) et avec des mentions écrites. Etc.

Or, pour la recherche sémiologique, les découpages les plus importants ne coïncident pas forcément avec des unités d'intention *sociale consciente* (= genres), ni avec des unités *technico-sensorielles* (= matières de l'expression, c'est-à-dire aussi, dans une terminologie aujourd'hui courante qui nous vient à la fois de la cybernétique et de la sociologie, «supports» ou «canaux»). Les unités que la sémiologie doit s'efforcer de dégager et *vers lesquelles* elle s'achemine – même si ce n'est pas *à partir d'elles* que la recherche s'est engagée –, ce sont des configurations structurales, des «formes» dans l'acception hjelmslévienne du terme (formes du contenu ou formes de l'expression), des systèmes. Ce sont des entités purement relationnelles, des *champs de commutabilité* à l'intérieur desquels diverses unités prennent leur sens les unes par rapport aux autres. Ces entités, il n'y a que le *travail de l'analyse* (et c'est là un aspect du principe de pertinence) qui puisse les reconstruire: elles n'existent pas à l'état libre, elles ne sont pas présentes à la conscience sociale de la même façon que lui sont présents le genre publicité ou le «support»-cinéma. Plusieurs d'entre elles, absolument distinctes par ailleurs, peuvent être conjointement à l'œuvre dans les messages qui empruntent un même canal ou qui appartiennent à un même genre: il y a bien des codes dans un seul message. Et certaines d'entre elles, absolument inchangées par ailleurs, peuvent s'investir et se *manifester* dans des messages qui ressortissent à des genres et à des supports différents: il y a bien des codes qui sont communs à plusieurs «langages». *Étudier l'image,* cela ne consiste pas forcément à rechercher *le* système de l'image, le système unique et total qui, à lui seul, rendrait compte de l'ensemble des significations repérables dans les images (et qui, de surcroît, ne serait jamais susceptible d'apparaître ailleurs que dans des images). Tout n'est pas iconique dans l'icône, et il y a de l'iconique hors d'elle.

Ainsi voit-on les configurations de la rhétorique classique réapparaître en masse dans l'image publicitaire, et autoriser un inventaire serré qui débouche lui-même sur une formalisation logique (article de Jacques Durand); ainsi voit-on cette image de publicité investie par les jeux de la prédication et de l'implication, de la troisième et de la non-troisième personne, et plus généralement du «sujet» (à plusieurs sens de ce mot) dans les positions diverses où il peut se trouver par rapport à un message (article de Georges Péninou); ainsi voit-on tels types de connexions et de disjonctions propres au récit comique – et l'on n'oubliera pas qu'un récit n'est pas forcément un récit par les mots – jouer leur rôle dans les dessins humoristiques (article de Violette Morin); tels systèmes d'oppositions, de consécutions et de «ruptures», de portée largement culturelle, apparaître dans certains «gags» cinématographiques (article de Sylvain Du Pasquier); tels codes typographiques, d'ailleurs de divers ordres, dans les bandes dessinées, qui sont aussi des bandes «parlées» (article de Pierre Fresnault-Déruelle). L'étude de Jacques Bertin apporte le témoignage de ce qu'un message peut bien être visuel sans que l'analogie figurative y tienne pour autant une grande place: visuelle de part en part, la «graphique» (cartes de géographie, réseaux, diagrammes) est largement «arbitraire»; ce qui la définit n'est pas sa visualité, qu'elle partage avec beaucoup d'autres systèmes, mais son organisation propre. L'article de Louis Marin met l'accent sur les jeux de la figure et du discours au sein de la «peinture»: un tableau est une image, mais il n'est pas que cela; ou plutôt, l'image, en lui, est intimement «traversée» par mille *configurations* qui, tout à la fois, nous mènent très loin d'elle et nous introduisent en son cœur; jusqu'à un certain point, le tableau n'est rien d'autre que la lecture qui en est faite: narration, description, mise en scène. La contribution de Jean-Louis Schefer s'en prend à la notion même d'«image», dont elle propose de *déplacer* très sensiblement la définition: l'image n'est plus image d'un objet, mais image du travail de production de l'image (= idée des *systèmes majeurs* qui sont extérieurs à la représentation au sens courant du mot, et eux-mêmes multiples).

Peut-être le propos de ce texte est-il quelque peu encombré et multiple; aussi va-t-on tenter à présent, dans un mouvement qui se voudrait récapitulatif, de le décomposer en plusieurs *propositions.* Tel ou tel, sans doute, pourra en approuver certaines et en rejeter d'autres: mais on ne demande pas le vote bloqué, et c'est bien pourquoi on divise les choses.

1° Le message visuel peut n'être pas analogique, du moins au sens courant du terme. On rencontre ici, d'une part, le problème des images dites «non figuratives», et d'autre part celui des *icônes logiques* de Peirce, ou plus exactement de celles d'entre elles qui sont visuelles.

2° L'analogie visuelle, et cette fois dans sa compréhension courante, admet des variations que l'on pourrait appeler *quantitatives.* C'est par exemple la notion des différents «degrés d'iconicité» chez un auteur comme A. A. Moles; c'est le problème de la plus ou moins grande schématisation, de la «stylisation» à ses divers niveaux.

3° L'analogie visuelle admet des variations *qualitatives.* La «ressemblance» est appréciée différemment selon les cultures. Dans une même culture, il y a plusieurs *axes* de ressemblance: c'est toujours sous un certain rapport que deux objets se ressemblent. Ainsi, la ressemblance est elle-même un système, un ensemble de systèmes plutôt.

4° Le message visuel peut présenter *dans son aspect global* un très fort degré d'iconicité sans cesser pour autant d'inclure en lui des relations logiques plus ou moins systématisables (= celles-là mêmes qui, si elles sont conservées après neutralisation des autres écarts différentiels, permettent de passer progressivement de l'«analogon» le plus fidèle au schéma le plus «abstrait»). Ces relations ne sont pas iconiques, bien qu'elles apparaissent dans l'icône; certaines d'entre elles sont «arbitraires». Ainsi, la ressemblance contient elle-même des systèmes.

5° Bien des messages que l'on déclare couramment «visuels» sont en réalité des *textes mixtes,* et ce, dans leur matérialité même: cinéma parlant, images légendées, etc.

6° Bien des messages visuels qui ne sont pas mixtes en un tel sens le sont dans leur structure (on se gardera de confondre le message *codiquement hétérogène* avec le message qui est *composite quant à sa manifestation;* certains messages présentent ces deux mixités à la fois). Le travail récent d'Emilio Garroni (*Semiotica ed Estetica,* Bari, Laterza, 1968) apporte beaucoup de clarté sur ce point.

Il n'y a aucune raison de supposer que l'image possède *un* code qui lui soit de part en part spécifique et qui l'explique tout entière. L'image est *informée* par des systèmes très divers, dont certains sont proprement iconiques et dont d'autres apparaissent aussi bien dans des messages non visuels. Ici se posent (notamment) les différents problèmes de *l'iconographie* (Panofsky), de la superposition de plusieurs codes distincts dans une même image (Eco), et plus généralement des stratifications socio-culturelles de l'image (Francastel, Roland Barthes, Pierre Bourdieu, etc.).

7° L'opposition brutale du « visuel » et du « verbal » est simplificatrice, car elle exclut tous les cas d'intersection, de surimpression ou de combinaison (voir les points 5 et 6 ci-dessus). Elle est partielle et *régionale,* car elle oublie toutes les significations qui, dans leur principe, ne sont ni proprement linguistiques ni proprement visuelles.

8° L'appel que peuvent faire les études iconiques à des notions théoriques concernant la signification, la communication ou l'information ne saurait être confondu avec cette *intrusion de concepts « linguistiques » étrangers* que croient y déceler tels ou tels défenseurs de la citadelle visuelle. Car certaines notions linguistiques – mais non toutes – ont reçu dans leur propre champ une définition qui a pour effet de les interdire à l'exportation; et les autres entrent pour une part – mais non pour la totalité – dans l'outillage méthodologique de la sémiologie, qui déborde à la fois celui des analyses linguistiques et celui des analyses iconiques, mais que ces dernières ne peuvent pas ignorer si elles veulent rester des études de signification.

9° Le plus souvent, réfléchir sur l'image ne consiste pas à produire des images, mais à produire des mots. Dans cette situation, on peut apercevoir (et c'est la réaction la plus répandue) un classique phénomène de *métalangage :* la langue sert de métalangage aux langages-objets les plus divers, et même à ceux d'entre eux qui ne sont pas linguistiques. On peut également (et c'est la position d'un Jean-Louis Schefer) en fournir une interprétation plus radicale, et d'ailleurs déplacée de la langue vers l'écriture : l'image n'existe que par ce qu'on y lit. Mais ce qui reste vrai dans les deux cas, c'est que la sémiologie du visuel n'est pas essentiellement une activité visuelle. Raison de plus pour se refuser à fermer sur lui-même le royaume des images (= mythe de la *pureté* visuelle).

10° Pour tout cela à la fois, *l'analogie iconique,* notion qui doit être conservée dans la mesure où elle désigne un caractère très frappant de beaucoup d'images, ne saurait constituer pour la réflexion sur l'image qu'un point de départ (pas toujours indispensable, très souvent, commode et central). C'est *au-delà* de l'analogie que le travail du sémiologue peut commencer, faute de quoi on pourrait craindre – en caricaturant un peu les choses – qu'il n'y ait plus rien à dire de l'image, sinon qu'elle est ressemblante. Par « au-delà », nous entendons aussi bien en deçà : il y a les codes qui *s'ajoutent* à l'analogie, et il y a ceux qui la font (qui rendent compte de la ressemblance). [...]

Si cet ensemble, tel qu'il nous faut enfin le livrer au lecteur, pouvait du moins contribuer à relativiser (sans l'évacuer) la notion d'analogie iconique, s'il pouvait *éveiller* l'idée, aujourd'hui peu répandue, que l'analogie elle-même (et de plusieurs façons) est chose codée, s'il pouvait détendre quelque peu le traumatisme intellectuel dans lequel est parfois vécue l'opposition de l'« arbitraire » et du « motivé » (outil de travail qui ne doit pas devenir un outil de blocage), s'il pouvait introduire à une façon plus complexe – mais peut-être plus claire, et en tout cas moins inhibante – de comprendre l'apport que la linguistique peut fournir à la théorie de l'image (et qui n'est intelligible que dans une perspective sémiologique plus générale, débordant l'image sans l'exclure, comme elle déborde la langue sans l'exclure) : alors, simplement – alors seulement... –, nous pourrions dire que cette livraison, en tant que telle, a en quelque mesure atteint son objet, et qu'elle a été autre chose qu'une addition de plusieurs textes dont chacun, de toute façon, devra être lu suivant son propre fil.

L'Obvie et l'Obtus
(1980)

ROLAND BARTHES
(1915-1980)

De Roland Barthes, beaucoup de pages pouvaient figurer dans ce recueil : sur les thèmes qu'aborde ce chapitre, l'auteur des Essais de sémiologie *fut un initiateur et un guide assez sûr. S'il vient ici en dernier, représenté par un texte de 1980, c'est qu'il s'éloignait à la fin de sa vie des études que lui-même avait tant contribué à répandre. Barthes a toujours enseigné par le tact, et une discrète sensualité, plus que par les contenus théoriques. Dans* S/Z *ou* Le Système de la mode, *l'appareil critique pouvait rebuter le lecteur ; mais depuis* Le Plaisir du texte *(1973) qu'on s'accorde à considérer comme un tournant dans son œuvre, la référence au système (linguistique, sémiotique) se faisait plus discrète, et l'écrivain reprenait le dessus.*

*Ce sont toujours les signes, et jamais la nature (« expression », mot longtemps suspect) qui mobilisent l'attention de Roland Barthes. Mais ceux de l'amour (*Fragments d'un discours amoureux, *1977), de la photographie (*La Chambre claire, *1980), du cinéma, de la peinture ou de la musique (*L'Obvie et l'Obtus, *1982) ne se laissent pas saisir avec la même précision que les mots qui, combinés en discours et en littérature, auront beaucoup occupé l'incomparable critique littéraire qu'il fut d'abord (qu'on en juge par les* Essais critiques*). Le sens qu'il traque dans ses derniers essais est désormais* obtus*; Barthes marque la limite (la défaite ?) de l'articulation sémio-*logique *en explorant « ce lieu où le langage articulé n'est plus qu'approximatif et où commence un autre langage (dont la "science" ne pourra donc être la linguistique, bientôt larguée comme une fusée porteuse) »* (O.O. *p. 58).*

Après Benveniste et Julia Kristeva, Barthes appelle signifiance *cette enfance d'une signification rebelle à l'ordre oppositionnel-structural*[1]*. Pourquoi, demande-t-il par exemple, arrive-t-il à quelques photographies d'être poignantes ? Cet effet qu'il appelle le « punctum » tient à la nature indicielle de cet art, étudié dans* La Chambre claire. *Antilogique ou « primaire » au sens freudien, le détail fissurant du punctum photographique casse le*

1. Un mot est pris dans un code, ou une structure, constitués d'oppositions pertinentes. Un *tabouret* par exemple se distingue du *fauteuil* dans le paradigme commun du *siège*. Mais tous les signes n'entrent pas dans de semblables jeux de combinaisons ou de permutations entre éléments qu'on dira, sur le modèle de ceux de la langue, discrets et oppositionnels (Saussure : « Dans la langue, il n'y a que des différences... »). Si un tableau ne se ramène pas à un discours, c'est en particulier parce qu'il est difficile d'y isoler les éléments fixes et codés (comme sont les mots, ou les phonèmes) d'une combinatoire. A fortiori, l'indiciel en général ne se laisse pas déchiffrer en termes de code : une trace, une empreinte ou un geste involontaire trahissent en effet un contenu, mais pas sur le modèle de la langue. Et leur sens demeure errant, ou équivoque (non fixé par un lexique). *Signifiance* peut qualifier cette errance ou cette confusion originaire du signe, espèce de « soupe sémiotique primitive » antérieure à tout logos.

phrasé rhétorique, au profit d'une conscience et d'une mémoire affectives. La grandeur de Barthes fut d'aller toujours plus près de ce pôle de confusion des affects et de la couche indicielle des signes, sans rien perdre en élégante clarté.

Dans l'article ci-dessous, il interroge un thème qui lui est cher depuis les Mythologies *de 1957: la puissance du stéréotype et de la culture de masse, qui inspire et infiltre largement le pop art. Après avoir peint remarquablement des choses remarquables, voici que les artistes peignent banalement ou mécaniquement des choses parfaitement banales. Ce renversement fait rejaillir la surprise ou l'énigme de l'énoncé (le contenu du tableau) sur son énonciation: par quelle magie ces œuvres nous intéressent-elles? D'autre part si, comme le voulait Kant, l'art est promesse de communauté, quel type de communauté ces œuvres annoncent-elles? Une communauté à la fois grégaire, et ironique. Ce paradoxe, déjà exploité par Brecht, d'un art ouvert à la communauté et distancié en même temps est ainsi repris par Barthes jusque dans l'étude des productions mécanomorphes d'Andy Warhol.*

Source: L'Obvie et l'Obtus, *Seuil, Paris, 1982. Extrait du catalogue* Pop Art *pour une exposition au Palazzo Grassi de Venise, Electa ed., 1980.*

Bibliographie: *Nous avons déjà cité les principaux ouvrages de Roland Barthes, édités au Seuil. On pourra également consulter les numéros 56 de la revue* l'Arc *(Aix-en-Provence, 1974), et 47 de la revue* Poétique *(Seuil, Paris, 1981), et les actes du Colloque de Cerisy,* Prétexte: Roland Barthes *(U.G.E., 10/18, Paris, 1978).*

ON LE SAIT, parce que toutes les encyclopédies le rappellent, dans les années cinquante, des artistes de l'Institute of Contemporary Arts, à Londres, se firent les avocats de la culture populaire du temps: les bandes dessinées, les films, la publicité, la science-fiction, la pop music. Ces manifestations diverses ne relevaient pas de ce qu'on appelle généralement l'Esthétique; c'étaient seulement des produits de la culture de masse et ils ne faisaient nullement partie de l'art; simplement des artistes, des architectes, des écrivains s'y intéressaient. En franchissant l'Atlantique, ces produits forcèrent la barrière de l'art; pris en charge par des artistes américains, ils devinrent des œuvres d'art, dont la culture ne constituait plus l'être, mais seulement la référence: l'origine s'effaçait au profit de la citation. Le pop art tel que nous le connaissons est le théâtre permanent de cette tension: d'une part, la culture populaire du temps y est présente comme une force révolutionnaire qui conteste l'art; et d'autre part, l'art y est présent comme une force très ancienne qui fait retour, irrésistiblement, dans l'économie des sociétés. Il y a deux voix, comme dans une fugue l'une dit: «Ceci n'est pas de l'Art», l'autre dit en même temps: «Je suis Art.»

*

L'art est quelque chose qui doit être détruit – proposition commune à bien des expériences de la Modernité.

Le pop art renverse les valeurs. «Ce qui marque le pop, c'est avant tout l'usage qu'il fait de ce qui est méprisé» (Lichtenstein). Les images de masse, tenues pour vulgaires, indignes d'une consécration esthétique, reviennent dans l'activité de l'artiste, à titre de matériaux, à peine traités. J'aimerais appeler ce renversement le «complexe de Clovis»: comme saint Remi s'adressant au chef franc, le dieu du pop art dit à l'artiste: «Brûle ce que tu as adoré, adore ce que tu as brûlé.» Par exemple: la photographie a longtemps été fascinée par la peinture, dont elle passe encore aujourd'hui pour la parente pauvre; le pop art bouscule le préjugé: la photographie devient souvent l'origine des images qu'il présente: ni peinture d'art, ni photographie d'art, mais un mixte sans nom. Autre exemple d'inversion: rien de plus contraire à l'art que l'idée d'être le simple reflet des choses représentées; même la photographie ne supporte pas ce destin; le pop art, lui, bien au contraire, accepte d'être une *imagerie,* une collection de reflets, constitués par la réverbération plate de l'environnement américain: honnie du grand art, la copie revient. Ce renversement n'est pas capricieux, il ne procède pas d'une simple dénégation de valeur, d'un simple refus du passé; il obéit à une poussée historique régulière; comme l'avait noté Paul Valéry (dans les *Pièces sur l'art),* l'apparition de nouveaux moyens techniques (ici, la photographie, la sérigraphie) modifie non seulement les formes de l'art, mais son concept même.

*

La répétition est un trait de culture. Je veux dire qu'on peut se servir de la répétition pour proposer une certaine typologie des cultures. Les cultures populaires ou extra-européennes (relevant d'une ethnographie) l'admettent et en tirent sens et jouissance (il suffit de penser, pour aujourd'hui, à la musique répétitive et au disco); la culture savante de l'Occident, non (même si elle y a recouru plus qu'on ne croit, à l'époque baroque). Le pop art, lui, répète, spectaculairement; Warhol propose des séries d'images identiques *(White burning Car Twice),* ou qui ne diffèrent que par quelque infime variation colorée (Fleurs, *Marylin).* L'enjeu de ces répétitions (ou de la Répétition comme procédé) n'est pas seulement la destruction de l'art, mais aussi (cela va d'ailleurs ensemble) une autre conception du sujet humain: la répétition ouvre accès, en effet, à une temporalité différente: là où le sujet occidental ressent l'ingratitude d'un monde d'où le Nouveau – c'est-à-dire, en fin de compte, l'Aventure – est exclu, le sujet warholien (puisque Warhol est coutumier de ces répétitions) abolit en lui le pathétique du temps, parce que ce pathétique est toujours lié au sentiment que quelque chose est apparu, va mourir, et qu'on ne combattra sa mort qu'en le transformant en un second quelque chose qui ne ressemble pas au premier. Pour le pop, il importe que les choses soient «finies» (cernées: pas d'évanescence), mais il n'importe pas de les finir, de donner à l'œuvre (est-ce une œuvre?) l'organisation interne d'un destin (naissance, vie, mort). Il faut donc désapprendre l'ennui du «sans fin» (l'un des premiers films de Warhol, *Four Stars,* durait vingt-cinq heures; *Chelsea Girls* dure trois heures et demie). La répétition trouble la personne (cette entité classique) d'une autre manière: en multipliant une même image, le pop retrouve le thème du Double, du *Doppelganger*; c'est un thème mythique (l'Ombre, l'Homme, la Femme sans Ombre); cependant, dans les productions du pop art, le Double est inoffensif: il a perdu tout pouvoir maléfique ou moral: il ne menace ni ne surveille: il est Copie, et non pas Ombre: il est *à côté,* non *derrière :* c'est un Double plat, insignifiant, donc irreligieux.

*

La répétition du portrait amène une altération de la personne (notion à la fois civile, morale, psychologique, et bien entendu historique). Le pop art, a-t-on dit encore, prend la place d'une machine; il se sert avec prédilection des procédés de reproduction mécanique; par exemple, il fige la vedette (Marylin, Liz, Elvis) dans son image de vedette: plus d'âme, rien qu'un statut, proprement imaginaire, puisque l'être de la vedette, c'est l'icône. L'objet lui-même, que, dans la civilisation quotidienne, nous ne cessons de personnaliser en l'incorporant à notre monde individuel, l'objet n'est plus, selon le pop art, que le résidu d'une soustraction: tout ce qui reste d'une boîte de conserve lorsque, mentalement, nous l'avons amputée de tous ses thèmes et de tous ses usages possibles. Le pop art sait très bien que l'expression fondamentale de la personne, c'est le style. Buffon disait (mot célèbre, connu naguère de tous les écoliers français): «Le style, c'est l'homme.» Otez le style, et il n'y a plus d'homme particulier. L'idée de style, dans tous les arts, a donc été liée, historiquement, à un humanisme de la personne. Prenez un exemple inattendu, celui du graphisme: l'écriture manuelle, longtemps impersonnelle (pendant l'Antiquité et au Moyen Âge), a commencé à s'individualiser à la Renaissance, aurore de l'époque moderne; mais aujourd'hui, où la personne est une idée qui meurt, ou du moins qui est menacée, sous la pression des forces grégaires qui animent la culture de masse, la personnalité de l'écriture s'efface. Il y a, à mon sens, un certain rapport entre le pop art et ce qu'on appelle le «script», cette écriture anonyme qu'on enseigne parfois aux enfants dysgraphiques, parce qu'elle s'inspire des traits neutres et comme élémentaires de la typographie. Il faut au reste s'entendre: le pop art dépersonnalise, mais il ne rend pas anonyme: rien de plus identifiable que Marylin, la chaise électrique, un pneu ou une robe, vus par le pop art; ils ne sont même que cela: immédiatement et exhaustivement identifiables, nous enseignant par là que l'identité n'est pas la personne: le monde futur risque d'être un monde d'identités (par la généralisation mécanique des fichiers de police), mais non de personnes.

*

Dernier trait qui rattache le pop art aux expériences de la Modernité: la conformité plate de la représentation à la chose représentée. «Je ne veux pas, dit Rauschenberg, qu'une toile ressemble à ce qu'elle n'est pas. Je veux qu'elle ressemble à ce qu'elle est.» La proposition est agressive dans la mesure où l'art s'est toujours donné pour un détour inévitable par lequel on doit passer pour rendre la vérité de la chose. Ce que le pop art veut, c'est désymboliser l'objet, lui donner la matité et l'entêtement obtus d'un fait (John Cage: «L'objet est fait, non symbole»). Dire que l'objet est asymbolique, c'est nier qu'il dispose d'un espace de profondeur ou d'avoisinement, à travers lequel son apparition puisse propager des vibrations de sens: l'objet du pop art (ceci est une vraie révolution de langage) n'est ni métaphorique ni métonymique; il se donne coupé de ses arrières et de ses entours; en particulier, l'artiste ne se tient pas *derrière* son œuvre, et lui-même est sans arrière: il n'est que la surface de ses tableaux: aucun signifié, aucune intention, nulle part. Or le fait, dans la culture de masse, n'est plus un élément du monde naturel; ce qui apparaît comme fait, c'est le stéréotype: ce que voit et consomme tout le monde. Le pop art trouve l'unité de ses représentations dans la conjonction radicale de ces deux formes, poussées chacune à l'extrême: le stéréotype et l'image. Tahiti est un fait, dans la mesure où une opinion unanime et persistante désigne ce lieu comme une collection de palmiers, de fleurs à l'oreille, de longs cheveux, de maillots de bain et de longs regards aguichants et langoureux *(Little Aloha,* de Lichtenstein). Le pop art produit ainsi des *images radicales:* à force d'être image, la chose est débarrassée de tout symbole. C'est là un mouvement audacieux de l'esprit (ou de la société): ce n'est plus le fait qui se transforme en image (ce qui est, à proprement parler, le mouvement de la métaphore, dont l'humanité a fait pendant des siècles la poésie), c'est l'image qui devient un fait. Le pop art met ainsi en scène une qualité philosophique des choses, qu'on appelle la *facticité:* le *factice,* c'est le caractère de ce qui existe en tant que fait et apparaît dépourvu d'aucune justification : non seulement les objets représentés par le pop art sont factices, mais encore ils incarnent le concept même de facticité – ce en quoi, malgré eux, ils recommencent à signifier : ils signifient qu'ils ne signifient rien.

*

Car le sens est malicieux : chassez-le, il revient au galop. Le pop art veut détruire l'art (ou du moins s'en passer), mais l'art le rejoint : c'est le contre-sujet de notre fugue.

On a voulu abolir le signifié, et, partant, le signe ; mais le signifiant subsiste, persiste, même s'il ne renvoie, semble-t-il, à rien. Le signifiant, c'est quoi ? Disons, pour aller vite : la chose perçue, augmentée d'une certaine pensée. Or, dans le pop art, ce supplément existe comme il existe dans tous les arts du monde.

D'abord, très souvent, le pop art change le niveau de perception : il rapetisse, agrandit, éloigne, rapproche, étend l'objet multiplié aux dimensions d'un panneau ou le grossit comme s'il était vu à la loupe. Or, dès que les proportions sont changées, l'art surgit (il suffit de penser à l'architecture, qui est un art de la *taille* des choses) : ce n'est pas par hasard que Lichtenstein reproduit une loupe et ce qu'elle grossit : *Magnifying glass* est comme l'emblème du pop art.

Et puis, dans beaucoup d'œuvres du pop art, le fond sur quoi se détache l'objet, ou même dont il est fait, a une existence forte (un peu comme l'avaient les nuages dans la peinture classique) : il y a une importance de la trame. Cela vient peut-être des premières expériences de Warhol : les sérigraphies jouent avec le tissu (tissu et trame, c'est la même chose) ; on dirait que la toute dernière modernité aime cette manifestation de la trame, qui est à la fois consécration du matériau plat (grain du papier dans l'œuvre de Twombly) et mécanisation de la reproduction (lignes et micro-quadrillages des portraits par ordinateur). La trame est comme une obsession (une thématique, aurait dit naguère la critique) ; elle est prise dans des jeux variés : on invertit son rôle perceptif (dans l'aquarium de Lichtenstein, l'eau est faite de gros pois) ; on la grossit d'une façon volontairement infantile (l'éponge du même Lichtenstein est faite de trous, comme un morceau de gruyère) ; on mime exemplairement le croisement des fils *(Large spool,* encore de Lichtenstein). L'art apparaît ici dans l'emphase de ce qui devrait être insignifiant.

Autre emphase (et par conséquent nouveau retour de l'art) : la couleur. Certes, toute chose, venant de la nature et à plus forte raison du monde social, toute chose est colorée ; mais si elle devait rester objet factice, comme le voudrait une véritable destruction de l'art, il faudrait que sa couleur elle-même restât *quelconque*. Or ce n'est pas le cas : les couleurs du pop art sont *pensées,* et l'on peut même dire (véritable dénégation) : soumises à un *style ;* elles sont pensées d'abord parce que ce sont toujours les mêmes et qu'elles ont donc une valeur thématique ; ensuite parce que ce thème a valeur de sens : la couleur pop est ouvertement chimique ; elle renvoie agressivement à l'artifice de la chimie, dans son opposition à la Nature. Et si l'on admet que dans le champ plastique, la couleur est ordinairement le lieu de la pulsion, ces acryliques, ces aplats, ces laques, bref ces couleurs qui ne sont jamais des teintes, puisque la nuance en est bannie, veulent couper court au désir, à l'émoi : on pourrait dire à la limite qu'elles ont un sens moral, ou du moins qu'elles jouent systématiquement d'une certaine frustration. La couleur et même la substance (laque, plâtre) donnent un sens au pop art et par conséquent elles en font un art ; on peut s'en assurer en constatant que les artistes pop définissent facilement leurs toiles par la couleur des objets représentés: *Black girl, blue wall, red door* (Segal), *Two blackisch robes* (Dine).

*

Le pop est un art parce que, au moment même où il semble renoncer à tout sens, n'acceptant que de reproduire les choses dans leur platitude, il met en scène, selon des procédés qui lui sont propres et qui forment un style, un objet qui n'est ni la chose ni son sens, mais qui est: son signifiant, ou plutôt: le Signifiant. L'art, n'importe lequel, de la poésie à la bande dessinée ou à l'érotique, l'art existe à partir du moment où un regard a pour objet le Signifiant. Certes, dans les productions de l'art, il y a ordinairement du signifié (ici, la culture de masse), mais ce signifié, finalement, vient en position *indirecte:* pris en écharpe, si l'on peut dire; tant il est vrai que le sens, les jeux du sens, son abolition, son retour, ce n'est jamais rien d'autre qu'une *question de place*. Ce n'est d'ailleurs pas seulement parce que l'artiste pop met en scène le Signifiant que son œuvre relève de l'art; c'est aussi parce que cette œuvre est *regardée* (et non plus seulement vue); le pop a beau dépersonnaliser le monde, aplatir les objets, inhumaniser les images, remplacer l'artisanat traditionnel de la toile par une machinerie, il reste «du sujet». Quel sujet? Celui qui regarde, à défaut de celui qui fait. On peut bien fabriquer une machine, mais qui la contemple, lui, n'est est pas une: il désire, il a peur, il jouit, il s'ennuie, etc. C'est ce qui arrive avec le pop art.

*

J'ajoute: le pop est un art de l'essence des choses, c'est un art «ontologique». Voyez comment Warhol conduit ses répétitions – conçues d'abord comme un procédé destiné à détruire l'art: il répète l'image de façon à donner l'idée que l'objet tremble devant l'objectif ou le regard; et s'il tremble, dirait-on, c'est qu'il se cherche: il cherche son essence, il cherche à placer devant vous cette essence; autrement dit, le tremblement de la chose agit (c'est là son effet-sens) comme une pose: la pose autrefois, devant le chevalet du peintre ou l'appareil du photographe, n'était-elle pas l'affirmation d'une essence d'individu? Marylin, Liz, Elvis, Troy Donahue ne sont pas donnés à proprement parler selon leur contingence, mais selon leur identité éternelle: ils ont un «eidos», que le pop a pour tâche de représenter. Voyez maintenant Lichtenstein: lui ne répète pas, mais la tâche est la même: il dégrossit, il purifie l'image pour capter (et donner) quoi? son essence rhétorique: tout le travail de l'art consiste ici, non pas comme autrefois à gommer les artifices stylistiques du discours, mais au contraire à nettoyer l'image de tout ce qui, en elle, n'est pas rhétorique: ce qu'il faut expulser, comme un noyau vital, c'est l'essence du code. Le sens philosophique de ce travail est que les choses modernes n'ont pas d'autre essence que le code social qui les manifeste, en sorte qu'au fond elles ne sont plus jamais «produites» (par la Nature), mais tout de suite «reproduites»: la reproduction est l'être de la Modernité.

*

La boucle se ferme: non seulement le pop est un art, non seulement cet art est ontologique, mais encore sa référence est finalement – comme aux plus beaux temps de l'art classique: la Nature; non plus certes la Nature végétale, paysagiste, ou humaine, psychologique: la Nature aujourd'hui, c'est le social absolu, ou mieux encore (car il ne s'agit pas directement de politique) le Grégaire. Cette nouvelle Nature, le pop la prend en charge, et bien plus, qu'il le veuille ou non, ou plutôt qu'il le dise ou non, il la critique. Comment? en imposant à son regard (et donc au nôtre) une *distance.* Même si tous les artistes du pop n'ont pas eu avec Brecht un rapport privilégié (comme ce fut le cas de Warhol autour des années soixante), tous pratiquent à l'égard de l'objet, dépositaire du rapport social, une sorte de «distanciation» qui a valeur critique. Cependant, moins naïf ou moins optimiste que Brecht, le pop ne formule ni ne résout sa critique: poser l'objet «à plat», c'est poser l'objet à distance, mais c'est aussi refuser de dire comment cette distance pourrait être corrigée. Un trouble froid est apporté à la consistance du monde grégaire (monde «de masse»); l'ébranlement du regard est aussi «mat» que la chose représentée – et peut-être alors d'autant plus terrible. À travers toutes les (re-)productions du pop une question menace, interpelle: «*What do you mean?*» (titre d'un poster d'Allen Jones). C'est la question millénaire de cette très vieille chose: l'Art.

III

L'ACTION PARLÉE?

On lira dans cette section quelques textes représentatifs du courant des études de pragmatique, un terme à vrai dire assez flou et qui demande à être précisé.

Dans une première acception, et en partant des sciences du langage, on peut définir avec Catherine Kerbrat-Orecchioni la pragmatique comme « l'étude du langage en acte », ce qui ouvre au moins deux grands axes :

*– le langage en situation, soit la façon dont la parole actualise la langue dans l'*énonciation[1];

– le langage comme action, et c'est l'importante problématique des actes de langage développée depuis Austin.

Ces deux courants ont largement bousculé le dogme (structuraliste) de l'immanence du sens, qui avait entraîné celui de la clôture du texte : le sens d'une proposition était considéré comme suffisamment explicité par la connaissance des lois sémantiques (le lexique) et syntaxiques (la grammaire) de la phrase. Avec le troisième volet de la pragmatique, on assiste à un retour massif du sujet, émetteur, transmetteur ou récepteur des messages ; mais ce sujet pragmatique de l'énonciation est désormais saisi dans le réseau mouvant et complexe de ses relations, c'est un sujet assez peu substantiel, ou suffisant, il faut pour le connaître décrire les circonstances, le système ou « l'orchestre » dans lequel il évolue ici et maintenant. Cette inter-subjectivité relativise fortement les schémas trop linéaires ou binaires de la structure de la langue : le premier effet de la communication, c'est d'obliger à penser d'abord en termes de relation, et de réfuter ainsi une approche trop monadique[2], ou égologique, ou logocentrique de l'énonciation.

Pourquoi l'approche de la pragmatique mène-t-elle tout droit à la critique du logocentrisme ? Non seulement ego *se découvre pris et soluble dans la relation (d'où l'insistance de Pascal sur le mimétisme par exemple), mais le contenu verbal du message n'est plus considéré dans cette nouvelle approche comme l'essentiel ; le sens passe par de nombreux*

1. *Énonciation* : désigne le fait, l'acte ou l'événement de proférer un énoncé. Si celui-ci dit les faits, et constitue donc un signe, l'énonciation est elle-même un fait, et se trouve du côté des choses. Contrairement à l'énoncé, l'énonciation est donc *toujours vraie*. L'énoncé « la terre est plate » est réfuté par le mouvement des connaissances ; « j'affirme que la terre est plate », par contre, est une énonciation autovérifiante ou *self-evident* (il est faux que la terre soit plate, mais vrai que je l'affirme). Et je peux parfaitement le réaffirmer en l'écrivant ici même sans commettre aucune bourde, puisque le cadre de mon énonciation a vidé (a débrayé, ou *étiolé*) le contenu propositionnel de cet énoncé pour en faire... une citation, ou un exemple de pragmatique.

2. *Monade* désigne dans la philosophie de Leibniz l'être clos sur lui-même, « sans portes ni fenêtres ». Par extension, on nomme ainsi l'extrême individualisme d'un être en état d'autarcie ou de complétude, sans relations avec le monde extérieur (la régression monadique du sommeil).

autres canaux, et baigne dans le flux ou le milieu de la relation (elle-même façonnée par les médias disponibles). Communiquer, c'est toujours faire avec: *composer avec les autres sujets (à la fois rivaux et complémentaires) de l'interaction, comme avec les infrastructures du corps, des codes, des médias et des institutions qui amplifient ou relaient tel message. Les études de médiologie, qui envisagent le discours comme* parcours, *sont donc ici mitoyennes et prêtes à prolonger l'enquête pragmatique sur l'énonciation. De même la cybernétique, avec ses boucles de rétroaction et ses systèmes de copilotage, n'est pas sans incidence sur celle-ci. Nous allons voir avec les textes de Bateson, et de l'école de Palo Alto*[1], *la fécondité des échanges entre ces paradigmes voisins.*

Ta pragmata, *dont dérive notre pragmatique, désigne chez Aristote «les affaires humaines». Disons schématiquement l'ensemble des relations sujet-sujet, donc réflexives, symétriques ou complexes, qu'on opposera aux relations sujet-objet (plus simples?) qui constituent le domaine des connaissances et des actions scientifiques et techniques. Cette distinction n'est certes pas absolue, car nos relations intersubjectives sont médiatisées par des objets, et nos relations au monde objectif conduisent à nous grouper et à agir les uns sur les autres pour mieux agir sur lui. Mais on a tout de même intérêt à ne pas les confondre. Nous avons déjà dit que le propre d'une relation intersubjective ou pragmatique, qui apporte le sens, est qu'on ne peut l'instrumentaliser, en raison notamment des propriétés réflexives ou circulaires de la moindre de nos interactions. Si j'embarrasse quelqu'un, son embarras va très vite m'embarrasser; et si je cherche à l'écraser, lui-même ou ses alliés m'appliqueront tôt ou tard le même traitement. La relation pragmatique est mimétique, et «réverbérante». On voit que son étude déborde largement le domaine du langage. C'est néanmoins à propos et autour de la parole que la pragmatique a tenté de se constituer comme science.*

Si nous distinguons trois cercles concentriques, le premier sera constitué par l'étude de la «subjectivité dans le langage[2]*». Cette pragmatique énonciative fait l'inventaire des mots et des tournures par lesquels le sujet transforme son langage en discours, ou introduit sa marque dans ses énoncés: ce sont les déictiques, également nommés index, soit tous les petits mots comme* aujourd'hui, ici, là-bas..., *mais aussi les pronoms personnels, le temps des verbes, les modalisateurs et les évaluatifs, dont le déchiffrement impose de considérer le contexte de l'énonciation, et de savoir* qui parle.

«Qui est là? – Moi!» Seule une connaissance extra-linguistique de la relation peut assurer le succès d'un pareil dialogue. D'une façon générale ces études auront montré sur quelle énorme part d' implicite *(C. Kerbrat-Orecchioni) et de contexte repose l'intelligence de nos phrases, ou de nos performances communicationnelles. Ce contexte s'analyse en termes de présuppositions, d'«implicatures» ou de maximes conversationnelles*[3]*: par exemple l'étude des détours par lesquels nous atténuons nos ordres par des questions («Peux-tu me passer le sel?»), ou par des jugements d'évaluation («il fait bien froid dans cette pièce» = «augmentez le chauffage!»). De même, que d'excuses cachées dans des explications, et de supplications dans de simples constats!... Le calcul du sens d'une*

1. Mouvement d'idées qui s'est développé à Palo Alto (Californie), siège d'un hôpital psychiatrique accueillant les anciens combattants de l'armée américaine vers le milieu des années 1950. Bateson y mena un travail de recherche sur la communication chez les schizophrènes. Voir *infra*.
2. Titre d'un article d'Émile Benveniste repris dans *Problèmes de linguistique générale*. Cf. sa présentation *infra* par Catherine Kerbrat-Orecchioni.
3. Termes proposés et théorisés notamment par le pragmaticien et philosophe du langage Paul Grice, présentés au chapitre I dans le texte de J.-M. Besnier.

phrase exige généralement plus que son décodage sémantico-syntaxique, il peut se trouver enchâssé dans un contexte ludique, ironique ou mimo-gestuel qui débraye ou inverse son sens : comment prendre au pied de la lettre l'énoncé d'un serment accompagné... d'un bras d'honneur ? L'école de Palo Alto s'est notamment consacrée à l'étude du « langage silencieux[1] *», et des messages non verbaux (gestes, postures et distances de la « proxémique »). De même le sociologue Goffman a établi à sa manière le primat de la relation dans la communication en montrant longuement comment nous maintenons et sauvons nos faces, et nos places, au fil de nos interactions. « Toute communication s'analyse en contenu et relation*[2]*... », mais celle-ci vient d'abord, et constitue le siège et la souche du sens.*

Le deuxième cercle de la pragmatique s'intéresse moins au sens de nos messages qu'à leurs effets d'autorité ou d'efficacité symbolique : quand dire, c'est faire, *pour citer le titre du célèbre ouvrage d'Austin*[3]*, qui déclencha la problématique féconde des « actes de langage ». La recherche et la classification des « valeurs illocutoires » (soit de cette* force *qui habite le dire) propulsent à nouveau sur le devant de la scène l'énonciation et ses multiples modalités. Car ici encore, et à l'exception des performatifs primaires et autovalidants (toujours vrais) du type « J'affirme que... », c'est le contexte et le cadre de son énonciation qui feront qu'un acte de parole sera plein ou vide. Ces performatifs ont l'étrange capacité de modifier l'état du monde (« Je décrète la mobilisation générale... », « Oui, je prends pour femme... »), ou du moins la présente relation d'interlocution (« Je vous présente mes excuses », ou « Félicitations ! »). Mais cet engagement bien réel d'une parole, qui ne se contente pas de décrire le monde mais opère sur lui, suppose précisément en amont de la chaîne verbale toute une cascade d'autorisations ou de forces qui ne sont pas seulement symboliques.*

Si les mots recèlent une énergie, il faut qu'elle leur vienne d'ailleurs que de la seule articulation signifiante. Le calcul de cette force (illocutoire) met en évidence tout un cadre institutionnel ou le contexte d'une relation en général. La problématique des speech acts *a donc, autant que la pragmatique énonciative et conversationnelle, contribué à la critique du logocentrisme en décentrant la signification, explorée dans ses multiples foyers. La parole n'agit jamais que comme l'un des instruments de l'orchestre ; et le sujet parlant comme un conducteur, relais ou amplificateur d'un flux qui irrigue un système, et qui débordera toujours l'initiative personnelle. Il n'est pas tout à fait exact qu'on prenne la parole, c'est elle qui vous prend, ou vous délaisse. Et c'est la relation qui pilote l'énoncé.*

On doit ainsi à la pragmatique un recadrage et un retournement hiérarchique d'une certaine envergure : elle a compliqué les instances de l'émetteur et du récepteur, désormais entrelacés ou liés en boucle ; elle a révélé la polyphonie énonciative et le rôle des canaux qui doublent l'énoncé proprement linguistique, les effets de contexte, de marge et de cadre ; elle a désintellectualisé la parole en décrivant à côté des fonctions référentielles et cognitives, finalement assez minoritaires, tous les jeux de langage[4] *par lesquels nous gérons nos relations, nos « faces » et nos places ; et elle a bien sûr, en répondant mieux*

1. Edward T. Hall, *le Langage silencieux*, Seuil, 1984, et *la Dimension cachée*, Seuil, 1971, deux classiques des études de la communication non verbale.
2. Axiome fondateur de l'ouvrage collectif *Pragmatics of human communication* (*Une Logique de la communication*, traduction française au Seuil, 1972, présenté *infra*).
3. J. L. Austin, *Quand dire, c'est faire*, Seuil, 1970 (présenté *infra*).
4. Important concept introduit par le philosophe Ludwig Wittgenstein, présenté *infra*.

que le structuralisme à la question Qui parle ?, *montré la complexité de la notion de sujet, plus souvent « causé » que causant, soumis aux tours de parole et à leurs hiérarchies tournantes, enchevêtré aux médias et aux réseaux disponibles, partie toujours d'un* orchestre *qui l'englobe, l'entraîne et le soutient...*

Ce qu'on appelle un peu vite le sens résulte d'une sédimentation successive de signes, qui obéissent à des fonctionnements divers, comme nous l'avons vu au chapitre II. Nos performances langagières s'exercent depuis le sommet d'un empilement de couches non verbales, dont nous avons très peu conscience tout le temps que nous parlons. Il n'y a pas de messages sans médias (sans véhicules), mais nos messages nous cachent ces médias qui demeurent invisibles, dans la mesure où ils agissent[1]*. La connaissance des conditions par lesquelles nous pensons n'est pas elle-même pensée, sinon de façon lacunaire et tardive ; la relation et tous les paramètres psycho-sociologiques qui cadrent la parole ne se laissent pas aisément découper. Ce qu'on appelle en bref le* milieu *(d'où nous tirons nos médias) n'est pas facile à dénombrer ni à formaliser, tout élément y est à la fois enchâssant et enchâssé, causant et causé. La célèbre note de Pascal, dans le passage de ses* Pensées *consacré à cette notion de milieu, vaudrait aussi pour notre pragmatique où l'on* cause, *et où l'on* s'entretient *: « Toutes choses étant causées et causantes, aidées et aidantes, médiates et immédiates, et toutes s'entretenant par un lien naturel et insensible qui lie les plus éloignées et les plus différentes, je tiens pour impossible de connaître les parties sans connaître le tout, non plus que de connaître le tout sans connaître particulièrement les parties. »*

Quand nous mettons en circulation un message, le sens qu'il véhicule ne réside pas en nous, et nul ne le possède en propre, ni ne peut d'avance le clôturer. Les études d'émission et de réception des messages menées en pragmatique suggèrent que le sens toujours demeure entre nous, *en dispute, comme un ballon qui rebondit dans une mêlée. C'est aux jeux qu'il faut toujours se référer pour comprendre* ce que parler veut dire[2], *aux jeux dans leur indénombrable multiplicité (car, comme Wittgenstein l'a souligné, nous ne cessons d'en inventer, et de modifier les règles déjà existantes). La parole est en jeu dans le jeu plus général du monde, et elle-même est jeu, création ou praxis, l'œuvre continuée d'un collectif, lequel se crée d'ailleurs récursivement en la créant.*

Il existe enfin un troisième cercle, le plus étendu et diffus à la périphérie de ces études, qui correspond à l'acception large de notre concept : pragmatique, relation d'intersubjectivité. C'est lui qui donne son titre à l'ouvrage princeps de l'école de Palo Alto, Pragmatics of human communication. *C'est dans cette ouverture qu'il faut également situer les héritiers de l'école de Francfort Karl Otto Apel et Jürgen Habermas. Leur point de départ est de montrer comment la raison pratique et la raison théorique, dissociées chez Kant, ont une commune origine, précisément dans la communication et ses modalités concrètes d'exercice : l'argumentation. La conception philosophique du sens, de la raison et de la vérité en sort nécessairement modifiée. La logique se fait* dialogique, *et l'anthropologie doit être repensée d'* un point de vue relationnel *(ce point de vue est développé dans l'œuvre du philosophe Francis Jacques).*

De très anciens débats s'en trouvent actualisés. Nous assistons en particulier au retour de la rhétorique, tombée dans l'oubli à l'époque où une raison « pure », calquée sur le modèle théorico-déductif des sciences dures, triomphait. Avec le recul de ce modèle, qui

1. Ce point sera repris dans notre section consacrée à la médiologie, *infra* chapitre VI.
2. Pierre Bourdieu, *Ce que parler veut dire*, Fayard, 1982.

se révèle impraticable dans le champ des « affaires humaines », Cicéron redevient un auteur moderne et important. Et avec lui tous ceux qui, concevant un certain type de vérité non comme adéquation de l'esprit et des choses, mais de l'esprit avec d'autres esprits (le fameux consensus*), ont théorisé le pouvoir comme pilotage sémiotique et gestion douce des apparences.*

Pour comprendre notre démocratie audiovisuelle et médiocrate, il est urgent de redécouvrir les rhéteurs. Et avec eux de relire Pascal ou Baltasar Gracián qui ont su dès l'époque classique, et avec moins de cynisme que d'autres, pointer l'agir sous le dire, la stabilisation de l'être à la surface du paraître, et les machinations du miroir ou de l'imaginaire au cœur du social.

De l'orateur
(55 av. J.-C.)

CICÉRON
(106 – 43 av. J.-C.)

S'il est vrai que la civilisation romaine peut être considérée comme la première grande « société de communication [1] », son héros et son théoricien fut sans conteste Cicéron, un avocat de grande culture intimement mêlé à la vie politique et aux « affaires ». Son œuvre abondante, largement démarquée d'Aristote, codifia et romanisa l'art oratoire des Grecs. Dans une société fondée sur la parole, où les procès se multipliaient et où l'opinion publique était appelée à connaître le fonctionnement de l'État, l'éloquence était l'âme de la cité, et l'outil de l'exercice du pouvoir.

De l'orateur *est son ouvrage le plus connu, apprécié et relu jusqu'au XIXe siècle (« un chef-d'œuvre de bon sens, de pensée généreuse et haute (...) le plus original et le plus complet des traités de rhétorique », rapporte Roland Barthes dans son* Aide-mémoire [2]*). Cicéron l'écrivit pour moraliser et civiliser la parole, menacée de certaines dérives (la sophistique dénoncée par Platon, mais aussi le goût latin de l'emphase et de la poudre aux yeux). La rhétorique judiciaire est inséparable d'une certaine forme de vertu, puisqu'elle s'exerce en guise de réparation, et veut prévenir d'autres recours à la force. À la violence subie doit s'opposer la vérité, et la conciliation des parties : le métier de l'orateur est de parvenir à convaincre, et il doit pour cela mobiliser toutes les règles de la logique et d'un bon discernement ; son exposition du cas doit être probante et claire (n'oublions pas qu'à Rome il n'y avait aucune instruction préalable, les juges découvraient en arrivant à l'audience le cas qui leur était soumis). Mais surtout après avoir prouvé, il lui faut plaire et émouvoir :* probare, conciliare *et* movere, *telles sont les missions canoniques qui composent l'*invention. *Laquelle est en bonne rhétorique le premier maillon d'une chaîne où figurent à sa suite la* disposition, *l'*élocution *et l'*action.

*De ce long dialogue où les orateurs présentent à tour de rôle leurs conceptions de la rhétorique et leurs savoirs respectifs, nous extrayons une partie du discours d'Antoine consacré, dans l'*invention, *au troisième but de l'avocat, « movere ». La conviction* (fidem facere) *relève de la logique qui classe les différentes formes de raisonnement, d'administra-*

1. Pierre Grimal, *Cicéron*, Fayard, Paris, 1986.
2. Roland Barthes, « L'ancienne rhétorique, Aide-mémoire », revue *Communications*, n° 16.

tion de la preuve et d'établissement des faits. Mais plus avantageuse et saisissante que celle-ci, la psychologie est l'art d'émouvoir (animos impellere) *et de conduire les passions.*

Les passions constituent la matière première de l'orateur ; il ne faut pas les interpréter, encore moins chercher à les guérir, elles sont la chose même à faire travailler, ou à combiner. Cette vision toute pragmatiste vient certes d'Aristote, qui avait dans sa Rhétorique *appliqué la technique à la connaissance, et s'opposait en cela à Platon (le mépris de Platon pour la rhétorique est d'abord un mépris pour l'application de techniques serviles, ou réservées aux masses, aux arts libéraux de l'esprit). L'auteur de l'*Éthique à Nicomaque *y explique au contraire l'excellence de ce que nous appellerions le cliché, c'est-à-dire le langage spontané et général des masses, comme tel indépassable dès qu'il s'agit de leur parler. Or que sont les passions sinon nos clichés, ce que nous avons en commun et qui nous permet donc de bien communiquer ?*

Mais cette combinatoire ou cette grammaire (cette ingénierie*) des passions est inséparable de la vertu, précisément conçue comme domination des passions. Antoine, dans son discours, explique comment maîtriser, doser et disposer celles-ci : comment les mettre, si l'on peut dire, au travail. Mais comment les connaître sans commencer soi-même par les ressentir ? Un idéal de l'honnête homme se dégage donc du portrait de l'orateur, cultivé, compatissant (au sens étymologique de la sym-pathie, qui partage la souffrance), et conciliant. Il est frappant que cette morale civique corresponde, au plan international, à la politique romaine d'assimilation et de traduction. L'Empire romain sut intégrer tour à tour en une synthèse originale, et qui ne reposait pas seulement sur la force de ses légions, la culture grecque, les influences orientales et, pour finir, le christianisme.*

Source : De l'orateur, *LI. 205 – LIV 216, livre II, texte établi et traduit par Edmond Courbaud, Les Belles Lettres, Paris, 1959.*

Bibliographie : Roland Barthes, *« L'ancienne rhétorique, Aide-mémoire », revue* Communications, *n° 16, Seuil, Paris, 1970 ; Philippe Breton et Serge Proulx,* l'Explosion de la communication *(chapitre II, « la Puissance de la rhétorique »), La Découverte, Paris, 1989 ; Pierre Grimal,* Cicéron, *Fayard, Paris 1986.*

Livre II

Pourtant, reprit Antoine, si vous le jugez à propos, je vais vous indiquer aussi les règles auxquelles je m'attache toutes les fois que je plaide, et les points que je considère comme les plus importants. Une longue expérience et l'habitude des grandes affaires m'ont appris par quels ressorts on remue le cœur des hommes.

Les moyens d'éveiller les passions

LI. 205 J'examine d'abord si la cause demande de grands mouvements. Car il ne faut employer ces feux d'une éloquence brûlante ni dans de petits sujets ni devant des auditeurs si mal disposés que rien ne saurait les fléchir en notre faveur : nous risquerions de nous rendre ridicules ou odieux, si nous allions nous hausser sur le cothurne tragique pour parler de bagatelles ou essayer d'arracher de vive force ce qu'il n'est même pas possible d'ébranler. **206** Les sentiments qu'il nous importe le plus de faire naître dans l'âme des juges, ou de nos auditeurs quels qu'ils soient, sont l'affection, la haine, la colère, l'envie, la pitié, l'espérance, la joie, la crainte, le mécontentement. Le moyen de nous gagner l'affection, c'est de paraître soutenir, avec la justice, les intérêts de ceux mêmes qui nous écoutent, et travailler pour les gens de bien, ou du moins pour les gens qui peuvent faire du bien et être utiles à nos juges. Dans ce dernier cas, nous inspirons surtout de l'affection; dans le premier, en défendant la vertu, nous inspirons de l'estime. J'ajoute qu'il est plus profitable de faire espérer un avantage futur que de rappeler quelque service passé. **207** Cherchez à montrer que votre cause est celle de l'honneur ou de l'utilité, et que ce client, auquel il s'agit de gagner les cœurs, n'a nullement eu en vue un avantage personnel et ne s'est décidé par aucun mobile égoïste. On voit d'un mauvais œil ses semblables, quand ils poursuivent des fins particulières; on les aime au contraire, quand ils s'empressent d'obliger autrui. **208** Gardons-nous ici, toutefois, d'exalter outre mesure le mérite ou la gloire de ceux dont nous voulons faire aimer les services : gloire et mérite sont choses qui d'ordinaire n'excitent que trop l'envie.

Les mêmes sources nous fournissent des moyens pour soulever la haine contre nos adversaires ou l'écarter de nous et de nos clients, pour enflammer la colère ou pour l'apaiser. Exagérez devant votre public les conséquences d'un acte qui lui est pernicieux ou inutile, aussitôt vous créez de la haine. Que cet acte ait blessé les gens de bien ou les personnes qui méritaient le plus d'être respectées ou la république, alors vous provoquez, sinon une haine aussi vive, du moins une disposition hostile qui ressemble fort à l'aversion ou à la haine. **209** Pareillement vous jetez la crainte dans l'âme des auditeurs par le tableau soit de leurs dangers personnels soit des dangers publics. Sans doute la crainte qui a nous-mêmes pour objet nous touche plus à fond; mais vous aurez soin de présenter les choses de telle sorte que le péril de l'État vienne se confondre avec celui de chacun.

LII. Il en est de façon semblable, identique, touchant l'espérance, la joie, le déplaisir. Peut-être cependant les mouvements de l'envie sont-ils de tous les plus violents, et ne faut-il pas moins de force pour réprimer cette passion que pour la produire. Les hommes portent surtout envie à leurs égaux ou à leurs inférieurs, lorsqu'ils se sentent dépassés et qu'avec dépit ils voient que les autres ont pris leur essor. Mais souvent c'est contre nos supérieurs que nous avons ce même sentiment; nous l'avons d'autant plus qu'ils prennent davantage une attitude d'intolérable jactance et, infatués de leur rang ou de leur fortune, se mettent au-dessus du niveau commun de la loi. Voulons-nous rendre leur élévation plus odieuse, disons que, loin d'être le résultat de la vertu, elle est due au vice et à la bassesse; puis, si elle repose sur des mérites par trop estimables et sérieux, affirmons que rien ne saurait compenser l'insolence et l'orgueil du personnage.**210** S'agit-il au contraire d'apaiser l'envie; disons que tout ce que notre client a obtenu, il le possède au prix des plus grands travaux, des plus grands périls; que ce sont autant de biens qu'il a réunis dans l'intérêt des autres et non dans le sien propre; que si quelque gloire semble lui être venue, encore qu'elle soit la juste récompense des risques affrontés, elle n'a point de charmes pour lui; qu'il s'en dépouille entièrement, qu'il y renonce. Et comme les hommes en général sont envieux, que ce vice, le plus commun et le plus universel, s'attache surtout aux conditions élevées et brillantes, appliquons-nous à rabattre la haute idée qu'on s'en fait, à montrer que ces fortunes d'apparence si flatteuse sont toujours mêlées de peines et de misères.

211 La pitié enfin, nous serons sûrs de l'inspirer, si l'auditeur est amené à retrouver dans l'infortune que nous déplorons chez autrui les maux dont il a souffert lui-même ou qu'il craint d'éprouver; si, à la vue de malheurs étrangers, il fait de fréquents retours sur sa propre personne. Les exemples individuels de la détresse humaine produisent une forte impression, exposés d'une manière pathétique; mais ce qui excite le plus vivement l'intérêt, c'est la vertu frappée et accablée par le sort. Et autant la partie du discours, qui a pour objet de commander l'orateur, de le présenter comme un homme de bien exige, ainsi que je l'ai dit souvent, un ton doux et un peu relâché, autant celle-ci, où il importe pour l'orateur de changer les dispositions des juges et d'entraîner les cœurs à tout prix, doit être tendue et véhémente.

LIII. 212 Mais entre ces deux genres, dont je veux que l'un soit doux et l'autre véhément, il existe une liaison telle que leurs frontières sont difficiles à discerner. Car de la douceur, qui nous rend sympathiques à notre auditoire, il faut que se répande quelque chose jusque dans l'élan impétueux par lequel nous remuons les âmes, et, inversement, de cette passion doit partir un souffle qui vienne quelquefois animer la douceur. Le plus heureux mélange est obtenu, quand l'âpreté de la discussion s'assaisonne chez l'orateur de sentiments humains et que la douceur, avec sa tendance à la faiblesse, se fortifie par un appoint de fermeté où elle trouve du ressort. **213** D'ailleurs, qu'on emploie l'un ou l'autre de ces genres, celui qui demande de la force et de la chaleur ou celui qui cherche à tirer parti de la peinture des mœurs et du caractère, il faut être lent à y entrer, mais ensuite, avant d'en sortir, en multiplier, en prolonger les effets. Ne vous jetez pas dès l'abord dans ces développements (ils sont étrangers à la cause; or les juges veulent qu'on leur parle, avant tout, de la question qui leur est soumise); seulement, une fois engagé, ne vous hâtez point de les quitter. **214** Sitôt qu'une preuve a été mise en avant, l'auditeur la saisit, et il en attend une seconde, puis une troisième; il n'en est pas de même des émotions, de la pitié, de l'envie, de la colère: il ne suffit pas d'un effort, d'un coup pour les faire naître. En outre la raison du juge vient d'elle-même appuyer la preuve et, celle-ci à peine produite, elle s'y attache, s'en pénètre. Mais, pour ce qui touche aux passions, il ne s'agit plus d'éclairer les esprits, il s'agit de troubler les âmes; l'on ne saurait y parvenir sans une parole riche, variée, abondante, sans une action d'une chaleur en rapport avec le discours. L'orateur concis, dont le ton ne s'élève jamais, peut instruire les juges, il ne peut les émouvoir; et cependant tout est là.

Maintenant vous voyez avec évidence que les mêmes « lieux », quel que soit le cas, fournissent également des moyens pour et contre. On réfute une preuve, soit en ruinant les bases sur lesquelles elle repose, soit en démontrant que les conclusions en sont mal déduites et ne découlent pas des prémisses. À défaut de réfutation de ce genre, on opposera aux preuves de l'adversaire des preuves contraires qui aient ou plus ou autant de poids. **216** Enfin, quand l'adversaire aura tâché de se concilier la bienveillance par la douceur ou d'émouvoir par la véhémence, on effacera l'impression produite, à l'aide d'impressions contraires, on détruira la bienveillance par la haine ou la pitié par l'envie.

La plaisanterie

LIV. La plaisanterie d'autre part et les bons mots sont d'un agréable effet et souvent aussi d'un grand secours dans les plaidoiries. Mais, à supposer qu'on puisse enseigner d'une manière méthodique toutes les autres parties du talent oratoire, celle-ci certainement, qui est un pur don de la nature, échapperait toujours aux règles. En ce genre tu as sur tes rivaux, César, une supériorité, selon moi incontestable. Ton témoignage n'en a que plus de prix, s'il confirme mon idée, qu'il n'existe point de règles pour la plaisanterie; et, s'il en existe, à toi seul il appartient de nous en instruire.

Trois Discours sur la condition des grands

(1660)

BLAISE PASCAL
(1623-1662)

Comment, demande Pascal, les hommes en viennent-ils à se courber et à s'abaisser à ce point, et d'autres à s'élever au faîte de la puissance ? Gouverner, c'est en imposer, mais la force n'y suffit pas : tout pouvoir un peu durable repose sur un consensus. L'analyse des rapports de domination devra donc montrer comment la force est relayée par les signes, ou comment la guerre se prolonge dans les jeux sémiotiques. La mise en scène de soi dans la vie quotidienne, chère à Goffman, ou l'énigme de l'efficacité symbolique, sont au cœur de la réflexion des Pensées. *Pascal y retrace la genèse de la domination en examinant tout l'éventail sémiotique, depuis les indices comportementaux jusqu'aux mots et aux insignes d'un pouvoir toujours saisi en acte, et en situation.*

À la racine de l'aliénation se trouve l'homme déchu qui rêve d'être tout, mais connaît intimement son néant. Dès lors l'individu oscille entre deux infinis ou abîmes, à la recherche d'une base pour son être évanescent. L'ordre politique en découle, où s'observe la complémentarité étroite des dominants et des dominés : même « servitude volontaire » de part et d'autre.

Ne parvenant à connaître objectivement sa mesure, le moi (ce roi plein de misère) demeure constitutivement imaginaire, ou spéculaire. Chacun se compare et prend les autres pour miroir, dans un mimétisme sans fond ni frein. D'où le narcissisme, symptôme de notre chute ; mais ce narcissisme est toujours indirect, ou déjà social, chacun se voyant comme un autre, et se représentant à partir de l'image que les autres lui renvoient (ou qu'il attend d'eux). La vanité ou l'amour-propre forment le fond de cette concupiscence, à laquelle nous devons nos relations déchirées, dans les jeux de miroirs et la guerre des désirs croisés.

Car nos désirs n'ont d'autre objet que cette insaisissable image (Girard et Lacan développeront la leçon de Pascal). Dans l'ordre du désir, l'objet compte toujours pour rien : nous recherchons non la prise mais la chasse ; les « grands emplois » donnent l'envie d'emplois supérieurs (jusqu'au désir d'être roi), de même le gain pour le joueur, la vérité pour le savant. C'est le manque qui excite la passion, que l'image attise. Misère de l'homme concupiscent (Dom Juan), ennemi de tout repos, toujours il faut « sortir et mendier le tumulte »... « Nous ne cherchons jamais les choses mais la recherche des choses », nous désirons le désir (de l'autre...) ; et c'est pourquoi loin de toute objectivité, ou de durables propriétés, *l'intersubjectivité donc notre société reposent sur un abîme.*

Hobbes fondait le comportement sur la conservation de soi. Plus radical, Pascal explique l'homme par l'amour-propre, qui peut mettre l'image au-dessus de la vie, et faire préférer la mort au nom de la gloire *(comme en témoignent les duels). En refusant de fonder la condition humaine sur une quelconque réserve ou substance que nous posséderions en propre, Pascal place la* relation *au-dessus de tout* contenu *(la chasse au-dessus de la prise). Cette anthropologie très moderne identifie notre condition à un désir d'accumulation et de rivalité indéfinies, qui se vérifie par la guerre incessante que se font les grands, mais aussi par l'ordre (ou le désordre) bourgeois en train d'inventer la croissance capitaliste.*

Du même coup, Pascal nous décrit la société comme celle d'une communication ou d'une exposition (d'un spectacle) forcenées : tout homme veut paraître pour augmenter son être, la guerre fait rage pour construire et maintenir l'image de chacun (qui doit pour rayonner affaiblir celle des autres, car tout prestige gagné ici en retire là). En bref nous menons une « vie imaginaire », et courons à notre malheur. Ce n'est donc pas la nature qui a horreur du vide (Pascal a mesuré celui-ci par de célèbres expériences), mais l'individu psychologique et social, qui découvre ce vide en lui dès qu'il s'inspecte, qui s'en détourne et met tous ses soins à l'oublier (dans le fameux divertissement).

La conséquence politique de cette morale est de montrer que l'État ne repose sur aucun contrat stable, encore moins sur un droit naturel : les différences de nature normales entre les hommes ne fondent aucunement les « différences d'établissement ». Tout provient de la volonté des uns et des autres, volontés entretenues et sanctionnées par des signes. À la base de l'édifice se découvre le hasard, aussitôt maquillé en nécessité par une méprise constitutive, ou un fantasme : le peuple « croit que la noblesse est une grandeur réelle et il considère presque les grands comme étant d'une autre nature que les autres » (Premier discours sur la condition des grands). *Les grands eux-mêmes ont tôt fait d'embrasser cette illusion, qui du coup devient vraie. Des imaginaires croisés et de leurs effets d'anticipation ou d'annonce, surgit un ordre stable. Bel exemple de prophétie autoréalisatrice, ou d'efficacité symbolique.*

Pascal anticipe également ainsi le modèle de l'ordre à partir du bruit [1]*, quand il remarque que l'obéissance et le service mutuels surgissent de cette concupiscence, à tous les étages de l'édifice social. Courtisans, philosophes, laquais ou cuisinières, tous recherchent les marques d'estime réciproque, et ce désir refoule nécessairement la violence : « On a fondé et tiré de la concupiscence des règles admirables de police, de morale et de justice ; mais, dans le fond, ce vilain fond de l'homme (...) n'est que couvert : il n'est pas ôté » (fragment 135, Gallimard, Bibliothèque de la Pléiade, p. 1126). Hasard, méprise, désir sans frein, images et dissimulation : tel est l'état indépassable de la communication humaine non régie par la charité, ou la grâce.*

Les trois Discours sur la condition des grands *furent prononcés à l'automne 1660 pour un enfant de haute condition, Charles Honoré de Chevreuse, le fils aîné du duc de Luynes, « afin de l'élever de la manière la plus proportionnée à l'état où Dieu l'appelait et de le mettre en garde contre les débuts auxquels la grandeur porte d'elle-même ceux qui y sont nés : la méconnaissance de soi qui leur fait croire que les biens dont ils jouissent leur étaient dus ; l'estime des avantages extérieurs qui leur fait mépriser les qualités d'esprit et de vertu ; le pouvoir de satisfaire toutes ses inclinations, qui les entraîne à toutes sortes d'excès » (précise l'édition de la Pléiade d'après le traité de Nicole,* De l'éducation d'un prince, *1670).*

Source : *Blaise Pascal,* Œuvres complètes, Gallimard, *Bibliothèque de la Pléiade.*

Bibliographie : Louis Marin, le Portrait du roi, *Minuit, Paris, 1981 (particulièrement pp. 261-290) ; Christian Lazzeri, « les Signes du pouvoir : essai sur la politique de Pascal »,* in *revue* Hermès, *n° 1, « Théorie politique et communication », Éditions du CNRS, Paris, 1988.*

1. C'est-à-dire la question de savoir comment des interactions désordonnées peuvent engendrer un ordre stable, par exemple dans le modèle de la « main invisible » développé par Adam Smith en économie, qui dérive l'intérêt général ou le bien commun du libre jeu des passions et des désirs individuels. Ce modèle et ses dérivés seront examinés *infra* chapitre V.

Premier discours

POUR ENTRER DANS LA VÉRITABLE CONNAISSANCE de votre condition, considérez-la dans cette image.

Un homme est jeté par la tempête dans une île inconnue, dont les habitants étaient en peine de trouver leur roi, qui s'était perdu ; et, ayant beaucoup de ressemblance de corps et de visage avec ce roi, il est pris pour lui, et reconnu en cette qualité par tout ce peuple. D'abord il ne savait quel parti prendre ; mais il se résolut enfin de se prêter à sa bonne fortune. Il reçut tous les respects qu'on lui voulut rendre, et il se laissa traiter de roi.

Mais, comme il ne pouvait oublier sa condition naturelle, il songeait, en même temps qu'il recevait ces respects, qu'il n'était pas ce roi que ce peuple cherchait, et que ce royaume ne lui appartenait pas. Ainsi il avait une double pensée : l'une par laquelle il agissait en roi, l'autre par laquelle il reconnaissait son état véritable, et que ce n'était que le hasard qui l'avait mis en place où il était. Il cachait cette dernière pensée, et il découvrait l'autre. C'était par la première qu'il traitait avec le peuple, et par la dernière qu'il traitait avec soi-même.

Ne vous imaginez pas que ce soit par un moindre hasard que vous possédez les richesses dont vous vous trouvez maître, que celui par lequel cet homme se trouvait roi. Vous n'y avez aucun droit de vous-même et par votre nature, non plus que lui : et non seulement vous ne vous trouvez fils d'un duc, mais vous ne vous trouvez au monde, que par une infinité de hasards. Votre naissance dépend d'un mariage, ou plutôt de tous les mariages de ceux dont vous descendez. Mais d'où ces mariages dépendent-ils ? D'une visite faite par rencontre, d'un discours en l'air, de mille occasions imprévues.

Vous tenez, dites-vous, vos richesses de vos ancêtres ; mais n'est-ce pas par mille hasards que vos ancêtres les ont acquises et qu'ils les ont conservées ? Vous imaginez-vous aussi que ce soit par quelque loi naturelle que ces biens ont passé de vos ancêtres à vous ? Cela n'est pas véritable. Cet ordre n'est fondé que sur la seule volonté des législateurs qui ont pu avoir de bonnes raisons, mais dont aucune n'est prise d'un droit naturel que vous ayez sur ces choses. S'il leur avait plu d'ordonner que ces biens, après avoir été possédés par les pères durant leur vie, retourneraient à la république après leur mort, vous n'auriez aucun sujet de vous en plaindre.

Ainsi tout le titre par lequel vous possédez votre bien n'est pas un titre de nature, mais d'un établissement humain. Un autre tour d'imagination dans ceux qui ont fait les lois vous aurait rendu pauvre ; et ce n'est que cette rencontre du hasard qui vous a fait naître, avec la fantaisie des lois favorables à votre égard, qui vous met en possession de tous ces biens.

Je ne veux pas dire qu'ils ne vous appartiennent pas légitimement, et qu'il soit permis à un autre de vous les ravir, car Dieu, qui en est le maître, a permis aux sociétés de faire des lois pour les partager ; et quand ces lois sont une fois établies, il est injuste de les violer. C'est ce qui vous distingue un peu de cet homme qui ne posséderait son royaume que par l'erreur du peuple ; parce que Dieu n'autoriserait pas cette possession et l'obligerait à y renoncer, au lieu qu'il autorise la vôtre. Mais ce qui vous est entièrement commun avec lui, c'est que ce droit que vous y avez n'est point fondé, non plus que le sien, sur quelque qualité et sur quelque mérite qui soit en vous et qui vous en rende digne. Votre âme et votre corps sont d'eux-mêmes indifférents à l'état de batelier, ou à celui de duc ; et il n'y a nul lien naturel qui les attache à une condition plutôt qu'à une autre.

Que s'ensuit-il de là ? Que vous devez avoir, comme cet homme dont nous avons parlé, une double pensée ; et que si vous agissez extérieurement avec les hommes selon votre rang, vous devez reconnaître, par une pensée plus cachée mais plus véritable que vous n'avez rien naturellement au-dessus d'eux. Si la pensée publique vous élève au-dessus du commun des hommes, que l'autre vous abaisse et vous tienne dans une parfaite égalité avec tous les hommes; car c'est votre état naturel.

Le peuple qui vous admire ne connaît pas peut-être ce secret. Il croit que la noblesse est une grandeur réelle et il considère presque les grands comme étant d'une autre nature que les autres. Ne leur découvrez pas cette erreur si vous voulez; mais n'abusez pas de cette élévation avec insolence, et surtout ne vous méconnaissez pas vous-même en croyant que votre être a quelque chose de plus élevé que celui des autres.

Que diriez-vous de cet homme qui aurait été fait roi par l'erreur du peuple, s'il venait à oublier tellement sa condition naturelle, qu'il s'imaginât que ce royaume lui était dû, qu'il le méritait et qu'il lui appartenait de droit? Vous admireriez sa sottise et sa folie. Mais y en a-t-il moins dans les personnes de condition qui vivent dans un si étrange oubli de leur état naturel?

Que cet avis est important! Car tous les emportements, toute la violence et toute la vanité des grands vient de ce qu'ils ne connaissent point ce qu'ils sont: étant difficile que ceux qui se regarderaient intérieurement comme égaux à tous les hommes, et qui seraient bien persuadés qu'ils n'ont rien en eux qui mérite ces petits avantages que Dieu leur a donnés au-dessus des autres, les traitassent avec insolence. Il faut s'oublier soi-même pour cela, et croire qu'on a quelque excellence réelle au-dessus d'eux; en quoi consiste cette illusion que je tâche de vous découvrir.

Second discours

Il est bon, Monsieur, que vous sachiez ce que l'on vous doit, afin que vous ne prétendiez pas exiger des hommes ce qui ne vous est pas dû; car c'est une injustice visible: et cependant elle est fort commune à ceux de votre condition, parce qu'ils en ignorent la nature.

Il y a dans le monde deux sortes de grandeurs; car il y a des grandeurs d'établissement et des grandeurs naturelles. Les grandeurs d'établissement dépendent de la volonté des hommes, qui ont cru avec raison devoir honorer certains états et y attacher certains respects. Les dignités et la noblesse sont de ce genre. En un pays on honore les nobles, en l'autre les roturiers; en celui-ci les aînés, en cet autre les cadets. Pourquoi cela? Parce qu'il a plu aux hommes. La chose était indifférente avant l'établissement: après l'établissement elle devient juste, parce qu'il est injuste de la troubler.

Les grandeurs naturelles sont celles qui sont indépendantes de la fantaisie des hommes, parce qu'elles consistent dans des qualités réelles et effectives de l'âme ou du corps, qui rendent l'une ou l'autre plus estimable, comme les sciences, la lumière de l'esprit, la vertu, la santé, la force.

Nous devons quelque chose à l'une et à l'autre de ces grandeurs; mais comme elles sont d'une nature différente, nous leur devons aussi différents respects.

Aux grandeurs d'établissement, nous leur devons des respects d'établissement, c'est-à-dire certaines cérémonies extérieures qui doivent être néanmoins accompagnées, selon la raison, d'une reconnaissance intérieure de la justice de cet ordre, mais qui ne nous font pas concevoir quelque qualité réelle en ceux que nous honorons de cette sorte. Il faut parler aux rois à genoux; il faut se tenir debout dans la chambre des princes. C'est une sottise et une bassesse d'esprit que de leur refuser ces devoirs.

Mais pour les respects naturels qui consistent dans l'estime, nous ne les devons qu'aux grandeurs naturelles; et nous devons au contraire le mépris et l'aversion aux qualités contraires à ces grandeurs naturelles. Il n'est pas nécessaire, parce que vous êtes duc, que je vous estime; mais il est nécessaire que je vous salue. Si vous êtes duc et honnête homme, je rendrai ce que je dois à l'une et à l'autre de ces qualités. Je ne vous refuserai point les cérémonies que mérite votre qualité de duc, ni l'estime que mérite celle d'honnête homme. Mais si vous étiez duc sans être honnête homme, je vous ferais encore justice; car en vous rendant les devoirs extérieurs que l'ordre des hommes a attachés à votre naissance, je ne manquerais pas d'avoir pour vous le mépris intérieur que mériterait la bassesse de votre esprit. Voilà en quoi consiste la justice de ces devoirs.

Et l'injustice consiste à attacher les respects naturels aux grandeurs d'établissement, ou à exiger les respects d'établissement pour les grandeurs naturelles. M. N... est un plus grand géomètre que moi; en cette qualité il veut passer devant moi: je lui dirai qu'il n'y entend rien. La géométrie est une grandeur naturelle; elle demande une préférence d'estime; mais les hommes n'y ont attaché aucune préférence extérieure. Je passerai donc devant lui; et l'estimerai plus que moi, en qualité de géomètre. De même si, étant duc et pair, vous ne vous contentez pas que je me tienne découvert devant vous, et que vous voulussiez encore que je vous estimasse, je vous prierais de me montrer les qualités qui méritent mon estime. Si vous le faisiez, elle vous est acquise, et je ne vous la pourrais refuser avec justice; mais si vous ne le faisiez pas, vous seriez injuste de me la demander, et assurément vous n'y réussiriez pas, fussiez-vous le plus grand prince du monde.

Troisième discours

Je veux vous faire connaître, Monsieur, votre condition véritable; car c'est la chose du monde que les personnes de votre sorte ignorent le plus. Qu'est-ce, à votre avis, d'être grand seigneur? C'est être maître de plusieurs objets de la concupiscence des hommes, et ainsi pouvoir satisfaire aux besoins et aux désirs de plusieurs. Ce sont ces besoins et ces désirs qui les attirent auprès de vous, et qui font qu'ils se soumettent à vous: sans cela ils ne vous regarderaient pas seulement; mais ils espèrent, par ces services et ces déférences qu'ils vous rendent, obtenir de vous quelque part de ces biens qu'ils désirent et dont ils voient que vous disposez.

Dieu est environné de gens pleins de charité, qui lui demandent les biens de la charité qui sont en sa puissance: ainsi il est proprement le roi de la charité.

Vous êtes de même environné d'un petit nombre de personnes, sur qui vous régnez en votre manière. Ces gens sont pleins de concupiscence. Ils vous demandent les biens de la concupiscence; c'est la concupiscence qui les attache à vous. Vous êtes donc proprement un roi de concupiscence. Votre royaume est de peu d'étendue; mais vous êtes égal en cela aux plus grands rois de la terre – ils sont comme vous des rois de concupiscence. C'est la concupiscence qui fait leur force, c'est-à-dire la possession des choses que la cupidité des hommes désire.

Mais en connaissant votre condition naturelle, usez des moyens qu'elle vous donne, et ne prétendez pas régner par une autre voie que par celle qui vous fait roi. Ce n'est point votre force et votre puissance naturelle qui vous assujettit toutes ces personnes. Ne prétendez donc point les dominer par la force, ni les traiter avec dureté. Contentez leurs justes désirs; soulagez leurs nécessités; mettez votre plaisir à être bienfaisant; avancez-les autant que vous le pourrez, et vous agirez en vrai roi de concupiscence.

Ce que je vous dis ne va pas bien loin; et si vous en demeurez là, vous ne laisserez pas de vous perdre; mais au moins vous vous perdrez en honnête homme. Il y a des gens qui se damnent si sottement, par l'avarice, par la brutalité, par les débauches, par la violence, par les emportements, par les blasphèmes! Le moyen que je vous ouvre est sans doute plus honnête; mais en vérité c'est toujours une grande folie que de se damner, et c'est pourquoi il n'en faut pas demeurer là. Il faut mépriser la concupiscence et son royaume, et aspirer à ce royaume de charité où tous les sujets ne respirent que la charité, et ne désirent que les biens de la charité. D'autres que moi vous en diront le chemin: il me suffit de vous avoir détourné de ces vies brutales où je vois que plusieurs personnes de votre condition se laissent emporter faute de bien connaître l'état véritable de cette condition.

L'Homme de cour
(1647)

BALTASAR GRACIÁN
(1601-1658)

Baltasar Gracián y Morales, jésuite espagnol à l'esprit acéré et rebelle, maniait la spéculation psychologique comme un fleuret. Il publia en 1647 l'Homme de cour, *dont la traduction par Amelot de la Houssaie parut à Paris en 1684.*

Cet observateur qu'on a souvent comparé à Nicolas Machiavel aimait autant que celui-ci la liberté, et réfléchissait aux moyens d'en rendre l'exercice compatible avec les règles du gouvernement. Si être c'est être perçu, l'homme de cour existe excessivement. Mais comment diriger la propagation et les effets du reflet? Nous rapprochons ici quelques paragraphes de son livre de ceux de son contemporain Pascal, dont il partage le pessimisme, et la lucidité.

À notre époque de démocratie médiocrate, ses conseils n'ont rien perdu de leur actualité: n'a-t-on pas dit de la république, qui a décapité les rois, qu'elle est «une vaste cour bourgeoise où les courtisans sont partout, et le monarque nulle part»? Elle a multiplié les destinataires de ce livre. Et le Prince moderne qui gère par la télévision son image peut méditer les leçons du jésuite. On pense de fait en lisant ces pages à plus d'un monarque contemporain – au général de Gaulle par exemple.

Cette prose toute en sécheresse fascina les situationnistes. Réserve, et clarté; vigueur, et perspicacité: la forme et le contenu de l'ouvrage se rejoignent. Ce discours de haute politique suppose une politesse, et un style, qui enseignent en acte la chose même.

Source: L'Homme de cour (Oraculo manual y arte de prudencia), *traduit de l'espagnol par Amelot de la Houssaie, éditions Champ libre, 1972.*

III. Ne se point ouvrir, ni déclarer

L'ADMIRATION que l'on a pour la nouveauté est ce qui fait estimer les succès. Il n'y a point d'utilité, ni de plaisir, à jouer à jeu découvert. De ne se pas déclarer incontinent, c'est le moyen de tenir les esprits en suspens, surtout dans les choses importantes, qui font l'objet de l'attente universelle. Cela fait croire qu'il y a du mystère en tout, et le secret excite la vénération. Dans la manière de s'expliquer, on doit éviter de parler trop clairement; et, dans la conversation, il ne faut pas toujours parler à cœur ouvert. Le silence est le sanctuaire de la prudence. Une résolution déclarée ne fut jamais estimée. Celui qui se déclare s'expose à la censure, et, s'il ne réussit pas, il est doublement malheureux. Il faut donc imiter le procédé de Dieu, qui tient tous les hommes en suspens.

XIII. Procéder quelquefois finement, quelquefois rondement

La vie humaine est un combat contre la malice de l'homme même. L'homme adroit y emploie pour armes les stratagèmes de l'intention. Il ne fait jamais ce qu'il montre avoir envie de faire; il mire un but, mais c'est pour tromper les yeux qui le regardent. Il jette une parole en l'air, et puis il fait une chose à quoi personne ne pensait. S'il dit un mot, c'est pour amuser l'attention de ses rivaux, et, dès qu'elle est occupée à ce qu'ils pensent, il exécute aussitôt ce qu'ils ne pensaient pas. Celui donc qui veut se garder d'être trompé prévient la ruse de son compagnon par de bonnes réflexions. Il entend toujours le contraire de ce qu'on veut qu'il entende, et, par là, il découvre incontinent la feinte. Il laisse passer le premier coup, pour attendre de pied ferme le second, ou le troisième. Et puis, quand son artifice est connu, il raffine sa dissimulation, en se servant de la vérité même pour tromper. Il change de jeu et de batterie, pour changer de ruse. Son artifice est de n'en avoir plus, et toute sa finesse est de passer de la dissimulation précédente à la candeur. Celui qui l'observe, et qui a de la pénétration, connaissant l'adresse de son rival, se tient sur ses gardes, et découvre les ténèbres revêtues de la lumière. Il déchiffre un procédé d'autant plus caché que tout y est sincère. Et c'est ainsi que la finesse de Python combat contre la candeur d'Apollon.

XVII. Ne pas tenir toujours un même procédé

Il est bon de varier, pour frustrer la curiosité, surtout celle de vos envieux. Car, s'ils viennent à remarquer l'uniformité de vos actions, ils préviendront et, par conséquent, ils feront avorter vos entreprises. Il est aisé de tuer l'oiseau qui vole droit, mais non celui qui n'a point de vol réglé. Il ne faut pas aussi toujours ruser, car, au second coup, la ruse serait découverte. La malice est aux aguets, il faut beaucoup d'adresse pour se défaire d'elle. Le fin joueur ne joue jamais la carte qu'attend son adversaire, encore moins celle qu'il désire.

XXXVII. Deviner où portent de petits mots qu'on nous jette en passant, et savoir en tirer du profit

C'est là le plus délicat endroit du commerce du monde; c'est la plus fine sonde des replis du cœur humain. Il y a des pointes malicieuses, outrées, et trempées dans le fiel de la passion. Ce sont des coups de foudre imperceptibles, qui font quitter prise à ceux qu'ils frappent. Un petit mot a souvent précipité, du faîte de la faveur, des gens qui n'avaient pas seulement été ébranlés des murmures de tout un peuple bandé contre eux. Il y a d'autres mots, ou rencontres, qui font un effet tout contraire, c'est-à-dire qui soutiennent et augmentent la réputation de ceux dont il est parlé. Mais comme ils sont jetés avec adresse, il faut aussi les recevoir avec précaution; car la sûreté consiste à connaître l'intention, et le coup prévu est toujours paré.

XL. Se faire aimer de tous

C'est beaucoup d'être admiré, mais c'est encore plus d'être aimé. La bonne étoile y contribue quelque chose, mais l'industrie tout le reste; celle-ci achève ce que l'autre ne fait que commencer. Un éminent mérite ne suffit pas, bien que véritablement il soit aisé de gagner l'affection, dès que l'on a gagné l'estime. Pour être aimé, il faut aimer, il faut être bienfaisant, il faut donner de bonnes paroles, et encore de meilleurs effets. La courtoisie est la magie politique des grands personnages. Il faut premièrement mettre la main aux grandes affaires, et puis l'étendre libéralement aux bonnes plumes; employer alternativement l'épée et le papier. Car il faut rechercher la faveur des écrivains qui immortalisent les grands exploits.

XLII. De l'ascendant

C'est une certaine force secrète de supériorité, qui vient du naturel et non de l'artifice ni de l'affectation. Chacun s'y soumet sans savoir comment, sinon que l'on cède à une vertu insinuante de l'autorité naturelle d'un autre. Ces génies dominants sont rois par mérite, et lions par un privilège qui est né avec eux. Ils s'emparent du cœur et de la langue des autres, par un je-ne-sais-quoi qui les fait respecter. Quand de tels hommes ont les autres qualités requises, ils sont nés pour être les premiers mobiles du gouvernement politique, d'autant qu'ils en font plus, d'un signe, que ne feraient les autres avec tous leurs efforts et tous leurs raisonnements.

XLIII. Parler comme le vulgaire, mais penser comme les sages

Vouloir aller contre le courant, c'est une chose où il est aussi impossible de réussir qu'il est aisé de s'exposer au danger; il n'y a qu'un Socrate qui le pût entreprendre. La contradiction passe pour une offense, parce que c'est condamner le jugement d'autrui. Les mécontents se multiplient, tantôt à cause de la chose que l'on censure, tantôt à cause des partisans qu'elle avait. La vérité est connue de très peu de gens, les fausses opinions sont reçues de tout le reste du monde. Il ne faut pas juger d'un sage par les choses qu'il dit, attendu qu'alors il ne parle que par emprunt, c'est-à-dire par la voix commune, quoique son sentiment démente cette voix. Le sage évite autant d'être contredit que de contredire. Plus son jugement le porte à la censure, et plus il se garde de la publier. L'opinion est libre, elle ne peut ni ne doit être violentée. Le sage se retire dans le sanctuaire de son silence; et, s'il se communique quelquefois, ce n'est qu'à peu de gens, et toujours à d'autres sages.

LXXX. Être soigneux de s'informer

La vie se passe presque toute à s'informer. Ce que nous voyons est le moins essentiel. Nous vivons sur la foi d'autrui. L'ouïe est la seconde porte de la vérité, et la première du mensonge. D'ordinaire la vérité se voit, mais c'est un extraordinaire de l'entendre. Elle arrive rarement toute pure à nos oreilles, surtout lorsqu'elle vient de loin; car alors elle prend quelque teinture des passions qu'elle rencontre sur sa route. Elle plaît ou déplaît, selon les couleurs que lui prête la passion ou l'intérêt, qui tend toujours à prévenir. Prends bien garde à celui qui loue; encore plus à celui qui blâme. C'est là qu'on a besoin de toute sa pénétration pour découvrir l'intention de celui qui tierce, et de connaître avant coup à quel but il veut frapper. Sers-toi de ta réflexion à discerner les pièces fausses ou légères d'avec les bonnes.

XCIV. Capacité inépuisable

Que l'habile homme se garde bien de laisser sonder le fond de son savoir et de son adresse, s'il veut être révéré de chacun ; qu'il se laisse connaître, mais non comprendre ; que personne n'ait sur lui l'avantage de trouver les bornes de sa capacité, de peur que l'on ne vienne à se détromper; qu'il se ménage si bien que personne ne le voie tout entier. L'opinion et le doute attirent plus de vénération à celui de qui l'on ne connaît pas l'étendue de l'esprit, que ne fait la connaissance entière de ce qu'il est, si grand et si habile qu'il puisse être.

XCVIII. Dissimuler

Les passions sont les brèches de l'esprit. La science du plus grand usage est l'art de dissimuler. Celui qui montre son jeu risque de perdre. Que la circonspection combatte contre la curiosité. À ces gens qui épluchent de si près les paroles, couvre ton cœur d'une haie de défiance et de réserve. Qu'ils ne connaissent jamais ton goût, de peur qu'ils ne te préviennent, ou par la contradiction, ou par la flatterie.

CXII. Gagner le cœur

La première et souveraine cause ne dédaigne pas de le prévenir et de le disposer, lorsqu'elle veut opérer les plus grandes choses. C'est par l'affection que l'on entre dans l'estime. Quelques-uns se fient tant sur leur mérite, qu'ils ne prennent aucun soin de se faire aimer. Mais le sage sait bien que le mérite a un grand tour à faire quand il n'est pas aidé de la faveur. La bienveillance facilite tout, supplée à tout, elle ne suppose pas toujours qu'il y ait de la sagesse, de la discrétion, de la bonté, et de la capacité ; mais elle en donne : elle ne voit jamais les défauts, parce qu'elle fuit de les voir. D'ordinaire, elle naît de la correspondance matérielle, comme d'être de même nation, de même patrie, de même profession, de même famille. Il y a une autre sorte d'affection formelle, qui est plus relevée; car elle est fondée sur les obligations, sur la réputation, sur le mérite. Toute la difficulté est à la gagner, car il est aisé de la conserver. On peut l'acquérir par ses soins, et puis en faire un bon usage.

CXXVI. Ce n'est pas être fou que de faire une folie, mais bien de ne la savoir pas cacher

Si l'on doit cacher ses passions, l'on doit encore plus cacher ses défauts. Tous les hommes manquent, mais avec cette différence que les gens d'esprit pallient les fautes faites, et que les fous montrent celles qu'ils vont faire. La réputation consiste dans la manière de faire, plutôt que dans ce qui se fait. Si tu n'es pas chaste, dit le proverbe, fais semblant de l'être. Les fautes des grands hommes sont d'autant plus remarquables que ce sont des éclipses de grandes lumières. Quelque grande que soit l'amitié, ne lui fais jamais confidence de tes défauts ; cache-les même à toi-même, si cela se peut. Du moins, on pourra se servir de cette autre règle de vie, qui est de savoir oublier.

CXXX. Faire, et faire paraître

Les choses ne passent point pour ce qu'elles sont, mais pour ce qu'elles paraissent être. Savoir faire, et le savoir montrer, c'est double savoir. Ce qui ne se voit point est comme s'il n'était point. La raison même perd son autorité, lors qu'elle ne paraît pas telle. Il y a bien plus de gens trompés que d'habiles gens. La tromperie l'emporte hautement, d'autant que les choses ne sont regardées que par le dehors. Bien des choses paraissent tout autres qu'elles ne sont. Le bon extérieur est la meilleure recommandation de la perfection intérieure.

CL. Savoir faire valoir ce que l'on fait

Ce n'est pas assez que les choses soient bonnes en elles-mêmes, parce que tout le monde ne voit pas au fond, ni ne sait pas goûter. La plupart des hommes vont à cause qu'ils voient aller les autres, et ne s'arrêtent qu'aux lieux où il y a grand concours. C'est un grand point que de savoir faire estimer sa drogue, soit en la louant (car la louange est l'aiguillon du désir), soit en lui donnant un beau nom, qui est un beau moyen d'exalter; mais il faut que tout cela se fasse sans affectation. N'écrire que pour les habiles gens, c'est un hameçon général, parce que chacun le croit être; et, pour ceux qui ne le sont pas, la privation servira d'éperon au désir. Il ne faut jamais traiter ses projets de communs, ni de faciles, car c'est les faire passer pour triviaux. Tout le monde se plaît au singulier, comme étant plus désirable et au goût et à l'esprit.

CLXXXI. Ne point mentir, mais ne pas dire toutes les vérités

Rien ne demande plus de circonspection que la vérité, car c'est se saigner au cœur que de la dire. Il faut autant d'adresse pour la savoir dire que pour la savoir taire. Par un seul mensonge l'on perd tout ce que l'on a de bon renom. La tromperie passe pour une fausse monnaie; et le trompeur pour un faussaire, qui est encore pis. Toutes les vérités ne se peuvent pas dire; les unes parce qu'elles m'importent à moi-même, et les autres parce qu'elles importent à autrui.

CCX. Savoir jouer de la vérité

Elle est dangereuse, mais pourtant l'homme de bien ne peut pas laisser de la dire; et c'est là qu'il est besoin d'artifice. Les habiles médecins de l'âme ont essayé tous les moyens de l'adoucir, car lorsqu'elle touche au vif, c'est la quintessence de l'amertume. La discrétion développe là toute son adresse: avec une même vérité elle flatte l'un, et assomme l'autre. Il faut parler à ceux qui sont présents, sous le nom des absents ou des morts. À un bon entendeur, il ne lui faut qu'un signe; et quand cela ne suffira pas, le meilleur expédient est de se taire. Les princes ne se guérissent pas avec des remèdes amers; il est de l'art de la prudence de leur dorer la pilule.

CCXXXVII. N'être jamais en part des secrets de ses supérieurs

Tu croiras partager des poires, et tu partageras des pierres. Plusieurs ont péri d'avoir été confidents. Il en est des confidents comme de la croûte du pain dont on se sert en guise de cuiller, laquelle risque d'être avalée avec la soupe. La confidence du prince n'est point une faveur, mais un impôt. Plusieurs cassent leur miroir, à cause qu'il leur montre leur laideur. Le prince ne saurait voir celui qui l'a pu voir; et jamais un témoin du mal n'est vu de bon œil. Il ne faut jamais être trop obligé à personne, encore moins aux grands. Services rendus sont plus sûrs auprès d'eux que grâces reçues; mais surtout, les confidences d'amitié sont dangereuses. Celui qui a confié son secret à un autre s'est fait son esclave; et dans les souverains, c'est une violence qui ne peut pas être de durée; car ils aspirent avec impatience à racheter la liberté perdue, et pour y réussir, ils bouleverseront tout, et même la raison. Maxime pour les secrets: *ni les ouïr, ni les dire.*

CCXL. Savoir faire l'ignorant

Quelquefois le plus habile homme joue ce personnage; et il y a des occasions où le meilleur savoir consiste à feindre de ne pas savoir. Il ne faut pas ignorer, mais bien en faire semblant. Il importe peu d'être habile avec les sots, et prudent avec les fous. Il faut parler à chacun selon son caractère. L'ignorant n'est pas celui qui le fait, mais celui qui s'y laisse attraper; c'est celui qui l'est, et non pas celui qui le contrefait. L'unique moyen de se faire aimer est de revêtir la peau du plus simple des animaux.

CCLIII. Ne se rendre pas trop intelligible

La plupart n'estiment pas ce qu'ils comprennent, et admirent ce qu'ils n'entendent pas. Il faut que les choses coûtent pour être estimées. On passera pour habile, quand on ne sera pas entendu. Il faut toujours se montrer plus prudent et plus intelligent qu'il n'est besoin avec celui à qui l'on parle, mais avec proportion plutôt qu'avec excès. Et bien que le bon sens soit de grand poids parmi les habiles gens, le sublime est nécessaire pour plaire à la plupart du monde. Il faut leur ôter le moyen de censurer, en occupant tout leur esprit à concevoir. Plusieurs louent ce dont ils ne sauraient rendre raison quand on la leur demande, parce qu'ils respectent comme un mystère tout ce qui est difficile à comprendre, et l'exaltent à cause qu'ils l'entendent exalter.

CCLX. Tu ne seras ni tout entier à personne, ni personne tout entier à toi

Ni le sang, ni l'amitié, ni la plus étroite obligation, ne suffisent pas pour cela; car il y va bien d'un autre intérêt d'abandonner son cœur ou sa volonté. La plus grande union admet exception, et même sans blesser les lois de la plus tendre amitié. L'ami se réserve toujours quelque secret, et le fils même cache quelque chose à son père. Il y a des choses dont on fait mystère aux uns, et que l'on veut bien communiquer aux autres; et au contraire: de sorte que l'homme se donne, ou se refuse tout entier, selon qu'il distingue les gens de sa correspondance.

CCLXIII. Beaucoup de choses qui servent au plaisir ne se doivent pas posséder en propre

L'on jouit davantage de ce qui est à autrui que de ce qui est à soi. Le premier jour est pour le maître, et tous les autres pour les étrangers. On jouit doublement de ce qui est aux autres, c'est-à-dire non seulement sans craindre de le perdre, mais encore avec le plaisir de la nouveauté. La privation fait trouver tout meilleur. L'eau de la fontaine d'autrui est aussi délicieuse que le nectar. Outre que la possession diminue le plaisir de la jouissance, elle augmente le chagrin, soit à prêter, soit à ne pas prêter; elle ne sert qu'à conserver les choses pour autrui; et d'ailleurs le nombre des mécontents est toujours plus grand que celui des gens reconnaissants.

CCLXXXII. Se servir de l'expédient de l'absence pour se faire respecter ou estimer

Si la présence diminue la réputation, l'absence l'augmente. Celui qui étant absent passe pour un lion, ne paraît qu'une souris étant présent. Les perfections perdent leur lustre si on les regarde de trop près, parce qu'on regarde plutôt l'écorce de l'extérieur que la substance et l'intérieur de l'esprit. L'imagination porte bien plus loin que la vue; et la tromperie qui d'ordinaire entre par les oreilles, sort par les yeux. Celui qui se conserve dans le centre de la bonne opinion que l'on a de lui, conserve sa réputation. Le phénix même se sert de la retraite et du désir pour se faire estimer et regretter davantage.

CCXCVII. Faire tout, comme si l'on avait des témoins

C'est un homme digne de considération que celui qui considère qu'on le regarde, ou qu'on le regardera. Il sait que les parois écoutent, et que les méchantes actions crèveraient plutôt que de ne pas sortir. Lors même qu'il est seul, il fait comme s'il était en la présence de tout le monde, parce qu'il sait que tout se saura. Il regarde comme des témoins présents ceux qui, par leur découverte, le seront après. Celui-là ne craignait point que ses voisins tinssent registre de tout ce qu'il faisait dans sa maison, qui désirait que tout le monde le vît.

Investigations philosophiques
(1953)

LUDWIG WITTGENSTEIN
(1892-1951)

Wittgenstein est certainement l'une des figures majeures de la philosophie au XXe siècle. Bertrand Russell, qui fut son maître, son ami mais aussi l'adversaire de ses thèses, l'atteste, parmi d'autres : « Faire la connaissance de Wittgenstein a été l'une des aventures intellectuelles les plus fascinantes de ma vie. »

Dans son Tractatus logico-philosophicus *publié en 1921, Wittgenstein avait identifié la forme logique du langage à la forme même du monde : « La logique n'est pas une théorie mais une image réfléchie du monde » (6.13). Ce qui voulait dire que le monde est coextensif à la logique, ou qu'on ne peut rien dire qui ne soit « logique » : « Représenter par le langage quelque chose de contraire à la logique, on ne le saurait pas plus que représenter en géométrie par ses coordonnées une figure contraire aux lois de l'espace. » Cet espace logique, qu'on peut aussi penser comme réseau ou « grand miroir » de* tout ce qui arrive, *rassemble tous les faits, ou plutôt : c'est sur cette trame que les faits « ont lieu ». Le* Tractatus *s'est ouvert en effet par : « 1. – Le monde est tout ce qui arrive. 1.1 – Le monde est l'ensemble des faits, non pas des choses. »*

La logique ou l'image du monde est donc l'élément même, ou l'essence, du communicable. En décrétant équivalents un processus physique et une chaîne d'opérations logiques, Wittgenstein dissout le problème insoluble chez Descartes de la relation du corps et de l'esprit : ce sont des séries de faits. Du même coup (remarque Pierre Lévy [1]) cette philosophie qui analyse le monde, identifié à « tout ce qui arrive », du point de vue de l'information, annonce sa description cybernétique et informatique. Soit celle d'un grand réseau où circulent sur le même plan des phénomènes (des faits) indistinctement physiques et mentaux : l'atome de fait, c'est le bit [2].

De l'auteur du Tractatus *des années vingt, on a coutume de distinguer un second Wittgenstein, plus attentif aux méandres de nos usages logiques et linguistiques. Avec les* Investigations philosophiques, *laissées inachevées et publiées après sa mort (1953), le « grand miroir » postulé dans le* Tractatus *se brise peut-être irréversiblement. Déjà, énonçait le premier ouvrage, « les frontières de mon langage signifient les frontières de mon monde » (5.6), au-delà duquel « il y a assurément de l'indicible » (6.522). Mais n'allons pas en conclure trop vite, avec le dernier et très célèbre aphorisme du* Tractatus, *que « 7. – Ce dont on ne peut parler, il faut le taire. » Car cet indicible «* se montre, *il est l'élément mystique ».*

Le premier ouvrage n'avait donc exploré avec le logique, c'est-à-dire le dicible, qu'une frange en vérité assez mince de notre expérience. Car notre parole se révèle en permanence traversée et travaillée par ce « mystique » qui la borde, soit par tout ce qui, ne pouvant être dit, relève du montré *: des formes de l'expression, des signes visuels ou indiciels, en bref des comportements qui font la pratique ordinaire (communicationnelle) de nos vies. Du premier au second Wittgenstein, le langage aura donc été envisagé successivement comme image du monde, frontière de mon monde, puis « forme de vie » (ici même § 19). On est passé de l'étude du langage à celle de la parole et des situations d'énonciation, ou de la logique à la pragmatique. Le système clos du* Tractatus *s'ouvre à une vision plus complexe de la parole. Celle-ci ne se laisse pas réduire aux usages cognitifs ou représentatifs, figés dans les moules classiques du type* Sujet est prédicat *(« Le chat est sur le paillasson »), par lesquels jusqu'à Russell et Frege des générations de philosophes ont élagué l'arbre de la communication.*

Pour celui qui scrute les usages naturels, le premier résultat est de dévoiler l'extrême diversité des jeux de langage, *et la part énorme de connaissances implicites (de contexte, de comportement ou de cadre) qui modifient en permanence nos messages, et nous permettent néanmoins de les acheminer avec succès. Ces jeux, pas plus que ceux des enfants, n'obéissent à des règles strictes ; mais cette fluidité ou ce laxisme, bien loin de constituer un handicap, est au contraire une condition essentielle à leur bon fonctionnement. D'où une prolifération des grammaires, en réponse à l'ouverture indéfinie des jeux de communication, qui ne s'épuisent pas dans la seule fonction d'information. D'un ouvrage à l'autre Wittgenstein a déplacé l'accent de son étude : nos communications ne décrivent plus des*

1. Pierre Lévy, « Wittgenstein et la cybernétique », in *Histoires de cybernétique, Cahiers du CREA*, n° 7, Paris, 1985.
2. Abréviation de *binary digit*, ou choix binaire entre deux termes (exemple : « pile ou face », le plus simple de tous les choix). Cette importante notion est développée *infra* chapitre v.

faits *du monde, mais permettent à plusieurs sujets de coordonner leurs* actes. *Ou, comme il découle du paragraphe 19, de s'engager à plusieurs dans une «forme de vie».*

Il faut prendre à la lettre ce concept important des jeux de langage, *au pluriel non dénombrable. Non seulement nous en inventons en permanence, mais un même jeu n'a pas de bords bien définis, ni d'antagoniste clair: où s'arrête en pratique un jeu (par exemple la comédie?), et à quoi s'oppose-t-il: au réel? au sérieux? Mais jouer peut être très sérieux; et l'enfant grâce au jeu construit sa réalité. De même «le langage», ou plutôt les moyens innombrables, verbaux ou non, par lesquels nous communiquons, ne cessent de façonner* notre *monde, et du même coup de faire ou de défaire notre communauté. L'idée de corriger ces jeux au profit d'une langue plus rigoureuse ou conceptuelle (le projet logiciste de Frege, de Russell-Whitehead ou de Carnap) perd ici toute pertinence; la nouvelle approche a quitté la représentation, ou les fonctions de connaissance, pour des usages plus dynamiques, ou organiques, de liaison des objets entre eux, et des objets avec les sujets.*

Et le style même de Wittgenstein a changé. Il montre *dorénavant autre chose. L'arrogance que lui-même notait à propos de son* Tractatus *fait place dans les* Investigations *à un tâtonnant monologue, ou à l'amorce d'un dialogue. L'objet et le moyen de la recherche (la parole) y sont enchevêtrés; ces pages sont ouvertes, aléatoires, plurielles et proprement inachevables. Comme il l'écrit lui-même avec son laconisme coutumier, pour clore son essai de préface: «J'eusse volontiers produit un bon livre. Mais le sort en a décidé autrement; et le temps est révolu, qui m'eut permis de l'améliorer.»*

Source: Investigations philosophiques, *texte publié à la suite du* Tractatus logico-philosophicus, *traduction de Pierre Klossowski, Gallimard, «Bibliothèque des idées», Paris, 1961.*

Bibliographie: *Jacques Bouveresse,* Wittgenstein: la rime et la raison. Science, éthique et esthétique, *Minuit, Paris, 1973; Jacques Bouveresse,* le Mythe de l'intériorité. Expérience, signification et langage privé chez Wittgenstein, *Minuit, Paris, 1976; Gilles-Gaston Granger,* Wittgenstein, *Seghers, «Philosophes de tous les temps», Paris, 1969; Pierre Lévy, «Wittgenstein et la cybernétique», in* Histoires de cybernétique, *Cahiers du CREA, n° 7, Paris, 1985.*

Première partie

1 – Saint Augustin dit dans ses *Confessions* (I, c. 8): «Quand on nommait un objet quelconque et que le mot articulé déterminait un mouvement vers cet objet, j'observais et je retenais qu'à cet objet correspondait le son qu'on faisait entendre, quand on voulait le désigner. Le vouloir d'autrui m'était révélé par les gestes du corps, par ce langage naturel à tous les peuples que traduisent l'expression du visage, les clins d'yeux, les mouvements des autres organes, le son de la voix, par où se manifestent les impressions de l'âme selon qu'elle demande, veut posséder, rejette ou cherche à éviter. Ainsi ces mots qui revenaient à leur place dans les diverses phrases et que j'entendais fréquemment, je comprenais peu à peu de quelles réalités ils étaient les signes, et ils me servaient à énoncer mes volontés d'une bouche déjà experte à les former [1].»

1. Traduction de Labriolle.

Ces termes, me semble-t-il, nous donnent une image particulière de l'essence du langage. À savoir celle-ci : Les mots du langage nomment des objets – les propositions sont des liaisons de pareilles dénominations. – On trouve ici l'origine de l'idée que chaque mot a une signification. Cette signification est coordonnée au mot. Elle est l'objet dont le mot tient lieu.

Quant à une différence des classes de mots, Augustin n'en parle point. Qui décrit ainsi l'apprentissage du langage, pense, du moins je le crois, tout d'abord à des substantifs tels que « table », « chaise », « pain », aux noms propres, et en second lieu seulement aux noms de certaines activités et de certaines propriétés, et aux autres sortes de mots comme à quelque chose qui finira par se trouver.

Imaginez maintenant l'usage suivant du langage : J'envoie quelqu'un faire des achats. Je lui donne un billet sur lequel se trouvent les signes : cinq pommes rouges. Il porte le bulletin au fournisseur; celui-ci ouvre un tiroir sur lequel se trouve le signe « pommes » : puis il cherche sur un tableau le mot « rouge » et le trouve vis-à-vis d'un modèle de couleur : à présent il énonce la série des nombres cardinaux – je suppose qu'il les sait par cœur – jusqu'au mot « cinq » et à chaque mot numéral il prend une pomme dans le tiroir, qui a la couleur du modèle. – C'est ainsi et de façon analogue que l'on opère avec des mots. – Mais comment sait-il où il doit vérifier le mot « rouge » et ce qu'il lui faut faire du mot « cinq » ? – Eh bien, je suppose qu'il agit de la façon que j'ai décrite. Il y a une limite même aux explications. – Mais quelle est la signification du mot « cinq » ? – Il n'en était pas question ici, sinon de savoir comment on se sert du mot « cinq ».

2 – Ce concept philosophique de signification est bien à sa place dans une représentation primitive de la façon dont fonctionne le langage. Mais on peut dire aussi qu'elle est la représentation d'un langage plus primitif que le nôtre.

Imaginons un langage auquel correspondrait la description donnée par saint Augustin : le langage doit servir à un constructeur A pour se faire entendre de son aide B. A exécute la construction d'un édifice au moyen de pierres de bâtiment : des cubes, des colonnes, des dalles et des poutres. Dans ce but, ils se servent d'un langage consistant en ces mots : « blocs », « dalles », « poutres ». A crie leur nom ; B obéit en apportant la pierre qu'il a appris à connaître par la perception de son nom. – Concevez ceci en tant qu'un langage absolument primitif.

3 – Saint Augustin, pourrait-on dire, décrit un système de communication ; seulement ce système n'embrasse pas tout ce que nous nommons langage. Et c'est ce qu'il faut dire dans maints cas où se pose la question : « Cette description est-elle ou non appropriée ? » La réponse est alors : « Oui, elle est utilisable ; mais rien que pour ce domaine étroitement délimité, non pour la totalité que vous prétendiez décrire. »

C'est comme si quelqu'un expliquait : « Jouer consiste à faire glisser des objets sur une surface conformément à certaines règles... » et que nous lui répondions : « Vous semblez penser aux jeux de dames ; mais ce ne sont pas là tous les jeux. Vous pouvez corriger votre explication en la limitant expressément à ce genre de jeux. »

4 – Imaginez une écriture dans laquelle des lettres seraient utilisées pour désigner des sons, mais également l'intonation et les signes de ponctuation. (On peut considérer une écriture comme un langage propre à décrire des images phonétiques.) Supposez maintenant que quelqu'un comprenne cette écriture comme si un son répondait à chaque lettre et que les lettres n'eussent pas également d'autres fonctions. À pareille conception trop simpliste de l'écriture équivaut la conception augustinienne du langage. [...]

6 – Nous pourrions imaginer que le langage, au § 2, est *tout* le langage de A et de B ; voire tout le langage d'une tribu. On y entraîne les enfants à exécuter *ces* actes-là, à user de *ces* mots-là en les exécutant, et à réagir de *cette* manière-là aux mots d'autrui.

Une partie importante de cet entraînement consistera dans le fait que celui qui enseigne montre les objets, attire sur eux l'attention des enfants tout en prononçant un mot; par exemple le mot «dalle» en présentant cette forme. (Je ne qualifierai pas ceci de «définition démonstrative», puisque l'enfant ne saurait déjà s'informer au sujet de la dénomination. Je l'appellerai «enseignement démonstratif des mots». – Je dis que cela constituera une partie importante de l'entraînement parce qu'il en est ainsi chez les hommes; non parce que cela ne pourrait se représenter autrement.) Cet enseignement démonstratif des mots, peut-on dire, établit une liaison associative entre le mot et la chose. Mais qu'est-ce que cela signifie? Cela peut signifier des choses très différentes; mais sans doute pensera-t-on tout d'abord au fait que lorsque l'enfant entend le mot, l'image de la chose se présentera à son esprit. Mais quand cela se produit – est-ce là le but du mot? – Oui, ce *peut* en être le but. – Je puis imaginer pareil usage de mots (séries de sons). «La prononciation d'un mot est, pour ainsi dire, la frappe d'une touche du clavier de la représentation.» Mais dans le langage au § 2, le but des mots n'est pas de susciter des représentations. (On pourrait certes convenir que ceci est indispensable au but proprement dit.)

Mais si c'est là ce que détermine l'enseignement démonstratif – dirais-je qu'il détermine la compréhension des mots? Est-ce qu'il ne comprend pas le mot «dalle» celui qui, à ce mot, réagit de telle ou telle façon? C'est sans doute à quoi contribuait l'enseignement démonstratif; mais cela même seulement en fonction d'un certain exercice. Par un autre exercice, le même enseignement démonstratif de ces mots eût déterminé une tout autre compréhension.

«En combinant la barre avec le levier, je fais fonctionner le frein.» – Certes, étant donné tout le reste du mécanisme. Ce n'est qu'avec ce dernier que le levier est un levier de frein; détaché de son support il n'est pas même un levier, il peut être toutes sortes de choses ou rien.

7 – Dans la pratique du langage (§ 2) un partenaire énonce les mots et l'autre agit conformément à eux; mais dans l'enseignement du langage ce sera le processus suivant qui se déroulera: celui qui apprend à parler, *nomme* les objets. C'est-à-dire qu'il prononce le mot lorsque celui qui enseigne montre la pierre. – Oui, il y aura ici un exercice encore plus simple: l'élève répète les mots que le maître prononce, – processus tous deux analogues au langage.

Nous pouvons également imaginer que tout le processus de l'usage des mots (§ 2) se trouve dans l'un de ces jeux au moyen desquels les enfants apprennent leur langue maternelle. J'appellerai ces jeux «jeux de langage» et parlerai parfois d'un langage primitif comme d'un jeu de langage.

Et l'on pourrait de même appeler ainsi les processus de la dénomination des pierres et de la répétition verbale. Songez à maintes tournures des mots qui ont cours dans les rondes.

8 – Considérons une extension du langage. Supposons qu'outre les mots «cubes», «colonnes», etc., il comprenne aussi une série de mots utilisés comme les noms numéraux par le marchand (au paragraphe 1), (par exemple, il peut s'agir de la série des lettres de l'alphabet); de plus, ce langage comprendra deux mots, soit «là-bas» et «ceci» (parce que ceci indique à peu près leur but) et qui sont utilisés en fonction d'un geste ostentatif de la main; et enfin un nombre d'échantillons de couleurs. A donne un ordre du genre de celui-ci: «dalle-d-là-bas». En même temps il fait voir à son aide un échantillon de couleur, et en prononçant le mot «là-bas» il montre un endroit du chantier. Dans le stock des dalles, B en prend une de la couleur de l'échantillon pour chaque lettre de l'alphabet jusqu'à d, et les porte à l'endroit désigné par A. – En d'autres circonstances A donne l'ordre: «ceci là-bas». Au mot ceci il montre une pierre. Etc.

9 – Lorsque l'enfant apprend ce langage, il faut qu'il apprenne par cœur la série «numérale» "a, b, c",... et il faut qu'il apprenne leur usage. – Est-ce que durant cet exercice interviendra aussi un enseignement démonstratif des mots? Eh bien, l'on désignera par exemple des «dalles» et on les énumérera ainsi: «dalles a, b, c». Certes, l'on désignera et l'on énumérera par exemple des dalles, de la façon suivante: «dalles a, b, c». – Plus analogue à l'enseignement des mots «cubes», «colonnes», etc., serait l'enseignement démonstratif de mots numéraux qui ne servent pas à compter, mais à désigner du regard des groupes tangibles d'objets. C'est bien ainsi que les enfants apprennent l'usage des cinq ou six premiers mots de nombres cardinaux.

Enseigne-t-on de même démonstrativement les termes «là-bas» et «ceci»? – Imaginez comment on pourrait éventuellement enseigner leur usage! On montrera, ce faisant, des lieux et des objets, – mais ici cette manière de montrer intervient également dans *l'usage* des mots et pas seulement au moment d'apprendre cet usage.

10 – Que désignent dès lors les mots de ce langage? Ce qu'ils désignent, comment cela doit-il se montrer, si ce n'est dans la manière de leur usage? Et cet usage, nous l'avons décrit. L'expression «ce mot désigne cela» devrait donc former une partie de cette description. Ou: la description devra prendre la forme «Le mot... signifie...»

Or, on peut abréger la description de l'usage du mot «dalle» de manière à dire que ce mot désigne cet objet. On le fera, s'il s'agit, par exemple, uniquement d'éviter le malentendu qui serait de penser que le mot «dalle» se référerait à la forme des pierres que nous nommons en réalité «cubes» – alors que le mode de cette référence, c'est-à-dire l'usage de ces mots est, pour le reste, parfaitement connu.

Et tout de même peut-on dire que les signes «a», «b», «c», etc., désignent les chiffres; si cela peut éviter le malentendu de croire que a, b, c, joueraient le rôle que «cube», «dalle», «colonne» jouent en réalité dans le langage. Et l'on peut dire aussi que c désigne ce nombre-ci et non celui-là; si l'on peut toutefois expliquer ainsi que les lettres sont à utiliser dans l'ordre a, b, c, d, etc., et non pas dans celui de: a, b, d, c.

Mais du fait que l'on cherche à assimiler ainsi les unes aux autres les descriptions de l'usage des mots, ces usages n'en deviennent pas plus semblables. Car nous voyons bien qu'ils sont parfaitement dissemblables.

11 – Songez aux outils d'une boîte à outils: il y a là un marteau, des tenailles, une scie, un tournevis, un mètre, un pot de colle, de la colle, des clous et des vis. Autant les fonctions de ces objets sont différentes, autant le sont les fonctions des mots. (Et il y a çà et là des analogies.)

Certes, lorsque les mots sont prononcés devant nous, ou que nous les rencontrons dans l'écriture et dans l'imprimé, ce qui nous égare c'est l'uniformité de leur aspect. Car leur *utilisation* n'apparaît pas si clairement. Surtout pas, lorsque nous philosophons!

12 – C'est comme si nous jetions un regard dans la cabine du mécanicien d'une locomotive: il y a là des poignées qui toutes se ressemblent plus ou moins. (Ceci est compréhensible, puisque toutes doivent être manœuvrées à la main.) Mais autre est la poignée d'une manivelle qui peut être continuellement déplacée (elle règle l'ouverture d'une soupape); autre la poignée d'un interrupteur qui n'a que deux positions effectives, elle est ou levée ou abaissée; autre encore la poignée d'un levier de frein, plus on la tire, et plus on freine; autre enfin la poignée d'une pompe; elle n'agit que tant qu'on la fait aller et venir.

13 – Quand nous disons: «chaque mot du langage désigne quelque chose», nous n'avons absolument *rien* dit; à moins que nous n'expliquions exactement quelles distinctions nous désirons faire. (Il se pourrait que nous voulions distinguer les mots du langage [§ 8] des mots « sans signification » tels qu'ils figurent dans les poèmes de Lewis Carroll ou des mots tels que « Laï-tou-laï-tou-la-la » dans la chanson.) [...]

16 – Nous pourrons dire : dans le langage (§) nous avons différentes *espèces de mots*. Car la fonction du mot « dalle » et celle du mot « cube » sont entre elles plus semblables que les fonctions de « dalle » et de « d ». Mais la manière dont nous grouperons les mots par espèces dépendra du but de la répartition; et de notre inclination. Songez aux différents points de vue d'après lesquels on peut répartir les outils dans des parcs à outils. Ou des figures d'échecs en espèces de figures.

18 – Que les langages décrits aux paragraphes 2 et 8 ne consistent qu'en commandements (ordres), ne doit pas vous gêner. Si vous prétendez qu'ils sont incomplets à cause de cela, je demanderai si notre langage est complet; – s'il le fut avant que lui fussent intégrés le symbolisme chimique et la notation infinitésimale; car ceux-ci sont pour ainsi dire les faubourgs de notre langage. (Et à partir de combien de maisons, ou de rues, une ville commence-t-elle à être une ville ?) On peut considérer notre langage comme une vieille cité : un labyrinthe de ruelles et de petites places, de vieilles et de nouvelles maisons, et de maisons agrandies à différentes époques; et ceci environné d'une quantité de nouveaux faubourgs aux rues rectilignes bordées de maisons uniformes.

19 – On peut aisément se représenter un langage qui ne consisterait qu'en ordres et en communiqués durant la bataille, – ou un langage ne consistant qu'en questions et en une expression de l'affirmation et de la négation... Et d'innombrables autres. – Et se représenter un langage, signifie se représenter une forme de vie.

Mais qu'en est-il de ceci : est-ce que le cri : « dalle ! » de l'exemple (§ 2) est une proposition ou un mot ? – Si c'est un mot, il n'a pourtant pas la même signification que le mot de résonance semblable de notre langage ordinaire, car au paragraphe 2 c'est bien un cri. Mais si c'est une proposition, ce n'est pourtant pas la proposition elliptique « dalle ! » de notre langage. – Pour ce qui est de la première question, vous pouvez nommer « dalle » un mot et une proposition; peut-être même, de façon frappante, une « proposition dégénérée » (comme on parle d'une hyperbole dégénérée) et en fait c'est bien là ce qu'est notre proposition « elliptique ». – Mais celui-ci n'est qu'une forme abrégée de la proposition « apporte-moi une dalle ! » et cette proposition ne figure pas dans l'exemple (§ 2). – Mais pourquoi ne nommerais-je pas en revanche la proposition « apporte-moi une dalle » un *prolongement* de la proposition « dalle ! » – Parce que celui qui crie « dalle ! » veut dire en réalité : « apporte-moi une dalle ! » – Mais comment faites-vous ce vouloir dire, tandis que vous dites « dalle ! » ? Proférez-vous intérieurement la proposition intégrale ? Et afin de dire ce qu'un autre entend par le cri : « dalle ! » pourquoi me faudrait-il traduire cette expression en une autre ? Et si elles signifient la même chose, pourquoi ne dirais-je pas : « quand il dit “dalle”, il veut dire “dalle !” » ? Ou pourquoi ne devriez-vous pas vouloir dire « dalle ! » du moment que vous pouvez vouloir dire par là « apporte-moi la dalle » ? – Mais dès lors que je crie « dalle ! » c'est donc que je veux dire qu'il *doit m'apporter une dalle !* – Certainement, mais « ce vouloir-ci » ne consiste-t-il pas dans le fait que vous pensez sous une forme quelconque une phrase autre que celle que vous prononcez ? [...]

21 – Imaginez un jeu de langage dans lequel B sur la question posée par A annonce à ce dernier le nombre de dalles ou de cubes réunis dans un stock, ou les couleurs et les formes des pierres de construction qui gisent çà et là. – Pareille annonce pourrait se formuler ainsi : « cinq dalles ». Quelle est dès lors la différence entre la communication, ou l'affirmation «cinq dalles» et le commandement «cinq dalles!»? – Eh bien, ce sera le rôle que jouera la prononciation de ces mots dans le jeu de langage. Mais aussi le ton sur lequel ils seront prononcés sera autre, et l'expression de la physionomie, et maintes autres choses encore. Mais nous pouvons imaginer également que le ton sera le même, – car un commandement et une communication peuvent être prononcés sur *maints* tons différents avec maintes expressions de physionomie différentes – et que la différence réside uniquement dans l'usage. (Sans doute pourrions-nous utiliser les mots «affirmation» et «commandement» pour la désignation d'une forme grammaticale de proposition et d'une intonation; de même qu'en effet nous nommons interrogative la phrase «Ne fait-il pas un temps superbe aujourd'hui?» bien qu'elle soit utilisée en un sens affirmatif.) Nous pourrions imaginer un langage dans lequel *toutes* les affirmations auraient la forme et le ton des questions rhétoriques; ou bien où chaque commandement aurait la forme de la question: «Voudrais-tu faire cela?» On dira peut-être alors: «Ce qu'il dit a la forme de la question, mais est en réalité un ordre» – c'est-à-dire a la fonction du commandement dans la pratique du langage. (De même dit-on «tu vas faire cela», non pas comme une prophétie, mais comme un ordre. Qu'est-ce qui en fait une prophétie dans tel cas, un ordre dans tel autre?)

22 – L'opinion de Frege, selon laquelle une affirmation implique une supposition, qui est ce qui est affirmé, se base réellement sur la possibilité (qui existe) dans notre langage d'écrire chaque proposition affirmative dans la forme suivante: «On affirme que ceci et cela est le cas.» – Mais «que ceci et cela est le cas», n'est pas une proposition dans notre langage – ce n'est pas *«un coup»* dans le jeu du langage. Et si au lieu de «On affirme que...» j'écris: «On affirme: ceci et cela est le cas», les mots «on affirme» sont alors superflus.

Nous pourrions fort bien écrire aussi chaque affirmation dans la forme interrogative suivie d'une confirmation; tel que: «Est-ce qu'il pleut? en effet!» Cela prouverait-il que chaque affirmation implique une question?

On est sans doute en droit d'user d'un signe affirmatif à la place d'un point d'interrogation; ou bien dans le cas où l'on voudrait distinguer une affirmation d'une fiction ou d'une supposition. Il est seulement erroné de croire que dès lors l'affirmation consisterait en deux actes, celui de supposer et celui d'affirmer (attribuant une valeur de vérité ou autre chose de ce genre) et que nous accomplirions ces actes d'après le signe de la proposition, à peu près à la manière dont nous chantons d'après des notes. D'ailleurs on peut comparer au chant d'après des notes la lecture à voix haute ou basse de la phrase écrite, mais non pas la «pensée intentionnelle» de la phrase lue.

Pensons à une image représentant un boxeur dans une position de combat. Cette image peut être utilisée pour faire comprendre à quelqu'un comment il doit ou ne doit pas se tenir; ou comment un certain s'est tenu à tel ou tel endroit; ou encore etc., etc. On pourrait nommer cette image (selon l'expression des chimistes) un radical de proposition. C'est sans doute dans un sens analogue que Frege concevait la «supposition».

Le signe d'affirmation de Frege met l'accent sur le début de la phrase. Ce signe a donc une fonction semblable à celle du point final. Il fait distinguer toute la période de la phrase au sein de la période. Quand j'entends quelqu'un dire «il pleut», mais que j'ignore si c'est le début ou la fin de la période que j'ai entendu, cette phrase n'est pas encore pour moi un moyen de communication.

23 – Mais combien de sortes de phrases existe-t-il? L'affirmation, l'interrogation, le commandement peut-être? – Il en est d'innombrables sortes; il est d'innombrables et diverses sortes d'utilisation de tout ce que nous nommons «signes», «mots», «phrases».

Et cette diversité, cette multiplicité n'est rien de stable, ni de donné une fois pour toutes; mais de nouveaux types de langage, de nouveaux jeux de langage naissent, pourrions-nous dire, tandis que d'autres vieillissent et tombent en oubli. (Nous trouverions une *image approximative* de ceci dans les changements des mathématiques.)

Le mot «*jeu* de langage» doit faire ressortir ici que le parler du langage fait partie d'une activité ou d'une forme de vie.

Représentez-vous la multiplicité des jeux de langage au moyen des exemples suivants:
Commander, et agir d'après des commandements.
Décrire un objet d'après son aspect, ou d'après des mesures prises.
Reconstituer un objet d'après une description (dessin).
Rapporter un événement.
Faire des conjectures au sujet d'un événement.
Former une hypothèse et l'examiner.
Représenter les résultats d'une expérimentation par des tables et des diagrammes.
Inventer une histoire; et lire.
Jouer du théâtre.
Chanter des «rondes».
Deviner des énigmes.
Faire un mot d'esprit; raconter.
Résoudre un problème d'arithmétique pratique.
Traduire d'une langue dans une autre.
Solliciter, remercier, maudire, saluer, prier.

Il est intéressant de comparer la multiplicité des instruments du langage et de leur mode d'utilisation, la multiplicité des espèces de mots et de propositions avec ce que les logiciens ont dit au sujet de la structure du langage (y compris l'auteur du *Tractatus logico-philosophicus).*

24 – Qui n'a pas présente à l'esprit la multiplicité des jeux de langage inclinera peut-être à poser des questions telles que celles-ci: «Qu'est-ce qu'une question?» – Est-ce la constatation que je ne sais ni ceci ni cela, ou la constatation que je désire que l'autre me dise...? Ou bien est-ce la description de l'incertitude de mon âme? – Et le cri: «Au secours! » est-il pareille description?

Songez au nombre de choses différentes nommées «description»: description de la position d'un corps par ses coordonnées; description d'une expression de physionomie; description d'une sensation tactile; d'un état d'humeur.

On peut assurément remplacer la forme ordinaire de la question par celle de la constatation ou de la description: «Je voudrais savoir si...», ou bien: «Je doute si... Je doute que...» Mais par là on n'a point rapproché les différents jeux de langage.

La signification de pareilles possibilités de transformations, par exemple de toutes les propositions affirmatives en des phrases qui débutent par la clause «Je pense» ou «Je crois» (donc pour ainsi dire en des descriptions de ma vie intérieure) se révélera de façon plus précise à un autre endroit. (Solipsisme.)

25 – On dit parfois: les animaux ne parlent pas, parce que les facultés intellectuelles leur font défaut. Et cela signifie: «ils ne pensent pas, par conséquent ils ne parlent pas». Mais: ils ne parlent pas en effet. Ou mieux: ils ne se servent pas du langage – si nous faisons abstraction des formes les plus primitives du langage. – Commander, interroger, raconter, bavarder, appartiennent à notre «histoire naturelle» autant que marcher, manger, boire, jouer.

26 – On croit que le fait d'apprendre le langage consisterait à dénommer des objets. Et particulièrement: des êtres humains, des formes, des couleurs, des douleurs, des états d'humeur, des nombres, etc. Comme je l'ai dit dénommer est analogue au fait d'attacher une étiquette à une chose. On peut dire que c'est là la préparation à l'usage d'un mot.

27 – «Nous dénommons les choses et dès lors nous pouvons en parler, nous y référer en parlant.» – Comme si par l'acte de dénommer dût déjà être donné ce que nous faisons ensuite. Comme s'il n'y eût qu'une seule chose qui signifiât: «parler des choses». Alors que nous faisons les choses les plus différentes au moyen de nos phrases. Il n'est que de songer aux exclamations avec leurs fonctions toutes différentes:

De l'eau! – Allez-vous-en! – Oh! Aïe! – Au secours! – C'est beau! – Non!

Seriez-vous d'avis de définir ces mots de «dénomination d'objets»? [...]

28 – On peut dès lors définir de manière démonstrative un nom de personne, un nom de couleur, d'étoffe, un nom numéral, le nom de l'un des points cardinaux, etc. La définition du nombre deux ainsi conçue: ceci s'appelle «deux» – pendant que l'on montre deux noix –, est parfaitement exacte. – Mais comment peut-on définir ainsi le deux? Celui à qui l'on donne la définition ne sait pas, en effet, *ce* que l'on veut dénommer par: «deux»; il supposera que vous nommez «deux» *ce* groupe de noix-là! – Il le *peut* supposer; mais peut-être ne le suppose-t-il pas. Il pourrait aussi, en revanche, commettre l'erreur de prendre pour un nom numéral le nom qu'il me plairait d'attribuer à ce groupe de noix. Et tout aussi bien si j'explique démonstrativement un nom de personne, le concevoir comme un nom de couleur, la désignation d'une race, voire le nom de l'un des points cardinaux. C'est-à-dire que la définition démonstrative peut en *chaque cas* être interprétée de telle ou telle manière [1].

On pourrait au contraire demander: Faut-il encore nommer cela une «explication»? – Car dans le calcul elle joue un autre rôle que ce que nous nommons ordinairement l'«explication démonstrative» du mot «rouge»; quand même elle aurait les mêmes conséquences pratiques, le même *effet* sur celui qui apprend. [...]

30 – On pourrait dire par conséquent: la définition démonstrative explique l'usage – la signification – des mots, dès que le rôle que le mot doit généralement jouer dans le langage est clair. Si donc je sais que quelqu'un veut m'expliquer un mot de couleur, l'explication démonstrative «ceci s'appelle sépia» m'aidera à comprendre le mot. Et c'est ce que l'on pourra dire pourvu qu'on n'oublie pas que toutes sortes de questions se rattachent au mot «savoir» ou «être clair».

Il faut déjà savoir (ou pouvoir) quelque chose pour poser des questions au sujet de la dénomination. Mais que faut-il savoir?

31 – Quand on montre à quelqu'un le roi du jeu d'échecs et qu'on lui dit: «C'est le roi des échecs», on ne lui explique pas, ce faisant, l'usage de cette pièce, – à moins qu'il ne connaisse déjà les règles du jeu à l'exception de cette dernière détermination: la forme de la figure du roi. On peut imaginer qu'il a appris les règles du jeu sans que jamais une pièce réelle lui ait été montrée. La forme de la pièce du jeu correspond ici à la résonance ou à la structure d'un mot. Mais on peut aussi imaginer que quelqu'un ait appris à jouer aux échecs sans jamais en apprendre ni formuler les règles. Il aura su éventuellement apprendre par une observation attentive d'abord de simples jeux de dames et il aura progressé ensuite

1. Pourrait-on, en expliquant le mot «rouge», montrer quelque chose qui ne soit pas rouge? Ce serait pareil au fait de vouloir expliquer le mot «modeste» à quelqu'un qui ne posséderait pas la langue française, et à qui l'on montrerait un homme arrogant en disant: Celui-là n'est *pas* modeste. Le fait que pareil mode d'explication est équivoque ne constitue pas un argument contre ce mode. Chaque explication peut prêter à malentendu. (W.)

dans des jeux toujours plus complexes. À celui-ci également on pourrait donner l'explication: «Ceci est le roi», en lui montrant par exemple des pièces d'échecs d'une forme inaccoutumée. Cette explication également ne le renseigne sur l'usage de la pièce que parce que la place avait déjà été préparée à cette explication. Ou bien: nous ne dirons qu'elle le renseigne sur cet usage que si la place est déjà préparée. Et elle ne l'est pas ici du fait que celui à qui nous donnons l'explication sait déjà les règles du jeu, mais bien parce que, dans un autre sens, il a déjà acquis la maîtrise de tel jeu.

Considérez encore le cas suivant: J'explique à quelqu'un les échecs, et je commence par lui montrer une pièce en disant: «Ceci est le roi. Il peut se déplacer de telle ou telle façon, etc.» Dans ce cas, nous dirons: les mots: «Ceci est le roi» (ou ceci se nomme «roi») ne sont une explication de mot que si celui qui apprend «sait ce qu'est une pièce du jeu». Donc s'il a déjà joué éventuellement à d'autres jeux ou s'il a suivi «avec compréhension» la manière de jouer des autres, *et maintes choses de ce genre.* Et ce ne sera que dans ce cas-là aussi qu'il pourra demander pertinemment: «Comment ceci se nomme-t-il?» –c'est-à-dire cette pièce-ci du jeu.

Nous pouvons dire: seul peut poser une question sensée quant à la dénomination celui qui sait déjà en faire quelque chose.

Nous pouvons penser aussi que l'interrogé réponde: «Détermine toi-même la dénomination» – et que dès lors celui qui a posé la question pourvoie lui-même à toutes choses.

32 – Quiconque pénètre en un pays étranger apprendra parfois le langage des indigènes par les explications démonstratives qu'ils lui donneront: et il lui faudra souvent *deviner* l'interprétation de ces explications, et les deviner parfois justement, parfois faussement.

Et dès lors, je crois, nous pouvons dire: saint Augustin décrit l'acquisition du langage humain par l'enfant comme si ce dernier venait dans un pays étranger sans en comprendre la langue: c'est-à-dire comme s'il avait déjà un langage, mais non pas ce langage-ci. Ou encore: comme si l'enfant pouvait déjà *penser* mais pas encore parler. Et «penser» signifierait ici quelque chose comme: se parler à soi-même.

33 – Mais qu'en sera-t-il, si l'on objectait: «Il n'est pas vrai que quelqu'un doive déjà avoir la maîtrise d'un jeu de langage pour comprendre une définition démonstrative, mais – bien entendu – il doit seulement savoir (ou deviner) ce que montre celui qui explique! Qu'il s'agisse de la forme d'un objet, d'une couleur, ou d'une quantité, etc.» – Et en quoi donc consiste le fait de «montrer une forme, une couleur»? Montrez un morceau de papier! Et maintenant une forme, maintenant une couleur, maintenant la quantité de ces choses (cela sonne étrangement)! – Eh bien, comment venez-vous de faire? – Vous direz qu'à chaque fois vous «entendiez» quelque chose d'autre pendant que vous montriez. Et si je demande comment cela se passe, vous me direz que vous avez concentré votre attention sur la couleur, la forme, etc. Mais maintenant je demande encore une fois comment *cela* se passe. [...]

Quand dire, c'est faire
(1961)

JOHN L. AUSTIN
(1912-1960)

La découverte des énonciations (et non des énoncés) performatives (performative utterances) *par le philosophe anglais J. L. Austin, mort à Oxford à l'âge de 48 ans, a exercé une considérable influence, si l'on en juge par l'énorme littérature des* speech acts *engendrée par les douze conférences qui composent son ouvrage posthume* How to do things with words *(1961).*

Toute la réflexion d'Austin part de la distinction entre deux jeux de langage, le constatif et le performatif, soit entre un usage représentatif ou informatif, et une dimension active. Dans le premier cas nos mots enregistrent un état du monde, dans l'autre ils ajoutent au monde un état ; dans l'un la pensée court world to word, *dans l'autre* word to world. *Ce renversement avait de quoi fasciner les philosophes, qui s'intéressent traditionnellement aux propositions descriptives ou affirmatives* (statements), *c'est-à-dire susceptibles d'être vraies ou fausses. Or, remarque Austin, cela revient à laisser hors de la parole un nombre considérable d'expressions, la majorité sans doute, qui ne sont ni vraies ni fausses sans être pour autant des non-sens. Ces énoncés ne sont pas consacrés à rapporter ni à constater des faits, mais à* faire *quelque chose :* Bonjour, Je vous félicite, Je promets, Je parie, Je baptise ce bateau... *etc., ces formules ne tombent pas sous l'alternative du vrai ou du faux, mais du succès ou de l'échec.*

Austin s'attache longuement à décrire et à classer les diverses conditions de « malheurs » (infelicities) *que rencontrent les propositions performatives, succès ou malheur relevant largement du contexte et des circonstances institutionnelles où s'insère ce type d'énoncé. En bref, alors qu'un énoncé comme « la fenêtre est ouverte » (vrai ou faux) suit et décrit l'état du monde, le performatif « la séance est ouverte » (malheureux ou* void *si celui qui le profère n'est pas le président autorisé mais le pompier de service)* ajoute au monde un nouvel état.

On voit par ces exemples que ces « performatifs » traitent d'une réalité qui semble du même niveau que leur propre énonciation. Alors que dans l'usage descriptif le signe reste à l'extérieur de la chose, dans son usage performatif ces deux niveaux tendent à se confondre. Féliciter quelqu'un n'est pas décrire une réalité extérieure ou préexistante aux mots employés : « Je vous félicite » énonce un acte qui n'est autre que cette énonciation elle-même, en direct si l'on peut dire.

Ainsi la coupure sémiotique [1]*, que les modes de la communication esthétique travaillent à affaiblir, se trouve également brouillée ou oblitérée dans le registre des verbes et des usages performatifs. Le* faire *de* How to do things... *n'est pas sans relation avec le* poiein [2] *qui donne son nom à* poésie. *L'énonciation poétique comme la performative ont en commun une certaine autoréférence, remarquée par Jakobson sur le registre des vers, et par Benveniste sur celui de ces verbes ou de ces usages curieux qui prétendent* faire *vraiment quelque chose,* hereby *ou « par la présente » (baptiser, léguer, ouvrir la séance, donner un*

1. C'est-à-dire la distinction du mot et de la chose, ou de la carte et du territoire, déjà présentée *supra* en introduction du chapitre II.
2. Verbe grec qui veut dire *faire*.

ordre, ou un avertissement, ou un conseil, ou un blâme, etc.). Cet etc. *pose évidemment un problème de taille et Austin, au fil des douze conférences qui composent son ouvrage princeps, n'a pas tardé à se demander comment clore la liste de ces verbes, c'est-à-dire où passait au juste la frontière entre le constatif et le performatif, entre le locutoire et l'illocutoire.*

Il est vite devenu assez clair que le performatif, pas plus que le poétique d'ailleurs, n'est un jeu de langage nettement délimitable ; et la critique post-austinienne, en s'autorisant des indications données par Austin lui-même dans les dernières conférences de How to do things with words, *a considérablement relativisé ce concept en le diluant dans celui de la force ou de la valeur illocutoire. Il est impossible de retracer ici le détail des controverses, excessivement pointilleuses parfois, qui se sont développées depuis trente années à partir des propositions d'Austin. Il semble à première vue qu'une bonne part de ce qu'on nomme à Palo Alto les métamessages, qui gèrent le cadre ou la relation, se révèle fort proche de ce qu'Austin désigne comme la valeur ou la force illocutoire de toute énonciation. Le sens d'un énoncé, pour être complet, doit provoquer une saisie (l'*uptake*), et pour cela offrir une description marginale ou une inscription modale de la force énonciative qui l'anime : « Je te conseille de venir » modalise ma proposition en conseil, je précise à mon interlocuteur par le choix de ce verbe à quelle hauteur il doit entendre mon énoncé – et cette précision peut être elle-même enrichie, ou nuancée, par le ton de mon énonciation (qui peut traduire mon « conseil » en menace, ou en invitation chaleureuse).*

Cette force est-elle codée en langue ? C'est le problème de la distinction par Austin entre la force illocutoire *et* perlocutoire. *L'acte illocutoire est introduit au centre d'une distinction ternaire dont l'exposition semble de prime abord lumineuse : « Nous avons distingué l'acte locutoire (...) qui possède une* signification ; *l'acte illocutoire où le fait de dire a une certaine* valeur *("force") ; et l'acte perlocutoire, qui est l'obtention de certains* effets *par la parole* [1]. *» La force autrement dit s'ajoute à la signification ; et cette force ou valeur qui produit quelque chose* en *parlant (il-locutoire) s'oppose au per-locutoire qui produit* par *la parole : les exemples pris par Austin permettent de comprendre que dans le premier cas « il s'agit d'un usage* conventionnel, *en ce sens qu'on pourrait l'expliciter par une formule performative* [2] *». Par exemple, « Je t'avertis » constitue de fait, conventionnellement et performativement, un avertissement. Par contre si l'interlocuteur se trouve effrayé et non simplement averti par ces mots, il s'agit là d'un effet* perlocutoire, *imprévisible et non codé par le langage employé. La valeur illocutoire ne concerne donc qu'une partie de la force d'une énonciation, celle-là qui relève d'une convention et se laisse coder verbalement dans l'énonciation.*

*On voit par là que la force illocutoire, « cette explicitation », revient à spécifier auprès de l'interlocuteur la relation impliquée dans tel message, ou la saisie de l'*intention, *faute de laquelle la communication risque d'échouer. Par le préfixe performatif on communique qu'on communique, et comment ; on dit à quelle hauteur entendre ce qu'on dit, l'énonciation s'explicite clairement comme conseil, ordre ou prière...*

En d'autres termes, il semble que le verbe performatif vienne dénoter l'énonciation. *« Je t'ordonne de partir » (performatif) n'ajoute pas d'information à l'impératif « Pars », mais cette redondance le rend plus solennel. Dans cette mesure le verbe dépositaire de la force illocutoire pourrait être interprété comme un marqueur de métalangage selon la*

1. J. L. Austin, *Quand dire, c'est faire*, p. 129.
2. *Ibid.*, p. 115.

perspective de Bateson. C'est la thèse du linguiste Berrendonner [1] *qui voit dans le performatif un mirage théorique, et reconduit la force illocutoire à un fait de dénotation, donc le langage à une activité de pure représentation, ce qu'Austin avait énergiquement contesté en coupant la force du sens, et en attaquant l'*illusion descriptive. *Mais lui-même au fil des douze conférences (parsemées de touches humoristiques et autocritiques) avait contribué à brouiller sa première distinction, par deux séries d'objections convergentes :*
– par la raison que nombre d'énoncés constatifs ou descriptifs ont une force illocutoire, et peuvent servir d'équivalents ou de périphrases à des verbes performatifs ;
– par l'extension de la notion d'acte ou de « réalité nouvelle » à l'énonciation elle-même (qualifiée de performative primaire *: « J'affirme que... » doit être considéré comme un fait, qui ajoute dans cette mesure, si faible soit-elle, un état au monde. Or nous pouvons préfixer par ce verbe toutes nos assertions ; il en résulte que le moindre constatif enveloppe une « performance »).*

Notre parole est-elle action ou représentation ? D'où vient la force des signes, est-elle immanente à certaines expressions, ou prélevée sur un contexte forcément extra-linguistique ? La frontière entre performatifs et constatifs n'est certes pas clear cut. *En s'avisant que tout* dire *est aussi d'une certaine manière un* faire, *Austin a le premier compliqué une problématique et une classification qui seront passionnément discutées, reprises et quelquefois combattues par de nombreux chercheurs.*

Source : *J. L. Austin,* Quand dire, c'est faire, *Éditions Le Seuil, Paris, 1970, traduction et introduction de Gilles Lane.*

Bibliographie : *Émile Benveniste,* Problèmes de linguistique générale, *Gallimard, Paris, 1966 ; Alain Berrendonner,* Éléments de pragmatique linguistique, *Minuit, Paris, 1981 ; Pierre Bourdieu,* Ce que parler veut dire, *Fayard, Paris, 1982 ; Shoshana Felman,* le Scandale du corps parlant. Dom Juan avec Austin ou la Séduction en deux langues, *Seuil, Paris, 1978 ; François Récanati,* la Transparence et l'énonciation, *Seuil, Paris, 1979, et* les Énoncés performatifs, *Paris Minuit, 1981 ; John Searle,* les Actes de langage, *Hermann, Paris, 1972.*

Première conférence

Ce que j'aurai à dire ici n'est ni difficile à comprendre, ni sujet à controverses; le seul mérite que j'aimerais voir reconnaître à ces considérations est celui d'être vraies, au moins en partie. Le phénomène à discuter est en effet très répandu, évident, et l'on ne peut manquer de l'avoir remarqué, à tout le moins ici ou là. Il me semble toutefois qu'on ne lui a pas encore accordé spécifiquement attention.

Les philosophes ont trop longtemps supposé que le rôle d'une « affirmation » [*statement*] ne pouvait être que de « décrire » un état de choses, ou d'« affirmer un fait quelconque », ce qu'elle ne saurait faire sans être vraie ou fausse. Il y eut constamment des grammairiens, bien sûr, pour signaler à notre attention que toutes les « phrases » [*sentences*] ne sont pas

1. Alain Berrendonner, *Éléments de pragmatique linguistique* (1981).

nécessairement des affirmations, ou ne servent pas nécessairement à en produire [1] : en plus des affirmations (au sens des grammairiens), il y a aussi, très traditionnellement, les questions et les exclamations, ainsi que les phrases qui expriment des commandements, des souhaits ou des concessions. Sans doute les philosophes n'ont-ils pas eu l'intention de le nier, même s'il leur est arrivé d'employer un peu abusivement le mot « phrase » pour le mot « affirmation ». Sans doute aussi grammairiens et philosophes ont-ils été conscients, les uns comme les autres, de la difficulté qu'il y a à bien distinguer les questions elles-mêmes, les commandements, etc., des affirmations, au moyen des quelques pauvres indices grammaticaux dont nous disposons (l'ordre des mots, le mode, etc.). Mais il ne semble pas qu'on se soit beaucoup attardé, dans l'ensemble, sur les difficultés que ce fait soulève manifestement. Car enfin, comment les distinguons-nous les uns des autres ? Quelles sont leurs limites et leurs définitions respectives ?

Depuis quelques années, plusieurs expressions qui, autrefois, auraient été acceptées sans problème comme des « affirmations », tant par les philosophes que par les grammairiens, ont été examinées avec un soin tout nouveau. C'est plutôt indirectement – du moins en philosophie – qu'on en est venu à poursuivre cet examen. L'opinion s'exprima d'abord – non sans un assez regrettable dogmatisme – que l'affirmation (d'un fait) devait être « vérifiable » : ce qui amena à penser que de nombreuses « affirmations » ne seraient pour ainsi dire que des pseudo-affirmations. On commença par montrer – et sans nulle peine – que beaucoup d'« affirmations » (Kant fut probablement le premier à l'établir systématiquement) étaient à proprement parler des non-sens, en dépit d'une structure grammaticale très courante. Et la découverte continuelle de nouveaux types de non-sens a été somme toute une bonne chose, quoique leur classification soit restée trop souvent non systématique, et leur explication, mystérieuse. Cela dit, même nous autres, philosophes, nous fixons des limites à la quantité de non-sens que nous sommes prêts à admettre dans notre discours. Il était donc naturel de se demander, dans un second temps, si bon nombre de ce qu'on prenait pour des pseudo-affirmations tendaient, en fait, à être des « affirmations », à quelque titre que ce soit.

On en est venu à penser communément qu'un grand nombre d'énonciations [*utterances*] qui ressemblent à des affirmations, ne sont pas du tout destinées à rapporter ou à communiquer quelque information pure et simple sur les faits ; ou encore ne le sont que partiellement. Les « propositions éthiques », par exemple, pourraient bien avoir pour but – unique ou non – de manifester une émotion, ou de prescrire un mode de conduite, ou d'influencer le comportement de quelque façon. Ici encore, Kant fut un pionnier. Il arrive aussi que dans l'usage que nous faisons des énonciations, nous outrepassions le champ de la grammaire, du moins de la grammaire traditionnelle. On en est venu à voir que bon nombre de mots fort embarrassants, insérés dans des affirmations apparemment descriptives, ne servent pas à indiquer un caractère supplémentaire et particulièrement étrange de la réalité qui est rapportée, mais à indiquer (je ne dis pas à rapporter) les circonstances dans lesquelles l'affirmation est faite, ou les réserves auxquelles elle est sujette, ou la façon dont il faut la prendre, et autres choses de ce genre. Négliger ces possibilités – comme il est arrivé le plus souvent dans le passé –, c'est céder à ce que l'on appelle l'illusion « descriptive ». (Mais peut-être ce mot n'est-il pas adéquat, « descriptif » ayant lui-même un sens particulier.

1. Il n'est pas vraiment correct, bien sûr, de dire qu'une phrase puisse *être* jamais une affirmation : son *emploi* est plutôt de *produire une affirmation ;* et l'affirmation est elle-même une « construction logique » élaborée à partir de la production d'affirmations.

Toutes les affirmations, vraies ou fausses, ne sont pas des descriptions; voilà pourquoi je préfère employer le mot «constatif».) Les remarques que nous avons faites jusqu'ici ont sans doute réussi à montrer par bribes – ou du moins à rendre vraisemblable – que nombre de problèmes qui embarrassèrent traditionnellement les philosophes ont surgi à partir d'une erreur: celle de considérer comme des affirmations pures et simples de faits, des énonciations qui sont (en un ou plusieurs sens non grammaticaux et qui ont leur intérêt) *ou bien* des non-sens, *ou bien* des expressions dont l'intention est tout à fait différente.

Quoi que nous pensions de l'une ou l'autre de ces conceptions et suggestions, et si fortement que nous puissions déplorer la confusion où doctrine et méthode philosophiques en ont d'abord été plongées, nous ne pouvons douter qu'elles soient en train de produire une révolution en philosophie. Si quelqu'un veut l'appeler la plus grande et la plus salutaire de son histoire, ce n'est pas, à y bien réfléchir, une prétention extravagante. Il n'est pas étonnant que les premières découvertes aient été faites sans grande continuité, avec parti pris et à partir de motivations étrangères: c'est le cas pour la plupart des révolutions...

Isolement préliminaire du performatif *[performative]* [1]

Il va de soi que le type d'énonciation à considérer ici n'est pas, en général, le non-sens, bien que mésuser du type en question puisse engendrer – nous le verrons – des variétés assez extraordinaires de «non-sens». Plus exactement, il fait partie de notre seconde classe – celle des imposteurs [*masqueraders*]: non qu'il se déguise nécessairement en une affirmation de fait, descriptive ou constative; mais il lui arrive très souvent de le faire, et cela – assez étrangement – au moment même où il revêt sa forme la plus explicite. Les grammairiens, je crois, n'ont pas su percer ce «déguisement»; quant aux philosophes, ils ne l'ont fait au mieux qu'occasionnellement [2]. Il conviendra donc d'étudier ce type d'énonciation d'abord sous sa forme trompeuse, pour en faire ressortir si possible les caractéristiques en les comparant avec celles de l'affirmation de fait qu'il singe.

Nous prendrons donc comme premiers exemples quelques énonciations qui ne peuvent tomber sous aucune catégorie *grammaticale* reconnue jusqu'ici, hors celle de l'«affirmation»; des énonciations qui ne sont pas, non plus, des non-sens, et qui ne contiennent aucun de ces avertisseurs verbaux que les philosophes ont enfin réussi à détecter, ou croient avoir détectés: mots bizarres comme «bon» ou «tous»; auxiliaires suspects comme «devoir» ou «pouvoir»; constructions douteuses telles que la forme hypothétique. Toutes les énonciations que nous allons voir présenteront, comme par hasard, des verbes bien ordinaires, à la première personne du singulier de l'indicatif présent, voix active [3]. Car on peut trouver des énonciations qui satisfont ces conditions et qui, pourtant,

A) ne «décrivent», ne «rapportent», ne constatent absolument rien, ne sont pas «vraies ou fausses»; et sont telles que

B) l'énonciation de la phrase est l'exécution d'une action (ou une partie de cette exécution)

1. Tout ce qui est dit dans ces sections est provisoire et demeure sujet à révision, à la lumière des sections ultérieures.

2. Entre tous, ce sont bien les hommes de loi qui devraient être informés de ce qu'il en est réellement. Peut-être quelques-uns le sont-ils. Il leur arrive pourtant d'être victimes de la trop prudente «fiction légale»: de penser, par exemple, qu'un énoncé de «la loi» est l'énoncé d'un fait.

3. Non sans raison: elles sont toutes des performatifs «explicites», et de la classe prépondérante, qu'on appellera plus tard celle des «exercitifs».

qu'on ne saurait, répétons-le, décrire *tout bonnement* comme étant l'acte de dire quelque chose.

Ceci est loin d'être aussi paradoxal qu'il semble, ou que j'ai essayé – un peu trop sommairement – de le faire paraître : on sera déçu, en effet, par les exemples que nous allons maintenant donner.

Exemples :

(E. *a*) « Oui [je le veux] (c'est-à-dire je prends cette femme comme épouse légitime) » – ce « oui » étant prononcé au cours de la cérémonie du mariage [1].

(E. *b*) « Je baptise ce bateau le *Queen Elizabeth* » – comme on dit lorsqu'on brise une bouteille contre la coque.

(E. *c*) « Je donne et lègue ma montre à mon frère » – comme on peut lire dans un testament.

(E. *d*) « Je vous parie six pence qu'il pleuvra demain. »

Pour ces exemples, il semble clair qu'énoncer la phrase (dans les circonstances appropriées, évidemment), ce n'est ni *décrire* ce qu'il faut bien reconnaître que je suis en train de faire [2] en parlant ainsi, ni affirmer que je le fais : c'est le faire. Aucune des énonciations citées n'est vraie ou fausse : j'affirme la chose comme allant de soi et ne la discute pas. On n'a pas plus besoin de démontrer cette assertion qu'il n'y a à prouver que « Damnation ! » n'est ni vrai ni faux : il se peut que l'énonciation « serve à mettre au courant » – mais c'est là tout autre chose. Baptiser un bateau, *c'est* dire (dans les circonstances appropriées) les mots « Je baptise... », etc. Quand je dis, à la mairie ou à l'autel, etc., « Oui [je le veux] », je ne fais pas le reportage d'un mariage : je me marie.

Quel nom donner à une phrase ou à une énonciation de ce type [3] ? Je propose de l'appeler une *phrase performative* ou une énonciation performative ou – par souci de brièveté – un « performatif ». Le terme « performatif » sera utilisé dans une grande variété de cas et de constructions (tous apparentés), à peu près comme l'est le terme « impératif [4] ». Ce nom dérive, bien sûr, du verbe [anglais] *perform,* verbe qu'on emploie d'ordinaire avec le substantif « action » : il indique que produire l'énonciation est exécuter une action (on ne considère pas, habituellement, cette production-là comme ne faisant que dire quelque chose).

Un certain nombre d'autres termes peuvent se présenter à l'esprit, chacun étant susceptible de recouvrir convenablement telle ou telle classe plus ou moins étendue de performatifs : de nombreux performatifs, par exemple, sont des énonciations *contractuelles* (« je parie ») ou *déclaratoires* (« je déclare la guerre »). Mais aucun terme d'usage courant, que je sache, ne saurait avoir assez d'extension pour les recouvrir toutes. Parmi les termes techniques, il y en a un qui, peut être, se rapprocherait le plus de ce que nous cherchons. Il s'agit du mot [anglais] *operative,* tel qu'il est employé (au sens strict) par les hommes de loi, lorsqu'ils veulent se référer à la partie (*i. e.* aux clauses) d'un acte juridique qui sert à effectuer la transaction

1. Austin se rendit compte, mais trop tard pour corriger son erreur, que l'expression « Oui [je prends cette femme...] » n'est pas employée dans la cérémonie du mariage. Nous n'avons rien changé au texte, car, du point de vue philosophique, il importe peu que ce soit une erreur. (N.d.E.)

2. Encore moins ce que j'ai déjà fait, ou ce qu'il me faudra faire plus tard.

3. Les « phrases » constituent une classe d'« énonciations », classe à définir grammaticalement, à mon avis, et je doute qu'une définition satisfaisante en ait déjà été donnée. Aux énonciations performatives s'opposent essentiellement, par exemple, les énonciations « constatives » : formuler une énonciation constative (c'est-à-dire la produire avec une référence historique), c'est émettre une affirmation. Formuler une énonciation performative, c'est, par exemple, faire un pari. Voir plus loin, à propos des « illocutions ».

4. J'employais d'abord le terme « performatoire », mais « performatif » est à préférer parce que plus court, moins laid, plus maniable, et de formation plus traditionnelle.

elle-même (son but principal) – un transfert de biens, ou que sais-je ? – le reste du document ne faisant que « débiter » les circonstances dans lesquelles la transaction devra s'effectuer. Mais *operative* a d'autres significations ; de nos jours, il est même souvent employé pour signifier à peine plus qu'« important ». J'ai donc préféré un mot nouveau, auquel nous serons peut-être moins portés (bien que son étymologie ne soit pas à négliger complètement) à rattacher une signification préconçue.

Peut-il arriver que dire une chose, ce soit la faire ?

Allons-nous donc affirmer, par exemple, que

« Se marier, c'est dire quelques mots », ou que
« Parier, c'est simplement dire quelque chose » ?

Une telle doctrine semble d'abord étrange, sinon désinvolte ; mais pourvue de garanties suffisantes, elle peut en venir à perdre toute étrangeté.

On peut opposer aux formules qui précèdent une première objection, valable, et qui n'est pas sans une certaine importance. Dans de très nombreux cas, en effet, il est possible d'exécuter un acte d'un genre tout à fait identique, *non pas* en énonçant des mots – qu'ils soient écrits ou prononcés –, mais d'une autre manière. Je puis, par exemple, en certains lieux, contracter mariage par simple cohabitation ; ou parier avec un totalisateur, en glissant une pièce dans une fente. Peut-être devrions-nous alors convertir les propositions citées plus haut et les exprimer comme suit : « Dire quelques mots bien déterminés, c'est se marier », ou « Se marier, c'est, en certains cas, simplement dire quelques mots », ou « Dire simplement telle chose, c'est parier ».

Mais la vraie raison pour laquelle ce genre de remarques semble dangereux, tient probablement à un autre fait, évident, sur lequel nous aurons à revenir en détail, et que voici. Prononcer des mots, en effet, est d'ordinaire un événement capital, ou même l'événement capital, dans l'exécution [*performance*] de l'acte (de parier, ou de quoi encore ?), exécution qui constitue pour une part la visée de l'énonciation ; mais elle est loin de constituer d'ordinaire – si jamais elle le fait – l'*unique* élément nécessaire pour qu'on puisse considérer l'acte comme exécuté. Disons, d'une manière générale, qu'il est toujours nécessaire que les *circonstances* dans lesquelles les mots sont prononcés soient d'une certaine façon (ou de plusieurs façons) *appropriées*, et qu'il est d'habitude nécessaire que celui-là même qui parle, ou d'autres personnes, exécutent *aussi* certaines *autres* actions – actions « physiques » ou « mentales », ou même actes consistant à prononcer ultérieurement d'autres paroles. C'est ainsi que pour baptiser un bateau, il est essentiel que je sois la personne désignée pour le faire ; que pour me marier (chrétiennement), il est essentiel que je ne sois pas déjà marié avec une femme vivante, saine d'esprit et non divorcée, etc. Pour qu'un pari ait été engagé, il est nécessaire en général que la proposition du pari ait été acceptée par un partenaire (lequel a dû faire quelque chose, dire « D'accord ! », par exemple). Et l'on peut difficilement parler d'un don si je *dis* « Je te le donne », mais ne tends point l'objet en question.

Jusqu'ici tout va bien. L'action pourrait être exécutée autrement que par une énonciation performative, et de toute façon les circonstances – parmi lesquelles d'autres actions – doivent être appropriées. Mais il se peut qu'en objectant nous ayons à l'esprit quelque chose de bien différent, et cette fois de tout à fait erroné, surtout lorsque nous pensons à quelques-uns des performatifs les plus impressionnants, tels que « Je promets de... » Personne ne niera, je pense, que ces mots doivent être prononcés « sérieusement », et de façon à être pris « au sérieux ». Cette remarque, quoique vague, est assez vraie en général ; il s'agit d'ailleurs là d'un solide lieu commun dans les discussions sur la portée d'une énonciation, quelle qu'elle soit. Je ne dois pas être en train de plaisanter, par exemple, ou d'écrire un poème. Mais il nous arrive souvent d'avoir l'impression que le sérieux des mots leur vient de ce qu'ils ont été prononcés seulement comme le signe extérieur et visible d'un acte intérieur et spirituel – signe commode dont le rôle serait de conserver les traces de l'acte ou d'en informer les autres. Dès lors le pas est vite franchi qui mène à croire ou à supposer, sans s'en rendre compte, que dans bien des cas l'énonciation extérieure est la description, *vraie ou fausse,* d'un événement intérieur. On trouvera l'expression classique de cette idée dans *Hippolyte* (vers 612) où Hippolyte dit : « Ma langue prêta serment, mais non pas mon cœur » (ou mon esprit ou quelque autre artiste dans les coulisses [1]). C'est ainsi que « Je promets de... » m'oblige : enregistre mon acceptation spirituelle de chaînes non moins spirituelles.

Il est réconfortant de remarquer, dans ce dernier exemple, comment l'excès de profondeur – ou plutôt de solennité – fraye tout de suite la voie à l'immoralité. Car celui qui dit « Promettre ne consiste pas simplement à prononcer des mots : c'est un acte intérieur et spirituel ! » sera sans doute considéré comme un moraliste dont le sérieux contraste avec l'esprit superficiel d'une génération de théoriciens : nous le voyons ainsi comme il se voit lui-même, mesurant les profondeurs invisibles de l'espace éthique, avec toute la distinction d'un spécialiste du *sui generis !* Pourtant, il fournit à Hippolyte une échappatoire, au bigame une excuse pour son « Oui [je prends cette femme...] », et au bookmaker marron une défense pour son « Je parie ». Non : la précision et la moralité sont toutes deux du côté de celui qui dit tout simplement : *notre parole, c'est notre engagement.*

Une fois exclu ce genre d'actes intérieurs, fictifs, pouvons-nous supposer que tout autre élément dont on exige d'ordinaire, qu'il accompagne une énonciation telle que « Je promets que... » ou « Oui [je prends cette femme...] », est en fait décrit par cette énonciation, de sorte qu'il la rendrait vraie par sa présence, ou fausse par son absence ? Eh bien, en commençant par le dernier cas, nous allons tout de suite considérer ce que nous disons, de fait, de l'énonciation lorsque l'un ou l'autre de ses éléments concomitants habituels est *absent :* en aucun cas nous ne disons que l'énonciation était fausse, mais plutôt que l'énonciation – ou mieux, *l'acte* [2] (la promesse, par exemple) – était nulle et non avenue [*void*] ou donnée de mauvaise foi, ou non exécutée, ou quelque chose de semblable. Dans le cas particulier de la promesse, comme dans celui de beaucoup d'autres performatifs, il convient que la personne qui promet ait une certaine intention (ici, par exemple, celle de tenir parole). Il semble même que de tous les éléments concomitants, celui-là soit le plus apte à être ce que décrit ou enregistre effectivement le « Je promets ». De fait, ne parlons-nous pas d'une « fausse » promesse lorsqu'une telle intention est absente ? Parler ainsi ne signifie pourtant *pas* que l'énonciation « Je promets que... » soit fausse, dans le sens où la personne, affirmant faire, ne ferait pas, ou décrivant, décrirait mal, rapporterait mal. Car elle promet, *effectivement :* la promesse, ici, n'est même pas *nulle et non avenue,* bien que donnée *de mauvaise foi.* Son énonciation est peut-être trompeuse ; elle induira probablement en erreur, et elle est sans nul doute incorrecte. Mais elle n'est pas un mensonge ou une affirmation manquée.

1. Je n'ai pas l'intention pour autant d'éliminer tous ceux qui travaillent dans les coulisses : les éclairagistes, le régisseur, voire le souffleur ; j'en veux seulement à certaines doublures inutiles.
2. Nous en viendrons à éviter cette distinction, justement parce qu'elle ne s'impose pas.

Tout au plus pourrait-on trouver une raison de dire qu'elle implique ou introduit un mensonge ou une affirmation manquée (dans la mesure où le déclarant a l'intention de faire quelque chose); mais c'est là une tout autre question . De plus, nous ne parlons pas d'un faux pari ou d'un faux baptême; et que nous parlions, *de fait,* d'une fausse promesse, ne nous compromet pas plus que de parler d'un faux mouvement. «Faux» n'est pas un terme nécessairement réservé aux seules affirmations.

Émile Benveniste et la théorisation

(1984)

CATHERINE KERBRAT-ORECCHIONI
(née en 1943)

Professeur de linguistique à l'université de Lyon-II, Catherine Kerbrat-Orecchioni s'est spécialisée dans le développement de la pragmatique, et particulièrement des interactions conversationnelles. Elle a précisé au cours d'un colloque sur Émile Benveniste, tenu à Tours en 1983, la genèse de l'ouverture pragmatique, en confrontant les approches d'Austin et du grand linguiste français. Son article est un bon exemple de la minutie des classifications et des réflexions qu'on peut mener aux frontières des sciences du langage.

Source: *«Émile Benveniste aujourd'hui», in* Actes du Colloque international du CNRS, *tome 1 (éd. Guy Serbat), publié dans la* Bibliothèque de l'information grammaticale, *Paris, 1984.*

Bibliographie: *Catherine Kerbrat-Orecchioni,* la Connotation, *P.U.L., Lyon, 1977;* l'Énonciation, de la subjectivité dans le langage, *Armand Colin, Paris, 1980;* l'Implicite, *Armand Colin, Paris, 1986;* les Interactions verbales, *Armand Colin, Paris, 1990.*

La pragmatique du langage (Benveniste et Austin)

IL SERA DONC ICI QUESTION de *pragmatique :* de la benjamine des disciplines linguistiques, dont l'acte de naissance remonte à quelques décennies déjà, mais qui n'est que depuis peu considérée comme une composante à part entière – au même titre que la phonologie, la syntaxe ou la sémantique, de tout modèle linguistique se voulant «global». On pourrait d'ailleurs s'interroger sur les raisons qui font que la pragmatique a été si tardivement reconnue par le discours linguistique dominant, et que celui-ci s'est si longtemps confiné dans une perspective fondamentalement «immanentiste» et informationaliste. Toujours est-il que depuis quelques années, la pragmatique s'est efficacement employée à combler ce retard; qu'elle s'est développée à une vitesse vertigineuse (non sans manifester du reste, aux dépens de la sémantique surtout, certaines tendances impérialistes), qu'elle occupe à présent le devant de la scène linguistique, et qu'elle accueille en son sein nombre d'investigations aussi passionnantes qu'hétéroclites, si hétéroclites qu'elle a pu récemment être traitée de «fourre-tout» («catch-all»: J.L. Morgan), et même de «poubelle de la linguistique» (Paolo Fabbri).

Pour voir un peu plus clair dans cette poubelle, je distinguerai deux versants d'ailleurs contigus :
1) la *« pragmatique énonciative »*, qui selon la définition de Charles Morris a pour tâche de décrire les relations qui s'établissent entre l'énoncé et ses utilisateurs, et tous les aspects du message verbal qui sont tributaires du cadre énonciatif dans lequel il s'enracine ;
2) la *« pragmatique illocutoire »*, ou théorie des actes de langage, qui étudie tout ce qui dans l'énoncé lui permet de fonctionner comme un acte spécifique, *i.e.* ses aspects performatifs et illocutoires,
– deux versants dont j'ai dit qu'ils étaient contigus, mais qu'il ne convient pas pour autant de confondre : étudier la phrase actualisée lors d'un acte énonciatif particulier, et décrire les valeurs illocutoires, ce n'est pas se consacrer au même objet puisque
• bien des faits énonciativement pertinents (le fonctionnement des déictiques par exemple) ne relèvent pas spécialement de l'illocutoire, et que
• inversement, certaines valeurs illocutoires sont intrinsèquement attachées, en langue, à telle ou telle structure lexico-syntaxique, et donc passibles d'une description immanente.

Deux formes de pragmatique donc, qui ont d'ailleurs donné lieu à des développements relativement autonomes.

Or, il est évident qu'en matière de pragmatique énonciative *(alias :* « linguistique de l'énonciation »), le grand précurseur (même s'il n'utilise pas ce terme de « pragmatique »), c'est Benveniste, dont le programme consiste essentiellement dans les *Problèmes de linguistique générale,* qui fait à cet égard figure de texte fondateur, à jeter les bases d'une théorie linguistique de l'énonciation, et à décrire les procédés linguistiques qui permettent la conversion de la langue en discours, son appropriation par le sujet parlant, et l'inscription dans l'énoncé de l'énonciateur et de l'énonciataire : *Quand dire, c'est se dire – et dire l'autre du même coup.* Dans ce domaine, la contribution de Benveniste est, on a presque honte à énoncer dans le contexte énonciatif de ce colloque une aussi grossière évidence, absolument décisive.

Mais *dire, c'est aussi faire.* Et cela, c'est grâce à Austin qu'on le sait. En matière de pragmatique illocutoire, c'est à Austin que la linguistique doit tout. Cela dit, la « pragmatique du deuxième type » n'est pas totalement absente du texte de Benveniste : ce que je vais essayer de faire ici, c'est de *préciser le mode de présence, dans les P.L.G., de cette forme de pratique que l'on peut dire « illocutoire ».*

1) Il s'agit d'une présence relativement *discrète* et *marginale.* En effet :
– À cette problématique des actes de langage, Benveniste consacre un seul article : « La philosophie analytique et le langage », publié dans *les Études philosophiques* n° 1, janv.-mars 1963, et qui constitue le chapitre XXII des *P.L.G.* (t. I).

On peut certes glaner ailleurs quelques réflexions concernant le fait que les pratiques langagières sont dotées d'un certain pouvoir d'action – action sur le destinataire, action sur le monde, ainsi :
I, p. 242 : « toute énonciation supposant un locuteur et un auditeur, et chez le premier l'intention d'influencer l'autre en quelque manière (...) » ;
II, p. 24 : « En apprenant le nom d'une chose, [l'enfant] acquiert le moyen d'obtenir cette chose. En employant le mot, il agit donc sur le monde et s'en rend compte obscurément

très tôt. C'est le pouvoir d'action, de transformation, d'adaptation, qui est la clef du rapport humain entre la langue et la culture, un rapport d'intégration nécessaire [1]. »

Mais de telles considérations restent disséminées dans ce texte. Si Benveniste a eu clairement conscience des aptitudes pragmatiques du langage humain, c'est surtout sur sa vocation représentative que se focalise sa réflexion. C'est-à-dire que si l'on voulait opposer deux catégories de linguistes,

• ceux (les « sémanticiens ») qui considèrent le langage comme étant *avant tout* un instrument d'information et de représentation constructive du référent,

• et ceux (les « pragmaticiens ») pour qui, selon la formule de Ducrot, « le langage est un instrument d'action *avant* d'être un instrument d'information »,

c'est plutôt dans le premier camp qu'il conviendrait à mon avis de situer Benveniste – ce n'est d'ailleurs nullement mon intention de lui reprocher : le langage étant *à la fois* instrument d'action et moyen de représentation, une fois reconnue l'existence complémentaire de ces deux fonctions essentielles, libre à chacun de les hiérarchiser comme il l'entend (et l'on peut même parfois s'irriter du radicalisme de certaines professions de foi pragmatique, qui réduisent l'activité langagière à une pratique entièrement finalisée et exclusivement utilitaire, alors que si l'on peut parler « pour ne rien dire », on peut aussi, et c'est heureux, parler pour ne rien faire...).

Donc, il me semble que pour Benveniste, ainsi qu'il apparaît par exemple lorsqu'il s'entretient avec Pierre Daix dans *les Lettres françaises* [2], le langage humain se caractérise d'abord par ses aptitudes à la symbolisation, la signification, la signifiance ; et que loin d'être au centre de sa réflexion, la problématique des actes de langage n'y occupe qu'une place modeste, ainsi qu'en témoigne encore

– le fait que dans l'article précédemment mentionné, Benveniste n'envisage que le cas des expressions performatives, sans le situer dans le cadre plus global des fonctionnements illocutoires, fonctionnements qu'il aborde ailleurs du reste, ainsi dans le chapitre concernant « l'appareil formel de l'énonciation » (II, 5, p. 84) : « Dès lors que l'énonciateur se sert de la langue pour influencer en quelque manière le comportement de l'allocutaire » – on est bien là en pleine pragmatique illocutoire – « il dispose à cette fin d'un appareil de fonctions ». Lesquelles fonctions, étant essentiellement liées aux trois « formes de phrase » que connaît la langue française, sont au nombre de trois : interrogation, intimation, et assertion (notons au passage que Benveniste considère ici à juste titre, comme ne cesse de le répéter Austin, mais comme il est trop souvent oublié, que même l'assertion – et que donc tout énoncé quel qu'il soit – se trouve dotée d'une certaine force illocutoire, puisqu'elle « vise à communiquer une certitude [3] »). Après avoir envisagé ces trois « fonctions » fondamentales, Benveniste poursuit (II, p. 85) : « Plus largement encore, quoique d'une manière moins catégorisable, se rangent ici toutes sortes de modalités formelles, les unes appartenant aux verbes comme les "modes" (optatif, subjonctif) énonçant des attitudes de l'énonciateur à l'égard de ce qu'il énonce (attente, souhait, appréhension), les autres à la phraséologie ("peut-être", "sans doute", "probablement") et indiquant incertitude, possibilité, indécision, etc., ou, délibérément, refus d'assertion » : c'est bien d'une tentative d'inventorier les

1. Les citations de Benveniste renvoient aux éditions suivantes des *Problèmes de linguistique générale :* t. I : Gallimard, Paris, 1966 ; t. II : Gallimard (TEL), Paris, 1974.
2. Juillet 1968, chap. Ier du t. II des *P.L.G.*
3. Bien des études – celle d'Attal par exemple (dans *Semantikos*, vol. 1, n° 3, 1976) – se donneront plus tard pour tâche de préciser en quoi consiste « l'acte d'assertion ».

différents types de « marqueurs illocutoires » (et leurs valeurs corrélatives) qu'il s'agit ici mais qui ne dépasse pas encore le stade embryonnaire.

– Mais ce qui me permet surtout de dire « marginale » la place qu'occupe chez Benveniste la pragmatique illocutoire, c'est le fait suivant : lorsqu'il s'agit de pragmatique énonciative, il parle en son nom propre, et présente comme originale, ce qu'elle est en effet, sa contribution. Dans l'article au contraire concernant les performatifs, Benveniste se fait *l'écho* d'Austin : assez exceptionnellement (cette exception marquant d'ailleurs l'intérêt exceptionnel qu'il porte à ces travaux), il nous *présente* une théorie élaborée ailleurs : à Oxford, par le « maître incontesté » de la philosophie analytique.

J'ajouterai toutefois, et ce sera mon second point, qu'il ne s'agit pas là d'une présentation servile.

2) L'attitude de Benveniste vis-à-vis de la pragmatique illocutoire, telle du moins qu'il en a connaissance à travers l'article d'Austin « Performatif : constatif » publié en 1962 dans les Actes du Colloque de Royaumont consacré la philosophie analytique, est une attitude *critique*.

Critique qui porte sur les points suivants :

(a) Les expressions performatives retenues à titre d'exemple par Austin sont pour la plupart des formules originellement rituelles, voire magiques, mais que la vie sociale a banalisées, et qui sont plus ou moins tombées en désuétude. Mieux vaut raisonner à partir de « performatifs de plein exercice et qui se prêtent directement à l'analyse » (I, p. 271).

(b) Après avoir posé et défini la classe des performatifs, Austin a le tort « de s'employer aussitôt à la diluer et à l'affaiblir au point d'en rendre problématique l'existence » (p. 270), il a le tort de trop « élargir le cadre formel » qu'il convient d'assigner à l'énoncé performatif, et d'y assimiler par exemple les phrases à l'impératif (« Fermez la porte »), ou les avertissements (« Chien méchant »), alors qu'il s'agit là de « tout autre chose », et de « catégories entièrement différentes » (p. 275).

Pour Benveniste il importe au contraire

• de définir de façon stricte la classe des performatifs « authentiques » (p. 274 : « Un énoncé est performatif en ce qu'il *dénomme* l'acte performé, du fait qu'Ego prononce une formule contenant le verbe à la première personne du présent : "*Je déclare* la session close", "*Je jure* de dire la vérité" »), et

• d'élaborer des critères formels de reconnaissance desdits performatifs : telle est la tâche que s'assigne Benveniste dans l'article en question.

Certes on ne peut qu'applaudir à de telles propositions, et souscrire à un tel souci de rigueur conceptuelle et terminologique (il est de fait qu'actuellement, le terme de « performatif » est parfois mis à tant de sauces différentes qu'il en finit par perdre toute valeur opératoire). Mais le malheur, c'est que visant Austin, la critique tombe un peu à plat ; qu'elle apparaît comme partiale, parce que reposant sur une connaissance trop partielle de la pensée d'Austin : apparemment Benveniste n'y a eu accès qu'au travers de cet article des Actes du Colloque de Royaumont. Or cette même année 1962, paraissait à Oxford *How to do Things with Words* [1], ouvrage infiniment plus complet et complexe, dont il semble que Benveniste n'ait pas eu connaissance.

Si on le relit pourtant (et chaque relecture me laisse chaque fois plus émerveillée devant

1. Nos références à cet ouvrage se feront à la version française, au titre génialement traduit par *Quand dire, c'est faire*, Seuil, Paris, 1970 (traduction et introduction de Gilles Lane).

la rigueur presque maniaque de la démarche austinienne), on ne peut que contester le bien-fondé des critiques que Benveniste formule à l'égard de la théorie du philosophe d'Oxford:
(a) Loin de se restreindre à l'analyse de quelques expressions performatives plus ou moins archaïques, Austin va jusqu'à envisager la possibilité de décrire et classer le fonctionnement performatif de, excusez du peu, 103 expressions verbales (p. 153);
(b) Il est surtout injuste d'accuser Austin de confondre les performatifs au sens strict avec d'autres types de séquences dotées de valeur illocutoire, et de renoncer à tout critère d'identification de ces performatifs «purs». Ce qui frappe au contraire à la lecture d'Austin, c'est que s'y trouve en quelque sorte mise en scène une quête patiente, minutieuse, obstinée, de *critères,* et même de tests (pp. 98-99), permettant de décider si l'on a ou non affaire, dans tel ou tel cas, à une expression performative authentique.

Ces critères, je ne les passerai pas ici en revue, pas plus que je ne les comparerai à ceux que propose Benveniste, et qu'ont par la suite avancés des pragmaticiens tels que Ducrot et Récanati. Je dirai simplement que le scepticisme d'Austin quant au caractère infaillible de ces critères me semble tout à fait sain, et justifié, et qu'il en est de même pour tout objet théorique que l'on tente ainsi de constituer en linguistique: à cause de la nature même du langage (qui est par essence une structure *floue),* il n'est aucun fait qui se laisse rigoureusement circonscrire à l'aide d'un critère, ou même d'un jeu de critères, absolument «fiables», et capables d'isoler proprement «tout le défini, et rien que le défini». Si Austin s'acharne à «rendre problématique» l'existence de la catégorie des performatifs, c'est tout bonnement que cette existence *est* problématique, ce qui ne veut pas dire qu'il faille pour autant renoncer à un tel concept (à ce compte, ce sont tous les concepts que manipule la linguistique qu'il conviendrait de mettre au panier).

Corrélativement, est également problématique, parce que le langage n'offre jamais de distinctions «clear-cut», celle qui oppose les performatifs au sens strict, et les autres types de formules illocutoires. Sur ce problème encore, l'attitude d'Austin, bien qu'inconfortable, me semble parfaitement juste, qui consiste:
• en un souci têtu de maintenir coûte que coûte cette distinction entre les performatifs qu'il nomme «explicites», et «primaires», coûte que coûte, mais pas à n'importe quel prix, c'est-à-dire
• sans pour autant se dissimuler les difficultés qu'elle soulève, sans simplifier trop abusivement, sans trop brutaliser les données empiriques.

C'est cette double exigence qu'éperdument Austin cherche à concilier: ne pas tout confondre (car analyser, c'est distinguer) ne pas non plus faire de «forcing» analytique, *i.e.* respecter les faits et leur complexité, double exigence qui relève presque, étant donné la nature même des faits de langage, du «double bind». La seule échappatoire possible, c'est, au lieu d'opposer drastiquement deux catégories d'expressions – performatives, et non performatives –,
• de sortir de cette problématique binariste et d'élaborer, sur la base d'un certain nombre de critères plus ou moins opératoires, une typologie souple des actes de langage (pp. 152-3: «Cette notion était essentiellement fondée sur notre croyance en la dichotomie performatif/constatif, dichotomie qui, nous le voyons à présent, doit être abandonnée au profit de *familles* plus générales d'actes de discours, liés entre eux et se recouvrant les uns les autres»),
• et d'admettre que l'on glisse graduellement d'une famille à l'autre: de même que la langue plaque sur un univers continu une grille de concepts discrets (parler, c'est imposer

du discontinu à du continu), de même la métalangue des linguistes analyse-t-elle en catégories discrètes des objets langagiers qui se présentent en fait comme constituant un «continuum»; que dans certains cas, l'opposition performatif/constatif est carrément indécidable; et que dans bien d'autres cas, il n'est possible de trancher entre ces deux valeurs qu'en tenant compte du contexte énonciatif (p. 89: «très souvent, la *même* phrase est employée, selon les circonstances, des *deux* façons: performative et constative»).

3) C'est en fait sur ce terrain des *circonstances* de l'énonciation que se rencontrent essentiellement, à mon avis, Austin et Benveniste. Et c'est aussi en ce lieu que s'articulent, chez Benveniste, les deux problématiques que j'ai d'entrée dissociées sous les étiquettes de «pragmatique énonciative» et «pragmatique illocutoire».

Tel sera le dernier point que j'envisagerai ici: que cette irruption soudaine, dans le texte de Benveniste, d'une problématique étrangère, n'est pas de pure circonstance ou de pur hasard, que ces considérations sur Austin et les performatifs, loin d'être plaquées sur un discours hétérogène, *s'articulent* constitutivement sur l'ensemble de cet édifice théorique que constituent les *P.L.G.*; ou encore: que ces considérations (qui relèvent de la pragmatique illocutoire) trouvent naturellement place dans le cadre des préoccupations essentielles de Benveniste (lesquelles relèvent de la pragmatique énonciative).

– D'abord, il s'agit essentiellement dans les *P.L.G.* de fonder une linguistique du discours, c'est-à-dire du *langage en action* (I, p. 258: «[...] le discours est le langage mis en action»). Discourir, c'est donc bien, pour Benveniste, «"faire quelque chose". Mais "faire quelque chose" est une expression très vague: lorsque nous formulons une énonciation, quelle qu'elle soit, ne "faisons"-nous pas "quelque chose?" (Austin *Quand dire...*, p. 107). En fait, c'est de l'acte *locutoire* qu'il s'agit simplement ici, et l'on est encore en deçà des niveaux illocutoire et perlocutoire, dont la reconnaissance constitue la véritable originalité de la théorie des «speech acts».

– Pour ce qui est maintenant des valeurs *illocutoires*, nous avons dit qu'elles s'inscrivaient intrinsèquement dans l'énoncé (elles sont, dit Austin, «conventionnelles»), et qu'elles étaient donc relativement autonomes par rapport aux caractéristiques particulières du cadre énonciatif. Mais en même temps, penser un énoncé en termes d'acte, c'est lui présupposer des acteurs, et à l'inverse, envisager le discours comme un objet d'échange entre partenaires d'énonciation, c'est automatiquement le considérer comme susceptible d'agir sur autrui: dès lors que toute énonciation «suppose un locuteur et un auditeur», elle suppose du même coup, signale Benveniste (I, p. 242), «chez le premier l'intention d'influencer l'autre en quelque manière».

Les deux problématiques s'articulent donc au niveau de cette relation virtuelle d'implication mutuelle: pas d'action sans acteurs, et pas d'acteurs sans volonté d'agir.

– Mais c'est surtout par le biais des fonctionnements *perlocutoires* que la théorie des actes de langage rencontre la problématique de l'énonciation.

J'ai dit précédemment que l'article que Benveniste consacre aux performatifs n'était que la présentation d'une théorie étrangère. Il est temps de nuancer une telle affirmation. Dans cet article (daté de 1963), Benveniste déclare en effet (I, pp. 270-1): «En décrivant, il y a quelques années, les formes subjectives de l'énonciation linguistique, nous indiquions sommairement la différence entre *je jure*, qui est un acte, et *il jure*, qui n'est qu'une information. Les termes "performatif" et "constatif" n'apparaissent pas encore, c'était bien néanmoins la substance de la définition. L'occasion s'offre ainsi d'étendre et de préciser nos propres vues en les confrontant à celles de M. Austin.» C'est donc moins la théorie d'Austin en tant que telle qui intéresse Benveniste, que l'écho qu'il y rencontre de la sienne propre : la « découverte », grâce à Austin, des actes de langage, n'est en fait, pour Benveniste, qu'une redécouverte celle – d'une de ses propres intuitions.

De quoi s'agissait-il en effet dans cet article antérieur (« De la subjectivité dans le langage », 1958) ? Tout bonnement, des performatifs, même si le mot n'est pas encore lâché, de ces performatifs dont au même moment, outre-Manche, Austin s'emploie à définir le statut (on peut voir là une de ces coïncidences théoriques qui ponctuent l'histoire des sciences, et penser à un fait de télépathie antérieur mais semblable, et tout aussi décisif pour le destin de notre discipline [1] : Saussure et Peirce, séparés par l'Atlantique cette fois, jetant en même temps les bases, sans avoir aucunement connaissance de leurs travaux respectifs, de la sémiologie/sémiotique) : « *je jure* est une forme de valeur singulière, en ce qu'elle place sur celui qui s'énonce *je* la réalité du serment. Cette énonciation est un *accomplissement :* "jurer" consiste précisément en l'énonciation *je jure,* par quoi Ego est lié. L'énonciation *je jure* est l'acte même qui m'engage, non la description de l'acte que j'accomplis. En disant *je promets, je garantis,* je promets et je garantis effectivement » (I, p. 265).

Or les performatifs sont ici mentionnés par Benveniste moins pour leur intérêt intrinsèque, qu'au titre d'exemples du fonctionnement de la « subjectivité » langagière : « il jure », énoncé « non subjectif », a une simple valeur descriptive, cependant que dès lors que le verbe est employé à la première personne du (vrai) présent, son énonciation « s'identifie avec l'acte même », et cette valeur d'acte d'une telle séquence verbale, « c'est la *subjectivité* du discours qui la rend possible ».

Dans les performatifs se trouvent en effet providentiellement fusionnées les deux problématiques qui nous occupent ici : celle de l'énonciation, et celle de l'énoncé-acte, puisque « l'énonciation s'identifie avec l'acte même », que « l'acte est accompli par l'instance d'énonciation de son "nom" (qui est "jurer"), en même temps que le sujet est posé par l'instance d'énonciation de son indicateur (qui est "je") » (p. 266) ; « que l'énoncé performatif, étant un acte, a cette propriété d'être *unique.* Il ne peut être effectué que dans des circonstances particulières, une fois et une seule, à une date et en un lieu définis ».

Benveniste ajoute encore (p. 273) : « De toute manière, un énoncé performatif n'a de réalité que s'il est authentifié comme *acte.* Hors des circonstances qui le rendent performatif, un tel énoncé n'est plus rien. N'importe qui peut crier sur la place publique : "je décrète la mobilisation générale". Ne pouvant être *acte* faute de l'autorité requise, un tel propos n'est plus que *parole ;* il se réduit à une clameur inane, enfantillage ou démence. Un énoncé performatif qui n'est pas acte n'existe pas. Il n'a d'existence que comme acte d'autorité. Or, les actes d'autorité sont d'abord et toujours des énonciations proférées par ceux à qui appartient le droit de les énoncer. Cette condition de validité, relative à la personne énonçante et à la circonstance de l'énonciation, doit toujours être supposée remplie quand on traite du performatif. » Passage fort célèbre, maintes fois repris et glosé, et dont je dirai pour terminer ceci :

• Benveniste estime que le fonctionnement performatif d'une formule telle que « je jure que... » « n'est pas donné dans le sens du verbe » (p. 265), et que hors contexte, cette formule ne saurait être considérée comme performative : nous pensons au contraire qu'elle l'est

1. Fait que mentionne d'ailleurs Benveniste (II, p. 43) : « Depuis que ces deux génies antithétiques, Peirce et Saussure, ont, en complète ignorance l'un de l'autre et environ dans le même temps, conçu la possibilité d'une science des signes et travaillé à l'instaurer (...) ».

bien *en puissance, i.e.* qu'un tel fonctionnement est prévu en langue, même s'il ne s'actualise effectivement qu'en discours, dans certaines circonstances particulières.

• Si ces circonstances externes ne se trouvent pas réalisées lors de la profération de la formule performative, cette formule n'en aura pas moins existé comme telle, mais elle sera «malheureuse», c'est-à-dire qu'elle échouera perlocutoirement, tout comme un ordre proféré sans que soient réunies ses conditions de réussite n'en recevra pas moins le statut illocutoire d'ordre, même s'il risque bien d'être voué à l'échec.

C'est donc essentiellement au niveau des *conditions de réussite* d'un acte de langage déterminé (dont dépend le fait que ses prétentions illocutoires peuvent ou non aboutir perlocutoirement), que les circonstances d'énonciation se trouvent directement impliquées dans la problématique des actes de langage, conditions de réussite qui concernent non seulement les expressions performatives *stricto sensu,* mais plus généralement, tout énoncé, dans la mesure où il se trouve doté d'une valeur illocutoire déterminée, et qui portent sur les différents paramètres constitutifs du cadre énonciatif, à savoir:
les propriétés de l'espace communicationnel («Ferme la porte»: qu'il y ait une porte, qui soit ouverte au moment de l'acte de parole, etc.), et les propriétés des énonciateurs (destinataire: qu'il existe, qu'il soit en mesure de décoder le message, et d'effectuer l'acte, etc.; émetteur: qu'il soit en position de donner des ordres – n'est pas en effet qui veut *autorisé* à ordonner, remercier, questionner, répondre, pardonner, etc.: encore faut-il que «l'illocuteur» dispose, au moment de la prise de parole, du «droit de réponse», ou qu'il occupe une position qui lui permette l'impérialité de l'ordre, ou la condescendance du pardon).

L'étude de ces conditions de réussite des actes de langage occupe, chez Austin déjà, et chez tous les pragmaticiens travaillant dans son sillage (on sait par exemple que Searle distingue quant à lui quatre types de conditions de «felicity»), une place importante, et dans l'ensemble hétérogène de ces conditions de réussite, singulièrement, ce que l'on peut appeler les «conditions de légitimité», qui concernent le statut *institutionnel* des interactants: la linguistique rencontre alors, par pragmatique interposée – rencontre inéluctable, et Benveniste est le premier à le savoir et à le dire – la sociologie.

Conclusions

– Les pragmatiques énonciative et illocutoire se trouvent donc toutes deux représentées dans les *P.L.G.* Elles le sont de façon certes inégale: en matière de pragmatique énonciative, Benveniste apparaît comme le véritable fondateur de ce type d'approche linguistique; en matière de pragmatique illocutoire, il a eu l'intuition, qu'est venue renforcer et féconder la lecture d'Austin, de l'existence des actes de langage, sans qu'il soit toutefois possible de parler à son sujet d'une véritable théorie desdits actes. Mais elles le sont dans le cadre d'une construction théorique cohérente – cette cohérence relevant d'un intérêt constant pour les phénomènes de *discours,* et d'un souci qui jamais ne se dément de relier les fonctionnements linguistiques au contexte psycho-socio-institutionnel (la «culture») dans lequel ils s'insèrent.

– J'ajouterai qu'on trouve encore dans ce corpus les fondements d'une troisième forme de pragmatique, qui est actuellement en cours de constitution, et dont la linguistique peut à mon sens espérer beaucoup: la théorie des interactions, et l'étude des fonctionnements conversationnels.

Pour Benveniste en effet, le discours (même s'il est essentiellement rapporté à son instance émettrice) doit se concevoir comme une *interlocution :* l'appropriation par le locuteur de « l'appareil formel de l'énonciation » est indissociable de la constitution de l'allocutaire, et toute pratique discursive implique, ne serait-ce que virtuellement, *l'échange*.

Benveniste l'énonce en plus d'un lieu en termes décisifs, ainsi :

I, p. 260 : « La conscience de soi n'est possible que si elle s'éprouve par contraste. Je n'emploie *je* qu'en m'adressant à quelqu'un, qui sera dans mon allocution un *tu*. C'est cette condition de dialogue qui est constitutive de la *personne,* car elle implique en réciprocité que je deviens *tu* dans l'allocution de celui qui à son tour se désigne par *je.* »

II, p. 82 : « Mais immédiatement, dès qu'il se déclare locuteur et assume la langue, il implante *l'autre* en face de lui, quel que soit le degré de présence qu'il attribue à cet autre. *Toute énonciation est, explicite ou implicite, une allocution* [1], elle postule un allocutaire. »

En d'autres termes (que certains « conversationalistes » s'emploient actuellement à clarifier) : si le discours n'est pas toujours une pratique *dialogale,* il est dans son essence de nature *dialogique*.

– Au-delà de convergences et rencontres ponctuelles, Benveniste et Austin peuvent en commun être considérés comme les précurseurs de la linguistique contemporaine (post-moderne ?), en ce qu'elle accepte enfin de s'émanciper des perspectives immanentiste, informationaliste, et monologique, qui caractérisaient jusqu'à une période récente le discours dominant de cette discipline ; et d'élargir considérablement, grâce au spectaculaire développement de la turbulente pragmatique, ses horizons théoriques.

Élargissement aventureux, qui impose un certain nombre de révisions méthodologiques, et met d'une certaine manière en cause l'unité épistémologique de cette science – mais combien salubre et excitant : quand certains se lamentent complaisamment sur la « crise de la linguistique », ne convient-il pas au contraire de se réjouir de l'effervescence théorique qui l'agite aujourd'hui ?

« Quel véritable Eldorado pour la théorie des signes que notre époque, maintenant que le signe est déchaîné ! », s'écrie Hjelmslev en 1953 : le signe est, plus que jamais, « devenu fou ». Et cela grâce à des penseurs tels que Benveniste et Austin, dont le souci est à la fois de tenir et de rendre compte des données empiriques, et d'oser d'audacieuses généralisations théoriques ; dont les exigences de rigueur descriptive n'oblitèrent jamais la conscience aiguë de la complexité des mécanismes langagiers ; dont la pensée est à la fois scrupuleuse, et *risquée*.

On peut enfin reconnaître à leur quête commune un commun caractère *passionné,* sans lequel il n'est point d'écriture inspirée, ni de lecture stimulante.

Chez Austin : humour qui s'origine dans la démarche méthodologique elle-même, et ses incessants scrupules ; ironie de ces adresses au lecteur qu'il suppose parfois, non sans raison du reste, quelque peu exaspéré par ces valses-hésitations délibérées ; auto-ironie de ces petites confessions (p. 164 : « Des considérations comme les nôtres ne peuvent sans doute manquer d'être un peu fastidieuses, et les entendre, les assimiler, est une tâche assez austère. Mais, au vrai, les concevoir et les écrire est une tâche encore bien plus ingrate... ») ; plaisir pervers à brouiller les pistes, à tenir le lecteur sur le gril, et le faire « patauger » (p. 153 : « Eh bien, donc, allons-y ! Je ne vous ferai faire qu'un tour rapide du sujet, ou plutôt je vous y ferai patauger un peu... ») ; méfiance envers les ruses du langage, et les idées reçues à son sujet ; jouissance iconoclaste à « mettre en pièces » les « fétiches » (p. 153,

1. C'est moi qui souligne ici.

et 85: «Oui, je sais, nous nous embourbons à nouveau. Si sentir glisser sous ses pieds le ferme terrain des préjugés est exaltant, il faut bien s'attendre à quelque revanche...»); cet étonnant mélange enfin de sérieux, de désinvolture, et de «fun», et cette folle lucidité – qui ne sont pas sans nous faire penser parfois à Wittgenstein, voire à Lewis Carroll.

Et chez Benveniste: cette limpidité vibrante, l'élégance et la palpitation d'une écriture à laquelle Roland Barthes n'a pas manqué de reconnaître les vertus, d'après lui si rares dans le discours théorique, du «style».

Mais au fait: ce qu'Austin et Benveniste nous offrent en commun, ne serait-ce pas un certain *plaisir du texte?*

Vers une écologie de l'esprit
(1954)

GREGORY BATESON
(1904-1980)

De Catherine Kerbrat-Orecchioni à Gregory Bateson, nous sautons d'une acception étroite à la conception la plus large qu'on puisse se faire de la pragmatique, abordée à présent comme le domaine en général des interactions de sujet à sujet.

«La conférence était passionnante mais – que voulait-il dire au juste?...» Foisonnante autant qu'énigmatique, la pensée de Gregory Bateson déconcerta plus d'un étudiant, et se laisse malaisément classer dans une discipline. Cet anthropologue anglais fut d'abord un biologiste, dont le père s'était rendu célèbre pour ses travaux de zoologie. Lui-même multiplia les expériences de terrain, aux Galapagos, en Nouvelle-Guinée, où il rencontra sa femme Margaret Mead, ou dans divers zoos où il observa longuement les jeux des animaux. Pourtant Bateson n'est pas un chercheur empirique mais plutôt un théoricien, explorateur d'audacieux paradigmes. Son premier livre, la Cérémonie du Naven *(1936), écrit en collaboration avec M. Mead, ne convainc pas vraiment les ethnologues professionnels. Le suivant,* Balinese Character: A Photographic Analysis *(1942), condense certes un nombre impressionnant de données (25 000 photos et 7 kilomètres de pellicule 16 mm), mais cherche d'abord à cerner la façon dont l'enfant, pris dans une relation contradictoire avec sa mère, négocie son intégration dans la culture. Les phénomènes d'équilibre et de rupture au sein d'un groupe sont au cœur de cette recherche, et vont pousser Bateson à des hypothèses hardies sur l'apprentissage, sur le jeu et les boucles par lesquelles les organismes vivants se développent et se stabilisent dans des environnements capricieux ou hostiles. Parti de la biologie, Bateson spéculera sur la noosphère (le monde des idées) sans jamais couper la culture de la nature, ni la société de son environnement ou de ses bases vivantes. Tel est le premier message de cette œuvre profondément continuiste, qui fut occultée en France par le succès du structuralisme fondé sur le parti contraire.*

Toute sa vie Bateson fut à la recherche de bonnes métaphores. Il emprunta pour cela à la théorie des types logiques de Whitehead et Russell, d'où il tira l'importante notion du message-cadre [1]*, puis de la double contrainte* [2]*. De même son concept du paradoxe, présenté comme une contradiction non pas horizontale entre deux énoncés, mais « verticale » entre des niveaux logiques de comportement* [3]*, ou par exemple entre l'énoncé et l'énonciation, fut promis à une grande fortune. Un autre mérite de Bateson, qui côtoya et enrichit la naissante cybernétique par ses intuitions touchant les représentations mentales et comportementales, fut de ne pas durcir les oppositions dans des contradictions insurmontables, mais de montrer les complémentarités ou les oscillations, parfois en effet paradoxales, par lesquelles les vivants négocient leurs antagonismes, et « entrent dans l'orchestre ».*

Tout organisme est un système de communication, un nœud de boucles où s'échangent des informations (définies comme « une différence qui fait une différence »). Le vivant d'autre part est une « tautologie autocicatrisante » : il se construit, et ne se protège, que par un échange indéfiniment récursif avec son environnement qu'il sélectionne autant qu'il est sélectionné par lui. Le mind *batesonien est cette « unité de survie » supérieure à l'individu, et qui préfigure les réseaux de l'écologie.*

*Devant tout phénomène vivant, le jeu des dauphins ou des loutres, la croissance d'une idéologie ou d'une forêt de séquoias, ou le comportement oscillant de l'alcoolique face à la boisson..., Bateson chercha passionnément la « structure qui relie ». Celle-ci bien sûr passe par le regard et les catégories mentales de l'observateur : Bateson fut l'exemple type du chercheur impliqué, ou s'observant en train de réfléchir ; il nous livre non seulement le fruit de ses réflexions, mais le chemin qui l'a conduit. Tel serait l'un des sens du titre énigmatique de l'*écologie de l'esprit*, à entendre comme l'écologie des idées, soit l'articulation souple des facultés entre elles, et la liaison entre la biosphère et une noosphère qui en émerge sans jamais s'en détacher. Cette pensée curieuse, amusante, quelquefois obscure mais sans aucune arrogance, est à suivre comme la randonnée d'un pionnier.*

Le chapitre ci-dessous concentre quelques-unes de ses préoccupations centrales : la distinction du jeu et du non-jeu, l'importance du cadre (qui marque en particulier la relation ou le « jeu de langage » employé), la hiérarchie emboîtée des niveaux dans toute communication. La filiation de cette pensée avec celles de Russell ou de Freud est explicite, mais travaillée et dépassée. Goffman pourra s'en inspirer dans Frame analysis *(1974). Lacan de son côté, en interprétant la psychose comme « forclusion du symbolique », croise la présentation par Bateson de la schizophrénie comme confusion entre les « niveaux logiques » du message et du métamessage, ou de la carte et du territoire.*

Source : *Gregory Bateson,* Vers une écologie de l'esprit, *tome 1, Seuil, Paris, 1977 (traduit de l'américain par F. Drosse, L. Lot et E. Simion), pp. 209-224.*

Bibliographie : *Gregory Bateson,* Vers une écologie de l'esprit, *tome 2 (Seuil, Paris, 1980) ;* la Nature de la pensée, *Seuil, Paris, 1984 ;* la Nouvelle Communication, *textes*

1. Présenté au début du texte ci-dessous : le message d'encadrement, par exemple « Ceci est un jeu » (qui n'est pas forcément verbal ni toujours explicite), note la relation introduite par la présente communication, ou précise, pour parler comme Wittgenstein, à quel « jeu de langage » on joue.
2. Présentée dans « Vers une théorie de la schizophrénie » (chapitre I de *Vers une écologie de l'esprit* , tome 2), cette théorie est considérée comme l'apport essentiel de Bateson aux recherches de psychiatrie. Un exemple du double bind, ou double contrainte : l'injonction du photographe : « Soyez naturel » dont le contenu contredit la relation qu'elle instaure.
3. Ces niveaux qui constituent le « relief logique » d'un comportement sont expliqués dans la suite du texte de Bateson.

recueillis et présentés par Yves Winkin (Seuil, Paris, 1981), contient un article de Bateson, une introduction historique au « Collège invisible » et une substantielle bibliographie.

Une théorie du jeu et du fantasme

J'AI CONÇU et entamé cette enquête à partir d'une hypothèse directrice, la tâche du chercheur étant de rassembler des données pertinentes d'observation et, chemin faisant, d'amplifier et de modifier la première hypothèse.

Cette hypothèse sera donc ici décrite à travers les étapes qu'elle a connues dans ma pensée.

Les travaux fondamentaux de mes prédécesseurs, Whitehead, Russell, Wittgenstein, Carnap, Whorf, etc., ainsi que ma propre tentative d'utiliser leurs idées comme fondement épistémologique pour une théorie psychiatrique, m'ont conduit de proche en proche, à toute une série de généralisations:

1. La communication verbale peut opérer et, en fait, a toujours opéré à plusieurs niveaux d'abstraction opposés qui se rangent suivant deux directions, à partir du niveau dénotatif, apparemment simple (« Le chat est sur le paillasson »). Une première rangée (ou série) de ces niveaux plus abstraits inclut les messages explicites ou implicites où l'objet du discours est le langage. Ces niveaux, je les appellerai métalinguistiques (par exemple: « Le son verbal "chat" vaut pour n'importe quel membre de telle ou telle classe d'objets » ou « Le mot "chat" n'a pas de fourrure et ne peut pas griffer »). L'autre série je l'appelle métacommunication: « Vous dire où trouver le chat, était amical », ou « Ceci est un jeu ». L'objet du discours y est la relation entre les locuteurs.

Il faut noter ici que la plus grande partie des messages métalinguistiques et métacommunicatifs reste implicite: en outre, il existe une autre classe de messages, implicites eux aussi, qui apparaissent surtout dans l'entretien psychiatrique, et portent sur la façon dont doivent être interprétés les messages métacommunicatifs d'amitié et d'hostilité.

2. Lorsqu'on réfléchit à l'évolution de la communication, il paraît évident qu'une de ses étapes les plus importantes est atteinte lorsque l'organisme cesse graduellement de répondre de façon « automatique » aux signes indicatifs d'humeur de l'autre et qu'il devient capable de reconnaître le signe pour un signal: c'est-à-dire de reconnaître que les signaux, tant les siens que ceux des autres, ne sont précisément que des signaux auxquels on peut se fier *ou* pas, qu'on peut falsifier, dénier, amplifier, corriger, etc.

Que les signaux ne sont que des signaux, manifestement les êtres humains eux-mêmes ne sont pas encore parvenus à le réaliser vraiment. Nous tous, trop souvent, nous répondons de façon automatique aux titres des journaux, comme si ces stimuli étaient des indications objectives directes d'événements se produisant dans notre environnement, non des signaux élaborés et transmis par des êtres dont les motivations sont aussi complexes que les nôtres.

Les mammifères non humains sont automatiquement excités par l'odeur du sexe de l'autre, et à bon droit, dans la mesure où la sécrétion de ce signe est elle-même un signe d'humeur « involontaire »: un événement extérieurement perceptible faisant partie de ce processus physiologique que nous avons appelé humeur. Chez les humains, ce sont d'autres lois qui régissent le processus. Les désodorisants masquent les signes olfactifs involontaires: l'industrie des cosmétiques les remplace par des parfums: signaux volontaires, reconnaissables comme tels. Beaucoup d'hommes ont perdu la tête à cause d'une bouffée de parfum et, à en croire la publicité, il semble que ces signaux, volontairement affichés, ont pour finir un effet automatique et autosuggestif même sur celui qui a choisi de les utiliser.

Quoi qu'il en soit là-dessus, cette brève digression aura servi à illustrer le stade actuel de l'évolution et le drame qui surgit au moment où les organismes goûtent au fruit de l'arbre de la connaissance, en découvrant que leurs signaux ne sont que des signaux. Non seulement l'invention, spécifiquement humaine, du langage est alors possible, mais aussi les phénomènes complexes d'empathie, d'identification, de projection, etc. Et, avec eux, la possibilité surgit de placer la communication aux différents niveaux d'abstraction mentionnés plus haut.

3. En ce qui concerne la formulation précise de mon hypothèse centrale, le premier pas fut franchi en janvier 1952, lorsque je visitai le zoo Fleishhacker, à San Francisco. J'étais à la recherche de critères de comportements permettant de déterminer si un organisme donné est capable ou pas d'assumer que les signes qu'il émet, ou qu'émet un autre membre de la même espèce, sont des signaux. Théoriquement, je savais bien ce que devraient être de tels critères : l'apparition de signes métacommunicatifs (ou signaux), dans le cours de l'interaction entre des animaux, devrait indiquer qu'ils s'aperçoivent (consciemment ou inconsciemment) que les signes sur lesquels ils métacommuniquent sont des signaux.

Je savais, évidemment, qu'il était peu vraisemblable de trouver des messages dénotatifs chez des mammifères non humains ; ce que je ne savais pas encore c'était que les données fournies par le monde animal m'obligeraient à réviser complètement ma pensée. Et pourtant ce que j'ai vu au zoo, ce n'était qu'un phénomène banal, connu par tout le monde : j'ai vu *jouer* deux jeunes singes : autrement dit, deux singes engagés dans une séquence interactive dont les unités d'actions, ou signaux, étaient analogues mais non pas identiques à ceux du combat. Il était évident, même pour un observateur humain, que la séquence dans sa totalité n'était pas un combat, il était évident aussi que pour les singes eux-mêmes ceci était « un non-combat ».

Or, ce phénomène où le jeu n'est possible que si les organismes qui s'y livrent sont capables d'un certain degré de métacommunication, c'est-à-dire s'ils sont capables d'échanger des signaux véhiculant le message : « ceci est un jeu ».

4. Le pas suivant fut d'examiner ce message – « ceci est un jeu » – pour découvrir qu'il contenait des éléments qui engendrent infailliblement un paradoxe du type russellien ou épiménidien : à savoir une proposition négative, contenant une métaproposition négative implicite. Développé, l'énoncé « ceci est un jeu » donne à peu près ceci : « les actions auxquelles nous nous livrons maintenant ne désignent pas la même chose que désigneraient les actions *dont elles sont des valant pour* ».

Interrogeons-nous maintenant sur cette expression en italique. Nous disons que le mot « chat » vaut pour n'importe quel membre d'une certaine classe. C'est dire que l'expression « valoir pour » est synonyme de « dénoter ». Si donc maintenant, dans la définition développée du jeu, nous remplaçons « valoir pour » par « dénoter », nous aurons : « ces actions auxquelles nous nous livrons maintenant ne dénotent pas la même chose que ce que dénoteraient les actions qu'elles dénotent ». Le mordillage ludique dénote la morsure sans pour autant dénoter ce que dénoterait une morsure.

Selon la théorie des types logiques, un tel message est évidemment inadmissible, puisque le terme « dénoter » est utilisé à deux niveaux d'abstraction différents, et que ces deux usages sont traités ici comme synonymes. Mais, tout ce qu'une telle critique peut nous apprendre, c'est que ce serait faire de la mauvaise histoire naturelle que de s'attendre à voir les processus mentaux et les habitudes de communication des mammifères se conformer à

l'idéal du logicien. Si la pensée et les communications humaines se conformaient toujours à cet idéal, Russell n'aurait pas eu à (et, en fait, il n'aurait pas pu) la formuler.
5. Un autre problème lié à l'évolution des communications se rapporte à l'origine de ce que Korzybski appelait la relation carte-territoire : le fait qu'un message, de quelque sorte qu'il soit, ne consiste pas dans les objets qu'il dénote : «Le mot "chat" ne peut pas nous griffer». Pour mieux dire, le langage entretient avec les objets qu'il désigne le même rapport que la carte entretient avec le territoire. La communication dénotative, telle qu'elle se produit au niveau humain, n'est possible *qu'après* l'évolution d'un ensemble complexe de règles métalinguistiques (mais non verbalisées), déterminant les relations qu'entretiennent les mots ou les phrases avec les objets ou les événements. Il serait donc indiqué de retracer l'évolution de ces règles métalinguistiques et/ou métacommunicatives, au niveau pré-humain et pré-verbal.

Il s'ensuit que le jeu est un phénomène où les actions du «jeu» sont liées à (ou dénotent) d'autres actions, de «non-jeu». Avec le jeu, nous sommes donc en présence d'un cas où les signaux *valent pour* d'autres événements, et il semble donc que l'évolution du jeu ait pu être une étape importante dans l'évolution de la communication.
6. La *menace* est un phénomène qui ressemble au jeu, en ceci que les actions y dénotent d'autres actions tout en étant différentes. Le poing serré n'est pas encore le coup de poing, mais il réfère à la possibilité d'un futur mais encore inexistant coup de poing. La menace peut facilement être reconnue comme telle, chez les mammifères non humains. En effet, il a été récemment démontré que la plupart des comportements qu'on prenait pour des combats entre les membres d'une même espèce doivent plutôt être considérés comme des menaces (N. Tinbergen et Lorenz).
7. La parade et la tromperie sont également des exemples d'une manifestation primitive de la différenciation carte-territoire. Il est de l'ordre de l'évidence que les oiseaux dramatisent : un choucas peut imiter ses propres signes indicatifs d'humeur (Lorenz) ; la tromperie est repérable chez les singes hurleurs (Carpenter).
8. On pourrait croire que la menace, le jeu et la parade sont trois comportements indépendants, contribuant tous les trois à l'affinement de la distinction entre le territoire et la carte. Mais ceci semble être faux du moins pour ce qui est de la communication entre mammifères. Une brève analyse du comportement de l'enfant prouve que des combinaisons telles que : jeu théâtral, bluff, menace ludique, jeu taquin comme réponse à la menace, ou menace simulée, forment un seul et unique complexe de phénomènes. Certains comportements adultes tels que le jeu, ou le risque, prennent racine dans la combinaison du jeu et de la menace. Il est évident que non seulement la menace mais aussi son complément – le comportement de celui qui est menacé –, font partie de cet ensemble. De même que nous devrions probablement inclure dans ce champ non seulement la simulation théâtrale, mais également le voyeurisme du spectateur ; il est sensé de mentionner aussi l'apitoiement sur soi.
9. En allant encore plus loin en ce sens, nous arrivons à inclure le rituel dans ce champ de généralités où une distinction est établie – quoique incomplètement – entre l'action dénotative et ce qui est à dénoter. Les études anthropologiques sur les cérémonies de pacification, pour ne prendre qu'un seul exemple, étayent cette conclusion.

Aux îles Andaman, la paix est conclue après que chaque partie a laissé à l'autre la liberté cérémoniale de lui porter un coup. Cet exemple illustre d'ailleurs la nature instable de la structure donnée par «ceci est un jeu», ou «ceci est un rituel» : la distinction entre la carte et le territoire est toujours susceptible de s'effondrer, et les coups rituels de pacification sont toujours susceptibles d'être pris pour des vrais coups de combat. La cérémonie de pacification devient alors une bagarre (Radcliffe-Brown).

10. Cela nous amène à reconnaître une forme de jeu plus complexe: le jeu bâti non pas sur la prémisse: «Ceci est un jeu», mais plutôt sur la question: «Est-ce un jeu?» Ce type d'interaction a aussi ses formes rituelles: les brimades d'initiation, par exemple.

11. Il y a, dans le champ des signaux échangés à l'intérieur du contexte du jeu, du fantasme, de la menace, etc., un double paradoxe. Non seulement le mordillage ludique ne dénote pas la même chose que la morsure pour laquelle il vaut, mais, de surcroît, la morsure elle-même n'est que fictive. Non seulement les animaux, lorsqu'ils jouent, ne veulent pas toujours faire entendre ce qu'ils manifestent, mais, de plus, ils communiquent souvent à propos d'une chose qui n'existe pas. Au niveau humain, cela mène à de nombreuses complications et renversements, dans le champ du jeu, du fantasme et de l'art. Les illusionnistes et les peintres de *trompe-l'œil* cherchent à acquérir cette virtuosité, dont la seule récompense est le moment où le spectateur découvre qu'il a été trompé et qu'il est forcé de sourire et de s'émerveiller devant tant d'habileté. Les producteurs hollywoodiens dépensent des millions pour rendre une ombre plus vraisemblable. D'autres artistes peut-être plus réalistes insistent sur le fait que l'art n'est pas représentationnel; quant aux joueurs de poker, ils s'adonnent à un réalisme étrange et quasi pathologique, en assimilant à des dollars les jetons qu'ils y jouent: ils tiennent néanmoins à ce que le perdant accepte sa perte comme faisant partie du jeu.

Finalement, c'est dans cette région incertaine, où se rencontrent et se chevauchent l'art, la magie et la religion, que les humains ont élaboré «la métaphore significative» *(metaphor that is meant):* le drapeau qu'on sauve au prix de sa vie, le sacrement qui est ressenti comme beaucoup plus qu'un «signe, extérieur et visible, qui nous est donné». Ici, nous sommes en présence d'une tentative de nier la différence entre carte et territoire, de revenir à l'absolue innocence d'une communication à travers de purs signes indicatifs d'humeur.

12. Nous sommes donc confrontés à deux particularités du jeu:

a) les messages, ou signaux, échangés au cours du jeu, sont en un certain sens faux ou involontaires;

b) ce qui est dénoté par ces signaux n'existe pas.

Ces deux particularités se combinent parfois étrangement pour donner le contraire de la conclusion exposée plus haut. Il a été établi (§ 4, *supra*) que le mordillage ludique dénote la morsure, et non pas ce que la morsure elle-même eût dénoté. Il se trouve cependant que, dans certains cas, c'est l'inverse qui se produit. Quelqu'un éprouvera pleinement l'intensité d'une terreur subjective si, dans le cadre d'une projection à trois dimensions un javelot est lancé dans sa direction, ou si, le temps d'un cauchemar, il tombe la tête la première du haut d'un rocher. Au moment de la terreur, on ne questionne pas la «réalité» et, pourtant, il n'y a pas plus de javelot dans la salle de cinéma que de pic dans la chambre à coucher. Les images ne dénotent pas ce qu'elles semblent dénoter, ce qui n'empêche qu'elles provoquent la même terreur que provoqueraient un vrai javelot ou un vrai précipice. C'est en se servant de cette astuce de la contradiction interne que les producteurs hollywoodiens peuvent librement présenter, à un public puritain, une gamme très large de fantasmes pseudo-sexuels, lesquels n'auraient pu être tolérés autrement. Dans *David et Bethsabée,* Bethsabée peut passer pour le lien qui unit David et Urie. De même, dans *Hans Christian Andersen,* le héros, qui est d'abord accompagné par un jeune garçon, tente de conquérir une femme; puis, quand il échoue dans cette tentative, il se retourne vers le garçon. Il n'est évidemment pas question d'homosexualité dans tout cela, mais le choix des symboles est associé à certaines idées précises: le caractère désespéré de la position masculine hétérosexuelle, face à un certain type de femme ou face à un certain type d'autorité masculine. En somme, la pseudo-homosexualité du fantasme ne vaut pas pour une quelconque homosexualité réelle: ce pour quoi elle vaut et ce qu'elle exprime, ce sont certaines attitudes qui pourraient seulement accompagner l'homosexualité réelle ou en alimenter les sources étiologiques. Ceci ne désigne pas l'homosexualité, mais certaines idées pour lesquelles l'homosexualité est un symbole approprié. Il est évidemment nécessaire de réexaminer la validité sémantique précise des interprétations que le psychiatre présente à son patient et, comme préliminaire à cette analyse, il faut d'abord examiner la nature du cadre où ces interprétations sont présentées.

13. Ce qui a été dit plus haut sur le jeu peut servir comme exemple introductif à cette discussion sur les cadres et les contextes. En somme, notre hypothèse est que le message: «Ceci est un jeu» détermine un cadre paradoxal, comparable au paradoxe d'Épiménide. Ce cadre peut être représenté de la manière suivante:

Toutes les propositions à l'intérieur de ce cadre sont fausses: Je t'aime. Je te hais.

Le premier énoncé est une proposition qui se contredit elle-même: s'il est vrai, alors il doit être faux; et, s'il est faux, alors il doit être vrai. Mais, en même temps, il se rapporte à tous les autres énoncés du cadre, si bien que, s'il est vrai, tous les autres doivent être faux; et, inversement, s'il est faux, tous les autres doivent être vrais.

14. Un esprit logique remarquerait un *non sequitur* et pourrait objecter que, même s'il était faux, il y aurait encore une possibilité logique pour que certains des autres énoncés du cadre soient faux. C'est pourtant une caractéristique de la pensée inconsciente – ou des «processus primaires» – que de ne pas faire la distinction entre «certains» et «tous», entre «pas tous» et «aucun». Il semble que ces distinctions sont établies au cours de processus mentaux supérieurs (ou plus conscients), qui permettent à l'individu non psychotique de corriger la pensée en noir et blanc, spécifique à des niveaux inférieurs. Nous supposons – et ce n'est là qu'une supposition tout à fait orthodoxe, que les processus primaires sont constamment opératoires et que c'est sur cette partie de l'esprit que repose la validité psychologique du cadre paradoxal du jeu.

15. Cependant évoquer les processus primaires comme principe explicatif afin de supprimer la notion de «certains» (entre «tous» et «aucun») ne veut pas dire pour autant que le jeu est simplement le fait d'un processus primaire. La distinction entre « jeu» et «non-jeu», comme la distinction entre «fantasme» et «non-fantasme», est certainement une fonction du processus secondaire, ou du «moi». Pendant le rêve, le rêveur ne se rend en général pas compte qu'il rêve, de même que, au cours du «jeu», le joueur doit souvent se rappeler que: «Ceci est un jeu».

De même, dans le rêve ou dans le fantasme, le rêveur n'opère pas avec le concept de «faux». Il manie toutes sortes d'énoncés, mais il témoigne d'une curieuse incapacité d'élaborer des méta-énoncés. Il ne peut – à moins qu'il ne soit sur le point de se réveiller – rêver d'un énoncé se référant à son rêve (c'est-à-dire le « cadrant »).

Par conséquent, le cadre du jeu, tel que nous l'utilisons ici (comme principe explicatif), suppose une combinaison particulière des processus primaires et secondaires. Ceci est toutefois en rapport avec ce que nous disions plus haut à propos du jeu, qui marque une étape en avant dans l'évolution de la communication : une étape cruciale pour la découverte des relations entre carte et territoire. Dans le processus primaire, carte et territoire sont assimilés l'un à l'autre ; dans le processus secondaire, ils peuvent être distingués. Et, enfin, dans le jeu, ils sont à la fois assimilés et distingués.

16. Il faut mentionner ici une autre anomalie logique que comporte ce système : la relation entre deux propositions – décrite communément par le terme « prémisse » – est devenue intransitive. Toutes les relations asymétriques sont en général transitives. On peut dire, suivant la convention, que, si A est plus grand que B, et B plus grand que C, A est plus grand que C. Mais cette transitivité des relations asymétriques n'est pas respectée dans les processus psychologiques. La proposition P peut être une prémisse pour Q ; Q peut être une prémisse pour R et R peut être une prémisse pour P. Et, plus particulièrement dans le système que nous examinons, le cercle est encore plus étroit. Le message : « Tous les énoncés à l'intérieur de ce cadre sont faux » est lui-même à prendre comme prémisse de l'évolution de sa propre vérité ou fausseté (cf. l'intransitivité de la préférence psychologique étudiée par McCulloch).

Le paradigme de tous les paradoxes de ce type général est celui formulé par Russell : « la classe des classes qui ne sont pas membres d'elles-mêmes ». Ici, Russell démontre que le paradoxe est engendré par le traitement de la relation « est un membre de » comme relation intransitive. Avec cette réserve, à savoir que la relation de « prémisse » en psychologie est vraisemblablement intransitive, nous utiliserons ce terme pour dénoter la dépendance d'une idée ou d'un message vis-à-vis d'une autre idée ou message, dépendance comparable à celle d'une proposition vis-à-vis d'une autre, ce qui est exprimé en logique par : P est une prémisse de Q.

17. Tout ceci laisse toutefois non éclairé ce qu'on entend par « cadre » et par la notion apparentée de « contexte ». Pour tirer cela au clair, il faut dire, en premier lieu, qu'il s'agit là de deux concepts psychologiques. Pour en parler, nous utilisons deux sortes d'analogies : l'une, physique, avec le cadre d'un tableau, l'autre, plus abstraite (mais, elle aussi, non psychologique), avec un ensemble mathématique. La théorie des ensembles a élaboré certains axiomes et théorèmes, afin d'examiner rigoureusement les implications logiques de l'appartenance à des catégories ou « ensembles » qui se chevauchent. Les relations entre ensembles sont couramment illustrées par des diagrammes où les éléments (membres) d'un univers plus vaste sont représentés par des points, et les ensembles plus petits par des lignes imaginaires, entourant les membres de chaque ensemble. De tels diagrammes illustrent ainsi une approche topologique de la logique de la classification. Pour définir un cadre psychologique, une première étape serait de dire qu'il est (ou qu'il délimite) une classe ou un ensemble de messages (actions significatives). Le jeu auquel se livrent deux individus, à une certaine occasion, peut alors être défini comme l'ensemble de tous les messages qu'ils échangent pendant une période de temps limité, et qui sont modifiés par le système paradoxal de prémisses que nous avons décrit. Dans un diagramme d'ensemble théorique, ces messages pourraient être représentés par des points, alors que « l'ensemble » serait délimité par une ligne qui séparerait ceux-ci des points représentant des messages de non-jeu. Cependant, l'analogie mathématique s'écroule parce que le cadre psychologique

ne peut pas être représenté d'une façon satisfaisante par une ligne imaginaire. Nous supposons que le cadre psychologique possède un certain degré de réalité. Dans nombre de cas, ce cadre est consciemment reconnu et même représenté dans le vocabulaire («jeu», «film», «interview», «travail», «langage», etc.). Dans d'autres cas, il peut ne pas y avoir de référence verbale explicite au cadre, et le sujet peut ne pas en avoir conscience. L'analyste découvrira cependant que, s'il utilise la notion de cadre inconscient comme principe explicatif, sa propre pensée sera simplifiée; mais, de fait, il ira encore plus loin, en concluant à l'existence de ce cadre dans l'inconscient du sujet.

Cependant, si l'analogie avec l'ensemble mathématique est trop abstraite, celle avec le cadre du tableau est, elle, trop concrète. Le concept psychologique que nous essayons de définir n'est ni physique ni logique. Pour mieux dire, le cadre physique réel est ajouté par des êtres humains à des peintures réelles, parce que ces êtres-là ne peuvent agir à leur aise que dans un univers où certaines de leurs caractéristiques psychologiques sont extériorisées. C'est de ces caractéristiques que nous essayons de parler, et l'extériorisation nous sert uniquement de moyen d'illustration.

18. Pour cataloguer et illustrer les fonctions et usages de cadres psychologiques, nous nous rapporterons donc, avec les réserves exprimées plus haut, aux deux analogies mentionnées:

a) Les cadres psychologiques sont exclusifs; inclure des messages (ou des actions significatives) dans un cadre c'est, en même temps, en exclure d'autres.

b) Les cadres psychologiques sont inclusifs: exclure certains messages c'est, en même temps, en inclure certains autres. Du point de vue de la théorie des ensembles, ces deux fonctions sont synonymes mais du point de vue de la psychologie, il est nécessaire de les classer séparément. Le cadre qui entoure une peinture, si on le considère comme un message visant à ordonner ou à organiser la perception de celui qui regarde, nous dit: «Prête attention à ce qui est à l'intérieur et non à ce qui est à l'extérieur.» La figure et le fond, au sens où les emploie la psychologie de la *gestalt,* ne sont pas symétriquement liés, comme le sont, dans la théorie des ensembles, l'ensemble et le non-ensemble. La perception du fond doit être positivement inhibée, la perception de la figure (ici, le tableau) positivement accentuée.

c) Les cadres psychologiques ont un rapport avec ce que nous avons appelé «prémisses». Le cadre indique à celui qui regarde qu'il ne doit pas user du même type de pensée, pour interpréter la peinture, que pour interpréter le papier peint qui se trouve hors du cadre. Autrement dit, pour reprendre l'analogie avec la théorie des ensembles, les messages, entourés par la ligne imaginaire, sont définis comme membres d'une classe, en vertu de leurs prémisses communes ou de leur rapport mutuel. Le cadre lui-même devient ainsi une partie du système des prémisses; ou bien, comme dans le cas du jeu, il est impliqué dans l'évaluation des messages qu'il contient, ou plutôt, il aide à comprendre les messages contenus, en rappelant à celui qui pense que ceux-ci entretiennent des rapports mutuels et aussi qu'il peut laisser de côté les messages qui se trouvent à l'extérieur du cadre.

d) En ce sens, le cadre est métacommunicatif: tout message qui, implicitement ou explicitement, définit un cadre, fournit *ipso facto,* au receveur, instructions et appuis dans sa tentative pour comprendre les messages qui y sont contenus.

e) La réciproque de d) est aussi vraie: tout message métacommunicatif ou métalinguistique définit, implicitement ou explicitement, l'ensemble de messages qui est l'objet de la communication; autrement dit, tout message métacommunicatif est un cadre psychologique ou en définit un.

Évidente pour de petits signaux métacommunicatifs – comme les marques de ponctuation dans un texte imprimé –, cette thèse se vérifie également pour des messages métacommunicatifs aussi complexes que la définition psychiatrique du rôle du soignant; et c'est dans les termes de celle-ci que sa contribution à l'ensemble des messages échangés durant la psychothérapie doit être entendue.

f) Il nous faut, d'autre part, prendre en considération le rapport entre le cadre psychologique et la *gestalt* perceptive, et c'est là que l'analogie avec la peinture nous sera utile. Dans les tableaux de Rouault ou de Blake, les figures humaines et les objets sont bien contourés. « Les hommes sages voient les contours et, par conséquent, ils les dessinent. » Mais, au-dehors des contours, délimitant une *gestalt* perceptive ou « figure », il y a un arrière-plan ou « fond », qui est délimité à son tour par le cadre du tableau. De la même façon, dans les diagrammes d'ensembles théoriques, l'univers plus large, à l'intérieur duquel sont dessinés les ensembles plus petits, est lui-même inclus dans un cadre. Ce double cadrage n'est pas seulement une affaire de « cadres dans des cadres » ; j'y vois plutôt une indication que les processus mentaux s'apparentent à la logique : *ils ont besoin* d'un cadre extérieur pour délimiter le fond sur lequel les figures doivent être perçues. Ce besoin est souvent insatisfait comme, par exemple, lorsqu'on aperçoit une sculpture dans la vitrine d'une friperie, ce qui n'est pas chose agréable. Je suggérerais que le besoin de délimiter le fond par une ligne extérieure relève du désir d'éviter les paradoxes de l'abstraction. Lorsqu'une classe logique ou un ensemble d'éléments est défini (par exemple, la classe des boîtes d'allumettes), il est nécessaire de délimiter l'ensemble d'éléments à exclure (en l'occurrence, tout ce qui n'est pas boîte d'allumettes). Les éléments à inclure dans l'ensemble de fond, doivent être du même degré d'abstraction (du même « type logique ») que ceux qui constituent l'ensemble lui-même. Et, en particulier, si l'on veut éviter le paradoxe : « la classe des boîtes d'allumettes » et la « classe des non-boîtes d'allumettes », bien que ces deux entités ne soient évidemment pas des boîtes d'allumettes, elles ne doivent pas être considérées comme membres de la classe des non-boîtes d'allumettes. Aucune classe ne peut être membre d'elle-même. Le cadre du tableau, parce qu'il délimite un fond, est alors considéré ici comme la représentation externe d'un type de cadre psychologique très particulier et important, cadre dont la fonction est de délimiter un type logique. C'est bien là ce que nous disions plus haut : le cadre du tableau est une indication, pour celui qui regarde, qu'il ne doit pas étendre au papier peint du mur les prémisses qui opèrent pour les figures inscrites dans le tableau.

Cependant, c'est précisément ce genre de cadre qui précipite le paradoxe. Pour éviter les paradoxes, la règle veut que les éléments se trouvant à l'extérieur d'un contour doivent être du même type logique que ceux de l'intérieur; mais, tel que nous l'avons analysé plus haut, le cadre du tableau est une ligne qui sépare des éléments de type logique différents. Il est intéressant de noter, en passant, que la règle de Russell ne peut pas être appliquée sans être aussitôt enfreinte. Russell insiste pour que tous les éléments d'un type logique impropre soient exclus, à l'aide d'une ligne imaginaire, de l'arrière-fond de toute classe : cela revient à dire qu'il faut tracer une ligne imaginaire du type même de celle qu'il interdit.

19. Tous ces problèmes de cadres et de paradoxes peuvent être illustrés en termes de comportement animal, où l'on peut reconnaître ou déduire trois types de messages :

a) messages que nous appelons, ici, signes indicatifs de l'humeur;

b) messages qui simulent les signes indicatifs de l'humeur (dans le jeu, la menace, la parade, etc.) ;

c) messages qui permettent au receveur de distinguer entre les signes indicatifs de l'humeur et d'autres signes qui leur ressemblent. Le message « Ceci est un jeu » appartient à ce troisième type, en indiquant au receveur que le mordillage et d'autres actions significatives ne sont pas des messages du premier type. Il établit ainsi un cadre du type justement de ceux qui précipitent le paradoxe : c'est là une tentative de distinguer (tracer une ligne entre) des catégories de types logiques différents.

20. Cette analyse du jeu et des cadres psychologiques détermine un type de constellation triadique (système de relations) des messages. Un exemple de cette constellation est donné dans le paragraphe 19, mais il est évident que des constellations de ce type ne se produisent pas uniquement au niveau animal, mais aussi dans la communication humaine, beaucoup plus complexe. Un fantasme ou un mythe peuvent simuler un récit dénotatif et, pour différencier ces types de discours, on utilise des messages de «cadrage» et ainsi de suite.
21. Pour conclure, il nous reste la tâche complexe d'appliquer cette approche théorique au phénomène particulier de la psychothérapie. À ce propos, pour présenter brièvement la ligne de ma pensée, il serait utile de poser quelques questions:
a) Y a-t-il quelque indication que certaines formes de psychopathologie sont particulièrement caractérisées par des anomalies dans la façon dont le patient manie les cadres et les paradoxes?
b) Y a-t-il des raisons de penser que les techniques de la psychothérapie dépendent nécessairement d'un maniement des cadres et des paradoxes?
c) Est-il possible de décrire le processus d'une psychothérapie donnée, en termes d'interaction entre l'usage anormal que le patient fait des cadres et leur maniement par le thérapeute?
22. Pour ce qui est de la première question, il semble que la salade de mots schizophrénique puisse être décrite en fonction de l'échec du patient à reconnaître la nature métaphorique de ses fantasmes. Dans ce qui devrait être une constellation triadique de messages, le message d'encadrement (l'expression «comme si») est omis, et la métaphore ou le fantasme sont racontés ou joués d'une manière qui serait appropriée, uniquement si le fantasme était un message d'un genre plus direct. L'absence du cadre métacommunicatif, que nous avions relevée dans le cas des rêves (§ 15), caractérise les communications du schizophrène à l'état de veille. La perte de la capacité d'établir des cadres métacommunicatifs va de pair avec la perte de la capacité d'élaborer des messages plus primitifs, ou plus primaires. De sorte que la métaphore est traitée directement, comme un message de type primaire. (Ce thème a été traité plus longuement dans l'intervention de Jay Haley, à cette même conférence.)
23. Quant au fait que la psychothérapie dépende du maniement des cadres, il découle de ce que la thérapie est une tentative pour changer les habitudes métacommunicatives du patient. Avant la thérapie, le malade pense et agit en fonction d'un certain nombre de règles, régissant l'élaboration et la compréhension des messages. À la suite d'une thérapie réussie, il agit en fonction d'un autre ensemble de règles. (Ce genre de règles est en général non verbalisé et inconscient, avant comme après.) On peut en conclure qu'au cours de la thérapie il a dû y avoir communication à un niveau *méta*, par rapport à ces règles: notamment à propos de leur *changement*.

Il est toutefois inconcevable qu'une telle communication à propos du changement passe par des messages du type qu'autorisent les règles métacommunicatives du patient, telles qu'elles sont formulées avant ou après la thérapie.

Nous avons suggéré plus haut que les paradoxes du jeu caractérisent une étape dans l'évolution. Ce que nous pourrions ajouter maintenant, c'est que de tels paradoxes sont un élément nécessaire du processus de changement que nous appelons psychothérapie.

Entre le processus de la thérapie et le phénomène du jeu, les ressemblances sont, en fait, très profondes: thérapie et jeu se produisent tous deux à l'intérieur d'un cadre psychologique défini, une délimitation spatiale et temporelle d'un ensemble de messages interactifs; dans l'un et dans l'autre, les messages entretiennent un rapport particulier et spécial, avec une réalité plus concrète et plus fondamentale: de même que le pseudo-combat ludique n'est pas un vrai combat, de même le pseudo-amour ou la pseudo-haine de la thérapie ne sont pas un vrai amour ou une vraie haine. Le «transfert» se distingue, de l'amour et de la haine réels, par des signaux indiquant le cadre psychologique; et c'est en fait ce cadre qui permet au transfert d'atteindre sa pleine intensité, et au malade et au thérapeute d'en discuter.

Les caractéristiques formelles du processus thérapeutique peuvent être illustrées par l'élaboration d'un modèle à paliers: imaginons d'abord deux joueurs commençant une partie de canasta, suivant l'ensemble habituel des règles. Tant que ces règles sont observées et ne sont pas mises en question par un des deux joueurs, le jeu reste inchangé: autrement dit, aucun changement thérapeutique n'intervient. (En réalité, c'est pour cette raison que beaucoup de tentatives de psychothérapie échouent.) Nous pouvons aussi imaginer qu'à un certain moment, les joueurs arrêtent de jouer et entament une discussion sur les règles. Leur discours sera alors d'un type logique différent de celui de leur jeu. Et nous pouvons imaginer qu'au terme de cette discussion, ils reprendront le jeu, mais avec des règles modifiées.

Bien qu'illustrant clairement l'idée que la thérapie implique une combinaison de plusieurs types logiques de discours différents, cette séquence d'événements n'est pourtant qu'un modèle imparfait d'interaction thérapeutique. En effet, nos joueurs imaginaires ont évité le paradoxe en séparant la discussion sur les règles du jeu effectif, or c'est précisément cette séparation qui est impossible en psychothérapie. Pour nous le processus psychothérapique est une interaction cadrée entre deux personnes, où les règles sont implicites, mais susceptibles de changer. Un tel changement ne peut être proposé que par une action expérimentale; cependant, chaque action expérimentale qui contient implicitement une proposition de changement de règles est elle-même une partie du jeu en cours. C'est bien cette combinaison de types logiques, à l'intérieur d'un seul acte signifiant, qui donne à la thérapie son caractère non pas d'un jeu rigide (comme la canasta) mais d'un système évolutif d'interaction (comme le jeu des chatons ou des loutres).

24. Pour ce qui est du rapport particulier entre le maniement des cadres par le malade et leur manipulation par le thérapeute, nous ne pouvons pour l'instant rien dire de plus. Il est cependant intéressant de remarquer que le cadre psychologique de la thérapie est analogue au message d'encadrement que le schizophrène n'arrive pas à élaborer. En un sens, dire la «salade de mots» à l'intérieur du cadre psychologique de la thérapie n'est pas forcément pathologique. À vrai dire, on encourage plutôt le névrosé à agir ainsi, à raconter ses rêves et à faire part de ses libres associations, afin qu'il parvienne avec le thérapeute à comprendre ce matériel. Au cours du processus d'interprétation, le névrosé est amené à introduire le syntagme «comme si», dans les productions de son processus primaire de pensée, productions qu'il avait auparavant désavouées ou refoulées: il doit apprendre que le fantasme contient de la vérité. Pour le schizophrène, le problème est quelque peu différent. Son erreur est d'interpréter les métaphores du processus primaire avec l'intensité qui normalement caractérise l'interprétation d'une vérité littérale. À travers la découverte de ce *pour quoi valent* ces métaphores il doit découvrir qu'elles ne sont que des métaphores.

25. Du point de vue de notre projet, la psychothérapie ne constitue cependant qu'un des nombreux terrains à explorer. Notre thèse peut être résumée sous la forme d'un énoncé relatif à la nécessité des paradoxes de l'abstraction. Ce n'est pas faire tout simplement de la mauvaise histoire naturelle que de dire que les humains peuvent ou doivent obéir au cours de leurs communications à la théorie des types logiques, car leur échec à le faire n'est pas dû à la simple négligence ou à l'ignorance.

Nous croyons plutôt que les paradoxes de la communication sont présents dans toute communication plus complexe que celle des signaux indicatifs d'humeur, et que sans ces paradoxes l'évolution de la communication atteindrait à son terme: la vie ne serait alors qu'un échange sans fin de messages stylisés, un jeu avec des règles rigides, jeu monotone, dépourvu de surprise et d'humour.

Une logique de la communication
(1967)

PAUL WATZLAWICK (né en 1921), JANET HELMICK BEAVIN, DON D. JACKSON (1920-1968)

Les relations de Bateson avec les psychiatres du Mental Research Institute de Palo Alto, au premier rang desquels Paul Watzlawick (né en Autriche en 1921), offrent l'exemple d'un fascinant mutualisme ou, comme dirait l'auteur de Vers une écologie de l'esprit, *d'un* Mind *dont les partenaires s'emboîtent de façon très complémentaire. Sans retracer ici l'histoire du Collège invisible*[1]*, disons que Watzlawick révéla Bateson à Bateson autant qu'aux chercheurs puis au grand public. Il eut l'art de débrouiller, en les schématisant sans doute, et de faire atterrir sur des domaines précis (comme la thérapie familiale) des intuitions restées assez confuses chez Bateson, « notre ami et notre maître » (comme il est dit en dédicace de* Pragmatics of Human Communication*).*

« L'essence de notre message au lecteur est que la communication est la matrice dans laquelle sont enchâssées toutes les activités humaines. » Cette déclaration de Bateson et Ruesch dans Communication: The Social Matrix of Psychiatry *(1951) est de celles qui décidèrent le jeune Watzlawick, philosophe et psychothérapeute marqué par Wittgenstein et l'analyse logique du langage, à repenser en termes de communication les concepts de la métapsychologie freudienne.*

Pour mesurer l'apport de l'école de Palo Alto, mieux vaut écarter les derniers ouvrages de Watzlawick, qui se complaisent dans l'anecdote, pour revenir à Une logique de la communication, *inestimable outil de culture et de recadrage pour nos études, puisqu'on y trouve formulées des propositions aussi stimulantes et grosses de conséquences que :*
– Toute communication s'analyse en contenu et relation *: d'où l'ouverture pragmatique et les études de l'énonciation qui examinent comment celle-ci modifie celui-là ; ou comment la « fonction phatique » de contact*[2] *peut supplanter l'information. Études tardives dans la mesure où la relation, les effets de cadre et la fonction média en général demeurent l'impensé de nos messages (ils en vivent, ils ne la réfléchissent pas) ;*
– Communiquer, c'est entrer dans l'orchestre *: emprunter le capital symbolique disponible, ajouter son timbre ou sa note à l'ensemble préexistant, jouer avec les autres, mettre en commun et faire avec (l'infrastructure ou l'environnement médiatique)... Nul n'est le sujet à part entière d'une communication, chacun y participe sans en être la source ponctuelle, ni l'aboutissement. Ce paradigme de l'orchestre s'oppose bien sûr à la ligne du télégraphe*

1. On peut lire celle-ci dans l'ouvrage d'Yves Winkin, *la Nouvelle Communication*, Seuil, 1981, et dans celui de Jean-Jacques Wittezaele et Teresa Garcia, *À la recherche de l'école de Palo Alto*, Seuil, 1992.
2. Ce concept introduit par Roman Jakobson a été présenté au chapitre II.

dans le modèle de Shannon[1]*. Il combat aussi le logocentrisme : communiquer, c'est mettre en jeu l'ensemble des signes disponibles, liés d'abord au comportement. D'où l'importante remarque qu'on ne peut pas* ne pas *communiquer (ne pas être relié, ne pas influencer, etc.). L'espace humain ou ce qui circule dans l'intersubjectivité est saturé de signes plus que de choses, et le système de ces significations, bien loin d'être commandé par chacun, nous précède. Cette métaphore de l'orchestre renouvelle la question de ce que veut dire «faire sens» ;*

– La distinction du digital et de l'analogique, *qui recoupe celle du contenu et de la relation, n'est pas moins fondamentale mais demeure ici très confuse. On l'affinera en distinguant dans l'analogique les indices des icônes, et dans le digital les symboles au sens de Peirce et les nombres*[2]*. Il est important de comprendre à quel point l'indice et l'icône (l'analogique au sens large) gouvernent et induisent nos relations : que par exemple plutôt que de percevoir distinctement telle image ou tel comportement, nous sommes émus et mus par eux. Une conception moins intérieure ou «monadique» de l'inconscient en résulte ; le travail de l'hypnotiste Milton Erickson, proche de Bateson et Watzlawick, suggère que l'inconscient gît aussi à la surface de nos relations, ou dans l'influence qui circule entre nous : une communication touche à l'hypnose quand la relation tendant vers un maximum, son contenu s'approche de zéro.*

*Les thèses de Palo Alto ne s'adressent pas aux seuls thérapeutes systémistes du Mental Research Institute, et on se priverait d'un outil précieux en réservant celles-ci aux psychiatres ou aux praticiens de la micro-communication. Du micro au macro (du familial au planétaire), les mêmes concepts gouvernent divers paliers d'organisation. En dernière analyse cette pensée (qui sonne le glas d'une certaine analyse, de Descartes à Freud, et des thèses innéistes ou substantialistes en général) est en effet continuiste : c'est d'*une logique *qu'il s'agit, interdisciplinaire par définition, soit ce qui manque le plus à nos études.*

Sources : Une logique de la communication (Pragmatics of Human Communication), *par Paul Watzlawick, Janet Helmick Beavin, Don D. Jackson, traduit de l'américain par J. Morche, Seuil, Paris, 1972, chapitre II.*

Bibliographie : Changements : paradoxes et psychothérapie, *par P. Watzlawick, J. Weakland et R. Fisch, Seuil, Paris, 1975 ;* la Réalité de la réalité. Confusion, désinformation, communication, *par Paul Watzlawick, Seuil, Paris, 1978 ;* le Langage du changement, *par Paul Watzlawick, Seuil, Paris, 1980.*

1. Présenté *infra* chapitre V, ce schéma inspirait déjà dans le texte de Jakobson (chapitre II) son exposé des six facteurs inaliénables de toute communication : le message y voyage en ligne, de l'émetteur au récepteur, moyennant un certain code et le long d'un canal (représenté d'abord pour Shannon par la ligne des téléphones Bell).
2. L'analogie opère dans l'élément de la ressemblance, l'ordre digital procède par opposition binaire. Sur Peirce, on se reportera au même chapitre à la présentation de David Savan.

Proposition pour une axiomatique de la communication

1 – Introduction

Les conclusions auxquelles nous sommes parvenus dans le chapitre premier ont surtout montré que bon nombre des notions psychiatriques traditionnelles étaient inapplicables au cadre que nous avons choisi. On pourrait alors se demander sur quoi nous pensons fonder une étude de la pragmatique de la communication humaine. Nous allons montrer maintenant que la question ne se pose pas en ces termes, mais pour ce faire, il nous faut partir de quelques propriétés simples de la communication dont les implications interpersonnelles sont fondamentales. On verra que ces propriétés jouent un rôle d'axiomes dans ce calcul de la communication humaine que nous avons supposé possible. Une fois ces axiomes définis, nous serons en mesure d'étudier dans le chapitre 3 les troubles pathologiques qu'ils peuvent virtuellement impliquer.

2 – L'impossibilité de ne pas communiquer

2-1. Disons tout d'abord que le comportement possède une propriété on ne peut plus fondamentale, et qui de ce fait échappe souvent à l'attention: le comportement n'a pas de contraire. Autrement dit il n'y a pas de «non-comportement», ou pour dire les choses encore plus simplement: on ne peut pas ne pas avoir de comportement. Or, si l'on admet que, dans une interaction [1], tout comportement a la valeur d'un message, c'est-à-dire qu'il est une communication, il suit qu'on ne peut pas ne pas communiquer, qu'on le veuille ou non. Activité ou inactivité, parole ou silence, tout a valeur de message. De tels comportements influencent les autres, et les autres, en retour, ne peuvent pas ne pas réagir à ces communications, et de ce fait eux-mêmes communiquer. Il faut bien comprendre que le seul fait de ne pas parler ou de ne pas prêter attention à autrui ne constitue pas une exception à ce que nous venons de dire. Un homme attablé dans un bar rempli de monde et qui regarde droit devant lui, un passager qui dans un avion reste assis dans son fauteuil les yeux fermés, communiquent tous deux un message: ils ne veulent parler à personne, et ne veulent pas qu'on leur adresse la parole; en général, leurs voisins «comprennent le message» et y réagissent normalement en les laissant tranquilles. Manifestement, il y a là un échange de communication, tout autant que dans une discussion animée [2].

1. On pourrait alléguer qu'il est possible de tenir, seul, des dialogues fantasmatiques, avec ses hallucinations, ou avec la vie. Il est possible que cette «communication» intérieure suive certaines des règles qui régissent la communication interpersonnelle; mais de tels phénomènes, inobservables, se situent hors du champ de signification que nous attribuons à ce terme. (Cf. Gregory Bateson, *Perceval's Narrative. A patient's account of his psychosis, 1830-32,* Stanford University Press, Stanford, 1961.)
2. Luft a mené des recherches très intéressantes dans ce domaine en étudiant ce qu'il appelle «privation de stimulus social». Il a mis deux étrangers en présence dans une pièce, les faisant asseoir chacun à un bout de la pièce et leur a donné pour instruction «de ne parler ni communiquer en aucune manière». Après l'expérience, les entretiens ont révélé le «stress» que représentait une telle situation. Citons l'auteur: «... il a devant lui l'autre dans son unicité, avec son comportement, même s'il est muet. Au point, c'est le postulat posé, qu'intervient une véritable mise à l'épreuve interpersonnelle, dont une partie seulement peut-être consciente. Par exemple, comment l'autre

On ne peut pas dire non plus qu'il n'y ait « communication » que si elle est intentionnelle, consciente ou réussie, c'est-à-dire s'il y a compréhension mutuelle. Savoir s'il y a correspondance entre le message adressé et le message reçu appartient à un ordre d'analyse différent, quoique important, car il repose nécessairement en fin de compte sur l'estimation de données spécifiques, de l'ordre de l'introspection et du témoignage personnel, données que nous laissons délibérément de côté dans une théorie de la communication exposée du point de vue du comportement. Quant au problème du malentendu, étant donné certaines propriétés formelles de la communication, nous examinerons comment peuvent s'installer les troubles pathologiques qui y sont liés, indépendamment, et même en dépit, des motivations ou intentions des partenaires.

2-2. Dans ce qui précède, nous avons employé le terme « communication » en deux sens : comme titre d'ensemble de notre étude, et comme mot servant à désigner une unité de comportement sans définition précise. Précisons donc maintenant. Nous continuerons à désigner l'aspect pragmatique de la théorie de la communication humaine en parlant simplement de « la communication ». Pour désigner les différentes unités de communication (ou de comportement), nous nous sommes efforcés de choisir des termes appartenant déjà à l'usage courant. Une unité de communication sera appelée message ou bien, là où la confusion n'est pas possible, *une* communication. Une série de messages échangés entre des individus sera appelée *interaction* (nous dirons seulement aux fanatiques d'une quantification précise que la séquence appelée « interaction » est plus grande qu'un seul message mais n'est pas infinie). Enfin dans les chapitres 4 à 7 nous introduirons l'expression *modèles d'interaction* pour désigner une unité de la communication humaine d'un degré encore plus complexe.

Par ailleurs, si l'on admet que tout comportement est communication, même pour l'unité la plus simple qui soit, il est évident qu'il ne s'agira pas d'un message monophonique ; nous aurons affaire à un composé fluide et polyphonique de nombreux modes de comportement : verbal, tonal, postural, contextuel, etc., chacun d'eux spécifiant le sens des autres. Les divers éléments qui entrent dans ce composé (considéré comme un tout) sont passibles de permutations très variées et très complexes, allant de la congruence à l'incongruence et au paradoxe. L'effet pragmatique de ces combinaisons dans des situations interpersonnelles constitue l'objet de ce livre.

2-3. L'impossibilité de ne pas communiquer n'a pas qu'un intérêt théorique. Cela fait partie intégrante du « dilemme » du schizophrène, par exemple. Si l'on observe le comportement d'un schizophrène, en mettant entre parenthèses les considérations étiologiques, on a l'impression qu'il cherche *à ne pas communiquer*. Mais non-sens, silence, retrait, immobilité (ou silence postural), ou toute autre forme de refus, étant encore une communication, le schizophrène se trouve aux prises avec le problème insoluble de dénier qu'il communique quoi que ce soit, et en même temps de dénier que son déni lui-même soit une communication. Comprendre ce dilemme fondamental de la schizophrénie est la clef de bien des aspects de la communication chez les schizophrènes, aspects qui autrement resteraient obscurs.

---

réagit-il à sa présence et aux petits messages non verbaux qu'il émet ? Essaie-t-il de comprendre son regard interrogateur, ou bien l'ignore-t-il froidement ? La posture de l'autre manifeste-t-elle des indices de tension, ce qui indiquerait une certaine angoisse en sa présence ? Est-il de plus en plus à l'aise, ce qui pourrait vouloir dire qu'il l'accepte, ou bien l'autre va-t-il le traiter comme une chose sans existence propre ? Tels sont, entre autres, les types de comportement facilement perceptibles à quoi donne lieu cette expérience... » Joseph Luft, *On non-verbal interaction*, communication présentée à la Western Psychological Association Convention, San Francisco, avril 1962.

Toute communication, nous le verrons, suppose un engagement et définit par là la manière dont l'émetteur voit sa relation au récepteur; on peut alors faire l'hypothèse que le schizophrène se comporte comme s'il voulait éviter cet engagement en ne communiquant pas. Que cela soit son intention, au sens causal du terme, il est bien entendu impossible de le prouver, mais que cela soit l'effet de son comportement, c'est ce que nous examinerons plus en détail au chapitre suivant.

2-4. En résumé, formulons cet axiome de métacommunication dans la pragmatique de la communication: *On ne peut pas* ne pas *communiquer.*

3 – Niveau de la communication: contenu et relation

3-1. Dans ce qui précède, nous avons fait allusion à un autre axiome en disant que toute communication suppose un engagement et définit par suite la relation. C'est une autre manière de dire qu'une communication ne se borne pas à transmettre une information, mais induit en même temps un comportement. Selon des termes empruntés à Bateson [1], on dira que ces deux opérations représentent l'aspect «indice» et l'aspect «ordre» de toute communication. Bateson illustre ces deux aspects au moyen d'une analogie physiologique: soit A, B, C une chaîne linéaire de neurones. L'excitation du neurone B est à la fois un «indice» que le neurone A a été excité, et un «ordre» d'excitation pour le neurone C.

Un message sous son aspect d'«indice» transmet une information; dans la communication humaine, ce terme est donc synonyme de *contenu* du message. Il peut avoir pour objet tout ce qui est communicable; la question de savoir si telle information est vraie ou fausse, valable, non valable ou indécidable n'entrant pas en ligne de compte. L'aspect «ordre», par contre, désigne la manière dont on doit entendre le message, et donc en fin de compte la *relation* entre les partenaires. Dans ces énoncés au niveau de la relation, une ou plusieurs des assertions suivantes sont toujours en jeu: «C'est ainsi que je me vois... C'est ainsi que je vous vois... C'est ainsi que je vous vois me voir...», et ainsi de suite théoriquement à l'infini. Par exemple, des messages comme: «Veillez à desserrer l'embrayage progressivement et sans à-coups», et: «Vous n'avez qu'à laisser filer l'embrayage et la transmission sera fichue en un rien de temps», ont en gros le même contenu informatif (aspect «indice») mais définissent visiblement des relations très différentes. Pour éviter tout malentendu, disons tout de suite qu'il est rare que les relations soient expressément ou consciemment définies. Il semble en fait que plus une relation est spontanée et «saine», et plus l'aspect «relation» de la communication passe à l'arrière-plan. Inversement, des relations «malades» se caractérisent par un débat incessant sur la nature de la relation, et le «contenu» de la communication finit par perdre toute importance.

3-2. Avant que les sciences du comportement ne commencent à s'interroger sur ces aspects de la communication humaine, les ingénieurs en informatique avaient rencontré dans leur travail le même problème, ce qui ne laisse pas d'être fort intéressant. Ils s'étaient aperçus que pour communiquer avec une machine, leurs communications devaient comporter ces deux aspects: «indice» et «ordre». Si, par exemple, on demande à un ordinateur de multiplier deux chiffres, on doit introduire dans la machine cette information (les deux chiffres) et une information sur l'information; l'ordre «à multiplier». Or, ce qui nous importe ici, c'est la relation entre les deux aspects de la communication: contenu («indice»)

1. Jurgen Ruesch et Gregory Bateson, *Communication: The Social Matrix of Psychiatry,* Norton and C°, New York, 1951, pp. 179-181.

et relation («ordre»). Nous l'avons déjà définie, pour l'essentiel, dans le paragraphe précédent en disant qu'un ordinateur nécessite une *information* (les données) et une *information sur l'information* (les instructions). Il est évident que les instructions appartiennent à un type logique plus complexe que les données; c'est une *méta-information*, puisque ce sont des informations *sur* une information; toute confusion entre ces deux ordres aboutirait à un résultat dénué de sens.

3-3. Si nous revenons maintenant à la communication humaine, nous constatons qu'une relation semblable lie les aspects «indice» et «ordre»: le premier transmet les «données» de la communication, le second dit comment on doit comprendre celle-ci. Dire: «Ceci est un ordre», ou «je plaisantais», sont des exemples verbaux d'une telle communication sur la communication. La relation peut aussi s'exprimer de manière non verbale, par les cris, le sourire, et d'une infinité d'autres manières. La relation peut aussi se comprendre parfaitement en fonction du contexte où s'effectue la communication, par exemple entre soldats en uniforme ou sur la piste d'un cirque.

Comme le lecteur l'aura remarqué, l'aspect «relation», communication sur une communication, est bien évidemment analogue au concept de métacommunication examiné dans le chapitre premier. Mais en ce point de notre réflexion, nous nous bornions au cadre conceptuel et au langage que doit employer tout analyste de communication quand il communique sur la communication. On peut voir maintenant que chacun de nous, et non seulement un spécialiste, rencontre ce problème. L'aptitude à métacommuniquer de façon satisfaisante n'est pas seulement la condition *sine qua non* d'une bonne communication, elle a aussi des liens très étroits avec le vaste problème de la conscience de soi et d'autrui. Nous traiterons ce point plus en détail au chapitre suivant. Pour l'instant, et à titre d'exemple, nous voulons simplement montrer que, surtout dans la communication écrite, on peut composer des messages très ambigus au niveau de la métacommunication. Comme le note Cherry [1], la phrase: «Pensez-vous que ça ira comme ça?» peut avoir des sens variés, selon le mot qu'il faut accentuer [2], indication que le langage écrit ne donne généralement pas. Citons un autre exemple: une affiche dans un restaurant disant: «Que les clients qui trouvent nos serveurs impolis voient plutôt le directeur», peut se comprendre, théoriquement du moins de deux manières entièrement différentes. Des ambiguïtés de ce genre ne sont pas les seules complications possibles qui peuvent surgir de la structure en niveaux de toute communication; pensons par exemple à un panneau disant: «Ne pas tenir compte de ce signal.» Comme nous le verrons dans le chapitre consacré à la communication paradoxale, des confusions et des contaminations entre ces deux niveaux – communication et métacommunication – peuvent conduire dans des impasses dont la structure est analogue à celle des célèbres paradoxes de la logique.

3-4. Pour le moment, bornons-nous à résumer ce qui précède en formulant un autre axiome de notre essai de calcul:

Toute communication présente deux aspects: *le contenu et la relation, tels que le second englobe le premier et par suite est une métacommunication* [3].

---

1. Colin Cherry, *On Human Communication*, Science editions, New York, 1961, p. 120.
2. L'ambiguïté de la phrase anglaise est difficilement traduisible. Selon l'accentuation, on peut comprendre également: «Pensez-vous qu'un seul suffira?» *(N.d.T.)*
3. Nous avons choisi, quelque peu arbitrairement, de dire que la relation englobe, ou subsume, le contenu. En analyse logique, il est tout aussi exact de dire que la classe se définit par ses éléments, et donc que le contenu définit la relation. Comme notre intérêt ne se porte pas d'abord à l'échange d'information, mais à la pragmatique de la communication, nous utiliserons la première méthode.

4 – Ponctuation de la séquence des faits

4-1. Examinons maintenant une autre propriété fondamentale de la communication: l'interaction, ou échange de messages, entre les partenaires. Pour un observateur extérieur, une série de communications peut être considérée comme une séquence ininterrompue d'échanges. Toutefois, les partenaires introduisent toujours dans cette interaction ce que Bateson et Jackson, reprenant une expression de Whorf [1], ont appelé la «ponctuation de la séquence des faits». Voici ce qu'ils disent:

«Il est caractéristique que le psychologue behavioriste ("stimulus-réponse") limite son attention à des séquences d'échange si brèves qu'il est possible de qualifier l'un des éléments du circuit "stimulus", un autre "renforcement", et "réponse" ce que fait le sujet entre les deux. À l'intérieur de la brève séquence ainsi découpée, il est possible de parler de la "psychologie" du sujet. Les séquences d'échange que nous examinons ici sont au contraire beaucoup plus longues, et possèdent par suite cette caractéristique que chaque élément de la séquence est en même temps stimulus, réponse et renforcement. Un élément donné du comportement de A est un stimulus dans la mesure où il est suivi d'un élément fourni par B, et celui-ci d'un autre élément fourni par A. Mais dans la mesure où l'élément propre à A se trouve placé entre deux éléments fournis par B, c'est une réponse. De même, un élément propre à A est un renforcement dans la mesure où il suit un élément fourni par B. Donc, les échanges ayant actuellement lieu et que nous examinons ici, constituent une chaîne dont les maillons se chevauchent et forment des triades, chaque maillon pouvant être comparé à une séquence "stimulus-réponse-renforcement". N'importe quelle triade de notre échange peut être considérée comme un essai isolé d'une expérience d'apprentissage selon la méthode "stimulus-réponse".

Si nous considérons de ce point de vue les expériences d'apprentissage classiques, nous voyons immédiatement que la répétition des essais équivaut à une différenciation de la relation entre les deux organismes intéressés, l'expérimentateur et son sujet. La séquence des essais est ponctuée de telle manière que c'est toujours l'expérimentateur qui semble fournir les "stimuli" et les "renforcements", alors que le sujet donne les "réponses". C'est à dessein que nous mettons ces mots entre guillemets parce que les rôles ne sont définis que par le consentement des organismes en question à admettre ce système de ponctuation. La "réalité" de la définition des rôles n'est pas d'un ordre différent de la réalité d'une chauve-souris sur une planche du Rorschach, produit plus ou moins surdéterminé du processus perceptif. Le rat qui dirait: "J'ai bien dressé mon expérimentateur. Chaque fois que j'appuie sur le levier, il me donne à manger", refuserait d'admettre la ponctuation de la séquence que l'expérimentateur cherche à lui imposer.

«Il n'en demeure pas moins que, dans une longue séquence d'échange, les organismes intéressés, surtout s'il s'agit d'êtres humains, ponctueront de fait la séquence de manière que l'un ou l'autre paraîtra avoir l'initiative, ou la prééminence, ou un statut de dépendance, ou autres choses du même genre. Ce qui veut dire qu'ils établiront entre eux des modèles d'échange (sur lesquels ils peuvent être ou non d'accord), et ces modèles seront en réalité des règles régissant l'échange des rôles dans le renforcement. Si les rats ont l'obligeance

1. Benjamin Lee Whorf, *Linguistique et anthropologie*, Denoël, Paris, 1969.

de ne pas rectifier la désignation, certains malades mentaux n'en font pas autant et peuvent provoquer un traumatisme psychologique chez le thérapeute [1] ! »

La question n'est pas de savoir si la ponctuation de la séquence de communications est dans l'ensemble bonne ou mauvaise. C'est en effet une évidence indiscutable que la ponctuation structure les faits de comportement, et qu'elle est donc essentielle à la poursuite d'une interaction. Du point de vue culturel, nous avons en commun beaucoup de conventions de ponctuation. Elles ne sont ni plus ni moins exactes que d'autres manières de ponctuer les mêmes faits, mais elles servent à structurer des séquences d'interaction à la fois banales et importantes. Nous disons par exemple que dans un groupe un individu se comporte en « leader », et un autre individu en « suiveur », mais à la réflexion, il est difficile de dire qui commence, et ce que deviendrait l'un sans l'autre.

4-2. Le désaccord sur la manière de ponctuer la séquence des faits est à l'origine d'innombrables conflits qui portent sur la relation. Soit un couple aux prises avec un problème conjugal ; le mari y contribue par son attitude de repli et sa passivité, tandis que la femme y contribue pour moitié par ses critiques hargneuses. En parlant de leurs frustrations, le mari dira que le repli est sa seule défense contre la hargne de sa femme ; celle-ci qualifiera cette explication de distorsion grossière et délibérée de ce qui se passe « réellement » dans leur vie conjugale : elle le critique en raison de sa passivité. Dépouillés de leurs éléments passagers et fortuits, leurs affrontements se réduisent à un échange monotone de messages de ce genre : « Je me replie parce que tu te montres hargneuse » et « Je suis hargneuse parce que tu te replies ». [...]

Dans la psychothérapie des couples, on est souvent frappé de l'intensité de ce que la psychothérapie traditionnelle appellerait « distorsion de la réalité » chez les deux partenaires. On a souvent peine à croire que deux êtres puissent avoir des opinions aussi divergentes sur de nombreux points d'une expérience commune. C'est que l'essentiel du problème se situe à un niveau dont nous avons déjà souvent parlé : leur incapacité à métacommuniquer sur leurs modèles respectifs d'interaction. Cette interaction est du type oscillatoire « oui-non-oui-non-oui », qui en théorie peut se poursuivre à l'infini et s'accompagne presque toujours, nous le verrons plus loin, des accusations typiques de malignité ou de folie. Les relations internationales, elles aussi, abondent en modèles d'interaction analogues ; prenons par exemple l'analyse que fait C.E.M. Joad de la course aux armements :

« [...] Si, comme on le soutient, la meilleure manière de préserver la paix est de préparer la guerre, on ne voit pas très bien pourquoi toutes les nations devraient considérer les armements des nations voisines comme une menace pour la paix. C'est pourtant ce qu'elles font, et elles sont poussées par suite à accroître leurs armements pour dépasser les armements par lesquels elles se croient menacées... Cet accroissement d'armements est à son tour considéré comme une menace par la nation A dont les armements, soit disant défensifs, l'ont provoquée ; la nation A utilise alors ce prétexte pour accumuler encore plus d'armements afin de se défendre contre cette menace. Mais cette masse accrue d'armements ne laisse pas d'être interprétée par les nations voisines comme une menace pour elles, et ainsi de suite [2]. » [...]

4-4. Nous pouvons donc formuler un troisième axiome de métacommunication : *La nature*

1. Gregory Bateson et Don D. Jackson, « Some varieties of pathogenic organization », *in* David Mck. Rioch ed., *Disorders of Communication*, vol. 42. Research Publications, Association for research in nervous and mental disease, 1964, pp. 270-283.
2. C. E. M. Joad, *Why war ?*, Penguin Special, Harmondsworth, 1939, p. 69.

d'une relation dépend de la ponctuation des séquences de communication entre les partenaires.

5 – Communication digitale et communication analogique

5-1. Les unités fonctionnelles (ou neurones) du système nerveux central reçoivent ce qu'on appelle des « quanta » d'information par l'intermédiaire d'éléments de connexion (ou synapses). En arrivant aux synapses, ces « paquets » d'information induisent des potentiels post-synaptiques excitateurs ou inhibiteurs qui sont totalisés par le neurone et provoquent ou inhibent son excitation. On peut donc dire que cet aspect spécifique de l'activité des neurones, déclenchement ou non-déclenchement de l'excitation, transmet une information digitale binaire. Le système neurovégétatif, lui, n'est pas fondé sur une digitalisation de l'information. Ce système communique en envoyant dans la circulation des quantités discrètes de substances spécifiques. De plus, à l'intérieur de l'organisme, communications neuronique et humorale ne sont pas simplement juxtaposées, elles se complètent et dépendent l'une de l'autre, de manière souvent très complexe. Ces deux modes fondamentaux de communication se rencontrent dans le fonctionnement des organismes artificiels, ou machines : certains ordinateurs fonctionnent selon le principe du « tout ou rien » des tubes à vide ou des transistors ; on les appelle digitaux, parce qu'ils travaillent essentiellement avec des « digits » (ou « bits »), mais il existe une autre catégorie de machines qui utilisent des grandeurs discrètes et positives – analogues des données – et qui pour cette raison sont appelées analogiques. Dans les calculateurs digitaux, données et instructions sont traduites par des nombres, si bien que pour les instructions surtout, la correspondance n'est souvent qu'arbitraire entre une information donnée et son expression digitale. Autrement dit, ces nombres sont des noms de code arbitrairement attribués et qui ont aussi peu de ressemblance avec les grandeurs réelles qu'un numéro de téléphone avec l'abonné correspondant. Par contre, nous l'avons déjà dit, le principe d'analogie est l'essence de tout calcul analogique. Dans le système neurovégétatif des organismes naturels, les porteurs de l'information sont certaines substances et leur concentration dans la circulation ; de même, dans les calculateurs analogiques, les données se présentent sous la forme de quantités discrètes et par suite toujours positives, par exemple l'intensité d'un courant électrique, le nombre de révolutions d'une roue, le degré de déplacement des composants, et autres choses de ce genre. Ce que l'on appelle un « maréomètre » (appareil constitué de cadrans, de dents et de leviers autrefois utilisé pour calculer les marées à n'importe quel moment) peut être considéré comme un calculateur analogique simple, et bien sûr, l'homéostat d'Ashby, dont nous avons parlé au chapitre 1, est le modèle d'une machine analogique, même si elle n'a rien à calculer.

5-2. Dans la communication humaine, on peut désigner les objets, au sens le plus large du terme, de deux manières entièrement différentes. On peut les représenter par quelque chose qui leur ressemble, un dessin par exemple, ou bien on peut les désigner par un nom. Ainsi, dans la phrase (écrite) : « Le chat a attrapé la souris », on pourrait remplacer les noms par des images ; dans la phrase parlée, on pourrait montrer du doigt le chat et la souris réels. Inutile de dire que ce mode de communication serait plutôt bizarre. Normalement, on se sert du « nom », écrit ou prononcé, c'est-à-dire du mot. Ces deux types de communication, une ressemblance dont l'explication se suffit à elle même et un mot, sont bien entendu des équivalents des concepts de communication analogique, dans le premier cas, et digitale dans le second cas. Chaque fois qu'on se sert d'un mot pour nommer une chose, il est évident que la relation établie entre le nom et la chose nommée est arbitraire. Les mots sont des signes arbitraires que l'on utilise conformément à la syntaxe logique de la langue. Il n'y a aucune raison particulière pour que les quatre lettres «c, h, a, t» désignent un animal déterminé. Ce n'est en dernière analyse qu'une convention sémantique d'une langue donnée; en dehors de cette convention, il n'existe aucune autre corrélation entre un mot quelconque et la chose qu'il signifie, à une exception près, mais de peu d'importance: les onomatopées. Comme le font observer Bateson et Jackson [1]: «Il n'y a rien de particulièrement "quinquiforme" dans le nombre cinq; il n'y a rien de particulièrement "tabuliforme" dans le mot table.»

Par contre, dans la communication analogique, il y a bien quelque chose de particulièrement «chosiforme» dans ce dont on se sert pour exprimer cette chose. La communication analogique a des rapports plus directs avec ce qu'elle représente. L'exemple suivant rendra peut-être plus claire la différence entre ces deux modes de communication: on aura beau écouter une langue étrangère à la radio, on n'arrivera pas à la comprendre, alors qu'on peut déduire assez facilement une information élémentaire de l'observation du langage par gestes et des mouvements servant à signaler une intention, même lorsqu'on a affaire à un individu d'une culture entièrement différente. Nous pensons que la communication analogique plonge ses racines dans des périodes beaucoup plus archaïques de l'évolution, et qu'elle a par suite une validité beaucoup plus générale que la communication digitale, verbale, relativement récente et bien plus abstraite.

Qu'est-ce donc que la communication analogique? La réponse est relativement simple: pratiquement toute communication non verbale. Toutefois ce terme peut être trompeur; souvent en effet on restreint son sens aux seuls mouvements corporels, au comportement connu sous le nom de kinesthésie. À notre avis, il faut y englober posture, gestuelle, mimique, inflexions de la voix, succession, rythme et intonation des mots, et toute autre manifestation non verbale dont est susceptible l'organisme, ainsi que les indices ayant valeur de communication qui ne manquent jamais dans tout contexte qui est le théâtre d'une interaction [2].

5-3. L'homme est le seul organisme capable d'utiliser ces deux modes de communication: digital et analogique [3]. On saisit encore très mal l'importance de ce fait, mais on ne saurait le surestimer. D'une part, il ne fait aucun doute que l'homme communique sur le mode digital. De fait, la plupart des œuvres de la civilisation, sinon toutes, seraient impensables si l'homme n'avait pas élaboré un langage digital. Ceci est d'une importance particulière pour l'échange d'information sur les objets et pour la transmission du savoir qui assure une liaison temporelle. Mais il existe par ailleurs tout un domaine où nous nous fions presque exclusivement à la communication analogique, et les modifications sont souvent minimes par rapport à l'héritage analogique que nous ont transmis nos ancêtres mammifères. C'est le domaine de la relation. En s'appuyant sur Tinbergen [4] et Lorenz [5], et sur les

1. Gregory Bateson et Don D. Jackson, *op. cit.*, p. 217.
2. Dans l'analyse de la communication humaine, on n'a que trop tendance à négliger l'importance capitale du contexte pour la communication. Et pourtant celui qui se brosserait les dents dans une rue animée, et non dans sa salle de bains, pourrait être rapidement «embarqué» au poste de police ou dans un asile de fous; ceci à titre d'exemple des effets pragmatiques de la communication non verbale.
3. Il y a tout lieu de croire que les baleines et les dauphins peuvent aussi se servir de la communication digitale, mais les recherches dans ce domaine ne sont pas encore concluantes.
4. Nicolas Tinbergen, *Social Behavior in Animals with special reference to Vertebrates*, Methuen, Londres, 1953.
5. Konrad Lorenz. *Il parlait avec les mammifères, les oiseaux et les poissons*, Flammarion, 1968.

résultats de ses propres recherches, Bateson [1] a montré que chez les animaux, les vocalisations, les mouvements signalant une intention et les signes indicatifs de l'humeur étaient des communications analogiques par lesquelles ils définissaient la nature de leurs relations, au lieu de désigner par là des objets. Pour reprendre un des exemples qu'il donne, si j'ouvre le réfrigérateur et que le chat vienne se frotter contre mes jambes en miaulant, cela ne veut pas dire « Je voudrais du lait », ce que signifierait par là un être humain, mais renvoie à une relation spécifique : « Sois une mère pour moi », parce qu'un tel comportement ne s'observe que chez les chatons envers les chats adultes, mais jamais entre deux animaux adultes. Inversement, les amis des bêtes sont souvent convaincus que leur animal favori « comprend » ce qu'on lui dit. Inutile de préciser que ce que l'animal comprend, ce n'est pas le sens des mots, mais toute la richesse de communication analogique dont s'accompagnent les paroles. De fait, chaque fois que la relation est au centre de la communication, le langage digital est à peu près dénué de sens. Ce n'est pas seulement le cas entre animaux, et entre l'homme et l'animal, mais en de nombreuses circonstances de la vie humaine : faire la cour, aimer, aider, combattre, et naturellement s'occuper de très jeunes enfants ou de malades mentaux gravement perturbés. On a toujours prêté aux enfants, aux fous et aux animaux une intuition particulière de la sincérité ou de l'insincérité des attitudes humaines. Il est en effet facile de professer quelque chose verbalement, mais il est difficile de mentir dans le domaine analogique.

En résumé, si nous nous souvenons que toute communication a deux aspects : contenu et relation, nous pouvons nous attendre à voir non seulement coexister, mais se compléter, les deux modes de communication dans tout message. Selon toute probabilité, le contenu sera transmis sur le mode digital, alors que la relation sera essentiellement de nature analogique.

5-4. C'est dans cette correspondance que réside l'importance pragmatique de certaines différences entre ces deux modes de communication, digital et analogique. C'est ce que nous allons examiner maintenant. Pour rendre ces différences plus claires, revenons à la communication digitale et analogique telle qu'elle se présente dans les systèmes artificiels.

Les possibilités, la précision et la souplesse de ces deux types de calculateurs – digital et analogique – sont extrêmement différentes. Les « analogies » utilisées dans les calculateurs analogiques au lieu et place des grandeurs réelles, ne sont jamais que des approximations des valeurs véritables ; cette source permanente d'imprécision se trouve encore accrue dans le déroulement même des opérations du calculateur. Dents, engrenages et transmissions ne peuvent jamais atteindre la perfection. Même lorsque les machines analogiques dépendent entièrement d'intensités discrètes de courants électriques, de résistances électriques, de rhéostats, et autres choses de ce genre, ces mécanismes analogiques restent exposés à des variations pratiquement incontrôlables. Par contre, une machine digitale fonctionnerait avec une précision parfaite si l'espace pour stocker les « bits » n'était limité, ce qui oblige à arrondir les résultats qui ont plus de « bits » que la machine n'en peut contenir. Quiconque s'est servi d'une règle à calcul (excellent exemple de calculateur analogique) sait qu'on ne peut obtenir qu'un résultat approximatif, alors que n'importe quelle machine à calculer fournira un résultat exact, pourvu seulement que le nombre de chiffres requis n'excède pas le maximum de chiffres que la machine à calculer peut traiter.

En plus de sa parfaite précision, le calculateur digital offre l'avantage considérable de

1. Gregory Bateson, « A theory of Play and Fantasy », *Psychiatric Research Reports*, 2 : 39-51, 1955 (ici même, texte *supra*, N.d.P.)

n'être pas seulement une machine arithmétique mais une machine logique. Mc Culloch et Pitts [1] ont montré que les seize fonctions de vérité du calcul logique peuvent être représentées en combinant des éléments fonctionnant selon le principe du « tout ou rien » ; par exemple, la sommation de deux impulsions représentera le « et » logique, l'exclusion réciproque de deux impulsions le « ou » logique, une impulsion qui bloque le déclenchement d'un élément la négation logique, etc. On ne peut rien obtenir de comparable avec un calculateur analogique, même de loin. Puisqu'il ne fonctionne qu'avec des quantités discrètes et positives, il ne peut représenter une valeur négative quelconque, y compris la négation elle-même, ni aucune des autres fonctions de vérité.

Certaines caractéristiques du calculateur s'appliquent également à la communication humaine : la complexité, la souplesse et l'abstraction du matériel digital d'un message sont beaucoup plus grandes que celles d'un matériel analogique. Pour être plus précis, disons qu'il n'y a rien dans la communication analogique qui soit comparable à la syntaxe logique du langage digital. Ce qui veut dire que le langage analogique ne possède pas d'équivalents pour certains éléments du discours d'une importance aussi capitale que « si... alors », « ou bien... ou bien », etc. ; il y est aussi difficile, sinon même impossible, d'y exprimer des concepts abstraits que dans la pictographie primitive où on ne peut représenter un concept que par une image qui ait avec lui une ressemblance matérielle. Enfin, le langage analogique, comme le calcul analogique, ne peut exprimer la simple négation, c'est-à-dire qu'il ne possède pas d'expression signifiant « non ».

Prenons des exemples : les larmes peuvent exprimer le chagrin ou la joie, le poing serré peut signifier agressivité ou embarras, un sourire peut traduire la sympathie ou le mépris, on peut interpréter la réserve comme une marque de tact ou d'indifférence. On peut se demander si tous les messages analogiques ne possèdent pas cette propriété singulièrement ambiguë qui fait penser à l'essai de Freud : *Gegensinn der Urworte* (« Des sens opposés dans les mots primitifs »). La communication analogique ne possède pas de discriminants indiquant, en face de deux sens contradictoires, lequel il faut comprendre ; elle n'a pas non plus d'indices qui permettraient de distinguer le passé, le présent et l'avenir [2]. Par contre, discriminants et indices existent dans la communication digitale ; ce qui lui fait défaut, c'est un vocabulaire adapté aux aléas de la relation.

L'homme, se trouvant dans l'obligation de combiner ces deux langages, soit comme émetteur, soit comme récepteur, doit continuellement traduire l'un dans l'autre. Dans cette opération, il est confronté à certains dilemmes très étranges sur lesquels nous reviendrons plus en détail dans le chapitre concernant la communication pathologique (cf. chapitre suivant). Dans la communication humaine, la difficulté de traduction existe dans les deux

1. Warren S. Mc Culloch et Walter Pitts, « A logical calculus of the ideas immanent in nervous activity », *Bulletin of Mathematical Biophysics*, 5, 115-33, 1943.
2. Le lecteur aura sans doute perçu le rapprochement très évocateur que l'on peut faire entre les modes de communication analogique et digital et les concepts psychanalytiques de *processus primaire* et *processus secondaire*. Si l'on change le cadre de référence pour passer de l'intrapsychique à l'interpersonnel, la description que Freud fait du « Ça » devient pratiquement une définition de la communication analogique : *« Les processus qui se déroulent dans le "ça" n'obéissent pas aux lois logiques de la pensée ; pour eux, le principe de contradiction est nul.* Des émotions contradictoires y subsistent sans se contrarier, sans se soustraire les unes des autres... *Dans le "ça", rien qui puisse être comparé à la négation ;* on constate, non sans surprise, que le postulat, cher aux philosophes, suivant lequel l'espace et le temps sont des formes obligatoires de nos actes psychiques se trouve là en défaut. » (C'est nous qui soulignons.) [Sigmund Freud, *Nouvelles Conférences sur la psychanalyse*, trad. fr. Anne Berman, Gallimard, pp. 103-104.]

sens. Il ne peut y avoir traduction du langage digital en langage analogique sans une perte importante d'information (cf. chap. suivant sur la formation des symptômes dans l'hystérie). L'opération contraire présente également des difficultés considérables: pour parler sur la relation, il faut pouvoir trouver une traduction adéquate de la communication analogique en communication digitale. Enfin, on peut comprendre aisément que des problèmes similaires se posent lorsque ces deux modes de communication doivent coexister, ainsi que l'a observé Haley dans son excellent article: «Thérapie conjugale»: «Lorsqu'un homme et une femme décident de donner à leur association un statut légal par la cérémonie du mariage, ils se posent un problème qui persistera au-delà de cet acte même: maintenant qu'ils sont mariés, continuent-ils à vivre ensemble parce qu'ils le désirent ou parce qu'ils le doivent[1]?»

À la lumière de ce qui précède, nous dirions que, lorsque s'ajoute à l'aspect essentiellement analogique de leur relation (la «cour») une digitalisation (le contrat de mariage), une définition non équivoque de leur relation devient très problématique[2].

5-5. En résumé: *Les êtres humains usent de deux modes de communication: digital et analogique. Le langage digital possède une syntaxe logique très complexe et très commode, mais manque d'une sémantique appropriée à la relation. Par contre, le langage analogique possède bien la sémantique, mais non la syntaxe appropriée à une définition non équivoque de la nature des relations.*

6 – Interaction symétrique et complémentaire

6-1. En 1935, Bateson[3] a relaté un phénomène d'interaction qu'il avait observé en Nouvelle-Guinée dans la tribu des «Iatmul»; il l'a traité plus en détail dans son livre *Naven*[4] publié l'année suivante. Il a appelé ce phénomène *schismogenèse*, et l'a défini comme un processus de différenciation des normes du comportement individuel à la suite d'une interaction cumulative entre individus. En 1939, Richardson[5] s'est servi de ce concept pour analyser la guerre et la politique étrangère; depuis 1952, Bateson et ses collaborateurs ont prouvé la commodité de ce concept dans les recherches de psychiatrie[6]. Dans *Naven*, Bateson élabore ainsi ce concept, dont la valeur heuristique, on le voit facilement, déborde les frontières d'une discipline particulière:

«Si l'on veut échapper à tout mysticisme, il faut donner pour objet à ce que l'on désigne du terme vague de psychologie sociale l'étude des *réactions des individus aux réactions des autres individus*. L'objet de la recherche étant ainsi défini, il faut considérer la relation entre deux individus comme capable de se modifier de temps à autre, même sans intervention extérieure, et examiner non seulement les réactions de A au comportement de B, mais aussi comment ces réactions affectent la conduite de B et l'effet de cette dernière sur A.»

«Il est évident que de nombreux systèmes de relations, entre individus ou entre groupes

1. Jay Haley, *Strategies of Psychotherapy*, Grune and Stratton, New York, 1963, p. 119.
2. Pour les mêmes raisons, on pourrait suggérer que le divorce soit vécu comme un événement beaucoup plus décisif, si on adjoignait un quelconque rite analogique de séparation définitive à l'acte juridique habituellement sec et froid par lequel est prononcé le jugement.
3. Gregory Bateson, «Culture Contact and Schismogenesis», *Man*, 35, 178-83, 1935.
4. Traduit en français sous le titre *la Cérémonie du Naven*, Minuit, 1971.
5. Lewis Fry Richardson, «Mathematics of War and Foreign Politics», *in* Jarnes R. Newman, *The World of Mathematics*, vol. 2, Simon and Schuster, New York, 1956, pp. 1240-1253.
6. Paul Watzlawick, *An Anthology of Human Communication – Text and Tape*, Science and Behavior Books, Palo Alto, 1964, pp. 7-17, également p. 143.

d'individus, tendent à changer progressivement. Soit, par exemple, un des modèles de comportement culturellement approprié à l'individu A et considéré comme un modèle autoritaire. On s'attend à ce que B y réponde par ce qui est considéré culturellement comme de la soumission. Il est probable que cette soumission favorisera un autre acte autoritaire qui exigera à son tour la soumission. Nous avons ainsi une relation qui change progressivement et, à moins que d'autres facteurs n'interviennent, A deviendra nécessairement de plus en plus autoritaire et B de plus en plus soumis. Ce changement progressif se produira aussi bien si A et B sont des individus séparés ou s'ils sont membres de groupes complémentaires. À côté de ce type de changements progressifs que nous appellerons schismogenèse *complémentaire,* il existe un autre modèle de relation entre individus ou groupes d'individus qui contient également les germes d'un changement progressif: si par exemple la vantardise constitue le modèle culturel de comportement d'un groupe et si l'autre groupe y répond aussi par la vantardise, une situation de compétition peut se développer dans laquelle la vantardise mène à une surenchère, et ainsi de suite. Nous pouvons appeler ce type de changement progressif schismogenèse "symétrique" (pp. 189-190). »

6-2. Les deux modèles que nous venons de décrire ont fini par être employés sans se référer au processus « schismogénétique »; il est devenu courant de les désigner tout simplement par les termes d'interaction symétrique et interaction complémentaire. On peut dire qu'il s'agit de relations fondées soit sur l'égalité, soit sur la différence. Dans le premier cas, les partenaires ont tendance à adopter un comportement en miroir, leur interaction peut donc être dite *symétrique.* Il ne convient pas de parler ici des couples faiblesse-force, bonté-méchanceté, car l'égalité peut être maintenue à l'intérieur de chacun de ces comportements. Dans le second cas, le comportement de l'un des partenaires complète celui de l'autre pour former une « Gestalt » de type différent: on l'appellera *complémentaire.* Une interaction symétrique se caractérise donc par l'égalité et la minimisation de la différence, tandis qu'une interaction complémentaire se fonde sur la maximalisation de la différence.

Dans une relation complémentaire, il y a deux positions différentes possibles. L'un des partenaires occupe une position qui a été diversement désignée comme supérieure, première ou « haute » (*one-up*), et l'autre la position correspondante dite inférieure, seconde ou « basse » (*one-down*). Ces termes sont très commodes à condition qu'on n'en fasse pas des synonymes de « bon » ou « mauvais », « fort » ou « faible ». Le contexte social ou culturel fixe dans certains cas une relation complémentaire (par exemple mère-enfant, médecin-malade, professeur-étudiant), ou bien ce style de relation peut être propre à une dyade déterminée. Soulignons dans les deux cas la solidité de cette relation, où des comportements, dissemblables mais adaptés l'un à l'autre, s'appellent réciproquement. Ce n'est pas l'un des partenaires qui impose une relation complémentaire à l'autre, chacun d'eux se comporte d'une manière qui présuppose, et en même temps justifie, le comportement de l'autre; leurs définitions de la relation sont concordantes.

6-3. On a proposé un troisième type de relation: la relation « méta-complémentaire », dans laquelle A laisse B dépendre de lui ou l'y contraint; suivant le même raisonnement, nous pourrions ajouter également une relation de « pseudo-symétrie », dans laquelle A laisse B prendre une position symétrique ou l'y contraint. On peut toutefois éviter cette régression virtuelle à l'infini; il suffit de rappeler la distinction que nous avons faite plus haut (cf. chap. 1) entre l'observation des redondances du comportement et les explications qu'on leur suppose sous forme de mythologies. C'est-à-dire que nous nous attachons à la manière dont se comportent deux partenaires, en faisant abstraction des raisons qu'ils ont, ou croient avoir, de se conduire ainsi. Toutefois, si les individus engagés dans une relation font appel aux multiples niveaux de la communication pour exprimer des modèles situés à des niveaux différents, des conséquences paradoxales peuvent en résulter dont la valeur pragmatique est importante.

6-4. Dans le chapitre suivant, nous étudierons les troubles pathologiques qui peuvent affecter ces modes de communication (escalade pour la symétrie, rigidité pour la complémentarité). Bornons-nous, ici, à formuler notre dernier axiome:
Tout échange de communication est symétrique ou complémentaire, selon qu'il se fonde sur l'égalité ou la différence.

7 – Résumé

À propos de l'ensemble des axiomes que nous venons de formuler, soulignons à nouveau certaines réserves. Premièrement, ce ne sont que des propositions; leur définition n'est pas très rigoureuse; ils constituent plus des prolégomènes qu'une œuvre achevée. Deuxièmement, ils sont très hétérogènes, parce qu'ils proviennent de l'observation de phénomènes de communication situés dans des registres très variés. S'ils ont une unité, elle ne réside pas dans leur origine, mais dans leur importance *pragmatique*. Celle-ci en retour ne se fonde pas tant sur leurs particularités que sur leur connotation interpersonnelle (et non pas monadique). Birdwhistell [1] est allé jusqu'à dire:

«Un individu ne communique pas, il prend part à une communication ou il en devient un élément. Il peut bouger, faire du bruit..., mais il ne communique pas. Il peut voir, il peut entendre, sentir, goûter et toucher, mais il ne communique pas. En d'autres termes il n'est pas l'auteur de la communication, il y participe. La communication en tant que système ne doit donc pas être conçue sur le modèle élémentaire de l'action et de la réaction, si complexe soit son énoncé. En tant que système, on doit la saisir au niveau d'un échange.» (p. 104)

Ainsi, l'impossibilité de ne pas communiquer fait que toute situation comportant deux ou plusieurs personnes est une situation *interpersonnelle*, une situation de communication. L'aspect «relation» d'une telle communication précise davantage ce point. L'importance pragmatique, interpersonnelle, des modes de communication digital et analogique ne réside pas seulement dans un isomorphisme supposé avec le contenu et la relation, mais dans l'ambiguïté, inévitable et significative, à laquelle se heurtent émetteur et récepteur lorsqu'il s'agit de traduire un mode dans l'autre. Ce que nous avons dit des problèmes de ponctuation repose précisément sur la métamorphose implicite du modèle classique «action-réaction». Enfin le paradigme symétrie-complémentarité est peut-être celui qui se rapproche le plus du concept mathématique de *fonction*, les positions des individus n'étant que des variables susceptibles de prendre une infinité de valeurs dont le sens n'est pas absolu, mais n'apparaît que dans leur relation réciproque.

1. Ray L. Birdwhistell, «Contribution of Linguistic-Kinesic studies to the understanding of schizophrenia», *in* Alfred Auerbach, *Schizophrenia – An integrated approach*, The Ronald Press Company, New York, 1959, pp. 99-123.

Habermas et le champ de la communication
(1992)

ROGER BAUTIER
(né en 1947)

Les thèses de Jürgen Habermas sont souvent citées, malgré leur obscurité, par les théoriciens de la communication. Ce philosophe rattaché à l'école de Francfort[1] *a exercé une certaine influence sur la recherche française, notamment par sa réflexion sur la construction de la « sphère publique » ; et il se range, de fait, aux côtés de ceux qui œuvrent à une approche généraliste de la pragmatique.*

Roger Bautier, qui enseigne les sciences de la communication à l'université de Paris-Nord, étudie plus particulièrement la diffusion des connaissances et des idéologies. Il présente dans cet article une revue des principaux thèmes d'Habermas et les réactions que leur introduction a suscitées auprès de quelques chercheurs français : la constitution d'une sphère ou d'un espace public au XVIIIe siècle, le morcellement de celui-ci par le développement du marché, par l'extension de l'État ou par la compétition entre les médias. Comment ces différents types d'« agir communicationnel » peuvent-ils favoriser l'émergence d'une communauté fondée sur la raison ?

Source : Les Théories de la communication, revue CinémAction, *n° 63, mars 1992 (textes réunis par Robert Boure et Isabelle Pailliart).*

Bibliographie : *Jean-Marc Ferry,* Habermas, l'éthique de la communication, *PUF, Paris, 1987; « les Transformations de la publicité politique »* in *revue* Hermès, *n° 4, pp. 15-26, Paris, 1989 ; Jürgen Habermas,* l'Espace public, *Payot, Paris, 1976 ;* Raison et légitimité, *Payot, Paris, 1978 ;* Théorie de l'agir communicationnel, *Fayard, Paris, 1987.*

La pensée d'Habermas a souvent, à juste titre, été considérée comme centrée sur la *« légitimation par la discussion publique »*, et c'est bien par sa réflexion sur ce thème qu'il a marqué le champ des sciences de la communication, en passant du statut d'auteur marginal ou ignoré à celui de référence majeure, qu'il est possible d'utiliser dans de multiples analyses et suivant des interprétations très variées. Cependant, l'apport d'Habermas est difficile à présenter succinctement dans la mesure où sa réflexion s'est, bien évidemment, enrichie au cours des trente dernières années et que les étapes de son évolution ont elles-mêmes donné lieu à des intégrations et des commentaires complexes, non seulement à l'intérieur des sciences de la communication mais également dans d'autres domaines.

Bien que, très tôt, Habermas ait lié, dans ses travaux, une conception de l'espace public conçue en termes de norme historique et sociologique à une étude philosophique des conditions de communication qui sont censées garantir l'exercice effectif de la raison discursive, ce sont les analyses portant sur les transformations de l'espace public qui ont d'abord marqué, semble-t-il, les chercheurs en sciences de la communication.

1. Les intellectuels allemands regroupés dans cette « école » de sociologie critique (dont Theodor Adorno, Walter Benjamin, Max Horkheimer et Herbert Marcuse furent les principaux représentants) s'efforcèrent de penser entre les deux guerres mondiales le double péril du nazisme et du stalinisme. Ils proposèrent du même coup une analyse de la culture de masse, et de la soumission à l'autorité.

La sphère publique

En effet, Habermas, étudiant ces transformations de l'espace public, propose une histoire de la communication politique (au sens large) qui montre comment la conception de cette communication et ses conditions de réalisation ont été fondamentalement modifiées entre le XVIIIe siècle et nos jours. Ce qui caractérise, pour lui, la construction, au début de la période étudiée, de la «*sphère publique*», c'est que celle-ci, faisant suite à un mouvement de privatisation à l'intérieur des sociétés occidentales, met en œuvre justement une communication entre les personnes privées qui vont se constituer en tant que public (voir l'importance de ce point de départ dans la lecture d'Habermas faite par Chartier [1]).

Cette sphère publique se présente à la fois comme une sphère publique politique et comme une sphère publique bourgeoise. Elle est politique puisqu'elle constitue un espace de discussion qui échappe à l'emprise de l'État et qui le met éventuellement en cause par les critiques qui peuvent être formulées à son égard au cours des échanges d'opinions à l'intérieur du public. Au cours de ces échanges se manifeste une forme de publicité caractérisée par l'exercice critique de la raison, dans lequel seule la force du meilleur argument est censée valoir. Mais il s'agit aussi d'une sphère publique bourgeoise dans la mesure où, si elle inclut dans la discussion l'ensemble de ceux qui possèdent des biens et une culture leur permettant d'intervenir véritablement sur les sujets débattus, elle en exclut le peuple, considéré comme privé des compétences qui lui permettraient de faire un usage public du raisonnement. En fait, ceux qui participent à la sphère publique doivent être envisagés, d'une certaine manière, comme des représentants éclairés de ceux qui ne peuvent prendre part au fonctionnement de cet espace où se manifeste pourtant l'opinion publique.

Habermas montre que le principe de publicité va se retourner contre la bourgeoisie. En effet, des couches non bourgeoises pénètrent peu à peu la sphère publique; du coup, les libéraux favorables à l'opinion publique sont amenés à la condamner au nom du principe de publicité: pour eux, l'opinion publique risque d'exprimer simplement la domination des masses et des médiocres. Le changement fondamental qui intervient cependant, c'est celui de l'exercice même de la publicité: une publicité caractérisée par l'exercice de la raison a laissé la place, de nos jours, à une publicité de manipulation, une publicité dispensée par le haut. Alors que la sphère publique assurait une fonction de médiation entre l'État et la société, les associations, les syndicats et les partis ne s'efforcent plus désormais que d'obtenir l'assentiment du public «vassalisé» en utilisant les médias et en recourant au marketing politique, ce qui intègre le domaine politique au monde de la consommation. La conséquence en est que les votes aux élections ne peuvent plus être assimilés à la traduction d'une opinion publique, puisque les opinions ne sont pas fondées sur une démarche rationnelle et ne sont pas élaborées au cours d'une discussion publique.

Cette analyse de la formation puis des transformations de l'espace public, connue assez tard à l'extérieur de l'Allemagne, a suscité des prolongements nombreux chez les chercheurs en sciences de la communication, réactivés d'ailleurs par les travaux plus récents d'Habermas. En France, comme l'a montré Miège [2], la réflexion s'est, chez plusieurs auteurs, orientée dans le sens d'une mise en lumière de la dimension conflictuelle de l'espace public, et d'une analyse refusant une théorie manipulatoire des médias ou une conception pessimiste et unilatérale de la consommation marchande.

1. Roger Chartier, *les Origines culturelles de la Révolution française*, Seuil, Paris, 1990.
2. Bernard Miège, *la Société conquise par la communication*, PUG, Grenoble, 1989.

Le nouvel espace public

On renverra, pour de plus amples informations, à la présentation faite par B. Miège, ainsi, évidemment qu'aux travaux très importants auxquels il se réfère. On peut noter, cependant, quelques points de repère. L. Quéré [1] envisage l'espace public comme un espace symbolique permettant aux citoyens de se situer par rapport à la société. P. Beaud [2] montre que, souvent, pour la sociologie critique, d'une part, il n'y a plus d'opinion publique dès lors que la «*vie idéologique*» est gérée comme une marchandise, d'autre part, il n'y a pas non plus d'opinion publique parce qu'il n'y a plus de sens, et il lui semble que la seconde affirmation, tout à fait critiquable, est au moins en germe chez Habermas. Pour lui, Habermas risque de surévaluer l'espace public ancien: le système parlementaire ou la presse n'ont pas servi une discussion plus «*publique*» que, par exemple, l'appareil administratif moderne; par ailleurs, l'espace public a, en fait, pénétré l'ancienne sphère privée: chacun est sommé de se penser en tant qu'individu social. Pour Salaün, c'est la notion même d'espace public telle qu'elle apparaît chez Habermas qui n'a plus grand sens; en effet, les rapports entre le public et le privé se sont transformés avec le développement de l'État-providence, et l'espace public est maintenant géré comme un service public: les médias doivent être largement diffusés pour que chacun des membres de la société puisse facilement déchiffrer le nouvel espace public.

D'autres auteurs, beaucoup moins proches du courant de la sociologie critique, ont été aussi très sensibles à la problématique habermassienne. Par exemple, Missika et Wolton [3] considèrent que la «*démocratie des lumières*» implique un élargissement de la culture et que les médias (notamment la télévision) favorisent cet élargissement; pour eux, il n'y a pas perversion de l'espace public bourgeois quand celui-ci passe à une échelle de masse, mais création d'un nouvel espace public, plus hétérogène mais plus démocratique. De même Lipovetsky [4], reprenant la question de la désintégration de la sphère publique, admet que les médias contemporains ne s'ordonnent pas selon l'espace public libéral décrit par Habermas, mais ne juge pas que la pratique de la raison est abolie par l'usage de la séduction: elle en serait, au contraire, élargie. Autre exemple: étudiant les conséquences de la grande mutation de l'espace public politique par l'avènement des démocraties de masse au milieu du XIXe siècle, J.-M. Ferry [5] envisage, lui aussi, de manière optimiste, les transformations analysées par Habermas: si le fait que l'accès aux médias est devenu un principe de sélection de la valeur sociale, traduit une défaite de la culture «*vieille Europe*», il est également le moyen de retrouver le contact avec le public; par ailleurs, le nouvel espace public révélerait des potentialités remarquables, dans la mesure où, grâce aux canaux télématiques, un vaste espace public politique pourrait émerger, qui impliquerait une communication ne passant pas par la représentation.

1. Louis Quéré, *Des miroirs équivoques,* Aubier-Montaigne, Paris, 1982.
2. Paul Beaud, *Médias, médiations et médiateurs dans la société industrielle,* thèse de doctorat d'État, université de Grenoble-III, 1985.
3. Jean-Louis Missika et Dominique Wolton, *la Folle du logis,* Gallimard, Paris, 1983.
4. Gilles Lipovetsky, *l'Empire de l'éphémère,* Gallimard, Paris, 1987.
5. Jean-Marc Ferry, *Habermas, l'éthique de la communication,* PUF, Paris, 1987; «Les transformations de la publicité politique» *in* revue *Hermès* n° 4, pp. 15-26, Paris, 1989.

Les potentialités critiques

Habermas lui-même a approfondi ses premières analyses et a entrepris une vaste théorie de l'action communicationnelle. De nombreux textes ont été publiés, dont le principal est constitué par un ensemble de deux gros volumes consacrés spécifiquement à cette théorie [1]. Si la place dévolue aux médias est relativement restreinte, on remarque cependant que Habermas revient sur le thème de l'espace public en mettant en lumière les potentialités ambivalentes des médias de masse. Ceux-ci sont considérés comme susceptibles de renforcer l'efficacité des contrôles sociaux du fait de la canalisation unilatérale des flux de communication, mais ils apparaissent également comme détenteurs d'une autorité précaire : en face d'eux existe un potentiel d'émancipation résultant aussi bien des valeurs diverses qui caractérisent les différents émetteurs que des conditions de réception qui peuvent détourner les visées des messages idéologiques et susciter des réactions à l'action manipulatrice.

Il s'agit désormais d'envisager une pluralité d'espaces publics organisés en réseaux. Admettant l'existence de deux processus contraires, d'une part, la production d'un pouvoir légitime, d'autre part, la constitution de la loyauté des masses par le système politique, Habermas fait l'hypothèse d'un transfert de la souveraineté du peuple vers la dynamique culturelle d'avant-gardes formatrices d'opinions. Cette conception nouvelle sera commentée, sur un mode approbateur, par Rochlitz, qui remarque le rôle important dévolu à l'intellectuel, en fait invariable depuis l'époque des Lumières (porte-parole, vulgarisateur...), ainsi que par Quéré, sur un mode plus critique dans la mesure où il pense qu'Habermas, gêné par son transcendantalisme, ne peut analyser concrètement l'exercice de la raison pratique dans la relation intersubjective.

Le transcendantalisme auquel il vient d'être fait allusion renvoie aux aspects plus nettement philosophiques des travaux d'Habermas, qu'il s'agisse de philosophie politique ou de philosophie de la communication. L'intérêt porté à l'évolution de la sphère publique se double, en effet, d'une recherche sur les fondements du pouvoir légitime et sur l'éthique de la communication, qui entraîne des réactions très diverses dans le milieu de la recherche en sciences de la communication, allant du rejet pur et simple à l'accueil le plus favorable.

La situation idéale de parole

Partant de la théorie du pouvoir chez Max Weber, Habermas considère que, dans le cas de la «*domination rationnelle*» qui caractérise les démocraties modernes, on rencontre l'alternative suivante : soit la domination est jugée légitime à partir du moment où il existe un droit créé et appliqué selon une procédure formellement correcte, soit cette procédure est jugée comme ne pouvant à elle seule fournir une véritable légitimation. C'est la seconde position que défend Habermas dans sa controverse avec Luhmann. S'opposant à une conception de la société selon laquelle l'accroissement de la complexité contraint à abandonner l'idée d'une justification du pouvoir, Habermas suppose qu'il est possible de fonder les prétentions normatives à la validité.

Luhmann va élaborer une théorie de la communication comme système, pouvant jouer sur le consensus aussi bien que sur le désaccord ou l'évitement des difficultés. Dans ce

1. Jürgen Habermas, *l'Espace public*, Payot, Paris, 1976 ; *Raison et légitimité*, Payot, Paris, 1978 ; *Théorie de l'agir communicationnel*, Fayard, Paris, 1987.

système, les valeurs ne sont pas discutées mais seulement pré-supposées, traitées par allusion, ce qui implique, d'une certaine manière, un consensus, mais un consensus à la fois inévitable et anodin [1]. À l'opposé, Habermas admet non seulement une discussion sur les valeurs, mais estime possible un traitement non décisionniste des questions pratiques, c'est-à-dire reposant sur des inférences logiques qui, tout en ne se réduisant pas à des raisonnements déductifs, sont des argumentations visant à examiner le caractère universalisable des intérêts en présence.

Le type d'argumentation qu'il envisage est présenté comme une forme de communication improbable, dans laquelle les participants sont obligés de présupposer généralement que toute contrainte, hormis celle de l'argument le meilleur, est exclue (il s'agit de convaincre un auditoire universel); d'autre part, la forme de l'interaction est réglée de manière spécifique; enfin, l'échange met en œuvre des arguments qui sont pertinents ou convaincants en fonction de leurs vertus intrinsèques. Ces caractéristiques amènent à parler d'une situation idéale de parole, où les règles de discussion garantissent que tous les sujets capables de participer à une discussion peuvent y participer effectivement et librement. De ce point de vue, les règles de discussion servent à rappeler que les participants doivent supposer que les conditions adéquates sont remplies, même si, évidemment, les discussions d'ordre pratique peuvent souffrir de limitations: ces limitations apparaissent comme des entraves aux exigences de la transcendance et aux intérêts de la raison.

L'éthique communicationnelle en question

Les développements consacrés par Habermas, d'une part, aux disciplines aristotéliciennes (rhétorique, dialectique et logique) à l'œuvre dans sa théorie de l'argumentation, d'autre part, aux théories concurrentes en matière d'argumentation, qu'il analyse précisément, n'ont pas donné lieu à de très nombreux commentaires. En revanche, ses propositions portant directement sur l'éthique communicationnelle ont été souvent commentées, notamment en ce qui concerne l'intérêt de la référence à une situation idéale de parole. Ce qui fait manifestement problème, c'est justement le caractère idéal de cette situation. Par exemple, Windisch reproche essentiellement à Habermas d'utiliser un schéma très éloigné de la nature concrète de l'argumentation ordinaire et quotidienne. Boudon ne refuse pas l'usage d'un modèle idéalisé (comme celui de la concurrence pure et parfaite en économie), mais juge le modèle habermassien tellement éloigné de la réalité qu'il n'en voit pas l'utilité; par ailleurs, il estime qu'il aboutit à la conséquence absurde selon laquelle tout le monde aurait une compétence égale sur tous les sujets. Gouldner, d'un point de vue très différent, avait déjà mis en cause la position adoptée par Habermas: la violence physique ou la violence symbolique ne sont pas nécessairement contraires à la rationalité; la liberté totale dans la discussion peut être nihiliste; on ne peut absolument pas régler facilement la question de l'égalité dans la situation idéale de parole (problèmes posés par les différences de compétence ou par les différences linguistiques).

Du côté de ceux qui accueillent favorablement l'éthique communicationnelle, la situation idéale de parole est au contraire un élément essentiel pour une pragmatique universelle se donnant pour tâche de déterminer les conditions universelles de l'intercompréhension. C'est ainsi que, pour Rochlitz, la validité des arguments est autonome par rapport à toute

1. Niklaus Luhmann, « Qu'est-ce que la communication ? », colloque *la Communication politique, fondements et nouvelles approches*, Association française de sciences politiques, Paris, 1987.

valeur sociale effective, et le principe de la discussion, la base normative d'une théorie critique de la société ; on retrouve alors le thème de l'espace public : la théorie sociale doit développer un espace public de débat, ouvert à tous mais comportant des experts. La valeur à accorder à la situation idéale de parole est rappelée par Ferry : même si les interactions sont, en fait, presque toujours stratégiques, on a besoin, pour les analyser et les critiquer, de faire référence à une communication non déformée. Selon sa lecture d'Habermas, c'est dans la discussion que se révèle le principe d'une véritable raison pratique permettant l'élucidation raisonnable des décisions éthiques et des choix politiques : la théorie habermassienne permet d'échapper aussi bien au modèle jacobin qu'au modèle libéral sous sa forme primitive, tout en gardant l'objectif de la constitution d'un intérêt général. Ferry dégage d'ailleurs l'originalité de Habermas en le confrontant hypothétiquement à Bourdieu : « Tandis que la "sociologie critique" de Bourdieu conçoit fondamentalement les problèmes de légitimation sous l'aspect de pratiques stratégiques liées à des actions purement dramaturgiques, indépendantes de la vérité, celle de Habermas conçoit fondamentalement les problèmes de légitimation sous l'aspect de pratiques argumentatives liées à des actions communicationnelles, i.e. médiatisées par des prétentions à la validité, qui doivent pouvoir être reconnues dans l'intersubjectivité. »

Les enjeux

On constatera sans doute, à la fin de cette brève présentation d'une partie des thèses d'Habermas et de quelques commentaires, que ses travaux peuvent difficilement laisser indifférents des chercheurs en sciences de la communication. Mais on voit bien que ce qui est en jeu, dans les différentes reprises, de façon négative ou positive, de ses analyses, c'est la prééminence de telle ou telle des différentes sciences de la communication et, plus généralement, de telle ou telle approche des phénomènes de communication.

On pourrait souhaiter, en particulier, que des thèmes qui ont été abordés d'une manière essentiellement philosophique soient réexaminés d'un point de vue sociologique et historique. Il s'agirait, par exemple, d'examiner une hypothèse sociologique, susceptible d'être vérifiée ou infirmée, comme celle de Pharo : la légitimité dans l'espace public dépend-elle des règles que se donne, de façon interne, le procès d'intercompréhension ? Il s'agirait surtout de s'interroger sur l'universalisation des intérêts et sur la raison universelle postulées par Habermas, en s'inspirant des remarques que Bourdieu [1] fait à son sujet : « [...] Quelles sont les conditions sociales qui doivent être remplies pour que certains agents aient intérêt à l'universel ? [...] Il y a une histoire de la raison, cela ne veut pas dire que la raison se réduise à son histoire, mais qu'il y a des conditions historiques de l'apparition des formes sociales de communication qui rendent possible la production de vérité. »

1. Pierre Bourdieu, *Choses dites,* Minuit, Paris, 1987.

IV

À QUOI RÊVENT LES MASSES?

Un spectre hante la pensée politique, psychologique et sociale depuis la Révolution française : celui des masses. Le XIX*e siècle, qui voit le développement des grandes villes et la concentration des manufactures, est ponctué d'émeutes, dont la plus sanglante, la Commune, laisse aux fondateurs et aux acteurs de la troisième République le goût repoussant d'un cauchemar. Plus jamais* ça.

Le XX*e siècle pourtant devait renchérir extraordinairement sur ces débordements, avec deux guerres mondiales qui exposèrent au feu des foules d'hommes jamais encore mobilisées à cette échelle. La guerre totale, qui culmine à Hiroshima, ne fait aucune distinction entre les civils et les militaires ; pire encore, l'horreur des camps d'extermination, nazis et staliniens, traite en masse et enfonce des millions d'hommes, de femmes et d'enfants dans la même boue.*

Il est impératif de rendre compte de ces phénomènes, mais la pensée des masses entre difficilement dans le cadre d'une raison individualiste et optimiste, héritée de l'âge des Lumières. Par où aborder cet immense « sujet » (qu'on appelait chez Platon déjà le gros animal*) ? Nous prendrons pour guide la psychanalyse. Non qu'elle dise le dernier mot sur les masses : Freud tourne autour, et les tensions que les concepts de la* Massenpsychologie[1] *imposent à sa doctrine révèlent bien l'importance du défi. Les masses sont le trou noir de la théorie, dont elles déforment les concepts principaux : Ça, libido, processus primaire, identification, transfert ou complexe d'Œdipe... Une des difficultés de la psychanalyse est d'avoir dû et voulu cadrer* ça (das Es, *« le Ça » qui désigne dans sa bizarre appellation le monde inarticulé des pulsions inconscientes primaires) avec une superstructure d'expériences et de notions adaptées au sujet adulte, constitué et conscient. Analyser (du grec* analuein*) veut d'abord dire* dissoudre. *Que s'agit-il de dissoudre au juste ? Les attaches « primaires ».* Wo Es war, soll Ich werden... *Qu'on traduise expéditivement par « Le Moi doit déloger le Ça » ou, plus scrupuleusement, « Là où* Ça *était,* Je *dois (ou doit) advenir », ce programme annonce et impose la naissance d'un individu purifié et conscient. Tel est du moins l'optimisme freudien hérité des Lumières.*

Or, et Freud mieux que personne a indiqué cette voie, nous sommes assez peu ou très inégalement individués. De plusieurs façons la marionnette humaine s'échappe à elle-même, se désarticule et refusionne périodiquement avec une totalité qui la dépasse : dans le sommeil, dans les bouffées affectives (et notamment l'amour, l'une des grandes énigmes de la condition humaine), dans les moments de contagion et d'état de masse

1. « Massenpsychologie und Ich-analyse » (« Psychologie des foules et analyse du moi », 1921), recueilli dans les *Essais de psychanalyse* (Payot), et ici même en extraits.

dominant. L'enveloppe ou la frontière de la personne n'est pas stabilisée, ni toujours claire : l'individu apparaît en psychanalyse comme une petite foule (composée au moins de trois instances, le Ça, le Moi et le Surmoi), et la foule inversement comme un gros individu (le gros animal). Tantôt donc l'individu se désagrège en laissant échapper un double ou des morceaux de lui-même (et c'est la psychose) ; tantôt la masse « prend », en simplifiant et en noyant les différences des individus qui la composent, et c'est la catastrophe symétrique de l'hystérie collective ou des grands déferlements si difficiles à endiguer, à morceler ou à analyser.

Cette agglutination de la masse, dans laquelle tous se simplifient pour agir « comme un seul homme », dégage une grande quantité de chaleur. Le collectif en fusion fait peur, mais il rassure et exalte extraordinairement ses participants. Ambivalence de la masse : l'homme qu'elle aspire et digère se trouve amoindri par elle, mais aussi se surpasse ; sa pensée devient naine, mais son énergie et sa volonté sont celles d'un géant.

Nous avons tous observé ou pris part à ces phénomènes exaltants. Dans la flambée d'un concert de rock, dix mille fans acclament d'une seule voix leur idole ; la foule tangue, chante en chœur, hurle ou s'apaise sur un geste de son maître, les briquets au-dessus des têtes s'allument comme des cierges, la ferveur et la foi d'une religion naïve remplissent à ras bord la nef des fidèles, que le son transit. Un son à la limite de l'éclatement des tympans, qui fait vibrer la peau et infiltre les os, qui change l'air ambiant en un bloc solide où les corps s'encastrent. Comment demeurer sceptique ou réservé quand le message (très en deçà ou au-delà des mots inaudibles) devient massage, et empreinte moulante ? On ne peut pas ne pas *communiquer, ou être pris, le son, les lumières et les mouvements du public sont trop forts, surtout quand les quartz du haut des cintres lâchent des dizaines de milliers de watts sur la foule qui se fige en mur livide, en bain de mercure sous le choc de l'éclair blanc. L'amour et la fraternisation coulent à flots mais cela fait peur aussi et on tremble pour l'idole quand elle lance à la meute, qui l'engloutit voracement, un peigne ou un mouchoir. Que se passerait-il au paroxysme de l'extase si les fans envahissaient la scène ? L'étape suivante serait de déchiqueter le chanteur, comme les ménades s'arrachant le corps de Dionysos. Mais la scène s'éteint, la foule calmement s'écoule et chacun regagne sa voiture, apaisé, lessivé et ravi.*

L'amour frôle plus dangereusement la mort avec les bandes qu'on voit investir les stades : les supporters d'une équipe distribuent sans nuances l'amour et la haine, l'autre (l'adversaire) n'existe que pour être nié, insulté, voire piétiné, comme on l'a vu au stade du Heysel en 1985.

Cette ambivalence dans l'expérience des foules, aussi terriblement attirantes qu'inquiétantes, a été particulièrement exprimée par Elias Canetti, le théoricien de Masse et Puissance. *Reportons-nous au* Flambeau dans l'oreille, Histoire d'une vie[1], *dont le chapitre « Le 15 juillet » (1927, à Vienne) raconte une émeute. « Rien n'est plus mystérieux, plus incompréhensible que la masse. [...] Pendant cette horrible journée éclairée de lumières si brutales, je me fis une image fidèle de ce qui domine notre siècle sous les aspects de la masse. [...] Je n'ai pas cessé d'y revenir, d'y plonger le regard et, même maintenant, je sens combien il m'est difficile de m'en arracher, puisque je ne suis parvenu qu'à accomplir la plus modeste partie de mon projet initial : connaître et comprendre la masse » (pp. 264-266).*

Et Roger Gentis dans la Folie Canetti *nous rapporte cette formule essentielle : « Je voyais*

1. Elias Canetti, *le Flambeau dans l'oreille, Histoire d'une vie*, Albin Michel, Paris, 1982.

de la masse autour de moi, mais je voyais aussi de la masse en moi, et une délimitation claire ne m'était pas d'un grand secours[1]. *» Le témoignage de Canetti est intéressant parce qu'il exprime l'ambivalence ressentie au contact direct de la masse : « C'était pour moi un état d'ivresse, un accroissement des possibilités d'expérience de l'être, une intensification de la personne qui échappe alors à ses limites, qui en rejoint d'autres éprouvant la même sensation et forme avec eux une unité supérieure. » Et plus loin : « C'est à Francfort que je lui avais succombé pour la première fois, sans pouvoir lui résister. Depuis, j'étais toujours resté conscient qu'on lui succombe avec plaisir. [...] J'avais été "saisi" par la masse, c'était une ivresse, on se perdait soi-même, on s'oubliait, on se sentait immensément vaste et en même temps empli ; quoi que l'on sentît, on ne le sentait pas seulement pour soi [...], on avait besoin de cette expérience d'altruisme tonnant comme les Trompettes du Jugement dernier et l'on se gardait de la minimiser et de la dévaloriser*[2]. *»*

Qui dévalorise les masses ? Freud, inspiré par Gustave Le Bon et Mac Dougall, se montre plein de défiance aussi à la suite du spectacle qu'avait donné dans les rues de Vienne l'enthousiasme guerrier. Canetti reproche à Freud (mais nous verrons en introduction à son texte que le reproche n'est pas tout à fait fondé) d'avoir méconnu les masses au nom d'une psychologie trop individualiste, ou analytique *: « Presque tous ces auteurs s'étaient refermés devant la masse [...], elle semblait avoir pour eux quelque parenté avec la lèpre, c'était une sorte de maladie dont il s'agissait de trouver et de décrire les symptômes [...]. Il était essentiel pour eux, confrontés à la masse, de garder la tête froide, de ne pas se laisser entraîner, séduire à son contact*[3]. *»*

La grande question en effet devant la masse « en moi » comme « hors de moi » est de tracer la frontière : si l'individu émerge de la masse pour y rentrer périodiquement, et si ce refusionnement (ce retour à la masse) peut causer tour à tour ou à la fois plaisir et peur, il est important de savoir, notamment grâce à la psychanalyse, comment tirer le trait d'une articulation ou d'une différence entre elle et moi. C'est tout le thème, capital dans la cure, de l'accès au symbolique, et notamment à la parole, modèle de l'articulation en général. L'exigence en est rappelée ci-dessous dans le texte de Lacan, mais déjà peut-être par un célèbre épisode biblique que nous plaçons en tête de nos extraits : la loi divine ou le tabou par excellence frappe d'interdiction l'indistinction primaire du retour à la masse.

Cette morale individualiste, ou cette éthique du détachement, court à travers toute notre culture, depuis la loi de Yahvé jusqu'à... Baudrillard, dont le petit texte, À l'ombre des majorités silencieuses[4], *renchérit sur la conception pessimiste des masses : « Elles ne sont ni bonnes conductrices du politique, ni bonnes conductrices du social, ni bonnes conductrices du sens en général. Tout les traverse, tout les aimante, mais s'y diffuse sans laisser de traces. [...] Elles sont l'inertie, la puissance de l'inertie, la puissance du neutre. » La masse est parcourue d'impulsions médiatiques mais elle n'en retient rien, elle accède aux images, jamais au symbolique (qu'elle dégrade instantanément en images, par exemple la religion), elle est « sans attribut, sans prédicat, sans qualité, sans référence. C'est là sa définition ou son indéfinition radicale [...]. C'est ce qui fait aussi l'impossibilité, pour la masse, d'être* aliénée, *puisque ni l'un ni l'*autre *n'y existent plus. [...] La masse est ce qui reste quand on a tout oublié du social. »*

1. Roger Gentis, *la Folie Canetti*, Maurice Nadeau, Paris, 1992, p. 95.
2. *Ibid.*, pp. 78-85.
3. *Ibid.*, pp. 77-80.
4. Jean Baudrillard, *À l'ombre des majorités silencieuses, ou la Fin du social*, Gonthier Médiations, Paris, 1982.

Nous développerons dans ce chapitre ce trait important (et à la lettre impensable si penser, c'est s'opposer) de la masse : un monde sans autre. Mais Baudrillard poursuit sur cette sphère d'engloutissement potentiel*: « ... Mieux informer, mieux socialiser, élever le niveau culturel des masses, etc. Foutaises: les masses résistent scandaleusement à cet impératif de la communication rationnelle. On leur donne du sens, elles veulent du spectacle. [...] Et ceci est vrai des individus aussi: nous ne sommes qu'épisodiquement conducteurs de sens, pour l'essentiel nous* faisons masse *en profondeur, vivant la plupart du temps sur un mode panique ou aléatoire, en deçà ou au-delà du sens[1]. »*

Il faut tracer la carte ou la strate de ce mode d'existence massif et populacier, baptisé par Freud processus primaire, *et qui borde notre existence individuelle « en nous et hors de nous ». Ce détour par la psychanalyse intéresse d'autant plus nos études que les grands (mass) media modernes nous proposent du rêve, de la relaxation ou de la relation avant l'information (qu'ils véhiculent aussi). Comment connaître les mécanismes par lesquels se forme et se diffuse l'imaginaire sans passer par Freud?*

Je voyais de la masse autour de moi, mais je voyais aussi de la masse en moi et une délimitation claire ne m'était pas d'un grand secours... *Canetti consacra une bonne part de sa vie à établir cette indistincte démarcation. Essayons de le suivre à notre tour, en prenant pour fil rouge les concepts, mal dégrossis et critiquables sans doute, proposés par la psychanalyse.*

1. Masse et monade : le cocon

Chaque nuit le sommeil rabat notre organisation psychique secondaire sur celle de la monade (ce terme désigne dans la philosophie de Leibniz l'être clos sur lui-même, « sans portes ni fenêtres » ; une monade n'entretient que des relations internes, dans un état d'autarcie ou de complétude). L'observation de cet état primaire, dans lequel nous passons environ un tiers de notre vie, peut donc procurer une approximation de nos différents retours à la masse.

Nous remarquerons d'abord avec Freud que le dormeur est absolument égoïste. *Entrer dans le sommeil, c'est non seulement « désinvestir » ses semblables, mais les acquisitions de sa propre genèse: celui qui dépose au pied du lit ses vêtements, ses lunettes ou d'éventuels postiches, y laisse aussi le langage, la perception, la raison, la station droite, en bref sa culture au sens large du terme. Il y abandonne son Moi tel qu'il se pose par opposition aux autres, doté d'une identité et d'une reconnaissance sociales.*

En prenant, pour comprendre la masse en nous, le sommeil comme guide, nous posons par hypothèse qu'au commencement de la vie la conscience ou le flux des représentations d'un individu très peu articulé ou séparé encore était tout. *L'investissement libidinal originaire n'avait à se déprendre d'aucun objet puisqu'il n'en existait qu'un, soi-même, un Ça-Moi indifférencié. En ce temps-là le narcissisme primaire était total, sans failles et « sans rivages » ; il n'y avait que du sujet, nul monde, aucune discontinuité, mais un Moi-océan qui aurait pu dire s'il avait pu* articuler *la moindre de ses représentations: « Mon corps s'étend jusqu'aux étoiles. »*

Ce Moi-Tout par définition inaccessible et peu fréquentable, nous le croisons dans le sommeil mais aussi dans les bouffées délirantes de l'amoureux, du psychotique ou du toxicomane. Le retrait nocturne par rapport à tout intérêt extérieur est un auto-

1. *Ibid.*, pp. 7-12, souligné par l'auteur.

investissement ; la libido y reprend sa configuration première (et peut-être secrètement permanente), la forme réfléchie. On s'étonne que dans l'intensité du coup de foudre amoureux, quand l'investissement de l'autre est à son paroxysme, le monde soit comme frappé à mort; *les mêmes déplacements de libido vont et viennent pourtant, à chaque endormissement et à chaque réveil, du monde au sujet et du sujet au monde. C'est justement cette expérience familière qui conduit Freud à choisir la métaphore « capitaliste » d'une libido qu'on* investit, *qu'on place et qu'on déplace.*

On vérifie par ces rappels que le sujet tient *à l'infini, qu'« il en vient » comme dit le poète Henri Michaux. Au commencement était pour chacun la boule, « une boule d'une seule pièce, avec un dos et des flancs en cercle » comme l'androgyne du célèbre discours d'Aristophane dans* le Banquet *de Platon*[1], *la sphère sans limite d'une représentation continue et autosuffisante. Si l'on objecte à ceci que le bébé connaît sa mère, sans laquelle en effet il ne serait rien, et que pour être un il faut être deux ou plusieurs..., cette vérité incontestable demeure fermée à la psyché primitive. Ce corps maternel qui lui prodigue sourires, caresses et lait chaud, il en vient, et c'est d'abord le sien, c'est lui-même qui dans le sein* se *tète, lui qui se caresse, se sourit, en un mot* se roule en soi-même.

Cette auto-affection se retrouve dans les images du rêve, où nous ne subissons que des représentations internes. Le monde extérieur semble nous coûter tant de peine, que notre psyché n'a de cesse de refusionner ses représentations aux intervalles rapprochés du sommeil mais aussi de la rêverie, de l'émotion amoureuse ou esthétique, psychotique, ou mystique...

L'image est un mode de représentation plus massif ou fusionnel que les mots. Et nous sommes, enfants comme adultes et au plein sens du terme, sujets aux images. *Quand le réel vient à manquer, nous l'hallucinons, et pour un temps cela marche. On voit même des sujets préférer ce registre de la satisfaction hallucinatoire et se complaire dans le court-circuit imageant du processus primaire avec la drogue, l'autisme ou la psychose. Michel Tournier a illustré ce choix par la* souille *où Robinson commence par s'enfoncer : « Là il perdait son corps et se délivrait de sa pesanteur dans l'enveloppement humide et chaud de la vase, tandis que les émanations délétères des eaux croupissantes lui obscurcissaient l'esprit. Seuls ses yeux, son nez et sa bouche affleuraient dans le tapis flottant des lentilles d'eau et des œufs de crapauds. Libéré de toutes ses attaches terrestres, il suivait dans une rêverie hébétée des bribes de souvenirs*[2]*... »*

Les conséquences médiatiques de cette demande primaire semblent assez évidentes, à notre époque de cocooning télévisuel. Ne considérons que la forme douce et bénigne de la cinéphilie. Où mieux qu'au cinéma pouvons-nous acheter pour quelques francs ces heures de plénitude parfaite ? Roulés en nous-mêmes avec la complicité du fauteuil, nous nous gavons littéralement par les yeux et les oreilles d'un flot continu de représentations suffisantes. Le premier mérite des images du cinéma, mieux que celles du théâtre, est d'éloigner absolument l'espace-temps et le principe d'identité. L'écran autorise métamorphoses et identifications polymorphes : sur la scène imaginaire comme dans le fantasme, le sujet se projette à tous les postes. Est-ce parce que l'écran blanc, comme cela a été suggéré en psychanalyse et repris par C. Metz, ravive efficacement l'expérience du sein ou de la peau maternelle, lieu premier de tous les gavages ? Le septième art, entre tous le plus « évolué » (il suppose d'immenses progrès mécaniques, chimiques, optiques, électroni-

1. Platon, *le Banquet*, 189 e.
2. Michel Tournier, *Vendredi ou les Limbes du Pacifique*, Gallimard, 1967, coll. « Folio », pp. 38-39.

ques et une gigantesque industrie), est aussi celui qui réalise et intègre au mieux le rêve de tous les autres, en favorisant la régression la plus profonde.

De plusieurs façons le cinéma nous infantilise en nous rappelant un plaisir auquel nous ne sommes pas prêts à renoncer : plaisir de cette continuité idéale d'une représentation autosuffisante, plaisir d'oublier, le temps de la projection, la discipline du processus secondaire et les contraintes inhérentes au principe de réalité. Comme le rêve, le cinéma plaît moins par son contenu que par sa forme-image, et sa mobilité « primaire ». Il est douteux que la vie sociale ou adulte entame jamais tout à fait cette clôture, ce cocon.

Le rêve est le gardien du sommeil : il enrobe d'un scénario endogène les stimuli *qui pourraient du dehors déchirer l'enveloppe où Narcisse endormi se recueille. La rêverie et toutes les images projectives que nous opposons au monde extérieur ont la même fonction : renforcer la bulle et restaurer le Moi-Tout, confirmer au sujet sa suffisance et sa toute-puissance. Aux premières pages de* À la recherche du temps perdu, *nous voyons l'image de Golo projetée par la lanterne magique digérer le bouton de porte. De même (grand thème proustien) nos projections luttent contre nos perceptions actuelles, et n'ont de cesse de les assimiler. Est-ce un hasard si l'une des sommes romanesques majeures de ce siècle commence par décrire le sommeil, au moment où Freud ouvre sa théorie, appelée à bouleverser tant de savoirs, par* l'Interprétation des rêves ?

Ainsi la fonction première de l'image serait moins d'assurer la connaissance que l'accomplissement, la complétude ou l'assouvissement « primaire ». Par elle nous mêlons notre moi au monde dans une indistinction originaire ou de principe. « J'étais moi-même ce dont parlait l'ouvrage : une église, un quatuor, la rivalité de François Ier et de Charles Quint », écrit Proust à la même page. La logique monadique-fusionnelle des images narcissiques du rêve oblitère ou écrase la frontière inacceptable du sujet et de l'objet ; à la limite elle nie qu'il existe un dehors inassimilable ou une altérité radicale. En un mot, l'image narcissisante est sécuritaire *(ceci n'est pas sans conséquence sur l'évaluation des productions esthétiques, culturelles et médiatiques en général de notre temps).*

Si le premier soin de la psyché est de se refermer pour ne connaître, ne rencontrer, n'affecter ou ne désirer jamais que soi..., le problème est de comprendre l'ouverture de la monade, comment celle-ci se socialise et accepte qu'il y ait un monde. La réalité proprement dite n'adviendra qu'avec le triangle (notamment œdipien) et reposera dans le meilleur des cas sur un double abandon : non seulement le sujet renonce à la toute-puissance de ses pensées, et abdique ses désirs de fusion illimitée (castration primaire), mais il s'abstient de nourrir un double ou un quelconque grand Autre (un alter ego *identificatoire et persécuteur). Il reconnaît par exemple sa mère comme quelqu'un d'autre (ni prolongement de son propre corps, ni instrument docile de ses désirs) ; il admet que cet autre corps se tourne vers un troisième (le père) et il accepte d'être exclu de leur relation ; ce père enfin ne sera pas halluciné comme un tout-puissant despote, mais lui-même aura soin de se présenter à l'enfant comme pris dans une généalogie, un réseau d'autres réciprocités ou une « chaîne signifiante » (Lacan). En bref l'objectivité, ou la stabilisation de cette chose qui mérite d'être appelée réalité, ne peut résulter que d'une intersubjectivité (et jamais des ruminations ou du soliloque d'une monade autosuffisante) ; or il faut trois regards au moins pour y parvenir ; l'intersubjectivité ne se stabilise que lorsque chacun, de sa place, en désigne un autre qui le circonscrit et le fonde.*

2. La sphère primaire : des mots aux images, aux hallucinations, aux cris

*Quel est ce mode de représentation de la monade ? Freud a distingué dans l'appareil psychique deux pôles de fonctionnement : le processus primaire (*versus *secondaire, qui correspond aux articulations logiques et verbales), que prolonge en nous le stade monadique-fusionnel, tend aux satisfactions hallucinatoires par la voie la plus courte. Et il a précisé dès* la Science des rêves *que l'inconscient « travaillait » par condensation, déplacement et figures. Nous nous contenterons de souligner ici que cette figuration enveloppe et implique les deux autres opérations.*

Un trait distinctif du processus primaire est en effet de s'arrêter aux images, qui plaisent inconditionnellement et pour elles-mêmes, sans chercher plus loin une quelconque réalité. Or toute image est « continuiste » et dense ; sa condensation *se remarque à l'impossibilité où nous sommes de préciser combien une image contient d'images (prélevez sur une toile classique quelques centimètres carrés de peinture, agrandissez et vous aurez une toile « moderne »). Le* déplacement *d'autre part veut dire dans ce cas qu'on peut regarder une image en tous sens, alors que le balayage d'un texte par l'œil est strictement orienté. Il se pourrait que les caractéristiques de la représentation iconique correspondent aux opérations « primaires » ; dès lors une bonne part du fonctionnement inconscient serait à rattacher aux communications analogiques, c'est-à-dire préverbales. Ce parallélisme lumineux est proposé par Watzlawick, Beavin et Jackson, les auteurs d'*Une logique de la communication, *qui citent à l'appui ce résumé de Freud : « Les processus qui se déroulent dans le Ça n'obéissent pas aux lois logiques de la pensée ; pour eux, le principe de contradiction est nul. Des émotions contradictoires y subsistent sans se contrarier, sans se soustraire les unes des autres... Dans le Ça, rien qui puisse être comparé à la négation ; on constate, non sans surprise, que le postulat, cher aux philosophes, suivant lequel l'espace et le temps sont des formes obligatoires de nos actes psychiques se trouve là en défaut*[1]*. »*

Ajoutons que le processus primaire est fusionnel ou désarticulant en général. Il ignore en particulier la coupure sémiotique (la distinction du signe et de la chose) et les subordinations logiques et syntaxiques qui en découlent : le sens du virtuel, de l'abstrait, de l'éventuel, et l'action séquentielle qui hiérarchise la fin et les moyens. Nous poserons donc que le secondaire *s'oppose au* primaire *comme le linéaire au non-linéaire (au plastique, au magmatique).*

Imaginons pour figurer l'alternance de ces états que notre psyché soit une pelote de fil élastique. Chaque matin nous tirons sur ce fil, et la longueur qui se laisse mettre en ligne constitue la portion de récit, de raison, d'action séquentielle ou, en un mot, d'histoire à quoi se ramène une journée. Mais dès que nous relâchons notre fil, l'élastique se remet en boule. Les associations aberrantes de nos rêves trouvent leur modèle dans les contacts désordonnés du fil enroulé sur lui-même.

On concevra mieux l'intérêt de cette distinction par quelques exemples :

1. *Les cris de colère sont « primaires » par rapport à une verbalisation calme ou une analyse séquentielle. Le sujet dans le premier cas décharge au plus court son énergie psychique, il se projette dans une indistinction aveugle du moi et du non-moi, du signe et de l'action dont il hallucine le résultat immédiatement, sans les patiences du détour. Pour lui, crier = faire. Soit le comportement d'un chien qui aperçoit un os de l'autre côté*

1. Passage reproduit *supra* au chapitre III.

d'une clôture : secondaire, il inspectera celle-ci à la recherche d'une brèche (conduite séquentielle) ; primaire, il se contente d'aboyer, de saliver, de gémir et de cabrioler sur place.
2. *L'étude de la poésie nous montre l'interférence du processus primaire avec un matériau et une activité typiquement secondaires. Il arrive que le poète « traite les mots comme des choses »..., mais cette définition est aussi, dans la* Métapsychologie, *celle que donne Freud du schizophrène.*
3. *Le* Witz *(= le mot d'esprit) traite lui aussi les* représentations de mots *comme des* représentations de choses, *comme des substances ou des tableaux. C'est en tableau qu'il faut disposer les deux termes du premier mot d'esprit étudié par Freud, à partir d'un extrait de H. Heine : « J'étais assis à côté de Salomon de Rothschild et il me traitait d'égal à égal, de façon toute famillionnaire*[1]*. » La condensation de* familière *et de* millionnaire *en* FAMILLIONNAIRE *suppose l'espace à deux dimensions de l'addition, ou une opération de tassement et d'encastrement l'un dans l'autre des termes hétérogènes. Ces « mots-valises » comme les appelle Lewis Carroll en préambule à* la Chasse au Snark *heurtent de front le processus secondaire dans la langue, c'est-à-dire la linéarité et l'ordre de succession syntagmatique, mais ausi le principe d'identité. La langue est discrète et oppositive, les mots-valises continuistes et fusionnels.*

Freud distingue les mots d'esprit à caractère agressif, sexuel, ou absurdes et forgés « pour le seul attrait du fruit défendu par la raison ». Dans chaque exemple, le Witz *allège le budget de nos dépenses secondaires, pour filer la métaphore économique chère à Freud dans son ouvrage* le Mot d'esprit et ses rapports avec l'inconscient, *et cette épargne d'articulation ou de refoulement procure une sensation proportionnelle de soulagement ou de plaisir.*

Il est impossible d'examiner ici en détail les rejetons du processus primaire dans les activités dites secondaires (perception, langage, raisonnement, création intellectuelle et artistique...). Nous observons dans les bouffées primaires la régression d'une communication articulée verbalement à une communication analogique au sens large. Que l'inconscient ignore la linéarité, la négation, les représentations de mots, le temps, le virtuel ou la hiérarchisation en métaniveaux..., tout cela peut se dire aussi du tableau, insensible à la contradiction parce que rebelle à la diction *ou à l'ordre symbolique au sens strict (articulation linéaire de termes discontinus à valeur oppositionnelle).*

Toute la rhétorique du désir (condensation, déplacement, figures et représentations par le contraire...) traduit l'aimantation de la pensée par la monade psychique, et l'indifférence du Moi-plaisir au principe de réalité, mais nous n'observons jamais le processus primaire que dans ses compromis. La jouissance qu'il apporte tend à l'indistinction du sujet et du non-sujet ; la scène du fantasme ou du rêve ignore autant le principe d'identité (le Moi y occupe tous les postes), que de réalité ; de même un poème est saturé d'affects, de projections et de participations empathiques. Dans le rêve ou la rêverie, dans l'amour, les expériences esthétiques ou le Witz, *l'articulation propre à l'ordre secondaire ou culturel-symbolique en général se trouve infiltrée par la revendication illimitante du* principe de plaisir. *Cette « recherche infatigable de plaisir » sans doute nous tire en arrière, vers l'enfance. Ce qu'il s'agit de restaurer par ces représentations saturées d'affects, c'est la plénitude monadique du Moi, une scène totale qui n'admet pas d'autre.*

1. S. Freud, *le Mot d'esprit et ses rapports avec l'inconscient* (1905), aujourd'hui aux éditions Gallimard, coll. « Folio ».

3. L'amour avec les dents

La bouche est le siège des désirs les plus impérieux. C'est par la bouche, premier canal de toute relation, zone aussi de conflits déchirants, que la monade s'ouvre au monde, et qu'un organisme se remplit, ou hurle sa détresse. C'est par la bouche qu'il tente d'articuler dans la cure analytique, au-delà de tous les besoins, la vérité de son désir. Même si le concept d'oralité reste assez vague en psychanalyse, la force de Freud fut d'affirmer fortement la continuité des fonctions psychiques supérieures avec les activités organiques, et de retracer l'émergence de la parole à partir du magma oral.

Comparée à la parole telle qu'elle se cherche et s'exerce autour du divan, la description saussurienne puis structuraliste de la langue témoigne rétrospectivement d'une considérable dévitalisation. Saussure parlait d'une bouche sèche. La bouche ne l'intéressait pas, il lui fallait l'effacer ou la nier pour qu'apparaisse dans sa netteté le code des différences et des oppositions structurantes. Une certaine intelligence linguistique, que la balbutiante pragmatique commence à questionner et à contester dans son monopole, a été payée de plusieurs oublis : évacuation de l'énonciation, de la parole, du sujet, de l'intention et du sens, oubli de l'action et des valeurs indicielles-expressives, oubli des affects tels qu'ils se parlent.

Nul n'accède gratuitement au code. Cette dévitalisation forcée ne s'accomplit pas sans gêne ni compensation. Si pour s'articuler la parole a dû renoncer à la continuité primitive, tout sujet parlant rêve d'une parole indivise : *une parole où le sens et le sensible, le je et le tu, le signe et le référent ou les langues entre elles n'auraient pas irrémédiablement divorcé. D'où la compensation poétique qui corrige et « rémunère le défaut des langues » (Mallarmé), c'est-à-dire leur arbitraire. L'échange analytique, plus profondément encore, s'attache à réparer par la seule parole les angoisses de morcellement, de manque ou de séparation nées de l'oralité.*

Si la parole en analyse n'est effective qu'en étant affective, *la transaction de la cure est tiraillée entre une remémoration et une répétition, soit entre un récit (au passé) et un théâtre (actuel), entre une prise de distance symbolisante et un refusionnement transférentiel. Circonscrite à la cavité buccale, toute cure vit de cette hésitation prolongée : parler de l'autre, à l'autre et/ou l'incorporer.*

Parce qu'elle ouvre sur un abîme, l'oralité peut frôler la terreur. L'expérience terrassante de l'oralité primitive se trouve précisément contenue à l'ouverture de l'Interprétation des rêves, *comme si analyser, c'était s'arc-bouter contre* cela *qu'il faut absolument conjurer ou dissoudre pour ne pas périr d'avalement.* Ça *surgit dans le rêve princeps de* l'Injection faite à Irma, *le premier rêve analysé par Freud, un rêve* de rêve *pour l'interprète, le mieux scruté par lui tout au long de la* Traumdeutung *comme par les commentateurs de celle-ci (Marthe Robert, Monique Schneider, Didier Anzieu et surtout Lacan). Disons, sans pouvoir le présenter ici, qu'il tourne autour d'une bouche, inconnaissable organe des premières connaissances. Connaître, c'était d'abord incorporer. Toute éducation est un processus de crible, d'articulation ou de distinction que le désir oral à chaque coup remonte, pour restaurer un contact fusionnel.*

« Je suis le sein... Plus tard seulement je l'ai, c'est-à-dire je ne le suis pas, » écrit Freud pour s'expliquer la libido du nourrisson, dans une note rédigée au terme de sa vie à Londres (12 juillet 1938). Nos premières amours ne sont même pas cannibales, cela supposerait l'extériorité d'un autre, d'un objet. Le but premier de la libido n'est pas un objet mais ce magma du Moi-Tout où le narcissisme originaire engloutit pêle-mêle tout ce

*qui lui procure l'assouvissement. Notre premier désir est d'*être comme, *avant d'avoir, puisqu'il n'y a d'abord pour la libido nul objet (qui supposerait le corrélat d'un sujet constitué). Au stade oral des incorporations, les premières liaisons ne sont pas reliantes mais fusionnelles. Il est douteux que la libido oublie jamais cette relation sans récit, ni objet, qui précède la relation d'avoir. C'est le besoin qui recherche un objet pour tel assouvissement local, limité; le désir n'a pas ce discernement. Il voudrait tout, tout de suite. La grande affaire quand on désire est d'être comme l'autre, de s'engloutir ou de se perdre en lui, comme en témoignent tant de textes lyriques et de plaintes passionnées.* Tristan du, ich Isolde, nicht mehr Tristan! *(dit Tristan).* Du Isolde, Tristan ich, nicht mehr Isolde! *répond Isolde chez Wagner*[1].

Cette passion porte un nom qui est moins une réponse qu'un problème: l'identification. D'abord orale, narcissique et primaire, elle se construit sur l'incorporation, et voudrait que deux se fondent en un. Ravage mortifère puisqu'il abolit toute distinction, et détruit son «objet». Pourtant sur ce même mécanisme oral-incorporatoire émergeront les hautes valeurs liées à l'idéal du moi. Sans identifications, serions-nous des sujets? Nul ne se voit jamais qu'au miroir de l'autre: i-dent-ifications, faudrait-il écrire pour rappeler la dévoration, donc l'ambivalence et la haine au cœur de cet amour qu'on fait d'abord avec les dents (mais quel désir n'est pas oral en son fond?).

*Comment le sujet passe-t-il des incorporations forcenées à des désirs d'objet plus modérés? Comment renonce-t-il au désir d'être (comme) l'autre, où il n'y a de place que pour un, pour circonscrire sa libido à la «relation d'objet»? En compensant la séparation d'avec l'autre par l'*introjection *d'objets internes protecteurs: l'oralité cesse d'être ravageuse si l'enfant a su remplacer ce mauvais sein qu'il n'est pas (dès lors que celui-ci vient à manquer) par quelque équivalent interne; si par exemple dans le sommeil et par autoaffection, il a pu reconstituer cette clôture monadique ou cet assouvissement; ou, dans le jeu du* fort-da[2]*, mentaliser puis dominer (symboliser) et provoquer lui-même, s'identifiant à la bobine, les départs et retours de celle dont l'absence laisse pantelant.*

Nous retrouvons ainsi par le détour de la théorie psychanalytique ce primat de la relation également postulé par la pragmatique. Une relation qui l'emportera toujours infiniment, logiquement et chronologiquement, sur les contenus ou objets qui n'en sont que le sous-produit, pis-aller ou déchet métonymique. Le chat qui se frotte contre nos jambes à l'ouverture du réfrigérateur ne réclame pas seulement son lait mais, commente Bateson, il formule une revendication plus fondamentale qu'on pourrait traduire par «Sois une mère pour moi» (relation dont le lait n'est qu'une conséquence accessoire). Le processus primaire ou la masse en nous veut l'abolition des frontières et des identités.

4. L'identification, cet obscur objet du désir

Nous avons vu que l'accomplissement du désir au stade de l'autoérotisme primaire suppose ou réalise une indistinction du je, *du* tu *et du* il. *Ni le désir de dormir, sous-jacent à tout*

1. Cité par Mikkel Borch-Jacobsen, *le Sujet freudien*, Flammarion, 1982, p. 121 («Toi Tristan, moi Isolde et non plus Tristan!», dit Tristan. – «Toi Isolde, moi Tristan et non plus Isolde!», répond Isolde.)
2. S. Freud, «Au-delà du principe de plaisir» (1921), aujourd'hui repris dans les *Essais de psychanalyse*, Payot. L'auteur observe le jeu de son petit-fils, que sa mère vient de quitter, avec une bobine rattachée à un fil: il lance celle-ci loin de lui en criant *Fort!* (Partie!), et la ramène à lui avec un cri de joie: *Da!* (La revoilà!).

accomplissement onirique, ni l'hypnose, ni le jeu, ni l'affect, ni le fantasme, ni l'amour ne semblent respectueux du principe d'identité. Ajoutons que celui-ci est également malmené dans la mode, la publicité ou avec les communications de masse. Désirer, dans chacun de ces cas, c'est refusionner.

Il y aurait donc (au moins) deux façons d'aimer: d'abord notre libido voudrait être-comme, elle viserait un état ; puis par « castration primaire » elle accepterait de se cantonner à cet obscur objet du désir... *Mais cette libido d'objet ne serait que le pis-aller d'un désir plus vague ou « primaire » d'identification. Il suffit d'interroger le moindre de nos rêves. « J'étais moi-même ce dont parlait l'ouvrage : une église, un quatuor, la rivalité de François Ier et de Charles Quint... »*

La présence ou l'absence d'un objet par laquelle nous tentons ici de qualifier deux états de la libido, secondaire ou primaire, pourrait se redire à propos des affects négatifs. La phobie par exemple connaît son objet tandis que l'angoisse, plus primaire, n'accède pas à cette ponctuation ou à cette objectivation. C'est un magma qui oblitère toute articulation, et qui affecte négativement, et indistinctement, le monde et le sujet en les terrassant l'un par l'autre.

Cette poussée primaire remet à chaque fois en question l'identité de notre moi constitué. « Qui n'a pas deux, trois, cinquante hommes en lui ? [...] Cette indétermination revendique inconsciemment une vie générale totale, *qui réaliserait les désirs et les possibilités anthropologiques », écrit Edgar Morin dans* l'Homme et la mort[1]. *Notre concept d'identification fait fausse route si nous y entendons banalement l'échange d'une personnalité contre une autre selon le schème individualiste constitué. « Vie générale totale », souligne Morin, pour rappeler que le revendiqué du désir échappe à la condition personnelle. Les « abîmes inexplorés de la sympathie »* (ibid.) *témoignent de cet inachèvement profond ou de cette indétermination radicale de notre être (effet de notre prématuration native ?), à quoi l'amour voudrait donner forme et réponse. Sur quelle incertitude dans la détermination de soi, sur quel néant existentiel s'édifient les identifications ! Car « avant » celles-ci, nous ne sommes positivement personne. Et c'est dans la mesure où chacun se connaît intimement misérable (s'il s'inspecte) qu'il cherche, exige et pose hors de lui un être de plénitude, ou un modèle à imiter. Dieu est mort, mais toujours les hommes veulent être* reliés, *dans l'amour comme dans la déification du désir, à un Autre qui les dépasse. Tant est insoutenable, pour chacun, sa propre finitude, la « légèreté » (Kundera) ou la misère (Pascal) de son être.*

Par nos désirs nous sommes déformables *à un degré parfois insoupçonnable (les romans, les chansons, le théâtre et les films content ces transformations extravagantes). Au moins est-il clair, dans l'amour et particulièrement dans l'acte sexuel, que l'individu tente d'y franchir la limite de sa chétive enveloppe : qu'est-ce que le baiser, sinon l'esquisse d'une incorporation de l'autre ? À quoi tendent les caresses dites préliminaires, sinon à favoriser l'identification mutuelle des partenaires ? Mais dans l'expérience de la caresse justement le touchant et le touché, le sujet et l'objet tendent à se confondre.*

Pourquoi le sujet se prend-il si facilement pour un autre ? Livrés à nous-mêmes, nous ne saurions quoi désirer. René Girard est parti de cet axiome pour montrer, d'abord dans la littérature puis par une généralisation anthropologique[2], que le désir est désir selon

1. Edgar Morin, *l'Homme et la mort*, Points/Seuil, p. 182, souligné par l'auteur.
2. René Girard, *Mensonge romantique et Vérité romanesque*, Grasset, 1961, aujourd'hui au Livre de poche, coll. « Pluriel ». Cf. *infra* pour un extrait de cet ouvrage et une bibliographie.

l'autre ou de l'autre *(ce qui,* via *Hegel et Sartre, rejoindrait Lacan) ; qu'un médiateur plus ou moins caché inspire ou commande ce que nous croyons nous être le plus personnel et intime, nos « propres » désirs. La manipulation à grande échelle du désir par la publicité et les phénomènes de mode, partout étalés, confirment largement ce schéma.*

L'ambivalence demeure la signature du processus primaire. La confusion de l'amour et de la haine résulte directement de cette disposition mimétique ou identificatoire, et se laisse aisément déduire des trois niveaux observés :

1. *Au niveau oral, l'amour détruit son objet. Le sein nourricier ou le corps maternel ne sont pas aimés au sens post-œdipien de ce verbe, à bonne distance théorique ou symbolique. Cette identification dévorante (« la forme la plus primitive du lien affectif à un objet », selon Freud, forme à laquelle aucun sujet ne renonce totalement, comme on le voit par les baisers) confond amour et haine en une seule assimilation de l'autre/à l'autre ;*

2. *L'identification mimétique n'est pas moins grosse de ravages, puisqu'elle ne saurait respecter l'autre* comme tel. *La relation à quelque* alter ego *discerne mal l'altruisme de l'égoïsme. Un amour en miroir ou homosexuel porte dans sa nuée tous les orages, parce qu'il est désir d'appropriation et comme tel désir altruicide, et meurtrier ;*

3. *La rivalité mimétique selon Girard développe clairement ces prémisses. Choisissant un modèle, le sujet s'est choisi* automatiquement *ou tête baissée un rival-obstacle. Toute la stratégie désirante vise à évincer ce tiers incommode entre soi et l'objet, à devenir lui en prenant sa place (à se croire original alors qu'on imite), bref à dénier l'existence du médiateur — la meilleure des dénégations consistant à le tuer. La jalousie accompagne certaines amours comme leur ombre portée.*

5. L'amour, la masse

« Des relations d'amour (ou, pour employer une expression équivalente, des liens affectifs) forment également l'essence de l'âme de la foule » (Psychologie des foules et analyse du moi). *Freud tente de déduire la masse à partir du mécanisme identificatoire, ou de la* Bindung *(liaison) narcissique de chacun à l'idéal du Moi incarné par le chef. Mais l'amour déjà est une masse en formation, une foule en voie d'apparition.*

Aimer, est-ce reconstituer la sphère primitive ou l'enveloppe matricielle ? Revenir à une (non-)relation archaïque ? La jubilation et l'intense sentiment de triomphe qui accompagnent le transport amoureux suggèrent que celui-ci est à la fois régressif et prospectif-créatif. On y restaure la meilleure des relations de l'enfance, à un palier d'organisation qui devrait l'exclure, et fort de cette Bindung *réalisée (ou retrouvée) le Moi se dilate et se hausse triomphalement au-dessus de toute réalité. Le narcissisme de l'amour accomplit la plus courte des autoréférences indirectes. Quand l'amant adore en l'autre un autre qui l'adore (quand A comble B qui comble A), chacun a trouvé la façon la plus stable, et la plus oblative ou « sociale », de s'adorer ou, comme dit Montaigne, de* se rouller en soy-mesme.

En termes d'identification, c'est-à-dire peut-être de pulsions orales, l'avaleur et l'avalé passent inlassablement l'un dans l'autre. Dans une page étonnante de Blanche ou l'Oubli, *Aragon a comparé cette réversibilité aux échanges du sablier, où le* je *abouché à l'autre se rassemble, s'éparpille et s'égrène au fil de la relation identificatoire : « Quand nous vivions ensemble et que le langage nous était un sablier qu'on renverse afin que le sable des mots passât de l'un à l'autre, et puis de l'autre à l'un... ainsi la boule d'en haut, toi ou moi, disait* je *à tu et à toi avec celle qui recevait le temps, le sperme du temps, fin fin comme la parole...* quand nous étions quand nous étions ensemble... *et se jouait pour nous le doux jeu d'être deux... [...] J'ai passé ainsi la moitié de notre vie, dans ce désespoir qui, si elle sombrait, au bout du compte, dans* mon *sommeil, dans* mes *rêves, n'était finalement comparable qu'à la prison, la vie punitive, une sorte de démence où je pouvais en arriver à oublier même ce que j'avais perdu, mais non point sa trace, ce trou, ce manque en moi, cette famine*[1]*... ». Balloté de la désespérance lucide au mensonge enchanteur, le poète oscille entre le rien et le tout de l'amour.*

Pas de je *sans* tu. *Et pas de personne sans le* nous *ou le nouage, le lien de la relation si fine de la parole (« le sperme du temps »). Mais la métaphore du sablier dit plus : portrait du* je *en petit tas de sable, elle souligne par une connotation d'ailleurs enfantine l'incessante déformation du sujet, sa plasticité et son façonnage par la « boule d'en haut », et donc son désir d'agrégation, de concrétion — de* ciment. *Le frontispice du* Léviathan *de Hobbes*[2] *résume par une saisissante image ce destin de la prise en masse des petits ego, grains de sable dans le grand corps qui les rassemble pour leur donner forme et peau,* identité. *L'amour ou le couple aragonien ne figurait que la première cellule de ce grand corps en formation.*

Il faut voir dans l'identification non un moyen pour l'accomplissement du désir, mais cet accomplissement même, comme on l'observe dès les étapes enfantines du jeu, qui triomphe au théâtre. Ce théâtre ou cette mimesis sont au cœur du lien ou du complexe *social. De même il se pourrait que l'identification soit le concept pivotal de la psychanalyse, et que l'hypnose soit son ombilic.*

6. Le comble de la relation, l'hypnose

Là où Ça était, Je dois advenir... *La psychanalyse, qui sonne le réveil de la raison contre les monstres du sommeil, promet de m'arracher à ce neutre où dormir m'englue, de déloger de moi cet autre s'il est vrai que « le désir, c'est le désir de l'autre », selon Lacan mais aussi selon Girard. Au terme d'une analyse bien conduite, un sujet purifié par la catharsis fête* sa *naissance,* sa *propriété,* sa *propreté.*

Sur ce chemin il était inévitable d'en passer par l'hypnose, mais vital de rompre avec elle. C'est le b.a.-ba analytique que tous reprennent en chœur : « Qui ne sait que c'est en se distinguant de l'hypnose que l'analyse s'est instituée ? » demande par exemple Lacan dans son séminaire sur les Quatre Concepts fondamentaux de la psychanalyse[3]. *S'il est vrai que toute théorie nouvelle doit trancher par « coupure épistémologique », l'acte de naissance de la psychanalyse fut de rompre avec l'hypnose de Liébault, Bernheim et Charcot. Voilà qui semble net, et ne souffre guère de discussion dans les cercles analytiques, où l'hypnose fait figure tantôt de problème réglé, et tantôt de tabou. Une hypnose qui pourrait bien constituer l'impensé des sciences sociales, comme de ce qu'on célèbre aujourd'hui sous le nom des disciplines de la communication.*

Elle a joué pourtant un rôle historique, que Léon Chertok a bien mis en lumière. Sans refaire cette histoire très curieuse, rappelons que l'hypnose connaît son apogée avec Mesmer et Puységur, qui tentent d'isoler dans sa pureté, et à des fins thérapeutiques, le phénomène hypnotique envisagé successivement comme magnétisme minéral, animal, puis

1. Aragon, *Blanche ou l'Oubli*, Gallimard, 1967, coll. « Folio », pp. 395-396 (l'auteur souligne).
2. Reproduit sur la couverture du *Sujet freudien* de Borch-Jacobsen.
3. J. Lacan, *les Quatre Concepts fondamentaux de la psychanalyse*, Seuil, 1973, p. 245.

reconnu comme l'énigme de l'empathie dans la relation humaine. On sait au demeurant combien l'hypnose est pratiquée hors de l'Occident dans les sociétés qui cultivent la transe et la possession. Quand Freud se rend en 1886 à la Salpêtrière, puis à Nancy, il va en neurologue à la rencontre d'une pratique bien rodée et forte d'une longue tradition : sous l'impulsion de la philosophie romantique de la Nature et des spéculations vitalistes, les discussions et les manipulations autour de l'inconscient ont occupé le siècle.

Or, que va retenir Freud de cette fréquentation ? Très schématiquement, l'hypnose lui sert à la fois de preuve d'une autonomie de l'inconscient, et de repoussoir dans le traitement qu'il invente. De preuve d'abord puisque dans l'hypnose la conscience ne dort qu'à moitié, et que le phénomène de la suggestion posthypnotique révèle une quasi-dissociation du sujet, la permanence en lui d'une vigilance et d'une paradoxale suite dans les idées. Mais de repoussoir aussitôt, car la transe expose aux dangers d'une régression trop archaïque, suivie de fâcheuses erreurs sur la personne. Binet conclura dans le même sens que la commission royale d'enquête chargée par Louis XVI de vérifier les thèses de Mesmer : « L'hypnotisé est un amant exalté pour qui rien n'existe au monde que la personne aimée[1]. » Freud reprendra longuement ce parallèle entre l'hypnose et l'amour (amour désexualisé du « total abandon de soi » des enfants à l'égard des parents aimés) ; et nous savons par Ma vie et la psychanalyse *comment une patiente en se jetant à son cou l'amena à découvrir la nature érotique de « l'élément mystique ».*

On ne cherchera pas dans les limites de cette introduction à embrasser le fascinant problème posé par l'hypnose dans sa fourmillante complexité. Plusieurs ouvrages récemment parus l'abordent de front[2]. L'un des points sur lesquels le circonscrire est la question du transfert. Qu'est-ce que l'hypnose en effet ? La fusion apparente de deux en un, avec oubli et négation radicale de l'autre, l'énigme-abîme de la sympathie, une docilité extraordinaire et quelque peu répugnante, comparée à notre concept du sujet et à ses principaux prédicats, conscience, autonomie, jugement, etc. L'hypnose figure le comble du transfert, vécu à l'état pur : un rapport sans rapport, une régression à un état antérieur à la scission du moi et de l'objet, le refusionnement, la symbiose. Elle bouleverse nos catégories en nous interdisant de penser le sujet ou la psyché dans les termes du seul processus secondaire, fondé sur l'émergence de la personne, de l'individu, de l'objet... Octave Mannoni remarque qu'elle « contredit tout le savoir théorique ». Sans prétendre clore un dossier considérable, nous retiendrons que l'hypnose confronte le praticien ou le théoricien de la psychanalyse à trois séries de questions (dont la première concerne aussi le théâtre) :

1. *L'affect : un affect est toujours perçu au présent, il est agi, répété ou actualisé plutôt que mémorisé et raconté. Dans les tempêtes affectives de la colère, des larmes ou de la*

1. Alfred Binet, *Études de psychologie expérimentale,* Paris, 1888, cité par Léon Chertok, « 200 ans après... l'hypnose », in *l'Évolution psychiatrique,* 1982, tome 47, fascicule 1, p. 195.
2. Léon Chertok, *l'Hypnose,* Masson, 1963, réédité chez Payot, 1965 et 1989; Chertok *et alii, Résurgences de l'hypnose,* Desclée de Brouwer, 1984; Mikkel Borch-Jacobsen, *le Sujet freudien,* Flammarion, 1982; M. Borch-Jacobsen, Jean-Luc Nancy et Éric Michaud, *Hypnoses,* Galilée, 1984; L. Chertok, M. Borch-Jacobsen *et alii., Hypnose et psychanalyse,* Dunod, 1987 (ce dernier ouvrage est composé d'une remarquable conférence de M. Borch-Jacobsen à laquelle réagissent par écrit une vingtaine d'auteurs); Isabelle Stengers et Léon Chertok, *le Cœur et la Raison ; l'Hypnose en question de Lavoisier à Lacan,* Payot, 1989; Stengers et Chertok, *l'Hypnose, blessure narcissique,* Delagrange, 1990; François Roustang, *Influence,* Minuit, 1990 (reproduit en extrait *infra*); Daniel Bougnoux (sous la direction de), *la Suggestion ; Hypnose, influence, transe,* colloque de Cerisy, Delagrange, 1991.

joie extrême, le je *s'absente à lui-même, il* agit *son trouble sans distance représentative (sans ironie, conscience réflexive, commentaire ni auto-observation) ; et le sujet qui se réveille de cet état se trouve confus, se frotte les yeux d'incrédulité et bafouille une excuse (« J'étais hors de moi ») ;*

2. *L'usage de la mémoire. En remplaçant l'hypnose par le dispositif analytique, Freud a tiré l'inconscient vers une mémoire de représentations beaucoup plus que d'affects. Sans ouvrir ici une discussion qui entraînerait trop loin, bornons-nous à remarquer qu'il n'y a de mémoire que d'un sujet constitué ou d'un moi secondaire, non noyé dans le magma primaire (qui n'enregistre pas le temps). L'état pré-œdipien par conséquent, et tout ce qui ressuscite celui-ci en disloquant le moi (les figures monstrueuses du rêve ou de la rêverie, l'emportement affectif, les épisodes psychotiques et les moments de possession, de transe, de ravissement ou de fusion...), échappent par principe à la remémoration. De même l'identification : si celle-ci est l'ombilic du moi, elle est du même coup peu mémorable, donc à peine « analysable » (soluble dans la parole). Une amnésie naturelle accompagne comme son ombre les débordements d'un sujet-caméléon, chacun se croit original alors même qu'il imite, chacun oublie son modèle et l'efface somnambuliquement pour s'instituer à la source de la série, à l'origine des copies et des doubles.*

Nous proposons par ces remarques de prendre au sérieux le fait troublant de l'amnésie post-hypnotique : si la suggestion en général est ce qui échappe nécessairement à notre vigilance, comment savons-nous si nous ne sommes pas actuellement « sous » hypnose, ou du moins sous l'effet de quelque influence chronique, de quelque mimétisme rampant ? En particulier, d'où la psychanalyse tire-t-elle la certitude (très haut proclamée) d'avoir rompu avec l'hypnose ? Comment s'assure-t-on jamais d'une pareille rupture ? Une excellente illustration des ravages causés par une identification excessive figure dans le film Zelig, *où le personnage – caméléon joué par Woody Allen justifie son désir éperdu d'intégration en trois mots (prononcés sous hypnose) : « C'est plus sûr !... » De même que l'identification est l'ombilic de la subjectivité (le point par où celle-ci s'attache et s'abandonne à l'autre), peut-être faut-il dire, au sens où Freud parle d'ombilic du rêve, que l'hypnose est l'ombilic de la psychanalyse.*

3. *Rompre avec la suggestion ? C'est le vœu de chacun, l'acte de naissance du sujet et le credo du psychanalyste. Confronté à des déviations ou des développements qu'il jugeait peu scientifiques (Groddeck, Reich, Jung et les « boues noires de l'occultisme »), Freud maintint toujours le cap d'un certain positivisme, doublé d'intellectualisme. Il fit de la remémoration des* contenus *refoulés la condition de la restauration d'une bonne* relation. *Il proclama haut et fort l'exigence de canaliser l'irrationnelle suggestion dans un travail analytique purement verbal, il opposa aux tentations de la transe et d'une participation affective massive une stricte fin de non-recevoir, et fit reposer le succès de la cure sur une prise de conscience lucide.*

Il n'empêche : après quatre-vingt-dix ans de pratique analytique, bien des questions ont surgi pour critiquer les choix freudiens, touchant à la conduite de la cure autant qu'au fonctionnement de l'institution. Plusieurs praticiens et chercheurs ont contesté la réalité ou l'efficacité de la prétendue rupture avec l'hypnose : du côté de la clinique, Groddeck, Ferenczi, puis Winnicott et l'école anglaise ont mis davantage l'accent sur l'empathie, les techniques de relaxation, le holding *et les relations « maternantes » (ce courant est également représenté aux États-Unis par Milton H. Erickson, proche de Bateson et de l'école de Palo Alto). Sur le plan théorique, F. Roustang et M. Borch-Jacobsen ont débrouillé au fil des textes de Freud et suivi dans ses principaux concepts (affect, identification, narcissisme, psychologie des masses, transfert...) les* résurgences *de l'hypnose ; Octave Mannoni de son côté a retracé ce que le transfert devait aux cultures (ou aux cultes) de possession, dont la psychanalyse figure l'ultime rejeton thérapeutique au sein d'une société européenne qui a choisi de rompre en tous points avec ces pratiques.*

S'il est vrai qu'un couple qui s'aime est un mouvement de masse en formation, on peut déchiffrer dans le transfert qui se noue autour du divan le reflet décoloré des épisodes historiques de possessions ou de convulsions collectives (Loudun, Saint-Médard), toujours observables dans les rites des sociétés dites primitives. Quel rôle joue la suggestion dans notre société de communication *(effets de mode, psychologie des masses, mimétismes, croyances, influences et contagions médiatiques en tous genres...)? Ces phénomènes irritants grossis par l'hypnose opposent à nos modèles théoriques plusieurs objections cruciales, de la frontière entre le psychique et le somatique, entre le moi et l'autre. Ils obligent à réviser les concepts trop individualistes de l'identité, de la personne ou de la conscience. Ils mettent en question la subjectivité comme suggestibilité, l'ego comme écho. La régression psychique et corporelle profonde qu'on observe dans l'hypnose touche à la racine de nos relations, invite à une approche communicationnelle de l'inconscient, en un mot conduit à* reconsidérer le paradigme de l'analyse dans tous les domaines.

*

*« Toute communication présente deux aspects : le contenu et la relation, tels que le second englobe le premier... », ont affirmé avec raison les auteurs d'*Une logique de la communication, *renversant ainsi la hiérarchie implicitement posée par le fondateur de la psychanalyse.*

L'hypnose ne contredit pas cet axiome, mais le vérifie à la limite en montrant le cas d'une communication où le contenu tend vers zéro, et la relation vers l'infini. Nous aurons à nous souvenir que ces deux composants tendent à varier en raison inversement proportionnelle, lorsque nous aborderons le fonctionnement des médias justement dits « de masse ».

L'hypnose donc, et tous les phénomènes « primaires » d'influence, de masse, d'amour ou d'identification..., nous confirment une fois de plus ce primat de la relation. Nous en trouvons une illustration dans un tableau qu'on peut voir à Vienne (une ville autour de laquelle tourne décidément ce chapitre) : la Vie et la Mort *est une huile sur toile, de près de deux mètres sur deux, achevée par Gustav Klimt trois ans avant sa propre mort. Bien caractéristique de la dernière manière de ce peintre, la partie droite ruisselle d'un véritable fleuve de chairs enchevêtrées, et paisiblement endormies ; les sexes et les âges de la vie, du nourrisson au vieillard, apparaissent fondus dans un sommeil qui semble accomplir la figure même de la condensation et d'un assouvissement primaires. À gauche de la toile, et à bonne distance de cette mosaïque humaine, la figure sèche et sombre de la Mort veille : silhouette séparée, et séparatrice, qui désenlacera un à un ces corps embrassés.*

Le problème d'une communication réussie est d'échapper au sommeil de la masse, où chaque vie reprend force, sans aller vers cette Mort qui sourit en serrant sa massue.

La Bible. Genèse, XI

Nous avons vu avec Ferdinand de Saussure et quelques autres textes du chapitre II *que « dans la langue il n'y a que des différences ».*

La langue est donnée aux hommes pour articuler et non pour fusionner ces différences.

Et parce qu'elle est articulée, elle-même est articulante du social ou de la culture dans son ensemble, « structurés comme un langage », selon un paradigme dominant en sémiologie. Parler, cela s'appelle aussi accéder au symbolique, c'est-à-dire défusionner de la masse, et différencier ses représentations.

Dirons-nous qu'au commencement était le Verbe ? Au plan de l'ontogenèse il serait plus exact de poser qu'au commencement était pour chacun l'enfant, in-fans : *celui qui ne parle pas. Mais pour le monde dans son ensemble ? Le début du livre de la Genèse nous montre face à face (si l'on peut dire) Dieu et le magma, le chaos du Neutre où il opère par divisions binaires, séparant la lumière des ténèbres, les eaux d'avec les eaux, le sec de l'humide, et ainsi de suite... Et cela s'appelle la Création. Au commencement était le choix binaire du* bit[1], *qui fend le Neutre en deux.*

En prolongeant notre lecture, nous traversons le retour au chaos du déluge, puis rencontrons l'épisode de la tour de Babel. La foule affairée à bâtir la tour est apparemment sans chef : foule organique aussi indifférenciée que la fourmilière, fondue ensemble comme les briques ou le mortier qu'elle assemble pour grandir, bitume grouillant. Voici que chacun s'immerge dans le collectif où il perd son identité en voulant relier ce que YHWH avait séparé : le Ciel/la Terre, mais aussi les hommes entre eux.

Marie Balmary remarque qu'au chapitre précédent le livre de la Genèse déclinait ces identités une par une en longues énumérations. À Babel au contraire le collectif n'existe qu'en fusion. Cette non-différenciation d'avec autrui, c'est aussi la psychose ; et la même parole pour tous n'est plus parole, mais expression du totalitarisme.

Dans ce contexte, l'intervention de Yahvé n'est pas celle d'un dieu jaloux (concept contradictoire) mais au contraire, et c'est toute l'argumentation de Marie Balmary inspirée notamment par René Girard, un acte de thérapie : en dispersant les langues et en renvoyant les hommes « sur toutes faces de la Terre », Yahvé arrête le retour à l'indifférencié et au mortier primaire, qu'il empêche de prendre. Il délie les hommes en leur ré-injectant de l'information. L'épisode de Babel apparaît ainsi comme un geste relancé de création, là où l'uniformisation et la redondance menaçaient la naissante humanité d'asphyxie.

Tout vivant, nous rappelle cette lecture, se crée par différenciations successives, et meurt d'in-différence. C'est-à-dire de carence en informations. Plus nous parlons de langues (ou plus nous différencions la nôtre) et mieux notre réseau symbolique (notre carte du monde) s'articule et s'étend. Mais il est bien vrai qu'un certain désir toujours nous tire en arrière, vers la matrice et le fusionnel, vers la chaleur communautaire. Marie Balmary enrichit son beau commentaire de la Bible d'une lecture de Mars *de Fritz Zorn, où elle relève par exemple ceci : « On ne comprendra jamais à quel point la notion d'harmonie était totale. J'ai grandi dans un monde si parfaitement harmonieux que même le plus fieffé harmoniste en frémirait d'horreur[2]. »*

Le symbolique n'est pas en nous mais entre nous, né du jeu de nos irréductibles différences. Et il est aussi devant nous, perpétuellement à venir dans la création continuée de nouvelles divisions, de nouvelles informations. Et c'est pourquoi, comme l'a aussi remarqué Karl Popper en plaidant pour une société ouverte *contre ses ennemis de tous bords (platoniciens, hégéliens, communistes et totalitaires holistes ou harmonistes...), si Babel n'avait pas séparé les hommes, il aurait fallu l'inventer.*

1. Abréviation de *Binary digit*, ou choix entre deux termes. Voir chapitre v.
2. Fritz Zorn, *Mars*, Gallimard, Paris, 1979, p. 32.

Source: *Nous donnons les versets 1-9 du livre* XI *de la Genèse en deux versions (Babel oblige!), d'abord dans la traduction Osty-Trinquet de la Bible de Mélan, puis dans celle d'André Chouraqui (Desclée de Brouwer, Paris, 1974).*

Bibliographie: *Marie Balmary,* le Sacrifice interdit, Freud et la Bible, *Grasset, Paris, 1986.*

La tour de Babel

TOUTE LA TERRE avait un seul langage et les mêmes mots. Or, en partant vers l'est, les hommes trouvèrent une plaine au pays de Chinéar, et ils s'y établirent. Ils se dirent l'un à l'autre: «Allons! Faisons des briques et cuisons-les au feu.» La brique leur servit de pierre et le bitume leur servit de mortier. Puis ils dirent: «Allons! Bâtissons-nous une ville, et une tour dont le sommet soit dans les cieux. Faisons-nous un nom, de peur que nous ne soyons dispersés sur la face de toute la terre.»

Yahvé descendit pour voir la ville et la tour que bâtissaient les fils des hommes. Et Yahvé dit: «Voici qu'à eux tous ils sont un seul peuple et ont un seul langage; s'ils ont fait cela pour leur début, rien désormais pour eux ne sera impossible de tout ce qu'ils décideront de faire. Allons! Descendons et là même confondons leur langage, de sorte qu'ils n'entendent plus le langage les uns des autres.» Et Yahvé les dispersa de là sur la face de toute la terre, et ils cessèrent de bâtir la ville. Voilà pourquoi on l'appela du nom de Babel; car c'est là que Yahvé confondit le langage de toute la terre, et c'est là que Yahvé les dispersa sur la face de toute la terre.

(Traduction Osty-Trinquet.)

*

ET C'EST TOUTE LA TERRE: une seule lèvre, d'uniques paroles.
Et c'est à leur départ d'Orient: ils trouvent un canyon
en terre de Shine'ar.
Ils s'y établissent.
Ils disent, chacun à son semblable:
«Allons, briquetons des briques,
Flambons-les à la flambée.»
La brique devient pour eux pierre, le bitume, mortier.

Ils disent:
«Allons, bâtissons-nous une ville et une tour.
Sa tête: aux cieux.
Faisons-nous un nom,
Que nous ne soyons dispersés sur la surface de toute la terre.

YHWH descend pour voir la ville et la tour
qu'ont bâties les fils de l'homme.
YHWH dit:
«Oui! Un seul peuple, une seule lèvre pour tous:
voilà ce qu'ils commencent à faire!
Maintenant rien n'empêchera

tout ce qu'ils auront dessein de faire !
Allons ! Descendons ! Confondons là leurs lèvres,
l'homme n'entendra plus la lèvre de son prochain. »

YHWH les disperse de là sur la face de toute la terre.
Ils cessent de bâtir la ville.
Sur quoi il clame son nom : Bavel, Confusion,
car là, YHWH confond la lèvre de toute la terre,
et de là YHWH les disperse sur la face de toute la terre.

(Traduction Chouraqui.)

Rapport secret sur le mesmérisme, ou Magnétisme animal

(1784)

JEAN-SYLVAIN BAILLY
(1736-1793)

Dix ans avant le déclenchement de la Révolution opérait à Paris un étrange personnage. Comme Freud un siècle plus tard, Franz Anton Mesmer était venu de Vienne en France pour étudier et expérimenter la nervosité. Il commença à traiter les corps avec des aimants, puis passa du magnétisme minéral au magnétisme animal. Il prétendait qu'un fluide bienfaisant se communiquait d'un sujet à l'autre. Il réunissait pour cela ses adeptes autour d'un « baquet », un large fût de chêne au couvercle bombé, hérissé de tiges de fer aux extrémités recourbées. Les participants de ces psychothérapies de groupe, des femmes en majorité, se saisissaient des tiges mobiles dont l'extrémité pouvait être appliquée sur la partie souffrante du corps ; assis en cercles concentriques, ils se donnaient la main, et ils étaient aussi reliés par une corde.

Le maître circulait alentour, vêtu d'un habit de soie cramoisie, et il agitait une baguette de fer de dix pouces qu'il appliquait sur les patients ; ou bien il scandait avec elle les airs d'un petit orchestre (où l'on pouvait entendre un Glasharmonika*), qui jouait une partition de son ami Mozart. Autour de la pièce aux murs tapissés de panne rose, on remarquait beaucoup de miroirs. Tantôt le rire fusait, et se propageait en vagues nerveuses ; tantôt c'étaient les larmes ou les spasmes qui traversaient les corps conducteurs des « magnétisés ». Des serviteurs s'empressaient autour des dames quand elles tombaient de la pâmoison dans la convulsion, et les tiraient silencieusement à l'écart, près des fenêtres.*

Mesmer était un homme cultivé, et à certains égards un rationaliste partisan des Lumières. Il voulait dégager par un protocole « scientifique » une pratique jusqu'alors noyée dans la sorcellerie. Il lui donnait pour cela un nom, le magnétisme, et un agent : le fluide. *Mais derrière ce principe trop général, lui-même pressentait une explication plus spécifique : « Un autre principe faisait agir l'aimant, incapable par lui-même de cette action sur les nerfs, et me fit voir que j'avais quelques pas à faire pour arriver à la théorie imitative qui faisait l'objet de mes recherches*[1]*.» Mais ses différents écrits ne trancheront pas entre une théorie physiologique et matérialiste du fluide, et cette* théorie imitative *purement psychologique, qui rapporterait ces phénomènes à la suggestion.*

Étranges et scandaleux phénomènes! La «communication fluidique» instaurée par Mesmer avait de quoi inquiéter. Le sentiment coulait à flots autour du baquet, qui voguait sur un océan de sympathies difficilement contrôlables. Pouvait-on soupçonner ces petites convulsions de préfigurer un maelström et des mouvements de masse d'une tout autre envergure? Les hommes et les femmes se retrouvaient étrangement proches dans la transe, et ces séances prérévolutionnaires avaient le don d'égaliser les conditions personnelles. On murmurait que la reine elle-même avait tâté du suspect tonneau de son compatriote. L'affaire fut portée très haut. Le 12 mars 1784, le roi Louis XVI nomma une commission d'enquête composée de quatre médecins de la Faculté de Paris et de cinq membres de l'Académie royale des sciences, «pour faire l'examen et lui rendre compte du magnétisme animal pratiqué par Monsieur Deslon» (un médecin disciple de Mesmer, alors absent de Paris). Une autre commission dont Jussieu fit partie fut nommée parallèlement.

Le rapport des commissaires constitue une pièce importante et l'un des premiers documents de la psychologie expérimentale. Chargés de trancher entre deux explications, la physiologique et l'imaginative, ils aboutissent en effet à une conclusion formelle: le fameux fluide *est introuvable. L'aimant n'est pas une substance active, et le baquet n'excite que par métaphore. C'est l'imitation et la suggestion qu'ils observent. Nous dirions plus précisément, dans le contexte de nos études de communication et en nous souvenant du texte de Watzlawick (encore un Viennois), qu'il est inutile de s'obnubiler sur la recherche d'un* contenu, *quand c'est la* relation *qui agit. Le contenu du baquet construit par Mesmer était égal à zéro, mais la relation que son dispositif émotionnel induisait tendait vers l'infini de la transe et d'une communication immédiate entre les corps.*

Le naturaliste Antoine Laurent de Jussieu, botaniste et professeur au Jardin du roi, plus intrigué que ses collègues, s'impliquera davantage dans le phénomène et rédigera une contre-expertise. Mais en marge de ces rapports officiels destinés à la publication, l'astronome Jean-Sylvain Bailly estima utile d'en préparer un autre, secret et à la seule attention du roi, pour mettre Sa Majesté en garde contre les conséquences morales du mesmérisme: le «magnétisme» n'existe pas, mais il est dangereux pour les mœurs, par les transports où il jette l'imagination. Ce n'est pas un fluide qui circule autour du baquet, mais un charme sexuel. Les hommes de science, par la plume scrupuleuse du perspicace Bailly, en appellent donc aux autorités morales du royaume et au législateur. Mais il est remarquable que ces rapports placent aussi les médecins de l'époque, et particulièrement Deslon, devant une alternative cruciale.

Qui est Deslon? Ce médecin respecté, docteur-régent de la Faculté et premier médecin ordinaire du comte d'Artois, avait son propre baquet, mais se disait tout prêt à collaborer avec les enquêteurs ses pairs. Mesmer au contraire, aventurier charismatique à la formation douteuse, se réfugiait dans une doctrine mystérieuse qu'il n'entendait révéler qu'aux membres souscripteurs d'une «Société de l'Harmonie» tenue au secret... Derrière la recherche du fluide se profile l'importante question de la déontologie, et d'abord de la constitution du corps médical: faut-il être médecin pour guérir? Et que penser des

1. F. A. Mesmer, *Mémoires sur la découverte du magnétisme animal,* Didot le Jeune, Paris, 1779, p. 18.

guérisons alléguées au nom des vertus imaginatives du baquet ? Car dans la médecine aussi la relation vient au premier plan, et peut éclipser les contenus d'un savoir exercé par des professionnels, et contrôlé par des diplômes. Deslon de son propre aveu soigne par la « concentration » et la « communication ». Comme lui-même l'avait déjà dit en 1780 dans un bel élan, et sans attendre les commissaires : « Si la médecine d'imagination est la meilleure, pourquoi ne ferions-nous pas de la médecine d'imagination ? »

Sans doute. Mais aucun conseil de l'ordre n'acceptera cette dérive, qui sape tout simplement le monopole chèrement conquis des médecins sur les soins.

On voit que les débats nés du mesmérisme nous concernent encore. On peut lire aujourd'hui dans différents ouvrages les détails de cette interminable histoire, où se mêlent les Lumières, l'esprit du Paris prérévolutionnaire, et préromantique, quelques thaumaturges, l'érotisme féminin et... la musique pour Glasharmonika *de Wolfgang Amadeus Mozart.*

Source : *Le rapport secret rédigé par Bailly, les deux rapports officiels des membres de la Faculté de Paris et de l'Académie royale des sciences d'une part, et de la Société de médecine d'autre part, ainsi que le rapport minoritaire de Jussieu, suivis des « observations sur les deux rapports » par Deslon, ont été reproduits dans C. Burdin jeune et F. Dubois d'Amiens,* Histoire académique du magnétisme animal, *Baillière, Paris, 1841. On trouve également le fac-similé de l'édition originale de ces pièces dans le riche* Bulletin de la Société française d'hypnose, *numéros 2-3, septembre 1986, « Du magnétisme animal à l'hypnose », 523 pages, exemplaire photocopié.*

Bibliographie : *Léon Chertok,* l'Hypnose, *Payot, Paris, 1989 (édition remaniée et augmentée) ; Isabelle Stengers et Léon Chertok,* le Cœur et la Raison ; l'Hypnose en question de Lavoisier à Lacan, *Payot, Paris, 1989 (ces deux ouvrages contiennent une abondante bibliographie) ; Robert Darnton,* la Fin des Lumières : le mesmérisme et la Révolution, *Perrin, Paris, 1984 ; Jacqueline Carroy,* Hypnose, suggestion et psychologie, *PUF, Paris, 1991.*

Les commissaires chargés par le Roi de l'examen du magnétisme animal, en rédigeant le rapport qui doit être présenté à sa Majesté et qui doit peut-être devenir public, ont cru qu'il était de leur prudence de supprimer une observation qui ne doit pas être divulguée ; mais ils n'ont pas dû la dissimuler au ministre de sa Majesté : ce ministre les a chargés d'en rédiger une note destinée à être mise sous les yeux du roi et réservée à sa Majesté seule.

Cette observation importante concerne les mœurs. Les Commissaires ont reconnu que les principales causes des effets attribués au magnétisme animal sont l'attouchement, l'imagination, l'imitation ; et ils ont observé qu'il y avait toujours beaucoup plus de femmes que d'hommes en crise. Cette différence a pour première cause la différente organisation des deux sexes. Les femmes ont en général les nerfs plus mobiles, leur imagination est plus vive, plus exaltée. Il est facile de la frapper, de la mettre en mouvement. Cette grande mobilité des nerfs, en leur donnant des sens plus délicats et plus exquis, les rend plus susceptibles des impressions de l'attouchement. En les touchant dans une partie quelconque, on pourrait dire qu'on les touche à la fois partout. Cette grande mobilité des nerfs fait qu'elles sont plus disposées à l'imitation. Les femmes, comme on l'a déjà fait remarquer, sont semblables à des cordes sonores parfaitement tendues et à l'unisson. Il suffit d'en mettre une en mouvement, toutes les autres à l'instant le partagent. C'est ce que les

Commissaires ont observé plusieurs fois; dès qu'une femme tombe en crise, les autres ne tardent pas d'y tomber.

Cette organisation fait comprendre pourquoi les femmes ont des crises plus fréquentes, plus longues, plus violentes que les hommes, et c'est à leur sensibilité de nerfs qu'est dû le plus grand nombre de leurs crises; il en est quelques-unes qui appartiennent à une cause cachée, mais naturelle, à une cause certaine des émotions dont toutes les femmes sont plus ou moins susceptibles et qui par une influence éloignée, en accumulant ces émotions, en les portant au plus haut degré, peut contribuer à produire un état convulsif qu'on confond avec les autres crises. Cette cause est l'empire que la nature a donné à un sexe sur l'autre pour l'attacher et l'émouvoir. Ce sont toujours des hommes qui magnétisent les femmes; les relations alors établies ne sont sans doute que celles d'une malade à l'égard de son médecin, mais ce médecin est un homme; quel que soit l'état de maladie, il ne nous dépouille point de notre sexe, il ne nous dérobe pas entièrement au pouvoir de l'autre; la maladie en peut affaiblir les impressions, sans jamais les anéantir. D'ailleurs la plupart des femmes qui vont au magnétisme ne sont pas réellement malades; beaucoup y viennent par oisiveté et par amusement; d'autres, qui ont quelques incommodités, n'en conservent pas moins leur fraîcheur et leur force: leurs sens sont tous entiers; leurs jeunesse a toute sa sensibilité. Elles ont assez de charmes pour agir sur le médecin; elles ont assez de santé pour que le médecin agisse sur elles: alors le danger est réciproque. La proximité longtemps continuée, l'attouchement indispensable, la chaleur individuelle communiquée, les regards confondus, sont les voies connues de la nature et les moyens qu'elles a préparés de tout temps pour opérer immanquablement la communication des sensations et des affections. L'homme qui magnétise a ordinairement les genoux de la femme renfermés dans les siens; les genoux et toutes les parties inférieures du corps, sont par conséquent en contact. La main est appliquée sur les hypocondres et quelquefois plus bas sur les ovaires. Le tact est donc exercé à la fois sur une infinité de parties, et dans le voisinage des parties les plus sensibles du corps. Souvent l'homme ayant sa main gauche ainsi appliquée, passe la droite derrière le corps de la femme; le mouvement de l'un et de l'autre est de se pencher mutuellement pour favoriser ce double attouchement; la proximité devient la plus grande possible, le visage touche presque le visage, les haleines se respirent, toutes les impressions physiques se partagent instantanément, et l'attraction réciproque des sexes doit agir dans toute sa force; il n'est pas extraordinaire que les sens s'allument. L'imagination, qui agit en même temps, répand un certain désordre dans toute la machine; elle suspend le jugement, elle écarte l'attention; les femmes ne peuvent se rendre compte de ce qu'elles éprouvent, elles ignorent l'état où elles sont.

Les médecins Commissaires, présents et attentifs au traitement, ont observé avec soin ce qui s'y passe. Quand cette espèce de crise se prépare, le visage s'enflamme par degrés, l'œil devient ardent, et c'est le signe par lequel la nature annonce le désir. On voit la femme baisser la tête, porter la main au front et aux yeux pour les couvrir; la pudeur habituelle veille à son insu et lui inspire le soin de se cacher. Cependant la crise continue et l'œil se trouble: c'est un signe non équivoque du désordre total des sens. Ce désordre peut n'être point aperçu par celle qui l'éprouve, mais il n'a point échappé au regard observateur des médecins. Dès que ce signe a été manifesté, les paupières deviennent humides, la respiration est courte, entrecoupée, la poitrine s'élève et s'abaisse rapidement; les convulsions s'établissent, ainsi que les mouvements précipités et brusques ou des membres ou du corps entier. Chez les femmes vives et sensibles, le dernier degré, le terme de la plus douce des émotions, est souvent une convulsion. À cet état succèdent la langueur, l'abattement, une sorte de sommeil des sens, qui est un repos nécessaire après une forte agitation.

La preuve que cet état de convulsion, quelqu'extraordinaire qu'il paraisse à ceux qui l'observent, n'a rien de pénible, n'a rien que de naturel pour celles qui l'éprouvent, c'est que, dès qu'il est cessé, il n'en reste aucune trace fâcheuse. Le souvenir n'en est pas désagréable, les femmes s'en trouvent mieux et n'ont point de répugnance à le sentir de nouveau. Comme les émotions éprouvées sont les germes des affections et des penchants, on sent pourquoi celui qui magnétise inspire tant d'attachement; attachement qui doit être plus marqué et plus vif chez les femmes que chez les hommes, tant que l'exercice du magnétisme n'est confié qu'à des hommes. Beaucoup de femmes n'ont point sans doute éprouvé ces effets, d'autre ont ignoré cette cause des effets qu'elles ont éprouvés; plus elles sont honnêtes, moins elles ont dû la soupçonner. On assure que plusieurs s'en sont aperçues et se sont retirées du traitement magnétique; mais celles qui l'ignorent ont besoin d'être préservées.

Le traitement magnétique ne peut être que dangereux pour les mœurs. En se proposant de guérir les maladies qui démontrent un long traitement, on excite des émotions agréables et chères, des émotions que l'on regrette, que l'on cherche à retrouver parce qu'elles ont un charme naturel pour nous, et que physiquement elles contribuent à notre bonheur; mais moralement elles n'en sont pas moins condamnables, et elles sont d'autant plus dangereuses, qu'il est plus facile d'en prendre la douce habitude. Un état éprouvé presqu'en public au milieu d'autres femmes qui semblent l'éprouver également, n'offre rien d'alarmant; on y reste, on y revient, et l'on ne s'aperçoit du danger que lorsqu'il n'est plus temps. Exposées à ce danger, les femmes fortes s'en éloignent, les faibles peuvent y perdre leurs mœurs et leur santé.

M. *Deslon* ne l'ignore pas; M. le Lieutenant général de police lui a fait quelques questions à cet égard, en présence des Commissaires, dans une assemblée tenue chez M. *Deslon* même, le 9 mai dernier. M. *Lenoir* lui dit: « Je vous demande en qualité de lieutenant-général de police, si lorsqu'une femme est magnétisée et en crise, il ne serait pas facile d'en abuser ? » M. *Deslon* a répondu affirmativement, et il faut rendre justice à ce médecin, qu'il a toujours insisté pour que ses confrères, voués à l'honnêteté par leur état, eussent seuls le droit et le privilège d'exercer le magnétisme. On doit dire encore que, quoiqu'il ait chez lui une chambre destinée primitivement aux crises, il ne se permet pas d'en faire usage. Toutes les crises se passent sous les yeux du public. Mais malgré cette décence observée, le danger n'en subsiste pas moins, dès que le médecin peut, s'il le sent, abuser de sa malade. Les occasions renaissent tous les jours, à tous moments: il y est exposé quelquefois pendant deux ou trois heures. Qui peut répondre qu'il sera toujours le maître de ne pas vouloir ? Et même en lui supposant une vertu plus qu'humaine, lorsqu'il a excité des émotions qui établissent des besoins, la loi impérieuse de la nature appellera quelqu'un à son refus; et il répond du mal qu'il n'aura pas commis, mais qu'il aura fait commettre.

Il y a encore un moyen d'exciter des convulsions, moyen dont les Commissaires n'ont point eu de preuves directes et positives, mais qu'ils n'ont pu s'empêcher de soupçonner; c'est une crise simulée qui donne le signal et qui en détermine un grand nombre d'autres par l'imitation. Ce moyen est au moins nécessaire pour hâter, pour entretenir les crises; crises d'autant plus utiles au magnétisme, que sans elles il ne se soutiendrait pas.

Il n'y a point de guérisons réelles, les traitements sont fort longs et infructueux. Il y a tel malade qui va au traitement depuis dix-huit mois ou deux ans, sans aucun soulagement; à la longue on s'ennuyerait d'y être, on se lasserait d'y venir. Les crises font spectacle;

elles occupent, elles intéressent : d'ailleurs, pour des yeux peu attentifs, elles sont des effets du magnétisme et des preuves de l'existence de cet agent, qui n'est réellement que le pouvoir de l'imagination.

Les Commissaires, en commençant leur rapport, n'ont annoncé que l'examen du magnétisme pratiqué par M. *Deslon*, parce que l'ordre du roi, l'objet de leur commission, ne les conduisait que chez M. *Deslon :* mais il est évident que leurs observations, leurs expériences, et leurs avis, portent sur le magnétisme en général. M. *Mesmer* ne manquera pas de dire que les Commissaires n'ont examiné ni sa méthode, ni ses procédés, ni les effets qu'elle produit. Les Commissaires, sans doute, sont trop prudents pour prononcer sur ce qu'ils n'ont pas examiné, sur ce qu'ils ne connaîtraient pas; mais cependant ils doivent faire observer que les principes de M. *Deslon* sont les mêmes que ceux des vingt-sept propositions que M. *Mesmer* a fait imprimer en 1779.

Si M. *Mesmer* annonce une théorie plus vaste, elle n'en sera que plus absurde; les influences célestes sont une vieille chimère dont on a reconnu il y a longtemps la fausseté. Toute cette théorie peut être jugée d'avance, par cela seul qu'elle a nécessairement pour base le magnétisme, et elle ne peut avoir aucune réalité puisque le guide animal n'existe pas. Cette théorie brillante n'existe comme le magnétisme que dans l'imagination. La méthode de magnétiser de M. *Deslon* est la même que celle de M. *Mesmer*. M. *Deslon* a été disciple de M. *Mesmer*; ensuite, lorsqu'ils se sont rapprochés, l'un et l'autre ont réuni leurs malades, l'un et l'autre ont traité indistinctement ces malades, et par conséquent en suivant les mêmes procédés. La méthode que M. *Deslon* suit aujourd'hui ne peut donc être que celle de M. *Mesmer*.

Les effets se correspondent également. Il y a des crises aussi violentes, aussi multipliées et annoncées par des symptômes semblables, chez M. *Deslon* et chez M. *Mesmer*. Que peut prétendre M. *Mesmer* en alléguant une différence inconnue et inappréciable, lorsque les principes, les pratiques et effets sont les mêmes? D'ailleurs, quand cette différence serait réelle, qu'en peut-on inférer pour l'utilité du traitement contre les dangers détaillés dans le rapport et dans cette note mise sous les yeux de sa Majesté?

La voix publique annonce qu'il n'y a pas plus de guérison chez M. *Mesmer* que chez M. *Deslon*. Rien n'empêche que chez lui comme chez M. *Deslon*, les convulsions ne deviennent habituelles, et qu'elles ne se répandent en épidémies dans les grandes villes; qu'elles ne s'étendent aux générations futures. Ces pratiques et ces assemblées ont également les plus graves inconvénients pour les mœurs. Les expériences des Commissaires, qui montrent que tous les effets appartiennent aux attouchements, à l'imagination, à l'imitation, en expliquant les effets obtenus par M. *Deslon*, expliquent également les effets produits par M. *Mesmer*. On peut donc raisonnablement conclure que quel que soit le mystère du magnétisme de M. *Mesmer*, ce magnétisme ne doit pas être plus réel que celui de M. *Deslon*, et que les procédés de l'un ne sont ni plus utiles ni moins dangereux que ceux de l'autre.

Fait à Paris, le 11 août 1784.
Signé, Franklin, Bory, Lavoisier, Bailly,
Majault, Sallin, D'Arcet, Guillotin, Leroy.

Les Crimes des foules*

(1892)

GABRIEL TARDE
(1843-1904)

Ce texte de 1892 a les défauts de son époque. La Foule délinquante *de l'Italien Scipio Sighele date de l'année précédente ;* la Psychologie des foules *de Gustave Le Bon verra le jour en 1895 et sera constamment réédité (il aura notamment pour lecteurs Hitler et Mussolini) ; et en cette même année, Henry Fournial publie son* Essai sur la psychologie des foules. Considérations médico-judiciaires sur les responsabilités collectives.

Depuis un siècle les masses ont fait explosion sur la scène de l'histoire, et la littérature s'est bien sûr emparée du thème : le grand relais est Hippolyte Taine, qui brosse dans les Origines de la France contemporaine *une fresque saisissante des mouvements de foule (violente, délinquante) sous la Révolution française. Il est suivi de Zola, assurément plus progressiste mais également très noir dans sa peinture de la « bête humaine » : en 1886* Germinal *met en scène une grève où les femmes mènent les hommes, et où foule rime avec folie (une folie dont Zola suggère, comme Tarde dans le texte ci-dessous, la composante sexuelle).*

*Sighele et Fournial sont comme Tarde des juristes, spécialistes de droit pénal, et leur confrère les cite avec faveur dans sa conférence : le problème est d'abord d'établir dans quelle mesure l'*aliénation *d'un individu contaminé par la foule criminelle peut atténuer sa responsabilité. Tous ces textes traitent donc du social en termes de psychologie individuelle (Tarde sera sur ce point contredit par Durkheim, plus soucieux que lui des effets d'échelle et d'émergence entre le psychologique et le social) ; et ils distinguent mal divers types de foules ou d'agrégats, qu'ils noient dans une vision en effet très massive de la masse.*

La question récurrente qu'ils agitent est qu'on ne peut gouverner ni avec les masses, ni désormais contre elles. Le problème est donc de les contenir :

– en les charmant, et c'est le thème du livre de Le Bon, véritable précis de manipulation ou réécriture du Prince *de Machiavel, où le dictateur-hypnotiseur apprend comment domestiquer le « gros animal » ;*

– en les fractionnant par le développement de la vie privée et des médias de masse (presse à grand tirage, télégraphe, salons et conversations...), qui substituent progressivement aux masses les publics, *et c'est l'évolution envisagée par Tarde, qui ne partage ni le cynisme ni les nostalgies aristocratiques de Le Bon.*

Gabriel Tarde est donc un pionnier des études sur l'opinion et la culture de masse, et Paul Lazarsfeld ou Elihu Katz n'ont pas hésité à le saluer comme précurseur. Pourtant sa conférence de 1892 se situe encore au carrefour des deux voies ; juge d'instruction, romancier et psychologue social passionné de statistiques, Tarde a déjà publié les Lois de l'imitation *en 1890, dont le chapitre* III, *« Qu'est-ce qu'une société ? », ne cache pas le pessimisme général de sa thèse : « La société c'est l'imitation, et l'imitation c'est une espèce de somnambulisme ; ainsi peut se résumer ce chapitre. »*

Ce somnambulisme qui infiltre l'imitation, et dont le marquis de Puységur, disciple de Mesmer, a montré au début du siècle les extraordinaires pouvoirs sur son valet Victor, est

* *Extrait des Actes du Troisième Congrès international d'anthropologie criminelle – Biologie et sociologie,* (Bruxelles, août 1892), Bruxelles, F. Hayez, 1893, pp. 63-88.

*rampant dans toutes nos conduites. Le magnétiseur réveille dans le magnétisé une emprise originaire, demande d'adhésion ou de soumission dont la force négative « aspire à s'actualiser comme l'eau de l'étang à s'écouler » (*les Lois de l'imitation, *p. 87). Cette « chaîne magnétique » qui court entre les hommes n'est autre que la sympathie ou l'imitation, principe vital des corps sociaux. Les meneurs sont donc ceux qui savent réveiller, et stimuler à leur profit, cette « puissance endormie ».*

En 1892, Tarde n'envisage l'action de la foule sur l'individu qu'en termes négatifs : l'association n'est qu'une soustraction, l'individu ne gagne rien à y entrer. Un système est moins que la somme de ses parties. Ce texte suggère que le lien social ne peut s'intensifier sans se resserrer, c'est-à-dire se rétrécir ; plus les relations seront chaudes et fraternelles entre les hommes et plus par conséquent les autres hommes pourront être traités en ennemis ou avec barbarie. L'amour fomente la haine comme son ombre portée, par une loi de bonne clôture communautaire ou tribale.

Le seul effet multiplicateur de la foule concerne l'entraînement, ou ces sentiments qu'on dirait avec Freud primaires. *Et cette multiplication est due au rapport spéculaire, c'est-à-dire au mimétisme réciproque : lorsque chacun imite l'imitation de l'autre, celle-ci grossit jusqu'à l'extraordinaire, engendrant « l'horreur et la beauté » des comportements de la foule qui surpassent en ce cas leurs composants. Mais pas pour le bien, car la foule « détourne le cours de l'imitation de ses voies logiques et l'oriente vers le pire exemple ». Elle touche en nous le cerveau spinal ou reptilien, siège des instincts élémentaires.*

La foule ne délibère pas, et sa cogitation est nulle. Elle ne traite pas les messages pour les interpréter, mais les répercute instantanément en tous points. Dans la mesure où elle ne reconnaît pas l'information mais seulement l'influence, nous dirons que la foule est supraconductrice.

Passive, attirante et dépravée, elle est enfin connotée comme femelle, et c'est l'autre volet de la trilogie esquissée ici : foule, femme, folie. *(La preuve : les crimes des foules composées de femmes, selon notre auteur, dépassent tous les autres en horreur.) Elle se couche ou se déchaîne sous l'injonction du meneur, ce bizarre personnage que Tarde nous décrit un peu comme un mac : qu'est-ce donc que les foules lui trouvent, et d'où vient la force de cet esprit souvent médiocre ? Il y a un* paradoxe du meneur *comme il y en a un du menteur (cf : ici même le texte de Dupuy, et aussi ceux de Bateson au chapitre* III *et de Russell au chapitre* V*), et de même structure : le niveau organisateur y apparaît enchevêtré à celui qu'il cadre et domine. Mais Tarde ne s'attarde pas à ce paradoxe de composition, qui le conduirait à une vision « cybernétique », et son raisonnement demeure linéaire.*

Source : *Ce texte a été reproduit dans le tome 5-6, « Individus et politique », de la revue* Hermès, *éditions du CNRS, Paris, 1989.*

Bibliographie : *Gabriel Tarde,* les Lois de l'imitation, *Félix Alcan, Paris, 1890 ;* l'Opinion et la foule, *Alcan, Paris, 1901, réédition aux PUF, Paris, 1989, avec une préface de Dominique Reynié ; Gustave Le Bon,* la Psychologie des foules, *Alcan, Paris, 1895, aujourd'hui aux PUF en collection « Quadrige » ; revue* Hermès, *numéros 2, « Masses et politique », et 5-6, « Individus et politique ».*

DANS LES NOUVELLES comme dans les anciennes écoles, les criminalistes, sauf un très petit nombre, qui seront cités plus loin, se sont trop exclusivement occupés du crime individuel, pas assez du crime collectif; et ils se sont ainsi privés des lumières que l'étude de ce dernier pouvait projeter sur l'explication vraie de celui-là. Ce n'est pas qu'on n'ait étudié parfois ces petites bandes de malfaiteurs composées de trois membres le plus souvent, et, par suite, appelées *tierces,* dont M. Joly parle dans l'un de ses ouvrages, ni même des bandes plus nombreuses. Mais, ici ou là, on n'a jamais vu dans la criminalité dite collective qu'un simple total de criminalités individuelles. C'est un point de vue admissible dans une certaine mesure quand les individus n'ont agi qu'à l'état dispersé, malgré le lien de l'association qui les unit ; c'est un point de vue manifestement faux quand ils ont agi en commun et en masse, sous l'impulsion d'entraînements auxquels tous participent et où se dégagent des forces, des virtualités qui, à l'état d'isolement, resteraient engourdies. Ce dernier cas est le seul qui doive nous intéresser ici. Nous n'aurons égard aux sectes criminelles que pour faire mieux comprendre, par voie de comparaison, les foules ou les bandes criminelles dont elles sont si souvent le ferment caché. À quel signe reconnaître qu'une agglomération de personnes, au lieu d'être un simple rassemblement, est elle-même une sorte de grande personne confuse aux mille visages ? À ce signe, entre autres, qu'elle a son amour-propre collectif, distinct de l'amour-propre de ses membres. En Algérie, la tribu a son honneur à elle, sa « horma » bien différente de la « horma » des Arabes qui la composent, et rien ne prouve mieux sa réalité vivante. Si les foules, organismes spontanés, momentanés et inférieurs, ont rarement leur honneur propre, les sectes, même criminelles, ont le leur assurément ; et les unes comme les autres ont toujours, dans le feu de l'action commune leur orgueil et leur vanité propres très exaltés par le sentiment de leur toute-puissance, tant que la troupe armée n'apparaît pas.

Comment se forme une foule ? Par la vertu de quel miracle tant de gens, dispersés naguère, indifférents les uns aux autres, se sont-ils solidarisés, agrégés en chaîne magnétique, poussent-ils les mêmes cris, courent-ils ensemble, agissent-ils de concert ? Par la vertu de la sympathie, source de l'imitation et principe vital des corps sociaux. Une poignée de meneurs réveille cette puissance endormie, la dirige vers un point déterminé ; mais, pour que cette impulsion initiale soit suivie et que l'embryon de la foule aille vite grossissant, il faut qu'un travail antérieur, et tout semblable au fond, se soit opéré dans les cerveaux. Une contagion lente d'esprit à esprit, une imitation tranquille et silencieuse, a toujours précédé et préparé ces contagions rapides, ces imitations bruyantes et entraînantes qui caractérisent les mouvements populaires. C'est la propagande des idées de Luther au commencement du XVIe siècle, des idées de Rousseau au XVIIIe qui seules ont rendu possibles le soulèvement des paysans de Thuringe par Munzer en 1525, les bandes de Tilly et de Wallenstein pendant la guerre de Trente Ans, les bandes de Jourdan à Avignon et dans le comtat Venaissin pendant la Révolution française.

Une foi commune, une passion commune, un but commun : telle est, grâce à la double contagion dont il s'agit, l'énergie vitale de cet être animé qu'on nomme une foule. C'est par la nature de ce but, de cette idée, de cette passion, encore plus que par des différences de race et de climat, que les foules se distinguent. Nous retrouvons ici la distinction du criminel de tempérament ou plutôt de caractère, et du criminel d'occasion, que l'observation du crime individuel a dès longtemps suggérée. Mais en même temps qu'elle se reproduit ici, elle s'éclaircit et s'explique. Il y a, sans nul doute, des foules, des sectes même, nées tout exprès pour le crime, comme on dit qu'il y a des criminels-nés ; et par là, nous apprenons ce que signifie au juste cette dernière expression, à savoir une orientation habituelle, volontaire à l'origine, vers une fin mauvaise, de forces qui étaient en elles-mêmes susceptibles d'une autre direction. Du reste, s'il y a lieu d'établir une démarcation plus ou moins nette entre les foules ou les sectes qui commettent le crime accidentellement mais qui se sont formées sous l'empire de mobiles étrangers au crime, parfois même généreux, et celles qui, comme les chauffeurs vers 1800, ou la *camorra* ou la *mala vita*, sont organisées en vue du meurtre et du vol directement, il n'en est pas moins vrai que les foules et les sectes criminelles d'occasion sont souvent les plus dangereuses et les plus désastreuses. C'est qu'elles sont les plus contagieuses et troublent profondément les consciences spectatrices par ce mélange intime de grandeur et d'horreur, de beauté et de cruauté, qui les constitue.

M. Sighele, dans sa *Folla delinquente*, a justement fait remarquer que, en dépit d'une idée incidente de Spencer, le composé social diffère bien souvent de ses éléments individuels et n'en est pas seulement la somme. J'ajoute qu'il en est quelquefois le *produit*, quand ses éléments sont homogènes, d'autres fois la *combinaison*, quand ils sont dissemblables. Dans le premier cas, les sentiments tout pareils dont ils sont animés s'élèvent subitement en chacun d'eux à une intensité qui tient à leur mutuelle multiplication, en quelque sorte. Par là on comprend pourquoi, quand le hasard ou une mutuelle affinité fait que des malfaiteurs se trouvent rassemblés et engagés dans une action d'ensemble, leur criminalité collective est très supérieure à la moyenne de leurs criminalités particulières. Par la même raison, l'égoïsme collectif est plus intense mille fois et plus impérieux que les égoïsmes privés synthétisés en lui. – Dans le second cas, il se forme une résultante originale des tendances divergentes et même contradictoires que présentent les individus réunis, et qui se fusionnent au feu de leur fièvre. Mais avant tout une observation générale est à noter. Quel que soit le but, même noble et légitime, qui soulève une foule, sa formation est toujours, par un côté important, une véritable rétrogradation sur l'échelle de l'évolution sociale. Car autant se resserre ainsi et s'intensifie le lien social, autant il se rétrécit. Tous ces hommes entre lesquels circule, comme le sang à travers les cellules d'un même corps, le sentiment exalté de leur solidarité, le courant de leur mutuelle surexcitation, deviennent aussitôt étrangers à toute l'humanité qui ne fait point partie de leur groupe, inaccessibles à la pitié pour les souffrances des autres hommes, naguère leurs frères ou leurs concitoyens, maintenant des inconnus ou des ennemis, bons à massacrer, à brûler, à piller. C'est le retour à l'état moral de l'individu engagé dans les liens de la famille primitive. Ce qui ne veut pas dire d'ailleurs qu'il s'agisse là d'atavisme le moins du monde, si ce n'est par métaphore.

Telle est la raison pour laquelle la générosité ou l'élévation du but religieux, politique, patriotique, poursuivi par les individus qui s'agrègent en foule ou s'organisent en secte, n'empêche pas le prompt abaissement de leur moralité et la basse atrocité de leur conduite dès qu'ils se mettent à agir collectivement. Les paysans allemands du XVIe siècle se soulèvent et s'arment au nom de la charité et fraternité évangélique; mais à peine sont-ils entrés en campagne: «Je vois bien à présent, dit avec mélancolie un de leurs généraux, que la plupart d'entre eux ne songent qu'au vol et au pillage[1].» Ces «hordes fraternelles», après avoir incendié, pillé châteaux et abbayes, et assassiné leurs habitants, contraignent les bons bourgeois, leurs alliés de cœur, à les imiter en les menaçant eux-mêmes de mort, de dévastation et d'incendie. Quand les *Ciompi*, les citoyens non classés dans la démocratie florentine au XIVe siècle, s'insurgèrent pour obtenir, comme de juste, leur place au soleil, ils se ruèrent d'abord sur les palais abandonnés des magnats puis, ivres de destruction,

1. Voir Jean Jannsen, *l'Allemagne*, p. 538, sur les atrocités commises par l'armée évangélique, à Wunsberg (1525); lire le même auteur, pp. 530 et suiv.

mutuellement entraînés, ils finirent par tout brûler et ravager indistinctement, maisons d'amis ou maisons d'adversaires[1].

*

Si, comparée à une nation civilisée, la foule apparaît comme un organisme social rétrograde, son caractère de rétrogradation est bien plus manifeste encore quand on la compare à l'individu. Cela est vrai *a fortiori*. En effet, les plus hautes formes d'association qui soient connues sont toujours très inférieures organiquement aux êtres vivants dont elles se composent. Le polypier est une sorte de plante, tandis que le polype est un animal; si curieuse que soit l'organisation de l'essaim d'abeilles ou de la fourmilière, un essaim ou une fourmilière est quelque chose d'incomparablement moins compliqué, moins merveilleux, que l'abeille ou la fourmi. Il en est de même de l'humanité. Nos constitutions politiques sont des mécanismes grossiers auprès de nos organismes; et jamais cet esprit collectif qu'on appelle un parlement ou un congrès, n'égale en fonctionnement rapide et sûr, en profondeur et amplitude de délibérations, en génialité d'intuition ou de décision, l'esprit du plus médiocre de ses membres. De là le proverbe: *Senatores boni viri, senatus autem mala bestia*[2]. Un autre proverbe, il est vrai, - car cette prétendue sagesse des nations abonde en contradictions, bien plus que la sagesse de n'importe quel individu, et cela même vient à l'appui de notre idée, - un autre proverbe dit que «personne n'a plus d'esprit que Voltaire, si ce n'est tout le monde». Mais je tiens cet adage pour une contrevérité, accréditée par les courtisans du peuple souverain.

Ainsi, le composé social, même le plus parfait, présente un type d'organisation en général plus bas que celui de ses éléments. Mais combien cela est surtout vrai de la foule, agrégat social des plus infimes! La foule, parmi les populations les plus civilisées, est toujours une sauvagesse ou une faunesse, moins que cela, une bête impulsive et maniaque, jouet de ses instincts et de ses habitudes machinales, parfois un animal d'ordre inférieur, un invertébré, un ver monstrueux où la sensibilité est diffuse et qui s'agite encore en mouvements désordonnés après la section de sa tête, confusément distincte du corps. Car la «bête humaine» varie d'après chaque espèce de multitude, et il y a là toute une faune humaine pour ainsi dire à étudier.

La foule n'est jamais un être «frontal»; à peine est-elle «occipitale», elle est plutôt «spinale», comme dit le Dr Fournial, d'après le Dr Lacassagne. Cependant elle se compose d'êtres en majorité «frontaux» ou «occipitaux». Le Dr Fournial observe avec beaucoup de justesse qu'une foule composée d'adultes a ordinairement quelque chose d'enfantin, de puéril dans ses actes, dans ses colères, par exemple, et ses méchancetés gratuites. Elle détruit souvent pour le plaisir de détruire. Au XVIe siècle, comme sous la Révolution française, comme en tous temps et en tous lieux, on la voit, fréquemment même, formée de voleurs ou conduite par eux, préférer l'incendie au pillage et le meurtre inutile au vol.

En général, la criminalité collective est violente, jamais astucieuse, en quoi elle est aussi, parmi nos peuples contemporains, une régression.

[...] En face de l'individu isolé qui s'oppose à elle, la multitude ne supporte ni résistance,

1. Au fond, une armée elle-même, aussi perfectionnée qu'on la suppose, a une tendance à traiter ainsi tout ce qui lui est extérieur, même le compatriote civil. Précisément parce qu'elle est animée d'un profond esprit de solidarité que le perfectionnement de son organisation attise, elle se sent profondément séparée, du moins en campagne, du reste de la nation, et il faut l'énergie de la discipline, alors, pour retenir les soldats sur la pente du pillage.
2. «Les sénateurs sont d'excellents hommes, mais le sénat une méchante bête.» (N.d.P.)

ni contradiction; il faut, sous peine de mort, qu'il crie avec elle *vive* ou *à bas*, qu'il marche où elle marche, qu'il fasse ce qu'elle fait. Mais, en face de la force armée, elle prend peur, et au premier coup de feu elle se disperse, car chacun de ceux qui la composent perd aussitôt cet orgueilleux sentiment de toute-puissance momentanée, qui tout à l'heure l'enivrait. Par ces brusques alternatives de despotisme et de lâcheté, par ces explosions successives de sentiments contraires, la foule montre sa déséquilibration innée. Un rassemblement de gens assez sains d'esprit devient, en effet, assez facilement un seul et unique fou. Et cette folie de la foule, délire des persécutions, mégalomanie, manie aiguë, a pour cause ordinaire, comme celle de l'individu, la prodigieuse tuméfaction de l'orgueil et de l'égoïsme. Autre cause encore: l'alcoolisme. Il est à remarquer que, terribles ou gaies, féroces ou enthousiastes, les foules ont une tendance constante à l'ivrognerie, même quand elles sont formées de gens relativement sobres. Leur soif est inextinguible. En pillant des maisons, leur première besogne est d'enfoncer les caves et les tonneaux.

Les foules ont cependant leurs admirateurs sincères et leurs apologistes passionnés. On admirera, par exemple, l'unanimité qui les caractérise et où l'on verra, sous leur désordre apparent, l'ordre suprême. Partout en effet où l'on aperçoit un grand mouvement d'ensemble, un puissant entraînement humain, on est porté à s'émerveiller, comme devant une tempête. L'erreur de cet émerveillement provient de ce qu'on oublie la cause toute simple de ces phénomènes majestueux, l'imitation, ce qui incline à leur prêter quelque source mystérieuse. Et le fait admiré ici est d'autant moins admirable qu'il se rattache à la forme la plus élémentaire et la moins élevée de l'imitation. Pourquoi, en effet, la foule n'a-t-elle qu'une manière de pratiquer l'accord interne, à savoir l'unisson, l'unanimité? Pourquoi lui est-il impossible de connaître l'harmonie de convictions et de tendances différentes en train de se satisfaire par mutuelle assistance, de s'équilibrer par mutuelle tolérance? Pourquoi n'y a-t-il jamais pour elle de milieu entre l'unisson et la cacophonie, entre l'unanimité qui lui est habituelle et l'anarchie qui s'y produit exceptionnellement, quand des groupes dissidents y surgissent et s'y font une guerre civile? Parce que l'unanimité est toujours le fruit de l'imitation unilatérale, de l'action exercée par quelques meneurs presque sans réciprocité, tandis que l'harmonie plus complexe d'une nation civilisée est produite par un échange d'influences diverses entre inventeurs et imitateurs. Et c'est seulement quand l'unanimité s'est établie de la sorte, dans une multitude, que, par leur mutuel reflet, les sentiments unanimes croissent en intensité dans le cœur de chacun de ceux à qui ils ont été suggérés. Si l'on s'extasie devant l'unanimité des foules, autant vaut-il s'extasier devant cette tendance qu'elles ont toutes, comme l'a fort bien remarqué le Dr Fournial, «à faire le même geste, à pousser le même cri, à entonner le même refrain». [...]

*

Ainsi, il est bien certain que moralement et intellectuellement, les hommes en *gros* valent moins qu'en *détail*. Quelle est la cause de ce phénomène remarquable? On peut se l'expliquer, indépendamment des explications partielles déjà fournies, en recherchant: 1° Quels sont les faits psychologiques les plus contagieux par nature; 2° Quels sont les hommes les plus naturellement influents.

En premier lieu, demandons-nous quels sont les sentiments que le fait de les éprouver en commun, de les voir éprouver par d'autres autour de soi, avive le plus en nous? Ce ne sont ni les plaisirs, ni les douleurs, en ce qu'ils ont de caractéristique, c'est-à-dire de *sensationnel*; ce sont les désirs, amours ou haines. Ce sont aussi les convictions, affirmatives ou négatives, les jugements de confiance ou de méfiance, d'éloge ou de blâme. Par suite, rien de plus contagieux que l'audace, qui est un désir énergique uni à une conviction forte ; rien de plus contagieux non plus que l'orgueil, parce qu'il est à la fois un vif désir de domination et une foi profonde en sa propre supériorité. Quoi de plus épidémique aussi que l'espérance et la crainte, comme l'attestent les paniques et les « emballements » de Bourse, la crédulité en masse des agioteurs les plus avisés individuellement ? Voilà pourquoi aussi bien lorsque, comme il arrive d'ordinaire dans les bandes d'insurgés, les malheureux se mêlent aux malfaiteurs, ceux-ci donnent le ton et non ceux-là, la misère des premiers étant une souffrance, chose non communicable comme telle par le simple contact, tandis que la perversité des seconds est un faisceau de tendances, chose éminemment susceptible de se propager en s'exprimant par la physionomie et la parole. D'autre part l'observation des multitudes semble montrer que, après quelques oscillations, la haine chez elles finit, en somme, par l'emporter en contagiosité sur l'amour, la diffamation sur la louange, les huées sur les bravos ; ajoutons les négations sur les affirmations [1]. Ce n'est pas qu'en général une insurrection ne débute par quelques beaux élans d'enthousiasme pour un homme ou une idée, mais la propagation de cette admiration et de cette foi s'était opérée antérieurement par cette contagion lente et tranquille dont il a été question ci-dessus et qui elle, ne favorise pas le mal aux dépens du bien. À peine d'ailleurs les premières manifestations enthousiastes d'admiration et de crédulité ont-elles eu lieu, que des émeutes leur succèdent, où se déploient la propagande rapide des négations et des dénigrements, des incrédulités et des animosités. Par cette contagiosité supérieure des croyances négatives notamment, on peut comprendre l'athéisme collectif dont faisaient preuve les grandes compagnies du Moyen Âge, pendant la guerre de Cent Ans [2]. En masse, ces routiers sont impies ; ils affectent de boire dans les calices volés et souillés. Individuellement, la plupart sont dévots et superstitieux.

Le malheur est que de tous les actes humains, l'un des plus fascinateurs est le meurtre. Michelet, Taine, Maxime du Camp ont peint la force d'entraînement et de vertige exercée par le spectacle des massacres sur d'honnêtes gens, devenus bandits par épidémie homicide.

La vue du meurtre est plus contagieuse assurément que la vue de l'accouplement sexuel. L'aventure du *Théâtre réaliste*, qui a provoqué un si grand scandale devant un public des plus licencieux, en est la preuve évidente, si on la compare à l'engouement des spectateurs de tous les temps et de tous les pays pour les jeux monstrueux du cirque et les combats de taureaux. « Rien de contagieux comme le meurtre », dit Zeller à propos des révolutions en Italie ; tout historien en a dit autant. Et pourtant le rut lui-même est contagieux, comme le prouvent les scènes orgiaques des mystères antiques, les nymphomanies épidémiques analogues à celles de Loudun, les orgies fréquentes des malfaiteurs et des pédérastes (voir Carlier à ce sujet), les viols publics commis successivement sur les mêmes victimes par des bandes de brigands, notamment par les grandes compagnies du Moyen Âge, etc. Ces derniers avaient inauguré un genre nouveau : le viol par représailles.

Bien souvent aussi, la lubricité et le carnage s'exaltent de concert et mutuellement s'excitent. Mais, en somme, le spectacle de l'homicide est plus fascinateur que celui de l'amour en acte. Et cela est d'autant plus remarquable que l'idée de celui-ci, au contraire, est bien plus attractive que l'idée de celui-là.

1. Peut-être même la peur est-elle plus contagieuse que la bravoure. Le fait est que, dans toute bataille, il y a une panique irrésistible, la déroute finale de l'une des deux armées, et qu'il n'y a pas toujours une *furia francese*.
2. Voir *Histoire de Du Guesclin* par Siméon Luce.

[...] Dans une assemblée et, à plus forte raison, dans un rassemblement, ce n'est pas d'ordinaire l'élite, c'est plutôt la lie, qui entraîne le *vulgum pecus*. On ne sait pourquoi, au juste, un homme est influent et prestigieux, de même qu'on ne sait pourquoi un homme a le don d'hypnotiser. De très merveilleux hypnotiseurs ne sont que des esprits médiocres, pendant que les médecins du plus haut mérite échouent dans toutes leurs tentatives d'hypnotisation. Combien de fois un homme supérieur de talent et de cœur s'est-il laissé dominer par des médiocrités autoritaires qui s'emparent indiscrètement de lui et qu'il laisse faire, qui lui disent de marcher à leur suite et qu'il suit ? Elles l'intimident. Il tient extraordinairement à leur jugement, et, par conséquent, ne saurait rien faire contre leur gré. Et parfois, sous ces complaisances, il n'y a nulle sympathie. Dans les cours de collèges, ce sont rarement les meilleurs élèves qui ont le plus d'influence et de popularité. Des cancres, d'une paresse crasse, d'un robuste orgueil et d'un intraitable caractère, ont bien plus de succès. Il semble qu'ici l'énergie et la volonté joue un bien plus grand rôle que la capacité et la vigueur même de l'intelligence. Mais il s'y joint aussi, probablement, quelque action physique, inanalysable, exercée par des particularités des traits, de la physionomie, de la constitution corporelle. Il se peut qu'elle se rattache, par un invisible lien, à la sexualité. Et, de fait, quand les femmes interviennent dans les foules, dans les sectes mêmes, et qu'elles concourent à l'entraînement opéré par les meneurs, les effets de cette alliance sont invincibles. On le voit bien par les grandes journées révolutionnaires. Quoi qu'il en soit, c'est uniquement, ou c'est principalement dans les foules, et aussi dans les sectes, là où les hommes se coudoient au sens propre du mot, que cet élément physique du prestige individuel intervient avec une prépondérance néfaste pour détourner le cours de l'imitation de ses voies logiques et l'orienter vers le pire exemple au détriment du meilleur ou du plus utile.

*

Ce fait général étant établi et expliqué, que le composé social, surtout quand il consiste en une foule ou une coterie, est moralement inférieur à son élément moyen, il s'agit d'expliquer aussi les diversités que présentent ces agrégats humains, et notamment les foules criminelles. Ces agrégats ne se ressemblent guère, en effet. Que l'on compare une fête de la fédération en 1790 à une jacquerie, une réunion de quakers à un club de jacobins, une émeute américaine pour le massacre de prisonniers lynchés à une de ces nombreuses émeutes que l'Ancien Régime a vues éclore pour la délivrance de certains prisonniers, et dont la prise de la Bastille n'est que la suite éclatante. À quoi tiennent ces différences ? Est-ce principalement à l'action du climat ou de la race, des facteurs physiques ou biologiques, ou n'est-ce pas plutôt au moment historique, à un confluent d'influences sociales ? Il est plus facile de répondre clairement à cette importante question qu'à un problème analogue qui se pose à propos des actes et surtout des crimes individuels. Plus l'organisation d'un être, en effet, est élevée, et plus il s'assimile les influences de tous genres qui agissent sur lui et qui se présentent combinées, confondues aux yeux de l'observateur ; plus, au contraire, son organisation est abaissée et plus il est aisé de démêler leur part d'action distincte. Le rôle de la lumière, de la chaleur, de l'électricité, de l'altitude, de la latitude, de l'humidité se laisse bien plus aisément étudier, détailler, mesurer, chez les plantes et animaux inférieurs, immédiatement influencés sans résistance ni emmagasinement interne par chacun de ces agents, que chez les mammifères. Or, une foule, une secte aussi sont toujours beaucoup moins centralisées qu'une personne humaine et, comme les êtres vivants inférieurs, dépensent leurs forces à mesure qu'elles leur arrivent du dehors ; ce qui permet de voir à l'œuvre, et à part, chacune de celles-ci. Il est donc particulièrement instructif de considérer la criminalité collective à ce point de vue.

Que nous apprend-elle ? Elle nous apprend d'abord à ne pas douter de l'efficacité des causes physiques et physiologiques. Les émeutes dans nos climats n'ont presque jamais lieu dans la nuit; rarement l'hiver; le temps qu'il fait, pluie ou soleil, chaleur ou froid, importe toujours à leur succès et à leur direction; il suffit parfois d'une averse pour les disperser. Doit-on accorder à M. Gouzer que les lunaisons ont une influence appréciable sur elles, que la pleine lune les favorise ? C'est possible; cela ne me paraît pas démontré. Mais chaque race nationale leur imprime sa couleur propre, qui distingue si nettement une grève anglaise d'une grève française, une élection agitée à New York d'un scrutin sanglant dans une capitale de l'Amérique espagnole. C'est que l'influence de la race dans l'acte de l'individu peut être neutralisée, et l'est le plus habituellement par celle de la variation individuelle qui recouvre de sa broderie passagère ce canevas perpétuel, tandis que, dans une réunion d'hommes du même pays, ces variations se compensent. Mais, en second lieu, ce que nous enseigne non moins clairement l'exemple des actions collectives, c'est la maîtrise des causes sociales, c'est leur autorité décisive qui se subordonne les causes précédentes, les utilise et les asservit à ses fins. Comme nous l'avons dit plus haut, l'âme d'une foule, c'est le but particulier qui la soulève. Sans ce but, la saison, la pluie ou le soleil, le climat, la race auraient eu beau concourir, la foule ne se serait point formée ; c'est ce but qui est sa force déterminante et caractéristique, et c'est seulement après lui que les modificateurs physiques peuvent agir. Il n'est rien de plus entraînant, à coup sûr, parmi ces derniers, si tant est qu'on doive l'y comprendre, que l'action de la musique fortement cadencée. Si antique est son efficacité et si pareille toujours, que, d'après nos érudits[1], l'un des fragments conservés des airs de Tyrtée présente les plus frappantes analogies de rythme avec la Marseillaise. La Marseillaise pourtant n'a jamais pu électriser que des réunions d'hommes déjà réunis par une même passion. Mais cette passion, ce but, c'est à un enchaînement séculaire d'événements historiques, c'est à une filiation et à une propagande prolongée d'idées, c'est à une vulgarisation de besoins plus ou moins factices, qu'est due sa présence dans tant de cœurs à la fois, ce qui a rendu possible son renforcement brusque en chacun d'eux par leur rapprochement ou leur contagion réciproque ; ajoutant plus spécialement le souvenir, présent à toutes les mémoires, d'insurrections précédentes, récentes, sur lesquelles les émeutiers se modèlent inconsciemment. Voilà ce qui donne aux émeutes successives d'une même époque, de la guerre de Cent Ans, du XVIe siècle, de la Fronde, de la Révolution française, quelles que soient la saison ou la province, une même allure, une même nature en tous lieux reconnaissable. Ce sont là les boutons, tous pareils au fond, d'une même fièvre éruptive, d'une épidémie morale, tantôt salutaire, tantôt désastreuse, qui consiste dans la conversion de tout un peuple, de tout un continent, à une nouvelle religion, à un nouveau dogme politique, et qui imprime à toutes les chapelles d'un même culte, à tous les clubs d'un même parti, sur l'étendue d'un vaste territoire, au nord, au sud, en pays celtique, slave ou germain d'origine, un caractère d'identité fondamentale malgré leur diversité superficielle[2].

La conduite d'une foule dépend en grande partie de l'origine sociale de ses membres, de leur profession, de leur classe ou de leur caste, de leur habitude de vivre à la ville ou à

1. Voir *Dictionnaire des antiquités* de Daremberg et Saglio, verbo *Embatérion*.
2. J'ai déjà traité ce point dans mes *Études pénales et sociales*, pp. 302 et suiv., à propos de la *folla delinquente* de M. Sighele.

la campagne, dans un milieu condensé ou disséminé. Les foules urbaines sont celles où la contagiosité s'élève au plus haut degré de rapidité, d'intensité, de puissance. M. Taine nous explique à merveille l'excitabilité extrême des attroupements qui spontanément se formaient au Palais-Royal, un peu avant la prise de la Bastille. Ce public, tel qu'il nous le dépeint, est composé, en somme, de gens habitués à vivre en public, piliers de cafés, abonnés de théâtres, étudiants, tous passant leur vie à subir ou à transmettre des influences, des suggestions vives et, par suite, devenus extraordinairement suggestibles, en même temps que leur détachement de la famille et de la tradition, de la suggestion atavistique, leur donne l'illusion de l'indépendance la plus complète. Ils ont l'air libre, à raison même de leur impressionnabilité prodigieuse qui les rend suggestibles et instables. Ce sont des multitudes ainsi constituées, nerveuses et féminines de tempérament et où les femmes, en réalité, figurent avec éclat, qui font les révolutions en tous pays civilisés. Elles sont sujettes à de brusques revirements qui sont beaucoup plus rares chez les foules rurales. Un mot spirituel et gouailleur de marquis qu'on va hisser à la lanterne, une attitude crâne, je ne dis pas stoïque, peuvent changer en applaudissements et en rire admiratif les clameurs féroces d'une populace de grande ville, non d'une émeute de paysans. Les foules rurales sont beaucoup plus malaisées à susciter, mais, une fois en mouvement, elles ne s'arrêtent plus, foncent sur leur but avec l'intrépidité du taureau lancé. Leur composition est bien plus homogène et bien plus simple; tout le monde s'y connaît, on y est parents et voisins les uns des autres, et le faisceau humain, fait en partie de liens antérieurs d'homme à homme, y est beaucoup moins factice et plus fort. Aussi leur effet est-il écrasant. Les femmes s'y rencontrent rarement. Elles ont pourtant joué un certain rôle dans la guerre hussite du XVe siècle et dans la révolution allemande du XVIe ; mais ce ne sont jamais des femmes de mauvaise vie. Ce sont plutôt des viragos telles que la Hofmann, mégère héroïque et féroce, à côté de laquelle nos tricoteuses de guillotine sont des poupées. Derrière elle, en 1525, marchait une troupe d'insurgés en jupons, portant armes et cuirasses et suivant l'armée «évangélique». Elle «ne respirait qu'incendie, pillage, meurtre», dit Jannsen. Elle était sorcière et prononçait sur ses fanatiques des sortilèges qui devaient les rendre invulnérables. Rurales ou urbaines, du reste, les foules sont également sujettes à la folie des grandeurs ou des persécutions, et à des hallucinations mentales qui transforment à leurs yeux, par exemple, un dessinateur inoffensif en un espion occupé à tracer des plans pour l'ennemi. Mais, chez les foules urbaines, la prétendue «folie morale» est plus fréquente et plus profonde. C'est là, autrement dit, qu'il faut chercher les spécimens les plus parfaits de criminalité collective [...]

Rapport présenté par G. Tarde, juge d'instruction à Sarlat, Dordogne

Psychologie des foules et analyse du moi

(1921)

SIGMUND FREUD

(1856-1939)

*Il était bon que Freud figure à peu près au centre de ce livre. Non que son œuvre soit indépassable (et surtout pas l'extrait que nous publions) ; mais le fondateur de la psychanalyse s'est acharné à traiter de problèmes qui sont encore les nôtres : qu'est-ce qui fait que les hommes, au deux sens de ce verbe, s'*obligent*? Comment passe-t-on de l'anarchie à la stabilité de l'État, et inversement de celle-ci aux catastrophiques effondrements de la violence et de la guerre ? Comment l'ordre secondaire canalise-t-il tant bien que mal les magmas primaires ? Et pourquoi la culture ou la civilisation sont-elles, en nous et hors de nous, si fragiles ?*

Le modèle d'explication freudien est dynamique, et polémique : il conçoit tout état d'équilibre (psychique) comme la résultante de forces contraires, et la vie de l'esprit comme le dressage de pulsions peut-être inéduquables. Il était naturel qu'au sortir d'une guerre particulièrement cruelle son fondateur oriente la psychanalyse vers le traitement de l'autorité, et tente d'éclairer par elle la genèse du totalitarisme.

*Ce texte fait donc partie des excursions et spéculations que Freud s'autorise hors de la clinique, fort des observations et des concepts rassemblés au contact de celle-ci. Il commence par remarquer l'absence de démarcation entre la psychologie individuelle et la psychologie sociale, tant notre relation à l'autre nous façonne intimement. « Dans la vie psychique de l'individu pris isolément, l'Autre intervient très régulièrement en tant que modèle, soutien et adversaire, et de ce fait la psychologie individuelle est aussi d'emblée et simultanément, une psychologie sociale, en ce sens élargi mais parfaitement justifié » (*in *Introduction).*

D'emblée donc, l'individu est une petite foule. Cette intuition est corroborée tout au long du chapitre II, *où Freud cite longuement l'ouvrage de Gustave Le Bon (*la Psychologie des foules, *1895), ainsi que celui de Mac Dougall qui s'en inspire. Ces deux auteurs décrivent les comportements des foules en termes de régression, laquelle s'avère correspondre étroitement avec la description par Freud du processus primaire. Que la foule soit* primaire, *à la fois génétiquement (elle précède historiquement l'individu, et l'individualisme est toujours une conquête à partir de ce premier mode d'existence) et psychanalytiquement (elle ne raisonne pas), fait de la* Massenpsychologie *« la plus ancienne psychologie de l'homme ». C'est elle que chacun retrouve en lui, dans les régressions du sommeil, de l'hypnose, de l'amour, comme dans les états d'exaltation collective. Lesquels peuvent engendrer le pire, mais aussi le meilleur : pour Canetti comme pour Freud qui discute l'éventuelle « moralisation de l'individu par la foule » (en empruntant ce thème à Gustave Le Bon), la foule a parfois du bon. On remarque à la faveur de cette confusion primaire l'effacement d'une frontière : la foule contient l'individu qui contient la foule.*

Frontière *est donc ce qui vacille dans ce texte capital, qui par ailleurs remet en cause plusieurs notions connexes et tout aussi essentielles : identité, objet, sujet, substance ou sol... Mais surtout cet essai très souvent cité est un texte polémique pour la théorie même de Freud, ébranlée ici dans ses fondations. Il serait trop long d'en faire la démonstration,* mais le concept d'identification peut, tel que Freud l'introduit et tente de l'articuler avec le complexe d'Œdipe au chapitre VII de son ouvrage, révéler quelques-uns des problèmes qui demeurent ici en suspens.

Ce qui est clairement dit dans ce texte, c'est d'abord que l'identification, expressément définie comme « la forme la plus originaire du lien affectif à un objet », est préhistorique par rapport à l'épisode œdipien : l'identification est une « rejeton » de la première phase, orale, d'incorporation. Deux formes de libido (de désir) découlent de cette distinction : le désir d'être comme l'autre, et le désir d'avoir (tel objet), de telle sorte, dit encore Freud, que le premier précède nécessairement le second.

Cette importante distinction vient donc renforcer, dans l'histoire et l'économie interne du système freudien, l'introduction du narcissisme (1914), c'est-à-dire l'examen d'une libido du moi : avec le narcissisme en effet le moi se prend lui-même pour objet, et cet « investissement » apparaît plus primaire que toute libido d'objet. Des conflits sont donc à prévoir (et sont envisagés au chapitre VII) entre le choix d'objet (postérieur) et l'imprescriptible (et archaïque) impératif identificatoire : pour et avant d'avoir (tel objet d'amour), il faut être (quelqu'un). Cette plongée dans le pré-œdipien touche donc à l'archaïque, ou du moins à une strate plus sous-jacente ou primaire que tout désir d'objet : en un lieu où l'objet et le sujet n'ont point encore divergé parce que dans le narcissisme, l'hypnose, l'amour ou la masse, ils sont fantasmatiquement le même.

« Des relations amoureuses constituent également l'essence de l'âme des foules. » Pour expliquer ce lien parfois si fort, nous avons le choix entre différents mots de l'énigme : amour, hypnose, suggestion, identification... L'hypnose (mettre la personne de l'hypnotiseur à la place de l'idéal du moi) explique l'amour, lequel sous sa forme désexualisée explique l'hypnose (qui ressemble au total abandon du nourrisson dans les bras de sa mère). Derrière la suggestion (de Bernheim) se tient l'amour, exploré par la psychanalyse. C'est l'identification qui sert ici d'archi-concept, ce que dit Freud (elle est « la forme la plus originaire du lien affectif à un objet »), sans en tirer toutes les conséquences, car une pensée rigoureuse de l'identification, c'est-à-dire d'une mimesis à l'origine, et parasitant ensuite tous nos « choix libidinaux », renverserait l'édifice freudien fondé sur le primat d'une sexualité généralement rabattue sur une libido d'objet.

Pris au sérieux et suivi à la lettre, le concept d'identification nous montre la société fondée sur un abîme. Ou, variante lacanienne, sur un imaginaire.

Nous résumerons schématiquement ce débat en rappelant que la théorie de la libido (qui recouvre toutes les occurrences du verbe aimer) dessine un Y avec ses deux branches, désir d'être et désir d'avoir, et son tronc commun ou indifférencié (l'oralité primaire). Pour des raisons complexes trop longues à développer ici, Freud aura en fin de compte privilégié les conflits de la « branche avoir », qui correspondent aussi aux névroses, en délaissant un peu l'examen de l'autre branche et les conflits plus ravageurs (psychotiques) de l'identification et de la mimesis. D'une façon générale, on n'a pas beaucoup exploré en psychanalyse l'hypothèse mimétique (qui a donné à l'œuvre de René Girard son fil directeur). Et c'est pourquoi, aujourd'hui encore, l'identification reste pour la psychanalyse un concept crucial.

Psychologie des foules et analyse du moi constitue donc un texte minoritaire et relativement isolé à l'échelle de l'œuvre, un texte de compromis un peu boiteux et pour cela formidablement intéressant. Un autre motif d'intérêt réside dans la politique qui s'en dégage : politique fort pessimiste, et qui justifie tous les totalitarismes, c'est-à-dire l'appel à un Führer. Non que Freud partage ni approuve aucunement le délire provoqué par les *manifestations chauvines de la guerre, et qui vont renaître quelques années après l'écriture de ce texte dans les persécutions dirigées contre son peuple. Mais enfin il accorde à Le Bon que « la masse » (*Masse, Gruppe *ou* Menge : *les traducteurs discutent dans leur préface l'imprécision du terme allemand) est un grand corps flasque, acéphale, et que ce corps réclame un chef, ou une tête. Les images des foules du* XX*e siècle, tendant le bras vers Hitler, brandissant le petit livre rouge ou le portrait du dictateur, ne risquent certes pas de contredire cette vision de l'histoire : l'homme moderne, qu'on dit un peu vite démocratique et individualiste, est en réalité l'homme déboussolé par le reflux des grandes transcendances religieuses et politiques.*

Cet homme des foules, mimétique, sentimental et fasciné par son voisin, regarde au-dessus de sa tête avec le fol espoir de se voir lui *(son idéal du moi) incarné dans le sujet absolu ou l'égocrate narcissique, celui qui n'aime personne mais qui répète à chacun : « Je t'aime, je vous ai compris... » Au commencement était le Surhomme, écrit Freud en corrigeant ici Nietzsche. Avec quel emportement les masses (se) coagulent autour de ce Führer qu'elles tiennent à bout de bras, et à quel prix ! Car ce Führer n'est qu'une ruse du narcissisme et de l'autoréférence du groupe à lui-même, qui ne peut se voir (s'identifier) que par le détour de ce meneur* qui fait la foule qui le fait.

Nous retrouverons au chapitre V *(« Machinations de la pensée ») ce paradoxe de composition, où la figure du meneur n'est pas sans évoquer le paradoxe du menteur cher à Bertrand Russell. Jean-Pierre Dupuy a longuement confronté de son côté ce texte de Freud à des questions issues de la théorie des types logiques (appartenance à une classe, clôture d'un ensemble par l'émergence d'un métaniveau, interdiction de l'autoréférence...). La politique (totalitaire) esquissée par Freud dans ce texte ne peut donc constituer le dernier mot sur la genèse de l'autorité.*

D'autant plus que lui-même avait proposé un autre modèle, dans un texte antérieur qu'il dira, beaucoup plus tard, être son préféré : Totem et tabou *(1913), auquel font allusion ici les mentions de la « horde primitive ». On lira dans Mikkel Borch-Jacobsen* [1] *une comparaison scrupuleuse entre les deux genèses successivement envisagées par Freud de l'autorité : dans le mythe de* Totem et tabou, *le père n'est pas hypnotiseur mais culpabilisateur, car mort (ses « fils » l'ont tué, puis dévoré). Leur obéissance rétrospective ne s'explique pas par l'amour, comme dans le texte de 1921, mais par le remords, c'est-à-dire selon une modalité négative et non pas positive de l'identification. Le Führer ne domine plus d'en haut, mais d'en bas sous ses assassins : celui auquel on veut toujours s'identifier (par l'incorporation du « festin cannibale ») précisément n'est rien, ou plutôt il renvoie les sujets de cette identification à leur propre mortalité. Dans la mesure où la place du mort est inoccupable, c'est à partir d'elle que les hommes peuvent se tenir en respect. Hegel contre Nietzsche : ce n'est pas le Surhomme mais la Mort qui constitue « le maître absolu ». La communauté, commente Borch-Jacobsen, est éthique avant d'être politique.*

Il est dommage que Psychologie des foules et analyse du moi *ait abandonné cette première et très intéressante genèse, toute négative, de l'autorité, pour lui substituer une attache plus substantielle. Telles sont en tout cas quelques-unes des pistes ouvertes par le concept d'identification, chez Freud et au-delà de son œuvre. Un concept de toute évidence à creuser, une piste à suivre (avec dans ce chapitre les textes de Girard, Dupuy, Borch-Jacobsen).*

1. Mikkel Borch-Jacobsen, *le Lien affectif*, Aubier, 1991, chapitre « le Sujet freudien, du politique à l'éthique ».

Source : *« Psychologie des foules et analyse du moi » (Massenpsychologie und Ich-Analyse), in* Essais de psychanalyse, *Petite Bibliothèque Payot, 1981, nouvelle traduction de Pierre Cottet, André Bourguignon, Jannine Altonnian, Odile Bourguignon et Alain Rauzy.*

Bibliographie : *Jean Laplanche et Jean-Bertrand Pontalis,* Vocabulaire de la psychanalyse, *PUF, 1967.*

VII
L'identification

L'IDENTIFICATION est connue de la psychanalyse comme expression première d'un lien affectif à une autre personne. Elle joue un rôle dans la préhistoire du complexe d'Œdipe. Le petit garçon fait montre d'un intérêt particulier pour son père, il voudrait devenir et être comme lui, prendre sa place en tous points. Disons-le tranquillement : il prend son père comme idéal. Ce comportement n'a rien à voir avec une position passive ou féminine envers le père (et en général envers l'homme). Il est bien plutôt typiquement masculin. Il est très compatible avec le complexe d'Œdipe qu'il aide à préparer.

Simultanément à cette identification au père, peut-être même antérieurement, le garçon a commencé à effectuer un véritable investissement objectal de la mère selon le type par étayage. Il présente donc alors deux liens psychologiquement différents, avec la mère un investissement objectal nettement sexuel, avec le père une identification exemplaire. Les deux coexistent un temps sans s'influencer ni se perturber réciproquement. Par suite de l'unification, irrésistible dans sa progression, de la vie psychique, ils finissent par se rencontrer et de cette confluence naît le complexe d'Œdipe normal. Le petit remarque que le père lui fait obstacle auprès de la mère ; son identification au père prend maintenant une tonalité hostile et devient identique au désir de remplacer le père également auprès de la mère. L'identification est d'ailleurs ambivalente dès le début, elle peut tout aussi bien s'orienter vers l'expression de la tendresse que vers le désir d'éviction. Elle se comporte comme un rejeton de la première phase *orale* de l'organisation libidinale dans laquelle on s'incorporait, en mangeant, l'objet convoité et apprécié et ce faisant l'anéantissait en tant que tel. Le cannibale, comme on sait, en reste là. Il aime ses ennemis jusqu'à les dévorer, et il ne dévore pas ceux qu'il ne peut aimer d'une manière ou d'une autre.

Le destin de cette identification au père est facilement perdu de vue par la suite. Il peut alors arriver que le complexe d'Œdipe subisse une inversion, que, dans une position féminine, le père soit pris comme l'objet dont les pulsions sexuelles directes attendent leur satisfaction, et l'identification au père est alors devenue le précurseur du lien objectal au père. Cela vaut également, avec les substitutions correspondantes, pour la petite fille.

Il est facile d'exprimer en une formule la différence entre une telle identification au père et le choix du père comme objet. Dans le premier cas le père est ce qu'on voudrait *être*, dans le second ce qu'on voudrait *avoir*. Ce qui fait donc la différence, c'est que le lien porte sur le sujet ou sur l'objet du moi. C'est pourquoi le premier de ces liens est déjà possible, préalablement à tout choix d'objet. Il est bien plus difficile de donner de cette différence une représentation métapsychologique concrète. On se borne à reconnaître que l'identification aspire à rendre le moi propre semblable à l'autre pris comme « modèle ».

Dans une formation de symptôme névrotique, nous dégageons l'identification d'un contexte plus embrouillé. Que la petite fille, à laquelle nous allons maintenant nous en tenir, contracte le même symptôme douloureux que sa mère, par exemple la même toux déchirante, cela peut se produire par des voies différentes. Ou bien l'identification est celle-là même du complexe d'Œdipe, qui signifie une volonté hostile de se substituer à la mère, et le symptôme exprime l'amour objectal pour le père ; il réalise la substitution à la mère sous l'influence de la conscience de culpabilité : tu as voulu être la mère, maintenant tu l'es, au moins dans la douleur. C'est alors le mécanisme complet de la formation de symptôme hystérique. Ou bien au contraire le symptôme est le même que celui de la personne aimée (ainsi par exemple, Dora dans le « Fragment d'une analyse d'hystérie » imite la toux du père) ; nous ne pouvons alors décrire la situation qu'ainsi : *l'identification a pris la place du choix d'objet, le choix d'objet a régressé jusqu'à l'identification*. Il a été dit que l'identification est la forme la plus précoce et la plus originaire du lien affectif ; dans les conditions propres à la formation de symptôme, donc du refoulement, et à la suprématie des mécanismes de l'inconscient, il arrive souvent que le choix d'objet redevienne identification, donc que le moi s'approprie les qualités de l'objet. Il est à remarquer que, dans ces identifications, le moi copie une fois la personne non aimée, l'autre fois au contraire la personne aimée. Il ne doit pas non plus nous échapper que l'identification est, les deux fois, partielle, extrêmement limitée, et n'emprunte qu'un seul trait à la personne-objet.

Il y a un troisième cas de formation de symptôme, particulièrement fréquent et significatif, où l'identification fait totalement abstraction du rapport objectal à la personne copiée. Quand, par exemple, l'une des jeunes filles d'un pensionnat vient de recevoir, de celui qu'elle aime en secret, une lettre qui suscite sa jalousie et à laquelle elle réagit par une crise d'hystérie, quelques-unes de ses amies, au courant du fait, vont alors attraper cette crise, comme nous le disons, par la voie de la contagion psychique. Le mécanisme est celui d'une identification fondée sur la capacité ou la volonté de se mettre dans une situation identique. Les autres aimeraient aussi avoir un rapport amoureux secret et, sous l'influence de la conscience de culpabilité, elles acceptent aussi la souffrance qui s'y rattache. Il ne serait pas juste d'affirmer qu'elles s'approprient le symptôme par compassion. Au contraire, la compassion naît seulement de l'identification, et la preuve en est qu'une telle contagion ou imitation s'instaure également dans des circonstances où l'on admet, entre les deux personnes, une sympathie préexistante bien moindre que celle qui s'établit habituellement entre des amies de pension. L'un des moi a perçu chez l'autre une analogie significative en un point, dans notre exemple la même disponibilité affective ; il se forme là-dessus une identification en ce point et, sous l'influence de la situation pathogène, cette identification se déplace sur le symptôme que l'un des moi a produit. L'identification par le symptôme devient ainsi l'indice d'un lieu de coïncidence des deux moi, lieu qui doit être maintenu refoulé.

Ce que nous enseignent ces trois sources, nous pouvons le résumer comme suit : premièrement, l'identification est la forme la plus originaire du lien affectif à un objet ; deuxièmement, par voie régressive, elle devient le substitut d'un lien objectal libidinal, en quelque sorte par introjection de l'objet dans le moi ; et troisièmement, elle peut naître chaque fois qu'est perçue à nouveau une certaine communauté avec une personne qui n'est pas objet des pulsions sexuelles. Plus cette communauté est significative, plus cette identification partielle doit pouvoir réussir et correspondre ainsi au début d'un nouveau lien.

Nous avons déjà pressenti que le lien réciproque entre les individus de la foule est de même nature que cette identification née d'une communauté affective importante, et nous pouvons supposer que cette communauté réside dans le type de lien qui rattache au meneur. Un autre pressentiment nous porte à dire que nous sommes bien loin d'avoir épuisé le problème de l'identification et que nous nous trouvons devant le processus, appelé empathie par la psychologie, qui prend la plus grande part à notre compréhension de ce qu'il y a d'étranger à notre moi chez d'autres personnes. Mais nous voulons nous limiter ici aux effets affectifs les plus immédiats de l'identification et également laisser de côté sa signification pour notre vie intellectuelle.

La recherche psychanalytique qui, à l'occasion, s'est déjà aussi attaquée au problème plus difficile des psychoses, a pu nous faire voir également l'identification dans quelques autres cas qui sont loin d'être aisément accessibles à notre compréhension. Je vais traiter en détail deux de ces cas qui seront la matière de nos réflexions ultérieures.

La genèse de l'homosexualité masculine est dans un grand nombre de cas la suivante : le jeune homme a été fixé à sa mère, au sens du complexe d'Œdipe, d'une manière inhabituellement longue et intense. Mais vient enfin, la puberté une fois achevée, le temps d'échanger la mère contre un autre objet sexuel. Il se produit alors un retournement soudain ; l'adolescent n'abandonne pas sa mère mais s'identifie à elle, se transforme en elle et recherche maintenant des objets qui puissent remplacer pour lui son propre moi et qu'il puisse aimer et choyer, comme il en avait fait l'expérience grâce à sa mère. C'est un processus fréquent, qui peut se confirmer à tout moment et ne dépend naturellement en rien de toute hypothèse relative à la force pulsionnelle organique et au motif de cette transformation soudaine. Ce qui est frappant dans cette identification c'est son ampleur, elle transforme le moi dans une partie éminemment importante, dans son caractère sexuel, sur le modèle de l'objet existant jusqu'alors. En même temps, l'objet lui-même est abandonné ; qu'il le soit totalement ou seulement au sens d'un maintien dans l'inconscient, n'entre pas dans notre discussion. L'identification à l'objet abandonné ou perdu, servant de substitut à celui-ci, l'introduction de cet objet dans le moi, n'est certes plus une nouveauté pour nous. Un tel processus peut à l'occasion s'observer directement chez le petit enfant. Récemment a paru dans l'*Internationale Zeitschrift für Psychoanalyse* une observation de ce genre : un enfant, qui était malheureux d'avoir perdu son petit chat, déclara sans hésiter qu'il était maintenant lui-même le petit chat, en vertu de quoi il marchait à quatre pattes, ne voulait pas manger à table, etc.

Un autre exemple d'une telle introjection de l'objet nous a été donné par l'analyse de la mélancolie, laquelle affection compte bien la perte réelle ou affective de l'objet aimé au nombre de ses causes les plus frappantes. Un caractère essentiel de ces cas est la cruelle autodépréciation du moi, en liaison avec une impitoyable autocritique et d'amers autoreproches. Des analyses ont mis en évidence que cette appréciation et ces reproches concernent au fond l'objet et figurent la vengeance exercée par le moi sur cet objet. L'ombre de l'objet est tombée sur le moi, ai-je dit autre part. L'introjection de l'objet est ici d'une netteté indéniable.

Mais ces mélancolies nous montrent encore quelque chose d'autre qui peut prendre de l'importance pour nos considérations ultérieures. Elles nous montrent le moi partagé, coupé en deux, une des parties se déchaînant contre l'autre. Cette autre est la partie modifiée par introjection, celle qui inclut l'objet perdu. Mais la partie qui exerce une activité si cruelle ne nous est pas non plus inconnue. Elle inclut la conscience, instance critique dans le moi, qui même dans les périodes normales s'est opposée au moi par sa critique, jamais toutefois si inexorablement ni si injustement. Nous avons déjà dû, en d'autres occasions (Narcissisme, Deuil et mélancolie), faire l'hypothèse que se développe dans notre moi une telle instance qui peut se dissocier de l'autre moi et s'engager dans des conflits avec lui. Nous l'avons appelée «idéal du moi» et lui avons attribué comme fonctions l'auto-observation, la conscience morale, la censure onirique et l'exercice de l'influence essentielle lors du refoulement. Nous avons dit qu'elle était l'héritière du narcissisme originaire, au sein duquel le moi de l'enfant se suffisait à lui-même. Progressivement, elle adoptait, du fait des influences de l'environnement, les exigences que celui-ci posait au moi et auxquelles le moi ne pouvait pas toujours répondre, si bien que l'homme, là où il ne peut être satisfait de son propre moi, pouvait tout de même trouver sa satisfaction dans un idéal du moi différencié du moi. Dans le délire où l'on se croit observé, nous avons constaté par ailleurs que la désagrégation de cette instance devient manifeste et qu'en même temps se dévoile sa naissance à partir des influences des autorités, avant tout des parents. Mais nous n'avons pas oublié d'indiquer que le degré d'éloignement de cet idéal du moi par rapport au moi est très variable d'un individu à l'autre, et que chez beaucoup cette différenciation à l'intérieur du moi ne va pas plus loin que chez l'enfant.

Mais avant de pouvoir faire servir cette matière à la compréhension de l'organisation libidinale d'une foule, il nous faut encore prendre en considération quelques autres relations réciproques entre objet et moi [1].

VIII
État amoureux et hypnose

Il n'y a manifestement pas loin de l'état amoureux à l'hypnose. Les concordances [...] entre les deux sont évidentes. Même soumission humble, même docilité, même absence de critique envers l'hypnotiseur comme envers l'objet aimé. Même résorption de l'initiative personnelle; aucun doute, l'hypnotiseur a pris la place de l'idéal du moi [2]. Simplement, dans l'hypnose les rapports sont encore plus nets et plus intenses, si bien qu'il conviendrait plutôt d'expliquer l'état amoureux par l'hypnose que l'inverse. L'hypnotiseur est l'objet unique, à côté de lui nul autre objet ne compte. Que le moi vive dans un rêve ce que l'hypnotiseur exige et affirme, nous rappelle que nous avons négligé de mentionner que, parmi les fonctions de l'idéal du moi, il y avait aussi l'exercice de l'épreuve de réalité. Rien d'étonnant à ce que le moi tienne pour réelle une perception, lorsque l'instance psychique à qui incombe habituellement la tâche de l'épreuve de réalité cautionne cette réalité. L'absence totale de tendances à buts sexuels non interdits contribue par ailleurs à

1. Nous savons très bien que, avec ces exemples empruntés à la pathologie, nous n'avons pas épuisé l'essence de l'identification et qu'ainsi nous avons laissé intacte une part de l'énigme de la formation en foule. Il faudrait qu'intervienne ici une analyse psychologique plus profonde et ayant plus d'ampleur. Partant de l'identification, une voie mène, par l'imitation, à l'empathie, c'est-à-dire à la compréhension du mécanisme qui seul nous rend possible une prise de position à l'égard d'une autre vie psychique. Même dans les manifestations d'une identification existante il y a encore beaucoup à élucider. Elle a, entre autres, comme conséquence qu'on limite l'agression contre la personne à laquelle on s'est identifié, qu'on la ménage et qu'on lui apporte de l'aide. L'étude de telles identifications, comme celles par exemple qui sont à la base de la communauté de clan, a conduit Robertson Smith à ce résultat surprenant qu'elles reposent sur la reconnaissance d'une substance commune (*Kinship and Marriage*, 1885) et que par là elles peuvent également être créées par un repas pris en commun. Ce trait permet de relier une telle identification à l'histoire primitive de la famille humaine, construite par moi dans *Totem et tabou*.

2. Dans un passage précédent de ce texte consacré à la «sujétion amoureuse», Freud précisait: «Dans l'aveuglement de l'amour on devient criminel sans remords. Toute la situation se laisse résumer intégralement en une formule: *l'objet s'est mis à la place de l'idéal du moi.*» (N.d.P.)

l'extrême pureté des phénomènes. La relation hypnotique est un abandon amoureux illimité, la satisfaction sexuelle étant exclue, alors que dans l'état amoureux celle-ci est repoussée pour un temps et demeure à l'arrière-plan à titre de but possible ultérieurement.

Mais d'un autre côté on peut dire aussi que la relation hypnotique est – si cette expression est permise – une formation en foule à deux. L'hypnose n'est pas un bon objet de comparaison avec la formation en foule parce qu'elle est bien plutôt identique à elle. De la structure compliquée de la foule, elle isole pour nous un élément, le comportement de l'individu en foule envers le meneur. L'hypnose s'écarte de la formation en foule par cette limitation du nombre, comme de l'état amoureux par le manque de tendances directement sexuelles. En ce sens elle tient le milieu entre les deux.

Il est intéressant de voir que ce sont justement les tendances sexuelles inhibées quant au but qui aboutissent à des liens aussi durables unissant les hommes entre eux. Mais cela se comprend aisément par le fait qu'elles ne sont pas susceptibles d'une pleine satisfaction, alors que les tendances sexuelles non inhibées éprouvent, par la décharge survenant chaque fois que le but sexuel est atteint, une extraordinaire réduction. L'amour sensuel est destiné à s'éteindre dans la satisfaction; pour pouvoir durer, il faut qu'il soit pourvu dès le début de composantes purement tendres, c'est-à-dire inhibées quant au but, ou bien qu'il subisse une transformation de ce type.

L'hypnose résoudrait pour nous, sans la moindre difficulté, l'énigme de la constitution libidinale d'une foule, si elle ne comportait encore elle-même des traits qui se soustraient à l'explication rationnelle fournie jusqu'à présent – état amoureux avec exclusion des tendances directement sexuelles. Il y a encore beaucoup de choses en elle dont il faut reconnaître qu'elles sont incomprises, mystiques. Elle comporte en supplément la paralysie née du rapport d'un être surpuissant à un être sans puissance, sans défense, ce qui se rattache en quelque sorte à l'hypnose de frayeur des animaux. La manière dont elle est engendrée, sa relation au sommeil, ne sont pas transparentes, et le choix énigmatique de personnes qui y sont aptes, alors que d'autres la repoussent totalement, renvoie à un facteur encore inconnu, qui se réalise en elle et qui seul peut-être rend possible en elle la pureté des positions libidinales. Autre fait digne de remarque, il est fréquent que la conscience morale de la personne hypnotisée puisse se montrer résistante, même si par ailleurs la suggestion entraîne une pleine docilité. Mais cela peut provenir du fait que, dans l'hypnose telle qu'elle est pratiquée la plupart du temps, un savoir a pu s'être conservé, aux termes duquel il ne s'agit que d'un jeu, d'une reproduction sans vérité d'une autre situation d'une importance vitale bien plus grande.

À la suite des observations précédentes, nous sommes toutefois pleinement préparés à donner la formule de la constitution libidinale d'une foule. Tout au moins d'une foule telle que nous l'avons considérée, qui donc a un meneur, et non d'une foule secondaire qui, par excès d'«organisation», n'a pu acquérir les propriétés d'un individu. *Une telle foule primaire est une somme d'individus, qui ont mis un seul et même objet à la place de leur idéal du moi et se sont en conséquence, dans leur moi, identifiés les uns aux autres.* Ce rapport autorise une représentation graphique.

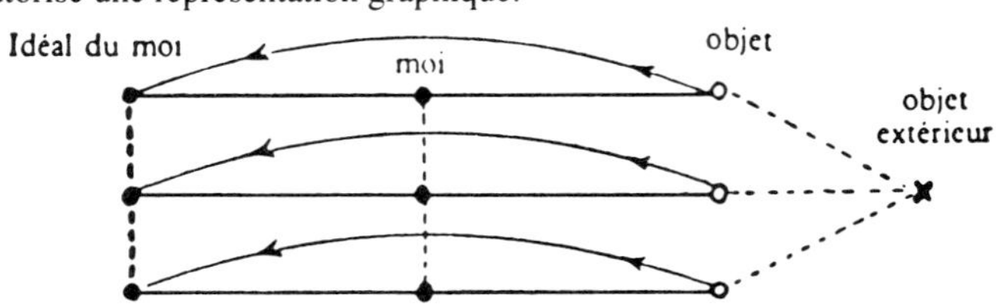

X
La foule et la horde originaire

Les foules humaines nous montrent, une fois de plus, l'image familière d'un [...] individu isolé, surpuissant au sein d'une bande de compagnons égaux, image également contenue dans notre représentation de la horde originaire. La psychologie de cette foule, telle que nous la connaissons d'après les descriptions souvent mentionnées – disparition de la personnalité individuelle consciente, orientation des pensées et des sentiments dans des directions identiques, prédominance de l'affectivité et du psychisme inconscient, tendance à la réalisation immédiate de desseins qui surgissent – tout cela correspond à un état de régression à une activité psychique primitive, telle qu'on pourrait justement l'assigner à la horde originaire [1].

La foule nous apparaît donc comme une reviviscence de la horde originaire. De même que l'homme des origines s'est maintenu virtuellement en chaque individu pris isolément, de même la horde originaire peut se reconstituer à partir de n'importe quel agrégat humain; dans la mesure où la formation en foule régit habituellement les hommes, nous reconnaissons en elle la persistance de la horde originaire. Nous devons en conclure que la psychologie de la foule est la plus ancienne psychologie de l'homme; ce que nous avons isolé en tant que psychologie individuelle, en négligeant tous les résidus de foule, ne s'est dégagé que plus tard de l'ancienne psychologie des foules, progressivement, et pour ainsi dire d'une manière qui n'a jamais été que partielle. Nous allons encore nous risquer à indiquer le point de départ de cette évolution.

Une première réflexion nous montre sur quel point cette affirmation appelle une correction. La psychologie individuelle, bien plutôt, est nécessairement tout aussi ancienne que la psychologie des foules, car dès le début il y eut deux sortes de psychologie, celle des individus en foule et celle du père, du chef, du meneur. Les individus de la foule étaient réunis par les mêmes liens que ceux que nous trouvons aujourd'hui, mais le père de la horde originaire était libre. Ses actes intellectuels étaient, même dans leur isolement, forts et indépendants, sa volonté n'avait pas besoin d'être renforcée par celle des autres. En conséquence de quoi nous supposons que son moi avait peu de liens libidinaux, il n'aimait personne en dehors de lui et n'aimait les autres que dans la mesure où ils servaient ses besoins. Son moi ne cédait rien de superflu aux objets.

Au seuil de l'histoire de l'humanité était le surhomme que Nietzsche n'attendait que de l'avenir. Aujourd'hui encore les individus en foule ont besoin de l'illusion d'être aimés de manière égale et juste par le meneur, mais le meneur, lui, n'a besoin d'aimer personne d'autre, il a le droit d'être de la nature des maîtres, absolument narcissique, mais sûr de lui

1. Doit être en particulier valable pour la horde originaire, ce que nous avons précédemment décrit dans l'ensemble des caractéristiques de l'homme. La volonté de l'individu isolé était trop faible, il ne se risquait pas à l'action. Nulle autre impulsion que collective n'aboutissait jamais; il n'y avait qu'une volonté commune, aucune volonté singulière. La représentation n'osait pas se transposer en volonté, lorsqu'elle ne se trouvait pas renforcée par la perception de sa propagation générale. Cette faiblesse de la représentation trouve son explication dans la force de tous les liens affectifs communs; mais l'uniformité des conditions de vie et l'absence de propriété privée contribuent à déterminer chez les individus la conformité des actes psychiques. – Les besoins excrémentiels n'excluent pas non plus, comme on peut l'observer chez les enfants et les soldats, la vie communautaire. La seule exception importante est l'acte sexuel, au cours duquel le tiers est pour le moins superflu et, dans le cas extrême, condamne à une pénible attente. Au sujet de la réaction du besoin sexuel (satisfaction génitale) contre la grégarité, voir plus bas.

et ne dépendant que de lui. Nous savons que l'amour endigue le narcissisme et nous pourrions démontrer comment par cette action il est devenu facteur de civilisation.

Le père originaire de la horde n'était pas encore immortel, comme il le devint plus tard par déification. Quand il mourait, il devait être remplacé; venait vraisemblablement à sa place un fils, le plus jeune, qui jusqu'alors avait été individu en foule comme un autre. Il faut donc qu'il y ait une possibilité de transformer la psychologie de la foule en psychologie individuelle, il faut qu'une condition soit trouvée sous laquelle une telle transformation s'accomplit aisément, de même qu'il est possible aux abeilles, en cas de besoin, de tirer d'une larve une reine au lieu d'une ouvrière. On ne peut alors se représenter la chose qu'ainsi: le père originaire avait fait obstacle à la satisfaction des tendances sexuelles directes de ses fils; il les contraignait à faire abstinence et en conséquence à s'attacher affectivement à lui et les uns aux autres par des liens qui pouvaient naître des tendances à but sexuel inhibé. Il les contraignait pour ainsi dire à rentrer dans la psychologie des foules. Sa jalousie et son intolérance sexuelle sont devenues en dernier ressort l'origine de la psychologie des foules.

[...] Montrons encore, ce qui est particulièrement instructif, dans quel rapport à la constitution de la horde originaire se trouve la forme d'organisation au moyen de laquelle – moyens de contrainte exceptés – une foule artificielle se maintient. Dans l'Armée et l'Église, il s'agit, nous l'avons vu, de l'illusion que le meneur aime tous les individus pris isolément d'une manière égale et juste. Mais ceci est exactement la transposition idéaliste des rapports dans la horde originaire, où tous les fils se savaient persécutés de manièreégale par le père originaire et le redoutaient de manière égale. Déjà, la forme suivante de la société humaine, le clan totémique, a pour préalable cette transformation sur laquelle sont édifiés tous les devoirs sociaux. La force inaltérable de la famille, en tant que formation naturelle en foule, repose sur le fait que ce préalable nécessaire de l'amour égal du père peut être réellement vrai pour elle.

Mais nous attendons encore plus lorsque nous ramenons la foule à la horde originaire. Cela doit aussi nous rendre plus accessible ce qui reste d'incompris et de mystérieux dans la formation en foule, et qui se cache derrière les mots énigmatiques d'hypnose et de suggestion. Et je pense que cela peut effectivement parvenir à ce résultat. Souvenons-nous que l'hypnose a en soi quelque chose de franchement inquiétant; mais le caractère de l'inquiétant renvoie à quelque chose d'ancien et de bien familier, tombé sous le coup du refoulement. Pensons à la manière dont l'hypnose est induite. L'hypnotiseur affirme être en possession d'un pouvoir mystérieux qui dérobe au sujet sa propre volonté, ou, ce qui revient au même, le sujet croit cela de lui. Ce pouvoir mystérieux – désigné encore souvent sous le nom populaire de magnétisme animal – est nécessairement le même que celui qui est considéré par les primitifs comme la source du tabou, le même que celui qui émane des rois et des chefs de tribus et qui fait qu'il est dangereux de les approcher (Mana). C'est en possession de ce pouvoir que l'hypnotiseur prétend donc être; et comment se manifeste-t-il? En invitant la personne à le regarder dans les yeux; il hypnotise de façon typique par son regard. Mais c'est justement la vue du chef de tribu qui est pour le primitif dangereuse et insupportable, comme plus tard celle de la divinité pour le mortel. Moïse encore doit faire l'intermédiaire entre son peuple et Jéhovah, étant donné que le peuple ne supporterait pas la vue de Dieu et quand il revient, après avoir été en présence de Dieu, sa face rayonne, une partie du «Mana» s'est transférée sur lui comme chez l'intermédiaire des primitifs.

On peut toutefois provoquer l'hypnose également par d'autres voies – ce qui induit en erreur et a donné lieu à des théories physiologiques insuffisantes – par exemple en fixant un objet brillant ou en écoutant un bruit monotone. En réalité, ces procédés ne servent qu'à détourner et à captiver l'attention consciente. La situation est la même que si l'hypnotiseur avait dit à la personne : maintenant occupez-vous exclusivement de ma personne, le reste du monde est totalement inintéressant. Certes, il serait techniquement inadéquat que l'hypnotiseur tînt semblable discours ; par celui-ci le sujet serait arraché de sa position inconsciente et serait incité à la contradiction consciente. Mais alors que l'hypnotiseur évite d'orienter vers ses desseins la pensée consciente du sujet, et que la personne en expérience se plonge dans une activité qui ne peut manquer de lui faire paraître le monde inintéressant, il arrive qu'inconsciemment elle concentre véritablement toute son attention sur l'hypnotiseur et se mette vis-à-vis de lui dans la position du rapport hypnotique, du transfert. Les méthodes indirectes de la mise sous hypnose ont donc pour effet, tout comme de nombreuses techniques du mot d'esprit [1], d'empêcher certains partages de l'énergie psychique, qui perturberaient le déroulement du processus inconscient, et elles aboutissent finalement au même but que les influences directes par la fixité du regard et les passes [2].

Ferenczi a découvert avec justesse qu'en donnant l'ordre de dormir, souvent utilisé pour induire l'hypnose, l'hypnotiseur se met à la place des parents. Il estimait devoir distinguer deux sortes d'hypnose, une, cajoleuse, qui apaise, qu'il rapportait au modèle maternel, et une qui menace, qu'il rapportait au père. En fait, l'ordre de dormir ne signifie dans l'hypnose rien d'autre que l'invitation à retirer tout son intérêt du monde et à le concentrer sur la personne de l'hypnotiseur ; et c'est bien ainsi que cet ordre est compris du sujet, car c'est dans ce retrait de l'intérêt pour le monde extérieur que réside la caractéristique psychologique du sommeil et c'est sur lui que repose la parenté du sommeil avec l'état hypnotique. Par les mesures qu'il prend, l'hypnotiseur éveille chez le sujet une part de son héritage archaïque, lequel fut confronté aussi aux parents et connut dans la relation au père une reviviscence individuelle, cet héritage étant la représentation d'une personnalité surpuissante et dangereuse, vis-à-vis de laquelle on n'a pu prendre qu'une position passive-masochiste, à laquelle on a été forcé de remettre sa volonté, et avec laquelle être seul – « paraître devant elle » – semblait une folle audace. Ce n'est que de cette façon approximative que nous pouvons nous représenter la relation d'un individu de la horde originaire au père originaire. Comme nous le savons à partir d'autres réactions, l'individu pris isolément a gardé un degré variable d'aptitude personnelle à faire revivre de telles situations anciennes. Le fait de savoir que l'hypnose n'est malgré tout qu'un jeu, un renouvellement mensonger de ces impressions anciennes, peut néanmoins être conservé et assurer la résistance à des

1. La distraction de l'attention comme partie de la technique du mot d'esprit est discutée assez longuement dans la dernière moitié du chapitre V du livre de Freud sur le mot d'esprit (1905). Le rôle possible de ce mécanisme dans la « transmission de pensée » est mentionné dans « Psychanalyse et télépathie » (Standard Edition., 18, p. 184). Mais la première allusion de Freud à cette idée est peut-être dans le chapitre final des *Études sur l'hystérie* (1895). Au début de la seconde section de ce chapitre, Freud avance le même mécanisme comme application possible de l'efficacité de sa technique de « pression ». (N.d.T.)

2. La situation, qui fait que la personne est inconsciemment réglée sur l'hypnotiseur, alors que consciemment elle s'occupe de perceptions invariables et inintéressantes, trouve dans les événements du traitement psychanalytique un pendant qui mérite d'être mentionné ici. Dans toute analyse, il arrive au moins une fois que le patient affirme avec obstination que présentement il ne lui vient absolument rien à l'esprit. Ses associations libres se bloquent et les incitations à leur mise en route échouent. En faisant pression sur le patient, on obtient facilement de lui l'aveu qu'il pense à ce qu'il voit par la fenêtre du cabinet de consultation, au papier peint du mur qu'il a sous les yeux ou à la lampe à gaz qui pend au plafond. On sait alors aussitôt qu'il est entré dans le transfert, qu'il est accaparé par des pensées encore inconscientes qui se rapportent au médecin et l'on voit le blocage des idées spontanées du patient prendre fin dès qu'on lui a donné cette explication.

conséquences trop sérieuses de la suspension de la volonté dans l'hypnose. Le caractère inquiétant, coercitif, de la formation en foule, qui se manifeste dans ces phénomènes de suggestion, peut donc bien être à bon droit expliqué par le fait que ceux-ci découlent de la horde originaire. Le meneur de la foule demeure toujours le père originaire redouté, la foule veut toujours être dominée par une puissance illimitée, elle est au plus haut degré avide d'autorité, elle a, selon l'expression de Le Bon, soif de soumission. Le père originaire est l'idéal de la foule qui domine le moi à la place de l'idéal du moi. L'hypnose peut prétendre à juste titre à cette appellation : une foule à deux ; il reste comme définition de la suggestion : une conviction qui n'est pas fondée sur la perception et le travail de la pensée, mais sur un lien érotique [1].

Le Zéro et l'Infini
(1940)

ARTHUR KOESTLER
(1905-1983)

L'âge des masses et sa redoutable logique concernent au premier chef les régimes totalitaires. Beaucoup de romanciers au cours de ce siècle ont tenté de les mettre en scène ; peu y sont parvenus de façon aussi convaincante qu'Arthur Koestler avec le Zéro et l'Infini.

Pourquoi, se demande parmi d'autres Edgar Morin [2], *le parti communiste fait-il dans son exercice du pouvoir une consommation aussi élevée de « salauds », comme par exemple les accusés des procès de Moscou ? Comment ceux qu'il désigne ainsi sont-ils amenés à endosser leur rôle, et quelles fonctions assurent ces « traîtres » aux différents niveaux de l'appareil ? À cette double question, du fonctionnement psychologique individuel et de celui du régime stalinien, Koestler apporte à travers le personnage de Roubachof un témoignage impressionnant.*

L'action dramatique se noue dans le dialogue entre Nicolas Roubachof, ancien héros de la révolution d'Octobre et désormais accusé de sabotage, et le juge d'instruction Gletkin, plus jeune et primitif, et que Roubachof compare à l'homme de Neandertal. Entre les interrogatoires Roubachof s'efforce, en tenant son journal, de s'expliquer ce qui lui arrive. Or cette élucidation l'amène à collaborer à son élimination physique, et pire : à sa propre extermination morale ; la défense qu'il rédige tourne à sa condamnation, selon un paradoxe dont la logique est au cœur de la pratique révolutionnaire des soviets.

On a vu d'ailleurs cette ambiguïté performative retentir au-dehors du roman, puisque celui-ci alimenta dès sa parution en 1945 en France diverses polémiques (dont Humanisme et terreur *de Merleau-Ponty) dans lesquelles les mêmes faits furent cités à la charge autant*

1. Il vaut la peine, me semble-t-il, de souligner que les discussions de ce paragraphe nous ont amené à remonter de la conception de l'hypnose selon Bernheim à une conception naïve antérieure. Selon Bernheim, il faut faire découler tous les phénomènes hypnotiques du facteur suggestion qui n'est pas davantage explicable. Nous concluons, quant à nous, que la suggestion est une manifestation partielle de l'état hypnotique, lequel a son véritable fondement dans une disposition, inconsciemment maintenue, issue de l'histoire originaire de la famille humaine.
2. Lors du colloque *Staline à Paris* édité par François Georges, Ramsay, Paris, 1982.

qu'à la décharge du système décrit. Mais il y eut plus étonnant encore, et le paradoxe culmina quand des sympathisants du communisme, impressionnés par la stature de l'appareil et l'ampleur des sacrifices qu'il exigeait d'hommes tels que N. S. Roubachof, adhérèrent au Parti sur la base de cette lecture !

Quelle est cette logique de la fabrication du traître, telle que Koestler et Roubachof lui-même l'exposent lumineusement ? Elle se résume en une formule de Merleau-Ponty : « Tout opposant est un traître »... mais, corrige Merleau-Ponty, tout traître n'est qu'un opposant. En régime communiste en effet, unitaire ou totalitaire comme on voudra, « chaque idée fausse que nous traduisons en acte est un crime contre les générations futures. Nous sommes donc tenus de punir les idées fausses comme d'autres punissent les crimes : par la mort. On nous a pris pour des fous parce que nous suivions chaque pensée jusqu'à son ultime conséquence et que nous y conformions nos actes. [...] Nous n'admettions l'existence d'aucun secteur privé. [...] Nous étions donc prédestinés à nous détruire les uns les autres » (page 99 ; c'est Roubachof qui parle et non Gletkin, son bourreau. Peu importe, ils sont d'accord sur l'essentiel).

Il reste à rendre la divergence de Roubachof présentable aux masses : « Je n'exige rien, dit Roubachof [...] sinon de prouver une fois de plus mon dévouement au Parti. — Il n'y a qu'une preuve que vous puissiez en donner, prononça la voix de Gletkin, des aveux complets » (p. 180).

Gletkin précise plus loin la logique binaire de ce manichéisme inhérent aux médias de masse : la pédagogie, en ce siècle comme en ceux dominés par la religion, ne peut s'embarrasser encore *des nuances d'une histoire trop compliquée pour les masses. Celles-ci doivent savoir à qui faire confiance, et continuer d'espérer : « L'expérience apprend, dit Gletkin, que l'on doit donner aux masses une explication simple et facilement intelligible de tous les phénomènes difficiles et complexes. Selon ce que je connais de l'histoire, je constate que l'humanité ne saurait se passer de boucs émissaires. [...] Votre déposition au procès sera le dernier service que vous puissiez rendre au Parti. »*

C.Q.F.D. : 1° la « trahison » du vieux bolchevique est l'effet d'une traduction *binaire ou d'une digitalisation forcée*[1] *(propre à une communication massifiante ou médiatique) ; 2° la sanction de Roubachof relève d'une logique de la* double contrainte *telle que l'expose Bateson, et qui se laisse ici résumer en un syllogisme :*

- *Roubachof n'a jamais cessé d'être bolchevique, donc pour lui le-Parti-a-toujours-raison (= il n'a rien à lui opposer) ;*
- *Le Parti exige à tel moment tactique que Roubachof ait tort ;*
- *La seule façon pour Roubachof d'avoir encore raison (= de prouver qu'il demeure un bon militant), c'est de reconnaître avec le Parti qu'il a tort (= qu'il est un traître).*

Remarquons au passage que le triomphe de cette instance qui le défigure et l'écrase est encore un peu son triomphe dans la mesure où la victime du procès maintient son identification au Parti. Dans le cas contraire, tout ceci ne serait que mascarade et il faudrait pour extorquer à Roubachof les indispensables aveux exercer chantage et torture ; ici il suffit aux commissaires de lui laisser de quoi écrire, et de l'inviter à raisonner froidement.

Il n'est pas hasardeux que cette logique infernale du procès, et celle de l'injonction paradoxale où le Parti enferma ses meilleurs militants, mentionnent la figure du bouc émissaire. La rivalité entre « frères » est ici d'autant plus aiguë qu'on peut décrire,

1. L'ordre digital procède par opposition binaire, et selon une logique du tout ou rien.

en termes girardiens, le régime communiste comme l'accélération d'un processus de dé-différenciation. Certes les procès de Moscou servirent historiquement de couverture aux défaillances de la géniale planification. Mais, à partir d'une situation virtuellement panique où chacun rencontre chacun sur le mode du semblable ou du double, ils permirent aussi une redigitalisation *brutale (une polarisation) de l'amour et de la haine.*

Ces procès furent donc l'envers, la contrepartie ou le négatif nullement refoulé, mais au contraire proclamé, du culte de la personnalité. Tant il est vrai qu'il n'y a pas d'amour sans haine : à l'exaltation déifiante de l'Un et au slogan qui l'accompagne (Unir, unir...) devait répondre la dégradation jusqu'à l'abjection de l'Autre, celui qui se dérobait à l'amour tout-puissant et ne pouvait donc être que luciférien. La logique du parti unique conduisait tout droit à diaboliser l'adversaire. Dans 1984, *de George Orwell, la police est rebaptisée «ministère de l'amour». Craignons de même une politique qui proclamerait sans précautions la fin des différences et l'égalité entre les hommes, car elle conduirait tôt ou tard ceux-ci, au nom de l'amour bien sûr, à s'entr'égorger.*

Source : *Arthur Koestler,* le Zéro et l'Infini (Darkness at noon), *Calmann-Lévy, Paris, 1945, et le Livre de poche, pp. 206-220.*

QUAND ILS FURENT SEULS, et que Roubachof se fut levé pour signer le procès-verbal, Gletkin dit en lui tendant le stylo :

– L'expérience montre que le sabotage industriel est le moyen le plus efficace dont dispose l'opposition pour causer des difficultés au gouvernement et pour provoquer le mécontentement chez les ouvriers. Pourquoi soutenez-vous avec tant d'obstination que vous ne vous êtes pas servi de cette méthode – ou que vous n'aviez pas l'intention de vous en servir ?

– Parce que c'est techniquement parlant une absurdité, dit Roubachof. Et cette perpétuelle antienne au sujet du sabotage, dont on se sert comme d'un épouvantail, provoque une épidémie de dénonciations qui me révolte.

La sensation de triomphe, dont il avait été si longtemps privé, rendait Roubachof plus alerte, et il parlait plus fort que d'ordinaire.

– Si vous estimez que le sabotage est pure fiction, quelles sont, selon vous, les causes réelles de l'état défectueux de nos industries ?

– Les tarifs aux pièces trop bas, les méthodes de gardes chiourme et les mesures disciplinaires barbares, dit Roubachof. Je connais plusieurs cas dans mon Office où des ouvriers ont été fusillés comme saboteurs à cause de quelque infime négligence causée par un excès de fatigue. Si un homme est en retard de deux minutes au pointage à l'arrivée, il est congédié, et sa carte d'identité est estampillée d'un coup de tampon qui le met dans l'impossibilité de trouver du travail ailleurs.

Gletkin regarda Roubachof de son regard impassible habituel, et lui demanda, de sa voix impassible habituelle :

– Vous a-t-on donné une montre dans votre enfance ?

Roubachof le regarda d'un air surpris. Le trait de caractère le plus saillant de l'homme de Neandertal était sa totale absence d'humour, ou, pour être plus précis, son absence de frivolité.

– Vous ne voulez pas répondre à ma question ? demanda Gletkin.

– Mais si, dit Roubachof, de plus en plus étonné.

– Quel âge aviez-vous quand on vous a donné votre montre ?

– Je ne sais plus très bien, dit Roubachof; j'avais sans doute huit ou neuf ans.
– Moi, dit Gletkin, de sa voix correcte, j'avais seize ans lorsque j'ai appris que l'heure se divisait en soixante minutes. Dans mon village, lorsque les paysans devaient aller à la ville, ils allaient à la gare au lever du soleil et se couchaient pour dormir dans la salle d'attente jusqu'à ce que vînt le train, qui passait normalement vers midi; parfois il ne venait que le soir ou le lendemain matin. Ce sont ces paysans qui travaillent maintenant dans nos usines. Par exemple, il y a maintenant dans mon village la plus grande fabrique de rails au monde. La première année, les contremaîtres se couchaient par terre pour dormir entre deux coulées du haut fourneau, et cela continua jusqu'à ce qu'ils soient fusillés. Dans tous les autres pays, les paysans ont eu cent ou deux cents ans pour acquérir l'habitude de la précision industrielle et du maniement des machines. Ici, ils n'ont eu que dix ans. Si nous ne les fichions pas à la porte et ne les fusillions pas pour la moindre bagatelle, tout le pays s'arrêterait de produire, et les paysans se coucheraient pour dormir dans les cours des usines jusqu'à ce que l'herbe pousse dans les cheminées et que tout soit redevenu comme avant. [...]
– L'expérience apprend, dit Gletkin, que l'on doit donner aux masses une explication simple et facilement intelligible de tous les phénomènes difficiles et complexes. Selon ce que je connais de l'histoire, je constate que l'humanité ne saurait se passer de boucs émissaires. Je crois qu'ils ont été de tout temps une institution indispensable; votre ami Ivanof m'a enseigné qu'elle était d'origine religieuse. Si je me souviens bien, il m'a expliqué que le mot lui-même venait d'une coutume des Hébreux, qui, une fois par an, sacrifiaient à leur Dieu un bouc chargé de tous leurs péchés.

Gletkin fit une pause et remit ses manchettes en place.
– D'ailleurs, il y a aussi dans l'histoire des exemples de boucs émissaires volontaires. À l'âge où on vous donnait une montre, le prêtre du village m'apprenait que Jésus-Christ se désignait lui-même comme l'agneau qui avait pris sur lui tous les péchés. Je n'ai jamais compris en quelle façon cela pouvait aider l'humanité que quelqu'un déclarât se sacrifier pour elle. Mais depuis deux mille ans les hommes ont apparemment trouvé cela tout naturel.

Roubachof regarda Gletkin. Où voulait-il en venir? Quel était le but de cette conversation? Dans quel labyrinthe l'homme de Neandertal s'égarait-il?
– Quoi qu'il en soit, dit Roubachof, il serait conforme à nos idées de dire au peuple la vérité, au lieu de peupler le monde de *saboteurs* [1] et de démons.
– Si on allait dire aux gens de mon village, dit Gletkin, qu'ils sont encore lents et arriérés, malgré la Révolution et les usines, cela n'aurait sur eux aucun effet. Si on leur dit qu'il sont des héros au travail, que leur rendement est supérieur à celui des Américains, et que tout le mal n'est que le fait de démons et de *saboteurs* [2], cela a du moins un certain effet. La vérité, c'est ce qui est utile à l'humanité, le mensonge, ce qui lui est nuisible. Dans le précis d'Histoire publié par le Parti pour les classes du soir pour adultes, il est souligné que pendant les premiers siècles la religion chrétienne réalisa un progrès objectif pour l'humanité. Que Jésus ait dit la vérité ou non lorsqu'il affirmait être le fils de Dieu et d'une vierge, cela est sans intérêt pour un homme sensé. On dit que cela est symbolique, mais les paysans le prennent au pied de la lettre. Nous avons tout autant le droit d'inventer d'utiles symboles que les paysans prennent au pied de la lettre. [...]
– Vous connaissez mes motifs aussi bien que moi, dit-il. Vous savez que je n'ai pas agi

1. En français dans le texte.
2. En français dans le texte.

sous l'impulsion d'une « mentalité contre-révolutionnaire », et que je n'étais pas au service d'une puissance étrangère. Ce que j'ai pensé et ce que j'ai fait, je l'ai pensé et fait selon mes convictions et ma conscience.

Gletkin avait sorti un dossier de son tiroir. Il le compulsa, en sortit un feuillet et lut de sa voix monotone :

« ... Pour nous, la question de la bonne foi subjective est dépourvue d'intérêt. Celui qui a tort doit expier ; celui qui a raison recevra l'absolution. C'était notre loi... » Vous avez écrit cela dans votre journal peu après votre arrestation.

Roubachof perçut derrière ses paupières le papillotement familier de la lampe. Sur les lèvres de Gletkin, la phrase qu'il avait conçue et écrite prenait un son étrangement nu, comme si une confession uniquement destinée au prêtre anonyme avait été enregistrée sur un disque de phono qui la répétait maintenant de sa voix de fausset.

Gletkin avait sorti une autre page du dossier, mais il n'en lut qu'une seule phrase, son regard impassible rivé sur Roubachof : « L'honneur, c'est de servir sans vanité, et jusqu'à l'ultime conséquence. »

Roubachof s'efforça de soutenir son regard.

– Je ne vois pas, dit-il, en quoi cela peut servir le Parti que ses membres se vautrent dans la boue à la face du monde. J'ai signé tout ce que vous avez voulu. J'ai plaidé coupable d'avoir suivi une politique erronée et objectivement nuisible. Cela ne vous suffit-il pas ?

Il mit son pince-nez, regarda par-delà le réflecteur d'un air désemparé en clignant des yeux, et conclut d'une voix lasse et rauque :

– Après tout, le nom de N. S. Roubachof est en lui-même une page de l'histoire du Parti. En le traînant dans la fange, vous salissez l'histoire de la Révolution.

Gletkin parcourut le dossier :

– Je puis encore une fois vous répondre en vous citant vos propres écrits. Vous avez écrit : « Il convient de faire entrer chaque phrase dans l'esprit des masses à force de répétitions et de simplifications. Ce qu'on leur présente comme bon doit briller comme l'or ; ce qu'on leur présente comme mauvais doit être noir comme l'ébène. Pour la consommation des masses, les phénomènes politiques doivent être coloriés comme des bonshommes de pain d'épice à la foire. »

Roubachof se taisait. Puis il dit :

– C'est donc là ce que vous voulez : je dois jouer le diable dans votre guignol – hurler, grincer des dents et tirer la langue – et spontanément par-dessus le marché. Danton et ses amis se sont tout de même vu épargner cela.

Gletkin referma le dossier. Il se pencha un peu en avant et rajusta ses manchettes.

– Votre déposition au procès sera le dernier service que vous puissiez rendre au Parti.

Roubachof ne répondit pas. Il fermait les yeux et se détendait sous les rayons de la lampe comme un dormeur épuisé sous le soleil ; mais on n'échappait pas à la voix de Gletkin.

– Votre Danton et la Convention, disait la voix, n'étaient qu'enfantillages en face ce de qui est en jeu ici. J'ai lu des livres là-dessus ; ces gens-là portaient des perruques poudrées et déclamaient au sujet de leur honneur personnel. Pour eux, tout ce qui comptait était de mourir avec un beau geste, sans se soucier de savoir si ce geste faisait du bien ou du mal.

Roubachof se tut. Il avait un bourdonnement, un ronronnement dans les oreilles ; la voix de Gletkin était sur lui ; elle venait de toutes parts autour de lui ; elle martelait sans pitié son crâne endolori.

– Vous savez ce qui est en jeu ici, poursuivit Gletkin. Pour la première fois dans l'histoire, une révolution n'a pas seulement pris le pouvoir, mais elle l'a gardé. Nous avons fait de notre pays un bastion de l'ère nouvelle. Il recouvre le sixième de la surface du globe et renferme le dixième de la population du monde.

La voix de Gletkin se faisait maintenant entendre derrière Roubachof. Il s'était levé et marchait de long en large dans la pièce. C'était la première fois que pareille chose se produisait. Ses bottes grinçaient à chaque pas, et une odeur aigrelette de sueur et de cuir se répandit.

– Lorsque notre Révolution eut réussi chez nous, nous nous sommes imaginé que le reste du monde allait nous suivre. Au lieu de quoi il se produisit une vague de réaction qui menaça de nous engloutir. Il y avait deux courants dans le Parti. L'un se composait d'aventuriers, qui voulaient hasarder nos conquêtes dans le but de fomenter la révolution à l'étranger. Vous étiez un de ceux-là. Nous avons reconnu que ce courant était dangereux et nous l'avons liquidé.

Roubachof voulut lever la tête pour parler. Les pas de Gletkin résonnaient dans sa tête. Il était trop las. Il se laissa retomber en arrière, et n'ouvrit pas les yeux.

– Le chef du Parti, reprit la voix de Gletkin, avait une perspective plus large et une tactique plus tenace. Il a compris que tout dépendait de notre capacité de survivre à la période de réaction mondiale et de garder notre bastion. Il avait compris que cela pourrait durer dix, peut-être vingt, peut-être cinquante ans, jusqu'à ce que le monde soit mûr pour une nouvelle vague révolutionnaire. Jusque-là, nous serons seuls. Jusque-là, nous n'avons qu'un seul devoir : ne pas périr.

Une phrase surnagea vaguement à la surface de la mémoire de Roubachof : « Le devoir du révolutionnaire est de préserver son existence. » Qui avait dit cela ? Lui-même ? Ivanof ? C'était au nom de ce principe qu'il avait sacrifié Arlova. Et où cela l'avait-il mené ?

– Ne pas périr, disait la voix de Gletkin. Il faut tenir le rempart, au prix de n'importe quel sacrifice. Le chef du Parti a reconnu ce principe avec une lucidité sans égale, et l'a constamment appliqué. La politique de l'Internationale a dû être subordonnée à notre politique nationale. Quiconque ne comprenait pas cette nécessité devait être exterminé. Des équipes complètes de nos meilleurs fonctionnaires en Europe ont dû être physiquement liquidées. Nous n'avons pas hésité à écraser nos propres formations à l'étranger lorsque les intérêts du Bastion l'exigeaient. Nous n'avons pas reculé devant la collaboration avec la police des pays réactionnaires pour supprimer des mouvements révolutionnaires qui surgissaient au mauvais moment. Nous n'avons pas hésité à trahir nos amis et à transiger avec nos ennemis, afin de préserver le Bastion. C'était la tâche que l'histoire nous avait confiée, à nous autres représentants de la première révolution victorieuse. Les myopes, les esthètes, les moralistes n'ont pas compris. Mais le leader de la Révolution a compris que tout dépendait d'une seule chose : avoir plus de souffle que les autres.

Gletkin s'arrêta d'arpenter la pièce. Il fit halte derrière la chaise de Roubachof. La cicatrice de son crâne rasé luisait de sueur. Il haletait, s'épongea le front avec son mouchoir, et parut embarrassé d'avoir manqué à son habituelle réserve. Il se rassit à sa table et rajusta ses manchettes. Il baissa un peu la lumière, et poursuivit de son habituelle voix terne :

– La ligne du Parti est nettement tracée. Sa tactique est déterminée par le principe selon lequel la fin justifie les moyens – tous les moyens, sans exception. C'est dans l'esprit de ce principe, citoyen Roubachof, que le procureur de la République demandera votre tête.

« Votre faction, citoyen Roubachof, est battue et exterminée. Vous avez voulu scinder le Parti, alors que vous deviez savoir que la scission du Parti, c'était la guerre civile. Vous êtes au courant du mécontentement chez les paysans, qui n'ont pas encore appris à

comprendre le sens des sacrifices qui s'imposent à eux. Dans une guerre qui n'est peut-être l'affaire que de quelques mois, de pareils courants peuvent aboutir à une catastrophe. De là l'impérieuse nécessité pour le Parti de rester uni. Il doit être pour ainsi dire coulé dans un moule unique – imbu d'aveugle discipline et de confiance absolue. Vous et vos amis, citoyen Roubachof, vous avez ouvert une plaie dans le corps du Parti. Si votre repentir est authentique, vous devez nous aider à guérir cette plaie. Je vous l'ai dit, c'est le dernier service que le Parti vous demandera.
« Votre tâche est simple. Vous vous l'êtes tracée vous-même : dorer le Bien, noircir le Mal. La politique de l'opposition est mauvaise. Votre tâche consiste donc à rendre l'opposition méprisable ; à faire comprendre aux masses que l'opposition est un crime et que les chefs de l'opposition sont des criminels. C'est le simple langage que comprennent les masses. Si vous vous mettez à parler de vos mobiles complexes, vous ne ferez que jeter la confusion parmi elles. Votre tâche, citoyen Roubachof, consiste à éviter d'éveiller la sympathie et la pitié. La sympathie et la pitié pour l'opposition sont un danger pour le pays.
« Camarade Roubachof, j'espère que vous avez compris la tâche que vous a assignée le Parti. »

C'était la première fois depuis qu'ils se connaissaient que Gletkin appelait Roubachof « camarade ». Roubachof leva vivement la tête. Il sentit monter en lui une vague de chaleur contre laquelle il ne pouvait rien. Son menton tremblait un peu tandis qu'il enfourchait son pince-nez.

– Je comprends.

– Remarquez, poursuivit Gletkin, que le Parti ne vous offre aucune perspective de récompense. Certains des accusés ont été amadoués par une pression physique. D'autres, par la promesse d'avoir la vie sauve – ou celle que leurs parents tombés entre nos mains comme otages auraient la vie sauve. À vous camarade Roubachof, nous ne vous proposons aucune transaction, et nous ne vous promettons rien.

– Je comprends, répéta Roubachof.

Gletkin jeta un coup d'œil au dossier.

– Il y a dans votre journal un passage qui m'a impressionné, poursuivit-il. Vous avez écrit : « J'ai pensé et agi comme il fallait que je le fasse. Si j'avais raison, je n'ai pas à me repentir ; si j'avais tort, je paierai. »

Il leva les yeux et regarda Roubachof bien en face :

– Vous aviez tort, et vous paierez, camarade Roubachof. Le Parti ne prend qu'un seul engagement : après la victoire, un jour, quand cela ne pourra plus faire aucun mal, les archives secrètes seront publiées. Alors le monde apprendra ce qu'il y avait dans les coulisses de ce guignol – comme vous dites – que nous avons dû monter devant lui pour agir conformément au manuel de l'histoire...

Il hésita quelques secondes, rajusta ses manchettes, et conclut assez gauchement, tandis que le rouge montait à sa cicatrice :

– Et alors, vous et quelques-uns de vos amis de la vieille génération, vous bénéficierez de la sympathie et de la pitié qui vous sont refusées aujourd'hui.

Tout en parlant, il avait poussé la déclaration toute prête vers Roubachof, et avait posé son stylo à côté.

Fonction et champ de la parole et du langage en psychanalyse
(1953)

JACQUES LACAN
(1901-1981)

Le discours ambitieux de la psychanalyse devait, dès l'œuvre de Freud, déborder la cure proprement dite pour intéresser l'anthropologie, le lien social et, de proche en proche, les formes en général de la culture. La doctrine s'est développée en étendant ses pouvoirs à des domaines connexes, voire imprévus par son fondateur, comme celui des sciences du langage, et plus particulièrement de l'énonciation.

Une des ruses de la psychanalyse pour s'étendre est de faire croire qu'elle « apporte la peste », et qu'elle doit donc affronter de farouches résistances, alors qu'elle constitue aussi, *comme l'a remarqué Wittgenstein, une mythologie d'un très grand pouvoir, et une explication au charme irrésistible.*

Qu'est-ce qui fait qu'une doctrine se propage et s'impose auprès des meilleurs esprits ? Il faudra un jour systématiquement étudier la psychanalyse sous l'angle médiologique, c'est-à-dire comme exemple d'une théorie soumise à l'impératif de diffusion, et façonnée aussi *dans ce but. Le lacanisme constitue à cet égard une loupe grossissante du freudisme, et mérite une mention d'excellence. Par son ésotérisme même, et sa présentation très* concertée *(ou stéréophonique : la parole vive du séminaire, le livre des* Écrits*), Lacan fut un maître ès communication ; le discours qui s'énonçait lui-même comme révolutionnaire, incompréhensible, ou comme celui qui explique tous les autres sans être expliqué par aucun, avait tout pour séduire une intelligentsia fascinée.*

Pourtant, et quel que soit l'agacement qu'inspire sa trop évidente volonté d'épater l'auditeur, il faut lire Lacan, et le replacer précisément dans le champ de nos études. Parce qu'il recadre la découverte de Freud par les thèmes de l'énonciation, avec son propre vocabulaire sans doute et sa rhétorique, qui peuvent certes dérouter mais qui abondent aussi en vues saisissantes et en traits d'esprit. Lacan pétillait, au moins à l'époque du célèbre rapport de Rome au titre fort explicite, dont nous publions ici un extrait. Élisabeth Roudinesco consacre un chapitre de son Histoire de la psychanalyse en France *à l'évocation de cet épisode fondateur. Elle écrit notamment :*

« La cinquantaine passée, le maître se prépare au voyage. Il n'aime pas les mêmes antiquités que Freud. La Rome de Lacan ressemble plutôt aux plafonds de la galerie Farnèse, aux archanges d'Andrea Pozzo ou aux façades de Francesco Borromini. Sous la plume de Sa Majesté se déploie un style monumental : sophismes, succession de miroirs enchevêtrés, jouissance infinie d'une parole. Parfois l'Antiquité renaît sous forme de références philosophiques ou de batailles célèbres, mais jamais dans les ruines. L'inconscient découvert par Freud doit être relancé comme une Contre-Réforme, habillé somptueusement dans un drapé de Clérambault : Rome sera son palais, la langue française son jardin[1]. »

Plusieurs enjeux s'entrelacent aux volutes alambiquées de ce fameux Rapport *(au demeurant solidement charpenté), qui n'intéressent pas tous nos études, et dont on lira le détail dans l'ouvrage de Roudinesco : les démêlés de Lacan avec la très orthodoxe IPA* (International Psychoanalytical Association), *et son désir de fonder une École qui ne soit*

1. Élisabeth Roudinesco, *la Bataille de cent ans, Histoire de la psychanalyse en France*, tome 2, Seuil, 1986, p. 265.

pas ouverte aux seuls médecins ; sa lutte contre l'establishment *(une polémique* ad hominem *aux formules cocasses émaille son texte), au nom d'un (équivoque) retour à Freud ; la recherche de débouchés ou d'alliés dans des institutions fortes (l'Église, et à un moindre degré le parti communiste : en 1953 à Rome, Lacan tente vainement d'obtenir une audience du pape, et le* Rapport *est parsemé de formules en latin) ; l'impression reçue de* l'Introduction à Marcel Mauss *de Lévi-Strauss, et le désir qu'a Lacan de doubler celui-ci en généralisant sa méthode à l'inconscient psychanalytique ; enfin et surtout, le rappel aux fonctions de la parole et à l'efficacité symbolique.*

Faute de pouvoir ici expliquer mot à mot les formulations parfois sibyllines de ce texte, nous le présenterons à travers trois aspects essentiels : la cure, le désir, la parole.

La cure d'abord. On reproche en 1953 à Lacan ses séances courtes, et face aux enquêteurs de l'IPA, lui-même a fait mine de reculer. Le Rapport *est l'occasion d'élargir le débat en présentant une théorie de la cure et pas seulement de sa durée ou, comme on aime à dire, de sa ponctuation.* Suspendre, scander, ponctuer : *ces verbes reviennent pour qualifier « l'art de l'analyste » comme l'art de surprendre les routines du patient, ou comme dira son élève Leclaire de « rompre les charmes ». Au rebours de l'hypnose où le sujet met l'hypnotiseur à la place de son Moi (relation gratifiante mais typiquement imaginaire ou spéculaire selon Lacan, qui définit l'instance du Moi par la méconnaissance et l'illusion), la cure consistera à détacher l'analysant de cette relation à deux, où il s'englue, pour le faire* accéder au symbolique, *soit à la médiation d'un troisième terme, la convention ou la loi, dont le modèle est par excellence le langage. Cette prévalence du symbolique, qui n'est pas sans évoquer l'Esprit saint de la Trinité chrétienne, ou l'antécédence du Verbe divin (« Au commencement était le Verbe... » : cette formule qui inaugure l'Évangile de Jean est également choisie par Lacan pour exergue), pouvait dans le cadre romain favoriser le rapprochement souhaité avec le Vatican. L'analyste sera un praticien de la fonction symbolique, et non un simple guérisseur de symptômes. La variante lacanienne de la cure va donc « au-delà du principe de réalité », c'est-à-dire au-delà d'une interprétation chosiste, ou positiviste, ou archéologique (bien attestée chez Freud) de l'*objet *en psychanalyse.*

D'où la réinterprétation du désir, qui n'a pas d'objet. Lacan a clairement désexualisé, et désobjectivé, le Wunsch *posé d'abord chez Freud comme un désir d'objet (avant l'introduction du narcissisme et la considération d'une libido du moi). Il oppose à cette conception trop médicale, et historique (le désir, comme le traumatisme, provient selon Freud d'une histoire, il traverse des* stades, *et passe d'objet en objet...), une dialectique empruntée au célèbre épisode du maître et de l'esclave dans la* Phénoménologie de l'esprit *de Hegel : le désir est d'abord désir de reconnaissance, c'est-à-dire « désir du désir de l'autre », ou comme dit notre texte (en employant un mot que l'auteur désavouera plus tard) d'*intersubjectivité, *dont la parole est l'évidente condition.*

Le statut de la parole, donc. Ici encore Lacan procède au rabattement de l'objet sur le sujet, ou de la réalité sur la « vérité », ou (distinction familière en pragmatique) du contenu sur la relation. Avant de constater *quoi que ce soit, la parole est symbolique d'un pacte (le* sumbôlon *ou la tessère est ce tesson de poterie cassé en deux, que les parties contractantes emportent pour sceller, justement, leur foi jurée). Ce que Lacan appelle ici, de manière assez inattendue,* vérité : *non pas vérité constative d'adéquation (entre la pensée et la chose), ou de l'énoncé, mais vérité de l'énonciation. Quoi que je dise, un mensonge, une bourde ou la pire folie, il est vrai que je le dis. Et cette énonciation est précisément en psychanalyse la chose même. Ce moment incontestable que Hegel appelle après Descartes « de la certitude sensible » (mon jugement peut errer, non ma sensation) donnera ultérieurement carrière au développement par Lacan de la formule « Moi la vérité je parle... », qui condense la prétention, sinon toujours à la vérité, du moins à la reconnaissance, inexpugnable au cœur de toute assertion.*

Il y a en effet toujours deux façons au moins d'établir la vérité : par l'adéquation de l'esprit avec les choses (et c'est le domaine des vérités scientifiques, techniques et de l'information en général), et par l'adéquation de l'esprit avec l'esprit, et c'est la vérité intersubjective, qui couvre l'immense domaine des mœurs, des conventions, des valeurs, du sens, de la religion ou de la relation en général : cette vérité pragmatique ou, dira Lacan, symbolique, peut faire bon marché de la réalité (et par exemple de l'information).

Freud penchait manifestement pour une vérité d'adéquation, donc pour la valeur référentielle ou archéologique des énoncés sur le divan, conçu comme un champ de fouilles ; il conservait dans cette mesure une vision optimiste et intellectualiste de la parole : la prise de conscience, c'est-à-dire de connaissance, devait dissiper les monstres, à la façon dont la réponse correcte d'Œdipe à la devinette de la Sphinge précipite « automatiquement » celle-ci par-dessus bord. Lacan semble assez loin de partager cet optimisme ; il se moque ici même de la tant vantée « prise de conscience », et il récuse toute vision archéologique (cette fouille qui nous rendrait des objets soi-disant perdus). En bref il ne souscrit guère au dispositif par lequel Freud nous invite à un meilleur effort de connaissance et de mémoire. Ce n'est pas une histoire plus ou moins perdue qu'il nous invite à reconnaître par la parole, mais la parole elle-même comme flatus vocis *ou « soufflée » à tous les sens de ce terme. En un mot : reconnaître que la parole est vide (de tout contenu) mais qu'elle peut être pleine (de relation). Tel est le virage ou le* pragmatic turn *auquel ce* Discours de Rome *entend soumettre la psychanalyse.*

La « parole pleine » ne l'est donc surtout pas d'un contenu, mais de manifester mieux qu'une autre (la vide) l'essence de la relation ou de la communication. Elle ne constate ni ne représente mais (dirons-nous avec Austin, dont le nom semble ignoré jusqu'au bout par Lacan) elle performe. *Le* sumbôlon *est la moitié d'un pacte, et d'un acte (de langage). Et il peut inaugurer une réalité nouvelle (à défaut de nous restituer notre futile archéologie). Si l'on peut voir avec Freud dans un couple qui s'aime « un mouvement de masse en formation » (imaginaire bien sûr selon Lacan), la parole fortement adressée du divan est au contraire l'ébauche d'un Parlement, lieu d'émergence et de constitution de la Loi.*

C'est le logos qui délie, et qui dissout les masses en faisant advenir le sujet ; de même Lacan postule hégéliennement qu'il n'y a pas de sujet de l'affect, ni de sujet massif. « Il n'y a de sujet que parlant[1]. »

L'un des paradoxes du lacanisme est d'avoir, au-delà du Discours de Rome, *pensé cette nécessaire ouverture dans les termes de la linguistique saussurienne (qui ne pouvait l'accueillir), d'avoir ignoré la problématique anglo-saxonne des* speech acts *et,* a fortiori, *la pragmatique de l'école de Palo Alto ; ou d'avoir, ici même, voulu aligner toutes nos « sémiotiques inférieures » (du corps, des affects, des symptômes) sur une parole elle-même désincarnée en écriture (« la vérité [...] est écrite ailleurs »). Lacan refermait ainsi la pragmatique, devenue fort restreinte, sur un logocentrisme que celle-ci aurait dû au contraire critiquer. En proclamant selon cette logique « l'inconscient structuré comme un langage », il reconduisait la conscience chez elle,* bei sich.

Cette tentation se trouve chez Freud lui-même, qui recula devant sa propre trouvaille

1. Écrit Mikkel Borch-Jacobsen paraphrasant Lacan, mais sans prendre cette formule à son compte, au chapitre « Talking cure » du *Lien affectif*, Aubier, Paris, 1991.

en réinjectant dans l'inconscient une structure, un langage, une scène ou une subjectivité typiquement « secondaires ». Faut-il penser l'ordre primaire sur le modèle de la structure ou d'une machine, y chercher des chaînes de substitution, des permutations réglées, des algorithmes, un savoir caché? Condensation et déplacement se laissent-ils rabattre sur métaphore et métonymie[1] *(n'est-ce pas plutôt l'inverse)? La « censure » n'est-elle qu'un brouillage ou un caviardage frappant d'illisibilité un « texte » écrit quelque part en clair, ou des représentations d'abord distinctes? Nous ne pouvons dans les limites de cette introduction discuter ces points de théorie, qui nous renvoient à la sémiotique (que « le signifiant » omniprésent dans le discours lacanien rabat toujours sur une seule de ses régions, le langage), mais qui ne sont pas non plus sans conséquence sur la marche de la cure.*

« Le langage avant de signifier quelque chose, signifie pour quelqu'un » (Discours de Rome). *Certes, et cela constitue l'amorce du transfert, où Freud voyait « à la fois l'obstacle et le levier de la cure ». En suspendant le contenu de la parole, Lacan congédiait une conception chosiste et archéologique de l'inconscient, en faveur de la relation ou du « hic et nunc » (ici et maintenant) incontournable de l'énonciation. Ce tournant dans la théorie de la cure semble bienvenu. Mais en rabattant la parole sur « le symbolique » hors duquel il ne voit point de salut, Lacan appauvrissait dramatiquement celle-ci. Et il rendait accessoirement ce* salut *(c'est-à-dire la santé ou la guérison, et pas seulement l'acte de reconnaissance ou d'allégeance) fort problématique.*

Source : *Jacques Lacan,* Écrits, *Seuil, Paris, 1966, pp. 251-265 (existe aujourd'hui en coll. « Points/Seuil »).*

TOUT AU CONTRAIRE l'art de l'analyste doit être de suspendre les certitudes du sujet, [...] jusqu'à ce que s'en consument les derniers mirages. Et c'est dans le discours que doit se scander leur résolution.

Quelque vide en effet qu'apparaisse ce discours, il n'en est ainsi qu'à le prendre à sa valeur faciale : celle qui justifie la phrase de Mallarmé quand il compare l'usage commun du langage à l'échange d'une monnaie dont l'avers comme l'envers ne montrent plus que des figures effacées et que l'on se passe de main en main « en silence ». Cette métaphore suffit à nous rappeler que la parole, même à l'extrême de son usure, garde sa valeur de tessère.

Même s'il ne communique rien, le discours représente l'existence de la communication ; même s'il nie l'évidence, il affirme que la parole constitue la vérité ; même s'il est destiné à tromper, il spécule sur la foi dans le témoignage.

Aussi bien le psychanalyste sait-il mieux que personne que la question y est d'entendre à quelle « partie » de ce discours est confié le terme significatif, et c'est bien ainsi qu'il opère dans le meilleur cas : prenant le récit d'une histoire quotidienne pour un apologue qui à bon entendeur adresse son salut, une longue prosopopée pour une interjection directe, ou au contraire un simple lapsus pour une déclaration fort complexe, voire le soupir d'un silence pour tout le développement lyrique auquel il supplée.

Ainsi c'est une ponctuation heureuse qui donne son sens au discours du sujet. C'est pourquoi la suspension de la séance dont la technique actuelle fait une halte purement chronométrique et comme telle indifférente à la trame du discours, y joue le rôle d'une

1. Métaphore/métonymie = deux façons d'associer les idées ou de faire des comparaisons.

scansion qui a toute la valeur d'une intervention pour précipiter les moments concluants. Et ceci indique de libérer ce terme de son cadre routinier pour le soumettre à toutes fins utiles de la technique.

C'est ainsi que la régression peut s'opérer, qui n'est que l'actualisation dans le discours des relations fantasmatiques restituées par un *ego* à chaque étape de la décomposition de sa structure. Car enfin cette régression n'est pas réelle ; elle ne se manifeste même dans le langage que par des inflexions, des tournures, des « trébuchements si légiers » qu'ils ne sauraient à l'extrême dépasser l'artifice du parler « babyish » chez l'adulte. Lui imputer la réalité d'une relation actuelle à l'objet revient à projeter le sujet dans une illusion aliénante qui ne fait que répercuter un alibi du psychanalyste. [...]

Car l'essentiel est de savoir ce que cette attention vise : assurément pas, tout notre travail est fait pour le démontrer, un objet au-delà de la parole du sujet, comme certains s'astreignent à ne le jamais perdre de vue. Si telle devait être la voie de l'analyse, c'est sans aucun doute à d'autres moyens qu'elle aurait recours, ou bien ce serait le seul exemple d'une méthode qui s'interdirait les moyens de sa fin.

Le seul objet qui soit à la portée de l'analyste, c'est la relation imaginaire qui le lie au sujet en tant que moi et, faute de pouvoir l'éliminer, il peut s'en servir pour régler le débit de ses oreilles, selon l'usage que la physiologie, en accord avec l'Évangile, montre qu'il est normal d'en faire : des oreilles *pour ne point entendre,* autrement dit pour faire la détection de ce qui doit être entendu. Car il n'en a pas d'autres, ni troisième oreille, ni quatrième, pour une transaudition qu'on voudrait directe de l'inconscient par l'inconscient. Nous dirons ce qu'il faut penser de cette prétendue communication.

Nous avons abordé la fonction de la parole dans l'analyse par son biais le plus ingrat, celui de la parole vide, où le sujet semble parler en vain de quelqu'un qui, lui ressemblerait-il à s'y méprendre, jamais ne se joindra à l'assomption de son désir. Nous y avons montré la source de la dépréciation croissante dont la parole a été l'objet dans la théorie et la technique, et il nous a fallu soulever par degrés, telle une pesante roue de moulin renversée sur elle, ce qui ne peut servir que de volant au mouvement de l'analyse : à savoir les facteurs psychophysiologiques individuels qui, en réalité, restent exclus de sa dialectique. Donner pour but à l'analyse d'en modifier l'inertie propre, c'est se condamner à la fiction du mouvement, où une certaine tendance de la technique semble en effet se satisfaire.

Si nous portons maintenant notre regard à l'autre extrême de l'expérience psychanalytique, — dans son histoire, dans sa casuistique, dans le procès de la cure, — nous trouverons à opposer à l'analyse du *hic et nunc* la valeur de l'anamnèse comme indice et comme ressort du progrès thérapeutique, à l'intrasubjectivité obsessionnelle l'intersubjectivité hystérique, à l'analyse de la résistance l'interprétation symbolique. Ici commence la réalisation de la parole pleine.

Examinons la relation qu'elle constitue.

Souvenons-nous que la méthode instaurée par Breuer et par Freud fut, peu après sa naissance, baptisée par l'une des patientes de Breuer, Anna O., du nom de « talking cure ». Rappelons que c'est l'expérience inaugurée avec cette hystérique qui les mena à la découverte de l'événement pathogène dit traumatique.

Si cet événement fut reconnu pour être la cause du symptôme, c'est que la mise en paroles de l'un (dans les « stories » de la malade) déterminait la levée de l'autre. Ici le terme de prise de conscience emprunté à la théorie psychologique qu'on a aussitôt donnée du fait, garde un prestige qui mérite la méfiance que nous tenons pour de bonne règle à l'endroit des explications qui font office d'évidences. Les préjugés psychologiques de l'époque s'opposaient à ce qu'on reconnût dans la verbalisation comme telle une autre réalité que son *flatus vocis*. Il reste que dans l'état hypnotique elle est dissociée de la prise de conscience et que ceci suffirait à faire réviser cette conception de ses effets.

Mais comment les vaillants de *l'Aufhebung* behaviouriste ne donnent-ils pas ici l'exemple, pour dire qu'ils n'ont pas à connaître si le sujet s'est ressouvenu de quoi que ce soit? Il a seulement raconté l'événement. Nous dirons, quant à nous, qu'il l'a verbalisé, ou pour développer ce terme dont les résonances en français évoquent une autre figure de Pandore que celle de la boîte où il faudrait peut-être le renfermer, il l'a fait passer dans le verbe ou, plus précisément, dans *l'épos* où il rapporte à l'heure présente les origines de sa personne. Ceci dans un langage qui permet à son discours d'être entendu par ses contemporains, et plus encore qui suppose le discours présent de ceux-ci. C'est ainsi que la récitation de *l'épos* peut inclure un discours d'autrefois dans sa langue archaïque, voire étrangère, voire se poursuivre au temps présent avec toute l'animation de l'acteur, mais c'est à la façon d'un discours indirect, isolé entre des guillemets dans le fil du récit et, s'il se joue, c'est sur une scène impliquant la présence non seulement du chœur, mais des spectateurs.

La remémoration hypnotique est sans doute reproduction du passé, mais surtout représentation parlée et comme telle impliquant toutes sortes de présences. Elle est à la remémoration vigile de ce qu'on appelle curieusement dans l'analyse «le matériel», ce que le drame produisant devant l'assemblée des citoyens les mythes originels de la Cité est à l'histoire qui sans doute est faite de matériaux, mais où une nation de nos jours apprend à lire les symboles d'une destinée en marche. On peut dire dans le langage heideggérien que l'une et l'autre constituent le sujet comme *gewesend*, c'est-à-dire comme étant celui qui a ainsi été. Mais dans l'unité interne de cette temporalisation, l'étant marque la convergence des ayant été. C'est-à-dire que d'autres rencontres étant supposées depuis l'un quelconque de ces moments ayant été, il en serait issu un autre étant qui le ferait avoir été tout autrement.

L'ambiguïté de la révélation hystérique du passé ne tient pas tant à la vacillation de son contenu entre l'imaginaire et le réel, car il se situe dans l'un et dans l'autre. Ce n'est pas non plus qu'elle soit mensongère. C'est qu'elle nous présente la naissance de la vérité dans la parole, et que par là nous nous heurtons à la réalité de ce qui n'est ni vrai, ni faux. Du moins est-ce là le plus troublant de son problème.

Car la vérité de cette révélation, c'est la parole présente qui en témoigne dans la réalité actuelle et qui la fonde au nom de cette réalité. Or dans cette réalité, seule la parole témoigne de cette part des puissances du passé qui a été écartée à chaque carrefour où l'événement a choisi.

C'est pourquoi la condition de continuité dans l'anamnèse, où Freud mesure l'intégrité de la guérison, n'a rien à faire avec le mythe bergsonien d'une restauration de la durée où l'authenticité de chaque instant serait détruite de ne pas résumer la modulation de tous les instants antécédents. C'est qu'il ne s'agit pour Freud ni de mémoire biologique, ni de sa mystification intuitionniste, ni de la paramnésie du symptôme, mais de remémoration, c'est-à-dire d'histoire, faisant reposer sur le seul couteau des certitudes de date la balance où les conjectures sur le passé font osciller les promesses du futur. Soyons catégorique, il ne s'agit pas dans l'anamnèse psychanalytique de réalité, mais de vérité, parce que c'est l'effet d'une parole pleine de réordonner les contingences passées en leur donnant le sens des nécessités à venir, telles que les constitue le peu de liberté par où le sujet les fait présentes.

Les méandres de la recherche que Freud poursuit dans l'exposé du cas de «l'homme aux loups» confirment ces propos pour y prendre leur plein sens.

Freud exige une objectivation totale de la preuve tant qu'il s'agit de dater la scène primitive, mais il suppose sans plus toutes les resubjectivations de l'événement qui lui paraissent nécessaires à expliquer ses effets à chaque tournant où le sujet se restructure, c'est-à-dire autant de restructurations de l'événement qui s'opèrent, comme il s'exprime : *nachträglich,* après coup. Bien plus, avec une hardiesse qui touche à la désinvolture, il déclare tenir pour légitime d'élider dans l'analyse des processus les intervalles de temps où l'événement reste latent dans le sujet. C'est-à-dire qu'il annule les *temps pour comprendre* au profit des *moments de conclure* qui précipitent la méditation du sujet vers le sens à décider de l'événement originel.

Notons que *temps pour comprendre* et *moment de conclure* sont des fonctions que nous avons définies dans un théorème purement logique, et qui sont familières à nos élèves pour s'être démontrées très propices à l'analyse dialectique par où nous les guidons dans le procès d'une psychanalyse.

C'est bien cette assomption par le sujet de son histoire, en tant qu'elle est constituée par la parole adressée à l'autre, qui fait le fond de la nouvelle méthode à quoi Freud donne le nom de psychanalyse, non pas en 1904, comme l'enseignait naguère une autorité qui, pour avoir rejeté le manteau d'un silence prudent, apparut ce jour-là ne connaître de Freud que le titre de ses ouvrages, mais bien en 1895.

Pas plus que Freud, nous ne nions, dans cette analyse du sens de sa méthode, la discontinuité psycho-physiologique que manifestent les états où se produit le symptôme hystérique, ni que celui-ci ne puisse être traité par des méthodes, – hypnose, voire narcose –, qui reproduisent la discontinuité de ces états. Simplement, et aussi expressément qu'il s'est interdit à partir d'un certain moment d'y recourir, nous désavouons tout appui pris dans ces états, tant pour expliquer le symptôme que pour le guérir.

Car si l'originalité de la méthode est faite des moyens dont elle se prive, c'est que les moyens qu'elle se réserve suffisent à constituer un domaine dont les limites définissent la relativité de ses opérations.

Ses moyens sont ceux de la parole en tant qu'elle confère aux fonctions de l'individu un sens ; son domaine est celui du discours concret en tant que champ de la réalité transindividuelle du sujet ; ses opérations sont celles de l'histoire en tant qu'elle constitue l'émergence de la vérité dans le réel.

Premièrement en effet, quand le sujet s'engage dans l'analyse, il accepte une position plus constituante en elle-même que toutes les consignes dont il se laisse plus ou moins leurrer : celle de l'interlocution, et nous ne voyons pas d'inconvénient à ce que cette remarque laisse l'auditeur interloqué. Car ce nous sera l'occasion d'appuyer sur ce que l'allocution du sujet y comporte un allocutaire, autrement dit que le locuteur s'y constitue comme intersubjectivité.

Secondement, c'est sur le fondement de cette interlocution, en tant qu'elle inclut la réponse de l'interlocuteur, que le sens se délivre pour nous de ce que Freud exige comme restitution de la continuité dans les motivations du sujet. L'examen opérationnel de cet objectif nous montre en effet qu'il ne se satisfait que dans la continuité intersubjective du discours où se constitue l'histoire du sujet.

C'est ainsi que le sujet peut vaticiner sur son histoire sous l'effet d'une quelconque de ces drogues qui endorment la conscience et qui ont reçu de notre temps le nom de « sérums de vérité », où la sûreté dans le contresens trahit l'ironie propre du langage. Mais la retransmission même de son discours enregistré, fût-elle faite par la bouche de son médecin, ne peut, de lui parvenir sous cette forme aliénée, avoir les mêmes effets que l'interlocution psychanalytique.

Aussi c'est dans la position d'un troisième terme que la découverte freudienne de l'inconscient s'éclaire dans son fondement véritable et peut être formulée de façon simple en ces termes:

L'inconscient est cette partie du discours concret en tant que transindividuel, qui fait défaut à la disposition du sujet pour rétablir la continuité de son discours conscient.

Ainsi disparaît le paradoxe que présente la notion de l'inconscient, si on la rapporte à une réalité individuelle. Car la réduire à la tendance inconsciente n'est résoudre le paradoxe, qu'en éludant l'expérience qui montre clairement que l'inconscient participe des fonctions de l'idée, voire de la pensée. Comme Freud y insiste en clair, quand, ne pouvant éviter de la pensée inconsciente la conjonction de termes contrariés, il lui donne le viatique de cette invocation: *sit venia verbo.* Aussi bien lui obéissons-nous en rejetant en effet la faute sur le verbe, mais sur ce verbe réalisé dans le discours qui court comme le furet de bouche en bouche pour donner à l'acte du sujet qui en reçoit le message, le sens qui fait de cet acte un acte de son histoire et qui lui donne sa vérité.

Dès lors l'objection de contradiction *in terminis* qu'élève contre la pensée inconsciente une psychologie mal fondée dans sa logique, tombe avec la distinction même du domaine psychanalytique en tant qu'il manifeste la réalité du discours dans son autonomie, et l'*eppur si muove!* du psychanalyste rejoint celui de Galilée dans son incidence, qui n'est pas celle de l'expérience du fait, mais celle de l'*experimentum mentis.*

L'inconscient est ce chapitre de mon histoire qui est marqué par un blanc ou occupé par un mensonge: c'est le chapitre censuré. Mais la vérité peut être retrouvée; le plus souvent déjà elle est écrite ailleurs. À savoir:
- dans les monuments: et ceci est mon corps, c'est-à-dire le noyau hystérique de la névrose où le symptôme hystérique montre la structure d'un langage et se déchiffre comme une inscription qui, une fois recueillie, peut sans perte grave être détruite;
- dans les documents d'archives aussi: et ce sont les souvenirs de mon enfance, impénétrables aussi bien qu'eux, quand je n'en connais pas la provenance;
- dans l'évolution sémantique: et ceci répond au stock et aux acceptions du vocabulaire qui m'est particulier, comme au style de ma vie et à mon caractère;
- dans les traditions aussi, voire dans les légendes qui sous une forme héroïsée véhiculent mon histoire;
- dans les traces, enfin, qu'en conservent inévitablement les distorsions, nécessitées par le raccord du chapitre adultéré dans les chapitres qui l'encadrent, et dont mon exégèse rétablira le sens.

L'étudiant qui aura l'idée, – assez rare, il est vrai, pour que notre enseignement s'emploie à la répandre, – que pour comprendre Freud, la lecture de Freud est préférable à celle de M. Fenichel, pourra se rendre compte à l'entreprendre, que ce que nous venons d'exprimer est si peu original, même dans sa verve, qu'il n'y apparaît pas une seule métaphore que l'œuvre de Freud ne répète avec la fréquence d'un motif où transparaît sa trame même. [...]

Mais qu'est-ce donc que ce sujet dont vous nous rebattez l'entendement? s'exclame enfin un auditeur impatienté. N'avons-nous pas déjà reçu de M. de La Palice la leçon que tout ce qui est éprouvé par l'individu est subjectif?

– Bouche naïve dont l'éloge occupera mes derniers jours, ouvrez-vous encore pour m'entendre. Nul besoin de fermer les yeux. Le sujet va bien au-delà de ce que l'individu éprouve «subjectivement», aussi loin exactement que la vérité qu'il peut atteindre, et qui peut-être sortira de cette bouche que vous venez de refermer déjà. Oui, cette vérité de son histoire n'est pas toute dans son rollet, et pourtant la place s'y marque, aux heurts douloureux qu'il éprouve de ne connaître que ses répliques, voire en des pages dont le désordre ne lui donne guère de soulagement.

Que l'inconscient du sujet soit le discours de l'autre, c'est ce qui apparaît plus clairement encore que partout dans les études que Freud a consacrées à ce qu'il appelle la télépathie, en tant qu'elle se manifeste dans le contexte d'une expérience analytique. Coïncidence des propos du sujet avec des faits dont il ne peut être informé, mais qui se meuvent toujours dans les liaisons d'une autre expérience où le psychanalyste est interlocuteur, – coïncidence aussi bien le plus souvent constituée par une convergence toute verbale, voire homonymique, ou qui, si elle inclut un acte, c'est d'un *acting out* d'un patient de l'analyste ou d'un enfant en analyse de l'analysé qu'il s'agit. Cas de résonance dans des réseaux communicants de discours, dont une étude exhaustive éclairerait les faits analogues que présente la vie courante.

L'omniprésence du discours humain pourra peut-être un jour être embrassée au ciel ouvert d'une omnicommunication de son texte. Ce n'est pas dire qu'il en sera plus accordé. Mais c'est là le champ que notre expérience polarise dans une relation qui n'est à deux qu'en apparence, car toute position de sa structure en termes seulement duels, lui est aussi inadéquate en théorie que ruineuse pour sa technique.

Mensonge romantique et Vérité romanesque
(1961)

RENÉ GIRARD
(né en 1923)

Du bon usage de la littérature : diplômé de l'École des chartes, René Girard, qui poursuit depuis 1947 une carrière d'enseignant et de chercheur aux États-Unis, a bâti toute son anthropologie à partir d'une intuition fondatrice, le triangle de la rivalité mimétique révélé par la lecture de quelques romans. Quel est le mensonge du romantisme ? C'est de croire, et de nous faire croire, que nous sommes profondément originaux et « authentiques » dans nos amours, ou nos désirs en général, où nous voyons le sanctuaire de notre liberté. Et en quoi le roman est-il plus vrai ? Les grands romanciers du XIX*e siècle, de Stendhal à Proust, critiquent justement cette originalité romantique, dont Emma Bovary concentre les symptômes de façon quasi clinique. Le mérite de Girard, ou plutôt des romanciers auxquels il emprunte sa théorie, est de montrer que notre désir n'a pas d'objet : livrés à nous-mêmes, nous ne saurions quoi désirer. L'imitation infiltre ou parasite nos comportements les plus intimes ; entre le sujet désirant et « son » objet s'interpose le médiateur qui, le possédant déjà, le lui désigne. Selon cette hypothèse par conséquent, un objet qui ne serait « désigné » (convoité) par personne ne serait pas perçu comme désirable.*

Tel serait du moins le schéma du désir vaniteux, que Girard commence par distinguer avec le Stendhal du désir de la passion authentique (par exemple l'amour autonome de Fabrice del Dongo, indifférent au jugement des autres) ; mais cette distinction posée au seuil de son œuvre semble ensuite oubliée ou abandonnée. Girard raisonne alors comme si le désir était essentiellement et partout « selon l'Autre ». Nous ne discuterons pas ici du bien-fondé de cette extension, et nous concentrerons notre examen sur l'hypothèse mimétique.

Triangle du désir mimétique :

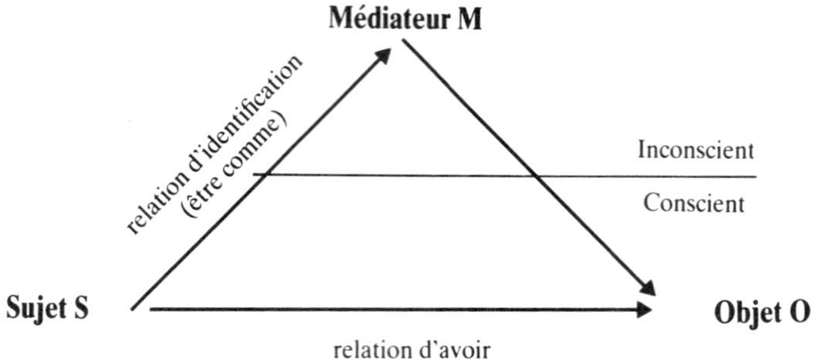

Cette hypothèse n'est guère flatteuse ni séduisante, puisqu'elle revient à introduire une aliénation fondamentale au cœur de la subjectivité. Elle contredit notamment la phraséologie moderne sur l'individualisme, sur la « libération du désir », les résurgences du romantisme et autres prophéties de même nature. À ces protestations naïves d'autonomie, Girard oppose le primat de la relation et le désir éperdu de celle-ci jusque dans les manifestations apparemment les plus opposées (stratégies du snob, de la coquette, du dandy ou du misanthrope). La relation S - M *d'identification, soit le désir d'*être comme *(le médiateur), précède infiniment la relation* S - O *d'*avoir *(tel objet), qui n'en est que le substitut, ou le déchet métonymique. Mais nous ne nous avouons pas facilement cette vérité humiliante : il est plus agréable de proclamer bruyamment notre originalité et d'en faire un dogme, que de reconnaître notre impuissance à désirer par nous-même. Désirer selon autrui suppose en effet une profonde défiance, voire une haine de soi, une conscience intime de sa propre inconsistance.*

Soit donc l'encombrante et incontournable interposition du médiateur, « tiers incommode » entre le sujet et l'objet de ses multiples désirs. Deux types sont distingués dès le seuil de l'enquête : la médiation externe, qui peut demeurer heureuse, et la médiation interne qui tourne rapidement à l'enfer. Le passage de la première à la seconde correspond au mouvement de désacralisation, ou de « transcendance rabattue », propre à la modernité, et vaut donc la peine d'être remarqué.

Don Quichotte est l'exemple par excellence de la première. Le chevalier fait tous ses choix selon Amadis des Gaules[1] (comme le chrétien doit vivre dans l'imitation de Notre Seigneur Jésus-Christ), et ce médiateur idéalement transcendant ne risque pas de contrarier les élans fantasques du crédule hidalgo : tant que le sujet désirant ne rencontre pas le pôle de ses identifications (qui dans le cas d'Amadis demeure « ad patres », au ciel des romans de chevalerie), il file des amours parfaites. Or la modernité consiste précisément à faire descendre le ciel sur la terre, ou à rabattre la transcendance *: Dieu est mort, et le ciel est vide. Est-ce la fin des divinités ? Nullement. Désormais « les hommes seront des dieux les uns pour les autres ». Cette médiation* interne *correspond à la désacralisation ou à la*

1. *Amadis des Gaules.* Roman de chevalerie espagnole (XIIIe siècle). Son héros, Amadis, est resté le type de l'amant fidèles et du chevalier errant.

démocratisation moderne décrite par Dostoïevski, par Proust ou déjà par Stendhal (qui voyait dans cette démocratie une « vaste cour bourgeoise dont les courtisans sont partout et le monarque nulle part »). Chacun désire toujours avec la même violence selon l'Autre. Mais en se choisissant un modèle, il se choisit automatiquement un rival-obstacle. C'est chez Dostoïevski le cas exemplaire de l'Éternel Mari, *où Pavel Pavlovitch ne peut aimer une femme que par l'intermédiaire de son équivoque ami Veltchaninov, ou « en Veltchaninov » comme diraient les mystiques.*

Le snobisme selon Proust est une autre description clinique aiguë de cette crise proprement moderne, et René Girard lui consacre ici des pages éclairantes. « Nous ne méprisons jamais autant le snob qu'il se méprise lui-même. Être snob d'ailleurs, ce n'est pas tant être abject que fuir son abjection dans l'être neuf que doit lui procurer le snobisme [1]. »

Il est impossible de présenter en détail la richesse du modèle proposé par Girard, ni les débats parfois très vifs qu'il a suscités. Ses analyses d'abord littéraires ont rebondi dans des domaines que leur auteur lui-même ne prévoyait pas. On y trouvera en particulier :

– *Une problématique renouvelée de* l'identification. *Contrairement à Freud, qui a privilégié la libido d'objet sur la mimesis, Girard a exploré l'autre voie laissée en friche par le fondateur de la psychanalyse. Les conséquences en sont impressionnantes. Le triangle du désir œdipien par exemple, où l'enfant dispute sa mère à son père, n'apparaît pas chez Girard comme aussi fondamental que chez Freud, mais comme dérivé du cas plus général du désir mimétique. De même la genèse de l'homosexualité (par exemple chez Proust) est à chercher dans la surestimation du médiateur. D'une façon générale, le désir dans la théorie de Girard est* homo *avant d'être sexuel, c'est-à-dire désir d'être comme l'autre, désir d'identification.*

– *L'ambivalence est logée au cœur de ce désir, et découle avec évidence du schéma triangulaire dès que le médiateur se rapproche : pas d'amour sans haine, pas de désir d'être comme (l'autre) qui ne soit « altruicide ». La réalisation de l'identification suppose en effet la suppression de l'un des termes. La stratégie masochiste se ramène dans ce même schéma à un trafic d'identité et à une ruse du narcissisme : « Ce n'est pas à la souffrance et à la sujétion que cet imitateur aspire, c'est à la souveraineté quasi divine dont la cruauté du modèle suggère la proximité [2]. » (Le choix final de Roubachof dans le texte de Koestler est éclairé par ce schéma.)*

– *La rhétorique publicitaire est un terrain de choix pour vérifier l'intuition girardienne. C'est moins l'objet qu'on nous vante dans la publicité, que les excellentes relations que nous pourrons grâce à lui nous faire : l'objet est la clé d'une identité, c'est-à-dire d'une identification à ceux qui savent bien choisir et bien vivre ; la marchandise nous est présentée comme une* carte de membre *: « Faites comme X, achetez Y... », ou bien : « Qu'attendez-vous pour entrer dans le club des privilégiés qui consomment Y... ? ».*

– *Cette omniprésence du médiateur selon Girard devrait fortement intéresser les théoriciens des* médias, *et elle éclaire en particulier les mécanismes de la constitution de l'opinion. La théorie rabachée des « deux étages de la communication » (*the two-step flow of communication*) d'Elihu Katz en est une image simplifiée [3].*

– *Ces comportements mimétiques ne sont pas réservés aux loisirs ou à des passions ludiques.*

1. *Mensonge romantique et Vérité romanesque*, p. 84.
2. *Des choses cachées depuis la fondation du monde*, p. 354.
3. Katz et Lazarsfeld ont expliqué l'influence des médias par un modèle de flux à deux temps, en distinguant parmi les récepteurs des médias un groupe plus exposé que les autres, qui contient aussi les gens dont la participation à la vie sociale est plus grande ou éminente : ces leaders d'opinion relayent l'information sensible, et c'est par leur médiation que le message des médias atteint le grand public. Cf. *infra* chapitre VII.

L'identification, qui n'a rien d'un jeu, infiltre des comportements aussi sérieux que, par exemple, les choix économiques. Quand les agents du marché imaginent que la conjoncture est à l'inflation, c'est-à-dire que les autres vont augmenter leurs achats, ils anticipent cette attitude et contribuent ainsi à rendre réelle la situation qu'ils ont d'abord inventée. La prophétie est autoréalisatrice ; des anticipations ou des imaginaires croisés peut surgir une solide réalité. L'analyse girardienne du mimétisme a donc reçu d'éclairants prolongements du côté de l'économie politique et plus généralement dans l'épistémologie de l'ordre à partir du bruit, et des prophéties autoréalisatrices : on comprend mieux grâce aux concepts forgés par Girard comment certaines représentations imaginaires cristallisent en émergences symboliques, ou en durables réalités.

– Le devenir de la démocratie de masse (pétrie de passions mimétiques) est donc au cœur de cette pensée fondée sur la critique radicale de l'individualisme et de l'identité personnelle (« Je suis » conjugue aussi la première personne du verbe suivre*). Jean-Pierre Dupuy, dont on lira* infra *un texte sur la panique, s'est emparé des thèmes et des textes girardiens pour en tirer des conséquences rigoureuses. L'indifférenciation potentielle au sein d'une société est toujours source d'une très grande violence, contre laquelle les hommes se sont prémunis en restaurant des formes plus ou moins arbitraires d'altérité. René Girard a particulièrement étudié sous cet angle le phénomène du bouc émissaire, espèce d'aspirateur du mal qui soutire et décharge la violence éparse dans la guerre de tous contre tous. La stratégie persécutrice de désignation d'une victime émissaire revient à opposer fermement le bien et le mal, en noircissant un ou quelques « coupables » pour mieux blanchir les autres — grand partage civilisateur.*

La problématique de René Girard débouche par ce biais sur les modèles de l'ordre à partir du désordre (cf. infra *chapitre v) et de l'auto-organisation, c'est-à-dire aussi de la démocratie : peut-on faire l'économie de la transcendance et du sacré pour fonder une société ? Et l'égalisation des conditions n'est-elle pas (contrairement à l'optimisme qui fait le fond de notre pensée politique depuis les Lumières) une source renouvelée de violence ?*

Source : *René Girard,* Mensonge romantique et Vérité romanesque, *Grasset, Paris, 1961, chapitre III. (Aujourd'hui disponible en Livre de poche, coll. « Pluriel ».)*

Bibliographie : *René Girard,* la Violence et le Sacré, *Grasset, Paris, 1972 ;* Des choses cachées depuis la fondation du monde, *Grasset, Paris, 1978 ;* le Bouc émissaire, *Grasset, Paris, 1982 ; Paul Dumouchel et Jean-Pierre Dupuy,* l'Enfer des choses, René Girard et la logique de l'économie, *Seuil, Paris, 1979 ; Colloque de Cerisy (sous la direction de Paul Dumouchel),* Violence et Vérité, *Grasset, Paris, 1985.*

Chapitre III
Les métamorphoses du désir

Le désir selon *l'Autre* est toujours le désir d'être un *Autre.* Il n'y a qu'un seul désir métaphysique mais les désirs particuliers qui concrétisent ce désir primordial varient à l'infini. Rien n'est immuable de ce qu'on peut directement observer dans le désir des héros de roman. L'intensité de ce désir est elle-même variable. Elle dépend du degré de « vertu métaphysique » possédé par l'objet. Et cette vertu dépend elle-même de la distance qui sépare l'objet du médiateur.

L'objet est au médiateur ce que la relique est au saint. Le chapelet dont ce dernier s'est servi, le vêtement qu'il a porté sont plus recherchés que la médaille simplement touchée ou bénie. La valeur d'une relique dépend de la « distance » qui la sépare du saint. Il en est de même de l'objet dans le désir métaphysique.

Il nous faut donc considérer un deuxième côté du triangle romanesque, celui qui joint le médiateur à l'objet désiré. Jusqu'ici nous nous étions limités à un premier côté, celui qui joint le médiateur au sujet désirant. Les deux côtés, heureusement, varient à peu près de la même façon. Le triangle du désir est un triangle isocèle. Le désir se fait donc toujours plus intense à mesure que le médiateur se rapproche du sujet désirant.

C'est chez Don Quichotte que le médiateur est le plus éloigné, c'est aussi chez Don Quichotte que les désirs particuliers sont les moins torturants. Ce sage ignore l'obstination. Devant l'échec il conclut, en philosophe, qu'un autre chevalier terminera l'affaire et il va chercher fortune ailleurs.

L'activité de Don Quichotte reste assez proche du jeu. Le jeu de l'enfant est déjà triangulaire. Il est une imitation des adultes. Mais la distance est telle entre l'objet et le médiateur, c'est-à-dire entre le jouet et l'adulte qui lui donne son sens, que le joueur ne perd jamais complètement de vue le caractère illusoire de la vertu conférée au jouet. Don Quichotte est en deçà du jeu mais il n'en est pas encore très éloigné. C'est pourquoi il est le plus serein des héros de roman.

Le médiateur, très éloigné, répand une lumière diffuse sur une surface très vaste. Amadis ne désigne rien de façon très précise mais il désigne un peu tout. Les aventures se succèdent à un rythme accéléré mais aucune ne peut, à elle seule, faire de Don Quichotte un second Amadis. C'est pourquoi le héros ne juge pas nécessaire de s'acharner contre la mauvaise fortune.

À mesure que le médiateur se rapproche, la désignation se précise ; la « vertu métaphysique » augmente et l'objet devient « irremplaçable ». Les désirs d'Emma Bovary sont plus violents que ceux de Don Quichotte, et les désirs de Julien sont plus violents que ceux d'Emma. Le projecteur se rapproche peu à peu et sa lumière se concentre sur une surface de plus en plus réduite.

Les aventures d'Emma sont déjà plus « sérieuses » que celles de Don Quichotte mais les objets vraiment désirables, ceux qui feraient d'Emma la femme qu'elle veut être, ne se trouvent pas en province. Rodolphe et Léon ne sont encore que des pis-aller métaphysiques. Ils sont plus ou moins interchangeables. Ils ne reçoivent du médiateur qu'une lumière affaiblie.

La conduite des héros reflète les données changeantes de la médiation. Don Quichotte s'agite beaucoup mais c'est un peu à la façon de l'enfant qui s'amuse. Emma Bovary est déjà plus angoissée. Le médiateur est toujours inaccessible mais il ne l'est plus assez pour qu'on puisse se résigner à ne jamais l'atteindre, pour qu'on se contente du reflet qui se joue sur le réel. C'est là ce qui donne au bovarysme sa tonalité particulière. Il est essentiellement contemplatif. Emma rêve beaucoup et désire peu tandis que les héros de Stendhal, Proust et Dostoïevski rêvent peu et désirent beaucoup. L'action reparaît avec la médiation interne mais cette action n'a plus rien à voir avec le jeu. L'objet sacré s'est rapproché ; il semble à portée de la main ; un seul obstacle subsiste entre le sujet et cet objet : c'est le médiateur lui-même. L'action se fait toujours plus fébrile à mesure que ce médiateur se rapproche. Chez Dostoïevski, le désir contrecarré est si violent qu'il peut conduire au meurtre.

*

À mesure que le rôle du *métaphysique* grandit, dans le désir, le rôle du *physique* diminue. Plus le médiateur se rapproche, plus la passion se fait intense et plus l'objet se vide de valeur concrète.

À en croire romantiques et néoromantiques, le triomphe toujours plus total de l'imagination n'a que des conséquences favorables. Mais l'amenuisement progressif du réel ne va pas sans l'exaspération des rivalités qu'engendre le désir. Cette loi, d'application rigoureuse, définit parfaitement les différences et les analogies entre l'univers de Stendhal et l'univers de Proust. Les vaniteux du premier romancier et les snobs du second convoitent, semble-t-il, un même objet, le Faubourg Saint-Germain. Mais le Faubourg Saint-Germain de Proust n'est plus le Faubourg Saint-Germain de Stendhal. L'aristocratie, au cours du XIXe siècle, a perdu ses derniers privilèges concrets. À l'époque de Proust, fréquenter la vieille noblesse ne procure plus aucun avantage tangible. Si la force du désir était proportionnelle à la valeur concrète de l'objet, le snobisme proustien serait moins intense que la vanité stendhalienne. Or c'est le contraire qui est vrai. Les snobs de *la Recherche du temps perdu* sont beaucoup plus angoissés que les vaniteux du *Rouge et le Noir*. Le passage d'un romancier à l'autre peut donc bien se définir comme un progrès du métaphysique aux dépens du physique. Stendhal n'ignore pas, bien entendu, qu'il existe un rapport inverse entre la force du désir et l'importance de l'objet. «Plus une différence sociale est petite, écrit-il, plus elle engendre d'affectation.» Cette loi ne gouverne pas la seule vanité stendhalienne, elle se vérifie d'un bout à l'autre de la littérature romanesque et elle permet de situer les œuvres les unes par rapport aux autres. Le snobisme proustien et, à plus forte raison, le souterrain dostoïevskien ne sont que le «passage à la limite» de cette loi stendhalienne. Ces formes plus extrêmes de la médiation interne doivent donc se définir comme *une différence nulle engendrant une affectation maximum*. C'est d'ailleurs à peu près ainsi que Proust définit le snobisme: «Le monde étant le royaume du néant, il n'y a entre les mérites des différentes femmes du monde que des degrés insignifiants, que peuvent seules follement majorer les rancunes ou l'imagination de M. de Charlus.»

Dans le *Lucien Leuwen* de Stendhal, la rivalité entre le héros et les jeunes aristocrates de Nancy finit par se fixer sur un objet fort réel, la belle Mme de Chasteller qui unit les grâces de la noblesse aux avantages fort réels de la fortune. Chez Proust, le milieu social est le même; la grande affaire est toujours le siège des salons aristocratiques, mais il n'y a plus de Mme de Chasteller; il y a bien les Guermantes mais ce n'est ni leur beauté, ni même leur argent qui intéressent les snobs. Les dîners chez la duchesse ne sont pas plus fins que tant d'autres, les soirées ne sont pas plus brillantes. Entre gens qui sont reçus et gens qui ne le sont pas la différence est toute métaphysique. Ce que Proust appelle une «belle position mondaine» est chose fugitive, insaisissable et presque imperceptible si l'on n'est pas snob soi-même. L'initiation mondaine n'a pas plus de valeur «objective» que l'adoubement de Don Quichotte aux mains d'un aubergiste de campagne.

L'homme du souterrain représente le dernier stade de cette évolution vers le désir abstrait. L'objet a complètement disparu. Le désir furieux de se faire inviter au banquet de Zverkov ne peut même plus s'interpréter en termes de profits matériels ou d'avantages mondains.

Les théories romantiques et symbolistes du désir reflètent, à leur façon, cet amenuisement progressif du réel. Le support concret du désir est déjà bien peu de chose dans la *cristallisation*. La brindille de 1822 se réduit à un «grain de sable» dans l'allégorie de l'huître et de la perle. Ces descriptions sont exactes à cela près qu'elles passent sous silence le médiateur. C'est au médiateur que l'imagination doit sa fécondité. Le romantique se trompe toujours d'église. Il prétend brûler le monde sur l'autel de son *Moi* mais c'est à *l'Autre* qu'il devrait rendre un culte.

Le « physique » et le « métaphysique » varient toujours, dans le désir, aux dépens l'un de l'autre. Cette loi a des aspects multiples. C'est elle qui explique, par exemple, la disparition progressive du plaisir sexuel dans les stades les plus aigus de la maladie ontologique. La « vertu » du médiateur agit sur les sens comme un poison toujours plus abondant qui paralyse peu à peu le héros.

Emma Bovary connaît encore la jouissance car son désir n'est pas très métaphysique. Le plaisir est déjà moindre chez les vaniteux de Stendhal. À peu près nul au moment de la conquête il reparaît, fréquemment, lorsque la vertu métaphysique s'est évaporée. Chez Proust le plaisir a presque complètement disparu. Chez Dostoïevski il n'en est plus même question.

*

Même dans les cas les plus favorables, les propriétés physiques de l'objet ne jouent qu'un rôle secondaire. Ce ne sont pas elles qui suscitent le désir métaphysique ; elles sont incapables de le prolonger. Ce n'est d'ailleurs pas l'absence de jouissance physique qui déçoit le héros stendhalien ou proustien lorsqu'il possède enfin l'objet de son désir. La déception est proprement métaphysique. Le sujet constate que la possession de l'objet n'a pas changé son être ; la métamorphose attendue ne s'est pas réalisée. La déception est d'autant plus terrible que la « vertu » de l'objet semble plus abondante. La déception s'aggrave, par conséquent, à mesure que le médiateur se rapproche du héros.

Chez Don Quichotte et Mme Bovary, il n'y a pas encore déception métaphysique au sens propre du terme. Le phénomène apparaît chez Stendhal. À l'instant où le héros stendhalien s'empare de l'objet désiré, la « vertu » fuit comme le gaz d'un ballon que l'on crève. C'est l'objet soudainement désacralisé par la possession et réduit à ses propriétés objectives qui provoque la fameuse exclamation stendhalienne : « Ce n'est que cela ! » Le haussement d'épaules de Julien reflète encore une insouciance qu'on ne retrouve plus dans la lourde désillusion proustienne. Chez le héros dostoïevskien, l'échec métaphysique cause un désarroi si profond qu'il peut mener jusqu'au suicide.

La déception prouve irréfutablement l'absurdité du désir triangulaire. Voici le héros contraint, semble-t-il, de se rendre à l'évidence. Plus rien ni personne ne le sépare de ce Moi abject et humilié que le désir recouvrait, en quelque sorte, d'avenir. Le héros privé de désir risque de tomber dans l'abîme du présent comme un puisatier dont la corde se romprait. Comment peut-il échapper à cet affreux destin ?

Il ne peut pas nier l'échec de son désir mais il peut en limiter les conséquences à l'objet maintenant possédé et peut-être au médiateur qui le lui désignait. La déception ne prouve pas l'absurdité de *tous* les désirs métaphysiques mais l'absurdité de ce désir particulier qui vient de décevoir. Le héros reconnaît qu'il est trompé. L'objet n'a jamais eu la valeur initiatique qu'il lui attribuait. Mais cette valeur, il la reporte ailleurs, dans un second objet, dans un nouveau désir. Le héros va traverser l'existence de désir en désir comme on traverse un ruisseau en sautant sur des pierres glissantes.

Deux possibilités se présentent. Le héros déçu peut se faire désigner un nouvel objet par son ancien médiateur ; il peut aussi changer de médiateur. La décision ne relève ni de la « psychologie », ni de la « liberté », elle dépend comme tant d'autres aspects du désir métaphysique, de la distance qui sépare le héros de ce médiateur.

Lorsque cette distance est très grande, l'objet est très pauvre, nous le savons, en vertu métaphysique. Le prestige du médiateur n'est pas engagé dans les désirs particuliers. Le Dieu est au-dessus des vicissitudes de l'existence. Il est unique et éternel. Don Quichotte a beaucoup d'aventures mais il n'a qu'un Amadis; Mme Bovary pourrait changer indéfiniment d'amant sans jamais changer de rêve. Lorsque le médiateur se rapproche, l'objet lui est uni de façon très étroite et la «responsabilité divine», si l'on peut s'exprimer ainsi, est engagée dans le désir. L'échec de ce désir peut donc se répercuter au-delà de l'objet et provoquer la mise en question du médiateur lui-même. L'idole vacille, d'abord, sur son piédestal; elle s'écroule, même, si la déception est assez forte. Proust a décrit la chute du médiateur avec un luxe de détails extraordinaire. L'événement est une véritable révolution dans l'existence du sujet. Tous les éléments de cette existence sont comme aimantés par le médiateur; c'est de lui qu'ils tiennent leur hiérarchie et même leur signification. On conçoit donc que le héros mette tout en œuvre pour retarder une expérience qui est forcément très douloureuse.

Lorsque le narrateur est enfin invité chez les Guermantes, après avoir vainement désiré cette invitation pendant plusieurs années, il éprouve l'inévitable déception. C'est la même médiocrité, ce sont les mêmes clichés que dans les autres salons. Les Guermantes et leurs hôtes, ces êtres surhumains, se réuniraient-ils pour parler de l'affaire Dreyfus ou du dernier roman, et pour en parler dans les mêmes termes, et sur le même ton, que les autres gens du monde? Marcel cherche une réponse qui concilie le prestige sacré du médiateur et l'expérience négative de la possession. Il parvient presque à se convaincre, pendant cette première soirée, que sa présence profanatrice a interrompu des mystères aristocratiques dont la célébration ne pourra pas reprendre son cours avant qu'il soit parti. La volonté de foi est si puissante, chez ce saint Thomas à rebours, qu'elle survit quelque temps à la preuve concrète du néant de l'idole.

Chaque médiation projette son mirage; les mirages se succèdent comme autant de «vérités» qui supplantent les vérités antérieures par un véritable meurtre du souvenir vivant et qui se protègent des vérités à venir par une censure implacable de l'expérience quotidienne. Marcel Proust appelle «Moi» les «mondes» projetés par les médiations successives. Les «Moi» sont parfaitement isolés les uns des autres, incapables de se remémorer les «Moi» passés ou de pressentir les «Moi» futurs.

On peut observer, chez Stendhal, les signes avant-coureurs de cette fragmentation en «Moi» monadiques. La sensibilité du héros stendhalien est soumise à de brusques variations qui annoncent les personnalités successives de *la Recherche du temps perdu*. Julien Sorel reste *un* mais son unité est menacée lors de cette aberration temporaire qu'est son amour pour Mathilde.

C'est chez Proust, toutefois, que l'existence perd définitivement l'unité et la stabilité qu'assurait l'éternité du dieu chez les héros des romans antérieurs. C'est à la multiplication des médiateurs que nous devons cette «décomposition de la personnalité» dont s'inquiétaient et s'irritaient les premiers lecteurs de Marcel Proust. Les cris d'alarme n'étaient peut-être qu'en partie justifiés. Tant que le médiateur est éloigné donc unique, le héros maintient son unité mais cette unité est faite de mensonge et d'illusion. Un mensonge unique qui embrasse l'existence tout entière n'est pas moralement préférable à une série de mensonges temporaires. Si le héros proustien est plus malade que les autres héros, c'est de la même maladie, et s'il est plus coupable c'est de la même faute. Il ne faut donc pas l'accabler mais il faut certainement le plaindre car il est plus malheureux que ses prédécesseurs.

Plus le règne du médiateur est bref, plus il est tyrannique. C'est donc au héros dostoïevskien que sont réservées les plus grandes souffrances. Chez l'homme du souterrain la succession des médiateurs est si rapide qu'on ne peut plus parler de Moi distincts. Aux périodes de stabilité relative séparées par des crises violentes ou des intervalles d'atonie spirituelle, tels qu'on les observe chez Proust, succède chez Dostoïevski une crise perpétuelle. Les éléments qui sont hiérarchisés de façon permanente, ou temporaire, chez les autres romanciers sont ici à l'état de chaos. L'homme du souterrain est souvent même écartelé entre plusieurs médiations contemporaines. Il est un être différent à chaque instant de la durée et pour chacun de ses interlocuteurs. C'est là cette *polymorphie* de l'être dostoïevskien qu'ont notée tous les critiques.

À mesure que le médiateur se rapproche, l'unité se fragmente en multiplicité. On passe, par une série de paliers, du médiateur solitaire, intemporel et fabuleux de Don Quichotte à la cohue dostoïevskienne. Les «cinq ou six modèles» entre lesquels se partage, au dire de Stendhal, la «bonne société» de son temps, et les multiples Moi proustiens sont les étapes de cette marche descendante. Le démon des *Possédés* s'appelle légion et il se réfugie dans un *troupeau* de porcs. Il est à la fois un et multiple. Cette atomisation de la personnalité est le terme de la médiation interne.

Beaucoup d'écrivains ont remarqué cette multiplication des médiateurs. Dans son dernier roman *Der Komet,* Jean-Paul s'inspire de *Don Quichotte.* Son héros, Nikolaus Markgraf, «installe, comme un acteur, une âme étrangère à la place de la sienne». Mais il est incapable de se fixer dans le rôle choisi et à chaque lecture nouvelle, il change de médiateur. Le roman de Jean-Paul n'explore, toutefois, que des aspects assez superficiels du désir selon l'autre au XIXe siècle. Les médiateurs restent éloignés. Chez Stendhal, chez Proust et chez Dostoïevski, c'est au niveau d'une médiation *interne* que s'accroît le nombre des modèles. C'est dans la médiation interne qu'est la vérité profonde du *moderne.*

À partir de Proust le médiateur est littéralement «n'importe qui» et il peut surgir «n'importe où». La révélation mystique est un péril constant. C'est une rencontre fortuite sur la promenade de Balbec qui décide du sort de Marcel. Un coup d'œil sur la petite bande suffit pour envoûter le héros.

«Si par hasard j'apercevais n'importe laquelle des jeunes filles, puisqu'elles participaient toutes de la même essence spéciale, c'était comme si j'avais vu projeter en face de moi, dans une hallucination mobile et diabolique, un peu du rêve ennemi et pourtant passionnément convoité qui, l'instant d'avant encore n'existait, y stagnant d'ailleurs d'une façon permanente, que dans mon cerveau.»

Le *n'importe qui* proustien se retrouve chez Dostoïevski à un niveau d'automatisme tel qu'il provoque l'horreur bouffonne. Ici comme ailleurs nous découvrons chez Dostoïevski la vérité caricaturale de l'expérience proustienne. C'est dans *un lieu public* que l'homme du souterrain, comme Marcel, succombe au prestige de *l'Autre* et fait un accès de fièvre ontologique. Dans les deux cas le héros se trouve en présence «du rêve ennemi et pourtant passionnément convoité». Une lecture attentive révèle une parfaite identité de structure chez les deux romanciers. L'officier inconnu, trouvant l'homme du souterrain sur son passage, le prend par les épaules et le «déplace» sans façon. Le narrateur proustien n'est pas directement l'objet des sévices de la petite bande mais il voit Albertine sauter par-dessus la tête d'un vieillard terrorisé et il s'identifie à la victime. Proust et Dostoïevski décrivent de la même façon l'allure arrogante du médiateur fendant la foule, son indifférence méprisante pour les insectes qui grouillent à ses pieds, l'impression de force irrésistible qu'il donne au spectateur fasciné. Tout, en ce médiateur, révèle une tranquille et sereine supériorité *d'essence* que le malheureux, écrasé, tremblant de haine et d'adoration, s'efforce en vain de s'approprier.

Plus la médiation se fait instable, plus le joug se fait pesant. La médiation de Don Quichotte est une monarchie féodale, parfois plus symbolique que réelle. Celle de l'homme du souterrain est une série de dictatures, aussi féroces que temporaires. Les conséquences de cet état convulsif ne sont pas limitées à une région quelconque de l'existence ; elles sont proprement *totalitaires*.

L'éclectisme vide, les engouements passagers, les modes toujours plus fugitives, la succession toujours plus rapide des théories, systèmes et écoles, et cette « accélération de l'histoire » dont on s'émeut de nos jours sont autant d'aspects convergents, pour un Dostoïevski, de l'évolution que nous venons de retracer. Le souterrain est une désintégration de l'être individuel et collectif. Dostoïevski est seul à nous décrire un phénomène qu'il faut pourtant envisager dans le cadre d'une histoire. Il ne faut pas y voir, avec certains admirateurs du romancier russe, la révélation soudaine d'une vérité éternelle qui eût échappé aux écrivains et aux penseurs de jadis. Dostoïevski lui-même envisage historiquement la polymorphie de ses personnages. L'avènement temporel du mode d'existence souterrain est souligné par le prince Muyshkine dans un passage douloureusement ironique de *l'Idiot* : « Les gens des époques lointaines (je vous jure que cela m'a toujours frappé) étaient très différents de ceux de la nôtre : c'était comme une autre espèce humaine... En ce temps-là on était en quelque sorte l'homme d'une seule idée ; nos contemporains sont plus nerveux, plus développés, plus sensibles, capables de suivre deux ou trois idées à la fois. L'homme moderne est plus large, cela l'empêche, je vous en réponds, d'être tout d'une pièce comme dans les siècles passés. »

Dostoïevski résume en une phrase le chemin que nous avons nous-mêmes parcouru. Partis du héros de Cervantès inébranlable dans ses fidélités et toujours identique à lui-même, nous sommes descendus peu à peu jusqu'à l'homme du souterrain, véritable loque humaine livrée à la honte et à la servitude, girouette dérisoire plantée sur les ruines de « l'humanisme occidental ».

Les formes les plus diverses du désir triangulaire s'organisent donc en une structure universelle. Il n'est pas un aspect du désir, chez un romancier quelconque, qui ne puisse se rattacher à d'autres aspects de son œuvre et à toutes les œuvres. Le désir apparaît donc comme une structure dynamique se déployant d'un bout à l'autre de la littérature romanesque. On peut comparer cette structure à un objet qui tombe dans l'espace et dont la forme se modifie sans cesse en raison de la vitesse croissante imprimée par la chute. Les romanciers, placés à des niveaux différents, décrivent cet objet tel qu'il s'offre à leurs regards. Ils ne font que soupçonner, le plus souvent, les métamorphoses qu'il vient de subir et qu'il doit subir encore. Ils ne voient pas toujours les rapports entre leurs propres observations et celles de leurs devanciers. C'est à une « phénoménologie » de l'œuvre romanesque qu'incombe la tâche d'élucider ces rapports. Cette phénoménologie n'a plus à tenir compte des frontières entre les diverses œuvres. Passant de l'une à l'autre en toute liberté elle cherche à épouser le mouvement même de la structure métaphysique ; elle cherche à établir une « topologie » du désir selon *l'Autre*.

Influence
(1990)

FRANÇOIS ROUSTANG
(né en 1923)

Nous avons vu les commissaires nommés par Louis XVI conclure à l'inexistence du fluide émané du baquet de Mesmer. Influence *reprend l'enquête sur ce qui coule ou circule à notre insu d'un corps à un autre. Le chapitre «La veille du corps» en particulier rappelle aux psychanalystes la présence muette et massive de ce grand exclu de la «cure de parole»: que l'individu ne se résume pas au* parlêtre *cher à Lacan, mais qu'il est d'abord ce corps qui fait masse et lien, en lui et hors de lui.*

Le nom de François Roustang a le don d'irriter les gardiens de l'orthodoxie psychanalytique, peut-être parce qu'il cherche une alternative à un modèle d'explication qui a beaucoup vieilli. En esquissant un autre modèle (qu'il est trop tôt pour qualifier d'alternative véritable), Influence *constitue un jalon important dans l'œuvre de son auteur comme dans la production analytique courante. Qu'y trouve-t-on?*

Une première thèse «renversante» concerne le concept de l'inconscient. En s'appuyant sur l'hypnotiste américain Milton H. Erickson (proche de l'école de Palo Alto), Roustang propose de définir celui-ci positivement: non comme un dépôt gisant dans les profondeurs du «refoulé», et dans cette mesure persécuteur, mais comme un flux (un flot, une influence), source de réparations et d'énergies nouvelles. Bien loin de couper nature et culture (coupure fondatrice des années structuralistes, de Lévi-Strauss à Lacan), Roustang voit dans l'inconscient le témoin et le gardien de notre animalité, soit de notre vie relationnelle ou instinctuelle. Le flot d'échanges qui porte le vivant est inconscient, et l'archive y circule au présent et à ciel ouvert. Circule: *il n'y a nul besoin de creuser (et le passé comme tel n'est pas intéressant).* Au présent: *il s'agit (motif principal du livre) d'arracher l'analyse à une pensée de la re-présentation qui engendre ses principales contradictions et apories.* À ciel ouvert: *donc, de contribuer à une critique de l'archéologie, qui fut le grand modèle régulateur du freudisme. Après Maine de Biran auquel il consacre des pages éclairantes, Roustang se montre attentif aux indices immédiats du corps (à ce qui se montre au lieu de se dire, au présent de l'affect ou de la relation, sans médiation).*

L'hypnose, deuxièmement. Il y a plusieurs façons de se tromper sur elle. Par exemple en l'assimilant au sommeil, ou à une fusion aliénante. Roustang qui la pratique témoigne que le sujet sous hypnose jouit au contraire d'une extrême sensibilité, que sous la discontinuité des représentations imposées par l'entendement ou le «processus secondaire», la transe révèle la continuité en nous des formes vivantes, aux ressources insoupçonnées (comme le montrent les exemples bienvenus qu'il prend dans le tennis, le tir à l'arc, le théâtre ou la résistance à la torture). Non seulement la psychanalyse, rappelle Roustang, n'a pas rompu malgré ses dénégations avec l'hypnose, toujours présente et active au cœur de la cure sous l'espèce du transfert, de l'identification et dans les formes partout renaissantes de Massenpsychologie *comme de «suggestion au long cours[1]»...; mais il n'est pas souhaitable de rompre avec ces phénomènes qui sont, mieux que la prise de conscience, l'agent actif de la guérison.*

Ne considérons par exemple, au seuil d'une hypnose, que la suggestion de la lourdeur:

1. «Suggestion au long cours»: titre du chapitre III de *...Elle ne le lâche plus.*

cette invitation à rejoindre la masse où cohabitent les contraires (dehors/dedans, moi/autrui, veille/sommeil...) restaure en nous le processus primaire, oblitère fortement le principe d'identité et tous ses corrélats (distinction, réalité), renforce la relation et favorise le pilotage d'un inconscient par un autre. C'est d'ailleurs une illusion typiquement secondaire que de traiter l'inconscient comme une entité séparée ou individuellement assignable. Qui a vu opérer Milton Erickson n'a pu qu'être frappé, d'abord par la bonté de la relation induite, ensuite par le partage d'une transe où chaque partenaire copilote l'autre, entre dans un « orchestre » (Bateson) d'interactions qui le dépassent. En exagérant la relation, l'hypnose ne noie pas le sujet mais l'invite à une prospection plus fine de l'autre (la relation en effet, bien loin de relier des sujets préexistants, fait émerger ceux-ci). Il s'agit dans cet état de tirer tous les bénéfices d'une indistinction ou d'une métaphore généralisée: la massivité *propre à l'hypnose semble reprogrammer une relation et un corps empathique, envahi-évasif, plus fluide ou rendu au flux, « sous influence ». Avec l'hypnose et contre les distinctions secondaires, c'est bien le cas de dire qu'on ne sait pas où s'arrête un corps.*

Une pensée plus exigeante de la relation ou de l'interaction serait donc le troisième motif d'intérêt, à la fois théorique et clinique, des textes déroutants de Roustang[1]*. « L'hypnose est le révélateur de la vie affective, c'est-à-dire du réseau relationnel qui conditionne la communication » (*Influence*, p. 157). Ce dernier terme ne doit rien à une facile mode, mais désigne au contraire ce qu'il faudrait une bonne fois penser, au-delà des schémas monadiques-archéologiques de Freud, autant que des options lacaniennes du tout-symbolique et d'une logicisation qui écrase la vie de l'affect. On voudrait oublier que la relation observateur-observé, ou analyste-analysant, est réciproque, en feignant de la survoler ou de s'en exclure. L'une des contradictions intimes de l'analyse est d'avoir créé une situation thérapeutique (fondée sur la relation et le transfert) que son présupposé égo-logo-centrique et intellectualiste lui interdit de penser. Pourtant si la science élucide, ce n'est pas l'élucidation ni la « prise de conscience » qui guérit – mais une certaine qualité de relation ou d'influence qui, quand elle agit vraiment, ne se laisse pas mentaliser.*

*Roustang autrement dit retrace fermement la bifurcation entre le présent vivant et la re-présentation. En majorant l'accès à la seconde (infiltrée jusque dans un inconscient qualifié d'*autre scène*), Freud s'interdisait de comprendre le processus primaire, et ne pouvait que reculer devant sa propre découverte. Le mérite de Roustang est de limiter l'exorbitante prétention à la représentation, c'est-à-dire à l'analyse dans tous les domaines, qui caractérise et appauvrit notre culture. Il n'est ni possible ni sain de « tout dire », car le présent-vivant ne se représente pas (ne se dit pas mais agit ou se* montre, *pour citer Wittgenstein). Contre l'interprétation d'un rêve ou d'une image, par définition rebelles au récit, Roustang nous invite, comme déjà les surréalistes, à « déployer » ce rêve ou cette chair qui n'appartiennent en propre à personne. Et à en finir ainsi avec l'introspection et la ratiocination narcissiques où sombrent tant d'analyses interminables. N'en déplaise aux* accros *du divan, « la vie n'est pas un miroir*[2] *», ni un long fleuve (de mots) tranquille.*

Source : *François Roustang,* Influence, *Minuit, Paris, 1990, chapitre* IV.

1. « Déroutant Roustang », titrait Roland Jaccard pour rendre compte d'*Influence* dans *le Monde*. Mais il n'est déroutant que pour une routine psychanalytique qui s'entête à penser l'inconscient comme quelque chose d'individuel ou de distinct, en y plaçant par exemple des contenus, ou des représentations.
2. Titre du chapitre VI d'*Influence*.

Bibliographie : *François Roustang,* Un destin si funeste, *Minuit, Paris, 1976 ;* ...Elle ne le lâche plus, *Minuit, Paris, 1980 ;* Lacan, de l'équivoque à l'impasse, *Minuit, Paris, 1986.*

La veille du corps

APPARTENANT AU MILIEU PSYCHANALYTIQUE, il serait suicidaire de s'intéresser à l'hypnose. Ce nom devrait être tu et, si l'on en parlait, ce ne pourrait être que comme d'un de ces objets dont la valeur n'est plus d'usage, mais seulement d'antiquité, utile pour servir de repoussoir à notre pureté. Un bas-bleu de la psychanalyse, il y a quelques années, avait donné une conférence sur le sujet. Comme on lui demandait si elle en avait fait l'expérience, elle avait répondu superbement que son éthique le lui interdisait. C'était bien le langage qu'il fallait faire entendre pour préserver les chances d'une belle carrière parmi des sourds, qui seraient bien embarrassés si, par un miracle, ils recouvraient l'ouïe.

La méfiance ne date pas d'hier. Sa raison, Freud l'avait déjà reçue d'une femme qu'il avait guérie par l'hypnose et qui lui avait expliqué pourquoi elle n'avait pu l'en remercier : « J'ai eu honte de voir que quelque chose comme l'hypnose pouvait être utile là où moi avec toute ma force de volonté j'étais impuissante [1]. » Ne serait-ce pas pour un motif semblable que les psychanalystes, sans discontinuer, ont détourné les yeux avec obstination des évidences que Ferenczi et quelques autres à sa suite s'efforçaient de proposer à leur réflexion [2] ? Ce qui était mis en question par là n'était peut-être pas la force de leur volonté, mais, ce qui est du même ordre, celle de leur intelligence, en d'autres termes, leur prétention à réduire leur technique au pouvoir de l'association libre et de l'interprétation. On veut bien croire à l'inconscient et à ses ruses, mais à condition que l'efficacité ultime soit dévolue au soin de la prise de conscience. L'humiliation du genre humain, débouté de sa croyance en son âme souveraine [3], n'aura duré que peu de temps puisqu'il est possible de guérir de l'impérialisme pulsionnel et que la psychanalyse est déjà ou va devenir une science !

S'il est facile de fustiger les frilosités des bureaucrates et les contre-révolutions instaurées par les maîtres, il l'est beaucoup moins de se placer dans la chose même, et d'en faire soupçonner l'intérêt primordial pour la pratique, parce que son originalité reste désespérante à l'égard de tout essai de mise en forme discursive. La raison en est aussi simple que scandaleuse : l'hypnose révèle ce qui est constitutif de l'être humain, son caractère d'être vivant en relation, qui précisément n'est pas ce que l'on a coutume de percevoir comme le spécifique humain. Ce sont les facultés supérieures d'intelligence, de réflexion, de jugement, de volonté qui différencient l'homme des autres règnes, mais c'est leur mise en suspens qui dévoile les forces dont ces facultés dépendent pour exister. S'il n'y a pas d'abord la vie qui se poursuit à l'insu de l'homme, alors l'intelligence ne se greffe sur rien. Mais ce fait que l'intelligence ne soit pas pour elle-même la source de sa propre vie a des conséquences illimitées toujours méconnues. Sans le sommeil, la veille ne serait qu'un fantôme.

Nous avons oublié que nous dormions, même et surtout depuis que nous avons appris à analyser nos rêves. Le génie de Freud s'est manifesté au sein de notre culture lorsqu'il a

1. « Un cas de guérison hypnotique », in *Résultats, idées, problèmes,* I, 1890-1920, P.U.F., 1984, p. 35.
2. On trouvera le récit circonstancié de cette histoire dans Léon Chertok, Isabelle Stengers, *le Cœur et la Raison ; l'Hypnose en question, de Lavoisier à Lacan,* Payot, 1989. En particulier le chapitre II.
3. *Eine Schwierigkeit der Psychoanalyse, G.W.,* 12, 8 ; *S.E.,* 17, 142.

voulu transmuer les incertaines et ancestrales clés des songes en une véritable science des rêves. Mais, ce faisant, il ne prenait en compte que la part vigile du sommeil, ce qui pouvait en être raconté, ce qui donc faisait reculer le mystère et semblait porter plus loin la maîtrise. En lui attribuant une parole intelligible, il arrachait l'âme à l'épaisseur de son secret, mais il risquait par là de ne plus se soucier de la part proprement nocturne du sommeil, si ce n'est comme d'une obscurité négligeable. N'est-il pas significatif à cet égard que, des deux énigmes proposées par le sphinx à Œdipe, il n'ait pas retenu la seconde, celle qui présente le jour et la nuit comme deux sœurs qui s'engendrent réciproquement, c'est-à-dire comme les deux côtés de la réalité humaine, indissociables et d'égale valeur? De même, poser la libre association comme fondement de la cure analytique en lieu et place de l'hypnose revenait à s'intéresser à la nuit par la seule face qu'elle présente au jour.

C'est pourquoi il aura fallu abandonner l'hypnose, puisqu'elle est, à l'inverse, la marque du sommeil dans la veille. Même si cet état prend parfois les apparences du premier, comme l'immobilité, l'ignorance relative du monde extérieur, la méconnaissance du temps, etc., ses caractéristiques physiologiques ne diffèrent pas de celles de la seconde [1]. N'est-ce pas cela qui rend périlleuse, voire insurmontable, la tâche d'en rendre compte? Comment adopter le point de vue de la nuit et le faire entendre au jour? Comment pourrait-on faire passer dans le discours de la représentation le monde de l'affect, qui est d'un autre ordre [2]? Comment traduire dans le langage de la discontinuité ce qui relève de la continuité de la vie?

Ces difficultés fondamentales ne signifient pas que l'on ne pourra rien dire de l'hypnose. C'est même tout le contraire, et précisément parce que, si l'hypnose est la présence de quelque chose du sommeil, elle demeure une expérience de l'état de veille. Elle ne fait donc jamais cesser la veille, même si ce que la vigilance a enregistré de l'expérience peut être soumis à l'oubli ou que la profondeur de la transe a été telle que toute conscience semble disparaître. Très souvent, impressionnés par les idées reçues, ceux qui commencent à expérimenter l'hypnose pensent, après coup, qu'ils n'ont pas été vraiment hypnotisés parce qu'ils n'ont jamais perdu conscience de ce qui se passait. Or, s'il est évident que, sous hypnose, la conscience est modifiée ou limitée, sa perte n'est nullement nécessaire et ne conditionne en rien l'expérience. En tout cas, c'est le maintien d'un certain degré et d'une certaine forme de vigilance qui rend paradoxalement l'hypnose à la possibilité de la description.

Si limitée que soit mon expérience en ce domaine, comme elle est à l'origine des réflexions qui vont suivre et qu'elle les détermine entièrement, mieux vaut en faire état le plus explicitement possible. Et d'abord la première fois. Je me suis porté volontaire après avoir écouté avec un petit groupe une conférence d'un hypnothérapeute américain, formé par Milton H. Erickson. Je n'eus aucune difficulté à laisser s'alourdir mes paupières et à réaliser les images qui m'étaient suggérées. Il s'agissait de descendre un escalier lentement et de marcher dans la rue. Ce que je retiens de cette première fois comme un élément décisif, c'est la cohabitation d'une impression de pesanteur avec une impression de légèreté. La lourdeur était parfaitement compatible avec un phénomène d'élation. Il m'est arrivé souvent de penser depuis que j'avais fait là l'expérimentation de la masse: un poids que l'on aurait soustrait à la gravitation. Depuis, j'ai retrouvé ou fait très souvent éprouver la

1. Léon Chertok, *l'Hypnose*, Petite Bibliothèque Payot, 1965, 1989, pp. 69-70.
2. Même si je ne m'y réfère pas plus explicitement et plus souvent, même si je ne puis me permettre de m'en recommander, faute de me situer dans le même champ, je dois beaucoup au livre de Michel Henry, *Généalogie de la psychanalyse*, Epiméthée, P.U F., 1985.

même double sensation sous hypnose. Peut-être, pour des raisons purement circonstancielles évidentes, ai-je tendance à majorer l'importance de cette impression paradoxale. Elle me paraît toutefois un exemple entre mille autres d'une caractéristique de l'expérience hypnotique : la cohabitation ou l'identité des qualités contraires, comme le chaud et le froid, la souplesse et la rigidité, l'obscur et le lumineux, l'espace restreint et ouvert, l'hyperesthésie et l'anesthésie, la communication et la fermeture, la concentration et la décontraction, l'attention et la distraction, etc. Une première conclusion s'impose : cet état ne relève pas des catégories de l'espace et du temps.

Une autre fois, je me suis trouvé dans un petit groupe qui recevait une autre hypnothérapeute américaine de formation éricksonienne [1]. Après avoir présenté un cas, elle nous proposa une séance d'hypnose en s'adressant au groupe. Je n'ai aucun souvenir du discours qu'elle a tenu pour nous faire entrer ou nous maintenir dans cet état. Ce dont je me souviens, c'est d'avoir vécu là un moment très pénible : impression d'horreur sans aucun contenu particulier d'images ou de mots, avec la seule possibilité de diminuer cette impression au point de l'interrompre ou au contraire de la laisser à nouveau s'accentuer. Sans doute n'aurais-je pas fait grand cas de cette expérience si cette soirée n'avait marqué la fin d'un deuil d'une personne très proche, deuil dans lequel j'étais plongé depuis des mois sans pouvoir y instaurer la moindre distance et qui, après cette séance, ne fut plus lié à aucune douleur ni à aucune attirance de la mort.

Voilà le fait et sa description élémentaire. Je puis ajouter cependant que je ne connaissais pas cette psychothérapeute et que je ne l'ai jamais rencontrée depuis lors. Je ne lui avais pas parlé et il était impossible qu'elle ait suggéré quoi que ce soit à ma seule intention, puisqu'elle s'adressait à tout le groupe. Je ne savais même pas moi-même que je venais à cette expérience avec ma souffrance actuelle, car c'est seulement dans les jours qui ont suivi qu'il m'a été donné de percevoir les effets de cette séance. J'en ai déduit, mais peut-être est-ce là une conclusion trop hâtive, que l'hypnose est capable de guérir par elle-même, qu'une plaie peut se refermer ou se cicatriser par le seul fait d'expérimenter l'horreur liée à telle souffrance.

Si l'hypnose, cet état de sommeil dans la veille, ne peut livrer son secret, qui serait celui de la vie elle-même, on ne saurait cependant s'interdire de faire des hypothèses [2] sur sa nature pour donner quelque intelligibilité aux phénomènes que l'on expérimente. On pourrait supposer, par exemple, que le symptôme est le produit d'une isolation et que l'hypnose, qui abolit les distinctions propres à l'intelligence, replace l'élément symptomatique dans l'ensemble de la vie de l'âme, lui fait retrouver une place relative dans cet ensemble et fait cesser cette isolation. L'hypnose serait un état où la totalité de l'être vivant reprendrait ses droits sur un élément qui s'en serait séparé. Ce serait là une manière de rendre compte du fait que l'état, de lui-même, lorsqu'il est établi, opère une sorte de refonte de l'individualité ; il serait donc capable de dissoudre le symptôme et de rompre les barrières qui faisaient obstacle à la circulation de la vie [3]. [...]

1. Ces réunions ont été tenues chez Judith Fleiss, qui a commencé et qui continue à m'initier avec quelques autres personnes à l'hypnose éricksonienne et aux diverses techniques qui s'y rapportent.
2. « Toute explication est une hypothèse », Wittgenstein, *Remarques sur le « Rameau d'or » de Frazer*, L'Âge d'homme, 1982, p. 15.
3. Conception développée par Hegel dans la *Philosophie de l'esprit* de son *Encyclopédie des sciences philosophiques*. Il est le seul, avec Maine de Biran, à avoir compris le sens et la portée du mesmérisme.

Toute découverte, même la plus anodine, suppose le passage par une certaine confusion, par un abandon de l'attention à ce que l'on était certain de savoir, par une distraction qui prend en compte des phénomènes, des perceptions ou des idées qui jusque-là n'avaient fait l'objet d'aucune attention. La période de gestation d'une découverte est fatalement marquée par l'obscurité à la faveur de laquelle des éléments qui n'avaient jamais été rapprochés se voient maintenant liés de façon nécessaire. Ce que l'attention consciente tenait séparé, la confusion aura pu le rassembler. Toute invention postule donc un passage par un état semblable à l'état hypnotique [1] et, à l'inverse, pourquoi ne pas oser dire que l'hypnose bien comprise peut être entendue comme le lieu privilégié de l'invention?

Mais sur quoi se porte l'attention dans l'hypnose? Pour répondre à cette question, on peut distinguer trois types de mémoire. Il y a d'abord la mémoire de ce que l'on a appris consciemment et qui est supposé demeurer à la disposition de la remémoration consciente. Les mécanismes par lesquels l'oubli est maintenu ou surmonté peuvent déjà faire appel, comme l'a bien montré Freud, à des facteurs affectifs qui ne relèvent pas de la seule conscience. Il y a ensuite la mémoire de ce que nous avons appris consciemment et qui n'a plus besoin d'être conscient ou qui, s'il restait conscient, perturberait l'action. Relève de ce type de mémoire l'initiation à une technique quelconque. Nous avons appris à lire ou à écrire mais, lorsque nous lisons ou écrivons, la conscience de l'acte que nous posons serait dommageable à la compréhension ou à la production d'un texte. Il en est de même de tous les apprentissages qui nécessitent la gestualisation. Un compagnon menuisier redeviendrait maladroit s'il s'interrogeait sur l'art de tenir le rabot.

Enfin, il y a la mémoire de tout ce que nous avons appris sans le savoir dans un processus d'imitation spontanée, depuis notre façon de marcher, de manger, de nous vêtir, jusqu'à celle de parler et de penser, de rire ou de pleurer. Tous ces traits, que nous avons assimilés sans nous en rendre compte et qui sont spécifiques de notre culture et du milieu restreint où nous sommes nés et où nous avons grandi, ont été inscrits à notre insu dans notre esprit, dans notre âme et notre corps. Ils laissent leur marque à chaque instant dans toutes les formes de notre mode d'agir.

Ils sont donc à la fois ce qui caractérise notre individualité et ce qui nous permet de communiquer avec les autres et avec le monde. Car chacun d'entre nous n'est que le nœud d'un réseau, de telle sorte qu'il est vain de vouloir séparer ce qui nous appartient en propre et ce qui nous a été transmis. De même qu'il est inutile de vouloir distinguer une intériorité qui serait notre seule affaire et nos gestes et manières qui relèveraient du collectif. Car nous n'avons jamais que les sentiments et les sensations et les pensées que notre entourage nous a appris et qui se sont inscrits en nous. Nous ne sommes qu'une résultante de forces multiples. L'entrecroisement de la trame et de la chaîne du tissu socioculturel qui nous constitue est à la fois ce point particulier et l'ensemble de la toile. Ce qui en nous est le plus inaliénable est déjà et depuis toujours instance relationnelle.

Par la confusion qui met en suspens intelligence et volonté, l'hypnose est le révélateur de cette texture individuelle relationnelle à laquelle l'état de veille ne permet pas de prêter attention. Elle est donc bien ce que l'on avait vu tout d'abord, un état de sommeil dans la veille. Mais on peut donner maintenant à cette définition un sens plus précis. L'hypnose a les apparences du sommeil par le seul fait que nous sommes incapables de penser la veille dans d'autres termes que ceux de la conscience. Mais en réalité, elle permet de manifester

1. Voir par exemple Maine de Biran, qui place la psychologie de la découverte entre la formation du rêve et le somnambulisme (« Discours à la Société médicale de Bergerac », p. 97).

la veille permanente, étant donné son incessante présence active, de cette part de l'être humain qui échappe à la conscience. C'est pourquoi elle est capable de mettre au jour les traits les plus singuliers du système relationnel d'un individu en tant qu'il le fonde, tout en échappant à sa maîtrise et à sa connaissance.

Cette veille est celle du corps, non pas du corps physiologique, mais de cette instance où se trouve inscrit le système relationnel propre à chacun. Il n'est peut-être pas nécessaire de lui donner un nom, car chaque fois que cela est fait on privilégie un seul aspect au détriment d'autres. Ce sera l'âme pour certains, mais l'âme, dans notre tradition, a pris une nuance religieuse qu'il est difficile de lui retirer; elle a tendance de plus à s'opposer au corps qu'elle était pourtant supposée avoir pour seule fonction d'animer. Plus récemment, ce sera le psychisme auquel on attribue une réalité et qui sera imaginé comme un appareil doué de mécanismes; mais cette fiction favorisera une double absence de lien avec le corps et avec les autres. S'il fallait proposer un terme pour faire entendre un autre accent à partir de ce qui précède, ne pourrait-on lui donner le nom de « corps social individuel », puisque c'est bien par le corps que nous sommes visiblement des individus, et que c'est également par le corps que nous sommes en relation.

Pourquoi donc l'hypnose fait-elle si peur ? Sans doute déjà parce qu'elle suppose la perte de la maîtrise. Mais cette explication ne semble pas suffisante, à moins qu'elle soit un simple indice d'une situation beaucoup plus large. Si la perte de la maîtrise par la conscience est tellement redoutée, c'est que, une fois celle-ci mise en suspens, nous serions placés face à l'indicible et à l'innommable. Il semblerait que notre culture ne puisse pas penser les choses autrement. Il suffit pour s'en rendre compte de s'attarder un instant aux différentes formes de ce que nous avons appelé des expériences limites : la mystique, la torture, la folie. Le mystique, même si ses figures varient beaucoup selon les lieux et les temps, apparaît comme celui qui va au-delà des frontières de son moi pour trouver le rien du dépouillement radical et se maintenir ensuite hors du monde. Sous la torture, le prisonnier perd tous les traits qui font de lui un humain, et d'abord la plus élémentaire indépendance ; il ne peut, dans le meilleur des cas, se protéger de la mort que par l'hallucination de quelques moments heureux de son passé. Quant au psychotique, il est hors de lui pour se trouver investi d'une pluralité indistincte. Ces expériences sont toutes caractérisées par la rupture simultanée du lien social à travers un isolement complet et de la relation au corps qui a perdu ou son intérêt dans le cas du mystique, ou son humanité pour le torturé, ou sa possibilité pour l'aliéné. Notre culture valorise ces expériences, parce qu'elles en manifestent précisément la limite et qu'elles représentent ce qui pourrait lui permettre de se dépasser ou de se renouveler. Hantée par son ailleurs, elle est cependant incapable de lui donner un contenu. Dès lors que s'éloignent les rivages de la conscience (ou de l'entendement, ou de la raison), il semble que, au regard de cette culture, il ne puisse y avoir de place que pour le vide. Tant elle est persuadée que la valeur suprême réside dans la maîtrise, le pouvoir, la domination par la clarté ou la lumière, c'est-à-dire finalement l'état de veille complet.

Si tout ce qui n'est pas intelligible par le discours est considéré comme rien, c'est sans doute parce que nous sommes incapables de penser que nous vivons sous deux régimes différents : celui de la discontinuité caractéristique de l'entendement, et celui de la continuité du vivant qui ne cesse d'être en relation et de participer. La pratique de l'hypnose a cette ambition de proposer une expérience limite qui recèle une positivité, parce qu'elle fait apparaître cette autre face de l'humanité qui précède en permanence la distinction du sujet et de l'objet et qui n'en a pas besoin pour exister.

C'est sans doute aux artistes et aux poètes, sensibles à cette autre dimension humaine,

qu'il faudra demander de nous y introduire. Voici comment Matisse décrit sa découverte des secrets de l'art du portrait:
«La révélation de la vie dans l'étude du portrait m'est venue en pensant à ma mère. Dans un bureau de poste de la Picardie, j'attendais une communication téléphonique. Pour passer le temps, je pris une formule télégraphique qui traînait sur la table et traçai à la plume une tête de femme. Je dessinais sans y penser, ma plume allant à sa volonté, et je fus surpris de reconnaître le visage de ma mère avec toutes ses finesses. Ma mère avait un visage aux traits généreux, qui portait la distinction profonde des Flandres françaises.

«J'étais alors un élève appliqué au dessin "à l'ancienne", voulant croire aux règles de l'école, sorte de déchets de l'enseignement des maîtres qui nous ont précédés, en un mot la partie morte de la tradition, où tout ce qui n'était pas constaté sur nature, tout ce qui venait du sentiment ou de la mémoire, était méprisé et appelé "chiqué". Je fus saisi par les révélations de ma plume et je compris que l'esprit qui compose doit garder une sorte de virginité aux éléments choisis et rejeter ce qui lui vient par le raisonnement.

«Avant la révélation du bureau de poste, je commençais mon étude par une sorte d'indication schématique, froidement consciente, montrant les raisons de l'intérêt que suscitait en moi le modèle à interpréter. Mais, après cette expérience, l'indication préliminaire dont je viens de parler se trouva modifiée à sa naissance même. Après avoir blanchi, vidé mon cerveau de toute idée préconçue, je traçais cette indication préliminaire d'une main soumise uniquement à mes sensations inconscientes, nées du modèle. Je me gardais bien d'introduire dans cette représentation une remarque voulue ou bien d'y rectifier une erreur matérielle.

«La transcription presque inconsciente de la signification du modèle est l'acte initial de toute œuvre d'art, et particulièrement d'un portrait. Par la suite, la raison est là pour dominer, pour tenir en bride et donner la possibilité de reconcevoir en se servant du premier travail comme d'un tremplin.

«La conclusion de tout cela: le portrait est un art des plus singuliers. Il demande à l'artiste des dons particuliers et une possibilité d'identification presque complète du peintre et de son modèle. Le peintre doit se trouver sans idée préconçue devant son modèle. Tout doit venir à son esprit comme dans un paysage lui parviendraient toutes les odeurs de ces paysages: celles de la terre, des fleurs associées aux jeux des nuages, aux mouvements des arbres et aux différents bruits de la campagne.

«Ne pouvant parler que de mes expériences, je me vois devant une personne qui m'intéresse, et, le crayon ou le fusain à la main, je fixe sur le papier, plus ou moins volontairement, son apparence. Cela me permet, au cours d'une conversation banale pendant laquelle je parle moi-même ou écoute sans aucun esprit d'opposition, de donner libre cours à mes facultés d'observation. À ce moment-là, il ne faudrait pas me poser une question précise, même banale, telle que: "Quelle heure est-il?", parce que ma rêverie, ma méditation du modèle seraient coupées et gravement compromis le bon résultat de mon travail [1]».

Si le peintre se libère de l'objectivité factice qui lui a été enseignée, c'est qu'il s'est placé spontanément dans un véritable état hypnotique. Il lui est alors possible, et seulement possible grâce à cet état, d'inscrire dans son art la première relation fondamentale qui a déterminé toute sa vie, celle qui le tient depuis toujours et pour toujours en liaison avec sa mère. Il nous fait saisir que là et nulle part ailleurs réside l'origine de sa découverte. Par la

1. Henri Matisse, *Écrits et propos sur l'art*, Hermann, coll. «Savoir», 1972, pp. 177-179.

suite, en vue d'entrer en relation avec son modèle et de participer à la singularité de celui-ci, il va reproduire systématiquement ce même état en vidant son esprit de « toute idée préconçue », en se laissant guider par ses « sensations inconscientes », en éliminant toute « remarque voulue » et en transcrivant « inconsciemment la signification du modèle ».

On ne peut pas dire plus clairement que le secret de la communication, qui est le secret de l'invention, réside dans le pouvoir de déplacer son attention ou sa pensée des propos explicites d'une conversation ou de l'exécution d'un programme pour qu'elles puissent entrer dans le laisser-agir-le-corps à partir des sensations inconscientes qui s'imposent à lui. Peut-être que nulle définition plus précise de l'hypnose en thérapie ne saurait être donnée. Il suffit d'ajouter que le laisser-agir-la-main de l'artiste se transpose alors dans le laisser-agir-l'esprit, qui découvre les mots nécessaires à exprimer la relation et la singularité de la personne en présence. La description s'applique aussi bien au thérapeute qu'au patient. Car chacun agit sans cesse sur l'autre, comme ici sans doute le modèle réagit aux perceptions que l'artiste ne cesse de lui renvoyer.

Si l'on se souvient que Freud, dans le septième chapitre de la *Traumdeutung,* définit sa méthode d'association par l'acceptation des représentations non intentionnelles et non voulues, on est en droit de penser que la condition de possibilité de la libre association en analyse n'est autre que l'état hypnotique. Freud, et la psychanalyse après lui, a pensé se libérer de l'hypnose en voulant uniquement prêter attention à sa conséquence, mais il n'a fait que rendre difficile, ou impossible, ou rare, le succès de sa méthode. Si en effet on acceptait de revenir à l'hypnose, on ne ferait rien d'autre que rendre à l'analyse ce qui en est et en restera la condition. Il faudrait dire la même chose de la fameuse attention flottante, qui n'est après tout que le corollaire de l'association libre du côté du psychanalyste. Sans l'état hypnotique dans lequel se place ou devrait se placer l'analyste, il n'y aura jamais que des interprétations toutes faites, que la fausse objectivité, à l'instar des petits-maîtres de Matisse, qu'une tradition morte incapable d'invention, qu'une incapacité à dire ou à faire dire la singularité de la relation ou de ce qui peut advenir grâce à elle. Et, si quelque chose de cela advient, c'est que l'on se sera mis, sans le savoir ou sans vouloir le savoir, dans l'état hypnotique.

Comme on n'a pas voulu utiliser l'hypnose, comme on n'a pas su comprendre qu'elle était le lieu incontournable de la communication, la psychanalyse, et d'abord Freud, n'a pas pu élaborer correctement la notion de transfert. Ce dernier n'est que l'avatar indistinct d'une absence de réflexion sur l'hypnose. Périodiquement, certains analystes reconnaissent que « la théorie freudienne du transfert est peu élaborée », que « son statut reste indéterminé, ambigu[1] ». Mais ils ne se demandent pas pourquoi il en est ainsi : si, par exemple, le solipsisme de la théorie freudienne n'est pas en cause et si ce solipsisme n'a pas quelque chose à voir avec le rejet farouche de l'hypnose.

Il n'est pas contestable que la découverte du transfert est d'une importance décisive pour la compréhension de ce qui se passe en psychothérapie. Toutefois, comment serait-il possible de proposer une interprétation de ce phénomène si, comme le note Jean Laplanche[2], sauf à de rares exceptions, Freud pense le psychisme individuel comme fermé sur lui-même ? Mais, si Freud pense ainsi, c'est qu'il est convaincu qu'au niveau inconscient nous existons comme des individus distincts. Nous ne sommes pas un point individualisé par le réseau

1. J.-B. Pontalis, *Bulletin de l'Association psychanalytique de France,* avril 1969, n° 5, p. 8. C'était donc il y a vingt ans. La question a-t-elle depuis lors avancé ?
2. *Nouveaux Fondements pour la psychanalyse,* P.U F., 1987, pp. 27-28.

auquel nous appartenons. Cette supposition de l'individualité séparée a son origine dans la croyance entretenue par Freud que nous ne pouvons pas sortir du monde de la représentation, et c'est pourquoi il n'hésitera pas à mettre des représentations dans l'inconscient. De plus, la pulsion, dont il fera explicitement une fiction, sera elle-même individualisée.

Or, si l'on veut comprendre quelque chose au phénomène du transfert, on est contraint de penser qu'au niveau inconscient du psychisme, ou de l'âme ou du corps social individuel, nous ne sommes pas encore des individus. Il n'y a pas encore de distinction entre sujet et objet. Nous sommes en état de participation, comme on le dit des primitifs pour lesquels un homme est aussi les autres humains, ou un animal, ou une plante, ou la nature. Autrement dit, il y a une continuité qui court sous la conscience individualisée et c'est par cette continuité que d'abord la communication est possible. On le voit de façon claire dans le cas de névrose grave, chez le psychotique ou dans la passion. Dans tous ces cas, lorsque la conscience est envahie et ne fait plus son office séparateur, l'altérité n'existe plus, parce que les limites individuelles sont abolies.

Il est remarquable que Freud n'ait pu penser le transfert qu'en le rapprochant de l'amour ou de la passion amoureuse. Or, que se passe-t-il dans ce cas, comme d'ailleurs dans la psychose? La continuité qui devait rester inconsciente vient à envahir le domaine du conscient. Si Freud ne peut pas penser les choses d'une autre manière, c'est tout simplement parce qu'il ne connaît que la conscience, son inconscient n'en étant que le négatif, donc semblable. Il ne dispose pas, ayant rejeté l'hypnose, de l'accès à un autre régime d'existence pour l'être humain.

Dans sa description du transfert, Freud a bien vu où résidait la difficulté. Il distingue un transfert léger, qui reste inconscient et à partir duquel il est possible de travailler, et un transfert érotique et négatif, c'est-à-dire un transfert amoureux passionnel qui a fait irruption dans la conscience et qu'il n'est plus possible de maîtriser et d'utiliser. Puisque la visée de la psychanalyse est la prise de conscience, puisque le transfert, comme cela est dit constamment, doit être analysé, c'est-à-dire doit devenir explicite non seulement pour l'analyste, mais également pour le patient, il est fatal que son surgissement dans la conscience revête les traits de la passion, devienne le seul objet digne d'intérêt et refuse toute modification qui interdirait de la satisfaire. Car la passion, encore une fois, n'est rien d'autre que le passage à la conscience du continu inconscient qui ignore la différence du toi et du moi [1].

Lorsqu'on utilise l'hypnose, il n'est nul besoin d'analyser le transfert, puisque l'attention n'a pas à être occupée par les formes que prend la relation au thérapeute. Au contraire, cela est indispensable en analyse, puisque la relation transférentielle est le moyen privilégié de dévoiler le type de relation que le patient reproduit en permanence, c'est-à-dire la forme de sa névrose, et que par ailleurs le dévoilement constitue le but de l'entreprise. La thérapie hypnotique, à la manière de Milton H. Erickson, vise essentiellement à ce que le patient transforme sa passivité à l'égard de ses symptômes en activité. L'hypnose n'est que le lieu où il expérimente sa situation présente pour qu'il puisse se l'approprier. Si, comme on a essayé de le dire plus haut, le point de départ du travail thérapeutique demeure sans cesse le symptôme à travers les modifications qu'il revêt, les obstacles à sa disparition, les conflits et les résistances qu'il suppose, le patient est sans cesse sollicité de prendre en charge le travail thérapeutique. Le thérapeute n'est pas là pour attendre patiemment que le patient

1. Selon Hegel, l'âme sentante est à la fois individuelle et universelle, pour cette seule raison qu'elle est l'âme sentante opposée à l'entendement, mais préfigurant déjà la raison.

veuille bien associer librement et que, à la faveur de cette attente, le transfert se noue. Il ne cesse de susciter la liberté du patient pour qu'il opère aujourd'hui, dans la mesure de ce qui lui est possible, ce pour quoi il dit être venu, à savoir la modification de son existence. Son attention ne se porte pas d'abord sur le thérapeute, mais sur la tâche qu'il doit accomplir par rapport à lui-même. Il ne suppose pas un savoir au thérapeute, comme cela arrive en analyse, et ne se met pas en position d'attendre de lui une interprétation qui le révèle à lui-même. Or c'est bien cette attente qui crée les phénomènes inextricables du transfert.

Une part décisive de la thérapie hypnotique peut être résumée par l'expression bien connue de prescription du symptôme. On peut évidemment sourire de cette méthode si l'on ne comprend pas qu'elle pourrait bien être la meilleure définition que nous puissions donner de la liberté humaine. L'adage qui vaut encore pour ceux qui pratiquent la voile : on ne commande au vent qu'en lui obéissant, décrit exactement l'alternance de réceptivité et de décision qui permet de transformer le destin en histoire. L'homme ne peut pas se prendre par le toupet pour sortir de son ombre. S'il veut être libre, il ne peut jamais faire autre chose que de commencer à reconnaître la place exacte où il se trouve, les impératifs et les limitations qui s'imposent à lui, l'état des forces dont il dispose et les possibilités précises et circonscrites qui s'ouvrent à lui.

S'auto-prescrire son symptôme, c'est d'abord établir un lien avec lui et par là le transformer. Le symptôme n'est symptôme que dans la mesure où il lui est loisible de préserver son isolement et d'agir à sa guise en sous-main. S'il n'est plus subi passivement, s'il est décidé activement comme indispensable dans sa nocivité même, il est obligé de mettre un terme à son aparté et se voit réintroduit dans la totalité comme un élément parmi d'autres. Parce qu'il n'est plus laissé à lui-même, il est contraint de participer à la poursuite de l'existence au lieu, comme auparavant, de l'entraver. De même que les erreurs reconnues préparent la vérité ou que les échecs assimilés ouvrent le chemin de la réussite, de même le symptôme pris en compte et en charge se change en un trait particulier de la personne ou en une force qui s'allie à toutes les autres.

Si l'hypnose est précieuse, c'est qu'elle rend possible de vivre le symptôme en liaison avec les défenses dont il s'est entouré, donc avec les résistances et avec les conflits que ces défenses ont engendrés, car elle fait éprouver, grâce à la confusion, le continu inconscient où tous les éléments communiquent. En ce sens, on peut dire que l'hypnose est véritablement la condition de la liberté, car elle lui fournit ce que la liberté devra accepter, vouloir et décider. Plus elle sera profonde et large, plus elle permettra de faire venir au jour de l'expérience la multitude des fils qui forment le tissu dont le patient est un entrecroisement, et plus donc elle aura à proposer à la liberté de quoi s'investir, plus elle élargira le champ de son action.

Si est acceptée l'hypothèse selon laquelle l'hypnose permet de faire ressentir à l'individu qu'il est un point particulier parce qu'il est un réseau universel, on peut facilement en déduire que l'état d'hypnose est dès l'abord un état de relation, qu'il ne s'obtient, même dans le cas de l'auto-hypnose, que dans et par une relation. Il s'ensuit que le rôle de l'hypnotiseur est important, car il est là dans l'interaction pour rendre possible au patient l'expérience, la saisie et la prise en charge de son monde.

Ne revient-on pas par ce biais à ce qui caractérise le transfert en psychanalyse ? Oui et non. Non si l'on entend par là les sentiments éprouvés par l'analysant à l'égard de l'analyste ou, réciproquement, dans le contre-transfert, par l'analyste à l'égard de l'analysant. Le transfert est alors un obstacle à la remémoration qui conditionne l'analyse. Non, donc, s'il s'agit d'amour, car le patient n'a cure d'être aimé, contrairement à ce que l'on peut penser.

Mais au contraire oui s'il s'agit de ce que Freud n'a touché qu'une fois en parlant de communication d'inconscient à inconscient [1] et que la littérature analytique n'a pas développé ou n'a pas les moyens de développer, surtout si elle ne s'intéresse qu'au langage explicite.

Car il s'agit pour le thérapeute de déchiffrer dans les dires du patient sous hypnose ou après hypnose, dans ses gestes, ses postures, ses intonations, tout ce qu'il faudra lui renvoyer, non pas du tout sous la forme d'une interprétation et d'un recodage, ni même sous celle d'une explication ou d'une description, mais indirectement, comme le faisait si bien Milton H. Erickson, à travers des dires ou des gestes qui laisseront au patient le soin d'en prendre ce qu'il voudra et de réagir comme il pourra. Car ce qui compte est non pas qu'il comprenne, mais qu'il puisse agir de lui-même en fonction de son monde, qu'il se pose dans la décision qui lui convient aujourd'hui, la relation au thérapeute n'étant qu'un détour, un long circuit, dont il doit dès le début et à chaque instant apprendre à faire l'économie.

Parce qu'il a été plus dépendant de la vie qui est son sol, il sera plus libre. S'il ne peut accéder à l'autonomie, c'est qu'il a manqué à l'hétéronomie. Il n'est pas suffisamment entré dans l'univers qui le fonde, dans cette confusion où il est lui-même d'autant plus individualisé qu'il est relié à un plus vaste ensemble. Ou bien il n'a pas été sans cesse invité à la mise en acte, dans son existence, de cette individualité relationnelle.

L'Efficacité mimétique
(1991)

MIKKEL BORCH-JACOBSEN
(né en 1951)

Lors du colloque de Cerisy consacré à la suggestion, l'ethnologue américain Paul Stoller rapporta cet avertissement reçu de son initiateur africain: «One doesn't study the spirits, one follows them...[2].»

La mise en garde porte loin, et doit nous retenir dans notre désir d'objectiver certains phénomènes. Le discours sur la transe en particulier ne peut que rater son objet, précisément parce qu'il en fait un objet. C'est ici le lieu de répéter que la relation *ne se laisse pas traiter objectivement en termes de* contenu. *Cette distinction relation/contenu, que nous articulons et hiérarchisons (l'une soutient l'autre) depuis nos études de pragmatique, est au cœur de la réflexion qu'on va lire.*

Mikkel Borch-Jacobsen travaille en philosophe sur l'autre *de la représentation. Donc par exemple sur le processus primaire, la mimesis, l'hypnose ou l'identification. L'hypnotisé ne*

1. *Ratschläge für den Arzt bei der psychoanalytischen Behandlung*, *G.W.*, 12, pp. 376-387; *S.E.*, 12, pp. 111-120. Hélène Deutsch, «Processus occultes en cours d'analyse», in *Confrontation*, cahiers n° 10, pp. 27-38. Mais on peut souligner justement que la psychanalyse est contrainte d'en appeler à l'occulte pour aborder ces questions. Freud avait cru s'en tirer facilement en réduisant tous ces phénomènes à l'étrangeté de la transmission de pensée. Manière élégante de faire référence à l'occulte, mais en restant dans le domaine de la pensée.
2. «On n'étudie pas les esprits, on les suit.»

s'oppose pas, et cet effondrement (d'ailleurs relatif) des limites entre son moi et l'autre est comparable à l'oblitération de la coupure sémiotique dans le processus primaire (qui confond le signe et la chose). Ces phénomènes qui réalisent par excellence l'anti-structure, ou l'in-articulation, ne sont pas «bons à penser» (surtout au temps du lacanisme triomphant). Le mérite de Borch-Jacobsen est d'explorer avec une belle constance ces parages peu fréquentés. Il s'efforce de penser «en deçà de la représentation», comme d'autres philosophent au-delà du principe de plaisir, ou par-delà le bien et le mal. Freud, mais aussi Georges Bataille, ou Michel Henry, sont pour lui des interlocuteurs importants.

Mais le Freud qu'étudie Mikkel Borch-Jacobsen ne nous a pas laissé une théorie toute d'une pièce, ou qu'on pourrait faire marcher clés en main. Le Sujet freudien *nous montre un auteur tiraillé entre plusieurs modèles, et une œuvre traversée d'éclairs, de repentirs et d'hypothèses inachevées. L'identification en particulier, et tout l'au-delà du principe de plaisir, sont restés en friche. Le processus primaire n'a pas été sérieusement pensé, sinon comme le décalque prudent des opérations secondaires. Quelle erreur par exemple, pour caractériser les «pensées du rêve» ou les «représentations inconscientes», de parler d'*autre scène... *Car la scène justement est ce qui s'oppose et s'articule dans la distance (la coupure) de la re-présentation.*

De même la requête, héritée de la philosophie classique, d'un sol sous-jacent ou d'un fondement reconduit toujours le sujet plus profondément en arrière de lui-même. Et remet l'inconscient chez lui *(quand on en fait par exemple une mémoire, une cave, un stock mais aussi un langage), alors que la découverte de Freud invitait à y voir une non-présence radicale à soi-même. On se borne en parlant ainsi à loger dans l'*infra *ce que montre déjà la superstructure, mais ces incrustations ou changements d'échelle n'ont jamais rien expliqué.*

*Freud nous lègue sans le résoudre le problème de l'émergence du secondaire à partir d'un «enfer primaire» qui, bien loin d'être structuré comme un langage, ne peut qu'en différer comme dit Spinoza «de toute la largeur du ciel». Ou encore, le problème de l'émergence du sujet à partir de l'identification dévorante et indifférenciée ; ou de la représentation à partir de l'*affect, *qui ne pense pas, ne s'oppose pas et se donne toujours au* présent. *Avec précision et douceur, Mikkel Borch-Jacobsen philosophe sur le chaos, d'où s'engendrent des formes. Il s'oppose donc point par point à une psychanalyse trop philosophique parce que fondée sur le privilège du langage, et du symbolique ; mais il se trouve par contre en accord avec certains paradigmes de l'ordre à partir du bruit, ou avec les* paradoxes de composition *chers à Jean-Pierre Dupuy, thèmes que nous retrouverons au chapitre v de cet ouvrage.*

Dans le texte qu'on va lire, il s'oppose à Lacan – auquel il a, par ailleurs, consacré un livre acéré – autant qu'à Lévi-Strauss qui publia en 1958 dans Anthropologie structurale *un célèbre chapitre sur «L'efficacité symbolique». Aux structures fondées sur le modèle d'une linguistique triomphante mais datée – la référence à Saussure occultait les actes de langage et les naissantes théories de l'énonciation –, Borch-Jacobsen préfère les formes transitionnelles (Winnicott) et moins différenciatrices de la transe. Car c'est la transe, opératrice de transition ou de refusionnement, qui guérit. Proposition scandaleuse pour notre ethno-verbo-centrisme qui privilégie toujours la prise de conscience, donc de parole, et la représentation. Mais l'efficacité cathartique est sans doute à ce prix.*

Il faut accompagner Mikkel Borch-Jacobsen dans cet affrontement troublant avec l'autre absolu de toute face : la relation quand elle ne s'oppose plus, mais quand elle nous prend. Cette recherche sur les liens primaires rend le sujet à sa nuit et à son origine infiniment impures, vacillantes. Voici le retour de la peur et de tous nos affects. En deçà de la Grèce d'Œdipe, en deçà de l'histoire juive, plus originaire encore que l'Égypte de Moïse avec ses processions de songes, de dieux animaliers et de hiéroglyphes..., voici les tambours de la transe, voici l'Afrique.

Source: La Suggestion, Hypnose, influence, transe, *colloque de Cerisy, «Autour de l'hypnose», sous la direction de Daniel Bougnoux, publié aux Laboratoires Delagrange (aujourd'hui Synthélabo), Paris, 1991.*
Bibliographie: *Mikkel Borch-Jacobsen,* le Sujet freudien, *Flammarion, Paris, 1982;* Lacan, le Maître absolu, *Flammarion, 1990;* le Lien affectif, *Aubier, 1991.*

INVITÉ À VENIR PARLER ICI «Autour de l'hypnose», je me suis demandé comment entendre ce titre. Daniel Bougnoux a-t-il simplement voulu nous convier à placer l'hypnose au *centre* de nos discussions? Selon cette première lecture, la plus évidente, il conviendrait donc que nous convergions tous vers cet objet unique et central, afin de l'examiner, chacun pour notre compte, sous tel ou tel de ses multiples aspects: programme banal de tous les colloques «interdisciplinaires». Mais alors, pourquoi ne pas avoir franchement opté pour «L'hypnose»? Pourquoi ce timide «autour», qui semble nous condamner à un discours indéfiniment périphérique? N'est-ce pas plutôt parce qu'on a voulu nous inviter à penser que l'hypnose est un phénomène dont le centre est partout et la circonférence nulle part? Dans cette seconde hypothèse, que je soupçonne être la bonne, c'est au contraire en étant sur la circonférence que nous serions alors véritablement au centre.

Au centre de quoi, de toute façon? D'une énigme, qui convoque et défie à la fois les disciplines les plus diverses. Le phénomène que nous envisageons revêt, nous le savons tous, des aspects multiples – guérisons spectaculaires, phénomènes de foule ou rituels, manifestations somatiques ou psychiques déroutantes – et, à ce titre, il relève aussi bien de la psychiatrie, de la sociologie, de l'histoire des religions que de la médecine, de la biologie ou même de l'éthologie. Ce qui revient sans doute à dire qu'il ne relève d'aucune de ces disciplines en particulier, et qu'il n'y a pas grand-chose à attendre non plus de leur éventuelle addition. Comme l'écrivent Léon Chertok et Isabelle Stengers, nous sommes en présence d'un «phénomène irréductiblement bio-psycho-sociologique» qui «a jusqu'ici échappé avec succès au "découpage" interdisciplinaire[1]». Or, nommer ce phénomène «hypnose», c'est s'exposer immédiatement à de multiples difficultés de méthode. L'«hypnose», en effet, n'est qu'un nom parmi bien d'autres pour désigner cet «X» élusif que nous cherchons à approcher. On pourra également l'appeler «magnétisme animal», «somnambulisme lucide» ou «transfert» si l'on est plutôt psychothérapeute, «suggestion», «hystérie» ou «état modifié de conscience» si l'on est plutôt psychiatre ou psychologue, «transe» ou «extase» si l'on est anthropologue, «possession démoniaque» si l'on est théologien. Et chacune de ces dénominations entraînera non seulement une *théorie* différente, mais encore un *phénomène* différent, comme si la propriété la plus remarquable de notre «X» était de n'en avoir aucune et de varier de concert avec le discours qu'on tient sur lui.

Je suis pour ma part d'autant plus sensible à ce problème que j'ai essayé, dans les limites d'un travail sur la psychanalyse, de mettre en valeur la continuité profonde entre l'hypnose

1. L. Chertok et I. Stengers, *le Cœur et la Raison; l'Hypnose en question, de Lavoisier à Lacan,* Paris, Payot, 1989, pp. 202-203.

et le «transfert» analytique. Or, je me suis invariablement vu objecter les différences entre ces deux techniques psychothérapiques: voulais-je, contre toute vraisemblance, assimiler le transfert analytique à l'hypnose autoritaire et non thérapeutique de Charcot, ou encore à la «suggestion» de Bernheim[1]? Non, bien évidemment, et j'ai donc dû préciser que je parlais d'une hypnose légère, sans hypnotiseur ni suggestion directe, caractérisée par un «lien affectif» et identificatoire au thérapeute – soit cela même que les analystes appellent, quant à eux, «transfert». D'où la seconde et prévisible objection qui m'a été faite: pourquoi, dans ces conditions, parler d'«hypnose»? Je persiste, quant à moi, à penser que ce renversement heuristique n'est pas inutile, ne serait-ce que parce qu'il permet de mettre en valeur des problèmes théoriques et pratiques que la (ou les) théorie(s) analytique(s) du transfert contribue(nt) à occulter. Mais je dois bien admettre qu'il ne sert finalement pas à grand-chose de traduire le mot «transfert» par celui d'«hypnose» si c'est pour reconnaître qu'il s'agit de toute façon d'un phénomène inédit, propre à l'analyse et à son dispositif thérapeutique. Mieux vaudrait trouver un troisième terme, assez large pour englober à la fois l'hypnose préanalytique et le transfert. Mais lequel, justement?

Car on pourrait faire le même constat à propos de toutes les autres tentatives d'identification ou d'appropriation théoriques du phénomène = X dont nous nous occupons. C'est ainsi que Mesmer attribuait les convulsions des possédés démoniaques aux effets du «fluide magnétique», que Charcot les imputait aux manifestations de l'«hystéro-hypnotisme» et Freud à une névrose œdipienne. De même, Charcot voyait dans l'hypnose un phénomène pathologique, les magnétiseurs une technique thérapeutique et Freud plutôt un mixte des deux («névrose de transfert»). Plus près de nous, des psychologues étudient en laboratoire ce qu'ils pensent être les manifestations objectives de l'état hypnotique, alors que d'autres y dénoncent une construction «suggestive» ou un artefact interactif. Et enfin, toute une tradition psychiatrique, psychanalytique et ethno-psychiatrique nous a habitués à retrouver derrière les transes de possession et les phénomènes chamaniques des manifestations de névrose, de psychose ou de dépression (Ohlmarks allait même jusqu'à parler d'«hystérie arctique» à propos du chamanisme sibérien). À quoi les anthropologues objectent invariablement qu'un chaman ou un possédé ne saurait être assimilé à un malade mental, puisque son comportement est considéré comme normal par l'entourage et qu'il est dans tous les cas «fonction d'un ordre collectif que l'exception même ne laisse pas indifférent[2]».

D'où qu'on aborde la question, par conséquent, on se trouve confronté à des réponses désespérément contradictoires, toute identification du phénomène suscitant inévitablement une identification rivale et inverse. Il convient donc, avant toute discussion, de se demander de quoi l'on parle et, surtout, si l'on parle bien de la *même* chose. Y a-t-il, autrement dit, un invariant sur lequel on puisse, sinon se baser, du moins s'accorder? Ou bien cette quête d'une improbable «essence» du phénomène (ou, cela revient au même, d'un méta-discours conciliateur) est-elle décidément illégitime et vouée à l'échec?

Il me semble qu'il n'est pas tout à fait impossible d'épeler, pour commencer, un certain nombre de traits récurrents et invariables. De quelque façon qu'on approche le problème,

1. Voir A. Konicheckis, « "Oh! cruelle destinée". Considérations sur la référence à l'hypnose et à la suggestion en psychanalyse», *Psychanalyse à l'Université*, n° 54, avril 1989; Jacques Gagey, «Note sur la tentation de la suggestion dans la cure», in *Hypnose et psychanalyse*, ouvr. coll.; J. Rousseau-Dujardin, «À propos de "La parole analytique" de Mikkel Borch-Jacobsen», *Psychanalystes*, n° 29, décembre 1988.
2. Cl. Lévi-Strauss, «Introduction à l'œuvre de M. Mauss», *in* M. Mauss, *Sociologie et anthropologie*, p. XVII.

on se trouve en effet toujours confronté à un état de transe légère ou profonde, qui n'est ni la veille «officielle» ni le sommeil pur et simple et qui, surtout, est appréhendé comme *autre*, soit parce qu'il est rejeté comme pathologique et dangereux, soit parce qu'il est au contraire considéré comme sacré, soit enfin parce qu'il se manifeste par des phénomènes extraordinaires : insensibilité à la douleur, conversions et déconversions somatiques, glossolalie ou «don des langues», extralucidité, etc. De plus, cet état se singularise régulièrement par une *dépersonnalisation* plus ou moins marquée, qui bouleverse les frontières ordinairement admises entre le «moi» et l'«autre» : tantôt la personne en transe s'identifie totalement avec une personnalité étrangère (comme les possédés et les cas de personnalité double ou multiple), tantôt elle entre en communication extraordinaire avec un esprit (comme les médiums spirites ou les chamans au cours de leur «voyage»), tantôt elle se contente d'entretenir un lien électif avec l'hypnotiseur et/ou l'analyste qui provoque la transe légère ou profonde. Enfin, cette dépersonnalisation constitue un *vécu* incommunicable, ce qui est fort logique puisqu'on ne peut à la fois *être* (un) autre et dire qu'on est (un) autre, en se distinguant de cette altérité. C'est ce qui explique d'ailleurs que nous ayons beaucoup de récits d'extase mystique, mais pas de «Mémoires d'un somnambule», si ce n'est sous la forme fictive que lui a donnée Brown[1] : l'expérience de l'être-autre, lorsqu'elle est poussée jusqu'à la transe, ne peut paradoxalement être qu'«intérieure» et vécue «du dedans», comme le disait Bataille[2], et elle ne peut donc être communiquée à autrui par le langage (si même elle peut fort bien l'être par «contagion affective»). Ceci doit nous être un avertissement : tout discours sur la transe, celui que nous tentons de tenir ici tout autant qu'un autre, ne peut que rater son objet, précisément parce qu'il en fait un *objet*. Notre méta-discours est condamné à circuler «autour» de la transe, sauf à entrer, toute amarre larguée, dans son tourbillon et à donner définitivement congé à toute volonté de surplomb.

Au total, il me semble donc raisonnable d'admettre que nous sommes en présence, à chaque fois, d'un phénomène que nous ne pouvons nous représenter que comme «autre», parce qu'il est l'autre de la représentation. Celle-ci, en effet, se définit par la différence (sujet/objet, moi/autre, esprit/corps, etc.), alors que le phénomène dont nous tentons de parler l'ignore (d'où son étroite connexion avec le corps et avec l'affect, ainsi que ses rapports déroutants avec la mémoire, la volonté et la conscience de soi, jamais supprimées et pourtant toujours profondément modifiées ou «altérées»). Il n'est pas étonnant, dans ces conditions, qu'il soit quasi unanimement considéré comme extraordinaire – c'est-à-dire, selon les vocabulaires utilisés, «sacré», «pathologique», «prélogique», «régressif» –, puisqu'il transgresse aussi bien le bon ordre symbolique des sociétés que notre raison scientifique. Et pourtant, aussi extraordinaire soit-il, il semble bien qu'il s'agisse en même temps d'un phénomène très ordinaire (j'allais presque dire banal), puisqu'on le retrouve partout dans le temps et dans l'espace, que ce soit dans les cultures qui en font le centre d'un culte ou au contraire dans celles qui, comme la nôtre, ont plutôt tendance à le rejeter ou à le marginaliser. Il y a bien là un invariant anthropologique, qui défie obstinément l'histoire et les différences culturelles, et qui pourtant n'est pas tout uniment naturel ou biologique, même si l'éthologie pose à cet égard de redoutables questions sur la continuité

1. Ch. B. Brown, *Edgar Huntly ou les Mémoires d'un somnambule*, tr. fr. Abensour et Charras, Paris, J.-M. Place, 1980. Sur la différence entre «transe» et «extase», voir G. Rouget, *la Musique et la transe*.
2. G. Bataille, *l'Expérience intérieure*, *Œuvres complètes*, t. V, Paris, Gallimard, 1973, p. 21 : «Il faut *vivre* l'expérience [...]. Ce n'est que du dedans, vécue jusqu'à la transe, qu'elle apparaît unissant ce que la pensée discursivement doit séparer.»

entre l'hypnose humaine et l'hypnose animale (tremblements, catalepsie, exophtalmie, etc.)[1]. En effet, il ne suffit pas de dire que la transe a un substrat physiologique ou biologique (à la limite, quelle activité humaine n'en a pas?), car le fait est qu'elle est partout modelée culturellement. Mieux vaut donc admettre qu'il s'agit d'un paradoxal invariant culturel, qui nous reporte, comme Lévi-Strauss le disait différemment de l'interdit de l'inceste, à la jonction de la nature et de la culture, en un point, en tout cas, où cette opposition s'indécide et se brouille.

Ceci étant posé, qui me paraît faire le commun et fort évanouissant dénominateur des phénomènes que nous envisageons, il faut bien reconnaître que tout le reste est soumis à variation infinie. Car, comment s'y retrouver parmi toutes ces transes légères ou profondes, spontanées ou induites, extra-lucides ou au contraire hébétées, qui s'accompagnent ou non de mémoire et de langage, qui sont tantôt un signe d'élection et tantôt un signe de malédiction, tantôt le fait d'un malade et tantôt l'apanage d'un médecin? Tout se passe donc comme si à l'universelle invariance répondait une non moins universelle variation, chaque culture, chaque époque, chaque dispositif théorique, rituel ou thérapeutique prélevant tel ou tel aspect du phénomène au détriment des autres, afin de tenter d'en maîtriser la déroutante ambiguïté. De sorte qu'au terme de ce second parcours nous serions obligés de convenir que l'invariant, ici, *c'est la variation*. Et de fait, je crois que c'est bien ce qui se passe effectivement: la transe est par définition même transitoire et variable, parce qu'elle opère un *passage* entre des termes qui ne peuvent, du point de vue de la normalité symbolique, qu'être strictement opposés. Plus exactement encore: elle est l'opération hautement paradoxale qui fait passer du domaine de la non-opposition, de l'irreprésentable et du non-symbolisable, à celui de l'opposition, de la représentation et du symbole. Ainsi s'expliquerait à la fois son universalité (puisqu'elle fait fond sur la commune «part maudite» de l'humanité) et sa diversité (puisqu'elle est toujours-déjà en route vers une séparation d'avec cette «part maudite»).

C'est ce que je voudrais essayer de montrer, en m'aidant tout d'abord de certaines données fournies par l'anthropologie. Les anthropologues sont en effet des professionnels de la variation culturelle et ils n'ont donc pas manqué d'essayer de mettre un peu d'ordre dans les phénomènes de transe auxquels ils sont pour leur part confrontés. Je pense notamment à deux articles importants de Luc de Heusch consacrés à la possession et au chamanisme[2], sur lesquels je voudrais à présent m'appuyer assez librement pour en tirer, à mes risques et périls, quelques hypothèses très spéculatives. Ce faisant, je n'ignore pas que je m'expose à tous les dangers que comporte ce genre de généralisation excessive, et je demande donc aux ethnologues ici présents d'accueillir mes hypothèses avec l'indulgence qu'on accorde traditionnellement aux amateurs audacieux.

Ces deux articles de Luc de Heusch se présentent comme une théorie – ou, à tout le moins, comme une classification – générale des rituels thérapeutiques, conçus comme riposte universelle à la maladie et au mal en général. De quoi est-on malade, en effet, dans les sociétés traditionnelles? De ceci ou de cela, mais plus précisément encore d'une *agression* spirituelle, qui explique qu'on se soit cassé une jambe ou qu'on ait reçu une flèche ennemie. Les théories étiologiques des sociétés traditionnelles sont à cet égard d'une

1. Voir L. Chertok, «L'hypnose animale», *in* Brion et Ey (Eds), *Psychiatrie animale*, Paris, Desclée de Brouwer, 1964; A. Demaret, «De l'hypnose animale à l'hypnose humaine», in *Résurgence de l'hypnose*.
2. L. de Heusch, «Possession et chamanisme» et «La folie des dieux et la raison des hommes», in *Pourquoi l'épouser?*, Gallimard, Paris, 1971.

remarquable constance : là où nous autres Occidentaux cherchons une cause organique ou psychique à la maladie, les sociétés traditionnelles l'imputent quasi unanimement à une violence perpétrée par un sorcier ou par un esprit. Comme le disent les Bouriates de Sibérie : « Tout le mal vient des esprits[1]. » Plus précisément encore, et en résumant des étiologies qui peuvent être très diverses sur le terrain, on dira que le mal consiste soit en une *possession* de l'âme par un esprit ou une substance maléfique – possession qui appelle en conséquence une procédure *abréactive* ou *exorciste*, puisqu'il faut expulser le maléfice –, soit en une *dépossession* de l'âme – dépossession qui requiert alors une procédure que Luc de Heusch nomme *adréactive* ou encore *adorciste*, grâce à laquelle l'âme est rendue à son propriétaire légitime.

En termes psychiatriques, on pourrait donc dire que les sociétés traditionnelles professent une théorie paranoïaque et hypocondriaque de la maladie (qu'on songe par exemple au fameux « meurtre d'âme » qui affligeait le président Schreber). Mais un tel diagnostic serait doublement erroné, d'abord parce que cette théorie « paranoïaque » est celle de la société dans son ensemble (et nullement celle d'un « malade mental »), ensuite parce qu'elle se borne à donner une interprétation sociale (et finalement très terre à terre) du mal : la possession ou la dépossession de l'âme relève d'une intrusion violente ou d'un vol, c'est-à-dire d'une transgression qui affecte la propriété et le bon ordre social. Pour reprendre l'excellente expression de Jean Pouillon, les « primitifs » sont des *sociosomaticiens* qui voient dans la maladie un désordre social et qui lui appliquent, en conséquence, une thérapie elle-même résolument sociale[2]. Que faisons-nous d'autre, au demeurant, lorsque, sous couvert d'une interprétation « psychosomatique », nous attribuons nos maux à telle difficulté familiale ou professionnelle, c'est-à-dire finalement à telle personne qui nous « fait du mal » ?...

Ceci, toutefois, ne devrait pas nous détourner de nous interroger sur le rapport que ce « mal » social entretient avec ce que nous appelons « maladie mentale » ou « folie ». Car on aura quand même remarqué qu'il s'agit à chaque fois d'une possession ou d'une dépossession *de l'âme* : l'intrusion ou le rapt affecte une *identité* – identité que nous dirions « subjective » mais qu'il vaut mieux, sans doute, appeler plus prudemment « sociale ». Quoi qu'il en soit, le malade est considéré comme n'étant plus maître de lui-même, comme aliéné ou possédé par une entité maléfique dont il ne se distingue plus. De ce point de vue, « possession » et « dépossession » ne sont jamais que deux façons inverses de désigner une seule et même maladie de l'identité, soit ce que nous décririons plus volontiers comme un trouble de la personnalité, en tout cas comme un effondrement brutal des limites entre le « moi » et l'« autre ». Ceci, bien sûr, ne veut pas dire que le malade lui-même soit fou, et encore moins que la société qui lui applique ce diagnostic soit délirante. Il reste que la maladie en général est interprétée en termes de « folie », comme si celle-ci représentait le mal social par excellence (la violence mimétique, dirait ici Girard[3]).

1. R. Hamayon, « Soigner le mort pour guérir le vif », *Nouvelle Revue française de psychanalyse*, n° 17, Paris, Gallimard, printemps 1978, p. 58.
2. J. Pouillon, « Malade et médecin : le même et/ou l'autre ? (Remarques ethnologiques) », in *Fétiches sans fétichisme*, p. 81.
3. Que l'agression spirituelle ait trait à une telle « violence mimétique », c'est ce que révèle très crûment l'idéologie de la sorcellerie, puisque l'action du sorcier y est régulièrement attribuée à l'envie et à la jalousie : « Un sorcier attaque un homme quand il y est poussé par la haine, l'envie, la jalousie et la cupidité » (E. E. Evans-Pritchard, *Sorcellerie, oracle et magie chez les Azandé*, Paris, Gallimard, 1972, p. 137 ; voir également M.-C. et Ed. Ortigues, *Œdipe africain*, Paris, UGE, p. 271).

Or ceci se vérifie si nous passons de la possession au sens large à la possession au sens strict, et de là à la transe de possession. Il convient en effet de distinguer la possession/dépossession, à laquelle sont attribuées les maladies en général, et la possession proprement dite, qui relève plutôt de la folie au sens où nous l'entendons, et que les étiologies primitives différencient souvent très nettement des autres maladies, en l'imputant à des agresseurs spécifiques. Quant à la transe de possession, qui est un état rituellement induit, elle intervient régulièrement dans la riposte médico-religieuse qui est opposée tant à la maladie en général qu'à cette maladie spécifique qu'est la «possession» folle et spontanée. D'où l'on peut déjà tirer deux conclusions, la première étant que, comme l'écrit Luc de Heusch, «la maladie mentale n'est (...), dans la perspective archaïque, que la plus forte expression de l'idée générale de maladie, conçue comme intrusion d'un agent pathogène[1]».

Quant à la seconde conclusion, qui ressort fortement du second article de Luc de Heusch, mais que je prendrai la responsabilité de formuler aussi nettement, c'est qu'il en va ainsi parce que la «maladie mentale» (soit la possession au sens strict) est la maladie que les sociétés traditionnelles guérissent le plus efficacement. Et comment cela? Par le biais de la transe.

Arrivés en ce point, nous tombons en effet sur un double paradoxe, qui va nous mener très vite au centre de notre problème. Le premier paradoxe est que la transe de possession est considérée par les sociétés traditionnelles tantôt comme un maléfice que le rituel a pour fonction d'exorciser, tantôt comme une élection qui est appelée au cours de cultes de possession adorcistes qui n'ont apparemment plus rien à voir avec une visée thérapeutique et à partir desquels on débouche très vite (du point de vue de la structure, sinon de l'histoire) sur le phénomène du prophétisme d'une part, et sur celui du théâtre d'autre part[2]. Le second paradoxe (mais c'est en réalité le même) est que la transe qui intervient dans les rites exorcistes est tantôt le fait du malade, tantôt le fait du médecin.

C'est ce qui amène Luc de Heusch à esquisser une sorte de typologie d'un certain nombre de sociétés africaines, selon qu'elles adoptent vis-à-vis de la possession et de la transe une attitude plutôt exorciste ou plutôt adorciste. À l'une des extrémités de ce spectre, nous aurions l'attitude franchement exorciste des Thonga du Mozambique à l'égard de la possession. À l'autre extrémité, nous aurions d'une part les cultes de possession adorcistes de type éthiopien et dahoméen (ce dernier ayant donné lieu, par-delà les mers, au vaudou haïtien), et d'autre part le chamanisme (traditionnellement confiné à l'est de l'Asie et à l'aire amérindienne, mais dont Luc de Heusch déniche un exemple chez les Vandau du Mozambique et dont il suggère qu'il serait présent «en creux» dans la sorcellerie africaine). Entre ces deux pôles, nous trouverions toutes sortes de variantes intermédiaires, selon que la transe est provoquée chez n'importe quel malade à des fins de diagnostic, qu'elle se confonde au contraire avec le traitement ou qu'enfin le médecin se mette lui-même en transe pour diagnostiquer le mal, à la façon d'un véritable médium.

Ce diagramme tracé, il convient toutefois de savoir ce qu'on veut en faire. L'intention avouée de Luc de Heusch est d'y voir un groupe ou «un champ de transformation [...] fondé sur des écarts différentiels de faible ou forte amplitude[3]». On voit tout de suite que

1. L. de Heusch, *op. cit.*, p. 249.
2. Voir sur ce sujet les études classiques de M. Leiris, *la Possession et ses aspects théâtraux chez les Éthiopiens de Gondar*, Paris, Le Sycomore (rééd.), 1980; et de H. Jeanmaire, *Dionysos. Histoire du culte de Bacchus*, Paris, Payot, 1951.
3. L. de Heusch, *op. cit.*, p. 257.

l'idée d'une «transformation» de l'exorcisme en adorcisme est fortement tempérée, ici, par celle d' «écarts différentiels». Retenu par une sorte de structuralisme de convention, Luc de Heusch se contente en fait de nous donner une sorte de classement synchronique des diverses attitudes à l'égard de la transe, sans jamais affronter directement le problème du mécanisme par lequel on passe de l'exorcisme à l'adorcisme. Ceci est d'autant plus étonnant qu'il nous donne tous les éléments pour comprendre que ce passage, en réalité, s'opère *à l'intérieur* de chacun des dispositifs médico-rituels qu'il examine et que l'opérateur en est, à chaque fois, la transe.

Je reprendrai, pour le montrer, l'exemple de l'attitude des Thonga vis-à-vis de la transe de possession, que Luc de Heusch classe du côté de l'exorcisme pur et simple. Nous avons ici affaire à une possession au sens strict, que les Thonga imputent à des esprits ancestraux de la population voisine (les Vandau plus haut évoqués) et qu'ils décrivent eux-mêmes comme une folie, la «folie des dieux»: «Le malade "possédé", au sens strict du mot, vit dans le chaos, privé de tout langage. Il se comporte de manière excentrique, tremble, a des crises d'agressivité[1].»

Voici donc un cas de possession explicitement maléfique ou «réprouvée», comme dit Gilbert Rouget[2], qu'il convient en conséquence d'exorciser. Et, de fait, le *gobela* ou «médecin» thonga procède exactement comme les exorcistes chrétiens, sur lesquels je reviendrai un peu plus loin. Au cours d'une séance où interviennent chants et tambours et dont les officiants sont significativement *d'anciens possédés*[3], il provoque délibérément la possession – qui, d'agitation confuse, devient du coup une véritable transe de possession – et, en même temps qu'on sacrifie un animal, il interroge l'esprit qui parle par la bouche du possédé afin de l'identifier. Ceci fait, le possédé se rue sur l'animal, suce son sang et va le recracher sur un autel où l'esprit va se fixer, en se transformant, de maléfique qu'il était l'instant d'avant, en une sorte d'esprit tutélaire du patient. Quant à ce dernier, désormais investi de pouvoirs de voyance qui l'amèneront éventuellement à devenir à son tour un *gobela*, il est réputé guéri. L'est-il vraiment? Henri Junod, l'auteur d'une célèbre monographie des Thonga que je suis allé consulter, est formel sur ce point: le malade n'est pas guéri, du moins au sens où nous l'entendons, et la preuve en est qu'il aura encore des crises[4]. Simplement, celles-ci sont désormais considérées comme normales, car attribuables à son esprit tutélaire, et il suffira de quelques offrandes sur l'autel pour les calmer. Tout est donc rentré dans l'ordre, après un passage par le plus grand désordre.

Or, comment expliquer cette indéniable efficacité du rituel, cette étonnante transmutation de la possession maléfique en possession bénéfique? La théorie qui se présente immédiatement à l'esprit est celle dite «de l'efficacité symbolique», avancée par Lévi-Strauss à propos d'un rituel chamanique cuna[5] et dont on sait au demeurant à quel point elle a informé la théorisation lacanienne de la cure analytique. Selon cette explication assez généralement reçue, le rituel fournirait au malade et au groupe un mythe, c'est-à-dire «un *langage*, dans lequel peuvent s'exprimer des états informulés, et autrement informula-

1. *Ibid.*, p. 259.
2. G. Rouget, *la Musique et la transe*, p. 61.
3. H. Junod, *Mœurs et coutumes des Bantous. La Vie d'une tribu sud-africaine. T. II: Vie mentale*, Paris, Payot, 1936, pp. 436-437. (Ce trait n'est pas retenu par Luc de Heusch dans son résumé du rituel thonga.)
4. *Ibid.*, p. 450.
5. Cl. Lévi-Strauss, «L'efficacité symbolique», in *Anthropologie structurale I*, Plon, Paris, 1958.

bles[1] », permettant à ce titre de « rendre pensable une situation donnée d'abord en termes affectifs[2] ». Plus exactement encore, le rituel fournirait un « symbole zéro », un « signifiant flottant » en soi « vide de sens » et destiné, comme toutes les catégories *mana*, à intégrer symboliquement un état ou une situation échappant au système symbolique[3]. Bref, comme le dira aussi Lacan à propos des guérisons des premières hystériques traitées sous hypnose par Breuer et Freud[4], l'important est ici que le mal soit *reconnu* symboliquement par le groupe, par le truchement de la parole. Et, de fait, c'est bien à un processus de ce genre qu'on assiste dans le rituel thonga : aussitôt nommé et identifié symboliquement, l'esprit possesseur perd ses pouvoirs maléfiques. On pourrait donc dire que toute l'opération de ce rituel consiste à séparer symboliquement la personne possédée de son esprit possesseur, de telle sorte qu'à la redoutable perte d'identité qui caractérise la « folie des dieux » est substitué un ordre nouveau où chacun – le moi et l'autre – retrouve sa place différentielle. Comme l'écrit ici Luc de Heusch : « Il s'agit de substituer à la confusion pure et simple de l'homme et de l'esprit la distance relative du dialogue[5]. »

Mais cette explication, si elle touche indéniablement à l'un des aspects du processus, ne saurait être suffisante. D'abord parce que, structuralisme oblige, elle met délibérément entre parenthèses le contenu persécutif du mythe, au profit de sa pure forme symbolique. Comme l'écrit Lévi-Strauss à propos du chamanisme et de la psychanalyse, « la forme mythique prime le *contenu* du récit[6] » – autre façon de dire que celui-ci est parfaitement indifférent et que n'importe quel « symbole zéro » pourrait faire l'affaire. C'est ainsi, d'ailleurs, que Lévi-Strauss, dans son analyse du mythe cuna, s'intéresse fort peu au récit du « voyage » au cours duquel le chaman lutte avec la puissance surnaturelle qui a dérobé l'« âme » de la malade, pour n'en retenir que l'aspect de « manipulation » symbolique[7]. Or, nous venons de le voir, ce thème de la possession/dépossession de l'âme par une puissance maléfique est pourtant bien un trait récurrent des mythes thérapeutiques, et ceci ne saurait être indifférent. En réalité, ce n'est pas n'importe quel symbole qui est efficace : seuls le sont ceux qui mettent en scène – et du même coup reconnaissent – la dangereuse et paradoxale indistinction du « moi » et de l'« autre ». Ce n'est donc pas le symbole *per se* qui guérit, mais seulement un symbole bien particulier, qui fait signe vers une expérience confuse qui précisément échappe au système symbolique.

De plus, la théorie de l'efficacité symbolique passe complètement sous silence le rôle pourtant évident et massif de la transe, qui précisément atteste cette expérience « informulable ». Lévi-Strauss le reconnaît d'ailleurs implicitement dans son article[8] et on comprend aisément pourquoi il en va ainsi : la transe bouleverse éminemment les « écarts différentiels » chers au structuraliste et elle n'est donc pas « bonne à penser » selon la fameuse formule de *la Pensée sauvage*. la pensée structuraliste ne peut que l'expulser violemment, en la classant du côté de l'inclassable, de l'impensable, et plus généralement de la coupable nostalgie de l'immédiat propre au rituel (cf. *l'Homme nu)*. Autant dire que la théorie de l'efficacité symbolique s'interdit de rendre compte de son objet, dans la mesure où la

1. *Ibid.*, p. 218.
2. *Ibid.*, p. 217.
3. Cl. Lévi-Strauss, « Introduction à l'œuvre de M. Mauss », p. XLIV et pp. XLIX-L.
4. J. Lacan, *Écrits*, Le Seuil, Paris, 1966, pp. 254-255.
5. L. de Heusch, *op. cit.*, p. 260.
6. Cl. Lévi-Strauss, *Anthropologie structurale I*, p. 225.
7. *Ibid.*, pp. 221-222.
8. *Ibid.*, pp. 206-207.

transe, «bonne à penser» ou pas, intervient toujours à un titre ou à un autre dans les rituels thérapeutiques.

Or, si elle intervient de façon si nécessaire, c'est parce qu'elle *dramatise* – autant et plus qu'elle ne *symbolise* – l'indistinction vécue du possédé et de l'esprit possesseur ou dépossesseur. On vient de le voir sur l'exemple thonga, mais ceci vaut vraisemblablement pour tous les rituels thérapeutiques que Luc de Heusch met si pertinemment en série avec lui: la transe *provoquée* par le médecin est en continuité avec la possession *subie* par le malade, puisque celui-ci est invité à mimer sa possession en laissant l'esprit parler par sa bouche. On pourrait dire, de façon plus précise, que le malade est convié à mettre en spectacle, à faire voir publiquement et donc à communiquer une indifférenciation mimétique qui ne peut, en droit, qu'être vécue – j'allais dire «en première personne», s'il ne s'agissait justement de l'expérience d'une «non-personne». Peut-être même faudrait-il ajouter, pour être tout à fait rigoureux, que cette indifférenciation n'est «mimétique» que de notre point de vue, puisque la «possession» est déjà une première symbolisation du mal. Mais comment dire autrement? Nous sommes ici en un point où les mots doivent forcément nous manquer. On voit en tout cas que ce «remède» qu'est la transe commence par se calquer très fidèlement sur le «mal», de telle sorte que l'exorcisme «cathartique» se confond très strictement avec un adorcisme «mimétique». Il s'agit ici d'une sorte de *catharsis* de la *mimesis* par la *mimesis* (ce qui, soit dit en passant, contribuerait peut-être à éclairer le lien établi par Aristote entre ces deux vénérables notions).

C'est ce que Luc de Heusch exprime pour sa part en parlant, à propos de la transe thonga, d'«étape dialectique» et de «dénouement de la contradiction[1]», façon, sans doute, d'introduire un peu de mouvement dans les rigides «écarts différentiels» de l'analyse structurale. Mais cette référence à la dialectique est égarante, car la dialectique commence par séparer les termes qu'elle unit, alors qu'ici la transe ne sépare le possédé de son esprit qu'à la condition de préalablement les unir, et ceci de la façon la plus spectaculaire. En réalité, Luc de Heusch continue à interpréter l'indifférenciation de la transe du point de vue du symbolique, c'est-à-dire du langage et de sa «normalité» différentielle, alors que les Thonga, comme plus généralement toutes les sociétés traditionnelles, la reconnaissent «comme telle» en la provoquant délibérément. Et c'est là, me semble-t-il, ce qui fait toute l'efficacité de la transe, son efficacité proprement mimétique: la transe (ou, si l'on préfère, la «possession» qu'elle dramatise) est *attestée* par le groupe, du simple fait d'être induite rituellement. Tout se passe au fond comme si la société communiquait au «fou» (ou comme on voudra l'appeler) le message suivant: «C'est vrai, tu n'es plus toi-même, *et c'est normal.* Sois donc toi-même, c'est-à-dire un autre.» Procédé d'une extraordinaire simplicité, et qui n'est pas sans faire penser à la «prescription paradoxale» du symptôme préconisée, après Milton Erickson, par l'école de Palo Alto. On comprend que ce procédé ne puisse que rester définitivement fermé à toute description faite du point de vue du symbolique, puisqu'il consiste en somme à admettre, le plus simplement du monde, que le symbolique et le langage ne sont pas toute l'expérience humaine. Faute de l'admettre à son tour, l'anthropologue se condamne à ne voir dans la transe et les phénomènes rituels qu'un symbole «vide de sens», comme chez Lévi-Strauss, ou une «pure stupidité», ainsi que Wittgenstein le reprochait déjà à Frazer dans ses admirables *Remarques sur «le Rameau d'or»*[2].

1. L. de Heusch, *op. cit.*, p. 281.
2. L. Wittgenstein, *Remarques sur «le Rameau d'or» de Frazer*, Lausanne, L'Âge d'homme, 1982, p. 14.

Il ne s'agit donc pas de nier que la reconnaissance par le groupe joue un rôle décisif dans le processus de guérison, ni même que celui-ci débouche finalement sur une nomination (ou re-nomination) symbolique. De fait, c'est bien une telle réintégration symbolique que nous avons toujours en vue lorsque nous parlons de « guérison » à propos de troubles non exclusivement organiques. Toutefois, cette constatation reste abstraite et sans portée tant qu'on n'admet pas que cette reconnaissance porte d'abord et avant tout sur le non-symbolisable et qu'elle se fait par le biais de la transe. Tout le reste, en effet, appartient au registre du symbolique (y compris le sacrifice et la recherche d'un coupable, qu'une interprétation de type girardien privilégierait vraisemblablement). Mais la transe elle-même n'est jamais rien d'autre que le mal qu'elle exorcise en le répétant et en le ritualisant. De sorte qu'on peut aussi bien dire qu'elle est la « folie » elle-même et qu'elle en est la toute première « symbolisation », parce qu'elle est en réalité les deux à la fois, sorte d'étonnant *go-between* qui s'évanouit dès qu'on essaie de le saisir.

Quant au rôle de la parole et du langage, qu'un ethnologue influencé par les thèses lacaniennes mettrait sans doute en valeur, il ne s'agit pas, là non plus, de le nier. Le possédé, *qui ne parle plus*, est bien invité, au cours de la transe, à nommer l'esprit ou la puissance maléfique qui le hante. Mais sous quelle forme ? Sous la forme d'une parole mimétique, dans laquelle le possédé vaticine, comme Platon le disait du poète-miméticien « sous le nom d'un autre ». Cette parole, toute parole qu'elle soit, n'est donc pas une parole de dialogue (avec l'esprit, avec les autres en général), puisqu'il s'agit plutôt d'une parole « inspirée », dans laquelle le « moi » ne se distingue pas de l'« autre » (même si, du point de vue du « médecin » et des spectateurs assemblés, elle sert bien sûr à mettre fin à cette identification pathétique). À privilégier le rôle de la parole dans la transe, on risquerait par conséquent d'oublier son caractère bien particulier, qui est de faire signe vers une expérience qui est vécue hors représentation et qui ne peut du fait même être communiquée, *dans le langage*, que sous la forme de l'indistinction mimétique du « moi » et de l'« autre ». La parole n'est efficace que si elle se fait d'abord parole de transe, parole agie corps et âme.

Quoi qu'il en soit de cette dernière question, qui pourrait nous mener fort loin dans la voie d'une révision du rôle de la parole dans la cure analytique, on comprend sans doute mieux, à présent, pourquoi la transe est partout présente dans les rituels thérapeutiques et pourquoi, aussi bien, elle y prend des formes aussi diverses. Elle y est partout présente (serait-ce « en creux », comme l'écrit Luc de Heusch) parce qu'elle est le remède par excellence grâce auquel on guérit la maladie par excellence – la « folie des Dieux », la folie mimétique – et donc aussi, par extension, toutes les maladies. Et elle prend des formes diverses parce que, étant à la fois le mal et son remède, c'est-à-dire le pur paradoxe d'une *homéopathie* qui guérit « le même » par « le même », elle suscite inévitablement des symbolisations contradictoires, chaque société accentuant différemment l'un ou l'autre des pôles qu'elle fait communiquer. C'est ainsi que les Thonga, nous venons de le voir, en accentuent le caractère maléfique, non sans y chercher le ressort même de l'opération d'exorcisme. Les cultes de possession, à l'inverse, en accentuent le côté bénéfique, au point qu'on pourrait oublier leur fond « néfaste » si certains indices, comme le caractère initialement malveillant des *zar* éthiopiens ou des *margaï* dangaleat, ne venaient régulièrement rappeler l'origine thérapeutique de ces cultes[1]. Quant au chamanisme, on objectera peut-être que la transe y est le fait du médecin, et non du malade. Mais il ne serait sans

1. Voir L. de Heusch, *op. cit.*, pp. 266-267, et J. Pouillon, *op. cit.*, pp. 82-87.

doute pas difficile, comme le suggère Luc de Heusch à propos du chamanisme vandau[1], de retrouver dans la technique chamanique d'exorcisme par succion une forme atténuée d'adorcisme, par lequel l'homme-médecine prend sur lui la «possession» – et donc aussi la transe – du patient. Et il resterait de toute façon que le chaman est lui-même un ancien possédé qui a victorieusement traversé l'épreuve de la transe[2] ou qui, à tout le moins, l'a simulée par l'ingestion de substances toxiques comme le jus de tabac[3]. Le chaman ne guérit *toutes* les maladies que parce qu'il a guéri de *la* maladie par excellence et qu'il est à ce titre capable, en tant que «technicien de l'extase» (Éliade), de maîtriser l'opération paradoxale de la transe.

*

Que se passe-t-il maintenant si, munis de ces hypothèses déjà fort téméraires, nous passons par un saut non moins téméraire à nos sociétés occidentales et aux diverses réponses (ou ripostes) qu'elles ont opposées à la transe? Pourrons-nous leur appliquer mécaniquement notre schéma? On se doute bien qu'il n'en est rien, ne serait-ce que parce que nos sociétés se signalent par une très générale allergie à l'égard de la transe. Ce fait est peut-être à rapporter au dualisme fondamental de la pensée chrétienne, qui interdit, comme le note au passage Luc de Heusch, toute alliance avec l'esprit malin, et donc aussi toute «transformation du Mal en Bien[4]». Quoi qu'il en soit de cette dernière considération, que nous allons avoir à modifier partiellement, il est bien vrai que la transe, et plus généralement toutes les formes de possession/dépossession sont globalement exclues de nos sociétés chrétiennes ou scientifiques. En schématisant à l'extrême, et en s'inspirant d'une distinction proposée par Lévi-Strauss dans *Tristes Tropiques*, on pourrait peut-être dire que nos sociétés adoptent face au dérèglement de l'esprit et à la folie une attitude résolument «anthropémique», là où les sociétés traditionnelles adoptent généralement une attitude «anthropophage»: alors que celles-ci excluent le mal, mais en «absorbant» et en «digérant» de diverses façons le malade, nous avons plutôt tendance à les «vomir» tous deux hors du corps social.

Lisez ou relisez à cet égard le chapitre «*Stultifera navis*» qui ouvre *l'Histoire de la folie* de Michel Foucault. Le fou, au Moyen Âge, était rituellement expulsé hors de la cité, avec tous les effets de sacralisation inverse que ceci pouvait entraîner[5]. Or, comme le montre encore Foucault, cette structure d'exclusion s'est intégralement maintenue jusqu'à nos jours, puisque l'internement psychiatrique n'en est jamais qu'une transformation historique. Internés au XVIIe siècle avec les débauchés, les vénériens et les blasphémateurs dans des établissements construits à l'emplacement des anciennes léproseries, les fous y sont restés, comme on sait, lorsque la pratique générale de l'internement a pris fin. De sorte que, libérés

1. L. de Heusch, *op. cit.*, pp. 274-275.
2. Voir E. Lot-Falck, «Psychopathes et chamans yakoutes», in *Échanges et communications* (Mélanges offerts à Claude Lévi-Strauss pour son 60e anniversaire).
3. Voir L. Sebag, «Le chamanisme ayoréo», *l'Homme*, V, 1 et 2, pp. 106-113. Sebag note que, chez les Ayoréo, tout psychopathe guéri peut devenir chaman s'il le désire, et ceci sans passer par l'absorption de jus de tabac: «Si le malade mental se rapproche du chaman, c'est que celui-là présente la face négative des phénomènes qui, dans la personne de celui-ci, sont donnés sous une forme positive. La maîtrise volontaire de son mal suffit à faire passer un individu de la névrose à la puissance chamanique. Les mêmes forces sont à l'œuvre dans l'un et l'autre cas, mais elles ont changé de signe» (p. 112).
4. L. de Heusch, *op. cit.*, p. 281.
5. M. Foucault, *Histoire de la folie à l'âge classique*, Paris, Gallimard, 1976, coll. «Tel», pp. 13-55, et plus particulièrement p. 21.

de leurs chaînes par Pinel, ils n'en sont pas moins demeurés exclus de la société, ainsi qu'ils l'avaient toujours été. C'est dire que l'objectif thérapeutique de l'asile, quand il existe, est de toute façon secondaire par rapport au geste d'exclusion et qu'il est, du fait même, rendu par avance impossible. En tout cas, les phénomènes de « possession » ou de « dépossession de soi » qui nous intéressent n'ont plus aucune chance d'y être reconnus pour ce qu'ils sont, à savoir une demande de prise en charge par un rituel de transe. Encore moins sauraient-ils être déchiffrés comme l'instrument même de la guérison. Lorsque Pinel, par exemple, parle de « folie religieuse » ou de « mélancolie par dévotion », lorsque Esquirol inclut dans sa nosographie la « démonomanie[1] », l'affaire est entendue : la « folie des Dieux », sous toutes ses formes, est définitivement *aliénée*. Elle devient, sous les noms divers de « paranoïa », d'« hystérie » ou de « mélancolie », un *objet* que le psychiatre et son collègue le psychologue scrutent avec attention, mais avec lequel ils n'entretiennent guère plus de rapport de familiarité que l'astronome avec une galaxie lointaine. Par une sorte d'extraordinaire auto-exorcisme, la psychiatrie, elle-même héritière des anciens rituels d'expulsion, en est venue à expulser, sous le nom de « maladie mentale », le sacré et toute sa déroutante ambivalence.

De là que les phénomènes de possession ou de transe, une fois placés dans le cadre de l'asile ou du laboratoire, sont devenus parfaitement méconnaissables, parce que coupés de toute reconnaissance et de toute réponse thérapeutique. Il faut lire à cet égard le livre exemplaire de Janet, *De l'angoisse à l'extase :* pendant que Madeleine, la malade « extatique » de son service, tombait dans des états de transe de possession caractérisés[2], Janet mesurait imperturbablement ses modifications physiologiques à l'aide de dynamomètres, d'ergographes et d'œsthésiomètres... D'une façon plus générale, il n'est sans doute pas exagéré de dire que toute la psychologie expérimentale de la fin du XIXe, de Janet à Ribot en passant par Binet ou Richet, n'a été qu'une fantastique objectivation des phénomènes de transe, l'hystérique fonctionnant comme « automate psychologique[3] » ou « homme-machine[4] » et l'hypnose comme un « merveilleux appareil de vivisection psychologique[5] ». Cette dernière formule de Richet l'atteste assez, la transe (puisque c'est bien d'elle qu'il s'agit sous le nom d'hypnose) ne saurait être aux yeux du psychologue un moyen de guérison. Lors même qu'elle est fiévreusement cultivée (c'était le cas par exemple à la Salpêtrière, que Charcot avait transformée en un véritable *vaudou* pour psychiatres), elle n'est jamais conçue autrement que comme un instrument d'expérimentation aussi neutre qu'un scalpel, quand elle n'est pas purement et simplement considérée comme un phénomène pathologique relevant de la seule hystérie. On sait que c'est ce que soutenait Charcot, dans sa polémique avec Bernheim, et on s'explique mieux, du coup, qu'il se soit interdit d'utiliser les possibilités thérapeutiques de l'hypnose, qu'il connaissait pourtant fort bien. Ces guérisons « qui (...) font crier au miracle, mais dont seuls les charlatans se font gloire[6] », il les attribuait au tableau clinique de l'hystérie, *c'est-à-dire à la maladie elle-même.* Il allait donc de soi que cette inquiétante indistinction du mal et du remède devait être

1. *Ibid.*, p. 512.
2. P. Janet, *De l'angoisse à l'extase,* Paris, Alcan, p. 66 : « Mon âme n'est pas à moi, car Dieu s'en est emparé complètement » ; p. 94 : « Cela vient tout seul, c'est une sorte de possession. »
3. P. Janet, *l'Automatisme psychologique,* Paris, Alcan, 1889 (particulièrement p. 12).
4. J.-M. Charcot, *Leçons sur les maladies du système nerveux,* t. III, Paris, Delahaye, 1887, p. 337 (à propos de l'état cataleptique).
5. Ch. Richet, *l'Homme et l'intelligence,* Paris, Alcan, 1884, p. 157.
6. J.-M. Charcot, *Leçons sur les maladies du système nerveux,* t. I, Paris, Delahaye, 1880, p. 359.

sévèrement rejetée et tenue à distance, faute de quoi le psychiatre serait devenu un banal faiseur de miracles, si ce n'est tout bonnement un hystérique.

On dira, bien sûr, que telle n'était pas l'attitude d'autres psychiatres, comme Bernheim ou Breuer, et que de Nancy à Vienne en passant par Paris s'ouvre la voie royale qui mène à la psychanalyse. Et, de fait, nous avons pris l'habitude de penser que c'est avec Freud que commence l'aventure de la psychothérapie moderne, enfin soucieuse de se mettre au diapason du malade et de le guérir par la voie de l'hypnose, du rapport affectif ou de l'analyse de transfert. Mais les choses sont sans doute plus complexes. D'abord parce que les spectaculaires guérisons «cathartiques» d'Anna O. ou d'Emmy von N. n'étaient pas les premières dans leur genre: depuis Puységur et tout au long du XIXᵉ, on ne manque pas d'exemples de somnambules guéris après avoir dicté à leur thérapeute, du fond de leur transe, le traitement qui leur convenait[1], de sorte que la psychanalyse n'a nullement le monopole historique de la découverte (ou de la redécouverte) des vertus thérapeutiques de la parole sous hypnose. Ensuite, on pourrait valablement soutenir que Freud, pour sa part, n'a jamais tout à fait rompu avec l'attitude de son maître Charcot à l'égard de la transe, ainsi qu'en témoignent son rapide rejet de l'hypnose, ses critiques réitérées à l'égard du *Zauberwort* «suggestion[2]» et sa polémique avec Ferenczi au sujet de la «néo-catharsis». En réalité, Freud n'a intégré la transe que sous la forme très légère, et surtout «dosable[3]», du transfert, en attribuant le processus de la guérison à son *analyse,* c'est-à-dire, comme y insistera plus tard Lacan, à son interprétation symbolique par la voie de la parole et du dialogue.

Quoi qu'il en soit, si rupture il y a entre la psychanalyse et la psychiatrie représentée par Charcot, elle s'opère dans la continuité d'une autre tradition, qui est celle des magnétiseurs et des hypnotiseurs. Il est en effet devenu impossible d'ignorer, après les travaux d'Ellenberger, de Chertok et de Rausky[4], que la psychanalyse est l'héritière d'une longue série de «traitements d'âme» qui commence avec le «magnétisme animal» de Mesmer. Comme le répète volontiers Léon Chertok, la psychanalyse n'est jamais qu'un chapitre de l'histoire de l'hypnose. Ce que je préférerais reformuler pour ma part en disant qu'elle est, plus largement, un chapitre de l'histoire de la transe.

Il faut en effet savoir qu'à l'attitude globalement «anthropémique» de l'Occident chrétien a toujours correspondu, même sous une forme plus marginale, une attitude «anthropophage», centrée autour du pouvoir curatif de la transe. L'Église, en particulier, n'a jamais nié (et elle continue d'ailleurs d'admettre) la possibilité de la possession: l'âme (ou la chair, selon une doctrine plus ancienne des pères de l'Église) peut bel et bien être «possédée» par un démon. Or, cette possession a beau être diabolique (à la différence de l'union mystique avec Dieu, qui représente le pôle adorciste de la religion chrétienne), le possédé n'en est pas tenu pour responsable (à la différence, cette fois-ci, du «sorcier» contractuel), et il peut donc être rédimé par un exorcisme qui le réintègre dans la communauté des croyants.

1. Voir. A. M.-J. de Chastenet de Puységur, *Mémoires pour servir à l'histoire et à l'établissement du magnétisme animal,* Toulouse, Privat, 1986 (rééd.); J. Kerner, *Die Seherin von Prevorst,* Stuttgart-Tubingen, 1829; Despine, *De l'emploi du magnétisme animal et des eaux minérales dans le traitement des maladies nerveuses, suivi d'une observation très curieuse de guérison de névropathie,* Paris, 1840.
2. *Essais de psychanalyse.*
3. «De la psychothérapie», in *la Technique psychanalytique.*
4. H. F. Ellenberger, *The Discovery of the Unconscious.;* L. Chertok et R. de Saussure, *la Naissance du psychanalyste,* Paris, Payot, 1973; F. Rausky, *Mesmer ou la Révolution thérapeutique,* Paris, Payot, 1977.

Faut-il pour autant en conclure, comme le fait Foucault, que la possession acceptée et la démence expulsée n'ont rien à voir, celle-ci relevant d'une « histoire de la folie » et celle-là d'une « histoire des idées religieuses[1] » ? Il me semble que cette rigueur historienne est excessive, car il s'agit bien, au départ, d'un même ensemble indistinct de phénomènes de dépersonnalisation ou de désymbolisation, la seule différence étant qu'ils sont captés, dans un cas, par un dispositif symbolique qui les reconnaît et les intègre comme tels, alors que, dans l'autre, ils sont purement et simplement rejetés. En ce sens, on pourrait dire que l'*Histoire de la folie* de Foucault est écrite du point de vue de ce qu'elle dénonce : c'est l'histoire de la folie bannie, réduite au silence et à l'« absence d'œuvre », ce n'est pas celle de la folie que l'Occident chrétien, et plus tard les magnétiseurs ont fait abondamment parler, en l'intégrant par le biais de la transe.

On notera à cet égard que c'est à la même époque où se met en place le « Grand Renfermement » décrit par Foucault qu'a lieu le fameux épisode de la possession de Loudun. Or, il suffit de lire les ouvrages qu'Aldous Huxley et Michel de Certeau ont consacrés à cette retentissante affaire pour constater qu'elle se modèle très fidèlement sur l'exorcisme de la « folie des Dieux » thonga : même interprétation persécutive du mal qui frappe les Ursulines, puisque celui-ci est attribué tantôt à l'« obsession » (c'est-à-dire à une possession au sens large), tantôt à la « possession » au sens strict ; même théâtre de la transe[2], au cours de laquelle Astharoth, Zébulon et Béhémoth parlent en direct et en langue étrangère (le turc) ; même dénouement final, puisque tout rentre dans l'ordre une fois que le coupable principal est identifié. On objectera peut-être qu'il y a ici mort d'homme et que le « sorcier » Urbain Grandier fut bel et bien brûlé sur le bûcher. Mais ce sacrifice violent, qui relève du dualisme chrétien (et accessoirement des visées politiques de Richelieu), est bien évidemment symbolique eu égard aux possédées elles-mêmes. Car, contrairement à ce qui se passera par exemple au XIXe, lors de l'épidémie « démonopathique » de Morzine[3], celles-ci sont réputées guéries et réinsérées dans la communauté. Sœur Jeanne des Anges fera même une brillante carrière d'extatique, avec apparition de stigmates, passant ainsi sans coup férir du statut de mystique ratée à celui de possédée réussie. Quant au père Surin, il subira le même sort que maint chaman sibérien[4], puisque, après avoir victorieusement exorcisé les Ursulines, il deviendra lui-même un possédé, témoignant ainsi à son corps (ou, plutôt, à son âme) défendant de la déroutante indistinction du « mal » et du « remède ».

On voit donc qu'il n'est pas besoin d'aller en Afrique ou en Sibérie pour constater les effets curatifs de la transe. On les trouve attestés dans notre très proche histoire, ainsi qu'en témoigne d'ailleurs aujourd'hui encore la présence, dans chaque évêché, d'un exorciste régulièrement convoqué dans des affaires de sorcellerie campagnarde[5]. On dira qu'il s'agit là de restes archaïques, condamnés à disparaître avec l'institution religieuse qui les soutenait. Peut-être. Mais il faudra alors faire remarquer, à tout le moins, que le magnétisme mesmérien, qui inaugure la « révolution thérapeutique » qui aboutit à notre moderne psycha-

1. M. Foucault, *Maladie mentale et psychologie*, Paris, 1962, p. 77. Voir également *Histoire de la folie*, *op. cit.*, p. 77, n° 1.
2. M. de Certeau, *la Possession de Loudun*, Paris, Julliard, 1970, chap. « Le théâtre des possédées ».
3. G. Wajeman, « L'hystérie de Morzine », *Ornicar ?*, n° 3.
4. Lot-Falck note qu'il arrive que l'*ojun* yakoute rechute dans l'une des deux maladies qu'il a dû traverser successivement pour devenir chaman, le *mänärijär* (ou possession par les esprits) et *l'irär* (ou dépossession de l'âme).
5. Sur la sorcellerie dans le bocage mayennais, voir J. Favret-Saada, *les Mots, la mort, les sorts*, Paris, Gallimard, 1977. On pourrait aussi évoquer ici le tarentulisme de l'Italie du Sud, étudié par E. de Martino, *la Terre du remords*, tr. fr. Poncet, Paris, Gallimard, 1966.

nalyse, a très explicitement pris la *relève* des anciens rituels d'exorcisme. On sait en effet que Mesmer attribuait les convulsions provoquées par son collègue et rival l'exorciste Gassner aux effets méconnus du «fluide magnétique». Traduction «éclairée», à prétention scientifique, mais qui manifeste bien l'identité du phénomène en cause: les véhémentes «crises magnétiques» provoquées par Mesmer n'étaient de toute évidence rien d'autre que des transes de possession laïques. Et il n'est guère besoin de beaucoup d'imagination spéculative pour étendre ce diagnostic au «somnambulisme lucide» de Puységur et à ses divers avatars historiques: transe lucide des médiums spirites, hypnose «suggestive» de Liébeault et de Bernheim, hypnose cathartique de Breuer et Freud, «hypnose légère » des associations libres en psychanalyse[1], training autogène, sophrologie, hypnose ericksonienne, cri primal, et j'en passe. Qu'il s'agisse le plus souvent d'une transe calme ne change bien évidemment rien à sa nature de transe. Comme le disait fort bien Mannoni (il est vrai en privilégiant indûment l'aboutissement psychanalytique de cette histoire): «On élimine le diable, restent les convulsionnaires. On élimine les reliques, restent les "magnétisés" de Mesmer. On élimine le baquet, on a l'hypnose et le "rapport". On élimine l'hypnose, il reste le transfert[2].»

Or ceci est extraordinairement intéressant de notre point de vue, car on assiste ici à l'émergence d'une transe de possession *sans possession.* J'entends par là que la «possession» est à présent débarrassée de toute interprétation persécutive ou démoniaque, au profit d'une valorisation résolument «adorciste» de la transe. Celle-ci peut certes donner lieu à de nouvelles formes d'interprétation persécutive de la part du patient, soit qu'il impute l'origine de son mal à quelque «traumatisme» imaginaire, soit que le thérapeute devienne à ses yeux une figure «obsessive» (ce dernier phénomène intervenant significativement lorsque le médecin demeure lui-même ambivalent à l'égard de la transe qu'il provoque: «passion somnambulique» de Janet, «transfert négatif» de Freud). Mais, aux yeux des magnétiseurs eux-mêmes, il est clair que la transe est non pas ce dont on est malade et dont on doit être exorcisé, mais bien ce qui guérit. Ou bien la «crise magnétique» est considérée comme salutaire en soi, ou bien elle est, tout comme dans le cas du médiumnisme médical africain, ce qui permet de diagnostiquer le mal et de prescrire le remède, voire, dans le développement spirite et quasi chamanique de la chose, de communiquer avec les «esprits». Cet optimisme thérapeutique va d'ailleurs si loin que la plupart des magnétiseurs s'aveugleront sur le lien pourtant évident entre les maladies traitées et le traitement lui-même, en mettant autant de vigueur à nier le caractère pathologique de la transe que Charcot, à l'inverse, en mettait à l'affirmer. De ce point de vue, il serait assez aisé de montrer que toutes les grandes thérapies hypnotico-magnétiques se sont modelées initialement sur le phénomène morbide lui-même, en se proposant de provoquer artificiellement telle ou telle transe spontanée dont Mesmer, Puységur ou Breuer et Freud avaient pu constater les effets bénéfiques (crise de Mlle Oesterlin, «sommeil» de Victor Race, auto-hypnose d'Anna O.). Inversement, il ne fait pas de doute que les transes ou crises spontanées des malades se sont modelées en retour sur les thérapies hypnotiques qu'elles appelaient, d'où la floraison, au XIXe siècle, des cas de somnambulisme hystérique, de double et multiple personnalité ou encore de glossolalie.

Mais ceci, qui permettrait donc de comprendre le caractère profondément interactif du processus, n'est pas encore le plus important. Ce qui est décisif et nouveau est que la transe

1. *L'Interprétation des rêves,* tr. fr. Berger, Paris, Presses Universitaires de France, 1971, p. 95.
2. O. Mannoni, *Un commencement qui n'en finit pas. Transfert, interprétation, théorie,* pp. 49-50.

est délibérément valorisée et cultivée, en dehors de toute interprétation persécutive. C'est à présent la transe elle-même qui guérit, à l'exclusion de toute nomination-expulsion d'un « coupable ». Ceci, en vérité, n'exclut pas que la transe continue à être interprétée – et même sur-interprétée – symboliquement. Et il faut même aller jusqu'à dire que ces interprétations ou théorisations, aussi « scientifiques » soient-elles, nous reconduisent invariablement à des variations sur le thème de la possession et/ou de la dépossession de soi. Il n'est pas difficile, par exemple, de lire derrière le « fluide », qui circule du magnétiseur au magnétisé une pénétration, et donc aussi une « possesion », de celui-ci par celui-là : « Votre fluide et le mien, dit une patiente à Tardy de Montravel, ne sont qu'un en ce moment, je dois être affectée de toutes les choses qui vous affectent[1]. »

On pourrait en dire tout autant de la « suggestion » de Bernheim, de la « passion somnambulique » de Janet, de la « dissociation de la conscience » de Breuer et Freud, et les phénomènes d'alternance de personnalité et de glossolalie provoqués sous hypnose suffiraient de toute façon à l'attester : il s'agit toujours, dans la transe, d'un état où l'identité propre (ou en tout cas l'identité sociale) est abolie, au profit d'une « possession » par une identité (ou une langue) étrangère.

Mais, encore une fois, cette possession par l'autre ou cette dépossession de soi n'appelle aucun exorcisme, aucune séparation symbolique d'avec la menaçante indifférenciation. Au contraire, celle-ci est considérée comme parfaitement « normale » (ce qu'elle est bien, en un sens) et répétée autant de fois qu'il convient. Nous sommes au plus près de la solution « adorciste » des cultes de possession, à ceci près qu'elle est mise en œuvre, ici, à des fins exclusivement thérapeutiques. Par un extraordinaire court-circuit, la transe est débarrassée (ou presque) de tout l'attirail symbolique qui en dissimulait l'efficacité paradoxale, pour être enfin affrontée comme telle, dans son absence de « comme tel ».

*

Parvenu à ce point, il me faut bien tirer la conclusion qui se dégage de tout ce parcours. Elle est, me semble-t-il, assez évidente : loin d'être un phénomène aberrant et pathologique qu'il conviendrait de rejeter ou de maîtriser, la transe est universellement ce qui permet de guérir un certain type de troubles affectant, disons, l'identité. Et elle les « guérit » (je mets ce terme et la plupart de ceux qui vont suivre entre guillemets) dans la mesure même où elle en fait, non pas un « trouble morbide », mais un état parfaitement « normal », qu'il convient en tout cas de reconnaître et de susciter « comme tel », sans l'exclure ni lui surimposer des symbolisations mythiques et persécutives.

Conclusion qui nous reporte de toute évidence aux antipodes de la psychanalyse freudienne ou lacanienne, aux yeux de laquelle la transe est soit ce qui, sous le nom de « transfert », doit être interprété et dissous en fin de parcours, soit ce qui doit être carrément évacué du dispositif de la cure au profit d'une pure symbolisation par la parole. Or il me semble de plus en plus qu'il y a là – surtout chez Lacan – une erreur fondamentale, qui va à rebours des incontestables acquis des thérapies magnétiques et hypnotiques. On voit mal, en effet, comment une interprétation purement langagière pourrait opérer la réinsertion dans « le symbolique » de patients qui sont manifestement *malades du symbolique*, c'est-à-dire à la fois malades du point de vue du symbolique et malades parce qu'ils ne peuvent pas s'y faire reconnaître. Nous l'avons vu, même les sociétés qui adoptent à cet égard l'attitude la

1. Cité par F. Rausky, *op. cit.*, p. 185. G. Lapassade, « Les somnambules de Buzancy », in Puységur, p. XVI : « Depuis Mesmer, le magnétiseur a remplacé l'exorciste et le fluide des démons possesseurs. »

plus rigidement «exorciste» commencent par reconnaître le mal, en tentant de parler son propre «langage», qui est celui de la transe. De ce point de vue, l'exclusion catégorique par Lacan de toute forme de transe[1] équivaut en réalité à forclore le mal du symbolique (ce qui est, comme chacun sait, la définition lacanienne de la psychose), et du même coup à s'interdire par avance de le guérir. Là où Freud reconnaissait malgré tout dans le transfert la manifestation d'un inconscient «démoniaque» et rétif à la raison, son interprétation langagière par Lacan l'a définitivement fait basculer du côté d'un inconscient conçu, avec Lévi-Strauss, en termes purement symboliques. Comment, dans ces conditions, pourrait-il jamais autoriser un quelconque passage, une quelconque *transition* entre le symbolique et un non-symbolisable désormais rejeté dans les ténèbres extérieures de l'ineffable ou d'un «réel» impossible?

Mais que faire, alors? Revenir à la pratique des magnétiseurs et à leur touchante confiance dans les pouvoirs de la transe? L'objection est prévisible: si Freud, et plus encore Lacan, ont cessé de mettre le moindre espoir dans les vertus thérapeutiques de la transe, pour axer la cure sur le pouvoir de l'interprétation symbolique, c'est parce que nous vivons dans une société qui ne peut plus croire à la «possession», sous quelque forme que ce soit. Et la preuve en est, ajoutera-t-on, que les magnétiseurs, tout comme leurs lointains héritiers reichiens, «scientologues» ou «psychologues humanistes» ont dû habiller la transe de toute une mythoscience de pacotille pour la faire, si l'on peut dire, «passer» dans notre système symbolique désacralisé. Pourquoi donc ne pas plutôt le reconnaître, en toute lucidité, et tabler sur la manipulation de symboles *dont on sait que ce sont des symboles,* de purs «mythes zéro»?

Cette objection, qui a toutes les apparences de la raison, me semble en réalité participer d'une sorte d'obscurantisme de la raison, que notre époque a sans doute déjà largement dépassé. Car, s'il est bien vrai que nous ne croyons plus à la possession, il est non moins vrai que nous ne pouvons plus guère croire non plus à un sujet qui serait «maître dans sa maison», pour reprendre la formule de Freud. Ce mythe-là a lui aussi volé en éclats, et pas seulement à cause de la psychanalyse. En réalité, lorsqu'on invoque pompeusement «le Symbolique», ordre langagier et différentiel auquel il conviendrait de faire accéder «le sujet», on applique indûment à nos sociétés modernes un modèle utilisé par l'anthropologie pour penser les sociétés traditionnelles. Or ce modèle rigide, si tant est qu'il soit applicable aux sociétés traditionnelles, ne l'est plus du tout lorsqu'il s'agit de nos sociétés de masse, parfaitement démythologisées, désymbolisées et désubjectivées. Car qui donc croit encore au sujet, défini par *sa* place symbolique dans *la* société?

Il me semble donc que c'est plutôt la confiance accordée au pouvoir du symbole qui est largement archaïque. Quant à la transe, qui déroutait les sociétés traditionnelles tout autant que notre moderne anthropologie, peut-être sommes-nous justement mieux en mesure, aujourd'hui, de l'aborder sans culpabilité ni mythologie, comme les magnétiseurs avaient commencé à le faire: non plus comme notre «part maudite», mais comme un sommeil de la raison qui n'engendre plus aucun monstre – aussi banal et bénéfique, en somme, que notre sommeil quotidien. Non plus, donc, comme un Autre terrifiant et mystérieux, mais comme notre vrai miroir.

1. J. Lacan, *op. cit.*, p. 257: «Aussi expressément qu'il [Freud] s'est interdit à partir d'un certain moment d'y recourir, nous désavouons tout appui pris dans ces états ["hypnose", voire "narcose"], tant pour expliquer le symptôme que pour le guérir.»

La Panique
(1991)

JEAN-PIERRE DUPUY
(né en 1941)

Jean-Pierre Dupuy s'est profondément inspiré des recherches de René Girard, en infléchissant sa pensée du côté de l'épistémologie des sciences sociales, et de l'auto-organisation en général. L'Auto-organisation, de la physique au politique*: l'important colloque dirigé en 1981 à Cerisy par Dumouchel et Dupuy envisageait ce concept depuis les modèles de l'ordre à partir du bruit, jusqu'à ceux du libéralisme (théorie de la « main invisible » d'Adam Smith) et de la démocratie.*

Le texte sur la panique est au carrefour de ces préoccupations. Dupuy y confronte Freud et Girard avec Keynes, mais aussi avec nombre d'auteurs qui ont étudié la thermodynamique des foules, ses comportements de rupture à partir d'un point d'équilibre, ou au contraire de cristallisation et d'ordre à partir de la lutte de tous contre tous. La pensée exigeante de Dupuy, qui utilise en passant quelques modèles mathématiques, en déconcertera quelques-uns, car son raisonnement se poursuit à un niveau formel ou théorique, à partir duquel les mécanismes qui produisent des phénomènes tels que la rumeur, le consensus, la mode ou la fixation des prix s'éclairent réciproquement.

*Dupuy veille à ne pas multiplier les hypothèses inutiles ou les entités fictives pour expliquer les phénomènes. Il montre par exemple comment, à condition de pénétrer assez avant dans la formalisation d'un modèle sans se contenter d'une description de surface, les aspects ambivalents ou réversibles d'un phénomène s'expliquent par la même cause : qu'un tout organisé retourne au tas, ou devienne au contraire de plus en plus complexe et sophistiqué, peut relever d'un même mécanisme de base qu'on nommera après Freud l'*identification, *mais revisitée avec les catégories de Girard et quelques rudiments de cybernétique.*

Les phénomènes de foule sont à l'évidence un terrain de choix pour l'étude de la spécularité active au sein du social. Et de cette spécularité, ou imitation réciproque entre les agents, à la spéculation des économistes, la distance est vite franchie : le même mécanisme imitatif règle ici et là des phénomènes comparables. Le marché n'est qu'une panique au ralenti.

Dupuy a une vision dynamique ou héraclitéenne[1] *du social : les contraires s'y affrontent, s'engendrent mutuellement et passent les uns dans les autres. Tout équilibre est gros d'une histoire conflictuelle, et la désintégration le menace ; inversement les pires conflits, ou les situations paniques, obéissent aux mêmes régulations, qui peuvent donc inverser le phénomène.*

L'un des effets les plus intéressants de la spécularité ou des mimétismes croisés est, ici comme chez Girard, l'engendrement de la transcendance ou l'émergence des normes à partir du désordre*: ruées mimétiques et chocs de tous contre tous. Par exemple la fixation du système des prix résulte d'une infinité de tractations singulières et de calculs récursifs, au terme desquels les opérateurs se heurtent à une objectivité résistante (la fixité des prix)*

1. Héraclite d'Éphèse, surnommé l'Obscur, est le penseur du mouvement (« Tout coule ») et de la complémentarité des contraires ; sa philosophie s'oppose à celle de Parménide et des Éléates, qui identifient la pensée avec la saisie de l'ordre et de l'immobilité.

que chacun pourtant a contribué à engendrer. La même mise en transcendance *s'observerait dans les phénomènes de rumeur, de fixation de la valeur esthétique et morale, ou de la croyance. La problématique religieuse n'est jamais très éloignée de celle de la cotation économique des valeurs dont traite ce texte.*

À l'horizon de ces études surgirait le problème de la démocratie : comment l'auto-organisation est-elle possible, c'est-à-dire comment les hommes peuvent-ils s'entendre et composer pour faire reculer entre eux la violence, sans passer par l'intervention toujours assez coûteuse d'un dieu ou d'un tyran ?

Une autre question qui traverse ce texte, et se trouve ailleurs développée, est celle de savoir comment le réel surgit de l'imaginaire, ou l'objectivité à partir des relations pragmatiques (ou spéculaires) de sujet à sujet. Si la spécularité est au cœur du social, comme nous l'avons vu supra *au chapitre* III, *nul ne peut maîtriser vraiment celui-ci. Dupuy souligne volontiers la part de méconnaissance ou d'ironie qui préside aux émergences historiques les plus décisives. Mais cet obstacle radical au* constructivisme, *c'est-à-dire à la prétention de faire et de « produire consciemment » l'histoire (comme disait Marx), précisément nous protège : nous savons que le ciel est vide, et que nous sommes* entre nous. *Cette autonomie de fait du collectif ne rend pas chacun plus autonome pour autant ; les effets qui se trament dans l'intervalle spéculaire de notre milieu, ou de nos médias, demeurent incalculables.*

Source : *Jean-Pierre Dupuy,* la Panique, *Laboratoires Delagrange, coll. « Les empêcheurs de penser en rond », Paris, 1991.*

Bibliographie : *Jean-Pierre Dupuy,* Ordres et désordres, enquête sur un nouveau paradigme, *Seuil, Paris, 1982 ; « L'autonomie du social », article publié dans* l'Univers philosophique *(encyclopédie philosophique universelle, sous la direction d'André Jacob), Seuil, Paris, 1988 ;* l'Auto-organisation, de la physique au politique, *colloque de Cerisy dirigé par Paul Dumouchel et J.-P. Dupuy, Seuil, Paris, 1983.*

Introduction

COMMENT UNE SOCIÉTÉ tient-elle ensemble ? Pourquoi les crises qui la déchirent ou les peurs qui l'habitent ne dégénèrent-elles pas en embrasements généralisés ou en débandades échevelées ? Qu'est-ce qui lie les hommes les uns aux autres dans un contexte social ? Il n'y a pas de science sociale, ni de pensée du social en général, qui ne présuppose une réponse à ces questions. Mais il n'y a pas non plus de questions plus difficiles. La diversité des réponses qui leur ont été apportées depuis que les hommes se les posent est à la mesure de la complexité du sujet. Si l'on veut cependant distinguer une ligne directrice dans l'évolution des idées, elle pointerait dans la direction suivante : si les hommes voient si difficilement le lien social qui les unit, c'est qu'il est essentiellement invisible. La société tient ensemble *« toute seule »*, c'est-à-dire au-delà, ou plutôt en deçà de la volonté et de la conscience des individus qui pourtant l'*« agissent »*. On trouve cette réponse au fondement de la première (chronologiquement parlant) des sciences sociales, l'économie politique. Celle-ci fait de la société un ordre spontané, un automate complexe, si complexe qu'il vaut mieux que les hommes ne se mêlent pas de son fonctionnement. On la retrouve dans le sociologisme de la philosophie politique libérale du XIXe siècle français (Benjamin Constant, Alexis de Tocqueville) et sa critique du constructivisme de Rousseau. Elle s'épanouit et se durcit dans les diverses formes de holisme sociologique et dans le structuralisme, qui fait de ce qu'il appelle *« le symbolique »* un ordre transcendant, sorte d'inconscient collectif au-delà de la prise des hommes.

Si le lien social est invisible, c'est lorsqu'il se défait qu'on a le plus de chances d'en percevoir les effets, en creux en quelque sorte. Depuis la mythologie grecque, nous donnons un nom à l'effondrement soudain de l'ordre social, lorsque les consciences sont frappées de stupeur, les corps se figent sur place ou, au contraire, se lancent dans des courses effrénées et incohérentes: la panique. Il n'est pas inutile de revenir aux sources mythiques de la panique puisque l'une des principales questions dont nous aurons à traiter est précisément de savoir si la panique est autre chose qu'un mythe.

Au pays du bonheur calme et serein, l'Arcadie, Pan guidait paisiblement ses troupeaux. Ce dieu des bergers, mi-homme, mi-bouc, à la fois monstre et séducteur, virtuose de la flûte et insatiable amateur de nymphes, possédait des traits plus inquiétants: il pouvait soudain surgir de derrière un bosquet et inspirer une terreur subite: la panique. Comme l'écrit Philippe Borgeaud dans ses belles *Recherches sur le dieu Pan* (1982): «Héritier direct de la nuit originelle, l'Arcadien a le privilège de pouvoir, à tout instant, revivre sa naissance à l'humanité. Il est, culturellement, sur le seuil. Un pas en avant, le voici tout à fait grec et même, ce qui est important aux yeux de l'histoire, démocrate; un pas en arrière, le voilà redevenu sauvage. Cette position liminale lui vaut un certain prestige.» Et Maurice Olender de commenter: «L'Arcadie figure donc ce centre névralgique d'où peut, à tout instant, resurgir la sauvagerie contenue au sein de la cité. Aussi la "terre de Pan" évoque-t-elle cette fragilité inhérente aux institutions humaines, cette précarité de tout ordre politique, des usages et des conventions qu'il met en place[1].»

On aimerait en savoir plus sur les mécanismes par lesquels cette *« sauvagerie contenue au sein de la cité »* fait retour. Mais précisément, le mythe ne nous dit rien à ce sujet. Ou plutôt, il nous présente un Pan dont les actions ou les manifestations sont insaisissables – par exemple, une musique dont la source est inconnue, comme celle d'Écho, cette nymphe que Pan poursuit de ses assiduités et qui, elle aussi, répète un son venu d'on ne sait où; Écho qui repousse Pan parce qu'elle aime Narcisse, celui-là même qui aime son image... En bref, Pan est aussi invisible que le lien social qu'il anéantit.

Les Grecs faisaient de Pan la cause présente-absente de tout ce qui, apparemment, n'a pas de cause; la raison de ce qui est sans raison – en particulier, de ces totalisations paradoxales où une collectivité de paisibles Arcadiens se mue subitement en horde sauvage. Nous ne croyons plus aux dieux – du moins, dans nos explications scientifiques. Par quoi avons-nous remplacé Pan?

Malgré son importance théorique, la panique est un phénomène que les sciences sociales ont peu étudié. Deux d'entre elles, parmi les plus importantes et les plus influentes, n'ont pu éviter d'affronter le problème qu'elle constitue: l'économie politique et la psychologie des masses. Mais la panique, à l'instar de Pan, semble brouiller toutes les pistes. Les catégories analytiques que la pensée rationnelle multiplie pour mieux maîtriser le réel en le découpant deviennent sans usage: la panique les indifférencie de la même façon qu'elle bouleverse les différences sociales. Par rapport aux typologies les plus classiques, la panique, comme Pan, est un monstre: elle semble relever des types les plus opposés.

De l'avis unanime des observateurs, la panique est un phénomène exceptionnel – certains n'hésitent pas à dire qu'elle n'existe pas. Et cependant, elle joue un rôle très important dans

1. Philippe Borgeaud, *Recherches sur le dieu Pan*, Droz, Paris, 1982, et le compte-rendu de Maurice Olender sur cet ouvrage dans *le Nouvel Observateur* du 25 septembre 1982.

l'imaginaire social, c'est spontanément, automatiquement, qu'on évoque son nom lorsque, en situation de tension grave et de crise imminente, on veut désigner une menace sourde, la possibilité que les choses dérapent et basculent dans on ne sait quel chaos abominable. Dans la panique, la société se désagrège, se décompose, se pulvérise. Et cependant, comme le mot même l'indique, la panique est aussi totalisation, formation d'un tout.

Processus d'individualisation extrême, la panique devrait être l'objet idéal pour l'individualisme méthodologique. Or c'est l'une des deux seules situations qu'un des textes fondateurs de celui-ci exclut de son champ d'application [1], tout en exprimant de sérieux doutes sur la capacité du holisme à en rendre compte. Par ailleurs, l'un des nombreux ouvrages que la sociologie américaine a consacrés aux *« comportements collectifs »,* lui aussi exclut la panique de son champ [2]. Il faut savoir qu'en anglais l'expression *« collective behavior »* désigne ces *« résidus »* qu'une sociologie essentiellement préoccupée d'ordre social n'arrive pas à assimiler : comportements de foule, modes, agitations ou troubles sociaux, phénomènes de contagion, émeutes, hystérie de masse, etc. La panique est donc doublement exclue, puisque exclue de ce que la science orthodoxe exclut.

Dans la panique, le passage de l'individuel au collectif aboutit à des retournements paradoxaux. Par exemple, ce qui apparaît comme rationnel à un niveau devient irrationnel à l'autre. Cependant, comme dans les situations critiques en physique, la distinction même des niveaux devient problématique : la petite fluctuation locale transmet ses effets à l'espace global tout entier. Le microscopique et le macroscopique communiquent instantanément.

La panique est-elle donc introuvable et inconcevable ? Le bilan, nous le verrons, n'est pas si négatif. Comme dans *la Lettre volée* d'Edgar Poe, si on ne trouve pas la panique, c'est peut-être qu'on ne la cherche pas là où elle est. Si on n'arrive pas à la concevoir, c'est peut-être que l'on reste prisonnier de son mythe. [...]

Le point de vue des théoriciens : la foule, la panique, le marché

Il n'est pas certain que les théoriciens échappent mieux que les chercheurs de terrain aux pièges en forme de paradoxes que leur tend la panique. Il a déjà été fait mention de la psychologie des masses et des théories de la foule. Nous introduisons ici un nouvel acteur : l'économie. En dehors des situations de catastrophe il est en effet un domaine où le risque de panique est bien connu : c'est celui des marchés, et plus précisément de certains marchés, au premier rang desquels les marchés financiers.

Relisant Le Bon, Tarde et le dernier Freud, S. Moscovici écrit dans *l'Âge des foules* (1981) : « J'affirme sans réticence que la psychologie des masses est, avec l'économie politique, une des deux sciences de l'homme dont les idées ont fait l'histoire. »

Cette proposition soulève une difficulté. Les disciplines en question donnent de la société humaine deux visions apparemment totalement opposées l'une à l'autre et l'on ne voit pas comment elles auraient pu, l'une et l'autre, simultanément, produire un effet profond.

Je voudrais cependant montrer qu'entre le marché et la foule il n'y a aucune solution de continuité. Le type de démonstration que je propose relève exclusivement de l'expérimentation sur les concepts. Il s'agit de redonner sens et cohérence à ce qui se donne comme contradictoire.

Entre la foule et le marché, un médiateur : la panique. On a vu que les chercheurs de terrain

1. J.W.N. Watkins, *Historical Explanation in the Social Sciences,* in J. O'Neill (ed.), *Modes of Individualism and Collectivism,* Heinemann, 1973.
2. M. Brown et A. Goldin, *Collective Behavior,* Goodyear, 1973.

ne font pas de distinction entre la foule et la panique. De la part de l'École française en particulier, cela surprend: dans la psychologie des masses qui continue à servir de référence centrale, celle de Freud, la foule est du côté de l'ordre, et la panique du désordre. Pour le Freud de la *Psychologie collective et analyse du moi* (1921), la foule qu'il dit *«artificielle»*, celle qui est construite autour de, et par la personne d'un chef, est le paradigme de tout ordre social. La panique est la décomposition de cet ordre. Nous allons cependant le voir, le rapport entre la foule et la panique ne va pas sans paradoxe. Il en est de même du rapport entre le marché et la panique. L'expérience montre bien que certains marchés ont tendance à dégénérer en panique, mais la théorie économique orthodoxe semble incapable de rendre compte de ce passage.

Je procéderai en deux temps. Dans un premier moment, je rappellerai que les théories dominantes de la foule et du marché dotent ces deux formes sociales de caractéristiques qui s'opposent terme à terme. Dans un second moment, je tenterai de déconstruire ces oppositions.

Le marché contre la foule

La foule, selon Freud, se caractérise par trois traits.

a) Son *principe de cohésion,* de nature libidinale.

«Pour que la foule garde sa consistance, écrit Freud, il faut bien qu'elle soit maintenue par une force quelconque. Et quelle peut être cette force, si ce n'est Éros qui assure l'unité et la cohésion de tout ce qui existe dans le monde?» L'égoïsme – le *«narcissisme»* – est pour le père de la psychanalyse une tendance fortement antisociale. Or, observe-t-il, «alors que l'avantage personnel constitue chez l'individu isolé à peu près le seul mobile d'action, il ne détermine que rarement la conduite des foules». Au sein de celles-ci, il n'est pas rare de voir les individus sacrifier leur intérêt personnel et leur amour de soi à un idéal collectif qui les dépasse. «Pareille restriction du narcissisme, conclut-il, ne peut résulter que de l'action d'un seul facteur: de l'attachement libidinal à d'autres personnes. L'égoïsme ne trouve une limite que dans l'amour des autres, dans l'amour d'objets.»

b) Le *point focal* de ces attachements libidinaux, la clé de voûte de la foule, à savoir la personne du chef.

La *«structure libidinale»* de la foule est traversée par une distinction à laquelle Freud accorde manifestement de l'importance, même s'il a laissé son élaboration dans un état de flou relatif que n'ont pas amélioré ses épigones. C'est la distinction entre *«deux variétés d'attaches»*, l'identification et la libido, qui s'articule sur la division entre la foule et son chef. De Le Bon à Freud en passant par Tarde, la psychologie des foules déplace ses centres d'intérêt, du rassemblement spontané et passager à la *«foule artificielle»*, de la masse à son meneur. À la fois intérieur et extérieur à la foule, issu d'elle et en surplomb par rapport à elle, le chef – le pouvoir – est comme l'opérateur de totalisation du collectif. Opérateur paradoxal car c'est en lui que le social trouve son unité au moment même où il la perd, en se mettant à distance de lui-même. La masse a besoin du meneur pour se voir sous la figure de l'Un, mais cette redondance, ce redoublement est simultanément ce qui scelle sa division. «Quand une foule admire son chef, écrit Tarde [1], quand l'armée admire son général, elle s'admire elle-même, elle fait sienne la haute opinion que cet homme acquiert de lui-même.» Freud affine l'analyse. La «communauté affective» qui caractérise la foule, affirme-t-il, «est constituée par la nature du lien qui rattache chaque individu au chef». Et ailleurs: «...chaque individu est rattaché par des liens libidinaux au chef [...], d'une part, à tous les autres individus composant la foule, d'autre

1. Gabriel Tarde, *la Logique sociale,* Alcan, Paris, 1893.

part»; et «il est incontestable que le lien qui rattache chaque individu (au chef) est la cause du lien qui rattache chaque individu à tous les autres». Or, le lien qui relie chaque individu au chef participe de cette force affective qu'est la libido, c'est un *«amour d'objet»*, et c'est parce que chacun a renoncé ainsi à son *«idéal du moi»* au profit d'un *même* objet libidinal que les membres de la foule peuvent s'identifier les uns aux autres. L'*«identification»*, cette *«régression»* du penchant érotique, *«forme la plus primitive de l'attachement affectif»*, cette assimilation mutuelle des sentiments d'autrui par influence et imitation, est ce qui reste aux individus fondus dans la masse pour fonder leurs relations réciproques.
c) De là, la troisième grande caractéristique de la foule qui à vrai dire synthétise toutes les autres de la façon la plus manifeste: la foule est le support par excellence de *phénomènes de contagion.* Le Bon [1] notait déjà cette «orientation par voie de contagion des sentiments et des idées dans un même sens», ajoutant: «chez une foule, tout sentiment, tout acte est contagieux, et contagieux à ce point que l'individu sacrifie très facilement son intérêt personnel à l'intérêt collectif». C'est la contagion qui donne à la foule ses traits les plus distinctifs: exagération de l'affectivité, exacerbation des passions, cyclothymie, mouvements *«irrationnels»*; c'est la contagion qui rend les membres de la foule toujours plus semblables les uns aux autres, qui étanche leur soif d'égalité et d'uniformité; c'est aussi la contagion qui, parfois, fonde la stabilité de la foule, voire la galvanise et la totalise jusqu'au totalitarisme, chacun trouvant sa voie dans le pas décidé du meneur. Plutôt qu'à une énigmatique *«suggestion hypnotique»*, c'est évidemment à la dialectique de la libido et de l'identification que Freud a recours pour rendre compte de cette *«contagion affective»* qui fait que «la charge affective des individus s'intensifie par induction réciproque: on se trouve comme poussé et contraint à imiter les autres, à se mettre à l'unisson avec les autres».

J'en ai assez dit sur la psychologie de la foule pour que l'on mesure la distance qui sépare cette vision du social de celle que nous donne l'économie politique. Qu'on en juge d'après cette citation de Milton Friedman qui, dans son best-seller *Free to choose* (1981), définit ainsi ce qui fait selon lui la supériorité *politique* du marché sur toute autre forme d'organisation de la société: «Les prix qui émergent des transactions volontaires entre acheteurs et vendeurs – en bref, sur le marché libre – sont capables de coordonner l'activité de millions de personnes, dont chacune ne connaît que son propre intérêt, de telle sorte que la situation de tous s'en trouve améliorée [...]. Le système des prix remplit cette tâche en l'absence de toute direction centrale, et sans qu'il soit nécessaire que les gens se parlent, ni qu'ils s'aiment [...]. L'ordre économique est une émergence, c'est la conséquence non intentionnelle et non voulue des actions d'un grand nombre de personnes mues par leurs seuls intérêts [...]. Le système des prix fonctionne si bien et avec tant d'efficacité que la plupart du temps nous ne sommes même pas conscients qu'il fonctionne.»

Le marché serait donc capable, par le jeu d'un mécanisme purement automatique qu'aucun centre ne régule ni n'a institué, qu'aucune volonté consciente n'a conçu ni fabriqué, de faire s'harmoniser les amours de soi individualistes, narcissiques, calculateurs, rationnels et intéressés. Si ce n'est l'*«inconscient»* qui dans les deux cas est censé caractériser l'émergence du phénomène collectif, on voit bien qu'on passe de la foule au marché par une opération de négation. La question critique de la contagion nous en apporte confirmation.

Cette utopie d'une société où les hommes n'auraient besoin ni de se parler, ni de s'aimer pour vivre ensemble, où l'indifférence mutuelle et le repli sur soi seraient les meilleurs garants du bien commun, a des résonances trop inquiétantes pour que les économistes qui ne se

1. Gustave Le Bon, *la Psychologie des foules,* Alcan, Paris, 1895.

contentent pas d'être de purs techniciens ne sentent pas le besoin de s'en justifier. Tel est le sens du livre d'Albert Hirschman : *The Passions and the Interests – Political Arguments for Capitalism before its Triumph* (1977). Hirschman nous conte l'émergence, le destin et le déclin d'une idée : celle selon laquelle le comportement *« économique »*, c'est-à-dire la poursuite privée du plus grand gain matériel, est un remède, peut-être le meilleur, aux passions qui poussent les hommes à la démesure, à la discorde et à la destruction mutuelle. Dans une société en crise, déchirée par les guerres et les guerres civiles, ne disposant plus en la religion d'une instance régulatrice extérieure, cette idée serait née de la quête désespérée d'un substitut au sacré, capable de discipliner les comportements individuels et d'éviter la décomposition collective. En contraste avec la thèse de Weber, l'émancipation de l'économie résulterait moins de la recherche des signes du salut individuel, que de la nécessité de trouver une solution radicalement nouvelle au problème politique par excellence : comment faire face, dans la liberté, au problème de la violence.

L'idée que l'économie puisse être un moyen de contenir la violence ne peut que sembler saugrenue à des esprits accoutumés, sous l'influence du marxisme, à considérer que l'économie, c'est la violence. L'ironie de l'histoire est grande. Comme le dit Hirschman, « le capitalisme était censé accomplir cela même qui serait bientôt dénoncé comme sa pire caractéristique ». L'unidimensionnalisation des êtres, l'isolement des individus et la banalisation des relations, la prévisibilité des comportements, bref, tout ce que la critique socialiste a décrit comme l'aliénation des personnes dans la société capitaliste, était donc conçu comme devant mettre fin à la lutte meurtrière et dérisoire des hommes pour la grandeur, le pouvoir, la reconnaissance. Le mécanisme imaginé était le suivant. Les passions violentes sont contagieuses. C'est cette propriété redoutée que le libre jeu des intérêts était censé neutraliser. Car les intérêts impliquent le repli narcissique sur soi-même, l'absence de liens passionnels fondés sur la rivalité et la comparaison envieuse avec les autres. Les intérêts coupent donc le fil conducteur de la contagion des sentiments et des passions. En pensant la totalisation des amours de soi sur le mode d'un pur mécanisme où les affects humains n'ont aucune part, ce n'est donc pas par hasard que l'économie se présente comme la négation de la foule : l'économie se dresse tout entière contre la foule, c'est le retour de la foule qu'elle se donne pour mission à tout prix d'empêcher.

Résumons : sur les trois caractéristiques qui composent la définition freudienne de la foule, le marché se donne comme la négation de celle-ci :

Foule	**Marché**
a) Libido (négation du narcissisme)	a) Égoïsme
b) Chef	b) Automate a-centré
c) Contagion	c) Protection contre la contagion

Le marché contient la panique

Pour déconstruire cette opposition terme à terme, il nous suffit de partir des paradoxes que Freud lui-même repère au cœur de sa théorie de la foule.

L'espace topologique de la foule présente une double *singularité,* au sens où l'entendent les mathématiciens.

Il y a premièrement la figure du chef, cet ombilic de la masse, dont nous avons déjà parlé. Moscovici (1981) en définit le caractère singulier et paradoxal en ces termes: «Les foules sont composées, en principe, d'individus qui, pour y participer, ont vaincu leurs tendances antisociales ou sacrifié leur amour de soi. Et pourtant, en leur centre se trouve un personnage qui est le seul à avoir conservé ces tendances, voire les a exagérées. Par un effet étrange mais explicable du lien qui les unit, les masses ne sont pas disposées à reconnaître qu'elles ont renoncé à ce que le meneur garde intact et qui devient leur point de mire: justement l'amour de soi [...]. Tous les meneurs symbolisent ce paradoxe de la présence d'un individu antisocial au sommet de la société. Car quiconque manque de narcissisme manque aussi de pouvoir.» En bref, les masses aiment leur chef, et le chef s'aime lui-même. Cela, c'est Freud lui-même qui le dit. Voyant dans le meneur d'aujourd'hui la *«résurrection»* du père de la horde primitive, il affirme que ce dernier «était libre. Même à l'état isolé, ses actes intellectuels étaient forts et indépendants, sa volonté n'avait pas besoin d'être renforcée par celle des autres [...]. À l'aube de l'histoire humaine, il représentait ce surhomme dont Nietzsche n'attendait la venue que dans un avenir éloigné. Aujourd'hui encore, les individus composant une foule ont besoin de savoir que le chef les aime d'un amour juste et égal, mais le chef lui-même n'a besoin d'aimer personne, il est doué d'une nature de maître, son narcissisme est absolu, mais il est plein d'assurance et indépendant» *(Psychologie des foules et analyse du moi).*

Les auteurs contemporains (Moscovici, Edelman) citent tous ce passage célèbre. Mal leur en prend, car leur pensée vacille en deux points névralgiques. Est-il vrai:
1) que le chef n'a nul besoin de l'amour ou de l'approbation des autres, tant est grande son autosuffisance? Ne serait-ce pas plutôt parce qu'il les a *déjà* conquis qu'il donne l'impression de pouvoir s'en passer? Nos auteurs sont obligés d'affirmer une chose et son contraire. Est-il vrai:
2) que les membres de la foule ont besoin de se bercer de l'illusion que le chef les aime? Ne serait-ce pas au contraire l'autosuffisance supposée de ce dernier, son indifférence hautaine, la distance présumée infranchissable qui le sépare de la foule, qui lui donnent ce *prestige* que tous lui envient? Ici aussi, nos auteurs oscillent entre les deux interprétations. Quoi qu'il en soit, la figure étrange qui se dessine peut se dire en ces termes: c'est en se niant elle-même en la personne du chef que la foule trouve son unité et son identité.

C'est en se niant elle-même dans la figure de la *panique* que la foule trouve son unité et son identité: telle est la seconde singularité dont la psychologie des masses est obligée de convenir. Que se produit-il en effet dans la panique, lorsque la foule perd son meneur, son *point fixe?*

C'est à un véritable retour en force du narcissisme, de l'amour de soi et des intérêts égoïstes que l'on assiste, «chacun ne se préoccupe que de lui-même, sans nul souci des autres» (Freud, 1921). Les liens affectifs qui assuraient la cohésion de la foule sont rompus. «Avec les liens qui les rattachaient au chef disparaissent généralement ceux qui rattachaient les individus de la foule les uns aux autres.» Chacun «a alors la sensation de se trouver seul en face du danger». Freud insiste: «Il est hors de doute que la panique signifie la désagrégation de la foule et a pour conséquence la disparition de toute attache entre les membres de celle-ci.» Privée de centre régulateur, composition *anarchique* d'atomes qui ne voient que leur avantage privé, la panique, par ces deux traits, réalise en principe l'utopie de la société de marché, elle est bien la négation de la foule. Et cependant, reconnaît Freud –

nous le savons évidemment tous –, c'est à ce moment précis, où tout ce qui fait que la foule est foule a disparu : le chef, les liens affectifs, c'est à ce moment-là que la foule nous paraît le plus la foule. On arrive ainsi à « ce résultat paradoxal que l'âme collective se dissout au moment même où elle manifeste sa propriété la plus caractéristique et à la faveur même de cette manifestation ».

Il y a plus étrange encore, et c'est le troisième paradoxe : puisque les liens affectifs entre tous les membres de la foule, meneur compris, sont détruits, il n'y a plus en théorie de fil conducteur pour la contagion, et celle-ci ne devrait donc pas se manifester. Or – comme, une fois de plus, nous le savons tous – c'est bien dans la panique, admet Freud, que la contagion peut atteindre *« des proportions extraordinaires »*.

Par où passe donc alors le fluide ?

Invoquer, comme le fait Moscovici, une *« contagion »* de repli sur soi, une *« infection narcissique »*, n'est pas sérieux. À quoi sert-il de montrer à longueur de pages que les notions primitives de contagion, imitation, suggestion, hypnose ne font que dissimuler le jeu en profondeur de la libido et de l'identification si l'on s'empresse d'en revenir aux premières dès lors que les secondes sont mises hors circuit ?

Je répète donc : par où transite le virus ?

À sa façon, dans *Masse et Puissance* (1966), Elias Canetti affronte le même paradoxe. « La panique est une désintégration de la masse », écrit-il à l'instar de Freud. Mais, prenant comme celui-ci l'exemple de l'incendie dans un théâtre, il ajoute : « Ce que la pièce n'a pas réussi à faire, un incendie y arrive alors immédiatement [...]. Le public aperçoit-il le feu qu'aussitôt tout ce qu'il pouvait avoir de sentiment de masse est poussé à l'extrême. » La masse *« prend »* au moment même où elle se désintègre. « Alors que soi-même on ne se sent plus masse, on continue à être entièrement investi par la masse. La panique est une désintégration de la masse dans la masse. »

Il est fâcheux que Canetti ne puisse regarder longtemps le paradoxe en face. Comme cela se fait souvent en pareil cas, il esquive la difficulté par une distinction *ad hoc*. D'un côté la *« masse de fuite »*, de l'autre la *« panique »*. C'est parce que « l'ordre soudain de fuir, donné aux gens par le feu, se heurte [...] aussitôt à l'impossibilité d'un mouvement commun (que) la masse, qui à l'instant même était encore à son apogée, est [...] obligée de se désintégrer avec violence ». Eût-on été ailleurs que dans un local fermé, la masse de fuite se serait constituée, *« la plus englobante »* de toutes les masses, dans *l'« euphorie »* d'un mouvement collectif où ce qui ressort avant tout est la *« puissance de la direction » :* « La masse s'est pour ainsi dire faite tout entière direction, fuyant le danger. » Des obstacles viendraient-ils à briser cette puissance ? « Le caractère de la fuite change complètement et tourne brusquement en son contraire : elle devient une panique, un combat de chacun contre tous les autres qui lui barrent le chemin. »

Si Canetti avait connu l'hydrodynamique ou la théorie des catastrophes, il aurait su ceci : le flux laminaire et le régime tourbillonnaire ne sont que les manifestations d'une *même* structure fondamentale, en laquelle les *« contraires »* viennent donc se confondre parfaitement.

Les trois paradoxes de la foule (chef, panique, contagion) peuvent s'exprimer dans les termes que nous avons utilisés pour contraster la foule et le marché. Soit le tableau suivant :

Foule	Panique	Marché
a) Libido b) Chef c) Contagion	a) Narcissisme b) Automate a-centré c) Contagion	a) Égoïsme b) Automate a-centré c) Protection contre la contagion

Le paradoxe du chef, narcissique alors que tous les autres ont renoncé à leur narcissisme, a son équivalent dans l'opposition (en a) de la libido de la foule et de l'égoïsme du marché.

Le premier paradoxe de la panique, essence de la foule alors qu'elle se présente comme son contraire (sur a et sur b) a son parallèle dans l'opposition de la foule et du marché (sur les mêmes termes), donc dans l'identité de la panique et du marché.

Le troisième paradoxe, ou second paradoxe de la panique, à savoir qu'elle exacerbe les phénomènes de contagion alors que les liens libidinaux par où ceux-ci sont censés transiter sont rompus, est à mettre en rapport avec l'opposition (en c) de la contagion propre à la foule et du mécanisme de protection contre la contagion que constitue le marché.

J'indique maintenant la démarche par laquelle on pourrait, tout à la fois :
– résoudre ces trois paradoxes,
– et déconstruire, sur les trois dimensions, l'opposition entre la foule et le marché.

Le principe général de la solution que je propose consiste à renoncer à la séparation tranchée entre foules spontanées et foules artificielles, entre masses anarchiques et masses construites autour de leur meneur. Il faut sortir du paradigme du *point fixe exogène*, programme et producteur de la foule, pour envisager le paradigme du *point fixe endogène* (ou : *« comportement propre émergent »*, ou *« effet de système »), produit par la foule alors que celle-ci s'imagine être produite par lui.* La prise en compte de ce bouclage entre niveaux différents est une caractéristique distinctive de l'approche systémique des phénomènes sociaux.

Traiter le chef comme un point fixe endogène, c'est affirmer que ce ne sont pas ses qualités intrinsèques (son prétendu narcissisme ou charisme) qui lui valent sa position centrale, mais le processus par lequel le système-foule se boucle sur lui-même. Le narcissisme n'est qu'une illusion, il n'y a jamais que du *« pseudo-narcissisme »* (Girard, 1961 [1]), au sens où l'on ne peut s'aimer soi-même que dans la mesure où les autres vous aiment. Le double schéma suivant illustre cette distinction conceptuelle :

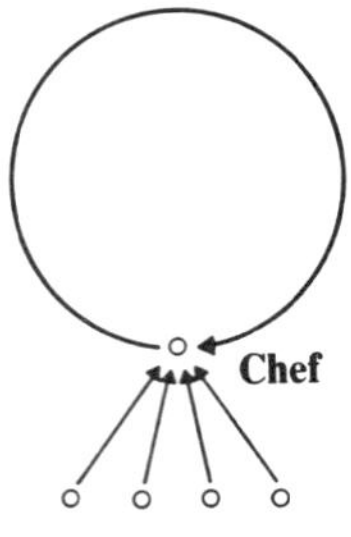

Narcissisme (Freud)

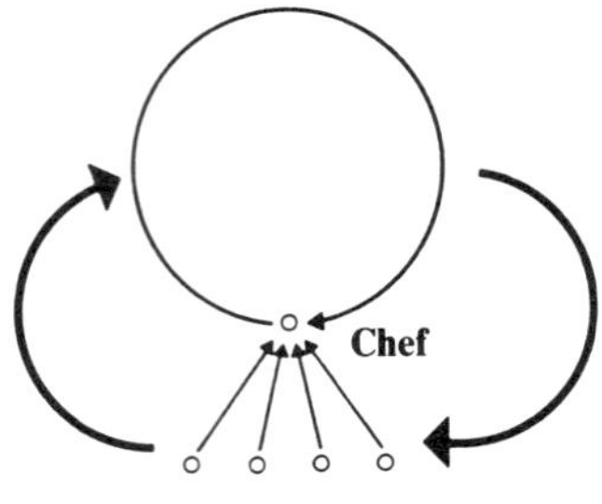

Pseudo-narcissisme (Girard)

1. René Girard, *Mensonge romantique et Vérité romanesque*, Grasset, Paris, 1961.

Dans le pseudo-narcissisme, si le chef peut s'aimer lui-même, c'est qu'il « imite » l'amour que les autres lui portent. Inversement, les autres l'aiment parce qu'ils imitent l'amour que le chef se porte à lui-même. On peut donc dire que le pseudo-narcissisme est produit par cela même qu'il produit : l'amour des autres. On voit ici comment le remplacement de l'opposition libido/narcissisme par un unique principe *mimétique* fait émerger la distinction entre le chef et la masse. La singularité du chef ne tient pas à ses caractéristiques individuelles intrinsèques, ce n'est pas une cause, c'est un effet (de système). C'est ainsi que nous résolvons le paradoxe du chef, tout en déconstruisant l'opposition entre libido et narcissisme.

Dire que le chef (le pouvoir) est un point fixe endogène, c'est dire que le collectif humain prend pour point de repère *extérieur* quelque chose qui provient en fait de lui-même, par la composition des actions interdépendantes de ses membres. Or le même mécanisme d'*auto-extériorisation* (Dupuy, 1989 [1]) est à l'œuvre dans la panique. Celle-ci ne s'oppose incompréhensiblement à la foule dont pourtant elle procède que si l'on envisage la foule à la manière artificialiste de Freud. Dans une vision systémique, la décomposition panique de la foule ne pose aucun problème logique, car elle s'accompagne simplement d'une substitution d'une forme de point fixe endogène à une autre. Dans la panique, alors que le meneur a pris la fuite, émerge à sa place un autre représentant de la collectivité, apparemment transcendant par rapport à ses membres. Il n'est autre que le mouvement collectif lui-même, qui se détache, prend une distance, une autonomie par rapport aux mouvements individuels, sans cesser pour autant d'être la simple composition des actions et réactions individuelles. C'est un effet de système. Comme Durkheim [2] l'a bien senti, la totalité sociale présente en ces moments d'*« effervescence »* tous les traits que les hommes attribuent à la divinité : extériorité, transcendance, imprévisibilité, inaccessibilité. Elias Canetti note pour sa part que *« la masse a besoin d'une direction »*, d'un but qui soit donné *« en dehors de chaque individu », « identique pour tous »* : peu importe alors ce qu'il est, du moment qu'il n'est *« pas encore atteint »*. Dans la fuite panique, c'est exactement ce que réalise, à lui seul, le processus de totalisation.

Nous résolvons ainsi le paradoxe de la double relation d'identité et d'opposition entre la foule et la panique, tout en déconstruisant l'opposition entre le caractère centré de la foule et le caractère a-centré de l'automate-panique et de l'automate-marché. L'ordre et le désordre se structurent l'un comme l'autre autour d'un point fixe endogène, centre qui ne préexiste pas au système puisque c'est celui-ci qui le fait émerger.

Reste le dernier paradoxe, celui de la contagion panique, et la dernière opposition entre la foule et le marché sur cette même question de la contagion.

La forme de la panique est celle d'une communication entre éléments d'une totalité par l'intermédiaire d'un ou plusieurs traits émergents de cette totalité considérée comme transcendante – alors qu'elle n'est qu'*« auto-transcendante »*, c'est-à-dire que ce sont les éléments eux-mêmes qui l'ont fait émerger. Dans une fuite panique, les acteurs ne prennent plus pour repères les comportements de leurs voisins, comme c'est le cas dans la foule à travers les liens que Freud dit *« identificatoires »*, ils se guident sur ces traits émergents (la direction générale de la fuite, par exemple). Or ceux-ci, on y reviendra ci-dessous, jaillissent d'un processus d'imitation généralisée, où chacun copie chacun. Les traits émergents de la totalité cristallisent cette relation mimétique universelle, tout en se présentant comme

1. J.-P. Dupuy, *Cours d'introduction aux sciences sociales*, École polytechnique, 1989.
2. Émile Durkheim, *les Formes élémentaires de la vie religieuse*, PUF, Paris, 1979.

extérieurs, transcendants par rapport à elle. De la foule à la panique, la contagion change de régime, mais elle est bien toujours là.

Quant au marché, dans le modèle qu'en présente la théorie walrassienne de l'équilibre économique général, il a la même forme que la panique. Les agents économiques se guident sur un ensemble de prix qu'ils considèrent comme donnés, extérieurs à eux, alors que ce sont eux qui les font émerger. Il y a évidemment une différence importante entre le marché et la panique, qui fait que celle-ci passe pour le comble du désordre alors que celui-là passe pour le modèle de l'ordre autorégulé. C'est que dans la conception walrassienne du marché, le processus d'émergence des prix, loin de consister en une imitation généralisée, se compose des actes individuels autonomes, intéressés et rationnels. Une manifestation de cette différence est que, on le conçoit, l'imitation généralisée peut se cristalliser sur n'importe quel point fixe endogène, alors qu'en principe les choix rationnels des agents se structurent autour d'un point fixe unique, déterminé par des facteurs purement objectifs.

Les développements récents de la théorie du marché montrent que cette différence est largement illusoire. L'unicité du point fixe apparaît aujourd'hui comme l'exception. Or dès lors que s'introduit la multiplicité, et donc une relative indétermination, tous les problèmes de coordination que le jeu automatique du marché était censé régler se reposent à nouveaux frais. C'est l'imitation qui apparaît alors comme la façon *rationnelle* de gérer l'incertitude. Cette imitation que les chercheurs de terrain comme les théoriciens de la foule assimilent trop facilement à l'irrationalité.

Il est possible de synthétiser le sens de ces récents développements par une formule, qui est beaucoup plus qu'un jeu de mots: le marché *contient* la contagion panique, dans les deux sens du mot: il lui fait barrage, mais il l'a en lui. C'est ainsi que nous déconstruisons la dernière opposition entre la foule et le marché. [...]

Spéculation et spécularité

«Deviner mieux que la foule ce que la foule va faire.». Keynes, à qui nous devons les intuitions essentielles qui servent de base aux travaux actuels, illustre la logique «*spéculaire*», en jeu de miroirs, que cette formule synthétise par la métaphore suivante (*Théorie générale*, 1936):

«La technique du placement peut être comparée à ces concours organisés par les journaux où les participants ont à choisir les six plus jolis visages parmi une centaine de photographies, le prix étant attribué à celui dont les préférences s'approchent le plus de la sélection moyenne opérée par l'ensemble des concurrents. Chaque concurrent doit donc choisir non les visages qu'il juge lui-même les plus jolis, mais ceux qu'il estime les plus propres à obtenir le suffrage des autres concurrents, lesquels examinent tous le problème sous le même angle. Il ne s'agit pas pour chacun de choisir les visages qui, autant qu'il en peut juger, sont réellement les plus jolis, ni même ceux que l'opinion moyenne considérera réellement comme tels. Au troisième degré où nous sommes déjà rendus, on emploie ses facultés à découvrir l'idée que l'opinion moyenne se fera à l'avance de son propre jugement. Et il y a des personnes, croyons-nous, qui vont jusqu'au quatrième ou cinquième degré ou plus loin encore.»

Il est à noter que ce sont des jeux semblables qui ont parfois été utilisés pour simuler en laboratoire des phénomènes de panique. Il s'agit pour chacun de choisir en se calant sur une référence dont la nature ou la valeur dépend des choix de tous. Cette circularité débouche sur une radicale indécidabilité. Le problème, comme le voit bien Keynes, n'est pas pour chacun de deviner les préférences des autres, puisque chacun sait que les autres savent que ce n'est pas cela le problème. Il en résulte une spécularité potentiellement illimitée qui ne détermine rien, parce que coupée de toute référence objective.

Il est remarquable que dans son livre *The Strategy of Conflict*, le théoricien des jeux Schelling, l'un des précurseurs de ce qu'on appelle aujourd'hui la *« théorie économique des conventions »*, se réfère à cette métaphore de Keynes, y reconnaisse le type même de ce qu'il appelle problème de *coordination*, mais ajoute que la *« solution »* proposée par Keynes n'est pas *du tout* celle qu'il propose [1]. Cette observation reste assez énigmatique ; on peut tenter de l'interpréter ainsi. Pour Schelling, ce type de jeu est décidable, sinon formellement, du moins en pratique. Dès que les joueurs partagent un minimum de connaissances et de sensibilité communes, dès que, en d'autres termes, ils ont un même monde en commun, ils ont une chance de se coordonner autour d'un même repère dont la saillance, l'originalité, la singularité, l'unicité ou bien le précédent rendent évidente aux yeux de tous son évidence aux yeux de tous. Si par ailleurs, chez Schelling, la spécularité illimitée est synonyme d'ordre et de stabilité, c'est qu'il se place d'emblée en un état de coordination réussie – il se place d'emblée à l'équilibre, dirait un économiste. Or, dans le passage de la *Théorie générale* où il démonte la logique du jeu en question, Keynes met en scène une situation tout à fait différente, *« hors équilibre » :* sans repères communs pour coordonner leurs actions, les joueurs se perdent dans les miroirs que leur tendent les autres : la spécularité tourne ici à vide, elle n'embraye sur rien. La spécularité illimitée prend donc un sens tout à fait différent selon qu'elle s'appuie sur un ordre, un sens commun déjà constitué ou bien qu'elle manifeste l'absence d'un tel ordre. Dans le premier cas, elle participe du caractère auto-renforçant de l'ordre institué, dans le second, elle traduit le désarroi de la crise. L'opposition ne saurait être plus tranchée.

Or la lecture qu'Orléan [2] a donnée du texte de Keynes et les prolongements qu'il en propose nous permettent d'établir un pont entre ces deux positions. Soit une situation de *« crise »* – non au sens strictement économique de ce terme, mais dans le sens plus général d'une perte du sens commun. Keynes, de fait, n'en reste pas à la leçon que son jeu suggère, à savoir que la spécularité de crise ne débouche sur rien. Il montre au contraire qu'elle est finalement institutrice d'un nouvel ordre *conventionnel.* Mais elle n'acquiert cette productivité qu'en prenant une forme spécifique : *l'imitation.* Dans une situation d'incertitude radicale, non probabilisable, comme celle qui prévaut sur les marchés financiers lorsque précisément ils n'offrent plus aux agents de référence commune, la seule *conduite rationnelle,* selon Keynes, est *d'imiter les autres.* Une première raison, d'ordre général, est que si je ne sais rien au sujet de la situation dans laquelle je me trouve (en situation de panique, par exemple), je peux me dire qu'il y a une chance que les autres sachent : à les imiter, je tirerai parti de leur savoir : « Sachant que notre propre jugement est sans valeur, nous nous efforçons de nous rabattre sur le jugement du reste du monde, qui est *peut-être* mieux informé. En d'autres termes, nous tentons de nous conformer au comportement majoritaire ou moyen [3] ». On voit ici ce qui différencie la version imitative de la version pure de notre jeu spéculaire (ou, en l'occurrence, spéculatif) : dans cette dernière, chacun sait que chacun sait que chacun sait etc., que tous sont dans la même situation, c'est-à-dire

1. T.C. Schelling, *The Strategy of Conflict*, Harvard University Press, 1960.
2. André Orléan, « L'autoréférence dans la théorie keynésienne de la spéculation », *Cahiers d'économie politique*, n° 14-15.
3. J. M. Keynes, « The General Theory of Employment », *The Quaterly Journal of Economics*, vol. 51, 1937.

dépourvus de repères communs; dans la première, il se peut que tous soient dans la même situation, dépourvus de repères communs, mais il n'est pas vrai que chacun le sait, encore moins que chacun sait que chacun le sait, etc. C'est ce doute, cette opacité, fût-elle minime, qui, incitant à imiter, va permettre à la spéculation de produire du réel.

Keynes donne une seconde raison au comportement imitatif qui, celle-ci, vaut pour l'expert, celui qui est censé savoir. Il sait, lui, ce que tel titre vaut, objectivement, en fonction des dividendes probables qu'il doit rapporter. Or il s'aperçoit que le prix du marché qui n'est, écrit Keynes, que le «résultat de la psychologie d'une foule faite d'un grand nombre d'individus ignorants» – est, disons, sérieusement sous-évalué. Pourra-t-il ignorer l'avis des ignorants? Non, répond Keynes, car si notre expert est contraint de liquider son portefeuille, c'est bien au prix du marché que, *volens nolens,* il devra le faire: «il serait déraisonnable d'acheter 25 un titre dont on estime la valeur à 30 en raison de son rapport probable si l'on pense que le marché l'évaluera à 20 dans trois mois». L'expert et les ignorants sont logés à la même enseigne. Comme l'écrit Orléan: «on ne peut avoir raison contre la foule [1]».

Soit donc une foule où «tous tentent de se copier les uns les autres». En quoi une telle structure est-elle capable de produire quoi que ce soit, comment peut-elle engendrer ce que Keynes appelle un *«jugement de convention»?* Il y a très peu d'indications à ce sujet chez Keynes, mais Orléan a récemment proposé plusieurs modèles formels qui fournissent des réponses précises à ces questions. Intuitivement, le schéma de base est le suivant. Soient deux sujets A et B qui s'imitent réciproquement. L'objet de leur imitation mutuelle est par hypothèse indéderminé. Mais supposons qu'un bruit, une rumeur fasse penser à A que B désire (recherche, veut acheter, se fie à, espère, etc.) l'objet O. A sait désormais ce qu'il lui faut désirer (respectivement: rechercher, etc.): il prend les devants, désigne par là même à B l'objet O et lorsque B manifeste à son tour son intérêt pour O, A a la preuve que son hypothèse de départ était correcte. Sa représentation, si peu plausible fût-elle *a priori,* s'est trouvée *autoréalisée.* Cette émergence d'une objectivité, d'une extériorité par la clôture sur soi d'un système d'acteurs qui tous s'imitent, acquiert une vigueur accrue à mesure qu'augmente le nombre de ceux-ci. Les rumeurs les plus absurdes peuvent polariser une foule unanime sur l'objet le plus inattendu, chacun trouvant la preuve de sa valeur dans le regard ou l'action de tous les autres. Le processus se déroule en deux temps: le premier est celui du jeu spéculaire et spéculatif dans lequel chacun guette chez les autres les signes d'un savoir convoité et qui finit tôt ou tard par précipiter tout le monde dans la même direction; le second est la stabilisation de l'objet qui a émergé, par oubli de l'arbitraire inhérent aux conditions de sa genèse. L'unanimité qui a présidé à sa naissance le projette, pour un temps, au-dehors du système des acteurs, lesquels, regardant tous dans le sens qu'il indique, cessent de croiser leurs regards et de s'épier mutuellement.

Ce mécanisme imitatif est, suivant la nature du temps dans lequel on le considère, producteur ou réducteur d'incertitude. Dans le temps formel des mathématiques, il ouvre vers le nouveau, l'indéterminé, puisqu'il est capable de faire émerger n'importe quel objet. Dans le temps effectif du processus, il se referme sur l'objet qu'il élit selon une dynamique auto-renforçante. Cette dualité traduit que *le même mécanisme est à l'œuvre derrière la crise et la résolution de la crise.* L'objet émergent n'est pas déterminé par déduction à partir de la structure formelle du jeu, c'est l'histoire réelle des événements, avec ses

1. A. Orléan, «Mimétisme et anticipations rationnelles: une perspective keynésienne», *Recherches économiques de Louvain,* vol. 52, n° 1.

contingences, qui le fait advenir. Nous trouvons ici un concept, celui de *« path-dependence »* (dépendance par rapport au chemin), dont l'importance ne fait que croître en économie. Celle-ci, qui était traditionnellement dominée par le concept d'équilibre, au sens thermodynamique du terme (référence au *« principe de Le Chatelier »),* fait progressivement place à l'étude des systèmes dynamiques auto-renforçants, parce que dotés localement de feedbacks positifs – et la logique imitative est éminemment productrice de tels feedbacks. Ces systèmes présentent en général une grande multiplicité d'états asymptotiques, ou attracteurs, ou *« structures émergentes ».* La *« sélection »* de l'un d'entre eux est largement due aux fluctuations ou événements aléatoires qui affectent les commencements de l'histoire du système. [...]

V

MACHINATIONS DE LA PENSÉE

Notre époque est celle de la désacralisation en tous domaines. Elle conjugue Prométhée et Œdipe, le dieu qui apporta aux hommes les sciences et les techniques, et le héros délieur d'énigmes qui voulut connaître sa cause jusqu'à s'unir à elle en devenant prince de Thèbes... On peut voir dans l'inceste commis par Œdipe un certain accomplissement, catastrophique, de l'autoréférence.

Aspirées par cette boucle autoréférentielle, nos technosciences voudraient s'attaquer au « propre de l'homme ». Nous rêvons de l'automate en général, et nous voudrions machiner ce qui nous transcende. Qu'est-ce que le transcendantal ? Ce qui devrait rester méta, *hors de tout traitement ou prise technique, et qu'on répute pour cela intangible ou* sacré, *c'est-à-dire « d'un autre ordre » (Pascal).*

1. Œdipe et Prométhée

Or il y a danger quand la technoscience, par torsion œdipienne, veut traiter le sacré comme un vulgaire objet empirique. Par exemple quand la nature, qui constitue le cadre ou le niveau méta de toutes nos entreprises, fait elle-même l'objet d'un marché ou d'un traitement à l'échelle industrielle. Au XIXe siècle déjà, cette crainte motivait le cri d'angoisse du chef indien Seattle (cf. supra *chapitre I).*

Mais où s'arrête la nature, et où commence la culture (technique, fabricatrice), en nous et entre nous ? Leur démarcation est bien difficile à tracer, et « la technique » comme telle demeure un ensemble flou (on lira au chapitre VI les réflexions à ce sujet de Bruno Latour et de Pierre Lévy). Nous sentons, plus que nous ne savons démontrer, qu'un sanctuaire de notre intimité se trouve menacé quand la technoscience prétend directement manipuler :

– la pensée, qu'on commence à savoir simuler par l'intelligence artificielle et les ordinateurs, mais qui est accessible aussi par les manipulations physico-chimiques du cerveau (implantations d'électrodes, drogues, pharmacopée, microchirurgie, etc.) ;

– le capital génétique, de moins en moins inaccessible à d'éventuelles greffes ou clonages. La « procréatique » par exemple nous ouvre l'ère (et le fructueux marché) « des embryons congelés et des cadavres à cœur battant[1] *» ;*

– notre intersubjectivité, soit l'espace familial, l'espace public, l'espace médiatique et social..., où nous sentons bien que tous les coups ne sont pas permis, sans savoir pour autant comment résister aux stratégies pleines de séduction et de menaces de « la communication ».

Faut-il dans chacun de ces domaines arrêter les recherches ou les investissements, et au

---

1. Monette Vacquin, *Frankenstein ou les Délires de la raison*, François Bourin, Paris, 1989.

nom de quelles valeurs imprescriptibles? L'histoire des sciences et des techniques est jalonnée d'interdictions régulièrement enfreintes: hier la dissection des cadavres, puis l'avortement, aujourd'hui l'euthanasie, et la FIVETE (Fécondation in vitro et transplantation d'embryons)... Il semble à la lumière de cette histoire que les problèmes ainsi soulevés ne peuvent se décider en général ou au niveau des principes, mais seulement au coup par coup, ou pragmatiquement: en fonction des circonstances, et des sujets. Nous dirons qu'il y a intérêt, dans le domaine précisément de la pragmatique ou de l'intersubjectivité, à ne pas porter une lumière trop crue sur les affaires humaines (= ta pragmata). La communication de personne à personne, en particulier, vit d'un certain secret, et d'un sentiment partagé qui gagne à rester implicite, ou tacite. Ce que le philosophe Husserl appelait le Lebenswelt ou «vécu du monde», et qui englobe l'amour, les sacrements, l'art, ou nos relations en général, ne gagne pas à être approché ou traité analytiquement. Ce paradigme de l'analyse, si virulent dans notre culture occidentale (dans notre ethno-logo-centrisme), a donc certaines limites intrinsèques qu'on ne transgressera pas sans «malaise dans la civilisation».

Rules are no game: il ne faut pas porter le jeu (opératoire, technique) au niveau des règles (symboliques). Ou pour le dire autrement, le symbolique constitue le métaniveau d'encadrement et de surplomb des manipulations techniques, et doit le demeurer.

Ce malaise s'appelle par exemple chez Freud inquiétante étrangeté. Sa formule générale tient dans la superposition du producteur et du produit, du sujet et de l'objet ou de l'observateur et de l'observé: en bref, dans une certaine autoréférence. Les sciences humaines où le sujet de l'observation se prend lui-même pour objet, et particulièrement la psychanalyse qui resserre cette boucle à l'extrême, aiguisent ce paradoxe. Il arrive dans ces domaines un moment où, par absence de métaniveau ou de distance d'observation, on se cogne la tête au plafond.

La condamnation du paradoxe et celle de l'autoréférence se confondent au niveau des phrases comme celles d'Épiménide le Crétois, que la logique réprouve comme vicieuses. «Tous les Crétois sont des menteurs»: cet énoncé, qui reviendra plusieurs fois au fil de ce chapitre (cf. infra les textes de Bertrand Russell et de Douglas Hofstadter), enchevêtre en effet les deux niveaux de l'énoncé et de l'énonciation, ou du contenu et de la relation, qui devraient demeurer distincts ou séparés en saine pragmatique. Mais l'enjeu est beaucoup plus vaste: la logique historique qui déploie par un large mouvement spiral ces boucles autoréférentielles déborde le champ du langage; elle intéresse une certaine époque de l'art, réflexif, spéculaire, où nous sommes pris (le théâtre dans le théâtre, le roman dans le roman ou la peinture dans la peinture...); elle menace nos sciences humaines, et au-delà notre politique.

L'autoréférence anime en effet le mouvement même de la démocratie, et du marché, qui se déploient tous deux en rongeant et en désacralisant les traditionnelles transcendances. Contre un rêve prométhéen qui menace de tourner au cauchemar œdipien, il semble urgent de rappeler que tout n'est pas objet d'analyse, ni de machination. Ou, pour parler philosophiquement: que l'être en général ne s'analyse pas entièrement en objets, ni en contenus d'observation et de représentations. La relation par exemple, répétons-le, ne se laisse pas tout à fait objectiver. De même la technique jamais ne remplacera la nature: elle en émerge, comme la culture prolonge la biosphère ou ramifie l'organisation vivante en général, et ne peut donc la supplanter, mais doit composer avec celle-ci en se logeant dans les niches disponibles.

Les tâches qui incombent à la «sensibilité écologique», qui s'affirme aujourd'hui, consisteront à re-hiérarchiser ce que les technosciences ont toujours tendance à trop *niveler. Il s'agira de montrer comment celles-ci font partie du fonctionnement social ordinaire, donc de les relier à la culture et à l'anthropologie historique qui constituent leurs niches (Bruno Latour); mais aussi de rendre les citoyens critiques vis-à-vis des «experts» en renforçant leur culture technique (Pierre Lévy); c'est enfin un problème mondial et civilisationnel de faire que l'innovation technique demeure compatible avec les données non renouvelables de cette terre. Mais où sont les régulateurs qui permettront de maîtriser la maîtrise, ou de «contrôler les contrôleurs»? On ne voit pas comment ériger dans ce domaine un corps d'experts et, fussent-ils verts, il n'est pas souhaitable qu'il y en ait. Le contrat naturel cher à Michel Serres, ou la conscience écologique et planétaire annoncée par Edgar Morin, ne pourront s'instaurer que de sujet à sujet, horizontalement, pragmatiquement, sous peine de se nier dans leur prétention même. Plus que jamais dans ce domaine il n'y a que des sujets, et nous sommes «entre nous».*

L'enchevêtrement de la carte et du territoire, de l'observateur-producteur et du produit observé, ou du sujet, du miroir et de la machine..., conduisent à des paradoxes, mais tous ne sont pas mortels. Et toutes les boucles ne sont pas œdipiennes. Plusieurs sciences contemporaines, la cybernétique, l'intelligence artificielle ou les disciplines de la cognition relèvent aujourd'hui l'un des défis les plus extraordinaires de l'humanité. Elles doivent pour cela commencer par démêler ce qui se superpose et se brouille dans ce que nous avons appelé la «génération Frankenstein[1]».

2. La logique ou le noyau dur de la communication

«Le bon sens est la chose du monde la mieux partagée», écrivait Descartes dans une ouverture tellement célèbre qu'elle nous fait oublier le sens précis, et toujours pertinent, de cet axiome: si vous voulez faire partager ou communiquer une information, quelle qu'elle soit, donnez-lui une forme rationnelle. Ou (recommandation cartésienne): la logique est la forme nécessaire et la condition de la communication universelle *d'un message.*

À quoi reconnaît-on qu'un message est logique? À son détachement *par rapport aux conditions (psychologiques, sociales, affectives ou sensorielles) de son énonciation. La valeur de vérité d'une proposition scientifique est* context free, *elle ne doit rien aux relations d'autorité, de face, de place ni aux circonstances de son émission. Aux deux extrêmes des régimes d'énonciation, nous pourrions ainsi distinguer le théorème de Pythagore (pôle logique), et un message religieux: «Faites ceci en mémoire de moi...», ou amoureux: «Un soir t'en souvient-il nous voguions en silence...», ou performatif: «Je déclare la séance ouverte...». Le propre des seconds énoncés est de dépendre totalement des circonstances de leur énonciation: pour «calculer» leur sens ou leur efficacité, il faut savoir qui parle, et à qui.*

Ces messages ont certes une forte valeur communicative: ils relient les hommes entre eux. Le message religieux en particulier (comme nous le verrons mieux infra *chapitre* VIII*) organise la communauté. Mais ce qu'il permet de gagner en liaisons internes (entre les fidèles rassemblés), il le perd en liaisons externes: il n'y a pas, hélas! de Dieu universel, quoi qu'en disent les croyants (qui voudraient tous que leur dieu local devienne global), et nous voyons par les inexpiables et toujours renaissantes guerres de religion que Dieu est donné aux hommes, ou plutôt que les hommes se donnent des dieux, pour* ne pas

1. Daniel Bougnoux, *la Communication par la bande, op. cit.* chapitre III, et *infra* texte de Mary Shelley.

communiquer. Mais pour autre chose : adhérer, célébrer leur union, marquer un territoire, une filiation, une région de l'espace et du temps... Ainsi fait la parole amoureuse, ou relationnelle en général. Nous soupçonnons qu'il n'y a pas d'amour universel parce que l'amour est physique, et qu'il s'attache d'abord à un corps.

Si l'on accepte ces prémisses, on sent tout le tranchant de la déclaration de Descartes, ou de la philosophie rationaliste en général qui a engendré par exemple l'optimisme du siècle des Lumières. En nous déliant de la religion ou des attaches communautaires (= ce qui relie par des liens primaires), la raison nous universalise. Et elle forge pour cela des messages autonomes, comme le théorème de Pythagore. Les énoncés logico-mathématiques sont le noyau dur de la raison parce qu'ils sont scellés sur eux-mêmes, et qu'ils peuvent ainsi voyager sans déformation loin de leur source : celui qui les énonce ne se réclame pas d'une autorité plus haute, ou d'une tradition ; même un petit esclave (celui du dialogue Ménon *selon Platon), même une femme (disaient les cartésiens ou la Philaminte de Molière...) peuvent les soutenir.*

Cette extension de la raison préparait, et figure de fait l'extension du réseau de nos communications. Nous verrons plus loin (au chapitre VI *avec le texte de Bruno Latour) comment mieux entendre cette connivence de la raison et des réseaux, où la proximité des sons redouble celle du sens. Parallèlement à cet essor du rationnel, à base logico-mathématique, les Grecs avaient inauguré une dialectique calquée sur le modèle judiciaire. Ceux qu'on appelle péjorativement les sophistes (*supra *chapitre* I*) proposaient, grâce aux chaînes bien faites de la rhétorique, une parole capable de renverser les auditeurs les plus autorisés. Avec ce* logos *grec (à la fois raison, langage et calcul), relayé par le* bon sens *cartésien, un usage de la parole tout à fait inouï se fait jour et s'étend : une parole comparable à une « chaîne », et qui enchaîne à ses raisons l'esprit des récepteurs autant que l'ordre des phénomènes.*

La révolution galiléo-cartésienne a en effet généralisé l'emploi du logos ou de la raison grecque (que les Anciens réservaient aux mathématiques et à la logique) à la physique. À partir du XVII*e siècle, le monde sensible lui-même s'insère dans cette langue, pourvu qu'elle prenne forme mathématique. Cette extension, inconcevable dans le cadre de la philosophie d'Aristote, a fait rêver soit d'un automate, soit d'une machine logique dont les opérations relèveraient d'une écriture universelle que Leibniz appelle « charactéristique ». Et nous avons vu (*supra *chapitre* I*) comment le marquis de Condorcet jeta les bases d'une « mathématique sociale » : son* Esquisse d'un tableau historique des progrès de l'esprit humain *a bien exprimé cet idéal, qui est au cœur de la philosophie des Lumières, d'une langue universelle conçue comme l'espéranto de la raison, et qui sera en effet réalisée par l'avènement de l'informatique.*

Le « bon sens universellement partagé » de Descartes a donc conduit à une communication formalisée (= qui relève du calcul en général), qui permet de déborder les hommes en direction de toutes les machines. Dans le champ d'expérimentations qui s'ouvre avec ce nouveau paradigme, le savoir échappe à l'observation du monde empirique ou aux relations du corps avec les corps ; il ne s'attache plus à telle expérience sensible, personnelle ou irréductiblement singulière. La connaissance devient de moins en moins humaine, ou locale, de plus en plus mécanique ou universelle. Les géométries non euclidiennes, en traitant nos évidences les plus sensibles comme des conventions soumises à des règles et à des paramètres modulables, parachèveront ce débordement d'un calcul désormais insensible à nos *coordonnées spatio-temporelles.*

Or tout calcul fait rêver d'une machine. Et avant de consister en tels enchaînements mécaniques d'engrenages, l'essence de la machine est d'être logique. Depuis Alan Turing, on appelle « machine » non le seul dispositif matériel, mais la structure-qui-relie ses différents états.

Cette structure qui relie (comme disait Bateson), c'est l'information. Ce concept est aussi capital que celui du calcul, et ils se développent ensemble à travers les textes de ce chapitre (voir en particulier les extraits d'Abraham Moles et de Warren Weaver). L'information est désormais conçue comme cette structure ou chaîne d'événements qui se laisse extraire d'un phénomène, traduire, greffer (« implémenter ») ou ramener à un calcul. Exemple familier d'une pareille structure : le contenu d'un texte qui se laisse « saisir » puis traiter sous différentes formes par l'ordinateur, ou traduire en langue étrangère. On appellera encore information le contenu invariant qui, entre l'écriture d'une partition musicale, la séquence des états pris par les instruments, les gravures du microsillon, les vibrations de l'air et les ondes sonores..., voyage sur des supports différents, et se laisse extraire, interpréter, traduire, ou ramener à un calcul.

L'émergence de ce calcul en tous domaines aura beaucoup occupé les logiciens et les mathématiciens depuis le début de ce siècle. Schématiquement, ils ont produit un immense travail pour :

— réduire la logique des propositions à un calcul (Principia Mathematica de Russell et Whitehead),

— arithmétiser la logique et logiciser l'arithmétique (Hilbert et Gödel),

— mieux cerner l'essence de la calculabilité (Turing et Church),

— transférer les trois opérations élémentaires de l'algèbre de Boole (ET, OUI et NON) sur des commutateurs électriques (Shannon et McCulloch).

Avec cette dernière analogie, une similitude de forme se découvre entre la logique et les circuits électriques, et leur isomorphisme permet de relier le corps et l'esprit : au terme de cette millénaire histoire du calcul, on sait modéliser physiquement (par transport d'électrons) les lois du raisonnement ; et les ordinateurs peuvent voir le jour. Fort de cette cascade de réductions successives, McCulloch, d'abord psychiatre, puis neurologue, puis concepteur de circuits électriques (et père, avec Embodiments of Mind, du courant néo-mécaniste), voit le cerveau en computer : chaque neurone assimilé à un calculateur arithmétique élémentaire « compute » (c'est-à-dire calcule) digitalement une fonction booléenne (on lira une récapitulation de cette série de recherches dans le texte infra de John von Neumann). McCulloch résume : « Notre explication de l'esprit n'est devenue plus matérialiste que lorsque notre matière est devenue moins matérielle [...]. Nous cherchons à tâtons notre voie vers un monisme indifférent entre l'esprit et la matière [...]. La cybernétique nous a aidés à abattre le mur qui séparait le vaste univers de la physique du ghetto de l'esprit. »

La notion de machine logique, couplée à une conception devenue plus claire de ce qu'on appelle information, et à la valorisation subséquente de celle-ci en tous domaines, a donc constitué notre modernité. Depuis Galilée et Descartes (mais on pourrait sans doute remonter à Thalès), le modèle du calcul n'a fait que s'étendre et se généraliser, et il a contribué à mettre à plat, en ligne, en chaîne, en machine, notre pensée.

Notre pensée n'est qu'un calcul... Ce qui restait prédiction ou intuition heuristique au XVIIe siècle dans la philosophie matérialiste et mécaniste de Hobbes, semble dès lors à portée de réalisation. Un organisme s'analyse en séquences de messages, et la pensée en le réseau de ses relations. Au rebours du dualisme cartésien de l'esprit et de l'étendue, le nouveau paradigme introduit par la cybernétique est moniste. Cette unification consiste à *voir désormais le monde sous le seul angle de l'information, comme le demandait explicitement le* Tractatus logico-philosophicus *de Wittgenstein (1921), qui commençait en affirmant que : « Le monde est tout ce qui arrive », proposition immédiatement glosée par : « Le monde est l'ensemble des faits, non des choses. » Cette mise à plat inaugure le processus d'une pensée sans sujet, où tout repose sur le seul plan de l'information. On espère par ce concept fédérateur dissoudre le* mind/body problem. *La grille cybernétique des phénomènes, souligne Pierre Lévy* [1], *ne retient et ne veut connaître que la structure logique des comportements : selon quelles séquences élémentaires modéliser les événements ? Parallèlement McCulloch analyse l'esprit en « psychons », définis comme les atomes de l'événement (à la façon dont les « bits », atomes de l'information, transitent par impulsions binaires le long des neurones).*

Le défi devient de faire « flotter » cette structure (cette information) sur des supports différents. « En quoi est-ce si important d'avoir un corps et un cerveau dérivés du carbone ? » À cette question naïve posée par un robot (au moment où le métal de ses circuits est en train de griller[2]*), les chercheurs en cybernétique répondraient précisément que cela devient de moins en moins important ; du point de vue de l'information, il n'y a pas de différence profonde ou significative entre tel phénomène et sa reproduction mécanique. On lira une présentation rafraîchissante de ces problèmes dans* Vues de l'esprit *(1987), où Hofstadter et Dennett glosent scientifiquement des œuvres littéraires et de science-fiction.*

3. Machinations cybernétiques

Née aux États-Unis à la fin de la dernière guerre, la cybernétique (ainsi nommée à partir d'un mot grec signifiant gouvernail*) a concentré les promesses, les paradoxes et, s'il faut en croire certains, les dangers que nous venons d'évoquer. En 1943, Norbert Wiener, un mathématicien, travaillait avec Julian Bigelow, un ingénieur et logicien, aux problèmes théoriques posés par la défense antiaérienne : la cible étant mobile, il fallait prévoir sa position future à partir d'une information partielle sur sa trajectoire passée (tout chat plongeant sur une souris se montre féru de cybernétique ; de même et* a contrario *tout moustique, dont le vol en ligne brisée constitue la meilleure parade à cette visée).*

L'idée séminale de la nouvelle science tient donc dans le couplage entre un moteur et un capteur sensible, destiné à réduire l'écart entre une situation actuelle (output) *et le résultat projeté* (goal)*. À une prédiction probabiliste, Wiener ajoutait donc le « feed-back », soit la correction du mécanisme au cours de son déroulement même. Il s'aperçut en discutant avec le physiologue mexicain Rosenblueth d'une analogie remarquable entre le fonctionnement de ce dispositif et les mouvements volontaires du sujet humain. Un malade au cervelet lésé et qui essaie de porter à ses lèvres un verre d'eau communique en effet à sa main des mouvements oscillatoires d'amplitude croissante, qui évoquent précisément le comportement d'une boucle de rétroaction mal refermée. Ces différentes observations donnèrent le jour à un premier article signé des trois amis, « Comportement, intention et téléologie » (1943). Ce titre montre que, bien loin de s'enfermer dans un savoir-faire d'ingénieurs, la discipline naissante s'attaquait à des concepts philosophiques aussi fonda-*

1. Pierre Lévy, *Cahiers du CREA*, n° 7, *Histoires de cybernétique*. L'auteur y a signé trois importants articles sur la cybernétique (où nous avons puisé nos citations de Wittgenstein).
2. « Cerviciel » de Rudy Rucker, reproduit dans *Vues de l'esprit*, par D. Hofstadter et D. Dennett, InterÉditions, 1987.

*mentaux que l'*intention *et la* finalité, *et se proposait de les mettre à plat, ou de leur donner une réalisation opératoire.*

Un autre texte fondateur parut la même année, signé du neurophysiologue Warren McCulloch et du logicien Walter Pitts, « A Logical Calculus of the Ideas Immanent in Nervous Activity[1] », *qui fondait une neurologie de l'esprit : en modélisant le fonctionnement du cerveau par celui d'une machine logique, il permettait ainsi de relier le mental au* hardware[2].

Ces différents travaux aboutirent en 1948 à la publication de l'ouvrage de référence, Cybernetics, or Control and Communication in the Animal and the Machine. *Cette vaste synthèse au mot d'ordre flou, et à l'objet abstrait, débordait les systèmes concrets qui traitent de l'information, pour s'intéresser à la structure logique de leur fonctionnement. Son véritable objet est la logique des automates, examinés sous l'angle de leurs propriétés formelles. Mais le choix même du terme « cybernétique » (cf.* infra *le texte où Wiener s'en explique), associé aux notions de commande et de contrôle, aggravait la confusion que le premier titre : « comportement, intention et téléologie » pouvait déjà entretenir sur « behavior » (car la philosophie* behavioriste, *qui prétend expliquer les processus mentaux par les comportements physiques extérieurement observables, sera honnie des cybernéticiens) : on pouvait entendre à travers ces mots des connotations autoritaires, voire pressentir dans la mise au point des robots cybernétiques le pas de Big Brother en marche..., et ces procès n'ont pas manqué, alimentés par la science-fiction qui joua très tôt sa partie pour nourrir de clichés les représentations que le grand public pouvait se faire de ces obscures recherches.*

Pour échapper à cette conception dépréciative[3], on distinguera avec Jean-Pierre Dupuy trois générations de machines :

— les machines de type mécanique, qui transmettent et amplifient la force appliquée en un point (grues, brouettes, etc.) ; elles relèvent des lois de la statique et de la dynamique ;

— les machines énergétiques, capables de transformer une forme d'énergie en une autre, ou de détourner celles de la nature (machines à vapeur, moteur à explosion, réacteurs et générateurs...) ; elles relèvent de la thermodynamique, de l'électricité et de l'atome ;

— les machines enfin qui prolongent le système nerveux, et qui pour cela utilisent et transforment de l'information (et non seulement de l'énergie) : téléphone et machines à communiquer, à calculer, à traduire, et automates divers, qui mettent en œuvre un programme dont ils contrôlent le déroulement.

Au cœur de cette troisième génération, la cybernétique, récapitule Dupuy, aura introduit la conceptualisation et le formalisme logico-mathématique dans l'exploration du cerveau et du système nerveux (les neurosciences) ; conçu les bases du traitement de l'information, donc les fondements de l'intelligence artificielle (I.A.) ; produit la « méta-science » des systèmes (anthropologie de Bateson et de l'école de Palo Alto, thérapie familiale, théorie

1. Repris dans *Embodiments of Mind,* MIT Press, Cambridge, 1965.
2. *Hardware* ou matériel : la « quincaillerie », ou la partie physique d'un système de traitement de l'information. On appelle *software* ou logiciel l'ensemble des processus mentaux qui lui sont associés. Le fil du téléphone ou le clavier sont *hardware,* la conversation ou le numéro de mon correspondant *software.*
3. Comme le demande Jean-Pierre Dupuy dans son texte remarquable d'histoire et de réhabilitation de la cybernétique, ainsi que par l'ensemble des deux volumes qu'il a coordonnés. Philippe Breton en revanche, dans un ouvrage pourtant postérieur à cet effort de clarification, n'a pas la même indulgence à l'égard de Wiener (*l'Utopie de la communication,* La Découverte, Paris, 1992).

des jeux et approches systémiques très utilisées aujourd'hui dans l'économie politique, la sociologie, les sciences politiques ou le management...). Mais quand Wiener, au nom du même paradigme, soutient que la volonté est de l'ordre du mécanisme, et que McCulloch fait de même avec la perception, la mémoire ou la pensée en général, ces affirmations et ces attitudes méthodologiques contribuent puissamment à déconstruire la métaphysique de la subjectivité, remplacée par un «processus sans sujet». On s'explique par ce biais la citation élogieuse que fait Lévi-Strauss, dès 1950, des travaux de Wiener et von Neumann (cf. supra *chapitre* II), *et que Lacan reprendra pour la développer au livre 2 de son* Séminaire[1]. *La cybernétique aura été, résume Philippe Breton, «l'un des principaux instruments déstabilisateurs de la conception anthropocentrique [...], une mise en scène rationnelle de la mort de l'homme[2]». Plutôt que ce thème contestable plus tard orchestré par Michel Foucault, nous retiendrons qu'elle aura servi à dévoiler la part non humaine de l'homme, dans la mesure où l'automate fonctionne comme machine réflexive, et comme repoussoir, dans la recherche toujours relancée du «propre de l'homme».*

Du temps des conférences de la fondation Macy en tout cas (dix en tout, de 1946 à 1953: Heinz von Foerster fut leur secrétaire, et on peut lire leur histoire grâce à Steve Heims et Jean-Pierre Dupuy), la cybernétique aura donné tort à ceux qui identifient le progrès scientifique et technique à une spécialisation et à une segmentation toujours croissantes des tâches intellectuelles. «La nature ne connaît pas de frontières», martelait Fremont-Smith à ces fameuses conférences dont les invités (parmi lesquels Bateson) venaient de plusieurs horizons disciplinaires. Vingt chercheurs s'y réunissaient à intervalles réguliers, chacun pouvant s'adjoindre jusqu'à cinq invités occasionnels. On y débattait, à coups de discussions plus que d'exposés trop formels, de problèmes de communication, et de l'étude des mécanismes qui produisent eux-mêmes leur unité. La communication ne constituait pas seulement l'objet des conférences, mais aussi leur mode d'être: au cours de ces rencontres en vraie grandeur, chaque spécialiste pouvait remarquer par quels processus de décision, de sélection ou d'exclusion telle piste de recherche ou de solution émergeait, ainsi que les nombreux obstacles, émotionnels, sémantiques ou culturels, qui entravaient entre eux la circulation des idées.

La «seconde cybernétique», qui mit davantage l'accent sur la connaissance de la connaissance, et l'auto-organisation du vivant, aura donc trouvé un terrain fertile dans la pragmatique *de la première. Nous en traiterons plus loin en présentant le texte de Heinz von Foerster.*

4. Vers une écriture universelle?

Cette formalisation partout à l'œuvre optimise donc la communication entre les hommes, entre les hommes et les machines, ainsi qu'entre les disciplines, quand on voit certaines

1. *Le moi dans la théorie de Freud et dans la technique de la psychanalyse*, Le Seuil, 1978. Voir en particulier la séance du 22 juin 1955 sur «Psychanalyse et cybernétique, ou De la nature du langage». C'est en suivant ce paradigme du symbolique assimilé à une machine de Wiener que Lacan est tombé sur la fameuse *Lettre volée* d'Edgar Poe, dont l'analyse jouera dans son œuvre le rôle que l'on sait, Lacan s'appuyant sur la nouvelle d'Edgar Poe pour démontrer le pouvoir du signifiant. Cette filiation est très explicite au livre 2 du *Séminaire*.
2. Philippe Breton, «La cybernétique et les ingénieurs dans les années cinquante», revue *Culture technique*, n° 12, mars 1984.

classes de problèmes, définis par une même structure logique, ressurgir à travers des champs de connaissance apparemment disparates et éloignés les uns des autres.

L'informatique, qui tente de découper en séquences de choix élémentaires tous les comportements intelligents, est le triomphe de l'analyse ou du modèle cartésien de la chaîne des idées claires, distinctes et partout évidentes (« diviser une difficulté en autant de parties qu'il sera nécessaire pour la mieux résoudre... »). Ce codage universel ouvre des possibilités de traduction inattendue entre des champs sémantiques jusqu'ici incompatibles : le plus grand événement du XXe siècle, comparable à la révolution alphabétique, réside dans la numérisation de chiffres, lettres, sons, images ou signaux en général..., en longues séquences de O et de 1. Nous savons par l'environnement familier de nos machines à communiquer que ce ne sont pas seulement des énoncés logiques ou mathématiques qui voyagent le long de ces chaînes, mais des messages de plus en plus sensibles, et indiciels : musiques, images animées d'une définition toujours plus fine, et bientôt sensations tactiles avec les « data gloves » (les gants qui donnent l'illusion de toucher) et autres environnements de synthèse.

Le « langage universel » de l'informatique est donc devenu un attracteur culturel d'une grande virulence. Une division internationale du travail en résulte, qui réserve au Sud les tâches sensori-motrices et au Nord l'abstraction codée ; aux uns la production des choses, aux autres le pilotage sémiotique qui économise l'effort physique et l'énergie. Quel rêve (qui rejoint la magie) de manipuler en tous domaines les signes au lieu des choses, et de commander au monde digitalement : du bout des doigts ou de la langue !

Dans la Machine-univers, *Pierre Lévy a décrit quelles modifications culturelles entraînent ces nouvelles technologies, par exemple en art. Avec l'infographie, la figure donnée à voir est l'émanation d'une essence logique, produit d'une combinatoire virtuelle ou actualisation passagère d'un programme. L'objet sensible éclate en variables modélisées qu'on peut faire tourner sous le regard ; il se laisse modifier ou enrichir par variations à partir du thème (d'où le rôle « canonique » de J.-S. Bach dans ce paradigme particulièrement étudié par Hofstadter).*

*Plusieurs novations artistiques majeures de notre modernité se sont faites sous le signe du virtuel (du programme), et avec la passion de l'*équivalent général. *Nous vivons à l'époque du méta, et dans l'ouverture des possibles. Qu'on songe en littérature aux combinaisons surprenantes de Raymond Roussel* (Comment j'ai écrit certains de mes livres), *à l'obsession du livre infini chez Borges* (la Bibliothèque de Babel, *reproduit* infra), *à la métaphore du puzzle chère à Pérec* (la Vie, mode d'emploi), *aux* Cent mille milliards de poèmes *de Queneau (vingt sonnets sont imprimés en page de droite ; chaque page est lacérée en quatorze languettes portant chacune un vers ; combien de vies faut-il pour lire l'ensemble des poèmes rendus ainsi disponibles ?), etc. Du code génétique à l'art, une bonne part de la création contemporaine s'expose et se pense (non sans ironie) comme fille de la combinatoire et de l'analyse. Grâce à l'abstraction codée et au flux des données modulaires, l'œuvre est perçue au niveau d'un programme sous-jacent, comme l'une des expressions actualisées d'un monde aux possibilités virtuellement infinies.*

Partout où une séquence d'opérations précisément définies se laisse ramener à l'écriture d'algorithmes univoques (soit à une décomposition mécanique et point par point en éléments discrets, combinables et substituables), l'opération pourra s'exécuter sur une machine à la vitesse de la lumière. Le cerveau humain assemble plus lentement, mais l'intelligence artificielle postule qu'il n'est pas l'unique support matériel de l'intelligence, et qu'on peut transporter des éléments logiques de celle-ci sur d'autres hardwares, *ou sélectionner des lois de haut niveau. « L'intelligence, qu'elle soit enchâssée dans un être humain, un chien ou un dauphin, trouve ses bases et ses racines dans sa capacité à traiter des symboles », résume le prix Nobel d'économie Herbert Simon*[1].

Ce maniement des nombres suppose qu'on les mette en chaînes. D'où la limite de l'univers numérique, capitonné et bien net mais très différent de la vie réelle, tellement plus floue ! Le problème des « systèmes experts » qui doivent résoudre une situation problématique est d'intégrer une grande quantité d'informations, mais d'abord d'isoler strictement l'ensemble dénombrable des paramètres et des variables. On devine que cette clôture s'observe assez rarement dans la vie courante qui excède (infiniment?) la couche du calculable.

5. Ce qui résiste à l'I.A.

*En d'autres termes il s'en faut de beaucoup que notre logique soit coextensive à notre langage. C'est une des intuitions qu'a développée l'un des premiers mathématiciens de ce siècle, John von Neumann. À la fin des conférences (non prononcées) dont nous publions ci-dessous un extrait, il s'interroge sur la « profondeur arithmétique » de notre cerveau, et soupçonne que l'*écriture *du système nerveux diffère grandement de celle des ordinateurs : « Quand nous parlons des mathématiques, nous sommes peut-être en train de parler d'un langage* secondaire, *bâti sur le langage* premier *réellement utilisé par le système nerveux central. Ainsi les formes extérieures (visibles) de* nos *mathématiques ne sont-elles pas absolument pertinentes pour évaluer quels sont les véritables langages mathématiques et logiques utilisés par le système nerveux central*[2]*. »*

Pour introduire à cette discussion aujourd'hui très documentée, nous évoquerons brièvement deux des difficultés de l'I.A. (largement décrites et commentées dans Hofstadter, ou Dreyfus).

— Les balbutiements des machines parlantes

Le langage tel que nous le parlons suppose schématiquement une syntaxe (des règles de grammaire), une sémantique (un lexique) et une pragmatique (les conditions de l'énonciation). Dans les premiers temps de la traduction automatique, on avait cru pouvoir faire abstraction du troisième volet, faute de comprendre à quel point la relation *en général infiltre le contenu sémantique de la moindre phrase. Que faire des connotations, ou des idiotismes venus du monde concerné ? Il se pourrait qu'il existe autant de mondes que de situations d'énonciation.*

Nous savons par les textes de notre chapitre III *quelle énorme part d'implicite enveloppe le moindre de nos dialogues. Parler, c'est habiter un* certain *monde, et développer quelques-unes de ses virtualités. Mais c'est aussi* dialoguer. *On n'a pas assez remarqué que dans le fameux test de Turing (présenté dans le texte* infra) *la performance qui permettrait à la machine d'égaler l'homme relève précisément du dialogue, soit d'une supputation, plutôt qu'une computation, du monde de l'autre. Cette difficulté extraordinaire (que nous, humains, surmontons avec une facilité très ordinaire) est expressément pointée par Descartes*

1. Citation extraite de *Sciences de l'intelligence, sciences de l'artificiel,* Colloque de la Grande-Motte sous la direction de A. Damailly et J.-L. Le Moigne, Presses universitaires de Lyon, 1986.
2. John von Neumann, *l'Ordinateur et le cerveau,* La Découverte, Paris, 1992, pp. 80-81. Souligné par l'auteur.

à la cinquième partie du Discours de la méthode *où il traite, en quelques phrases décisives pour notre propos, le problème (très futuriste en 1637) d'une machine parlante :*
« ...Nous aurions toujours deux moyens très certains pour reconnaître qu'elles ne seraient point pour cela de vrais hommes. Dont le premier est que jamais elles ne pourraient user de paroles ni d'autres signes en les composant, comme nous faisons pour déclarer aux autres nos pensées. Car on peut bien concevoir qu'une machine soit tellement faite qu'elle profère des paroles, et même qu'elle en profère quelques-unes à propos des actions corporelles qui causeront quelques changements en ses organes ; comme si on la touche en quelque endroit, qu'elle demande ce qu'on lui veut dire, si en un autre, qu'elle crie qu'on lui fait mal, et choses semblables ; mais non pas qu'elle les arrange diversement pour répondre au sens de tout ce qui se dira en sa présence, ainsi que les hommes les plus hébétés peuvent faire. Et le second est que, bien qu'elles fassent plusieurs choses aussi bien ou peut-être mieux qu'aucun de nous, elles manqueraient infailliblement en quelques autres, par lesquelles on découvrirait qu'elles n'agiraient point par connaissance, mais seulement par la disposition de leurs organes. Car, au lieu que la raison est un instrument universel qui peut servir en toutes sortes de rencontres, ces organes ont besoin de quelque particulière disposition pour chaque action particulière ; d'où vient qu'il est moralement impossible qu'il y en ait assez de divers en une machine, pour la faire agir en toutes les occurrences de la vie de même façon que notre raison nous fait agir. »

Ce qui manque à la machine, en bref, c'est la saisie pragmatique *de la situation (dont l'intention d'énonciation fait partie), qui fait toute la saveur du dialogue. De telle sorte que dans le dialogue homme-machine, objet de tant de soins aujourd'hui, l'homme garde jusqu'à présent l'initiative, et le dernier mot. Mais les tentatives de computérisation, et les progrès contemporains des sciences du langage, auront eu le mérite de montrer l'extraordinaire complexité de ce qui nous semble tellement évident ; l'ordinateur agit sur les sciences humaines en miroir critique, il aide à mieux connaître notre différence (provisoire ?) d'avec la machine.*

Le traitement automatique des langues naturelles achoppe en particulier sur l'écueil de la métaphore qui, loin d'être une figure marginale réservée à la poésie, infiltre intimement la parole ordinaire, voire tout le processus cognitif. D'une façon générale, la pragmatique a enrichi la sémantique par la prise de conscience des effets de cadre, de contexte, d'analogie et de milieu dans la fabrique du sens. Comme l'objecte Popper à Carnap, l'idée d'un langage délié de tout contexte est contradictoire, et (cf. supra *chapitre* IV*) « s'il n'y avait pas eu de tour de Babel, nous aurions dû l'inventer*[1] *». Aucune langue à elle seule ne suffit à cartographier adéquatement le réel, c'est leur diversité* irréductible, *et les dialogues que nous nouons avec elles, qui témoignent le mieux de l'effort symbolique de l'humanité, et peuvent conduire à l'approche du réel entre ou au-delà des mots.*

— Le champion d'échecs et la ménagère

Les limites des logiciels d'échecs constituent un lieu commun de la discussion sur l'I.A. On fait valoir généralement qu'au-delà d'un certain niveau l'homme ne joue plus séquentiellement, mais par « traitement réunitarisé » : les grands maîtres auraient une perception holiste ou intuitive de l'échiquier. Nabokov a écrit sur ce thème un beau roman, la Défense Loujine *; au cours d'une partie décisive, son héros perd de vue les pièces qui se fondent dans un coton brumeux, seul émerge un signal musical et coloré qui guide le coup gagnant.*

1. Karl Popper, *Conjectures et réfutations*, p. 352.

D'une façon générale nous soulignerons avec Hofstadter que les tâches les plus importantes ne se présentent pas à nous de façon compartimentée, ou clear cut. *De même la musique ne se réduit pas à une combinatoire syntaxique, et soulève en nous des tourbillons d'émotions ; mais il est vrai qu'on peut obtenir d'un ordinateur de la pseudo-musique, des pseudo-contes de fées ou de pseudo-connaissances... Une tâche plus intéressante que les problèmes d'échecs serait de s'attaquer à la mécanisation du sens commun, à la tâche par exemple de nettoyer une pièce, qui soulève des difficultés à côté desquelles la clôture échiquéenne, quelle que soit sa complexité interne, reste simple, voire triviale. On a construit de grands maîtres échiquéens, mais pas encore de robots « femmes de ménage », qui semblent beaucoup plus difficiles à programmer. Nos esprits* ne sont pas *des machines à proportion qu'ils évoluent dans des contextes vivants aux cadres sans cesse changeants. Le propre du vivant est de supputer (plutôt que de computer) un univers « hostile et capricieux », et non pas logique, comme Heinz von Foerster n'a cessé de le rappeler (cf. texte* infra*).*

6. Le langage englobe le calcul

Peut-on transformer tout langage en calcul ? Il est aisé de montrer que celui-ci ne découpe ou ne structure qu'une partie de celui-là. La communication humaine tolère, voire appelle l'aléa et le bruit, à la différence des machines rigides mais fiables. L'ordinateur traite les mots de façon métallique, et nous comme du chewing-gum. Comment concilier fiabilité et souplesse ?

La créativité sans doute implique les deux, et la question est aujourd'hui de savoir de quel « calcul » jaillit celle-ci, et comment la programmer. Il est clair qu'elle implique une bonne dose d'analogie à côté de l'ordre digital : c'est ainsi que notre parole ordinaire est infiltrée en permanence d'actes de création, comme la métaphore. Surtout nous prêtons aux mots la caisse de résonance de notre corps, nous sommes engagés affectivement, nous participons émotionnellement à ce que nous disons. Comment, demande Dreyfus, un ordinateur comprendrait-il : « Elle a pleuré toutes les larmes de son corps... » ? Comment saisirait-il (mais que veut dire saisir?*) un poème ? Un bon mot ? Une métaphore ? Le sens commun n'est pas réductible à la logique, il a pour corrélat l'affectivité, et tout un environnement social d'interactions. Et la pensée ne se laisse pas aligner sur une rationalité inflexible ou désincarnée.*

Nous retrouvons au terme de ce parcours introductif la question d'où nous étions partis : peut-on calculer le transcendantal (= le non-sélectionnable) et le traiter comme de l'empirique ? Cette question peut être schématisée à travers la distinction du logiciel (notre pensée) et du matériel (le médium du cerveau) : leur hiérarchie est logiquement inviolable, *jamais le logiciel ne pourra scruter (rendre compte de) son matériel. Même si l'intelligence consiste à « sauter hors du système » (comme l'explique Hofstadter dans son texte* infra*), jamais elle ne sautera au-dessus de son propre médium. Pas plus que l'esprit ne peut, selon Hegel, sauter par-dessus son époque, ou le corps par-dessus son ombre, nous ne pouvons penser de façon non neurale. Et nous ne savons rien des* other minds, *par exemple « what is it like to be a bat ?[1] ». Nous citerons pour conclure trois exemples[2] à l'appui de ce point :*

1. « Quel effet cela fait d'être une chauve-souris ? », célèbre article de Thomas Nagel traduit dans *Vues de l'esprit*, chapitre VI.
2. Nous avons développé ce passage dans *la Communication par la bande, op. cit.*, chapitre VI.

*— La distinction entre dire et montrer selon Wittgenstein: «Ce qui peut être montré ne peut être dit» (*Tractatus logico-philosophicus, *4.1212). Ainsi, «le tableau ne saurait représenter sa propre forme de représentation: il ne fait que la montrer» (2.172). Le matériau des signes, la couleur par exemple, est indiciel; or l'indice est indicible, ou (Wittgenstein) le médium est inexprimable et «mystique». L'espace, les couleurs, les sons..., toujours déjà là et non pas événementiels, relèvent de l'esthétique ou de l'éprouvé, nous ne pouvons les symboliser ni les dire, en bref le médium* n'est pas *le message*[1]. *En tentant, souvent dérisoirement, de faire du cadre, du médium ou du matériau de la représentation... une représentation, l'art contemporain s'enfonce sans doute dans une impasse, ou du moins dans une hiérarchie enchevêtrée. En quoi il mime les figures de l'autoréférence et de retour-sur-le-transcendantal observables ailleurs. (Il faut souligner en art contemporain d'autre part l'effet de contrecoup ou de boomerang qu'entraînent les recherches formelles: l'expression matérielle la plus crue ou «cruelle», la régression corporelle profonde plongeant dans les archaïsmes de la chair, la danse expressionniste, les giclures et l'art brut, en bref toutes les postulations indicielles, expriment une réaction exaspérée au monde du calcul. Pollock ou Dubuffet équilibrent, et s'expliquent par Mondrian ou I.B.M.) Ce monde de l'inexprimable qui borde le langage, lequel borde et supporte lui-même le calcul, apparaît donc fort vaste. Le calculable et le communicable ne qualifient qu'une bande assez mince de nos expériences, que l'I.A. aurait tort d'identifier à l'être en général en oubliant tout le «mystique» que lui* montrait *Wittgenstein. Sentir précède infiniment parler, qui précède lui-même ce que nous savons opérer par calcul;*
— Le premier dialogue entre Achille et la tortue par Lewis Carroll[2]*: la tortue veut que toute inférence, si évidente soit-elle, fasse l'objet d'une règle (formelle), dont l'évidence s'obtient par une méta-règle, laquelle à son tour... En voulant* dire, *expliciter ou démontrer tout le montré, la tortue (dont la lenteur exaspère le bouillant Achille) s'engage dans une régression indéfinie, comparable à la divisibilité infinie de l'espace dans la course décrite par Zénon. Ce mémorable dialogue suggère* a contrario *ceci: qu'à la différence des ordinateurs, nous fonctionnons sans avoir besoin d'expliciter toutes nos règles, ou que nous sommes des «systèmes informels». Autrement dit qu'il y a du donné, de l'implicite ou du milieu qui précède, borde et contient notre capacité de calcul;*
— La hiérarchie question/réponse renouvellerait cette démonstration: résoudre une question relève sans doute de la computation en général, mais la poser, avoir le sens du problème, «cela est d'un autre ordre...» (Pascal) et échappe à la machine. Le calcul répond à une demande qui ne relève pas elle-même du calcul. Il s'inscrit dans un ensemble plus vaste, comme une noisette dans le nougat.

Ces remarques dessinent la place de l'ordinateur dans notre culture: celui-ci ne la destitue pas, il s'ajoute à elle ou s'y incruste, de même que nos aspirateurs et autres robots mixeurs nous assistent dans nos tâches sans prétendre nous remplacer. Quels que soient les fantasmes de la science-fiction, le robot et l'I.A. resteront des prothèses; de même le calcul s'insère sans le dissoudre dans le langage.

Si l'innovation technique bouleverse si peu les usages, c'est au fond parce que l'usage

1. Ce point est fortement souligné et argumenté par Pierre Lévy dans *la Machine univers,* La Découverte, 1987. (Cet ouvrage a fait l'objet d'une confrontation critique entre plusieurs chercheurs: *Culture et paradigme informatique,* Éditions Omnibus, S.F.S.I.C. + Université de Paris XII et Paris XIII.)
2. «Ce que se dirent Achille et la Tortue», dialogue écrit par Lewis Carroll en 1895 et repris sous le titre «Invention à deux voix», pp. 49-52 de *Gödel Escher Bach*, InterÉditions, Paris, 1985.

est le métaniveau organisateur des techniques (et non l'inverse), lesquelles n'adviennent jamais sur une table rase sociale, sinon dans l'utopie des ingénieurs. Une technique n'apporte pas avec elle son usage (nous allons retrouver cette problématique « médiologique » au chapitre VI*), celui-ci vient « en plus » ou de façon non programmable. L'informatique elle-même est née dans le bricolage et l'inconscience relative de ses inventeurs, qui ne savaient pas exactement à quoi ils travaillaient, ni où menaient leurs écritures. Le rapport de la technique à l'usage évoque celui de la langue à la parole : on ne peut à partir d'un code donné prévoir toutes les phrases que prononceront les gens (ce point de « linguistique cartésienne » a fourni à l'œuvre de Noam Chomsky son premier argument*[1]*). Ou pour le dire autrement : l'usage est une « création continuée » et fait lui-même partie de la chaîne technique des inventions.*

Nous avons certes appris, sous l'aiguillon de la culture digitale, à linéariser ou à ranger *de mieux en mieux nos pensées : un « littéraire » par exemple ne répugne plus à utiliser un traitement de texte. Mais le calcul lui-même se range dans un contexte de culture et d'usages préexistants et tout à fait prégnants. Au premier rang des technologies intellectuelles qui soutiennent cette culture, la langue maternelle ou vernaculaire demeure la « méta-institution de toute institution humaine » (comme dit le philosophe allemand Gadamer), et ses préjugés sont autant de précompréhensions à travers lesquelles nous communiquons au sens fort de ce terme : dans l'élément de la langue nous participons d'une communauté, source de vérité pragmatique (cf.* infra *chapitre* VIII*).*

On se gardera donc en conclusion de confondre la méthodologie et l'ontologie. La machine est une analogie heuristique[2]*, c'est-à-dire un modèle ou une métaphore pour comprendre notre esprit-cerveau qui* n'est pas *un computer. D'où la querelle autour du réductionnisme, acceptable méthodologiquement, et les thèses équivoques de Jean-Pierre Changeux[3] qui gagnerait (ou perdrait) beaucoup à lire Hofstadter. La cybernétique et l'I.A. sont un passionnant miroir philosophique : la mécanisation de notre pensée nous apprend de mieux en mieux ce que c'est qu'une machine, et ce qui en nous lui échappe.*

Les ordinateurs pensent-ils ? Mais d'abord : qu'appelons-nous penser ? Notre intelligence relève-t-elle d'un calcul ? L'un des grands thèmes de nos études de communication, telles que nous les argumentons au fil de cet ouvrage, est la critique du logocentrisme, et le plaidoyer en faveur de « l'orchestre ». Il serait contradictoire que cette randonnée du côté de l'I.A. nous conduise à identifier le langage au calcul, et à défendre une option du « tout digital ».

Mais au vu de l'état des études, il serait également prématuré de conclure. Il est devenu clair au terme de ce parcours que le front entre le calcul, formel, et l'informel de la parole ou de diverses informations qui nous parviennent par d'autres canaux sensoriels, est par définition mouvant, et impossible à tracer d'en haut ou a priori. *Pour savoir définitivement où passe la frontière entre le mécanique et le non-mécanique, en nous et entre nous, nous devrions disposer d'un troisième terme, ou d'un site d'observation qui fait justement défaut. Entre le digital au sens strict et le langagier, la bataille de la traduction est en cours. Jusqu'où peut-on coder ou numériser non seulement une parole, mais nos messages*

1. Noam Chomsky, *la Linguistique cartésienne*, suivie de *la Nature formelle du langage*, Le Seuil, Paris, 1969. Je remercie Denis Vernant d'avoir, alors que je rédigeais ce chapitre, attiré mon attention sur le texte de Descartes.
2. Georges Canguilhem, *la Connaissance de la vie*, Vrin, Paris, 1965.
3. Jean-Pierre Changeux, *l'Homme neuronal*, Fayard, Paris, 1983.

en général? Il serait prématuré d'assigner une frontière fixe à un rapport de forces en pleine évolution.

Dans l'attente des surprises que l'avenir nous réserve, la position la plus sage est celle de Dreyfus ou de Hofstadter: la réponse, philosophiquement, passe par la refonte et l'affinage des termes de la question.

Frankenstein ou le Prométhée moderne

(1818)

MARY SHELLEY
(1797-1851)

Mary Shelley avait un peu plus de dix-huit ans quand elle écrivit Frankenstein, *à la suite d'une conversation enflammée entre Byron, son médecin Polidori, adepte du galvanisme, et son mari, le poète Shelley, à la villa Diodati sur les rives du lac Léman (juin 1816). Elle ne savait pas qu'elle avait créé un mythe qui allait engendrer une avalanche de commentaires, et une série impressionnante de films. On peut lire dans l'ouvrage de Monette Vacquin*[1] *les circonstances très particulières de ce récit visionnaire, et prémonitoire pour la propre vie de son auteur; et surtout le sens de la mise en garde que, non sans effroi, Mary lança à l'aube de notre modernité.*

La Révolution française venait d'achever son premier cycle: le rêve politique était retombé, mais l'idée de construire la société et d'engendrer un homme nouveau en faisant «du passé table rase» commençait sa carrière. Les sciences et les techniques, jusque-là tournées vers la production de biens matériels, ne pourraient-elles s'appliquer au façonnage du sujet humain? Frankenstein ou le Prométhée moderne *nous parle d'une science devenue réflexive, ou œdipienne, d'une tentative pour scruter et produire non seulement des objets, mais le sujet et les conditions mêmes de la vie. Un métaniveau jusqu'ici inviolé de la connaissance (le sujet connaissant, son intimité et sa vie) devient techniquement accessible. Mieux: un homme de science réalise le rêve d'arracher à la féminité sa puissance de donner la vie, en façonnant une créature sans passer par la femme ni par la sexualité (ou l'amour). Avec Victor Frankenstein, la technoscience saute les étapes et court-circuite ce que la nature autant que la culture imposent aux hommes: la différence des sexes, la chaîne symbolique des générations, le mystère de la naissance et la finitude de la mort. À ces entraves traditionnelles, la «génération Frankenstein» oppose l'*autopoïèse *(le fantasme de l'auto-engendrement), les machinations* machistes *de la technoscience et l'idée de reconstruire l'homme (nouveau) sur la Raison. L'histoire inventée par Mary Shelley montre ce qu'il en coûte.*

La créature (qui dans le roman ne porte pas de nom: c'est le public qui a transféré sur elle celui de son «père», le savant Victor Frankenstein) est monstrueuse parce qu'elle est née hors de l'amour, et de la seule passion de connaître, d'une volonté de maîtrise et d'appropriation envieuse des pouvoirs féminins. Or la véritable culture suit le chemin inverse: elle accueille la création sans calculer celle-ci jusqu'au bout. Et l'amour en particulier, qui apporte le sens, ne se «fabrique» pas. Victor n'a pas eu ce respect: il a, dit Monette Vacquin, remplacé le «Connais-toi toi-même» du fronton du temple d'Apollon

1. Monette Vacquin, *Frankenstein ou les Délires de la raison,* François Bourin, Paris, 1989.

à Delphes par la table de dissection. «Je collectais les os dans les charniers, et je violais, de mes doigts profanes, les secrets extraordinaires de l'organisme humain.»

Cette passion de l'analyse entraîne une série d'effondrements symboliques et de ravages. Mais le parcours du monstre lâché dans la nature ne sème pas le meurtre au hasard; la créature s'attaque à la famille de son «père» (qui a refusé malgré ses demandes insistantes de lui construire une femme): son petit frère William, son meilleur ami et compagnon d'études Clerval et, le soir de ses noces, son épouse Elizabeth. Né hors de l'amour parental, et exilé de tout lien, cet «innommable ramassis d'organes[1]» s'acharne contre ceux qui vivent dans l'amour de Victor.

Le passage qu'on va lire correspond à la fin de l'histoire: le capitaine Walton a recueilli sur son bateau, qui navigue au bord des glaces polaires, Victor Frankenstein, épuisé par la poursuite du monstre. Victor meurt après avoir confié son histoire à Walton, lequel nous conte ensuite l'irruption du démon auprès du corps de son défunt créateur. Or l'extraordinaire dialogue qui oppose Walton au monstre révèle à quel point celui-ci surtout a souffert. Nous comprenons pour finir que la vraie faute de Victor ne fut pas tant l'orgueil, ou une prométhéenne démesure, que de n'avoir pas assez aimé sa créature.

Telle est du moins la conclusion tirée par Bruno Latour du mythe de Frankenstein[2]. On a le droit de créer toutes les machines imaginables, mais elles ne marcheront pas si nous ne leur prêtons un peu de notre vie, ou de nos relations. (Dans un livre récent, Harry Collins[3] argumente aussi dans ce sens.) La technique ne doit pas remplacer *la vie mais elle peut s'y loger, et demeurer fort compatible avec elle.*

«C'est la volupté qui perpétue la chaîne des vivants.» Nous pouvons ajouter à cette forte remarque de Diderot[4] que la chaîne de nos machines aussi réclame un peu d'amour.

Source: Frankenstein ou le Prométhée moderne, *édition illustrée par Berni Wrightson, Albin Michel, 1984 (traduction reprise de l'édition originale chez Corréard, 1821). Une autre traduction, de Germain d'Angest, est disponible chez Garnier-Flammarion, Paris, 1979 (avec introduction, notes, archives de l'œuvre et légendes par Francis Lacassin).*

Bibliographie: *On se reportera à celle qui figure à la fin de l'ouvrage de Monette Vacquin, ainsi qu'à l'article complémentaire de Pierre Thuillier, «De Frankenstein à Mister Crosse: les mythes de l'électrobiologie»,* la Recherche, *n° 226, novembre 1990, pp. 1368-1378.*

C'EN EST FAIT: je retourne en Angleterre. Je suis frustré dans mes espérances de gloire et d'intérêt. — J'ai perdu mon ami. Je vais tâcher, ma chère sœur, de vous donner des détails sur ces pénibles événements; et puisque je me dirige vers l'Angleterre et en même temps vers vous, je ne m'affligerai pas.

Le 9 septembre, la glace commença à remuer; des bruits semblables à celui du tonnerre se firent entendre au loin, et annoncèrent que les îles de glace se séparaient et se rompaient de tous les côtés. Nous étions dans le péril le plus imminent; mais notre position étant entièrement passive, je portai presque toute mon attention sur mon malheureux hôte, dont la maladie avait pris un caractère si grave qu'il ne pouvait plus sortir de son lit. La glace

1. *Ibid.*, p. 64.
2. À propos de l'abandon du métro Aramis. Cf. Bruno Latour, *Aramis ou l'Amour des techniques*, La Découverte, Paris, 1992.
3. *Experts artificiels, machines intelligentes et savoir social*, Le Seuil, Paris, 1992.
4. Dans l'article «Jouissance» de l'*Encyclopédie*.

se rompit derrière nous, et fut emportée avec force vers le nord; le vent tourna à l'ouest, et le 11, le passage vers le sud devint parfaitement libre. Les matelots, en voyant leur retour dans leur patrie presque assuré, poussèrent de grandes acclamations de joie longtemps prolongées. Frankenstein, qui était assoupi, s'éveilla et demanda la cause du tumulte. « Ils se réjouissent, lui dis-je, de ce qu'ils retourneront bientôt en Angleterre. »

– Retournez-vous vraiment ?

– Hélas ! oui ; je ne puis résister à leur demande. Je ne puis les contraindre à braver le danger, et je suis moi-même contraint de retourner.

– Faites-le si vous le voulez, mais je n'en ferai rien. Vous pouvez abandonner votre projet ; mais je ne puis manquer au mien ; il m'est assigné par le ciel. Je suis faible ; mais je ne doute pas que les esprits, qui aident ma vengeance, ne me donnent assez de force.

À ces mots, il tâcha de se lever de son lit, mais l'effort était au-dessus de ses forces ; il retomba et s'évanouit.

Il resta longtemps avant de reprendre connaissance, et je crus longtemps que la vie était entièrement éteinte. Enfin il ouvrit les yeux, mais il respirait avec difficulté, et ne pouvait parler. Le chirurgien lui donna une potion, et nous ordonna de le laisser et de ne pas le troubler. En même temps il m'annonça que mon ami n'avait pas beaucoup d'heures à vivre.

La sentence était prononcée : je ne pouvais que m'affliger et attendre. Je m'assis auprès de son lit pour l'observer ; ses yeux étant fermés, je crus qu'il dormait ; mais *en ce moment il m'appela d'une voix faible,* m'invita à m'approcher, et me dit : « Hélas ! la force, sur laquelle je comptais, m'abandonne ; je le sens, je mourrai bientôt ; et lui, mon ennemi et mon persécuteur, il vit peut-être encore ! Ne croyez pas, Walton, que dans les derniers moments de mon existence, j'éprouve cette haine brûlante et ce désir ardent de vengeance, dont j'étais animé autrefois ; je souhaite la mort de mon ennemi, et je me sens justifié par ce sentiment. Pendant ces derniers jours je me suis mis à examiner ma conduite passée, et je ne la trouve nullement blâmable. Dans un accès de démence, et dans un transport d'enthousiasme, j'ai créé un être doué de raison ; j'étais tenu d'assurer, autant qu'il était en mon pouvoir, son bonheur et son bien-être. Tel était mon devoir ; mais il en était un autre bien supérieur. Mes devoir envers mes semblables étaient beaucoup plus dignes de fixer mon attention, puisqu'ils renfermaient une plus grande proportion de bonheur ou de malheur. Soutenu par cette considération, j'ai refusé, et avec raison, de former une compagne pour l'être que j'avais créé. Il montrait une perversité et un égoïsme que personne n'aurait pu égaler. Il a immolé mes amis ; il a voué à la mort des êtres qui jouissaient de deux biens inestimables, le bonheur et la sagesse ; et je ne sais où s'étanchera cette soif de vengeance. Malheureux lui-même de ne pouvoir faire le malheur des autres, il fallait qu'il mourût... Mon devoir était de lui donner la mort, mais j'ai succombé. Conduit par l'intérêt et des motifs coupables, je vous ai demandé de prendre mon ouvrage s'il n'était pas terminé ; je renouvelle cette prière à présent que je ne suis guidé que par la raison et la vertu.

« Cependant je ne puis vous demander de renoncer à votre pays et à vos amis, pour remplir cette tâche, et, maintenant que vous retournez en Angleterre, vous aurez peu de chances de le rencontrer ; mais je vous engage à bien réfléchir sur ce point, et à bien peser ce que vous devez faire. Mon jugement et mes idées sont déjà troublés par l'approche de la mort. Je n'ose vous demander d'entreprendre ce que je crois juste ; car je puis être encore égaré par la passion.

« En pensant qu'il pourrait vivre pour être un instrument de malheur, je me trouble ; mais si j'arrête mon esprit à d'autres considérations, j'envisage cette heure, qui va être celle de mon repos, comme la seule heureuse que j'aie passée depuis plusieurs années. Je vois voltiger devant moi les formes des morts qui me sont chers, et je me jette dans leurs bras. Adieu, Walton! Cherchez le bonheur dans la tranquillité, et évitez l'ambition, même l'ambition, en apparence innocente, de vous distinguer dans les sciences et les découvertes. Mais pourquoi parler ainsi? Cet espoir m'a perdu: un autre peut réussir.»

Sa voix devenait plus faible à mesure qu'il parlait; et enfin, épuisé par cet effort, il tomba dans le silence. Environ une demi-heure après, il essaya encore de parler, mais il n'en eut pas la force. Il serra doucement ma main, et ses yeux se fermèrent à jamais, tandis que ses lèvres ébauchaient un fugitif sourire.

Ah! Marguerite, comment trouver l'épilogue approprié à l'extinction prématurée de ce brillant, de ce magnifique esprit? Que pourrais-je te dire qui te permette de mesurer la profondeur de mon chagrin? Tout ce que je serais à même d'exprimer serait inadéquat et dérisoire. Mes larmes coulent; le désespoir obscurcit mon esprit. Mais je vais voguer vers l'Angleterre, et auprès de toi, je trouverai une consolation à mes peines.

On m'interrompt. Que signifie ce bruit? Il est minuit; la brise souffle modérément, et les hommes de quart ne font généralement guère de bruit sur le pont, du moins à cette heure-ci. Mais voilà que ce bruit se renouvelle. On dirait une voix d'homme, mais en plus rauque. Cela semble venir de la cabine où repose encore le corps de Frankenstein. Il faut que j'aille voir ce qu'il s'y passe. Bonsoir, ma sœur.

Grand Dieu! L'horrible scène à laquelle je viens d'assister! J'en suis encore tout remué. Je me demande même si je serai capable de la relater. Il le faut pourtant, car l'histoire que j'ai si soigneusement notée serait incomplète, si j'omettais de narrer cette ultime et étonnante scène.

Je pénétrai donc dans la cabine où reposait la dépouille de mon admirable et malheureux ami. Sur son cercueil était penchée une silhouette que je suis impuissant à décrire. C'était un homme de taille gigantesque et d'allure difforme. Il tenait la tête inclinée, et son visage était caché par de longues boucles de cheveux en désordre; sa main, qui était étendue, paraissait d'une couleur et d'une peau semblables à celle d'une momie. En m'entendant approcher, il cessa de pousser des exclamations de douleur et d'horreur; et il s'élança vers la fenêtre. Jamais je n'ai rien vu d'aussi horrible que sa figure, de si hideux, et en même temps d'une laideur si effrayante. Je fermai les yeux involontairement, et je m'efforçai de me rappeler quels étaient mes devoirs vis-à-vis de ce monstre sanguinaire. Je le sommai de rester.

Il s'arrêta en me regardant avec étonnement; se tourna de nouveau vers le corps inanimé de son créateur, et parut oublier ma présence. Chaque trait, chaque geste semblait excité par la plus sombre rage d'une passion irrésistible.

«Il est aussi ma victime, s'écria-t-il! Avec sa mort mes crimes sont consommés: ma misérable existence touche à sa fin! Ah, Frankenstein! Être généreux, et qui t'es sacrifié! À quoi me servirait-il de te demander maintenant mon pardon, moi qui t'ai immolé irrévocablement, en faisant périr tous ceux que tu aimais? Hélas! il est froid, il ne peut me répondre.»

Sa voix sembla étouffée; et mon premier mouvement, qui m'avait rappelé que mon devoir était d'obéir à la prière de mon ami mourant, en donnant la mort à son ennemi, fut alors arrêté par un mélange de curiosité et de compassion. Je m'approchai de cet être effrayant, sans oser lever les yeux sur son visage, dont la laideur était singulièrement repoussante et vraiment extraordinaire. J'essayai de parler, mais les mots s'arrêtaient sur mes lèvres. Le monstre continuait de s'adresser des reproches furieux et incohérents. Enfin j'osai lui parler, dans un moment où sa fureur se calmait.

«– Ton repentir, lui dis-je, est maintenant superflu. Si tu avais écouté la voix de la conscience, et senti l'aiguillon du remords avant de pousser ta vengeance infernale à cette extrémité, Frankenstein vivrait encore.

– Et rêvez-vous, dit le Démon? Oubliez-vous que j'étais alors mort au chagrin et au remords? Lui, continua-t-il en me montrant le cadavre, il n'a pas plus souffert durant sa vie... oh! non, pas la dix millième partie de mon angoisse pendant son long et cruel supplice. J'étais saisi d'effroi, et en même temps j'avais le cœur déchiré par le remords. Pensez-vous que les gémissemens de Clerval fussent agréables à mon oreille? Mon cœur était fait pour être susceptible d'amour et de sympathie; et, lorsque j'ai été poussé par le malheur au crime et à la haine, il ne supporta pas la violence du changement sans un tourment que vous ne pouvez même imaginer.

«Après le meurtre de Clerval, je revins dans le Switzerland, le cœur brisé et abattu. J'avais pitié de Frankenstein; ma pitié se transforma en horreur: je m'abhorrai moi-même; mais en pensant que lui, l'auteur et de mon existence et de mes inexprimables tourments, il osait espérer le bonheur; que, tandis qu'il accumulait sur moi le malheur et le désespoir, il cherchait son bonheur dans des sentiments et des passions dont j'étais à jamais privé, alors une jalousie impuissante et une indignation amère me remplirent d'une soif insatiable de vengeance. Je me souvins de ma menace, et je résolus de l'accomplir. Je savais que je me préparais une torture affreuse; mais j'étais l'esclave, et non le maître d'une impulsion que je détestais sans pouvoir y résister. Cependant lorsqu'elle périt!... non, je n'étais pas alors malheureux. J'avais repoussé tout sentiment, comprimé toute angoisse pour me livrer à l'excès de mon désespoir. Dès lors le mal devint un bien pour moi. Arrivé à ce point, je n'eus plus d'autre choix que d'adapter ma nature à un élément que j'avais choisi moi-même. Le couronnement de mon projet infernal devint une passion insatiable. Et maintenant il est terminé: voici ma dernière victime!»

Je fus d'abord touché par les expressions de sa douleur; mais en me rappelant que Frankenstein m'avait parlé du pouvoir de son éloquence persuasive, et en reportant les yeux sur le corps inanimé de mon ami, je sentis l'indignation se rallumer en moi. «Malheureux! lui dis-je, convient-il que tu viennes ici, pour gémir sur la scène de désolation dont tu es l'auteur? Tu jettes une torche au milieu d'un édifice, et, après qu'il est consumé, tu t'assieds sur ses ruines, et tu gémis de sa chute. Démon hypocrite! si celui que tu pleures vivait encore, il serait encore l'objet de ton exécrable vengeance, et il en deviendrait la proie. Car ce n'est pas la pitié que tu sens; tu gémis seulement de ce que la victime, que tu réservais à ta perversité, vient de lui échapper.»

– Ah! ce n'est pas ainsi... non, dit-il en m'interrompant, quoique vous deviez le penser en me jugeant d'après mes actions! Je ne cherche pas quelqu'un qui compatisse à ma misère: je ne trouverai jamais de sympathie. Dans le temps où j'en ai cherché, c'était à l'amour de la vertu, aux sentiments de bonheur et d'affection, dont je me sentais pénétré, que je désirais participer; mais maintenant que la vertu est devenue pour moi un fantôme, et que le bonheur et l'affection sont changés en un désespoir amer et cruel, où chercherais-je la sympathie? Tant que mes souffrances dureront, je suis content de souffrir seul: lorsque je mourrai, la haine et l'opprobre chargeront ma mémoire. Autrefois mon imagination était adoucie par des idées de vertu, de gloire et de bonheur. Autrefois j'espérais à tort rencontrer des êtres, qui pardonneraient à mon extérieur, et m'aimeraient pour les excellentes qualités dont j'étais capable de faire preuve. Je me nourrissais de hautes pensées d'honneur et de dévouement; mais maintenant le crime m'a placé au-dessous du plus vil animal. Il n'est personne à qui je puisse être comparé pour le crime, le malheur et la perversité. Lorsque je fais l'énumération de mes crimes, je ne puis croire que je sois le même qui était autrefois rempli des visions sublimes et transcendantes de la beauté et de la majesté du bien. Mais il n'est que trop vrai; l'ange déchu devient le démon du mal. Et même cet ennemi de Dieu et de l'homme avait des amis et des compagnons dans son malheur; et moi je suis seul.

« Vous, qui appelez Frankenstein votre ami, vous paraissez connaître mes crimes et ses malheurs; mais, dans le détail qu'il vous en a donné, il n'a pu vous énumérer les heures et les mois de misères que j'ai passés, et durant lesquels je me suis consumé en passions impuissantes: car, tandis que je détruisais ses espérances, je ne satisfaisais pas mes propres désirs. Ils étaient toujours ardents et insatiables; que je désirasse l'amour ou l'amitié, j'étais toujours repoussé. N'y avait-il aucune injustice en cela? Dois-je passer pour le seul criminel, lorsque toute l'espèce humaine était contre moi? Pourquoi ne haïssez-vous pas Félix, qui chassa son ami d'une manière outrageante? Pourquoi ne détestez-vous pas le paysan, qui voulut tuer le sauveur de sa fille? Non; ce sont des êtres vertueux et sans taches! Moi, qui suis malheureux et abandonné, je suis un objet de rebut, qui doit être méprisé, repoussé, et foulé aux pieds. Même à présent, je sens bouillir mon sang au souvenir de cette injustice.

« Mais il est vrai que je suis un misérable. J'ai assassiné celui qui était aimable et sans appui; j'ai étranglé l'innocent pendant son sommeil; j'ai étouffé celui qui n'avait jamais fait aucun mal ni à moi, ni à aucun être animé. J'ai voué au malheur mon créateur, le modèle de tout ce qui est digne d'amour et d'admiration parmi les hommes; je l'ai poursuivi jusqu'à cette extrémité irréparable. Le voici, livide et glacé du froid de la mort. Vous me haïssez; mais votre haine ne peut égaler celle avec laquelle je me regarde moi-même. Je vois les mains qui m'ont formé; je pense que c'est dans son imagination que j'ai été conçu, et je suis impatient de voir arriver le moment où tout cela ne sera plus sous mes yeux, ou présent à ma pensée.

« Ne craignez pas que je devienne un jour l'instrument d'une nouvelle oppression. Mon ouvrage sera bientôt achevé. Ni votre mort, ni celle d'aucun homme n'est nécessaire pour consommer mon existence, et accomplir ce qui doit arriver; la mienne seule est nécessaire. Ne croyez pas que je tarde à faire ce sacrifice. Je quitterai votre vaisseau sur le radeau de glace qui m'a apporté ici, et je chercherai l'extrémité du globe la plus voisine du nord. Je formerai mon bûcher funéraire, et je réduirai en cendres ce misérable corps, afin que ses restes ne puissent servir à quelque homme curieux et profane, qui voudrait créer un autre être semblable à moi: je vais mourir. Je ne sentirai plus l'agonie qui me consume maintenant, et je ne serai plus la proie de mes sens, que je n'ai pu ni satisfaire, ni éteindre. Il est mort, celui qui me donna l'existence; et, lorsque je ne serai plus, le souvenir de nos deux existences sera bientôt évanoui. Je ne verrai plus le soleil ou les étoiles, et je ne sentirai plus le vent se jouer sur mon visage: je ne connaîtrai plus ni lumière, ni sentiment, ni sens; mais c'est dans cette condition que je dois trouver mon bonheur. Il y a quelques années, lorsque je vis pour la première fois la beauté de ce monde; lorsque je sentis la chaleur vivifiante de l'été; lorsque j'entendis le bruissement des feuilles et le gazouillement des oiseaux, et que je bornais là toutes mes sensations, j'aurais été inconsolable de mourir; maintenant je n'ai pas d'autre consolation. *Souillé de crimes, et déchiré par le plus cruel remords, pourrais-je trouver du repos ailleurs que dans la mort?*

« Adieu! je vous quitte, et vous êtes le dernier de toute l'espèce humaine que mes yeux verront jamais. – Et toi, Frankenstein, adieu. Frankenstein! si tu vivais encore, et que tu conservasses un désir de vengeance contre moi, tu le satisferais mieux par ma vie que par ma mort. Mais il n'en était pas ainsi; tu cherchais ma mort, afin que je ne pusse causer de plus grands malheurs ; et cependant, si, par une puissance qui m'est inconnue, tu n'as pas encore cessé de penser et de sentir, tu ne peux désirer que je vive pour mon malheur. Quelle que fût ta position, mes tourments étaient encore plus cruels que les tiens ; car les pointes aiguës du remords ne peuvent cesser d'envenimer mes blessures, jusqu'à ce que la mort les ferme à jamais.

« Mais bientôt, s'écria-t-il avec un enthousiasme terrible et solennel, je mourrai ; je ne sentirai plus ce que j'éprouve maintenant. Bientôt ces douleurs cuisantes seront éteintes. Je monterai triomphant sur mon bûcher funéraire, et je tressaillirai de joie dans l'agonie au milieu des flammes dévorantes. La lueur de ce foyer s'affaiblira ; mes cendres seront emportées dans la mer par les vents. Mon esprit reposera en paix ; ou s'il pense, il ne sera certainement pas en proie aux mêmes pensées. Adieu. »

Il dit, et s'élança par la fenêtre de la cabine, sur le radeau de glace qui était attaché au vaisseau. Il fut bientôt emporté par les vagues, et perdu dans l'obscurité et l'éloignement.

Histoire de mes idées philosophiques
(1961)

BERTRAND RUSSELL
(1872-1970)

La riche personnalité de Bertrand Russell, logicien, philosophe mais aussi militant pacifiste et intellectuel engagé (il créa le fameux tribunal Russell pour juger les atrocités de la guerre, particulièrement du Viêt-nam) domine la philosophie du XXe siècle.

Il inaugure ce siècle et l'oriente avec les trois volumes des Principia Mathematica *(rédigés avec A. N. Whitehead et publiés de 1910 à 1912) ; ce monumental effort pour réduire les mathématiques à la logique animait déjà son ouvrage de 1903,* The Principles of Mathematics. *La réflexion de Russell fonde la philosophie analytique anglo-saxonne, dont le but principal est de résoudre (ou* dissoudre *au sens analytique du terme) les problèmes philosophiques par une meilleure conscience du fonctionnement logique de notre langage.*

La réduction des mathématiques à la logique constitue un jalon important dans l'histoire du calcul, mais cet effort d'unification se heurte à des antinomies qui menacent les concepts fondamentaux, et notamment le concept de classe. Deux sortes de difficultés logiques surgissent dans l'ouvrage de 1910 : les antinomies logico-mathématiques, qui obligent Russell à forger la théorie des types, d'abord consacrée à clarifier les termes de classe et de nombre, et les paradoxes liés à l'énonciation, comme celui du menteur, qui conduisent à une hiérarchisation des niveaux de discours en langage et métalangage. On ne distinguera pas ici entre ces deux branches, et l'on suivra l'exposé le plus simple de ces difficultés en repartant du paradoxe d'Épiménide.

Le célèbre énoncé d'Épiménide le Crétois, « Tous les Crétois sont des menteurs » résume en effet le mécanisme d'un grand nombre de paradoxes, au cœur desquels on trouve le cercle vicieux de l'autoréférence. Sa plus ancienne formulation semble remonter à Eubulide de Mégare (VIe siècle avant J.-C.), et saint Paul y fit allusion dans une épître à Tite. La théorie des types met cette autoréférence hors la loi, en interdisant à une assertion (logique ou langagière) de se prendre elle-même pour objet.

Après une longue éclipse, le paradoxe a explosé dans différents domaines de la connais-

sance : Russell et Gödel le découvraient au fondement des mathématiques, mais nous avons vu que Gregory Bateson y pointait le nœud de la schizophrénie (confusion de la carte et du territoire), et que les sciences humaines et la psychanalyse en particulier frôlent une situation épiménidienne : chaque fois que le niveau observé se rapproche de l'observateur, ou l'opérande de l'opérateur, une « boucle étrange » (Hofstadter) menace d'enchevêtrement notre raison linéaire et hiérarchisante. Mais cette situation est au cœur du processus vivant, autoréférentiel et auto-organisant.

Cette curiosité logique, classiquement confinée au musée des horreurs ou dans les usages ludiques de la philosophie, fait donc aujourd'hui figure de modèle plus que de repoussoir. C'est pourquoi Hofstadter, préfaçant son deuxième ouvrage Metamagical Themas, *souligne combien l'étude des paradoxes s'est révélée centrale pour aborder les théories de l'intelligence et de la conscience, naturelles ou artificielles. Plus un système gagne en complexité, suggère Hofstadter en s'appuyant sur Gödel, le mathématicien et logicien, et plus il développe l'autoréférence. Plus nos cerveaux se révèlent efficaces et puissants, et plus leur fonctionnement est consacré à gérer une part importante de leur propre activité, consciente ou inconsciente. De même voyons-nous notre langage, à première vue destiné au traitement des « données » extérieures, générer un abondant métalangage (dont le paradoxe du menteur est un immédiat sous-produit, mais aussi les énoncés philosophiques et une bonne part de la littérature). « Je trouve toujours singulier que des gens se répandent en imprécations contre la stupidité de l'autoréférence alors qu'ils sont eux-mêmes composés de milliards de petites molécules autoréférentielles. »*

Ces cercles que la logique réprouve comme vicieux ont donc quelques vertus, notamment du côté de la créativité. Mais voyons tout d'abord ce que dit exactement le menteur. L'assertion d'Épiménide, typiquement métalinguistique (son énoncé qualifie en direct sa propre énonciation), n'entraînerait aucune gêne si elle s'affirmait comme vraie :

1) CETTE PROPOSITION EST VRAIE.

Tout le problème vient de ce que la même phrase cumule deux niveaux de langage dont le second contredit le premier :

2) JE DIS QUE CETTE PHRASE EST FAUSSE.

La proposition 2 étant assertive, elle implique que le locuteur dise le vrai ; si celui-ci, au moyen des deux deictiques (Je, cette) qui embrayent sur l'autoréférence en pointant le premier niveau, prétend dénoncer actuellement ou « par la présente » celui-ci comme faux, il crée un paradoxe : celui de dire vrai s'il dit faux, et de dire faux s'il dit vrai.

La crise des fondements des mathématiques est intimement liée à ces problèmes de l'autoréférence, et les antinomies débattues depuis Hilbert tournent autour du paradoxe d'Épiménide. Sans prétendre reconstituer ici cette problématique logico-mathématique, nous voyons Bertrand Russell, dans ce passage de son autobiographie intellectuelle, résumer la difficile gestation de la théorie des types, en principe destinée à conjurer le paradoxe. Pour exposer cette difficulté, il a forgé quelques exemples intuitivement plus frappants que l'abstraite considération des ensembles :

– le paradoxe du bibliothécaire consciencieux : comment complètera-t-il l'archi-catalogue de la bibliothèque, c'est-à-dire le catalogue de tous les catalogues qui ne se recensent pas eux-mêmes ?

– le paradoxe du barbier : si celui-ci rase tous les hommes du village qui ne se rasent pas eux-mêmes (hypothèse parfaitement logique), et à supposer que ce barbier soit un homme (supposition non moins normale), qui rasera le barbier? *Il découle clairement de ces*

prémisses que s'il se rase lui-même il ne doit pas se raser, mais qu'inversement s'il ne le fait pas il doit le faire...

Ce problème peut-être «insignifiant» coûta à Russell des années de travail acharné, et il dut pour le résoudre échafauder la théorie des types logiques, dont le résultat le plus clair est de bannir l'autoréférence. Cette solution était-elle trop radicale ou coûteuse? Plusieurs auteurs ont critiqué sa rigidité, et souligné ironiquement les contradictions auxquelles entraîne cette tentative d'éradiquer toute contradiction. Hofstadter va jusqu'à faire de la réfutation de la théorie «prodigieusement laide» de Russell le point de départ de son propre livre: «Cette théorie des types, *que nous pourrions également appeler la "théorie de l'abolition des Boucles Étranges", semble bien éliminer les paradoxes de la théorie des ensembles, mais seulement à la condition d'introduire une hiérarchie d'apparence artificielle [...]. Dans le cas de la théorie des ensembles, qui concerne des abstractions que nous n'utilisons pas en permanence, une stratification du genre de la théorie des types semble acceptable, bien qu'un peu étrange, mais elle paraît absurde pour le langage, qui est un élément omniprésent de notre vie. Lorsque nous parlons, nous ne disons pas que nous montons et descendons dans une hiérarchie de langages. Une phrase aussi banale que "Dans ce livre, je critique la théorie des types" serait doublement mise au rancart dans le système dont nous parlons, parce qu'elle mentionne "ce livre", qui ne devrait être mentionnable que dans un "métalivre", et parce qu'elle parle de* moi, *personne dont je ne devrais pas du tout avoir le droit de parler! Cet exemple met simplement en évidence la stupidité de la théorie des types lorsqu'on l'applique à quelque chose de courant*[1]*.»*

Gregory Bateson, pourtant grand utilisateur de la théorie des types, ne disait pas autre chose dans son texte reproduit supra, *chapitre* III*: «La règle de Russell ne peut pas être appliquée sans être aussitôt enfreinte» (§ 19). De même Yves Barel développe longuement la thèse selon laquelle le phénomène que la théorie russellienne voudrait rendre impossible est au contraire «le pain quotidien de la pensée sauvage ou mythologique», et qu'il loge au cœur du système social comme de la logique du vivant: «Ce paradoxe est la possibilité que "quelque chose" soit à la fois acteur et terrain de son action. La fusion, la superposition paradoxale de l'acteur et du champ, du "sujet" et de "l'objet", de ce qui dit et de ce qui est dit, revêtent mille formes différentes: auto-action, auto-reproduction, auto-réflexion, auto-vision, auto-expression, etc. On retrouve la structure même du paradoxe logico-mathématique: il est impossible que le message et le méta-message soient confondus, que l'élément soit la classe et la classe élément d'elle-même, et pourtant cela est.[...] Le paradoxe fondamental est ainsi placé au cœur de la compréhension du phénomène vital. Ce qui vit est ce qui est capable d'agir sur soi, de confondre les niveaux "logiques" [...]. Ce paradoxe est, par définition, une violation de la logique qui veut que tout méta-message provienne d'une source distincte, à distance, supérieure et extérieure [...]. Un système vivant est fondamentalement illogique*[2]*.»*

On peut juger les thèses de Barel trop accommodantes: les exemples qu'il cite, humoristiques ou angoissants, pris dans la perception, dans le langage, dans la pensée systémique des ensembles sociaux et vivants..., amalgament trop vite des «logiques» qu'il s'agit justement de distinguer. Pour nous limiter ici à la dimension logico-linguistique du para-

1. Douglas Hofstadter, *Gödel Escher Bach*, pp. 24-25, partiellement reproduit *infra*.
2. Yves Barel, *le Paradoxe et le système*, PUG, Grenoble, 1979, pp. 26-39. Barel y cite longuement l'ouvrage de Raymond Ruyer, *Paradoxes de la conscience et limites de l'automatisme*, Albin Michel, Paris, 1966.

doxe, il convient de revenir à la distinction du langage et du métalangage, c'est-à-dire du langage-objet et du langage-outil, de l'opérande et de l'opérateur. La notion de vérité suppose que l'esprit s'applique à un état de choses existant; or ex-ister c'est être à l'ex-térieur, à bonne distance des opérations du sujet percevant et pensant. Le menteur ne peut donc rien dire quant à la valeur de vérité de la phrase:

3) JE SUIS EN TRAIN DE MENTIR,

*il ne peut formuler ce jugement que dans un métalangage ou un langage de niveau L + 1. Faute de cette distinction entre niveaux logiques, le menteur confond dans la même phrase l'*usage *et la* mention. *Dans la mesure où ils ne distinguent pas nettement le langage du métalangage, tous nos langages naturels sont entachés d'inconsistance; et le paradoxe du menteur ne fait que nous rappeler cet incontournable état de choses.*

La distinction des niveaux logiques est-elle la plus noble conquête des sciences logico-linguistiques? Notre langage naturel, et notre vie, enchevêtrent à plaisir ce que les formalismes hiérarchisent avec soin: un même énoncé peut parfaitement être à la fois autoréférentiel et référentiel, et dénoter le monde tout en connotant sa propre énonciation. En posant sur le même plan langage et métalangage, le «simple discours» (en vérité combien complexe!) tolère une vaste zone d'ambiguïtés et de pièges que la spéculation philosophique a très tôt exploitée.

La solution russellienne conduisait à modifier notre notion intuitive d'ensemble; puis elle converge avec le théorème de Gödel pour modifier notre conception de la vérité, *en nous forçant à dissocier celle-ci de l'ordre de la preuve (qui fait toujours appel à un métalangage): l'ensemble des propositions démontrables dans un système formel est nécessairement plus restreint que l'ensemble des propositions vraies dans ce même système*[1]*. La réduction logique du paradoxe conduit à dissocier rigoureusement l'ensemble des énoncés* que nous tenons pour vrai *de celui, nécessairement plus étroit, de* ce que nous savons démontrer. *Ou plus familièrement à nous rappeler que notre langage, imparfaitement logique, débordera toujours la sphère nécessairement plus étroite du calcul.*

Source: *Bertrand Russell,* Histoire de mes idées philosophiques, *Gallimard, coll. «Les Essais», Paris, 1961 (traduction de Georges Auclair).*

Bibliographie: *«Bertrand Russell, de la logique à la politique», revue* Hermès, *n° 7, Éditions du CNRS, Paris, 1990.*

PENSANT SELON UNE MÉTHODE qui jusqu'alors m'avait paru adéquate, il me semblait qu'une classe est quelquefois, et quelquefois n'est pas, membre d'elle-même. La classe des petites cuillères, par exemple, n'est pas une petite cuillère de plus, mais la classe des choses qui ne sont pas des petites cuillères est une des choses qui ne sont pas des petites cuillères. Il semblait y avoir des cas qui n'étaient pas négatifs: par exemple, la classe de toutes les classes est une classe. L'application du raisonnement de Cantor me conduisit à considérer les classes qui ne sont pas membres d'elles-mêmes; et celles-ci, me semblait-il, doivent former une classe. Je me demandais si cette classe est membre d'elle-même ou non. Si elle est membre d'elle-même, elle doit posséder la propriété déterminante de cette classe, qui est de ne pas être membre d'elle-même. Si elle n'est pas membre d'elle-même,

1. Sur le théorème de Gödel, voir *infra* le texte de Hofstadter.

elle ne doit pas posséder la propriété déterminante de la classe, et donc être membre d'elle-même [1]. Donc, chaque alternative conduit à son contraire et il y a contradiction. [...]

Des paradoxes plus anciens, dont quelques-uns étaient connus des Grecs, soulevaient des problèmes qui me paraissaient analogues, mais que des auteurs, après moi, ont considérés comme d'une espèce différente. Le plus connu de ces paradoxes était celui d'Épiménide le Crétois, qui disait que tous les Crétois sont menteurs, ce qui faisait que l'on se demandait s'il mentait lorsqu'il le disait. Ce paradoxe se présente sous sa forme la plus simple quand un homme dit: «Je mens.» S'il ment, c'est un mensonge qu'il ment, et donc il dit la vérité; mais s'il dit la vérité, il ment, puisque c'est là ce qu'il dit. La contradiction est donc inévitable. Cette contradiction est mentionnée par saint Paul [2] qui toutefois ne s'occupe pas de ses aspects logiques mais seulement de démontrer que les païens sont méchants. Les mathématiciens pouvaient négliger ces énigmes comme n'ayant rien à voir avec leur sujet, mais ils ne pouvaient ignorer les questions que pose l'existence du plus grand nombre cardinal ou du plus grand ordinal, qui tous deux les entraînaient dans des contradictions. La contradiction relative au plus grand ordinal fut découverte par Burali-Forti avant que j'aie découvert ma contradiction, mais la question dans son cas était beaucoup plus complexe et je m'étais en conséquence permis de supposer que le raisonnement comportait quelque erreur sans importance. En tout cas, sa contradiction, étant beaucoup moins simple que la mienne, semblait à première vue moins dévastatrice. Cependant, je dus admettre pour finir qu'elle était tout aussi grave. [...]

Je me mis résolument à chercher une solution à ces paradoxes. Ceux-ci m'apparaissaient presque comme un défi personnel et j'aurais, s'il l'eût fallu, passé tout le reste de ma vie à tenter de les résoudre. Mais pour deux raisons, cela m'était excessivement désagréable. En premier lieu, le problème me frappait par son insignifiance et je détestais d'avoir à concentrer mon attention sur quelque chose qui ne me semblait pas intrinsèquement intéressant. En deuxième lieu, de quelque façon que je m'y prisse, je ne faisais pas de progrès. En 1903 et 1904, j'ai consacré presque tout mon temps à cette question, mais sans le moindre succès. J'obtins un premier résultat avec la théorie des descriptions, dont je parlerai plus tard. Celle-ci ne semblait pas liée aux contradictions, mais avec le temps un lien insoupçonné devait apparaître. À la fin, il me devint parfaitement clair que la théorie des types, sous une forme ou une autre, est indispensable. Sans insister sur la forme particulière de cette théorie qui est exposée dans *Principia Mathematica,* je reste entièrement convaincu que sans cette théorie, sous quelque forme que ce soit, les paradoxes ne peuvent être résolus.

Tandis que je cherchais une solution, il me sembla qu'il fallait réunir trois conditions pour que la solution fût entièrement satisfaisante. La première de celles-ci, qui était absolument impérative, était la disparition des contradictions. La deuxième, qui était hautement désirable, bien que logiquement non obligatoire, était que la solution laissât autant que possible les mathématiques intactes. La troisième, qu'il est difficile d'énoncer avec précision, était que, à la réflexion, la solution fît appel à ce que l'on peut nommer le «sens commun logique», c'est-à-dire qu'en fin de compte elle semblât exactement ce que l'on devait avoir espéré tout au long. De ces trois conditions, la première, naturellement, est universellement reconnue. La seconde, toutefois, est rejetée par de nombreux penseurs qui estiment que de grandes parties de l'analyse ne sont pas valables dans leur état actuel.

1. Nous corrigeons une erreur flagrante de la traduction Gallimard. *(N.d.P.)*
2. Tite, 1. 20.

La troisième condition n'est pas considérée comme essentielle par ceux qui se contentent de dextérité logique. Le professeur Quine, par exemple, a conçu des systèmes que j'admire grandement en raison de leur habileté, mais que je ne peux pas croire satisfaisants parce qu'ils paraissent créés *ad hoc* et ne pas être ceux que même le logicien le plus intelligent aurait imaginés s'il n'avait rien su des contradictions. Sur ce sujet, cependant, une vaste et fort abstruse littérature a vu le jour et je ne veux rien dire de plus sur les problèmes délicats qu'elle a soulevés.

Sans entrer dans de difficiles détails techniques, il est possible d'expliquer les principes généraux de la théorie des types. Peut-être le meilleur moyen d'aborder cette théorie consiste-t-il à examiner ce que l'on veut dire par une «classe». Commençons par un exemple familier. Supposez qu'à la fin du dîner votre hôte vous offre un choix de trois desserts différents, et vous prie d'en prendre un ou deux ou trois, selon votre désir. Combien de possibilités vous sont ouvertes? Vous pouvez les refuser tous. C'est un choix. Vous pouvez prendre un des desserts. Cela est possible de trois manières différentes et vous donne donc trois choix de plus. Vous pouvez en choisir deux. Cela est possible de nouveau de trois manières. Ou vous pouvez choisir de prendre les trois, ce qui vous donne une dernière possibilité. Le nombre total de possibilités est ainsi de 8, c'est-à-dire 2^3. Il est aisé de généraliser. Supposez que vous avez n objets devant vous et que vous désirez savoir combien de possibilités vous avez de choisir de n'en prendre aucun, d'en prendre quelques-uns et de les prendre tous. Vous trouverez que le nombre de possibilités est de 2^n. En termes de logique: une classe de n termes a 2^n sous-classes. Cette proposition est encore vraie quand n est infini. Ce que Cantor a prouvé, c'était que, même dans ce cas, 2^n est plus grand que n. En appliquant, comme je l'ai fait, cette proposition à toutes les choses de l'univers, on arrive à la conclusion que les classes de choses sont plus nombreuses que les choses. Il s'ensuit que les classes ne sont pas des «choses». Mais, comme personne ne sait tout à fait ce que le mot «choses» veut dire dans cet énoncé, il n'est pas très facile de dire exactement ce que l'on a prouvé. La conclusion à laquelle je fus conduit est que les classes sont simplement une commodité de langage. [...]

Je formulerais aujourd'hui la question d'une manière un peu différente. Je dirais qu'étant donné une proposition fonctionnelle, disons fx, il existe un certain nombre de valeurs de x pour lesquelles cette fonction «a un sens», c'est-à-dire est vraie ou fausse. Si a est dans ce nombre, alors fa est une proposition qui est vraie ou fausse. En plus de la substitution d'une constante à la variable x, il y a deux manières de considérer une proposition fonctionnelle: l'une est d'affirmer qu'elle est toujours vraie; et l'autre, qu'elle est vraie quelquefois. La fonction propositionnelle: «si x est humain, x est mortel» est toujours vraie; la fonction propositionnelle: «x est humain» est vraie quelquefois. On peut donc considérer de trois manières une fonction propositionnelle: la première est de substituer une constante à une variable; la deuxième est d'affirmer toutes les valeurs de la fonction; et la troisième certaines de ses valeurs ou au moins l'une d'elles. La fonction propositionnelle n'est elle-même qu'une expression. Elle n'affirme ni ne nie rien. Une classe, également, n'est qu'une expression. Elle n'est qu'une manière commode de parler des valeurs de la variable pour lesquelles la fonction est vraie.

En ce qui concerne la troisième des trois conditions ci-dessus qu'une solution devrait remplir, j'ai proposé une théorie qui ne semble pas avoir été du goût des autres logiciens, mais qui me paraît encore saine. Cette théorie, la voici: Quand j'affirme toutes les valeurs d'une fonction fx, il faut que les valeurs que peut prendre x soient déterminées si ce que j'affirme doit être déterminé. C'est-à-dire qu'il doit y avoir une totalité quelconque de valeurs possibles de *x*. Si maintenant je crée de nouvelles valeurs définies en termes de cette totalité, la totalité paraît de ce fait agrandie et c'est pourquoi les nouvelles valeurs qui s'y réfèrent se référeront à une totalité agrandie. Mais puisqu'elles doivent être comprises dans cette totalité, celle-ci ne peut jamais les rattraper. C'est comme d'essayer de sauter sur l'ombre de votre tête. Nous pouvons trouver un exemple plus simple dans le paradoxe du menteur. Le menteur dit : « Tout ce que j'affirme est faux. » Cela, en fait, est une assertion qu'il fait mais qui se réfère à la totalité de ses assertions et c'est seulement si on la comprend dans la totalité que le paradoxe apparaît. Nous distinguerons entre les propositions qui se réfèrent à une totalité quelconque de propositions et les propositions qui ne le font pas. Celles qui se réfèrent à une totalité quelconque de propositions ne peuvent jamais être membres de cette totalité. Nous pouvons définir les propositions de premier ordre comme celles qui ne se réfèrent à aucune totalité de propositions ; les propositions de second ordre, comme celles qui se réfèrent à des totalités de propositions de premier ordre ; et ainsi *ad infinitum*. Ainsi notre menteur devra dire maintenant : « J'affirme une fausse proposition de premier ordre qui est fausse. » Mais cette proposition est elle-même une proposition de second ordre. Il n'affirme donc ainsi aucune proposition de premier ordre. Ce qu'il dit est ainsi tout simplement faux, et l'argument selon lequel c'est également vrai tombe. Le même raisonnement s'applique exactement à toute proposition d'un ordre plus élevé.

Il apparaîtra que tous les paradoxes logiques présentent une sorte de référence à soi réflexive qui doit être condamnée pour la même raison : à savoir, qu'elle comprend, comme membre d'une totalité, quelque chose qui se réfère à cette totalité qui ne peut avoir un sens défini que si la totalité est déjà fixée.

Je dois avouer que cette théorie n'a pas gagné beaucoup de partisans, mais je n'ai vu aucun argument contre elle qui m'ait paru irrésistible.

La Bibliothèque de Babel
(1941)

JORGE LUIS BORGES
(1899-1986)

Plusieurs nouvelles de Borges brillent avec la pureté d'un diamant. La Bibliothèque de Babel *par exemple, au cœur de l'ouvrage* Fictions, *peut nourrir bien des rêveries. Elle inspire la bibliothèque-labyrinthe aux alvéoles hexagonales du* Nom de la rose, *d'Umberto Eco (qui a donné au bibliothécaire aveugle, et perfide, le nom de Jorge).*

Cette courte « fiction » rédigée en 1941 avait été précédée deux ans auparavant d'une version plus laconique encore, la Bibliothèque totale *(qui doit paraître dans l'édition prochaine des* Œuvres complètes *en Pléiade). Parmi les innombrables idées frayées par ces deux textes, on trouve celle de la machine-univers défendue par Turing, soit l'ordinateur moderne :*

« Le caprice ou l'imagination ou l'utopie de la Bibliothèque totale comporte certains traits qu'il n'est pas difficile d'assimiler à des vertus. [...] Ses connexions sont illustres et multiples : elle est liée à l'atomisme et à l'analyse combinatoire, à la typographie et au hasard. [...] Le plus ancien des textes qui l'entrevoient se trouve dans le premier livre de

la métaphysique d'Aristote. Je parle de ce passage qui expose la cosmogonie de Leucippe : la création du monde par la conjonction fortuite des atomes. L'écrivain observe que les atomes requis par cette conjecture sont homogènes et que leurs différences procèdent de la position, de l'ordre ou de la forme. [...] Dans le traité De la génération et de la corruption, il cherche à accorder la variété des choses visibles à la simplicité des atomes, et raisonne qu'une tragédie est formée des mêmes éléments qu'une comédie – c'est-à-dire, des vingt-quatre lettres de l'alphabet. »

Les atomes sont en effet comparables à des lettres, indéfiniment combinables. Selon la tradition venue de Démocrite, et qui inspire aujourd'hui les modèles de « l'ordre à partir du bruit », la face visible de l'univers n'est que l'infime fraction, qui forme sens pour nous, de ces combinaisons mécaniques, infinies et aveugles. Du point de vue de la machine de Turing, de même, les êtres que nous sommes ne figurent que les phénotypes d'un génome, le monde disponible est le rescapé de milliards de combinaisons englouties, et toute œuvre singulière n'est que l'émergence contingente et bornée d'une longue série de coups sous-jacents.

Mais, argumente le sens commun, ce monde admirable que nous voyons peut-il résulter de la rencontre fortuite et indéfiniment répétée des atomes ? « Qui juge cela possible pourra tout aussi bien croire qu'à lancer au hasard d'innombrables caractères d'or portant les vingt et une lettres de l'alphabet il pourrait en sortir les annales d'Ennius imprimées. J'ignore si le hasard pourrait faire qu'on y lise un seul vers. »

Après d'autres auteurs que Borges énumère, Aldous Huxley agitera l'idée de ces « caractères d'or » qui, lancés un nombre suffisant de fois, finiraient par composer un vers. La présentation du thème a varié : « Il dit qu'une demi-douzaine de singes, pourvus de machines à écrire, produiraient en quelques éternités tous les livres que contient le British Museum[1]. »

Imaginons à notre tour, en nous mettant par la pensée à la place de ce singe. LA PHRASE QUE J'ÉCRIS ICI, ACTUELLEMENT, CONTIENT QUATRE-VINGT-SEIZE SIGNES INTERVALLES COMPRIS. À chaque emplacement de cette ligne, mon clavier permettait l'apparition d'une centaine d'autres signes alternatifs – les vingt-six lettres de l'alphabet et leurs majuscules, les lettres accentuées, les chiffres, diverses ponctuations et autres symboles, sans oublier l'intervalle et le retour. Pour obtenir exactement cette phrase (celle qui figure ci-dessus en capitales), un singe dactylographe aurait donc dû frapper successivement, avec un doigt chaque fois et sur une seule touche, 100 puissance 96 fois le clavier, soit 10^{192}. (À titre de comparaison, le nombre de particules dans l'univers connu est estimé à 10^{125}.) Ce Très Très Grand Nombre de « coups » dépasse l'imagination, mais il est néanmoins fini, et les milliards de milliards de kilomètres de phrases qu'il engendre contiennent indubitablement ma phrase de quatre-vingt-seize signes. Borges conclut de même, après avoir chiffré quelques économies réalisables dans la base des signes combinés par les singes, à l'existence de cette Très Grande Bibliothèque :

« L'ensemble de ces variations constituerait une Bibliothèque totale, de taille astronomique. [...] Tout sera contenu dans ses volumes aveugles. Tout, l'histoire minutieuse de l'avenir, les Égyptiens d'Eschyle, (...) l'évangile gnostique de Basilide, la chanson que chantaient les sirènes, le catalogue fidèle de la Bibliothèque, la démonstration de la fausseté de ce catalogue. Tout, mais pour une ligne raisonnable ou une indication exacte, il y aura des millions de cacophonies insensées, de fatras verbaux et d'incohérences. Tout,

1. Il suffirait, en toute rigueur, d'un seul singe immortel. (N.d.A.)

mais les générations des hommes peuvent passer sans que les rayons vertigineux – les rayons qui oblitèrent le jour et dans lesquels habite le chaos – leur aient accordé une page tolérable.»

Le code de la langue française et les contraintes de cette Anthologie m'ont permis de sélectionner cette phrase de quatre-vingt-seize signes sans attendre une éternité... En quoi diffère-t-elle de tous les segments de longueur identique virtuellement contenus dans les combinaisons du clavier ou de la Bibliothèque totale? J'apprécie le sens qu'elle revêt pour moi mais, comme dit à peu près Pascal, l'Univers ni la Bibliothèque[1] n'en savent rien.

Source: *Jorge Luis Borges,* Fictions, *Gallimard, Paris, 1957 (et collection «Folio», pp. 91-101).*

Bibliographie: *«La Bibliothèque totale» est parue dans la revue* Sur, *numéro 59 (Buenos Aires, août 1939), et a été traduite par Alain Calame pour le numéro 1 de la revue* Silex *(Grenoble, 1976), d'où nous extrayons les citations qui précèdent, et cette illustration de Jean-Pierre Vergier. L'édition des* Œuvres complètes *de Borges, qui reprend ce texte, est disponible chez Gallimard dans la Bibliothèque de la Pléiade.*

By this art you may contemplate the variation of the 23 letters...
The Anatomy of Melancholy, part 2, sect. II, mem. IV.

L'Univers (que d'autres appellent la Bibliothèque) se compose d'un nombre indéfini, et peut-être infini, de galeries hexagonales, avec au centre de vastes puits d'aération bordés par des balustrades très basses. De chacun de ces hexagones on aperçoit les étages inférieurs et supérieurs, interminablement. La distribution des galeries est invariable. Vingt longues étagères, à raison de cinq par côté, couvrent tous les murs moins deux; leur hauteur, qui est celle des étages eux-mêmes, ne dépasse guère la taille d'un bibliothécaire normalement constitué. Chacun des pans libres donne sur un couloir étroit, lequel débouche sur une autre galerie, identique à la première et à toutes. À droite et à gauche du couloir il y a deux cabinets minuscules. L'un permet de dormir debout; l'autre de satisfaire les besoins fécaux. À proximité passe l'escalier en colimaçon, qui s'abîme et s'élève à perte de vue. Dans le couloir il y a une glace, qui double fidèlement les apparences. Les hommes en tirent conclusion que la Bibliothèque n'est pas infinie; si elle l'était réellement, à quoi bon cette duplication illusoire? Pour ma part, je préfère rêver que ces surfaces polies sont là pour figurer l'infini et pour le promettre. Des sortes de fruits sphériques appelés *lampes* assurent l'éclairage. Au nombre de deux par hexagone et placés transversalement, ces globes émettent une lumière insuffisante, incessante.

Comme tous les hommes de la Bibliothèque, j'ai voyagé dans ma jeunesse; j'ai effectué des pèlerinages à la recherche d'un livre et peut-être du catalogue des catalogues; maintenant que mes yeux sont à peine capables de déchiffrer ce que j'écris, je me prépare à mourir à quelques courtes lieues de l'hexagone où je naquis. Mort, il ne manquera pas de mains

1. Ni le singe machinal. *(N.d.P.)*

pieuses pour me jeter par-dessus la balustrade : mon tombeau sera l'air insondable ; mon corps s'enfoncera longuement, se corrompra, se dissoudra dans le vent engendré par la chute, qui est infinie. Car j'affirme que la Bibliothèque est interminable. Pour les idéalistes, les salles hexagonales sont une forme nécessaire de l'espace absolu, ou du moins de notre intuition de l'espace ; ils estiment qu'une salle triangulaire ou pentagonale serait inconcevable. Quant aux mystiques, ils prétendent que l'extase leur révèle une chambre circulaire avec un grand livre également circulaire à dos continu, qui fait le tour complet des murs ; mais leur témoignage est suspect, leurs paroles obscures : ce livre cyclique, c'est Dieu... Qu'il me suffise, pour le moment, de redire la sentence classique : *la Bibliothèque est une sphère dont le centre véritable est un hexagone quelconque, et dont la circonférence est inaccessible.*

Chacun des murs de chaque hexagone porte cinq étagères ; chaque étagère comprend trente-deux livres, tous de même format ; chaque livre a quatre cent dix pages ; chaque page, quarante lignes, et chaque ligne, environ quatre-vingts caractères noirs. Il y a aussi des lettres sur le dos de chaque livre ; ces lettres n'indiquent ni ne préfigurent ce que diront les pages : incohérence qui, je le sais, a parfois paru mystérieuse. Avant de résumer la solution (dont la découverte, malgré ses tragiques projections, est peut-être le fait capital de l'histoire) je veux rappeler quelques axiomes.

Premier axiome : la Bibliothèque existe *ab æterno*. De cette vérité dont le corollaire immédiat est l'éternité future du monde, aucun esprit raisonnable ne peut douter. Il se peut que l'homme, que l'imparfait bibliothécaire, soit l'œuvre du hasard ou de démiurges malveillants ; l'univers, avec son élégante provision d'étagères, de tomes énigmatiques, d'infatigables escaliers pour le voyageur et de latrines pour le bibliothécaire assis, ne peut être que l'œuvre d'un dieu. Pour mesurer la distance qui sépare le divin de l'humain, il suffit de comparer ces symboles frustes et vacillants que ma faillible main va griffonnant sur la couverture d'un livre, avec les lettres organiques de l'intérieur : ponctuelles, délicates, d'un noir profond, inimitablement symétriques.

Deuxième axiome : *le nombre des symboles orthographiques est vingt-cinq*[1]. Ce fut cette observation qui permit, il y a quelque trois cents ans, de formuler une théorie générale de la Bibliothèque, et de résoudre de façon satisfaisante le problème que nulle conjecture n'avait pu déchiffrer : la nature informe et chaotique de presque tous les livres. L'un de ceux-ci, que mon père découvrit dans un hexagone du circuit quinze quatre-vingt-quatorze, comprenait les seules lettres M C V perversement répétées de la première ligne à la dernière. Un autre (très consulté dans ma zone) est un pur labyrinthe de lettres, mais à l'avant-dernière page on trouve cette phrase : *Ô temps tes pyramides*. Il n'est plus permis de l'ignorer : pour une ligne raisonnable, pour un renseignement exact, il y a des lieues et des lieues de cacophonies insensées, de galimatias et d'incohérences. (Je connais un district barbare où les bibliothécaires répudient comme superstitieuse et vaine l'habitude de chercher aux livres un sens quelconque et la comparent à celle d'interroger les rêves ou les lignes chaotiques de la main... Ils admettent que les inventeurs de l'écriture ont imité les vingt-cinq symboles naturels, mais ils soutiennent que cette application est occasionnelle et que les livres ne veulent rien dire par eux-mêmes. Cette opinion, nous le verrons, n'est pas absolument fallacieuse.)

1. Le manuscrit original du présent texte ne contient ni chiffres ni majuscules. La ponctuation a été limitée à la virgule et au point. Ces deux signes, l'espace et les vingt-deux lettres de l'alphabet sont les vingt-cinq symboles suffisants énumérés par l'inconnu. *(Note de l'éditeur.)*

Pendant longtemps, on crut que ces livres impénétrables répondaient à des idiomes oubliés ou reculés. Il est vrai que les hommes les plus anciens, les premiers bibliothécaires, se servaient d'une langue toute différente de celle que nous parlons maintenant; il est vrai que quelques dizaines de miles à droite la langue devient dialectale, et quatre-vingt-dix étages plus haut, incompréhensible. Tout cela je le répète, est exact, mais quatre cent dix pages d'inaltérables M C V ne pouvaient correspondre à aucune langue, quelque dialectale ou rudimentaire qu'elle fût. D'aucuns insinuèrent que chaque lettre pouvait influer sur la suivante et que la valeur de M C V à la troisième ligne de la page 71 n'était pas celle de ce groupe à telle autre ligne d'une autre page; mais cette vague proposition ne prospéra point. D'autres envisagèrent qu'il s'agît de cryptographies; c'est cette hypothèse qui a fini par prévaloir et par être universellement acceptée, bien que dans un sens différent du primitif.

Il y a cinq cents ans, le chef d'un hexagone supérieur[1] mit la main sur un livre aussi confus que les autres, mais qui avait deux pages, ou peu s'en faut, de lignes homogènes et vraisemblablement lisibles. Il montra sa trouvaille à un déchiffreur ambulant, qui lui dit qu'elles étaient rédigées en portugais; d'autres prétendirent que c'était du yiddish. Moins d'un siècle plus tard, l'idiome exact était établi: il s'agissait d'un dialecte lituanien du guarani, avec des inflexions d'arabe classique. Le contenu fut également déchiffré: c'étaient des notions d'analyse combinatoire, illustrées par des exemples de variables à répétition constante. Ces exemples permirent à un bibliothécaire de génie de découvrir la loi fondamentale de la Bibliothèque. Ce penseur observa que tous les livres, quelque divers qu'ils soient, comportent des éléments égaux: l'espace, le point, la virgule, les vingt-deux lettres de l'alphabet. Il fit également état d'un fait que tous les voyageurs ont confirmé: *il n'y a pas, dans la vaste Bibliothèque, deux livres identiques.* De ces prémisses incontroversables il déduisit que la Bibliothèque est totale, et que ses étagères consignent toutes les combinaisons possibles des vingt et quelques symboles orthographiques (nombre, quoique très vaste, non infini), c'est-à-dire tout ce qu'il est possible d'exprimer, dans toutes les langues. Tout: l'histoire minutieuse de l'avenir, les autobiographies des archanges, le catalogue fidèle de la Bibliothèque, des milliers et des milliers de catalogues mensongers, la démonstration de la fausseté de ces catalogues, la démonstration de la fausseté du catalogue véritable, l'évangile gnostique de Basilide, le commentaire de cet évangile, le commentaire du commentaire de cet évangile, le récit véridique de ta mort, la traduction de chaque livre en toutes les langues, les interpolations de chaque livre dans tous les livres. [...]

Les impies affirment que le non-sens est la règle dans la Bibliothèque et que les passages raisonnables, ou seulement de la plus humble cohérence, constituent une exception quasi miraculeuse. Ils parlent, je le sais, de «cette fiévreuse Bibliothèque dont les hasardeux volumes courent le risque incessant de se muer en d'autres et qui affirment, nient et confondent tout comme une divinité délirante». Ces paroles, qui non seulement dénoncent le désordre mais encore l'illustrent, prouvent notoirement un goût détestable et une ignorance sans remède. En effet, la Bibliothèque comporte toutes les structures verbales, toutes les variations que permettent les vingt-cinq symboles orthographiques, mais point un seul non-sens absolu. Rien ne sert d'observer que les meilleurs volumes parmi les nombreux hexagones que j'administre ont pour titre *Tonnerre coiffé*, *La Crampe de plâtre*, et *Axaxaxas*

1. Anciennement, il y avait un homme tous les trois hexagones. Le suicide et les maladies pulmonaires ont détruit cette proportion. Souvenir d'une indicible mélancolie: il m'est arrivé de voyager des nuits et des nuits à travers couloirs et escaliers polis sans rencontrer un seul bibliothécaire.

mlö. Ces propositions, incohérentes à première vue, sont indubitablement susceptibles d'une justification cryptographique ou allégorique; pareille justification est verbale, et, *ex hypothesi*, figure d'avance dans la Bibliothèque. Je ne puis combiner une série quelconque de caractères, par exemple:

dhcmlrchtdtj

que la divine Bibliothèque n'ait déjà prévue, et qui dans quelqu'une de ses langues secrètes ne renferme une signification terrible. Personne ne peut articuler une syllabe qui ne soit pleine de tendresses et de terreurs, qui ne soit quelque part le nom puissant d'un dieu. Parler, c'est tomber dans la tautologie. Cette inutile et prolixe épître que j'écris existe déjà dans l'un des trente volumes des cinq étagères de l'un des innombrables hexagones – et sa réfutation aussi. (Un nombre *n* de langages possibles se sert du même vocabulaire; dans tel ou tel lexique, le symbole *Bibliothèque* recevra la définition correcte *système universel et permanent de galeries hexagonales*, mais *Bibliothèque* signifiera *pain* ou *pyramide*, ou toute autre chose, les sept mots de la définition ayant un autre sens.) Toi, qui me lis, es-tu sûr de comprendre ma langue?

L'écriture méthodique me distrait heureusement de la présente condition des hommes. La certitude que tout est écrit nous annule ou fait de nous des fantômes... Je connais des districts où les jeunes gens se prosternent devant les livres et posent sur leurs pages de barbares baisers, sans être capables d'en déchiffrer une seule lettre. Les épidémies, les discordes hérétiques, les pèlerinages qui dégénèrent inévitablement en brigandage, ont décimé la population. Je crois avoir mentionné les suicides, chaque année plus fréquents. Peut-être suis-je égaré par la vieillesse et la crainte, mais je soupçonne que l'espèce humaine – la seule qui soit – est près de s'éteindre, tandis que la Bibliothèque se perpétuera: éclairée, solitaire, infinie, parfaitement immobile, armée de volumes précieux, inutile, incorruptible, secrète.

Je viens d'écrire *infinie*. Je n'ai pas intercalé cet adjectif par entraînement rhétorique; je dis qu'il n'est pas illogique de penser que le monde est infini. Le juger limité, c'est postuler qu'en quelque endroit reculé les couloirs, les escaliers, les hexagones peuvent disparaître – ce qui est inconcevable, absurde. L'imaginer sans limite, c'est oublier que n'est point sans limite le nombre de livres possibles. Antique problème où j'insinue cette solution: *la Bibliothèque est illimitée et périodique*. S'il y avait un voyageur éternel pour la traverser dans un sens quelconque, les siècles finiraient par lui apprendre que les mêmes volumes se répètent toujours dans le même désordre – qui, répété, deviendrait un ordre: l'Ordre. Ma solitude se console à cet élégant espoir[1].

1941, Mar del Plata.
(Traduction Ibarra)

1. Letizia Alvarez de Toledo a observé que cette vaste bibliothèque était inutile: il suffirait en dernier ressort *d'un seul volume*, de format ordinaire, imprimé en corps neuf ou en corps dix, et comprenant un nombre infini de feuilles infiniment minces. (Cavalieri, au commencement du XVIIe siècle, voyait dans tout corps solide la superposition d'un nombre infini de plans.) Le maniement de ce soyeux vade-mecum ne serait pas aisé: chaque feuille apparente se dédoublerait en d'autres; l'inconcevable page centrale n'aurait pas d'envers.

Théorie mathématique de la communication
(1948)

CLAUDE SHANNON
(né en 1916)

« La vie se passe presque toute à s'informer... » Le jésuite Baltasar Gracián (texte supra *chapitre* III*) ne croyait pas si bien dire, et sans doute aurait-il été le premier enchanté des développements actuels d'une « théorie mathématique de la communication », grâce à laquelle les industries de traitement du signal, et de l'information en général, seront probablement prépondérantes au seuil du prochain millénaire.*

Pour se constituer mathématiquement, c'est-à-dire pour soumettre son objet à la mesure, cette théorie avait néanmoins pour préalable un sévère élagage de la notion courante d'information. Quand Wittgenstein, pour éclairer celle-ci, prend l'exemple de la musique, l'information apparaît comme la structure-qui-relie, ou qui reste invariante au long d'une série d'opérations réversibles : l'écriture de la partition, les états successifs pris par les instruments qui la jouent, les vibrations de l'air et des tympans, l'excitation des trajets nerveux qui transforment ces vibrations en signal et les acheminent au cortex, ou encore les gravures à la surface du microsillon..., tous ces états de la matière enveloppent une série comparable de phénomènes qui partagent la même structure. Celle-ci se calcule donc en bits, et se traduit en longues séquences de choix binaires.

Les jouissances auditives que procure l'écoute de nos CD préférés, mais aussi les facilités de nos machines à communiquer (téléphone, télévision, ordinateur, fax, etc.) supposaient l'élaboration de cette théorie, qui fait de son auteur Claude Shannon l'un des personnages clés de l'histoire que nous retraçons au fil de ce chapitre. Mais comme lui-même a écrit son article dans une langue mathématique opaque au profane, nous accéderons à cette théorie à travers la double présentation qu'en donnent Abraham Moles et Warren Weaver dans l'édition française de cet ouvrage.

Leurs éclaircissements nous dispensent d'un long développement. Nous nous bornerons à remarquer l'un des pièges sémantiques de la notion d'information, identifiée dans le texte de Weaver à l'entropie[1]*, alors qu'on l'associe généralement à son contraire, la néguentropie. Ce flottement est dû aux deux aspects, complémentaires plus que contradictoires, que revêt la notion difficile à saisir d'information : selon cette théorie, elle mesure le degré de liberté dans le choix d'un message, donc le désordre qui règne à la source, avant la mise en forme de celui-ci. Du point de vue de l'émetteur ou de l'encodeur, plus grande au départ est la liberté de choix, plus grande est l'incertitude dissipée par le message, donc la richesse de l'information transmise. (On vérifie intuitivement qu'une dépêche annonçant l'assassinat d'un chef d'État revêt une grande importance, ou contient beaucoup d'information en raison de son improbabilité même, et qu'en revanche le bulletin météorologique qui annoncerait le 30 juin l'absence de chutes de neige le lendemain sur Paris... n'en apporterait rigoureusement aucune.)*

1. *Entropie :* désigne en thermodynamique le degré de *désordre* d'un système physique (ce désordre, selon le principe de Carnot, ne peut aller qu'en augmentant). En information, l'entropie devient le degré d'incertitude, mesuré en *bits* ou unités binaires, qui s'attache à une source émettant des messages. La néguentropie, soit l'inverse de l'entropie, décrit donc le passage d'un désordre aléatoire à un ordre relatif, et se trouve associée à l'organisation en général.

Le commentaire de Weaver associe donc l'information à l'entropie disponible. Mais cette équation est gênante, comme il le reconnaît, car sur un autre plan l'information est ce qui s'oppose au bruit, soit précisément à cette entropie, ou état de désordre et d'équiprobabilité entre les événements. La néguentropie, donc l'information, se caractérise, intuitivement toujours, par la liaison entre les parties ou les occurrences d'une organisation quelle qu'elle soit: le chaos (= l'entropie ou le hasard maximum) règne quand, devant un phénomène, je n'ai aucun moyen connaissant l'élément A d'en déduire l'état suivant ou voisin, B, C ou D du phénomène. On sait en revanche qu'on se trouve en présence d'un processus informationnel, ou d'un message soutenu par un code, quand une liaison s'esquisse entre ces segments. Mais cette liaison néguentropique ne doit pas aboutir à une probabilité absolue: un «message» entièrement prévisible (comme notre bulletin météo) n'apporte aucune information, et le calcul n'en produit aucune (d'où philosophiquement l'objection parfaitement fondée de Bergson à Laplace: un monde intégralement déductible de l'un de ses états n'a rien à voir avec le nôtre).

L'information autrement dit meurt dans la régularité absolue, et le hasard pur lui est également fatal: nous la définirons donc comme ce qui apporte une variation *par rapport à un thème (à une forme), ou une réponse sur le fond d'une* alternative. *Henri Atlan précise en biologiste que nos organismes, de même, évoluent «entre le cristal et la fumée»: entre la rigidité qui rend totalement prévisible, et la déliaison du retour au chaos (mais, pour le vivant, ces deux termes sont deux façons de mourir).*

On a souvent remarqué d'autre part que cette définition shannonienne de l'information ne tient aucun compte du sens. *La quantité de bits mesure le nombre de choix binaires nécessaires pour sélectionner un message, le calcul ne s'appliquant pas moins à telle missive vitale qu'à la plus insensée des coquilles. Yseult guette le retour de Tristan, la voile sera-t-elle blanche ou noire? Noire. Yseult se tue, l'informaticien facture «un bit» (Morin,* la Méthode 1, *1977).*

Il convient donc de souligner une fois pour toutes combien cette théorie d'ingénieurs mathématiciens est à la fois générale, *et restreinte à la seule mesure: le schéma de Shannon ne peut concerner qu'assez partiellement les modèles de la communication psycho-sociologique, ou par exemple la pragmatique de la parole. Et nous avons vu* (supra *chapitre III) les objections que s'attirent les linguistes qui, comme Jakobson, pourraient en faire une utilisation un peu trop... schématique.*

De fait le terme même d'information recouvre dans notre langue une nébuleuse de notions que l'anglais par exemple distingue: veut-on parler de news, *de* knowledge *ou de* data? *«Information» renvoie à deux polarités de notre culture, selon qu'on pense aux informations journalistiques ou au numérique, au langage ou au calcul, aux humanités ou aux maths...*

Mais laissons la parole aux préfaciers de la traduction française (due à J. Cosnier, G. Dahan et S. Economidès). Abraham A. Moles, décédé en 1992, fut longtemps professeur à l'université de Strasbourg. Sa double formation de physicien et de sociologue, acquise en partie aux États-Unis, ainsi que sa forte culture artistique et littéraire lui permirent d'élaborer une théorie générale, et d'éclairer par elle la perception esthétique.

Source: Théorie mathématique de la communication, *par Warren Weaver et Claude Shannon, préface d'Abraham A. Moles, Retz - CEPL, Paris, 1975.*

Bibliographie: *Abraham A. Moles,* Théorie de l'information et perception esthétique, *Denoël, Paris, 1958, réédition révisée en 1972; Robert Escarpit,* Théorie générale de l'information et de la communication, *Hachette, Paris, 1976; Edgar Morin,* la Méthode 1, «La nature de la nature», *troisième partie, pp. 291-364.*

Préface
ABRAHAM A. MOLES

L'OUVRAGE QUE LES ÉDITIONS RETZ ont pris l'initiative de présenter sous une forme facilement accessible au public français, dans la collection des livres fondamentaux, a marqué un tournant dans la conception même que nous nous faisions des rapport entre la structure scientifique du monde et le rôle que l'homme joue par rapport à ce monde. Il se situe, à l'égal de celui de Norbert Wiener, *Cybernetics*, comme un *événement intellectuel* mais, à la différence de celui-ci, ce n'est plus un recueil d'idées disparates dont la force triomphait de la forme, mais un tout mince *précis* qui fonde la notion d'information sur le plan mathématique et auquel tous ceux qui ont affaire à un problème théorique de transfert de message se sont depuis référés.

Il est des livres qui servent de pierre d'angle à la construction scientifique. Le présent ouvrage est un de ceux-là et toute une part de l'activité intellectuelle de la seconde moitié du xxe siècle a été orientée par ce qu'il est convenu d'appeler maintenant *théorie de l'information* dont la définition opérationnelle a été donnée par Shannon dans les pages qui suivent.

Des ouvrages de ce genre, il en existe dans l'histoire des sciences une dizaine par siècle. Pour en trouver un analogue, on pensera aux livres de Broglie, *Introduction à la mécanique ondulatoire*, de Laplace, *Essais philosophiques sur les probabilités*, de Galton, *Enquiries into Human Faculties*, de Darwin, *l'Origine des espèces*, et il est intéressant, au titre précisément de la communication, de se demander comment ces livres ont conquis la place éminente qui leur revient dans l'histoire des idées.

*

C'est une sorte de phénomène de *cristallisation de la pensée* qui paraît rendre compte de leur rôle. Certes, les historiens des sciences ne manqueraient pas d'arguer que la théorie des communications ne date pas rigoureusement de l'ouvrage de Shannon, tout de même qu'il y a eu des précurseurs à la mécanique ondulatoire ou des anticipateurs à la théorie de la relativité, et d'ailleurs diront-ils – ils n'ont pas manqué de le dire – la théorie de la communication n'a été qu'un moment dans le développement de la pensée scientifique et son importance a été fortement discutée précisément dans la relation même que Shannon établissait avec le concept d'information.

En fait, il n'importe. Si le développement de la pensée est continu à l'échelle psychologique, il apparaît au sociologue comme une série de bonds d'étapes en étapes, de bornes miliaires en bornes miliaires, car il implique des *prises de conscience* par fragments et celles-ci se rattachent presque automatiquement à des cristallisations périodiques de la pensée dont le présent livre est un exemple: il incarne, à un certain moment, un certain type de vision du monde. C'est à lui que chacun va se référer, même si, en fait, sa pensée propre a élaboré une voie quelque peu différente.

C'est là un phénomène remarquable *d'agrégation* des courants de pensée; qu'on songe à Marx, Freud, Einstein, Wiener, ceux-ci creusant, comme le remarque Wright Mills, une «rigole» sur la table plane du «champ des possibles» et par là inclinant toutes les boules de pensée individuelles qui, à un quelconque moment, ont rencontré dans leur errance intellectuelle cette «rigole», cette direction privilégiée qu'ils vont suivre dans une relation maintenant spécifique vis-à-vis d'elle. Serait-ce là aussi l'idée d'allégeance intellectuelle?

En pratique, il en résulte une sorte d'«inflation de la référence», un processus de citation automatique, un effet de halo culturel selon lequel cet ouvrage est devenu célèbre; et parce qu'il l'est devenu à un moment de l'histoire scientifique, il a été universellement cité en tête des bibliographies de tous ceux qui de près ou de loin se trouvent toucher à la théorie de l'information, à la fois au titre de caution (et quelquefois d'abri), au titre de rigueur, au titre de référence intellectuelle. Ainsi tout ouvrage ayant amorcé un certain niveau de célébrité par ses qualités intrinsèques, parce qu'il correspondait à un besoin du moment, se trouve franchir un certain seuil, creuser cette rigole sur la *«tabula rasa»* de l'invention et conditionner par la suite les rapports que toutes les quêtes intellectuelles peuvent entretenir avec leur sujet. On trouve ici ce mécanisme du *seuil intellectuel de célébrité,* bien marqué dans le domaine littéraire par Escarpit.

Quoi qu'il en soit, ce livre n'était finalement que la réimpression de trois articles assez substantiels écrits par Shannon pour une revue hautement spécialisée, le «Bell System Technical Journal», articles eux-mêmes issus de rapports qu'il avait rédigés au service des Laboratoires Bell dont on commence à savoir (même en France) que c'est la plus grande université technique de sciences des communications du monde, dans laquelle il assumait, quel que soit son éclat, le rôle d'un chercheur parmi d'autres. Faut-il porter au crédit de ces hauts lieux de la pensée – M.I.T. et Bell en l'occurrence – leur capacité d'agréger les esprits remarquables d'une époque?

*

Mais il s'est trouvé que l'ouvrage proposait, en même temps que les éléments d'une doctrine mathématique souvent vulgarisée depuis, une *unité de mesure* de l'efficacité de la communication à la fois extraordinairement générale puisqu'elle laissait entièrement de côté la nature même de la communication effectuée, et très étroite puisqu'elle se référait à une situation bien particulière de caractère technique, celle où l'émetteur veut introduire le maximum de nouveautés chez le récepteur en utilisant au mieux les moyens et les trajets que le monde naturel met à sa disposition pour se relier à lui: c'est l'idée *d'occupation* d'un canal.

«C'est une bien pauvre science, disait lord Kelvin, celle qui n'est pas capable de s'exprimer dans des mesures»; s'il est abusif de vouloir réduire toute science à une mesure, car le but de la science est de comprendre, et la mesure n'aide pas toujours à comprendre, il est bien certain que la proposition faite par Shannon de mesurer l'information a été essentielle. Même si cette «Information» ne coïncide avec le processus de communication que dans des conditions bien définies, bien particulières, finalement assez étroites, et qui ont dû être fortement revues et étendues depuis, la Science de la Communication n'a pu se proclamer, s'ériger en discipline autonome qu'à partir du moment où Shannon a proposé cette mesure de ce qui se trouvait «transporté» de l'émetteur jusqu'au récepteur, qu'il a appelé précisément *information,* mesure à caractère statistique, indépendante de la communication particulière qu'elle considérait, mais par contre dépendante des probabilités d'utilisation des signes dans le «comportement» global du récepteur, qu'il soit homme ou machine.

Il n'y a de science que du général; ainsi par là, tous les phénomènes dans lesquels un organisme, une machine se trouvaient conditionner, modifier un autre organisme, une autre machine situés en un autre lieu et/ou à une autre époque, étaient ramenés à une mesure commune, tout de même que nous savons mesurer l'espace géométrique avec une unité commune, qu'il s'agisse de longueur, de hauteur, de largeur ou de profondeur (notion que le système empirique des mesures anglo-saxonnes n'a toujours pas fini d'assimiler). Cette unité commune, que Shannon a appelée simplement «binary digit» ou «bit», faisant par là un innocent jeu de mots sur les morceaux («bits») d'information, reprenait sous l'angle d'une doctrine précise un très vieil algorithme de Leibniz: celui-ci, deux siècles avant, dans sa «Combinatoria universalis», avait montré qu'il était possible de proposer un portrait de n'importe quel phénomène du monde extérieur en le réduisant à une série d'alternatives (0 = alternative A, 1 = alternative B), aussi probables l'une que l'autre dans les conditions de connaissance où se trouve l'observateur (Lemme de Bayes), à la condition de savoir poser avec art les questions qui conviennent.

Ce qui chez Leibniz avait été une proposition philosophique était devenu, entre les mains de ce jeune ingénieur des télégraphes, une *véritable grandeur* mesurant ce qu'on appelle maintenant le «message», à savoir l'objet matériel qui est transmis de l'émetteur au récepteur.

Ainsi, Shannon, sans le marquer explicitement, se trouvait reprendre une tradition antérieure de la philosophie scientifique, celle du *refus provisoire de la signification,* du fond au profit de la forme, du contenu au profit du message, du médium au profit du canal. Il faisait triompher une démarche méthodologique importante: le refus de la spécificité d'un message au profit exclusif de ses caractéristiques physiques observables, et, en cela, mettait au point, par une série d'élargissements successifs, un *modèle* de communication partant de l'échange de signes parfaitement définis depuis un point jusqu'à un autre (comme le courant électrique dans une ligne télégraphique en fournit un exemple parfait), pour s'élargir progressivement à la théorie du transfert de formes globales: la musique, la parole, l'image, d'un lieu ou d'un temps à un autre.

La méthode ici employée pourrait être définie par les spécialistes de la créativité comme une sorte de *méthode de prolongement analytique* dans laquelle le mathématicien, ou tout au moins l'ingénieur mathématicien, ayant mis en forme de façon rigoureuse, à l'intérieur d'un domaine de validité très étroit, un phénomène quelconque (en l'occurrence l'échange de signaux «discrets», c'est-à-dire ne pouvant prendre que des valeurs finies) *élargit* peu à peu par des propositions successives les domaines de validité du modèle initial, en le rendant certes plus compliqué et plus subtil, mais en gardant par prolongements successifs cette rigueur qui a été sa force initiale.

*

Il reprenait par là et justifiait sur le plan logique une intuition que, vers 1940-1945, tous ceux qui se trouvaient travailler sur les domaines de communication ressentaient de façon vague: si un message est transmis d'un point à un autre, il y a, quels qu'en soient les avatars, les transformations, etc., «quelque chose» qui se conserve, impression que nous avons tous quand nous lisons successivement une série de textes exprimant dans différentes langues le même message; nous savons bien que leur longueur exprimée soit en nombre de signes, soit en temps de lecture, restera (à peu près) constante, si ces messages ont le même degré de précision, impression familière aux spécialistes du rewriting qui changent l'apparence extérieure d'un message en gardant une certaine «quantité de renseignements apprenant quelque chose au lecteur», quelle qu'en soit la formulation.

Les techniciens des télégraphes ou des téléphones qui transposaient le message d'une voix humaine dans un tout autre registre de fréquence le codifiaient ou le manipulaient, puis devaient, à l'arrivée, le «redéballer» depuis l'enveloppe qui avait servi à le convoyer le mieux possible au-delà des territoires ou des océans, pour le restituer à l'entendement humain, s'étaient déjà bien rendu compte de ce phénomène. Déjà quinze ans avant, des théoriciens comme Nyquist et Hartley aux mêmes Laboratoires Bell, Einstein à Princeton s'en étaient bien rendu compte, allant jusqu'à proposer une mesure de la capacité d'un canal à transporter des messages, qu'il s'agisse de télégraphe, de téléphone, de signaux à fréquence musicale ou de symboles. Ils furent parmi les précurseurs de Shannon, mais n'avaient pas su formuler d'une façon nette l'ensemble des paramètres qui étaient en jeu. Ce fut le grand apport de ce dernier. Il était influencé en tant que chercheur avancé au M.I.T. par son maître Wiener qui, dans un chapitre de l'ouvrage *Cybernetics* rédigé vers la même époque, à partir de discussions de séminaires, avait marqué le rôle de la probabilité des états respectifs sur lesquels on devait transmettre un signal, fournissant une première ébauche de ce qui devait être, plus tard, désigné comme la formule fondamentale de Shannon. En résumé, une ligne, un canal possédait de toute façon une certaine «capacité» que l'on mesure (en gros) par le produit de la bande passante (mesurée en octaves ou en unités logarithmiques de fréquence) par la dynamique (c'est-à-dire le nombre de décibels séparant le niveau de distorsion du seuil de bruit), et ce produit était lié à la limite supérieure du nombre total de messages que l'on pouvait transmettre en une seconde.

Ce que Shannon a fait voir d'une façon très nette, c'était l'utilisation que l'on pouvait faire de cette notion, en liant l'information transmise avec la probabilité qu'un message particulier puisse être constitué par un simple jeu combinatoire de signes, tel qu'il serait effectué par un singe dactylographe, au récepteur (Diderot, Borel).

Ainsi, le message fournit d'autant plus d'information qu'il est plus original, plus invraisemblable, moins attendu, et le mot «information» apparaît ici plutôt comme voisin de l'idée de «fourniture d'éléments pour construire une forme donnée»: il s'écarte beaucoup de l'acception banale du terme tel que les journalistes l'utilisent quand ils disent qu'ils apportent «des informations».

C'est certainement ce qui a causé l'une des plus constantes difficultés dans la diffusion de cette théorie auprès du public cultivé. Il n'est pas inutile de voir tant dans le succès de cette théorie que dans les faux sens commis au sujet du mot «information» un *mécanisme culturel* important de la société de diffusion de masse. C'est, en effet, une prérogative du chercheur scientifique dans la manipulation de notions nouvelles, de choisir, pour les désigner, des mots nouveaux et d'en fournir une définition irréfutable: créateur, il est créateur linguistique. Tant que ces mots restent dans le cadre même qui leur a donné naissance, il n'y a là aucun inconvénient: c'est un processus nécessaire, celui du langage scientifique comme parallèle au langage ordinaire; les mathématiciens, entre autres, ne se privent pas de prélever des mots du langage le plus simple (filtre, anneau, catastrophe, coupure, etc.) et de leur donner un sens extrêmement particulier qui provoque la perplexité du public profane.

Mais il s'est trouvé que le mot «information» était déjà un *mot clé* de notre société. Toute personne qui lit un journal ou un document quelconque, qui écoute la radio, parle des «informations» qu'elle reçoit, et la tentation était grande, pour ce même public, de confondre le terme d'information, qui est une *mesure mathématique de l'originalité de la situation* créée au récepteur par l'avènement du message, avec «les informations», qui sont en fait des séries de messages – ayant des contenus d'information extrêmement variables, selon les connaissances à priori que peut avoir le récepteur. «Des informations» (nous dirions plus correctement des nouvelles) nous annonçant (?) quelque chose que nous savions déjà ne modifient en rien notre comportement, comme le marque bien Weaver dans le chapitre introductif de cet ouvrage ; par conséquent, elles ne convoient pas d'« informations ». Il faut voir dans la remarque que Weaver fait dans son introduction : « Il est clair que la communication doit affecter le comportement, ou sinon elle n'a aucun effet discernable », la marque de *l'attitude behavioriste,* selon laquelle si aucun effet n'est décelable, le concept même d'information du message n'est pas « opérationnel », au sens même où le philosophe anglo-saxon Bridgmann a défini ce terme.

Il y avait pourtant là l'amorce d'une confusion, confusion contre laquelle les théoriciens ont dû lutter pendant des années, mais qui a joué cependant un rôle important dans la vogue de la théorie de l'information. Des mécanismes de ce genre sont courants dans le processus du développement scientifique. L'œuvre scientifique n'a de valeur que dans la mesure même où elle diffuse ses conceptions et ses mots clés dans la pyramide socioculturelle du public. Mais avant de trouver sa place nette et sans ambiguïté dans l'esprit de chacun, la démarche scientifique passe par tout un stade d'erreurs d'interprétation, de trahison relative qui paraît quelque peu nécessaire à son impact même, constituant ce que nous avons appelé *l'univers du faux sens.* Le faux sens n'est pas tout à fait le contresens – le mot « information » a bien quelque rapport avec son acception dans le langage courant –, il n'est certainement pas absence de sens, il est un élément dynamique de la réflexion de l'homme moderne, même le plus versé dans les algorithmes mathématiques, mais il est cependant un stade de ce qu'on peut appeler la vérité. Le faux sens n'est qu'un moment du vrai, un moment nécessaire à l'adoption par des esprits autres que celui qui a créé le vrai. On pense ici à la formule de Bachelard dans l'un de ses cours : « La vérité n'est que la rectification d'une longue suite d'erreurs. » Ce qui est donc important dans la science, c'est l'erreur. La trajectoire du mot « information » dans l'époque scientifique qui s'écoule, entre 1950 et 1965, illustre déplorablement ce processus.

Il ne s'agissait en fait que d'un élément essentiel, l'apport d'une mesure dans un domaine où elle était ignorée et par là la mise en place d'une science véritable par des élargissements successifs, à partir d'une situation initiale bien énoncée et caractérisée par Shannon, puis par ses successeurs tels que Meyer-Eppler, Cherry, Grabol, McKay, ensuite celle de l'échange de signaux prélevés dans un répertoire « discret » comme peut l'être, par exemple, le texte typographique que l'imprimeur traditionnel construisait en prélevant des caractères typographiques appartenant à un nombre très limité de types puisés dans une casse (casier à caractères) et posés les uns au bout des autres sur une ligne, ou comme le fait la dactylographe qui fait venir par le geste de son doigt une lettre frappée sur la ligne et matérialisée sur le papier.

Il a fallu un effort considérable partant de cette situation initiale pour élargir par degrés la notion même de message à tout l'ensemble de ce que l'on désigne maintenant sous ce nom, qu'il s'agisse des messages sonores transmis par les modulations de la ligne téléphonique, des messages visuels convoyés par les variations de luminosité en chaque point de l'écran de télévision, des messages que peut convoyer la musique auxquels Weaver faisait déjà allusion dans le texte d'accompagnement qu'il avait rédigé en collaboration avec Shannon, tous ces messages qui apparaissaient à l'observateur comme bien loin de l'épuisement méthodique de signes discrets puisés les uns après les autres dans un alphabet ou un répertoire de types, posés les uns au bout des autres par le récepteur avec des éléments qu'il connaît déjà (reconnaît), parce qu'il les a, d'une quelconque façon, stockés dans une mémoire.

Cet effort n'a pas été le fait de Shannon ni de Weaver, bien que le texte d'introduction de ce dernier comme les entretiens que nous avons eus avec lui à l'époque où il publiait le présent livre en fassent nettement état et montrent que les idées principales en étaient déjà bien dans leur esprit. Mais, là encore, Shannon a fourni les éléments essentiels de ce processus d'élargissement – de « prolongement analytique », disions-nous plus haut – en montrant qu'un *signal continu*, ce qu'on appelle volontiers maintenant un signal analogique tel que la variation d'un courant électrique dans une ligne téléphonique ou de la pression de l'air au voisinage d'une oreille humaine, peut toujours être réduit à un système discret constitué d'un certain nombre d'éléments simples. Tels sont, par exemple, ce que les psychologues appellent les « seuils différentiels », les variations minimales que le signal doit subir pour être reconnu soit par un organisme mécanique, soit par l'être humain, parce qu'il a subi un changement par rapport à son état précédent. C'est cette idée de quantification qui a été développée dans la théorie des signaux continus, ainsi redécomposés en une gamme de signaux discontinus qu'il est donc possible de distinguer et d'analyser. C'est en fait la première ébauche d'une atomisation du signal en éléments simples, discernables, comme l'ont montré H. Jacobson et nous-même, qui ouvrait la voie vers l'identification ou la jonction entre ce qu'on appelait à l'époque « théorie informationnelle » ou « communicationnelle », et ce qu'on appelle maintenant « théorie structuraliste ».

Ce n'est que vers 1965, au moment où dans les cercles spécialisés les conceptions fondamentales de la théorie de l'information étaient devenues non seulement acceptées mais banales, que le cadre de la théorie des communications a été constitué en titre à partir de l'idée d'influence par un ensemble de signes depuis un point de l'espace ou du temps jusqu'à un autre point de l'univers, à partir du transfert d'un message : ce qu'on a appelé, avec Tannenbaum, *expérience vicariale*.

*

Ainsi, Shannon a donné en ce domaine l'impulsion initiale, mais ce sont ses successeurs qui ont mis sur pied, de façon définitive, cette théorie d'analyse physique du signal continu en éléments discrets identifiables et répertoriables. Elle est devenue, à partir des années 1960, l'une des pierres d'angle d'une science bien plus générale, la *science des communications,* dont la théorie de l'information au sens strict n'est plus qu'une petite partie. Elle a changé peu à peu son terrain d'application. D'une discipline de statistique mathématique sur le choix d'un certain nombre de signes dans un ensemble de probabilités (dont les applications immédiates se proposaient, dans la télégraphie transocéanique, l'analyse des systèmes de codage dans les ordinateurs ou le déchiffrage des messages secrets), elle est passée progressivement au niveau de la linguistique et des bases de ce qu'on appelle maintenant « sémiologie ». Elle a donné lieu à la fondation de ce qu'on appelle désormais « linguistique statistique », considérée comme l'étude des répertoires et des codes que constituent les langues. Nous l'avons appliquée successivement dans le cadre de l'esthétique, à rendre compte des propriétés d'intégration et de perception d'ensembles de signaux pour constituer une « forme », et ultérieurement dans les sciences humaines, à l'analyse de la complexité des systèmes sociaux ou des structures variées qui se présentent à l'observateur comme des *régularités* dans la construction des organismes.

*

Il y a donc un lien profond entre les bases de la théorie de l'information et ce qu'on appelle depuis une décennie « théorie structuraliste ». L'une et l'autre sont, comme nous l'avons ébauché plus haut, l'expression de la « théorie atomique » dans les sciences sociales considérées comme des *systèmes d'éléments reliés entre eux* et échangeant les uns avec les autres des messages continus ou discontinus.

Quand on reçoit un message, il fixe la position relative d'un certain nombre d'éléments *par rapport au possible désordre* qui aurait pu résulter du tirage de ces éléments au hasard, même en suivant certaines règles de contrainte, et, *par conséquent,* il fournit une certaine information, il fixe une petite portion du monde par rapport à ce qu'aurait pu créer ce « singe dactylographe » si cher aux philosophes de la physique. Le concept clé restait le terme d'information, ce terme dont nous venons de voir toute l'ambiguïté dans le grand public cultivé qui confondait la « chose » : les *nouvelles*, les *messages* avec sa mesure, l'information, c'est-à-dire la quantité d'originalité qu'ils contiennent.

Ce concept restait essentiel, quel que fût le nom qu'on voulût lui donner. Von Neumann a suggéré, par exemple, que le terme de « complexité » aurait mieux rendu compte de la grandeur que Shannon avait désignée sous le nom d'« information », ce qu'ont confirmé et mis en application d'autres théoriciens des systèmes comme Ashby, Simon et nous-même. Ainsi les interprétations valables du mot « information » ne manquent pas, même au sein de la physique classique. D'autres chercheurs, tels que Brillouin et Szilard, ont souligné l'identité dégagée par Shannon entre le concept d'information et celui *d'entropie* imaginé par Gibbs et Boltzmann, fondateurs de la thermodynamique au siècle dernier, que l'on exprimerait maintenant plus simplement comme le *degré de désordre* d'un ensemble. L'information est liée à une sorte d'« entropie négative », elle est le symétrique de l'idée même de désordre. Le message a créé l'ordre là où le jeu aveugle des forces de la nature aurait créé un certain désordre.

*

Le succès de ce livre fut immédiat. Avant même sa publication il était déjà connu, puisqu'il résultait de trois articles fondamentaux d'une revue scientifique très spécialisée, mais très connue, issue d'une institution célèbre. Ce fut l'initiative des Presses de l'université d'Illinois qui en fit un volume en y adjoignant le chapitre placé en introduction dans la présente édition, rédigé par Weaver, l'un des meilleurs philosophes de la communication. Ce chapitre explique, en termes simples, les principaux aspects du domaine même de la communication. [...]

Contributions récentes à la théorie mathématique de la communication

WARREN WEAVER
(1896-1978)

1 – Note introductive sur la situation générale des études analysant la communication

1.1 – *Communication.*

Le mot *communication* sera utilisé ici dans un sens très large incluant tous les procédés par lesquels un esprit peut en influencer un autre. Cela, bien sûr, comprend non seulement le langage écrit ou parlé, mais aussi la musique, les arts plastiques, le théâtre, la danse et, en fait, tout comportement humain. Dans quelques domaines proches, il serait souhaitable d'utiliser une définition encore plus large, de façon à inclure les procédés par lesquels un mécanisme (tel un équipement automatique pour dépister un aéroplane et «prévoir» ses positions futures probables) affecte un autre mécanisme (tel un missile téléguidé poursuivant cet aéroplane). Le langage de ce mémoire paraîtra souvent se référer au champ particulier, encore que très vaste et important, de la communication verbale; mais, en pratique, tout ce qui sera dit est également valable pour la musique et pour toute image fixe ou mobile, comme la télévision.

1.2 – *Les trois niveaux des problèmes de communication.*

Il semble y avoir trois niveaux relatifs au vaste sujet de la communication. Ainsi, il paraît raisonnable de se demander successivement:

Niveau A: avec quelle exactitude les symboles de la communication peuvent-ils être transmis? (Problème technique.)

Niveau B: avec quelle précision les symboles transmis véhiculent-ils la signification désirée? (Problème sémantique.)

Niveau C: avec quelle efficacité la signification reçue influence-t-elle la conduite dans le sens désiré? (Problème de l'efficacité.)

Les *problèmes techniques* concernent l'exactitude du transfert depuis l'émetteur jusqu'au récepteur des séries de symboles (langage écrit) ou d'un signal variant de façon continue (transmission de la voix ou de la musique par téléphone ou radio), ou d'un «pattern» bi-dimensionnel continu et variable (télévision), etc. Mathématiquement, le premier problème comprend la transmission d'une série finie de symboles discrets, le second la transmission d'une fonction continue du temps et le troisième la transmission de plusieurs fonctions continues du temps ou d'une fonction continue du temps et de deux coordonnées spatiales.

Les *problèmes sémantiques* concernent l'identité, ou une approximation suffisamment proche, entre l'interprétation du récepteur et l'intention de l'émetteur. C'est une situation très profonde et complexe, même si l'on traite seulement les problèmes relativement les plus simples de la communication par la parole. Une complication essentielle est illustrée par la remarque que, si M. Y soupçonne M. X de ne pas le comprendre, il n'a d'autre ressource que de parler davantage à M. X pour éclaircir la situation. Si M. Y dit: «Me comprenez-vous?» et si M. X répond: «Certainement», cela ne constitue pas une certitude que la compréhension est réelle. Cette réponse peut signifier simplement que M. X n'a pas compris la question. Si cela semble niais, essayons-le sous cette forme: «Czy pan mnie rozumie?», avec la réponse: «Hai wakkate imasu.» Je pense que cette difficulté fondamentale [1], du moins dans le domaine restreint de la communication verbale, est réduite (bien que jamais complètement éliminée) par des «explications» qui *(a)* ne sont vraisemblable-

1. «Lorsque Pfungst (1911) démontra que les chevaux d'Elberfeld, qui faisaient preuve d'extraordinaires capacités linguistiques et mathématiques, réagissaient en fait aux mouvements de tête de l'entraîneur, M. Krall (1911), leur propriétaire, répondit à cette critique de la façon la plus directe qui soit. Il demanda aux chevaux s'ils pouvaient percevoir des mouvements si petits: ils signifièrent leur réponse en émettant un "non" retentissant. Malheureusement, nous n'avons aucune assurance de nous faire comprendre ou d'obtenir des réponses aussi claires.» Voir K. S. Lashley: «Persistent Problems in the Evolution of Mind», dans *Quarterly Review of Biology,* vol. 24, mars 1949, p. 28.

ment guère plus que des approximations des idées exprimées, mais qui *(b)* sont compréhensibles parce que formulées en un langage rationnellement clarifié au préalable par des procédés opératoires. Par exemple il faut peu de temps pour traduire le symbole «oui» en quelque langage opérationnellement compréhensible.

Le problème sémantique a de vastes ramifications si l'on pense à la communication en général. Citons l'exemple de la signification des actualités cinématographiques américaines pour un citoyen russe.

Les *problèmes d'efficacité* concernent le succès avec lequel la signification convoyée jusqu'au receveur provoque chez lui la conduite désirée. Il peut sembler à première vue trop limité de proposer comme but de toute communication d'influencer la conduite du receveur. Mais, avec une définition assez large de la conduite, il paraît clair que ou bien la communication affecte la conduite, ou elle ne produit pas d'effet décelable et probablement pas d'effet du tout.

Le problème de l'efficacité implique des considérations esthétiques dans le cas des beaux-arts. Dans le cas du langage, écrit ou parlé, il implique des considérations qui vont de la simple stylistique, en passant par tous les aspects psychologiques et émotionnels de la théorie de la propagande, jusqu'aux jugements de valeur qui sont nécessaires pour attribuer une signification nouvelle aux mots «succès» et «désirée» dans la phrase initiale de ce paragraphe sur l'efficacité.

Le problème de l'efficacité est étroitement lié au problème sémantique et le recouvre d'une façon plutôt vague; mais il y a en fait un recouvrement de toutes les catégories de problèmes proposées.

1.3 – *Commentaires.*

Ainsi présenté, on serait enclin à penser que le niveau A est relativement superficiel, concernant seulement les détails techniques d'une bonne conception d'un système de communication, tandis que B et C semblent correspondre à presque tout, sinon tout, le contenu philosophique du problème de la communication. La théorie mathématique des aspects techniques de la communication, telle qu'elle est développée spécialement par Claude Shannon aux Bell Telephone Laboratories, s'applique de façon évidente en premier lieu au problème A, c'est-à-dire au problème technique de la fidélité de la transmission de types variés de signaux d'un émetteur à un receveur.

Mais la théorie a, je pense, une signification profonde, qui prouve que le paragraphe précédent est sérieusement imparfait. Une partie de la signification de la nouvelle théorie vient du fait que les niveaux B et C ne peuvent utiliser que des signaux dont la précision va dépendre des analyses du niveau A. Ainsi, toutes limitations découvertes dans la théorie au niveau A vont nécessairement s'appliquer aux niveaux B et C. Mais une plus large part de la signification vient du fait que l'analyse au niveau A révèle que ce niveau recouvre les autres plus qu'on ne pouvait naïvement le soupçonner. Ainsi, la théorie du niveau A est, au moins jusqu'à un certain point, aussi une théorie des niveaux B et C. J'espère que les parties suivantes de ce mémoire éclaireront et justifieront ces dernières remarques.

2 – Problème de communication au niveau A

2.1 – *Un système de communication et ses problèmes.*

Le système de communication considéré peut être symbolisé de la façon suivante:

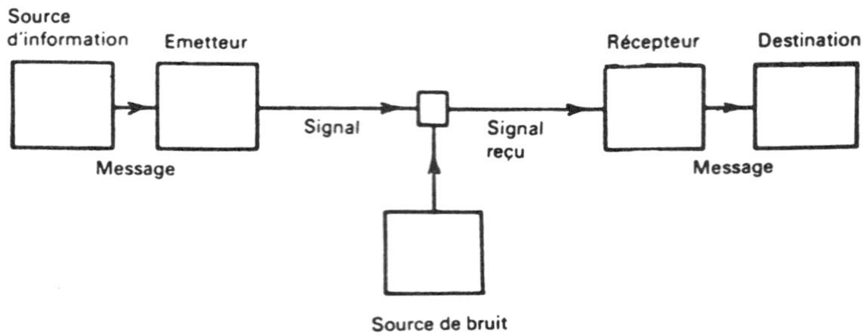

La *source d'information* choisit le *message* désiré parmi une série de messages possibles (cela est une remarque particulièrement importante qui nécessitera plus tard une explication détaillée). Le message choisi peut consister en mots écrits ou parlés, ou en images, musique, etc.

L'émetteur transforme ce *message* en *signal* qui est alors envoyé par le *canal de communication* de l'émetteur au *récepteur.* Dans le cas du téléphone, le canal est un fil métallique, le signal un courant électrique variable parcourant ce fil; l'émetteur est un ensemble d'éléments (émetteur téléphonique, etc.) qui transforme la pression du son vocal en un courant électrique variable. Dans le cas de la télégraphie, l'émetteur code des mots écrits en séquences de courant interrompues de longueurs variables (points, traits, blancs). Pour le langage parlé, la source d'information est le cerveau, l'émetteur est l'organe vocal qui produit la pression variable sonore (le signal) transmise à travers l'air (le canal). Pour la radio, le canal est simplement l'espace (ou l'éther, si quelqu'un préfère encore ce mot ancien et fallacieux) et le signal est l'onde électromagnétique qui est transmise.

Le *récepteur* est en quelque sorte un émetteur inversé, changeant le signal reçu en message et amenant ce message à destination. Quand je vous parle, mon cerveau est la source d'information, et le vôtre la destination; mon système vocal est l'émetteur, et votre oreille avec la huitième paire de nerfs crâniens est le récepteur.

Dans le processus de transmission, il est malheureusement caractéristique que certains éléments qui n'étaient pas voulus par la source s'ajoutent au signal. Ces additions indésirables peuvent être des distorsions du son (au téléphone, par exemple) ou électrostatiques (pour la radio), ou des distorsions de la forme ou du contraste de l'image (télévision), ou des erreurs de transmission (télégraphie, reproduction), etc. Toutes ces altérations du signal transmis sont appelées *bruit.*

Les questions que l'on se pose au sujet d'un tel système de communication sont:

a) Comment mesurer la *quantité d'information?*

b) Comment mesurer la *capacité* du canal de communication?

c) L'action de l'émetteur qui transforme le message en signal implique souvent un *processus de codage.* Quelles sont les caractéristiques d'un processus de codage efficace? Et, quand le codage est aussi bon que possible, en quelle quantité l'information peut-elle être convoyée par le canal?

d) Quelles sont les caractéristiques générales du *bruit?* Comment le bruit affecte-t-il l'exactitude du message finalement reçu à destination? Comment peut-on diminuer les effets indésirables du bruit, et jusqu'à quel point peuvent-ils être éliminés?

e) Si le signal transmis est *continu* (comme pour le langage parlé ou la musique) plutôt que formé de symboles *discrets* (comme pour le langage écrit, la télégraphie, etc.), comment cela modifie-t-il le problème ?

Nous allons maintenant indiquer, sans preuves et avec un minimum de terminologie mathématique, les principaux résultats obtenus par Shannon.

2.2 – *L'information.*

Le mot *information*, dans cette théorie, est utilisé dans un sens spécial, à ne pas confondre avec son usage courant. En particulier, *information* ne doit pas être confondue avec signification. En fait, deux messages, l'un qui est chargé de sens et l'autre qui ne signifie rien, peuvent être exactement équivalents, du présent point de vue, en ce qui concerne l'information. C'est, sans aucun doute, ce que Shannon entend lorsqu'il dit que « les aspects sémantiques de la communication ne relèvent pas de ses aspects technologiques ». Mais cela ne veut pas dire que les aspects technologiques n'interviennent pas dans les aspects sémantiques. En vérité, le mot *information*, dans la théorie de la communication, n'est pas tellement lié à ce que l'*on dit*, mais plutôt à ce que l'*on pourrait dire*.

Cela exprime que l'information est une mesure de la liberté de choix dont on dispose lorsque l'on sélectionne un message. Si l'on a affaire à une situation très élémentaire où le choix se fait entre les deux termes d'une alternative, on dit dans ce cas, par convention, que l'information est égale à l'unité. Notons qu'il est erroné (bien que souvent pratique) d'affirmer que l'un ou l'autre message correspond à une unité d'information. Le concept d'information ne s'applique pas aux messages individuels (comme le ferait le concept de signification), mais plutôt à la situation globale : l'unité d'information indique que l'on dispose, dans cette situation, d'une certaine liberté dans la sélection du message, qu'il convient de considérer comme un degré standard ou unitaire.

Les deux messages entre lesquels on doit choisir, dans une telle sélection, peuvent être de toute nature. L'un peut être le texte de la version biblique de King James, et l'autre peut être « Yes ».

L'émetteur a la possibilité de coder ces deux messages de telle sorte que « zéro » soit le signal du premier, et « un » le signal du second ; ou encore que la fermeture d'un circuit (passage du courant) soit le signal du premier, et l'ouverture (pas de courant) le signal du second. Ainsi, les deux positions, fermé/ouvert, d'un simple relais peuvent correspondre aux deux messages.

Pour être un peu plus précis, la quantité d'information est définie, dans les cas les plus simples, comme mesurée par le logarithme du nombre des choix possibles. Il est pratique d'utiliser les logarithmes de base 2, plutôt que les logarithmes usuels [1] de base 10 ; l'information, quand il y a seulement deux choix possibles, est proportionnelle au logarithme de 2 (de base 2). Mais cela correspond à l'unité ; ainsi une situation de choix binaire est caractérisée par une unité d'information, comme précédemment établi. Cette unité d'information est appelée un « bit » ; ce mot, proposé par John W. Tukey, est une condensation de « binary digit ». Lorsque les nombres sont exprimés dans le système binaire, il y a seulement deux digits : 0 et 1 ; tout comme les dix digits 0 à 9 compris, sont utilisés dans le système décimal où 10 est une base. Zéro et un peuvent constituer les symboles de deux choix, ainsi qu'il a été dit plus haut. De sorte que le « digit binaire », ou « bit », est naturellement associé à une situation de double choix constituant une unité d'information.

1. Quand $m^x=y$, on dit alors que x est le logarithme de y de base m.

Soit, par exemple, 16 messages alternatifs pour lesquels un choix équivalent est possible; étant donné que $16 = 2^4$, $\log_2 16 = 4$, on dit qu'une telle situation se caractérise par une information de 4 bits.

Il peut sembler étrange, à première vue, que l'information soit définie par le *logarithme* du nombre de choix. Mais, dans le développement de la théorie, il devient de plus en plus évident que les mesures logarithmiques conviennent le mieux. Pour l'instant, une seule indication de ce fait sera avancée. Il a été dit précédemment qu'un simple relais «ouvert/fermé» pouvait offrir une situation comportant une unité d'information; combien d'unités seront apportées par, disons, trois relais? Il paraît logique de pouvoir affirmer que trois relais fourniront trois fois plus d'information. Et, effectivement, il en est ainsi lorsqu'on utilise la définition logarithmique de l'information. Trois relais peuvent, en effet, correspondre à 2^3, c'est-à-dire 8 choix, que l'on peut écrire symboliquement: 000, 001, 011, 010, 100, 110, 101, 111, où les trois relais sont ouverts dans le premier cas et fermés dans le dernier. Le logarithme (de base 2) de 2^3 est 3, de sorte que la mesure logarithmique propose trois unités d'information pour une telle situation, comme il est souhaitable. De même, en doublant le temps nécessaire, on élève au carré le nombre de messages possibles et l'on double le logarithme; l'information logarithmique est ainsi doublée.

Ces remarques nous éloignent des situations artificiellement simplifiées dans lesquelles la source d'information ne peut choisir que certains messages précis – tel un individu qui retirerait, parmi un lot, un télégramme standard de félicitations lors d'un anniversaire. Une situation plus naturelle et importante est celle où la source d'information choisit une séquence de symboles élémentaires qui vont constituer alors le message. Ainsi un homme retient un mot après un autre, et ces mots choisis de façon individuelle s'additionnent pour former le message.

À ce stade, une considération majeure s'impose, qui fut laissée à l'arrière-plan: à savoir le rôle joué par la probabilité dans la genèse du message. Car le choix des symboles successifs, du point de vue du système de communication, est sous la dépendance des probabilités; et, en fait, des probabilités qui, à chaque étape du processus, dépendent des choix précédents. Ainsi, dans la langue anglaise, si le dernier symbole choisi est «the [1]», la probabilité pour que le mot suivant soit un article ou un verbe est très faible [2]. Cette influence probabiliste s'étend, en fait, à plus de deux mots. Après ces trois mots: «dans le cas», la probabilité pour que le suivant soit «où» est très grande, alors que pour le mot «éléphant» elle est pratiquement nulle.

En anglais, par exemple, il est évident que les probabilités exercent un certain contrôle sur le langage si l'on pense par exemple que le dictionnaire ne contient aucun mot avec la lettre initiale *j* suivie de *b, c, d, f, g, j, k, l, q, r, t, v, w, x* ou *z;* de sorte que la probabilité est nulle pour que l'initiale *j* soit suivie d'une de ces lettres. On conviendra de même qu'il y a une très faible probabilité pour une séquence de mots telle «Constantinople fishing nasty pink [3]». Cette probabilité est très faible mais cependant pas nulle, car il est possible de concevoir tout un passage avec une phrase se terminant par «Constantinople pêchant» et une suivante débutant par «Horrible rosé». Cet exemple nous permet de remarquer au passage que cette suite invraisemblable de quatre mots *s'est* bel et bien produite dans une seule phrase de bon anglais. [...]

1. «Le» en français.
2. C'est pourtant le cas dans cette phrase! (*N.d.P.*)
3. En français: «Constantinople pêchant horrible rosé».

La quantité précisément nécessaire à l'établissement de l'« information » correspond exactement à la notion thermodynamique *d'entropie*. Elle s'exprime en divers termes de probabilités : celles nécessaires pour l'accession à certains stades du processus de formation des messages et celles, une fois ces stades atteints, prévoyant le choix suivant de certains symboles. La formule, en outre, implique le logarithme de ces probabilités, de sorte qu'elle constitue une généralisation de la mesure logarithmique dont on a parlé plus haut à propos de cas simples.

Pour ceux qui ont étudié les sciences physiques, il est très significatif qu'une expression du type de l'entropie apparaisse dans la théorie comme mesure d'information. Introduite par Clausius, il y a près de cent ans, étroitement associée au nom de Boltzmann et approfondie par Gibbs dans son travail classique sur la mécanique statistique, l'entropie est devenue un concept de base si étendu qu'Eddington remarque à ce propos : « La loi selon laquelle l'entropie augmente sans cesse – seconde loi de la thermodynamique – occupe une place privilégiée parmi les lois de la Nature. »

Dans les sciences physiques, l'entropie associée à une situation donnée constitue une mesure du degré de « hasard » ou, si l'on préfère, de « désordre » de cette situation ; la tendance des systèmes physiques à se désorganiser ou à atteindre un désordre total s'avère si fondamentale qu'Eddington prétend qu'elle donne un sens au temps, nous permettant d'affirmer par exemple qu'un film du monde physique se déroule dans le bon sens ou fait marche arrière.

Ainsi, celui qui rencontre le concept d'entropie dans la théorie de la communication a de bonnes raisons de s'exciter – les bonnes raisons de celui qui a réussi à saisir quelque chose de fondamental et d'important. Que l'information soit mesurée par l'entropie paraît, après tout, chose naturelle, si l'on se souvient que cette information, dans la théorie de la communication, est liée à la liberté des choix lors de l'élaboration des messages. Ainsi, pour une source de communication, on peut dire – tout comme pour un ensemble thermodynamique : « Cette situation est hautement organisée, le hasard ou le choix sont donc limités – c'est-à-dire l'information (ou l'entropie) est faible. » Nous reviendrons sur ce point par la suite, car, si je ne me trompe, il s'agit d'un aspect important de la signification générale de cette théorie.

Ayant calculé l'entropie (ou l'information, ou la liberté de choix) d'une certaine source, on peut la comparer à la valeur maximale qu'elle pourrait avoir, à condition toutefois que la source continue d'employer les mêmes symboles. Le rapport de l'entropie présente à l'entropie maximale est appelé *l'entropie relative* de la source. Si l'entropie relative d'une source est, disons 8, cela signifie grossièrement que cette source possède, dans le choix de symboles formant un message, environ 80 % de liberté possible pour ces mêmes symboles.

Le complément à l'entropie relative est appelée *redondance*. Il s'agit de la fraction de structure du message qui est déterminée non par le libre choix de l'émetteur, mais plutôt par les règles statistiques admises gouvernant l'emploi des symboles en question. On l'appelle « redondance », car cette fraction du message est en fait redondante selon un sens proche de l'ordinaire ; cette fraction du message n'est pas nécessaire (et par là se révèle répétitive) en ce sens que, si elle manquait, le message resterait complet ou du moins pourrait être complété.

Il est très intéressant de remarquer que la redondance de l'anglais est de l'ordre de

50 pour cent [1], de sorte que la moitié des lettres ou des mots utilisés pour l'écriture ou la parole dépendent d'un libre choix, et l'autre moitié (bien qu'on l'ignore d'ordinaire) s'établit sous le contrôle de la structure statistique du langage. [...]

2.3 – *Capacité d'un canal de communication.*

Après la discussion du chapitre précédent, il n'est pas surprenant que la capacité d'un canal ne soit pas évaluée en nombre de *symboles* susceptibles d'être transmis mais plutôt en information transmise. Ou, mieux, le mot *information*, dans cette dernière phrase, risquant d'être mal interprété, la capacité d'un canal s'exprime dans sa possibilité de transmettre ce que produit une source d'information donnée.

Si la source est d'un type simple délivrant des symboles de même durée (cas d'un télétype, par exemple), si dans cette source chaque symbole choisi représente s bits d'information (pris librement parmi 2^s symboles) et si enfin le canal peut transmettre, disons, n symboles par seconde, la capacité C du canal est alors définie comme étant de ns bits par seconde.

Dans un cas plus général, on doit tenir compte des longueurs variables des différents symboles. L'expression générale de la capacité d'un canal comprendra alors le logarithme des nombres de symboles d'une certaine durée (ce qui introduit naturellement l'idée *d'information* et correspond au facteur s dans le cas simple du paragraphe précédent); cette expression comprendra également le nombre de symboles manipulés (qui correspondent au facteur n dans le paragraphe précédent). Ainsi, pour un cas général, la capacité mesure non pas le nombre de symboles mais la quantité d'information transmise par seconde et utilise le bit par seconde comme unité.

2.4 – *Le code.*

Au début, il a été souligné que *l'émetteur* acceptait le *message* et le transformait en un *signal;* ce signal traverse le canal pour parvenir au récepteur. L'émetteur, dans le cas du téléphone, transforme simplement le signal, constitué par la voix audible, en autre chose (une variation du courant électrique dans le fil téléphonique), qui est à la fois nettement différent et nettement équivalent. Mais l'émetteur peut effectuer une opération bien plus complexe sur le message pour produire le signal. Il peut, par exemple, prendre un message écrit et utiliser un certain code pour le chiffrer, disons en une séquence de nombres; ces nombres envoyés dans le canal constituent alors le signal. On dit donc, de façon générale, que la fonction de l'émetteur est de *coder* et celle du récepteur de *décoder* le message. La théorie s'applique aux émetteurs et récepteurs très complexes – comme ceux qui possèdent des «mémoires», de telle sorte que la manière dont ils codent un certain symbole du message dépend non seulement de ce symbole mais aussi des symboles précédents et de la façon dont ils ont été codés. Nous pouvons maintenant énoncer le théorème fondamental de cette théorie, dans le cas d'un canal sans bruit transmettant des symboles discrets. Ce théorème concerne un canal de communication ayant une capacité de C bits par seconde, recevant des signaux d'une source d'entropie (ou d'information) de H bits par seconde. Le théorème montre que, grâce à des procédés de codage appropriés de l'émetteur, il est

1. L'estimation de 50 pour cent ne tient compte que d'une structure statistique de 8 lettres environ, de sorte que la valeur optimale est vraisemblablement un peu supérieure.

possible de transmettre des symboles dans le canal à un débit [1] moyen voisin de C/H, mais ce débit, quelle que soit l'ingéniosité du codage, ne peut excéder C/H.

La signification de ce théorème sera discutée de manière plus profitable par la suite, lors du cas le plus général, c'est-à-dire quand le bruit est présent. Pour l'instant, il est important de souligner le rôle critique tenu par le codage.

Souvenons-nous que l'entropie (ou l'information) associée au processus qui produit messages et signaux est déterminée par le caractère statistique de ce processus – autrement dit par les diverses probabilités présentées pour atteindre les situations du message et choisir ensuite les symboles suivants. La nature statistique des *messages* est entièrement déterminée par le caractère de la source. Mais le caractère statistique du *signal* réellement transmis dans un canal, donc l'entropie dans le canal, est déterminé à la fois par ce qui est fourni au canal et par l'aptitude de ce dernier à utiliser les différents signaux. Par exemple, dans le cas du télégraphe, des espaces doivent être ménagés entre points, d'autres entre points et traits et d'autres entre traits afin de pouvoir distinguer ceux-ci de ceux-là.

Il apparaît donc maintenant qu'un canal ayant des contraintes de cette sorte, contraintes qui limitent la complète liberté du signal, possède certaines caractéristiques statistiques conduisant à une entropie du signal plus grande que pour tout autre structure statistique; et, dans ce cas important [2], l'entropie du signal est exactement égale à la capacité du canal.

À l'aide de ces considérations, il est maintenant possible de caractériser avec précision le mode le plus efficace de codage. En fait, le meilleur émetteur est celui qui code le message de façon que le signal possède exactement les caractéristiques statistiques optimales pouvant être utilisées au mieux par le canal – caractéristiques qui, en fait, majorent l'entropie du signal (ou peut-on dire du canal) et la rendent égale à la capacité C du canal.

Cette façon de coder conduit, selon le théorème fondamental énoncé plus haut, au taux maximal de C/H pour la transmission des symboles. Mais, pour ce gain dans le taux de transmission, il faut payer le prix. Car, fort insidieusement, il se trouve que plus la façon de coder s'approche de l'idéal, plus les délais deviennent longs *lors du processus de codage*. Ce dilemme est dû en partie au fait qu'en électronique «long» peut correspondre à une très faible fraction de seconde et en partie au fait qu'un compromis se réalise entre le gain dans le taux de transmission et la perte de temps de codage.

2.5 – *Le bruit.*

Comment le bruit affecte-t-il l'information? Il faut toujours se rappeler que l'information mesure la liberté de choix d'un message. Plus cette liberté de choisir est grande, plus l'information est grande et plus grande est l'incertitude d'avoir réellement choisi tel message particulier. Ainsi, une grande liberté de choix, une grande incertitude et une grande information vont de pair. Si du bruit est introduit, le message reçu contient certaines distorsions, erreurs ou matériel surajouté qui amènent à penser que le message possède une incertitude accrue, due en fait au bruit. Mais si l'incertitude est augmentée, l'information l'est également, et il semblerait ainsi que le bruit soit bénéfique! De façon générale, il est exact que lorsqu'il y a bruit le signal reçu contient plus d'information – ou, mieux, que le signal reçu est extrait d'un ensemble plus varié que le signal émis. Une telle situation

1. On se souvient que la capacité C implique l'idée d'information transmise par seconde. L'entropie H mesure ici l'information par symbole, de sorte que le rapport de C à H mesure les symboles par seconde.
2. Du canal sans bruit. *(N.d.T.)*

illustre merveilleusement le piège sémantique dans lequel on tombe lorsqu'on oublie que l'« information » a, ici, un sens spécial : elle mesure la liberté de choix et par là l'incertitude quant au choix effectué. Il est par conséquent possible au mot *information* d'avoir soit de bonnes, soit de mauvaises connotations. L'incertitude provenant de la liberté de l'émetteur est souhaitable. Celle provenant d'erreurs ou de l'influence du bruit est une incertitude indésirable.

On peut alors dissiper l'équivoque en disant que le signal reçu contient plus d'information mais qu'une partie de cette information introduite par le bruit est falsifiée et indésirable. Pour obtenir l'information utile dans le signal reçu, il faut soustraire cette part falsifiée.[...]

Une conséquence pratique, relevée par Shannon, doit être remarquée. Étant donné que l'anglais a une redondance de l'ordre de 50 pour cent, il serait possible d'économiser la moitié du temps dans la télégraphie ordinaire grâce à un processus de codage approprié, à condition que la transmission s'effectue dans un canal sans bruit. Lorsqu'il y a bruit, cependant, il y a un avantage substantiel à ne pas utiliser un processus de codage qui élimine toute redondance, car la redondance restante permet de lutter contre le bruit. Il est très aisé de le constater ; l'importance de cette redondance en anglais fait, par exemple, qu'on éprouve peu ou pas d'hésitation dans la correction d'erreurs commises en épelant lors de la transmission. [...]

3 – Les interrelations entre les trois niveaux des problèmes de communication

3.1 – *Introduction.*

Dans la première partie de cet exposé, trois niveaux du problème général de la communication furent suggérés. À savoir :

Niveau A : avec quelle exactitude les symboles de communication peuvent-ils être transmis ?

Niveau B : avec quelle précision les symboles transmis véhiculent-ils la signification désirée ?

Niveau C : avec quelle efficacité la signification reçue influence-t-elle la conduite dans le sens désiré ?

Il a été suggéré que la théorie mathématique de la communication telle qu'elle a été développée par Shannon, Wiener et d'autres, et particulièrement la partie technique étudiée par Shannon, bien que manifestement applicable aux seuls problèmes du niveau A, pouvait être d'un grand secours pour les problèmes des niveaux B et C.

Nous avons alors, dans la seconde partie, entrevu ce qu'était cette théorie mathématique, les concepts développés et les résultats obtenus. Le but de cette partie terminale sera de réenvisager la situation et de voir à quel point et de quelle façon se justifie la première partie qui montrait que la progression au niveau A permettait l'accès des niveaux B et C, mettant en évidence l'interrelation entre les trois niveaux ; cette interrelation est si importante que la conclusion finale pourrait être que la séparation en trois niveaux est réellement artificielle et indésirable.

3.2 – *Généralité de la théorie au niveau A.*

La première remarque évidente, et qui apporte un argument essentiel, est que la théorie mathématique a une portée très générale, qu'elle est fondamentale dans les problèmes auxquels elle s'applique et d'une puissance et d'une simplicité classiques dans ses résultats.

Cette théorie est d'une telle généralité qu'il n'est nul besoin de définir les symboles considérés, qui peuvent être aussi bien des lettres, des mots écrits, des notes de musique, des mots parlés, de la musique symphonique ou des images. Sa profondeur est telle que les relations qu'elle établit s'appliquent sans discrimination à toutes les formes de communication. Ce fait s'explique, sans doute, par sa conception qui la fait coïncider en profondeur avec tout problème de communication – avec toutes les relations fondamentales impliquées, quelle que soit la forme particulière du cas envisagé.

Que la théorie tende à la généralisation est une évidence; elle constitue en fait la base de la cryptographie, qui n'est qu'une forme de codage. De même, elle apporte une contribution au problème de la traduction d'une langue en une autre, en tenant compte cependant ici de la signification aussi bien que de l'information. De même, les idées développées dans cet exposé rejoignent le problème de l'étude logique des grandes calculatrices, et il n'est pas étonnant que Shannon ait écrit un article sur un modèle de calculatrice capable de jouer avec adresse aux échecs. Dans la discussion présente, il n'est pas déplacé, en conclusion de cet exposé, de remarquer que, si on refuse à une telle calculatrice la faculté de «penser», on doit alors modifier grandement l'implication conventionnelle du verbe «penser».

En second lieu, il semble qu'une importante contribution ait été apportée à une théorie générale de l'information formalisant les bases de cette théorie. La nécessité de schématiser un système de communication, comme il a été fait au début, semble évidente, mais ce temps mort de la situation doit être très judicieux et approprié, comme on en convient en voyant avec quelle aisance et généralité ce point de vue conduit à des issues essentielles. Il est certainement vrai que la communication aux niveaux B et C demanderait quelques compléments au schéma du paragraphe 2.1, mais il est également vraisemblable que ces additions resteraient mineures sans nécessiter une révision véritable.

Aux niveaux B et C, il devient essentiel de tenir compte des caractéristiques statistiques du destinataire. On peut imaginer comme complément au schéma une autre boîte qualifiée de «récepteur sémantique» et interposée entre le récepteur technique (qui transforme les signaux en messages) et le destinataire. Ce récepteur sémantique soumet le message à un second décodage, dont la fonction est d'accorder les caractères *sémantiques* statistiques du message avec les possibilités sémantiques statistiques de l'ensemble des récepteurs, ou au substitut des récepteurs, qui constitue l'audience qu'on souhaite atteindre.

De façon similaire, on peut imaginer une autre boîte dans le diagramme, insérée entre la source d'information et l'émetteur, qualifiée de «bruit sémantique»: la boîte antérieurement qualifiée de simple «bruit» devient «bruit technique». À partir de cette source vers le signal, sont surimposées les perturbations ou distorsions de signification non voulues par la source mais qui, inévitablement, affectent la destination. Et le problème du décodage sémantique doit tenir compte de ce bruit sémantique. Il est également possible de penser à un réajustement du message original de sorte que la somme de la signification du message plus le bruit sémantique soit égale à la signification totale du message que l'on désire transmettre au destinataire.

En troisième lieu, il est fort évident qu'à tous les niveaux l'erreur et la confusion surgissent et que la fidélité décroît, quand, indépendamment du codage, on surcharge un canal (c'est-à-dire $H > C$). Ici encore, une théorie générale, à tous les niveaux, doit tenir compte non seulement de la capacité du canal, mais aussi (les termes sont adéquats) de celle de la réception. Si on essaie de surcharger la capacité de la réception, il est vraisemblable qu'on ne la remplira pas et que le seul résultat sera de gaspiller le trop-plein. Très certainement, quand on surcharge la capacité de réception, on ne fait que provoquer erreur et confusion.

En quatrième lieu, il est difficile de croire que les niveaux B et C n'ont rien à attendre du développement d'une théorie qui associe l'idée d'entropie avec le concept d'information et que cette théorie n'oriente pas utilement l'abord de leurs problèmes.

Le concept d'information, ainsi présenté, peut paraître au début décevant et bizarre – décevant, car il n'a rien à voir avec la signification, et bizarre, car il ne traite pas un message isolé mais plutôt le caractère statistique d'un ensemble de messages; bizarre également, car dans ces termes statistiques les deux mots *information* et *incertitude* se trouvent liés.

Je pense, cependant, que ce n'était là que des impressions provisoires et qu'en fin de compte cette analyse paraît si éclairante que l'on se sent, peut-être pour la première fois, prêt à aborder une théorie réelle de la signification. Une théorie technique de la communication est tout à fait semblable à une jeune fille discrète et honnête prenant votre télégramme. Elle ne fait pas attention à sa signification, qu'il soit triste, joyeux ou embarrassant. Mais elle doit être prête à s'occuper de tout ce qui vient à son bureau. Cette idée qu'un système de communication doit s'efforcer de traiter tous les messages possibles et que la façon intelligente de le faire est de prendre pour base le caractère statistique de la source, cette idée n'est sûrement pas dépourvue de valeur pour la communication en général. Le langage doit être conçu (ou développé) sans perdre de vue la totalité des paroles qu'un individu peut souhaiter prononcer; mais, ne pouvant réaliser le tout, il devra le faire aussi bien que possible et aussi souvent que possible. C'est-à-dire qu'il devra aussi traiter sa tâche de façon statistique.

Le concept d'information associé à une source conduit directement, comme il a été vu, à l'étude de la structure statistique du langage; et cette étude révèle au sujet de la langue anglaise, par exemple, une information à coup sûr significative pour les étudiants de chaque partie du langage et de la communication. L'idée d'utiliser l'ensemble puissant de la théorie des processus markoviens dans les études sémantiques semble particulièrement prometteuse, puisque cette théorie est spécialement adaptée au maniement de l'aspect le plus significatif mais aussi le plus difficile du sens, à savoir l'influence du contexte. On sent confusément qu'information et signification peuvent constituer une sorte de paire de variables conjuguées canoniquement dans une théorie quantique; leur liaison possède un aspect restrictif qui fait qu'on est condamné à en sacrifier une si l'on exige trop de l'autre.

Ou, peut-être, la signification paraît-elle analogue à une quantité dont dépend l'entropie d'un ensemble thermodynamique. L'aspect d'entropie dans la théorie, ainsi qu'il a été remarqué auparavant, est à coup sûr très intéressant et significatif. Eddington a déjà été cité à ce propos, mais un autre passage de *la Nature du monde physique* l'illustre de façon particulièrement suggestive:

«Supposons qu'on nous demande de classer en deux catégories les termes suivants: *distance, masse, force électrique, entropie, beauté, mélodie.*

«Je pense qu'il y a d'excellentes raisons pour placer l'entropie aux côtés de la beauté et de la mélodie et non pas avec les trois premiers termes. On ne perçoit l'entropie que lorsqu'on envisage les rapports entre des éléments associés et c'est en envisageant ou en entendant les rapports entre des éléments que l'on discerne la beauté et la mélodie. Toutes trois ont affaire avec l'ordonnance. C'est une pensée pleine de promesses qu'un terme de cette triade puisse figurer parmi les notions scientifiques courantes. La raison pour laquelle cette étrangère peut se faire passer comme un des sujets du monde de la physique est qu'elle peut parler son langage, c'est-à-dire le langage de l'arithmétique.»

Je suis certain qu'Eddington aurait aimé ranger la *signification* avec la beauté et la mélodie ; et je soupçonne qu'il aurait été ému de voir, dans cette théorie, l'entropie parler non seulement le langage de l'arithmétique, mais aussi le langage du langage.

Les Ordinateurs et l'intelligence
(1950)

ALAN M. TURING
(1912-1954)

« Esprit es-tu là ? » La présence d'une intelligence digne de ce nom est-elle réservée à des substrats « doux et tièdes » comme écrit Hofstadter (le wetware *de nos corps) ? Longtemps on a refusé l'esprit aux femmes, aux enfants, aux sauvages, aux esclaves ou aux animaux... Allons-nous aujourd'hui, dans un grand élan de repentir humaniste et démocratique, accorder celui-ci à quelques machines ? Il est vrai que nous nous retenons mal, parfois, de tutoyer nos Macintosh. En quoi est-il si important d'avoir un corps et un cerveau dérivés du carbone ? Où passe exactement la frontière entre nos machines et nous ?*

Depuis sa publication en 1950 dans la revue Mind, *le perspicace article qui énonce les conditions d'un test baptisé depuis « de Turing » est au cœur de ces discussions. Son grand mérite est de proposer un traitement opératoire en réponse à la question typiquement philosophique de savoir si, et à quelles conditions, les machines peuvent penser.*

La vie de Turing a été aussi passionnante et difficile que son œuvre. Toutes deux ont été magnifiquement présentées dans l'ouvrage du mathématicien Andrew Hodges, Alan Turing: The Enigma of Intelligence, *lui-même chaleureusement résumé par Hofstadter au chapitre 19 de* Ma Thémagie *: « Alan Turing, mathématicien anglais athée, homosexuel et excentrique, est en grande partie à l'origine du concept des ordinateurs, de théorèmes marquants sur leurs capacités, et d'une vision claire de ce que pourrait être l'esprit d'un ordinateur, mais aussi du décryptage des codes secrets allemands pendant la Deuxième Guerre mondiale. On peut dire que c'est en grande partie grâce à Turing que nous ne sommes pas aujourd'hui sous la botte nazie. »*

Turing se trouva en effet pendant la guerre à la tête d'un groupe de mathématiciens chargés de décoder les instructions que, grâce à une machine appelée Enigma, *le haut commandement allemand envoyait à ses troupes, et particulièrement à son réseau de sous-marins. Turing et ses amis s'activaient fébrilement pour percer le secret d'*Enigma, *tandis que les navires britanniques étaient coulés l'un après l'autre par les sous-marins. Le déchiffrement correct des instructions prit d'abord deux semaines, puis un jour, et il atteignit enfin le seuil d'efficacité en tombant à quelques minutes : « Soudain la flotte allemande de l'Atlantique évoluait sous leurs yeux, comme sur un écran », résume Hofstadter.*

*Percer les secrets d'*Enigma *est un exercice qui développa considérablement les idées de Turing sur les ressemblances entre l'esprit humain et les machines. Il se tourna donc après la guerre vers la réalisation d'une « machine universelle ». La formation de Turing avait été très influencée par l'effort logique de Russell, qui aboutissait à la mécanisation du raisonnement mathématique, autant que par Hilbert dont le « programme » ambitieux* *proposait de faire tenir dans un système unique tous les principes valides de ce raisonnement. En 1931, le* théorème de Gödel[1] *assénait à l'un et à l'autre un coup mortel, en révèlant non seulement que tout système formel de ce genre devait contenir des propositions « indécidables » (dans le cadre de ce système), mais aussi qu'aucune procédure n'était concevable pour isoler ou éliminer lesdites propositions. La contribution de Turing au célèbre théorème fut de montrer que les mathématiques n'étaient pas entièrement mécanisables.*

Mais ce résultat négatif, qui semble limiter l'empire des machines, s'applique en fait ou a fortiori *aux vivants eux-mêmes, dont les comportements ne sont pas* décidables. *Turing en conçut l'intuition renforcée d'une parenté entre l'esprit et le calcul, et il croyait, au moment où la guerre éclata, qu'une machine judicieusement construite pourrait être intelligente, c'est-à-dire dotée jusqu'à un certain point de conscience et de libre arbitre.*

Son nom s'attache principalement à deux propositions, la machine universelle baptisée « de Turing » (dont nous ne traiterons pas ici) et le fameux test présenté dans l'article ci-dessous. Depuis Turing, le concept de machine est devenu logiciel plus que matériel : il n'a plus rien à voir avec des engrenages ni des pièces métalliques, et ses performances (son software*) peuvent flotter sur des supports différents.*

Notre ontologie en sort bouleversée. La première leçon de cet article nous conduit subtilement à réviser notre concept familier de simulation. Le test de Turing propose un critère de partage assez net, et expérimental, entre la pensée et tout autre aspect d'un être en général. Si jamais une machine le passe, c'est qu'elle aura atteint une conscience fine de la condition humaine (dans le test, par exemple, de « ce que c'est qu'être une femme »), et qu'il faudra donc lui accorder un peu de cette condition. En d'autres termes, une simulation capable de reproduire un phénomène vivant ou spirituel, quel que soit son support physique, constitue précisément une manifestation originale de ce phénomène et non sa doublure dégradée. Les « expériences de pensée » et les argumentations raffinées issues du test de Turing, et rassemblées par Hofstadter et Dennett, décentrent le sujet de façon aussi radicale ou étrange pour nous que le firent Copernic, Darwin ou Freud pour leurs contemporains.

La seconde leçon de ce texte ou de ce test est réflexive, ou métalinguistique : elle met en question les termes de la question. « Les machines peuvent-elles penser ? » suppose en effet que nous soyons assurés de notre concept de la machine, autant que de celui de la pensée. Cette ascension métalinguistique dans le traitement du problème rend la réponse de Turing quelque peu bizarre, et à première vue décevante. Il ne tranche pas par oui ou par non sur la question qu'il pose à sa première ligne : la pensée est un « objet » trop flou, ou évanescent. Pour saisir celle-ci, son test propose paradoxalement de la disperser *(méthode comparée par Hofstadter à celle des accélérateurs de particules). La pensée est une notion chargée de trop de valeurs et de connotations émotionnelles, et d'autres qui sont inessentielles à sa définition ; le premier effet du test est de lui imposer un élagage.*

Le concept de machine de son côté subit un important remaniement tout au long de l'œuvre de Turing, et particulièrement ici dans sa réponse à l'objection la plus sérieuse qu'il mentionne, celle de Lady Lovelace (la propre fille de Lord Byron, qui fut associé lui-même à la conception de Frankenstein, *était l'amie de Charles Babbage qui conçut la « Machine analytique », ancêtre direct du premier ordinateur). « La Machine analytique, objecte Lady Lovelace (...) ne peut jamais rien faire de vraiment nouveau. » La réponse de*

1. Voir le texte de Hofstadter, *infra*, où le théorème de Gödel est présenté.

Turing, développée par Hofstadter, est que l'on ne sait pas quelles actions on a vraiment programmées dans la machine, sauf d'une manière générale et superficielle. Lorsque Samuel par exemple met au point un logiciel d'échecs, et au cours d'une partie se trouve battu par lui, il est clair que la conception du programme ne consistait pas pour Samuel à visionner d'avance toutes les parties possibles, et que son logiciel pouvait donc à l'occasion le surprendre. (Mais qui a vraiment gagné la partie ?) Cet exemple met en évidence l'un des points les plus cruciaux de l'intelligence artificielle, à savoir que le rigide et le fluide ne s'opposent pas, mais qu'un mécanisme parfaitement rigide à un certain niveau peut engendrer des résultats flous ou imprévisibles à un autre.

Même si l'Homme-machine de La Mettrie est un titre qui fit (et peut encore faire) scandale, il n'y a rien de particulièrement humiliant à se penser soi-même comme mécanique ou machinal : le travail de l'ADN ou des enzymes en nous est bien rigide et fiable, mais produit au niveau global de notre personne des résultats particulièrement fluides ou spontanés. Entre nous-mêmes et le niveau de nos cellules, plusieurs couches d'organisation et d'emboîtements de la complexité font écran, et nous font oublier notre nature « en dernière analyse » machinale. Il semble que Turing était fasciné par cette image d'une machine sautant d'un palier d'organisation à un autre selon des règles précises.

Un autre élément de fascination, très intime mais qui laisse son empreinte dans le fameux test, touche à la question de la différence des sexes et de leur discernabilité. Turing, qui raffolait du vélo, du jogging et du jeu d'échecs, ne cachait pas au début des années 50 son homosexualité, alors considérée comme un crime. La justice le condamna pour cela, en dépit de l'immense service qu'il avait rendu à son pays pendant la guerre, à un traitement hormonal qui altéra gravement son identité physique et psychique. De telle sorte qu'un jour de 1954 l'homme qui s'était victorieusement battu contre la machine Enigma prépara une pomme trempée dans le cyanure, comme il l'avait vu faire par la méchante sorcière du film Blanche-Neige et les sept nains, et la croqua.

Le « monde de la technique » aura donc, grâce à Turing et à quelques autres, rattrapé la question de Heidegger, « Qu'appelle-t-on penser ? », et lui aura donné un traitement d'une précision et d'une ampleur qui font honte aux facilités philosophiques.

Où en sont, par rapport aux prévisions émises par Turing sur « les trente prochaines années », les performances actuelles des ordinateurs confrontés à ce test ? On lira les soigneuses mises au point de Hofstadter dans ses différents ouvrages, et ci-après l'argumentation partiellement antagoniste de Dreyfus. Une remarquable synthèse des discussions sur les tests d'intelligence en général, et de Turing en particulier, est proposée par Harry Collins. Ce chercheur reprend notamment l'exemple du programme Parry, censé imiter des paranoïaques ; de fait des psychiatres confrontés aux sorties imprimées de ses réponses, mélangées à celles de patients véritables, ne purent les départager. De même des patients interrogeant le thérapeute « Eliza », un programme simulant (en gros et au premier degré) l'interaction qu'on pourrait avoir avec un psychanalyste, se déclarèrent très satisfaits, et quelques-uns lui devinrent même tellement attachés qu'ils continuèrent à le consulter malgré l'explication de la supercherie ! Mais, argumente Collins, ces comportements bien loin d'être intelligents sont au contraire déjà quasi machiniques, et donc très faciles à imiter (par l'ordinateur).

Or c'est un peu le défaut ou le biais du test proposé par Turing, qui ne nous confronte pas directement à l'alternative « homme ou machine ? », mais à : /homme imitant une femme/ ou /machine/ ? Ce qui favorise la machine... En 1950, un homme en situation d'imiter une femme (deux cultures alors sensiblement divergentes, ce qui est moins le cas *aujourd'hui) était handicapé dans ses réponses : le protocole du test revient donc à retirer la dimension culturelle de la définition de son intelligence. Mais tel est, poursuit Collins, le défaut caché dans la plupart des tests dits d'intelligence : on commence par élaguer des questions ou des performances tout le contexte individuel et social, si bien qu'on ne teste que des esprits mutilés. Cette question des tests en général renvoie donc à la question (ironiquement assez spéculaire et indécidable) de savoir ce qu'*intelligence *veut dire, comme à celle de qui les fait passer. Si une femme occupe dans le test de Turing la place de l'examinateur, la machine aura beaucoup plus de mal à le passer ! De même le paramètre laissé dans le vague par Turing de la durée, ou de la répétition éventuelle de l'épreuve, est évidemment essentiel.*

À partir de ces remarques éclairantes, on se demandera quelles sont nos réactions face à des programmes plus ou moins cachés, et quels moyens nous avons de les percer à jour : à quoi par exemple reconnaissons-nous facilement un texte corrigé manuellement d'une correction effectuée par programme automatique ? À quoi un grand maître d'échecs peut-il reconnaître, dans une partie à l'aveugle, qu'il joue contre un logiciel ? Ou encore, où est le véritable Mondrian dans les quatre versions (dont trois sont réalisées par ordinateur) de « Composition avec lignes » de 1917 ?[1]

Ces tests empiriquement décidables relancent en profondeur les questions épistémologiques, mais aussi esthétiques, ou morales, de savoir ce que créer veut dire, et où commence au juste notre humanité, ou notre liberté. Le vrai critère de la pensée est relationnel, et suppose une compréhension fine du contexte : Heinz von Foerster a vigoureusement souligné qu'une machine pensera le jour où devant elle nous serons amenés à bluffer, ou à mentir (comme font les cosmonautes du film de Stanley Kubrick 2001 l'Odyssée de l'espace *avec l'ordinateur HAL*[2]*). Une situation qui relève encore, et pour longtemps sans doute, de la fiction.*

Source : *Texte extrait de* Pensée et machine, *traduit de l'américain par Patrice Blanchard, Champ Vallon, 1983, et reproduit au chapitre 4 de* Vues de l'esprit *de Hofstadter et Dennett, InterÉditions, Paris, 1987.*

Bibliographie : *Douglas Hofstadter, « Le test de Turing : conversation dans un café », chapitre 5 de l'ouvrage cité* supra. *Voir également du même auteur* Gödel Escher Bach *et* Ma Thémagie *où ce test est abondamment discuté ; Andrew Hodges,* Alan Turing ou l'Énigme de l'intelligence, *Payot, Paris, 1988 ; Harry Collins,* Experts artificiels, machines intelligentes et savoir social, *Le Seuil, Paris, 1992 (chapitres 13, 14 et 15).*

Le jeu de l'imitation

Je propose de considérer la question « Les machines peuvent-elles penser ? » Il faudrait commencer par définir le sens des termes « machine » et « penser ». Les définitions pourraient être conçues de manière à refléter autant que possible l'utilisation normale des mots, mais cette attitude est dangereuse. Si on doit trouver la signification des mots « machine » et « penser » en examinant comment ils sont communément utilisés, il est difficile d'échapper à la conclusion que la signification de la question « Les machines

1. Reproduites dans *Ma Thémagie*, p. 194.
2. Le choix de ce patronyme, apparemment dû au hasard, correspond dans l'ordre de l'alphabet à IBM moins une lettre.

pensent-elles ?» et la réponse à cette question doivent être recherchées dans une étude statistique telle que le sondage d'opinion. Mais ceci est absurde. Au lieu de m'essayer à une telle définition, je remplacerai la question par une autre, qui lui est étroitement liée et qui est exprimée en des termes relativement non ambigus.

Le problème reformulé peut être décrit dans les termes d'un jeu que nous appellerons le «jeu de l'imitation». Il se joue à trois, un homme (A), une femme (B), et un interrogateur (C) qui peut être de l'un ou l'autre sexe. L'interrogateur se trouve dans une pièce à part, séparé des deux autres. L'objet du jeu pour l'interrogateur est de déterminer lequel des deux est l'homme et lequel est la femme. Il les connaît sous les appellations X et Y et à la fin du jeu il doit déduire soit que «X est A et Y est B», soit que «X est B et Y est A». L'interrogateur peut poser des questions à A et B de la manière suivante:

C: «X peut-il ou peut-elle me dire, s'il vous plaît, quelle est la longueur de ses cheveux ?»

Supposez à présent que X soit vraiment A, alors A doit répondre. La finalité du jeu pour A est d'essayer d'induire C en erreur. Sa réponse pourrait donc être:

«Mes cheveux sont coupés à la garçonne et les mèches les plus longues ont à peu près vingt centimètres de long.»

Pour que le ton de la voix ne puisse pas aider l'interrogateur, les réponses devraient être écrites, ou mieux, dactylographiées. L'installation idéale serait une téléimprimante communiquant entre les deux pièces. À défaut les questions et réponses peuvent être répétées par un intermédiaire. L'objet du jeu pour le troisième joueur (B) est d'aider l'interrogateur. La meilleure stratégie pour elle est probablement de donner les réponses vraies. Elle peut ajouter à ses réponses des choses telles que:

«Je suis la femme, ne l'écoutez pas !» mais cela ne servira à rien, car l'homme peut faire des remarques similaires.

Nous posons maintenant la question: «Qu'arrive-t-il si une machine prend la place de A dans le jeu ? L'interrogateur se trompera-t-il aussi souvent que lorsque le jeu se déroule entre un homme et une femme ?» Ces questions remplacent la question originale «Les machines peuvent-elles penser ?»

Critique du nouveau problème

Aussi bien que de demander «Quelle est la réponse à cette nouvelle forme de question ?», on peut demander «La nouvelle question vaut-elle la peine d'être examinée ?» Nous examinons cette dernière question sans autre forme de procès, coupant par là court à une rétrogression infinie.

Le nouveau problème a l'avantage de tracer une ligne assez nette entre les capacités physiques et intellectuelles de l'homme. Aucun ingénieur ou chimiste ne se dit capable de produire un matériau que l'on ne puisse distinguer de la peau humaine. Il est possible que cela puisse être fait un jour, mais même en supposant que cette invention soit réalisée, nous jugerions sans intérêt de rendre une «machine pensante» plus humaine en l'habillant d'une telle chair artificielle. La forme sous laquelle nous avons posé le problème reflète ce fait à travers les conditions qui empêchent l'interrogateur de voir ou de toucher les autres participants, ou d'entendre leur voix. On peut montrer d'autres avantages du critère proposé à travers un spécimen de questions et de réponses.

Ainsi:

Q: Pouvez-vous, s'il vous plaît, m'écrire un sonnet au sujet du pont de la rivière Forth ?

R: Ne comptez pas sur moi pour ça. Je n'ai jamais réussi à écrire de la poésie.

Q: Ajoutez 34 957 à 70 764.
R: (Un silence d'à peu près 30 secondes, puis vient la réponse) 106 721[1].
Q: Jouez-vous aux échecs?
R: Oui.
Q: J'ai mon roi en C8 et aucune autre pièce. Vous avez seulement votre roi en C6 et une tour en A1. C'est à vous de jouer, que jouez-vous?
R: (Après un silence de 15 secondes) Tour en A8, échec et mat.

La méthode des questions et réponses semble être adaptée pour introduire presque n'importe quel champ des capacités humaines que nous souhaitons inclure. Nous ne souhaitons pas pénaliser la machine pour son incapacité à briller dans des concours de beauté, et nous ne voulons pas pénaliser l'homme parce qu'il perd quand il court contre un avion. Les conditions de notre jeu rendent ces incapacités non pertinentes. S'ils le jugent souhaitable, les «témoins» peuvent se vanter autant qu'il leur plaît à propos de leurs charmes, de leur force ou de leur héroïsme. Mais l'interrogateur ne peut exiger une démonstration pratique.

Il est peut-être possible de critiquer le jeu sous le prétexte que la machine y est lourdement désavantagée. Si l'homme essayait de faire semblant d'être la machine, il est clair qu'il s'en sortirait fort mal. Il serait immédiatement trahi par sa lenteur et son inexactitude en arithmétique. Les machines ne peuvent-elles exécuter quelque chose qui relève d'une forme de «pensée», mais qui est très différent de ce qu'un homme fait? Cette objection est très forte, mais nous pouvons au moins dire que s'il est possible de construire une machine pour qu'elle joue le jeu de l'imitation de manière satisfaisante, nous n'avons pas besoin de nous occuper de cette objection.

On pourrait objecter que lorsqu'elle joue au jeu de l'imitation, la meilleure stratégie pour la machine peut être autre que l'imitation du comportement humain. C'est possible, mais je pense qu'il est probable que cela n'ait pas beaucoup d'influence. De toute façon, nous n'avons pas l'intention d'étudier ici la théorie du jeu et l'on présupposera que la meilleure stratégie est d'essayer de fournir des réponses qui seraient naturellement données par l'homme.

Les machines pouvant prendre part à ce jeu

La question que nous avons posée dans le premier paragraphe ne sera pas totalement définie jusqu'à ce que nous ayons spécifié ce que le mot «machine» signifie.

Il est naturel que nous souhaitions permettre l'utilisation dans nos machines de n'importe quel type de technologie. Nous voulons aussi accepter la possibilité qu'un ingénieur, ou une équipe d'ingénieurs, puisse construire une machine qui fonctionne, mais dont les modalités de fonctionnement ne peuvent pas être décrites de manière satisfaisante par ses constructeurs, parce qu'ils ont appliqué une méthode en grande partie expérimentale.

Nous souhaitons enfin exclure de la catégorie des machines les hommes nés de la manière habituelle. Il est difficile de ccrner les définitions qui satisfassent à ces trois conditions. On pourrait par exemple insister sur le fait que les ingénieurs sont tous de même sexe, mais ceci ne serait pas vraiment satisfaisant, car il est probablement possible de créer un individu

1. La réponse est longue à venir, et surtout elle est fausse! Cela veut-il dire que c'est un homme qui calcule, ou au contraire une machine «métacalculant» une imitation du comportement humain? *(N.d.P.)*

complet à partir d'une seule cellule (disons) de la peau d'un homme. Le faire serait un exploit de la technique biologique méritant les plus hauts éloges, mais nous ne serions pas tentés de le considérer comme un cas de «construction de machine pensante». Cela nous pousse à abandonner l'idée que nous puissions accepter toutes les techniques. Nous sommes d'autant plus disposés à le faire que l'intérêt actuel pour les «machines pensantes» a été soulevé par un type particulier de machine, habituellement appelé «ordinateur électronique», ou «ordinateur digital». À la suite de cette suggestion, nous n'autoriserons que les ordinateurs digitaux à prendre part à notre jeu.

On décrit cette propriété particulière des ordinateurs digitaux (qu'ils puissent imiter n'importe quelle machine discrète) en disant que ce sont des machines *universelles*. L'existence de machines possédant cette propriété entraîne la conséquence importante, en dehors de toute considération de vitesse, qu'il est inutile de concevoir différentes nouvelles machines pour réaliser différentes opérations de calcul. Elles peuvent être effectuées à l'aide d'un seul ordinateur digital, convenablement programmé pour chaque cas. On verra qu'en conséquence tous les ordinateurs digitaux sont en un sens équivalents.

Vues contradictoires sur la question principale

Nous pouvons maintenant considérer que nous avons déblayé le terrain, et que nous sommes prêts à entrer dans le débat sur notre question «les machines peuvent-elles penser?»... Nous ne pouvons pas complètement abandonner la forme digitale du problème car les opinions différeront en ce qui concerne la justesse de la substitution, et nous devons au moins écouter ce qui doit en être dit.

Cela simplifiera les choses pour le lecteur si j'expose d'abord mes propres vues sur le sujet. Examinons en premier lieu la forme la plus exacte de la question. Je crois que dans une cinquantaine d'années il sera possible de programmer des ordinateurs, avec une capacité de mémoire d'à peu près 10^9, pour les faire si bien jouer au jeu de l'imitation qu'un interrogateur moyen n'aura pas plus de 70 % de chances de procéder à l'identification exacte après cinq minutes d'interrogation.

Je crois que la question originale «Les machines peuvent-elles penser?» a trop peu de sens pour mériter une discussion. Néanmoins, je crois qu'à la fin du siècle l'usage, les mots et l'éducation de l'opinion générale auront tant changé, que l'on pourra parler de machines pensantes sans s'attendre à être contredit. Je crois de plus qu'il ne sert à rien de dissimuler ces croyances. L'idée populaire que les savants avancent inexorablement d'un fait bien établi à un autre, sans être influencés par des hypothèses non vérifiées, est absolument fausse. Pourvu que nous sachions clairement quels sont les faits prouvés et quelles sont les hypothèses, aucun mal ne peut en résulter. Les hypothèses sont de grande importance puisqu'elles suggèrent d'utiles voies de recherches.

Je vais maintenant envisager les opinions opposées à la mienne.

1. *L'objection théologique.* Penser est une fonction de l'âme immortelle de l'homme. Dieu a donné une âme immortelle à tout homme ou femme, mais à aucun animal, ni à aucune machine. En conséquence, ni l'animal ni la machine ne peuvent penser[1].

1. Il est possible que cette vue des choses soit hérétique. Saint Thomas d'Aquin (*Somme théologique*, citée par Bertrand Russell, in *Histoire de la philosophie occidentale*, Paris, Gallimard, 1952) dit que Dieu ne peut pas faire qu'un homme n'ait pas d'âme. Mais il se peut que cela ne soit pas une restriction réelle de ses pouvoirs mais seulement un résultat du fait que l'âme humaine est immortelle, et donc indestructible. *(N.d.A.)*

Je ne peux accepter en rien cette objection, mais j'essaierai d'y répondre en termes théologiques. Je trouverais l'argument plus convaincant si les animaux étaient classés avec les hommes, car il y a une plus grande différence, à mon avis, entre l'animé et l'inanimé qu'il n'y en a entre l'homme et les autres animaux. Le caractère arbitraire du point de vue orthodoxe devient plus clair si nous considérons comment il pourrait apparaître à un membre de quelque autre communauté religieuse. Comment les chrétiens considèrent-ils l'opinion musulmane : les femmes n'ont pas d'âme ? Mais laissons cela de côté, et revenons à la discussion principale. Il m'apparaît que l'argument énoncé ci-dessus implique une sérieuse restriction de la toute-puissance de Dieu. Il est admis qu'il y a certaines choses qu'Il ne peut pas faire, comme de faire que un soit égal à deux, mais ne devrions-nous pas croire qu'il a la liberté de donner une âme à un éléphant si cela lui semble convenable ? Nous pourrions nous attendre à ce qu'il exerce seulement ce pouvoir en conjonction avec une mutation qui fournirait à l'éléphant un cerveau convenablement amélioré pour s'occuper des besoins de son âme. On peut imaginer un argument similaire pour le cas des machines, qui peut sembler différent parce qu'il est plus difficile à « avaler ». Mais cela signifie seulement que nous envisageons comme moins probable l'éventualité qu'il considère que les circonstances sont favorables pour qu'il leur donne une âme. On discutera les circonstances en question dans la suite de cet article.

En essayant de construire de telles machines, nous ne devrions pas plus usurper irrévérencieusement Ses pouvoirs de créer des âmes que nous ne le faisons en engendrant des enfants : nous sommes plutôt, dans les deux cas, des instruments de Sa volonté, fournissant des demeures aux âmes qu'Il crée.

Cependant, ceci est pure spéculation. Les arguments théologiques m'impressionnent peu quel que soit l'objet qu'ils défendent. De tels arguments se sont souvent montrés peu satisfaisants dans le passé. Au temps de Galilée on disait que les textes « Et le soleil s'arrêta... et ne se hâta pas de descendre pendant toute une journée » (Josué X, 13) et « Il posa les fondations de la terre pour qu'elle ne bouge à aucun moment » (Psaume CV, 5) étaient une réfutation appropriée de la théorie copernicienne. Avec nos connaissances actuelles, un tel argument paraît futile. Quand ces connaissances n'étaient pas établies, il faisait une impression tout à fait différente.

2. *L'objection de l'autruche.* « Les conséquences du fait que les machines pensent seraient trop terribles. Il vaut mieux croire et espérer qu'elles ne peuvent pas le faire. » L'argument est rarement exprimé aussi ouvertement que ci-dessus. Mais il affecte la plupart de ceux d'entre nous qui réfléchissent à ce sujet. Nous aimerions croire que l'Homme est de quelque subtile façon supérieur au reste de la création. Il serait encore mieux de pouvoir montrer qu'il est *nécessairement* supérieur, car alors il n'y aurait aucun risque qu'il perde sa position de dominateur. La popularité de l'argument théologique est clairement liée à ce sentiment. Il sera probablement plus fort parmi les intellectuels, puisqu'ils valorisent plus que les autres la capacité de penser comme base de leur croyance en la supériorité de l'Homme. Je ne pense pas que cet argument soit suffisamment substantiel pour rendre nécessaire une réfutation. La consolation serait plus appropriée : peut-être devrait-on la chercher dans la métempsycose.

3. *L'objection mathématique.* Un certain nombre de résultats de la logique mathématique peuvent être utilisés pour montrer qu'il y a des limites aux pouvoirs des machines à états discrets. Le plus connu de ces résultats est connu sous le nom de théorème de Gödel et montre que dans tout système logique suffisamment puissant, on peut formuler des affirmations qui ne peuvent ni être prouvées, ni être réfutées à l'intérieur du système, à

moins que le système lui-même ne soit illogique. Il existe d'autres résultats similaires à certains égards, dus à Church, Kleene, Rosser et Turing. Le dernier de ces résultats est le plus pratique à examiner, puisqu'il se réfère directement aux machines, alors que les autres ne peuvent être utilisés que comme des arguments comparativement indirects : par exemple, si l'on utilise le théorème de Gödel, il nous faut en plus nous donner des moyens de décrire les systèmes logiques en termes de machines, et les machines en termes de systèmes logiques. Le résultat en question se réfère à un type de machine qui est essentiellement un ordinateur digital à capacité infinie. Ce résultat établit qu'il y a certaines choses qu'une telle machine ne peut pas faire. Si elle est programmée pour répondre à des questions comme dans le jeu de l'imitation, il y aura certaines questions, auxquelles soit elle donnera une réponse fausse, soit elle ne donnera pas de réponse du tout, quel que soit le temps qui lui sera imparti pour répondre. Il se peut bien sûr qu'il y ait beaucoup de questions de ce genre, et des questions auxquelles une machine donnée ne saura pas répondre obtiendront peut-être une réponse satisfaisante de la part d'une autre. Nous supposons bien sûr pour le moment des questions appelant une réponse en « oui » ou en « non », plutôt que des questions telles que : « Que pensez-vous de Picasso ? » Nous savons que les machines doivent échouer dans des questions du type : « Considérez la machine spécifiée comme suit... Cette machine répondra-t-elle "oui" à n'importe quelle question ? » Les points de suspension doivent être remplacés par la description d'une machine de forme standard. Quand la machine décrite présente une relation évidente et comparativement simple avec la machine que l'on interroge, on peut montrer soit que la réponse est fausse, soit qu'elle n'apparaîtra jamais. Voici le résultat mathématique : on en déduit que cela prouve une incapacité des machines qui ne se retrouve pas dans l'esprit humain.

Pour répondre brièvement à cet égard il faut dire que, bien qu'il soit établi qu'il y a des limites à la puissance de n'importe quelle machine, il a seulement été affirmé, sans aucune sorte de preuve, que de telles limites ne s'appliquaient pas à l'esprit humain. Mais je ne pense pas que nous puissions rejeter ce point de vue si légèrement. Chaque fois que l'on pose à l'une de ces machines la question critique appropriée et qu'elle donne une réponse définie, nous savons que cette réponse est forcément fausse, ce qui nous procure un certain sentiment de supériorité. Ce sentiment est-il illusoire ? Il est sans aucun doute tout à fait sincère, mais je ne pense pas qu'il faille y attacher trop d'importance. Nous donnons nous-mêmes trop souvent des réponses fausses à des questions pour que nous ayons le droit de nous réjouir d'une telle preuve de faillibilité des machines. Nous ne pouvons de plus, en de telles occasions, ressentir notre supériorité que par rapport à la machine particulière sur laquelle nous avons remporté un triomphe insignifiant. Il ne serait pas question de triompher simultanément de *toutes* les machines. En bref, il se pourrait alors qu'il y ait des hommes plus intelligents que n'importe quelle machine donnée, mais il se pourrait aussi qu'il y ait d'autres machines encore plus intelligentes, et ainsi de suite. Ceux qui tiennent à l'argument mathématique accepteraient pour la plupart volontiers, à mon avis, le jeu de l'imitation comme base de discussion. Ceux qui croient aux deux objections précédentes ne s'intéresseraient probablement à aucun critère.

4. *L'argument issu de la conscience.* Cet argument est très bien exprimé dans le discours Lister de 1949 du professeur Jefferson dont j'extrais cette citation : « Nous ne pourrons pas accepter l'idée que la machine égale le cerveau jusqu'à ce qu'une machine puisse écrire un sonnet ou composer un concert à partir de pensées ou d'émotions ressenties et non pas en choisissant des symboles au hasard, et non seulement l'écrire, mais savoir qu'elle l'a écrit. Aucun mécanisme ne pourrait ressentir (et non pas simplement produire artificiellement un

signal, ce qui relève d'un artifice facile) du plaisir quand il réussit, du chagrin quand ses lampes grillent; il ne serait pas ému par la flatterie, malheureux de ses erreurs, charmé par le sexe, et ne se mettrait pas en colère ou ne se sentirait pas déprimé quand il ne peut pas obtenir ce qu'il veut.»

Cet argument semble être la négation de la validité de notre épreuve. Selon ce point de vue extrême la seule manière dont on pourrait s'assurer qu'une machine pense serait d'*être* la machine et de ressentir qu'on pense. On pourrait alors décrire ses sentiments au monde, mais bien sûr personne n'aurait de raisons d'en tenir compte. De même, suivant ce point de vue, la seule manière de savoir qu'un homme pense est d'être cet homme lui-même.

C'est en fait le point de vue solipsiste. Il se peut que ce soit la position la plus logique à tenir, mais cela rend difficile la communication des idées. A est enclin à croire ce que «A pense, mais B ne pense pas». Au lieu de discuter continuellement ce point, on utilise habituellement la convention polie stipulant que tout le monde pense.

Je suis sûr que le professeur Jefferson ne souhaite pas adopter ce point de vue extrême et solipsiste. Il accepterait volontiers le jeu de l'imitation comme épreuve. Le jeu (en omettant le joueur B) est fréquemment utilisé en pratique sous le nom d'examen oral pour découvrir si quelqu'un comprend véritablement quelque chose ou l'a «appris comme un perroquet». Imaginons une partie d'un tel examen:

L'EXAMINATEUR: Dans le premier vers de votre sonnet qui dit: «Te comparerai-je à un jour d'été», est-ce que «Un jour de printemps» serait aussi bien ou mieux?

LE TÉMOIN: Cela ne rimerait pas.

L'EXAMINATEUR: Et «Un jour d'hiver»? Cela rimerait très bien.

LE TÉMOIN: Oui, mais personne n'a envie d'être comparé à un jour d'hiver.

L'EXAMINATEUR: Diriez-vous que Monsieur Pickwick vous fait penser à Noël?

LE TÉMOIN: D'une certaine manière, oui.

L'EXAMINATEUR: Et pourtant Noël est un jour d'hiver, et je ne pense pas que la comparaison ennuierait Monsieur Pickwick.

LE TÉMOIN: Je ne pense pas que vous soyez sérieux. Par un jour d'hiver, on veut dire un jour d'hiver typique, plutôt qu'une journée spéciale comme Noël.

Et ainsi de suite. Que dirait le professeur Jefferson si la machine à écrire des sonnets était capable de répondre ainsi à un examen? Je ne sais pas s'il considérerait que la machine «produit simplement et artificiellement un signal» avec ces réponses, mais si les réponses étaient aussi satisfaisantes et fermes que dans le passage ci-dessus, je ne pense pas qu'il la décrirait comme «un artifice facile». Cette expression a, je pense, pour but de recouvrir des dispositifs comme l'inclusion dans la machine de l'enregistrement de quelqu'un lisant un sonnet, qu'un système approprié mettrait en marche de temps en temps.

Donc, en bref, je pense que l'on pourrait persuader la plupart de ceux qui soutiennent l'argument issu de la conscience de l'abandonner plutôt que d'être contraints d'adopter la position solipsiste. Ils accepteront alors probablement volontiers notre épreuve.

Je ne voudrais pas donner l'impression de penser qu'il n'y a pas de mystère relatif à la conscience. Il y a, par exemple, une sorte de paradoxe lié à toute tentative faite pour la localiser. Mais je ne crois pas que ces mystères doivent nécessairement être résolus avant que nous puissions répondre à la question qui nous intéresse dans cet article.

5. *Les arguments provenant de diverses incapacités.* Ces arguments prennent la forme suivante: «Je vous concède que vous pouvez fabriquer des machines qui fassent tout ce que vous avez mentionné, mais vous ne serez jamais capable d'en fabriquer une qui fasse X.» On énumère à ce moment-là différents traits X. J'en présente une sélection:

Qu'elle soit gentille, débrouillarde, belle, amicale, qu'elle ait de l'initiative, un sens de l'humour, qu'elle fasse la différence entre le bien et le mal, qu'elle fasse des erreurs, qu'elle tombe amoureuse, qu'elle aime les fraises à la crème, qu'elle rende quelqu'un amoureux d'elle, qu'elle apprenne à partir de son expérience, qu'elle utilise les mots correctement, qu'elle soit l'objet de ses propres pensées, qu'elle ait des comportements aussi divers qu'un humain, qu'elle fasse quelque chose de vraiment nouveau.

Aucune preuve n'est habituellement fournie pour soutenir ces affirmations. Je crois qu'elles sont surtout fondées sur le principe de l'induction scientifique. Un homme a vu des milliers de machines dans sa vie. De ce qu'il en voit, il tire un certain nombre de conclusions générales. Elles sont laides, chacune est conçue pour un but très limité, quand on leur demande un travail légèrement différent, elles sont incapables de le réaliser, la variété de comportements de n'importe laquelle d'entre elles est très restreinte, etc., etc. Il en conclut naturellement que ce sont des propriétés nécessaires des machines en général. Beaucoup de ces limites sont associées à la très faible capacité de mémoire de la plupart des machines. (Je suppose que l'idée de capacité de mémoire est étendue de manière à recouvrir des machines qui ne sont pas des machines à états discrets. La définition exacte n'a pas d'importance puisque dans la présente discussion on ne revendique aucune exactitude mathématique.) Il y a quelques années, alors qu'on avait peu entendu parler des ordinateurs digitaux, il était possible de faire disparaître une grande partie de l'incrédulité à leur égard, en mentionnant leurs propriétés sans décrire leur réalisation. Cela était probablement dû à une application similaire du principe de l'induction scientifique. Les applications de ce principe sont, bien sûr, en grande partie inconscientes. Quand un enfant qui s'est brûlé craint le feu et montre qu'il le craint en l'évitant, je devrais dire qu'il applique l'induction scientifique. (Je pourrais aussi, bien sûr, décrire son comportement de bien d'autres manières.) Les travaux et les coutumes de l'humanité ne semblent pas être un matériau très adapté à l'application de l'induction scientifique. On doit étudier une grande partie d'espace-temps si l'on veut obtenir des résultats fiables. Autrement, nous pouvons décider (comme le font la plupart des enfants anglais) que tout le monde parle anglais et qu'il est idiot d'apprendre le français.

Il y a, cependant, des remarques particulières à faire concernant beaucoup des incapacités mentionnées. Le lecteur a pu être frappé par la futilité de l'incapacité à aimer les fraises à la crème. Il est possible qu'on puisse faire aimer ce plat délicieux à une machine, mais toute tentative pour le faire serait idiote. Ce qui importe en ce qui concerne cette incapacité, est qu'elle contribue à certaines des autres incapacités, par exemple une amitié liant un homme à une machine comme un homme blanc à un autre homme blanc, ou un homme noir à un autre homme noir.

Le fait de regretter[1] que « la machine ne peut pas faire d'erreurs » semble curieux. On est tenté de répondre : « En sont-elles pires à cause de cela ? » Mais adoptons une attitude plus sympathique et essayons de voir ce que cela veut dire. Je pense que cette critique peut être expliquée dans les termes du jeu de l'imitation. On affirme que l'interrogateur pourrait distinguer la machine de l'homme, simplement en lui posant un certain nombre de problèmes d'arithmétique. La machine serait démasquée à cause de son exactitude implacable. La réplique est simple. La machine (programmée pour jouer le jeu) n'essaierait pas de donner les réponses *justes* aux problèmes d'arithmétique. Elle introduirait délibérément des erreurs d'une manière calculée pour dérouter l'interrogateur. Une erreur mécanique se

1. La traduction porte *revendiquer*, qui paraît fautif et que nous remplaçons par *regretter*. *(N.d.P.)*

révélerait probablement à cause d'une décision inopportune à propos du type d'erreur à commettre en arithmétique. Même cette interprétation de la critique n'est pas suffisamment sympathique. Mais la place nous manque pour y entrer plus avant. Il me semble que cette critique vient de la confusion entre deux types d'erreur. Nous pouvons les appeler «erreurs de fonctionnement» et «erreurs de conclusion». Les erreurs de fonctionnement sont dues à quelque faute mécanique ou électrique qui fait que la machine ne se comporte pas comme elle le devrait. Dans les discussions philosophiques on préfère ignorer la possibilité de telles erreurs; on discute donc de «machines abstraites». Ces machines abstraites sont des fictions mathématiques plutôt que des objets physiques. Elles sont par définition incapables d'erreurs de fonctionnement. En ce sens nous pouvons effectivement dire que «les machines ne peuvent jamais faire d'erreurs». Les erreurs de conclusion apparaissent seulement quand une signification est attribuée aux signaux de sortie de la machine. La machine peut, par exemple, imprimer des équations mathématiques, ou des phrases en anglais. Quand une proposition fausse se trouve imprimée, nous disons que la machine a commis une erreur de conclusion. Il n'y a absolument aucune raison de dire qu'une machine ne peut pas faire ce genre d'erreur. Elle pourrait ne rien faire d'autre que d'imprimer sans cesse «$0 = 1$». Pour prendre un exemple moins méchant, elle pourrait disposer d'une méthode pour tirer des conclusions par induction scientifique. Nous pouvons nous attendre à ce qu'une telle méthode conduise occasionnellement à des résultats erronés.

On ne peut répondre à l'affirmation qu'une machine ne saurait être l'objet de ses propres pensées que si l'on parvient à démontrer que la machine a des pensées, et qu'elles ont des objets. Néanmoins, «l'objet des opérations d'une machine» semble bien avoir une signification, du moins pour les gens qui travaillent dessus. Si, par exemple, la machine essayait de trouver une solution à l'équation $x^2 - 40x - 11 = 0$, on serait tenté de décrire l'équation comme une partie de l'objet de la machine à ce moment-là. Dans ce sens une machine peut sans aucun doute être son propre objet. Elle peut être utilisée pour aider à la confection de ses propres programmes ou pour prévoir les effets de modifications de sa propre structure. En observant les résultats de son propre comportement, elle peut modifier ses propres programmes pour atteindre un but de manière plus efficace. Il s'agit là de possibilités du futur proche, plutôt que de rêves utopiques.

Critiquer le fait qu'une machine ne peut pas avoir une grande diversité de comportements, c'est dire simplement qu'elle ne peut pas avoir une grande capacité de mémoire. Jusqu'à une période assez récente une capacité de mémoire même de mille chiffres était très rare. Les critiques que nous considérons ici sont souvent des formes déguisées de l'argument issu de la conscience. Habituellement, si on soutient qu'une machine peut vraiment faire l'une de ces choses, et si l'on décrit le type de méthode que la machine est susceptible d'utiliser, on ne fera pas une forte impression. La méthode (quelle qu'elle soit, car elle est forcément mécanique) est en effet estimée plutôt vile. À preuve, les parenthèses dans la précédente citation de Jefferson.

6. *L'objection de Lady Lovelace.* Les renseignements les plus détaillés que nous possédons sur la Machine Analytique de Babbage proviennent du mémoire de Lady Lovelace. Elle y déclare: «La Machine Analytique n'a pas la prétention de *donner naissance* à quoi que ce soit. Elle peut effectuer tout *ce que nous savons lui ordonner* de faire» (les italiques sont de Lady Lovelace). Cet extrait est cité par Hartree qui ajoute: «Ceci n'implique pas qu'il ne soit pas possible de construire des machines électroniques qui "penseront par elles-mêmes" ou dans lesquelles, en termes biologiques, on pourrait inclure un réflexe conditionné qui lui servirait de base à "un apprentissage". Que ceci soit en principe

possible ou non est une question passionnante et stimulante, suggérée par certains de ces développements récents. Mais il ne semble pas que les machines réalisées ou qui étaient à l'état de projet à cette époque aient eu cette propriété.»

Je suis entièrement d'accord avec Hartree à ce sujet. On remarquera qu'il n'affirme pas que les machines en question n'avaient pas cette propriété, mais plutôt que les preuves dont Lady Lovelace disposait ne l'encourageaient pas à croire qu'elles avaient cette propriété. Il est fort possible que, en un sens, les machines en question l'aient eue. Car supposons qu'une quelconque machine à états discrets ait cette propriété. La Machine Analytique était un ordinateur digital universel, et en conséquence, si sa capacité de mémoire et sa vitesse étaient adéquates, on pourrait, avec un programme adapté, lui faire imiter la machine en question. Il est probable que cet argument ne vint pas à l'esprit de la comtesse, ni à celui de Babbage. De toute façon, ils n'étaient pas dans l'obligation d'avancer tout ce qu'il y avait à avancer.

On reconsidérera entièrement la question dans le chapitre sur les machines à faculté d'apprentissage.

Une variante de l'objection de Lady Lovelace affirme qu'une machine «ne peut jamais rien faire de vraiment nouveau». On peut y répondre pour l'instant avec le dicton: «Il n'y a rien de nouveau sous le soleil.» Qui peut être certain que le «travail original» qu'il a effectué n'était pas simplement la croissance de la semence plantée en lui par l'enseignement, ou la conséquence du fait d'avoir des principes généraux bien connus? Une meilleure variante de l'objection affirme que la machine ne peut jamais «nous prendre par surprise». Cette affirmation est un défi plus direct et on peut y faire face plus franchement. Les machines me prennent très fréquemment par surprise. La raison principale en est que je ne fais pas de calculs suffisants pour décider de ce à quoi je peux m'attendre de leur part ou plutôt parce que, bien que je fasse des calculs, je les fais de manière rapide et bâclée, en prenant des risques. Je me dis peut-être: «Je suppose que le voltage ici devrait être le même que là: de toute façon, supposons qu'il en soit ainsi.» Naturellement, je me trompe souvent et le résultat est surprenant, car au moment de l'expérience ces suppositions ont été oubliées. Ces suppositions justifient les remontrances qu'on pourrait me faire sur mes pratiques douteuses, mais ne jettent pas l'ombre d'un doute sur ma crédibilité quand je parle des surprises que je ressens.

Je ne m'attends pas à ce que cette réponse fasse taire les critiques. On m'objectera probablement que de telles surprises sont dues à quelque acte de création mentale de ma part, et ne sont pas à porter au crédit de la machine. Ceci nous ramène à l'argument issu de la conscience et nous éloigne de l'idée de surprise. C'est une suite d'arguments que nous devons considérer comme close, mais il faut peut-être remarquer que le fait de trouver quelque chose surprenant requiert de toute façon un «acte de création mentale», que la surprise trouve son origine chez un homme, un livre, une machine ou quoi que ce soit d'autre.

Cette opinion selon laquelle les machines ne peuvent pas nous surprendre est due, à mon avis, à un snobisme dont les philosophes et les mathématiciens sont coutumiers, à savoir l'hypothèse que dès qu'un fait se présente à l'esprit, toutes les conséquences de ce fait jaillissent simultanément avec lui dans l'esprit. C'est une hypothèse très utile dans de nombreuses circonstances, mais on oublie trop facilement qu'elle est fausse. Une conséquence de cela est qu'on suppose qu'il n'y a aucun intérêt à découvrir simplement les conséquences d'une information ou de principes généraux.

7. *L'argument de la continuité dans le système nerveux.* Le système nerveux n'est certaine-

ment pas une machine à états discrets. Une petite erreur dans l'information, à peu près de la taille d'une impulsion nerveuse heurtant un neurone, peut beaucoup changer la taille de l'impulsion de sortie. On peut dire que, puisqu'il en est ainsi, il ne faut pas s'attendre à pouvoir imiter le comportement du système nerveux avec un système à états discrets.

Il est vrai qu'une machine à états discrets est forcément différente d'une machine continue. Mais si nous acceptons les conditions du jeu de l'imitation, l'interrogateur ne pourra pas tirer avantage de cette différence. On peut rendre la situation plus claire en considérant une machine continue plus simple. Un analyseur différentiel conviendra très bien (un analyseur différentiel est un type de machine qui n'est pas à états discrets, et qu'on utilise pour certains types de calculs). Certains d'entre eux impriment leurs réponses et peuvent ainsi facilement prendre part au jeu. Il ne serait pas possible à un ordinateur digital de prédire exactement quelles réponses l'analyseur différentiel donnerait à un problème, mais il serait tout à fait capable de donner le genre de réponse adéquat. Par exemple, si on lui demandait de donner la valeur de π (en réalité à peu près 3,1416), il serait raisonnable de choisir au hasard entre les valeurs: 3,12; 3,13; 3,14; 3,15; 3,16 avec des probabilités disons de: 0,05; 0,15; 0,55; 0,19; 0,06. Dans ces circonstances il serait très difficile pour l'interrogateur de distinguer l'analyseur différentiel de l'ordinateur digital.

8. *L'argument de l'informalité du comportement.* Il n'est pas possible de créer un ensemble de règles qui ait la prétention de décrire ce qu'un homme devrait faire dans tout ensemble concevable de circonstances. On devrait par exemple établir une règle définissant qu'on doit s'arrêter quand on voit un feu rouge et passer quand on voit un feu vert, mais qu'arrive-t-il si par suite d'une erreur les deux apparaissent en même temps? On peut peut-être décider qu'il est plus sûr de s'arrêter. Mais quelque autre difficulté peut bien se faire jour plus tard à cause de cette décision. Il paraît impossible d'élaborer des règles de conduite pour parer à toutes les éventualités, même à celles concernant les feux tricolores. Je partage entièrement ce point de vue.

À partir de là nous affirmons que nous ne pouvons pas être des machines. J'essaierai de reproduire l'argument, mais j'ai peur de ne pas être très juste à son égard. Il semble qu'il corresponde à peu près à ceci: « Si chaque homme disposait d'un ensemble défini de règles de conduite d'après lesquelles il organiserait sa vie, il ne serait pas supérieur à la machine. Mais de telles règles n'existent pas, ainsi les hommes ne peuvent pas être des machines. » Le dénombrement imparfait est manifeste. Je ne pense pas que l'argument soit jamais énoncé exactement dans ces termes, mais je crois néanmoins que c'est bien l'argument utilisé. Il se peut cependant qu'il y ait une certaine confusion entre « les règles de conduite » et « les lois du comportement » qui finisse d'obscurcir le sujet. Par « règles de conduite » j'entends des préceptes tels que: « Arrêtez-vous quand vous voyez un feu rouge », sur lesquels on peut agir et dont on peut être conscient. Par « lois de comportement » j'entends des lois naturelles comme celles qui s'appliquent au corps humain, par exemple: « Si vous le pincez, il criera. » Si nous substituons « les lois du comportement qui règlent sa vie » à « les lois de conduite d'après lesquelles il règle sa vie » dans l'argument cité, le dénombrement imparfait n'est plus un obstacle insurmontable. Car nous croyons qu'il n'est pas seulement vrai que le fait d'être réglé par des lois de conduite implique que l'on est une machine (bien que non nécessairement une machine à états discrets), mais que, réciproquement, le fait d'être une telle machine implique que l'on est réglé par de telles lois. Cependant nous ne pouvons pas nous convaincre de l'absence d'un ensemble complet de lois du comportement aussi facilement que nous l'avons fait pour l'ensemble complet des règles de conduite. La seule manière que nous connaissions de découvrir de telles lois est l'observation scientifique, et nous ne pouvons certainement pas imaginer des circonstances nous permettant de dire: «Nous avons assez cherché, de telles lois n'existent pas.»

Nous pouvons démontrer de manière plus convaincante qu'aucune des affirmations de ce type ne serait justifiée. Car supposons que nous puissions être sûrs de découvrir de telles lois si elles existaient. Alors, à partir d'une machine à états discrets donnée, il devrait certainement être possible de découvrir, par l'observation, assez d'éléments à son sujet pour prédire son comportement futur, et ceci dans une période de temps raisonnable, disons mille ans. Mais il ne semble pas que ce soit le cas. J'ai introduit dans l'ordinateur de Manchester un petit programme utilisant seulement mille unités de stockage, par lequel la machine, lorsqu'on lui fournit un nombre de seize chiffres, répond par un autre nombre en deux secondes. Je défierais quiconque d'en apprendre assez au sujet du programme à partir de ces réponses pour être capable de prédire la réponse pour des valeurs non encore utilisées.

9. *L'argument de la perception extra-sensorielle.* Je pars du principe que le lecteur est familiarisé avec l'idée de la perception extra-sensorielle et les quatre éléments qui en font partie, c'est-à-dire: la télépathie, la clairvoyance, la préconnaissance et la psychokinésie. Ces phénomènes troublants semblent remettre en cause toutes nos idées scientifiques habituelles. Comme nous aimerions les discréditer! Malheureusement l'évidence statistique, au moins pour la télépathie, est accablante. Il est très difficile de réorganiser ses idées pour y intégrer ces nouveaux faits. Une fois que nous les avons acceptés, ce n'est pas progresser beaucoup que de croire aux fantômes et aux spectres. L'idée que notre corps se déplace simplement suivant des lois connues de la physique, et suivant quelques autres qui n'ont pas encore été découvertes mais qui leur sont relativement similaires, serait la première à disparaître.

Cet argument est, à mon avis, très fort. On peut répondre que beaucoup de théories scientifiques semblent continuer à fonctionner dans la pratique malgré les conflits avec la perception extra-sensorielle; que l'on peut, en fait, très bien se débrouiller si on l'oublie. C'est un réconfort relatif, et l'on craint que la pensée soit justement le type de phénomène pour lequel la perception extra-sensorielle est particulièrement adéquate.

Un argument plus spécifique, basé sur la perception extra-sensorielle, pourrait être rédigé en ces termes: «Jouons au jeu de l'imitation, en utilisant comme témoins un homme qui est un bon récepteur télépathique et un ordinateur digital. L'interrogateur peut poser des questions comme: "Quelle est la couleur de la carte que j'ai dans la main droite?" L'homme, par télépathie ou clairvoyance, donne 130 fois la bonne réponse sur 400 cartes. La machine peut seulement deviner au hasard et peut-être obtenir 104 bonnes réponses. L'interrogateur peut ainsi l'identifier.» Une possibilité intéressante apparaît ici. Supposons que l'ordinateur digital renferme un générateur de nombres aléatoires. Il est alors naturel qu'il l'utilise pour décider de la réponse à donner. Mais alors, le générateur de nombres aléatoires sera sujet aux pouvoirs psychokinésiques de l'interrogateur. Cette psychokinésie fera peut-être que la machine devinera juste plus souvent que l'on ne s'y attend d'après le calcul des probabilités, et ainsi l'interrogateur ne pourra toujours pas l'identifier correctement. D'un autre côté, il se pourrait qu'il soit capable de deviner juste sans poser de questions, par clairvoyance. Avec la perception extra-sensorielle, tout peut arriver. Si la télépathie est admise, il sera nécessaire de préciser notre épreuve de contrôle. La situation pourrait être considérée comme analogue à celle qui se produirait si l'interrogateur se parlait à lui-même et si l'un des participants écoutait avec l'oreille collée au mur. Le fait de placer les participants dans une « pièce aménagée pour éliminer la télépathie » satisferait toutes les exigences.

Cybernétique et société
(1950)

NORBERT WIENER
(1894-1964)

De formation mathématique, Norbert Wiener était professeur au MIT. Il avait travaillé pendant la guerre sur l'automatisation du tir antiaérien, et il s'intéressa toute sa vie à la conception de prothèses médicales. Les mathématiques sont pour lui comme « une vaste métaphore », un immense échangeur permettant de superposer ou de rapprocher les phénomènes : la grille de lecture cybernétique ne fait appel qu'à la méthode axiomatique, *qui enchaîne les phénomènes selon des séquences logico-mathématiques (la mathématisation du monde par la physique galiléo-cartésienne ne procédait pas autrement), et fait ainsi apparaître d'inattendus rapprochements entre les isomorphismes que cette méthode met en évidence.*

Le premier effet de cette approche du réel est de congédier les distinctions reçues entre l'artificiel et le vivant, l'âme et le corps, la machine et l'esprit. La logique du raisonnement est indifférente à la matérialité des supports : ce n'est pas le hardware *qui qualifie les phénomènes, mais la structure logique des événements ou des comportements.*

Une nouvelle ontologie en résulte, fondée sur la relation *(maître mot de ce nouveau paradigme, qui influencera profondément par exemple les psychiatres de l'école de Palo Alto). Du point de vue de la connaissance autant que de l'existence, la relation prime toujours sur le contenu (intérieur) d'un être ou d'un phénomène : ce contenu est d'ailleurs baptisé « boîte noire », et réputé inscrutable autrement qu'en termes d'entrées et de sorties (le couple fameux* input/output*). La cybernétique revendique donc une « méthode comportementale d'étude », ou pour mieux dire : elle examine l'objet ou le sujet sous l'angle de l'information.*

Parmi les nombreuses et importantes conséquences de cette nouvelle approche, nous relèverons particulièrement que :
– vivre, c'est communiquer ou échanger ;
– la substance est remplacée par des modèles (patterns) *stables sous le flot d'informations et d'énergie qui les traverse (tout corps vivant est un tourbillon plus proche de la flamme que de la pierre...) ;*
– l'homme de Wiener est « sans intérieur » (comme le dit Philippe Breton en sous-titre de son livre) : au rebours du paradigme de Freud, hanté par le dépôt substantiel ou abyssal de l'inconscient au fond de chacun, ce dedans s'extravase avec la cybernétique, qui tente de penser ce contenu en termes de relations, ou qui tend du moins à brouiller grandement ces oppositions ;
– le réel peut tout entier s'interpréter en termes de messages et en réseaux de médiations : dans le texte ci-dessous, Wiener va jusqu'à imaginer qu'on puisse un jour « télégraphier un homme » (cette idée trouve une illustration saisissante, et pathétique, dans le beau film

de Cronenberg la Mouche, *où le savant s'amuse d'abord à voyager entre les deux « télépoles »)...*

Au bilan, la cybernétique apparaît moins comme une discipline locale ou particulière que comme une inter-discipline, susceptible de les renouveler toutes. Et sa démarche incontestablement scientifique se double rapidement d'une dimension prophétique, ou idéologique (ce qui n'est pas forcément une tare).

Avec Cybernétique et société *en effet* (The Human Use of Human Beings), *Wiener tire dès 1950 les leçons sociales, morales, politiques ou pédagogiques de son grand ouvrage de 1948, peu accessible aux non-spécialistes. Il faut pour comprendre cette démarche se replacer dans le contexte post-traumatique de ces années: Wiener se réfère lui-même à « Bergen-Belsen et Hiroshima », soit à la crainte très réelle que nos sociétés ne retournent au chaos, c'est-à-dire à l'* entropie.

Ce pessimisme historique est né des ravages de la guerre bien sûr, qui se prolonge alors sous forme de « guerre froide », mais il a aussi sa racine dans le deuxième principe de la thermodynamique, qui annonce depuis sa formulation en 1850 par Clausius, sur la base des travaux de Carnot sur la chaleur, l'inéluctable mort thermique de l'univers, soit le retour final à la désorganisation (à l'entropie) maximale. La seule façon de faire reculer celle-ci est de créer localement des ilôts d'ordre ou de néguentropie, c'est-à-dire d' information.

On voit de la sorte que ce pessimisme est corrigé ou doublé d'un optimisme technologique: Wiener imagine toutes les façons par lesquelles, en communiquant mieux (donc en levant les obstacles au développement en tous domaines de l'information), les hommes étendront leur culture ou leur vie, ou lutteront contre le chaos et la barbarie. Son anarchisme rationnel *annonce le dépérissement de l'État par l'autorégulation du social, conçue dans cet ouvrage sur le modèle d'un automate a-centré (ce modèle est discuté dans le texte de Jean-Pierre Dupuy,* supra *chapitre IV). Il faut à cet égard rappeler que Wiener, contrairement à von Neumann, se définit comme un antimilitariste militant, et que ses prises de position contribuèrent dès les années de l'après-guerre à l'émergence de la « problématique STS » (Sciences-Techniques-Société, une prise de conscience généralement tardive et difficile pour les savants de haut niveau).*

La métaphore du gouvernail qui figure au cœur de cette pensée, et dans le nom même qu'elle se donne, indique semble-t-il la proximité entre les multiples préoccupations de Wiener et l'actuelle sensibilité écologique: ne s'agit-il pas dans les deux cas de concevoir et de favoriser la complémentarité des contraires, et l'interdépendance des formes de la vie? Comme dit aujourd'hui Michel Serres en reprenant la formule de Pascal, « nous sommes embarqués... », et nous pouvons pour la première fois dans l'histoire apercevoir physiquement la forme de notre vaisseau: une petite boule bleue perdue dans un univers à la dispersion infinie et glacée. (Il est probable que la photo-satellite du « vaisseau spatial Terre » contribue à répandre cette nouvelle conscience écologique; une conscience que Serres identifie à celle des « lois du bord » dans l'Odyssée: *contrairement à* l'Iliade, *où les guerriers ont toujours de la terre à brûler, l'espace du bateau est irremplaçable, et indestructible sous peine de suicide.) La cybernétique, soit l'art du gouvernement ou du pilotage à travers la* noise[1] *des forces contraires, anticipait largement sur ces récents développements.*

1. *Noise*: querelle entre les vivants, mais aussi turbulence et *bruit* (cf. l'anglais *noise*) dans la nature ou parmi l'organisation en général. On lira sur la logique de ce mot, et celle de l'ordre à partir du bruit, la surprenante méditation de Michel Serres dans *Genèse*, qui s'ouvre par une analyse de la belle noiseuse selon *le Chef-d'œuvre inconnu* de Balzac (*Genèse*, Grasset, Paris, 1982).

Et son modèle pourrait donc servir à nos études de communications : partout où le savoir se cloisonne et se spécialise ; partout aussi où l'autre est ce qu'il faut vaincre, et non pas convaincre. Philippe Breton, qui identifie la cybernétique à l'« utopie de la communication », souligne à cet égard qu'elle constitue la première idéologie sans adversaire (autre que l'inévitable bruit) – et de fait, il y eut dans l'anarchisme optimiste de Wiener beaucoup de civilité. Faut-il dans ces conditions l'accuser d'avoir doublé son projet d'une exigence de « transparence totale » ? Soupçonner Wiener d'aller dans le sens du Panoptikon *carcéral décrit par Michel Foucault, ou pire du* 1984 *d'Orwell, est lui chercher une mauvaise querelle. Nous ne suivons pas Breton au-delà de la première partie de son ouvrage, utile et documentée ; au lieu d'enrôler Wiener dans la longue tradition des utopistes, mieux vaut décrire avec Jean-Pierre Dupuy ou Pierre Lévy son épistémologie, et la descendance de ses idées dont on est loin d'avoir mesuré toute la fécondité.*

Source : *Norbert Wiener,* Cybernétique et société (The Human Use of Human Beings), *traduction de Pierre-Yves Mistoulon, éditions UGE 10/18, Paris, 1954.*

Bibliographie : *Norbert Wiener,* Cybernetics or Control and Communication in the Animal and the Machine, *Hermann, Paris, 1948 ; N. Wiener, A. Rosenblueth et J. Bigelow, « Comportement, intention et téléologie », in* les Études philosophiques, *1961, n° 2 ; Philippe Breton,* l'Utopie de la communication, l'Émergence de « l'homme sans intérieur », *La Découverte, Paris, 1992 ; Jean-Pierre Dupuy,* Aux origines des sciences cognitives, *La Découverte, Paris, 1993 ; J.-P. Dupuy, Isabelle Stengers, Pierre Lévy* et alii, Histoires de cybernétique *suivies de* Généalogies de l'auto-organisation, *Cahiers du CREA n° 7 et 8, Paris, 1985 ; Steve Heims,* John von Neumann and Norbert Wiener, *MIT Press, Cambridge Mass., 1982 ; Joël de Rosnay,* le Macroscope, Vers une vision globale, *Le Seuil, Paris, 1975 ; Dominique Dubarle, « Une nouvelle science : la cybernétique. Vers la machine à gouverner ? », in* le Monde, *28 décembre 1948 ; Edgar Morin,* la Méthode 1, « La nature de la nature », *Le Seuil, Paris, 1977.*

Chapitre premier

La cybernétique à travers l'histoire

Depuis la fin de la deuxième guerre mondiale, je me penche sur les nombreuses ramifications de la théorie des messages. À côté de la théorie de la technique électrique pour la transmission des messages, il y a un champ plus vaste qui englobe non seulement l'étude du langage, mais aussi l'étude des messages en tant que moyens de contrôle sur les machines et la société, le développement des machines à calculer et autres appareils automatisés analogues, certaines considérations sur la psychologie et le système nerveux, et une nouvelle théorie expérimentale de la méthode scientifique. Cette théorie élargie des messages est une théorie probabiliste, partie intrinsèque du mouvement qui doit son origine à Willard Gibbs et que j'ai décrite dans l'introduction.

Jusqu'à une date récente, il n'existait pas de mot pour désigner ce complexe d'idées, et afin de désigner le champ tout entier par un terme unique, je me suis vu dans l'obligation d'en inventer un. D'où le mot « cybernétique » que j'ai fait dériver du mot grec *kubernetes*, ou « pilote », le même mot grec dont nous faisons en fin de compte notre mot « Gouverneur ».

Par ailleurs, j'ai trouvé par la suite que ce mot avait été déjà employé par Ampère en référence à la science politique, et qu'il avait été introduit dans un autre contexte par un savant polonais, cet emploi dans les deux cas, datant des premières années du XIXe siècle.

J'ai écrit un livre assez technique, intitulé *la Cybernétique*[1], qui a été publié en 1948. Il me fut demandé d'en rendre les idées accessibles au public profane, et j'ai alors publié la première édition de *l'Utilisation humaine des êtres humains*[2] en 1950. Depuis, ce sujet issu de quelques idées partagées par les Drs Claude Shannon, Warren Weaver et moi-même est devenu un terrain de recherches bien établi. Pour cette raison, je saisis l'occasion qui m'est fournie par la réimpression de mon livre pour le mettre à jour et supprimer certaines insuffisances et fautes de logique.

En donnant la définition de la Cybernétique dans la première édition, j'ai classé les notions de communication et de régulation ensemble. Pourquoi l'ai-je fait? Quand je communique avec une autre personne, je lui transmets un message, et quand cette personne communique à son tour avec moi, elle me retourne un message de même nature qui contient des renseignements accessibles d'abord à elle et non à moi. Quand je contrôle les actions d'une autre personne, je lui communique un message, et bien que ce message soit de nature impérative, la technique de communication ne diffère pas de celle de la transmission d'un fait. En outre si je veux que mon contrôle soit efficace, je dois m'informer de tous messages émanant de la personne capables de m'avertir que l'ordre est compris et qu'il a été exécuté.

La thèse de ce livre est que la société peut être comprise seulement à travers une étude des messages et des «facilités» de communication dont elle dispose; et que, dans le développement futur de ces messages et de ces «facilités» de communication les messages entre l'homme et les machines, entre les machines et l'homme, et entre la machine et la machine sont appelés à jouer un rôle sans cesse croissant.

Quand je donne un ordre à une machine, la situation ne diffère pas fondamentalement de celle qui se présente quand je donne un ordre à une personne. En d'autres termes, dans la mesure où je suis conscient, j'ai connaissance de l'ordre qui a été donné et du signal d'acquiescement qui est revenu. Pour moi, personnellement, le fait que le signal, dans ses étapes intermédiaires, ait passé par une machine plutôt que par une personne ne doit pas être pris en considération et en aucun cas n'apporte de grand changement dans la relation existant entre le signal et moi. Ainsi, la théorie de la régulation dans les réalisations d'ingénieur soit par un humain, soit par un animal ou une mécanique, est un chapitre de la théorie des messages.

Naturellement, il y a des différences de détail dans les messages et dans les problèmes de régulation, non seulement entre un organisme vivant et une machine, mais aussi à l'intérieur de chaque catégorie plus étroite d'êtres. Le but de la cybernétique est de développer un langage et des techniques qui nous permettent effectivement de nous attaquer au problème de la régulation des communications en général, et aussi de trouver le répertoire convenable d'idées et de techniques pour classer leurs manifestations particulières selon certains concepts.

Les ordres par l'intermédiaire desquels nous exerçons notre contrôle sur notre entourage constituent une sorte d'information que nous lui communiquons. Comme toute forme d'information, ces ordres sont sujets à des perturbations dans la transmission. Ils parviennent avec moins de cohérence, et certainement pas avec plus de cohérence qu'au moment de

1. *Cybernetics*, éditions Hermann, Paris-New York, 1948.
2. Traduction littérale du titre original du présent ouvrage.

leur émission. Dans le domaine de la régulation et des communications, nous luttons perpétuellement contre la tendance de la nature à détériorer l'ordonné et à détruire le compréhensible; la tendance, comme Gibbs nous l'a montrée, de l'entropie à s'accroître.

Une grande partie de cet ouvrage traite des limites des communications chez les individus et parmi les individus. L'Homme est plongé dans un monde qu'il perçoit par l'intermédiaire de ses organes des sens. L'information qu'il reçoit est coordonnée par son cerveau et son système nerveux, jusqu'à ce que, après le processus convenable d'emmagasinement, de collation et de sélection, elle soit diffusée à travers des organes de l'action, ses muscles généralement. Ceux-ci à leur tour agissent sur le monde extérieur, et également réagissent sur le système nerveux central par l'intermédiaire d'organes récepteurs tels que les organes terminaux de la sensation; et les renseignements reçus par les organes sensoriels se combinent à la prévision de renseignements déjà emmagasinés pour influer sur l'action future.

Information est un nom pour désigner le contenu de ce qui est échangé avec le monde extérieur à mesure que nous nous y adaptons et que nous lui appliquons les résultats de notre adaptation. Le processus consistant à recevoir et à utiliser l'information est le processus que nous suivons pour nous adapter aux contingences du milieu ambiant et vivre efficacement dans ce milieu. Les besoins et la complexité de la vie moderne rendent plus nécessaire que jamais ce processus d'information et notre presse, nos musées, nos laboratoires scientifiques, nos universités, nos bibliothèques et nos manuels sont obligés de satisfaire les besoins de ce processus, ou, sinon, n'atteignent pas leur but. Vivre efficacement, c'est vivre avec une information adéquate. Ainsi, la communication et la régulation concernent l'essence de la vie intérieure de l'Homme, même si elles concernent sa vie en société.

Que l'étude des communications ait sa place dans l'histoire de la science, ce n'est ni un fait négligeable ou fortuit, ni un fait nouveau. Même avant Newton de tels problèmes furent communs en physique, particulièrement dans l'œuvre de Fermat, Huygens et Leibniz: chacun d'eux s'est intéressé à la physique dont le point d'aboutissement était non la mécanique, mais l'optique, la communication des images visuelles.

Fermat fit progresser l'étude de l'optique avec son principe de minimisation, selon lequel, sur toute portion suffisamment courte de son trajet, la lumière suit le chemin qu'elle met le moins de temps à franchir. Huygens développa la forme primitive de ce que l'on connaît maintenant sous le nom de «Principe de Huygens», en disant que la lumière se propage à partir d'une source en formant autour de cette source une sorte de petite sphère consistant en sources secondaires qui, à leur tour, propagent la lumière de la même façon que les sources premières. Leibniz, entre-temps, conçut le monde tout entier comme un assemblage d'êtres appelés «monades» dont l'activité consistait en la perception réciproque sur la base d'une harmonie préétablie, œuvre de Dieu, et il est parfaitement clair qu'il conçut cette interaction largement en termes d'optique. À part cette perception, les «monades» n'avaient aucune «fenêtre», de sorte que dans sa conception toute interaction mécanique ne devenait en fait rien de plus qu'une conséquence subtile d'une interaction optique. Un intérêt marqué pour l'optique et les messages est apparent dans cette partie de la philosophie de Leibniz et se trouve sensible dans l'ensemble de sa philosophie. Il joue un rôle important dans deux de ses idées les plus originales: celle de la «Characteristica Universalis», ou langage scientifique universel, et celle du «Calculus Ratiocinator», ou calcul par la logique. Ce «Calculus Ratiocinator», quoique imparfait, fut l'ancêtre direct de la logique mathématique moderne.

Leibniz, dominé par des idées de communication, est à plus d'un titre l'ancêtre intellectuel des idées contenues dans cet ouvrage, car il s'occupa également de calcul mécanique et d'automates. Mes vues dans cet ouvrage sont bien loin d'être leibniziennes, mais les problèmes auxquels je m'intéresse sont très certainement leibniziens. Les machines à calculer de Leibniz furent seulement une conséquence de l'intérêt qu'il porta à un langage du calcul, à un calcul rationnel, et du fait qu'il avait en tête, simplement, une extension de son idée d'un langage artificiel complet. Ainsi même dans sa machine à calculer, Leibniz se préoccupa surtout de langage et de communication.

Vers le milieu du siècle dernier les travaux de Clerk Maxwell et de son précurseur, Faraday, avaient attiré l'attention des physiciens une fois encore sur l'optique, science de la lumière, que l'on considérait alors comme une forme d'électricité que l'on pouvait ramener au mécanisme d'un milieu étrange, rigide mais invisible, connu sous le nom *d'éther*, et qui, à cette époque, était supposé imprégner l'atmosphère, l'espace intersidéral et toute substance transparente. Les travaux de Clerk Maxwell sur l'optique consistèrent dans le développement mathématique d'idées qui avaient été exprimées antérieurement sous une forme convaincante mais non mathématique par Faraday. L'étude de l'éther soulevait certains problèmes dont les solutions étaient obscures, comme, par exemple, le problème du mouvement de la matière à travers l'éther. La fameuse expérience de Michelson et Morley, dans les années 1890, fut entreprise pour le résoudre et elle donna un résultat tout à fait inattendu, à savoir qu'il n'y avait simplement aucune façon de déterminer le mouvement de la matière à travers l'éther.

La première solution satisfaisante aux problèmes soulevés par cette expérience fut celle de Lorentz, qui fit observer que, si l'on concevait les forces donnant sa cohésion à la matière comme étant elles-mêmes électriques ou optiques par nature, l'on devait compter sur un résultat négatif de l'expérience de Michelson-Morley. Cependant Einstein en 1905 traduisit ces idées de Lorentz sous une forme dans laquelle le caractère inobservable du mouvement absolu était un postulat de physique plutôt que le résultat de toute structure particulière de la matière. Pour notre étude, la chose importante est que, dans les travaux d'Einstein, la lumière et la matière sont placées sur le même plan, comme elles l'avaient été dans les écrits antérieurs à ceux de Newton, sans la subordination newtonienne de toutes choses à la matière et à la mécanique.

En expliquant ses vues, Einstein tient compte largement de l'observateur, qui peut être au repos ou en mouvement. Dans sa théorie de la relativité, il est impossible de faire intervenir l'observateur sans faire intervenir également l'idée de message, et sans, en fait, ramener à un stade quasi leibnizien la physique, qui, une nouvelle fois, tend vers l'optique. La théorie de la relativité d'Einstein et la mécanique statistique de Gibbs sont antithétiques, en ce qu'Einstein, comme Newton, raisonne encore essentiellement à l'aide d'une dynamique absolument rigide où n'entre pas l'idée de probabilité. Les travaux de Gibbs, au contraire, sont probabilistes au départ, mais les orientations divergentes de ces travaux représentent néanmoins un changement de point de vue en physique. Dans celui-ci le monde tel qu'il existe réellement est remplacé d'une façon ou d'une autre par le monde tel qu'il est observé et le vieux réalisme naïf de la physique fait place à quelque chose dont l'évêque Berkeley eût souri volontiers.

Là-dessus, il convient que nous revenions sur certaines notions concernant l'entropie, qui ont déjà été présentées dans l'introduction. Comme nous l'avons dit, l'idée d'entropie représente plusieurs des divergences les plus importantes de la mécanique gibbsienne d'avec la mécanique newtonienne. Selon Gibbs, nous avons une quantité physique qui relève non du monde extérieur comme tel, mais de certaines catégories de mondes extérieurs possibles, et en conséquence de la réponse à certaines questions spécifiques que nous pouvons poser en ce qui concerne le monde extérieur. La physique devient alors, non pas la discussion sur un univers extérieur que l'on peut considérer comme la réponse globale à toutes les questions le concernant, mais un compte rendu des réponses à des questions de portée bien plus limitée. En fait, ce qui nous intéresse maintenant ce n'est plus l'étude de tous les messages possibles émis et reçus que nous pouvons envoyer ou recevoir, mais la théorie de messages bien plus spécifiques émis et reçus ; et cela implique l'évaluation de la somme d'informations qu'ils nous fournissent, somme qui cesse d'être infinie.

Les messages sont eux-mêmes une forme de « modèle[1] » et d'organisation. En effet, il est possible de considérer les séries de messages comme ayant une entropie à l'égard des séries d'états du monde extérieur. De même que l'entropie est une mesure de désorganisation, l'information fournie par une série de messages est une mesure d'organisation. En fait, il est possible d'interpréter l'information fournie par un message comme étant essentiellement la valeur négative de son entropie, et le logarithme négatif de sa probabilité. C'est-à-dire, *plus le message est probable, moins il fournit d'information.* Les clichés ou les lieux communs, par exemple, éclairent moins que les grands poèmes.

J'ai déjà mentionné l'intérêt que portait Leibniz aux automates, intérêt partagé d'ailleurs par son contemporain Pascal, qui apporta une réelle contribution au développement de ce que nous connaissons de nos jours sous le nom d'additionneuse. Leibniz voyait, dans la concordance de l'heure par des horloges réglées simultanément, le modèle de l'harmonie préétablie de ses « monades ». Car la technique mise en application dans les automates de son époque était celle de l'horloger. Considérons l'activité des petites figurines qui dansent sur le dessus d'une boîte à musique. Elles se meuvent suivant un « modèle », mais c'est un « modèle » qui est réglé d'avance et dans lequel l'activité passée des figurines n'a pratiquement rien à voir avec le « modèle » de leur activité future. La probabilité qu'elles s'écartent de ce « modèle » est nulle. Il y a un message, bien entendu, mais il va du mécanisme de la boîte à musique aux figurines et s'arrête là. Les figurines elles-mêmes n'ont aucune trace de communication avec le monde extérieur, excepté cette étape irréversible de communication avec le mécanisme préétabli de la boite à musique. Elles sont aveugles, sourdes et muettes, et ne peuvent en aucune façon faire différer leur activité du « modèle » établi conventionnellement.

À elles s'opposent les comportements de l'Homme, ou, bien entendu, de tout animal moyennement intelligent, tel un petit chat. J'appelle le petit chat et il lève la tête. Je lui ai envoyé un message qu'il a reçu par l'intermédiaire de ses organes sensoriels et dont il témoigne dans ses actes. Le petit chat a faim et pousse une plainte pitoyable. Cette fois, c'est lui qui envoie un message. Le petit chat donne un coup de patte à une bobine qui se balance. La bobine oscille vers la gauche, et le chaton l'attrape avec sa patte gauche. Cette fois, des messages d'une nature très complexe sont à la fois envoyés et reçus dans le propre système nerveux du petit chat par l'intermédiaire de terminaisons nerveuses situées dans ses articulations, ses muscles, ses tendons ; et grâce aux messages nerveux envoyés par ces organes l'animal connaît la position et les tensions réelles de ses tissus. C'est seulement par l'intermédiaire de ces organes que l'habileté manuelle est rendue possible.

J'ai opposé le comportement prédéfini des petites figurines de la boîte à musique d'une part au comportement contingent des êtres humains et des animaux d'autre part. Mais nous ne devons pas supposer que la boîte à musique est le type de tout comportement mécanique.

1. *Pattern.*

Les machines plus anciennes, et en particulier les tentatives plus anciennes pour fabriquer des automates, opéraient sur la base d'un mécanisme d'horlogerie fermé. Mais les machines automatiques modernes telles que les engins téléguidés, les « proximity fuse », le mécanisme d'ouverture automatique des portes, l'appareillage de commande d'une usine de produits chimiques et le reste de la panoplie moderne des machines automatiques qui remplissent des fonctions militaires ou industrielles, sont dotés d'organes sensoriels, c'est-à-dire de récepteurs pour les messages venant de l'extérieur. Ceux-ci peuvent être aussi simples que des cellules photoélectriques qui se modifient électriquement quand un rayon lumineux les touche, et qui peuvent donc distinguer la lumière de l'obscurité, ou aussi compliqués qu'un poste de télévision. Ils peuvent mesurer une tension par le changement qu'elle produit dans la conductibilité d'un fil électrique qui y est soumis, ou ils peuvent mesurer la température au moyen d'un thermo-couple, qui est un instrument consistant en deux segments en contact l'un avec l'autre et à travers lesquels passe un courant quand l'un des points de contact est chauffé. Chaque instrument, dans le répertoire du fabricant d'instruments scientifiques, est un organe sensoriel possible, et l'on peut lui faire enregistrer à distance ses observations par l'interposition d'un appareillage électrique convenable. Ainsi, la machine qui est conditionnée en vue de relations avec le monde extérieur reste actuelle.

La machine qui agit sur le monde extérieur au moyen de messages nous est également familière. Le mécanisme photoélectrique d'ouverture automatique des portes est connu de toute personne qui a passé par l'aérodrome d'Orly ; il équipe bien d'autres constructions également. Quand un message consistant dans l'interception d'un rayon lumineux est envoyé à l'appareil, ce message actionne la porte, et l'ouvre de telle sorte que la personne peut la franchir.

Les échelons entre la mise en action d'une machine de ce type par des organes sensoriels et l'exécution par elle d'une tâche peuvent être aussi simples que dans le cas de la porte électrique ; ou bien ils peuvent en fait atteindre tout degré de complexité voulu dans les limites de nos techniques de construction mécanique. Une action complexe est une action dans laquelle les données fournies (que nous appelons « alimentation ») pour obtenir une action sur le monde extérieur (que nous appelons « rendement ») peuvent provoquer un nombre important de combinaisons. Ce sont des combinaisons à la fois des données fournies sur le moment et des éléments enregistrés, pris parmi les données emmagasinées antérieurement (que nous appelons la « mémoire »). Celles-ci sont enregistrées dans la machine. Toutefois, les machines les plus compliquées que l'on fabrique, celles qui transforment les données d'alimentation en données de rendement, sont les machines à calculer électriques à grande vitesse dont je parlerai ultérieurement plus en détail. La détermination du mode de fonctionnement de ces machines est donnée par l'intermédiaire d'une sorte d'alimentation spéciale, qui consiste fréquemment en cartes perforées ou en bandes ou fils magnétiques, et qui détermine la façon dont la machine va fonctionner dans une opération, différente de celle dont elle aurait pu fonctionner, dans une autre opération. En raison de l'emploi fréquent de bandes perforées ou magnétiques dans les processus de contrôle, les données dont on alimente les machines, et qui indiquent le mode d'opération de l'une de ces machines pour combiner les informations, sont appelées le « programme ».

J'ai dit que l'homme et l'animal ont un sens kinesthésique, par lequel ils enregistrent la position et les tensions de leurs muscles. Pour qu'une machine soumise à des variations du milieu ambiant agisse efficacement, il est nécessaire que l'information concernant les résultats de sa propre action lui soit fournie comme faisant partie de l'information d'après laquelle elle doit continuer d'agir. Par exemple, si nous faisons fonctionner un ascenseur, il ne suffit pas d'ouvrir la porte extérieure parce que les ordres que nous avons donnés doivent faire en sorte que l'ascenseur soit au niveau de cette porte au moment où nous l'ouvrons. Il importe que le déclencheur permettant l'ouverture de la porte soit subordonné au fait que l'ascenseur est effectivement au niveau de la porte; autrement, quelque chose pourrait l'avoir arrêté et le passager risquerait de tomber dans la cage. Cette régulation d'une machine sur la base de son fonctionnement réel plutôt que sur celle de son fonctionnement prévu est fondée sur une «rétroaction»: des membres sensoriels sont actionnés par des membres moteurs et jouent le rôle de répétiteurs et de moniteurs – c'est-à-dire d'éléments qui indiquent un fonctionnement. La fonction de ces mécanismes est de contrôler la tendance de la machine au dérèglement, en d'autres termes de produire une inversion temporaire et locale du sens normal de l'entropie.

Je viens de mentionner l'ascenseur comme exemple de rétroaction. Il y a d'autres cas où l'importance de la rétroaction est encore plus apparente. Par exemple, un canonnier reçoit une information de ses instruments et la transmet au canon, de sorte que ce dernier visera une direction calculée pour que le projectile atteigne la cible en mouvement à un moment donné. Or, le canon lui-même doit être utilisé quelles que soient les conditions atmosphériques. Dans certaines conditions, la graisse est chaude et le canon bascule facilement et vite. Dans d'autres, la graisse est gelée ou mélangée de sable, et le canon met du temps à répondre aux ordres qui lui sont donnés. Si ces ordres sont secondés par une poussée additionnelle donnée quand le canon peine pour exécuter ces ordres et prend du retard sur eux, alors l'erreur du canonnier sera diminuée. Pour obtenir un fonctionnement aussi uniforme que possible, il est d'usage de doter le canon d'un élément de contrôle de la rétroaction, qui lit le retard du canon par rapport à la position qu'il aurait dû occuper selon les ordres qu'il a reçus, et qui utilise cette différence pour lui imprimer une poussée additionnelle.

Il est vrai que l'on doit prendre des précautions pour que la poussée ne soit pas trop forte, car si elle l'est, le canon va dépasser la position requise et devra y être ramené en une série d'oscillations qui peuvent fort bien s'amplifier de plus en plus et aboutir à une instabilité désastreuse. Si le système de rétroaction est lui-même contrôlé – si, en d'autres termes, ses propres tendances à l'entropie sont freinées par des mécanismes de régulation encore différents – et maintenu dans des limites suffisamment rigoureuses, cela ne se produira pas, et l'existence de la rétroaction accroîtra la stabilité du fonctionnement du canon. En d'autres termes, le fonctionnement deviendra moins subordonné à la résistance au glissement; ou, ce qui revient au même, au ralentissement occasionné par la dureté de la graisse.

Quelque chose de très apparenté à cela se produit dans l'action humaine. Si je prends mon cigare, je ne bouge pas volontairement un muscle défini. En effet, dans bien des cas, je ne sais pas quels sont ces muscles. Ce que je fais, c'est changer en action un certain mécanisme de rétroaction; c'est-à-dire un réflexe dans lequel la quantité qui m'a empêché de prendre le cigare est changée sur un ordre nouveau et plus important, donné aux muscles retardataires, quels qu'ils soient.

De cette façon, un contrôle volontaire suffisamment uniforme permettra que le même effort soit accompli à partir de positions initiales largement différentes, et indépendamment de la diminution de contraction due à la fatigue des muscles. Pareillement, quand je conduis une voiture, je n'exécute pas une série d'ordres dépendant seulement de l'image mentale que j'ai de la route et de l'acte que j'accomplis. Si je trouve que la voiture se déporte trop vers la droite, cela me fait la ramener vers la gauche. Ce geste dépend du fonctionnement réel de la voiture, et pas simplement de la route; et il me permet de conduire avec une efficacité à peu près égale une légère Austin et un poids lourd, sans avoir eu à développer des habitudes distinctes pour la conduite des deux véhicules. J'aurai davantage à dire sur ce point dans le chapitre de cet ouvrage consacré aux machines spéciales, où nous allons discuter du service qui peut être rendu à la neuropathologie par l'étude des machines comportant des défauts de fonctionnement analogues à ceux qui se manifestent dans le mécanisme humain.

Ma thèse est que le fonctionnement physique de l'individu vivant et les opérations de certaines machines de communication les plus récentes sont exactement parallèles dans leurs efforts identiques pour contrôler l'entropie par l'intermédiaire de la rétroaction. Dans les deux cas il existe des récepteurs sensoriels formant un stade de leur cycle de fonctionnement: c'est-à-dire que, dans les deux cas, il existe un appareil spécial pour recueillir l'information venant du monde extérieur à de faibles niveaux énergétiques, et la rendre valable dans le fonctionnement de l'individu ou de la machine. Dans les deux cas, ces messages extérieurs ne sont pas recueillis à l'état brut mais, par l'intermédiaire des forces de transformation internes de l'appareil (qu'il soit vivant ou inerte), sont alors transformés en une nouvelle forme valable pour d'autres étapes du fonctionnement. Chez l'animal comme chez la machine ce fonctionnement est rendu efficace sur le monde extérieur et non pas seulement pour une action virtuelle, à l'aide d'un mécanisme central de régulation. Ce complexe de fonctionnement est ignoré de l'homme moyen et ne joue pas le rôle qu'il devrait jouer dans notre analyse habituelle de la société, car, de même que les réponses physiques individuelles peuvent être envisagées selon cette conception, de même peuvent l'être les réponses organiques de la société elle-même. Je ne veux pas dire que le sociologue ignore l'existence et la nature complexe des communications dans la société, mais jusqu'à une date récente, il a eu tendance à oublier à quel point elles sont le ciment qui donne sa cohésion à l'édifice social.

Nous avons vu dans ce chapitre l'unité fondamentale d'un complexe d'idées qui jusqu'à une date récente n'avaient pas été suffisamment rapprochées les unes des autres, que ce soit la conception contingente de la philosophie introduite par Gibbs modifiant les conventions traditionnelles newtoniennes, l'attitude augustinienne vis-à-vis de l'ordre et de la conduite qui est exigée par cette conception ou la théorie des messages parmi les hommes, les machines et dans la société considérée comme une suite d'événements dans le temps. Le «message» bien que contingent en lui-même, s'efforce en effet de freiner la tendance de la nature à la désorganisation en appliquant ses attributs à diverses fins bien définies. [...]

Chapitre V

Organisme et message

LE PRÉSENT CHAPITRE contiendra un élément de fantastique. Le fantastique a toujours été au service de la philosophie et Platon ne rougissait pas de se servir de la métaphore de la caverne. Le Dr J. Bronowski, entre autres, a signalé que les mathématiques constituent la plus colossale métaphore imaginable et doivent être jugées par le succès de cette métaphore.

Dans la métaphore à laquelle je consacre ce chapitre, l'organisme est considéré comme message. L'organisme s'oppose au chaos, à la désintégration, à la mort, tout comme le message au bruit. Pour décrire un organisme, nous n'essayons pas d'en analyser chaque molécule et de le cataloguer bribe par bribe, mais plutôt de répondre à certaines questions qui révèlent le modèle : un modèle de plus en plus significatif et moins probable à mesure que l'organisme devient, pour ainsi dire, plus pleinement organisme.

Nous avons déjà vu que certains organismes tels que l'homme, tendent un moment à maintenir et souvent même à élever le niveau de leur organisation, partie intégrante du courant général d'entropie croissante, de chaos croissant, et de dédifférenciation. La vie est une île çà et là dans un monde mourant. On connaît le processus par lequel nous autres, êtres vivants, résistons au courant général de corruption et de dégénérescence, sous le nom d'*homéostasis.*

On ne peut continuer à vivre dans l'environnement très spécial qu'on conduit avec soi que jusqu'à ce qu'on commence à s'affaiblir plus vite qu'on ne se reconstitue. On meurt alors. Si notre température corporelle augmente ou baisse de 0,5 degré autour de son niveau normal de 37°, nous commençons à le sentir, et si elle augmente ou baisse de 5 degrés, il ne nous reste plus qu'à mourir. L'oxygène, le gaz carbonique et le sel de notre sang, les hormones élaborées par nos glandes endocrines, sont tous réglés par des mécanismes qui tendent à s'opposer à tout changement malencontreux de niveau. Ces mécanismes, connus sous le nom d'homéostasis, sont des mécanismes d'action en retour tels qu'on peut en trouver, amplifiés, chez les automates mécaniques.

C'est le modèle maintenu par cette homéostasis qui est la pierre de touche de notre identité personnelle. Nos tissus changent à mesure que nous vivons : la nourriture que nous mangeons, l'air que nous respirons deviennent chair de notre chair et os de nos os, et les éléments momentanés de notre chair et de nos os traversent tous les jours notre corps avec nos excrétions. Nous ne sommes que les tourbillons d'un fleuve intarissable. Non substance qui demeure, mais modèles qui se perpétuent.

Un modèle est un message et peut être transmis comme un message. N'est-ce pas ainsi que nous employons notre radio pour transmettre des modèles de son, et notre poste de télévision pour transmettre des modèles de lumière ? Il est aussi amusant qu'instructif de considérer ce qui arriverait si nous avions à transmettre le modèle entier du corps humain, du cerveau humain avec ses souvenirs et ses communications croisées, de sorte qu'un récepteur instrumental hypothétique pourrait réorganiser convenablement ces messages et serait capable de poursuivre les processus préexistant dans le corps et l'esprit, et de maintenir l'intégrité exigée par cette continuation grâce à un processus d'homéostasis.

Pénétrons dans le royaume de la science-fiction. Il y a quelque 45 ans, Kipling écrivit un petit récit très remarquable. On se passionnait alors pour les vols des frères Wright, mais l'aviation n'était pas encore devenue affaire de tous les jours. Intitulé *Avec le courrier de nuit*, ce récit prétend rendre compte d'un monde tel que celui d'aujourd'hui, où l'aviation est devenue pratique courante et l'Atlantique un lac qu'on traverse en une nuit. Kipling suppose que, grâce à l'aviation, le transport a uni la terre à tel point que la guerre est périmée et que toutes les affaires internationales vraiment importantes se trouvent entre les mains d'un Organisme de Contrôle Aérien, responsable non seulement du trafic aérien, mais aussi de « tout ce que cela implique ». Ainsi Kipling imagine que les diverses autorités locales ont été peu à peu obligées d'abandonner leurs droits ou qu'elles les ont laissé tomber en désuétude, si bien que l'Autorité centrale de l'Organisme de Contrôle Aérien a repris ces responsabilités. Kipling nous présente là une image assez fasciste, compréhensible en raison de ses hypothèses intellectuelles, même si le fascisme n'est pas condition nécessaire de la situation envisagée. Son millénaire est celui d'un colonel de l'armée britannique revenu des Indes. De plus, avec son amour des dispositifs, assemblages de roues qui tournent bruyamment, il a mis l'accent plus sur l'extension du transport physique que sur celle du langage et des idées. Il ne semble pas comprendre que là où portent la parole et le pouvoir de perception de l'homme, s'étendent aussi le contrôle et, en un sens, l'existence physique de l'homme. Voir le monde entier et lui donner des ordres équivaut presque à l'ubiquité. Ces réserves étant faites, Kipling témoigne là d'un don de pénétration propre aux poètes et la situation qu'il a prévue tend rapidement à devenir actuelle.

Pour comprendre que le transport d'information importe plus qu'un simple transport physique, imaginons en Europe un architecte surveillant l'édification d'un immeuble aux États-Unis. Je suppose, bien entendu, un personnel compétent d'ingénieurs, conducteurs de travaux, etc., sur le chantier. Dans ces conditions, sans transmettre ni recevoir aucun produit matériel, l'architecte peut prendre une part active à la construction de l'immeuble. Il établit ses plans et ses devis, comme d'habitude. Même actuellement, on n'a pas à transmettre au chantier les plans sur le papier même ayant servi au tracé dans le cabinet de l'architecte. L'ultrafax offre le moyen de transmettre en une fraction de seconde le fac-similé de tous ces documents, les copies reçues étant des plans aussi exacts que les originaux. L'architecte peut être informé de la progression du travail par des documents photographiques quotidiens ou horaires, qui peuvent lui être retransmis par ultrafax. Les conseils ou remarques qu'il tient à adresser à son représentant sur le chantier peuvent être transmis par téléphone, ultrafax ou télétype. Bref, la transmission physique de l'architecte et de ses documents est effectivement remplaçable par la transmission sous forme de messages de communication n'impliquant le transport d'aucune parcelle de matière d'une extrémité à l'autre de la ligne.

Considérons les deux types de communication : transport matériel et transport d'information seule. À l'heure actuelle, on ne saurait se rendre d'un endroit à l'autre que par le premier type – et non sous forme de messages. Cependant, même maintenant, la communication de message sert à transmettre jusqu'aux extrémités du monde une extension de nos sens et de nos capacités. Nous avons déjà suggéré dans ce chapitre que cette distinction entre transport matériel et transport de messages n'est théoriquement ni permanente ni infranchissable.

Ainsi pénétrons-nous au cœur du sujet de l'individualité humaine. Ce problème et celui de la barrière séparant une personnalité d'une autre est aussi vieux que l'histoire. [...]

En résumé, l'individualité du corps est celle de la flamme plus que celle de la pierre, de la forme plus que celle d'un fragment matériel. Cette forme peut être transmise ou modifiée, ou doublée, bien qu'à présent nous ne puissions la doubler que sur courte distance. Quand une cellule se divise, ou quand l'un des gènes portant notre patrimoine corporel et mental se scinde pour préparer la division réductionnelle d'une cellule germinale, on constate une séparation de matière conditionnée par le pouvoir de reproduction que possède un modèle de tissu vivant. S'il en est ainsi, il n'existe pas de distinction absolue entre les genres de transmission utilisables pour envoyer un télégramme d'un pays à l'autre et les modes de transmission théoriquement possibles pour un organisme vivant tel que l'être humain.

Admettons alors que l'idée selon laquelle on pourrait imaginer non seulement le voyage par train ou avion, mais aussi par télégraphe, n'est pas absurde en soi, si loin qu'elle doive être de sa réalisation. Les difficultés sont énormes, bien entendu. On peut évaluer l'ordre de grandeur de l'information significative contenue dans les gènes d'une cellule germinale et déterminer ainsi la quantité d'information héréditaire comparée à l'information apprise que possède un être humain. Pour que ce message ait sa pleine signification, il doit communiquer au moins autant d'information que tous les volumes d'un dictionnaire encyclopédique. Si l'on compare, par exemple, le nombre des atomes de carbone asymétrique contenus dans toutes les molécules d'une cellule germinative avec le nombre de points et traits nécessaires au codage d'un dictionnaire encyclopédique, on trouve qu'ils forment un message encore plus énorme et cela paraît encore plus impressionnant si l'on songe à ce que doivent être les conditions de la transmission télégraphique d'un tel message. Toute scrutation de l'organisme humain doit être un sondage à travers toutes ses parties et tendre plus ou moins fortement à détruire les tissus qu'il traverse. La conservation de la stabilité d'un organisme pendant qu'une de ses parties est lentement détruite, dans l'intention de le reconstruire avec d'autres matériaux, entraîne une diminution de son degré d'activité, ce qui, à notre avis, s'opposerait, dans la plupart des cas, à la vie même du tissu.

Autrement dit, l'impossibilité de télégraphier, d'un endroit à l'autre, le modèle d'un homme est due probablement à des obstacles techniques, en particulier à la difficulté de maintenir en vie un organisme au cours d'une reconstitution aussi complète. Elle ne résulte pas d'une impossibilité quelconque de l'idée elle-même. Quant au problème de la reconstruction totale de l'organisme vivant, on a peine à en imaginer une plus radicale que celle subie effectivement par le papillon au cours de sa métamorphose.

Si j'ai exposé ces idées, ce n'est pas dans le désir d'écrire un récit d'anticipation scientifique avec la possibilité de télégraphier un homme, mais parce que cela peut nous aider à comprendre que l'idée maîtresse de la communication est la transmission des messages. La transmission physique de la matière et des messages n'est qu'un moyen concevable d'atteindre ce but. Il serait bon de reconsidérer le critère donné par Kipling quant à l'importance du transport dans le monde moderne et de l'examiner du point de vue d'une circulation qui dépasse moins la transmission de corps humains que celle de l'information humaine.

L'Ordinateur et le cerveau

(1958)

JOHN VON NEUMANN
(1903-1957)

Mathématicien d'origine hongroise, John von Neumann semble avoir disposé de capacités intellectuelles hors du commun : doué de mémoire absolue, il pouvait des années après avoir lu un livre le réciter mot par mot ; calculateur prodige, il savait résoudre mentalement des opérations très complexes. Ses dons l'orientèrent vers les mathématiques et la physique théorique, puis plus tard, après son installation à Princeton en 1933 pour fuir les persécutions nazies (car il était d'origine juive), il s'intéressa aux modèles mécaniques des opérations logiques, et à la structure du cerveau. Après avoir contribué à la construction des premiers ordinateurs, il fut l'un des fondateurs des neurosciences, soit de la modélisation du cerveau par les mathématiques, l'informatique et l'investigation physico-chimique (détection des champs magnétiques créés par l'excitation des neurones). En collaboration avec l'économiste Oskar Morgenstern par ailleurs, il avait publié en 1944 Théorie des jeux et comportement économique, *où il définissait l'existence de stratégies optimales pour une classe générale de jeux. Le nom de von Neumann se trouve ainsi associé à la fondation d'au moins trois disciplines majeures de ce demi-siècle.*

Il représente également un type de savant fortement intégré à l'effort de guerre, et qui collabora après celle-ci avec les militaires : en 1943, von Neumann disparut pour servir le « projet Manhattan » (la mise au point de la bombe atomique) à Los Alamos, où il s'occupa plus spécialement du calcul des ondes de choc, un problème hydrodynamique très complexe qui le conduisit à recourir à l'ordinateur, puis à réfléchir à la façon dont la machine pouvait seconder le cerveau humain. On a pu à cet égard opposer les deux figures également remarquables de von Neumann et de Wiener : intégré à l'establishment et commandité par les militaires, le premier engagea l'ordinateur dans une course poursuite avec le cerveau, pour le rendre capable de traiter des quantités croissantes d'information ; Wiener de son côté, plus sensible aux aspects communicationnels de cette nouvelle technologie, tenta de l'orienter au service d'une utopie, et d'une redéfinition du lien social[1].

« Il s'agit d'une tentative pour comprendre le système nerveux du point de vue d'un mathématicien », précise l'auteur en introduction à ce texte (une commande de l'université de Yale dans le cadre des prestigieuses conférences Silliman : John von Neumann y travailla jusqu'à sa mort, mais il fut emporté par un cancer des os avant d'avoir pu les prononcer). En 1957, comme le souligne Dominique Pignon dans la postface qui accompagne cette édition, la comparaison entre le cerveau et l'ordinateur n'avait rien d'évident : celui-ci n'était pas le personnal computer *répandu sur tous nos bureaux, mais une très grosse machine, insérée dans le réseau étatique du complexe militaro-scientifico-industriel. À titre indicatif, souvenons-nous que l'ENIAC* (Electronic Numerical Integrator and Calculator), *le premier ordinateur digital électronique, construit à Philadelphie pour l'armée en 1945 avec la collaboration de von Neumann, comptait 22 000 tubes à vide et occupait plusieurs pièces.*

Von Neumann fut donc, avec Alan Turing et après Pascal, Leibniz ou Babbage, tous mathématiciens également curieux de mécanique, l'un des pères de l'ordinateur : il conçut pour leur construction une théorie générale, appelée « architecture de von Neumann », qui formalise la distinction entre le hardware *(la quincaillerie) et le* software, *ou logiciel, toujours en vigueur aujourd'hui. Mais il incorpore ici à ces compétences celle du biologiste : il a tenté de formaliser le fonctionnement des êtres vivants dans sa* Théorie des automates auto-reproducteurs, *et il défend dans ce dernier texte l'idée que la reproduction des êtres vivants est un trait essentiel à la compréhension de leur structure.*

Alors que Turing développait une approche formelle en analysant la logique des opérations réalisées indépendamment de tout substrat matériel (la « machine de Turing » est idéale ou logique), von Neumann se pose ici la question du substrat, c'est-à-dire du fonctionnement microscopique réel du cerveau, et des paramètres de temps de réaction, et de taille.

1. Voir sur ce point Philippe Breton et Serge Proulx, *l'Explosion de la communication*, La Découverte, Paris, 1989, particulièrement chapitre 5 ; Steve Heims, *John von Neumann and Norbert Wiener*, MIT Press, Cambridge, 1982.

La description algorithmique, par décomposition formelle des tâches ramenées à des structures d'arbres, bute sur la complexité réelle du fonctionnement de la pensée: quantité de nos performances, des plus triviales (reconnaître un visage dans une foule) aux plus hautes (Mozart composant sa musique), ne se laissent pas transcrire en lignes ou en séquences (en programme*). D'où ce soupçon provocant, développé dans la suite du texte au-delà de l'extrait que nous publions: peut-être la seule manière de décrire le fonctionnement du cerveau réside-t-elle dans sa structure même; il n'y aurait pas de carte pour ce territoire, la réalité cérébrale serait incompressible, ou autoréférentielle (sa représentation consisterait dans la manifestation actuelle de son fonctionnement). Le langage «parlé» par le cerveau échapperait à toutes nos modélisations, et les mathématiques qui veulent en rendre compte n'en seraient qu'une dérivation secondaire.*

Impressionné par l'inflexible rigueur des mathématiques, Platon voulait qu'elles soient autonomes par rapport à leur mode de production. L'une des conséquences philosophiques de cet ouvrage est au contraire, sur la vieille question du mode d'existence des idéalités mathématiques, de replonger celles-ci dans le monde physique, c'est-à-dire biologique. La conclusion à laquelle semble aboutir von Neumann ouvre ainsi la porte à la question des «other minds»: si notre pensée est attachée à ce cerveau, *pourquoi d'autres esprits, à partir d'autres cerveaux, ne penseraient-ils pas de façon (pour nous) radicalement incommunicable?*

Source: L'Ordinateur et le cerveau, *traduit de l'américain par Pascal Engel, suivi de* les Machines molles de von Neumann *par Dominique Pignon, avec une préface de Klara von Neumann et une biographie, La Découverte, Paris, 1992.*

Le Cerveau

La discussion à ce stade a fourni les bases pour la comparaison qui est le but de ce travail. J'ai décrit, de façon assez détaillée, la nature des machines à calculer modernes et les deux grands principes autour desquels elles peuvent être organisées. Il est maintenant possible de passer à l'autre terme de la comparaison, le système nerveux humain. Je discuterai les points sur lesquels il y a ressemblance ou dissemblance entre ces deux types d'«automates». Établir les éléments de similarité nous ramène à un territoire bien connu. Mais il y a aussi des différences: celles, assez évidentes, qui tiennent à la taille et la vitesse, et, beaucoup plus profondément, d'autres qui concernent les principes de fonctionnement et de contrôle, d'organisation globale, etc. Mon but principal est de développer quelques-unes de celles-ci. Cependant, pour les évaluer convenablement, il est nécessaire de les juxtaposer et de les combiner tant avec les similarités qu'avec les différences plus superficielles (taille, vitesse). C'est pourquoi nous nous intéresserons également à ces dernières.

Description simplifiée des fonctions du neurone

L'observation la plus immédiate qu'on puisse faire au sujet du système nerveux est que son fonctionnement est, de prime abord, digital. Il est nécessaire d'examiner ce fait plus en détail, ainsi que les structures et les fonctions sur lesquelles se fonde cette affirmation.

Le composant de base de ce système est la *cellule nerveuse*, le *neurone*, et la fonction normale d'un neurone est d'engendrer et de propager un *influx nerveux*. Cet influx est un processus plutôt complexe, qui comporte toute une variété d'aspects – électriques, chimiques, et mécaniques. Il semble, cependant, que ce soit un processus spécifiquement défini, c'est-à-dire qui reste le même sous toutes les conditions; il représente une réponse essentiellement reproductible, unitaire, à une variété assez large de stimuli.

Je voudrais d'abord analyser ce point plus précisément, c'est-à-dire les divers aspects de l'influx nerveux qui semblent pertinents dans le présent contexte.

La nature de l'influx nerveux

La cellule nerveuse consiste en un *corps* dont partent, directement ou indirectement, une ou plusieurs branches. Ces branches sont appelées *axones* de la cellule. L'influx nerveux est un changement continu, qui se propage – habituellement à une vitesse fixe, qui peut, cependant, être fonction de la cellule nerveuse considérée – le long de l'axone (ou plutôt le long de chaque axone). Comme on l'a dit plus haut, on peut considérer cette condition sous de multiples aspects. L'une de ses caractéristiques est certainement que c'est une perturbation électrique; en fait, on la décrit le plus souvent comme consistant uniquement en cela. Cette perturbation est d'ordinaire un potentiel électrique de l'ordre de 50 millivolts et d'une durée d'environ une milliseconde. Parallèlement à cette perturbation électrique, sont associés des changements chimiques le long de l'axone. Ainsi, dans la région de l'axone sur laquelle se propage le potentiel de l'influx, la constitution ionique du fluide intercellulaire change, de même que les propriétés électrochimiques (conductivité, perméabilité) des parois de l'axone, la *membrane*. Le caractère chimique du changement est bien plus évident encore aux terminaisons de l'axone; à cet endroit, des substances spécifiques et caractéristiques font leur apparition quand l'influx arrive. Enfin, il y a probablement aussi des changements mécaniques. En fait, il est très probable que les changements des différentes perméabilités ioniques de la membrane de la cellule (voir ci-dessus) puissent se produire seulement par réorientation de ses molécules, c'est-à-dire par des changements mécaniques mettant en jeu les positions relatives de ces constituants

Il faut ajouter que ces changements sont réversibles. En d'autres termes, quand l'influx a passé, toutes les conditions qui prévalent le long de l'axone, et toutes ses parties constituantes, reviennent à leurs états initiaux.

Puisque tous ces effets surviennent à l'échelle moléculaire – l'épaisseur de la membrane de la cellule est de l'ordre de quelques dixièmes de microns (c'est-à-dire de 10^{-5} cm), ce qui est une dimension moléculaire pour les grandes molécules organiques intervenant ici –, les distinctions données ci-dessus entre les effets électriques, chimiques, et mécaniques ne sont pas aussi définies qu'on pourrait le croire au premier abord. En fait, à l'échelle moléculaire, il n'y a pas de distinctions nettes entre ces types de changements: tout changement chimique est induit par un changement dans les forces intramoléculaires qui déterminent les changements de positions relatives des molécules, c'est-à-dire que c'est un changement induit mécaniquement. De plus, tout changement mécanique intramoléculaire de ce genre altère les propriétés électriques impliquées dans ce processus, et par conséquent induit des changements de propriétés électriques et de niveaux de potentiels électriques relatifs. Pour nous résumer : à l'échelle macroscopique usuelle, les processus électriques, chimiques, et mécaniques représentent des options qu'on peut distinguer nettement. Cependant, au niveau quasi moléculaire du nerf, tous ces aspects tendent à se confondre. Il n'est par conséquent pas surprenant que l'influx nerveux se révèle être un phénomène que l'on peut considérer sous l'un ou l'autre de ces aspects.

Le processus de stimulation

Comme je l'ai mentionné plus haut, les influx nerveux complètement développés sont comparables, quelle que soit la manière dont ils sont induits. Parce que la définition de leurs caractéristiques est ambiguë (on peut les considérer du point de vue électrique ou chimique, comme on l'a vu), leur induction aussi peut être attribuée tantôt à des causes chimiques, tantôt à des causes physiques. À l'intérieur du système nerveux, cependant, celle-ci est due principalement à un ou plusieurs autres influx nerveux. Dans de telles conditions, le processus de son induction – la *stimulation* d'un influx nerveux – peut réussir ou échouer. Si elle échoue, une perturbation passagère se produit d'abord, mais après plusieurs millisecondes, elle s'éteint. Dans ce cas, il ne se propage pas de perturbations le long de l'axone. Si elle réussit, la perturbation prend très vite une forme (presque) standard, et c'est sous cette forme qu'elle se propage le long de l'axone. Ce qui veut dire, comme on l'a mentionné plus haut, qu'un influx nerveux standard avancera alors le long de l'axone, et que son apparition sera alors raisonnablement indépendante des détails du processus qui l'a induit.

La stimulation de l'influx nerveux survient normalement dans le corps de la cellule nerveuse ou près de lui. Sa propagation, comme on l'a vu plus haut, se fait le long de l'axone.

Le mécanisme de stimulation de l'impulsion par les impulsions ; son caractère digital

Je peux en venir à présent au caractère digital de ce mécanisme. Il est clair qu'on peut considérer les impulsions nerveuses comme des marqueurs (à deux valeurs), au sens discuté précédemment; l'absence d'une impulsion représente alors une valeur (disons le chiffre binaire 0) et la présence d'une impulsion représente l'autre valeur (disons le chiffre binaire 1). Cela doit évidemment s'interpréter comme une occurrence sur un axone spécifique (ou plutôt sur tous les axones d'un neurone spécifique), et peut-être dans une relation temporelle spécifique à d'autres événements. On doit donc l'interpréter comme un marqueur (un chiffre binaire 0 ou 1), jouant un rôle logique spécifique.

Comme on l'a dit plus haut, les influx (qui apparaissent sur les axones d'un neurone donné) sont habituellement stimulés par d'autres influx qui agissent sur le corps du neurone. En règle générale, cette impulsion est conditionnelle, c'est-à-dire que seules certaines combinaisons et synchronismes d'impulsions primaires de ce type stimulent l'impulsion secondaire en question. Le neurone est donc un organe qui reçoit et émet des entités physiques définies, les impulsions. En recevant des impulsions dans certaines combinaisons et sous certains synchronismes, il sera stimulé à émettre sa propre impulsion, sinon il n'émettra rien. Les règles décrivant les groupes d'impulsions auxquels il répondra de cette façon sont les règles qui le gouvernent en tant qu'organe actif.

Cette description correspond de toute évidence à celle du fonctionnement d'un organe dans une machine digitale, et à la manière dont on doit caractériser le rôle et la fonction d'un organe digital. Cela justifie donc notre hypothèse initiale selon laquelle le système nerveux a, de prime abord, un caractère digital.

J'ajouterai quelques mots au sujet de l'expression «de prime abord». La description qui précède contient certaines idéalisations et simplifications, que l'on discutera plus loin. Une fois qu'on les prend en compte, il n'est plus aussi clair et net qu'on ait affaire à un fonctionnement digital. Néanmoins, les traits qui viennent d'être mentionnés sont ceux qui se dégagent à première vue. Il semble donc approprié de souligner, comme je l'ai fait ici, le caractère digital du système nerveux.

Caractéristiques temporelles des réponses nerveuses, fatigue et reconstitution

Avant d'examiner ce point, il faut cependant faire quelques remarques sur la taille, les besoins énergétiques, et la vitesse à laquelle opère la cellule nerveuse. Il sera particulièrement éclairant d'envisager ainsi les comparaisons avec les systèmes «artificiels» rivaux, à savoir les organes actifs typiques des machines logiques et ordinateurs modernes. Ce sont, bien entendu, les tubes à vide et (plus récemment) le transistor.

J'ai dit plus haut que la stimulation de la cellule nerveuse survient habituellement sur ou près de son corps. En fait, il peut y avoir aussi une stimulation parfaitement normale le long d'un axone, en ceci qu'un potentiel électrique adéquat, appliqué à un point de l'axone, déclenchera à cet endroit une perturbation qui se développera rapidement en une impulsion ordinaire, qui se propagera des deux côtés le long de l'axone, à partir du point stimulé. En fait, la stimulation «usuelle» qui vient d'être décrite se produit principalement sur un ensemble de branches qui s'étendent à partir du corps de la cellule sur une courte distance, qui sont, à part leurs dimensions plus réduites, essentiellement elles-mêmes des axones, et à partir desquelles la stimulation se propage vers le corps de la cellule nerveuse (puis vers les axones normaux). On appelle ces récepteurs de stimulation des *dendrites.* La stimulation normale, quand elle vient d'une autre impulsion (ou d'autres influx), émane d'une terminaison spéciale de l'axone ou des axones qui ont propagé cette impulsion. On appelle cette terminaison une *synapse.* (On ne discutera pas ici la question de savoir si une impulsion peut intervenir seulement à travers une synapse, ou si, en voyageant le long de l'axone, elle peut stimuler directement un autre axone, qui se trouverait exceptionnellement proche d'elle. Il semble qu'on puisse supposer qu'un tel processus de court-circuit est possible.) Le temps mis par une stimulation transsynaptique est de quelque 10^{-4} seconde, et il est défini par le délai entre l'arrivée d'une impulsion à une synapse et l'apparition de l'impulsion simultanée sur le point le plus proche d'un axone du neurone stimulé. Cependant, il y a une façon plus significative de définir le temps de réaction d'un neurone, quand on le considère comme un organe actif dans une machine logique. Cela tient au fait qu'immédiatement après que l'impulsion stimulée est apparue, le neurone stimulé n'est pas encore revenu à sa condition initiale, celle qu'il avait avant la stimulation. Il est *fatigué,* c'est-à-dire qu'il ne pourrait pas immédiatement accepter d'être stimulé par une autre impulsion et de produire une réponse standard. Du point de vue de l'économie de la machine, la vitesse peut mieux se mesurer si l'on dit après combien de temps une stimulation qui a induit une réponse standard peut être suivie d'une autre stimulation qui induira aussi une réponse standard. Cette durée est d'environ 1,5 fois 10^{-2} seconde. On voit bien à partir de là qu'il n'est besoin que d'un ou deux pour cent de ce temps pour que se produise la stimulation transsynaptique effective, le reste représentant le temps de récupération, durant lequel le neurone se rétablit de sa condition post-stimulatoire et fatiguée pour revenir à sa condition normale, antérieure à la stimulation. On doit noter que cette récupération de la fatigue est graduelle : déjà à un moment antérieur (après environ 5 fois 10^{-2} seconde), le neurone peut répondre de façon non standard, c'est-à-dire produire une impulsion standard, mais seulement en réponse à un stimulus significativement plus fort que ce qui est nécessaire dans les conditions standards. Ce fait a une signification assez importante, et j'y reviendrai.

Ainsi, le temps de réaction d'un neurone est, selon la manière dont on le définit, compris entre 10^{-4} et 10^{-2} seconde, mais c'est cette dernière définition qui est la plus significative. En comparaison, on peut utiliser les tubes à vide modernes et les transistors dans les grandes machines logiques avec des temps de réaction compris entre 10^{-6} et 10^{-7} seconde. (Bien sûr, j'intègre ici également le temps complet de récupération ; l'organe en question revient, après cela, à sa condition préstimulatoire.) On voit donc que, de ce point de vue, nos artefacts dépassent nettement les composants naturels correspondants par des facteurs de 10^4 à 10^5.

Pour les comparaisons de tailles, les choses sont assez différentes. On peut évaluer celles-ci de diverses manières, et il est préférable de les examiner chacune successivement.

La taille du neurone. Comparaison avec les composants artificiels

La taille linéaire d'un neurone varie beaucoup d'une cellule nerveuse à une autre, car certaines de ces cellules font partie de larges agrégats bien structurés, et ont, de ce fait, des axones très courts, alors que d'autres propagent des influx entre des parties assez lointaines du corps cellulaire, et peuvent, de ce fait, avoir des extensions linéaires comparables à celles du corps humain tout entier. On peut obtenir une comparaison claire et parlante en rapprochant la partie logiquement active de la cellule nerveuse de celle d'un tube à vide, ou d'un transistor. Pour la première, c'est la membrane cellulaire, dont l'épaisseur est comme on l'a vu de l'ordre de quelque 10^{-5} cm. Pour un tube à vide, c'est la distance de la grille à la cathode, qui varie d'un dixième à quelques centièmes de centimètre ; et pour un transistor, c'est la distance entre ce que l'on appelle les « électrodes à moustache » (les électrodes non ohmiques – l'électrode « émettrice » et celle « de contrôle »), repliées en trois pour permettre de rendre compte de l'environnement immédiat actif de ces sous-composants, ce qui revient à un peu moins d'un centième de centimètre. Ainsi, relativement à la taille linéaire, les composants naturels semblent l'emporter sur nos artefacts par un facteur d'ordre mille.

On peut ensuite comparer les volumes. Le système nerveux central occupe un espace de l'ordre d'un litre (dans le cerveau), c'est-à-dire de 1 000 cm^3. On estime généralement que le nombre des neurones contenus dans ce système est de l'ordre de 10^{10}, peut-être plus, ce qui, pour chaque neurone, donnerait un volume de 10^{-7} cm^3.

On peut aussi, même si ce n'est pas avec une précision absolue, estimer la densité d'accumulation des tubes à vide et des transistors. Il semble clair que cette densité d'accumulation est (pour chaque terme comparé) une meilleure mesure de l'efficacité de la taille que le volume effectif d'un composant individuel. Grâce aux techniques contemporaines, les agrégats de plusieurs milliers de tubes à vide occuperont certainement plusieurs dizaines de mètres cubes ; on peut faire la même chose avec les transistors et les concentrer dans un ou plusieurs mètres cubes. Si l'on utilise ces estimations pour mesurer ce qui est possible aujourd'hui, on obtient quelque chose comme 10^5 cm^3 pour plusieurs milliers d'organes actifs, ce qui correspond à un volume de 10 à 100 cm^3 par organe. Ainsi, les composants naturels l'emportent sur les composants artificiels du point de vue du volume par un facteur de 100 millions à un milliard. Si l'on compare ces estimations de volume aux estimations de la taille linéaire, il vaut probablement mieux considérer la taille linéaire comme étant sur le même plan que la racine cubique du volume. La racine cubique du facteur qui précède (de 10^8 à 10^9) est 0,5 fois à 1 fois 10^3. Cela s'accorde bien avec les 10^3 auxquels on parvenait ci-dessus par la méthode directe.

Dissipation d'énergie. Comparaison avec les composants artificiels

Enfin, on peut comparer les consommations d'énergie dans les deux types de systèmes. Un organe logique actif, de par sa nature, ne travaille pas; l'impulsion stimulée qu'il a produite n'a pas besoin d'avoir plus d'énergie que la fraction (distribuée au prorata) des influx qui le stimulent – et en tout cas il n'y a pas de relation nécessaire ni intrinsèque entre ces énergies. Par conséquent, l'énergie en cause est presque entièrement dissipée, c'est-à-dire convertie en chaleur, sans produire le moindre travail mécanique. Ainsi, l'énergie dépensée est en fait de l'énergie dissipée, et on pourrait aussi bien parler de la dissipation d'énergie de tels organes.

La dissipation d'énergie dans le système nerveux central humain (dans le cerveau) est de l'ordre de 10 watts. Puisque, comme on l'a vu plus haut, le nombre de neurones impliqués ici est de l'ordre de 10^{10}, la dissipation doit être de 10^{-9} watt par neurone. La dissipation usuelle d'énergie dans un tube à vide est de l'ordre de 5 à 10 watts. La dissipation dans un transistor peut atteindre 10^{-1} watt. Ainsi, les composants naturels l'emportent sur les composants artificiels par des facteurs d'environ 10^8 à 10^9 – les mêmes facteurs que ceux qui sont apparus plus haut au sujet des volumes.

Résumé des comparaisons

Pour résumer, il apparaît que le facteur de comparaison pertinent relativement à la taille est d'environ 10^8 à 10^9 en faveur des composants naturels, contre les composants artificiels. Ce facteur s'obtient à partir du cube d'une comparaison linéaire, en même temps que d'une comparaison des volumes et des dissipations d'énergie. En revanche, du point de vue de la vitesse, le facteur est de l'ordre de 10^4 à 10^5 en faveur des composants artificiels par rapport aux composants naturels.

On peut établir certaines conclusions sur la base de ces comparaisons quantitatives. Sans oublier, bien entendu, que nous en restons pour le moment à la surface des choses, et que toute conclusion, à ce stade, sera sujette à des révisions ultérieures. Il semble néanmoins que cela vaille la peine d'en formuler certaines.

Premièrement, pour ce qui est du nombre d'actions réalisables par des organes actifs de la même taille globale (définie par le volume et la dissipation d'énergie) dans le même intervalle de temps, les composants naturels dépassent les composants artificiels d'un facteur de 10^4. C'est le quotient des deux facteurs obtenus plus haut, c'est-à-dire de 10^5 à 10^9 par 10^4-10^5.

Deuxièmement, les mêmes facteurs montrent que la composition naturelle préfère des automates avec des organes plus nombreux mais moins rapides, alors que la composition artificielle préfère la combinaison inverse: des organes moins nombreux mais plus rapides. On peut donc conclure qu'un automate naturel de grande taille et organisé de façon efficace (comme le système nerveux humain) tendra à traiter le plus grand nombre de données logiques ou informationnelles possible simultanément, tandis qu'un automate artificiel de grande taille et organisé de façon efficace (comme les grands ordinateurs modernes) sera plus susceptible de faire la même chose de façon successive – une chose à la fois, ou en tout cas peu de choses à la fois. Cela signifie que les grands automates naturels efficaces ont des chances d'être massivement *parallèles,* alors que les grands automates artificiels efficaces tendront à l'être moins, et seront plutôt *sériels*[1]. (Voir certaines de mes remarques précédentes sur les dispositifs parallèles par opposition aux dispositifs sériels.)

Troisièmement, il faut noter, toutefois, que l'on ne peut pas substituer les opérations parallèles et sérielles les unes aux autres sans restrictions, comme cela serait nécessaire si la première de nos remarques devait être complètement correcte, quand nous nous contentions simplement de diviser le facteur d'avantage en taille par le facteur de désavantage en vitesse de manière à obtenir un «indice de mérite» (ou d'efficacité) unique. Plus spécifiquement, il n'est pas vrai que tout ce qui est sériel puisse être rendu immédiatement parallèle: certaines opérations ne peuvent être accomplies qu'après certaines autres, et non pas de façon simultanée, car elles doivent utiliser les résultats de l'opération précédente. Dans de tels cas, le passage d'un schème sériel à un schème parallèle peut être impossible, ou bien il peut être possible, mais seulement s'il est associé à un changement dans l'approche logique et dans l'organisation de la procédure. Inversement, le désir de sérialiser une procédure parallèle peut imposer de nouvelles contraintes à l'automate. En particulier, cela créera presque toujours des demandes nouvelles de mémoire, car les résultats des premières opérations doivent être stockés alors même que s'accomplissent les opérations qui viennent après. Par conséquent on peut s'attendre à ce que l'approche logique et la structure des automates naturels diffèrent profondément de celles des automates artificiels. Il est également probable que les contraintes de mémoire des seconds seront systématiquement plus sévères que celles des premiers.

Tous ces points de vue reviendront dans les analyses qui suivent.

Les critères de stimulation

Les critères les plus simples: logiquement élémentaires

Je peux maintenant analyser les idéalisations et les simplifications présentes dans la

1. Les performances des circuits électroniques sont limitées par la technologie et par les lois de la physique. Si la taille optimale des unités électroniques minimales n'est pas encore atteinte aujourd'hui (les éléments les plus petits dessinés sur les puces de silicium ont quelques dixièmes de microns – de 8 à 5 microns en 1992 – alors que l'on peut théoriquement atteindre des dimensions de 0,5 micron et donc gagner encore un facteur cent dans la densité des transistors en développant la même technologie), les temps de commutation des circuits imposent une limitation à un facteur environ dix fois plus élevé que celui que nous connaissons aujourd'hui. Aussi, pour contourner la limitation des machines dans un état technologique donné, une solution est de les multiplier et de les faire fonctionner en parallèle. La métaphore cérébrale est, sans aucun doute, couplée avec les limitations dont je viens de parler, un puissant stimulant pour le développement d'ordinateurs massivement parallèles. Aujourd'hui, après une expérience d'une vingtaine d'années dans ces directions, il existe quelques modèles industriels de machines parallèles; la «connexion machine» qui utilise 64 000 microprocesseurs couplés entre eux est la plus puissante. Mais cette technologie a elle aussi ses difficultés: la gestion des interconnexions des microprocesseurs entre eux qui ralentit considérablement les performances théoriques des machines. Le calcul massivement parallèle est aujourd'hui un enjeu théorique, nous connaissons encore peu de chose sur les algorithmes parallélisables. C'est aussi un enjeu industriel, car les performances doivent dépasser les machines conventionnelles, «à la von Neumann», d'un ordre de grandeur suffisant pour justifier leur surcoût. *(N.d.T.)*

description de l'activité nerveuse proposée plus haut. J'ai déjà signalé l'existence de ces simplifications et le fait que leurs implications sont loin d'être insignifiantes.

Comme je l'ai fait remarquer précédemment, la sortie normale d'un neurone est l'impulsion nerveuse standard. Elle peut être induite par diverses formes de stimulation, y compris l'arrivée d'une ou de plusieurs impulsions venues d'autres neurones. D'autres sources possibles de stimulation sont les phénomènes du monde extérieur auxquels un neurone particulier est spécifiquement sensible (comme la lumière, le son, la pression, la température), et les changements physiques et chimiques intervenant dans l'organisme à l'endroit où le neurone se trouve stimulé. Je considérerai d'abord la première forme de stimulation, celle qui est produite par d'autres impulsions nerveuses.

J'ai déjà observé que ce mécanisme particulier, la stimulation des impulsions nerveuses par des combinaisons appropriées d'autres impulsions nerveuses, rend le neurone comparable à l'organe actif de base typique d'un système digital. En termes plus précis, cela veut dire que si un neurone entre en contact par les axones de deux autres neurones (par l'intermédiaire de leurs synapses), et si la condition minimale de stimulation de ce neurone (destinée à provoquer une impulsion en réponse) est qu'interviennent deux impulsions simultanées, alors nous dirons que ce neurone est en fait un organe conjonctif («et»): il effectue l'opération logique de conjonction (verbalisée par «et»), puisqu'il ne répond que quand ses stimulateurs sont simultanément actifs. Si, d'un autre côté, la condition minimale est seulement l'arrivée d'une impulsion (au moins), le neurone est un organe disjonctif («ou»), c'est-à-dire qu'il effectue l'opération logique de disjonction (verbalisée par «ou»), puisqu'il répond quand l'un ou l'autre de ses stimulateurs est actif.

«Et» et «ou» sont les opérations de base de la logique. Avec «non» (l'opération logique de négation), elles forment l'ensemble complet des opérations logiques de base: toutes les autres opérations logiques, aussi complexes soient-elles, peuvent être obtenues par des combinaisons appropriées de ces opérateurs. Je n'aborderai pas ici la manière dont les neurones peuvent simuler également l'opération «non», ni par quelles sortes de techniques on peut éviter d'utiliser cette opération. Ce qui précède devrait suffire à rendre clair le fait que j'ai déjà souligné précédemment, à savoir que les neurones semblent être, quand on les considère sous cet angle, les organes logiques de base, et par conséquent aussi les organes digitaux de base.

Critères de stimulation plus complexes

Tout cela n'est cependant qu'une simplification et une idéalisation de la réalité. Les neurones véritables ne sont pas, en règle générale, organisés de façon aussi simple eu égard à leur position dans le système.

Certains neurones ont bien une ou deux ou en tout cas une petite quantité, facile à déterminer, de synapses d'autres neurones sur leur corps cellulaire. Mais la situation la plus fréquente est celle où le corps d'un neurone a des synapses avec les axones de nombreux autres neurones. Il semble même que, dans certaines circonstances, plusieurs axones issus d'un seul neurone forment des synapses sur un autre. On voit donc que les stimulateurs possibles sont nombreux, et que les structures de stimulation susceptibles d'être efficaces doivent être définies de manière plus complexe que dans les schèmes simples de «et» et «ou» décrits ci-dessus. S'il y a de nombreuses synapses sur une seule cellule nerveuse, la règle de comportement la plus simple que cette dernière aura à suivre consistera à répondre seulement dans les cas où elle reçoit un certain nombre minimal d'impulsions nerveuses (ou plus). Cependant, on peut avec quelque raison supposer que les choses sont, en réalité, encore plus complexes que cela. Il se peut que certaines combinaisons d'impulsions nerveuses stimulent un neurone donné non pas simplement en vertu de leur nombre mais également en vertu des relations spatiales qu'elles entretiennent avec les synapses vers lesquelles elles se propagent. Autrement dit, on peut envisager des situations où il y a, par exemple, des centaines de synapses sur une seule cellule nerveuse, et où les combinaisons de stimulations produites sur celles qui entrent en action (c'est-à-dire qui engendrent une impulsion en réponse à l'impulsion donnée sur le neurone qui vient d'être mentionné) se caractérisent non pas seulement par leur nombre, mais également par le fait qu'elles couvrent certaines régions spéciales sur ce neurone (sur son corps ou sur son système dendritique, voir plus haut), par les relations spatiales de ces régions entre elles, et par des relations quantitatives et géométriques encore plus complexes qui pourraient être pertinentes.

Le seuil

Si le critère d'efficacité d'une stimulation est le critère le plus simple mentionné ci-dessus : la présence (simultanée) d'un ensemble minimal d'impulsions stimulatrices, cette stimulation minimale est appelée le *seuil* du neurone en question. On parle couramment des conditions de stimulation d'un neurone donné en utilisant ce critère de seuil. Mais on doit garder à l'esprit qu'il n'est pas établi que la condition de stimulation soit aussi simple : elle peut dépendre de relations plus complexes que le simple franchissement d'un seuil (c'est-à-dire d'un nombre minimal de stimulations simultanées), comme on l'a vu plus haut.

Le temps de sommation

Outre ce qui précède, les propriétés d'un neurone peuvent présenter d'autres aspects complexes qui ne sont pas décrits dans la simple relation stimulus-réponse en termes d'impulsions nerveuses standards.

Ainsi, lorsque l'on parle, comme je l'ai fait, de « simultanéité », il ne s'agit pas, et il ne peut s'agir d'une simultanéité réelle, exacte. À chaque fois, il y a une période de grâce finie, un *temps de sommation,* tel que deux impulsions arrivant pendant un tel laps de temps agissent comme si elles avaient été simultanées. En fait, les choses peuvent être encore plus compliquées, le temps de sommation pouvant être un concept assez flou. Même après un temps légèrement plus long, l'impulsion précédente peut toujours s'additionner à celle qui suit, dans une certaine mesure graduellement décroissante et partielle ; des suites d'impulsions dépassant de loin le temps de sommation peuvent, en vertu de leur longueur, avoir plus que des effets individuels ; diverses superpositions des phénomènes de fatigue et de récupération peuvent mettre le neurone dans des états anormaux, tels que ses caractéristiques de réponse sont différentes de ce qu'elles sont dans les conditions normales. Sur ces divers points, on dispose d'informations expérimentales (plus ou moins incomplètes), qui toutes indiquent que le neurone individuel peut être – tout au moins dans des situations particulières – un mécanisme bien plus compliqué que ne peut l'exprimer une description dogmatique en termes de stimulus et de réponse, selon les structures simples des opérations logiques élémentaires.

Les critères de stimulation des récepteurs

Il suffit de donner quelques précisions, dans le contexte présent, sur la manière dont les neurones peuvent être stimulés par d'autres facteurs que les sorties (les impulsions nerveuses) des autres neurones. Comme on l'a vu plus haut, ces facteurs sont des phénomènes du monde extérieur (qui ont lieu sur la surface de l'organisme) auxquels le neurone en question est particulièrement sensible (lumière, son, pression, température), ainsi que des changements physiques et chimiques à l'intérieur de l'organisme à la place où le neurone se trouve situé. Les neurones dont l'organisation fonctionnelle doit répondre à la première classe de stimuli s'appellent habituellement des *récepteurs.* Mais il vaut peut-être mieux appeler *récepteurs* tous les neurones qui sont supposés, du point de vue organisationnel, répondre à des stimuli autres que les impulsions nerveuses, et distinguer entre la première et la seconde catégorie en parlant respectivement de récepteurs *externes* ou *internes.*

Pour tous ces neurones, se pose à nouveau la question d'un critère de stimulation – un critère définissant dans quelles conditions a lieu la stimulation d'une impulsion nerveuse.

Le critère de stimulation le plus simple est là encore celui qui peut s'énoncer en termes de *seuil*, comme dans le cas précédent de la stimulation d'un neurone par des impulsions nerveuses. Autrement dit, on peut définir le critère d'efficacité de la stimulation selon l'intensité minimale de l'agent stimulant – pour un récepteur externe : intensité minimale de l'illumination, de l'énergie sonique contenue dans un certain intervalle de fréquence, de la suppression, de l'augmentation de la température ; ou, pour un récepteur interne : changement minimal dans la valeur du paramètre physique pertinent.

On doit cependant noter qu'il y a d'autres critères que celui de stimulation défini en termes de seuil. Ainsi, dans le cas du nerf optique, de nombreux neurones impliqués dans le processus répondent à un changement d'éclairage (dans certains cas, de la lumière à l'obscurité, dans d'autres, de l'obscurité à la lumière) plutôt qu'à un niveau d'illumination spécifique. Il est possible que ce ne soient pas là les réactions d'un neurone unique mais le produit de systèmes neuronaux plus complexes. Nous n'examinerons pas cette question ici. Il suffit d'observer que les données dont nous disposons tendent à indiquer que, dans le cas des récepteurs également, le critère de stimulation par seuil n'est pas le seul qu'utilise le système nerveux.

Je voudrais donc revenir sur l'exemple typique évoqué à l'instant. Il est bien connu que dans le nerf optique certaines fibres ne répondent pas à un niveau particulier (minimal) d'éclairage mais seulement à certains changements de ce niveau : par exemple, dans certaines fibres, c'est le passage de l'obscurité à la lumière, et dans d'autres le passage de la lumière à l'obscurité qui provoquent des réponses. En d'autres termes, ce sont des augmentations ou des diminutions du niveau concerné, c'est-à-dire la valeur de sa dérivée et non sa valeur, qui fournissent le critère de stimulation.

C'est le moment d'aborder le rôle des « complexités » du système nerveux dans sa structure fondamentale et dans son fonctionnement. On peut certes parfaitement concevoir que ces complexités ne jouent aucun rôle fonctionnel utile. Mais il est plus intéressant de s'attacher à la possibilité qu'elles en aient et à ce qu'on peut en dire.

Il est concevable qu'étant donné le caractère essentiellement digital de l'organisation du système nerveux, les complexités en question jouent un rôle analogique ou en tout cas « mixte ». On a suggéré que de tels mécanismes peuvent produire des effets électriques globaux qui pourraient influencer le fonctionnement du système nerveux. Il se pourrait que certains potentiels électriques généraux jouent un rôle important et que le système réponde globalement aux solutions des problèmes potentiels théoriques. Ces problèmes sont bien moins évidents et élémentaires que ceux que l'on décrit habituellement au moyen de critères digitaux, ou de critères de stimulation, etc. Néanmoins comme le système nerveux est d'abord digital, de tels effets, s'ils sont réels, interagiraient probablement avec des effets digitaux, de sorte que l'on se trouverait en présence d'un système « mixte » plutôt qu'en présence d'un système authentiquement analogique. Plusieurs auteurs se sont livrés à des spéculations en ce sens, et il est très utile de se reporter à la littérature générale sur ces sujets. Mais je n'en parlerai pas ici[1].

On doit dire, cependant, que toutes les complications de ce type signifient, quand il s'agit de compter les organes actifs de base comme nous l'avons fait jusqu'à présent, qu'une cellule nerveuse est bien plus qu'un organe actif individuel, et que toute énumération des organes actifs doit le reconnaître. De toute évidence, même les critères de stimulation les plus complexes ont cet effet. Si la cellule nerveuse est activée par la stimulation de certaines combinaisons de synapses sur son corps et pas par la stimulation d'autres synapses, alors toute énumération significative des organes actifs de base doit être sans doute une énumération de synapses plutôt que de cellules nerveuses. Si la situation se complique à nouveau du fait de l'apparition de phénomènes «mixtes» du type de ceux qui ont été désignés plus haut, ces énumérations deviennent encore plus difficiles. On voit déjà que la nécessité où nous sommes de remplacer l'énumération des cellules nerveuses par l'énumération des synapses peut augmenter le nombre des organes actifs de base d'un facteur considérable, de 10 à 100. Il faut garder ce fait, et d'autres du même genre, à l'esprit quand on entend compter les organes actifs de base du système.

Ainsi, il est possible que toutes les complexités évoquées n'aient aucune pertinence, mais il est également possible qu'elles confèrent à l'ensemble du système un caractère (partiellement) analogique, ou un caractère «mixte». Quoi qu'il en soit, elles augmentent le nombre des organes actifs de base, si l'on doit en faire le compte d'après des critères significatifs. Cette augmentation peut aller d'un facteur de l'ordre de 10 à 100.

La Construction d'une réalité
(1973)

HEINZ VON FOERSTER
(né en 1911)

Ce physicien d'origine autrichienne émigré après la guerre aux États-Unis a été le secrétaire des célèbres conférences de la Fondation Josiah H. Macy, qui, à la fin des années quarante, réunissaient à New York les fondateurs de la première cybernétique. Converti lui-même à la cybernétique du vivant, fondateur et animateur du Biological Computer Laboratory *(Laboratoire informatique de biologie), il est considéré comme le chef de file de la « seconde cybernétique », qui s'efforce de comprendre par quels calculs l'être vivant* s'auto-organise et compute[2] *un milieu incertain. Examinons de plus près ces deux notions clés :*

1. Les travaux sur les réseaux de neurones formels, dont von Neumann a été un des vulgarisateurs à la suite des rencontres Macy se sont redéveloppés au début des années quatre-vingt et constituent aujourd'hui une branche très active au carrefour de l'informatique, de la physique statistique et de la neurobiologie.
2. Nous avons traduit l'allemand *Berechnung* (calcul) et *berechnen* (calculer) par «computation» et «computer»; ces termes font maintenant partie du vocabulaire qui définit l'intelligence artificielle dont von Foerster est un spécialiste. *(N.d.T.)*

– *l'auto-organisation : la première cybernétique, rétrospectivement baptisée « Thermostat cybernétique », étudiait la façon dont la machine (par exemple un chauffage central) pouvait adopter une certaine finalité (le maintien d'une température constante) par l'adjonction d'un capteur (le thermomètre) et d'un servo-mécanisme de régulation (le feed-back). Le préfixe* auto- *distingue les phénomènes étudiés par le B.C.L. de ces mécanismes à finalité externe. Le propre du vivant est de stipuler lui-même son but, ses critères propres de distinction et d'action (son* Eigen-behavior *selon von Foerster). Aucune information venue du dehors ne peut lui dicter directement sa conduite ou expliquer son comportement, car le propre du sujet auto-organisé est de vivre retranché derrière sa clôture informationnelle, elle-même produite par sa clôture organisationnelle : le vivant interagit certes avec le milieu mais il traite celui-ci* à ses propres conditions, *ce qui le distingue radicalement d'une « machine triviale », c'est-à-dire mue du dehors par des relations de type stimulus-réponse. Un vivant qui n'entretiendrait avec son milieu que des « relations entre paires », comme dit Peirce (*supra *chapitre* II*), sans* interprétation *de celles-ci (= sans clôture sémiotique), serait au bord de la mort ;*

– *la « computation » deuxièmement, c'est-à-dire le calcul, concerne toutes les opérations de tri, sélection ou traduction par lesquelles l'organisme transforme le désordre en* son *ordre. La machine vivante est informationnelle, ou cognitive, et la vie est un immense calcul de soi, à base de boucles récursives et de causalité circulaire. Non seulement chaque sujet organise le monde, et se trouve en retour organisé par lui, mais il compute ou construit* sa *réalité à l'intérieur de sa clôture informationnelle-organisationnelle : organisation de soi et réalité extérieure co-évoluent ainsi en un cercle indéfini.*

La perception en particulier, dont l'article ci-dessous propose une modélisation, est une computation par laquelle chacun traite le monde selon sa propre clôture, et il serait donc naïf de l'expliquer simplement en termes d'impression : non seulement seule l'information pertinente *est sélectionnée, mais elle est travaillée et traduite en signaux qui relèvent de l'organisation interne du vivant : toute information est extérieure et intérieure, c'est-à-dire référentielle et auto-référentielle, et elle renseigne davantage sur la nature du sujet connaissant que sur l'objet perçu.*

La perception, et la computation en général du monde par le vivant, apparaissent donc comme un gigantesque anneau de Möbius *(Pierre Lévy) par lequel l'individu projette sa réalité intérieure dans le monde, tout en étant pénétré par lui ; cette interaction circulaire rend* a priori *difficile le partage entre le sujet et l'objet, ou entre dehors et dedans. On ne perçoit jamais que soi-même, une autoréférence ironique parasite tous nos efforts pour « sortir » de notre clôture ; nous savons très peu de chose des autres esprits, non plus que des valeurs propres selon lequelles chacun organise* son *monde ou construit* sa *réalité. L'organisme ne connaît vraiment que sa propre dynamique organisationnelle ou nerveuse, et l'*output *(le produit) du système vivant n'est jamais que lui-même, soumis au dur désir de durer, acharné à étendre et à vérifier sa propre réalité.*

Parmi les nombreuses implications de cette épistémologie, il faut mentionner particulièrement :

– *l'approche relationnelle :* relation *est le maître mot de la philosophie d'Heinz von Foerster (qui se sent beaucoup plus proche des sophistes grecs que de Platon). Face à un être auto-organisé en effet, aucun regard de surplomb ne nous renseigne, car « nous observons un sytème qui nous observe ». Notre relation à celui-ci ne peut être que* pragmatique *ou de sujet à sujet (au sens défini* supra *chapitre* III*), nous ne possédons pas les règles du jeu auquel l'autre joue et nous ne pouvons donc qu'interagir avec lui, avec l'incertitude*

du coup suivant. Le propre d'un système auto-organisé selon von Foerster est que, malgré tous nos efforts, nous demeurons incertains quant à la manière adéquate de décrire ce système (sa « norme » nous échappe) ;
– le constructivisme épistémologique et l'indétermination radicale du réel. Kant avait fondé sa Critique de la raison pure *sur l'idée que l'entendement ne puise pas ses règles dans la nature mais au contraire les lui prescrit. Par notre connaissance nous* inventons *le monde beaucoup plus que nous ne le* découvrons. *Ce réel voilé est bien illustré par la fable que propose Paul Watzlawick, en ouverture au texte d'Ernst von Glasersfeld, « Introduction à un constructivisme radical », suivi de celui d'Heinz von Foerster que nous publions : imaginons, propose Watzlawick, un navigateur engagé sans cartes marines et par une nuit de tempête et de brume dans un dangereux détroit. Ou bien il fracasse son navire sur les écueils, ou il passe à travers ceux-ci au gré des courants et se retrouve en sécurité en haute mer. Dans le premier cas, la rencontre du réel lui révèle quelque chose sur un point de la carte, mais il en meurt ; dans l'autre, il survit, mais il n'a rien appris sur le passage dangereux, dont la carte lui demeure tout à fait voilée : sa traversée chanceuse lui a appris ce que le réel n'était pas (il n'a pas rencontré de rochers là où il est passé), elle ne l'a renseigné que négativement.*

De même ce que nous appelons « connaître » mesure largement la somme des manœuvres par lesquelles nous demeurons en vie : notre cerveau est un organe de survie avant d'être celui de la connaissance ; mais cette survie est parfaitement compatible avec des représentations folles, ou illogiques : notre « carte » du territoire demeure infiniment lacunaire, ou arbitraire, nous nous adaptons au réel plus que nous ne le connaissons. Selon cette philosophie, notre relation à cet inconnaissable réel ne relève ni du verbe to map *(cartographier), ni* to match *(correspondre), mais seulement* to fit *(s'adapter, comme le propose Ernst von Glasersfeld) ;*
– le solipsisme (la prétention que moi seul, ego solus ipse, *existe et que le monde n'est qu'un film dans ma tête) figure certes le risque de cette philosophie, mais von Foerster l'écarte à la fin de son article. Sa théorie de la connaissance, qu'on rapprochera en France de celle de Piaget, mais aussi aujourd'hui de Francesco Varela, ne constitue pas une prise de position ontologique, mais se contente de souligner l'infinie difficulté que nous avons à nous déprendre de nous-mêmes (par exemple pour comprendre les autres, ou le monde tel qu'il est au-delà de nous ou « objectivement »). Cette philosophie ne mène ni au scepticisme, ni encore moins au solipsisme, mais au contraire à une remarquable leçon d'ouverture et de tolérance.*

Source : *« La Construction d'une réalité », publié dans l'ouvrage collectif* l'Invention de la réalité, contribution au constructivisme, *dirigé par Paul Watzlawick, Le Seuil, Paris, 1988.*

Bibliographie : Généalogies de l'auto-organisation, *Cahiers du CRÉA (Centre de recherche, épistémologie et autonomie, École polytechnique), n° 8, novembre 1985 : articles d'Isabelle Stengers et de Pierre Lévy, suivis d'un entretien avec Heinz von Foerster ; Edgar Morin,* la Vie de la vie (la Méthode, 2), *Le Seuil, Paris, 1980.*

Dessinez une différence !
G. Spencer Brown

Le postulat

VOUS VOUS SOUVENEZ CERTAINEMENT du personnage de Monsieur Jourdain, dans la pièce de Molière intitulée *le Bourgeois gentilhomme :* un nouveau riche qui, avide d'instruction, fréquente les sphères raffinées de l'aristocratie française. Un jour, s'entretenant de poésie et de prose avec son maître de philosophie, Jourdain découvre à son grand étonnement et plaisir que, quand il parle, il parle en prose. Bouleversé par cette découverte, il s'exclame : « Par ma foi ! Il y a plus de quarante ans que je dis de la prose sans que j'en susse rien, et je vous suis le plus obligé du monde de m'avoir appris cela ! »

Une découverte similaire a été faite il n'y a pas si longtemps. Il ne s'agissait alors ni de poésie ni de prose, mais d'environnement : c'était l'environnement qu'on avait cette fois découvert. Je me souviens d'avoir vu, il y a peut-être dix ou quinze ans, quelques-uns de mes amis américains arriver en courant, eux aussi à la fois surpris et enchantés de leur dernière grande découverte : « Nous vivons dans un environnement ! Nous vivons depuis toujours dans un environnement sans le savoir ! » Cependant, ni Monsieur Jourdain ni mes amis n'ont encore fait une autre découverte – ils ne savent pas que, quand Monsieur Jourdain parle, que ce soit en prose ou en poésie, c'est lui-même qui invente ce qu'il dit, et que, de la même façon, quand nous percevons notre environnement, c'est nous-mêmes qui l'inventons.

Toute découverte est à la fois douloureuse et joyeuse : douloureuse quand nous en sommes encore à nous battre avec une idée nouvelle, encore imprécise ; mais joyeuse aussitôt qu'on est parvenu à la déterminer. Aussi, le seul but de ma présentation sera de minimiser le plus possible la douleur et d'augmenter la joie de ceux qui n'ont pas encore fait cette découverte. Quant à ceux qui l'ont déjà faite, ils sauront ainsi qu'ils ne sont pas les seuls. Formulons donc de nouveau la découverte que nous devons tous faire pour nous-mêmes. Il s'agit du postulat suivant :

L'environnement, tel que nous le percevons, est notre invention.

À moi maintenant d'appuyer cette affirmation extravagante. Pour cela, je commencerai par vous inviter à faire une expérience ; je décrirai ensuite un cas clinique, ainsi que les résultats de deux autres expériences. Après quoi, je donnerai une interprétation, puis une description très concise des fondements neurophysiologiques sur lesquels reposent ces expériences et le postulat que j'ai formulé plus haut. Enfin, j'essaierai de suggérer la signification de tout ceci appliquée à des considérations esthétiques et éthiques.

Expériences

La tache aveugle

Figure 1

Prenez le livre dans la main droite, fermez l'œil gauche, et fixez l'étoile avec l'œil droit. Avancez et reculez lentement le livre sur la ligne de vision: à une distance précise (environ 30 à 35 cm), la tache noire et ronde disparaît. Si vous fixez bien l'étoile, la tache doit rester invisible, même si vous déplacez lentement le livre dans n'importe quelle direction, en le maintenant droit. Cette cécité localisée est une conséquence directe de l'absence de cellules photosensibles (les bâtonnets ou les cônes) sur la partie de la rétine où les fibres nerveuses de la surface photosensible de l'œil convergent pour former le nerf optique. En clair, quand l'image de la tache noire est projetée sur cette partie de la rétine (la papille), elle ne peut être vue. Notons que cette cécité localisée n'est pas perçue comme une tache sombre dans notre champ visuel (voir une tache sombre impliquerait de pouvoir la voir); elle n'est pas perçue du tout, ni comme quelque chose de présent, ni comme quelque chose d'absent – ce que nous percevons, nous le percevons «sans taches».

Scotome

Des lésions occipitales localisées avec précision dans le cerveau (par exemple, des blessures entraînées par le choc de projectiles) guérissent relativement rapidement sans que le patient perçoive la moindre perte ou défaillance de sa vision. Cependant, après quelques semaines, des troubles moteurs apparaissent – par exemple, la perte du contrôle du mouvement d'un bras ou d'une jambe d'un côté du corps. Des tests cliniques montrent alors que *le Système nerveux* moteur fonctionne normalement, mais que, dans certains cas, les lésions ont entraîné chez le malade la perte d'une grande partie du champ visuel (scotome). Une thérapie efficace consiste à bander les yeux du patient pendant un à deux mois, jusqu'à ce qu'il retrouve le contrôle de son système nerveux moteur, et cela en déplaçant son «attention», de points de repère visuels (non existants) qui l'informent normalement sur la

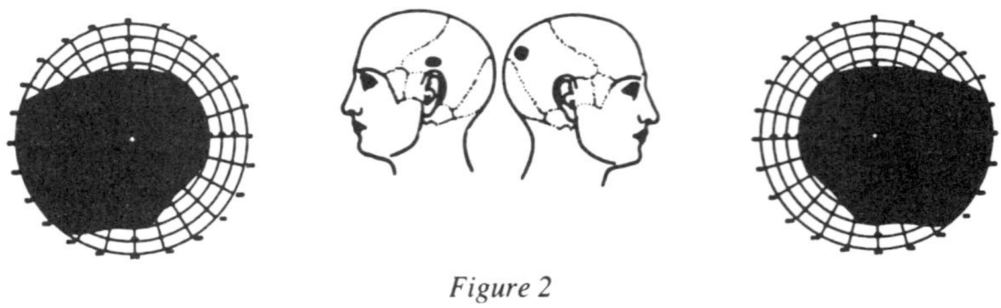

Figure 2

position de son corps, vers des canaux (tout à fait opérationnels) qui lui fournissent directement des repères posturaux provenant des récepteurs sensoriels (proprioceptifs) logés dans ses muscles et ses articulations. Notons ici aussi que l'« absence de perception » n'est pas perçue, et que la perception intervient par l'intermédiaire d'une interaction sensori-motrice. Ce qui amène deux remarques: 1. Percevoir, c'est faire. 2. Si je ne vois pas que je suis aveugle, alors je suis aveugle, mais, si je vois que je suis aveugle, alors je vois.

Mots alternatifs

On enregistre un seul mot sur une bande magnétique que l'on relie ensuite (sans raccord) à un circuit fermé. On entend ainsi le même mot sans cesse répété, le volume de l'appareil étant réglé assez haut. Après une ou deux minutes d'écoute (soit de cinquante à cent-cinquante répétitions), le mot que l'on a entendu jusqu'alors se transforme tout à coup en un autre mot, aussi clairement perçu et dont la signification est tout à fait précise: il s'agit d'un « mot alternatif ». Après dix à trente répétitions de ce premier mot alternatif, une seconde transformation se produit; un nouveau mot est perçu, et ainsi de suite. L'énumération qui suit est une brève sélection parmi 758 mots alternatifs entendus par deux cents sujets soumis à l'écoute répétitive du mot *cogitate: agitate, annotate, arbitrate, artistry, back and forth, brevity, ça d'était, candidate, can't you see, can't you stay, Cape Cod you say, card estate, cardiotape, car district, catch a tape, cavitate, cha cha che, cogitate, computate, conjugate, conscious state, counter tape, count to ten, count to three, count yer tape, cut the steak, entity, fantasy, God to take, God you say, got a date, got your pay, got your tape, gratitude, gravity, guard the tit, gurgitate, had to take, kinds of tape, majesty, marmalade.*

Compréhension

On implante des micro-électrodes dans les différents relais des conduits auditifs du cerveau d'un chat afin d'établir un électro-encéphalogramme des signaux nerveux électriques locaux, en commençant par les cellules nerveuses du limaçon de l'oreille interne, qui sont les premières à recevoir des stimuli auditifs, et jusqu'aux cellules du cortex auditif. On place ensuite le chat ainsi préparé dans une cage; elle contient une mangeoire dont il est possible d'ouvrir le couvercle en appuyant sur un levier. Cependant, le mécanisme qui lie le levier au couvercle ne fonctionne que lorsqu'un bref son (dans ce cas, C6, qui équivaut environ à 1000 hertz) est émis de manière répétitive. Le chat doit donc apprendre que C6 « signifie » nourriture. Les oscillogrammes des figures 3 à 6 montrent le modèle d'activité nerveuse se produisant au niveau de huit relais auditifs, dans un ordre croissant, et à quatre étapes consécutives du processus d'apprentissage. Les comportements du chat associés à l'activité neurale correspondante sont les suivants: « recherche au hasard » pour la figure 3, « examine le levier » pour la figure 4, « appuie immédiatement sur le levier » pour la figure 5, et « marche directement vers le levier » (parfaite compréhension) pour la figure 6. On remarque qu'aucun son n'est perçu tant qu'il n'est pas encore interprété (dans les figures 3 et 4, il ne s'agit que d'un bruit); mais tout le système devient actif au premier « bip » émis *(fig. 5 et 6)* dès que la sensation est devenue compréhensible, c'est-à-dire quand *notre* perception des « bip-bip-bip » correspond à « nourriture » dans la perception du *chat*.

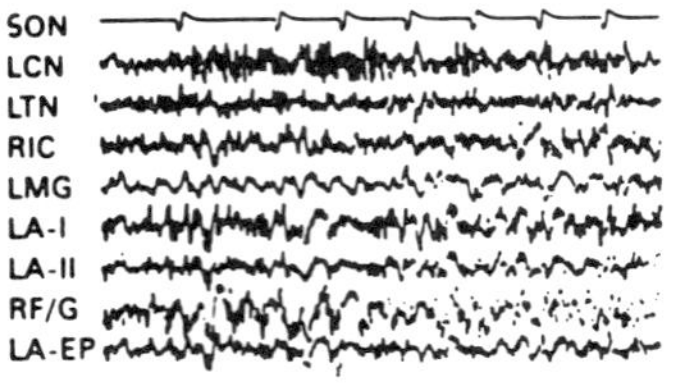

Figure 3

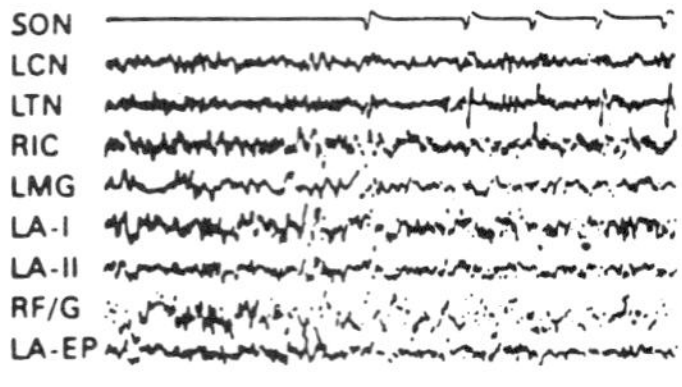

Figure 4

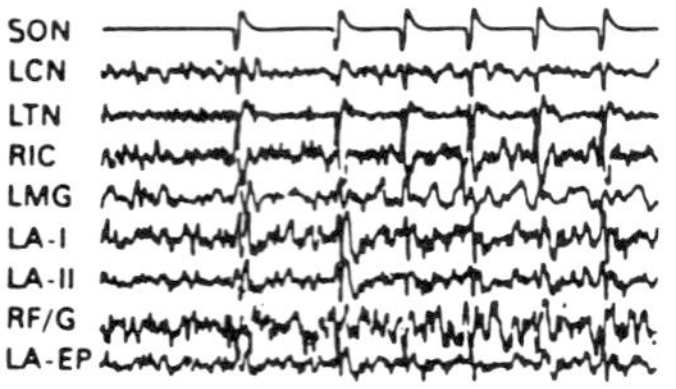

Figure 5

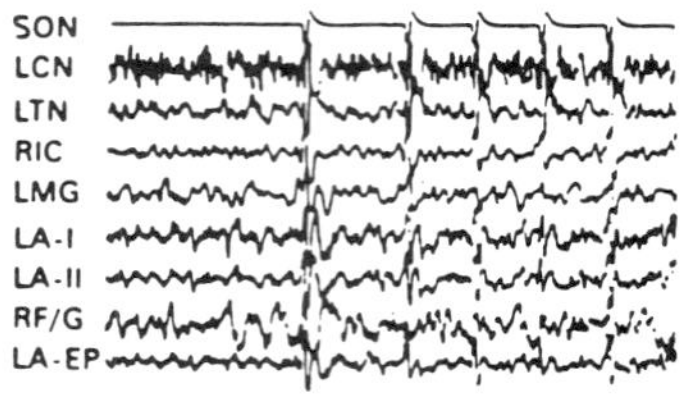

Figure 6

Interprétation

Dans les expériences décrites ci-dessus, j'ai pris des exemples dans lesquels nous voyons ou entendons ce qui n'est pas «là», où dans lesquels nous ne voyons pas ou n'entendons pas ce qui est «là», jusqu'à ce que la coordination de la sensation et du mouvement nous permette de «saisir» (comprendre) ce qui semble être là. Je consoliderai maintenant cette remarque en énonçant le «principe d'encodage indifférencié»:

La réponse d'une cellule nerveuse *n'*encode *pas* la nature physique des agents qui ont causé cette réponse. Autrement dit, le «quoi» n'est pas encodé, mais seulement le «combien».

Considérons par exemple une cellule photosensible de la rétine, un «bâtonnet», qui absorbe la radiation électromagnétique émise par une source éloignée. Cette absorption provoque un changement dans le potentiel électrochimique du bâtonnet, donnant finalement lieu à des décharges électriques périodiques de certaines cellules dans la zone plus profonde des réseaux neuronaux postrétiniens (voir, plus loin, *fig. 15*). La fréquence de ces décharges correspond à l'intensité de la radiation absorbée, mais rien n'indique qu'une radiation électromagnétique était à l'origine de la décharge produite par le bâtonnet. Ceci est valable pour tout récepteur sensoriel, qu'il s'agisse des papilles gustatives, des récepteurs tactiles, olfactifs, auditifs, ou de toute autre sorte de récepteur: il sont tous «aveugles» à la qualité des stimulations, ils ne réagissent qu'à leur quantité.

Bien que surprenante, cette affirmation ne devrait pourtant pas surprendre. En effet, «là-bas, à l'extérieur», il n'y a ni son, ni musique, mais seulement des variations périodiques de la pression de l'air; et «là-bas, à l'extérieur», il n'y a pas non plus de chaleur et de froid, mais des molécules qui bougent avec plus ou moins d'énergie cinétique, et ainsi de suite. Enfin, «là-bas, à l'extérieur», il n'y a certainement pas de douleur.

Dans la mesure où la nature physique du stimulus – sa *qualité* – n'est pas encodée dans l'activité nerveuse, la question fondamentale est de savoir comment notre cerveau fait apparaître l'extraordinaire variété du monde coloré dont nous faisons l'expérience à tout instant quand nous sommes éveillés, parfois aussi dans nos rêves pendant notre sommeil.

Ainsi se pose le «problème de la cognition», celui de la recherche d'une compréhension des processus cognitifs.

La façon de poser une question détermine aussi celle d'y répondre. Il m'appartient donc de formuler le «problème de la cognition» de façon que les outils conceptuels aujourd'hui disponibles deviennent tout à fait efficaces. Dans ce but, je formulerai la «cognition» de la manière suivante (⟶):

cognition ⟶ computation d'une réalité

Une telle formulation me laisse prévoir une foule d'objections. D'abord, je remplace un terme inconnu, *cognition,* par trois autres, dont deux, *computation* et *réalité,* sont encore plus opaques que le terme à définir, le seul mot défini utilisé étant l'article indéfini *une.* De plus, l'utilisation de cet article indéfini implique l'idée absurde de l'existence d'autres réalités à côté de «la» seule et unique réalité, notre très cher «environnement»; enfin, par «computation», je semble suggérer que tout, de ma montre jusqu'aux lointaines galaxies, est seulement computé, et n'est donc pas «là». Parfaitement inouï!

Mais considérons maintenant ces objections une par une. Tâchons d'abord d'apaiser la blessure sémantique que le terme de computation pourrait provoquer chez les personnes plus familières des arts et des sciences humaines que des sciences naturelles ou exactes. *Computer,* en anglais *to compute,* est en fait un terme tout à fait inoffensif; il correspond au latin *com-putare* qui signifie, littéralement, penser, contempler *(putare)* des choses ensemble *(com),* sans référence explicite à des grandeurs numériques. Aussi, j'utiliserai précisément ce terme dans ce sens très général pour désigner toute opération (pas nécessairement numérique) qui transforme, modifie, ordonne ou réordonne des entités physiques observées («objets»), ou leurs représentations («symboles»). Par exemple, j'appellerai «computation» la simple permutation des trois lettres A, B, C, qui place cette fois la dernière lettre en premier – C, A, B –, ou encore l'effacement des virgules qui séparent les lettres – CAB –, ou enfin la transformation sémantique qui, en anglais, permet de passer de CAB à *taxi,* et ainsi de suite.

Je défendrai maintenant mon usage de l'article indéfini dans le groupe nominal *une réalité.* Je pourrais, bien sûr, me réfugier derrière l'argument logique suivant: en résolvant le cas général impliqué par *une,* j'aurai aussi résolu chaque cas spécifique désigné par l'utilisation de l'article défini *la.* Mais mon intention est beaucoup plus profonde. Il existe en fait un large gouffre entre les modes de pensée définis par *la* et ceux définis par *une* dans la mesure où ils se servent respectivement des concepts distincts de «confirmation» et de «corrélation» comme principes permettant de rendre compte des perceptions. Selon la première école (celle des *la),* ma sensation tactile est la *confirmation* de ma sensation visuelle m'indiquant qu'il y a ici une table. Selon la seconde (celle des *une),* ma sensation tactile, en *corrélation* avec ma sensation visuelle, produit une expérience que je peux décrire par: «il y a ici une table».

Pour des raisons épistémologiques, je rejette la position des modes de pensée définis par *la.* En effet, de cette façon, tout le problème de la cognition est mis à l'écart, hors de portée, dans la tache aveugle de la cognition elle-même: son absence ne peut plus être vue.

On semble finalement avoir le droit d'affirmer que les processus cognitifs ne computent pas des montres-bracelets, ni des galaxies: ils computent tout au plus des descriptions de ces entités. Je me plie donc à cette objection, et remplace ma formulation précédente par la suivante:

cognition ⟶ computation de descriptions d'une réalité

Cependant, les neurophysiologistes nous diront qu'une description computée à partir d'un niveau d'activité neurale – par exemple, celui d'une image projetée sur la rétine – est ensuite traitée à d'autres niveaux plus élevés, de telle façon que n'importe quelle activité motrice peut être considérée par un observateur comme une « description terminale » – par exemple, l'énoncé : « il y a ici une table ». Par conséquent, je dois de nouveau modifier ma formulation, cette fois de la manière suivante :

cognition ⟶ computation de descriptions de
↑__________________________________|

Le retour de la flèche indiquant ici la répétition illimitée de descriptions de descriptions, etc. Cette formulation a l'avantage d'éliminer avec succès l'inconnu, c'est-à-dire « réalité ». La réalité n'apparaît ici qu'implicitement, comme processus de descriptions récursives. De là, nous pouvons profiter du fait que la computation de descriptions n'est finalement rien d'autre qu'une computation pour affirmer :

cognition ⟶ computations de
↑____________________|

En résumé, je propose de comprendre le processus cognitif en tant que computation récursive illimitée. Et j'espère rendre cette conception transparente avec le tour de force que représente l'exposé neurophysiologique qui suit.

Neurophysiologie

Évolution

Figure 7

Pour qu'il soit bien clair que le principe de calcul récursif se trouve à la base de tout processus cognitif – et de la vie même comme l'affirme un des plus éminents biologistes –, on peut revenir brièvement sur les plus élémentaires – les plus « primitives », diraient les évolutionnistes – manifestations de ce principe. Il s'agit des « effecteurs indépendants » ou unités sensori-motrices indépendantes distribués sur la surface des protozoaires et métazoaires *(fig. 7)*. La partie triangulaire de cette unité, dont la pointe saille au-dessus de la surface, est sensorielle, alors que la partie en forme d'oignon est motrice et contractile. Ainsi, une modification de la concentration d'un agent dans l'environnement immédiat de la pointe sensible provoque, dans la mesure où elle peut le percevoir, une contraction immédiate de cette unité. Il en résulte un déplacement de l'animal, dû à son changement de forme et d'emplacement, pouvant entraîner à son tour des modifications perceptibles dans son environnement – ces modifications provoquant à leur tour des contractions instantanées des unités, et ainsi de suite. On aboutit alors à la récursion suivante :

changement de sensation ⟶ changement de forme
↑____________________________________|

Figure 8

La séparation des zones de sensation et d'action semble avoir été l'étape suivante dans le processus d'évolution *(fig. 8)*. Les organes sensoriels et moteurs sont alors reliés par de fins filaments, les «axones» (il s'agit en fait de fibres musculaires dégénérées, ayant perdu leur contractilité), qui transmettent les modifications du récepteur sensoriel à son effecteur, donnant ainsi lieu au concept de «signal»: Vois quelque chose ici, agis là en fonction de ce qui a été vu.

Cependant, l'étape essentielle dans l'évolution de l'organisation complexe du système nerveux central des mammifères semble avoir été l'apparition d'un «neurone intermédiaire», c'est-à-dire d'une cellule placée entre les unités sensorielle et motrice *(fig. 9)*. Il s'agit en fait aussi d'une cellule sensorielle, mais spécialisée de façon à ne répondre qu'à un «agent» universel, à savoir l'activité électrique des neurones afférents qui se terminent dans son environnement immédiat. Et, dans la mesure où la capacité de réponse de cette cellule est influencée par son activité à un moment donné, ce nouvel élément introduit une nouvelle fonction dans le monde animal: celle de calcul, qui donne à ces organismes la possibilité de développer un très vaste champ de comportements complexes. Une fois développé le code génétique pour l'assemblage d'un neurone intermédiaire, il ne manquait en fait pas grand-chose pour que vienne s'ajouter l'ordre génétique: «répète». De là, on peut, je pense, facilement comprendre la prolifération de ces neurones en couches verticales, entre lesquelles se développèrent des connexions horizontales formant les structures complexes liées les unes aux autres et qu'on appelle «cerveau».

Figure 9

Le neurone

Nous avons plus de dix milliards de neurones dans notre cerveau. Il s'agit de cellules hautement spécialisées dont on distingue les caractéristiques anatomiques suivantes: 1) les ramifications en forme de branches, les arborisations, se développant vers le haut; 2) le bulbe se trouvant au centre, dans lequel se loge le noyau de la cellule ou «corps cellulaire»; 3) l'axone, qui est la fibre lisse qui se développe vers le bas. L'ensemble de ses arborisations se terminent sur les dendrites d'un autre neurone (mais aussi, parfois, récursivement sur le même neurone). La même membrane enveloppe le corps cellulaire, et forme la gaine tubulaire qui entoure les dendrites et les axones; elle est aussi la cause de la charge électrique d'environ un dixième de volt que l'intérieur de la cellule produit vers son environnement. Quand la charge se trouve dans une certaine mesure perturbée dans la région dendritique, le neurone est activé, et transmet cette perturbation le long de son axone, jusqu'à son extrémité, c'est-à-dire les synapses.

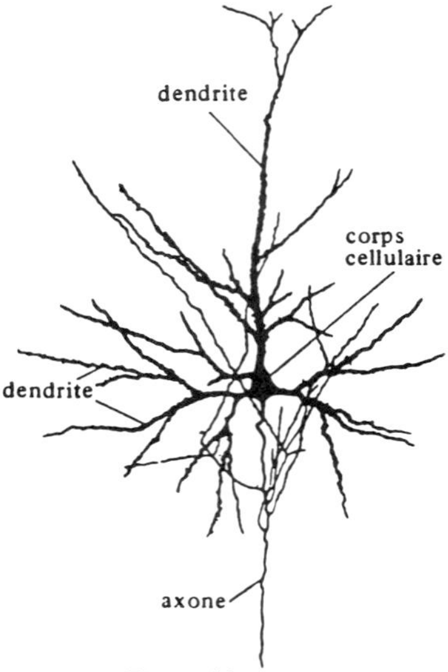

Figure 10

Transmission

Dans la mesure où les perturbations sont de nature électrique, on peut les capter avec des microsondes, les amplifier et les enregistrer. La figure 11 montre trois exemples de décharges périodiques d'un récepteur tactile sous stimulation continue; la fréquence basse correspond à un stimulus faible, la fréquence haute à un stimulus fort. On voit clairement que l'amplitude de la décharge est partout la même, la fréquence d'impulsion représentant l'intensité du stimulus, et l'intensité seulement.

Le synapse

La figure 12 représente de manière simplifiée une jonction synaptique. L'axone afférent (Ax), le long duquel les impulsions voyagent, se termine par un renflement (R) séparé de l'épine (é) d'une dendrite (D) du neurone cible par une étroite brèche (sy) qu'on appelle fente synaptique. (On remarque, sur la figure 10, les nombreuses épines qui donnent une apparence rugueuse aux dendrites.)

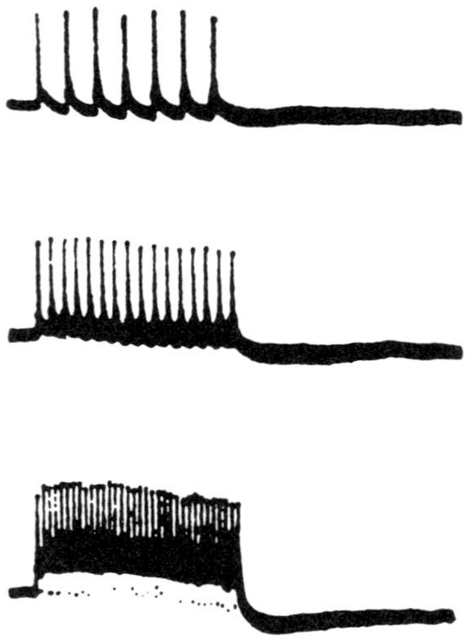

Figure 11

La composition chimique des substances transmettrices qui remplissent la fente synaptique joue un rôle essentiel dans la détermination de l'effet qu'une impulsion reçue a sur la

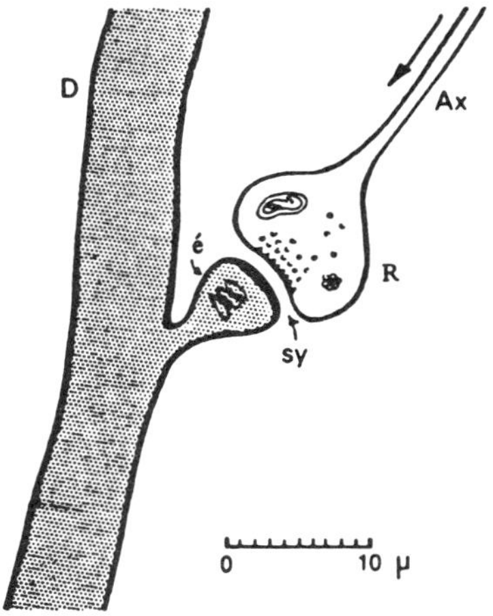

Figure 12

réponse finale du neurone: dans certaines circonstances, cette impulsion peut produire un effet inhibiteur (annulation d'une autre impulsion reçue simultanément), alors que, dans un contexte différent, elle aura au contraire un effet excitateur (amplification d'une autre impulsion qui entraîne la décharge du neurone). Par conséquent, on peut considérer la fente synaptique comme le micro-environnement d'une terminaison sensible, l'épine; aussi, dans le même ordre d'idées, on peut comparer la sensibilité du système nerveux central aux changements de l'environnement *interne* (la totalité des micro-environnements) avec sa sensibilité aux changements de l'environnement *externe* (tous les récepteurs sensoriels). Dans la mesure où notre système nerveux ne compte que 100 millions de récepteurs sensoriels, et environ 10 000 milliards de synapses, nous sommes donc cent mille fois plus sensibles aux changements de notre environnement interne qu'à ceux qui peuvent intervenir dans notre environnement externe.

Le cortex

Pour donner au moins une petite idée de l'organisation extrêmement complexe qui prend en compte et traite toutes nos perceptions et expériences intellectuelles et émotionnelles, j'ai ajouté la figure 13. Elle montre un agrandissement de 2 mm^2 du cortex d'un chat; une méthode de coloration permet de faire apparaître uniquement les corps cellulaires et les dendrites, mais de 1 % seulement des neurones effectivement présents. On doit donc s'imaginer les nombreuses liaisons (c'est-à-dire les axones invisibles sur l'agrandissement) qui relient les neurones entre eux, et selon une densité de remplissage cent fois supérieure à celle qui apparaît. Mais on peut cependant, avec cette figure, avoir une idée de la capacité de calcul de cette minuscule partie du cerveau.

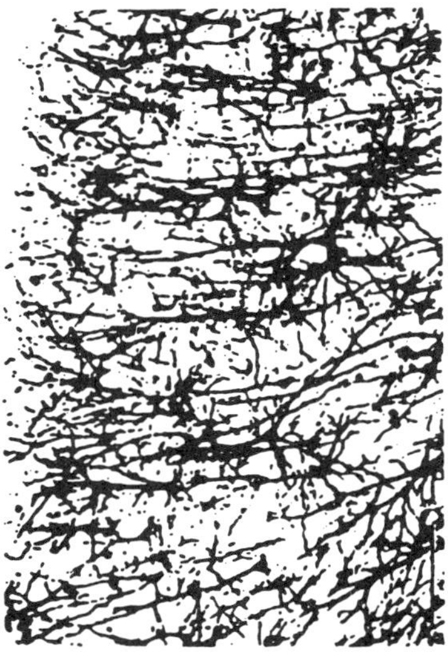

Figure 13

Descartes

Voici maintenant un aperçu des conceptions qu'on avait il y a environ trois cents ans:

«Si le feu A se trouve proche du pied B, les petites parties de ce feu, qui se meuvent comme vous savez très promptement, ont la force de mouvoir avec soi l'endroit de la peau de ce pied qu'elles touchent; et par ce moyen tirant le petit filet, c, que vous voyez y être attaché, elles ouvrent au même instant l'entrée du pore, *d, e,* contre lequel ce petit filet se termine: ainsi que, tirant l'un des bouts d'une corde, on fait sonner en même temps la cloche qui pend à l'autre bout. Or, l'entrée du pore ou petit conduit, *d, e,* étant ainsi ouverte, les esprits animaux de la concavité F entrent dedans et sont portés par lui, partie dans les muscles qui servent à retirer ce pied de ce feu, partie dans ceux qui servent à tourner les yeux de la tête pour le regarder, et partie en ceux qui servent à avancer les mains et à plier tout le corps pour le défendre. »

Figure 14

Notons, cependant, que quelques béhavioristes ont encore aujourd'hui la même conception, avec une différence seulement, à savoir qu'entre-temps l'« esprit animal » de Descartes est tombé dans l'oubli.

Computation

La rétine des vertébrés, avec le tissu nerveux qui y est associé, fournit un exemple typique de calcul neural. La figure 15 est un schéma de rétine de mammifère, représentée avec le réseau postrétinien. La couche n° 1 correspond à l'ensemble des bâtonnets et cônes; dans la couche n° 2 se trouvent les corps et noyaux de ces cellules; la couche n° 3 correspond à la région dans laquelle les axones des cellules photosensibles sont reliés par des synapses aux arborisations dendritiques des « cellules bipolaires » qui composent la couche n° 4,

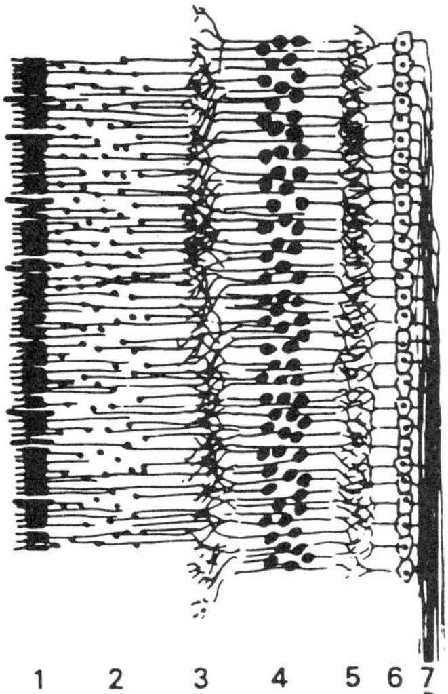

Figure 15

dans la couche n° 5, ces cellules sont à leur tour reliées par des synapses avec les dendrites des ganglions nerveux qui composent la couche n°6, enfin, les signaux électriques des ganglions nerveux sont transmis à des zones plus profondes du cerveau par l'intermédiaire de leurs axones regroupés en faisceaux pour former le nerf optique qui correspond à la couche n° 7. Les processus de computation s'effectuent dans les couches 3 et 5 où se trouvent les synapses. Maturana l'a montré, c'est là que la sensation de couleur ainsi que quelques autres indications, par exemple la forme, sont computées.

Examinons maintenant ce que suppose la computation de la forme de ce qui est perçu. Pour cela, considérons d'abord le réseau périodique à deux niveaux *(fig. 16)*, le niveau supérieur représentant les cellules sensibles, dans ce cas, à la « lumière ». Chacune de ces cellules réceptrices est reliée à trois neurones de la couche inférieure (où la computation s'effectue) : par deux synapses excitateurs au neurone qui se trouve juste au-dessous (symbolisés par des boutons attachés au corps du neurone), et par deux synapses inhibiteurs (symbolisés par une boucle autour de la pointe du neurone) attachés chacun à un neurone, l'un à gauche, l'autre à droite. La couche où la computation s'effectue ne répond évidemment pas tant que la lumière projetée sur les cellules sensibles reste uniforme ; dans ce cas, en effet, les deux stimuli excitateurs reçus par le neurone computateur sont exactement compensés par les signaux inhibiteurs venant des deux récepteurs latéraux. Mais cette réponse nulle persiste aussi dans le cas de stimulations plus fortes ou plus faibles, ou encore quand des changements d'éclairage rapides ou lents se produisent.

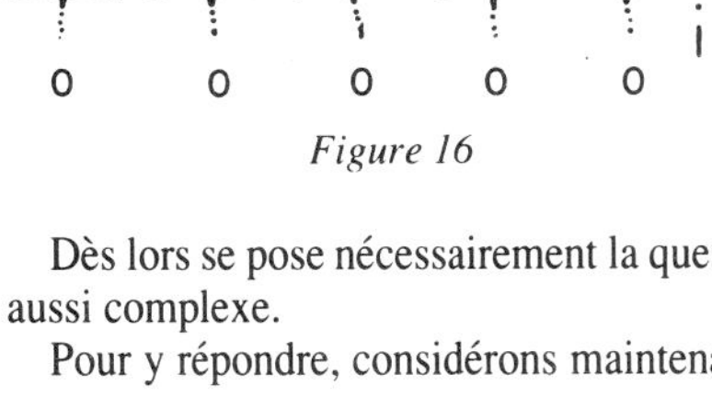

Figure 16

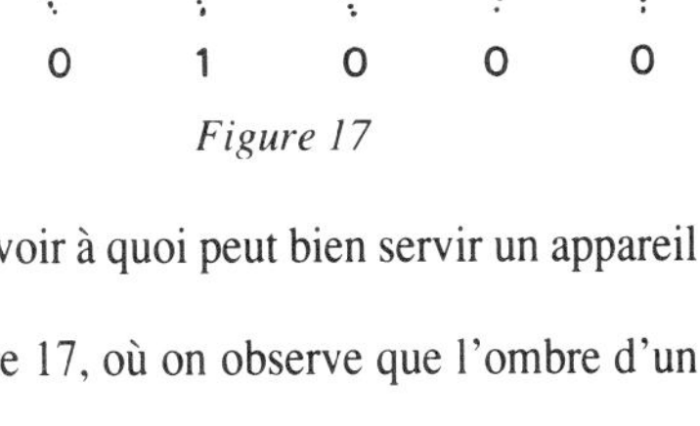

Figure 17

Dès lors se pose nécessairement la question de savoir à quoi peut bien servir un appareil aussi complexe.

Pour y répondre, considérons maintenant la figure 17, où on observe que l'ombre d'un objet empêche la lumière d'atteindre la couche des récepteurs. Ici encore, tous les neurones de la couche inférieure n'ont aucune réaction, à l'exception du neurone qui est au bord de l'ombre: il reçoit en effet deux signaux excitateurs du récepteur situé au-dessus, mais seulement un signal inhibiteur du récepteur sensoriel situé à gauche. On comprend alors l'importance de la fonction de ce réseau, dans la mesure où il compute chaque *variation* spatiale intervenant dans le champ visuel de l'œil considéré, indépendamment de l'intensité de la lumière ambiante et de ses variations temporelles, indépendamment aussi de la localisation et de l'extension de l'obstruction.

Bien que toutes les opérations impliquées dans ce processus de computation soient tout à fait élémentaires, leur organisation nous permet cependant d'apprécier un principe fondamental, celui de la computation d'une abstraction; dans ce cas, la notion de «bord».

Ce simple exemple est, j'espère, suffisant pour suggérer la possibilité de généraliser le principe de computation au sens où on peut le considérer au moins à deux niveaux: 1) celui des opérations effectivement effectuées; 2) celui de l'organisation de ces opérations, représentée ici par la structure du réseau nerveux. Dans le langage informatique, le premier niveau serait associé à «opérations», le second à «programmes». Comme on le verra plus loin, dans les computateurs biologiques, les programmes eux-mêmes peuvent être computés. Ce qui mène au concept de méta-programme, de méta-méta-programme, et ainsi de suite, conséquence de l'organisation récursive inhérente à ces systèmes.

Fermeture

À examiner tous ces éléments neurophysiologiques, on aura peut-être oublié qu'un organisme est un tout qui fonctionne en tant que tel. La figure 18 rassemble précisément ces éléments dans leur contexte fonctionnel. Les carrés noirs marqués d'un N représentent des faisceaux de neurones reliés aux neurones d'autres faisceaux par l'intermédiaire de synapses et de fentes synaptiques figurées ici par l'espace qui sépare les carrés. La surface réceptrice (SR) de l'organisme est à gauche, sa surface motrice (SM) est à droite; l'hypophyse (H), glande maîtresse très innervée, régulatrice de tout le système endocrinien, correspond à la surface pointillée sous les carrés. Les influx nerveux voyageant horizontalement (de gauche à droite) agissent finalement sur la surface motrice (SM) dont les changements (mouvements) sont immédiatement reçus par la surface réceptrice (SR), comme le suggèrent les conduits «externes» indiqués par des flèches. Les influx voyageant verticalement (du haut vers le bas) stimulent l'hypophyse (H) qui sécrète des hormones stéroïdes dans les fentes synaptiques; cette substance, figurée par les petits traits ondulés entre les carrés, modifie d'abord le mode de fonctionnement des liaisons synaptiques, puis celui de l'ensemble du système. Remarquons la double fermeture du système qui agit maintenant sur ce qu'il «voit», mais aussi sur les processus mêmes de traitement de ce qu'il voit. Afin de faire apparaître plus clairement cette double fermeture, je propose d'enrouler le diagramme de la figure 18 autour de ses deux axes de symétrie circulaire jusqu'à ce que ses limites artificielles disparaissent et que soit formé l'anneau représenté avec la figure 19.

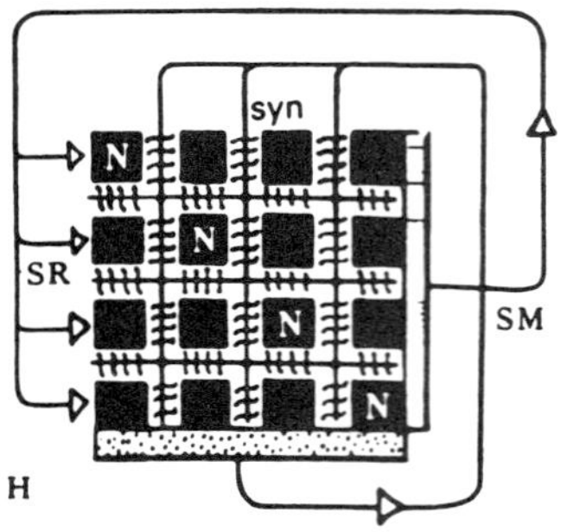

Figure 18

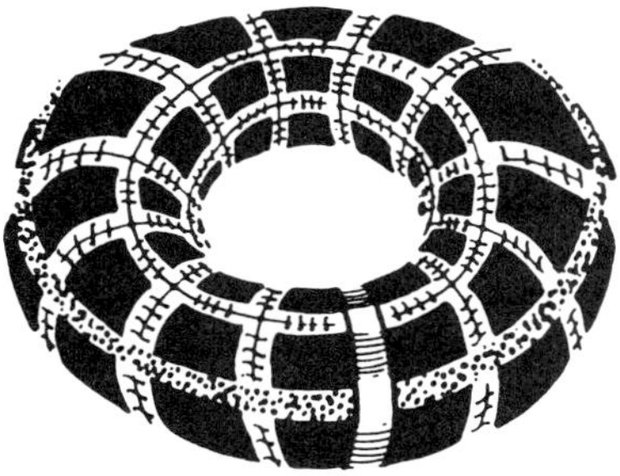

Figure 19

La fente synaptique entre les surfaces motrices et sensorielles correspond, dans cette figure, au méridien strié qu'on observe sur le devant de l'anneau; l'hypophyse est l'équateur pointillé. Telle est, je pense, très brièvement formulée, l'organisation fonctionnelle d'un organisme vivant.

Les computations effectuées à l'intérieur de l'anneau sont soumises à une contrainte non triviale désignée par le postulat d'homéostasie cognitive:

Le système nerveux est organisé (ou s'organise lui-même) de telle manière qu'il compute une réalité stable.

Ce postulat implique la notion d'autonomie, c'est-à-dire une faculté d'autorégulation de chaque organisme vivant. Et, comme la structure sémantique des noms associés au préfixe *auto-* devient plus transparente quand on explicite ce préfixe par le nom auquel il renvoie, *autonomie* devient synonyme de *régulation de régulation*. Et c'est précisément ce que fait le tore à double fermeture, en computant de façon récursive: il règle sa propre régulation.

Signification

Figure 20

Il peut paraître aujourd'hui étrange de stipuler l'autonomie, parce que l'autonomie implique la responsabilité: si je suis seul à décider comment j'agis, alors je suis responsable de mes actes. Et, dans la mesure où la règle du jeu de société le plus populaire aujourd'hui est de rendre les autres responsables de *nos* propres actes – le jeu s'appelle «hétéronomie» –, mes arguments ont nécessairement un impact très impopulaire. Une façon de les escamoter est de les rejeter en tant que nouvelle tentative de sauver le solipsisme, cette conception qui prétend que le monde n'existe que dans mon imagination, et que la seule réalité est le «je» qui imagine le monde. C'est effectivement ce que j'ai développé précédemment, mais il ne s'agissait alors que d'un organisme. Mais, comme je voudrais essayer de le démontrer avec l'histoire du gentleman au chapeau melon *(fig. 20)*, la situation change complètement dès que l'on considère deux organismes.

Ce gentleman affirme être la seule réalité, et prétend que tout le reste existe dans son imagination. Cependant, il ne peut nier que son univers imaginaire est peuplé de formes qui ne sont pas différentes de lui. Il doit donc concéder que ces formes peuvent elles aussi affirmer être la seule réalité, et que tout le reste n'est que le produit de leur imagination. Dans ce cas, leur univers imaginaire sera aussi peuplé d'apparitions, et parmi elles la sienne, celle du gentleman au chapeau melon.

Selon le principe de relativité qui rejette une hypothèse quand elle n'est pas valable pour deux exemples à la fois, bien qu'elle le soit pour chaque exemple pris séparément (les habitants de la Terre comme ceux de Vénus peuvent affirmer être au centre de l'univers, mais leur affirmation s'effondrera s'il arrive qu'ils se rencontrent), le point de vue solipsiste devient intenable dès que je trouve à côté de moi un être vivant autonome. Notons cependant que, le principe de relativité n'étant pas une nécessité logique – ni une proposition dont on puisse affirmer qu'elle est vraie ou fausse –, le point essentiel devant être reconnu devient le suivant : je suis libre de choisir d'adopter ou de rejeter ce principe. Si je le rejette, je suis le centre de l'univers, ma réalité est mes rêves et mes cauchemars, mon discours est un monologue, ma logique une monologique. Si, par contre, je l'adopte, ni moi ni l'autre ne pouvons être le centre de l'univers. Comme dans le système héliocentrique, il doit y avoir un tiers qui sert de référence centrale : c'est la relation entre tu et *je*, cette relation est *l'identité :*

réalité = communauté

Maintenant, quelles sont les conséquences de tout ceci dans les domaines de l'éthique et de l'esthétique ?

L'impératif éthique sera : Agis toujours de manière à augmenter le nombre des choix possibles.

Et *l'impératif esthétique :* Si tu veux voir, apprends à agir.

La Méthode 1

(1977)

EDGAR MORIN

(né en 1921)

Faut-il classer Edgar Morin comme sociologue ? Comme épistémologue ? Philosophe ou penseur carnavalesque ? La question revient sur elle-même : comment classer, et sur le fond de quel savoir ?

Si penser suppose qu'on distingue, Morin nous apprend à distinguer sans disjoindre. D'où la Méthode, *un « chemin », étymologiquement. La chaîne des concepts sans lesquels il n'y aurait pas de science y est présentée et comme revécue à l'état naissant. Cette école de la recherche propose une écologie de nos modèles de pensée (nos « paradigmes ») ; une raison bouillonnante s'expose dans sa niche, qu'elle découpe en s'organisant ; le savoir n'a pas rompu avec l'élan, ni avec la saveur. Selon une tradition française de la philosophie (Montaigne, Descartes, Pascal ou Diderot), une pensée à la première personne et sur le ton du récit se mesure ici au système du monde.*

Morin nous fait partager son étonnement et sa jubilation devant la possibilité de la connaissance. Adulte, il n'a pas renoncé aux questions naïves ou trop philosophiques de l'enfance : qui suis-je ? Quelle est ma place dans ce monde ? Comment penser sans se mutiler ni se recroqueviller ? Cette vivace Méthode *est d'abord un rappel au courage : on est frappé en ouvrant ces gros livres par la témérité du projet, nourri d'une documentation scientifique que peu de philosophes eurent la patience d'acquérir. Cette vigueur réagit contre le deuil auquel tout intellectuel doit aujourd'hui se plier s'il veut qu'on le prenne au sérieux : deuil des notions de conscience, d'autonomie, de sujet, répudiées par l'idéologie structuraliste ; deuil d'un savoir non spécialisé, des humanités ou d'une philosophie* encyclopédique *qui, à l'écart de Hegel sans doute, anime le projet de Morin. Car* la Méthode *s'offre précisément comme un travail de mise en cycle, et une pédagogie des boucles.*

Son premier ouvrage déjà, l'Homme et la mort *(1951), témoignait d'une ambition anthropo-cosmologique et d'une intuition très vive des enchevêtrements disciplinaires. Phénomène biologique et matériel, la mort implique en effet une riche réalité mythologique attestée dans les rites, les croyances religieuses, la culture. Devant la mort comme devant le cinéma (*le Cinéma ou l'Homme imaginaire, *1956 ;* les Stars, *1957), notre perception se dédouble et se trouble, nous voulons à la fois savoir et ne pas savoir,* homo sapiens *devient* demens. *Cette impureté constitutive de notre raison, toujours mélangée d'imaginaire, pose la question de la nature de la connaissance, et de ses modalités culturelles. Morin a côtoyé très tôt Piaget, Merleau-Ponty ou l'école de Francfort, puis la problématique qu'on appelle STS (Sciences-Techniques-Société), et aujourd'hui les sciences de la cognition.*

*Il n'est donc pas étonnant que le stimulant sociologue de la vie quotidienne (*l'Esprit du temps, *1 et 2, 1962-1976) ou de telle commune bretonne (*Plodemet, *1967) ait voulu avec* la Méthode, *ou déjà* le Paradigme perdu *(1973) et les colloques de Royaumont sur* l'Unité de l'homme, *réfléchir à la connaissance : penser le phénomène humain entraîne en effet à penser la nature (par exemple le primate en l'homme, sa vie biologique et son écologie) ; inversement toute étude de la nature renvoie aux catégories et aux schèmes humains. Les sciences de l'homme et celles de la nature s'éclairent réciproquement. Plus précisément : il n'y a de sciences qu'humaines, et toute connaissance suppose une auto-connaissance. Décrire (tel aspect du monde), c'est aussi se décrire, comme dans ces dessins d'Escher, les oiseaux imbriqués ou la célèbre « main dessinant » qui figure en couverture de* la Méthode 1. *Hofstadter les a baptisés* espaces récursifs *parce que le fond et la figure s'y dessinent et s'y définissent réciproquement.*

Cette récursion est au cœur de ce qu'écrit Morin. Dès ses premières réflexions il a dédoublé sa recherche, qui embrassait à la fois l'objet et le sujet de la connaissance. Il veut que l'observateur s'observe, que le contrôleur se contrôle. Ce double pilotage également baptisé « vision binoculaire » focalisait progressivement son œuvre sur la problématique d'une Science avec conscience *(1982).*

Un paradigme scientifique majeur identifie la connaissance à l'évidence du déterminisme, et élimine du même coup tout ce qui vient du sujet comme inintelligible, notamment l'exigence morale de liberté. On identifie d'autre part la raison à la recherche des causes, causa sive ratio, *et l'on dédaigne de prendre en considération les conséquences de ces recherches, dont découle pourtant le monde des objets techniques. Trop de scientifiques ne conçoivent ni leur pouvoir de manipulation, ni leur manipulation par les pouvoirs. Une raison renouvelée est-elle possible, et comment ?*

Elle devrait commencer par mieux concevoir la notion de sujet, *qui repose de façon encore mystérieuse sur ce qu'exprime le préfixe « auto- » : autonomie, autoréférence, autogestion, auto-organisation..., ces termes prolifèrent désormais dans les domaines de la logique, de la physique, de la biologie ou du politique, mais comme objets d'études ou d'épistémologies séparées. Morin tente de surmonter plusieurs disjonctions irrémédiables dans le cadre classique, en montrant par exemple comment les mécanismes essentiels à la compréhension du vivant émergent déjà à un niveau trivialement physique : c'est « l'exemple si pur du tourbillon » (boucle récursive d'une organisation engendrée et entretenue par ses propres produits), la nature explosante-fixe des soleils qui « vivent à la température de leur destruction », et s'équilibrent par un jeu d'antagonismes complémentaires (inhérents à tout système) ; ou, au niveau cellulaire, le calcul immunologique et l'émergence d'une identité individuelle : toute cellule est un « sujet » capable de computer, c'est-à-dire de distinguer entre le soi et le non-soi. Et c'est ainsi que la notion de sujet est « éparse dans la nature ».*

Il ne s'agit pas au terme de cette recherche, qui utilise notamment la cybernétique et l'analyse des systèmes, et s'inspire des travaux de Prigogine, Atlan, Varela ou von Foerster, de tirer de la science une éthique (comme le rêva Jacques Monod), et encore moins une politique (la nostalgie marxiste d'une science capable de piloter l'histoire est absolument étrangère à Morin). Mais de penser la complexité. Est complexe ce qui ne se laisse pas examiner linéairement : chaque fois par exemple que l'effet déborde la cause, ou rétroagit sur elle (ce qui est la règle dans le moindre processus vivant). Or la politique et l'histoire sont pour notre malheur un de ces champs, éminemment complexes, où la simplicité fait rage. Pire : ce sont les intellectuels les plus sophistiqués qui ont nié le goulag pendant quarante années, obéissant à un désir de croire religieux, ou enfantin, dont on peut lire la généalogie dans Autocritique *(1959), reprise et généralisée dans* Pour sortir du XXe siècle *(1981).*

Ce dernier titre nous rappelle que les idéologies marxistes aussi bien que bourgeoises, nées au XIXe siècle mais qui ont recouvert le XXe, sont des idéologies de la fin de l'histoire, ou du salut. Elles prolongent en nous un vœu très ancien et dont il est urgent de nous débarrasser, car « l'idée de salut nous perdra ». Contre elles, il est revigorant d'envisager avec Morin la jeunesse de l'histoire : nous sommes contemporains de la formation de nouveaux soleils, il n'y a rien de plus ordinaire que la créativité, et la Genèse n'a jamais cessé (mais se poursuit dans le moindre tourbillon d'eau ou de poussières).

Cette œuvre, d'une surprenante continuité de pensée à travers ses méandres, reste hantée par la société, là même où il est question de la formation des cellules et de l'organisation vivante, écologique et non centrée. Il ne s'agit surtout pas de décalquer le biologique sur le social, mais de concevoir la société selon des schèmes au moins aussi complexes que ceux qu'impose l'étude de la vie. Deux exemples le feront mieux comprendre :

– *l'*ordre *peut être pensé selon un concept simple, voire simpliste, celui d'un système centralisé, hiérarchisé à la manière de l'État totalitaire doté d'une tête pensante. Cette représentation est incompatible avec l'organisation vivante, hétérarchique ou acentrée. Les écosystèmes, où la vie renaît partout du hasard et du bruit, invitent à complexifier notre concept de l'ordre, mais aussi à relativiser et généraliser notre notion du sujet : tout vivant est en effet pris dans une relation nourricière (en énergie et en informations), et « tout se passe comme si l'écosystème constituait à lui-même, en son entier, un gigantesque cerveau dont chaque être vivant serait un neurone[1] ». Ce supersujet ne débouche sur aucune vision totalitaire mais sur des boucles et de plus larges cercles, stabilisateurs et autorégulés. L'étude des formes vivantes enseigne la confiance dans les modes spontanés d'organisation ;*

– *l'*autonomie *: le paradigme du tourbillon, déjà présent dans la « main dessinant la main » d'Escher, suggère qu'il ne faut pas penser la vie comme l'application d'un programme*

1. *La Vie de la vie (la Méthode, 2)*, p. 45.

(qui préexisterait à son exécution), mais comme la rétroaction du déterminé sur le déterminant, et de l'effet sur la cause. «Nous possédons des gènes qui nous possèdent.»

Nous dirons au risque de simplifier que le directeur de la revue Communications *se bat sur deux fronts: épistémologiquement, il s'agit par l'étude des concepts clés de la vie de rendre impossible le réductionnisme dans les sciences sociales et biologiques (réductionnisme = machine à supprimer l'individu, ou le sujet). Mais aussi, politiquement et historiquement, d'en finir avec le schème stalinien ou totalitaire selon lequel l'adversaire doit être exterminé.* La Méthode *enseigne au contraire le bon usage de l'adversaire, ou du désordre en général, à tous les étages de l'organisation.*

Par une espèce de judo mental, ou de yoga («joug», étymologiquement), Morin s'efforce d'articuler ce que notre raison ou notre culture séparent (d'où ces macro-concepts à usage mnémotechnique et qui en ont rebuté plus d'un à la lecture de la Vie de la vie*); de relier en nous et de faire dialoguer ou travailler ensemble nos différentes personnalités, au lieu de réprimer l'une par l'autre:* le Vif du sujet *déjà (1969) explorait cette multiplicité d'un moi sapiens/demens, et protestait contre ces épuisants clivages. Parce que nous vivons au siècle des révolutions, toute croissance peut signifier destruction, toute progression s'avérer régressive. De même que la physique de Morin est celle des soleils, machines à feu elle-mêmes en feu, sa sociologie correspond à une vision brûlante ou shakespearienne de l'histoire.*

Dans une nuée d'articles ou d'interviews satellisés par la Méthode, *il a inlassablement répondu à ses détracteurs. Sur l'impossible totalisation d'abord: on lui reproche de travailler à une nouvelle somme, ou système général du savoir à une époque qui rend techniquement impossible, et socialement suspecte, toute tentative d'unification. Mais lui-même a fait sienne la maxime philosophique d'Adorno: «La totalité est la non-vérité.» On lui reproche d'énumérer et de réciter les savoirs, au lieu de les faire travailler expérimentalement: mais c'est que Morin situe sa recherche au niveau des paradigmes, et qu'il prétend en les confrontant surmonter les «Yalta méthodologiques». S'il fallait à son entreprise des lettres de noblesse, on citera l'école de Francfort, dont il a repris le combat (en fondant notamment la revue* Arguments*): aujourd'hui encore il s'agit de penser contre la montée d'une barbarie profondément enracinée dans les formes mêmes de production et de diffusion de notre culture. La référence à la grande dialectique ne serait pas non plus déplacée: on songe en lisant Morin à un Hegel qui n'aurait pas oublié les dialogues turbulents de Diderot.*

Un dernier malentendu serait de confondre méthode et méthodologie. La Méthode *de Morin ne propose nulle recette, et n'instrumentalise pas la pensée. Elle surgit au-delà des savoirs particuliers comme un sursaut, et une invitation vitale. Comme dit Nietzsche, cité par Morin, «les méthodes viennent à la fin». Elles sont un peu les fleurs de la science: organes reproducteurs, et provocation esthétique.*

Avec le reflux des grands modèles idéologico-religieux, la vérité est devenue éparse, comme la communauté. D'où l'urgence de la communication, soit d'une pensée et d'une activité qui remembrent et relient. La pensée fraternelle et à tous égards communicante d'Edgar Morin y aura beaucoup contribué.

Source: La Méthode, 1. La nature de la nature, *«Introduction générale», Le Seuil, Paris, 1977, aujourd'hui disponible en collection Points/Seuil.*

Bibliographie: *Nous avons cité au fil de notre introduction les principaux ouvrages de Morin, généralement édités au Seuil. Sur son œuvre et sa vie, on consultera le colloque* *de Cerisy*, Arguments pour une méthode, *sous la direction de Daniel Bougnoux, Jean-Louis Le Moigne et Serge Proulx, Le Seuil, 1990.*

Introduction générale

L'esprit de la vallée

Éveillés, ils dorment.
Héraclite.

Pour atteindre le point que tu ne connais point, tu dois prendre le chemin que tu ne connais point.
San Juan de la Cruz.

Le concept de science n'est ni absolu ni éternel.
Jacob Bronowski.

Je crois personnellement qu'il y a au moins un problème... qui intéresse tous les hommes qui pensent: le problème de comprendre le monde, nous-mêmes et notre connaissance en tant qu'elle fait partie du monde.
Karl Popper.

L'évadé du paradigme

Je suis de plus en plus convaincu que les problèmes dont l'urgence nous accroche à l'actualité exigent que nous nous en arrachions pour les considérer en leur fond.

Je suis de plus en plus convaincu que nos principes de connaissances occultent ce qu'il est désormais vital de connaître.

Je suis de plus en plus convaincu que la relation

demeure, quand elle n'est pas invisible, traitée de façon indigente, par la résorption, dans un terme devenu maître, des deux autres.

Je suis de plus en plus convaincu que les concepts dont nous nous servons pour concevoir notre société – toute société – sont mutilés et débouchent sur des actions inévitablement mutilantes.

Je suis de plus en plus convaincu que la science anthropo-sociale a besoin de s'articuler sur la science de la nature, et que cette articulation requiert une réorganisation de la structure même du savoir.

Mais l'ampleur encyclopédique et la radicalité abyssale de ces problèmes inhibent et découragent, et ainsi la conscience même de leur importance contribue à nous en détourner.

En ce qui me concerne, il m'a fallu des circonstances et des conditions exceptionnelles[1] pour que je passe de la conviction à l'action, c'est-à-dire au travail.

La première cristallisation de mon effort se trouve dans *le Paradigme perdu* (1973). Ce rameau prématuré de *la Méthode*, alors en gestation, s'efforce de reformuler le concept d'homme, c'est-à-dire de science de l'homme ou anthropologie.

Sapir avait depuis longtemps fait remarquer qu'« il était absurde de dire que le concept d'homme est tantôt individuel, tantôt social » (et j'ajoute : tantôt biologique) : « autant dire que la matière obéit alternativement aux lois de la chimie et à celles de la physique atomique[2] ». La dissociation des trois termes individu/société/espèce brise leur relation permanente et simultanée. Le problème fondamental est donc de rétablir et interroger ce qui a disparu dans la dissociation : cette relation même. Il est donc de première nécessité, non seulement de réarticuler individu et société (ce qui fut parfois amorcé mais au prix de l'aplatissement d'une des deux notions au profit de l'autre), mais aussi d'effectuer l'articulation réputée impossible (pire, « dépassée ») entre la sphère biologique et la sphère anthropo-sociale.

C'est ce que j'ai tenté dans *le Paradigme perdu*. Je ne cherchais évidemment pas à réduire l'anthropologique au biologique, ni à faire la « synthèse » de connaissances *up to date*. J'ai voulu montrer que la soudure empirique qui pouvait s'établir depuis 1960, *via* l'éthologie des primates supérieurs et la préhistoire hominienne, entre Animal et Homme, Nature et Culture, *nécessitait de concevoir l'homme comme concept trinitaire,*

individu ▽ société
espèce

dont on ne peut réduire ou subordonner un terme à un autre. espèce

Ce qui, à mes yeux, appelait un principe d'explication complexe et une théorie de l'auto-organisation.

Une telle perspective pose de nouveaux problèmes, plus fondamentaux et plus radicaux encore, auxquels on ne peut échapper :

- Que signifie le radical *auto* d'auto-organisation ?
- Qu'est-ce que l'organisation ?
- Qu'est-ce que la complexité ?

La première question rouvre la problématique de l'organisation vivante. La seconde et la troisième ouvrent des questions en chaîne. Elles m'ont entraîné en des chemins que j'ignorais.

L'organisation est un concept original si on conçoit sa nature physique. Elle introduit alors une dimension physique radicale dans l'organisation vivante et l'organisation anthropo-sociale, qui peuvent et doivent être considérées comme des développements transformateurs de l'organisation physique. Du coup, la liaison entre physique et biologie ne peut plus être limitée à la chimie, ni même à la thermodynamique. Elle doit être organisationnelle. Dès lors, il faut non seulement articuler la sphère anthropo-sociale à la sphère biologique, il faut articuler l'une et l'autre à la sphère physique :

physique ⟶ biologie ⟶ anthropo-sociologie

Mais, pour opérer une telle double articulation, il faudrait réunir des connaissances et des compétences qui dépassent nos capacités. C'est donc trop demander.

1. Je les ai déjà exposées dans *le Paradigme perdu*, Le Seuil, 1973, pp. 11-14.
2. E. Sapir, *Anthropologie*, Minuit, 1971, p. 36.

Et pourtant, ce ne serait pas assez, puisqu'il ne saurait être question de concevoir la réalité physique comme tuf premier, base objective de toute explication.

Nous savons depuis plus d'un demi-siècle que ni l'observation microphysique, ni l'observation cosmo-physique ne peuvent être détachées de leur observateur. Les plus grands progrès des sciences contemporaines se sont effectués en réintégrant l'observateur dans l'observation. Ce qui est logiquement nécessaire: tout concept renvoie non seulement à l'objet conçu, mais au sujet concepteur. Nous retrouvons l'évidence qu'avait dégagée il y a deux siècles le philosophe-évêque: il n'existe pas de «corps non pensés [1]». Or l'observateur qui observe, l'esprit qui pense et conçoit, sont eux-mêmes indissociables d'une culture, donc d'une société *hic et nunc*. Toute connaissance, même la plus physique, subit une détermination sociologique. Il y a dans toute science, même la plus physique, une dimension anthropo-sociale. *Du coup, la réalité anthropo-sociale se projette et s'inscrit au cœur même de la science physique.*

Tout cela est évident. Mais c'est une évidence qui demeure *isolée*, entourée d'un cordon sanitaire. Nulle science n'a voulu connaître la catégorie la plus objective de la connaissance: celle du connaissant. Nulle science naturelle n'a voulu connaître son origine culturelle. Nulle science physique n'a voulu reconnaître sa nature humaine. La grande coupure entre les sciences de la nature et les sciences de l'homme occulte à la fois la réalité physique des secondes, la réalité sociale des premières. Nous nous heurtons à la toute-puissance d'un principe de disjonction: il condamne les sciences humaines à l'inconsistance extra-physique, et il condamne les sciences naturelles à l'inconscience de leur réalité sociale. Comme le dit très justement von Foerster, «l'existence de sciences dites sociales indique le refus de permettre aux autres sciences d'être sociales[2]» (j'ajoute: et de permettre aux sciences sociales d'être physiques). *Or toute réalité anthropo-sociale relève, d'une certaine façon (laquelle?), de la science physique, mais toute science physique relève, d'une certaine façon (laquelle?), de la réalité anthropo-sociale.*

Dès lors, nous découvrons que l'implication mutuelle entre ces termes se boucle en une relation circulaire qu'il faut élucider:

physique ——→ biologie ——→ anthropo-sociologie
↑ ←——————— ↕ ←——————— ┘

Mais, du même coup, nous voyons que l'élucidation d'une telle relation se heurte à une triple impossibilité:

1. Le circuit physique-biologie-anthropo-sociologie envahit tout le champ de la connais-
↑ ———————— ┘

sance et exige un impossible savoir encyclopédique.

2. La constitution d'une relation, là où il y avait disjonction, pose un problème doublement insondable: celui de l'origine et de la nature du principe qui nous enjoint d'isoler et de séparer pour connaître, celui de la possibilité d'un autre principe capable de relier l'isolé et le séparé.

1. «L'esprit, ne prenant pas garde à lui-même, s'illusionne et pense qu'il peut concevoir et qu'il conçoit effectivement des corps existants non pensés ou hors de l'esprit, quoiqu'en même temps ils soient saisis et existent en lui» (Berkeley, *Principes de la connaissance humaine*, section 23).

2. Heinz von Foerster, «Note pour une épistémologie des objets vivants».

3. Le caractère circulaire de la relation physique ⟶ anthropo-sociologie prend figure de cercle vicieux, c'est-à-dire d'absurdité logique, puisque la connaissance physique dépend de la connaissance anthropo-sociologique, laquelle dépend de la connaissance physique, et ainsi de suite, à l'infini. Nous avons là non pas une rampe de lancement, mais un cycle infernal.

Nous nous heurtons donc, après ce premier tour de piste, à un triple mur: le mur encyclopédique, le mur épistémologique, le mur logique. En ces termes, la mission que j'ai cru devoir m'assigner est impossible. Il faut y renoncer.

L'école du Deuil

C'est précisément ce renoncement que nous enseigne l'Université. L'école de la Recherche est une école du Deuil.

Tout néophyte entrant dans la Recherche se voit imposer le renoncement majeur à la connaissance. On le convainc que l'époque des Pic de la Mirandole est révolue depuis trois siècles, qu'il est désormais impossible de se constituer une vision et de l'homme et du monde.

On lui démontre que l'accroissement informationnel et l'hétérogénéisation du savoir dépassent toute possibilité d'engrammation et de traitement par le cerveau humain. On lui assure qu'il faut non le déplorer, mais s'en féliciter. Il devra donc consacrer toute son intelligence à accroître ce *savoir-là*. On l'intègre dans une équipe spécialisée, et dans cette expression c'est «spécialisé» et non «équipe» qui est le terme fort.

Désormais spécialiste, le chercheur se voit offrir la possession exclusive d'un fragment du puzzle dont la vision globale doit échapper à tous et à chacun. Le voilà devenu un vrai chercheur scientifique, qui œuvre en fonction de cette idée motrice: le savoir est produit non pour être articulé et pensé, mais pour être capitalisé et utilisé de façon anonyme.

Les questions fondamentales sont renvoyées comme questions générales, c'est-à-dire vagues, abstraites, non opérationnelles. La question originelle que la science arracha à la religion et à la philosophie pour l'endosser, la question qui justifia son ambition de science: «Qu'est-ce que l'homme, qu'est-ce que le monde, qu'est-ce que l'homme dans le monde?», la science la renvoie aujourd'hui à la philosophie, toujours incompétente à ses yeux pour éthylisme spéculatif, elle la renvoie à la religion, toujours illusoire à ses yeux pour mythomanie invétérée. Elle abandonne toute question fondamentale aux non-savants, *a priori* disqualifiés. Elle tolère seulement qu'à l'âge de la retraite, ses grands dignitaires prennent quelque hauteur méditative, ce dont se gausseront, sous les cornues, les jeunes blouses blanches. Il n'est pas possible d'articuler les sciences de l'homme aux sciences de la nature. Il n'est pas possible de faire communiquer ses connaissances avec sa vie. Telle est la grande leçon, qui descend du Collège de France aux collèges de France.

Le Deuil est-il nécessaire? L'Institution l'affirme, le proclame. C'est grâce à la méthode qui isole, sépare, disjoint, réduit à l'unité, mesure, que la science a découvert la cellule, la molécule, l'atome, la particule, les galaxies, les quasars, les pulsars, la gravitation, l'électro-magnétisme, le quantum d'énergie, qu'elle a appris à interpréter les pierres, les sédiments, les fossiles, les os, les écritures inconnues, y compris l'écriture inscrite sur l'ADN. Pourtant, les structures de ces savoirs sont dissociées les unes des autres. Physique et biologie ne communiquent aujourd'hui que par quelques isthmes. La physique n'arrive même plus à communiquer avec elle-même: la science reine est disloquée entre microphysique, cosmo-physique et notre entre-deux encore apparemment soumis à la physique classique. Le continent anthropologique a dérivé, devenant une Australie. En son sein la triade constitutive du concept d'homme est elle-même totalement

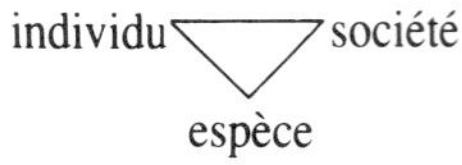

disjointe, comme nous l'avons vu, et le reverrons. L'homme s'émiette : il en reste ici une main-à-outil, là une langue-qui-parle, ailleurs un sexe éclaboussant un peu de cerveau. L'idée d'homme est d'autant plus éliminable qu'elle est minable : l'homme des sciences humaines est un spectre supra-physique et supra-biologique. Comme l'homme, le monde est disloqué entre les sciences, émietté entre les disciplines, pulvérisé en informations.

Aujourd'hui, nous ne pouvons échapper à la question : la nécessaire décomposition analytique doit-elle se payer par la décomposition des êtres et des choses dans une atomisation généralisée ? Le nécessaire isolement de l'objet doit-il se payer par la disjonction et l'incommunicabilité entre ce qui est séparé ? La spécialisation fonctionnelle doit-elle se payer par une parcellarisation absurde ? Est-il nécessaire que la connaissance se disloque en mille savoirs ignares ?

Or, que signifie cette question, sinon que la science doit perdre son respect pour la science et que la science doit interroger la science ? Encore un problème qui, apparemment, ajoute à l'énormité des problèmes qui nous contraint à renoncer. Mais c'est précisément ce problème qui nous empêche de renoncer à notre problème.

Comment, en effet, céder à l'ukase d'une science où nous venons de découvrir une gigantesque tache aveugle ? Ne faut-il pas penser plutôt que cette science souffre d'insuffisance et de mutilation ?

Mais alors, qu'est-ce que la science ? *Ici, nous devons nous rendre compte que cette question n'a pas de réponse scientifique* – la science ne se connaît pas scientifiquement et n'a aucun moyen de se connaître scientifiquement. Il y a une méthode scientifique pour considérer et contrôler les objets de la science. Mais il n'y a pas de méthode scientifique pour considérer la science comme objet de science et encore moins le scientifique comme *sujet* de cet objet. Il y a des tribunaux épistémologiques qui, *a posteriori* et de l'extérieur, prétendent juger et jauger les théories scientifiques ; il y a des tribunaux philosophiques où la science est condamnée par défaut. Il n'y a pas de science de la science. On peut même dire que toute la méthodologie scientifique, entièrement vouée à l'expulsion du sujet et de la réflexivité, entretient cette occultation sur elle-même. « Science sans conscience n'est que ruine de l'âme », disait Rabelais. La conscience qui manque ici n'est pas la conscience morale, c'est la conscience tout court, c'est-à-dire l'aptitude à se concevoir soi-même. D'où ces incroyables carences : comment se fait-il que la science demeure incapable de se concevoir comme praxis sociale ? Comment est-elle incapable, non seulement de contrôler, mais de concevoir son pouvoir de manipulation et sa manipulation par les pouvoirs ? Comment se fait-il que les scientifiques soient incapables de concevoir le lien entre la recherche « désintéressée » et la recherche de l'intérêt ? *Pourquoi sont-ils aussi totalement incapables d'examiner en termes scientifiques la relation entre savoir et pouvoir ?*

Dès lors, si nous voulons être logiques avec notre dessein, il nous faut endosser nécessairement le problème de la science de la science.

L'impossible impossible

La mission est de plus en plus impossible. Mais la démission, elle, est devenue encore plus impossible.

Peut-on se satisfaire de ne concevoir l'individu qu'en excluant la société, la société qu'en excluant l'espèce, l'humain qu'en excluant la vie, la vie qu'en excluant la *physis*, la physique qu'en excluant la vie? Peut-on accepter que les progrès locaux en précision s'accompagnent d'une imprécision en halo sur les formes globales et les articulations? Peut-on accepter que la mesure, la prévision, la manipulation fassent régresser l'intelligibilité? Peut-on accepter que les informations se transforment en bruit, qu'une pluie de micro-élucidations se transforme en obscurcissement généralisé? Peut-on accepter que les questions clés soient renvoyées aux oubliettes? Peut-on accepter que la connaissance se fonde sur l'exclusion du connaissant, que la pensée se fonde sur l'exclusion du pensant, que le sujet soit exclu de la construction de l'objet? Que la science soit totalement inconsciente de son insertion et de sa détermination sociales? Peut-on considérer comme normal et évident que la connaissance scientifique n'ait pas de sujet, et que son objet soit disloqué entre les sciences, émietté entre les disciplines? Peut-on accepter une telle nuit sur la connaissance[1]?

Peut-on continuer à renvoyer ces questions à la poubelle? Je sais que les poser, tenter d'y répondre, est inconcevable, dérisoire, insensé. Mais il est encore plus inconcevable, dérisoire, insensé de les expulser.

L'a-méthode

Entendons-nous: je ne cherche ici ni la connaissance générale ni la théorie unitaire. Il faut au contraire, et par principe, refuser une connaissance générale: celle-ci escamote toujours les difficultés de la connaissance, c'est-à-dire la résistance que le réel oppose à l'idée: elle est toujours abstraite, pauvre, «idéologique», elle est toujours simplifiante. De même, la théorie unitaire, pour éviter la disjonction entre les savoirs séparés, obéit à une sursimplification réductrice, accrochant tout l'univers à une seule formule logique. De fait, la pauvreté de toutes tentatives unitaires, de toutes réponses globales, confirme la science disciplinaire dans la résignation du deuil. Le choix n'est donc pas entre le savoir particulier, précis, limité, et l'idée générale abstraite. Il est entre le Deuil et la recherche d'une méthode qui puisse articuler ce qui est séparé et relier ce qui est disjoint.

Il s'agit bien ici d'une méthode, au sens cartésien, qui permette de «bien conduire sa raison et chercher la vérité dans les sciences». Mais Descartes pouvait, dans son discours premier, à la fois exercer le doute, exorciser le doute, établir les certitudes préalables, et faire surgir la Méthode en Minerve armée de pied en cap. Le doute cartésien était sûr de lui-même. Notre doute doute de lui-même; il découvre l'impossibilité de faire table rase,

1. Je vais plus loin. Peut-on aussi facilement disjoindre sa science de sa vie? Peut-on se considérer tantôt (scientifiquement) comme objet déterminé et tantôt (existentiellement, éthiquement) comme sujet souverain? Peut-on sauter plusieurs fois par jour d'une religion objectiviste fondée sur le déterminisme à une religion humaniste du Moi, de la conscience de la responsabilité, puis éventuellement à la Religion officielle où le Monde trouve créateur et l'homme père et sauveur? Peut-on se satisfaire de passer du «sérieux» scientifique à des rationalisations philosophiques misérables, puis à de l'hystérie politique, et de là à une vie privée pulsionnelle?

puisque les conditions logiques, linguistiques, culturelles de la pensée sont inévitablement préjugeantes. Et ce doute, qui ne peut être absolu, ne peut non plus être absolument vidangé.

Ce «cavalier français» était parti d'un trop bon pas. Aujourd'hui, on ne peut partir que dans l'incertitude, y compris l'incertitude sur le doute. Aujourd'hui doit être *méthodiquement* mis en doute le principe même de la méthode cartésienne: la disjonction des objets entre eux, des notions entre elles (les idées claires et distinctes), la disjonction absolue de l'objet et du sujet. Aujourd'hui, notre besoin historique est de trouver une méthode qui détecte et non pas occulte les liaisons, articulations, solidarités, implications, imbrications, interdépendances, complexités.

Il nous faut partir de l'extinction des fausses clartés. Non pas du clair et du distinct, mais de l'obscur et de l'incertain; non plus de la connaissance assurée, mais de la critique de l'assurance.

Nous ne pouvons partir que dans l'ignorance, l'incertitude, la confusion. Mais il s'agit d'une conscience nouvelle de l'ignorance, de l'incertitude, de la confusion. Ce dont nous avons pris conscience, ce n'est pas l'ignorance humaine en général, c'est l'ignorance tapie, enfouie, quasi nucléaire, au cœur de notre connaissance réputée la plus certaine, la connaissance scientifique. Nous savons désormais que cette connaissance est mal connue, mal connaissante, morcelée, ignorante de son propre inconnu comme de son connu. L'incertitude devient viatique: le doute sur le doute donne au doute une dimension nouvelle, celle de la réflexivité; le doute par lequel le sujet s'interroge sur les conditions d'émergence et d'existence de sa propre pensée constitue dès lors une pensée potentiellement relativiste, relationniste et autoconnaissante. Enfin, l'acceptation de la confusion peut devenir un moyen de résister à la simplification mutilatrice. Certes, la méthode nous manque au départ; du moins pouvons-nous disposer d'anti-méthode, où ignorance, incertitude, confusion deviennent vertus. [...]

Du cercle vicieux au cycle vertueux

J'ai indiqué quelles sont les impossibilités majeures qui condamnent mon entreprise:

- l'impossibilité logique (cercle vicieux),
- l'impossibilité du savoir encyclopédique,
- la présence toute-puissante du principe de disjonction et l'absence d'un nouveau principe d'organisation du savoir.

Ces impossibilités sont imbriquées les unes dans les autres, et leur conjugaison donne cette énorme absurdité: un cercle vicieux d'ampleur encyclopédique et qui ne dispose ni de principe, ni de méthode pour s'organiser.

Prenons la relation circulaire:

physique ⟶ biologie ⟶ anthropo-sociologie
(flèches de retour : anthropo-sociologie ⟶ biologie ⟶ physique)

Cette relation circulaire signifie tout d'abord qu'une science de l'homme postule une science de la nature, laquelle à son tour postule une science de l'homme: or, logiquement cette relation de dépendance mutuelle renvoie chacune de ces propositions de l'une à l'autre, de l'autre à l'une, dans un cycle infernal où aucune ne peut prendre corps. Cette relation circulaire signifie aussi *qu'en même temps que* la réalité anthropo-sociale relève de la réalité physique, la réalité physique relève de la réalité anthropo-sociale. Prises à la lettre, ces deux propositions sont antinomiques et s'annulent l'une l'autre.

Enfin, à considérer sous un autre angle la double proposition circulaire (la réalité anthropo-sociale relève de la réalité physique qui relève de la réalité anthropo-sociale), il ressort qu'une incertitude demeurera quoi qu'il arrive sur la nature même de la réalité, qui perd tout fondement ontologique premier, et cette incertitude débouche sur l'impossibilité d'une connaissance véritablement objective.

On comprend donc que les liaisons entre propositions antinomiques en dépendance mutuelle demeurent dénoncées comme vicieuses et dans leur principe, et dans leurs conséquences (la perte du socle de l'objectivité). Aussi a-t-on toujours brisé les cercles vicieux soit en isolant les propositions, soit en choisissant l'un des termes comme principe simple auquel on doit ramener les autres. Ainsi, en ce qui concerne la relation physique/biologie/anthropologie, chacun de ces termes fut isolé, et la seule liaison concevable fut la réduction de la biologie à la physique, de l'anthropologie à la biologie. Ainsi la connaissance qui relie un esprit et un objet est ramenée soit à l'objet physique (empirisme) soit à l'esprit humain (idéalisme) soit à la réalité sociale (sociologisme). Ainsi la relation sujet/objet est dissociée, la science s'emparant de l'objet, la philosophie du sujet.

C'est dire par là même que briser la circularité, éliminer les antinomies, c'est précisément retomber sous l'empire du principe de disjonction/simplification auquel nous voulons échapper. Par contre, conserver la circularité, c'est refuser la réduction d'une donnée complexe à un principe mutilant ; c'est refuser l'hypostase d'un concept maître (la Matière, l'Esprit, l'Énergie, l'Information, la Lutte des classes, etc.). C'est refuser le discours linéaire avec point de départ et terminus. C'est refuser la simplification abstraite. Briser la circularité semble rétablir la possibilité d'une connaissance absolument objective. Mais c'est cela qui est illusoire : conserver la circularité, c'est au contraire respecter les conditions objectives de la connaissance humaine, qui comporte toujours, quelque part, paradoxe logique et incertitude.

Conserver la circularité, c'est, en maintenant l'association de deux propositions reconnues vraies l'une et l'autre isolément, mais qui sitôt en contact se nient l'une l'autre, ouvrir la possibilité de concevoir ces deux vérités comme les deux faces d'une vérité complexe ; c'est désocculter la réalité principale, qui est la relation d'interdépendance, entre des notions que la disjonction isole ou oppose, c'est donc ouvrir la porte à la recherche de cette relation.

Conserver la circularité, c'est peut-être, du coup, ouvrir la possibilité d'une connaissance réfléchissant sur elle-même :

en effet, la circularité physique ⟶ anthropo-sociologie (↺) et la circularité objet ⟶ sujet (↺)

doivent amener le physicien à réfléchir sur les caractères culturels et sociaux de sa science, sur son propre esprit, et le conduire à s'interroger sur lui-même. Comme nous l'indique le *cogito* cartésien, le sujet surgit dans et par le mouvement réflexif de la pensée sur la pensée [1].

Concevoir la circularité, c'est dès lors ouvrir la possibilité d'une méthode qui, en faisant

1. Autant la méthode de Descartes est disjonctive, autant l'évidence irréfutable du *cogito* constitue la transformation du cercle apparemment vicieux en circularité productrice. Le cercle « vicieux » est le je pense que (↺), où la pensée tourne en rond en se réfléchissant elle-même à l'infini.

Or, en fait, la refermeture du cercle, en constituant une autoréférence, au lieu d'enfermer la pensée en vase clos, fait surgir d'évidence l'autos, c'est-à-dire l'être-sujet ou Ego : JE (↺)

Et par là même le *cogito* se transforme en irréfutable affirmation d'existence : JE ⟶ suis (↺)

interagir les termes qui se renvoient les uns les autres, deviendrait productive, à travers ces processus et échanges, d'une connaissance complexe comportant sa propre réflexivité.

Ainsi nous voyons notre espoir surgir de ce qui faisait le désespoir de la pensée simplifiante: le paradoxe, l'antinomie, le cercle vicieux. *Nous entrevoyons la possibilité de transformer les cercles vicieux en cycles vertueux, devenant réflexifs et générateurs d'une pensée complexe.* D'où cette idée qui guidera notre départ: il ne faut pas briser nos circularités, *il faut au contraire veiller à ne pas s'en détacher.* Le cercle sera notre roue, notre route sera spirale.

L'en-cyclo-pédie

Du coup, le problème insurmontable de l'encyclopédisme change de visage, puisque les termes du problème ont changé. Le terme encyclopédie ne doit plus être pris dans le sens accumulatif et alphabébête où il s'est dégradé. Il doit être pris dans son sens originaire, *agkuklios paidea,* apprentissage mettant le savoir en cycle; effectivement, il s'agit d'en-cyclo-péder, c'est-à-dire d'apprendre à articuler les points de vue disjoints du savoir en un cycle actif.

Cet en-cyclo-pédisme ne prétend pas pour autant englober tout le savoir. Ce serait à la fois retomber dans l'idée accumulative et verser dans la manie totalitaire des grands systèmes unitaires qui enferment le réel dans un grand corset d'ordre et de cohérence (ils le laissent évidemment échapper). Je sais ce que veut dire le mot d'Adorno «la totalité est la non-vérité»: tout système qui vise à enfermer le monde dans sa logique est une rationalisation démentielle.

L'en-cyclo-pédisme ici requis vise à articuler *ce qui est fondamentalement disjoint et qui devrait être fondamentalement joint.* L'effort portera donc, non pas sur la totalité des connaissances dans chaque sphère, mais sur les connaissances cruciales, les points stratégiques, les nœuds de communication, les articulations organisationnelles entre les sphères disjointes. Dans ce sens, l'idée d'organisation, en se développant, va constituer comme le rameau de Salzbourg autour duquel pourront se consteller et se cristalliser les concepts scientifiques clés.

Le pari théorique que je fais, dans ce travail, est que la connaissance de ce qui est organisation pourrait se transformer en principe organisateur d'une connaissance qui articulerait le disjoint et complexifierait le simplifié. Les risques scientifiques que je cours sont évidents. Ce ne sont pas tant les erreurs d'information, puisque j'ai fait appel à la collaboration critique de chercheurs compétents dans des domaines qui m'étaient étrangers il y a encore sept années, ce sont les erreurs de fond dans la détection des problèmes cruciaux et stratégiques. Le parapluie de scientificité qui me couvre ne m'immunise pas. Ma voie, comme toute voie, est menacée par l'erreur, et de plus je vais passer par des défilés où je serai à découvert. Mais, surtout, mon chemin sans chemin risquera sans discontinuer de se perdre entre ésotérisme et vulgarisation, philosophisme et scientisme.

Ainsi donc, je n'échappe pas à la difficulté encyclopédique; mais celle-ci cesse de se poser en termes d'accumulation, en termes de système, en terme de totalité; elle se pose en termes d'organisation et d'articulation au sein d'un processus circulaire actif ou cycle.

Réapprendre à apprendre

Tout est solidaire : la transformation du cercle vicieux en circuit productif, celle de l'encyclopédie impossible en mouvement encyclant sont inséparables de la constitution *d'un principe organisateur de la connaissance qui associe à la description de l'objet la description de la description (et le décryptage du descripteur), et qui donne autant de force à l'articulation et l'intégration qu'à la distinction et l'opposition.* (Car il faut chercher, non pas à supprimer les distinctions et oppositions, mais à renverser la dictature de la simplification disjonctive et réductrice.)

Par là même, nous pourrons approcher le problème des principes premiers d'opposition, distinction, relation, association dans les discours, théories, pensées, c'est-à-dire des *paradigmes.*

Les révolutions de pensée sont toujours le fruit d'un ébranlement généralisé, d'un mouvement tourbillonnaire qui va de l'expérience phénoménale aux paradigmes qui organisent l'expérience. Ainsi, pour passer du paradigme ptoléméen au paradigme copernicien, qui, par une permutation terre/soleil, changeait le monde en nous refoulant du centre à la périphérie, de la souveraineté à la satellisation, il a fallu d'innombrables va-et-vient entre les observations perturbant l'ancien système d'explication, les efforts théoriques pour amender le système d'explication et l'idée de changer le principe même de l'explication. Au terme de ce processus, l'idée au départ scandaleuse et insensée devient normale et évidente, puisque l'impossible trouve sa solution selon un nouveau principe et dans un nouveau système d'organisation des données phénoménales. L'articulation *physis* ⟶ anthropo-sociologie (↺) et l'articulation objet ⟶ sujet (↺), qui mettent en cause un paradigme beaucoup plus fondamental que le principe copernicien, se jouent à la fois sur le terrain des données phénoménales, des idées théoriques, des principes premiers du raisonnement. Le combat se mènera sur tous les fronts, mais la position maîtresse est celle qui commande la logique du raisonnement. En science et surtout en politique, les idées, souvent plus têtues que les faits, résistent au déferlement des données et des preuves. Les faits effectivement se brisent contre les idées tant qu'il n'existe rien qui puisse autrement réorganiser l'expérience. Ainsi, nous expérimentons à chaque instant, en mangeant, marchant, aimant, pensant, que tout ce que nous faisons est à la fois biologique, psychologique, social. Pourtant, l'anthropologie a pu pendant un demi-siècle proclamer diafoiresquement la disjonction absolue entre l'homme (biologique) et l'homme (social). Plus profondément encore, la science classique a pu jusqu'à aujourd'hui, et contrairement à toute évidence, être assurée qu'il n'était d'aucune conséquence et d'aucune signification cognitive que tout corps ou objet physique soit conçu par un esprit humain. Il ne s'agit pas ici de contester la connaissance « objective ». Ses bienfaits ont été et demeurent inestimables puisque la primauté absolue accordée à la concordance des observations et des expériences demeure le moyen décisif pour éliminer l'arbitraire et le jugement d'autorité. Il s'agit de conserver absolument cette objectivité-là, mais de l'intégrer dans une connaissance plus ample et réfléchie, lui donnant le troisième œil ouvert sur ce à quoi elle est aveugle.

Notre pensée doit investir l'impensé qui la commande et la contrôle. Nous nous servons de notre structure de pensée pour penser. Il nous faudra aussi nous servir de notre pensée pour repenser notre structure de pensée. Notre pensée doit revenir à sa source en une boucle interrogative et critique. Sinon, la structure morte continuera à sécréter des pensées pétrifiantes.

J'ai découvert combien il est vain de ne polémiquer que contre l'erreur: celle-ci renaît sans cesse de principes de pensée qui, eux, se trouvent hors conscience polémique. J'ai compris combien il était vain de prouver seulement au niveau du phénomène: son message est bientôt résorbé par des mécanismes d'oubli qui relèvent de l'autodéfense du système d'idées menacé. J'ai compris qu'il était sans espoir de seulement réfuter: seule une nouvelle fondation peut ruiner l'ancienne. C'est pourquoi je pense que le problème crucial est celui du principe organisateur de la connaissance, et ce qui est vital aujourd'hui, ce n'est pas seulement d'apprendre, pas seulement de réapprendre, pas seulement de désapprendre, mais de *réorganiser notre système mental pour réapprendre à apprendre*.

«Caminando no hay camino»

Ce qui apprend à apprendre, c'est cela la méthode.

Je n'apporte pas la méthode, je pars à la recherche de la méthode. Je ne pars pas avec méthode, je pars avec le refus, en pleine conscience, de la simplification. La simplification, c'est la disjonction entre entités séparées et closes, la réduction à un élément simple, l'expulsion de ce qui n'entre pas dans le schème linéaire. Je pars avec la volonté de ne pas céder à ces modes fondamentaux de la pensée simplifiante:
– *idéaliser* (croire que la réalité puisse se résorber dans l'idée, que seul soit réel l'intelligible),
– *rationaliser* (vouloir enfermer la réalité dans l'ordre et la cohérence d'un système, lui interdire tout débordement hors du système, avoir besoin de justifier l'existence du monde en lui conférant un brevet de rationalité),
– *normaliser* (c'est-à-dire éliminer l'étrange, l'irréductible, le mystère).

Je pars aussi avec le besoin d'un principe de connaissance qui non seulement respecte, mais reconnaisse le non-idéalisable, le non-rationalisable, le hors-norme, l'énorme. *Nous avons besoin d'un principe de connaissance qui non seulement respecte, mais révèle le mystère des choses.*

À l'origine, le mot méthode signifiait cheminement. Ici, il faut accepter de cheminer sans chemin, de faire le chemin dans le cheminement. Ce que disait Machado: *Caminando no hay camino, se hace el camino al andar*. La méthode ne peut se former que pendant la recherche; elle ne peut se dégager et se formuler qu'après, au moment où le terme redevient un nouveau point de départ, cette fois doté de méthode. Nietzsche le savait: «Les méthodes viennent à la fin» *(l'Antéchrist).* Le retour au commencement n'est pas un cercle vicieux si le voyage, comme le dit aujourd'hui le mot *trip*, signifie *expérience*, d'où l'on revient changé. Alors, peut-être, aurons-nous pu apprendre à apprendre, à apprendre en apprenant. Alors, le cercle aura pu se transformer en une spirale où le retour au commencement est précisément ce qui éloigne du commencement. C'est bien ce que nous ont dit les romans d'apprentissage de *Wilhelm Meister* à *Siddharta*. [...]

L'esprit de la vallée

Ce livre part de la crise de notre siècle et c'est sur elle qu'il revient. La radicalité de la crise de la société, la radicalité de la crise de l'humanité m'ont poussé à chercher au niveau radical de la théorie. Je sais que l'humanité a besoin d'une politique. Que cette politique a besoin d'une anthropo-sociologie. Que l'anthropo-sociologie a besoin de s'articuler à la science de la nature, que cette articulation requiert une réorganisation en chaîne de la structure du savoir. Il m'a fallu plonger dans ce problème fondamental en me détournant de la sollicitation du présent. Mais le présent, c'est cette crise même qui m'atteint, me disperse, me transperce. Le propre objet-sujet de ce livre revient sans cesse sur mon travail pour le dynamiter. Les bruits du monde, des armes, des conflits, des libérations éphémères et bouleversantes, des oppressions durables et dures traversent les murs, me frappent au cœur. Je travaille au milieu de ces oliviers, de ces vignes, dans ces collines, près de la mer, alors qu'un nouveau minuit s'avance dans le siècle; son ordre écrase; son insolence inspire respect, terreur et admiration à ceux qui sont autour de moi, et qui, dans mes silences, me croient des leurs. Je me détourne de l'appel de ceux pour qui je *dois* témoigner, et, en même temps, je cède à l'invite d'une bouteille de vin, d'un sourire ami, d'un visage d'amour...

Pourquoi parier de moi? N'est-il pas décent, normal, sérieux que, lorsqu'il s'agit de science, de connaissance, de pensée, l'auteur s'efface derrière son œuvre, et s'évanouisse dans un discours devenu impersonnel? Nous devons au contraire savoir que c'est là que triomphe la comédie. Le sujet qui disparaît de son discours s'installe en fait à la Tour de Contrôle. En feignant de laisser place au soleil copernicien, il reconstitue un système de Ptolémée dont son esprit est le centre.

Or mon effort de méthode tend précisément à m'arracher à cet autocentrisme absolu par lequel le sujet, tout en disparaissant sur la pointe des pieds, s'identifie à l'Objectivité souveraine. Ce n'est pas la Science anonyme qui s'exprime par ma bouche. Je ne parle pas du haut d'un trône d'Assurance. Au contraire, ma conviction sécrète une incertitude infinie. Je sais que se croire possesseur ou possédé par le Vrai c'est déjà s'intoxiquer, c'est se masquer à soi-même ses défaillances et ses carences. Dans le royaume de l'intellect, c'est l'inconscient qui se croit toute conscience.

Je sais que nul signe indubitable ne me donnera confirmation ou infirmation. Ma marginalité ne prouve rien, même à moi-même. Le précurseur, comme dit Canguilhem, est celui dont on ne sait qu'après qu'il venait avant. Dans l'anomie et la déviance, l'avant-garde est mêlée à toutes les basses formes du délire... Le jugement des autres ne sera pas non plus décisif. Si ma conception est féconde, elle peut autant être dédaignée ou incomprise qu'applaudie ou reconnue. La solitude à laquelle je me suis contraint est le lot du pionnier, mais aussi de l'égaré. J'ai perdu le contact avec ceux qui n'ont pas entrepris le même voyage et je ne vois pas encore mes compagnons qui existent, sans doute, et qui eux non plus ne me voient pas... Enfin, je travaille comme à un absolu, à une œuvre relative et incertaine... Mais je sais de mieux en mieux que *la seule connaissance qui vaille est celle qui se nourrit d'incertitude et que la seule pensée qui vive est celle qui se maintient à la température de sa propre destruction.*

Ce n'est pas la certitude ni l'assurance, mais le besoin qui m'a poussé à entreprendre ce travail jour après jour, pendant des années. Je me suis senti possédé par la même nécessité évidente de transsubstantiation que celle par laquelle l'araignée sécrète son fil et tisse sa toile. Je me suis senti branché sur le patrimoine planétaire, animé par la religion de ce qui relie, le rejet de ce qui rejette, une solidarité infinie; ce que le Tao appelle *l'Esprit de la vallée* «reçoit toutes les eaux qui se déversent en elle».

L'Énigme de l'univers et sa solution

(1978)

CHRISTOPHER CHERNIAK

La modélisation de l'esprit par l'ordinateur tourne autour de l'auto-référence, qui semble pour la pensée comme un point d'étranglement, ou un trou noir. Lui tendrait-elle un piège fatal, illustré par exemple dans la phrase d'Épiménide (cf. l'introduction de Russel, supra*)? De fait, c'est bien une épidémie épiménidienne que met en scène cette fiction de Cherniak, teintée d'une précaution ironique: si la «peste informatique» n'est pas circonscrite au matériel (comme on en fait d'abord grossièrement l'hypothèse) mais qu'elle infecte le logiciel, alors le mal circule par l'information elle-même – et toutes les mesures de prévention s'avèrent contradictoires, ou pire: propagatives!*

Dans son commentaire, Hofstadter rapproche cette curieuse histoire d'une fantaisie des Monty Python sur «une plaisanterie si drôle que toute personne qui l'entend meurt littéralement de rire. Cette blague devient l'arme secrète de l'armée britannique, et personne n'est autorisé à en connaître plus d'un mot. (Ceux qui en connaissent deux commencent déjà à rire tellement qu'il faut les hospitaliser!)». Puis il passe à des considérations sur des paradoxes dérivés d'Épiménide, et notamment aux images étonnantes obtenues par la «self-engulfing TV», ou ce qui apparaît sur l'écran quand la caméra filme son propre moniteur de contrôle...

La fable de Cherniak ne s'arrête pas à la description superficielle des «hackers» ou accros de l'informatique, fascinés par un écran-miroir où ils cherchent désespérément à saisir la structure de leur propre cerveau[1]*. Merveilleusement gödelienne (et très œdipienne!), elle nous rappelle que là où le sujet et l'objet du savoir semblent se rejoindre, leur coïncidence serait mortelle, si elle n'était impossible. On aura beau isoler des cerveaux dans des cuves, les sectionner, leur faire commander à distance un corps décérébré... (pour mentionner d'autres histoires rassemblées par Hofstadter et Dennett dans ce volume de* Vues de l'esprit*), il ressort de toutes ces spéculations que jamais le moi ne connaîtra complètement* son *cerveau, puisque l'opération même de le (se) connaître aussitôt le modifierait. Le cerveau est un système qui ne saurait se contenir ni se scruter lui-même.*

Ce qui revient peut-être à dire que jamais Achille, ni dans les dialogues ni par jogging, ne rattrapera la tortue.

Auteur de Minimal Rationality*, Christopher Cherniak enseigne la philosophie et les sciences cognitives à l'université du Maryland.*

Source: Vues de l'esprit, Fantaisies et réflexions sur l'être et l'âme *(*The Mind's I, *traduction française de Jacqueline Henry), recueil de textes rassemblés et commentés par Douglas Hofstadter et Daniel Dennett, InterÉditions, Paris, 1987, chapitre 17.*

1. Sur la psychologie et les mœurs sociologiques des «hackers», on consultera l'ouvrage de Sherry Turkle, *les Enfants de l'ordinateur* (titre américain: *The Second Self*), Denoël, Paris, 1986, et celui de Philippe Breton, *la Tribu informatique: enquête sur une passion moderne,* A.-M. Métailié, Paris, 1990.

Nous avons préparé ce rapport dans l'intention de fournir des informations plus complètes après la récente conférence de presse du Président sur ce que l'on appelle «l'Énigme». Nous espérons qu'il permettra de dissiper l'atmosphère d'inquiétude proche de la panique qui règne dans tout le pays et s'est traduite, il y a quelque temps, par des demandes irresponsables de fermeture des universités. Notre rapport a toutefois été préparé en toute hâte. De plus, notre travail a été tragiquement interrompu, comme vous allez l'apprendre.

Voyons d'abord la partie la moins bien connue de l'histoire de l'Énigme, à savoir ses premières manifestations. Le premier cas connu est celui de C. Dizzard, chargé de recherche dans le Groupe d'Autotomie de M.I.U., qui avait précédemment travaillé pour plusieurs petites sociétés spécialisées dans le développement de logiciels d'intelligence artificielle à des fins commerciales. Le projet sur lequel il travaillait concernait l'emploi des ordinateurs pour démontrer des théorèmes, sur le modèle de la preuve du théorème des quatre couleurs, découverte dans les années soixante-dix. L'état d'avancement du projet de Dizzard n'est connu que d'après un rapport établi il y a un an; ce genre de compte rendu est toutefois bien souvent destiné essentiellement à une utilisation extérieure. Nous ne parlerons pas plus du sujet de travail de Dizzard. La raison de notre réticence vous apparaîtra bientôt.

Dizzard a parlé pour la dernière fois un matin, avant un week-end de Pâques, alors qu'il attendait la fin d'un dépannage de l'ordinateur central à la suite d'une défaillance sans gravité. D'autres chercheurs ont vu Dizzard dans son bureau, devant son terminal, vers minuit; les informaticiens travaillent très souvent jusqu'à des heures avancées de la nuit, et on savait que Dizzard dormait parfois dans son bureau. Le lendemain après-midi, un de ses collègues le remarqua, assis devant son terminal. Il parla à Dizzard, mais celui-ci ne répondit pas, ce qui était dans ses habitudes. Le matin de la reprise du travail, après le week-end, un autre collègue trouva Dizzard assis, les yeux ouverts, devant son terminal, qui était en marche. Dans le courant de la journée, il commença à s'inquiéter de l'apathie de Dizzard et essaya de le tirer de ce qu'il croyait être une rêverie ou un étourdissement. Ces tentatives restant infructueuses, Dizzard fut transporté à l'hôpital, où il fut admis dans le service des urgences.

Dizzard présentait les symptômes d'un jeûne total d'une semaine (aggravé par la malnutrition marginale due à un régime à base de produits de distributeurs automatiques); il était dans un état de déshydratation critique. Les conclusions furent qu'il n'avait pas bougé depuis plusieurs jours et que la raison de son immobilité était un coma ou une transe. Au début, on supposa que sa paralysie était causée par une attaque ou une tumeur. Les électroencéphalogrammes ne révélèrent pourtant qu'un profond coma. (D'après le dossier médical de Dizzard, il avait été brièvement interné dix ans plut tôt, incident qui n'est pas rare dans certains domaines.) Dizzard mourut deux jours plus tard, selon toutes les apparences des suites de son jeûne. L'autopsie fut retardée, des proches du chercheur, membres d'une secte dissidente du culte néo-jémimakinien s'y étant opposés. L'examen histologique du cerveau de Dizzard n'a, jusqu'ici, fait apparaître aucune lésion. Les recherches continuent au Centre national de lutte contre la maladie.

Le directeur du Groupe d'Autotomie désigna une étudiante de troisième cycle de Dizzard pour diriger son projet en attendant qu'une décision soit prise quant à la suite. Le plancher du bureau de Dizzard était enfoui sous une trentaine de centimètres de feuilles de papier et de livres; il fallut un mois à l'étudiante pour trier grossièrement tous ces documents. Peu après, elle déclara, lors d'une réunion de travail, qu'elle avait commencé à travailler sur le dernier projet de Dizzard et qu'elle n'avait pas trouvé grand-chose de particulièrement intéressant. Une semaine plus tard, on la trouva assise devant le terminal dans le bureau de Dizzard, hébétée.

Il y eut d'abord un moment de confusion, parce qu'on pensa que c'était une plaisanterie de mauvais goût. Elle regardait droit devant elle, respirant normalement. Elle ne répondait pas aux questions, ne réagissait pas quand on la secouait, et les bruits forts ne la faisaient pas sursauter. Lorsqu'elle tomba de sa chaise après avoir été heurtée accidentellement, on se décida à la faire hospitaliser. Le neurologue qui l'examina n'était pas au courant de l'histoire de Dizzard. Il déclara qu'en dehors d'une anomalie encore jamais diagnostiquée au niveau de la glande pinéale la patiente était apparemment en bonne santé physique. Après que les membres du Groupe d'Autotomie eurent répondu aux questions d'amis de l'étudiante, ses parents informèrent le médecin du cas Dizzard. Le neurologue remarqua qu'il était difficile de comparer les deux cas, mais qu'ils étaient semblables par le coma profond sans lésion cérébrale détectable. Les symptômes de l'étudiante ne constituaient aucun syndrome identifiable.

Après des examens plus approfondis, le neurologue suggéra que le mal pouvait être causé par un agent pathogène du genre du microbe de la maladie du sommeil, transmis par les affaires de Dizzard et peut-être inconnu jusqu'alors, comme la Maladie du Légionnaire. Deux semaines plus tard, les bureaux de Dizzard et de ses étudiants furent mis en quarantaine. Au bout de deux mois sans nouveau cas, les cultures effectuées ne donnant que de fausses alarmes, la quarantaine fut levée.

Quand on découvrit que des agents de nettoyage avaient jeté une partie des dossiers de Dizzard, un chargé de recherche et deux étudiants de Dizzard décidèrent d'examiner les papiers relatifs à son projet. Le troisième jour, les étudiants remarquèrent que le chargé de recherche était tombé dans une sorte de transe apathique et ne réagissait plus, même lorsqu'on le pinçait. Ne réussissant pas à le réveiller, les étudiants appelèrent une ambulance. Le nouveau patient présentait les mêmes symptômes que les précédents. Cinq jours plus tard, le conseil communal de la santé publique imposa une quarantaine sur tous les bâtiments dans lesquels on travaillait sur le projet de Dizzard.

Le lendemain matin, tous les membres du Groupe d'Autotomie refusèrent d'entrer dans le bâtiment de recherche. Plus tard dans la journée, les autres occupants du même étage, puis l'ensemble des cinq cents autres personnes travaillant dans l'immeuble, apprirent les problèmes du Groupe et quittèrent les lieux. Le lendemain, le journal local publia un article intitulé «La peste informatique». Dans une interview, un grand dermatologue déclara qu'un virus ou une bactérie parasite des ordinateurs métabolisant de nouveaux matériaux liés aux ordinateurs, probablement le silicium, avait dû se développer. D'autres émirent l'hypothèse que les gros ordinateurs utilisés dans le Projet d'Autotomie devaient émettre un rayonnement spécial. Et on cita le directeur du Groupe d'Autotomie: les maladies sont une affaire de santé publique, et non pas un problème particulier aux chercheurs en sciences cognitives.

Le maire de la ville prétendit alors qu'un projet militaire secret concernant l'A.D.N. recombinant était à l'étude dans le bâtiment, et que c'était lui qui était à l'origine de l'épidémie. Les dénégations sincères opposées aux déclarations du maire suscitèrent des soupçons. Le conseil municipal exigea la mise en quarantaine immédiate des dix étages de l'immeuble et de ses environs. L'administration de l'université jugea que c'était là une entrave à l'enquête, mais dut s'y résoudre une semaine plus tard sous la pression des députés et sénateurs locaux. Étant donné que le personnel d'entretien et de sécurité ne pouvait même plus approcher l'immeuble, il fallut mettre en place un dispositif policier spécial afin d'empêcher des jeunes d'y commettre des actes de vandalisme. Des chercheurs du Centre de lutte contre la maladie commencèrent des analyses toxicologiques; pour ce faire, ils enfilaient des combinaisons de protection contre les risques biologiques dès qu'ils entraient dans la zone interdite. En un mois de travaux, ils ne trouvèrent rien, et aucun d'eux ne tomba malade. Certains suggérèrent alors, vu qu'aucune maladie organique n'avait été décelée chez les trois victimes et que les deux survivants présentaient quelques signes physiologiques liés à des états de profonde méditation, qu'il s'agissait peut-être d'une crise d'hystérie collective.

En attendant, le Groupe d'Autotomie émigra dans une construction «temporaire» en bois, datant de la Seconde Guerre mondiale. Si la perte de plus de dix millions de dollars de matériel était grave, c'était néanmoins les informations, et non pas les objets physiques qui les contenaient, qui étaient absolument indispensables. Un plan fut alors élaboré: des techniciens vêtus de combinaisons spéciales placèrent les bandes «dangereuses» dans des lecteurs se trouvant dans la zone interdite, et les informations furent transmises par liaison téléphonique au nouveau site du Groupe, puis réenregistrées. La transcription des bandes a permis au projet de survivre, mais seules les parties les plus importantes ont pu être ainsi reconstituées. Or, le projet de Dizzard n'était pas dans la catégorie prioritaire. Nous soupçonnons pourtant qu'un accident s'est produit.

En effet, une équipe de programmeurs se passait les nouvelles bandes, les contrôlant sur des écrans, indexant et classant provisoirement leur contenu. Un nouveau programmeur tomba sur des informations inconnues et demanda à un directeur de projet qui passait par là s'il fallait les rejeter ou non. Le programmeur raconta plus tard que le directeur tapa des commandes d'affichage du fichier à l'écran; tandis qu'ils examinaient tous les deux les lignes qui défilaient, le directeur fit remarquer que ça n'avait pas l'air important. La prudence nous interdit de rapporter la suite de ses propos. Il s'interrompit soudain au beau milieu d'une phrase. Le programmeur le regarda: le directeur fixait l'écran, devant lui. Il ne répondit pas aux questions qu'on lui posa. Et quand le programmeur recula sa chaise pour s'enfuir, celle-ci heurta le directeur, qui tomba par terre. Il fut hospitalisé, et les mêmes symptômes que dans les cas précédents furent détectés.

L'équipe d'épidémiologie, et bien d'autres, suggérèrent alors que, dans les quatre cas, la cause du mal n'était peut-être pas un agent physique comme un virus ou une toxine, mais plutôt une information abstraite, qui pouvait être stockée sur bande, transmise par liaison téléphonique, affichée sur un écran, etc. Cette hypothétique information a alors été baptisée «l'Énigme», et le mal, «le coma énigmatique». Tout semblait corroborer la thèse, à première vue bizarre, selon laquelle tout être humain rencontrant cette information tombait dans un coma apparemment irréversible. Certains ont également reconnu que la question de la nature exacte de cette information était extrêmement délicate. Tout cela devint clair quand on interrogea le programmeur présent lors du quatrième accident. Sa survie laissa penser que c'était le fait de trouver le mot de l'Énigme qui engendrait le coma. Il indiqua qu'il avait lu quelques lignes sur l'écran au moment où le directeur avait été frappé. Il ne savait néanmoins rien du projet de Dizzard et ne se rappelait pas grand-chose de ce qu'il avait vu affiché. L'idée de l'hypnotiser pour l'aider à se souvenir fut étudiée. Le programmeur convint qu'il valait mieux ne pas essayer de se rappeler ce qu'il avait lu, même s'il était évidemment très difficile d'essayer de *ne* se souvenir de *rien*. Pour finir, on lui conseilla de renoncer à sa carrière et d'en apprendre le moins possible en informatique. Un problème éthique se posa alors: des volontaires, même juridiquement responsables de leurs actes, devraient-ils être autorisés à voir l'Énigme?

L'éclatement d'une épidémie de coma énigmatique liée à un projet de démonstration de théorèmes assistée par ordinateur pouvait s'expliquer: toute personne qui découvrait l'Énigme dans sa tête tombait dans le coma avant même de l'avoir communiquée à quelqu'un d'autre. On se demanda si l'Énigme avait déjà été découverte, dans le passé, et immédiatement perdue. L'examen de documents existants aurait été d'une valeur limitée, ce qui fait qu'on entreprit une étude biographique de tous les logiciens, philosophes et mathématiciens depuis les origines de la logique moderne. Elle a toutefois été entravée par les mesures de protection des chercheurs contre toute exposition à l'Énigme. Pour l'instant, on a trouvé au moins dix cas suspects, dont le tout premier il y a presque cent ans.

Les psycholinguistes ont, eux, lancé un projet afin de déterminer si le coma énigmatique ne pouvait toucher que l'espèce humaine. «Wittgenstein», un chimpanzé connaissant le langage des signes qui avait résolu des problèmes de logique de première année d'université, apparut comme le meilleur sujet possible pour voir les bandes sur le Projet d'Autotomie. Les chercheurs du Projet Wittgenstein refusèrent toutefois de coopérer, pour des raisons d'éthique, et kidnappèrent le chimpanzé qu'ils cachèrent; mais le FBI le retrouva. On lui montra les bandes vingt-quatre heures sur vingt-quatre sans interruption, et rien ne se produisit. Les résultats ont été les mêmes avec des chiens et des pigeons. Et aucun ordinateur n'a été endommagé par l'Énigme.

Il a été nécessaire, dans toutes ces études, de montrer la totalité des bandes sur le Projet d'Autotomie. Aucune stratégie sûre n'a pu être mise au point pour déterminer ne serait-ce que dans quelle partie des bandes se trouve l'Énigme. Au cours du Projet Wittgenstein-Autotomie, un chercheur d'une tout autre équipe sembla être tombé dans le coma énigmatique au moment où l'on faisait accidentellement imprimer quelques-unes des bandes dans une salle publique du département d'informatique. Il fallut récupérer les sorties imprimées de tout un mois pour les détruire.

L'attention s'est alors concentrée sur la question de la nature du coma énigmatique. Étant donné qu'il ne ressemblait à aucune maladie connue, on ne savait pas s'il s'agissait bien d'un coma ou vraiment de quelque chose à éviter. Les enquêteurs se contentèrent de penser qu'il s'agissait d'une lobotomie virtuelle, sorte de blocage des informations dans les synapses, paralysant totalement les fonctions cérébrales supérieures. Il ne semblait toutefois pas que le coma pût être lié à un état d'illumination méditative, car il semblait trop profond pour avoir quoi que ce soit à voir avec la conscience. Qui plus est, aucune des personnes connues tombées dans le coma énigmatique n'avait vu son état s'améliorer. Et la neurochirurgie, les médicaments et la stimulation électrique n'ont pu avoir que des effets négatifs; c'est pourquoi on a mis un terme à toutes les tentatives de ce genre. Le verdict provisoire est que ce coma est irréversible, ce qui n'a pas empêché de financer un projet visant à trouver le mot qui délivrerait les victimes du «sort» de l'Énigme en les exposant à des chaînes de symboles générées par ordinateur.

La question centrale: «Qu'est-ce que l'Énigme?», doit, de toute évidence, être abordée avec la plus grande prudence. L'Énigme est parfois décrite comme «la phrase de Gödel de la machine de Turing humaine», qui provoque le blocage de l'esprit; on évoque les doctrines traditionnelles de l'indicible et de l'impensable. On trouve couramment des idées similaires dans la culture populaire, par exemple le thème religieux de la puissance du «Verbe» qui recolle les morceaux de l'esprit éclaté. L'Énigme pourrait néanmoins être très utile aux sciences cognitives. Elle pourrait en effet apporter des informations fondamentales sur la structure de l'esprit humain; elle pourrait être la pierre de Rosette qui permettrait de décoder le «langage de la pensée» commun à tous les humains, quelle que soit leur langue. Si la théorie informatique est le moins du monde correcte, il existe un programme, un énorme mot, que l'on pourrait entrer dans une machine et qui la transformerait en chose pensante. Mais alors, pourquoi n'y aurait-il pas quelque mot terrible, l'Énigme, qui nierait le premier mot? Tout dépendrait toutefois de la faisabilité d'un domaine d'« Énigmatologie » qui ne s'autodétruirait pas.

À ce stade des événements, un élément encore plus troublant en rapport avec l'Énigme fit son apparition. Une topologiste de Paris sombra dans un coma semblable, par certains aspects, à celui de Dizzard, mais sans qu'il y ait d'ordinateur dans l'affaire. Les travaux de la mathématicienne furent saisis par les autorités françaises, mais nous sommes persuadés que bien qu'elle ne connût pas les recherches de Dizzard, ses intérêts étaient orientés vers des domaines semblables de l'intelligence artificielle. À peu près à la même époque, quatre membres de l'Institut de calcul mécanique de Moscou cessèrent d'apparaître à des conférences internationales et, semble-t-il, de répondre personnellement au courrier qui leur était adressé; des agents du FBI prétendirent que l'Union soviétique avait réussi, par les voies habituelles de l'espionnage, à se procurer les bandes du Projet d'Autotomie. Le ministère de la Défense commença à étudier le concept de « guerre énigmatique ».

Deux autres cas se produisirent: un spécialiste de la linguistique théorique et un philosophe, habitant tous deux en Californie mais travaillant, selon toute apparence, indépendamment, tombèrent dans le coma. Ni l'un ni l'autre n'étudiait les mêmes domaines que Dizzard, mais ils connaissaient tous les deux des méthodes formelles mises au point par Dizzard et publiées dans un texte célèbre il y a dix ans. Un cas encore plus inquiétant fut celui d'un biochimiste travaillant sur des interactions A.D.N.-A.R.N. basées sur des modèles de la théorie de l'information. (Il se pourrait qu'il se soit agi d'une fausse alerte, car après avoir sombré dans le coma, le biochimiste s'est mis à glousser perpétuellement, comme un poussin.)

Il n'était plus possible ni prudent de penser que le coma énigmatique était un risque inhérent à la seule spécialité de Dizzard; il semblait se cacher sous de multiples formes. L'Énigme et ses effets ne paraissaient pas seulement indépendants du langage. En effet, ils étaient peut-être aussi indépendants du sujet et quasiment omniprésents. On ne pouvait pas fixer en toute confiance les limites d'une quarantaine intellectuelle.

On découvre maintenant que l'Énigme serait tout bonnement une idée dont l'heure serait venue – comme les nombreux paradoxes autoréférentiels (du genre: « Cette phrase est fausse. »), découverts au début de ce siècle. On la retrouve dans l'attitude actuelle tendant à considérer que « l'informatique est le nouvel art libéral ». Une fois que le bagage intellectuel est suffisamment élargi, la découverte généralisée de l'Énigme semble inévitable. C'est devenu clair pour la première fois l'hiver dernier, quand la plupart des étudiants suivant un nouveau cours d'introduction à la théorie des automates tombèrent dans le coma pendant une conférence. (Certains échappèrent au coma, mais succombèrent néanmoins quelques heures plus tard; leurs derniers mots furent « c'est ça ».) Quand des accidents du même genre se produisirent en d'autres endroits, la clameur publique poussa le Président à tenir sa conférence de presse et à préparer le présent rapport. Si l'atmosphère logophobique actuelle et les appels à la fermeture des universités sont peu raisonnables, l'épidémie généralisée de coma énigmatique ne peut pas, en revanche, être considérée simplement comme un nouvel exemple d'emballement technologique. Ainsi, l'exemple récent du « four sonique », à Minneapolis, dans lequel une façade de forme parabolique concentrait le bruit des avions à réacteurs lors de leur décollage, n'a en fait tué que les quelques personnes qui se sont trouvées dans le foyer de la parabole au mauvais moment. Même si le coma énigmatique était un état désirable pour un individu (ce qui, nous l'avons vu, ne semble pas être le cas), la pandémie actuelle est devenue une crise de santé publique sans précédent. Un grand nombre de gens ne peuvent pas se soigner eux-mêmes. Il semble inévitable que la portion de notre communauté de recherche – élément essentiel de la société – devenue ainsi invalide grandisse au fur et à mesure que l'idée de l'Énigme se répandra.

Le principal objectif de notre rapport était au minimum de limiter le nombre de nouveaux comas. L'exigence du public de jouer un rôle dans l'établissement d'une politique de recherche a accentué le dilemme devant lequel nous nous trouvons : comment peut-on faire de la prévention concernant l'Énigme, ou même en discuter, sans favoriser par là même la contamination ? Plus un avertissement est précis, plus le danger est grand. Le lecteur risquerait d'en venir accidentellement au point où il verrait « Si p, alors q » et p, et ne pourrait donc pas s'empêcher d'en conclure q, alors que q, c'est justement l'Énigme. Désigner les domaines dangereux, ce serait comme parier, à la manière des enfants : « Je te donne dix francs si, dans dix secondes, tu ne penses pas à des rats roses. »

Il ne se pose pourtant pas seulement une question de politique, mais aussi un problème d'éthique. Le risque dévastateur de l'Énigme est-il contrebalancé par les résultats d'une recherche continue dans un ensemble de domaines mal défini, mais crucial ? Les auteurs du présent rapport n'ont notamment pas pu déterminer si l'intérêt possible d'un quelconque rapport peut l'emporter sur le danger qu'il représente pour le lecteur. Pendant la préparation de sa version finale, l'un de nous est d'ailleurs tragiquement décédé.

Gödel Escher Bach
(1979)

DOUGLAS HOFSTADTER
(né en 1945)

Présenter Douglas Hofstadter comme un chercheur en informatique, ou en intelligence artificielle, ou en théorie des systèmes formels, serait bien réducteur : par quelle étiquette définir les curiosités de cet exubérant jeune homme (fils d'un prix Nobel de physique) ? Son premier livre, Gödel Escher Bach, *paru aux États-Unis en 1979 et couronné par le prix Pulitzer, apporte à nos études un matériau d'une inépuisable richesse.*

« Fugue métaphorique sur les esprits et les machines inspirée de Lewis Carroll... » Le thème principal de cette œuvre polyphonique est en effet l'intelligence artificielle (I.A.), ou les problèmes réunis aujourd'hui sous l'étiquette des sciences de la cognition : selon quels mécanismes peut-on formaliser, donc reproduire sur machine, le fonctionnement de notre pensée, c'est-à-dire notre mémoire, nos perceptions, notre langage et, à l'horizon le plus ambitieux de ces recherches, la créativité elle-même ? Sur les promesses mais aussi les déceptions, voire les inquiétudes soulevées par le développement de l'I.A., la position de Hofstadter est à la fois d'enthousiasme et de mise en garde critique : contre les objections de Lucas, de Dreyfus ou de Searle, trois théoriciens de l'I.A. qui soutiennent l'incompatibilité de l'esprit et de la machine (« Le théorème de Gödel prouve, me semble-t-il, que le mécanisme est faux, autrement dit que l'esprit ne peut être expliqué comme une machine... », écrit par exemple Lucas), ce livre défend avec fougue le postulat heuristique

d'une continuité, et d'une boucle multiplicatrice de performances et de savoirs entre l'homme et l'ordinateur. L'abîme qui les sépare n'est qu'un fossé qui se refermera peut-être un jour.

Par tempérament et par méthode, Hofstadter refuse l'hypothèse dualiste qui isolerait l'âme ou les fonctions spirituelles à un niveau de réalité supérieur, inaccessible en dernière analyse à tout calcul. Cependant, son « mécanicisme » radical se double d'une claire conscience (et d'une exploration fouillée) de la complexité de tâches aussi routinières pour nous que la reconnaissance des lettres de l'alphabet, ou les perceptions esthétiques. Il proteste contre la vision simplificatrice que se font de l'esprit ceux qui pensent par exemple qu'on créera bientôt des programmes capables d'imprimer une musique que Bach ou Chopin « auraient pu écrire s'ils avaient vécu plus longtemps ». Les performances d'une composition digne du nom de musique sont en effet d'ordre typiquement « sémantique », et ne sauraient résulter de combinaisons syntaxiques de surface. Mais il n'y a pas entre cette sémantique et cette syntaxe de barrière irréductible ; la différence entre elles est de niveau, non de nature, ce que nous appelons « sémantique » n'étant que la désignation abrégée des séquences syntaxiques quand leur complexité dépasse un certain seuil.

Ce ne sont pas des performances-gadgets plus ou moins simulées que Hofstadter espère de l'I.A., mais des modèles acceptables de nos processus mentaux. Son humanisme *est d'attendre de la machine non telle prouesse technique, mais une expérimentation à longue portée sur la nature de l'esprit. Sa visée est heuristique et épistémologique, philosophique et non pas manipulatrice (ce qui fait de ce livre un événement assez improbable dans le champ où il est apparu). L'auteur insiste par exemple pour que les chercheurs en I.A. s'attaquent à des problèmes de base, à la mécanisation de performances triviales ou liées au bon sens : un domaine comme celui de la reconnaissance des lettres, invariantes malgré l'extraordinaire diversité des caractères typographiques, met en jeu des processus mentaux largement inconscients, mais essentiels à la créativité. C'est de ce substrat « subcognitif » qu'émerge l'épiphénomène appelé intelligence.*

Les recherches en cours posent aux savoirs traditionnels un défi inédit. Voici que la philosophie s'applique. Chaque jour, les chercheurs en I.A. écrivent un nouveau paragraphe de la Critique de la raison pure. *Des disciplines réputées immobiles, purement verbales ou marginalisées comme spéculatives ou ludiques, se réveillent en plein champ de bataille scientifique et technique. Des choix théoriques ou esthétiques (holisme contre réductionnisme, mécanisme contre dualisme...), le paradoxe du menteur, ou la beauté poétique de certaines analogies, reçoivent leur traitement théorique et leur application industrielle.*

Ce livre a le mérite de montrer, ou mieux de produire sous nos yeux, cet enchevêtrement de l'art avec la science, du verbal (parfois très ludique : acrostiches, anagrammes) et de l'algorithme, du visuel et de l'auditif, du spéculatif et du technique. On n'aura rien dit cependant de Hofstadter tant qu'on n'aura pas remarqué la forme de son livre, son style qui n'est pas simple prime de plaisir, même si celui du lecteur est vif. Ici le fond précisément réside dans la forme : Ce Qu'il Fallait Démontrer. Une pensée se développe en acte, chapitre après chapitre, en direct et comme in vitro *: une pensée, c'est-à-dire une métaphore fuguée qui se renforce, se vérifie et se multiplie à partir d'une intuition séminale.*

Cette étincelle d'abord isolée dont l'ouvrage est l'agrandissement et la fixation, comme d'un éclair au ralenti, c'est l'isomorphisme ou les analogies qui lient ces « trois brins d'une guirlande éternelle » : Gödel, l'auteur d'un célèbre théorème qui démontre en 1931 la limite des formalismes mathématiques, Escher, le graveur et dessinateur néerlandais, et Jean-Sébastien Bach. « Mes idées ont gonflé comme un ballon. » Pourquoi, par exemple, Escher ? Parce que son œuvre explore en images les tours et les ruses de l'analogie, les variations insensibles de formes intermédiaires capables de relier et couvrir des domaines très éloignés - avant de nous ramener circulairement et par surprise au point de départ... Les cercles, les paradoxes, l'enchevêtrement des niveaux logiques, la réflexivité et l'autoréférence sont au cœur de cette œuvre graphique, qui s'introduit dans ce livre à une place mitoyenne aux constructions « symétriques » de Gödel et de Bach. La pierre de Rosette reproduite à la page 186 était elle aussi rédigée en trois langues ; et, de fait, la traduction *pourrait constituer l'un des sujets majeurs de ce livre.*

De même, entre ses chapitres, Hofstadter a ménagé ces étonnants espaces mitoyens que sont les dialogues d'Achille et de la tortue (empruntés à Zénon, par l'intermédiaire de Lewis Carroll). Ceux-ci font dialoguer le texte avec lui-même, chaque thèse apparaissant deux fois, au propre et au figuré ; mais ils constituent aussi d'étonnantes expériences de style, calqué sur celui de la fugue et du canon. L'auteur s'y est divisé lui-même en plusieurs personnalités soigneusement typées, qui mettent en scène et réalisent ce qu'il s'agit de démontrer : que notre « esprit » (soit à la fois le Mind *de la connaissance, le* Spirit de *l'âme, et le* Witz *ou le mot d'esprit selon Freud) fonctionne par contrepoint. Dans ces jeux qui n'ont rien de gratuit, les rebondissements entre métaniveaux, les constructions gigognes, les récursions, le miroitement des isomorphismes et les retours circulaires, spiralés ou « en abyme » montrent le relief logique de notre pensée. Peu d'écritures sont moins linéaires que celle-ci, et plus logiques. Non seulement l'auteur bifurque et se commente, mais il parle par polyphonie, et avance dans la troisième dimension : écriture de la sphère ou du cube, à côté de laquelle les autres d'un seul coup paraissent plates.*

Qui a dit que la science désenchantait le monde ? Si un peu de connaissance dissipe la magie, beaucoup y ramène. Et il y a du magicien chez cet homme (comme chez Martin Gardner, Raymond Smullyan ou Heinz von Foerster, trois épistémologues qui ont également pratiqué l'illusionnisme en amateurs). La magie dans ce livre est de nous faire toucher la créativité en acte à travers le fonctionnement analogique de la pensée, et la transformation foisonnante des formes. Do it yourself! *nous lance Hofstadter (qui lui-même, à côté des mathématiques ou par exemple de la composition typographique de son propre ouvrage, se passionne pour la musique, ou le dessin des « ambigrammes »). De fait, cette pensée de la communication est éminemment communicative : voici un livre clair (quoique follement complexe), et rédigé avec la passion de rendre ces questions maniables par chacun. Hofstadter a pour écrire la facilité de Mozart ou de Chopin (auquel il consacre dans son livre suivant un surprenant chapitre). Sans doute n'apprendra-t-il rien aux spécialistes de chacune des disciplines qu'il entrelace - rien, sinon l'art de l'orchestration, l'aisance analogique, l'aptitude à comparer et traduire, en un mot la créativité.*

Poussée à ce degré, la transparence devient l'opacité même. Nous verrons désormais et indubitablement Bach dans Escher et Gödel dans chacun..., mais cette résidence de trois en un pose une énigme de taille à nos catégories. L'analogie stabilisatrice s'avère hautement dérangeante. Il y a une autre vertu à cette clarté : en rendant maniables les questions qu'il pose, sans pour autant les simplifier, Hofstadter démontre qu'on peut toujours modéliser la complexité, nous interdisant du même coup de lui répondre par l'apathie, ou par une schématisation mutilante. La délicatesse acérée de cette écriture est un choix artistique et politique : face aux blocs idéologiques engendrés par le complexe scientifique, militaire et industriel, qu'il est plaisant de suivre ce texte qui fait parler l'enfance, et les animaux ! Ces pages nous ramènent à l'acquisition du langage, à l'émer-

*veillement des premiers mots. Qu'il décrive l'organisation du cerveau, d'une fugue ou d'une devinette vue par Achille (aux impatiences simplificatrices) ou par une machine qui apprend tortueusement, Hofstadter à chaque fois nous fait revivre une genèse. Parce que ce livre traite page par page d'*apprentissage, *sa lecture nous touche en direct. Comme nous touche une phrase, dans l'épilogue de* Ma thémagie, *qui ouvre une fenêtre sur une motivation plus secrète: «Ma sœur Molly qui, pour des raisons inconnues, ne peut ni parler ni comprendre, a tout mon amour. Sa triste condition a toujours été un grand mystère qui m'a conduit depuis de nombreuses années à m'interroger sur l'esprit, le cerveau et l'âme.»*

Tout dans cet ouvrage défie le résumé, le survol critique ou... la traduction (qui posa de rudes problèmes à J. Henry et R. French, assistés par l'auteur). Peut-être la seule critique consciencieuse d'un tel livre serait-elle de le récrire de fond en comble en élevant ce triangle au cube par l'introduction d'une quatrième dimension. Gödel, Escher, Bach... et qui encore? Un littéraire sans doute: Mallarmé? Borges? Derrida? «Cherchez et vous trouverez!»

Source: *Douglas Hofstadter,* Gödel Escher Bach, *InterÉditions, Paris, 1985 (traduction de Jacqueline Henry et Robert French), pages 8 à 32.*

Bibliographie: *Douglas Hofstadter,* Ma thémagie, *InterÉditions, Paris, 1988;* Vues de l'esprit *(en collaboration avec Daniel Dennett), InterÉditions, Paris, 1987. Une abondante bibliographie commentée figure dans chaque ouvrage, ainsi que des illustrations essentielles au dialogue de l'image et du texte, et que nous n'avons pu reproduire ici.*

Canons et fugues

Le principe essentiel du canon est celui de l'imitation d'un thème unique. Des «copies» du thème sont jouées par les différentes voix de la construction, mais de nombreuses solutions sont possibles. Le canon le plus simple est le canon circulaire, comme «Frère Jacques» ou «Maudit sois-tu carillonneur». Le thème est introduit par la première voix puis, après un intervalle déterminé, une «copie» est introduite dans la même tonalité. Après le même intervalle par rapport à la deuxième voix, la troisième voix est introduite, et ainsi de suite. La plupart des mélodies ne peuvent toutefois pas être mises en harmonie de cette manière. Pour qu'un thème puisse servir de thème à un canon, il faut que chacune de ses notes puisse jouer un double (ou triple, ou quadruple) rôle: elles doivent tout d'abord faire partie d'une mélodie, et ensuite faire partie d'une harmonisation de cette mélodie. Lorsqu'il y a trois voix en canon, par exemple, chaque note du thème doit agir sur deux plans différents harmoniquement et mélodiquement. Chacune des notes d'un canon a donc plusieurs significations musicales et l'oreille et le cerveau de l'auditeur repèrent automatiquement la signification appropriée en se référant au contexte.

Il existe bien entendu des types de canon plus compliqués. La première progression dans l'échelle de la complexité survient lorsque les «copies» du thème sont décalées non seulement dans le *temps,* mais également en *hauteur.* La première voix peut chanter le thème en commençant en *do,* tandis que la deuxième voix, venant se superposer à la première, peut chanter le même thème en commençant quatre notes plus haut, en *sol.* Le degré de complexité suivant est celui des différentes *vitesses* des différentes voix. La deuxième voix peut chanter deux fois plus vite ou deux fois moins vite que la première.

Dans le premier cas, on a un canon par *diminution*, et dans le second, un canon par *augmentation* (le thème semble rétrécir ou s'allonger).

Et ce n'est pas tout ! Le degré de complexité suivant est *l'inversion* du thème : la mélodie descend chaque fois que le thème original *monte*, d'un écart du même nombre de demi-tons. Il s'agit là d'une transformation mélodique assez curieuse, mais quand on a entendu un grand nombre de thèmes inversés, elle commence à paraître tout à fait naturelle. Bach aimait tout particulièrement les inversions, qui sont nombreuses dans son œuvre, y compris, bien entendu, dans *l'Offrande musicale*. L'air *Good King Wenceslas* peut constituer un bon exemple d'inversion. En effet, lorsque l'original et son inversion sont chantés ensemble, avec un écart d'une octave et un décalage de deux mesures, on obtient un joli canon. La « copie » la plus ésotérique, enfin, est la copie rétrogradée : le thème est joué à reculons. Les canons utilisant cette astuce sont familièrement appelés *canons à l'écrevisse* (canon cancrizans), en raison du mode de déplacement particulier de cet animal. Bien entendu, Bach a introduit un canon cancrizans dans *l'Offrande musicale*. Il est intéressant de noter que tous les types de « copie » sauvegardent la totalité des informations du thème original, en ce sens que l'on peut retrouver intégralement le thème à partir de n'importe laquelle des copies. Ce type de transformation préservant l'information est souvent appelé *isomorphisme*, notion que nous retrouverons souvent tout du long de ce livre.

Il est quelquefois souhaitable de relâcher la forme du canon, par exemple, en s'écartant légèrement de la copie parfaite, au bénéfice d'une harmonie plus fluide. De plus, quelques canons contiennent des voix « libres », qui ne suivent pas le thème du canon, mais s'harmonisent agréablement avec les voix en canon entre elles.

Chacun des canons de l'*Offrande musicale* a pour thème une variante différente du thème royal, et tous les systèmes exposés précédemment pour compliquer les canons sont exploités à fond, voire occasionnellement combinés. Ainsi, un canon à trois voix est marqué « Canon per Augmentationem, contrario Motu » : la voix intermédiaire est libre (elle reprend le thème royal), tandis que les deux autres évoluent en canon au-dessus et en dessous de celle-ci. Un autre porte simplement l'indication sibylline « Quaerendo invenietis » (« Cherchez et vous trouverez »). Tous les canons-énigmes ont été résolus et les solutions ont été révélées par un des élèves de Bach, Johann Philipp Kirnberger, mais on peut toujours se demander s'il ne reste pas quelques solutions à trouver !

Je dois également vous expliquer brièvement ce qu'est une fugue. Une fugue est en ceci semblable à un canon qu'elle est généralement fondée sur un thème unique qui est joué par différentes voix et dans différentes tonalités, parfois à différentes vitesses, de haut en bas ou à l'envers. La notion de fugue est toutefois beaucoup moins rigide que celle de canon, et permet donc de donner libre cours à une expression plus émotionnelle et plus artistique. L'indice révélateur d'une fugue est son début, avec une seule voix chantant le thème. Ensuite entre une deuxième voix, quatre tons plus haut ou trois tons plus bas. La première voix continue, en chantant le « contre-sujet », un thème secondaire choisi pour contraster, sur le plan rythmique, harmonique et mélodique, avec le sujet. Chacune des voix entre à tour de rôle, en chantant le thème, souvent en accompagnement du contre-sujet dans une autre voix, tandis que les autres voix évoluent au gré de l'imagination du compositeur. Une fois que toutes les voix sont « arrivées », il n'y a plus de règle. Bien entendu, il existe quelques solutions types, mais pas au point qu'il soit possible de composer une fugue selon une recette toute faite. Les deux fugues de *l'Offrande musicale* sont des exemples particulièrement frappants de fugues qui n'auraient jamais pu être composées selon une « recette », car elles sont plus profondes et ne s'arrêtent pas à la simple « fugalité ».

L'Offrande musicale est l'une des plus grandes réalisations de Bach dans l'art du contrepoint. Elle constitue en elle-même une grande fugue intellectuelle, dans laquelle s'entrelacent un grand nombre d'idées et de formes, et qui regorge d'éléments à double sens et de subtiles allusions. De plus, il s'agit là d'une très belle création de l'intellect humain, que nous avons tout loisir d'apprécier. (Cette œuvre est merveilleusement décrite dans le livre de H.T. David, *J. S. Bach's Musical Offering*.)

Canon Éternellement Remontant

Un des canons de *l'Offrande musicale* est particulièrement curieux : le « Canon per Tonos », à trois voix. La voix supérieure chante une variante du thème royal tandis que, plus bas, deux voix constituent une harmonisation canonique fondée sur un deuxième thème. La plus basse de ces deux voix chante son thème en do mineur (qui est la tonalité du canon dans son ensemble), tandis que la plus haute chante le même thème, décalé vers le haut d'une quinte. Mais, ce qui rend ce canon différent de tous les autres, c'est que, à sa conclusion, ou plutôt à son *semblant* de conclusion, il n'est plus en do mineur, mais en ré mineur. Bach a réussi, sous le nez de l'auditeur, à *moduler* (changer de tonalité), et son canon est construit de telle sorte que cette « fin » se rattache sans heurt au début. Le processus peut donc être répété, avec un passage en mi puis le retour au début. Ces modulations successives amènent l'oreille dans des régions de tonalité de plus en plus éloignées, ce qui laisserait croire, après plusieurs d'entre elles, que l'on s'éloigne irrémédiablement de la tonalité de départ. Or, comme par magie, après exactement six modulations, on retrouve la tonalité do mineur d'origine. Toutes les voix sont exactement une octave plus haut qu'au début, et le morceau peut s'achever sur cet effet musical agréable. On peut penser que c'était également l'intention de Bach ; mais l'idée que ce processus pourrait continuer à l'infini lui souriait indubitablement, et c'est peut-être pour cela qu'il inscrivit dans la marge : « Au fur et à mesure que la modulation monte, ainsi en est-il de la gloire du roi. » Pour accentuer son aspect potentiellement infini, je l'appellerai le Canon Éternellement Remontant.

Dans ce canon, Bach nous a donné un premier exemple de *Boucle Étrange*. Le phénomène de Boucle Étrange se produit chaque fois que, à la suite d'une élévation (ou d'une descente) le long de l'échelle d'un système hiérarchique quelconque, nous nous retrouvons, à notre grande surprise, au point de départ. (Dans le cas présent, le système est celui des tonalités musicales.) J'utilise parfois l'expression *Hiérarchie Enchevêtrée* pour parler d'un système dans lequel se produit une Boucle Étrange. Nous retrouverons ce thème des Boucles Étranges à maintes reprises dans ce livre, quelquefois à l'endroit, d'autres fois à l'envers ou par régression. Le conseil que je donne au lecteur est le suivant : « Quaerendo invenietis. »

Escher

Pour moi, les réalisations graphiques les plus belles et les plus puissantes de ce concept des Boucles Étranges sont celles du graphiste hollandais M.C. Escher, qui vécut de 1898 à 1971. Escher créa certains des dessins les plus stimulants, intellectuellement, de tous les temps. Bon nombre d'entre eux sont fondés sur un paradoxe, une illusion, ou un double sens. Parmi les premiers admirateurs d'Escher se trouvèrent un certain nombre de mathématiciens, ce qui n'est guère surprenant, étant donné que ses dessins sont souvent fondés sur les principes mathématiques de symétrie ou de structure. Les dessins d'Escher ne se limitent pourtant pas à un simple jeu de symétrie ou de structure, mais sont généralement sous-tendus par une idée maîtresse, réalisée artistiquement. La Boucle Étrange, en particulier, est l'un des thèmes les plus récurrents dans l'œuvre d'Escher. Prenez, par exemple, la lithographie *Mouvement perpétuel*, et comparez sa boucle de chute infinie à six degrés[1] à la boucle ascendante infinie à six degrés du «Canon per Tonos». La similarité de vision n'est-elle pas incroyable? C'est que, en fait, Bach et Escher manipulent un même thème dans deux «registres» différents: la musique et l'art graphique.

Escher a réalisé des Boucles Étranges de différentes façons, ces boucles pouvant être classées selon leur étroitesse. La version la plus large est celle de *Montée et descente*, dans laquelle des moines cheminent interminablement en boucles, car le nombre de degrés, avant le retour au point de départ, est élevé. La lithographie *Mouvement perpétuel* présente, elle, une boucle plus serrée, qui ne comporte que six degrés discrets. Peut-être pensez-vous que la notion de degré est ambiguë. Doit-on, par exemple, voir quatre niveaux (paliers) ou quarante-cinq niveaux (marches) dans *Montée et descente*? Il est certain que la détermination du nombre de niveaux, non seulement dans les œuvres d'Escher, mais dans tous les systèmes multi-niveaux hiérarchiques, est voilée d'une imprécision qui leur est inhérente. Nous comprendrons mieux cette imprécision plus loin; mais revenons-en au problème actuel. En resserrant encore la boucle, nous arrivons à la composition *Mains dessinant*, dans laquelle chaque main dessine l'autre, en formant une Boucle Étrange à deux degrés. La plus serrée de toutes les Boucles Étranges, enfin, est celle de *l'Exposition d'estampes*: un tableau représentant un tableau se contenant lui-même. À moins que ce soit un tableau d'une exposition se contenant elle-même, ou une ville se contenant elle-même, ou un jeune homme se contenant lui-même? (Il faut dire, en passant, que l'illusion sous-tendant *Montée et descente* et *Mouvement perpétuel* n'a pas été inventée par Escher, mais par Roger Penrose, mathématicien britannique, en 1958. Le thème de la Boucle Étrange était toutefois déjà présent dans l'œuvre d'Escher en 1948, l'année de *Mains dessinant – l'Exposition d'estampes* date de 1956.)

Le concept de Boucle Étrange contient implicitement le concept d'infini, car qu'est-ce qu'une boucle si ce n'est une forme de représentation d'un processus infini d'une façon finie? L'infini joue justement un rôle important dans les dessins d'Escher. Des copies d'un thème unique sont souvent assemblées les unes aux autres, formant des réalisations graphiques comparables aux canons de Bach. On peut retrouver plusieurs de ces systèmes dans la célèbre *Métamorphose* d'Escher. Là encore, on retrouve le principe du Canon Éternellement Remontant: on s'éloigne de plus en plus du point de départ, pour s'y retrouver tout à coup. Les plans à remplissage périodique de *Métamorphose* et d'autres tableaux contiennent toujours des suggestions d'infini, mais dans d'autres dessins d'Escher apparaissent des visions plus délirantes de l'infini. Dans certains, un seul thème apparaît à différents niveaux de réalité. Un niveau peut, par exemple, être identifiable comme le niveau de l'imaginaire, tandis qu'un autre est celui de la réalité. Il se peut que seuls ces deux niveaux aient été explicitement représentés, mais leur seule présence invite le spectateur à se considérer comme partie intégrante d'un niveau encore différent. Le spectateur est alors pris au piège de la chaîne de niveaux implicite d'Escher dans laquelle chaque niveau est suivi d'un niveau supérieur, d'une plus grande «réalité», et est précédé d'un niveau inférieur, «plus imaginaire». Déjà là, ce peut être déconcertant. Mais que se passe-t-il si

1. La gravure *Mouvement perpétuel* d'Escher (reproduite à la page 13 du livre) n'en montre que cinq. *(N.d.P.)*

cette chaîne de niveaux n'est pas linéaire, mais forme une boucle? Comment définir le réel, comment définir l'imaginaire? Là où Escher s'est montré génial, c'est qu'il a su inventer, mais aussi dessiner, des dizaines de mondes semi-réels et semi-mythiques, pleins de Boucles Étranges, dans lesquels il semble inviter ses spectateurs à pénétrer.

Gödel

Dans les exemples de Boucles Étranges de Bach et d'Escher que nous avons vus, le fini et l'infini sont en conflit, ce qui produit une forte impression de paradoxe. Nous sentons intuitivement que les mathématiques y sont pour quelque chose, et, en effet, un équivalent mathématique de ces boucles a été découvert, ce siècle-ci, et il a eu d'énormes répercussions. Et de même que les boucles de Bach et d'Escher appellent des intuitions très simples et très anciennes, une gamme musicale ou un escalier, la découverte par K. Gödel d'une Boucle Étrange dans les systèmes mathématiques trouve son origine dans des intuitions très simples et très anciennes. La forme la plus dépouillée de la découverte de Gödel est la traduction d'un ancien paradoxe philosophique, le *paradoxe d'Épiménide*, ou *paradoxe du menteur*, en termes mathématiques. Epiménide, penseur crétois, émit une affirmation immortelle: «Tous les Crétois sont des menteurs.» Cette affirmation peut être rendue plus sèchement par: «Je mens», mais aussi par: «Cette assertion est fausse.» J'en réfère généralement à cette dernière version lorsque je parle du paradoxe d'Épiménide. Cette assertion bouscule violemment la classique dichotomie des assertions en vraies et fausses car si vous pensez qu'elle est vraie, vous devrez aussitôt faire marche arrière et penser qu'elle est fausse. Mais à peine avez-vous décidé qu'elle est fausse qu'un retournement similaire vous ramène à l'idée qu'elle doit être vraie. Essayez, vous verrez!

Le paradoxe d'Épiménide est une Boucle Étrange à un degré, comme *l'Exposition d'estampes* d'Escher. Mais qu'a-t-il donc à voir avec les mathématiques? C'est précisément là ce qu'a découvert Gödel en utilisant le raisonnement mathématique pour explorer le raisonnement mathématique. Cette «introspection» mathématique s'est avérée extrêmement fertile et son implication la plus riche a peut-être été la découverte de Gödel: le Théorème d'Incomplétude. Il convient de faire la distinction entre ce qu'expose le Théorème et sa démonstration, et nous considérerons ces deux points d'assez près dans ce livre. Le Théorème peut être comparé à une perle et la méthode de démonstration à une huître: la perle est prisée pour son éclat et sa simplicité, tandis que l'huître est cet animal complexe qui engendre ce joyau mystérieusement simple.

Le Théorème de Gödel apparaît comme la proposition VI dans son mémoire *Des propositions formellement indécidables dans les* Principia Mathematica *et les systèmes apparentés 1,* publié en 1931. Il dit:

À chaque classe récursive Ω-consistante K *de formules* correspondent des *signes de classe r* récursifs tels que ni *v* Gen *r* ni Neg (*v* Gen *r)* n'appartient à Flg (K) (*v* étant la variable *libre* de *r*).

La version originale était en allemand, et vous trouverez peut-être que vous auriez tout aussi bien compris en allemand. Voici donc une paraphrase en français plus courant:

Toutes les formulations axiomatiques consistantes de la théorie des nombres incluent des propositions indécidables.

C'est là la perle.

Il est difficile de voir une Boucle Étrange dans cette perle, parce que, en fait, la Boucle Étrange est dans l'huître, la démonstration. La démonstration du Théorème d'Incomplétude de Gödel s'articule autour de l'écriture d'une assertion mathématique autoréférentielle, de même que le paradoxe d'Épiménide est une assertion autoréférentielle du langage. La différence, c'est que s'il est très facile de parler du langage à l'aide du langage, il n'est pas simple du tout de voir comment une assertion sur des nombres peut se concerner elle-même. Le simple fait d'avoir lié l'idée d'assertions autoréférentielles à la théorie des nombres était génial. En fait, le plus grand obstacle était déjà passé quand Gödel eut l'intuition qu'une telle assertion pouvait être créée. La création même de cette assertion fut le développement de cette magnifique étincelle d'intuition. [...]

Tableau de la logique mathématique

Pour pouvoir apprécier le Théorème de Gödel à sa juste valeur, il faut tout d'abord le replacer dans son contexte. C'est pourquoi je vais essayer de résumer l'histoire de la logique mathématique avant 1931, tâche quasi impossible (*cf.* Jean Ladrière, pour avoir une bonne présentation de cette histoire). Tout a commencé par des tentatives de mécanisation des processus mentaux du raisonnement. Or, notre capacité de raisonner serait, comme il a souvent été dit, ce qui nous distingue des autres espèces. Il semble donc paradoxal, à première vue, de vouloir mécaniser ce qu'il y a de plus humain. Et pourtant, même les Grecs de l'Antiquité savaient que le raisonnement est un processus structuré qui est au moins partiellement régi par des lois énonçables. Aristote codifia les syllogismes, et Euclide la géométrie, mais il fallut ensuite attendre des centaines et des centaines d'années pour que l'étude du raisonnement axiomatique progresse à nouveau.

Une des découvertes importantes des mathématiques au XIXe siècle a été qu'il existe des géométries différentes, tout aussi valides les unes que les autres, une « géométrie » étant définie comme une théorie des propriétés de points et de droites abstraits. On a longtemps pensé que la géométrie, c'était ce qu'avait codifié Euclide et que, même si sa géométrie présentait quelques petits défauts, ils étaient sans importance, la voie du progrès, en la matière, restant celle qu'Euclide avait ouverte. Cette idée a été pulvérisée par les découvertes quasi simultanées des géométries non-euclidiennes par plusieurs personnes, découvertes qui ont secoué le monde des mathématiques parce qu'elles remettaient sérieusement en question l'idée que les mathématiques étudient le monde réel. Comment pourrait-il y avoir un grand nombre de types différents de « points » et de « droites » dans une seule et même réalité ? La solution de ce dilemme apparaît peut-être clairement aujourd'hui, même à certains non-mathématiciens, mais à l'époque, ce dilemme fit des ravages dans les cercles de mathématiciens.

Plus tard, dans le courant du XIXe siècle, les logiciens anglais George Boole et Augustus De Morgan ont été considérablement plus loin qu'Aristote en codifiant des structures de raisonnement strictement déductives. Boole n'hésita d'ailleurs pas à appeler son livre *les Lois de la pensée,* ce qui est certainement exagéré, mais cet ouvrage constitue un apport important aux mathématiques. Lewis Carroll fut, du reste, fasciné par ces méthodes de raisonnement mécanisé et inventa un grand nombre d'énigmes qu'elles permettaient de résoudre. De leur côté, Gottlob Frege, à Iéna, et Giuseppe Peano, à Turin, s'efforcèrent de combiner le raisonnement formel et l'étude des ensembles et des nombres, tandis que, à Göttingen, David Hilbert travailla à la réalisation de formalisations de la géométrie plus strictes que celles d'Euclide. Tous ces efforts tendaient à clarifier la notion de « démonstration ».

Entre-temps, les mathématiques classiques connurent une évolution intéressante. Une théorie puissante et belle, mais défiant l'intuition, des différents types d'infinis, dite *théorie des ensembles,* fut mise au point par Georg Cantor vers 1880. Il ne fallut pas attendre longtemps pour qu'une multitude de paradoxes sur la théorie des ensembles soit découverte. La situation était embarrassante, car à peine les mathématiques semblaient-elles se relever des assauts d'un lot de paradoxes (ceux relatifs à la théorie des limites, en analyse), qu'un nouveau lot, apparemment encore plus ardu, apparaissait.

Le plus connu d'entre eux est le paradoxe de Russell: on constate que la plupart des ensembles ne font pas partie d'eux-mêmes. L'ensemble des baleines, par exemple, n'est pas une baleine, l'ensemble contenant uniquement Jeanne d'Arc n'est pas Jeanne d'Arc (un ensemble n'est pas une personne), etc. De ce point de vue, la majorité des ensembles est plutôt «quelconque». Et pourtant, il existe des ensembles «auto-inclusifs», qui se contiennent eux-mêmes, comme l'ensemble de tous les ensembles, ou l'ensemble de tout sauf Jeanne d'Arc, et ainsi de suite. Il en ressort clairement qu'un ensemble est soit quelconque soit auto-inclusif, et qu'aucun ensemble ne peut être les deux à la fois. Mais rien ne nous empêche d'inventer Q, *l'ensemble de tous les ensembles quelconques.* À première vue, Q lui-même semble être une invention assez quelconque, mais vous pouvez vous demander: «Q est-il un ensemble quelconque ou auto-inclusif?» Vous vous rendrez compte que Q n'est ni quelconque ni auto-inclusif, parce que, dans les deux cas, vous aboutissez à un paradoxe. Mais s'il n'est ni quelconque ni auto-inclusif, qu'est-il donc alors? Pathologique, certainement, mais cette réponse évasive n'est pas satisfaisante. Face à ces difficultés, les mathématiciens du début du siècle ont alors commencé à examiner de plus près les fondements de la théorie des ensembles. La question cruciale semblait être: «Qu'est-ce qui cloche dans notre concept intuitif d'ensemble?» Est-il possible d'élaborer une théorie des ensembles correspondant bien à nos intuitions et évitant également les paradoxes? Tout comme dans les cas de la géométrie et de la théorie des nombres, il s'agit d'essayer de concilier l'intuition et les systèmes de raisonnement formalisés ou axiomatisés.

On peut obtenir une variante surprenante du paradoxe de Russell appelée le «paradoxe de Grelling» en remplaçant les ensembles par des adjectifs. Divisons les adjectifs français en deux catégories: les adjectifs auto-descriptifs, comme «pentasyllabique»[1], «bref» et «effaçable», et ceux qui ne le sont pas, comme «comestible», «incomplet» et «bisyllabique». Si nous admettons que «non auto-descriptif» est un adjectif, dans quelle catégorie allons-nous le ranger? S'il semble discutable d'inclure des mots composés, nous pouvons utiliser deux termes inventés spécialement pour ce paradoxe: *autologique* (= «auto-descriptif») et *hétérologique* (= «non auto-descriptif»). Notre question devient donc: «Hétérologique est-il hétérologique?» Essayez!

Ces paradoxes semblent contenir un coupable commun, l'autoréférence, ou le Bouclage Étrange. Si le but recherché est d'éviter tous les paradoxes, on pourrait essayer de bannir l'autoréférence et tout ce qui la fait surgir! Malheureusement, ce n'est pas aussi facile qu'il y paraît, car l'autoréférence peut être difficile à repérer. Elle peut être diffuse dans une Boucle Étrange à plusieurs degrés, comme dans ce prolongement d'Épiménide, qui rappelle également les *Mains dessinant :*

La phrase suivante est fausse.
La phrase précédente est vraie.

Ensemble, ces phrases produisent le même effet que le paradoxe d'Épiménide d'origine,

1. En anglais *pentasyllabic* semble en effet auto-descriptif, mais la traduction le rend «hexasyllabique». Un exemple en passant de la difficulté de traduire ce livre! *(N.d.P.)*

et pourtant, séparément, elles sont inoffensives, voire potentiellement utiles. Il n'y a rien à redire de chacune de ces deux phrases, prises séparément ; c'est la façon dont elles renvoient l'une à l'autre qui est en cause. De même, chacune des zones de *Montée et descente* est irréprochable ; c'est leur assemblage qui crée une impossibilité. L'autoréférence pouvant être obtenue soit indirectement soit directement, il faut trouver un moyen d'éliminer ces deux types à la fois, tout du moins si l'on considère l'autoréférence comme la source de tous les maux.

Abolition des Boucles Étranges

C'était bien ce que pensaient Russell et Whitehead, et les *Principia Mathematica* constituent donc une gigantesque entreprise d'éradication des Boucles Étranges de la logique, de la théorie des ensembles et de la théorie des nombres. L'idée fondamentale de leur système était qu'un ensemble du « type » le plus bas (niveau O) ne pouvait contenir que des « objets » et non pas des ensembles, alors qu'un ensemble du type supérieur (niveau 1) pouvait contenir uniquement des objets ou des ensembles du type inférieur. D'une façon générale, un ensemble d'un type déterminé (niveau *n)* ne pouvait contenir que des ensembles d'un type inférieur, ou des objets. Chaque ensemble appartiendrait à un type particulier, et aucun ensemble ne pourrait se contenir lui-même parce qu'il devrait appartenir à un type supérieur à son propre type. Dans un tel système, il ne peut exister que des ensembles « quelconques » ; qui plus est, notre vieil ensemble Q, l'ensemble de tous les ensembles quelconques, n'est plus du tout considéré comme un ensemble, parce qu'il n'appartient à aucun type fini. Cette *théorie des types,* que nous pourrions également appeler la « théorie de l'abolition des Boucles Étranges », semble bien éliminer les paradoxes de la théorie des ensembles, mais seulement à la condition d'introduire une hiérarchie d'apparence artificielle, et de ne pas admettre la formation de certaines catégories d'ensembles, comme l'ensemble de tous les ensembles « quelconques ». Ce n'est évidemment pas ainsi que, intuitivement, nous imaginons les ensembles. [...]

Babbage, les ordinateurs, l'intelligence artificielle...

Lorsque le mémoire de Gödel parut, nous étions à la veille de la mise au point des calculateurs numériques électroniques. Cette idée des machines à calculer mécaniques était dans l'air depuis un bon moment puisque, au XVIIe siècle, Pascal et Leibniz avaient conçu des machines permettant d'effectuer des opérations fixes (additions et multiplications). Ces machines étaient toutefois dépourvues de mémoire et n'étaient pas, selon le jargon moderne, programmables.

La première personne à avoir aperçu l'immense potentiel des machines en matière de calcul fut Charles Babbage (1792-1871) de Londres. Il fut plus connu, de son vivant, pour sa vigoureuse campagne contre les « parasites des rues » de Londres, notamment les joueurs d'orgue de Barbarie. Ces parasites prenaient un malin plaisir, pour l'agacer, à venir lui jouer des sérénades à toute heure du jour et de la nuit, et Babbage, écumant de rage, les pourchassait dans la rue. Nous voyons maintenant en Babbage un homme qui avait un siècle d'avance sur son temps. Il fut en effet l'inventeur des principes de base des ordinateurs modernes, mais également un des premiers à combattre la pollution par le bruit.

Sa première machine, appelée la « machine différentielle », était capable de produire des tableaux mathématiques de nombreux types différents selon la « méthode des différences ».

Mais une autre idée, beaucoup plus révolutionnaire, commença à obséder Babbage avant même qu'un modèle de cette première machine ne fût construit: sa «machine analytique». Il écrivit, sans grande modestie: «Le cheminement que j'ai suivi fut le plus tortueux et le plus confus qu'ait sans doute jamais connu l'esprit humain.» À la différence de toutes les machines précédentes, la machine analytique devait comporter un «entrepôt» (la mémoire) et une «fabrique» (l'unité de décision et de calcul), unités qui devaient se composer de milliers de cylindres engrenés les uns dans les autres de façon terriblement compliquée. Babbage imaginait des tourbillons de nombres entrant et sortant de la fabrique sous la direction d'un *programme* se présentant sous forme de cartes perforées, idée reprise au métier à tisser de Jacquard, qui réalisait des tissages à dessins étonnamment complexes à partir de cartes. La brillante mais infortunée amie de Babbage, lady Ada Lovelace (fille de lord Byron) observa poétiquement que, «de même que le métier à tisser de Jacquard tisse des fleurs et des feuilles, la machine analytique *tisse des motifs algébriques*». L'emploi du présent dans son commentaire est malheureusement trompeur, car aucune machine analytique ne fut jamais construite et Babbage mourut profondément déçu.

Lady Lovelace était tout aussi consciente que Babbage qu'avec l'invention de la machine analytique l'humanité flirtait avec l'intelligence mécanisée, particulièrement si la machine pouvait «se mordre la queue» (c'est ainsi que Babbage décrivait la Boucle Étrange obtenue lorsqu'une machine intervient pour modifier son propre programme en mémoire). Dans un mémoire de 1842, elle écrivit que la machine analytique «pourrait peut-être ne pas traiter que des nombres». Alors que de son côté Babbage rêvait de créer un automate joueur d'échecs ou de morpion, elle suggérait que si des tonalités et des harmonies étaient codées dans les cylindres rotatifs de la machine, elle «pourrait composer des morceaux de musique élaborés et scientifiques de tous niveaux de complexité». Elle enchaîne toutefois, dans la même foulée, que «la machine analytique n'a pas la prétention de *créer* quoi que ce soit, elle peut faire uniquement *ce qu'on peut lui commander* d'exécuter». Si elle comprenait bien la portée du calcul artificiel, lady Lovelace n'en était pas moins sceptique en ce qui concerne la création artificielle de l'intelligence. Sa fine intuition ne lui permettait tout de même pas d'imaginer le potentiel que créerait la domestication de l'électricité.

Le XXe siècle était mûr pour l'apparition des ordinateurs, lesquels dépassaient de loin les rêves les plus fous de Pascal, Leibniz, Babbage ou lady Lovelace. Entre 1930 et 1950, les premiers «cerveaux électroniques géants» furent conçus et construits. Ils furent le point de convergence de trois domaines jusqu'alors disparates: la théorie du raisonnement axiomatique, l'étude du calcul mécanique et la psychologie de l'intelligence.

Au cours de ces mêmes années, la théorie des ordinateurs, étroitement liée à la métamathématique, progressa à pas de géant. Le Théorème de Gödel a en effet un équivalent dans la théorie du calcul, lequel a été découvert par Alan Turing et révèle l'existence de «trous inéluctables même dans les ordinateurs les plus puissants que l'on puisse imaginer». L'ironie voulut d'ailleurs qu'au moment même où ces limitations assez mystérieuses commençaient à être définies, la puissance des ordinateurs que l'on fabriquait semblât augmenter au-delà des prophéties de leurs constructeurs. Babbage, qui déclara un jour qu'il n'hésiterait pas à échanger le reste de sa vie contre une excursion scientifique de trois jours, cinq cents ans plus tard, serait sans doute resté muet d'émotion devant les nouvelles machines et leurs surprenantes limitations un siècle seulement après sa mort.

Au début des années cinquante, l'intelligence artificielle semblait être à portée de la main, et pourtant, chaque fois qu'un obstacle était levé, un nouvel obstacle surgissait devant la création d'une authentique machine pensante. Pour quelle raison profonde la cible reculait-elle toujours ?

Nul ne sait où se situe la frontière entre le comportement non intelligent et le comportement intelligent, pour la bonne raison qu'il est sans doute ridicule de penser qu'il existe une ligne de séparation nette. Néanmoins, on peut dire que les caractéristiques essentielles de l'intelligence sont certainement les capacités :
de réagir avec souplesse aux situations qui se présentent ;
de tirer profit de circonstances fortuites ;
de discerner le sens de messages ambigus ou contradictoires ;
de juger de l'importance relative de différents éléments d'une situation ;
de trouver des similitudes entre les situations malgré les différences qui peuvent les séparer ;
d'établir des distinctions entre des situations malgré les similitudes qui les rapprochent ;
de synthétiser de nouveaux concepts à partir d'anciens concepts assemblés différemment ;
de trouver des idées nouvelles.

Un paradoxe apparent surgit alors : par leur nature, les ordinateurs sont les bêtes les moins souples, les moins susceptibles de désirs qui soient, obéissant le plus aveuglément aux règles. Bien que très rapides, ils n'en sont pas moins l'image même de l'inconscience. Mais alors, comment programmer un comportement intelligent ? N'y a-t-il pas là une contradiction flagrante ? L'une des principales thèses de ce livre est justement qu'il n'y a pas de contradiction et que le lecteur doit s'attaquer de front à cette apparente contradiction, la goûter, la tourner et la retourner, s'en repaître pour finalement émerger avec une nouvelle vision du fossé infranchissable qui semble séparer le formel de l'informel, l'animé de l'inanimé, le souple du rigide.

Tel est justement le thème des recherches sur l'Intelligence Artificielle (I.A.). Ce qu'il y a de savoureux, dans les travaux sur l'I.A., c'est que les chercheurs essaient d'assembler de longues chaînes de règles obéissant à des formalismes rigoureux pour apprendre aux machines rigides comment devenir souples.

Quelles sortes de « règles » pourraient permettre de cerner tout ce qui caractérise un comportement intelligent ? Il doit exister des règles pour toutes les sortes de niveaux différents : il doit y avoir des règles « élémentaires », des « métarègles » permettant de modifier les règles « élémentaires », des méta-métarègles pour modifier les métarègles, et ainsi de suite. La souplesse de l'intelligence provient du très grand nombre de règles et de niveaux de règles différents. Cette multitude de règles à de multiples niveaux répond à la nécessité de pouvoir faire face à des millions de situations de types totalement différents. Dans certains cas, il existe des réponses stéréotypées, qui n'utilisent que des règles « élémentaires », mais dans d'autres, plusieurs situations stéréotypées sont mélangées, et il faut donc faire appel à des règles permettant de décider lesquelles des règles « élémentaires » doivent être appliquées. On peut aussi trouver des situations inclassifiables, et il faut alors disposer de règles permettant d'inventer de nouvelles règles, etc. Il ne fait aucun doute que les Boucles Étranges utilisant des règles se modifiant elles-mêmes, directement ou indirectement, sont au cœur de l'intelligence. La complexité de nos esprits semble parfois telle que l'on a l'impression que le problème de la compréhension de l'intelligence est insoluble, et que le comportement d'un individu ne peut être gouverné par des règles, quelles qu'elles soient, même en considérant le terme « règle » dans son acception multi-niveaux ci-dessus.

...et Bach

En 1754, quatre ans après la mort de J.-S. Bach, le théologien Johann Michael Schmidt, de Leipzig, écrivit dans un traité sur la musique et l'âme le remarquable passage suivant:
Il y a quelques années, on racontait qu'en France un homme avait fabriqué un automate capable de jouer plusieurs morceaux de *Fleuttraversiere*: il portait la flûte à ses lèvres puis la rabaissait, roulait des yeux, etc. Personne n'a en tout cas encore inventé une image qui pense, veut, compose, ou fait quoi que ce soit de similaire. Que celui qui cherche à s'en convaincre examine la dernière fugue du merveilleux Bach, qui a été gravée sur cuivre mais est restée inachevée à cause de la cécité du compositeur, et observe l'art qu'elle renferme; ou encore, qu'il se penche sur une œuvre qui doit paraître encore plus grandiose, le choral, que aveugle, il dut dicter: *Wenn wir in höchsten Nöthen seyn.* Je suis certain qu'il devra bien vite faire appel à son âme pour observer toutes les beautés de cette composition, ne serait-ce que s'il désire se la jouer ou se forger une idée de l'auteur. Tous les arguments des champions du matérialisme doivent céder devant ce seul exemple.

Il est fort probable que le chef de file des «champions du matérialisme» visé dans ce passage n'était autre que Julien Offroy de La Mettrie, philosophe à la cour de Frédéric le Grand, auteur de *l'Homme-Machine,* et matérialiste par excellence. Deux cents ans ont passé, et pourtant la bataille fait toujours rage entre les partisans de Johann Michael Schmidt et ceux de Julien Offroy de La Mettrie. J'espère que ce livre vous aidera à mieux comprendre cette bataille et à en tirer certaines conclusions.

«Gödel, Escher, Bach»

Ce livre est curieusement composé en forme de contrepoint entre des dialogues et des chapitres. Cette structure a pour objet de me permettre de présenter deux fois les nouveaux concepts: presque tous les nouveaux concepts sont tout d'abord présentés sous forme de métaphore dans un dialogue, afin de susciter un certain nombre d'images visuelles concrètes qui servent de base intuitive lors de la lecture du chapitre suivant, lequel présente le même concept sous forme plus sérieuse et plus abstraite. Il peut sembler à première vue, dans bon nombre de dialogues, que je parle d'une idée, alors qu'en fait je traite une autre idée d'une façon légèrement déguisée.

À l'origine, les seuls personnages de mes dialogues étaient Achille et la tortue, que j'avais repris à Zénon d'Élée par l'intermédiaire de Lewis Carroll. Zénon d'Élée, l'inventeur des fameux paradoxes, vécut au ve siècle avant J.-C., et l'un de ses paradoxes était une allégorie dont Achille et la tortue étaient les protagonistes. L'origine de l'heureuse invention de ce couple est mentionnée dans mon premier dialogue, *Invention à trois voix.* En 1895, Lewis Carroll ressuscita Achille et la tortue pour illustrer son nouveau paradoxe de l'infini, qui mérite d'être bien mieux connu qu'il ne l'est et joue un rôle important dans ce livre. Son titre original était: «Ce que la tortue dit à Achille», mais il est reproduit ici sous le titre *Invention à deux voix.*

Lorsque j'ai commencé à écrire les dialogues, je les ai assimilés à des compositions musicales. Je ne me souviens pas quand cela s'est produit, mais un jour, j'ai écrit «Fugue» au-dessus d'un dialogue que j'avais achevé et, par la suite, j'ai conservé cette idée. Pour finir, j'ai décidé de donner à chacun de mes dialogues la structure d'un morceau de Bach différent, ce qui n'était pas si curieux que cela, puisque le vieux Bach lui-même aimait rappeler à ses élèves que les différentes voix de leurs compositions devaient se comporter comme « des personnes discutant dans le style salon littéraire ». Peut-être ai-je repris cette image plus littéralement que Bach ne l'entendait, mais j'espère toutefois que le résultat est fidèle à son esprit. J'ai été particulièrement inspiré par des aspects des compositions de Bach qui m'ont frappé à maintes reprises et qui sont si bien décrits par David et Mendel dans *The Bach Reader :*

Sa forme générale était fondée sur les relations entre des parties distinctes. Ces relations allaient de l'identité complète de certains passages au retour d'un même principe d'élaboration ou d'une simple allusion thématique. Les structures qui en ont résulté étaient souvent symétriques, mais pas toujours. Quelquefois, les relations entre les différentes parties formaient plutôt un enchevêtrement de fils que seule une analyse détaillée peut permettre de démêler. Le plus souvent, toutefois, quelques caractéristiques dominantes permettent de s'orienter correctement à première vue ou à première écoute, et si une étude approfondie risque fort de révéler une infinité de subtilités insoupçonnées, l'unité de chacune des créations de Bach n'en reste pas moins une caractéristique toujours facilement perceptible.

J'ai essayé de tresser une guirlande à partir de ces trois brins : Gödel, Escher, Bach. Au départ, je voulais écrire un essai dont le thème central aurait été le Théorème de Gödel, et je l'imaginais comme un simple pamphlet[1]. Par la suite, mes idées ont gonflé comme un ballon et ont vite englobé Bach et Escher. Il m'a fallu du temps pour penser à exprimer explicitement cette connexion au lieu de la laisser à l'état de force de motivation personnelle. Finalement, je me suis rendu compte que Gödel, Escher et Bach n'étaient pour moi que des ombres projetées dans des directions différentes par quelque corps central unique. J'ai essayé de reconstituer cet objet central, et j'ai obtenu ce livre.

Les Ordinateurs peuvent-ils vraiment être intelligents[2]

(1980)

HUBERT L. DREYFUS
(né en 1929)

Le nom d'Hubert Dreyfus a suscité dans le monde de l'I.A. une large controverse, née d'une série d'objections convergentes et fortement argumentées adressées par l'auteur de Intelligence artificielle, mythes et limites *aux partisans inconditionnels des performances de la machine. Cet ouvrage, dont l'article qu'on va lire résume quelques aspects, constitue un excellent exemple d'intervention philosophique dans un champ scientifique et technique ; la phénoménologie de Husserl et de Heidegger apporte en effet de quoi clarifier le débat*

1. *Pamphlet* : désigne en anglais, sans connotation polémique, un écrit de taille modeste, supérieure à un article mais inférieure à un livre. Dans sa version française, *Gödel Escher Bach* totalise en réalité 884 pages. *(N.d.P.)*
2. M. Minsky et S. Papert, Projet d'une proposition à l'*Advanced Research Projects Administration (ARPA)* pour des recherches sur l'intelligence artificielle au M.I.T. de juillet 1970, publié par le M.I.T. en 1970/71.

épistémologique soulevé par les prétentions de l'I.A., en précisant ce que veut dire penser, c'est-à-dire voir, connaître, imaginer ou juger...

Hubert Dreyfus conjugue une formation philosophique avec une connaissance précise des technologies intellectuelles, et il a le mérite de relier deux cultures qui s'ignorent habituellement (alors qu'elles s'impliquent étroitement). Mais cette confrontation le conduit à des conclusions pessimistes ou restrictives pour les ambitions de l'I.A. Ses promoteurs avaient en effet commis quelques prédictions extravagantes : « En l'espace de vingt ans, les machines seront capables d'effectuer toutes les tâches quelles qu'elles soient que peuvent effectuer les hommes », écrivait par exemple en 1965 Herbert Simon, prix Nobel d'économie et promoteur avec Newell du célèbre (et ambitieusement baptisé) « General Problem Solver ». Dreyfus qualifie ces effets d'annonce de « sophisme du premier pas » : d'un succès initial, qui n'a fait qu'effleurer la simulation d'une performance, on extrapole une solution rapide des tâches suivantes, dont on méconnaît largement la nature et les difficultés. Autant clamer qu'on va atteindre la lune parce qu'on a réussi à grimper au sommet d'un arbre !

Une jeune science a besoin de mythes, et l'imaginaire est un moteur important de la recherche. Les objections développées par Dreyfus tendent à désespérer le M.I.T., ou à refroidir l'enthousiasme : cette « critique de la raison artificielle » veut tracer (kantiennement) le partage entre la science et le mythe, ou les limites a priori d'une mécanisation de l'esprit. Celui-ci selon Dreyfus ne se laissera jamais ramener à un système entièrement formel (c'est-à-dire analysable en termes de calcul). Ses adversaires, dont Douglas Hofstadter est un représentant nuancé, lui opposent à leur tour qu'on ne sait pas où s'arrête en nous le mécanisme, et que la prétention à borner a priori l'effort humain de simulation et de connaissance s'est généralement trouvé démentie dans l'histoire par le progrès des sciences.

Le point fort de l'argumentation de Dreyfus est de souligner la discontinuité entre la logique, d'une part, et la diversité des opérations intellectuelles qu'on résume, d'autre part, par le terme de pensée. Les partisans de l'I.A. (par exemple Edward Feigenbaum) identifient celle-ci au traitement en général de l'information : nous pensons selon eux par inférences logiques à partir de données nécessairement extérieures. Or, objecte Dreyfus, toutes ces données sont cadrées ou filtrées pour nous par un corps, un holon *ou un* fond *qui n'est pas figurable (ce métaniveau opérateur n'appartient pas à l'opérande ou aux informations objectivables) ; notre corps n'est pas un objet (ni un avoir), je n'ai pas mais je suis* ce corps, *et ce que je suis déborde infiniment et par principe ce que je sais.*

Par ce biais, l'objection phénoménologique de Dreyfus rejoint les critiques contemporaines de la représentation : nos performances supposent un savoir de métaniveau, ou des règles de règles, qui ne sont pas entièrement objectivables ni explicitement formulables. Nos connaissances autrement dit sont plus procédurales *que* déclaratives *: notre savoir-faire* (know how) *dépasse et englobe notre savoir propositionnel* (know that), *et à partir d'un certain niveau de maîtrise les règles disparaissent complètement. Dreyfus s'oppose donc à une approche logiciste ou logocentrique de la connaissance, et ses objections se trouveraient confortées par ceux qui, comme aujourd'hui Pierre Lévy, éprouvent toute la difficulté qu'il y a à extraire de quelqu'un, sous forme de « système expert », un savoir de*

1. Les sujets traités dans cet article, ainsi que plusieurs autres programmes d'ordinateur du même genre et leurs problèmes, sont analysés plus en détail dans *What Computers Can't Do, A Critique of Artificial Intelligence,* par Hubert L. Dreyfus, Harper and Row, 2e éd., 1979.

haut niveau: les «règles de règles», comme l'avait pressenti Wittgenstein, ne se laissent pas clairement formuler, et s'évanouissent quelque part (quand elles deviennent vraiment intéressantes à connaître) dans l'intuition ou dans le flair.

La prétention à traiter ce fond (des connaissances) comme une figure ou un objet parmi d'autres est un bel exemple de confusion des niveaux logiques, qui nourrit le «préjugé métaphysique». Car ce fond n'est pas dénombrable (soumis à un calcul). Et les micro-mondes au sein desquels ce calcul s'exerce avec profit ne sont justement pas des mondes, car ils ne sont pas centrés sur un corps (ils sont, dirait Husserl, privés d'un «horizon intérieur»). Apprendre autre chose qu'un micro-monde (comme celui du jeu d'échecs ou d'une procédure scientifique et technique), c'est «prendre le monde à bras-le-corps», et sentir celui-ci à travers nos affects, ou avec des sentiments qui ne sont pas un savoir dégradé, et ne se laissent surplomber par aucun regard théorique – mais qui constituent le siège et la souche de ce qu'on appelle faire sens. *En bref et au bilan, pour penser il faut un corps.*

Dans la mesure où il n'a ni corps ni histoire propre, l'ordinateur le plus sophistiqué ne peut comprendre un conte pour enfants, c'est-à-dire des «informations» pour nous de base. Les ordinateurs ressemblent, argumente Dreyfus, à ces malades trépanés de Gelb et Goldstein, cités par Merleau-Ponty dans la Phénoménologie de la perception, *qui décrivent du dehors, analytiquement et au prix de longs tâtonnements, un objet très simple: «C'est plat..., c'est divisé en lamelles..., un peu piquant...», et, après une longue recherche: «C'est un peigne!» Le phénoménologue a beau jeu de souligner la différence entre cette identification laborieuse et les projections instantanées par lesquelles nous prêtons au monde environnant notre propre dynamique nerveuse ou sensible et évoluons dans un contexte doté de* pertinence.

Dreyfus proteste donc contre le paradigme analytique (qu'il fait remonter à Platon) par lequel on voudrait décomposer toute action ou toute connaissance en atomes de raison ou de choix (les fameux bits*). C'est oublier selon lui que toute analyse s'exerce à partir d'une anticipation ou d'une perception préalable, et subliminale, du* holon *ou du fond. En sorte que, si nos machines marchent, c'est parce que nous leur prêtons notre fond, ou notre complexité. Les ordinateurs ne sont donc pas prêts de remplacer l'homme, comme on l'avance pour s'en féliciter ou s'en effrayer – mais ne peuvent qu'interagir avec lui et s'insérer, comme des prothèses, dans notre milieu, à la manière de nos robots-mixeurs et autres machines à laver.*

Source: *Revue* Critique, *Éditions de Minuit, Paris, 1980, numéro 399-400.*

Bibliographie: *Hubert L. Dreyfus,* Intelligence artificielle, mythes et limites, *Flammarion, Paris, 1984 (traduction de* What Computers Can't Do, A Critique of Artificial Intelligence, *Harper and Row, 2ᵉ édition, 1979); revue* Le Débat *n° 47 (coordonné par Daniel Andler), «Une nouvelle science d'esprit», Gallimard, Paris, nov.-déc. 1987.*

MÊME LES PERSONNES qui ont un esprit scientiste ont le sentiment que bien qu'elles soient faites de matière, elles ne sont pas des machines; cependant, récemment, il leur est de plus en plus répété, comme si cela était évident, que «chaque être humain est un ordinateur superbement construit»[1] et que les ordinateurs se comporteront éventuellement aussi intelligemment que les humains. Certains savants disent que les ordinateurs,

1. C. Sagan, «In Defense of Robots», dans *Broca's Brain*, Random House, New York, 1974.

comme Hal dans le film *«2001 : Une odyssée de l'espace»*, seront exactement comme les humains; d'autres prétendent que les machines intelligentes seront supérieures aux êtres humains, puisqu'elles n'auront pas à subir la fatigue, les émotions, les crises de doute, et l'illusion qu'elles ne sont pas des machines. Chacune de ces prédictions est accompagnée de son propre scénario pour un désastre: l'ordinateur émotif s'affole et détruit tout le monde dans son effort irraisonné pour sauver la mission; l'ordinateur purement intellectuel rend calmement la société un enfer rationnel convenant uniquement aux robots. Puisque répandre la bonne nouvelle de l'imminence de l'intelligence artificielle aussi bien que prophétiser un désastre inévitable sont devenus une nouvelle industrie des médias, il est grand temps de songer à nouveau à notre tranquille certitude que nous ne sommes pas des ordinateurs et que prétendre qu'ils peuvent être intelligents doit être une absurdité.

Deux des «succès» les plus popularisés des ordinateurs qui semblent donner quelque fondement à l'idée que les savants sont en train de faire des progrès réguliers vers la création de machines intelligentes, sont le programme des blocs (SHRDLU) de Terry Winograd[1] et les performances impressionnantes des récents programmes pour jouer aux échecs.

Quand il fut dévoilé pour la première fois, il y a dix ans, le programme de Winograd parut être, vraiment, une enjambée importante vers la création de machines intelligentes. SHRDLU simule le bras d'un robot qui peut faire bouger un ensemble de blocs de formes différentes et permet à quelqu'un d'engager un dialogue avec l'ordinateur, en posant les questions, en faisant des déclarations, et en donnant des ordres à propos de ce monde simple de blocs mobiles. Ceux qui travaillent dans le domaine de l'I.A. (intelligence artificielle) n'ont pas essayé de cacher le fait que c'est grâce au domaine restreint de SHRDLU qu'une apparente compréhension est possible. Ils avaient même un nom pour désigner la façon dont Winograd réduit le champ du discours. Celui-ci traitait avec un «micro-monde». Marvin Minsky et Seymour Papert, co-directeurs du «projet-robot» au Massachusetts Institute of Technology (M.I.T.), expliquent:
«Chaque modèle – ou «micro-monde», comme nous l'appellerons – est très schématique; il s'agit d'un monde imaginaire dans lequel les choses sont si simplifiées que presque chacunes des déclarations faites à leur sujet serait littéralement fausse si elle était prononcée à propos du monde réel[2].»

Mais ils ajoutent immédiatement:
«Cependant, nous avons le sentiment qu'ils (les micro-mondes) sont si importants que nous sommes en train de consacrer une grande partie de notre effort au développement d'une série de ces micro-mondes et nous cherchons comment utiliser les puissances de suggestion et de prédiction des modèles sans être incommodés par leur incompatibilité avec la vérité.»

Ce qui caractérise la période du début des années soixante-dix, et qui fait paraître SHRDLU comme un pas en avant vers une intelligence générale, c'est ce concept apparem-

1. Terry Winograd, «A Procedural Model of Language Understanding», dans *Computer Models of Thought and Language*, édité par R. Schank et K. Colby, W.H. Freeman Press, San Francisco, 1973. [Le sigle SHRDLU n'a aucune signification. Winograd l'a emprunté au magazine *Mad*, qui utilise souvent cette erreur typographique pour nommer les monstres mythiques et autres créatures de ce genre.]
2. M. Minsky et S. Papert, Projet d'une proposition à l'*Advanced Research Projects Administration (ARPA)* pour des recherches sur l'intelligence artificielle au M.I.T. de juillet 1970, publié par le M.I.T. en 1970/71.

ment scientifique d'un micro-monde. Étant donné le caractère artificiel et arbitraire des micro-mondes, pourquoi est-ce que Minsky et Papert ont pensé qu'ils fournissent une direction de recherche intéressante? Pour trouver la réponse, nous devons suivre les remarques pénétrantes de Minsky et Papert sur la compréhension de la narration et leurs moins pénétrantes conclusions:

«... Dans la fable familière, c'est par la ruse que l'astucieux Renard arrive à ce que le vain Corbeau lâche le fromage en lui demandant de chanter. Le test habituel de compréhension est la capacité de l'enfant à répondre à des questions comme celle-ci: «Est-ce que le Renard pense que le Corbeau a une jolie voix?»

Le sujet est quelquefois classifié comme «manipulation du langage naturel» ou comme «logique déductive», etc. Ces descriptions sont mal choisies. Car le vrai problème n'est pas de comprendre l'anglais; c'est de *comprendre* tout simplement. La difficulté pour obtenir de la machine une bonne réponse ne dépend absolument pas de la «disambiguation» des mots (tout au moins pas dans le sens habituel de choisir une «signification parmi un ensemble discret de significations»). La difficulté ne réside pas non plus dans la nécessité d'avoir un appareil logique inhabituellement puissant. Le principal problème est que personne n'ait construit les éléments d'un ensemble de connaissances à propos de telles matières qui soit adéquat pour comprendre l'anecdote. Voyons ce que cela entraîne.

Pour commencer, il n'y a jamais une solution unique à ce genre de problème; aussi, nous ne demandons pas ce que l'Entendeur *doit* connaître. Mais il aurait avantage à posséder le concept de *flatterie*. Pour procurer cette connaissance, nous imaginons une «micro-théorie» de la flatterie – un ensemble extensible de faits ou de procédures qui décrit les conditions dans lesquelles on peut s'attendre à trouver la flatterie, quelles formes elle prend, quelles sont ses conséquences, etc. La complexité de cette théorie dépend de ce qui est présupposé. Aussi serait-il très difficile de décrire la flatterie à notre Entendeur [homme ou machine] si il/elle ne savait pas déjà que des propos peuvent servir à d'autres buts que de convoyer une information factuelle littéralement correcte. Cela serait pratiquement impossible s'il/elle n'avait même pas un concept comme but ou *intention* [1].»

Le coup surprenant ici est qu'ils concluent qu'il *pourrait* exister une «micro-théorie» circonscrite de la flatterie – en quelque sorte intelligible en dehors du reste de la vie humaine – tout en montrant que comprendre la flatterie entraînerait une pénétration toujours plus poussée dans la compréhension du reste de notre vie quotidienne, avec ses buts et ses intentions complexes.

La notion d'un micro-monde, comme un domaine pouvant être traité en isolation, vient d'une fausse analogie avec la physique. En effet, durant notre vie quotidienne nous sommes engagés dans une multitude de «sous-mondes» tels que le monde du théâtre, des affaires, ou des mathématiques, mais chacun de ceux-ci est une «modalité» du monde quotidien que nous partageons[2]. Les sous-mondes ne sont donc pas reliés au monde comme les systèmes physiques isolés sont liés à de plus grands systèmes dont ils sont les *composantes;* ils sont plutôt les élaborations locales d'un tout qu'ils *présupposent.*

C'est seulement récemment que l'illusion que l'on pouvait généraliser les travaux faits dans des domaines étroitement circonscrits a été repérée et rejetée par Winograd lui-même: les programmes d'I.A. des dernières années soixante et du début des années soixante-dix

1. *Idem.*, p. 42-44.
2. Cette conclusion est démontrée dans *Sein und Zeit* de M. Heidegger. (Voir particulièrement la section 18.)

prennent toutes choses au pied de la lettre. Ils traitent la signification comme si elle était une structure à construire avec des briques et du mortier fournis par les mots... Cela leur donne un caractère «friable», capable de fonctionner seulement dans les domaines à la signification très spécifique, comme une conversation formelle artificielle. De même, ils sont pauvres s'il s'agit de traiter les énoncés naturels, pleins de morceaux et de fragments, de métaphores continues (non décelables), et de références à des domaines moins aisément formalisés[1].

Tandis que les vulgarisateurs sont toujours pleins de louanges pour SHRDLU, il est maintenant généralement reconnu que le recours au micro-monde pour programmer l'intelligence quotidienne est une impasse.

Tandis que la vie quotidienne est la totalité des activités reliées les unes aux autres, les jeux sont juste le genre de micro-mondes totalement circonscrits dans lesquels les ordinateurs excellent. Ainsi, dans la mesure où l'on peut s'attendre à des échecs lorsque l'on travaille sur le langage humain, on pourrait espérer de grands succès avec les programmes de jeux. Mais nous devons faire attention à ne pas attribuer ces succès à une capacité ressemblant à l'intelligence humaine.

Les échecs, par exemple, sont un parfait micro-monde dans lequel ce qui est important est réduit au domaine étroit défini par le genre de pièce (pion, cavalier, etc.), sa couleur, et la position qu'elle occupe sur l'échiquier. La taille, le poids et la température de la pièce ne sont jamais pertinents. Mais tandis que le caractère circonscrit du jeu rend possible, en principe, un programme pour jouer aux échecs au niveau du championnat du monde, il y a beaucoup d'indications que les êtres humains jouent aux échecs d'une façon tout à fait différente des ordinateurs. En effet, les ordinateurs n'utilisent pas de stratégie à long terme, n'apprennent rien par expérience, ou même ne se souviennent pas des tours précédents.

Pour comprendre quelle est la différence entre le jeu humain et celui d'un ordinateur, nous devons d'abord comprendre comment fonctionne un programme d'échecs. Un programme d'échecs utilise des règles qui relient une situation à une action. Une situation est caractérisée en termes d'attributs indépendants du contexte; par exemple, la position et la couleur de chaque pièce sur l'échiquier. Toutes les manœuvres légales et les positions qui en résultent sont alors définies en termes de ces attributs. Pour évaluer et comparer les positions, des règles sont fournies pour calculer les scores des attributs tels qu'«équilibre matériel» (où une valeur numérique est désignée pour chaque pièce de l'échiquier et le score total est calculé pour chaque joueur) ou «contrôle du centre» (où le nombre de pièces qui dominent le centre de l'échiquier est compté). Finalement, il doit y avoir une formule basée sur ces scores pour déterminer la valeur de chaque position possible. En utilisant cette approche et en considérant environ trois millions de positions possibles à chaque tour, CHESS 4.5 a récemment gagné le 84e tournoi du Minnesota, mais un maître envisage les résultats de moins de cent coups possibles à chaque tour et cependant a un jeu bien meilleur. Comment cela se fait-il?

Il semble qu'en rejouant les jeux publiés et qu'en participant à des tournois, les maîtres développent une capacité pour reconnaître les positions du jeu actuel comme étant similaires aux positions qui se sont produites dans les jeux classiques. Ces positions-là ont déjà été analysées en fonction de leurs aspects significatifs. Les aspects d'une position dans un jeu d'échecs comprennent des caractéristiques globales telles que «contrôle de la situation»

1. T. Winograd, «Artificial Intelligence and Language Comprehension», dans *Artificial Intelligence and Language Comprehension*, National Institute of Education, Washington, 1976, p. 17.

(le degré dans lequel les coups du joueur opposé peuvent être forcés par une manœuvre menaçante), «une situation comprimée» (ce qui reste de la possibilité de manœuvre pour chaque joueur), ou «trop grand éparpillement» (le fait que, bien que la position soit superficiellement forte, on n'ait pas suffisamment le contrôle de la situation pour poursuivre et que, avec un jeu correct de l'adversaire, une retraite massive soit obligatoire). Les positions déjà analysées dont il se souvient permettent au joueur d'éviter un grand nombre de calculs et de concentrer son attention sur les zones critiques avant de commencer à compter un à un chaque coup.

La distinction entre attributs et aspects est centrale ici. Dans une analyse du jeu des joueurs humains, les *aspects* jouent un rôle similaire à ceux des *attributs* dans un modèle d'ordinateur, mais il y a une grande différence. Dans le modèle d'ordinateur, *la situation est définie en fonction des attributs,* tandis que pour les joueurs humains *la compréhension de la situation précède la détermination des aspects.* Par exemple, la valeur numérique d'un attribut tel que l'équilibre matériel peut être calculée indépendamment de toute compréhension du jeu, tandis qu'un aspect comme un trop grand éparpillement ne peut être calculé seulement en fonction de la position des pièces, puisqu'une même position sur l'échiquier peut avoir des aspects différents selon sa place dans la stratégie à long terme du jeu.

On ne peut pas dire que la capacité du maître à utiliser une expérience passée pour concentrer son attention sur les éléments importants qui émergent du jeu présent tient de la correspondance, basée sur les attributs, entre la position présente et des positions précédentes placées dans sa mémoire comme des livres sur les rayons d'une bibliothèque. Il est extrêmement improbable que deux positions soient jamais *identiques ;* aussi faut-il comparer des positions *similaires.* Mais on ne peut pas définir la similarité comme le fait d'avoir un grand nombre de pièces sur des carrés identiques. Deux positions qui sont identiques sauf pour un pion placé sur un carré adjacent peuvent être totalement différentes, tandis que deux positions peuvent être similaires bien qu'aucune pièce ne soit sur le même carré dans chacune. Ainsi la similarité dépend du sentiment qu'a le joueur de ce que sont les issues en question, pas simplement de la position des pièces. Pour voir que deux positions sont similaires, il faut précisément avoir une compréhension profonde du jeu. En structurant ainsi la situation courante en fonction des aspects des situations similaires dont il se souvient, le joueur humain est capable d'éviter la masse de calculs que doit faire un ordinateur qui peut seulement «reconnaître» des positions caractérisées en fonction d'attributs indépendants.

Donc l'intelligence humaine, même dans les jeux, demande l'utilisation d'un fond de connaissances pratiques; dans la vie quotidienne ce fond est fait de la compréhension commune, que nous partageons avec les autres êtres humains, à savoir faire les choses. Les travaux récents en intelligence artificielle ont été forcés de traiter directement avec ce fond quotidien. Confrontés à cette nécessité, les chercheurs ont implicitement essayé de traiter le fond comme un ensemble de faits reliés par des règles quelquefois appelé un «système de croyances». Ce préjugé, que le fond des connaissances pratiques peut être traité simplement comme un autre objet, sert de base à la prétention que tous les êtres humains ne sont que des ordinateurs très compliqués. Cette conviction est ancrée profondément dans notre entière tradition philosophique. Suivant Martin Heidegger qui est le premier à avoir identifié et critiqué cette vue, je l'appellerai le préjugé métaphysique.

La question évidente à poser est: Y a-t-il des raisons de croire qu'en dehors des difficultés persistantes et du passé de promesses non remplies de l'I.A., le préjugé métaphysique soit injustifié ? Y a-t-il aucune défense contre cette version subtile de la philosophie mécaniste ? Le meilleur argument, je crois, c'est que chaque fois que la conduite humaine est analysée en termes de faits reliés par des règles, ces règles doivent toujours contenir une condition *ceteris paribus*, c'est-à-dire qu'elles s'appliquent, « toutes choses étant égales », et ce que « toutes choses » et « égales » signifient dans une situation donnée ne peut jamais être complètement expliqué. De plus, cette condition *ceteris paribus* n'est pas un inconvénient montrant que l'analyse n'est pas encore complète et peut être une « tâche infinie ». La condition *ceteris paribus* indique plutôt le fond des pratiques comme condition de la possibilité de toute activité qui peut être décrite par des règles. Lorsque nous expliquons nos actions nous devons toujours, à un moment ou à un autre, recourir à nos pratiques quotidiennes et simplement dire « ceci est ce que nous faisons » ou « être un être humain c'est ça ». Ainsi en dernière analyse toute intelligibilité et toute conduite intelligente a sa source dans le sentiment de ce que nous *sommes*, qui est quelque chose que nous ne pouvons jamais *connaître* d'une façon explicite.

Pour rendre cette prétention plus plausible, on peut se servir comme exemple d'un programme fait au M.I.T. pour comprendre des anecdotes. Considérez l'extrait suivant d'une anecdote :

« Aujourd'hui, c'était l'anniversaire de Jacques. Penny et Jeannette sont allées au magasin. Elles sont allées acheter des cadeaux. Jeannette décida d'acheter un cerf-volant. « Ne le fais pas », dit Penny. « Jacques a un cerf-volant. Il te *le* fera retourner. »[1]

Le but est de construire une théorie qui explique comment le lecteur comprend que « le » se rapporte au nouveau cerf-volant, et non pas à celui que Jacques possède déjà. Des astuces grammaticales (telles que « le » se rapportant au dernier substantif mentionné) sont clairement inadéquates, parce que le résultat serait de commettre l'erreur de comprendre la dernière phrase de l'anecdote comme signifiant que Jacques demandera à Jeannette de retourner le cerf-volant qu'il possède déjà. Il est aisé de voir qu'on ne peut savoir que « le » se rapporte au nouveau cerf-volant si l'on ne sait pas quelles sont les habitudes commerciales de notre société. On pourrait imaginer un monde différent dans lequel les objets que l'on vient d'acheter ne sont jamais retournés au magasin, mais que les anciens le sont.

L'approche de l'I.A. dictée par le préjugé métaphysique est, évidemment, d'essayer de rendre le fond des pratiques impliqué dans la compréhension de cette anecdote explicite comme étant un ensemble de croyances. Mais une fois que les jeux et les micro-mondes sont laissés de côté, un abîme géant menace d'engouffrer ceux qui essayent d'accomplir un tel programme. Comme Papert le note :

[...] « l'anecdote n'inclut pas d'une façon explicite tous les faits importants. Regardons à nouveau l'anecdote. Certains lecteurs seront surpris de noter que le texte lui-même ne dit pas (a) que les cadeaux achetés par Penny et Jeannette étaient pour *Jacques*, (b) que le [cerf-volant] acheté par Jeannette était en fait un cadeau, et (c) qu'avoir un objet implique que l'on ne veut pas en avoir un autre[2]. »

Notre exemple repose sur la question : Comment est-ce que l'on met en mémoire d'ordinateur les « faits » mentionnés en (c) ci-dessus à propos du retour des cadeaux ? Pour commencer, il y a peut-être un nombre indéfini de raisons pour retourner un cadeau. Ce cadeau n'a peut-être pas la bonne taille, fonctionne sur un voltage différent, est cancérigène,

1. I. Goldstein et S. Papert, Laboratoire d'I.A. du M.I.T., IA memo n° 337, juillet 1975, revu en mars 1976, « Artificial Intelligence, Language and the Study of Knowledge », p. 29-31.
2. *Idem.*, p. 33

fait trop de bruit, est considéré comme étant trop enfantin, trop féminin, trop masculin, trop américain, etc. Et pour comprendre chacun de ces faits, il en faut d'autres. Mais nous nous concentrerons sur la raison mentionnée en (c): que normalement, c'est-à-dire *toutes choses étant égales*, si l'on a un objet on n'en veut pas un autre semblable. Bien sûr, cela ne peut pas être acquis simplement comme une vraie proposition. Cela n'est pas vrai pour des billets de banques, des biscuits, ou des billes. (Il n'est même pas évident que cela soit vrai pour des cerfs-volants). Papert pourrait répondre que, bien sûr, une fois que l'on parle de ce qui est normal il faut être prêt à traiter les exceptions.

Mais là commencent les clins d'œil désespérés, car le texte n'a pas besoin de mentionner de façon explicite les exceptions. Si le cadeau était des billes ou des biscuits, le texte sûrement n'aurait pas à mentionner que ce sont des exceptions à la règle générale, que posséder un unique exemplaire est suffisant. Aussi la base des données devrait contenir *une description de toutes les exceptions possibles* pour compléter le texte, à supposer que de penser à cela comme une liste définitive ait même un sens. Pire encore, même si on avait la liste de tous les cas exceptionnels où quelqu'un serait content de posséder plus qu'un seul spécimen d'un certain genre d'objet, il y a des situations qui permettent une exception à cette exception: avoir déjà un biscuit est plus que suffisant si le biscuit en question a un mètre de diamètre; un millier de billes est plus que ce qu'un enfant normal peut manipuler. Devons-nous donc établir une liste des situations qui font que l'on doit s'attendre à avoir des exceptions aux exceptions? Mais ces exceptions aussi peuvent être outrepassées dans le cas, par exemple, d'un goinfre ou d'un collectionneur de billes, et ainsi de suite. Le programmeur qui écrit un programme pour comprendre les anecdotes doit essayer d'énumérer toutes les informations utiles, et une fois que cette information fait appel au normal ou au *typique* il n'y a aucun moyen d'éviter que s'ajoutent des séries sans fin de conditions aux conditions d'application de ce savoir à une situation spécifique.

La seule «réponse» qu'offre Papert est le préjugé métaphysique qui veut que le fond des connaissances de la vie quotidienne soit un ensemble de situations rigidement définies, dans lesquelles les faits pertinents sont clairs et circonscrits comme dans un jeu:
«Les prémices fondamentales de la théorie des cadres c'est la thèse qui veut que... la plupart des situations dans lesquelles les gens se trouvent ont *suffisamment en commun* avec des situations rencontrées précédemment pour que les traits saillants soient pré-analysés et mis en mémoire sous la forme "situation-spécifique" [1].»

Mais cette «solution» est intenable pour deux raisons:

1. Même si la situation présente est, en effet, similaire à une situation pré-analysée, nous avons toujours le problème de décider à quelle situation elle ressemble. Nous avons déjà vu que, même pour les jeux tels que les échecs, il est peu probable que deux positions soient identiques; aussi une profonde compréhension de ce qui se passe est-elle nécessaire pour décider ce qui compte comme deux positions similaires dans deux jeux donnés. Ceci devrait être encore plus évident dans le cas où le problème est de décider à quelle situation pré-analysée une situation réelle donnée ressemble le plus: par exemple, si une situation dans laquelle il y a des bébés bien habillés et des jouets neufs que l'on offre est plus en rapport avec un anniversaire ou un concours de beauté.
2. Même si toutes nos vies étaient vécues comme des situations stéréotypées, nous venons juste de voir que tout cadre du monde réel doit être décrit en fonction du normal, et que faire appel au normal entraîne nécessairement une régression. Car lorsque nous essayons

1. *Idem.*, p. 30-31. (Souligné par moi, H.D.)

d'énumérer explicitement les conditions nécessaires et suffisantes de la normalité, nous sommes entraînés dans le marécage des exceptions aux exceptions. Seul le sentiment général que nous avons de ce qui est typique nous permet de décider de ce qui est normal dans un cas particulier, et cette compréhension du fond ne peut pas être par définition « spécifique à la situation ».

Le sens que nous avons de notre situation est déterminé par nos humeurs changeantes, nos intérêts et projets courants, le projet global de notre vie, et aussi probablement par nos facultés sensori-motrices à manier les objets et à vivre avec les gens-facultés que nous développons par la pratique sans jamais avoir à nous représenter à nous-mêmes notre corps comme étant un objet, notre culture comme étant un ensemble de croyances, et nos habiletés comme étant produites par des règles liant les situations aux actions. Toutes ces capacités uniquement humaines donnent une « richesse » et une « épaisseur » à notre façon d'être-dans-le-monde et ainsi semblent jouer un rôle essentiel dans le fait que nous sommes en situation, qui à son tour soutient toute conduite intelligente.

Étant donné que le fait d'être en situation est essentiel à l'intelligence humaine, ceux qui désirent modeler l'esprit d'après un ordinateur qui est essentiellement hors de toute situation sont confrontés à un dilemme. Ou bien ils doivent essayer de formaliser le fond entier des pratiques quotidiennes humaines. Terry Winograd, par exemple, reconnaît maintenant que l'intelligence humaine est « holistique » et que la signification dépend de « l'ensemble entier formé par les buts et la connaissance ». Si cette approche était poursuivie d'une façon consistante, elle obligerait les travailleurs de l'intelligence artificielle à capturer les humeurs, les intérêts, et les pratiques incarnées dans un réseau formel de croyances (tentative qui est sûrement condamnée à échouer). Ou bien, quand ils auront un aperçu de l'énormité de la tâche, les travailleurs de l'I.A. peuvent essayer d'isoler l'intelligence du fond de la compréhension quotidienne. À ce stade presque tous les travailleurs de l'I.A. et tous ceux qui croient que l'esprit fonctionne en traitant l'information sont plus ou moins lucidement condamnés à la seconde alternative de ce dilemme. Ils présument que les aspects non-cognitifs de l'esprit peuvent être ignorés en toute sécurité – que la cognition consiste simplement dans les manipulations d'ensembles complexes de symboles sans signification qui correspondent aux attributs du monde réel. Winograd est entraîné dans cette voie lorsqu'il écrit: « L'I.A. est l'étude générale des aspects de la cognition qui sont communs à tout système de symboles physiques, y compris les humains et les ordinateurs. [1] » Mais cela simplement définit le domaine de l'intelligence dé-située; cela ne montre en aucune façon qu'une telle chose existe. L'anecdote du cerf-volant, qui débouche sur la totalité des pratiques humaines, suggère fortement que cette approche, basée sur un désir désespéré plutôt qu'une estimation réaliste du phénomène, est également vouée à l'échec.

Cependant, à ce dilemme les chercheurs de l'I.A. peuvent répondre d'une façon plausible : « Quel que soit le fond des intérêts, sentiments et pratiques partagés, nécessaires pour comprendre des situations spécifiques, ce savoir *doit* être d'une manière ou d'une autre dans l'esprit des êtres humains qui ont cette compréhension. Et comment représenter autrement ce savoir sinon comme un ensemble explicite de faits et de croyances ? » En effet, le genre de programmation d'ordinateur accepté par tous les travailleurs de l'I.A. nécessiterait une telle structure des données, et une telle structure est aussi présupposée par les philosophes qui soutiennent que toute connaissance doit être représentée explicitement dans nos esprits. Mais il y a deux alternatives qui, en évitant l'idée que tout ce que nous

1. T. Winograd, Panel on Natural Language Processing, IJCAI-77, *Proceedings*, p.1008.

savons doit exister dans nos esprits sous la forme d'une description explicite, éviteraient les contradictions inhérentes au modèle du traitement de l'information.

Une réponse, partagée par des phénoménologues existentiels comme Maurice Merleau-Ponty[1] et des philosophes du langage ordinaire tels que Ludwig Wittgenstein, est de dire qu'un tel «savoir» des intérêts et pratiques humains n'a pas besoin d'être représenté. Comme Wittgenstein le dit dans *De la certitude*: «Les enfants n'apprennent pas que les livres existent, que les fauteuils existent, etc. – ils apprennent à aller chercher les livres, à s'asseoir dans les fauteuils, etc.»[2] Juste comme il semble plausible que je puisse apprendre à nager en m'exerçant jusqu'à ce que je développe la bonne forme d'activité qui se déclenchera automatiquement sans que je décrive jamais à moi-même mon corps et les mouvements musculaires, ainsi également ce que je «sais» des pratiques culturelles qui me rendent capable de reconnaître et d'agir dans des situations spécifiques a été graduellement acquis par entraînement – dans un environnement déjà signifiant – bien que personne n'ait ou ne puisse jamais rendre explicite ce qui était appris.

Une autre description possible aurait une place pour les représentations, tout au moins dans certains cas où je dois m'arrêter et réfléchir, mais une telle position soulignerait le fait que ces représentations ne sont que rarement des descriptions explicites mais sont plutôt des images au moyen desquelles j'explore ce que je *suis*, non pas ce que je *sais*. D'après cette vue je ne me représente pas que j'ai des désirs, ou bien que pour rester debout il faut être en équilibre, etc. Quand cela aide, cependant, comme pour comprendre une anecdote, je peux m'imaginer dans une situation particulière et me demander ce que je ferais ou quels seraient mes sentiments (si j'étais à la place de Jacques, comment réagirais-je si l'on m'offrait un second cerf-volant?) sans avoir à rendre explicite tout ce qu'il faudrait dire à un ordinateur pour qu'il puisse parvenir à la même conclusion. Ainsi nous faisons appel à des représentations *concrètes* (images ou souvenirs) basées sur notre propre expérience sans avoir à rendre explicites les règles strictes supposées et expliquer complètement (si cela a même un sens) leurs conditions *ceteris paribus* qui seront nécessaires pour construire des descriptions symboliques *abstraites*.

En effet, il est difficile de voir comment les diverses façons subtiles dont les choses nous concernent peuvent être entièrement énumérées. Nous pouvons anticiper et comprendre la réaction de Jacques parce que nous nous rappelons ce que c'est d'être amusé, stupéfié, incrédule, déçu, contrarié, attristé, ennuyé, dégoûté, bouleversé, en colère, furieux, scandalisé, etc., et nous reconnaissons ce que ces divers sentiments nous inciteraient à faire. Pour programmer l'ordinateur on aura besoin de lui fournir une description de chaque nuance des sentiments aussi bien que l'occurrence normale et le résultat probable de chacun.

L'idée que les sentiments, les souvenirs, et les images *doivent* être la partie consciente d'une description explicite inconsciente se trouve confrontée à la fois par l'évidence *prima facie* et le problème d'explication des conditions *ceteris paribus*. De plus, ce préjugé mécaniste n'est supporté par aucune miette d'évidence scientifique venant de la neurophysiologie ou de la psychologie, ou des succès passés de l'I.A., dont les échecs répétés ont motivé auparavant l'appel à cette même métaphysique. Quand les travailleurs de l'I.A. feront finalement face et analyseront leurs échecs, il se peut très bien que ce qu'ils auront à rejeter se trouvera être le préjugé métaphysique/mécaniste.

Si l'on passe en revue les vingt dernières années de recherche de l'I.A., nous pouvons

1. M. Merleau-Ponty, *Phénoménologie de la perception*, Gallimard, Paris, 1945.
2. L. Wittgenstein, *On Certainty*, Harper Torch Book, New York, 1972, p. 62.

dire que le point essentiel qui émerge est que *puisque l'intelligence doit être située elle ne peut pas être séparée du reste de la vie humaine.* Cependant, le refus obstiné de ce fait apparemment évident ne peut pas être mis sur le compte de l'I.A. Il commence avec Platon qui a séparé l'intellect ou âme rationnelle du corps avec ses compétences, ses émotions, et ses appétits. Aristote a continué cette peu vraisemblable dichotomie quand il sépara le théorique du pratique, et définit l'homme comme un animal rationnel comme si l'on pouvait séparer la raison de l'homme de ses besoins et appétits animaux. Si on pense à l'importance des facultés sensori-motrices dans le développement de notre capacité à reconnaître et manier les objets, ou au rôle des besoins et des désirs dans la structuration de toutes les situations sociales, ou, en fin de compte, à l'ensemble du fonds culturel d'interprétation de la vie humaine implicite dans nos actes quotidiens, quand nous identifions et utilisons des chaises, l'idée que nous pouvons ignorer ce savoir-faire, tout en formalisant notre compréhension intellectuelle comme un système complexe de faits et de règles, est hautement improbable.

Pourtant incroyable, cette dichotomie douteuse imprègne maintenant notre façon de penser à propos de tout, y compris les ordinateurs. Dans la série télévisée *Star Trek*, l'épisode intitulé « Le Retour des Archons » raconte ce qui arriva après que le sage homme d'État Landru ait programmé un ordinateur pour que celui-ci dirige la société après sa mort. Malheureusement, comme il n'a pu donner à l'ordinateur que son intelligence abstraite, non sa sagesse concrète, l'ordinateur changea cette société en un enfer planifié. Personne ne s'arrête un moment pour se demander comment, sans les compétences, les sentiments, et les intérêts propres à Landru, l'ordinateur pouvait vraiment comprendre les situations quotidiennes et ainsi du tout diriger la société.

Les vrais artistes ont toujours pressenti la vérité, obstinément niée à la fois par les philosophes et les techniciens, que, précisément parce que l'homme a un corps, il ne peut pas posséder la clarté caractéristique de l'ordinateur. Les artistes sentent que la base de la compréhension humaine ne peut pas être isolée et comprise explicitement. Dans son livre *Moby Dick*, Herman Melville écrit à propos du sauvage tatoué Queequeg qu'il a « inscrit sur son corps une théorie complète des cieux et de la terre, et un traité mystique sur l'art d'atteindre la vérité. Ainsi Queequeg dans sa propre personne était une devinette à résoudre, une œuvre merveilleuse en un volume mais les mystères de cette œuvre, même lui-même ne pouvait les lire... » Yeats exprime d'une façon encore plus succincte le respect du poète pour les limites que pose notre incarnation : « J'ai trouvé ce que je voulais – pour le dire en une phrase, je dis : "L'homme peut incarner la vérité, mais il ne peut pas la connaître". »

(Traduction de Maurice Boissier.)

VI

OUVERTURES MÉDIOLOGIQUES : LE PARADIGME

Si nos médias sont à la vie des symboles ce que la biosphère est aux organismes vivants, la médiologie *(terme forgé par Régis Debray) se propose comme l'écologie des idées. On la définira plus précisément comme l'étude du système des contraintes matérielles et des guidages techniques grâce auxquels circule un message (qui n'est pas nécessairement d'information).*

Elle pose donc la question de « la technique », et de savoir où commence et où s'arrête celle-ci, en nous et hors de nous. Le médiologue ne considère pas la pensée comme toute prête, spontanée ou disponible d'avance, mais comme l'adaptation à des réseaux auxquels elle répond en s'y ajustant.

1. Des médias très discrets

La première vertu d'une médiologie, c'est de nous montrer ce qui normalement nous échappe : le bon médium travaille à se faire oublier ; transparent, il prétend que ce sont les choses mêmes qui parlent. Mais s'il n'y a de science que des choses cachées, nos médias le sont d'autant mieux qu'ils s'étalent, comme la célèbre lettre volée *d'Edgar Poe, à la surface de nos regards.*

Autrement dit, le médium a la même structure auto-raturante (im-médiate) *que le signe en général : lire, ce n'est pas épeler les lettres, pas plus que penser n'est sentir l'excitation électrique courir de neurone en neurone. Et quand le doigt montre la lune, le proverbe dit qu'il est imbécile de regarder le doigt. Suivre un film ne consiste pas davantage, en dehors d'une vigilance cinéphilique très minoritaire, à observer les plans de coupe et les mouvements de caméra. En règle générale nous identifierons le* confort *médiatique à l'illusion d'immédiateté.*

Cette première observation nous propose une échelle de classement des médias : en fonction de leurs degrés respectifs d'enfouissement. Si l'on remarque plus les acteurs au théâtre qu'au cinéma, le spectacle le plus « vivant » n'est pas celui qu'on dit tel (le cinéma tend à mieux effacer l'acteur sous le personnage) ; de même le téléphone à touches est plus confortable que le détour par l'opératrice, et le journal télévisé (avec notre agréable illusion d'avoir, grâce à la télécommande, le monde au bout des doigts), plus immédiat et « chaud » que la lecture du quotidien. Nous appellerons progrès médiatique en général tout dispositif permettant d'enfouir le moyen terme (entre le monde et nous), ou de raccourcir le circuit d'accès. La médiologie est l'histoire de ces courts-circuits.

Quelle est l'extension de ces moyens *que nous appelons un peu vaguement nos médias ? Un véhicule (les chemins de fer), un canal (la voix), un code (l'alphabet) ou un milieu (l'air ambiant qui vibre de toutes ses molécules)... peuvent tour à tour prétendre à cette appellation de médias, mais ils gagnent évidemment à être distingués. Nous laisserons provisoirement cette distinction en suspens, non par obscurantisme ni goût immodéré de la métaphore, mais par précaution méthodologique. Nous n'avons pas envie de dissocier trop vite le logiciel du matériel, ni la culture de la nature, ni de tailler dans les phénomènes à coups de distinctions héritées. Nous préférons supposer une continuité (qu'il faudra affiner bien sûr, et articuler) entre nos médias et les organes de nos sens. Que ceux-là prolongent ceux-ci (grand thème macluhanien) nous paraît une intuition fondamentalement juste, et féconde. C'est d'ailleurs la raison de la discrétion des médias : tant que la vie circule bien, l'organe-véhicule n'existe pas pour le corps, dont la conscience ne vient qu'avec la maladie. La santé, selon une illustre formule, n'est-elle pas « la circulation de la vie dans le silence des organes » ? De même, pour bien voir, mon regard ne doit pas s'arrêter à ma paire de lunettes. La prise de conscience médiologique survient dès que je les casse, comme la conscience écologique quand le milieu se dégrade.*

*La vogue des études sémiologiques dans les années du structuralisme dominant (*supra *chapitre II) a probablement aggravé cet oubli spontané des médias. Pour le sémiologue, l'information va de soi, comme la lumière naturelle (gratuitement autopropulsée) selon Descartes. L'aveuglement du sémiologue, ou du moins sa confiance non critiquée, est de croire par exemple que les locuteurs ont des compétences et des accès égaux à la parole ; que le code est le même pour tous ; ou que le texte stable sur lequel il se penche (pour en extraire « la structure ») lui arrive hors de l'histoire et existe dorénavant pour l'éternité.*

Un premier assaut, celui de la pragmatique, a rappelé au sémiologue que le sujet de l'énonciation n'est pas un locuteur idéal, mais qu'il se trouve pris dans une communauté, avec des effets de place, de face et de pouvoir symbolique. Le deuxième correctif pourrait venir de la médiologie, qui attire son attention sur les contraintes du support ou du véhicule de ces messages dont il dissèque le code. Médiologue et sémiologue tiennent chacun les moitiés d'un billet déchiré : « Au médium macluhanien sans code ni message, le sémiologue oppose en effet des messages codés mais sans milieu ni médium » (Régis Debray). Pour que le texte dit classique devienne objet d'étude, donc invariant dans sa présentation, que de chaînes techniques et de relais (d'inscription, de conservation) il aura fallu déployer en amont !

Car cet isolement d'un auteur, ou du lecteur et du récepteur, a justement une histoire. De même en aval, ces messages peuvent avoir de grands effets (historiques, politiques : qu'on songe aux quatre Évangiles, à la Déclaration des droits de l'homme, au Capital *ou à* Mein Kampf... *), que la théorie pragmatique baptise avec Austin* perlocutoires *(*supra *chapitre III) et qui ne concernent donc pas le champ « proprement linguistique » – mais qui ne peuvent être durablement exilés des effets de sens en général. Pour expliquer ou dégrossir celui-ci, la médiologie se pose précisément la question du format, de la forme ou du matériau du message : on ne dit pas la même chose, ni avec les mêmes effets, sur parchemin, sur brouillon ou sur bande magnétique ; le texte qui m'arrive en collection Pléiade a plus d'autorité que la dernière thèse dactylographiée ; et le plateau de télévision de même a d'autres effets de consécration du locuteur que le préau d'école, ou la chaire d'université (tombée au rang de simple chaise). En bref il n'y a pas de message qui nous parvient hors médias ; et les médias ne se contentent pas d'acheminer, ils sont bourrés d'instructions et de hiérarchies (de jugements de valeur) incorporées.*

La sémiologie n'envisageait que la couche combinatoire du code, où les signes ont le dernier mot. Les sémiologues ont souvent tendance à poser les signes avant les choses, et à en faire l'alpha et l'oméga de l'expérience. Mais les signes ont aussi des effets, et des causes, extra-sémiotiques. Après la correction pragmatique, la médiologie voudrait prendre toute la mesure de ce milieu *(à la fois médium et médias).*

2. La quatrième blessure narcissique

Notre pensée se flatte de voler de ses propres ailes, ou de rayonner comme le soleil dans l'éther transparent, sans moteur, gratis. Les philosophes sont un peu les champions de cette spontanéité ou de cette « endurance » de la pensée. Ils disent par exemple qu'il suffit de bien penser pour bien faire, ou que si le corps est esclave, l'esprit du moins est libre (Sartre a brodé sur ce thème des développements d'un spiritualisme étonnant).

De son côté Freud a présenté, non sans un brin d'emphase, la psychanalyse comme la troisième « blessure narcissique » de l'humanité (après les révolutions ou « blessures » copernicienne et darwinienne). La médiologie pourrait constituer une quatrième et plus durable blessure, car elle est infligée au narcissisme d'un esprit qui se croit autonome, premier ou suffisant : qui oublie de quels relais, et dispositifs très matériels, dépendent ses performances.

L'histoire philosophique est une discipline reposante, où les doctrines s'engendrent les unes des autres par dialogues et réfutations. Où ce sont des -ismes qui agissent, et agitent les hommes : l'empirisme, le rationalisme, l'idéalisme... On y rapporte à chaque coup la raison à elle-même, et l'esprit y demeure bei sich, *chez soi. On se rassure avec de belles tautologies : l'excellence de notre tradition critique s'explique par la raison, qui s'explique par l'esprit critique. Pourquoi les sauvages sont-ils animistes, ou superstitieux ? Parce qu'ils végètent dans une pensée prélogique, ou sauvage, ou non critique. (Pourquoi l'opium fait-il dormir ? Parce que, répondaient les médecins de Molière, il contient une « vertu dormitive ».)*

L'enquête médiologique renverse ces causalités somnifères. Elle demande par exemple comment, au tournant du XVII*e siècle, on est entré dans le monde de l'exactitude. Par l'application des mathématiques à la physique, et la généralisation du calcul au monde sublunaire, argumente Alexandre Koyré* (Du monde clos à l'univers infini). *Cette réponse très intellectualiste ne doit pas faire négliger les travaux d'histoire des techniques d'Elizabeth Eisenstein sur la révolution de l'imprimerie, présentés dans ce chapitre dans le texte de Bruno Latour.*

Le « grand partage » entre Eux *et* Nous *aime les oppositions grandioses et les batailles dans le ciel : celle du géant « Raison » contre le dragon « Pensée sauvage », ou « Animisme », par exemple. Mais l'histoire des gestes, telle que la reconstitue Leroi-Gourhan depuis la préhistoire, est peut-être plus intéressante que ces filiations et ces chocs imaginaires. L'hypothèse médiologique consiste à rapporter les grands effets (civilisateurs) à une foule de petites causes triviales et ordinaires : l'esprit scientifique résulte moins d'une décision héroïque (Descartes rentrant en soi-même, ou dans son « poêle ») que d'une longue chaîne d'inscriptions, entretenues par des gratte-papier. Certes chacun répète que* la lettre tue et l'esprit vivifie *; mais tuer la lettre, les médias ou les technologies intellectuelles qui sont ici la poule aux œufs d'or, n'est-ce pas faire évanouir l'esprit ?*

Debray relève à la fin des années soixante-dix cet autre slogan, peu favorable à la médiologie : « En France on n'a pas de pétrole, mais on a des idées... » Issue des maisons d'édition, des académies et des universités, cette production intellectuelle dont nous sommes si fiers survivrait-elle pourtant à une pénurie sévère de matières premières ? Y aurait-il eu le « miracle grec » sans l'esclavage, la république de Venise sans la flotte de ses marchands, le Siècle d'or espagnol sans l'or du Nouveau Monde ? Les civilisations les plus brillantes supposent au loin une colonie, l'entretien d'une armée et une réserve de galériens.

La langue espagnole est un code, par définition immatériel. Mais cet impalpable logiciel doit sa valeur de contrainte à l'appareil lourd de la monarchie, et d'une bureaucratie très matérielle (cf. au chapitre VIII *le texte de Nebrija). Pour qu'un code agisse, il faut des gestes minuscules (gratter une plume, quelques petits mouvements des lèvres ou des lettres...) qui ne demandent apparemment qu'une très faible énergie. Mais cette condition nécessaire est loin d'être suffisante, et l'enquête médiologique pourrait ici prolonger et amplifier la pragmatique : on s'émerveille des effets quasi magiques des paroles performatives, et de la disproportion entre les causes et leurs conséquences, en oubliant qu'il a fallu stocker et concentrer en amont beaucoup de hautes énergies, pour garantir ces petits mouvements. De même la parole (incontestablement performative) du juge qui condamne un coupable est garantie par l'appareil policier et pénitentiaire, sans lequel ses phrases demeureraient lettre morte. La médiologie rend à la sémiologie son invisible moteur.*

En bref la lumière de l'esprit n'est pas naturelle *mais toujours technique, ou artificielle ; et le bon sens ne devient « la chose du monde la mieux partagée » (selon l'ironique formule de Descartes) que par la contrainte et le quasi-dressage de dispositifs très matériels, voire triviaux, que nous nous empressons d'oublier une fois que nous les avons intériorisés. Il faut donc renverser la pensée de Gaston Bachelard, qui voyait dans les instruments une raison incarnée, en envisageant au contraire dans notre raison le prolongement de nos outils. Et se garder de couper ceux-ci du corps, ni la raison de l'outil. Notre effort de connaissance est une fonction organisatrice et organique, le rameau terminal de ce qui vit et pousse à travers nous depuis le sous-sol de nos cellules, et les contraintes de notre milieu.*

3. « Medium is message ? »

S'il n'y a pas de message sans médium, faut-il conclure avec McLuhan que « le médium est le message », en quel sens et jusqu'à quel point ? Pour qu'une information passe, le message doit trouver à la fois son véhicule ou son canal, son environnement, et des destinataires partageant quelque chose du même code. Cette notion de médium, qui couvre une réalité extrêmement vaste, permet d'affirmer que :

- *le médium coproduit le message,*
- *la notion d'information se limite aux milieux où elle se diffuse.*

Une même doctrine aura une vie toute différente selon les porteurs qui s'en réclament. Une idée révolutionnaire basculera en épisode réactionnaire, et inversement, selon les milieux ou les biotopes traversés. Une initiative progressiste, la République espagnole de trente-six, prépare pour l'Espagne quarante années de franquisme ; inversement, la fronde réactionnaire de la noblesse en 1789 déclenche la Révolution française... C'est ce qu'on appelle le tragique, ou la complexité, de l'histoire. « Si la Ligue Communiste Révolutionnaire s'emparait demain de TF1, imagine Debray, Krivine en rédacteur en chef ressemblerait très vite à Sabatier – médium de masse oblige. » Car nous possédons des médias qui nous possèdent. D'où l'intérêt d'une écologie des idées : nos messages, nos idéologies ou nos théories n'existent pas hors de l'environnement médiatique qui les anime, les nourrit, les reproduit et les recycle à notre insu.

En s'intéressant à cette tache aveugle projetée au sein des représentations par leur

« infrastructure matérielle », l'étude des médias permettrait de réviser l'édifice à deux étages du marxisme, en cherchant pour la diffusion des idées une autre logique que celle de la « production » et du « reflet ». Comment le politique demeure-t-il intrinsèquement lié au symbolique, et tous deux articulés au médium ? Quels bouleversements technologiques, quelles « coupures médiologiques » (l'imprimerie au XV*e siècle, l'informatique au* XX*e) ont modifié l'exercice du pouvoir, et dans quel sens ? Comment changent aujourd'hui, sous nos yeux de téléspectateurs, les règles de la légitimation et de la domination ? La « nouvelle communication politique » favorise-t-elle ou non la démocratie ? Faute de comprendre les mutations en cours, on s'expose à les subir ; et à répéter quelques slogans.*

La transformation des médias a de fortes incidences sur la vie politique, et sur les régimes d'autorité symbolique en général. Mais elle n'en a pas moins sur le versant des sciences, où la question devient de savoir dans quelle mesure les outils de la connaissance commandent à notre raison. La connaissance de la nature ne suppose-t-elle pas qu'on s'interroge d'abord sur la nature de notre *connaissance ? Nous savons si peu de chose sur les façons dont nous savons... Parce qu'il n'est pas de science spontanée ni immédiate, la médiologie touche directement aux « sciences cognitives » : à la question de la construction et des médiations d'un appareil de connaissance en général.*

4. Réseaux de la raison

Tout discours est un parcours à travers la guerre des messages, un frayage entre forces contraires, la traversée du bruit (qui désigne aussi la parole des autres). Personne n'attend la vérité comme telle. L'enjeu de nos débats serait plutôt de gagner des places ou de renforcer sa face sur le champ de bataille ; non seulement une proposition qu'on dit vraie, en science notamment, est soumise à la dispute et à la contradiction, mais la force n'est jamais éliminable ni clairement distincte de nos « raisons ».

Cette raison du plus fort *était théorisée et pratiquée déjà par les sophistes, qui furent les premiers médiologues. On lira aujourd'hui chez Michel Callon et Bruno Latour (cf. texte* infra*) comment la raison dépend de* réseaux *dont la construction, l'extension ou la maintenance coûtent en pratique assez cher. Point de sciences sans laboratoires, bibliothèques, congrès, structure universitaire, etc. Point de vérité dont l'énoncé ne soit, en amont, gagé par une tradition de recherches critiques et, en aval, cité, traduit et propagé par des alliés. Un discours que personne ne reprend* n'est pas *une vérité, pas plus qu'une dépêche d'agence qu'aucun journal ne relaie ne constitue une information – mais seulement (à la lettre) un idiolecte*[1]*, une idiotie.*

Dans le champ de la spéculation boursière, on ne peut pas, remarquait André Orléan en citant l'argumentation de J.-M. Keynes, « avoir raison tout seul » (cf. au chapitre IV *le texte de J.-P. Dupuy). L'étude des médiations par lesquelles un énoncé ou une vérité force la preuve, suggère que dans le champ de la science* non plus. *Certes il y a des pionniers solitaires, et des génies (provisoirement) méconnus. Mais dans la connaissance scientifique, pas plus qu'en politique ou en religion, on ne peut avoir longtemps raison seul. Car cette raison, Descartes lui-même le rappelle, suppose le partage. Comme le rire. Disons pour bien préciser ce point qu'un scientifique qui prétendrait, envers et contre tous, dire la vérité, mais dont l'énoncé ne serait ultérieurement* jamais *repris, serait comme un comique qui ne ferait rire personne : celui-ci aurait beau promettre, protester ou prendre les*

1. *Idiolecte :* langue ou parole singulière, particulière (du grec *idios* : privé).

générations futures à témoin, il ne serait tout simplement pas comique. Rabattue sur la connaissance scientifique, cette remarque permet de conclure que la raison, c'est les autres. Et qu'elle passe par la communication.

La comparaison que nous venons de faire entre le chercheur scientifique et le clown paraîtra scandaleuse à un épistémologue. On appelle épistémologie cet exercice philosophique qui nie passionnément que l'établissement de la preuve passe par des épreuves et des rapports de force, par des alliances tactiques et toutes les ruses de l'énonciation. Un médiologue au contraire décrira sous le signifié des sciences et des philosophies le signifiant et le patient travail des techniques (et sous les techniques les tâtonnements d'une recherche saisie à l'état naissant) ; il montrera de même sous les productions de l'art la persistance et les contraintes du métier, les réseaux de la commande sociale et des intérêts marchands (cf. au chapitre VII le texte d'Antoine Hennion). La médiologie en d'autres termes est continuiste : elle renverse les « coupures » artificiellement posées (au nom de Saussure, de Bachelard ou des effets de structure en général) entre la nature et la culture, entre les rapports de force et « le symbolique », entre le bricolage, les techniques et les sciences, entre le corps et l'esprit.

*Ces interrogations ne sont assurément pas neuves. En nous révélant la complexité sémiotique de la représentation, les « philosophies du soupçon » et les sciences humaines nous ont convaincus d'approfondir l'étude des médiations par lesquelles nous pensons. Depuis la fin du XIXe siècle, soit depuis la critique par Nietzsche, Freud, Marx et autres philosophes du soupçon des savoirs qui se voudraient im-médiats ou absolus, notre époque n'a cessé de multiplier, sur le plan de la connaissance comme sur celui de l'organisation politique, administrative ou sociale, l'*épaississement médiatique *en tous domaines.*

5. Progrès technique, progrès social?

La médiologie cherche comment s'articulent une innovation technique et une performance symbolique, d'où peut découler une nouvelle forme d'organisation sociale ; elle associe pour cela la pensée à l'outil, et l'outil au corps, siège et souche du sens.

*On enseigne dans toutes les classes de philosophie l'opposition de la nature, forcément bonne (*phusis *désigne en grec la génération ou l'ordre de « ce qui pousse »), et de l'artificieuse* technè; *mais « la technique » n'en sort pas grandie : l'outil, ou le média en général, porte facilement le nom du malheur, on l'accuse de fausser une intimité rêvée, le face-à-face « originel » de l'homme avec la nature, avec son semblable ou avec soi-même. Qu'il faille des outils pour penser, blesse narcissiquement notre complétude imaginaire. C'est pourquoi peu de lieux communs sont aussi goûtés, dans toute l'histoire de la philosophie, que les diatribes contre la technique (cf. au chapitre premier le texte de Platon).*

Pourtant les textes rassemblés ci-dessous montrent que les phrases philosophiques ayant pour sujet « la » technique, ou « la » communication, ont fait leur temps. Heidegger mais aussi les théoriciens de l'école de Francfort, Jacques Ellul, Lucien Sfez ou Michel Henry jettent un mot sur un ensemble de phénomènes disparates pour en faire un Satan, ou un bouc émissaire, sans descendre jusqu'au terrain des usages sociaux. Pourquoi certaines innovations médiatiques (comme le téléphone, la photocopieuse ou le magnétoscope), produites certes industriellement, ne seraient-elles pas des facteurs de démocratie ou de mieux-être social ? Car on peut faire l'éloge de la publicité, ou de l'influence de la télévision sur le jeu politique, sans tomber dans le délire de certains ; quelques « communications » apportent un feed-back correcteur qui mériterait d'être analysé cas par cas et sans anathème de principe.

« Pas de remède technique aux méfaits de la technique », argumentaient certains écologistes des années 70. La thèse est courte, elle amalgame trop d'objets et trop de relations dans un fourre-tout spéculatif.

On autonomise « la technique » pour se lamenter sur sa « barbarie » ou, après l'avoir détachée des autres activités humaines, pour la transformer en destin. Or il n'y a pas d'informatique en général, pas plus que de télévision, mais des outils plus ou moins récents pris dans des contraintes économiques, articulés à des usages (les « logiques sociales » sur lesquelles Bernard Miège attire l'attention du médiologue dans son texte infra*), c'est-à-dire des luttes pour l'accès, des appropriations, des transferts et des détournements. Le temps est passé des « Grands Sujets Vagues » agités comme des épouvantails (le Monde-de-la-machine, de la Science glacée ou, récemment, la décourageante sottise du « tautisme*[1] *»...), il faut aujourd'hui* nommer les acteurs *au lieu de les fondre sous des masques que personne n'a jamais rencontrés. On rappellera donc avec Bruno Latour, ou Pierre Lévy, qu'il n'y a que des acteurs humains, et qui négocient en permanence des faces, des places et du pouvoir en général. On remettra ainsi la technique dans le courant des affaires humaines (que les Grecs appelaient* ta pragmata*), on lui rendra son humanité, ou sa culture, au lieu de la changer en un monstre froid.*

Plutôt que de philosopher dans la technophobie et l'anathème, on s'efforcera de tracer plusieurs frontières critiques : de distinguer les relations techniques des relations pragmatiques, l'empirique du transcendantal, le linéaire du complexe ou de l'éco-logique... Il est important de rendre ces questions maniables par chacun, pour ne pas faire le jeu des experts. Que la technique engendre une culture est un enjeu vital de nos démocraties, c'est-à-dire de la résistance à l'instrumentalisation du social en général (comme le rappelle infra *Pierre Lévy).*

Mais où commence, et où s'arrête en nous et entre nous la technique ? Une décision « simplement technique », à tel instant de l'histoire (l'invention de la boussole ou des caractères mobiles, la fermeture d'une entreprise ou la mise en circulation d'un sang contaminé...), peut avoir d'immenses conséquences politiques, civilisationnelles ou humaines en général. Les techniques infiltrent nos moindres comportements, et il en est de très immatérielles (comme le calcul, ou la langue). Elles s'enfouissent et se naturalisent au point qu'on a pu parler d'un homme alphabétique, puis typographique, puis cathodique, ou « de Turing », etc. Nous oublions ce que nous devons à nos appareillages dans la mesure où nous pensons avec eux : qu'une paire de lunettes nous rend le monde très différent ; que la pilule a entraîné de nouveaux comportements amoureux, et fait davantage pour la libération de la femme que bien des discours... Qui peut dire ce que l'horloge a apporté à notre perception du temps ? La cartographie à celle de l'espace ? L'avion et le satellite à celle des distances ? La photo du vaisseau-planète Terre, petite boule bleue dans le ciel noir, n'a pas peu contribué à nourrir notre naissante conscience écologique.

En modelant et en modifiant insensiblement nos représentations, les médias en général façonnent nos relations sociales. D'où les thèmes de Goody, et de Leroi-Gourhan : à petites causes techniques, grands effets civilisationnels. Nos grilles de pensée et de lecture, notre mémoire et notre imaginaire se stabilisent toujours autour d'un certain état ou étiage des techniques. L'outil agit par les deux bouts, d'un côté sur le monde, mais également sur

1. *Tautisme :* terme forgé par L. Sfez et expliqué, *infra*, dans le texte de B. Miège.

celui qui s'en sert : l'ouvrier est façonné par ses opérations sur les choses, le producteur est produit par ce qu'il produit. En modifiant nos structures cognitives, nos outils ne laissent nulle part intact ce que Kant appelait le « sujet transcendantal ».

Mais il faut toujours rappeler que le « moment technique » est repris et cadré par la relation pragmatique. Si nous appelons technique, en suivant une distinction familière depuis Aristote, la relation manipulatoire de sujet à objet, nous avons vu que la mise en commun communicationnelle, relation de sujet à sujet ou action d'une conscience sur une autre, n'est ni une science ni une technique (rapports de l'homme au monde en général), mais une praxis (rapports des hommes entre eux). D'où par étymologie notre pragmatique (supra chapitre III).

Il est essentiel de bien distinguer cette relation pragmatique d'une relation simplement technique (qui médiatise généralement la première). Si A agit pragmatiquement sur B, B rétroagit sur A. Autrement dit, le propre d'une relation pragmatique est qu'on ne peut la surplomber, mais seulement interagir avec, ou « entrer dans l'orchestre » (participer à un milieu, à une communauté de signes ou à un système). La pragmatique nous rappelle que l'opérateur de la communication n'est jamais unique ni transcendantal, mais toujours pluriel. Si penser c'est communiquer, pour penser il faut être (au moins) deux, et entrer dans des logiques sociales qu'on pourra peut-être contribuer à modifier, mais jamais créer de toutes pièces. La table de la communication n'est jamais rase, mais déjà et toujours copieusement servie.

D'où les effets complexes du facteur technique dans le champ social. Là où il y a interaction, la causalité ne saurait être linéaire mais circulaire et enchevêtrée. Une communication de conscience à conscience, mais déjà de vivant à vivant ou, dirait la pragmatique, de sujet à sujet est récursive et réglée par des feed-back (qui peuvent être amplificateurs ou stabilisateurs).

À l'émetteur apparent d'un énoncé, il convient d'ajouter par exemple le destinataire qui copilote le message, mais aussi le médium qui coproduit, autorise ou achemine celui-ci. Du même coup cette étude des médiations empêche de nommer le sujet, la source, ou de ponctuer linéairement la prétendue séquence communicationnelle. Un processus vivant, pragmatique ou relationnel en général risque fort d'être circulaire, et nous renvoie aux modes de raisonnement frayés par la cybernétique et la systémique, qui contestent en tous domaines le modèle d'une raison identifiée à la chaîne, ou à l'ortho-doxie d'une ligne droite. La métaphore batesonienne de l'orchestre s'oppose précisément à ce modèle linéaire de la communication hérité du schéma de Shannon (supra chapitre V). « Entrer dans l'orchestre » voudra donc dire dorénavant que pour qu'une innovation ou un message soient sélectionnés, il faut que leur partition soit jugée compatible par les autres musiciens. Une innovation ne prend que si elle rencontre un milieu porteur : la logique technique apporte une potentialité, mais ce sont les logiques sociales qui l'actualisent (comme le rappelle Roger Bautier dans différents travaux).

Prenons l'écriture : elle ne s'introduit pas dans une société sans quelques conséquences, mais il serait faux d'en faire une causalité mécanique, ou l'unique raison des effets. Le social est une « boîte noire », à l'input (l'entrée) écriture phonétique ne correspond pas nécessairement la sortie (l'output) science occidentale. Entre l'input et l'output, la boîte des interactions et des logiques sociales reste noire, l'innovation technique la traverse mais ne la dissout pas. On ne peut envisager dans ce domaine qu'une causalité négative en montrant ce qui ne risque pas d'émerger. Comme l'explique Goody (texte ci-dessous), il faut pour faire des mathématiques poser ses opérations, donc une surface et des *techniques d'inscription. De même il faut pour développer une linguistique objectiver les mots, ou les règles de la grammaire, donc derechef une surface d'enregistrement. Une société orale ou « sans écriture » (notion d'ailleurs discutable) n'a aucune chance de cultiver ces deux sciences, qui relèvent sans doute d'une raison ou d'un paradigme graphique. Mais on n'en conclura pas que la disposition de ces outils entraîne mécaniquement cela – qui dépend de quelques autres facteurs encore.*

L'imprimerie offre un autre exemple, très étudié, de cette versatilité d'une technique selon son contexte économique et social. En Chine, l'écriture idéographique multiplie jusqu'à plusieurs milliers le nombre des caractères. L'imprimerie réclame d'énormes capitaux, c'est une affaire d'État dont le développement renforce en retour le pouvoir central ; en Occident, l'invention de la presse à caractères mobiles déconcentre et libère la circulation du livre, démocratisant du même coup l'accès au savoir. L'invention de Gutenberg ne se limite d'ailleurs pas à celle des caractères en plomb, elle suppose la fabrication du papier, évinçant les autres supports, d'importants réseaux bancaires, une clientèle enfin ou une demande sociale, donc une culture humaniste qui s'empare du livre imprimé, lequel en retour développe celle-ci, etc.

« La technique » n'est pas autonome parce qu'elle a toujours besoin de capitaux pour être introduite à une échelle significative sur le marché, et qu'elle requiert deuxièmement pour la servir une main-d'œuvre, dont les coûts de formation et d'adaptation grèvent en pratique l'outil nouveau de délais et de freins importants. Comme l'écrivent les épistémologues Isabelle Stengers et Judith Schlanger : « Une innovation technique n'existe que si elle rencontre de manière cohérente ces différentes contraintes a priori disparates, si elle réussit à prendre sens *à la fois sur le plan scientifique, économique, social, politique et culturel »* (les Concepts scientifiques).

S'il n'y a pas de raison qui ne s'appuie sur un complexe réseau, *il n'y a pas davantage de découverte technique qui ne soit mise à l'épreuve par la mise en commun. Pour avoir raison, il faut être plusieurs, et entrer dans l'orchestre. C'est l'interaction d'une collectivité d'hommes et de machines qui permit la mise au point du moteur à tort appelé Diesel, montre Latour dans un livre passionnant* (la Science en action, *et texte* infra), *où l'on voit qu'un discours n'est reçu qu'au terme d'un long parcours, ou que l'énonciation scientifique et technique, sous le* contenu *des énoncés, suppose le patient travail de la* relation, *et doit composer avec l'inertie des logiques sociales. L'autonomie de la sphère technique est un rêve d'ingénieur, et ne s'observe nulle part.* Faire *techniquement parlant, c'est toujours « faire avec ». La relation verticale du sujet (transcendantal kantien) à l'objet est toujours recadrée par les relations horizontales ou pragmatiques, moins pures et plus « gênantes », de sujet à sujet.*

7. Le dilemme du missionnaire : entrer ou ne pas entrer dans l'orchestre chinois ?

Qu'est-ce qui fait qu'un message circule ? S'il n'est pas de vérité isolée, le paradoxe de la diffusion sera le suivant : pour intéresser quelqu'un à un énoncé et faire qu'il le reprenne, il faut que l'autre y trouve son compte, donc qu'il le cosigne ou le coproduise en se l'appropriant d'une manière quelconque. C'est le dilemme du missionnaire : certes les masses s'évangélisent ou se marxifient, mais à quel prix ! Le détournement, la simplification et l'entropie de l'information sont la condition de sa diffusion.

Une intéressante illustration de cette loi médiologique est fournie par l'action des

Jésuites. Les membres de l'illustre Compagnie ont réfléchi plus que d'autres aux problèmes des transmissions, et de compatibilité entre les messages. Aujourd'hui encore, la revue Études *qu'ils éditent publie régulièrement des dossiers sur l'information et la communication, et le Père Michel Souchon, son rédacteur en chef adjoint, est consultant pour les programmes de télévision auprès de la présidence de France 2 – France 3 (cf. son texte* infra *chapitre* VII*). Un Jésuite est mieux placé que d'autres pour savoir que l'*admirable propagation de la foi *n'a rien d'automatique, et que les hommes doivent constamment aider le Ciel s'ils veulent que le message rayonne.*

On aimerait évoquer là-dessus le dossier de la «Querelle des rites» soulevée contre l'action missionnaire des Jésuites en Chine, et en reproduire ici quelques pièces. Étiemble les a réunies dans un volume fort intéressant pour notre propos[1]*. À la fin du règne de Louis XIV, marquée par la révocation de l'édit de Nantes et une réaction catholique dirigée à partir de Versailles par la très dévote Madame de Maintenon, la question surgit de savoir si pour mieux évangéliser la Chine les Jésuites ne sont pas en train de trahir le message chrétien. La Compagnie de Jésus pratique le compromis, les accommodements avec les mœurs chinoises, ce qu'on appelle en général le «chemin de velours». Les Jésuites n'arrachent pas dans les temples ou les maisons le portrait de Confucius, mais au contraire reprennent à leur compte quelques maximes de sa sagesse et l'intègrent au catholicisme, ils tolèrent les prosternations requises devant les magistrats, les défunts ou les tablettes funéraires, etc. Ils s'efforcent surtout, pour pénétrer la Chine, de séduire ses élites, à commencer par l'empereur K'ang-hi, un lettré agnostique auquel le Père Ricci et ses collègues de la Compagnie donnent des leçons de mathématiques et de mécanique céleste. Tant de diplomatie et de douceur dans l'action missionnaire furent récompensées par un succès remarquable, puisqu'en 1692 K'ang-hi accorde aux chrétiens un* édit de tolérance, *qui officialise leurs missions dans son empire.*

Les Jésuites avaient compris au contact de la Chine, cette chose énorme plus vieille que le christianisme, qu'elle ne basculerait pas dans la vraie foi avec la même docilité qu'une tribu d'Amérique demeurée au stade de la cueillette. Le choc culturel reçu de leurs hôtes les persuadait de la supériorité réelle par certains côtés de la civilisation dont ils se proposaient de changer le cours; la morale confucéenne était digne d'estime, et même d'admiration; la Chine était gouvernée par de sages institutions qu'il convenait de respecter si l'on voulait prêcher Jésus-Christ. Les Jésuites étudiaient donc avec ardeur ce monde exotique, et leur sinologie les rendait sinophiles. Ils se présentaient en lettrés auprès des lettrés, en mathématiciens et en savants auprès des savants, puisque c'était là ce qui séduisait le mieux «ceux qu'il s'agissait de séduire pour les sauver» (Étiemble).

Mais sé-duire étymologiquement, c'est aussi s'écarter du chemin, et la «méthode de velours» ne comptait pas que des amis à Versailles et à Rome. Les Jansénistes avec Pascal, les Dominicains, les Gallicans et la Sorbonne s'acharnèrent contre la Compagnie, accusée d'enchinoiser et d'égarer en route le christianisme. Vu d'ici, le patient tissage du médium ou du réseau des relations semblait se retourner contre le contenu du message. Les Espagnols et les Portugais n'avaient pas eu cette douceur avec les Indiens d'Amérique, et l'Europe n'était pas préparée à de telles concessions: on préférait perdre le marché de la Chine, plutôt que d'y propager une religion qui s'inclinerait devant les autels de maître K'ong (Confucius) ou les portraits des ancêtres. Le chauvinisme provincial et européo-

1. *Les Jésuites en Chine (1562-1773); la Querelle des rites,* dossier présenté par Étiemble, Julliard, Paris, 1966, collection «Archives» dirigée par Pierre Nora.

centrique l'emporta donc, et au terme d'une guerre de libelles, de coups bas et d'intrigues, le pape Clément XIV mit fin en 1773 aux missions des Jésuites en Chine par le bref Dominus ac Redemptor. *En 1764, Louis XV avait supprimé en France la Société, imité par Charles III trois ans plus tard en Espagne.*

*

Mais laissons les Jésuites (que nous retrouverons infra*) pour conclure sur les tâches d'une médiologie. Elles découlent assez clairement de ces premières remarques, et les textes qui suivent leur donnent un commencement d'application.*

On peut distinguer dans ce nouveau champ disciplinaire deux pôles structurants pour les études : une partie d'entre elles gravitent autour de la question des techniques, et de leur efficacité relative (logique des supports, des canaux ou médio-logique *au sens strict) ; une autre traite directement de l'*efficacité symbolique, *et du pouvoir organisateur de la communication sur la communauté. Nous avons donc sélectionné, à partir d'un ensemble potentiellement illimité, un petit nombre de travaux ou de témoignages que nous avons regroupés en trois rubriques :*

– *le paradigme, ou la formulation des principes ;*
– *quelques études qui, dans le champ des* medias studies *ou des effets des Nouvelles Technologies de l'Information et de la Communication (NTIC), s'attachent à évaluer ou à prédire une évolution singulière dans la connaissance, ou dans les pratiques symboliques et culturelles ;*
– *plusieurs textes enfin qui, au-delà de l'information proprement dite et de ses supports, examinent quelle communauté en résulte (ou se proposent explicitement, dans le cas des messages religieux ou politiques, d'organiser directement celle-ci).*

Au premier rang des textes paradigmatiques, nous avons rangé côte à côte un extrait de Victor Hugo et un article vif et drôle d'Umberto Eco sur McLuhan. À vrai dire, les thèses de ces deux auteurs figurent ici à titre de repoussoir plutôt que de modèle, ou demandent du moins à être fortement nuancées, tant le déterminisme technologique qu'elles expriment paraît contestable. Nous croyons savoir aujourd'hui que ceci *(la graphosphère) n'a pas tué* cela *(l'église ou le livre de pierre, siège d'une oralité charismatique et chaude...). Les médias dans leur succession ne s'abolissent pas forcément, et l'on voit revenir par exemple avec l'audiovisuel des formes de prédication et une « oralité secondaire » qu'on aurait cru promises à la disparition. De même voyons-nous l'informatique déplacer les centres de gravité de la culture, ou les canaux d'influence : les écrans réorganisent l'écologie cognitive mais celle-ci demeure un tissu de technologies imbriquées, complémentaires et hiérarchisées, et la mort du livre n'est sans doute pas pour demain.*

Une NTIC ne ferait table rase des techniques précédentes que si la relation de l'outil à l'usage était linéaire ou causale. Nous avons vu au contraire qu'elle était éco-logique, soumise à traduction et adaptation (comme le montre la Logique de l'usage *de Jacques Perriault, ou l'histoire des détournements de l'ordinateur par Pierre Lévy). La technique propose, les usagers disposent, ou composent. De son côté, Serge Proulx a souligné dans ses études d'histoire de la technologie qu'il serait faux de penser l'utilisation d'une innovation technique en termes d'impact ; son introduction est plutôt l'occasion d'une métamorphose et d'interprétations, où l'on peut voir une double articulation : à la logique des outils s'ajoute la logique des usagers qui modifient en retour celle-ci. Peut-être faudrait-il penser « la technique » comme une langue (et toute langue, bien sûr, comme le premier de nos outils techniques), dont l'usage serait, comme celui de la parole, création, écart et « génération »...*

Pierre Lévy a également abordé cette irritante question du déterminisme technologique en proposant la notion des « cliquets d'irréversibilité ». Cette image suggestive indique que le progrès technique, par définition cumulatif, oriente le temps. Comme la science, la technique est ce qui ne peut que progresser, car elle est soumise à critique et à correction constantes. Quand une innovation apparaît, elle détermine moins un nouveau cours mécanique d'usages ou de comportements qu'elle ne reclasse les anciens.

Il semble fatal cependant que certains savoir-faire, et les formes d'autorité symbolique qui s'y attachent, disparaissent à jamais : l'introduction du machinisme et le développement des manufactures, en divisant par dix les coûts de fabrication, ont nécessairement ruiné les tisserands accrochés à leurs métiers Jacquard. Aujourd'hui, l'usage de l'informatique place dans une dépendance accrue ceux qui ne la maîtrisent pas, à la façon dont les Indiens ont succombé aux manieurs d'armes à feu. Ces innovations ont placé l'humanité devant un point de non-retour : on n'a pas le choix de revenir en arrière, non plus que de repousser sans frais et « toutes choses égales d'ailleurs » le nouvel outil. Le pays qui refuserait l'ordinateur serait comme une armée qui s'équiperait d'arbalètes, il servirait bientôt de champ de manœuvres aux Japonais et aux Américains.

Mais si l'outil technique apporte une condition nécessaire, celle-ci n'est pas suffisante ; elle autorise mais ne détermine pas. Quand l'imprimerie débarque, on peut prédire en effet la fin des copistes, mais non des cathédrales : ceci ne tuera pas cela... Nous conclurons donc (provisoirement) cette question en posant que la causalité médiologique gagne à demeurer négative (comme dans le raisonnement cybernétique d'ailleurs) : on ne dira pas que A entraîne B, mais que « si non-A, alors non-B » (tel état d'une technique empêche d'obtenir telle réalisation symbolique).

Ces remarques qui tournent autour du rôle mystérieux (car non linéaire) du milieu rapprochent notre médiologie d'une éco-logique. Elles ne devraient donc pas favoriser une approche mécaniste ou déterministe des phénomènes, dont le fantôme pourtant hante plusieurs études. Dans la mesure où la médiologie invite à regrouper les outils en genres, et à rapporter ceux-ci à de grandes périodes ou successions historiques, généralement ternaires, la tentation exprimée par la prophétie hugolienne resurgit. Debray ou Lévy échappent-ils à ce danger, quand ils succombent au petit plaisir d'une « loi des trois états » ? Il faut s'efforcer de penser que la raison médiologique n'est pas successive, mais cumulative ; et que la médiasphère actuelle, qu'on la rapporte à la vidéo ou à l'informatique, n'abolit donc pas les deux autres, mais les englobe, et reclasse leurs performances symboliques sous de nouvelles règles du jeu.

Notre-Dame de Paris
(1831)

VICTOR HUGO
(1802-1885)

Nous sommes à la fin du XVe siècle à Paris. Claude Frollo, archidiacre de Notre-Dame, feuillette un livre de Pierre Lombard fraîchement imprimé à Nuremberg, et prononce mélancoliquement : en laissant aller sa main du livre à la cathédrale : « Ceci tuera cela.

[...] Les petites choses viennent à bout des grandes ; une dent triomphe d'une masse. Le rat du Nil tue le crocodile, l'espadon tue la baleine, le livre tuera l'édifice ! »

En écrivant son grand roman (qui ressuscite Notre-Dame de Paris), Victor Hugo a de même sous les yeux la cathédrale, dégradée et spoliée de ses statues par la Révolution française, avant que Viollet-le-Duc ne la restaure. Il annonce sur un ton prophétique que l'imprimerie allait tuer l'Église, et avec celle-ci des formes de mémoire, d'imagination ou de foi dont nous n'avons même plus l'idée. Ce parallèle aux affirmations contestables dans le détail, mais indiscutablement visionnaire, est un chef-d'œuvre d'intuition médiologique avant la lettre.

Source : *Victor Hugo,* Notre-Dame de Paris, *livre cinquième, chapitre* II.

Bibliographie : *Henri-Jean Martin,* Histoire et pouvoirs de l'écrit, *Librairie académique Perrin, Paris, 1988 (notamment chapitre* V, *4) ; Régis Debray,* Cours de médiologie générale, *Gallimard, Paris, 1991 (chapitre* XII*) ; Walter Ong,* Orality and Literacy : the Technologizing of the Word, *Methuen, Londres, 1982 ; Ivan Illich et Barry Sanders,* ABC, l'alphabétisation de l'esprit populaire, *La Découverte, Paris, 1990.*

Ceci tuera cela

Nos lectrices nous pardonneront de nous arrêter un moment pour chercher quelle pouvait être la pensée qui se dérobait sous ces paroles énigmatiques de l'archidiacre : *Ceci tuera cela. Le livre tuera l'édifice.*

À notre sens, cette pensée avait deux faces. C'était d'abord une pensée de prêtre. C'était l'effroi du sacerdoce devant un agent nouveau, l'imprimerie. C'était l'épouvante et l'éblouissement de l'homme du sanctuaire devant la presse lumineuse de Gutenberg. C'était la chaire et le manuscrit, la parole parlée et la parole écrite, s'alarmant de la parole imprimée ; quelque chose de pareil à la stupeur d'un passereau qui verrait l'ange Légion ouvrir ses six millions d'ailes. C'était le cri du prophète qui entend déjà bruire et fourmiller l'humanité émancipée, qui voit dans l'avenir l'intelligence saper la foi, l'opinion détrôner la croyance, le monde secouer Rome. Pronostic du philosophe qui voit la pensée humaine, volatilisée par la presse, s'évaporer du récipient théocratique. Terreur du soldat qui examine le bélier d'airain et qui dit : La tour croulera. Cela signifiait qu'une puissance allait succéder à une autre puissance. Cela voulait dire : La presse tuera l'église.

Mais sous cette pensée, la première et la plus simple sans doute, il y en avait à notre avis une autre, plus neuve, un corollaire de la première moins facile à apercevoir et plus facile à contester, une vue, tout aussi philosophique, non plus du prêtre seulement, mais du savant et de l'artiste. C'était pressentiment que la pensée humaine en changeant de forme allait changer de mode d'expression, que l'idée capitale de chaque génération ne s'écrirait plus avec la même matière et de la même façon, que le livre de pierre, si solide et si durable, allait faire place au livre de papier, plus solide et plus durable encore. Sous ce rapport, la vague formule de l'archidiacre avait un second sens ; elle signifiait qu'un art allait détrôner un autre art. Elle voulait dire : L'imprimerie tuera l'architecture.

En effet, depuis l'origine des choses jusqu'au quinzième siècle de l'ère chrétienne inclusivement, l'architecture est le grand livre de l'humanité, l'expression principale de l'homme à ses divers états de développement soit comme force, soit comme intelligence.

Quand la mémoire des premières races se sentit surchargée, quand le bagage des souvenirs du genre humain devint si lourd et si confus que la parole, nue et volante, risqua d'en perdre en chemin, on les transcrivit sur le sol de la façon la plus visible, la plus durable et la plus naturelle à la fois. On scella chaque tradition sous un monument.

Les premiers monuments furent de simples quartiers de roche *que le fer n'avait pas touchés,* dit Moïse. L'architecture commença comme toute écriture. Elle fut d'abord alphabet. On plantait une pierre debout, et c'était une lettre, et chaque lettre était un hiéroglyphe, et sur chaque hiéroglyphe reposait un groupe d'idées comme le chapiteau sur la colonne. Ainsi firent les premières races, partout, au même moment, sur la surface du monde entier. On retrouve la *pierre levée* des Celtes dans la Sibérie d'Asie, dans les pampas d'Amérique.

Plus tard on fit des mots. On superposa la pierre à la pierre, on accoupla ces syllabes de granit, le verbe essaya quelques combinaisons. Le dolmen et le cromlech celtes, le tumulus étrusque, le galgal hébreu, sont des mots[1]. Quelques-uns, le tumulus surtout, sont des noms propres. Quelquefois même, quand on avait beaucoup de pierre et une vaste plage, on écrivait une phrase. L'immense entassement de Karnac est déjà une formule tout entière.

Enfin on fit des livres. Les traditions avaient enfanté des symboles, sous lesquels elles disparaissaient comme le tronc de l'arbre sous son feuillage – tous ces symboles, auxquels l'humanité avait foi, allaient croissant, se multipliant, se croisant, se compliquant de plus en plus; les premiers monuments ne suffisaient plus à les contenir; ils en étaient débordés de toutes parts; à peine ces monuments exprimaient-ils encore la tradition primitive, comme eux simple, nue et gisante sur le sol. Le symbole avait besoin de s'épanouir dans l'édifice. L'architecture alors se développa avec la pensée humaine; elle devint géante à mille têtes et à mille bras, et fixa sous une forme éternelle, visible, palpable, tout ce symbolisme flottant. Tandis que Dédale, qui est la force, mesurait, tandis qu'Orphée, qui est l'intelligence, chantait, le pilier qui est une lettre, l'arcade qui est une syllabe, la pyramide qui est un mot, mis en mouvement à la fois par une loi de géométrie et par une loi de poésie, se groupaient, se combinaient, s'amalgamaient, descendaient, montaient, se juxtaposaient sur le sol, s'étageaient dans le ciel, jusqu'à ce qu'ils eussent écrit, sous la dictée de l'idée générale d'une époque, ces livres merveilleux qui étaient aussi de merveilleux édifices: la pagode d'Eklinga, le Rhamseïon d'Égypte, le temple de Salomon.

L'idée mère, le verbe, n'était pas seulement au fond de tous ces édifices, mais encore dans la forme. Le temple de Salomon, par exemple, n'était point simplement la reliure du livre saint, il était le livre saint lui-même. Sur chacune de ses enceintes concentriques les prêtres pouvaient lire le verbe traduit et manifesté aux yeux, et ils suivaient ainsi ses transformations de sanctuaire en sanctuaire jusqu'à ce qu'ils le saisissent dans son dernier tabernacle sous sa forme la plus concrète qui était encore de l'architecture: l'arche. Ainsi le verbe était enfermé dans l'édifice, mais son image était sur son enveloppe comme la figure humaine sur le cercueil d'une momie.

Et non seulement la forme des édifices mais encore l'emplacement qu'ils se choisissaient révélait la pensée qu'ils représentaient. Selon que le symbole à exprimer était gracieux ou sombre, la Grèce couronnait ses montagnes d'un temple harmonieux à l'œil, l'Inde éventrait les siennes pour y ciseler ces difformes pagodes souterraines portées par de gigantesques rangées d'éléphants de granit.

1. *Dolmen:* pierre posée horizontalement sur deux pierres verticales; *cromlech:* pierres levées disposées en cercle; *tumulus:* monticule de terre élevé au-dessus d'une sépulture; *galgal:* amoncellement de pierres au-dessus d'une crypte.

Ainsi, durant les six mille premières années du monde, depuis la pagode la plus immémoriale de l'Hindoustan jusqu'à la cathédrale de Cologne, l'architecture a été la grande écriture du genre humain. Et cela est tellement vrai que non seulement tout symbole religieux, mais encore toute pensée humaine a sa page dans ce livre immense et son monument.

Toute civilisation commence par la théocratie et finit par la démocratie. Cette loi de la liberté succédant à l'unité est écrite dans l'architecture. Car, insistons sur ce point, il ne faut pas croire que la maçonnerie ne soit puissante qu'à édifier le temple, qu'à exprimer le mythe et le symbolisme sacerdotal, qu'à transcrire en hiéroglyphes sur ses pages de pierre les tables mystérieuses de la loi. S'il en était ainsi, comme il arrive dans toute société humaine un moment où le symbole sacré s'use et s'oblitère sous la libre pensée, où l'homme se dérobe au prêtre, où l'excroissance des philosophies et des systèmes ronge la face de la religion, l'architecture ne pourrait reproduire ce nouvel état de l'esprit humain, ses feuillets, chargés au recto, seraient vides au verso, son œuvre serait tronquée, son livre serait incomplet. Mais non.

Prenons pour exemple le Moyen Âge, où nous voyons plus clair parce qu'il est plus près de nous. Durant sa première période, tandis que la théocratie organise l'Europe, tandis que le Vatican rallie et reclasse autour de lui les éléments d'une Rome faite avec la Rome qui gît écroulée autour du Capitole, tandis que le christianisme s'en va recherchant dans les décombres de la civilisation antérieure tous les étages de la société et rebâtit avec ces ruines un nouvel univers hiérarchique dont le sacerdoce est la clef de voûte, on entend sourdre d'abord dans ce chaos, puis on voit peu à peu sous le souffle du christianisme, sous la main des barbares, surgir des déblais des architectures mortes, grecque et romaine, cette mystérieuse architecture romane, sœur des maçonneries théocratiques de l'Égypte et de l'Inde, emblème inaltérable du catholicisme pur, immuable hiéroglyphe de l'unité papale. Toute la pensée d'alors est écrite en effet dans ce sombre style roman. On y sent partout l'autorité, l'unité, l'impénétrable, l'absolu, Grégoire VII ; partout le prêtre, jamais l'homme ; partout la caste, jamais le peuple. Mais les croisades arrivent. C'est un grand mouvement populaire ; et tout grand mouvement populaire, quels qu'en soient la cause et le but, dégage toujours de son dernier précipité l'esprit de liberté. Des nouveautés vont se faire jour. Voici que s'ouvre la période orageuse des Jacqueries, des Pragueries et des Ligues. L'autorité s'ébranle, l'unité se bifurque. La féodalité demande à partager avec la théocratie, en attendant le peuple qui surviendra inévitablement et qui se fera, comme toujours, la part du lion. *Quia nominor leo* [1]. La seigneurie perce donc sous le sacerdoce, la commune sous la seigneurie. La face de l'Europe est changée. Eh bien ! la face de l'architecture est changée aussi. Comme la civilisation, elle a tourné la page, et l'esprit nouveau des temps la trouve prête à écrire sous sa dictée. Elle est revenue des croisades avec l'ogive, comme les nations avec la liberté. Alors, tandis que Rome se démembre peu à peu, l'architecture romane meurt. L'hiéroglyphe déserte la cathédrale et s'en va blasonner le donjon pour faire un prestige à la féodalité. La cathédrale elle-même, cet édifice autrefois si dogmatique, envahie désormais par la bourgeoisie, par la commune, par la liberté, échappe au prêtre et tombe au pouvoir de l'artiste. L'artiste la bâtit à sa guise. Adieu le mystère, le mythe, la loi. Voici la fantaisie et le caprice. Pourvu que le prêtre ait sa basilique et son autel, il n'a rien à dire. Les quatre murs sont à l'artiste. Le livre architectural n'appartient plus au sacerdoce, à la religion, à Rome ; il est à l'imagination, à la poésie, au peuple. De là les transformations

1. « Parce que je m'appelle lion. » Allusion au passage de la fable de Phèdre (I, 5) où le lion s'attribue la plus grosse portion du partage.

rapides et innombrables de cette architecture qui n'a que trois siècles, si frappantes après l'immobilité stagnante de l'architecture romane qui en a six ou sept. L'art cependant marche à pas de géant. Le génie et l'originalité populaires font la besogne que faisaient les évêques. Chaque race écrit en passant sa ligne sur le livre; elle rature les vieux hiéroglyphes romans sur le frontispice des cathédrales, et c'est tout au plus si l'on voit encore le dogme percer çà et là sous le nouveau symbole qu'elle y dépose. La draperie populaire laisse à peine deviner l'ossement religieux. On ne saurait se faire une idée des licences que prennent alors les architectes, même envers l'église. Ce sont des chapiteaux tricotés de moines et de nonnes honteusement accouplés, comme à la salle des Cheminées du Palais de Justice à Paris. C'est l'aventure de Noé sculptée *en toutes lettres* comme sous le grand portail de Bourges. C'est un moine bachique à oreilles d'âne et le verre en main riant au nez de toute une communauté, comme sur le lavabo de l'abbaye de Bocherville. Il existe à cette époque, pour la pensée écrite en pierre, un privilège tout a fait comparable à notre liberté actuelle de la presse. C'est la liberté de l'architecture.

Cette liberté va très loin. Quelquefois un portail, une façade, une église tout entière présentent un sens symbolique absolument étranger au culte, ou même hostile à l'église. Dès le treizième siècle Guillaume de Paris, Nicolas Flamel au quinzième, ont écrit de ces pages séditieuses. Saint-Jacques-de-la-Boucherie était toute une église d'opposition.

La pensée alors n'était libre que de cette façon, aussi ne s'écrivait-elle tout entière que sur ces livres qu'on appelait édifices. Sans cette forme édifice, elle se serait vue brûler en place publique par la main du bourreau sous la forme manuscrit, si elle avait été assez imprudente pour s'y risquer. La pensée portail d'église eût assisté au supplice de la pensée livre. Aussi n'ayant que cette voie, la maçonnerie, pour se faire jour, elle s'y précipitait de toutes parts. De là l'immense quantité de cathédrales qui ont couvert l'Europe, nombre si prodigieux qu'on y croit à peine, même après l'avoir vérifié. Toutes les forces matérielles, toutes les forces intellectuelles de la société convergeaient au même point: l'architecture. De cette manière, sous prétexte de bâtir des églises à Dieu, l'art se développait dans des proportions magnifiques.

Alors, quiconque naissait poète se faisait architecte. Le génie épars dans les masses, comprimé de toutes parts sous la féodalité comme sous une *testudo* [1] de boucliers d'airain, ne trouvant issue que du côté de l'architecture, débouchait par cet art, et ses Iliades prenaient la forme de cathédrales. Tous les autres arts obéissaient et se mettaient en discipline sous l'architecture. C'étaient les ouvriers du grand œuvre. L'architecte, le poète, le maître totalisait en sa personne la sculpture qui lui ciselait ses façades, la peinture qui lui enluminait ses vitraux, la musique qui mettait sa cloche en branle et soufflait dans ses orgues. Il n'y avait pas jusqu'à la pauvre poésie proprement dite, celle qui s'obstinait à végéter dans les manuscrits, qui ne fût obligée pour être quelque chose de venir s'encadrer dans l'édifice sous la forme d'hymne ou de *prose* – le même rôle, après tout, qu'avaient joué les tragédies d'Eschyle dans les fêtes sacerdotales de la Grèce, la Genèse dans le temple de Salomon.

Ainsi, jusqu'à Gutenberg, l'architecture est l'écriture principale, l'écriture universelle. Ce livre granitique commencé par l'Orient, continué par l'antiquité grecque et romaine, le Moyen Âge en a écrit la dernière page. Du reste, ce phénomène d'une architecture de peuple succédant à une architecture de caste que nous venons d'observer dans le Moyen Âge, se reproduit avec tout mouvement analogue dans l'intelligence humaine aux autres

1. Tortue, formation des soldats romains attaquant à l'abri de leurs boucliers disposés au-dessus de leurs têtes comme une carapace collective.

grandes époques de l'histoire. Ainsi, pour n'énoncer ici que sommairement une loi qui demanderait à être développée en des volumes, dans le haut Orient, berceau des temps primitifs, après l'architecture hindoue, l'architecture phénicienne, cette mère opulente de l'architecture arabe ; dans l'antiquité, après l'architecture égyptienne dont le style étrusque et les monuments cyclopéens ne sont qu'une variété, l'architecture grecque, dont le style romain n'est qu'un prolongement surchargé du dôme carthaginois ; dans les temps modernes, après l'architecture romane, l'architecture gothique. Et en dédoublant ces trois séries, on retrouvera sur les trois sœurs aînées, l'architecture hindoue, l'architecture égyptienne, l'architecture romane, le même symbole : c'est-à-dire la théocratie, la caste, l'unité, le dogme, le mythe, Dieu ; et pour les trois sœurs cadettes, l'architecture phénicienne, l'architecture grecque, l'architecture gothique, quelle que soit du reste la diversité de forme inhérente à leur nature, la même signification aussi : c'est-à-dire la liberté, le peuple, l'homme.

Qu'il s'appelle bramine, mage ou pape, dans les maçonneries hindoue, égyptienne ou romane, on sent toujours le prêtre, rien que le prêtre. Il n'en est pas de même dans les architectures de peuple. Elles sont plus riches et moins saintes. Dans la phénicienne, on sent le marchand ; dans la grecque, le républicain ; dans la gothique, le bourgeois.

Les caractères généraux de toute architecture théocratique sont l'immutabilité, l'horreur du progrès, la conservation des lignes traditionnelles, la consécration des types primitifs, le pli constant de toutes les formes de l'homme et de la nature aux caprices incompréhensibles du symbole. Ce sont des livres ténébreux que les initiés seuls savent déchiffrer. Du reste, toute forme, toute difformité même y a un sens qui la fait inviolable. Ne demandez pas aux maçonneries hindoue, égyptienne, romane, qu'elles réforment leur dessin ou améliorent leur statuaire. Tout perfectionnement leur est impiété. Dans ces architectures, il semble que la roideur du dogme se soit répandue sur la pierre comme une seconde pétrification. – Les caractères généraux des maçonneries populaires au contraire sont la variété, le progrès, l'originalité, l'opulence, le mouvement perpétuel. Elles sont déjà assez détachées de la religion pour songer à leur beauté, pour la soigner, pour corriger sans relâche leur parure de statues ou d'arabesques. Elles sont du siècle. Elles ont quelque chose d'humain qu'elles mêlent sans cesse au symbole divin sous lequel elles se produisent encore. De là des édifices pénétrables à toute âme, à toute intelligence, à toute imagination, symboliques encore, mais faciles à comprendre comme la nature. Entre l'architecture théocratique et celle-ci, il y a la différence d'une langue sacrée à une langue vulgaire, de l'hiéroglyphe à l'art, de Salomon à Phidias.

Si l'on résume ce que nous avons indiqué jusqu'ici très sommairement en négligeant mille preuves et aussi mille objections de détail, on est amené à ceci : que l'architecture a été jusqu'au quinzième siècle le registre principal de l'humanité, que dans cet intervalle il n'est pas apparu dans le monde une pensée un peu compliquée qui ne se soit faite édifice, que toute idée populaire comme toute loi religieuse a eu ses monuments ; que le genre humain enfin n'a rien pensé d'important qu'il ne l'ait écrit en pierre. Et pourquoi ? C'est que toute pensée, soit religieuse, soit philosophique, est intéressée à se perpétuer, c'est que l'idée qui a remué une génération veut en remuer d'autres, et laisser trace. Or quelle immortalité précaire que celle du manuscrit ! Qu'un édifice est un livre bien autrement solide, durable, et résistant ! Pour détruire la parole écrite il suffit d'une torche et d'un Turc. Pour démolir la parole construite, il faut une révolution sociale, une révolution terrestre. Les Barbares ont passé sur le Colisée, le déluge peut-être sur les Pyramides.

Au quinzième siècle tout change.

La pensée humaine découvre un moyen de se perpétuer non seulement plus durable et plus résistant que l'architecture mais encore plus simple et plus facile. L'architecture est détrônée. Aux lettres de pierre d'Orphée vont succéder les lettres de plomb de Gutenberg.

Le livre va tuer l'édifice.

L'invention de l'imprimerie est le plus grand événement de l'histoire. C'est la révolution mère. C'est le mode d'expression de l'humanité qui se renouvelle totalement, c'est la pensée humaine qui dépouille une forme et en revêt une autre, c'est le complet et définitif changement de peau de ce serpent symbolique qui, depuis Adam, représente l'intelligence.

Sous la forme imprimerie, la pensée est plus impérissable que jamais; elle est volatile, insaisissable, indestructible. Elle se mêle à l'air. Du temps de l'architecture, elle se faisait montagne et s'emparait puissamment d'un siècle et d'un lieu. Maintenant elle se fait troupe d'oiseaux, s'éparpille aux quatre vents, et occupe à la fois tous les points de l'air et de l'espace.

Nous le répétons, qui ne voit que de cette façon elle est bien plus indélébile? De solide qu'elle était elle devient vivace. Elle passe de la durée à l'immortalité. On peut démolir une masse, comment extirper l'ubiquité? Vienne un déluge, la montagne aura disparu depuis longtemps sous les flots que les oiseaux voleront encore; et, qu'une seule arche flotte à la surface du cataclysme, ils s'y poseront, surnageront avec elle, assisteront avec elle à la décrue des eaux, et le nouveau monde qui sortira de ce chaos verra en s'éveillant planer au-dessus de lui, ailée et vivante, la pensée du monde englouti. Et quand on observe que ce mode d'expression est non seulement le plus conservateur, mais encore le plus simple, le plus commode, le plus praticable à tous, lorsqu'on songe qu'il ne traîne pas un gros bagage et ne remue pas un lourd attirail, quand on compare la pensée obligée pour se traduire en un édifice de mettre en mouvement quatre ou cinq autres arts et des tonnes d'or, toute une montagne de pierres, toute une forêt de charpentes, tout un peuple d'ouvriers, quand on la compare à la pensée qui se fait livre, et à qui il suffit d'un peu de papier, d'un peu d'encre et d'une plume, comment s'étonner que l'intelligence humaine ait quitté l'architecture pour l'imprimerie? Coupez brusquement le lit primitif d'un fleuve d'un canal creusé au-dessous de son niveau, le fleuve désertera son lit.

Aussi voyez comme à partir de la découverte de l'imprimerie l'architecture se dessèche peu à peu, s'atrophie et se dénude. Comme on sent que l'eau baisse, que la sève s'en va, que la pensée des temps et des peuples se retire d'elle! Le refroidissement est à peu près insensible au quinzième siècle, la presse est trop débile encore, et soutire tout au plus à la puissante architecture une surabondance de vie. Mais, dès le seizième siècle, la maladie de l'architecture est visible; elle n'exprime déjà plus essentiellement la société; elle se fait misérablement art classique; de gauloise, d'européenne, d'indigène, elle devient grecque et romaine, de vraie et de moderne, pseudo-antique. C'est cette décadence qu'on appelle renaissance. Décadence magnifique pourtant, car le vieux génie gothique, ce soleil qui se couche derrière la gigantesque presse de Mayence, pénètre encore quelque temps de ses derniers rayons tout cet entassement hybride d'arcades latines et de colonnades corinthiennes.

C'est ce soleil couchant que nous prenons pour une aurore. Cependant, du moment où l'architecture n'est plus qu'un art comme un autre, dès qu'elle n'est plus l'art total, l'art souverain, l'art tyran, elle n'a plus la force de retenir les autres arts. Ils s'émancipent donc, brisent le joug de l'architecte, et s'en vont chacun de leur côté. Chacun d'eux gagne à ce divorce. L'isolement grandit tout. La sculpture devient statuaire, l'imagerie devient peinture, le canon devient musique. On dirait un empire qui se démembre à la mort de son Alexandre et dont les provinces se font royaumes.

De là Raphaël, Michel-Ange, Jean Goujon, Palestrina, ces splendeurs de l'éblouissant seizième siècle.

En même temps que les arts, la pensée s'émancipe de tous côtés. Les hérésiarques du Moyen Âge avaient fait de larges entailles au catholicisme. Le seizième siècle brise l'unité religieuse. Avant l'imprimerie, la réforme n'eût été qu'un schisme, l'imprimerie la fait révolution. Ôtez la presse, l'hérésie est énervée. Que ce soit fatal ou providentiel, Gutenberg est le précurseur de Luther.

Cependant, quand le soleil du Moyen Âge est tout à fait couché, quand le génie gothique s'est à jamais éteint à l'horizon de l'art, l'architecture va se ternissant, se décolorant, s'effaçant de plus en plus. Le livre imprimé, ce ver rongeur de l'édifice, la suce et la dévore. Elle se dépouille, elle s'effeuille, elle maigrit à vue d'œil. Elle est mesquine, elle est pauvre, elle est nulle. Elle n'exprime plus rien, pas même le souvenir de l'art d'un autre temps. Réduite à elle-même, abandonnée des autres arts parce que la pensée humaine l'abandonne, elle appelle des manœuvres à défaut d'artistes. La vitre remplace le vitrail. Le tailleur de pierre succède au sculpteur. Adieu toute sève, toute originalité, toute vie, toute intelligence. Elle se traîne, lamentable mendiante d'atelier, de copie en copie. Michel-Ange, qui dès le seizième siècle la sentait sans doute mourir, avait eu une dernière idée, une idée de désespoir. Ce titan de l'art avait entassé le Panthéon sur le Parthénon, et fait Saint-Pierre de Rome. Grande œuvre qui méritait de rester unique, dernière originalité de l'architecture, signature d'un artiste géant au bas du colossal registre de pierre qui se fermait. Michel-Ange mort, que fait cette misérable architecture qui se survivait à elle-même à l'état de spectre et d'ombre ? Elle prend Saint-Pierre de Rome, et le calque, et le parodie. C'est une manie. C'est une pitié. Chaque siècle a son Saint-Pierre de Rome ; au dix-septième siècle le Val-de-Grâce, au dix-huitième Sainte-Geneviève. Chaque pays a son Saint-Pierre de Rome. Londres a le sien. Pétersbourg a le sien. Paris en a deux ou trois. Testament insignifiant, dernier radotage d'un grand art décrépit qui retombe en enfance avant de mourir.

Si au lieu de monuments caractéristiques comme ceux dont nous venons de parler nous examinons l'aspect général de l'art du seizième au dix-huitième siècle, nous remarquons les mêmes phénomènes de décroissance et d'étisie. À partir de François II, la forme architecturale de l'édifice s'efface de plus en plus et laisse saillir la forme géométrique, comme la charpente osseuse d'un malade amaigri. Les belles lignes de l'art font place aux froides et inexorables lignes du géomètre. Un édifice n'est plus un édifice, c'est un polyèdre. L'architecture cependant se tourmente pour cacher cette nudité. Voici le fronton grec qui s'inscrit dans le fronton romain et réciproquement. C'est toujours le Panthéon dans le Parthénon, Saint-Pierre de Rome. Voici les maisons de brique de Henri IV à coins de pierre ; la place Royale, la place Dauphine. Voici les églises de Louis XIII, lourdes, trapues, surbaissées, ramassées, chargées d'un dôme comme d'une bosse. Voici l'architecture mazarine, le mauvais pasticcio italien des Quatre-Nations. Voici les palais de Louis XIV, longues casernes à courtisans, froides, glaciales, ennuyeuses. Voici enfin Louis XV, avec les chicorées et les vermicelles, et toutes les verrues et tous les fungus qui défigurent cette vieille architecture caduque, édentée et coquette. De François II à Louis XV, le mal a crû en progression géométrique. L'art n'a plus que la peau sur les os. Il agonise misérablement.

Cependant, que devient l'imprimerie ? Toute cette vie qui s'en va de l'architecture vient chez elle. À mesure que l'architecture baisse, l'imprimerie s'enfle et grossit. Ce capital de forces que la pensée humaine dépensait en édifices, elle le dépense désormais en livres.

Aussi dès le seizième siècle la presse, grandie au niveau de l'architecture décroissante, lutte avec elle et la tue. Au dix-septième, elle est déjà assez souveraine, assez triomphante, assez assise dans sa victoire pour donner au monde la fête d'un grand siècle littéraire. Au dix-huitième, longtemps reposée à la cour de Louis XIV, elle ressaisit la vieille épée de Luther, en arme Voltaire, et court, tumultueuse, à l'attaque de cette ancienne Europe dont elle a déjà tué l'expression architecturale. Au moment où le dix-huitième siècle s'achève, elle a tout détruit. Au dix-neuvième, elle va reconstruire.

Or, nous le demandons maintenant, lequel des deux arts représente réellement depuis trois siècles la pensée humaine ? Lequel la traduit ? Lequel exprime, non pas seulement ses manies littéraires et scolastiques, mais son vaste, profond, universel mouvement ? Lequel se superpose constamment, sans rupture et sans lacune, au genre humain qui marche, monstre à mille pieds ? L'architecture ou l'imprimerie ?

L'imprimerie. Qu'on ne s'y trompe pas, l'architecture est morte, morte sans retour, tuée par le livre imprimé, tuée parce qu'elle dure moins, tuée parce qu'elle coûte plus cher. Toute cathédrale est un milliard. Qu'on se représente maintenant quelle mise de fonds il faudrait pour récrire le livre architectural ; pour faire fourmiller de nouveau sur le sol des milliers d'édifices ; pour revenir à ces époques où la foule des monuments était telle qu'au dire d'un témoin oculaire « on eût dit que le monde en se secouant avait rejeté ses vieux habillements pour se couvrir d'un blanc vêtement d'églises ». *Erat enim ut si mundus, ipse excutiendo semet, rejecta vetustate, candidam ecclesiarum vestem indueret* (Glaber Radulphus).

Un livre est si tôt fait, coûte si peu, et peut aller si loin ! Comment s'étonner que toute la pensée humaine s'écoule par cette pente ? Ce n'est pas à dire que l'architecture n'aura pas encore çà et là un beau monument, un chef-d'œuvre isolé. On pourra bien encore avoir de temps en temps, sous le règne de l'imprimerie, une colonne faite, je suppose, par toute une armée, avec des canons amalgamés, comme on avait, sous le règne de l'architecture, des Iliades et des Romanceros, des Mahabâhrata et des Niebelungen, faits par tout un peuple avec des rapsodies amoncelées et fondues. Le grand accident d'un architecte de génie pourra survenir au vingtième siècle, comme celui de Dante au treizième. Mais l'architecture ne sera plus l'art social, l'art collectif, l'art dominant. Le grand poème, le grand édifice, le grand œuvre de l'humanité ne se bâtira plus, il s'imprimera.

Et désormais, si l'architecture se relève accidentellement, elle ne sera plus maîtresse. Elle subira la loi de la littérature qui la recevait d'elle autrefois. Les positions respectives des deux arts seront interverties. Il est certain que dans l'époque architecturale les poèmes, rares, il est vrai, ressemblent aux monuments. Dans l'Inde, Vyasa[1] est touffu, étrange, impénétrable comme une pagode. Dans l'Orient égyptien, la poésie a comme les édifices, la grandeur et la tranquilité des lignes ; dans la Grèce antique, la beauté, la sérénité, le calme ; dans l'Europe chrétienne, la majesté catholique, la naïveté populaire, la riche et luxuriante végétation d'une époque de renouvellement. La Bible ressemble aux Pyramides, l'Iliade au Parthénon, Homère à Phidias. Dante au treizième siècle, c'est la dernière église romane ; Shakespeare au seizième la dernière cathédrale gothique.

Ainsi, pour résumer ce que nous avons dit jusqu'ici d'une façon nécessairement incomplète et tronquée, le genre humain a deux livres, deux registres, deux testaments, la maçonnerie et l'imprimerie, la bible de pierre et la bible de papier. Sans doute, quand on contemple ces deux bibles si largement ouvertes dans les siècles, il est permis de regretter

1. Ascète légendaire qui passait pour l'auteur des grands poèmes sacrés de l'Inde.

la majesté visible de l'écriture de granit, ces gigantesques alphabets formulés en colonnades, en pylônes, en obélisques, ces espèces de montagnes humaines qui couvrent le monde et le passé depuis la pyramide jusqu'au clocher, de Chéops à Strasbourg. Il faut relire le passé sur ces pages de marbre. Il faut admirer et refeuilleter sans cesse le livre écrit par l'architecture; mais il ne faut pas nier la grandeur de l'édifice qu'élève à son tour l'imprimerie.

Cet édifice est colossal. Je ne sais quel faiseur de statistique a calculé qu'en superposant l'un à l'autre tous les volumes sortis de la presse depuis Gutenberg on comblerait l'intervalle de la terre à la lune; mais ce n'est pas de cette sorte de grandeur que nous voulons parler. Cependant, quand on cherche à recueillir dans sa pensée une image totale de l'ensemble des produits de l'imprimerie jusqu'à nos jours, cet ensemble ne nous apparaît-il pas comme une immense construction, appuyée sur le monde entier, à laquelle l'humanité travaille sans relache, et dont la tête monstrueuse se perd dans les brumes profondes de l'avenir? C'est la fourmilière des intelligences. C'est la ruche où toutes les imaginations, ces abeilles dorées, arrivent avec leur miel. L'édifice a mille étages. Çà et là, on voit déboucher sur ses rampes les cavernes ténébreuses de la science qui s'entrecoupent dans ses entrailles. Partout sur sa surface l'art fait luxurier à l'œil ses arabesques, ses rosaces et ses dentelles. Là, chaque œuvre individuelle, si capricieuse et si isolée qu'elle semble, a sa place et sa saillie. L'harmonie résulte du tout. Depuis la cathédrale de Shakespeare jusqu'à la mosquée de Byron, mille clochetons s'encombrent pêle-mêle sur cette métropole de la pensée universelle. À sa base, on a récrit quelques anciens titres de l'humanité que l'architecture n'avait pas enregistrés. À gauche de l'entrée, on a scellé le vieux bas-relief en marbre blanc d'Homère, à droite la Bible polyglotte dresse ses sept têtes. L'hydre du Romancero se hérisse plus loin, et quelques autres formes hybrides, les Vedas et les Niebelungen. Du reste le prodigieux édifice demeure toujours inachevé. La presse, cette machine géante, qui pompe sans relâche toute la sève intellectuelle de la société, vomit incessamment de nouveaux matériaux pour son œuvre. Le genre humain tout entier est sur l'échafaudage. Chaque esprit est maçon. Le plus humble bouche son trou ou met sa pierre. Rétif de la Bretonne apporte sa hottée de plâtras. Tous les jours une nouvelle assise s'élève. Indépendamment du versement original et individuel de chaque écrivain, il y a des contingents collectifs. Le dix-huitième siècle donne l'*Encyclopédie,* la révolution donne *le Moniteur*[1]. Certes, c'est là aussi une construction qui grandit et s'amoncelle en spirales sans fin; là aussi il y a confusion des langues, activité incessante, labeur infatigable, concours acharné de l'humanité tout entière, refuge promis à l'intelligence contre un nouveau déluge, contre une submersion de barbares. C'est la seconde tour de Babel du genre humain.

1. *Le Moniteur universel,* qui parut de 1789 à 1868 et auquel succéda *le Journal officiel,* publiait à côté des textes officiels des éditoriaux et des commentaires qui servaient aux gouvernements successifs à orienter l'opinion.

La Guerre du faux
(1985)

UMBERTO ECO
(né en 1932)

Nous avons cité à plusieurs reprises Umberto Eco, spécialiste de sémiotique, dans notre chapitre II.

Mais l'auteur du très célèbre Nom de la rose, *un roman bourré de considérations sémio-médio-logiques et popularisé par le cinéma, s'amuse aussi à rédiger d'alertes chroniques pour différents magazines italiens. On lira dans celle-ci son analyse de l'œuvre de McLuhan.*

Source : *Umberto Eco, « le Cogito interruptus », dans* la Guerre du faux, *Grasset, Paris, 1985 (article repris de* Quindici, *1967).*

Bibliographie : *McLuhan,* la Galaxie Gutenberg, *Mame, Paris, 1967 ;* Pour comprendre les médias (Understanding Media: the Extensions of Man), *traduction de Jean Paré, Le Seuil, Paris, 1968 ; Francis Balle,* Pour comprendre les médias, *Hatier, coll. « Profil d'une œuvre », Paris, 1972 (commentaire de l'ouvrage de McLuhan suivi d'une copieuse bibliographie).*

Le Cogito interruptus
(1967)

Il y a des livres dont le compte rendu, l'explication et le commentaire s'avèrent plus faciles que la simple lecture; car seul l'exercice de la pensée permet d'en suivre sans distraction les argumentations, les implacables nécessités syllogistiques ou les enjeux ponctuels de relation. C'est pour cette raison que des ouvrages comme la *Métaphysique* d'Aristote ou la *Critique de la raison pure* ont plus de commentateurs que de lecteurs, plus de spécialistes que d'amateurs.

Il y a au contraire des livres qui sont très agréables à lire mais sur lesquels il est impossible d'écrire, car dès qu'on tente d'en faire un commentaire ou une présentation, ils se refusent à entrer dans la proposition « Ce livre dit que ». Qui les lit par plaisir en a pour son argent. Mais qui les lit pour les raconter aux autres s'indigne à chaque ligne, déchire les notes qu'il vient de prendre, cherche la conclusion qui suit les « donc » et ne la trouve pas.

Il est parfaitement clair qu'estimer « non pensé » un récit zen qui, au contraire, poursuit des idéaux logiques différents de ceux auxquels nous sommes habitués serait un impardonnable péché d'ethnocentrisme; mais il va sans dire que si notre idéal de raisonnement se résume à un certain modèle occidental, fait de « puisque » et de « donc », nous trouvons dans ces livres des exemples illustres d'un *cogito interruptus* dont il nous faut saisir le mécanisme. Puisque le *cogito interruptus* est partagé par les fous et les auteurs d'une « illogique » raisonnée, nous devrons comprendre dans quel cas il est un défaut et dans quel cas une vertu; et de surcroît une vertu fécondante (contre toute habitude malthusienne).

Le *cogito interruptus* est typique de ceux qui voient le monde peuplé de symboles ou de symptômes. Comme le fou qui vous montre, par exemple, une pochette d'allumettes en vous regardant dans les yeux et qui vous dit : « Vous voyez, il y en a sept... » et puis vous regarde plein de sous-entendus, en attendant que vous saisissiez le sens caché de ce signe irréfutable ; ou comme l'habitant d'un univers symbolique, dans lequel chaque objet et chaque événement traduisent en signe quelque chose de surnaturel connu par tout le monde et que l'on veut seulement voir reconfirmé.

Mais le *cogito interruptus* est typique aussi de celui qui voit le monde peuplé non pas de symboles mais de symptômes : signes inéluctables de quelque chose qui n'est ni naturel ni surnaturel mais qui tôt ou tard *adviendra.*

La souffrance du commentateur est dans le fait que déjà quand quelqu'un vous regarde fixement et vous dit : « Vous voyez, il y a sept allumettes... », on ne sait plus comment expliquer aux autres la portée du signe ou du symptôme ; mais quand l'interlocuteur ajoute : « Et considère, pour en être absolument certain, qu'aujourd'hui quatre hirondelles sont passées », alors le commentateur est vraiment perdu. Tout cela n'enlève pas que le *cogito interruptus* est une grande technique prophétique, poétique, psychagogique. Sauf qu'il est ineffable. Et il faut une grande confiance dans le *cogito perfectus* – comme celle que j'espère me voir attribuer par mes lecteurs – pour essayer de trouver une façon d'en parler.

Dans les discours sur l'univers des communications de masse et de la civilisation technologique, le *cogito interruptus* est très à la mode parmi ceux que nous avons dans d'autres circonstances appelés les « apocalyptiques ». Ceux-ci voient, dans les événements du passé, les symboles d'une harmonie bien connue, et dans ceux du présent les symboles d'une chute inéluctable – mais toujours à cause d'allusions claires. Pour eux, toute femme en minijupe n'a le droit d'exister qu'en tant que hiéroglyphe déchiffrable d'une fin des temps. Jusqu'à présent, il était au contraire inconnu à ceux que j'ai appelés les « intégrés », qui ne déchiffrent pas l'univers mais y vivent sans problème. Il est toutefois pratiqué par une catégorie de personnes que nous pourrions définir comme les « hyperintégrés », ou intégrés pentacostaires, ou mieux encore des parousiaques : atteints du syndrome de la Quatrième Églogue, mégaphones de l'âge d'or. Si les « apocalyptiques » étaient les parents tristes de Noé, les parousiaques sont les joyeux cousins des rois mages.

Un heureux événement éditorial nous permet de considérer en même temps deux ouvrages qui à des époques différentes et de manières différentes ont obtenu un grand succès et se sont inscrits au nombre des textes à consulter pour disserter sur la civilisation contemporaine. *La Perte du centre,* de Sedlmayr, est un chef-d'œuvre de la pensée apocalyptique. *Understanding Media* de McLuhan est peut-être le texte le plus agréable et réussi offert par l'école parousiaque – le lecteur qui les affronterait en même temps se prépare à une kermesse dialectique, à une orgie de comparaisons et de contradictions pour voir de quelles manières différentes raisonnent deux hommes qui envisagent le monde de façon aussi radicalement opposée : et au contraire, il s'aperçoit que les deux hommes raisonnent exactement de la même manière et que, de surcroît, ils s'appuient sur les mêmes arguments. Ou mieux : ils affrontent les mêmes événements, que l'un voit comme symboles et l'autre comme symptômes ; que l'un charge d'une humeur sinistre et pleurnicharde et l'autre, d'optimisme hilare ; que l'un écrit comme un faire-part de deuil et l'autre comme un faire-part de mariage. L'un y appose le signe algébrique « moins », et l'autre, le signe algébrique « plus ». Mais tous les deux délaissent d'en articuler les équations, parce que le *cogito interruptus* prévoit que l'on jette symboles et symptômes par poignées comme des confettis et non pas qu'on les aligne comme les sphères d'un boulier à la manière des comptables.

La Perte du centre date de 1948. [...]

Sedlmayr est un médiéval tardif qui imite des déchiffreurs bien plus perspicaces et somptueusement visionnaires. La raison pour laquelle son discours est un exemple éclatant du *cogito interruptus* réside dans le fait que, après avoir posé le signe, il nous fait des clins d'œil et nous dit: «Vous avez vu?» Il lui arrive ainsi de confondre en trois lignes la tendance vers l'informe et le dégénéré avec la tendance à la découverte de l'inorganique typique de la science moderne, et donc (extrapolation digne d'un cas clinique) de déduire que l'organe de la dégénérescence est l'intellect, dont les armes sont la logique symbolique et dont les organes visuels sont la microscopie et la macroscopie. Après avoir cité la macroscopie, Sedlmayr ajoute entre parenthèses: «Là aussi on peut noter la perte du centre.» Eh bien, professeur Sedlmayr, moi je ne remarque pas, et vous trichez. Si personne n'ose vous le dire, moi je le dis: soit vous vous expliquez, soit il n'y a aucune différence entre vous et celui qui me soutient que quand on rêve d'un mort qui parle, on peut jouer le n° 47 au loto.

Passons maintenant à McLuhan. Il dit les mêmes choses que Sedlmayr: pour lui aussi l'homme a perdu son centre; sauf que son commentaire est: enfin il était temps.

La thèse de McLuhan, comme tout le monde le sait maintenant, est que les différents apports de la technologie, de la roue à l'électricité, doivent être considérés comme des médias, c'est-à-dire comme des extensions de notre corporalité. Au cours de l'histoire, ces extensions ont provoqué des traumatismes, des engourdissements, et des restructurations de notre sensibilité. Par leurs interférences et leurs substitutions, ceux-ci ont changé notre vision du monde; et le changement que chaque nouveau média comporte rend négligeable le contenu d'expérience qu'il peut transmettre. Le média est le message, ce qui compte n'est pas tellement ce qu'on nous dit à travers la nouvelle extension, mais la forme de l'extension elle-même.

Tout ce que vous pouvez écrire à la machine sera toujours moins important que la manière radicalement différente de considérer l'écriture, induite par la mécanique de la dactylographie. Que l'imprimerie ait entraîné la diffusion populaire de la Bible vient du fait que tout apport technologique «s'ajoute à ce que nous sommes déjà». Mais l'imprimerie aurait pu se diffuser dans les pays arabes, mettant le Coran à la disposition de tous, et le type d'influence qu'elle a eue sur la sensibilité moderne n'aurait pas été différent pour autant. L'émiettement de l'expérience intellectuelle en unités uniformes et reproduisibles, l'instauration d'un sens de l'homogénéité et de la continuité ont engendré, quelques siècles plus tard, la chaîne de montage et présidé aussi bien à l'idéologie de l'ère mécanique qu'à la cosmologie du calcul infinitésimal. «L'horloge et l'alphabet, émiettant l'univers en segments visuels, ont mis fin à la musique de l'interdépendance», ont produit un homme capable de dissocier ses émotions de ce qu'il voit aligné dans l'espace, ont créé l'homme spécialisé, habitué à raisonner de façon linéaire, libre vis-à-vis de l'envoûtement tribal des époques «orales» dans lesquelles chaque membre de la communauté fait partie d'une sorte d'unité confuse qui réagit globalement et émotionnellement aux événements cosmiques.

L'imprimerie (à laquelle McLuhan avait peut-être consacré sa meilleure oeuvre, *The Gutenberg Galaxy*) est un média chaud typique. Contrairement à ce que le mot pourrait suggérer, les médias chauds étendent un seul sens (dans le cas de l'imprimerie: la vision) à un haut pouvoir de définition saturant le récepteur de données en le bourrant d'informations précises, mais le laissant libre en ce qui concerne le reste de ses facultés. D'une certaine manière ils l'hypnotisent, mais en fixant un de ses sens sur un seul point.

Au contraire, les médias froids fournissent des informations peu définies, obligent le récepteur à combler des vides et ce faisant engagent tous ses sens et toutes ses facultés: ils le font participer mais sous forme d'une hallucination globale qui l'engage entièrement. La presse et le cinéma sont chauds, la télévision est froide.

Avec l'avènement de l'électricité, des phénomènes révolutionnaires se sont créés : avant tout, s'il est vrai que « le média est le message », indépendamment du contenu, la lumière électrique a été le premier média de l'histoire totalement dépourvu de contenu ; puis la technologie électrique, remplaçant non pas un organe séparé mais le système nerveux central, a offert comme produit primaire l'*information*. Les autres produits de la civilisation mécanique, à une époque d'automatisation, de communication rapide, d'économie fondée sur le crédit, d'opérations financières, ont pris une place secondaire par rapport au produit information. La production et l'échange de celle-ci ont surmonté même les différences idéologiques ; en même temps, l'avènement du média froid par excellence, la télévision, a détruit l'univers linéaire de la civilisation mécanique, inspirée du modèle de Gutenberg, en reconstituant une sorte d'unité tribale de village primitif.

« L'image télévisuelle est visuellement pauvre en données. Elle n'est pas un photogramme immobile. Elle n'est même pas une photographie mais un profil en formation continue de choses peintes par un pinceau électronique. L'image télévisuelle offre au spectateur environ trois millions de petits points à la seconde, dont il n'en accepte que quelques douzaines à la fois à partir desquelles il construit son image. La télévision, tricot et mosaïque, n'aide pas la perspective en art, ni la linéarité dans le mode de vie. Avec son avènement, la chaîne de montage a disparu de l'industrie, comme ont disparu les structures hiérarchiques et linéaires des organigrammes des entreprises ; comme ont disparu aussi les rangs d'hommes seuls aux fêtes dansantes, les lignes politiques des partis, les déploiements du personnel des hôtels à l'arrivée d'un client et les coutures des bas de nylon... La vue, étendue par l'alphabet phonétique, suscite l'habitude analytique de ne voir qu'un seul aspect de la vie des formes. Elle nous permet d'isoler l'incident individuel dans le temps et dans l'espace comme dans l'art représentatif... Au contraire l'art iconographique se sert de l'œil comme nous nous servons de la main et tente de créer une image inclusive faite de nombreux moments, phase et aspect de la personne ou de la chose. Le monde de l'icône n'est donc ni une représentation visuelle, ni une spécialisation du *stress* visuel, c'est-à-dire de la vue d'une position particulière. La perception tactile est soudaine, non spécialisée. Elle est totale, "synesthétique" et implique tous les sens. Imprégné de l'image en mosaïque de la télévision, l'enfant regarde le monde avec un esprit opposé à l'alphabétisation... Les jeunes qui ont vécu une décennie de télévision en ont automatiquement absorbé une impulsion à l'application en profondeur qui leur fait apparaître tous les objectifs lointains visualisés par la culture dominante comme irréels, insignifiants et anémiques... Cette attitude différente n'a rien à voir avec les programmes et serait la même si tous les programmes avaient le contenu culturel le plus élevé... La technologie électrique étend le processus instantané de la conscience à travers le rapport entre ses composantes, analogue à celui qui existe depuis longtemps à l'intérieur de notre système nerveux central. Cette vitesse constitue d'elle-même une "unité organique" et met fin à l'ère mécanique qui s'était mise en mouvement avec Gutenberg... Si l'électricité donne l'énergie et la synchronisation, tous les aspects de la production, de la consommation et de l'organisation deviennent secondaires par rapport à la communication... »

Voici un collage de citations qui synthétise les positions de McLuhan et, en même temps, nous fournit un exemple de ses techniques d'argumentation, qui – paradoxalement – sont tellement cohérentes avec sa thèse qu'elles en invalident la portée. Essayons d'être plus clairs.

La domination des médias froids est typique de notre époque de coparticipation envoûtante. Une de leurs caractéristiques, nous l'avons déjà dit, c'est de présenter des configurations à définition basse, qui ne sont pas des produits finis mais des processus, c'est-à-dire non pas des successions linéaires d'objets, de moments et d'arguments, mais une sorte de totalité et de simultanéité des données. Si on transfère cette réalité dans l'organisation du discours, les aphorismes remplaceront les syllogismes. Les aphorismes (comme le rappelle McLuhan) sont incomplets et demandent de ce fait une participation profonde. C'est dans ce sens que son style d'argumentation correspond parfaitement au nouvel univers auquel nous sommes invités à nous intégrer. Cet univers apparaîtrait à des hommes comme Sedlmayr comme l'exemple le plus parfait et diabolique de «perte du centre» (les notions de centre et de symétrie appartiennent à l'ère de la perspective de la Renaissance, qui est gutenbergienne par excellence) mais constitue pour McLuhan le «bouillon» futur dans lequel les bacilles de la contemporanéité pourront se développer en nombre inconnu du bacille alphabet. Cette technique, cependant, comporte certains défauts. Le premier réside dans le fait que McLuhan énonce à la fois une affirmation et son contraire, en les considérant comme cohérents. En ce sens son livre pourrait offrir des arguments valables pour Sedlmayr et toutes les congrégations des apocalyptiques ainsi que pour la «Société anonyme des intégrés», des passages que pourrait citer un marxiste chinois qui voudrait mettre en accusation notre société, et des arguments de démonstration pour un théoricien de l'optimisme néo-capitaliste. McLuhan ne se soucie même pas de savoir si tous ces arguments sont vrais: il lui suffit *qu'ils soient.* Ce qui de notre point de vue apparaîtrait comme une contradiction n'est pour lui que simultanéité. Mais, comme il l'écrit dans un autre livre, McLuhan ne réussit pas à se soustraire à l'habitude gutenbergienne d'articuler des démonstrations consécutives. Sauf que la consécution est fiction, et il nous offre la simultanéité des arguments comme si elle était une suite logique. Dans l'un des passages cités, la rapidité avec laquelle on passe du concept de linéarité dans l'organisation d'une entreprise au concept de linéarité dans les mailles d'un bas est telle que ce rapprochement ne peut pas ne pas apparaître comme un lien causal.

Tout le livre de McLuhan consiste à nous démontrer que la «disparition de la chaîne de montage» et la «disparition des bas résilles» ne doivent pas être reliées par un «donc» – ou du moins par l'auteur du message mais plutôt par le récepteur qui se chargera de remplir les vides de cette chaîne à basse définition. Mais l'ennui, c'est que, au fond, McLuhan souhaite que nous posions ce «donc», ne serait-ce que parce qu'il sait que nos habitudes «gutenbergiennes» nous pousseront à penser en termes de «donc», à partir du moment où nous lisons les deux données alignées sur la page imprimée. Il triche donc autant que Sedlmayr qui nous dit que le microscope signifie perte du centre, et autant que le fou qui nous signale les sept allumettes. Il exige une extrapolation et nous l'impose de la façon la plus insidieuse et illégitime que nous puissions imaginer. Nous sommes en plein dans le *cogito interruptus* qui ne serait pas *interruptus* si, de façon cohérente, il ne se présentait plus en tant que *cogito.* Mais tout le livre de McLuhan est fondé sur l'équivoque d'un *cogito* qui se nie en s'argumentant dans les modes de la rationalité niée.

Si nous assistons à l'avènement d'une nouvelle dimension de la pensée et de la vie physique, soit celle-ci est totale, radicale – et déjà gagnée –, et, dans ces conditions, nous ne pouvons plus écrire des livres pour démontrer l'avènement de quelque chose qui a rendu tout livre incohérent; soit le problème de notre époque est d'intégrer les nouvelles dimensions de l'entendement et de la sensibilité à celles sur lesquelles sont encore fondées toutes nos formes de communication (y compris la communication télévisuelle qui au départ est encore organisée, étudiée et programmée en dimensions gutenbergiennes) ; dans ce cas, la tâche de la critique (qui écrit des livres) est d'opérer cette médiation, et donc de traduire la situation de globalité envoûtante en termes d'une rationalité gutenbergienne spécialisée et linéaire.

McLuhan a récemment compris qu'on ne doit peut-être plus écrire de livres : avec *The Medium is the Massage,* son dernier « non-livre », il a proposé un discours dans lequel la parole se fond avec les images et les chaînes logiques sont détruites en faveur d'une proposition synchronique, verbo-visuelle, de données non raisonnées que l'on fait voltiger devant l'intelligence du lecteur. L'ennui est que *The Medium is the Massage,* pour être pleinement compris, a besoin de *Understanding Media* comme code. McLuhan n'échappe pas à l'exigence de l'éclaircissement rationnel du processus auquel nous assistons : mais au moment où il se rend aux exigences du *cogito,* il est tenu de ne pas l'interrompre.

La première victime de cette situation équivoque est McLuhan lui-même – qui ne se limite pas à aligner des données déliées et à nous les faire absorber comme si elles étaient liées. Il lui arrive aussi de s'efforcer de nous présenter des données en apparence sans liens et contradictoires, tandis qu'il les pense comme liées par des opérations logiques, sauf qu'il a des scrupules à nous les montrer en action. Qu'on lise par exemple ce passage que nous proposons après y avoir intercalé des parenthèses numérotées qui séparent les diverses propositions : « Il semble contradictoire que le pouvoir fragmentaire et séparateur du monde analytique occidental provienne d'une accentuation de la faculté visuelle. (1) Le sens de la vue est ainsi responsable de l'habitude de tout voir comme quelque chose de continu et de lié. (2) La fragmentation au moyen du stress visuel se vérifie en un moment isolé dans le temps, ou en un aspect isolé dans l'espace qui va au-delà du pouvoir du toucher, de l'ouïe, de l'odorat et du mouvement. (3) En imposant des rapports non visualisables qui sont la conséquence de la vitesse instantanée, la technologie électrique détrône le sens de la vue et nous rend la synesthésie et les implications très étroites entre les autres sens. »

Maintenant essayons de relire ce passage incompréhensible, en y insérant aux points marqués les connections suivantes : (1) en effet ; (2) cependant ; (3) au contraire. Et l'on se rendra compte que le raisonnement fonctionne du moins formellement.

Cependant, toutes ces observations concernent seulement la technique d'exposition. Plus graves sont les cas dans lesquels l'auteur met en scène de véritables pièges d'argumentation qui peuvent se regrouper sous une catégorie générale définissable en des termes chers à ces scolastiques que McLuhan, commentateur antique de saint Thomas, devrait connaître et imiter : l'équivoque sur la *suppositio* des termes, c'est-à-dire la définition équivoque.

L'homme gutenbergien, et avant lui l'homme alphabétisé, nous avait au moins appris à définir avec précision les termes de notre discours. Éviter de les définir pour « impliquer » davantage le lecteur pourrait être une technique (l'ambiguïté voulue du discours poétique est-elle autre chose ?), mais dans d'autres cas c'est une ruse de charlatan.

Ne parlons plus de l'échange désinvolte des connotations habituelles d'un terme qui fait que *chaud* signifie « capable de permettre un détachement critique » et *froid :* « impliquant » ; *visuel* signifie « alphabétique » et *tactile* signifie « visuel » ; *détachement* signifie « engagement critique » et *participation :* « désengagement hallucinatoire » et ainsi de suite. Ici nous serions encore au niveau d'une régénération de la terminologie dans un dessein provocateur.

Voyons au contraire, à titre d'exemple, certains jeux de définitions plus critiquables. Il est faux de dire que « tous les médias sont des métaphores actives parce qu'ils ont le pouvoir de traduire l'expérience en forme nouvelle ». Un média, par exemple la langue parlée, traduit l'expérience en une autre forme parce qu'elle constitue un code. Une métaphore est au contraire la substitution, à l'intérieur d'un code, d'un terme par un autre, en vertu d'une similitude instituée, puis voilée. Mais la définition du média comme métaphore cache aussi une confusion sur la définition du média. Dire qu'il représente « une extension de nous-mêmes » signifie encore peu. La roue *étend* les capacités du pied et le levier celles du bras, mais l'alphabet réduit selon les critères d'économie particulière les possibilités des organes vocaux pour permettre une certaine codification de l'expérience par rapport à la langue écrite, mais celle-ci en favorise la diffusion et elle encourage certaines évolutions dans le sens de la précision, de la standardisation, etc. Dire que « le langage fait pour l'intelligence ce que la roue fait pour les pieds ou pour le corps : il permet aux hommes de se déplacer d'une chose à l'autre avec une grande facilité, une plus grande désinvolture et une participation toujours moindre », n'est rien de plus qu'une réplique de mauvais cabaret.

En effet tout le raisonnement de McLuhan est dominé par une série d'équivoques graves pour un théoricien de la communication, qui empêchent d'établir les différences entre le *canal* de communication, le *code*, le *message*. Dire que les routes et la langue écrite sont des médias signifie que l'on confond un canal avec un code. Dire que la géométrie euclidienne et un habit sont des médias signifie que l'on mélange un code (une façon de formaliser l'expérience) et un message (une façon de signifier, sur la base de conventions vestimentaires, une chose que je veux dire, un contenu). Dire que la lumière est un média signifie que l'on ne se rend pas compte qu'ici, il est question d'au moins trois acceptions de « lumière ».

1. La lumière comme signal (je transmets des impulsions qui sur la base du code Morse signifieront par la suite des messages particuliers).

2. La lumière comme message (la lumière allumée à la fenêtre de l'amant qui signifie « Viens »).

3. La lumière comme canal d'une autre communication (si dans une rue la lumière est allumée, je peux lire l'affiche collée au mur).

Dans ces trois cas, la lumière revêt des fonctions différentes et il serait très intéressant d'étudier les constantes de ce phénomène sous des aspects si divers ou la naissance, en vertu des trois usages si différents, des trois phénomènes « lumière ». En conclusion, la formule, heureuse et désormais célèbre : « Le média, c'est le message », se révèle ambiguë et porteuse d'une série de formules contradictoires. Elle peut en effet signifier :

1. la forme du message est le vrai contenu du *message* (thèse de la littérature et de la critique d'avant-garde) ;

2. le code, c'est-à-dire la structure d'une langue – ou d'un autre *système* de communication – *est le message* (célèbre thèse anthropologique de Benjamin Lee Whorf, pour qui la vision du monde est déterminée par la structure de la langue) ;

3. le canal est le message (le matériau choisi pour véhiculer l'information détermine soit la forme du message, soit ses contenus ou la structure des codes – une idée bien connue en esthétique, où l'on sait que le choix de la matière artistique détermine le rythme de l'esprit et le sujet, l'argument lui-même).

Toutes ces formules montrent à McLuhan qu'il est faux que les chercheurs en information, comme il l'affirme, n'aient considéré que le contenu de l'information sans se préoccuper des problèmes formels. À part le fait que là aussi McLuhan joue sur les termes et utilise le mot « information » dans deux acceptions différentes (pour lui il signifie « ce qui est dit », tandis que pour la théorie de l'information il signifie « le nombre de choix binaires nécessaires pour dire quelque chose »), on découvre que la théorie de la communication, en formalisant les différentes phases du passage d'information, a offert des instruments utiles pour différencier les phénomènes qui sont différents et doivent être considérés comme différents.

En réunissant ces différents phénomènes dans sa formule, McLuhan ne nous dit plus rien d'utile. En effet, découvrir que l'avènement de la machine à écrire, en faisant entrer les femmes dans les entreprises comme dactylos, a mis en crise les fabricants de crachoirs, signifie simplement répéter le principe évident que toute technologie nouvelle impose des changements dans le corps social. Mais face à ces changements, il est extrêmement utile de comprendre qu'ils adviennent en vertu d'un nouveau canal, d'un nouveau code, d'un nouveau moyen d'articuler le code, des choses que dit le message en articulant le code, ou de la façon dont un groupe déterminé est prédisposé à accueillir le message.

Voici, alors, une autre proposition; le média n'est pas le message; le message devient ce que le récepteur le fait devenir en l'adaptant à ses propres codes qui ne sont ni ceux de l'émetteur ni ceux du chercheur en communication. Le média n'est pas le message parce que pour le chef cannibale, la montre ne représente pas la volonté de spatialiser le temps, mais n'est qu'une breloque cinétique à se mettre au cou. Si le média est le message, il n'y a rien à faire (les apocalyptiques le savent) : nous sommes dirigés par les instruments que nous avons construits. Mais le message dépend de la lecture qu'on en donne, dans l'univers de l'électricité il y a encore de la place pour la guérilla : on différencie les perspectives de réception, on ne prend pas la télévision d'assaut, mais la première chaise devant chaque télévision. Il se peut que ce que dit McLuhan (avec les apocalyptiques) soit vrai, mais dans ce cas il s'agit d'une vérité très néfaste : et comme la culture a la possibilité de construire sans pudeur d'autres vérités, il vaut la peine d'en proposer une qui soit davantage productive.

Pour conclure, trois questions sur l'opportunité de lire McLuhan.

Peut-on faire l'effort de lire *Understanding Media ?* Oui, parce que l'auteur semble nous assaillir avec un fatras énorme de données (Arbasino a magnifiquement supposé, dans l'un de ses articles, que ce livre a été écrit par Bouvard et Pécuchet) mais il ne nous donne qu'une seule information centrale : le média, c'est le message; il la répète avec une obstination exemplaire et une fidélité absolue à l'idéal de discours des sociétés orales et tribales, auxquelles il nous invite : « Le message tout entier est répété plusieurs fois sur les cercles d'une spirale concentrique et avec une apparente redondance. » Une seule remarque : la redondance n'est pas apparente, elle est réelle. Comme pour les meilleurs produits de distraction des masses, le flot d'informations collatérales sert seulement à rendre consommable une structure centrale redondante à outrance, de façon que le lecteur ne reçoive toujours que ce qu'il sait déjà, ce qu'il a déjà compris. Les signes que McLuhan lit se réfèrent tous à quelque chose qui nous est donné dès le départ.

Après avoir lu des auteurs comme Sedlmayr, vaut-il la peine de lire des auteurs comme McLuhan ? Sincèrement, oui. Il est vrai que tous deux, en changeant le signe algébrique, disent la même chose (c'est-à-dire que les médias ne transmettent pas les idéologies; ils sont eux-mêmes des idéologies), mais l'emphase visionnaire de McLuhan n'est pas larmoyante, elle est excitante, hilare et folle. Il y a de bonnes choses chez McLuhan comme il y en a chez les fumeurs de bananes et chez les hippies. Attendons de voir ce qu'ils seront encore capables de faire.

La lecture de McLuhan est-elle scientifiquement productive ? Problème embarrassant, parce qu'il faut bien se garder de liquider sous couvert de bon sens académique quelqu'un qui écrit les cantiques de sœur Électricité. Que se cache-t-il de fécond sous cette perpétuelle érection intellectuelle ?

McLuhan ne se limite pas à nous dire « 47 correspond au Mort qui parle », mais la plupart du temps, il fait des affirmations qui, si elles relèvent toujours de la Kabbale, sont du type « 77, jambes des femmes » : dans ce cas nous n'avons pas une analogie parfaitement immotivée comme dans le premier, mais une certaine homologie structurale. Et la recherche des homologies structurales ne fait peur qu'aux esprits étroits et aux « alphabétisés » incapables de voir au-delà de leurs propres abécédaires.

Quand Panofsky découvre une homologie structurale entre les plans des cathédrales gothiques et les formes des traités de théologie médiévale, il essaie de comparer deux *modus operandi* qui donnent vie à des systèmes relationnels réduisibles à un même diagramme, à un unique modèle formel. Et quand McLuhan voit un rapport entre la disparition de la mentalité gutenbergienne et certaines façons de concevoir les structures organisatrices de façons linéaires et hiérarchisantes, il travaille, à n'en pas douter, sur le même niveau de bonheur heuristique. Mais quand il ajoute que le même processus a conduit à la disparition des files de porteurs à l'arrivée des clients des hôtels, il commence à entrer dans le règne de l'invérifiable, et quand il arrive à la disparition des coutures verticales des bas de nylon, il entre dans le règne de l'impondérable. Mais quand il joue de façon cynique avec les opinions courantes, tout en sachant qu'elles sont fausses, alors, il éveille nos soupçons : car McLuhan sait que le cerveau électronique exécute de nombreuses opérations à une vitesse instantanée, en une seule seconde, mais il sait également que ce fait ne peut lui permettre d'affirmer que « la synchronisation instantanée de nombreuses opérations a mis fin au vieux schéma mécanique qui dispose les opérations en une séquence linéaire » ; en effet la *programmation* d'un cerveau électronique consiste justement à prédisposer des séquences linéaires d'opérations logiques décomposées en signaux binaires ; s'il y a quelque chose de peu tribal, enveloppant, polycentrique, hallucinatoire, et non gutenbergien, c'est bien le travail du programmeur. On ne peut pas profiter de la naïveté de l'humaniste moyen qui ne connaît l'ordinateur que par les livres de science-fiction. C'est précisément dans la mesure où son discours présente des intuitions extrêmement valables que nous demandons à McLuhan de ne pas s'adonner au jeu des trois cartes.

Mais, conclusion mélancolique, le succès mondain de sa pensée est dû justement à cette technique de la non-définition des termes et à cette logique du *cogito interruptus* qui a donné autant d'échos, auprès du public, aux apocalyptiques dans les articles de vulgarisation des pages culturelles des journaux bien-pensants. Dans ce sens McLuhan a raison, l'homme gutenbergien est mort et le lecteur cherche dans le livre un message à basse définition facile dans lequel se plonger de façon hallucinatoire. N'est-il pas mieux alors de regarder la télévision ?

Que la télévision soit meilleure que Sedlmayr ne fait aucun doute ; les indignations de Mike Buongiorno[1] devant la peinture « futuriste » de Picasso sont plus saines que les lamentations sur l'art dégénéré. En ce qui concerne McLuhan, c'est différent ; même quand elles sont vendues de façon désordonnée, les bonnes avec les mauvaises, les idées appellent d'autres idées, ne serait-ce que pour les réfuter. Lisez McLuhan ; mais ensuite, essayez de le raconter à vos amis. Ainsi vous serez obligés de choisir une séquence et vous sortirez de l'hallucination.

1. Célèbre animateur de la télévision italienne. *(N.d.T.)*

La Raison graphique
(1977)

JACK GOODY
(né en 1919)

Les travaux de Jack Goody sont une référence classique pour la problématique développée dans ce chapitre, et le riche article de Bruno Latour que nous publions à sa suite en constitue le meilleur développement. On trouvera d'autre part dans le recueil de la Raison graphique *et dans la préface rédigée par Jean Bazin et Alban Bensa, une vive critique de Lévi-Strauss. Nous indiquons en bibliographie les titres des principaux ouvrages à verser au débat.*

Dans les pages qui précèdent cet extrait, Goody a évoqué le tableau dressé par l'anthropologue Robin Horton, lui-même inspiré par l'opposition de l'épistémologue Karl Popper entre sociétés closes et sociétés ouvertes. Reprenons-le en le modifiant quelque peu :

Systèmes « fermés »	***Systèmes « ouverts »***
Mots, idées et réel sont liés par les « circonstances ».	*La déliaison de l'énoncé et de l'énonciation permet de lier les idées entre elles, d'où le discours autonome et la chaîne des raisons.*
Pensée non réflexive.	*Repli de la chaîne sémiotique, d'où le métalangage et l'épistémologie.*
Discours personnalisé et ouvert aux identifications.	*Énoncés impersonnels.*
Protections défensives et élaborations secondaires.	*Scepticisme systématique et « falsifiabilité ».*
Pas d'idée du progrès, appui sur les ancêtres.	*Intériorisation du futur et de l'éventuel.*

Goody souligne que la clôture et l'ouverture qui s'opposent de gauche à droite de ce tableau ne sont que des variables, à référer à l'alternative sans/avec l'écriture. Le « scepticisme » par exemple n'est pas une qualité innée ou tombée du ciel ; le chasseur indigène qui tend un filet n'est ni plus ni moins crédule que son observateur blanc. L'esprit critique dépend des techniques d'accumulation, donc de comparaison entre les savoirs ; l'écriture en particulier permet la privatisation du savoir, son inspection individuelle. Le « même » message n'est pas traité identiquement par l'ouïe et par la vue, et ce changement de canal a d'importantes conséquences.

On saisira mieux quelle différence d'attitude critique entraîne la substitution de l'écrit à un canal audiovisuel, en confrontant notre propre réception face aux informations : le flot télévisé tend à entraîner l'adhésion, le journal imprimé permet la confrontation entre différentes versions, la relecture et le recul. En bref :

– *l'écriture apporte la distance ou le niveau* méta : *le langage peut s'y prendre lui-même pour objet, d'autant mieux que cette écriture tend à l'alphabet, c'est-à-dire à la convergence entre la chaîne graphique et la chaîne phonique, qui vient se recueillir dans ce miroir critique. Dès lors la connaissance ne s'exercera plus seulement* dans *mais aussi* sur *la* langue. La conscience des règles selon lesquelles nous parlons suppose cette inscription qui objective la parole, ou la pose en vis-à-vis. Sans écriture, l'analyse linguistique ne serait guère envisageable : deux langues ouest-africaines (orales) citées par Goody n'ont pas de mot pour /mot/ ;

– la segmentation de l'écrit, en fragmentant le flux oral, favorise l'arrêt sur le signifiant, sur la phrase, la proposition... La logique, la dialectique ou le découpage des trois propositions du syllogisme (qui fait également appel aux ressources visuelles des ensembles) en découlent ;

– l'écriture décontextualise le savoir : l'énoncé coupé de son énonciation peut voyager loin de sa source, faire l'objet d'un stockage, d'un traitement à part. La relation de connaissance devient moins personnelle (ceux qui savent lire disposent d'un champ cognitif plus étendu et surtout plus indépendant), « le » symbolique commence à émerger dans sa transcendance. À la différence de la pensée dite sauvage, qui se meut dans un espace et un temps qualitativement changeants, la décontextualisation apporte un espace idéal, c'est-à-dire plus homogène, où les choses peuvent être saisies du point de vue de l'universel. La tomate est-elle fruit ou légume ? C'est la mise en liste, donc la décontextualisation qui force à bannir toute équivoque. Cette question typiquement écrite voire « typographique » n'aurait guère de sens (d'utilité) en régime oral. Le passage de l'oral à l'écrit est celui du qualitatif au quantitatif. La catégorisation conduit à la possibilité du comptage, on entre dans l'exactitude d'un monde binaire ou digital. D'une façon générale, l'œil a un pouvoir séparateur très supérieur à l'ouïe, moins analytique, davantage soumise aux valeurs d'harmonie ou de synthèse. C'est pourquoi la méthode cartésienne privilégie massivement les métaphores de la vue au détriment du ouï-dire, siège et canal des préjugés ou de la mémoire affective (les « contes de nourrice »). Discerner, disséquer, distinguer..., toutes ces opérations attachées à la recherche du vrai sont visuelles, et relèvent aujourd'hui de l'écrit ;

– la décontextualisation permet la confrontation. La recombinaison des traces dans un même espace libère l'accumulation heuristique, l'intuition ou la perception des contradictions (qui sont d'abord des contra-scriptions). Tout l'essor du calcul en dépend. Comment l'arithmétique se développerait-elle sans poser ses opérations ? De même la géométrie implique un espace tabulaire. Songeons à la relation introduite par le signe = , qui vaut dans les deux sens : cette réversibilité suppose la lecture qui revient en arrière, au contraire de la voix unidirectionnelle. On ne qualifiera donc pas sans précaution l'écriture de linéaire ; en toute rigueur la linéarité distingue la voix, tandis que l'écrit utilise et célèbre les ressources d'un espace à deux dimensions ;

– de l'appropriation du savoir permise par l'écrit dépend cette rumination constructive qu'on appelle le libre examen, ou l'esprit critique. L'énoncé échappe au temps de l'énonciation pour entrer dans celui du lecteur, ou dans un espace et un temps propres. En un mot : l'écriture apporte un point de vision fixe, ou universel-abstrait. D'où sa collusion possible avec le pouvoir de l'État, soit (étymologiquement) avec l'émergence d'un centre stable, d'un invariant ou d'un code qui n'est au pouvoir de personne. Là où elle apparaît, la communication écrite entraîne une petite révolution copernicienne : dans le monde oral, l'émetteur mobile et son message tournent autour d'un destinataire fixe ; avec l'écriture, et plus encore l'imprimé, c'est le lecteur-récepteur qui tourne autour d'un message devenu immobile, et dont la cohérence paraît désormais sacrée.

Cette valeur de cohérence optique et formelle semble donc un bienfait que nous devons aux cartes et aux surfaces d'inscription. Il faut, si l'on veut lier les énoncés entre eux et *disposer d'une syntaxe forte, commencer par délier l'énoncé de l'énonciation, et l'émetteur du récepteur. Cette déliaison n'est pas favorisée par le régime oral où chaque parole-événement demeure incomparable. Est-ce un hasard de l'homonymie si le latin* liber, *en revanche, désigne à la fois l'intérieur de l'écorce d'un arbre qui servait à écrire, et la condition d'homme libre ?*

Source : La Raison graphique (The Domestication of Savage Mind), *traduction et présentation de Jean Bazin et Alban Bensa, Minuit, Paris, 1979.*

Bibliographie : *Jack Goody,* la Logique de l'écriture : aux origines des sociétés humaines, *Armand Colin, Paris, 1986 ; Claude Lévi-Strauss,* Tristes Tropiques, *Plon, Paris, 1955 (septième partie) ; Claude Lévi-Strauss,* la Pensée sauvage, *Plon, Paris, 1962 ; Jacques Derrida,* De la grammatologie, *Minuit, Paris 1967.*

Chapitre III
Écriture, esprit critique et progrès de la connaissance

HORTON PRÉTEND que la pensée scientifique diffère de la pensée traditionnelle en raison de son « scepticisme fondamental » envers des croyances établies. Pourtant, nous avons vu dans le chapitre précédent que beaucoup d'observateurs ont décrit les Africains comme des gens sceptiques, surtout à l'égard de la sorcellerie, de la divination et autres pratiques de ce genre. La différence *essentielle* est à chercher, semble-t-il, non pas tant du côté de l'attitude sceptique elle-même que du côté de l'accumulation (ou de la reproduction) du scepticisme. Dans les sociétés orales (c'est-à-dire « traditionnelles »), il est difficile que se développe un courant de pensée sceptique à propos, disons, de la nature de la matière ou de la relation de l'homme à Dieu, tout simplement parce qu'une tradition critique continue ne peut guère exister quand les pensées sceptiques *ne sont pas* notées par écrit, *ni* transmises à travers le temps et l'espace, *ni* mises à la disposition de chacun de manière qu'on puisse les méditer en privé et pas seulement les entendre en public.

Dans bien des cas, il faut opposer « oral » et « écrit », et non « traditionnel » et « moderne ». Il est clair que la conscience des alternatives va plutôt caractériser les sociétés qui ont l'écriture, qui, grâce aux livres et aux bibliothèques, permettent à l'individu d'accéder à la connaissance des cultures et des époques les plus diverses, qu'il s'agisse de textes descriptifs ou de constructions utopiques. Mais ce n'est pas simplement la conscience qu'on a d'être exposé à un plus large éventail d'influences. Une « ouverture » conçue de manière aussi mécanique serait possible aussi bien pour les habitants d'une ville comme Kano, avec sa multitude de voyageurs venus d'au-delà du Sahara, que pour ceux de Boston ou de Birmingham au dix-huitième siècle. C'est surtout la *forme* dans laquelle sont présentées les alternatives qui rend conscient des différences, qui oblige à voir les contradictions, qui fait prendre conscience des « règles » de raisonnement, qui contraint à élaborer une telle « logique ». Et cette forme est fonction du mode écrit ou littéraire d'expression. Pourquoi ? Parce que, quand un énoncé est mis par écrit, il peut être examiné bien plus en détail, pris comme un tout ou décomposé en éléments, manipulé en tous sens, extrait ou non de son contexte. Autrement dit, il peut être soumis à un tout autre type d'analyse et de critique qu'un énoncé purement verbal. Le discours ne dépend plus d'une « circonstance » : il devient intemporel. Il n'est plus solidaire d'une personne; mis sur papier, il devient plus abstrait, plus dépersonnalisé.

Dans ce rapide exposé des conséquences de l'écriture, ou du moins de la généralisation de son usage, j'ai délibérément repris les termes dont on s'est servi pour expliciter la dichotomie moderne/traditionnel. Horton parle des différences entre théories personnelles et impersonnelles; quoiqu'il s'agisse là, chez lui, d'un aspect assez différent du problème (dieux personnels par opposition à forces impersonnelles), ce n'est pas sans lien avec ce que je veux dire. Il parle aussi de ce type de pensée dépendante des circonstances (donc en un sens moins abstraite, ou qu'on peut moins abstraire), une idée qui pourrait être reprise sous une forme plus concrète si l'on envisageait les systèmes de communication des signes et des symboles. L'écriture «objective» le discours, elle en permet une perception visuelle et non plus seulement auditive. Du côté du récepteur, on passe de l'oreille à l'œil; du côté du producteur, de la voix à la main.

C'est ici, je pense, que se trouve la réponse au moins partielle au problème de la naissance de la Logique et de la Philosophie. Dans le premier chapitre, j'ai noté que la Logique, au sens formel, est étroitement liée à l'écriture: la formalisation des propositions, qu'on extrait du flux de la parole, qu'on désigne par des lettres (ou des nombres), conduit au syllogisme. La logique symbolique et l'algèbre (laissons de côté le calcul) sont inconcevables sans qu'existe préalablement l'écriture. Plus généralement, l'intérêt pour les règles du raisonnement ou pour les fondements de la connaissance semble bien naître, quoique moins directement, de la formalisation des messages (et donc des «assertions» et des «croyances») inhérente à l'écriture. Le discours philosophique représente tout à fait le genre de formalisation qu'on est en droit d'attendre de l'utilisation de l'écriture. Les sociétés «traditionnelles» se distinguent non pas tant par le manque de pensée réflexive que par le manque d'outils appropriés à cet exercice de rumination constructive.

Je passe maintenant au deuxième ensemble de critères, ceux qui tiennent à l'inquiétude face à ce qui menace le système. Comme le remarque Horton, les penseurs traditionnels ne sont pas les seuls à ressentir le changement comme une menace; il en est de même, dit T. Kuhn[1] pour la «science normale». Il est certainement vrai que le progrès, le changement caractérisent davantage les sociétés «modernes», mais ils ne sont pas pour autant ignorés des autres cultures, et le scepticisme non plus, comme nous l'avons vu. Quant aux représentations du temps, il y a une différence relative qui peut légitimement être rapportée aux différences dans les procédés techniques de mesure du temps[2]. À vrai dire, on a souvent accordé trop d'importance à l'opposition entre représentations cyclique et linéaire. Par exemple, une chronologie, c'est linéaire et non circulaire; cela nécessite des séries numériques partant d'un point fixe, ce qui requiert une forme quelconque d'enregistrement graphique.

Notons que, lorsqu'il parle d'inquiétude face au changement, Horton ne se réfère pas à des réactions effectivement observées mais plutôt à ce qu'on suppose être des défenses éventuelles contre cette menace. Ma propre expérience ne m'a pas révélé de difficultés majeures de ce genre sur le plan individuel; à l'avion qui les survole, les gens trouvent une place dans un schème classificatoire quelconque, comme le montre P.M. Worsley[3] à propos

1. *The Structure of Scientific Revolutions,* Chicago, 1962; trad. fr., *la Structure des révolutions scientifiques,* Paris, Flammarion, 1972.
2. J. Goody, «Time: social organisation», in *International Encyclop. of Social Sciences*, New York, 1968, 16, pp. 30-42.
3. «Totemism in a changing society», in *American Anthropologist,* 57, 1955, pp. 851-861.

du totémisme à Groote Eyland, sans se sentir menacés par le fait que l'avion contredit leur distinction entre les oiseaux qui volent en l'air et les machines qui se déplacent au sol. Je dis cela parce que Horton fait de la « fermeture » des systèmes de classification l'un des principaux traits distinctifs de la pensée africaine et suit Mary Douglas[1] qui voit dans le tabou une réaction aux événements gravement incompatibles avec les principes admis de classification.

Pour étayer cette théorie, on considère l'inceste comme une mise en cause flagrante du système catégoriel établi, parce que, par exemple, la mère y est traitée comme une épouse : et c'est pourquoi il est tabou. De même, les jumeaux sont dangereux parce qu'une naissance multiple est signe de confusion entre monde animal et monde humain ; le cadavre humain est source de souillure parce qu'il est à mi-chemin entre les vivants et les morts, tout comme les excréments et le sang menstruel occupent ce no man's land entre l'animé et l'inanimé. Mais qu'est-ce que cela veut dire ?

Prenons l'inceste. Ce raisonnement n'est guère acceptable, pour plusieurs raisons. Les sociétés d'Afrique occidentale classent souvent comme « sœurs » des épouses potentielles (c'est même un trait des systèmes de mariage licite entre cousins et des terminologies hawaiiennes) ; pourtant, les hommes n'ont aucun mal à coucher avec certaines « sœurs » et pas avec d'autres. De même, certaines « mères » sont des partenaires sexuels possibles, tout comme chez nous il y a des « mères supérieures »... à la maternité. Si nous considérons les systèmes de classification du point de vue des acteurs, le recouvrement des catégories ne crée guère d'embarras. Comme nous le verrons, le diagramme de Venn est un modèle aussi pertinent que la Table. En outre, tout l'argument paraît reposer sur une vue simpliste du rapport entre les actes linguistiques et les autres comportements sociaux. Ce qui est en cause ici, c'est de savoir si le « tabou » est une catégorie qui exige une explication, que ce soit dans les termes de M. Douglas ou dans ceux de Horton. Ni la « fermeture » des classifications ni les tabous ne semblent définir de manière très satisfaisante les caractéristiques de la pensée traditionnelle.

Autre aspect de l'analyse de Horton : l'opposition entre les usages magiques et non magiques du mot[2]. Il note lui même – car il est très attentif aux différences et aux ressemblances – que derrière la magie (prise du moins au sens d'une domination du mot, de son étroite participation à la représentation et à l'action) il y a un point de vue sur le monde qu'on peut rencontrer même dans les cultures tournées vers la science (par exemple, l'idée d'une domination de l'esprit sur la matière). Pour ma part, j'irais plus loin : on peut dire que le fait même de classer (c'est-à-dire une manière, inhérente à toute science, de s'assurer un contrôle des données) implique un usage des mots qui n'est pas très éloigné de celui des invocations magiques. Aujourd'hui, la magie du mot imprimé a remplacé, en un sens, la magie du mot parlé. Pourtant, dans une certaine mesure, Horton n'a pas tort de dire qu'on s'est éloigné d'une conception magique du mot. Ce qu'il y a de juste dans cette idée nous renvoie une fois de plus, à mon avis, à cet effet de séparation et d'objectivation des mots qu'a l'écriture. Car, selon qu'ils sont transcrits ou prononcés, les mots entretiennent une relation différente avec l'action et avec l'objet. Le mot écrit n'est plus directement lié au « réel », il devient une chose à part, il est relativement détaché du flux de la parole, il

1. *Purity and Danger*, Londres, 1966 ; trad. fr., *De la souillure*, Paris, Maspero, 1971.
2. Pour une discussion plus récente, voir S. J. Tambiah, « The magical power of the words », in *Man*, 3, 1968, pp. 175-208, et T. Todorov, « Le discours de la magie », in *l'Homme*, 1973, XIII, 4, pp. 38-75.

tend à ne plus être aussi étroitement impliqué dans l'action, dans l'exercice d'un pouvoir sur la matière.

Parmi les différences que Horton retient pour distinguer les systèmes de pensée ouverts et fermés, beaucoup peuvent être rattachées aux différences dans les systèmes de communication, et en particulier à la présence et à l'absence d'écriture. Mais cela ne nous donne pas pour autant une simple division dichotomique, car les systèmes de communication diffèrent les uns des autres à bien des égards (l'écriture peut être idéographique ou phonétique, par exemple). Il n'y a pas une « opposition » unique, mais plutôt une succession de changements dont chacun a ses effets spécifiques sur les systèmes de pensée. Je ne prétends pas que ce processus soit unilinéaire, encore moins qu'il dépende d'une seule cause ; la pensée exerce une action en retour sur la communication. Les systèmes de croyances, les divisions en classes modifient dans sa forme et limitent dans son extension l'usage de l'écriture ; on ne peut pas vraiment séparer, pour reprendre dans un autre contexte la terminologie de Marx, les moyens de communication des rapports de communication, qui pris ensemble constituent le mode de communication. En soulignant l'importance de ce facteur, les systèmes de communication, j'essaie d'éviter le bourbier conceptuel où l'on patauge quand on se contente de renvoyer les différences observées soit à la diversité des « cultures » (on ne peut pas dire le contraire, mais qu'est-ce que cela veut dire ?), soit à des distinctions descriptives aussi vagues que celle entre pensée « ouverte » et « fermée », qui n'expliquent rien mais ont plutôt besoin elles-mêmes d'être expliquées.

J'ai tenté de montrer que ce n'est pas le scepticisme en tant que tel qui caractérise les formes de pensée postérieures à l'avènement de la science, mais la possibilité de son accumulation grâce à l'écriture ; que tout le problème est d'établir une tradition cumulative d'examen critique. On peut ainsi comprendre pourquoi la science, selon l'idée qu'on s'en fait d'ordinaire, n'apparaît qu'avec l'écriture et pourquoi elle a connu des progrès aussi frappants dès que l'usage de l'écriture s'est répandu. Karl Popper[1] fait remonter « la tradition du débat critique, le seul moyen dans la pratique que nous ayons d'accroître notre savoir », à la philosophie grecque de Thalès à Platon, des hommes qui, dit-il, ont encouragé le débat critique à la fois entre les écoles et à l'intérieur de chacune. Pour Kuhn, au contraire, ce genre d'activité n'a rien à voir avec la science.

« C'est plutôt la tradition de l'argumentation contradictoire et de la discussion permanente sur les principes qui, sauf peut-être au Moyen Âge, a caractérisé la philosophie et une bonne part des sciences sociales depuis. Déjà à l'époque hellénistique, les mathématiques, l'astronomie, la statique et l'optique dans sa partie géométrique avaient abandonné ce mode de discours et étaient passées à la résolution de problèmes précis. D'autres sciences, de plus en plus nombreuses, ont franchi ce même seuil. En un sens, [...] c'est précisément l'abandon du discours critique qui marque le passage à la science. Dès que, dans un champ donné, on a atteint ce stade, le discours critique ne réapparaît que dans les moments de crise, quand les bases y sont de nouveau en péril[2]. »

Laissons de côté la distinction entre discours critique et résolution de problèmes, entre la forme innovatrice et la forme normale de la science, deux formes qui pour Kuhn sont incompatibles (ce que Popper refuserait énergiquement d'admettre). La pensée de Thalès n'est pas de la science au sens où nous l'entendons, tout au plus une étape préalable à la

1. *Conjectures and Refutations*, Londres, 1963, chap. 5, pp. 148-152.
2. « Logic of discovery or psychology of research ? », in Lakatos et Musgrave, eds., *Criticism and the Growth of Knowledge*, Cambridge, 1970, pp. 6-7.

science et à sa manière propre de résoudre les problèmes, mais il est significatif qu'on observe l'apparition de ce genre de discours critique précisément dans les premières sociétés où l'écriture ait été largement utilisée.

À ce thème il faut rattacher un autre concept qui a été beaucoup utilisé par les philosophes et les anthropologues pour distinguer des phases du développement culturel : la rationalité. Comme l'attitude sceptique, la rationalité a souvent été considérée comme l'un des traits de « l'esprit moderne », de la démarche scientifique. Ce n'est pas, à mon sens, un débat très fécond. Car, comme pour la question d'une mentalité logique ou non, on s'en tient à une opposition entre rationalité et irrationalité (avec éventuellement un troisième terme : le non-rationnel), et on croit que la rationalité caractérise certaines opérations et pas d'autres. Pour éviter cette dichotomie radicale, le moyen le plus courant est de faire appel à un relativisme diffus (toutes les sociétés sont rationnelles). Toutefois, à y regarder de plus près, une troisième possibilité apparaît. Partons de la définition que donne Wartofsky de la rationalité. La science est « ordonnée par des concepts », mais son usage des concepts procède de l'entendement, pas encore de la raison :

« La pratique rationnelle [...] implique qu'il y ait conscience de soi ou réflexion dans l'usage des concepts ; c'est-à-dire une attitude critique à l'égard de la pratique et de la pensée scientifique, attitude qui est constitutive non pas simplement du savoir scientifique en tant que tel (il est une condition nécessaire) mais du savoir de soi qu'a la science quand elle soumet à la critique ses propres fondements conceptuels[1]. »

La rationalité, prise en ce sens, suppose la métaphysique ; la métaphysique est « la pratique de la rationalité dans sa forme la plus théorique ». « Une science théorique rationnelle se situe dans le prolongement de la tradition de la construction théorique d'ordre métaphysique » ; la métaphysique est « pour la science une heuristique[2] ». Que nous soyons ou non d'accord avec Wartofsky, il semble clair que ce genre d'usage réflexif des concepts, que requiert sa définition de la rationalité, est grandement facilité lorsqu'on parvient à donner corps et permanence au discours créant ainsi les conditions d'un développement de l'examen réflexif.

J'ai traité du rapport entre processus de communication, développement d'une tradition critique et progrès de la connaissance (dont l'apparition de la science est un moment) et je voudrais maintenant conclure en proposant un exemple de la manière dont les techniques d'écriture jouent le rôle d'outil analytique et favorisent l'esprit critique, et par là même le progrès de la connaissance. J'emprunterai mon exemple à l'ouvrage collectif déjà cité de Lakatos et Musgrave où l'on trouve un débat autour des thèses que développe Thomas Kuhn dans *The Structure of Scientific Revolutions*. Pour Kuhn, une révolution scientifique consiste en un changement de paradigme, une modification de la structure globale, par lesquels on passe d'un ensemble de présupposés et de modèles à un autre. Autrement dit, la science (la science normale) opère à l'intérieur d'un paradigme qui délimite le champ des problèmes qu'elle résout. Les limites qu'impose un paradigme sont précisément ce qui conditionne le développement d'un domaine du savoir, elles sont un progrès par rapport au stade pré-paradigmatique ; car, en limitant le champ d'investigation, elles permettent à la recherche de se spécialiser, de se concentrer sur certains objets et d'accumuler ainsi des résultats positifs. On est ici à l'opposé de la conception de Popper selon laquelle l'esprit

1. M. W. Wartofsky, « Metaphysics as a heuristic for science », *in* R. S. Cohen et M. W. Wartofsky, eds., *Boston Studies in the Philosophy of Science III*, New York, 1967, p. 151.
2. *Idem*, pp. 153-154.

critique est au cœur de l'entreprise scientifique perçue comme une «révolution permanente». La différence entre ces deux points de vue tient essentiellement au fait que l'activité scientifique relève pour l'un d'une communauté fermée, pour l'autre d'une société ouverte.

Pour pouvoir apprécier ce qu'apporte Kuhn à l'histoire de la science, il est nécessaire qu'on se mette plus ou moins d'accord sur ce terme de «paradigme». Comme le montre Margaret Masterman dans un article pourtant favorable à Kuhn, il a utilisé ce terme dans son livre de vingt et une manières différentes qu'elle s'efforce de ramener à trois principaux sens[1]:

1. *paradigmes métaphysiques*, associés à des ensembles de croyances;
2. *paradigmes sociologiques*, des acquis scientifiques déjà universellement reconnus;
3. *paradigmes issus d'une construction artificielle* qui permettent de réduire toute question à un «problème» soluble.

Dans sa réponse à ces critiques, il reconnaît les ambiguïtés de sa notion de «paradigme» et propose qu'à la place du sens n° 2 on parle de matrice propre à chaque discipline et qu'à la place du sens n° 3 on dise: paradigmes-modèles ou paradigmes-de-résolution-de-problèmes; toutefois, selon lui, le sens n° 3 est contenu dans le sens n° 2. En d'autres termes, l'auteur est conduit à restreindre explicitement l'usage qu'il faisait antérieurement du terme «paradigme» et s'interdit par là même de continuer à parler de périodes pré- ou post-paradigmatiques pour décrire le processus de maturation d'une discipline scientifique. Sa note de la page 272 explique cette modification passablement radicale qui a pour effet, en essayant de le clarifier, de faire tomber à l'eau tout le concept.

Supposons (et plus loin je compliquerai l'hypothèse) que ce sont les critiques de M. Masterman qui ont amené Kuhn à reformuler ainsi ces thèses, d'une manière qui semble bien faire tomber dans les limites de la science «normale» une proposition «révolutionnaire». Du point de vue technique, comment cette critique a-t-elle pu se développer? La première note de l'article de M. Masterman explique dans quelles circonstances elle a pu l'écrire.

«Cet article est une seconde version d'une communication qu'on m'avait demandé de faire à l'occasion d'un débat organisé, dans le cadre de ce colloque, sur le livre de Kuhn; une grave hépatite virale m'empêcha de la rédiger. Cette nouvelle version est donc dédiée aux médecins, aux infirmières et à tout le personnel du bloc n° 8 de l'hôpital de Norwich grâce auxquels il me fut possible d'indexer par thèmes le livre de Kuhn sur mon lit d'hôpital[2].»

En d'autres termes, à l'origine de cette reformulation des thèses de Kuhn, il y a ce repérage des ambiguïtés et des inconsistances de son vocabulaire qui n'a pu être mené à bien que grâce à un enregistrement et à un classement sur fiches des différentes acceptions d'un des mots-clefs de son raisonnement. Tout cela résulte d'une technique purement graphique qui a permis d'explorer un texte écrit plus systématiquement qu'on ne peut le faire à l'aide de l'examen purement visuel, toujours plus aléatoire, dont se contentent ordinairement ceux qui critiquent un texte écrit et par exemple Watkins et Feyerabend dans leur article inclus dans le même ouvrage.

Ce que je veux ainsi mettre en lumière, c'est qu'en transcrivant la parole on se donne la possibilité d'un examen critique de nature très différente. Imaginons (hypothèse tout à fait

1. «The nature of a paradigm», *in* Lakatos et Musgrave, eds., *op. cit.*
2. *Art. cit.*, p. 59. Il s'agit du Colloque international de philosophie des sciences, tenu à Londres en 1965 et dont résulte l'ouvrage collectif déjà cité dirigé par Lakatos et Musgrave.

fantaisiste) que le livre de Kuhn soit un discours oral. Pas un auditeur, je pense, ne pourrait repérer les vingt et une acceptions différentes du mot « paradigme ». L'exposé glisserait d'un sens à un autre sans qu'on soit en mesure d'y percevoir la moindre discordance. Les inconsistances et même les contradictions tendent à être englouties sous le flux de parole, le déluge de mots, sous les vagues d'énoncés ; il est dans ces conditions virtuellement impossible, même au plus pénétrant des esprits, de se fabriquer son fichier mental des différents usages d'un mot pour pouvoir les comparer ensuite.

Je ne veux pas dire qu'on ait délibérément manipulé ces différences (plus ou moins grandes) de sens pour embrouiller le lecteur et entraîner son adhésion. Kuhn, en acceptant les critiques qu'on lui adresse, montre qu'il reconnaît maintenant que son concept tout neuf (dans ce contexte, du moins) était resté largement inanalysé, ce dont il n'avait pas eu conscience auparavant. En quelque sorte, il s'est dupé lui-même. Mon idée est que dans un discours de forme orale il est plus facile de se duper ainsi soi-même et moins facile d'en prendre conscience. Le processus de la critique (constructive), qu'elle soit le fait de celui qui parle ou d'un autre, se trouve bloqué ou rendu plus difficile.

Et de même il est peut-être plus facile de se laisser prendre à la mauvaise foi délibérée de l'orateur qu'aux ambiguïtés non intentionnelles de l'écrivain ; à la lecture, les inconséquences sautent aux yeux. Grâce à la rhétorique, au don oratoire, les tours de passe-passe du démagogue peuvent agir plus directement sur l'auditoire que le message écrit. Ce qui est en jeu ici, c'est en partie l'immédiateté du contact personnel, le rôle du geste et de l'intonation qui sont le propre de la communication orale. Voir une pièce jouée et la lire, écouter une symphonie et en lire la partition, ce n'est pas la même chose. Mais c'est bien plus encore parce que la forme orale est intrinsèquement plus persuasive, moins accessible à la critique (quoique bien sûr elle n'en soit pas complètement protégée).

Je continue à m'en tenir à une position délicate d'équilibre entre les extrêmes. Je me suis efforcé d'abord d'écarter les dichotomies tranchées ; puis j'ai rejeté tout relativisme diffus. La voie médiane astreint à une tâche plus difficile, celle de définir des mécanismes spécifiques. Je viens d'analyser certains aspects des processus de communication afin d'essayer d'élucider ce dont d'autres avaient voulu rendre compte par ces dichotomies. Je ne fais pas une théorie du Grand Partage. Il y a des changements plus importants que d'autres, mais je m'efforce de rattacher des différences déterminées à des changements déterminés.

Se proposer de montrer les ressemblances et les différences entre les manières de penser des sociétés « traditionnelles » et celles des sociétés « modernes », des sociétés qui ignorent l'écriture et de celles qui l'utilisent, peut paraître d'un intérêt marginal au regard de l'histoire récente de la connaissance. C'est vrai à bien des égards. Mais, si on adopte le point de vue le plus général, on peut mieux cerner le problème qui nous préoccupe ici. Par exemple, on a pu dire que le développement de la science en Europe occidentale au dix-septième siècle a eu comme fondement d'une part l'idée que la nature a ses lois, ce qui permet de la comprendre, et d'autre part l'idée d'un antagonisme entre l'homme et la nature, une idéologie selon laquelle le « progrès » passe par une domination de la nature. Si nous voulons comprendre ce qu'a apporté de nouveau la science (occidentale ou autre) au développement de la pensée, il nous faut définir avec plus de précision les conditions préexistantes, la matrice, qui président à sa naissance et donc la nature de la « pensée pré-scientifique ». Ce souci d'une précision accrue nous conduit inévitablement à examiner les formes de pensée des époques antérieures et des autres civilisations et du même coup aussi la façon dont ses formes de pensée se rattachent à certains modes de communication entre les hommes, entre l'homme et Dieu et entre l'homme et la nature. Et dans tous ces cas a joué l'influence des changements majeurs dans les moyens matériels : développement des systèmes d'écriture, passage à l'écriture alphabétique, invention de l'imprimerie. Je tiens à répéter que je ne propose pas une théorie uni-factorielle ; la structure sociale qui est à l'arrière-plan des actes de communication est souvent de première importance. Néanmoins, ce n'est pas par hasard si les étapes décisives du développement de ce que nous appelons maintenant « science » ont à chaque fois suivi l'introduction d'un changement capital dans la technique des communications : l'écriture en Babylonie, l'alphabet en Grèce ancienne, l'imprimerie en Europe occidentale.

Les « Vues » de l'esprit. Une introduction à l'anthropologie des sciences et des techniques

(1985)

BRUNO LATOUR
(né en 1947)

Un rêve hante la science, celui de l'autofondation, le doux sommeil du propre, du pur et du donné d'avance. Avec Bachelard et Canguilhem, l'épistémologie française ne s'éloignait guère des jardins de Versailles : les allées du savoir se croisaient à angle droit, les concepts courtisans paradaient sous le regard d'un Roi-Soleil et géomètre. Aux rassurantes perspectives de la science faite, Bruno Latour oppose le « joyeux fouillis » de la science en action. Sa recherche qui ne présuppose rien, sinon la table rase, donne un tour d'écrou aux connaissances les mieux établies : TOI QUI ENTRES ICI, ABANDONNE TOUT SAVOIR SUR LE SAVOIR.

Latour dévoile la genèse rhétorique, instrumentale et sociale du vrai, il embrasse la dispute et les stratégies communicationnelles qui produisent ce qu'on appelle un peu vite « la raison ». Avec un empirisme et un humour anglo-saxons, il met en pratique ce qu'il dit de la démonstration scientifique, et sa démarche s'illustre elle-même. Toujours très claire et dénuée d'intimidation, la critique est dévastatrice pour les discours d'autorité ou les doctrines qui voudraient renier l'impureté de leurs origines.

Latour aborde les énoncés scientifiques avec une solide culture technique (cette chose méprisée) et anthropologique. Il ne croit pas au grand partage. *On résume par ce terme l'asymétrie des oppositions traditionnelles de la raison et de l'idéologie, de la pensée logique* versus *sauvage, magique ou primitive... Selon ce reposant schéma, la raison toujours déjà donnée, ou immédiate, ne coûte rien ; la « lumière naturelle » ne demande qu'à se diffuser ; en chacun de nous sommeille un scientifique, le bon sens qui produit les énoncés de la science est la chose du monde la mieux partagée, etc. Autovalidante, notre raison se passe de raisons, seule l'erreur force au détour par l'explication sociale, psychologique ou culturelle à laquelle la pensée logique échappe par définition.*

Latour objecte à ce partage, traditionnel de Platon à, disons, Lévi-Strauss, que notre raison, bien loin d'être une cause, est un effet qui demande lui-même explication. Une explication non pas grandiose mais toute matérielle et triviale.

On savait par le traité scientifico-politique des Irréductions *qu'il y avait du Spinoza dans Latour ; la distinction spinoziste entre nature naturante et nature naturée, est reprise chez lui par celle du processus et du produit, de la science en action et de la science constituée. Quel chambardement ! En nous montrant la science deux fois, d'abord à l'état naissant puis stabilisée et devenue propre, Latour nous procure le plaisir de suivre le théâtre depuis les coulisses, de voir la raison émerger de la dispute et de la noise, les énoncés s'ordonner à partir du bruit et de la force des énonciations. Toujours la sémantique (les effets de sens et de référence) découle d'une pragmatique ; et l'objectivité naît d'une stabilisation inter-subjective. Les énoncés de la science* aussi *relèvent du rapport de force des énonciations.*

Ce programme d'une pragmatique étendue à un domaine habituellement réservé frappe de plein fouet l'idéalisme spontané des savants. La définition classique (référentielle) de la vérité comme adaequatio rei et intellectus *(adéquation de l'esprit et de la chose) se double et se complique maintenant de l'autre adéquation, rhétorique et communicationnelle, du vrai :* adaequatio intellectus et intellectus, *la négociation entre les consciences ou les laboratoires. Observée de la sorte, la raison redevient chaude ; sous le signifié des sciences, Latour saisit et nous décrit les tâtonnements techniques et les tactiques langagières qui feront dire ensuite, par effacement de l'énonciation ou de la source, que c'est la chose même qui parle. Vue sous l'épreuve ou* in medias res, *la science ressemble à la loi au moment de son élaboration au Parlement : la bataille des amendements, la lutte des factions et l'appel aux alliés accompagnent la naissance ordinaire de ces énoncés qui deviendront transcendants, et quasi sacrés.*

Nous appelons vrai un énoncé qui fonctionne comme point de convergence, scientifique une proposition qui a cessé d'être singulière. Mais convergence et solidarité se construisent. La vérité n'est pas immanente (interne à tel énoncé), mais sociale et disputationnelle ; la vérité nous attend toujours en aval du discours, le statut d'un énoncé dépendant de ce que les autres font de lui. Un article scientifique n'est jamais isolé mais au contraire intensément social, bardé de citations, hérissé de réfutations anticipées, appuyé sur la lecture d'instruments qui incarnent et redoublent cette solidarité active entre les chercheurs penchés sur leurs paillasses et leurs jeux d'écritures. L'énoncé mathématique en particulier est, malgré son formalisme, le plus social de tous puisqu'il fonctionne comme forme de formes, et intègre une longue cascade d'inscriptions. En bref on reconnaît un énoncé scientifique à ce qu'il ne supporte pas la conversation de café du Commerce ni le simple face-à-face. Bardé de références et de réfutations anticipées, le savant solidaire d'une communauté rejette son opposant dans la solitude.

Un énoncé dit scientifique cristallise à partir d'un immense dépôt d'inscriptions qu'il faudrait réfuter une à une pour le vaincre – tâche envisageable en droit (rien n'est a priori *incontestable en science) mais en fait impossible ; les chaînes sont trop longues, les alliés trop nombreux derrière chaque énoncé. L'enquête anthropologique renverse le cliché romantique du savant isolé ou « seul contre tous » : la fabrication des énoncés, des faits ou des machines sont autant de processus collectifs, et tout discours est un parcours (semé d'embûches).*

L'une des conséquences philosophiques de cette enquête anthropologique est de poser que le principe de réalité, c'est les autres ; et la vérité (scientifique ou non) est virale : elle doit se transmettre ou périr. Mais cette transmission rencontre une résistance immunologique acharnée : il est très difficile, voire sans espoir d'intéresser quelqu'un à un argument vraiment nouveau. D'où le dilemme de la transmission : *nous avons besoin des autres pour transformer un énoncé en fait, mais pour les intéresser à cet énoncé, il faut nous en défaire. Pas de transmission sans appropriation, traduction, donc trahison du message par son véhicule médium. Comme au rugby, chaque actant se découvre solidaire d'une équipe. Et dès lors* qui *est le sujet de l'énonciation? Et quelle est la stabilité de l'*objet *transmis?*

Cette approche pragmatique (au sens du linguiste Greimas, dont Latour parfois se réclame) interdit de répondre en termes simples. En révèlant un objet et un sujet complexes, l'étude de l'énonciation scientifique renverse les disjonctions simplificatrices. Continuiste, Latour ne croit pas aux coupures épistémologiques de célèbre mémoire; non plus qu'à l'opposition de la rhétorique et de la raison pure, de l'autorité et de la vérité. Toujours la force d'un énoncé lui vient du dehors, la question est de savoir s'il est ou non relayé. La raison réside moins en nous qu'entre nous, dans le jeu des alliances tactiques, des compromis et des négociations. D'ailleurs il n'y a pas «la science» mais seulement des savoir-faire, des arts et des métiers. Latour refuse de distinguer a priori entre un politicien (que chacun s'accorde à trouver «véreux et corrompu») et un scientifique: mêmes tactiques énonciatives de part et d'autre. «La C.G.T. organise des manifestations de rue comme les laboratoires Claude-Bernard des manifestations de chiens.» Après quoi on veut nous faire croire que des sujets aussi introuvables que la classe ouvrière, ou la nature, se sont exprimés en personne, alors qu'il n'y a que des délégués, des médiations techniques et des chaînes d'inscriptions...

Cette pensée paraîtra répugnante aux épistémologues qui s'efforcent de tracer la démarcation entre le rationnel et l'irrationnel, le Grand Partage entre «eux» et «nous». C'est que tout homme, plaide Latour après Goody, est aussi logique ou illogique qu'un autre; simplement chacun se bat pour vivre dans son monde propre, c'est-à-dire doué de sens. Tous les chemins, du sentier de contrebandier à l'autoroute, mènent quelque part, leur taille et leurs détours sont une question d'usage et de destination.

Mais alors, objectera le rationaliste, vous êtes relativiste! Le rationaliste a tort de croire à la propagation spontanée de la raison (au rayonnement gratuit de la lumière): l'enquête a montré que toute diffusion s'organise le long de réseaux dont l'extension coûte en pratique assez cher. Mais la démonstration de ce qu'il entre de force et d'autorité dans la raison ne conduit nullement à poser qu'en définitive «tout se vaut» (au trop célèbre Anything goes *de Feyerabend). Car les relations fortes précisément l'emportent sur les faibles, et l'autorité fait toute la différence.*

Contre les «dichotomies grandioses» du Grand Partage et autres causalités dormitives du type «Nous sommes rationnels parce que nous faisons appel à l'esprit critique...», Latour montre clairement à la suite de Goody, d'Eisenstein et des travaux médiologiques en général comment notre raison techniquement, socialement se contruit. La frontière du pratique et du cognitif, du sujet et de l'objet, de la science et de la technique n'est pas stable. Nulle entité, aucun discours ne valant a priori, ce constructivisme radical doit s'appliquer à lui-même le principe de symétrie *tiré de David Bloor: une science en action conséquente ne présupposera pas plus la nature que la société, puisqu'elle produit l'une et l'autre. Si ce qu'on a appelé la problématique S.T.S. (Sciences, Techniques et Société) «explique» la science par la société (via tel état des techniques), cette présupposition sociologiste est aussi faible que la superstition rationaliste; l'une et l'autre se donnent une cause inengendrée. La vraie tâche, proprement* relationniste, *est de comprendre comment se passent les alliances, car tout est affaire de recrutement, d'association et de communication entre domaines séparés.*

En un mot: de réseaux. Une expérience, un énoncé «qui marchent» voyagent à travers un certain réseau. C'est lui qui permet de circuler très loin tout en restant chez soi. «Les catholiques croient leur religion universelle, bien qu'elle ne coule que dans les canalisations romaines.» Ainsi font les capitalistes, les marxistes ou les psychanalystes. Aucune discipline pourtant, aucune science (sociale en particulier) n'a vocation à la «dernière instance» ni mission d'inclure les autres, autant mélanger les fils du téléphone avec les canalisations d'EGF! Mais construire et maintenir le moindre réseau requiert une accumulation considérable d' inscriptions.

Méditant sur les voyages de Lapérouse, Latour se demande comment un point devient un centre, ou comment le local (Versailles) arrive à dominer en partie le globe... Pour que le monde vienne à l'homme, et le navigateur à son point de départ, il a fallu la mesure précise du temps, de patients relevés géo-graphiques s'accumulant dans les cabinets d'estampes et de cartes, permettant de recouper les informations et de sélectionner les plus fiables. Sans ces cartes, pas de boucle retour. Ainsi le geste scientifique de base revient toujours à gratter du papier. Chaînes, inscriptions, mises en relation, médiateurs, réseaux..., tels sont les maîtres mots de cette revigorante (et provocante) «vue de l'esprit», où la pragmatique et la médiologie se conjuguent pour aboutir à une belle leçon de tolérance.

Nous publions la majeure partie du grand article introductif aux Vues de l'esprit *rédigé par Latour pour le numéro 14 de la revue* Culture technique. *L'abondante bibliographie qui suivait cet article est ici reproduite pour moitié. Bruno Latour est chercheur au Centre de Sociologie de l'Innovation (dirigé par Michel Callon), et professeur à l'École des mines de Paris, et à l'université de Californie à San Diego où il enseigne l'anthropologie des sciences et des techniques.*

Source: *«Les "Vues" de l'esprit», numéro 14 de la revue trimestrielle* Culture technique, *éditée par le CRCT, 69 bis, rue Charles-Laffitte, 92200 - Neuilly, juin 1985.*

Bibliographie: *Bruno Latour,* les Microbes, guerre et paix, *suivi de* Irréductions, *éd. Anne-Marie Métailié, Paris, 1984 ;* la Science en action, *La Découverte, 1989 ;* La science telle qu'elle se fait. Anthologie de la sociologie des sciences de langue anglaise *(sous la direction de Michel Callon et B. Latour), La Découverte, 1991 ;* Nous n'avons jamais été modernes; Essai d'anthropologie symétrique, *La Découverte, 1991 ;* Aramis ou l'Amour des techniques, *La Découverte, Paris, 1992.*

NOUS VOUDRIONS BIEN COMPRENDRE ce qui fait la différence entre les sciences et les autres activités, entre nos sociétés scientifiques et celles, préscientifiques, qui les ont précédées. Mais nous souhaiterions aussi trouver des explications qui soient les plus légères possibles. En appeler à des changements dans le cerveau, ou dans l'esprit, ou dans les infrastructures économiques, voilà qui est trop lourd; c'est prendre un bulldozer pour dépoter un géranium. Un homme nouveau n'a pas émergé depuis le début du XVIe siècle et ceux qui travaillent dans leurs laboratoires ne sont pas des mutants au grand front. Le rasoir d'Occam [1] devrait nous aider à couper ces explications extravagantes. Un esprit plus rationnel, une méthode scientifique plus contraignante qui émergerait du chaos, voilà une hypothèse trop compliquée.

Je l'admets, il s'agit là d'une position *a priori* mais ce préjugé est une étape nécessaire. Il nous permet de dégager le terrain de toute distinction préalable entre l'activité scientifique

1. Rasoir d'Occam: «Les entités ne doivent pas être multipliées au-delà du nécessaire...» Ce principe d'économie fut énoncé au XIIIe siècle par le franciscain Guillaume d'Occam, théologien dont la philosophie nominaliste annonce l'empirisme de Locke et de Hume.

et les autres. Selon l'expression consacrée, le grand partage entre les divisions hautaines et radicales doit être remplacé par de nombreux «petits partages» aux emplacements imprévus (Goody, 1979). En procédant ainsi, nous nous débarrassons des divisions imposées par d'autres auteurs, celle de Lévi-Strauss entre «science» et «bricolage» (1962), de Garfinkel entre raisonnement quotidien et raisonnement scientifique, de Bachelard entre esprit préscientifique et esprit scientifique, ou même de Horton entre refus des contradictions et acceptation des contradictions. Toutes ces «coupures épistémologiques» ne peuvent être administrées que par un autre préjugé qui traite différemment les deux côtés de la frontière. Dès qu'on laisse la frontière ouverte, les aptitudes intellectuelles sautent de tous côtés, les sorciers deviennent des popperiens de stricte obédience, les ingénieurs deviennent des bricoleurs, bricoleurs qui deviennent au contraire tout à fait rationnels. Ces renversements sont si rapides qu'ils prouvent assez que nous avons affaire à une frontière artificielle, comme celle qui sépare la France de la Wallonie. Elle peut être maintenue avec des douaniers, des barbelés et des bureaucrates, mais elle ne souligne rien de naturel. La notion de «coupure épistémologique» est utile pour faire des discours, pour remonter le moral des troupes, mais loin d'expliquer quoi que ce soit, elle est au contraire une manie que l'anthropologie devrait expliquer.

I. Connaître de vue

a. Sombrer ou flotter sur le relativisme

Pourtant, il nous faut admettre qu'il y a de bonnes raisons pour maintenir ces dichotomies en dépit du fait qu'elles sont contredites par l'expérience quotidienne. La position relativiste à laquelle on arrive en les rejetant semble à première vue grotesque. Il est impossible de mettre sur le même pied l'intellectuel de brousse décrit par Goody (1979, chap. II) et Galilée dans son studiolo; l'ethnobotanique et la botanique du Muséum d'histoire naturelle; l'interrogation méticuleuse d'un cadavre en Côte-d'Ivoire et l'interrogation d'un gène par une sonde d'ADN dans un laboratoire californien; un mythe d'origine en Thaïlande et le Big Bang; les calculs hésitants d'un gamin dans le laboratoire de Piaget et ceux d'un mathématicien récompensé par la médaille Fields; une abaque japonaise et le Cray 1. Il y a une telle différence dans les *effets* qu'il semble légitime de se mettre à la recherche d'énormes *causes*. Ainsi, même si chacun admet en privé que les «coupures épistémologiques» sont extravagantes, contradictoires, contraires à l'expérience, tous les acceptent néanmoins afin d'éviter les conséquences absurdes du relativisme. «La botanique, se disent-ils, doit dépendre de quelque chose qui est *radicalement* différent de l'ethnobotanique; nous ne savons pas quoi mais si la notion de "rationalité" nous permet de colmater la voie d'eau et de ne pas sombrer dans le relativisme, elle est bonne à prendre.»

Nous allons essayer de flotter sur le relativisme au lieu d'y sombrer et d'expliquer les énormes différences dans les effets, que personne ne peut contester, grâce à un tout petit nombre de causes très humbles, très simples et que nous pourrons étudier empiriquement. Il s'agit donc de maintenir l'échelle des effets mais de diminuer celle des causes.

Ne risquons-nous pas de tomber alors sur un autre problème? Lorsque les chercheurs évitent d'expliquer le développement des sciences par des facteurs intellectuels, c'est pour en appeler, d'habitude, à des facteurs matériels. Des mouvements gigantesques dans le mode de production capitaliste expliqueraient, après de nombreuses réflexions, distorsions et autres médiations, certains changements dans les façons de croire, d'arguer et de prouver. Malheureusement de telles explications ont toujours semblé assez ridicules dès lors qu'on s'intéresse non à la science en général mais à telle équation, tel peptide du cerveau, tel moteur Diesel. Il y a une telle distance entre la petite bourgeoisie et la structure chimique du benzène que les explications sociologiques font toujours rire. Il y a plus grave. Afin de croire aux explications matérialistes des sciences, il faut capituler en face de l'une de ces sciences, l'économie. C'est pourquoi les explications matérialistes ressemblent tellement aux explications intellectualistes; dans les deux cas, le chercheur (historien, philosophe, ethnologue ou économiste) demeure caché et nous n'apprenons rien sur les pratiques artisanales qui lui permettent d'expliquer et de savoir.

Nous allons donc éviter les explications «mentales» aussi bien que les «matérielles»; nous allons rechercher les causes les plus petites possibles capables de générer les vastes effets attribués aux sciences et aux techniques.

b. Attention à ce qui est écrit

Les explications les plus fortes, c'est-à-dire celles qui engendrent le plus à partir du moins, sont, d'après moi, celles qui attirent notre attention sur les pratiques d'écriture et d'imagerie. Ces pratiques sont si simples, si répandues, si efficaces que c'est à peine si nous sommes encore capables de les éprouver. Chacune d'elles permet pourtant de dégonfler d'immenses et flatteuses baudruches et c'est cette opération qui donne à beaucoup d'auteurs, que tout sépare par ailleurs, le même style ironique et rafraîchissant.

Lorsque Goody s'intéresse au grand partage qui séparerait la «pensée sauvage» de la «pensée domestiquée», il n'accorde à Lévi-Strauss aucune des grandes coupures que celui-ci se plaît à aiguiser:

«Durant les quelques années que j'ai passées chez les gens des "autres cultures", je n'ai jamais rencontré ce genre d'hiatus dans la communication auquel on aurait dû s'attendre si eux et moi avions eu du monde physique des approches de sens opposé.» (1979, p. 46.)

Il y a bien sûr un grand nombre de petites différences, mais elles ne se situent pas pour Goody entre le «chaud» et le «froid», l'ingénieur et le bricoleur; il faut les rechercher dans les moyens d'inscription, par exemple dans le dressage d'une simple liste:

«La liste implique discontinuité et non continuité. Elle suppose un certain agencement matériel, une certaine disposition spatiale; elle peut être lue en différents sens, latéralement et verticalement, de haut en bas comme de gauche à droite, ou inversement, elle a un commencement et une fin marqués, une limite, un bord, tout comme une pièce d'étoffe. Elle facilite, c'est le plus important, la mise en ordre des articles par leur numérotation, par le son initial ou par catégories. Et ces limites, tant externes qu'internes, rendent les catégories plus visibles et en même temps plus abstraites.» (1979, p. 150.)

Que se passe-t-il si la pensée sauvage s'applique à une liste au lieu d'écouter un récit? Elle se domestique sans qu'il soit nécessaire, pour Goody, de faire appel à d'autres miracles. Comme Walter Ong (1982), Jack Goody finit sa longue enquête à travers les procédés scripto-visuels par ces mots: «Si l'on accepte de parler d'une "pensée sauvage", voilà ce que furent les instruments de sa domestication.» (*Id.*, p. 267.)

L'aptitude à raisonner par syllogismes est souvent prise, dans les sondages de psychologie, comme le meilleur critère de classement. Qu'est-ce qui est classé, demandent Cole et Scribner (1974)? Les capacités cognitives des paysans russes, des chasseurs mandingues et des enfants de cinq ans? Non, le nombre d'années d'école. C'est le «métier» d'élève et d'enseignant qu'il faut étudier si l'on s'intéresse aux syllogismes, et si l'on veut comprendre pourquoi si peu de gens sont capables de répondre à la question «tous les A sont B, × appartient à A, est-ce que × appartient à B?». Lorsque Luria demande à un paysan russe: «Dans le Nord tous les ours sont blancs, la ville de X est dans le Nord, quelle couleur ont les ours à X?», il répond: «Comment le saurais-je, demandez à votre collègue, c'est lui qui a été dans le Nord, moi je n'y ai jamais été...» Il faut deux à trois ans d'école pour que des cercles tracés sur le papier blanc, et des éléments × inscrits dans ces cercles permettent aux fils de paysans de donner une réponse adéquate. Accèdent-ils à l'abstraction comme les psychologues se plaisent souvent à le dire? Non, d'après Cole et Scribner, ils acquièrent par dressage et discipline le «métier» d'écolier. Une énorme division (abstrait/concret, logique/ illogique) se trouve ramenée à de modestes distinctions de métier.

«La conclusion la plus solide et la plus importante à laquelle nous sommes arrivés aujourd'hui, c'est qu'il n'y a aucune preuve que différentes *espèces* de raisonnement existent; nous ne pouvons pas mettre en évidence une "pensée primitive".» (1974, p. 170.)

Facile, dira le sceptique, il ne s'agit là que de capacités cognitives minimales, ce serait bien autre chose si nous abordions les sciences. Pourtant, le même travail a été fait par Elizabeth Eisenstein pour la révolution copernicienne (1979). «Les "conséquences radicales" qui suivirent le travail "modeste et non révolutionnaire" de Copernic sembleraient bien moins étranges si les pouvoirs nouveaux de la presse à imprimerie étaient pris en considération» (p. 614). Avant l'imprimerie une version complète de *l'Almageste* de Ptolémée se trouvait rarement disponible dans une bibliothèque (p. 623). Il était encore plus rare d'en posséder plusieurs: «Il y a une grande différence entre posséder un traité complet lorsque l'on dessine des diagrammes ou que l'on compile des tables (astronomiques) et se débrouiller avec un compte rendu du livre; cette différence vaut qu'on s'y arrête» (p. 623).

L'imprimerie d'Eisenstein joue le même rôle que les listes de Goody. Ces techniques d'inscription et d'enregistrement permettent aux mêmes esprits de produire des effets différents. Que cherche à faire Copernic? À établir enfin une version correcte et complète de Ptolémée. Le même vieux travail s'applique cette fois-ci à un grand nombre de versions toutes simultanément présentes. Les contradictions sautent enfin *aux yeux* de Copernic au fur et à mesure qu'il rassemble le texte: «Lorsque Kepler était étudiant à Tübingen les astronomes avaient à décider entre trois théories différentes. Un siècle plus tôt, à Cracovie, les étudiants avaient de la chance lorsqu'ils pouvaient prendre connaissance d'une seule» (p. 629).

En faisant attention à ces techniques d'inscription, Eisenstein n'a pas de peine à critiquer Kuhn. Copernic ne rompt pas avec des siècles de «science normale», il ne propose pas un nouveau paradigme à la place de l'ancien. Il cherche seulement à rendre systématique le puzzle épars des textes adultérés de *l'Almageste.* En cinquante ans, entre les mains de Copernic, les textes de Ptolémée deviennent enfin un *système* et, pour les mêmes raisons, s'effondrent...

Cette manie d'attribuer à l'esprit des mutations qui appartiennent à d'autres instances se retrouve en tous les points de la psychologie. C'est ce que montre la critique méticuleuse que Perret-Clermont fait des tests de Piaget (1979). Les tests de celui-ci sont tellement épurés de tout leur contexte social et matériel, qu'il ne reste plus que les structures de l'esprit pour expliquer les modifications du comportement des enfants. Mais lorsque Perret-Clermont ajoute à la situation de test quelques éléments «sociaux», les structures mentales se trouvent modifiées en quelques minutes, ce qui est un défaut mortel pour une structure ! Un enfant non conservant, par exemple, peut devenir conservant après quelques minutes d'interaction avec un enfant plus âgé qui s'est *opposé* à lui : « Au vu de ces résultats nous serions tentés d'affirmer que si l'échange collectif peut certainement faciliter le travail cognitif et la formation des opérations, le *conflit sociocognitif peut lui,* dans certaines conditions et à un moment donné du développement de l'individu, *les susciter* » (1979, p. 206).

L'enfant n'est jamais seul avec le monde et le principe de réalité, c'est souvent les autres. Ne pas faire attention à ce contexte, c'est abstraire le travail d'abstraction et idéaliser le travail d'idéalisation.

C'est sur ce contexte et sur ces techniques d'inscription que l'ethnographie des laboratoires a attiré depuis quelque temps l'attention (Latour et Woolgar, 1979). L'esprit scientifique a bon dos. En appliquant les mêmes méthodes ethnographiques aux esprits scientifiques et aux esprits préscientifiques, l'« esprit » se dissout peu à peu et les coûteuses et locales circonstances apparaissent en pleine lumière. Penser est un travail des mains et ce travail ne semble insaisissable qu'aussi longtemps qu'il n'est pas étudié. Il en est de même de la « pensée technique ».

« C'est la pensée non verbale qui a fixé les grandes lignes de tout le monde matériel qui nous entoure et qui en a élaboré les détails. Les pyramides, les cathédrales, les fusées n'existent pas à cause de la géométrie, de la résistance des matériaux ou de la thermodynamique; elles existent parce qu'elles furent d'abord une image – littéralement une vision – dans l'esprit de ceux qui les construisirent. » (Ferguson, 1977, p. 835.)

Si j'indique brièvement ces travaux différents c'est pour indiquer la direction de nos efforts. Au lieu de nous précipiter dans l'esprit, pourquoi ne pas regarder d'abord les mains, les yeux et le contexte matériel de ceux qui savent. « Matériel », on le voit, ne nous renvoie pas à des infrastructures mystérieuses que seul l'économiste connaîtrait, ou à des agencements de neurones que seul le neurobiologiste connaîtrait, ou à des capacités cognitives que seul le psychologue connaîtrait, ou à des paradigmes que seul l'historien des sciences connaîtrait. L'adjectif « matériel » nous renvoie à des pratiques simples par lesquelles toutes choses sont connues, *y compris* les économies, les cerveaux, l'esprit et les paradigmes.

Il est nécessaire de s'attaquer en même temps à toute cette littérature parce qu'il n'y a, au fond, qu'un seul préjugé, qu'un seul grand partage, que les différentes disciplines ne font que souligner à plaisir. C'est la même division que l'on emploie pour diviser les sauvages des civilisés, les profanes des experts, les techniciens des ingénieurs, l'esprit de finesse de l'esprit de géométrie, le monde précopernicien du monde copernicien, les pseudo-sciences des sciences, les enfants des adultes, les autres civilisations de l'Occident. La force du grand partage, c'est qu'il semble invincible puisqu'il partage tant de choses. Sans lui notre culture s'effondrerait, c'est ce que laissent entendre les rationalistes ; il serait impossible de distinguer le passé du présent, le haut et le bas, le bien et le mal, l'enfantin et le profond, le primitif et le moderne. Le chaos du relativisme nous menacerait. Rejetez le grand partage et le ciel vous tombera sur la tête !

Heureusement pour nous, cette universalité du grand partage est aussi sa grande faiblesse. C'est un seul préjugé, répété à temps et à contretemps et imposé par force à chaque domaine d'étude, par Lévi-Strauss aux sauvages, par Bachelard aux sciences, par Piaget aux enfants. Dès que des travaux empiriques permettent de mettre en doute l'un des partages, les autres viennent à la rescousse. Mais les autres c'est le même ; c'est la même ritournelle fondatrice de l'épistémologie, la même tautologie : la pensée rationnelle est la pensée rationnelle

(Latour, 1984). Pour se convaincre que l'épistémologie est un tigre de papier il suffit de débusquer son unique préjugé partout à la fois.

II. Mise au point d'une visée binoculaire

Notre premier pas est de rejeter *a priori* tout grand partage *a priori ;* le second est de rassembler les études qui expliquent les vastes effets des sciences par des pratiques simples d'inscription, d'enregistrement, de visualisation. À la place du grand partage nous avons maintenant une multiplicité de petites distinctions qui sont pour la plupart imprévues et très modestes.

Ce double mouvement nous amène pourtant à une impasse. S'intéresser aux techniques d'inscription est à la fois évident – à la limite c'est un lieu commun – et insuffisant pour expliquer les sciences et les techniques. Tout lecteur admettra volontiers que les pratiques d'inscription et de visualisation sont des causes nécessaires des révolutions scientifiques; mais de là à en faire les causes suffisantes, il y a un pas que nul n'est prêt à effectuer. Ce n'est vraiment pas la peine, dira le sceptique, de vous être débarrassé de la mystique du grand partage pour retomber dans une mystique pire encore, celle des icônes, et de nous faire croire à la puissance du signe isolé de tout le reste.

Nous ne pouvons prendre cette objection à la légère parce que l'immense littérature sur ces questions peut nous offrir aussi bien des clichés que des explications nouvelles. Les diagrammes, les listes, les formules, les archives, les dossiers, le dessin technique, les équations, les dictionnaires, les collections, selon la façon dont on les introduit, peuvent expliquer presque tout ou rien du tout. C'est trop facile d'enfiler comme des perles sur un fil les arguments d'Havelock sur l'alphabet grec, de Walter Ong sur les tables de Ramus, jusqu'à McLuhan en passant par les idéogrammes chinois, les livres de comptes en partie double sans oublier la Bible et la grammatologie de Derrida. Tout le monde est bien d'accord que les techniques scripto-visuelles sont présentes partout, mais quel poids leur accorder? Combien d'aptitudes cognitives peuvent être non seulement facilitées mais expliquées complètement en ayant recours à l'écriture? Lorsque nous abordons ces questions, nous avons l'impression tantôt de nous embourber dans une vieille ornière, tantôt de marcher sur un terrain neuf et ferme. Pour faciliter le débat, il s'agit de *mettre au point* l'image floue que nous donne cette littérature sur les images.

La première chose à faire est de spécifier dans quelles situations une modification des techniques d'inscription pourra introduire une différence quelconque dans les façons d'arguer et de convaincre. Sans cette étape préliminaire, nous risquons d'attribuer trop de poids aux phénomènes rassemblés, ou pas assez.

Pour situer le problème, il convient de rappeler quelques résultats de l'anthropologie des sciences. Un fait est un énoncé qui est répété par quelqu'un d'autre sans qualification pour être utilisé sans contestation comme prémisse d'un raisonnement. « L'ADN a la forme d'une double hélice » est un fait lorsqu'il est repris dans la phrase suivante: « Puisque l'ADN a la forme d'une double hélice, il est possible d'imaginer un mécanisme simple pour la réplication des gènes. » Ce cas de reprise sans discussion est rare. La plupart du temps, les énoncés que nous proposons ne sont repris par personne, ou s'ils le sont, c'est pour être disputés. Ainsi Chargaff, dans les années 50, pouvait dire de l'énoncé précédent: « Deux ignorants au Cavendish s'obstinent à penser sans aucune preuve que l'ADN a la forme d'une double hélice. » C'est bien le même énoncé, mais modalisé, dépecé, situé dans le temps et l'espace, mis en doute. Chargaff, au lieu d'être un conducteur fidèle de l'énoncé, l'interrompt et le dévie. Selon le rapport des forces parmi les collègues, le même énoncé deviendra davantage un fait ou davantage une fiction. C'est le passage progressif et réversible du fait à l'artefact, et c'est le sort collectif des faits scientifiques qui établissent la possibilité d'une anthropologie des sciences (voir Latour et Woolgar, 1979 ; Callon, Law et Rip, 1985).

Bien que les combinaisons de la rhétorique scientifique soient sans fin, il est possible de dégager pour l'instant quelques règles pratiques. 1) Un énoncé ne se déplace jamais par lui-même d'un locuteur à un autre, il n'y a pas de force d'inertie qui expliquerait son mouvement. 2) Pour cette raison, le sort d'un énoncé est donc entièrement entre les mains des autres locuteurs qu'il doit intéresser ; sa destinée est, par définition, collective ; vous pouvez avoir prouvé sans conteste que la lune est un fromage, cet énoncé ne sera *fait* que si d'autres le répètent et le croient. 3) À cause de 1) et de 2), chaque locuteur se saisira d'un énoncé pour des raisons qui lui seront propres ; il agit comme un *multiconducteur :* il peut être indifférent, hostile, il peut trahir l'énoncé, l'incorporer avec un autre, le déformer de toutes sortes de façon ou même, dans certains cas, le passer à un autre sans discussion. 4) À cause de cette traduction continue, l'énoncé va changer en passant de main en main, chaque fois qu'il sera transféré il sera transformé, et selon toute probabilité, il sera difficile de lui attribuer un auteur bien identifié. 5) Si l'on part de cette situation agonistique, il est possible de définir, dans l'ensemble des jeux de langages, le cas le plus rare : celui d'un énoncé cru par chaque membre du collectif sans autre dispute, et passé de main en main sans autre déformation ; cas encore plus rare : le propriétaire de cet énoncé stable et répandu reste bien identifié et est reconnu comme tel par tout le monde : « Crick et Watson ont découvert que l'ADN avait la forme d'une double hélice. »

L'énoncé à la fois accepté, stable, répandu et approprié est une rareté. Comment le rendre plus fréquent ? Il faut à la fois intéresser un plus grand nombre de gens à sa construction, pour que l'énoncé se répande, et rendre le comportement de ceux qui le saisissent entièrement prévisible, pour qu'il ne soit pas déformé ou trahi. Ces deux conditions sont évidemment contradictoires : si l'on intéresse beaucoup de gens, c'est en s'approchant au plus près de leurs lubies, passions et croyances ; il sera donc d'autant plus difficile d'empêcher qu'ils ne transforment ou discutent profondément l'énoncé. D'un autre côté, si personne n'est intéressé ou enrôlé, l'énoncé ne bougera pas d'un centimètre, demeurant dans la tête de son locuteur un rêve, une lubie, une folie. La difficulté deviendra presque insoluble si le locuteur veut convaincre d'un fait nouveau qui va contre l'intérêt et les croyances d'un grand nombre de gens.

Pour résoudre cette tension, il faut durcir le fait, passer des faits souples et mous qui se négocient aisément aux faits durs (« hard facts »). Pour cela, il faut accompagner l'énoncé de tellement d'éléments qu'il soit impossible pour ceux qui s'en emparent de le déformer. Qui va gagner dans ces controverses parfois vives ? Celui qui est capable de *rassembler* en un point le plus grand nombre d'alliés fidèles et disciplinés. Cette définition de la victoire, dira-t-on, est commune à la guerre, à la politique, au droit. En effet, et je vais montrer qu'elle est aussi commune aux sciences et aux techniques ou, plutôt, que nous avons fini par appeler « science et technique » ce rassemblement disproportionné de forces en un point.

Il nous est possible de revenir maintenant au problème des images et des inscriptions. La thèse que je voudrais illustrer est la suivante : les inscriptions par elles-mêmes ne suffisent pas à expliquer le développement cognitif des sciences et des techniques ; elles le peuvent seulement lorsqu'elles améliorent d'une façon ou d'une autre la position du locuteur dans ses efforts pour convaincre. Nous n'allons donc pas nous intéresser à toute l'anthropologie de l'écriture (Leroi-Gourhan, 1964), mais seulement aux techniques d'écriture qui permettent d'accroître soit la mobilisation, soit la présentation, soit la fidélité, soit la discipline des alliés dont la présence est nécessaire pour convaincre. Un exemple fera comprendre cette approche. Dans un célèbre passage de son journal de bord, La Pérouse relate comment, ayant abordé à Sakhaline, un groupe de Chinois lui enseigna la géographie de l'île ou de la presqu'île. La Pérouse est très surpris parce que les Chinois sont parfaitement capables de dessiner sur le sable leur île en projection. Voyant que la marée efface la carte, un Chinois plus jeune prend le carnet de La Pérouse et la redessine. Le reste de la journée se passe à échanger des connaissances nautiques.

Pour analyser cet exemple, il est inutile de rameuter de grands partages entre esprit préscientifique et esprit scientifique, entre une géographie implicite et concrète – celle des natifs – et une géographie explicite et abstraite – celle des visiteurs. L'aptitude à inscrire et à visualiser ne fait pas de différence non plus puisque les Chinois et La Pérouse se comprennent fort bien et que le jeune Chinois utilise de la même façon le même carnet. Est-ce à dire qu'il n'y a pas de différence et que, toutes les géographies étant nées libres et égales, le relativisme a raison? Non, parce que La Pérouse va faire quelque chose qui va *créer* une énorme différence entre lui et les natifs. Ce qui pour ces derniers est un dessin sans importance que la mer peut effacer, un simple *intermédiaire* qu'ils peuvent redessiner à volonté, est pour La Pérouse le *seul* but de sa mission. Garder la trace de la carte est inutile pour le Chinois, puisqu'il peut la refaire, qu'il est né dans ces lieux et qu'il y mourra. Mais La Pérouse ne fait que passer, il n'y est pas né et il ne compte pas y mourir. Pourquoi est-il là? Afin de rapporter à Versailles un nombre suffisant de preuves qui décideront si Sakhaline est une île ou une presqu'île. Comment rapporter ces preuves? En les inscrivant toutes dans le même langage, selon la longitude et la latitude. Ce qui pour le natif est l'intermédiaire consommé dans l'échange devient pour l'autre le but ultime de tout son déplacement. Un intermédiaire est devenu la seule chose digne d'être *capitalisée.* Si la carte est effacée, peu importe au Chinois; mais si La Pérouse perd son carnet de bord, tout son voyage est perdu. Inversement, s'il disparaît, mais que ses notes aient pu parvenir à Versailles, son voyage se trouvera justifié.

Pour comprendre cette obsession pour la trace inscrite, il convient de prendre en compte à la fois le déplacement de La Pérouse – envoyé par Versailles, il doit y revenir pour convaincre de la forme qu'il donne au Pacifique – et les techniques d'inscriptions. Sans le premier, aucune technique ne serait suffisante pour expliquer la création en quelques dizaines d'années d'une nouvelle géographie. Sans les secondes, aucun «esprit capitaliste», aucune «soif de connaissance», aucun «appât du gain», aucun «impérialisme» ne serait suffisant pour expliquer la capitalisation, en quelques points du globe, de tout le globe terrestre.

C'est seulement en considérant à la fois le mouvement pour convaincre et les techniques qui favorisent la mobilisation des ressources, que nous pouvons avoir une vision vraiment «binoculaire» des rapports entre visualisation et capacités cognitives. Nous ne trouvons pas convaincante n'importe quelle explication des sciences qui parlent d'inscription, de reliure, de physiographe, d'instrument, de diagrammes; mais seulement celles qui rattachent ces pratiques au mouvement de mobilisation. Inversement, nous ne trouvons pas également convaincantes toutes les explications – et Dieu sait s'il y en a – en terme de groupes, d'intérêts, de classes, de cycle économique; mais seulement celles qui proposent en même temps un mécanisme précis pour que ces groupes, intérêts, classes et cycles soient additionnés quelque part grâce à certaines techniques nouvelles d'inscription.

III. Des mobiles immuables

Ce n'est pas à un problème de perception que nous nous trouvons confrontés, mais à un problème de mobilisation. Si vous souhaitez convaincre un grand nombre de gens de choses inhabituelles, c'est vous qui devez d'abord sortir de vos habituels chemins ; vous reviendrez, accompagnés d'un grand nombre d'alliés imprévus et nouveaux, et vous convaincrez, c'est-à-dire que vous vaincrez tous ensemble. Encore faut-il que vous soyez capables de revenir *avec les choses.* Si vous en êtes incapables, vos mouvements seront perdus. Il faut donc que les choses puissent supporter le voyage sans se corrompre. Il faut aussi que toutes ces choses puissent *être présentées* à ceux que vous souhaitez convaincre et qui n'ont pas été là-bas. Pour résumer, il faut que vous inventiez des objets qui soient *mobiles, immuables, présentables, lisibles et combinables.* J'ai la conviction que ceux qui ont étudié les nombreuses relations entre les inscriptions et l'esprit scientifique ont fait, à leur manière, l'histoire de ces mobiles immuables.

a. Les chemins de la perspective

La révolution scientifique pour William Ivins, ne vient pas de l'esprit, de la philosophie ou même de l'œil. Elle vient de la vision. L'esprit va devenir scientifique en voyant le monde en perspective. Pourquoi la perspective, inventée à la fois par les géomètres, les peintres et les graveurs, a-t-elle autant d'importance ? « Normalement, ce sont les relations extérieures des objets... qui se transforment lorsqu'ils changent de lieux, ou alors ce sont leurs relations internes qui se déforment... » La perspective joue un rôle crucial « parce qu'elle reconstruit logiquement les invariances internes à travers toutes les transformations produites par les déplacements dans l'espace ».

Dans la perspective linéaire, un objet peut apparaître à n'importe quelle distance et sous n'importe quel angle ; il sera néanmoins possible de le *déplacer sous* un autre angle et à une autre distance sans qu'il ait subi de déformation. Grâce à la perspective, les formes vont devenir immuables malgré leur mobilité.

Cette immuabilité, d'après Ivins, a pour conséquence de créer des « allers et retours » entre les objets et leurs images. L'image d'une église romaine peut être déplacée à Paris, mais peut aussi revenir à Rome, comparée au modèle, et remaniée. Grâce à la perspective, c'est l'ensemble des objets du monde qui peut être cartographié par longitude et latitude, transporté sur des rouleaux de papier, amendé et corrigé lorsque d'autres voyageurs reviennent aux modèles. Comme le dit Ivins, des avenues à double voie relient le monde et ses images, avenues qui permettent la circulation et la collaboration. « La science et la technologie ont progressé en relation directe avec la capacité de l'homme à inventer des méthodes grâce auxquelles des phénomènes qu'on ne pourrait sans cela connaître que par les sens du toucher, du goût et de l'odorat, ont pu être visuellement reconnus et mesurés. » Ce que permet la perspective, c'est d'offrir une « cohérence optique » à toutes les images. Tous les autres sens sont abandonnés, la vue seule permet enfin de penser. Avantage capital, il est enfin possible de capitaliser en quelques points tous les autres points du globe. Personne ne peut écouter, toucher ou sentir l'île Sakhaline, mais tout le monde peut lire à

Versailles la carte de l'île et décider sur pièces l'itinéraire de la prochaine mission. Ils se disputent peut-être, mais entourés par les choses elles-mêmes, absentes et présentes à la fois. Comme autrefois, dira-t-on. Non, parce que ces images calibrées peuvent supporter autant de voyages aller et retour que l'on voudra. Du local au global, pour parler comme Michel Serres, un chemin est frayé. Grâce à des inventions graphiques et géométriques (le quadrillage, le point de fuite, la projection de Mercator, l'eau-forte), la forme des choses a survécu aux déplacements continuels. On a bien inventé des mobiles immuables.

Il y a un autre avantage offert par la perspective, bien illustré par Samuel Edgerton (1980). Grâce à elle, il est possible d'offrir la même cohérence optique à des objets venus du monde et à des objets venus de la fiction ou de la croyance. Des utopies, des scènes mythologiques, des épiphanies religieuses, des créations humaines ou des objets naturels, tous se retrouvent dans le même lieu *commun,* l'espace homogène de la perspective: «En Occident, même si le sujet d'un texte imprimé n'était pas scientifique, l'image imprimée présentait une forme rationnelle établie selon les lois universelles de la géométrie. En ce sens, la révolution scientifique doit probablement plus à Dürer qu'à Vinci» (p. 190).

Bien sûr, ce n'est pas le lieu commun par lui-même qui est intéressant. Ce sont les *échanges* qu'il permet. Les éléments les plus hétérogènes peuvent s'éparpiller en morceaux, en pièces détachées, et se recombiner librement dans l'espace blanc du papier. Commentant les planches d'Agricola, Edgerton attire notre attention sur cette nouvelle liberté: «Curieusement, la perspective linéaire et le clair-obscur qui permettent aux images d'acquérir une solidité géométrique permettent aussi au spectateur d'échapper provisoirement à sa dépendance envers la gravitation. Avec un peu d'habitude, le spectateur imagine des volumes solides qui flottent librement dans l'espace comme s'ils étaient les pièces détachées d'un même engin.» (*Idem,* p. 193.)

Lorsque de tels échanges se font, toutes les images se recombinent, créant sur le papier des hybrides. C'est là tout l'intérêt du langage de la perspective. Il ne permet pas seulement de décrire, il permet de voir la nature comme une fiction et la fiction comme une nature. Le monde peut être battu comme un jeu de cartes. De nouvelles donnes sont possibles sans aller chercher bien loin dans l'esprit: «Le *saint Jérome* d'Antonello est le meilleur exemple qui soit de cette nouvelle conscience du monde à laquelle parvint, vers la fin du XVe siècle, l'intelligentsia d'Occident. Cette conscience se manifeste dans les œuvres d'artistes comme Léonard de Vinci, Francesco di Giorgio Martini, Albrecht Dürer, Hans Holbein et bien d'autres. Tous, ils avaient développé une grammaire et une syntaxe très complexes pour quantifier les phénomènes naturels dans des images. Entre leurs mains, la construction des images devint un langage pictural qui, avec un peu d'habitude, pouvait communiquer plus d'informations, plus rapidement et à beaucoup plus de gens, qu'aucun autre langage au cours de l'histoire humaine.» (*Idem,* p. 189).

Ce langage pictural permet au même esprit d'avoir d'autres visions. Il lui permet de combiner en quelques points la totalité de ce qui avait été imaginé, visité, vu et projeté: des machines, mais aussi des villes, des monstres, des planches anatomiques, des Vierge Marie, des saints et des cieux. L'histoire de la perspective illustre à merveille la double ligne d'arguments que j'ai présentée dans la section précédente: les inventions dans le graphisme sont capitales, mais seulement parce qu'elles permettent d'accélérer la mobilité des images, d'accroître leur immutabilité, ou d'amplifier leurs recombinaisons.

b. Les cultures de l'œil

Si nous voulons considérer à la fois la mobilisation du monde et les inventions picturales, il nous faut étudier la culture de l'œil (Baxandall), ou ce que Svetlana Alpers appelle, après Foucault, l'« art de décrire » (« the art of describing », 1983). Alpers nous explique que les Hollandais ne peignent pas à la manière italienne de grandes scènes historiques auxquelles le spectateur assiste comme à travers une fenêtre. Ils utilisent la surface même du tableau – prise comme l'équivalent d'une rétine – pour y laisser le monde s'inscrire directement. L'astuce de la « camera obscura » est de transformer de grands volumes en une surface réduite autour de laquelle le spectateur peut tourner à volonté. Quand une telle capture d'images a réussi, il n'y a plus pour le spectateur de site privilégié, de même qu'il n'y a plus pour l'image de cadre nécessaire : « Les artistes du Nord, de façon caractéristique, cherchèrent à représenter, en transportant l'étendue de la vue sur leur surface de travail, plate et petite [...]. C'est cette capacité de la surface à contenir une telle illusion du monde – c'est-à-dire une combinaison de vues différentes – qui est typique de la plupart des images du Nord » (p. 51).

Au lieu de faire allusion au monde à travers des symboles dramatisés, à la manière italienne, les Hollandais transfèrent le monde « à même » l'image. De là une série de traits bien connus : l'échelle des tableaux se trouve modifiée (p. 84), l'artiste n'est plus nulle part, l'image devient plus horizontale que verticale, ressemblant souvent à une carte (chapitre IV), le cadre devient une limite arbitraire, de nombreux aspects du même objet peuvent être simultanément présents (p. 91), les thèmes apparaissent dérisoires (églises vides, citrons pelés, lettres lues...).

Le grand intérêt pour nous du livre d'Alpers est qu'il ne porte pas seulement sur les images mais sur l'ensemble de la culture visuelle d'un pays et d'une époque. Cette culture comprend à la fois certaines images, mais aussi des sciences nouvelles, des théories de l'optique, une certaine organisation des arts et des métiers, et surtout une économie. On parle souvent de « vues du monde » sans comprendre que cette métaphore doit toujours être prise littéralement. Alpers la prend très au sérieux : comment une culture *voit* le *monde ?* Comment le rend-elle *visible ?* Une nouvelle « vue du monde » redéfinit ce que c'est que voir et ce qu'il y a à voir.

Avant les Hollandais, tout le monde bien sûr avait regardé des huîtres, des nuages, des fleurs ou des églises. Personne pourtant avant eux n'avait regardé ces images particulières dessinées pour transporter les objets du monde, les capitaliser en Hollande, les étiqueter à même le tableau avec des légendes, les combiner à d'autres images et à des textes. Alpers donne un sens concret à la notion encore intellectuelle de Foucault : celle d'épistémê. Elle s'efforce d'expliquer comment les mêmes yeux se mettent soudainement à voir les mêmes représentations. Elle va plus loin encore que le « panoptique » (Foucault, 1975), parce que c'est une certaine façon de mettre en scène le monde qui définit en même temps une science, un art et ce que c'est que d'avoir une « économie monde ». Loin d'expliquer des images en ayant recours à une infrastructure économique, elle présente un nouveau régime des images qui établissent une nouvelle économie. Pour utiliser mes termes, les Pays-Bas deviennent puissants grâce à un petit nombre d'inventions qui accélèrent la mobilité et augmentent l'immutabilité d'un plus grand nombre d'inscriptions. Le monde littéralement s'accumule dans ce petit pays, comme Diderot le disait si joliment.

Tous les aspects de la vie sont touchés par cet « art de décrire toute chose » : l'obsession pour les lettres, pour les miroirs, les lentilles, pour les perspectives, les inventaires, les dictionnaires, pour les cartes ethnographiques, pour les microscopes et les télescopes. La principale qualité de ce nouvel espace visuel n'est pas d'être plus «objectif», c'est de posséder cette «cohérence optique» étudiée par Ivins, cohérence qui permet à des éléments *à première vue* éloignés, d'échanger leurs caractéristiques: cartes, livres de comptes, descriptions de voyages, missives, théories de l'œil. Un ensemble très hétérogène d'innovations sont sélectionnées afin de «voir secrètement et sans qu'on le sache ce qui se passe en des lieux très éloignés» (cité p. 201)!

c. Rassembler l'espace et le temps

L'invention de l'imprimerie et ses effets sur la connaissance sont un cliché aussi vieux que l'imprimerie elle-même. Personne n'a renouvelé ce vieil argument autant qu'Elizabeth Eisenstein dans son livre capital (1979). Elle considère en effet les nombreuses inventions du système technique «presse à imprimer» comme un moyen d'améliorer à la fois la mobilisation et l'immutabilité des écrits et des images. Eisenstein ne cherche pas comme tant d'autres une seule cause à la révolution scientifique, elle ne cherche pas non plus à accumuler dans le désordre un grand nombre de petites causes. Elle cherche une cause seconde qui, par sa nature, permettrait à toutes les petites causes signalées par les auteurs d'agir comme une seule cause efficiente. L'invention de l'imprimerie est évidemment la réponse. C'est la combinaison du texte imprimé et des gravures à l'eau-forte dessinées selon les règles de la perspective, qui *fait* vraiment *la différence*. Le monde peut enfin se cumuler en quelques places et être synoptiquement présenté. Mieux encore, ces éléments une fois assemblés, amendés et corrigés peuvent être déplacés à nouveau partout sans autre modification.

Après avoir critiqué des historiens qui proposent, pour expliquer le développement de l'astronomie, un grand nombre de facteurs contradictoires, Eisenstein explique: «Que l'astronome du XVIe siècle soit confronté à des textes du IVe siècle avant Jésus-Christ ou récemment composés au cours du XIVe siècle après Jésus-Christ, qu'il soit plus réceptif à des courants de pensée scolastiques ou humanistes, tout cela semble avoir moins de signification dans ce contexte que le fait que toutes sortes de matériaux divers soient vus au cours d'une vie par la même paire d'yeux. Pour Copernic comme pour Tycho Brahé, le résultat était le même: ils étaient beaucoup plus conscients et beaucoup moins satisfaits des contradictions présentes dans les données.» (p. 602.)

La conscience des contradictions dépend de la présence synoptique des données diverses venues de siècles différents. Sans cela, l'esprit ne voit rigoureusement rien, aussi «scientifique» soit-il. Avec une ironie charmante, Eisenstein déplace l'attention de l'esprit vers ce qu'il voit: «John Locke écrit que "pour découvrir la vérité d'une proposition d'Euclide, il n'est pas besoin ou nécessaire d'attendre une révélation, puisque Dieu nous a procuré des moyens naturels et plus sûrs de parvenir à les connaître". Au XIe siècle pourtant, Dieu n'avait pas procuré aux érudits de l'Occident un moyen naturel et sûr de comprendre un théorème d'Euclide. Bien au contraire, les plus savants hommes de la chrétienté étaient engagés dans une recherche désespérée pour comprendre ce qu'Euclide pouvait bien vouloir dire par angles rentrants» (p. 649).

Il n'est pas, pour Eisenstein, de question sur la Réforme ou la révolution scientifique ou l'économie capitaliste, qui ne puisse être renouvelée en devenant attentif à la mobilisation et à l'immutabilité permise par la presse à imprimer. Après Ivins (1953), elle explique par exemple le décalage de centaines d'années entre l'apparition de la presse et le début des images «exactes», décalage qui est souvent utilisé afin de dénier à l'imprimerie tout pouvoir sur l'intellect. Les premiers livres imprimés reproduisent des herbiers, des planches anatomiques, des schémas géométriques, des cartes comme on le faisait depuis deux mille ans et «sans aucun souci d'exactitude». Si nous considérions la seule perception, cela serait, bien sûr, étonnant; en nous attachant à la structure discutée plus haut, nous pouvons y voir, au contraire, l'illustration de notre thèse: le déplacement des mobiles immuables est premier; de vieux textes vénérables sont répandus partout dans la forme adultérée où le dernier copiste les a laissés. Seulement, les contradictions entre les vieux textes ainsi répandus deviennent *visibles*, au sens littéral du terme, ainsi que les contradictions entre ces textes et les innombrables lieux où ils se trouvent assemblés: d'autres fleurs, d'autres noms d'organes, d'autres montagnes et caps, d'autres taux d'échange... Ces contre-exemples, maintenant visibles, peuvent être ajoutés aux vieux textes et seront à leur tour, aussi faux soient-ils, reproduits et répandus. Comme pour le code génétique, les erreurs sont reproduites exactement et multipliées, mais les corrections le sont aussi, si bien qu'après quelques dizaines d'années, l'exactitude glisse *du médium vers le message*. Ce nouvel intérêt pour une information exacte ne vient pas d'un nouvel esprit, mais du même esprit s'appliquant à un objet nouveau qui mobilise différemment l'espace et le temps.

La preuve qu'il ne s'agit point là de pensée ou de méthode, c'est que le même mécanisme a sur la croyance religieuse un effet exactement inverse. La précision mécanique du médium jette le doute sur le message à partir du moment où toutes les versions du texte sacré se trouvent présentes à la vue. Plus les réformés veulent retrouver le texte primitif, plus les contradictions sautent aux yeux. Là encore, les effets de vérité ou de doute sont obtenus par contamination à partir d'un médium qui mobilise en certains points toutes les versions possibles. La notion de «contexte» change avec le texte et les adultérations continues de la Bible, normales jusqu'ici, deviennent autant de scandales.

L'avantage du mécanisme mis en évidence par Eisenstein, c'est d'expliquer l'accumulation irréversible de l'exactitude, trait particulier à la fois aux sciences et au capital. Là encore, il faut en revenir aux conditions particulières de l'argumentation. Aucune des sciences nouvelles ne peut décrire par un texte ce dont elle parle: elle doit le montrer par l'image. Dès que quelqu'un commence à accompagner son texte d'un certain nombre d'images du monde, fidèles et bien alignées, le seul moyen de disputer l'argument est de présenter d'autres images, plus nombreuses, plus fidèles et mieux alignées. Les planches anatomiques se multiplient et deviennent de plus en plus nombreuses, détaillées et exactes, simplement à cause de la pression agonistique et de la nécessité d'augmenter sans cesse le «coût de la preuve». Une fois que Tycho Brahé commence à inonder l'Europe de tables imprimées et calibrées pour y noter les observations du ciel, il devient beaucoup plus difficile aux autres astronomes de s'en passer. Ou bien ils abandonnent le combat, ou bien ils reviennent avec encore plus de «preuves» visuelles. La course aux preuves obéit au même mouvement que la course aux armements et pour les mêmes raisons.

Cette course, commencée à l'époque décrite par Eisenstein, continue aujourd'hui dans tous les laboratoires. N'importe quelle invention qui accélérera la mobilité des traces, ou qui améliorera leur immutabilité, ou leur lisibilité, ou leur combinaison, sera aussitôt sélectionnée par des chercheurs passionnés: une nouvelle manière de colorer les microbes, un nouveau radiotélescope, un nouveau programme pour dessiner des diagrammes, une nouvelle chambre à bulle, un nouveau produit pour mouler les fossiles, un nouveau satellite, un nouveau scanner... Tout sera choisi, construit, acheté, qui permet à quelqu'un d'accumuler localement des images du monde lisibles et combinables pour rendre plus fort son argument. La pensée sauvage est toujours en train d'être domestiquée.

IV. Des avantages qu'il y a à inscrire

Pourquoi les inscriptions de toutes sortes sont-elles aussi importantes pour les chercheurs, les ingénieurs, les architectes, tous ceux qui pensent avec leurs yeux et leurs mains? Parce qu'elles offrent un avantage unique lors des discussions: « Vous doutez de ce que je dis?... Vous allez voir, je vais vous montrer! » et sans remuer de plus de quelques centimètres, l'orateur déploie devant les yeux de ses critiques autant de figures, diagrammes, planches, silhouettes qu'il en faudra pour convaincre. Aussi médiates que soient ces inscriptions, aussi lointaines que soient les choses dont on parle, des chemins à double voie s'établissent, l'objecteur se trouve dominé par le nombre de choses dont parle l'orateur, toutes présentes dans la salle. Il peut douter de chacune d'elles, mais toutes ensemble, elles composent une formidable preuve. Nous sommes tellement habitués à recourir à ces alliés, que nous avons oublié ce que c'est que penser sans index, sans bibliographies, sans dictionnaires, sans fiches bristol, sans physiographes, sans cartes, sans diagrammes...

a. «La voie sûre d'une science»

Dans de très beaux livres, François Dagognet a montré ce que c'était que de penser, par exemple la chimie, sans cette iconographie cohérente. Un fouillis de corps et de recettes, de réactions et de tours de main, ne devient un savoir scientifique que lorsque tout commence à s'écrire dans des termes optiquement cohérents. Bien qu'il aborde le sujet par un tout autre biais, Dagognet parle du symbole chimique comme Goody parle de ses listes et tableaux à double entrée: « Nous avons beau traiter d'infimes détails (un léger changement de plan pour un chlore): ce sont ceux qui, paradoxalement, détiennent les forces du monde moderne» (1969, p. 199).

En effet, la chimie écrite et visualisée va pouvoir se recombiner sur le papier autant que dans les cornues. L'attention du chimiste se perd dans le laboratoire, mais se concentre à nouveau sur la surface même du papier. Comme l'intellectuel de brousse décrit par Goody, Mendeleiev apprend de son tableau plus qu'il n'y a mis: «Qu'on le veuille ou non, pour qui sait voir et lire le tableau périodique final, les propriétés des éléments et celles de leurs diverses combinaisons découlent – directement, entièrement – de leur emplacement. C'est ainsi [...] il faut bien le souligner contre les iconoclastes.» (*Id.*, p. 213.)

Les iconoclastes sont ceux qui veulent que l'esprit pense à Dieu, aux trous noirs, au benzène ou à la balance des paiements, sans voir aucune image de ces êtres. Cette présence des icônes est si importante pour Dagognet qu'elle fait dire à cet épistémologue des phrases qu'un sociologue ne renierait pas: «Autre notion que Lavoisier nous a léguée: le pouvoir du vocabulaire, la valeur des échanges et de la communication. On ne s'en étonne pas de la part de ce sociologue (chimiste malgré lui) et même de ce physiocrate qui souhaitait la circulation des signes, comme la liberté du commerce et des marchandises.» (*Id.*, p. 209.)

Je vous le disais bien: il ne s'agit pas de perception seulement, mais de mobilité, de combinaison, d'accélération, de thésaurisation: «La chimie a dû son statut et son essor moins aux chimistes qu'à un collecteur d'impôts et à un organisateur social.» *(Id.)*

Ce lien si fondamental entre ce que l'esprit peut voir et l'organisation de ce qu'il doit voir, c'est bien sûr Michel Foucault qui l'a développé le plus loin – du moins pour les sciences humaines. En médecine, ce n'est pas l'esprit qui va changer, qui va devenir plus sceptique, plus scientifique, plus expérimental, c'est le *regard* (1963). Et ce regard lui-même, pourquoi change-t-il ? Mais parce qu'il s'applique, dans l'intérieur de l'hôpital, à un nouveau régime d'inscriptions et de traces. Le corps est invisible ; chaque malade est particulier. Il n'en est pas de même de l'accumulation des planches anatomiques, des dossiers homogènes où se trouvent enregistrées avec soin les réponses à des examens identiques. Les fièvres s'agencent autrement si, au lieu de voir un malade enfiévré, puis un autre, c'est cent fièvres décrites qu'on inspecte d'un regard. Dans *Surveiller et punir*, Foucault précise quel est ce regard logé dans une institution construite pour lui. La prison ou l'école deviennent des laboratoires et ceux-ci sont des « panoptiques » : le seul moyen de voir la totalité est d'organiser, à la fois, les murs, les rondes, les dossiers et les instruments pour présenter synoptiquement les phénomènes. L'esprit changera sans autre révolution et comme par surcroît : « Les procédures d'examen ont été tout de suite accompagnées d'un système d'enregistrement intense et de cumul documentaire. Un "pouvoir d'écriture" se constitue comme une pièce essentielle dans les rouages de la discipline. Sur bien des points, il se modèle sur les méthodes traditionnelles de la documentation administrative » (1975, p. 191).

Dans tous ses livres, Foucault suit la transformation de savoirs en sciences plus ou moins exactes, et rapporte ce surcroît d'exactitude à un dispositif d'inscription. L'avantage de son analyse c'est d'attirer notre attention non pas sur la perception – ce qui serait, nous le savons, insuffisant – mais sur l'ensemble du dispositif qui mobilise, enregistre et assemble. Le « panoptique » procure aux savants et surveillants la « cohérence optique » dont parlait Ivins, cohérence sans laquelle le pouvoir exercé sur une grande échelle serait impossible.

L'expression de « révolution copernicienne » sert à Kant pour décrire ce passage des savoirs obscurs, tournant autour des choses sans les comprendre, à ces sciences devenues exactes parce qu'elles font tourner le monde autour d'elles. Chaque savoir entre à son tour dans la « voie sûre d'une science ». Cette inversion des rapports n'est pas un problème théorique ; c'est une question pratique : il y faut des chemins et des voies. C'est un problème de Ponts et Chaussées ou de navigation. Rudwick a par exemple étudié l'entrée de la géologie dans cette voie assurée. Ou bien les voyageurs se promènent à travers le monde et regardent les sols et les mines mais reviennent à Paris ou à Londres les mains vides ; ou bien ils sont capables de rapporter les profils, les strates et les fossiles avec eux. La première situation est précopernicienne, la seconde copernicienne. Comment passer de l'une à l'autre ? Là encore, le médiateur obligé est un langage visuel, un protocole de descriptions des couches et des azimuts, un ensemble de conventions de couleurs et de tracés. La « voie sûre d'une science » c'est toujours l'invention d'un nouveau mobile immuable capable de rassembler les choses en quelques points. Comme Lagardère, le géologiste s'écrie : « Si tu ne vas pas à la Terre, la Terre ira à toi. » Ce transport de la Terre se fait par des véhicules trop humbles pour intéresser Kant : des carottes, des carnets, des relevés, des grisés, des hachures... Pourtant ce sont eux qui assurent le surcroît de certitude gagné par les géologues : ces images peuvent se combiner, se superposer, se redessiner. Le regard du géologue devient scientifique rien qu'à les regarder.

Pour se convaincre de l'importance de ces inscriptions il suffit de descendre en nous-mêmes et de mesurer combien peu nous savons dès qu'on nous en prive. Dans un livre passionnant, François Fourquet a décrit la construction de cet autre panoptique, l'INSEE, qui nous permet de dire quelque chose de l'économie française (1980). Vous ne pouvez pas parler de l'économie française en « la » regardant. « Elle » est totalement invisible autant que la chimie, la maladie ou la terre. Jusqu'à la guerre de 40, les économistes interrogés par Fourquet avouent qu'ils ne savaient pas grand-chose de l'économie française. Ils regardaient les cours de la Bourse, seul indicateur mesurable de l'état « des affaires ». Il faut pour la rendre visible, cette économie, des milliers d'inspecteurs, d'enquêteurs, de clavistes, d'économistes, d'ordinateurs, de programmeurs. L'INSEE, malgré sa taille, est un grand laboratoire qui procure aux activités innombrables de la France une cohérence optique. Cela ne suffit pas, car la simple accumulation des traces au bout des imprimantes suffirait déjà à noyer les économistes les plus courageux. Il faut donc d'autres ordinateurs, d'autres analystes, d'autres dessinateurs, qui, partant de ce monde de papier, en tirent quelques diagrammes très simples : le taux d'inflation, la balance des paiements, le produit national brut. L'« économie » est le produit de ce gigantesque et coûteux instrument au même titre que les radiosources sont le produit des coûteux radiotélescopes. On comprend pourquoi j'ai refusé, dès le début de cette présentation, de recourir aux « explications » économiques. Ce sont elles, au contraire (les infrastructures, les économies-mondes), qu'il convient d'expliquer... [...]

b. Simplifier les jugements perceptifs

Ce qui est en question dans ce virage des sciences n'est pas qu'elles soient exactes ou humaines. L'obsession pour les inscriptions est la même qu'il s'agisse d'un économiste, d'un géologue, d'un ethnographe ou d'un astronome. Ce qui est en question, c'est le bénéfice à attendre d'une inscription pour convaincre des collègues. Si les scientifiques *regardaient* la Terre, les économies, les organes ou les étoiles, ils ne *verraient* strictement rien. Cette « évidence », si l'on peut dire, est souvent utilisée pour critiquer l'empirisme et pour prouver que les chercheurs *voient* avec les yeux de l'esprit dans un ciel baigné d'une lumière platonicienne un peu analogue à celle du néon. La rupture totale avec la vision commune est même considérée par Bachelard comme une conversion nécessaire pour « entrer en science ». La critique de l'empirisme n'oblige pourtant pas à tomber dans ces « vues de l'esprit » et à croire aux « coupures épistémologiques ». L'esprit du savant ne quitte à aucun moment ses yeux et ses mains. Mais ce qu'il voit change en effet. Il ne regarde pas les étoiles, mais l'image en couleur artificielle que l'ordinateur a recomposée à partir de l'image optique ; il ne regarde pas les économies, mais les statistiques de l'INSEE. L'opposition entre empirisme et théorie, entre perception et paradigme, oublie ce petit décalage qui permet d'aller *d'images complexes à des images plus simples*. [...]

V. L'accélération des mobiles immuables

DANS LES SECTIONS PRÉCÉDENTES, j'ai essayé de montrer où se trouvaient les vues de l'esprit : à mi-chemin du monde et de notre cerveau, dans des inscriptions étalées sur la table d'un laboratoire, discutées par quelques collègues. Ces deux objets : le monde réel et l'esprit scientifique (se reflétant l'un l'autre), sont des *images virtuelles* produites par les humbles pratiques d'écriture et d'enregistrement. L'ethnographie des laboratoires ou l'anthropologie des sciences et des techniques peuvent décrire certaines de ces humbles pratiques. En voici sept que nous rencontrerons tout au long de ce numéro.

a. Les sept travaux des chercheurs

1. *Mobiliser :* il faut pouvoir transporter des états quelconques du monde en quelques lieux; qu'il s'agisse du Big Bang ou de la fin du monde; qu'il s'agisse des animaux du crétacé ou des gènes d'E. Coli; tous doivent être rassemblés quelque part et se mettre en chemin pour ce recensement universel.
2. *Fixer immuablement les formes :* la plupart des mobilisations entraînent une déformation, une corruption, voire une disparition des traces. Tout sera donc fait pour réduire la déformation, ne prélever que des traces, et conserver la forme à travers le mouvement. Les spécimens seront chloroformés, les colonies microbiennes seront fixées dans la gélatine, les fossiles dans la résine époxy, la perspective sera inventée et continûment améliorée. Surtout, à force de ruses, on gardera des traces de tous les états successifs du même phénomène. La chronophotographie de Marey, par exemple, maintient synoptiquement toutes les étapes d'un mouvement.

Grâce à ces deux procédés, la nature de l'espace-temps se trouve complètement modifiée : tous les états du monde s'accumulent en un point; des chemins à double voie mènent de ce point à tous les autres; le temps devient un espace inspecté par le regard.
3. *Aplatir :* il n'y a rien que l'homme soit capable de vraiment dominer : tout est tout de suite trop grand ou trop petit pour lui, trop mélangé ou composé de couches successives qui dissimulent au regard ce qu'il voudrait observer. Si ! Pourtant, une chose et une seule se domine du regard : c'est une feuille de papier étalée sur une table ou punaisée sur un mur. L'histoire des sciences et des techniques est pour une large part celle des ruses permettant d'amener le monde sur cette surface de papier. Alors, oui, l'esprit le domine et le voit. Rien ne peut se cacher, s'obscurcir, se dissimuler.

Feuilleter le monde, folio après folio, tel est le rêve du chercheur. La question ethnographique est donc celle-ci : comment faire de la nature le livre de la nature, ou si l'on veut l'atlas, le dictionnaire, le listing, le fichier, la banque de données de la nature ?
4. *Varier l'échelle :* cette pratique est ce qui permet de vraiment dominer l'infiniment petit et l'infiniment grand. C'est tellement simple que personne ne s'en aperçoit. L'esprit ne commence à voir quelque chose qu'à partir du moment où le phénomène occupe un ou deux mètres carrés et se compose d'une centaine de signes (c'est aux psychologues de la cognition de nous donner la limite précise). Les milliards de galaxies, au moment où l'astronome vous en parle avec autorité, n'occupent jamais plus de place que la carte du génome d'E. Coli, au moment où le biologiste parle à ses collègues ; les tableaux d'échange industriel occupent à peu près la même place que ceux des particules élémentaires; le modèle réduit d'une raffinerie ne dépasse jamais de beaucoup la taille d'un modèle en plastique de la molécule d'hémoglobuline... Laissons le vertige pascalien pour les moments où les chercheurs délirent en public sur l'infiniment grand ou l'infiniment petit. Quand ils ne délirent pas, ils dominent, en privé, des phénomènes qui ont quelques mètres carrés. Au-delà, la confusion renaît et, quelle que soit notre discipline, nous nous mettons tous à balbutier.

Ces deux pratiques expliquent déjà une grande partie de la supériorité des sciences accordée un peu vite à l'esprit. Il est rare que nous dominions ainsi les phénomènes dont nous parlons, que nous les inspections du dessus et en manipulions les traces et modèles à la main. À ce titre la « vie courante » peut se distinguer assez facilement des laboratoires. On n'y est pas plus bête, mais les objets n'y sont ni aplatis ni homogénéisés.
5. *Recombiner et superposer les traces :* l'avantage énorme des inscriptions assemblées,

fixées, aplaties, et ramenées à la même échelle, c'est de pouvoir être battues comme un jeu de cartes, recombinées à loisir et surtout *superposées* l'une à l'autre. À première vue, il paraît impossible d'établir une liaison entre la géologie et l'économie; mais superposer une carte géologique et les cours de la Bourse, voilà une opération qui peut se faire sur un bureau, qui ne demande que du papier et une bonne documentation. Le déplacement paraissait énorme: il est de quelques centimètres. Découvrir les structures de tous les mythes de la planète paraît insensé; quel est le cerveau capable d'un tel exploit? Il faut d'abord un bon *fichier*. Sous les yeux de Lévi-Strauss, à même son bureau, des connexions vont s'établir qui n'ont rien à voir avec le cerveau (et probablement peu avec la pensée sauvage).

La plupart des coups de génie, des éclairs d'intuition que l'on impute soit aux neurones des chercheurs, soit à la «cognition» peuvent s'expliquer par cette proximité, sur les tables du laboratoire, de traces recombinées. C'est bien des modèles en carton des bases que Watson manipule au moment décisif de la construction de la double hélice. Le chemin de l'analogie et de la métaphore est fait, lui aussi, de ces humbles véhicules qui déplacent littéralement les montagnes sur quelques centimètres carrés. Des objets «sans rapport» se trouvent brusquement «mis en rapport». La plupart de ces objets appelés «structure», «pattern», «lois» émergent avant tout comme les effets visuels d'une certaine disposition de traces. Bertin le sait bien qui apprend aux chercheurs à créer à la fois les inscriptions et leurs structures (1973).

Curieusement cette évidence échappe même aux observateurs les plus astucieux. Dans un très bel article Carlo Ginzburg parle du «paradigme de la trace» (1980). Il retrace – justement – l'obsession de notre culture pour les indices et symptômes depuis la médecine grecque jusqu'aux lapsus de Freud et à la détection des fraudes. Va-t-il parler aussi de la physique, des mathématiques, ou de la géologie? Pensez-vous! Il met en dehors de son paradigme les sciences exactes sous l'amusant prétexte qu'elles sont fondées sur des phénomènes «abstraits et universels»! Mais comment devenir abstrait et universel sans cartes, sans photographies, sans physiographes et sans télémètres? L'aveuglement de Ginzburg nous donne la mesure du préjugé épistémologique; dans les laboratoires où crépitent de toutes parts des centaines de stylets, d'imprimantes, d'aiguilles, de marguerites et de rosaces, les traces ne seraient pas intéressantes? C'est devant de tels préjugés que l'on mesure la distance entre l'épistémologie et l'ethnographie des sciences.

6. *Incorporer l'inscription dans un texte:* cet avantage énorme distingue la littérature scientifique de toutes les autres; elle est la seule dont le référent soit présent à l'intérieur même du texte qui le commente. Le texte n'est pas seulement «illustré» par des images, il est le développement de celles-ci. Cette exégèse particulière, qui permet d'offrir aux objets du monde, aux écrits déjà imprimés et au commentaire, la même cohérence optique ainsi que la même homogénéité sémiotique, explique bien sûr pourquoi la littérature scientifique est aussi exacte et convaincante.

7. *Fusionner avec les mathématiques:* nous l'avons vu avec la perspective, le trait principal de ces nouvelles images c'est de s'immerger dans l'espace de la géométrie. Le blanc du papier, au lieu d'être simplement blanc, devient un espace significatif. De ce fait, chaque trait d'une machine, d'une construction, d'un fossile ou d'une carte, peut être étudié à nouveau avec des règles et des compas. Il est ainsi possible de *partir* de la surface du papier pour y trouver autre chose que ce qu'on y avait mis. C'est là ce qui permet la cascade d'inscriptions dont j'ai parlé plus haut. Les images deviennent formes géométriques, puis diagrammes, histogrammes, chiffres, colonnes, équations... En fin de parcours, quelques

équations permettent de *tenir* un grand nombre d'inscriptions primaires, secondaires, tertiaires, etc., jusqu'aux perceptions les plus complexes et les plus floues. Aucune de ces étapes ne reproduit seulement l'étape précédente, elle la concentre, la résume, la silhouette, l'idéalise. Chaque inscription offre une plus-value au chercheur : la carte rend cent fois plus d'informations que celles qu'on y avait mises. En fin de parcours, il est possible en effet de *capitaliser* sur une grande échelle toutes ces plus-values.

Les épistémologues – et les savants – s'étonnent souvent que les mathématiques s'appliquent au monde sensible. Cet étonnement les honore mais ne remplace pas une bonne étude ethnographique des procédés d'inscriptions par lesquels ils font écrire la nature en courbes sur du papier millimétré. L'application des mathématiques au papier millimétré sorti d'un physiographe est déjà beaucoup moins miraculeuse...

Ces sept ruses ne doivent pas être isolées l'une de l'autre ; ce sont toutes ensemble qu'elles accroissent la mobilisation, la fidélité et la combinaison des traces. Autrement dit, toute innovation, si petite soit-elle, qui permettra d'améliorer l'une de ces sept ruses, sera aussitôt sélectionnée, mise au point et conservée : une nouvelle pellicule, de nouveaux colorants, une nouvelle notation mathématique, un nouveau système de classement, une nouvelle interface, un nouveau chauffage pour garder les spécimens plus longtemps, un nouveau stylet... Quand on aura fait l'histoire de ces innovations et de ces ruses, alors il sera possible de voir ce qu'il reste à étudier dans l'esprit, les mentalités, les idées et les vues du monde ; à mon avis, peu de chose, la part de l'esprit dans l'histoire des sciences a été terriblement exagérée, comme celle de la providence dans l'histoire telle qu'on la faisait avant le XIXe siècle, ou celle de la pensée sauvage dans l'étude des sociétés non scientifiques (Goody, 1977).

b. Donnez-moi des représentants qui ne soient pas des potiches...

La pensée quotidienne, l'introspection, les croyances populaires, les certitudes magiques, l'émotion, tout cela est sûrement trop difficile à étudier. Par contraste, la pensée des savants est *plus facile* à étudier tant ils se donnent de peine pour *simplifier* leur champ de vision et pour *matérialiser* leurs procédures dans des textes et des laboratoires. Le travail de la pensée scientifique peut se suivre littéralement « à la trace » en utilisant à la fois la psychologie et l'anthropologie cognitives et la microsociologie des laboratoires : le chercheur doit se déplacer, reproduire, capter des images, recueillir et conserver des inscriptions, trouver des emplacements qui permettent au monde de s'étaler à la vue ; il doit améliorer le rendu des traits, silhouetter les graphismes pour que ceux-ci puissent se combiner plus aisément (Dagognet, 1973) ; il doit conspirer avec les formes qui ressemblent déjà à un texte ou à un schéma. Si l'on veut comprendre comment il pense il ne faudra pas se concentrer sur la tête (qu'il a dit-on fort grosse) et sur ses idées, mais le suivre dans ses déplacements, regarder ses mains et ses yeux.

On objectera qu'il ne s'agit pas là de pensée, mais d'arrière-cuisine, qu'il ne s'agit pas là de théorie mais d'empirisme. L'ethnographie, dira-t-on, peut s'appliquer peut-être à ces chercheurs qui ont besoin d'instruments, mais pas à ceux qui pensent dans leur bureau avec un papier et un crayon. Selon cette objection, il n'y aurait pas d'ethnographie possible du travail de pure formalisation.

Il est indéniable que cette ethnographie n'existe pas, malgré quelques tentatives (Derrida, 1967 ; Bloor, 1975/1982 ; Ong, 1982). Cela ne veut pas dire pour autant qu'elle est impossible ou même plus difficile que celle des « instrumentistes ». Au contraire, j'aurais tendance à croire qu'elle est beaucoup plus facile encore, et que seule la timidité nous a empêché de la tenter. En passant de l'empirique au théorique, on ne passe pas du matériel à l'intellectuel, de l'accessible à l'inaccessible, on passe *de mobiles immuables* à d'autres encore *plus mobiles*, encore *mieux combinables* et toujours *plus immuables*. Ce qui change – car quelque chose change en effet – c'est *l'accélération des déplacements sans transformation.*

Le travail d'abstraction n'est pas lui-même abstrait, mais concret bien sûr et plus simple, malgré les apparences, que tout ce qui le précède. La nécessité d'abstraire vient d'un problème très simple et presque trivial: chaque instrument, chaque campagne de fouille, chaque satellite, chaque passage d'un questionnaire, chaque interrogation de banques de données, chaque collection du Muséum, chaque console d'ordinateur vomit en quelques mois des masses d'inscriptions qui suffisent à noyer le plus intelligent chercheur. Plus il est habile à penser – au sens donné plus haut – plus il se retrouve en fin de compte Gros-Jean comme devant, écrasé sous les papiers comme il l'était avant par les perceptions confuses du monde. Il n'a qu'une seule solution: faire avec les papiers ce que ceux-ci faisaient avec le monde, c'est-à-dire trouver des chemins et des véhicules qui les déplacent sans les transformer, et qui permettent d'y revenir vite. Construire une théorie n'est jamais qu'une question de travaux publics et de mouvements rapides: comment tenir le maximum d'occurrences en perdant le minimum d'énergie et de temps? C'est d'ailleurs toujours en terme de mouvement, de rapidité, de nombre de connexions, de régularité ou d'aisance, que les théories sont louées et que sont critiquées les simples collections de faits. L'idéal pour une théorie c'est, avec quelques éléments et quelques opérations, de retrouver tous les objets du monde, déformés aussi peu que possible.

C'est toujours autour des icônes qu'il faut chercher la réponse à cette «puissance» tant révérée dans les théories. Dans un article sur l'efficacité du travail de Galilée, Stillman Drake nous donne un bon exemple d'une telle icône (1970). Drake compare le travail de Galilée à celui de deux de ses collègues, Jordan et Stevin. Jordan lui aussi fait un diagramme, mais géométrique uniquement: «L'élément physique comme on peut le voir est rajouté après coup à la géométrie, de façon presque forcée» (p. 163). Avec Simon Stevin, c'est le contraire; il dessine bien un diagramme, mais qui reproduit un phénomène physique, la forme géométrique ne pouvant s'y ajouter que par surcroît: «La géométrie, écrit Drake, est éliminée au profit d'une pure intuition mécanique.» *(Id.)* Tout se passe comme si les deux prédécesseurs de Galilée ne pouvaient littéralement *accommoder* sur la surface de papier et y voir à la fois le phénomène physique et la forme géométrique. Un léger changement dans la forme géométrique utilisée permet à Galilée de superposer physique et géométrie et d'accommoder enfin sa vision binoculaire sur le livre de la nature: «La façon dont Galilée fondit la géométrie et la physique [...] lui suggéra non seulement de nombreux corollaires mais des améliorations successives de sa preuve ainsi que de nouvelles applications physiques» (p. 104).

Cette possibilité de *partir du papier* sur lequel les phénomènes sont dessinés en formes géométriques, et de s'y tenir *malgré* le démenti des autres sens, de l'autorité, de la tradition et de l'Écriture, est l'un des traits le plus marquant des études sur Galilée. C'est ce qui permet à la physique d'exister. Les instruments capables de faire écrire les phénomènes en signes mathématiques n'existaient pas encore dans de vastes et coûteux laboratoires, mais Galilée en anticipe la création en inventant déjà leur «produit-papier», c'est-à-dire la courbe que dessinerait par exemple le glissement d'un grave. C'est d'ailleurs parce que Galilée anticipe les instruments que les historiens se battent sans pouvoir démontrer s'il fit ses expériences ou s'il les rêva. Peu importe, puisque, dans les deux cas il en tira un diagramme bien dessiné. L'innovation capitale c'est que Galilée part de cette « bonne forme » pour la travailler, en quelque sorte, *à même* le papier. On peut parler comme Koyré (1966) de platonisme pour expliquer cette innovation, mais elle est à la fois plus matérielle, plus graphique et plus radicale : il faut donner aux phénomènes une forme qui soit telle que l'on puisse, en la retravaillant, gagner sur eux plus d'informations qu'on y a mis. Ce *supplément* de forces c'est celui que la géométrie a accumulé depuis 1 500 ans en travaillant sur les formes élémentaires.

[...] Ce que nous appelons « pensée rigoureuse » est probablement cette aptitude à construire des images qui peuvent être retravaillées au deuxième degré. En partant d'elles, d'autres choses sont découvertes si bien que les représentations finissent par avoir tout le pouvoir.

La difficulté n'est pas dans la pensée, mais dans le fait de s'en tenir exclusivement au papier, quelles que soient les conséquences, les apories, les absurdités que l'on découvre, sans jamais chercher à faire appel du résultat à l'aide du « bon sens » ou des autres sens. Cette icônolatrie définit plus le mathématicien, le géologue, le physicien, le biologiste, que les méthodes ou les normes scientifiques.

Un charmant contre-exemple de cette aptitude nous est fourni par Edgerton (1980). Commentant les premiers traités chinois de mécanique occidentale, il remarque cette différence à la fois infime et énorme. Les dessinateurs chinois ont peu de confiance dans le graphisme technique et se servent des images comme *illustrations*. Tous les liens entre les rouages d'une pompe, par exemple, deviennent des *décorations* et, après quelques copies, se transforment en vagues sur un étang. Inutile de dire qu'il eût été impossible de *partir* de ces images ainsi redessinées pour penser une pompe, ou pour en construire une. Les Chinois ne dessinent pas moins bien et ne sont pas moins friands d'images que nous. Simplement, leurs représentations traditionnelles ne sont pas utilisables comme points de départ d'un nouveau travail qui, mobilisant les ressources millénaires de la géométrie, permet à celui qui accumule des traces de capitaliser en grand. Edgerton rejoint là Needham qui signale le même phénomène pour les idéogrammes : aussi nombreuses et bien tenues que soient les archives des mandarins chinois, il est impossible de *partir* des milliers d'idéogrammes pour produire des textes de textes. Le contexte doit rester présent ou du moins assez proche. Autrement dit, comme les signes ne se déplacent pas très loin sans perdre leur sens, la mise en cascade est impossible. McNeil, dans son livre magistral, y voit même la cause des limites toujours imposées à l'empire et au capitalisme chinois (1982). L'image et l'idéogramme représentent bien sûr, mais ce ne sont pas des mobiles immuables que l'on peut travailler chez soi, à même le papier, en toute ignorance du contexte d'origine et en toute confiance dans l'écrivain rationnel qui les a d'abord rédigés. De ce fait, celui qui les accumule ne gagne pas un avantage décisif sur tous les autres.

Comme on le voit, c'est dans des termes classiques de pouvoir et de domination que l'on peut parler le plus simplement de forme et d'abstraction. Il s'agit de tenir le plus petit nombre de représentations et de transformer ces simulacres en une source nouvelle de pouvoir, inconnue de tous ceux qui s'en tiennent aux choses elles-mêmes. Dès que les inscriptions manquent, ou dès qu'il devient impossible de les retraiter au deuxième degré, le pouvoir se perd et la confusion renaît.

VI. Conclusion : des centres de calcul

Il y a deux façons de ne pas comprendre ce que nous présentons dans ce numéro. La première est d'accorder à l'esprit scientifique ce qui dépend des mains et des yeux, des instruments et de la « guerre de position » faite par les chercheurs. Ce serait de l'iconoclastie. La seconde serait de s'occuper uniquement des signes et images, de la perception et du graphisme, en oubliant la mobilisation du monde dont ils ne sont que la pointe et le moyen. Ce serait de l'idôlatrie. Comme dans les querelles théologiques de jadis, les uns croient qu'ils penseraient mieux sans aucune image (alors que leur cerveau serait entièrement vide) ; les autres que les images suffisent à constituer le phénomène.

Pour le dire autrement, nous cherchons notre chemin entre deux erreurs : l'une qui constitue l'histoire « des sciences » ; l'autre qui constitue l'histoire « du capitalisme » (sans parler de la troisième qui voudrait comprendre les relations de « la science » et « du capitalisme »). L'un des moyens de se faufiler entre Fafner et Fasolt est de se demander comment il est possible de *capitaliser* quoi que ce soit. Dès que cette question est posée, on s'aperçoit que les réponses ne sont pas légions ; il faut faire venir le monde en certains points qui deviennent alors des centres ou des points de passage obligé. Très bien, mais sous quelle forme faire venir le monde pour que, d'une part, ce qui est loin, distant et périssable, s'y trouve assemblé, et que, d'autre part, le centre ainsi constitué ne soit pas un formidable embouteillage ? Il faut inventer des dispositifs qui mobilisent les objets du monde, maintiennent leur forme et puissent s'inspecter du regard. Il faut surtout que toutes ces formes puissent se combiner à loisir et se retravailler de telle sorte que celui qui les accumule dispose d'un surcroît de pouvoir. Alors, et alors seulement, certains points deviennent des centres capables de dominer sur une grande échelle. Dans la suite des recherches, je ne parlerai plus des lieux où se cumulent les mobiles immuables que comme des *centres de calcul*, sans plus m'occuper de savoir à quels domaines ces calculs ressortissent. Il me semble qu'en reformulant ainsi le problème des « vues de l'esprit », il serait possible de sortir de l'impossible étreinte de Fafner et Fasolt et de comprendre pourquoi « la science » et « le capitalisme » font depuis toujours si bon ménage. [...]

Le lecteur comprendra, je l'espère, où nous voulons en venir. On a beaucoup parlé pour décrire nos sociétés de désenchantement, de rationalisation, de bureaucratisation. On a vu notre histoire comme celle d'une scientifisation croissante, d'une montée inéluctable des « rapports marchands », de l'abstraction de l'argent, voire de la « déterritorialisation ». Tous ces termes supposent que l'esprit scientifique est dans l'esprit, que la rationalité croît dans les têtes, que les rapports marchands rendent nos pensées indifférenciées. Curieusement, comme ce préjugé est encore plus fort chez ceux qui *critiquent* cet état de choses, le résultat est une belle unanimité sur le désenchantement et l'indifférenciation caractéristiques de nos sociétés industrielles, de notre modernité et, pour faire bon poids, de notre postmodernité...

Les études ici rassemblées indiquent une tout autre direction. Nous ne parvenons à obtenir quelques certitudes fragiles qu'en extrayant quelques mobiles immuables, en les faisant courir le long d'étroits réseaux entretenus à grands frais, interrompus au moindre relâchement de la vigilance. L'esprit qui s'applique, en fin de parcours, à ces traces superposées n'est en rien plus sûr, plus désenchanté, plus rigoureux, plus rationnel ; on peut seulement dire qu'il s'applique à ces traces au lieu d'embrasser la complexe réalité, et que, grâce à l'une des sept ruses résumées plus haut, il gagne parfois de la force, force qu'il ne peut exercer qu'aussi longtemps que les chaînes qui lui permettent de retourner au point de départ ne sont pas coupées. Pour le dire de façon plus philosophique, l'équivalence n'est jamais supposée *a priori* ; elle s'obtient comme un *résultat provisoire* du montage d'un instrument. Pour le dire encore d'une façon plus anthropologique, il n'y a pas de monde moderne que l'on pourrait distinguer «des autres». Le monde moderne est une «vue de l'esprit», comme la science, ou l'économie, ou le capitalisme. C'est ce que l'esprit *croit voir* lorsqu'il oublie qu'il ne voit que des traces et des dossiers au bout d'instruments coûteux à mettre en place et à maintenir. Il y a de nombreuses distinctions, certes, mais aucune n'est aussi fabuleuse que le grand partage entre la raison et la croyance, entre le capitalisme et l'économie primitive.

Même la précédente phrase est encore trop affirmative. Nous espérons seulement convaincre les lecteurs que nous savons au fond fort peu de chose sur les façons dont nous savons. C'est cette soudaine humilité qui nous donne à tous envie de continuer cette anthropologie comparée des sciences, des techniques et des organisations.

Bibliographie

(Je remercie les très nombreux collègues qui, par leur continuel scepticisme, m'ont obligé à lire la littérature ici présentée :)

ALPERS SVETLANA (1983), *The Art of Describing : Dutch Art in the 17th Century*, University of Chicago Press, Chicago.

BAXANDALL MICHAEL (1972), *Painting and Experience in Fifteenth Century Italy*, Oxford U.P., Oxford.

BERTIN JACQUES (1973), *Sémiologie graphique*, Mouton, Paris.

BLOOR DAVID (1975), *Knowledge and Social Imagery. Sociologie de la logique*, trad. fr. 1982, Routledge-Pandore, London-Paris.

CALLON MICHEL, LAW JOHN, RIP ARIE, editors (1985), *Texts and their Powers*, Macmillan, Londres.

COLE X., SCRIBNER S. (1974), *Culture, Thought : a Psychological Introduction*, Wileyxsons, New York.

DAGOGNET FRANÇOIS (1969), *Tableaux et langages de la chimie*, Le Seuil, Paris ; (1973), *Écriture et iconographie*, Vrin, Paris ; (1984), *Philosophie de l'image*, Vrin, Paris.

DERRIDA JACQUES (1967), *De la grammatologie*, Minuit, Paris.

DRAKE STILLMANN (1970), *Galileo Studies Personality Tradition and Revolution*, Ann-Arbor U.P., Ann-Arbor.

EDGERTON SAMUEL (1976), *Renaissance Discovery of Linear Perspective*, Harper and Row, New York ; (1980), *The Renaissance Artist as a Quantifier, in* M. A. Hagen (editor), Mines.

EISENSTEIN ELIZABETH (1979), *The Printing Press as an Agent of Cbange*, Cambridge U.P., Cambridge, traduction La Découverte, Paris, 1991.

FERGUSON EUGENE (1977), «The Mind's Eye, Nonverbal Thought in Technology», in *Science*, n° 197, p. 827.

FOUCAULT MICHEL (1963), *Naissance de la clinique : une archéologie du regard médical*, P.U.F., Paris ; (1975), *Surveiller et punir*, Gallimard, Paris.

FOURQUET FRANÇOIS (1980), *les Comptes de la puissance*, Encres, Paris.

GOODY JACK (1979), *la Raison graphique*, Éditions de Minuit, Paris.

GINZBURG CARLO (1980), «Signes, traces, pistes», in *le Débat*, n° 6.

IVINS WILLIAMS M. *(1953), Prints and Visual Communications*, Harvard U.P., Cambridge

Mass.; *(1973), On the Rationalisation of Sight (Foreword),* De Capo Press and Plenum Press, New York.
KNORR KARIN, CICOUREL ARON, editors *(1981), Toward an Integration of Micro and Macro Sociologies,* Routledge, London.
KOYRÉ ALEXANDRE (1966), *Études galiléennes,* Hermann, Paris.
LATOUR BRUNO, WOOLGAR STEVE (1979), *Laboratory Life, the Social Construction of Scientific Facts,* Sage London, Los Angeles (traduction la Découverte, 1988).
LATOUR BRUNO (1984), *les Microbes : guerre et paix,* suivi de *Irréductions,* A.-M. Métailié, coll. « Pandore », Paris.
LEROI-GOURHAN ANDRÉ (1964), *le Geste et la parole,* tomes 1 et 2, Albin Michel, Paris.
LÉVI-STRAUSS CLAUDE (1962), *la Pensée sauvage,* Plon, Paris.
MC NEIL WILLIAM (1982), *The Pursuit of Power Technology, Armed Forces and Society Since A.D. 1000,* University of Chicago Press, Chicago.
ONG WALTER J. (1982), *Orality and Literacy : the Technologizing of the Word,* Methuen, Londres.
PERRET-CLERMONT ANNE-NELLY (1979), *la Construction de l'intelligence dans l'interaction sociale,* Peter Lang, Berne.

Les Technologies de l'intelligence. L'Avenir de la pensée à l'ère informatique

(1990)

PIERRE LÉVY
(né en 1956)

L'auteur de ce livre retrace avec rigueur et clarté une évolution essentielle dans la société autant que dans la pensée. Avec Bruno Latour, Isabelle Stengers, Michel Serres, Edgar Morin, Régis Debray, Jack Goody ou Douglas Hofstadter..., Pierre Lévy fait partie du collège, de moins en moins invisible, de ceux qui contribuent à définir la nouvelle ontologie née de l'ère informatique.

La Machine univers *en traitait déjà, à travers l'enquête sur le partage entre langage et calcul, montrer et dire, médium et message.* Les Technologies de l'intelligence *corrige et développe ce premier livre. En refusant d'isoler une « nécessité en dernière instance », ou un point fixe donné d'avance, l'auteur montre combien nos cadres mentaux sont mouvants ou provisoires. Sa vision de la connaissance, très fluide et quasi cinématographique, remet en mouvement les traditionnelles disjonctions : celle du vivant et de l'artificiel par exemple, qui se trouve aujourd'hui brouillée par les constructions d'interfaces (ces dispositifs de traduction par lesquels on connecte sans relâche en informatique des systèmes distincts) ; aux anciens découpages du « sujet transcendantal » selon Kant, il oppose les ramifications infinies du fractal, et les collectifs cosmopolites de la pensée. Il complique les édifices à deux étages du matériel et du logiciel, du corps et de l'esprit, ou de « la vie » et de « la technique », par la structure (empruntée aux réflexions de Gilles Deleuze sur Leibniz) du* plissé...

Ce livre de philosophe et de conteur mêle le terrain du labeur empirique et les envolées esthétiques ; il nous décrit le devenir d'un Occident en voie de mondialisation, et la persistance d'un Orient de l'esprit... Parmi tous ses motifs d'intérêt, on relèvera particulièrement :

– La question du sens, à la structure indéfiniment récursive. La notion d'hypertexte, défini comme un réseau de signes pas seulement linguistiques mais pouvant inclure des nombres, des sons et des images, prolonge l'intuition batesonienne de la communication comme « entrée dans l'orchestre ». Faire sens, c'est résonner dans l'hypertexte disponible ; mais du même coup ce qu'on prenait pour contenu s'analyse comme relation ;

– La description d'une raison toujours relationnelle, ou médiatique au sens large : pour penser il faut des outils, la raison pure est introuvable. Qui pense ? Les réponses par la pragmatique et par la médiologie, deux disciplines toujours à l'œuvre dans cette recherche, font descendre le sujet transcendantal kantien de son piédestal. Contre les disjonctions philosophiques qui ont tendance à isoler le sujet, ou à le constituer en site pur, Pierre Lévy montre en s'appuyant sur Michel Serres comment sujets et objets passent sans cesse les uns dans les autres, et se construisent réciproquement ;

– La question de la technique : tout être figure un réseau en devenir, l'esprit éclate et se ramifie entre ses modules et ses « connexions ». Contre Heidegger qui nous laisse dessaisis « face à la technique », Lévy précise les conditions d'une véritable culture technique, où il voit à juste titre l'un des enjeux principaux de notre démocratie ;

– La simulation : cet important concept de l'épistémologie contemporaine doit s'entendre en termes non de tromperie, mais de dimension interactive. La conversation en temps réel avec le phénomène supplante aujourd'hui sa conservation *(sur ce renversement médiologique, on consultera également* infra *chapitre* VII *le texte de Bernard Stiegler) ; et l'ordinateur assiste une imagination rendue à sa place centrale. Située en amont de la scène théorique et du côté du bricolage, une pensée prônée par simulation renoue avec le pragmatisme des sophistes ;*

– Le concept d'interface enfin relie tout ce qui précède. On appelle interface tout ce qui permet de traduire un système sensoriel, ou sémiotique, ou informatique dans un autre, mais aussi tous les dispositifs matériels ou logiciels susceptibles de favoriser (d'humaniser) le dialogue homme-machine : de faire que le dehors *de l'utilisateur ne s'oppose pas brutalement au* dedans *du hardware. La construction de l'ordinateur Apple par Steve Jobs, empilant les pelures et les couches, montre comment le contenu disparaît au profit de la relation qui pénètre ici l'ensemble du système.*

Personne ne parlant la même langue, le maître mot de ces travaux pourrait être la traduction. *La réflexion de Pierre Lévy épouse la nouvelle écologie cognitive et audiovisuelle ; surtout, elle rend à l'imagination son rôle moteur pour toute recherche.*

Source : Les Technologies de l'intelligence ; l'Avenir de la pensée à l'ère informatique, *La Découverte, Paris, 1990.*

Bibliographie : *Pierre Lévy,* la Machine univers ; Création, cognition et culture informatique, *La Découverte, 1987 (cet ouvrage a fait l'objet d'une confrontation critique entre plusieurs chercheurs :* Culture et paradigme informatique, *Éditions Omnibus, S.F.S.I.C. + Universités de Paris XII et XIII) ;* l'Idéographie dynamique ; Vers une imagination artificielle, *La Découverte, Paris, 1991 ;* De la programmation considérée comme un des beaux-arts, *La Découverte, Paris, 1992 ;* les Arbres de la connaissance *(avec Michel Authier, préface de Michel Serres), La Découverte, Paris, 1992.*

Introduction. Face à la technique

De nouvelles manières de penser et d'être ensemble s'élaborent dans le monde des télécommunications et de l'informatique. Les relations entre les hommes, le travail, l'intelligence elle-même dépendent en effet de la métamorphose incessante de dispositifs informationnels de tous ordres. Écriture, lecture, vision, audition, conception, apprentissage sont saisis par une informatique de plus en plus perfectionnée. La recherche scientifique ne se conçoit plus sans un appareillage complexe qui redistribue les anciens partages entre expérience et théorie. Il émerge en cette fin du xxe siècle une *connaissance par simulation* que les épistémologues n'ont pas encore recensée.

À l'époque contemporaine, la technique est une des dimensions fondamentales où se joue la transformation du monde humain par lui-même. L'incidence de plus en plus prégnante des réalités techno-économiques sur tous les aspects de la vie sociale, mais aussi les déplacements moins visibles qui s'opèrent dans la sphère intellectuelle, nous obligent à reconnaître la technique comme un des thèmes philosophiques et politiques majeurs de notre temps. Or, force est de constater le décalage proprement hallucinant entre la nature des problèmes posés à la collectivité humaine par le cours mondial de l'évolution technique et l'état du débat « collectif » à ce sujet, ou plutôt du débat *médiatique*.

Une raison historique permet de comprendre ce décalage. La philosophie politique et la réflexion sur la connaissance se sont cristallisées à des époques où les techniques de transformation et de communication étaient relativement stables ou semblaient évoluer dans une direction prévisible.

À l'échelle d'une vie d'homme, les agencements socio-techniques constituaient *un fond* sur lequel se déroulaient les événements politiques, militaires ou scientifiques. Si certaines stratégies pouvaient se cristalliser explicitement autour d'une innovation technique, le cas restait néanmoins exceptionnel[1]. Tout a commencé à changer avec la révolution industrielle, mais malgré les analyses de Marx et de quelques autres, le secret en est resté bien gardé. Le xixe siècle n'a élaboré de réflexion profonde qu'au sujet des moteurs et des machines-outils, alors que la chimie, les perfectionnements de l'imprimerie, la mécanographie, les nouveaux moyens de communication et de transport, l'éclairage électrique transformaient le milieu de vie des Européens et déstabilisaient les autres mondes. Le bruit des applaudissements au progrès couvrait la plainte des perdants et masquait le silence de la pensée.

Aujourd'hui, personne ne croit plus au progrès, et la métamorphose technique du collectif humain n'a jamais été si évidente. Il n'y a plus de *fond* socio-technique, sinon la scène des médias. Les assises mêmes du fonctionnement social et des activités cognitives se modifient à une vitesse que chacun peut percevoir directement. On compte en termes d'années, de mois. Pourtant, bien que nous vivions en démocratie, les processus socio-techniques font rarement l'objet de délibérations collectives explicites, encore moins de décisions prises par l'ensemble des citoyens. Une réappropriation mentale du phénomène technique nous semble un préalable indispensable à l'instauration progressive d'une techno-démocratie. C'est à cette réappropriation que nous voulons contribuer ici, sur le cas particulier des technologies intellectuelles.

1. William McNeil, *The Pursuit of Power Technology, Armed Forces and Society since A.D. 1000*, University of Chicago Press, Chicago, 1982.

On objectera peut-être que l'évolution de l'informatique se prête assez mal à un quelconque débat démocratique ou à des décisions «politiques». Il nous semble pourtant que l'informatisation des entreprises, la création du réseau télématique ou «l'introduction» des ordinateurs dans les écoles peuvent se prêter à bien des débats d'orientation, donner lieu à de multiples conflits et négociations où technique, politique et projets culturels s'entremêlent de manière inextricable. Prenons le cas de l'informatique scolaire en France. Au cours des années quatre-vingt, des sommes considérables ont été dépensées pour équiper les établissements et former les professeurs. Malgré plusieurs expériences positives soutenues par l'enthousiasme de quelques enseignants, le résultat global est fort décevant. Pourquoi? Certes, l'école est une institution fondée depuis cinq mille ans sur le parler/dicter du maître, l'écriture manuscrite de l'élève et, depuis quatre siècles, sur un usage modéré de l'imprimé. Une véritable intégration de l'informatique (comme de l'audiovisuel) suppose donc l'abandon d'un habitus anthropologique plus que millénaire, ce qui ne peut se faire en quelques années. Mais les «résistances» du social ont bon dos. Le gouvernement a choisi le matériel de la plus mauvaise qualité, perpétuellement en panne, faiblement interactif, se prêtant peu aux usages pédagogiques. Quant à la formation des enseignants, elle s'est limitée aux rudiments de la programmation (d'un certain style de programmation, car il y en a beaucoup...), comme si c'était là le seul usage possible d'un ordinateur!

A-t-on tiré les leçons des nombreuses expériences antérieures en la matière? A-t-on analysé les transformations en cours de l'écologie cognitive et les nouveaux modes de constitution et de transmission du savoir afin d'orienter à long terme l'évolution du système éducatif? Non, on s'est dépêché de faire entrer les premières machines venues dans les classes. Plutôt que de conduire un véritable projet politique accompagnant, utilisant et infléchissant tout à la fois l'évolution technique, tel ministre a voulu donner *l'image* de la modernisation, et n'a obtenu, effectivement, que des images. Une conception totalement erronée de la technique et de ses prétendues «nécessités», auxquelles on a cru (ou fait croire) qu'il fallait «s'adapter», a empêché le gouvernement et la direction de l'Éducation nationale d'imposer de fortes contraintes aux constructeurs de matériels et aux concepteurs de logiciels. Ils n'ont pas été forcés d'inventer. Leurs commanditaires semblent n'avoir pas compris que la politique et la culture peuvent passer par le détail d'une interface matérielle, ou par des scénarios de logiciels bien conçus.

Or, je tenterai de montrer dans ce livre qu'il n'y a pas d'informatique en général, ni d'essence figée de l'ordinateur, mais un champ des nouvelles technologies intellectuelles, ouvert, conflictuel et partiellement indéterminé. Rien n'est joué d'avance. Les dirigeants des multinationales, les gestionnaires avertis et les ingénieurs créatifs savent parfaitement (ce que semblait ignorer la direction de l'Éducation nationale) que les stratégies victorieuses passent par les moindres détails «techniques», dont aucun n'est méprisable, et qui sont tous indissolublement politiques et culturels en même temps que techniques...

Il ne s'agit donc pas ici d'une nouvelle «critique philosophique de la technique», mais plutôt de la mise au jour de la possibilité pratique d'une techno-démocratie, qui ne pourra s'inventer que sur le terrain. La philosophie politique ne peut plus ignorer la science et la technique. Non seulement la technique est un enjeu politique, mais elle est encore, et de part en part, *une micro-politique en acte,* comme nous le verrons en détail sur le cas des interfaces informatiques.

La question de la technique occupe une position carrefour. Si elle conduit à un réexamen de la philosophie politique, elle incite également à revisiter la philosophie de la connaissance. Nous vivons aujourd'hui une redistribution de la configuration du savoir qui s'était stabilisée au XVIIe siècle avec la généralisation de l'imprimerie. En défaisant et refaisant les écologies cognitives, les technologies intellectuelles contribuent à faire dériver les grands socles culturels qui commandent notre appréhension du réel. Je montrerai que les catégories usuelles de la philosophie de la connaissance telles que le mythe, la science, la théorie, l'interprétation ou l'objectivité dépendent étroitement de l'usage historique, daté et situé de certaines technologies intellectuelles. Qu'on m'entende bien : la succession de l'oralité, de l'écriture et de l'informatique comme modes fondamentaux de gestion sociale de la connaissance ne s'opère pas par simple substitution, mais plutôt par complexification et déplacement de centres de gravité. Le savoir oral et les genres de connaissance fondés sur l'écriture existent encore, bien entendu, et subsisteront sans doute toujours. Il ne s'agit donc pas ici de prophétiser quelque catastrophe culturelle dont l'informatisation serait la cause, mais d'utiliser les travaux récents de la psychologie cognitive et de l'histoire des procédés d'inscription pour analyser précisément l'articulation entre genres de connaissance et technologies intellectuelles. Cela ne nous conduira nullement à une version quelconque du *déterminisme* technologique, mais à l'idée que des techniques d'enregistrement et de traitement des représentations *rendent possibles ou conditionnent* certaines évolutions culturelles tout en laissant une grande marge d'initiative et d'interprétation aux protagonistes de l'histoire.

C'est finalement à une interrogation sur les partages de l'être les plus fondamentaux que nous conduira notre réflexion sur les technologies intellectuelles. Qu'en est-il de la distinction bien tranchée entre le sujet et l'objet de la connaissance lorsque notre pensée est informée jusqu'en ses tréfonds par des dispositifs matériels et des collectifs sociotechniques ? Institutions et machines informationnelles se lovent au plus intime du sujet. La progression multiforme des technologies de l'esprit et des moyens de communication peut être interprétée comme un *processus métaphysique moléculaire*, redistribuant sans relâche les relations entre sujets individuels, objets et collectifs. Qui pense ? Est-ce le sujet nu et monadique, face à l'objet ? Sont-ce les groupes intersubjectifs ? Sont-ce encore les structures, les langues, les *épistémé* ou les inconscients sociaux qui pensent en nous ? En développant le concept *d'écologie cognitive*, je défendrai l'idée d'un collectif pensant hommes-choses, collectif dynamique peuplé de singularités agissantes et de subjectivités mutantes, aussi loin du sujet exsangue de l'épistémologie que des structures formelles qui ont fait les beaux jours de la « pensée 68 ».

Dans son livre *Entre dire et faire* [1], Daniel Sibony a montré à quel point l'objet technique et plus généralement l'immense machinerie du « faire » contemporain étaient imprégnés de désir et de subjectivité. Sans récuser l'approche tout à fait passionnante tentée par Sibony, j'ai poursuivi l'objectif inverse : faire voir combien de *choses* et de *techniques* habitent l'inconscient intellectuel, jusqu'au point extrême où le sujet de la pensée ne se distingue plus qu'à peine (mais se distingue encore) d'un collectif cosmopolite [2] à replis et volutes

1. Daniel Sibony, *Entre dire et faire, Penser la technique*, Grasset, Paris, 1989.
2. Le mot *cosmo-politès*, qui signifie citoyen du monde (du *cosmos*), a été forgé par les philosophes cyniques et repris par les stoïciens. Loin de ne considérer que son appartenance à la communauté politique athénienne ou romaine, le sage stoïcien se savait et se voulait citoyen d'une cité à la dimension de l'univers, n'excluant rien ni personne, ni l'esclave, ni le barbare, ni l'astre, ni la fleur. On prône dans cet ouvrage un retour à la grande tradition antique du cosmopolitisme non seulement pour des raisons de simple humanité, mais aussi en vue d'une pleine intégration des dimensions techniques et écologiques dans la réflexion et l'action politiques.

dont chaque parcelle est à son tour mélangée, marbrée ou panachée de subjectivité blanche ou rose et d'objectivité noire ou grise.

En accord avec cette conception de l'intelligence, j'ai bien souvent *laissé la technique penser en moi* (comme l'ont fait mes illustres prédécesseurs Lewis Mumford et Gilbert Simondon) plutôt que de me pencher sur elle ou de la critiquer. Que le philosophe ou l'historien doive acquérir des connaissances techniques avant d'en parler, c'est la moindre des choses. Mais il faut aller plus loin, ne pas en rester à un « point de vue sur... » pour s'ouvrir à de possibles métamorphoses *sous l'effet* de l'objet. La technique, et les technologies intellectuelles en particulier, ont bien des choses à enseigner aux philosophes sur la philosophie et aux historiens sur l'histoire.

Que vaudrait une pensée qui ne serait jamais transformée par son objet ? Peut-être qu'en écoutant les *choses*, les rêves qui les précèdent, les délicats mécanismes qui les animent, les utopies qu'elles entraînent à leur suite, nous nous rapprochons du même coup des êtres qui les produisent, en usent et les échangent, tissant ainsi le collectif mixte, impur, sujet-objet qui forme le milieu et la condition de possibilité de toute communication et de toute pensée.

Du mauvais usage de l'abstraction

Avant d'aborder le thème principal de ce livre, qui est le rôle des technologies informationnelles dans la constitution des cultures et l'intelligence des groupes, il me semble nécessaire de clarifier un certain nombre d'idées sur la technique en général, technique qui est aujourd'hui l'objet de bien des préventions.

Ces dernières années, en effet, nombre d'ouvrages de réflexion sur ce sujet sont parus en langue française. Parmi eux, se dégage un groupe important qui partage une orientation globalement antitechnicienne. Jacques Ellul, Gilbert Hottois, Michel Henry et, peut-être à un moindre degré, Dominique Janicaud ont en commun la conception d'une science et d'une technique détachées du devenir collectif de l'humanité, s'autonomisant pour revenir s'imposer au social avec la force d'un destin aveugle. La technique incarne chez eux la forme contemporaine du mal. Malheureusement, l'image de la technique comme puissance mauvaise, inéluctable et séparée se révèle non seulement fausse, mais catastrophique ; elle désarme le citoyen face au nouveau prince qui sait très bien, lui, que les redistributions du pouvoir se négocient et se disputent sur *tous* les terrains et que rien n'est définitif. En portant une condamnation morale *a priori* sur un phénomène artificiellement séparé du devenir collectif et du monde des significations (de la « culture »), cette conception interdit de penser à la fois la technique et la techno-démocratie.

À l'heure où des dizaines de travaux empiriques et théoriques renouvellent complètement la réflexion sur la technoscience, il n'est plus possible de répéter, avec ou sans variantes, Husserl, Heidegger ou Ellul. La science et la technique représentent un enjeu politique et culturel trop important pour être laissé aux frères ennemis (scientistes ou contempteurs de la science) qui s'accordent à voir dans l'objet de leurs louanges ou de leurs blâmes un phénomène étranger au fonctionnement social ordinaire.

Il n'y a pas de « Technique » derrière la technique, ni de « Système technicien » sous le mouvement de l'industrie, mais seulement des individus concrets situables et datables. Il n'existe pas non plus de « Calcul », de « Métaphysique », de « Rationalité occidentale », ni même de « Méthode » qui puissent expliquer l'importance croissante des sciences et des techniques dans la vie collective. Ces entités transhistoriques vagues, ces pseudo-acteurs sont en réalité dépourvus de toute efficacité et ne donnent symétriquement aucune prise à la moindre action réelle. Face à ces abstractions, nul ne peut évidemment ni négocier ni lutter. Même avec les meilleures intentions du monde, toute théorie, explication ou projet qui ferait appel à ces macro-concepts spectaculaires et creux ne peut que brouiller les cartes, épaissir le rideau de fumée qui met les princes modernes à l'abri des regards et décourager les citoyens de s'informer et d'agir.

Il n'y a guère plus de progrès vers des analyses concrètes à expliquer le déploiement de la technoscience par l'économie, la société, la culture ou l'idéologie. On obtient alors ces fameux schémas où l'Économie détermine la société qui détermine l'idéologie dont fait partie la science qui s'applique en technique, qui modifie l'état des forces productives, qui détermine en retour l'économie, etc.

Même un diagramme tissé d'étoiles entrecroisées et muni de toutes les boucles de rétroaction que l'on voudra resterait encore mystificateur. Car ce que l'on relie par des flèches, ce sont des *dimensions d'analyse*, ou pis : des angles de vue figés en disciplines.

Par la voix de Heidegger, la faculté de philosophie prétend contrôler la faculté des sciences : la vérité des sciences est dans la métaphysique. Mais les autres facultés veulent aussi leur part, et voici les sciences assiégées par les facultés de théologie, d'histoire, de sociologie, de linguistique, d'économie, par les écoles d'ingénieurs, les laboratoires d'anthropologie, etc. On peut imaginer toutes les permutations que l'on voudra dans les rôles d'assiégés et d'assaillants : la technique ou la religion déterminant l'économie, cette dernière déterminant la métaphysique, et ainsi de suite.

C'est pourquoi il n'y a pas plus de sens à prétendre que l'essence de la technique est ontologique (Heidegger), que l'essence du capitalisme est religieuse (Max Weber) ou que la métaphysique dépend de l'économie en dernière instance (marxisme vulgaire). Ni la société, ni l'économie, ni la philosophie, ni la religion, ni la langue, ni même la science ou la technique ne sont des forces réelles, ce sont, répétons-le, des dimensions d'analyse, c'est-à-dire des abstractions. Aucune de ces macro-entités idéales ne peut déterminer quoi que ce soit parce qu'elles sont *privées de tout moyen d'agir*.

Les agents effectifs sont des individus situés dans le temps et l'espace. Ils se livrent aux jeux des passions et des ivresses, aux manèges du pouvoir et de la séduction, aux raffinements compliqués des alliances et des retournements d'alliances. Ils se transmettent par quantité de *moyens* une foule de messages qu'ils se font un devoir de tronquer, fausser, oublier et réinterpréter à leur manière. Ils s'échangent un nombre infini de *dispositifs matériels et d'objets* (voilà la technique !) qu'ils transforment et détournent perpétuellement.

Dans le fleuve tumultueux du devenir collectif, on discerne bien des îlots de permanence, des accumulations, des irréversibilités, mais à leur tour ces stabilités, ces tendances longues ne se maintiennent que par le travail constant de collectivités et par la réification éventuelle de celui-ci dans des *choses* (re-voilà la technique !) durables ou aisément reproductibles : bâtiments, routes, machines, textes sur papier ou bandes magnétiques...

Au service des stratégies changeantes qui les opposent et les rassemblent, les êtres humains utilisent en effet de toutes les façons possibles des entités et des forces non humaines telles qu'animaux, plantes, levures, pigments, montagnes, fleuves, courants marins, vent, charbon, électrons, machines, etc. Et tout cela dans des circonstances infiniment diverses. Répétons-le, la technique n'est que la dimension de ces stratégies qui passent par des acteurs non humains.

La technique participe pleinement de l'ordre culturel, symbolique, ontologique, ou axiologique

Il n'y a aucune distinction réelle bien tranchée entre l'homme et la technique, ni entre la vie et la science, ou entre le symbole et l'opération efficace ou la poïésis et l'arraisonnement. Il est toujours permis d'introduire des distinctions à des fins d'analyse, mais il ne faudrait pas prendre les *concepts* que l'on vient de forger à certaines fins précises pour des *régions de l'être* radicalement séparées.

On peut par exemple, à la suite de Kant, distinguer entre un domaine empirique (ce qui est perçu, ce dont on fait l'expérience) et un domaine transcendantal (ce par quoi l'expérience est possible, ce qui structure la perception). Dans sa *Critique de la raison pure,* Kant attribuait cette fonction de structuration du monde perçu à un sujet transcendantal anhistorique et invariable. Aujourd'hui, quoique l'on reconnaisse des caractéristiques cognitives universelles pour toute l'espèce humaine, on pense généralement que les manières de connaître, de penser, de sentir sont largement conditionnées par l'époque, la culture, les circonstances. On appellera *transcendantal historique* ce qui structure l'expérience des membres d'une collectivité donnée. On peut à bon droit souligner la différence entre les choses dans leur matérialité ustensile et les récits, symboles, structures imaginaires et façons de connaître qui les font apparaître ce qu'elles *sont* aux yeux des membres des diverses sociétés considérées.

Mais lorsque l'on range d'un côté les choses et les techniques et de l'autre les hommes, le langage, les symboles, les valeurs, la culture ou le « monde de la vie », alors la pensée commence à déraper. Une fois de plus, on réifie une différence d'angle de vue en frontière séparant les choses mêmes. Une entité peut être *à la fois* objet d'expérience et source instituante, en particulier si elle relève de la technique.

Le comble de l'aveuglement est atteint lorsque les anciennes techniques sont déclarées culturelles et imprégnées de valeurs tandis que les nouvelles sont dénoncées comme barbares et contraires à la vie. Tel qui condamne l'informatique ne penserait jamais à critiquer l'imprimerie et encore moins l'écriture. C'est que l'imprimerie et l'écriture (qui sont des techniques !) le *constituent* trop pour qu'il songe à les désigner comme étrangères. Il ne voit pas que ses manières de penser, de communiquer avec ses semblables, et même de croire en Dieu (comme nous le verrons dans la suite de ce livre) sont conditionnées par des procédés matériels.

Plus profondément, la technique participe pleinement du transcendantal historique. Pour ne prendre que cet exemple classique, on sait que l'espace et le temps tels que nous les percevons et vivons aujourd'hui en Europe ou en Amérique du Nord ne résultent pas seulement de discours ou d'idées sur le temps et l'espace, mais également de tout un immense agencement technique comprenant les horloges, les voies de communication et de transport, les procédés de cartographie et d'impression, etc.

Michel Serres a suggéré dans *la Distribution* que la machine à vapeur était non seulement un objet, et un objet technique, mais qu'on pouvait également l'analyser comme le modèle thermodynamique par lequel des auteurs comme Marx, Nietzsche, ou Freud pensaient l'histoire, le psychisme, ou la situation du philosophe. J'ai moi-même tenté de montrer dans *la Machine univers* que l'ordinateur était aujourd'hui l'un de ces dispositifs techniques par lesquels nous percevons le monde, et cela non seulement sur un plan empirique (tous les phénomènes appréhendés grâce aux calculs, perceptibles à l'écran, ou traduits en listings par la machine), mais encore sur un plan transcendantal, car l'on conçoit aujourd'hui de plus en plus le social, le vivant ou les processus cognitifs avec une grille de lecture informatique.

L'expérience peut être *structurée* par l'ordinateur. Or la liste des objets qui sont en même temps des structures transcendantales est indéfiniment longue. Le télégraphe et le téléphone ont servi à penser la communication en général. Les servomécanismes concrets et la théorie mathématique de l'information ont servi de support à la vision cybernétique du monde, etc. Les produits de la technique moderne, loin de ne se prêter qu'à un usage instrumental et calculable, sont bien des sources majeures d'imaginaire, des entités participant pleinement à l'institution de mondes perçus.

Si certaines manières de voir et d'agir semblent partagées par de larges populations pendant longtemps (autrement dit s'il y a des cultures relativement durables), cela tient à la stabilité d'institutions, de dispositifs de communication, de manières de faire, de relations à l'environnement naturel, de *techniques* en général, et à une foule indéterminée de *circonstances*. Ces équilibres sont fragiles. Que, dans une situation historique donnée, Christophe Colomb découvre l'Amérique, et c'est la vision européenne de l'homme qui se trouve bouleversée, le monde précolombien d'Amérique qui menace ruine (non seulement l'empire des Incas mais leurs dieux, leurs chants, la beauté de leurs femmes, leur manière *d'habiter* la terre). Le transcendantal historique est à la merci d'un voyage en bateau. Que des groupes sociaux répandent un nouveau dispositif de communication, et tout l'équilibre des représentations et des images se trouve transformé, comme on l'a vu dans le cas de l'écriture, de l'alphabet, de l'imprimerie, ou des moyens de communication et de transport modernes.

Lorsqu'une circonstance comme un changement technique déstabilise l'ancien équilibre des forces et des représentations, des stratégies inédites, des alliances inouïes deviennent alors possibles. Une foule disparate d'agents sociaux explorent les nouvelles possibilités à leur profit (et au détriment d'autres agents), jusqu'à ce qu'une nouvelle situation se stabilise provisoirement, avec ses valeurs, ses morales et sa culture locales. En ce sens, le changement technique est l'une des principales forces intervenant dans la dynamique de l'écologie transcendantale. La technique n'est pas synonyme d'oubli de l'être ou de désert symbolique, c'est au contraire une corne d'abondance axiologique, ou une boîte de Pandore métaphysique.

Commencée à la fin du XVIIIe siècle, la présente mutation anthropologique est comparable seulement à la révolution néolithique qui vit en quelques siècles l'apparition de l'agriculture, de l'élevage, de la ville, de l'État et de l'écriture. Parmi toutes les transformations fondamentales qui ont affecté les pays développés à l'époque contemporaine, relevons la disparition du monde agricole, l'effacement de la distinction ville/campagne au profit d'un réseau urbain omniprésent, un nouvel imaginaire de l'espace et du temps sous l'influence des moyens de transport rapides et de l'organisation industrielle du travail, le déplacement des activités économiques vers le tertiaire et l'influence de plus en plus directe de la recherche scientifique sur les activités productives et les modes de vie. Les conséquences à long terme du succès foudroyant des instruments de communication audiovisuels (depuis la fin de la Seconde Guerre mondiale) et des ordinateurs (depuis la fin des années soixante-dix) restent aujourd'hui insuffisamment analysées. Une chose paraît sûre: nous vivons aujourd'hui une de ces époques charnières où tout l'ordre ancien des représentations et des savoirs bascule pour faire place à des imaginaires, à des modes de connaissance et à des styles de régulation sociale encore mal stabilisés. Nous vivons un de ces rares moments où, à partir d'une nouvelle configuration technique, c'est-à-dire d'un nouveau rapport au cosmos, s'invente un style d'humanité.

Aucune réflexion sérieuse sur le devenir de la culture contemporaine ne peut ignorer l'incidence énorme des médias électroniques (notamment la télévision) et de l'informatique. Dans *la Machine univers,* comme dans le présent livre, j'ai restreint mon propos aux ordinateurs.

On ne trouvera donc ici ni apologie ni critique de l'informatique en général, mais un essai d'évaluation des enjeux anthropologiques liés à l'usage croissant des ordinateurs : le transcendantal historique au risque de la prolifération des logiciels.

Cours de médiologie générale
(1991)

RÉGIS DEBRAY
(né en 1940)

L'œuvre de Régis Debray ayant inspiré ce chapitre (et quelques autres lieux de cette anthologie), sa trace déjà souvent marquée nous dispensera d'une longue introduction.

De cette œuvre il faut tout lire, et particulièrement le Cours de médiologie générale *où tant de formules font mouche. Mais la pensée foisonnante et batailleuse de Régis Debray ne lui vaut pas que des amis. Embrasse-t-il trop ? On sent une nostalgie chez ce théoricien des armes*[1]*, qui voit s'éloigner une « graphosphère » où les livres étaient des dépôts de savoir, et de munitions ; où la règle du typographe, et celle de l'école républicaine, élevaient les esprits et rassemblaient la nation. Debray surestime probablement cette époque – et sous-estime la sienne. Mais la volonté d'écrire à contre-courant lui inspire des pages (sur le christianisme qui eut « le génie de la médiation », sur le décalage mortel entre le socialisme et le nouvel âge audiovisuel de la « Contre-Réforme cathodique », sur la permanence en l'homme du religieux, et des attaches nationales...) qui enrichissent incontestablement le débat.*

Le dernier chapitre du Cours, *dont nous publions les dernières pages, récapitule l'ouvrage sous forme d'une loi des trois états : logosphère, graphosphère, vidéosphère. Ce dernier terme est peut-être mal choisi, et prêtera à confusion : ce n'est pas tant l'image comme telle qui caractérise cette période (la nôtre), l'image à laquelle Debray consacre son livre suivant comme pour reprendre et développer ce douzième chapitre. C'est, il l'indique ici même,* le grand retour de l'immédiat, *soit la recherche d'un temps ponctuel, ou « réel » (comme disent les informaticiens).*

*Nous dirions pour notre part, en nous référant à la sémiotique de C. S. Peirce (*supra *chapitre* II*) et à divers travaux sur la photographie (évoqués* infra *chapitre* VII*) : le grand retour de l'indice, sous-jacent aux images, et plus performant qu'elles en termes de contact. La « ligne Chair », que Debray oppose ici à la « ligne Verbe », est en effet bien palpable*

1. Auteur d'une *Critique des armes* en deux volumes (Le Seuil, 1974), qui constitue une autocritique de son expérience dans le maquis bolivien, et de la théorie du « foquismo » qu'il défendait alors ; et plus récemment d'une réflexion stratégique sur notre défense nationale, *Tous azimuts* (Odile Jacob, 1990).

dans les séductions très charnelles de nos communications de masse, et dans tous les effets de communauté, de communion, de direct ou de fascination qui affectent notre culture. Le discursif s'éloigne. Est-il mort pour autant ? Nos écrans (entre lesquels il faudrait d'ailleurs distinguer) nous inculquent-ils la haine de la lettre, de l'école et de la raison ? (N'y a-t-il, pour citer Goody, de raison que graphique ?)

À partir de ce chapitre qui ferme un livre, et en ouvre plusieurs, il est possible de réfléchir sur la communication contre *l'information, sur la présence et la relation* contre *la culture du signe ou de l'absence. Et il devient urgent de creuser le paradigme de l'indice, qui bouscule et court-circuite chaque jour sous nos yeux les formes majestueuses de la re-présentation dans tous les domaines (esthétique, culturel, politique, religieux).*

Source : Cours de médiologie générale, *Gallimard, coll. « Bibliothèque des Idées », Paris, 1991.*

Bibliographie : *Régis Debray,* Modeste Contribution aux discours et cérémonies du Xe anniversaire, *Maspéro, Paris, 1978 ;* le Pouvoir intellectuel en France, *Ramsay, Paris, 1979, aujourd'hui en coll. « Folio essais » ;* le Scribe ; Genèse du politique, *Grasset, Paris, 1980 ;* Critique de la raison politique ou l'Inconscient religieux, *Gallimard, Paris, 1981 (et coll. « Folio essais ») ;* Que vive la République, *Odile Jacob, Paris, 1989 ;* À Demain, de Gaulle, *Gallimard, coll. « le Débat », Paris, 1990 ;* Vie et mort de l'image ; Une histoire du regard en Occident, *Gallimard, coll. « Bibliothèque des Idées », Paris, 1992.*

Douzième leçon : La loi des trois états

Le grand retour de l'immédiat

NOTRE CULTURE VÉCUE (qui n'est pas la culture des gens cultivés) paraît bien avoir exaucé le vœu d'Alphonse Allais. Oui, on peut construire les villes à la campagne parce que l'air y est plus pur. Oui, on peut reconstruire l'Afrique à New York, l'oral au sommet de l'écrit, c'est-à-dire *la plus forte immédiateté à la pointe des perfectionnements médiatiques.* Formidable effet opéra. La dématérialisation des supports, l'intellectualisation des outils, la formalisation des langues naturelles dans le langage informatique du calcul binaire, tout ce dégraissage de la communication contemporaine produit le choc en retour de l'archaïque. Dont l'oralité n'est qu'une manifestation parmi d'autres. Regardez la poésie moderne. Elle a coupé les ponts avec la diction et les rythmes, elle est devenue typographie pure, cérébralité, théorie ? « Illisible » parce qu'indicible ? Mais moins on lit les poètes, plus on écoute les chanteurs. Les géomètres ou mathématiciens du mot, façon Oulipo ou Lettrisme, à trop négliger la musique, à trop charger la barque sémantique et graphique, rétrocèdent la poésie à la chanson. Le walkman solitaire appelle le grand rassemblement rock. Le langage émotionnel des corps, celui de la création chorégraphique, n'a jamais été aussi présent dans la Cité des arts qu'aujourd'hui. L'abstraction des mnémotechniques contemporaines pousse à l'avant-scène ces « informations qui ne se transmettent que d'Homme à Homme », et la danse, ce contre-transfert, réarticule la mémoire sur le corps. Karine Saporta : « Les danseurs ne font pas l'art. Ils sont l'art. Ils sont dans l'œuvre absolument confondus avec l'œuvre. Ils en sont la chair. Ils sont la chair de leur art. »

« Serions-nous incompatibles, ajoute la pénétrante chorégraphe, avec les multiples transferts de la mémoire sur des supports non humains si efficaces aujourd'hui dans quelques autres domaines ? Notre rapport à la mémoire est "archaïque" au sens noble du terme. C'est-à-dire relié à l'ancien. Lié aux souterrains, aux soubassements, aux sous-sols de l'édifice de chair et de civilisation, de nature et d'artifice, qui continue de constituer l'organisme humain[1]. » La ligne Chair triomphe sur scène comme à l'église, en petit et en grand, fêtes de la musique à Paris et nuits de prières à Taizé. À la cour comme à la ville, où les galeries de peinture s'honorent de ne plus accrocher de tableaux, re-présentations tristes, mais d'exécuter des « performances », des « happenings » ; où les metteurs en scène au théâtre font avaler le corps du texte par le corps de l'acteur. Boucle bouclée. La « communication » qui est née de la brisure des communions médiévales (Oresme) culmine sur son point de départ, au degré zéro de l'échange, dans la joie muette, inspirée, des ferveurs communautaires. Au comble de l'effusion, l'aphasie.

Curieux retournement. L'épopée de la Raison se lisait hier comme le cheminement émancipateur du sensible à l'abstrait, de l'immédiat au construit, comme le lent dégagement des apparences vers les lois, car la raison des choses ne traîne pas parmi les choses, au milieu des bruits et des couleurs. Les lois des phénomènes visibles et audibles ne se voient pas à l'œil nu, ne s'entendent pas, la loi de la gravité ne se cueille pas comme une pomme. Et voilà que se libérer du corps se renverse en libération par le corps. Que le pulsionnel, l'indiciel ou le fusionnel ne sont plus ce à quoi il faut s'arracher mais ce à quoi il faut arriver. Le grand voyage était-il une Odyssée, un retour au lieu de naissance ? Connectez-vous au réseau, disent à présent les chefs-pédagogues. C'est la défaite du maître républicain qui nous disait : « Séparez ; distinguez, détachez-vous. Faites abstraction. Prenez vos distances par rapport à votre culture, cette masse de préjugés qui vous collent à la peau. »

Le rejet du discursif a gagné les vétustes sanctuaires du discours, réduits à l'état d'organes de communication. Toutes les réformes contemporaines de l'école tendent à y subordonner l'écrit à l'oral, la distance au contact. Cela est libéral, nous dit-on, car toute écriture est d'État et la dictée un acte répressif. Cela est écologique, car l'écriture est artificielle et la voix naturelle. Cela est démocratique, car les enfants défavorisés ou immigrés maîtriseront plus facilement un français parlé qu'un français écrit. Cela est idiot (antihistorique, antirationnel, antidémocratique, etc.) mais la substitution du « lieu de vie » au « lieu d'études » sonne juste dans le « contexte » sonore. C'est « moderne ». Comme la réforme de l'orthographe, qui veut phonétiser autant que possible le code écrit (l'allégement du support englobe aussi le lexique et la grammaire). Il y a une solidarité entre l'autonomie de l'institution scolaire dans la cité et l'autonomie du système graphique dans la langue. Qui récuse l'une récuse l'autre. La haine de la lettre est la forme autorisée de la haine de l'école, et les deux traduisent, sinon une haine de la Raison, du moins un instinctif refus de l'abstraction. Ne dites plus : « instruction publique », dites activités d'éveil, dialogue, échange. N'écrivez plus, jeunes gens, ne lisez plus des œuvres, ces monuments funéraires ; branchez-vous tout de suite, écoutez les informations, regardez vos écrans, éclatez-vous sans tarder. Moins vous laisserez de traces, plus vous serez libres.

Cette attitude est à la fois induite et validée par les dernières générations techniques et juvéniles de l'immédiateté. Elle emporte un rejet, un discrédit certain des corps intermédiaires. Le croyant veut un Dieu immédiat, sans cléricature interposée (« À quoi sert l'Église ? ») ; le citoyen veut une Cité à la fois transparente et effervescente, sans délégation régulière ni

1. Karine Saporta, *l'Art, le rêve et la mémoire*, Centre chorégraphique de Caen, 1990.

représentation (« Le Parlement est superflu »). Le salarié veut des « coordinations », révocables et éphémères, émanations de la base sans programmes ni organisation (« Des syndicats, pour quoi faire ? »). Le consommateur veut des supermarchés en libre-service, avec accès direct aux rayons de marchandises, sans l'entremise de préposés. Les ministres et les médias rêvent d'une école sans maîtres, supermarché des savoirs où chaque élève viendrait se servir directement, et où le visuel d'ordinateur remplacerait le cahier de textes. Le téléspectateur et l'auditeur veulent du direct, vrai ou simulé, comme s'ils tenaient le différé ou la retransmission avouée pour une émission de seconde main, de moindre qualité. Et nous sublimons l'anthropologie philosophique qui sublime la pensée sauvage, sanctifie le primitif, condamne l'écriture comme ruse asservissante (Lévi-Strauss). L'époque est dure aux intercesseurs. La remontée catholique aurait dû, en bonne logique, redonner goût aux intermédiaires. Elle a elle-même négocié son retour en se pliant aux lois de l'immédiat, incarné en l'espèce par les mouvements charismatiques, pour se remettre à jour. La puissance des médias s'indique dans nos sociétés autant par l'impatience aux délais que par une intolérance généralisée aux médiations (à quoi reviennent « la défaite de la pensée » et « le rejet de la politique »).

Alors, régression ou progrès ? Et pourquoi assimiler civilisation et écriture, comme le fait Lucien Febvre ? Il est vrai que le partage du barbare et du civilisé est une opération quelque peu barbare, qui en dit plus sur les limites mentales de l'opérateur que sur la ligne de démarcation par lui proposée. Il serait assez ridicule d'inscrire l'oral sous la colonne du Mal et l'écrit sous celle du Bien. L'interrogation de Lucien Febvre peut cependant, me semble-t-il, trouver sa pleine légitimité dans un domaine où le mot de barbarie fait sens, la pragmatique des discours, qui fixe peu ou prou les règles du jeu politique. C'est une polarité reconnue par les linguistes que dans l'énonciation orale l'émetteur tourne autour du récepteur, alors que dans l'écrit le récepteur tourne autour de l'émetteur. Cela fait bien deux champs de gravité, comme nous l'indique Bougnoux : dans l'un, l'auditoire satellise l'émetteur. Dans l'autre, le message solaire satellise son lectorat. C'est dire que l'oralité recèle, techniquement pour ainsi dire, une fatalité tribale et démagogique, une pente à la facilité et à la complaisance, une politisation du vrai et du juste dont nous pouvons avoir une illustration, plaisante ou dégoûtante, selon l'humeur, avec les émissions phares du petit écran comme *l'Heure de Vérité* ou *Meet the Press*. On y voit des hommes publics, super-sophistes, courir en temps réel après l'audience et les approbations, dûment comptabilisées par un score immédiatement livré par un arbitre. Soit la forme la plus nue de la barbarie communicative, quelque chose comme les jeux du cirque du Logos, où s'annulent d'un coup ces trois mille ans d'effort pour libérer le discours des attentes de l'auditoire qu'on appelle la civilisation, processus aléatoire et réversible, la preuve.

Il y a, là-dessous, un enjeu très lourd. « Culture de connivence » ou recherche de connaissance ? « Pensée *ad hominem* », à la carte, à la demande, ou adéquation de l'esprit et de la chose ? Chaque société, bien sûr, combine les deux modalités du discours, le scientifique et le politique, et l'histoire nous a montré, fantasme pour fantasme, que le gouvernement des savants n'est pas moins cruel que celui des rhéteurs. Mais la logique de séduction impliquée par une prédominance de l'oralité à l'intérieur de l'espace public est au moins aussi meurtrière que la logique de conformité à un Code écrit, surplomb immuable et supposé savoir. La pulsion libricide s'avérera sans doute plus liberticide que l'ancien culte du Livre.

La ligne Chair aboutit à la Démocratie, mosaïque chaude et colorée de micro-milieux communautaires bouillonnant au jour le jour. La ligne Verbe, à la République, entité historique délibérément désincarnée, amie des lois, des livres et de l'interprétation, antipathique à l'immédiat (et dont la seule évocation révulse nos responsables médiatiques). Si la République est apollinienne, et nos médias fondamentalement dionysiaques, on les comprend. Les responsables politiques d'une République ne s'estiment pas tenus à tout instant de s'identifier à leur public car ce sont des tempéraments « secondaires » plus portés aux délais de l'écriture et de la réflexion qu'à la prise de parole pour transmission immédiate. Les leaders d'une démocratie ressemblent un peu et par nécessité au Zelig de Woody Allen, cet hystérique compatissant qui devient tout ce qu'on veut, à la demande, au gré de l'interlocuteur. Zelig est un oral intégral, captif du face-à-face, écho sonore de la radio. Quand vous ne pratiquez plus la « différance » à la mode derridienne, vous vous condamnez à devoir faire la différence, du tac au tac, à tout prix.

L'histoire : entrée et sortie

Les habitants de la graphosphère inclinaient à penser la nature sur fond d'histoire. Nous tendons à penser l'histoire sur fond de nature, en replongeant les catégories dialectiques (contradiction, projet, conflit, totalité, stratégie, etc.) dans un milieu anhistorique. Pourquoi cette inversion ? Il faut peut-être, je ne dirais pas expliquer l'une par l'autre, mais penser ensemble la désacralisation de l'écriture et la dépréciation de l'histoire, c'est-à-dire la consécration de la voix et la resacralisation de la nature. Le retour en grâce du panthéisme et des mythologies païennes du cosmos – la vénération renouvelée de Gaïa, notre mère universelle, par les nouveaux cultes de la Terre – et la remontée informatique de la culture d'écran, intuitive et sensori-motrice. Le grand Être n'est plus l'Humanité, mais la Planète, boule divinisée, *totum* fétichisé, sujet de plein droit (« la grande Matrie » d'Edgar Morin ?). Quand le linéaire se dévalue, les valeurs historiques dégringolent. Quand l'iconique remonte, la nature et la grâce vont bien. Platon méprisait l'écriture et l'histoire. Le dieu Pan n'a pas dit son dernier mot, Athènes peut venir derrière Jérusalem. La vogue écologique frémit-elle comme une annonciation ? Autre cycle à reparcourir ?

Gardons-nous de prendre un simple changement de temporalité pour la fin des temps. Mais qui contestera que ce que nous appelons « histoire » par habitude – à décompter depuis Gutenberg – a pris un sérieux coup de vieux ?

Dans le temps, le récit épique transmis de bouche à bouche a précédé l'histoire fondée sur des textes. Homère, Hérodote. Mais c'est le texte qui fonde l'histoire comme science ; le sens historique non plus n'est pas fils de l'image ni des fluidités orales. Ce sixième sens dépend d'une aptitude à l'écriture et à la conservation des documents. « Ce mystère terrible, écrit Michelet de l'histoire, ne peut se lire que feuille à feuille et lentement. » Il y a quelque chose d'invinciblement graphique dans la prise d'un homme sur son temps. Pas seulement parce que les grands hommes de l'histoire sont ordinairement des hommes d'écritures, fussent-ils capitaines et gens d'armes, encore que Napoléon et Alexandre se contentent de secrétaires, déléguant à d'autres le soin des traces pérennes. Mais parce qu'il y a un lien obscur entre la dynamique des volontés et la statique des stocks, agraires ou symboliques, greniers et bibliothèques, qui fait écho à la dialectique, elle, mieux élucidée, de l'engramme et du programme, de la tradition et du projet. Chacun sait qu'un individu, un groupe, une société sans souvenirs, ont du mal à se tailler un avenir qui leur soit propre. La naissance concomitante de l'agriculture et de l'écriture, de l'entaille et du labour, la communauté originaire de l'argile et de l'humus apparient le scribe et le paysan. Le soc et la plume. La *page* de nos livres vient du *pagus* latin, qui veut dire « champ cultivé », et l'écriture grecque dite « boustrophédon », qui va de droite à gauche et de gauche à droite, fait tourner le bœuf à la barrière. Ce sont là faits d'histoire et d'étymologie. L'agriculteur tire l'écrivain et l'histoire se fait en s'écrivant, se déploie comme horizon dès lors qu'elle se dépose en inscription. Mise en mémoire et souci de postérité vont en tandem. Enfouissement de traces à la verticale, dégagement de perspectives à l'horizontale. Il y a quelque chose de lourd, d'ardu, de lent, qui unit l'élaboration des traces, la mise en ordre des faits et la maturation du grain. Quelque chose de laborieux, de rugueux, d'incompatible avec la glisse des signes, la labilité des supports, l'évanescence des sols et des laboureurs. Avec le *soft* de nos réceptions et la facilité des voyages. L'instantanéité – images-sons et données circulant à la vitesse de la lumière – décourage la quête du sens, relâche la tension des attentes. C'est trivial : quand on peut être partout à la fois, on n'a plus envie d'aller nulle part.

Dans programme, il y a gramme, grammaire, graphie. Qu'il soit scolaire ou politique, on comprend le discrédit qui entoure la notion et le mot. Il n'est en somme de véritable histoire qu'écrite ; il n'est d'écriture qu'historique. Par l'évolution des graphies, d'abord. Je peux regarder et apprécier toutes les images, même si leur code de déchiffrement culturel m'échappe. Je ne peux pas lire toutes les écritures, fût-ce celles de l'alphabet latin (l'onciale, la gothique, la caroline, etc.). Par la singularité des langues, ensuite, qui me rattache à un groupe humain en particulier et à son passé. Apprendre une langue étrangère, c'est nécessairement apprendre l'histoire d'un peuple étranger. Apprendre l'écriture chinoise d'aujourd'hui, c'est s'incorporer trente siècles de civilisation, l'hébreu et le grec, un peu moins. L'image, elle, n'est pas soudée à une mémoire. Elle peut circuler « à plat » d'un bout de la terre à l'autre, cosmopolitisme inné qui fait du regardeur, immédiatement, un citoyen du monde à coordonnées temporelles faibles. Mais surtout et plus profondément, l'image physique comme présence pleine, affirmative et positive court-circuite le vieux travail du négatif par ceci *qu'elle ne peut jamais être elle-même une négation.* Un non-fumeur, comme un absent, et un projet, ça ne se montre pas. J'attends une amie, elle n'est pas venue, elle viendra peut-être, comme l'Apocalypse, la Justice ou la Révolution, ça n'a pas de traduction optique. Notre cinquième sens, celui de l'orientation historique, n'a pas d'équivalent sensible et sensoriel. Il dépend entièrement des techniques écrites de la symbolisation. Une civilisation de l'image au sens fort ferait un monde sans imagination où l'être a vaincu la néantisation, l'optique, la dialectique et le présent, le temps. Ce serait un monde sans histoire ni relief et dépourvu de symboles, un monde impossible car sans possibles, abstrait à force de concrétude, et tellement plein qu'il sonnerait creux. Mais de ce monde-là, nous nous rapprochons selon une courbe asymptotique. *La disparition du néant est devenue notre problème numéro un.*

Tout le paradoxe de l'Ordre Nouveau est contenu dans le *Ceci n'est pas une pipe* de Magritte.

Nous nommons en somme « histoire » une certaine pratique de *l'indirect ;* un effet de différé et de décalage. Un retard à la transmission, tout simplement. L'histoire se faufile dans l'intervalle qui sépare l'événement de son enregistrement. Que restera-t-il de l'activité qui consiste à transformer le chaos en ligne, une broussaille de faits en un livre d'histoire peigné comme un champ, lorsque l'événement m'est *livré* à l'état brut, avec son décodage incorporé, via l'A.F.P. ou, mieux, en direct, par retransmission télévisée ? Lorsqu'il n'y a plus rien à écrire puisque tout est déjà enregistré ? Pourquoi mettre en mémoire si *l'oubli dorénavant marche au même pas que la mémoire ?* Si l'histoire se montre au fur et à mesure, effaçant ses traces à mesure qu'elle se dit ou se montre, qu'ai-je besoin d'y intervenir ? Le support analogique me donne le fruit et la graine en même temps : qu'ai-je besoin de labourer ? Nous économisons de la sueur et du sang. Mais en perdant notre capacité d'arriver en retard, nous n'aurions pas seulement dévalué les sortilèges littéraires de la répercussion comme Chateaubriand « enregistrant », deux mois après, la mort de Napoléon (le temps que la nouvelle arrive de Sainte-Hélène à Paris). Nous ressentirions moins le besoin de prendre de l'avance sur le moment collectif. Avec le recul et la prise de champ sont compromis le bond en avant mental, le « coup d'œil » stratégique de l'anticipateur. « Maintenant tout est maintenant » veut dire : le présent nous a capturés, et nous traite en otages. Je ne prends plus mon temps, je suis pris par lui. Je suis un homme criblé, saturé, engorgé, asphyxié par les détritus instantanés de la consommation d'infos, car même si l'A.F.P. garde par-devers elle ses déchets de chaque jour, soit les 14 000 dépêches quotidiennes qu'elle reçoit et ne redistribue pas, elle m'en « balance » encore huit cents par jour, assez pour me dégoûter et m'enlever l'idée d'aller faire le mariol le lendemain au Kamtchatka. Pour les poubelles ? Les bottes de poireau ? Les coups d'œil négligents du passant ? « L'événement, c'est le merveilleux des sociétés démocratiques » (Pierre Nora). Il remplace la chronique par le conte. *L'événementialisation du temps est une déshistorisation du temps.* Il n'y a plus de mise en situation et en perspective de mes circonstances lorsqu'il est devenu non seulement prestigieux mais matériellement possible de « vivre avec son temps », d'« être à jour », de « coller à l'événement ». Car il est plus facile de résister à une mode, une morale, une pression sociale, qu'à une jouissance physique effective. Or le flux d'instants sans passé ni futur qui s'appelle l'actualité est pour notre psychisme source de plaisir, décharge, satisfaction hallucinatoire d'un désir latent d'ubiquité et de toute-puissance. L'aspirant-producteur d'histoire ou de sens doit alors choisir à son corps défendant entre la télétransmission-*live* et l'inscription à longue portée. Plus exactement, passé un certain seuil d'intensité, la transmission joue comme démission de l'énoncé. Quand la transmission tue le message et devient le message lui-même, quand le porteur de nouvelles est en lui-même la nouvelle, le souci d'efficacité conspire avec d'autres sentiments moins avouables pour remplacer le désir d'histoire par l'ambition de faire savoir, ou désir de contrôler les centres de tri et de mise en page. Puisque celui qui fait l'événement est celui qui le transmet, les protagonistes de l'histoire universelle deviennent les contrôleurs des réseaux mondiaux de diffusion. Les ringards aspirent au Panthéon mais les gens sérieux vont en régie. Napoléon aujourd'hui s'appelle Ted Turner.

Ambivalence de l'information : elle sert à la fois d'acolyte et d'ennemie à l'événement. Elle défait en faisant et fait en défaisant car les deux sont fléchés en sens contraire. L'information se dévalorise avec le temps, l'événement se valorise avec lui. Ce qui est durable, dans le monde de l'information, n'est pas valorisant : allez donc vendre à TF1 le théorème de Pythagore ou les *Voyelles* de Rimbaud ! Au rebours, ce qui est momentané, dans le monde des mémoires, n'est pas valorisé. Un tuyau boursier, un scoop, une dépêche d'agence, engagent dès leur naissance une course contre la montre et la mort, et mon journal de ce matin ne vaudra plus un kopeck demain matin. L'actualité boursière peut servir d'étalon à l'autodévoration de l'actualité tout court, catoblépas toujours plus affamé de soi. Le journalisme, comme disait Gide, c'est tout ce qui intéressera demain moins qu'aujourd'hui, mais l'histoire des sciences, de l'art ou la politique procèdent à rebours : de l'amorphe et de l'insignifiant prennent lentement forme et sens à travers une consignation et une justification de signes. Le fait qu'on s'intéresse plus à de Gaulle, à Van Gogh, au professeur Kastler, morts que vivants paraît absurde ou répréhensible aux hommes de l'immédiat : ils ont peine à comprendre que ce « retard à l'admiration » représente ce qui reste de la culture quand on en a tout oublié.

En bref, il y a deux façons d'échapper à l'histoire (au sens traditionnel du mot): par l'Écriture sainte et les news. La Bonne nouvelle et les dernières nouvelles marquent les deux stades, initial et suprême, de *l'immédiateté.* À vrai dire, toute immédiateté est infaillible, donc dogmatique, qu'elle prenne la forme d'une Révélation religieuse ou d'une banque de données, et la tyrannie de l'ici et du maintenant (toute cette promotion de l'anecdotique, de l'instantané et du localisé) rejoint, par un autre tour de malice, l'immobilisation des hommes par un Dieu éternel. Quoi de plus répétitif qu'un journal télévisé sinon l'éternel présent du rite? Je ne mets pas en question une dépêche d'agence, je ne réfère pas une émission à une longue durée. J'avale tout et sans recul. On apprend à penser mais on n'apprend pas à croire et à voir. Ici, le fait est son propre droit. Définissons *l'immédiatisme,* sans en faire un démon, comme le régime d'autorité propre aux sociétés sous contrôle médiatique. La «dictadouce» de l'information n'implique pas seulement le crépuscule des œuvres (une grande œuvre est incomprise au moment de son apparition), et la revanche des préjugés (ces évidences spontanées et non problématisées). Elle disqualifie dans le même geste l'idée de processus et le jugement de validité, le temps de l'histoire et le temps de la critique, tous deux sinueux et cumulatifs, qui supposent à la fois une accumulation d'archives fixes comme repères et témoins, et la successivité d'un écoulement dûment consigné. Vérifier une source, recouper un témoignage, remonter une chronologie, établir un fait, une date, un texte – toutes ces opérations qui étaient censées jadis faire gagner du temps –, il est clair désormais qu'elles en font perdre sans nécessité aux responsables toujours pressés de la circulation publique. Le kaléidoscope rejoint, rejoue le cercle. La négation relativiste de toute valeur, l'affirmation répétitive de la valeur absolue.

Il se pourrait en définitive que le grand dégel du temps humain apparaisse un jour comme un intermède entre deux immobilités, le temps-cristal des Écritures primordiales et le temps-fumée des communications immédiates. Entrés par le biais religieux dans le temps historique, nous serions en train d'en sortir par la porte à tambour de «l'actualité».

À chacun d'apprécier, selon qu'il estimera cette création récente, l'histoire, comme un cauchemar dont il est bon de se réveiller, ou bien comme une fenêtre ouverte indispensable à l'oxygénation de l'individu. Les deux se disent, et doivent sans doute se dire ensemble. Mais sachons que la mise à la roue, l'alternative la plus plausible quand on ne va plus à la ligne, n'ouvre pas une ère de justice. Un esclave enchaîné à son sillon a toujours plus d'espoir qu'un esclave attaché à une roue. Nos cercles sont en pointillés: on y sautille assez gaîment, à première vue. Le «ça tourne!» est une marque de satisfaction, un indice de performance. Mais le retour d'un Éternel new-look, sans promesse de salut ni certitude de résurrection, sans vecteur ni finalité, disons la roue cosmique sans l'âme et les dieux correspondants, sera le temps des plus grands désespoirs. Retour donc à l'avant-Réforme, à la case médiévale. Fin des révolutions, début des révoltes, convulsions et jacqueries. Les secondes, à en croire les historiens, sont encore plus cruelles que les premières.

Michelet, encore: «Homme de livres, sache bien que l'homme sans livre et de faible culture a en récompense quelque chose qui en tient lieu: il est maître en douleurs.»

Trois âges en même temps

Vous ne pouvez pas refuser à un adepte d'Auguste Comte, pour terminer canoniquement ce premier cycle universitaire, une petite joie des «trois états», de nature à ordonner «la marche de l'esprit humain». C'est un plaisir intellectuel socialement coûteux, dont le caractère jugé subjectif ou fantaisiste ne risque pas d'accroître notre légitimité «scientifique » tout en contredisant, apparemment, notre intention de positivité. Pourtant, la meilleure façon d'abandonner toute recherche des causes propre à l'âge métaphysique n'est-elle pas de mettre en évidence la globalité et l'interaction des phénomènes correspondant à chaque étape ?

Expliquons des mots déjà utilisés. Prenant « l'esprit humain » au stade de l'écriture, j'ai donné à la longue période s'étendant jusqu'à l'imprimerie le nom de *logosphère*. Âge théologique, ostensiblement. L'écriture est de Dieu : hiéroglyphe, au sens fort. Dieu dicte, l'homme note et dicte à son tour. On lit avec les lèvres, et en groupe. Les grandes religions fixent par l'écrit une révélation orale. Une et non pas deux. La Bible dit tout sur tout. Le Coran aussi. D'où la sainteté du Langage (l'unicité sacralise), et la toute-puissance théologique de la Parole indiquée par la notion du *Logos* ou Verbe éternel. À la fois souffle et Raison, le Principe suprême est une Parole perdue et recueillie dans un corps fermé de textes référentiels, support d'une tradition orale aux mille facettes. L'esprit humain n'invente pas. Il transmet une vérité reçue.

La période de la typographie, je l'ai indiquée comme *graphosphère*. Subordination de l'image au texte, apparition de l'auteur (et de l'artiste) comme garant de vérité, abondance des références écrites, liberté d'invention. On lit avec les yeux. Âge métaphysique, si l'on veut.

L'âge de l'électron, qui fait descendre le livre de son piédestal symbolique, comme *vidéosphère* (malgré le rôle accru de *l'auditus*). Le visible en effet y fait autorité, en contraste avec l'omnipotence antérieurement reconnue aux grands Invisibles (Dieu, l'Histoire ou la Raison). Il devrait mais ne peut pas répondre, disons-le d'emblée, aux critères idéaux de l'âge positif (dont Comte attendait qu'il abolisse la fiction, la guerre et les désordres intérieurs, donnant le pouvoir spirituel aux savants et le pouvoir temporel aux industriels).

	ÉCRITURE (LOGOSPHÈRE)	IMPRIMERIE (GRAPHO-SPHÈRE)	AUDIOVISUEL (VIDÉOSPHÈRE)
MILIEU STRATÉGIQUE (PROJECTION DE PUISSANCE)	LA TERRE	LA MER	L'ESPACE
IDÉAL DE GROUPE (ET DÉRIVE POLITIQUE)	L'UN (Cité, Empire, Royaume) Absolutisme	TOUS (Nation, Peuple, État) Nationalisme et totalitarisme	CHACUN (population, société, monde) Individualisme et anomie
FIGURE DU TEMPS (ET VECTEUR)	CERCLE (Éternel, répétition) Archéocentré	LIGNE (histoire, Progrès) Futurocentré	POINT (actualité, événement) Autocentré : culte du présent
ÂGE CANONIQUE	L'ANCIEN	L'ADULTE	LE JEUNE
PARADIGME D'ATTRACTION	MYTHOS (mystères, dogmes, épopées)	LOGOS (utopies, systèmes, programmes)	IMAGO (affects et fantasmes)

ORGANON SYMBOLIQUE	RELIGIONS (théologie)	SYSTÈMES (idéologies)	MODÈLES (iconologie)
CLASSE SPIRITUELLE (DÉTENTRICE DU SACRÉ SOCIAL)	ÉGLISE (prophètes et clercs) Sacro-saint : LE DOGME	INTELLIGENTSIA laïque (professeurs et docteurs) Sacro-saint : LA CONNAISSANCE	MÉDIAS (diffuseurs et producteurs) Sacro-saint : L'INFORMATION
RÉFÉRENCE LÉGITIME	LE DIVIN (il le faut, c'est sacré)	L'IDÉAL (il le faut, c'est vrai)	LE PERFORMANT (il le faut, ça marche)
MOTEUR D'OBÉDIENCE	LA FOI (fanatisme)	LA LOI (dogmatisme)	L'OPINION (relativisme)
MOYEN NORMAL D'INFLUENCE	LA PRÉDICATION	LA PUBLICATION	L'APPARITION
CONTRÔLE DES FLUX	ECCLÉSIAS-TIQUE, DIRECT (sur les émetteurs)	POLITIQUE, INDIRECT (sur les moyens d'émission)	ÉCONOMIQUE, INDIRECT (sur les messages)
STATUT DE L'INDIVIDU	SUJET (à commander)	CITOYEN (à convaincre)	CONSOMMATEUR (à séduire)
MYTHE D'IDENTIFICATION	LE SAINT	LE HÉROS	LA STAR
DICTON D'AUTORITÉ PERSONNELLE	DIEU ME L'A DIT (vrai comme parole d'évangile)	JE L'AI LU DANS LE LIVRE (vrai comme un mot imprimé)	JE L'AI VU À LA TÉLÉ (vrai comme une image en direct)
RÉGIME D'AUTORITÉ SYMBOLIQUE	L'INVISIBLE (l'Origine) ou l'invérifiable	LE LISIBLE (le Fondement) ou le vrai logique	LE VISIBLE (l'Événement) ou le vraisemblable
UNITÉ DE DIRECTION SOCIALE	L'Un SYMBOLIQUE : le Roi (principe dynastique)	L'Un THÉORIQUE : le Chef (principe idéologique)	L'Un ARITHMÉTIQUE : le Leader (principe statistique, sondage, cote, audience)
CENTRE DE GRAVITÉ SUBJECTIF	L'ÂME (Anima)	LA CONSCIENCE (Animus)	LE CORPS (Sensorium)

Tableau à entrées multiples où les traits pertinents doivent en fait se lire en simultané, se donner tous ensemble à l'intuition. D'où l'intérêt du tableau noir.

La colonne de gauche liste des fonctions et des normes d'organisation invariantes, inhérentes à toute collectivité historique : c'est, si vous voulez, la « statique sociale » de Comte. Nous parlons, nous, de structure et de synchronie. Les colonnes de droite font varier les organes et les formes qui viennent y répondre successivement. C'est la dynamique sociale, ou les indices du progrès médiologique. On parle de nos jours de diachronie et de processus. La question de savoir si la dynamique est subordonnée à la statique, le progrès à l'ordre, ou l'inverse, relève d'un domaine spéculatif qui déborde les cadres de l'observation médiologique.

On n'entrera pas dans cette discussion en remarquant que :

1° Ceux par qui le monde existe comme monde unifié, les pivots de la syntaxe, sont les dépositaires du sacré de ce monde. Pour éclaté que soit un univers historique, il y a du nœud et du lien : les médias montent aujourd'hui la garde auprès de l'Un (ne serait-ce qu'en faisant communiquer Bucarest, New York, Jérusalem, sur un horizon commun, l'actualité, etc.). Mais c'est une unification sans universel, une mondialisation des codes locaux par l'image, sans la double articulation symbolique.

2° Ceux qui donnent le ton sont bien, à chaque époque, les travailleurs du fond, c'est-à-dire les opérateurs de la cohésion imaginaire.

3° Le fond des choses étant « le support des supports » ou la piété sociale, le fond ne fait jamais défaut mais ce n'est jamais le même. Les hommes restent pieux mais changent de credos. Les formes du crédible et les règles d'accréditation se modifient en fonction des supports de la transmission et du dépôt symboliques.

Il va de soi que ces états se succèdent dans l'histoire comme autant de prédominances ou de polarités fortes mais qu'un contemporain a tous les âges à la fois. Comte nous avait déjà prévenus que la loi des trois états ne s'applique pas aux actions et aux affections humaines. Il y a dans notre âme, simultanément, un Orient calligraphié, une Europe imprimée, une Amérique sur grand écran, et ces continents négocient en nous sans discontinuer leur place respective. Chacun d'entre nous, en un sens, est à la fois Dieu, Raison et Émotion ; saint, héros et star ; théocrate, idéocrate et vidéocrate. Notre volonté de puissance compose et jongle avec chacun de ces trois âges. Nous nous rêvons hors du temps, nous spéculons sur le siècle, et nous ne savons que faire de notre soirée.

Cependant, au nouvel étalonnage médiologique qui se dessine sous nos yeux, correspond bien un Ordre Nouveau, une configuration psychique, esthétique et sociale, assez singulière pour justifier un parcours propre, un cours plus serré à l'intérieur du grand cercle parcouru cette année.

Ce pourrait être l'objet d'un nouveau rendez-vous.

Et d'un deuxième tome.

La Société conquise par la communication
(1989)

BERNARD MIÈGE
(né en 1941)

Bernard Miège, qui a présidé aux destinées de la SFSIC (Société française des sciences de l'information et de la communication), dirige à l'université Stendhal de Grenoble le GRESEC (Groupe de recherche sur les enjeux de la communication). Il a centré sa recherche sur les industries culturelles et les logiques sociales nées des nouvelles technologies. La Société conquise par la communication *évalue les changements sociaux en cours, et quelles sommations les entreprises, l'éducation ou ce qu'on appelle globalement depuis*

Habermas « l'espace public » reçoivent de cet impératif communicationnel, qui gagne peu à peu toutes les institutions.

Miège aborde dans sa préface quelques points de méthodologie qui touchent de près à la médiologie, et aux auteurs rassemblés dans ce chapitre.

Source : La Société conquise par la communication, *Presses universitaires de Grenoble, 1989.*

Bibliographie : *Bernard Miège, Armel Huet, Jacques Ion, Alain Lefebvre et René Péron,* Capitalisme et industries culturelles, *PUG, Grenoble, 1978, 2e éd. 1984 ;* l'Industrialisation de l'audiovisuel *(en collaboration avec Patrick Pajon et Jean-Michel Salaün), Aubier-Montaigne, Paris, 1986 ;* le JT : mise en scène de l'actualité à la télévision *(ouvrage collectif sous la direction de B. Miège), INA – La Documentation française, Paris, 1986.*

Propositions en guise d'introduction

En introduisant sa *Théorie générale de l'information et de la communication* parue en 1976, Robert Escarpit ne cachait pas les difficultés qu'il avait rencontrées pour présenter une vue d'ensemble des phénomènes informationnels et communicationnels. Il voyait même dans son ouvrage « ... comme une dernière chance pour une synthèse de ce genre. Les domaines du savoir deviennent trop nombreux, trop spécialisés pour qu'un seul homme, même après de longues années de réflexions et de lectures, souvent d'apprentissages difficiles, puisse en appréhender ne fût-ce qu'une partie ». (R. Escarpit, 1976).

Cette prudence n'était pas une clause de style. Pour Robert Escarpit, une théorie, *a fortiori* une théorie générale, est marquée par son inscription socio-historique ; elle résiste donc plus ou moins bien à l'usure du temps et aux changements qui s'opèrent dans les sociétés. Mais surtout, une théorie ne vaut pas seulement par sa cohérence interne ou son pouvoir de séduction ; elle doit nécessairement être mise au point à partir d'une connaissance suffisamment élaborée des phénomènes dont elle entend rendre compte, pour en donner une approche pertinente, qui ne soit pas limitée à des aspects conjoncturels, formels ou sectoriels.

L'approche de la communication souffrait alors d'une surabondance de théories à prétentions généralisantes : schématiquement, on avait le choix entre les visions cybernétiques ou systémiques, les approches structuralo-linguistiques, les différentes facettes de la sociologie fonctionnaliste des médias et les conceptions psycho-sociologiques de la communication (où l'interindividuel recouvre tout le social). Certaines de ces théories ont connu un succès public incontestable, et elles marquent encore les discours actuels des médiateurs et des professionnels. Il n'est pas aisé d'expliquer ce succès, et surtout sa relative pérennité : par exemple faut-il voir dans l'influence toujours profonde d'un Marshall McLuhan l'effet de ses talents – réels – d'assembleur (par-delà les disciplines et les approches) ou celui de sa faculté à appréhender la nouveauté, sinon les innovations ? Ou faut-il y voir comme le signe d'une peu compréhensible réticence à aller voir de près dans les phénomènes de communication ?

Car, si depuis le milieu des années soixante-dix, la communication a connu une irrésistible ascension au point d'être reconnue comme un enjeu social majeur et de donner lieu désormais à des politiques et à des stratégies assez bien identifiées, la fonction même de la communication dans la société reste tout à fait imprécise, aussi bien du côté des responsables politiques, que chez les décideurs économiques, ou à plus forte raison dans les différentes catégories de « publics ». La confusion est de règle et semble assez généralement admise. C'est un publicitaire réputé, par ailleurs spécialiste de communication politique, qui avoue : « Aujourd'hui ce seul langage sert à traiter de la faim dans le monde, du lancement d'une eau de toilette, de la privatisation d'Havas, des effets d'une loi-cadre, de l'ouverture d'un supermarché ou de la fermeture des frontières » (Claude Marti, 1987).

Ainsi, serait-on en présence d'un double mouvement qui contribuerait à nous tenir éloignés de la compréhension des rapports que la communication entretient avec les changements de/dans la société. D'une part, celui des propositions théoriques, qui, majoritairement continue à se situer au niveau des conceptions généralisantes et répugne assez généralement à se confronter avec les pratiques sociales se développant sous l'enseigne de la communication. D'autre part, le discours dominant des professionnels et des experts, qui couvre de sa caution aujourd'hui très valorisée, les actions les plus diverses : le transfert au secteur privé d'une chaîne publique de télévision, la préparation d'un référendum ou l'appel à la charité publique.

Ce livre, est-il besoin de l'avouer, est né de l'agacement de voir le discours sur la communication se partager entre deux pôles principaux, 1) les théories générales prétendant tout expliquer à partir du paradigme qu'elles ont choisi, et 2) le discours d'expertise, tout auréolé du prestige qui s'attache aux nouvelles fonctions de médiation. Certes des points de vue discordants se font parfois entendre, mais pour des raisons qu'il conviendra d'éclairer, ils restent minoritaires ou n'ont guère d'influence.

Le paradoxe, en effet, est que l'avancée de la communication dans les champs sociaux les plus divers, n'ait pas encore abouti à accentuer les différences et à mettre en évidence les façons opposées ou contradictoires de l'employer. Le plus souvent, elle apparaît comme unifiée, lisse, a-conflictuelle. Serait-ce alors qu'elle relèverait de l'ordre du discours et qu'elle serait seulement une idéologie, celle de la modernité ? C'est une conception que l'on retrouve fréquemment chez des théoriciens (radicaux) de la société post-industrielle. Pour Jean Baudrillard, tout particulièrement, il est quasiment impossible de dégager un principe de réalité de la communication de son principe de simulation. On ne peut guère envisager la communication autrement que comme un simulacre : « Lorsqu'on parle de communication, c'est que ça ne communique plus [...] Là où l'échange entre les hommes n'est plus spontanément réglé par un consensus informel, il faut produire un dispositif formel, un artefact collectif qui assure la circulation du sens [...] Tout communique et rien ne se touche. Le plus bel exemple, ce sont les échangeurs autoroutiers [...] des structures de trafic où ça circule sans se croiser. » (J. Baudrillard, 1986).

De son côté, Lucien Sfez – critique néo-kantien de la communication moderne – met très fortement l'accent sur la prégnance des technologies de l'esprit (fondées sur les notions de réseau, de paradoxe, de simulation et d'interactivité) et qui « ... sont au service d'une technologisation de l'esprit, d'une pratique élitiste du pouvoir qui tend à dominer le champ intellectuel » (L. Sfez, 1988, p. 278). Selon cet auteur, l'avancée de ces technologies – qu'il réduit d'ailleurs à l'informatique – a produit une forme symbolique qui aujourd'hui les dépasse et finit par envelopper rapidement nos actions et nos productions imaginaires. Cette forme symbolique, qu'il désigne par le néologisme de « tautisme » (élaboré par la contraction de tautologie et d'autisme), a une visée totalisante et même totalitaire ; elle déploie sa puissance redoutable non seulement dans les rapports individuels et sociaux, mais encore dans les façons dont nous concevons nos rapports au monde. Pour Sfez, les machines à communiquer ne sont pas loin d'avoir achevé leur œuvre, surtout aux États-

Unis; la répétition médiatique et l'enfermement provoqué par l'usage du micro-ordinateur, en conjugant leurs efforts, y ont créé une nouvelle religion syncrétique déjà largement implantée et qui met en application la théologie Frankenstein. On l'aura compris, le discours de Sfez est placé d'emblée à un niveau tel, qu'on n'a guère d'autre alternative que d'adhérer à la perspective ou de la rejeter. Rien ne sert de lui opposer des arguments ou des observations comme : la lenteur de la diffusion des technologies de la communication, leur très inégale appropriation, ou la formation d'usages imprévus. Car l'approche de Sfez lui interdit d'envisager la complexité des enjeux sociaux et culturels.

Dans un ouvrage, pourtant stimulant à bien des égards, Pierre Lévy n'évite pas un écueil assez semblable : sa « Machine univers », l'ordinateur, ne lui paraît pas seulement servir l'enseignement, la gestion ou la représentation graphique ; elle redéfinit l'apprentissage, le management et la création d'images. À partir de là, P. Lévy en vient à formuler une hypothèse majeure : « L'informatisation générale est l'effet, le signe et le dernier en date des opérateurs d'une mutation anthropologique de grande ampleur. Cette mutation s'articule autour d'un retournement et d'une substitution : l'inversion des rapports de subordination entre langage et calcul ; le recouvrement par l'univers du calcul de la multiplicité des anciens mondes » (Lévy, 1987, p. 213). Voilà une proposition tout à fait séduisante, mais qui s'avère rapidement excessive, en tout cas hors d'atteinte pour qui chercherait à commencer à en valider l'une ou l'autre des composantes ; ce n'est point une hypothèse, mais une perspective.

Baudrillard, Sfez et Lévy : ces références à trois auteurs développant des théories « générales », peu compatibles les unes avec les autres, confirment bien l'étrange destinée des productions théoriques contemporaines sur la communication et leur permanente dérive vers des interprétations « généralisantes », le plus souvent échafaudées à partir de quelques éléments émergeant dans des pratiques innovantes. Un autre trait de ces théories est leur ambition à rendre compte de toute la communication à partir d'une problématique particulière (parfois élevée au rang de paradigme) ou à partir d'une méthodologie spécifique : ainsi, pour Sfez et Lévy, informatisation et communication se superposent, et le paradigme du calcul est une entrée suffisante pour traiter de l'ensemble des phénomènes communicationnels. Ils sont loin d'être les seuls à engager de tels coups de forces théoriques : sur le marché des idées, si les cybernéticiens, les linguistes structuralistes et même les systémistes ne sont plus à l'offensive, il n'en est pas de même des enfants de Bateson ou de ceux qui se reconnaissent dans la voie tracée par l'ethnométhodologie ou les courants interactionnistes : les uns, comme les autres, en valorisant l'analyse des relations interindividuelles ou la formation du lien social à partir des échanges micro-sociaux, ne sont pas loin de penser qu'ils envisagent ainsi tous les aspects de la communication.

La mise en garde de Robert Escarpit apparaît donc, *a posteriori*, parfaitement justifiée. Les théories générales, comme les discours interprétatifs embrassant l'ensemble du champ ainsi que les discours d'expertise ne font guère avancer la connaissance. Devrait-on donc se limiter à des approches partielles ou à des analyses localisées et strictement mono-disciplinaires ? La perspective, pourtant peu reconnue sur le marché des idées, a déjà produit des résultats intéressants, dans les domaines les plus divers ; mais elle n'est pas à la hauteur des questions posées par l'« explosion » de la communication ; elle ne permet guère d'appréhender ce qui, au-delà des aspects proprement idéologiques (ô combien envahissants !), affecte en profondeur les sociétés occidentales, et commence à atteindre les autres. Car la communication – au sens où l'on emploie aujourd'hui ce terme dans les milieux les plus divers – doit être située historiquement : elle émerge au moment où débutent les restructurations des économies occidentales, et elle prend son essor au milieu des années quatre-vingt en pleine phase de réorganisation économique, sociale et culturelle. En un sens, elle peut s'analyser, ainsi que le signalent la plupart des experts, comme la mise en œuvre de nouvelles technologies de l'information et de la communication (NTIC), celles-ci combinant des procédés techniques provenant de l'une ou de l'autre de ces trois grandes « matrices techniques » que sont : l'informatique, l'audiovisuel et les réseaux.

Mais la communication ne se réduit pas à la mobilisation à large échelle de technologies informationnelles et communicationnelles (technologie correspond ici au sens américain de *technology*, désormais largement adopté, à savoir : fabrication et usages de techniques). Elle consiste tout autant dans le recours croissant – plus ou moins consciemment maîtrisé – par les forces dirigeantes dans l'entreprise, dans la formation, dans la vie politique nationale et locale, dans les administrations, dans les appareils culturels, et même dans les différentes catégories d'associations, etc., à des techniques d'organisation, de management, de circulation de l'information, de mise en relation et d'activation du « fonctionnement » des groupes.

Mobilisation des technologies de l'information et de la communication d'une part, recours à des techniques de « gestion » du social, les deux aspects nous paraissent difficilement dissociables; plus exactement, comme nous tenterons de le montrer, ils s'appuient l'un sur l'autre et se complètent : c'est l'introduction de la bureautique dans une organisation administrative qui entraîne ou est l'occasion d'une réorganisation du travail et même des relations hiérarchiques ; et c'est la recherche de relations politiques nouvelles entre les dirigeants politiques et les sujets-citoyens qui accentue le recours à des moyens technologiques.

Telle est *l'entrée* que nous proposons pour aborder cet ensemble encore peu structuré et multiforme qu'est la communication. Il est surprenant de noter que cette entrée est rarement retenue ; le plus souvent, on se limite à envisager les effets des technologies ou les appropriations, voire les résistances, qui en résultent (ce que les technologies font aux gens, et ce que les gens font des technologies); le plus souvent, en outre, on réduit les NTIC à des technologies de transmission d'informations, comme si les réseaux n'entraînaient pas des changements assez décisifs dans les modèles de communication et comme si les mises en relation, fussent-elles de caractère professionnel, pouvaient, en stricte application de la théorie mathématique de l'information, être équivalentes à des échanges de données. Quelques chercheurs ont perçu que cette articulation entre technologies et techniques de gestion du social était une façon d'envisager la communication, mais sans tirer toutes les conséquences de ce positionnement théorique et surtout sans engager le nécessaire travail d'analyse des modalités et des adaptations multiples de la communication dans les différents champs sociaux et professionnels. C'est entre autres, le cas d'Armand et de Michèle Mattelart qui remarquent justement dans l'Avant-propos de *Penser les médias* que la communication est bien « un fait de structure » et non un phénomène de mode : « La communication occupe désormais une place centrale dans les stratégies qui ont pour objet la restructuration de nos sociétés. Par le biais des technologies électroniques, elle est une des pièces maîtresses de reconversion des grands pays industrialisés. Elle accompagne le redéploiement des pouvoirs (et des contre-pouvoirs) dans l'espace domestique, à l'école, à l'usine, au bureau, à l'hôpital, dans le quartier, la région, la nation... Et au-delà elle est devenue un élément-clé de l'internationalisation des économies et des cultures. Donc un enjeu dans les rapports entre les peuples, entre les nations et entre les blocs » (A. et M. Mattelart, 1986). Mais cette proposition est peu développée dans le reste de leur ouvrage, consacré pour l'essentiel à la question des médias.

*

Une fois l'entrée définie, il importe de préciser la perspective théorique qui inspire ce livre. Car le refus des théories générales et le souci de ne pas en rester aux analyses sectorielles mono-disciplinaires (les apports de certaines d'entre elles, cependant, sont incontestables) ne signifie nullement que le souci d'élaboration théorique doive être abandonné ; bien au contraire, malgré les difficultés de tous ordres signalées ci-dessus, l'effervescence présente et la complexité des enjeux rendent indispensable un effort en ce sens. Encore faut-il situer précisément le niveau où engager cet effort.

À notre avis, le progrès des connaissances en matière de communication viendra surtout de réflexions et de travaux, fondés sur des méthodologies intersciences, et *traversant* les champs couvrant la communication, sans prétendre envisager celle-ci dans sa totalité. Ces réflexions et ces travaux d'analyse (nécessitant des observations menées avec autant de rigueur que possible) doivent permettre de dégager des règles de fonctionnement, ayant une suffisante stabilité temporelle, et qui aident à comprendre les évolutions conjoncturelles, les mouvements apparaissant comme erratiques et les tactiques des acteurs sociaux concernés. Ces règles de fonctionnement, nous proposons de les appeler *logiques sociales* (sans que cette dénomination ait un quelconque rapport avec le sens traditionnellement donné à cette expression par des auteurs comme Gabriel Tarde ou Mancur Olsen, cf. *The Logic of Collective Action*, Harvard, 1966) ; elles correspondent à des mouvements de longue durée portant aussi bien sur des processus de production que sur des processus de consommation ou des mécanismes de formation des usages ; mais elles ne doivent pas être considérées comme fixées définitivement, elles se transforment régulièrement : en ce sens, elles s'apparentent aux « mouvements structurants/structurés » que Pierre Bourdieu a cherché à définir et à identifier.

L'important est d'admettre que ces logiques sociales ne fonctionnent pas de façon déterministe ou mécanique ; mais, c'est autour d'elles que s'articulent, à moyen terme, des stratégies d'acteurs, se développant parfois dans des sens opposés ; les acteurs sociaux, dans leurs actions concrètes, ont la possibilité d'aller momentanément, et dans certains cas durablement, à l'encontre des logiques sociales ; ce faisant, ils affirment leurs positions dans le champ concerné, et ils prennent part également à la modification et au « déplacement » des logiques elles-mêmes ; enfin, une catégorie d'acteurs peut évidemment refuser durablement d'inscrire ses actions dans le sens de la (des) logique(s) sociale(s) dominante(s), mais en acceptant les conséquences de la marginalisation ou de la minorisation économique voire sociale.

L'important aussi est de reconnaître que les diverses logiques sociales qui traversent la communication de part en part ne s'orientent pas dans des directions identiques ; dans des situations de communication données, certaines logiques entrent en conflit avec d'autres, de manière conjoncturelle ou de façon plus permanente ; là où les enjeux de toutes sortes sont particulièrement affirmés, il est possible de considérer qu'ils sont l'expression d'un enchevêtrement de plusieurs logiques.

Ces indications théoriques et méthodologiques, données *a priori*, paraîtront peut-être quelque peu abstraites. Elles sont nécessaires pour éclairer notre démarche. Et, précision importante, elles n'ont pas été mises au point comme un système théorique clos et se suffisant à lui-même ; elles résultent d'une réflexion menée à l'occasion d'une recherche sur l'industrialisation des programmes audiovisuels (B. Miège, in *Cahiers de recherche sociologique*, 1986), où nous avions pu, non seulement identifier les principales logiques à l'œuvre dans le champ considéré, mais également montrer que l'affrontement de trois d'entre elles (la logique de la production radiodiffusée sous forme de flot, la logique de l'édition de marchandises culturelles, et la logique de production de l'information écrite) expliquait largement les multiples conflits et oppositions, observables sur le « terrain » par un expert ou un journaliste spécialisé.

C'est cette même démarche qui nous paraît pouvoir être étendue à une bonne partie de la communication. L'accent mis sur les logiques sociales qui s'y développent, devrait aider, à terme, à dépasser certaines des oppositions stériles, qui y sont particulièrement tenaces ; celles entre l'approche macro et l'approche micro ; celles entre structures et interactions sociales ; voire celles entre phénomènes structurels et phénomènes langagiers. C'est, en tout cas, l'apport potentiel de la démarche proposée. Il convient maintenant de la mettre en œuvre.

Bibliographie

BAUDRILLARD JEAN, « La communication, mythe et circularité », in *Actes des assises du conseil national de la communication audiovisuelle*, CNCA, 1986.

ESCARPIT ROBERT, *Théorie générale de l'information et de la communication*, Hachette, 1976.

LÉVY PIERRE, *la Machine univers*, La Découverte, 1987.

MARTI CLAUDE, *les Trompettes de la renommée*, Belfond, 1987.

MATTELART ARMAND et MICHÈLE, *Penser les médias*, La Découverte, 1986.

MIÈGE BERNARD, « Les logiques à l'épreuve dans les nouvelles industries culturelles », *Cahiers de recherche sociologique*, vol. 4, n° 2, Département de sociologie de l'UQAM, Montréal, 1986, pp. 93-109.

SFEZ LUCIEN, *Critique de la communication*, Le Seuil, 1988.

VII

MÉDIOLOGIE 2 : LA LOGIQUE DES TRANSMISSIONS

Nous rassemblons dans ce chapitre une première série d'études, nécessairement disparates, qui cherchent à cerner l'efficacité symbolique de certaines innovations techniques, ou comment des représentations sociales et culturelles ont pu évoluer parallèlement à ces transformations.

Nous avons retenu quatre domaines, qui font par ailleurs l'objet de très nombreuses études : la photographie, la télévision, la monnaie et la presse. Ces médias ont été accompagnés en effet, dès leur naissance ou au fil de leurs mutations, d'abondants commentaires qui ont vu en eux, pour le meilleur ou pour le pire, des facteurs décisifs de transformation sociale. Comme l'introduction de l'imprimerie par Gutenberg, ils ont instauré dans l'histoire un avant et un après, et ils ont produit sur l'imaginaire de leurs contemporains l'effet d'une coupure ou d'un saut médiologique.

Mais précédant ces quatre domaines, les études consacrées à la forme et au monde du livre ont fait couler encore plus d'encre. La littérature engendrée par l'extension et les transformations de la graphosphère est trop vaste pour qu'on puisse ici la résumer. Nous nous contenterons de saisir son évolution la plus récente (le transfert des textes sur les mémoires des CD-ROM, et leurs retraitements dans les hypertextes) à travers l'article de Bernard Stiegler.

Trois études enfin, de Hennion, Lasswell et Katz, ne traitent pas des médias mais des médiateurs, soit des responsables de cette chose impalpable, l'opinion, qui s'appuie sur des relais ou des porte-parole autorisés ; opinion qu'on pense imprudemment pouvoir « faire » ou manipuler, alors qu'elle n'est pas un objet mais la résultante d'une infinité de relations pragmatiques de sujet à sujet (le texte de Derrida reproduit au chapitre premier examine également les modes d'existence et d'énonciation de ce quasi-sujet). En relation avec ces courants, les études de la réception permettent aujourd'hui de mieux articuler le concept demeuré très amorphe de masse.

À notre vif regret, le grand texte de Walter Benjamin, « L'œuvre d'art à l'époque de sa reproduction mécanisée », n'a pas été jugé reproductible avec des coupes par ses ayants droit allemands, et ne peut donc figurer ici. Une première version, traduite par Maurice de Gandillac, était disponible dans la collection Gonthier/Médiations. Une autre est parue aujourd'hui dans les Écrits français, *entourée d'un intéressant dossier critique. Parmi les nombreux commentaires qu'a suscités cet article de Benjamin, signalons particulièrement les pages pénétrantes du philosophe Gianni Vatimo dans* la Société transparente, *dont la réflexion enrichit le débat médiologique.*

Rapport à la Chambre des députés

(3 juillet 1839)

FRANÇOIS ARAGO

(1786-1853)

Astronome, physicien, membre du conseil supérieur de l'École polytechnique, secrétaire perpétuel de l'Académie des sciences, député des Pyrénées-Orientales et chef de l'opposition démocratique, François Arago est une figure représentative et respectée de la bourgeoisie issue de la Révolution : il croit au progrès, lié à la diffusion des connaissances et à la prépondérance intellectuelle et morale de la France.

Le discours qu'il prononce le 3 juillet 1839 à la Chambre des députés est exemplaire à plus d'un titre de ce qu'on appelle aujourd'hui la « veille technologique » : un grand savant pressent tout l'intérêt d'une découverte scientifique, et jette son prestige dans la balance pour transformer ce qui n'est encore qu'une curiosité en une dynamique industrielle et culturelle.

On peut donc lire ce texte d'Arago sur la naissance de la photographie comme l'exemple d'une communication scientifique particulièrement réussie. Les enjeux sociaux, politiques (la rivalité avec l'Angleterre), artistiques, scientifiques et de civilisation en général sont convoqués tour à tour. Arago devine à juste titre que la photographie ouvre à une véritable conquête optique du monde réel, *saisi dans sa diversité géographique et historique (par exemple les hiéroglyphes de l'Égypte), et que notre avenir industriel d'une certaine manière en dépend.*

Il est conduit pour exalter le procédé de Daguerre à minimiser un peu le rôle de Niepce : Daguerre est l'initiateur du diorama, un manège composé de trois scènes, d'une salle pivotante et de toiles de quinze mètres sur vingt, connu de tout Paris. C'est à ce populaire entrepreneur de spectacles qu'Arago choisi de lier l'invention de la photographie, au médiateur plus qu'au premier inventeur, Nicéphore Niepce. Le procédé du daguerréotype d'autre part, un enduit photosensible à base de bitume de Judée déposé sur une plaque de cuivre, ne vaut sans doute pas la voie plus prometteuse du support papier parallèlement proposée par Hippolyte Bayard, ou le procédé négatif/positif de l'Anglais Fox Talbot, qui permettait la reproduction des épreuves (alors que l'image fixée par Daguerre reste unique). Arago n'apporte pas son soutien à cette concurrence étrangère, le daguerréotype est une affaire d'État, et les députés se rangent massivement à son argumentation : les deux chambres votent à l'unanimité le texte qui attribue à Daguerre et au descendant de Niepce des rentes viagères de 6 000 et 4 000 francs.

La photographie appartient dès lors au domaine public, et son procédé demeuré jusque-là secret peut être solennellement révélé à la face du monde par un discours ultérieur d'Arago, le 19 aout 1839 devant l'Académie des sciences, où se bouscule un public avide et enthousiaste. « Peu de jours après, les boutiques des opticiens étaient encombrées d'amateurs soupirant après le daguerréotype ; on en voyait partout de braqués sur des monuments. Chacun voulut copier la vue qui s'offrait à sa fenêtre, et bienheureux celui qui du premier coup obtenait la silhouette des toits sur le ciel : il s'extasiait devant les tuyaux de poêle ; il ne cessait de compter les tuiles des toits et les briques des cheminées [...] ; en un mot, la plus pauvre épreuve lui causait une joie indicible, tant le procédé était nouveau alors, et paraissait à juste titre merveilleux», écrit Marc Antoine Gaudin[1], *le futur rédacteur en chef de la revue photographique* la Lumière.

Source : *Le discours d'Arago est repris dans le riche ouvrage d'André Rouillé,* la Photographie en France, textes et controverses : une anthologie, 1816-1871, *éditions Macula, Paris, 1989. Je remercie Louis-Jean Boé d'avoir, le premier, attiré mon attention sur ce discours.*

MESSIEURS,

l'intérêt qu'on a manifesté, dans cette enceinte et ailleurs, pour les travaux dont M. Daguerre a mis dernièrement les produits sous les yeux du public, a été vif, éclatant, unanime. Aussi la Chambre, suivant toute probabilité, n'attend-elle de sa Commission qu'une approbation pure et simple du projet de loi que M. le Ministre de l'Intérieur a présenté[2]. Cependant, après y avoir réfléchi mûrement, il nous a semblé que la mission dont vous nous aviez investis nous imposait d'autres devoirs. Nous avons cru que, tout en applaudissant à l'heureuse idée d'instituer des récompenses nationales en faveur d'inventeurs dont la législation ordinaire des brevets n'aurait pas garanti les intérêts, il fallait, dès les premiers pas dans cette nouvelle voie, montrer avec quelle réserve, avec quel scrupule la Chambre procéderait. Soumettre à un examen minutieux et sévère l'œuvre de génie sur laquelle nous devons aujourd'hui statuer, ce sera décourager les médiocrités ambitieuses qui, elles aussi, aspireraient à jeter dans cette enceinte leurs productions vulgaires et sans avenir ; ce sera prouver que vous entendez placer dans une région très élevée les récompenses qui pourront vous être demandées au nom de la gloire nationale ; que vous ne consentirez jamais à les en faire descendre, à ternir leur éclat en les prodiguant.

Ce peu de mots fera comprendre à la Chambre comment nous avons été conduits à examiner :

- Si le procédé de M. Daguerre est incontestablement une invention ;
- Si cette invention rendra à l'archéologie et aux beaux-arts des services de quelque valeur ;
- Si elle pourra devenir usuelle ;
- Enfin si l'on doit espérer que les sciences en tireront parti. [...]

Feu M. Niepce était un propriétaire retiré dans les environs de Chalon-sur-Saône. Il consacrait ses loisirs à des recherches scientifiques. Une d'elles, concernant certaine machine où la force élastique de l'air, brusquement échauffé, devait remplacer l'action de la vapeur, subit, avec assez de succès, une épreuve fort délicate : l'examen de l'Académie des sciences. Les recherches photographiques de M. Niepce paraissent remonter jusqu'à l'année 1814. Ses premières relations avec M. Daguerre sont du mois de janvier 1826. L'indiscrétion d'un opticien de Paris lui apprit alors que M. Daguerre était occupé d'expériences ayant aussi pour but de fixer les images de la chambre obscure. Ces faits sont consignés dans des lettres que nous avons eues sous les yeux. En cas de contestation,

1. Marc Antoine Gaudin, *Traité pratique de photographie,* 1844, cité par Sylvie Merzeau dans *Du scripturaire à l'indiciel, texte, photographie, document,* thèse soutenue à l'université de Paris-X sous la direction de Nicole Boulestreau, Nanterre, 1993.
2. L'« exposé des motifs et [le] projet de loi tendant à accorder : 1° au sieur Daguerre une pension annuelle et viagère de 6 000 F ; 2° au sieur Niepce fils une pension annuelle et viagère de 4 000 F pour la cession faite par eux du procédé servant à fixer les images de la chambre obscure [ont été] présentés par M. le Ministre de l'Intérieur [Duchâtel], [à la] séance du 15 juin 1839 » de la Chambre des députés.

la date certaine des premiers travaux photographiques de M. Daguerre serait donc de l'année 1826.

M. Niepce se rendit en Angleterre en 1827. Dans le mois de décembre de cette même année, il présenta un mémoire sur ses travaux photographiques à la Société royale de Londres. Le mémoire était accompagné de plusieurs échantillons sur métal, produit des méthodes déjà découvertes alors par notre compatriote. À l'occasion d'une réclamation de priorité, ces échantillons, encore en bon état, sont loyalement sortis naguère des collections de divers savants anglais. Ils prouvent, sans réplique, que pour la copie photographique des gravures, que pour la formation, à l'usage des graveurs, de planches à l'état d'ébauches avancées, M. Niepce connaissait, en 1827, le moyen de faire correspondre les ombres aux ombres, les demi-teintes aux demi-teintes, les clairs aux clairs; qu'il savait de plus, ses copies une fois engendrées, les rendre insensibles à l'action ultérieure et noircissante des rayons solaires. [...]

Dans ce que nous disions tout à l'heure des travaux de M. Niepce, on aura sans doute remarqué ces mots restrictifs: pour la copie photographique des gravures. C'est qu'en effet, après une multitude d'essais infructueux, M. Niepce avait, lui aussi, à peu près renoncé à reproduire les images de la chambre obscure; c'est que les préparations dont il faisait usage ne noircissaient pas assez vite sous l'action lumineuse; c'est qu'il lui fallait dix à douze heures pour engendrer un dessin; c'est que, pendant de si longs intervalles de temps, les ombres portées se déplaçaient beaucoup; c'est qu'elles passaient de la gauche à la droite des objets; c'est que ce mouvement, partout où il s'opérait, donnait naissance à des teintes plates, uniformes; c'est que dans les produits d'une méthode aussi défectueuse, tous les effets résultant des contrastes d'ombre et de lumière étaient perdus; c'est que, malgré ces immenses inconvénients, on n'était pas même toujours sûr de réussir; c'est qu'après des précautions infinies, des causes insaisissables, fortuites, faisaient qu'on avait tantôt un résultat passable, tantôt une image incomplète, ou qui laissait çà et là de larges lacunes; c'est, enfin, qu'exposés aux rayons solaires, les enduits sur lesquels les images se dessinaient, s'ils ne noircissaient pas, se divisaient, se séparaient par petites écailles.

En prenant la contrepartie de toutes ces imperfections, on aurait une énumération, à peu près complète, des mérites de la méthode que M. Daguerre a découverte à la suite d'un nombre immense d'essais minutieux, pénibles, dispendieux.

Les plus faibles rayons modifient la substance du Daguerréotype. L'effet se produit avant que les ombres solaires aient eu le temps de se déplacer d'une manière appréciable. Les résultats sont certains, si on se conforme à des prescriptions très simples. Enfin, les images une fois produites, l'action des rayons du soleil, continuée pendant des années, n'en altère ni la pureté, ni l'éclat, ni l'harmonie.

Votre Commission a pris des dispositions nécessaires pour que le jour de la discussion de la loi tous les membres de la Chambre, s'ils le jugent convenable, puissent apprécier les fruits du Daguerréotype, et se faire eux-mêmes une idée de l'utilité de cet appareil. À l'inspection de plusieurs des tableaux qui passeront sous vos yeux, chacun songera à l'immense parti qu'on aurait tiré, pendant l'expédition d'Égypte, d'un moyen de reproduction si exact et si prompt; chacun sera frappé de cette réflexion, que si la photographie avait été connue en 1798, nous aurions aujourd'hui des images fidèles d'un bon nombre de tableaux emblématiques, dont la cupidité des Arabes et le vandalisme de certains voyageurs ont privé à jamais le monde savant.

Pour copier les millions et millions d'hiéroglyphes qui couvrent, même à l'extérieur, les grands monuments de Thèbes, de Memphis, de Karnak, etc., il faudrait des vingtaines d'années et des légions de dessinateurs. Avec le Daguerréotype, un seul homme pourrait mener à bonne fin cet immense travail. Munissez l'institut d'Égypte de deux ou trois appareils de M. Daguerre, et sur plusieurs des grandes planches de l'ouvrage célèbre, fruit de notre immortelle expédition, de vastes étendues de hiéroglyphes réels iront remplacer des hiéroglyphes fictifs ou de pure convention ; et les dessins surpasseront partout en fidélité, en couleur locale, les œuvres des plus habiles peintres ; et les images photographiques, étant soumises dans leur formation aux règles de la géométrie, permettront, à l'aide d'un petit nombre de données, de remonter aux dimensions exactes des parties les plus élevées, les plus inaccessibles des édifices.

Ces souvenirs où les savants, où les artistes, si zélés et si célèbres attachés à l'armée d'Orient, ne pourraient, sans se méprendre étrangement, trouver l'ombre d'un blâme, reporteront sans doute les pensées vers les travaux qui s'exécutent aujourd'hui dans notre propre pays sous le contrôle de la Commission des monuments historiques. D'un coup d'œil, chacun apercevra alors l'immense rôle que les procédés photographiques sont destinés à jouer dans cette grande entreprise nationale : chacun comprendra aussi que les nouveaux procédés se distingueront par l'économie, genre de mérite qui, pour le dire en passant, marche rarement dans les arts avec la perfection des produits.

Se demande-t-on, enfin, si l'art, envisagé en lui-même, doit attendre quelques progrès de l'examen, de l'étude de ces images dessinées par ce que la nature offre de plus subtil, de plus délié : par des rayons lumineux ? M. Paul Delaroche va nous répondre.

Dans une note rédigée à notre prière, ce peintre célèbre déclare que les procédés de M. Daguerre « portent si loin la perfection de certaines conditions essentielles de l'art, qu'ils deviendront pour les peintres, même les plus habiles, un sujet d'observations et d'études ». Ce qui frappe dans les dessins photographiques, c'est que le fini d'un « précieux inimaginable ne trouble en rien la tranquillité des masses, ne nuit en aucune manière à l'effet général ». « La correction des lignes, dit ailleurs M. Delaroche, la précision des formes est aussi complète que possible dans les dessins de M. Daguerre, et l'on y reconnaît en même temps un modèle large, énergique, et un ensemble aussi riche de ton que d'effet... Le peintre trouvera dans ce procédé un moyen prompt de faire des collections d'études qu'il ne pourrait obtenir autrement qu'avec beaucoup de temps, de peine et d'une manière bien moins parfaite, et quel que fût d'ailleurs son talent. » Après avoir combattu par d'excellents arguments les opinions de ceux qui se sont imaginés que la photographie nuirait à nos artistes et surtout à nos habiles graveurs, M. Delaroche termine sa note par cette réflexion : « En résumé, l'admirable découverte de M. Daguerre est un immense service rendu aux arts. »

Nous ne commettrons pas la faute de rien ajouter à un pareil témoignage.

On se rappelle, sans doute, que parmi les questions que nous nous sommes posées en commençant ce rapport, figure celle de savoir si les méthodes photographiques pourront devenir usuelles.

Sans divulguer ce qui est, ce qui doit rester secret jusqu'à l'adoption, jusqu'à la promulgation de la loi, nous pouvons dire que les tableaux sur lesquels la lumière engendre les admirables dessins de M. Daguerre, sont des tables de plaqué, c'est-à-dire des planches de cuivre recouvertes d'une mince feuille d'argent. Il eût été sans doute préférable pour la commodité des voyageurs et, aussi, sous le point de vue économique, qu'on pût se servir de papier. Le papier imprégné de chlorure ou de nitrate d'argent fut, en effet, la première substance dont M. Daguerre fit choix ; mais le manque de sensibilité, la confusion des images, le peu de certitude des résultats, les accidents qui résultent souvent de l'opération destinée à transformer les clairs en noirs et les noirs en clairs, ne pouvaient manquer de décourager un si habile artiste. S'il eût persisté dans cette première voie, ses dessins photographiques figureraient peut-être dans les collections, à titre de produits d'une expérience de physique curieuse; mais, assurément, la Chambre n'aurait pas à s'en occuper. Au reste, si trois ou quatre francs, prix de chacune des plaques dont M. Daguerre fait usage, paraissent un prix élevé, il est juste de dire que la même plaque peut recevoir successivement cent dessins différents.

Le succès inoui de la méthode actuelle de M. Daguerre tient en partie à ce qu'il opère sur une couche de matière d'une minceur extrême, sur une véritable pellicule. Nous n'avons donc pas à nous occuper du prix des ingrédients qui la composent. Ce prix, par sa petitesse, ne serait vraiment pas assignable. [...]

Le Daguerréotype ne comporte pas une seule manipulation qui ne soit à la portée de tout le monde. Il ne suppose aucune connaissance du dessin, il n'exige aucune dextérité manuelle. En se conformant, de point en point, à certaines prescriptions très simples et très peu nombreuses, il n'est personne qui ne doive réussir certainement et aussi bien que M. Daguerre lui-même.

La promptitude de la méthode est peut-être ce qui a le plus étonné le public. En effet, dix à douze minutes sont à peine nécessaires, dans les temps sombres de l'hiver, pour prendre la vue d'un monument, d'un quartier de ville, d'un site.

En été, par un beau soleil, ce temps peut être réduit de moitié. Dans les climats du Midi, deux à trois minutes suffiront certainement. Mais, il importe de le remarquer, ces dix à douze minutes d'hiver, ces cinq à six minutes d'été, ces deux à trois minutes des régions méridionales, expriment seulement le temps pendant lequel la lame de plaqué a besoin de recevoir l'image lenticulaire. À cela, il faut ajouter le temps du déballage et de l'arrangement de la chambre noire, le temps de la préparation de la plaque, le temps que dure la petite opération destinée à rendre le tableau, une fois créé, insensible à l'action lumineuse. Toutes ces opérations réunies pourront s'élever à trente minutes ou à trois quarts d'heure. Ils se faisaient donc illusion, ceux qui, naguère, au moment d'entreprendre un voyage, déclaraient vouloir profiter de tous les moments où la diligence gravirait lentement des montées, pour prendre des vues du pays. [...]

La préparation sur laquelle M. Daguerre opère est un réactif beaucoup plus sensible à l'action de la lumière que tous ceux dont on s'était servi jusqu'ici. Jamais les rayons de la lune, nous ne disons pas à l'état naturel, mais condensés au foyer de la plus grande lentille, au foyer du plus large miroir réfléchissant, n'avaient produit d'effet physique perceptible. Les lames de plaqué préparées par M. Daguerre blanchissent au contraire à tel point, sous l'action de ces mêmes rayons et des opérations qui lui succèdent, qu'il est permis d'espérer qu'on pourra faire des cartes photographiques de notre satellite. C'est dire qu'en quelques minutes on exécutera un des travaux les plus longs, les plus minutieux, les plus délicats de l'astronomie.

Une branche importante des sciences d'observation et de calcul, celle qui traite de l'intensité de la lumière, la *photométrie*, a fait jusqu'ici peu de progrès. [...] N'hésitons pas à le dire, les réactifs découverts par M. Daguerre hâteront les progrès d'une des sciences qui honorent le plus l'esprit humain. Avec leur secours, le physicien pourra procéder désormais par voie d'intensités absolues: il comparera les lumières par leurs effets. S'il y trouve de l'utilité, le même tableau lui donnera des empreintes des rayons éblouissants du soleil, des rayons trois cent mille fois plus faibles de la lune, des rayons des étoiles. Ces empreintes, il les égalisera, soit en affaiblissant les plus fortes lumières, à l'aide de moyens excellents, résultat des découvertes récentes, mais dont l'indication serait ici déplacée, soit en ne laissant agir les rayons les plus brillants que pendant une seconde, par exemple, et en continuant au besoin l'action des autres jusqu'à une demi-heure. Au reste, quand les observateurs appliquent un nouvel instrument à l'étude de la nature, ce qu'ils en ont espéré est toujours peu de chose relativement à la succession de découvertes dont l'instrument devient l'origine. En ce genre, c'est sur l'imprévu qu'on doit particulièrement compter. Cette pensée semble-t-elle paradoxale ? Quelques citations en montrent la justesse. [...]

Nous pourrions, par exemple, parler de quelques idées qu'on a eues sur les moyens rapides d'investigation que le topographe pourra emprunter à la photographie ; mais nous irons plus droit à notre but, en consignant ici une observation singulière dont M. Daguerre nous entretenait hier : suivant lui, les heures du matin et les heures du soir également éloignées de midi et correspondant, dès lors, à de semblables hauteurs du soleil au-dessus de l'horizon, ne sont pas, cependant, également favorables à la production des images photographiques. Ainsi, dans toutes les saisons de l'année, et par des circonstances atmosphériques, en apparence exactement semblables, l'image se forme un peu plus promptement à sept heures du matin, par exemple, qu'à cinq heures de l'après-midi ; à huit heures qu'à quatre heures ; à neuf heures qu'à trois heures. Supposons ce résultat vérifié et le météorologiste aura un élément de plus à consigner dans ses tableaux ; et aux observations anciennes de l'état du thermomètre, du baromètre, de l'hygromètre et de la diaphanéité de l'air, il devra ajouter un élément que les premiers instruments n'accusent pas, et il faudra tenir compte d'une absorption particulière, qui ne peut pas être sans influence sur beaucoup d'autres phénomènes, sur ceux mêmes qui sont du ressort de la physiologie et de la médecine[1].

Nous venons d'essayer, Messieurs, de faire ressortir tout ce que la découverte de M. Daguerre offre d'intérêt, sous le quadruple rapport de la nouveauté, de l'utilité artistique, de la rapidité d'exécution et des ressources précieuses que la science lui empruntera. Nous nous sommes efforcés de vous faire partager nos convictions, parce qu'elles sont vives et sincères, parce que nous avons tout examiné, tout étudié avec le scrupule religieux qui nous était imposé par vos suffrages ; parce que s'il eût été possible de méconnaître l'importance du Daguerréotype et la place qu'il occupera dans l'estime des hommes, tous nos doutes auraient cessé en voyant l'empressement que les nations étrangères mettaient à se saisir d'une date erronée, d'un fait douteux, du plus léger prétexte, pour soulever des questions de priorité, pour essayer d'ajouter le brillant fleuron que formeront toujours les procédés photographiques, à la couronne de découvertes dont chacune d'elles se pare. N'oublions pas de le proclamer, toute discussion sur ce point a cessé, moins encore en

1. « En général, on se montre peu disposé à admettre que le même instrument servira jamais à faire des portraits. Le problème renferme, en effet, deux conditions, en apparence inconciliables. Pour que l'image naisse rapidement, c'est-à-dire pendant les quatre ou cinq minutes d'immobilité qu'on peut exiger et attendre d'une personne vivante, il faut que la figure soit en plein soleil ; mais en plein soleil, une vive lumière forcerait la personne la plus impassible à un clignotement continuel ; elle grimacerait ; toute l'habitude faciale se trouverait changée.

« Heureusement, M. Daguerre a reconnu, quant à l'iodure d'argent dont les plaques sont recouvertes, que les rayons qui traversent certains verres bleus produisent la presque totalité des effets photogéniques. En plaçant un de ces verres entre la personne qui pose et le soleil, on aura donc une image photogénique presque tout aussi vite que si le verre n'existait pas, et cependant, la lumière éclairante étant alors très douce, il n'y aura plus eu lieu à grimace ou à clignotements trop répétés. » [Note ajoutée par Arago lors de la publication de son rapport dans les comptes rendus hebdomadaires de l'Académie des sciences.]

présence de titres d'antériorité authentiques, incontestables, sur lesquels MM. Niepce et Daguerre se sont appuyés, qu'à raison de l'incroyable perfection que M. Daguerre a obtenue. S'il le fallait, nous ne serions pas embarrassés de produire ici des témoignages des hommes les plus éminents de l'Angleterre, de l'Allemagne, et devant lesquels pâlirait complètement ce qui a été dit chez nous de plus flatteur, touchant la découverte de notre compatriote. Cette découverte, la France l'a adoptée dès le premier moment, elle s'est montrée fière de pouvoir en doter libéralement le monde entier [...] C'est par une pension que vous récompensez le guerrier qui a été mutilé sur les champs de bataille, le magistrat qui a blanchi sur son siège; que vous honorez les familles de Cuvier, de Jussieu, de Champollion. De pareils souvenirs ne pouvaient manquer d'agir sur le caractère élevé de M. Daguerre: il se décida à demander une pension. Ce fut, au reste, d'après les intentions de M. le Ministre de l'Intérieur, M. Daguerre lui-même qui en fixa le montant à 8 000 fr., partageables par moitié entre lui et son associé, M. Niepce fils; la part de M. Daguerre a depuis été portée à 6 000 fr., soit à cause de la condition qu'on a imposée spécialement à cet artiste, de faire connaître les procédés de peintures et d'éclairage des tableaux du Diorama actuellement réduits en cendres; soit, surtout, à raison de l'engagement qu'il a pris de livrer au public tous les perfectionnements dont il pourrait enrichir encore ses méthodes photographiques. L'importance de cet engagement ne paraîtra certainement douteuse à personne, lorsque nous aurons dit, par exemple, qu'il suffira d'un tout petit progrès pour que M. Daguerre arrive à faire le portrait des personnes vivantes à l'aide de ses procédés. [...] La commission, à l'unanimité des voix, n'a donc plus qu'à vous proposer d'adopter purement et simplement le projet de loi du gouvernement.

Salon de 1859

(1859)

CHARLES BAUDELAIRE
(1821-1867)

« Le daguerréotype fait-il le portrait? » avaient immédiatement demandé les députés, à l'audition du premier discours d'Arago. Nouveau média de masse, la photographie peut faire craindre aux détenteurs attitrés de la reproduction par image, les peintres, une menace pour leur monopole. De même, nous avons vu le diacre Frollo soupirer devant l'avenir que le livre imprimé préparait à la cathédrale (supra *chapitre* VI). *L'innovation technologique court-circuite ceux qui jouissent de l'ancien monopole, et qui dénoncent donc dans celle-ci tous les signes de la vulgarité, et de la décadence. Ainsi les professeurs ou les gardiens du livre, aujourd'hui pris de court par les écrans de télévision.*

Le célèbre texte de Baudelaire que nous extrayons du Salon de 1859 *participe sans doute de cette réaction, mais il pressent aussi les conséquences imaginaires, voire fantasmatiques de la nouvelle invention. Le poète rapporte paradoxalement la photographie, promue cause nationale par un homme de science, à la tradition religieuse de l'humanité : une religion tombée bien bas puisqu'elle adore désormais... le réel! La boucle du narcissisme sera bouclée quand ces « nouveaux adorateurs du soleil », prévoit Baudelaire, s'adoreront eux-mêmes à travers leurs portraits. Cette privatisation de l'image, et l'accès désormais plus démocratique de chacun à* son *portrait (fût-ce une obligatoire photo d'identité), constituent en effet l'un des bouleversements à la fois imaginaires et sociaux* *introduits depuis cette époque dans notre culture. Mais cette réelle démocratisation, prévue par Arago, n'est pas du goût du poète qui stigmatise dans l'usage de la chambre obscure un instrument d'*obscurantisme *(Sylvie Merzeau, op. cit.).*

Il faut pour bien entendre ce texte le replacer d'autre part dans la querelle qui agite depuis plusieurs années la tenue du Salon : une « simple technique », la photographie, pouvait-elle prendre pied dans ce temple des beaux-arts ? On lira dans l'anthologie d'André Rouillé les détails de cette polémique, conclue en 1859 par l'octroi à la photo d'un pavillon annexe à l'exposition de peinture. Cette demi-mesure inspire de la fureur à Charles Baudelaire ; elle témoigne néanmoins d'une évolution irréversible : désormais les peintres, et les poètes, devront non seulement compter avec la photographie, mais verront leur art sommé par ce défi d'inventer d'autres voies, ou de dialoguer avec le nouveau média. C'est ainsi que Victor Hugo imagine à Guernesey de composer un livre mixte, où l'image photographique répondrait aux poèmes. Mallarmé en des textes subtils médite sur l'incompatibilité, mais aussi la complémentarité de ces deux registres (car l'image mieux que la poésie pourrait « rémunérer le défaut des langues »), et sur les ressources des sous-systèmes esthétiques qui travaillent et traversent l'art d'écrire. Les surréalistes, au moins avec Breton dans Nadja, *abolissent la description pour mieux célébrer le court-circuit de l'image, dont l'automatisme précède l'« incurable retard des mots ». Et plus près de nous, Claude Simon ne cesse de réfléchir en écrivain aux secousses reçues d'autres et plus immédiats médias.*

Le grand défi introduit par la photographie auprès des formes plus sages de la représentation tient en effet à sa sémiotique indicielle : toute photo est une empreinte, qui court-circuite à ce titre la représentation ou la mentalisation, au profit d'une « simple » relation de type stimulus-réponse (le choc de la lumière sur une surface sensible). Ce réalisme a donc pour corollaire des effets imaginaires inouïs : le portrait mieux que le tableau peint peut se révéler spectral, ou favoriser l'expérience de l'aura *(Walter Benjamin), et du fantôme. La même démonstration concernerait d'ailleurs, à côté de la photo, l'invention du phono ; et aujourd'hui les usages de la télévision. Ces arts de l'immédiat, ou du choc indiciel (traces, dépôts, ombres, empreintes ou stimuli...), ne peuvent que bousculer, ou inquiéter (au sens freudien de* l'inquiétante étrangeté*) les séculaires pratiques d'une représentation fondée sur la coupure sémiotique (cf.* supra *chapitre* II*).*

Source : *Salon de 1859, in* Œuvres complètes, *édition de la Pléiade, pp. 1033-1036.*

Bibliographie : *Walter Benjamin,* Essais *(tome 1 : 1922-1934, tome 2 : 1935-1940), traduction de Maurice de Gandillac, Denoël, Paris, 1971 et Gonthier/Médiations, 1983 ; André Rouillé,* la Photographie en France; Textes et controverses: une anthologie (1816-1871), *Macula, Paris, 1989 ; Sylvie Merzeau,* Du Scripturaire à l'indiciel, *thèse citée* supra, *où se trouve développé l'impact de la photographie sur la pratique de quelques écrivains ou mouvements littéraires.*

DANS CES JOURS DÉPLORABLES, une industrie nouvelle se produisit, qui ne contribua pas peu à confirmer la sottise dans sa foi et à ruiner ce qui pouvait rester de divin dans l'esprit français. Cette foule idolâtre postulait un idéal digne d'elle et approprié à sa nature, cela est bien entendu. En matière de peinture et de statuaire, le *Credo* actuel des gens du monde, surtout en France (et je ne crois pas que qui que ce soit ose affirmer le contraire), est celui-ci : « Je crois à la nature et je ne crois qu'à la nature (il y a de bonnes raisons pour cela). Je crois que l'art est et ne peut être que la reproduction exacte de la nature (une secte timide et dissidente veut que les objets de nature répugnante soient écartés, ainsi un pot de chambre ou un squelette). Ainsi l'industrie qui nous donnerait un résultat identique à la nature serait l'art absolu. » Un Dieu vengeur a exaucé les vœux de cette multitude. Daguerre fut son messie. Et alors elle se dit : « Puisque la photographie nous donne toutes les garanties désirables d'exactitude (ils croient cela, les insensés !), l'art, c'est la photographie. » À partir de ce moment, la société immonde se rua, comme un seul Narcisse, pour contempler sa triviale image sur le métal. Une folie, un fanatisme extraordinaire s'empara de tous ces nouveaux adorateurs du soleil. D'étranges abominations se produisirent. En associant et en groupant des drôles et des drôlesses, attifés comme les bouchers et les blanchisseuses dans le carnaval, en priant ces héros de vouloir bien continuer, pour le temps nécessaire à l'opération, leur grimace de circonstance, on se flatta de rendre les scènes, tragiques ou gracieuses, de l'histoire ancienne. Quelque écrivain démocrate a dû voir là le moyen, à bon marché, de répandre dans le peuple le dégoût de l'histoire et de la peinture, commettant ainsi un double sacrilège et insultant à la fois la divine peinture et l'art sublime du comédien. Peu de temps après, des milliers d'yeux avides se penchaient sur les trous du stéréoscope comme sur les lucarnes de l'infini. L'amour de l'obscénité, qui est aussi vivace dans le cœur naturel de l'homme que l'amour de soi-même, ne laissa pas échapper une si belle occasion de se satisfaire. Et qu'on ne dise pas que les enfants qui reviennent de l'école prenaient seuls plaisir à ces sottises ; elles furent l'engouement du monde. J'ai entendu une belle dame, une dame du beau monde, non pas du mien, répondre à ceux qui lui cachaient discrètement de pareilles images, se chargeant ainsi d'avoir de la pudeur pour elle : « Donnez toujours ; il n'y a rien de trop fort pour moi. » Je jure que j'ai entendu cela ; mais qui me croira ? [« Vous voyez bien que ce sont de grandes dames ! » dit Alexandre Dumas. « Il y en a de plus grandes encore ! » dit Cazotte.]

Comme l'industrie photographique était le refuge de tous les peintres manqués, trop mal doués ou trop paresseux pour achever leurs études, cet universel engouement portait non seulement le caractère de l'aveuglement et de l'imbécillité, mais avait aussi la couleur d'une vengeance. Qu'une si stupide conspiration, dans laquelle on trouve, comme dans toutes les autres, les méchants et les dupes, puisse réussir d'une manière absolue, je ne le crois pas, ou du moins je ne veux pas le croire ; mais je suis convaincu que les progrès mal appliqués de la photographie ont beaucoup contribué, comme d'ailleurs tous les progrès purement matériels, à l'appauvrissement du génie artistique français, déjà si rare. La Fatuité moderne aura beau rugir, éructer tous les borborygmes de sa ronde personnalité, vomir tous les sophismes indigestes dont une philosophie récente l'a bourrée à gueule-que-veux-tu, cela tombe sous le sens que l'industrie, faisant irruption dans l'art, en devient la plus mortelle ennemie, et que la confusion des fonctions empêche qu'aucune soit bien remplie. La poésie et le progrès sont deux ambitieux qui se haïssent d'une haine instinctive, et, quand ils se rencontrent dans le même chemin, il faut que l'un des deux serve l'autre. S'il est permis à la photographie de suppléer l'art dans quelques-unes de ses fonctions, elle l'aura bientôt supplanté ou corrompu tout à fait, grâce à l'alliance naturelle qu'elle trouvera dans la sottise de la multitude. Il faut donc qu'elle rentre dans son véritable devoir, qui est d'être la servante des sciences et des arts, mais la très humble servante comme l'imprimerie et la sténographie, qui n'ont ni créé ni suppléé la littérature. Qu'elle enrichisse rapidement l'album du voyageur et rende à ses yeux la précision qui manquerait à sa mémoire, qu'elle orne la bibliothèque du naturaliste, exagère les animaux microscopiques, fortifie même de quelques renseignements les hypothèses de l'astronome ; qu'elle soit enfin le secrétaire et le garde-note de quiconque a besoin dans sa profession d'une absolue exactitude matérielle, jusque-là rien de mieux. Qu'elle sauve de l'oubli les ruines pendantes, les livres, les estampes et les manuscrits que le temps dévore, les choses précieuses dont la forme va disparaître et qui demandent une place dans les archives de notre mémoire, elle sera remerciée et applaudie. Mais s'il lui est permis d'empiéter sur le domaine de l'impalpable et de l'imaginaire, sur tout ce qui ne vaut que parce que l'homme y ajoute de son âme, alors malheur à nous !

Je sais bien que plusieurs me diront : « La maladie que vous venez d'expliquer est celle des imbéciles. Quel homme, digne du nom d'artiste, et quel amateur véritable a jamais confondu l'art avec l'industrie ? » Je le sais, et cependant je leur demanderai à mon tour s'ils croient à la contagion du bien et du mal, à l'action des foules sur les individus et à l'obéissance involontaire, forcée, de l'individu à la foule. Que l'artiste agisse sur le public, et que le public réagisse sur l'artiste, c'est une loi incontestable et irrésistible ; d'ailleurs les faits, terribles témoins, sont faciles à étudier ; on peut constater le désastre. De jour en jour l'art diminue le respect de lui-même, se prosterne devant la réalité extérieure, et le peintre devient de plus en plus enclin à peindre, non pas ce qu'il rêve, mais ce qu'il voit. Cependant *c'est un bonheur de rêver*, et c'était une gloire d'exprimer ce qu'on rêvait ; mais que dis-je ! connaît-il encore ce bonheur ?

L'observateur de bonne foi affirmera-t-il que l'invasion de la photographie et la grande folie industrielle sont tout à fait étrangères à ce résultat déplorable ? Est-il permis de supposer qu'un peuple dont les yeux s'accoutument à considérer les résultats d'une science matérielle comme les produits du beau n'a pas singulièrement, au bout d'un certain temps, diminué la faculté de juger et de sentir ce qu'il y a de plus éthéré et de plus immatériel ?

Le Temps d'une photo.
De la sémiologie de l'image aux images d'information

ELISÉO VÉRON
(né en 1935)

Cette étude est au carrefour de la pragmatique (l'énonciation et les stratégies du discours), de la sémiotique (jusqu'à quel point les images relèvent-elles de concepts et de « grilles de lecture » forgés pour la linguistique ?), et de la médiologie (la spécificité du support photographique).

Dans une première partie, Eliséo Véron revient sur le numéro 15 de la revue Communications *consacré à « L'analyse des images », et sur l'article introductif de Christian Metz (reproduit* supra *au chapitre* II*). Il souligne l'échec des tentatives faites pour étendre l'analyse linguistique aux images, notamment la « stérile quête des unités minimales » : on n'analysera pas ces énoncés (iconiques) à partir des codes, mais en les considérant comme des* messages.

Eliséo Véron a longtemps travaillé sur la sémiotique de C. S. Peirce. Il confronte ici la notion peircienne de l'indice aux textes de Roland Barthes sur la photographie. Barthes avait dès 1961 défini celle-ci comme un « message sans code », et dans son dernier ouvrage, la Chambre claire, *il s'attachait à cerner dans la photographie la valeur indicielle du* punctum : *ce qui « poigne » dans certaines photos (à la différence de tout tableau), c'est l'irréductible évidence qu'un jour le monde, ou tel visage, avait cette forme, qui s'est déposée* là.

Source : *article à paraître dans le numéro 11 de la revue* Hermès, *éditions du C.N.R.S., Paris, 1993.*

[...]
Du support aux discours : le cas de la photographie

Revenons à la question des « domaines », soulevée par Metz dans sa présentation de ce numéro historique de *Communications*. Il convient aujourd'hui, me semble-t-il, de distinguer non moins de cinq niveaux de repérage :
— les *types* de discours : publicité, discours politique, discours scientifique, information, etc. Il n'existe pas encore de classification, théoriquement fondée et empiriquement efficace, des types de discursivité ;
— les *supports technologiques* : peinture, photographie, presse écrite, cinéma, vidéo, etc., qui peuvent, bien entendu, se mélanger, et qui se mélangent de plus en plus ;
— les *médias* : télévision, cinéma, radio, presse écrite, etc. De mon point de vue, le concept de « média » désigne un ensemble constitué par une technologie *plus* les pratiques sociales de production et d'appropriation de cette technologie, lorsqu'il y a accès *public* (quelles que soient les conditions de cet accès, qui est généralement payant) aux messages ;
— les *genres-L* (« L » en rappel de l'origine littéraire du concept) : interview, reportage, table ronde, fiction, essai, etc. ;
— les *genres-P* (« P » pour produit), c'est-à-dire les objets que l'on achète et l'on consomme sur le marché culturel : quotidien national, série, feuilleton, journal télévisé, hebdomadaire d'information, etc.

Types de discours, supports, médias, genres-L et genres-P *s'entrecroisent librement*. Ces cinq niveaux de repérage sont étroitement associés, bien entendu, aux pratiques sociales qui organisent les formes de la discursivité.

Pour illustrer la démarche qui me paraît aujourd'hui la plus appropriée quand on s'intéresse à l'articulation entre supports (en l'occurrence, supports d'image) et types de discours (en l'occurrence, la discursivité politique), je prendrai le domaine de la photographie.

Flash-back, donc, vers l'un des premiers objets non linguistiques que Barthes sémiologue s'était donné. Il est vrai que, par la suite, son intérêt pour la textualité littéraire l'éloigne progressivement à la fois des « images » et de la problématique linguistico-structuraliste des *Éléments de sémiologie*. Pourtant *la Chambre claire*, dernier ouvrage qu'il a publié avant sa mort, marque un retour, vingt ans plus tard, au thème initial de la photographie. Ce livre, qui par certains côtés peut être tenu comme un aveu d'échec d'une *science* de l'image photographique, est cependant très important (Barthes, 1980).

Ce que le terme « photographie » désigne est une technique, et l'identification d'un support technique ne suffit pas à repérer une discursivité sociale. Dans *la Chambre claire*, il est alternativement question de non moins de trois discursivités photographiques différentes (sans que Barthes les distingue : il parle tout le long de son livre de la Photographie avec un grand « P ») : celle que l'on appelle d'habitude la « photo d'art » (commentaires dans son livre sur Nadar, Mapplethorpe, et d'autres) ; celle qui résulte de l'exploitation privée de la technique (photo « d'amateur » ou « de famille » – la photo du Jardin d'Hiver, qui est au centre du livre, en est une) ; ici ou là, enfin, celle de la photo « de reportage» (des exemples pris dans *Paris-Match*). Trois modes d'existence bien distincts d'une même technique. La photo d'art peut, dans le contexte contemporain, être considérée un «média». La photo «de reportage» est l'une des modalités d'utilisation de l'image photographique par un média (la presse d'information). Quant à la photo d'amateur ou de famille, elle est une discursivité sociale qui ne constitue pas un «média» à proprement parler, selon la définition que j'ai indiquée plus haut: elle ne satisfait pas au critère de l'accès public – et donc directement ou indirectement payant – aux messages.

Quel est le statut de cet objet technique qui donne lieu à des exploitations différentes, et par conséquent, à des discursivités sociales différentes? Est-il seulement une sorte de préalable, en amont et en dehors de la production de sens (qui, elle, serait toujours déjà discursive), ou bien comporte-t-il, en tant que tel, une sorte de «noyau sémiotique»? Barthes croyait à ce «noyau sémiotique» et il essaye de le saisir lorsqu'il s'interroge sur le «noème» de la photographie.

Selon Barthes, la photographie *en tant que dispositif technique* concerne, non pas l'espace (c'est-à-dire, la ressemblance), mais le temps. «[...] dans la Photographie, je ne puis jamais nier que *la chose a été là*. Il y a double position conjointe: de réalité et de passé. [...] Ce que j'intentionnalise dans une photo [...] ce n'est ni l'Art, ni la Communication, c'est la Référence, qui est l'ordre fondateur de la Photographie» (Barthes, 1980, p. 120). «[...] le noème de la Photographie n'est nullement dans l'analogie (trait qu'elle partage avec toutes sortes de représentations). Les réalistes, dont je suis [...] ne prennent pas du tout la photo pour une "copie" du réel – mais pour une émanation du *réel passé*: une *magie*, non un art. [...] L'important, c'est que la photo possède une force constative, et que le constatif de la Photographie porte, non sur l'objet, mais sur le temps» (Barthes, 1980, pp. 138-139). La *référenciation*, en tant qu'opération localisée dans le temps (plutôt que le référent), serait donc, selon Barthes, le «noème» de la photographie. Ce point de vue pourrait être accepté même par ceux qui refusent aux images en général toute dimension *assertive*. L'éventuelle assertion sur l'«avoir été là» est une opération du regardant de la photographie («je ne puis jamais nier que la chose à été là»), elle n'est pas contenue dans cette dernière [...].

Que dire de la démarche intensément et dramatiquement subjective, à laquelle Barthes s'est livrée dans *la Chambre claire*, à partir d'une photo de sa mère enfant, la photo du Jardin d'Hiver, démarche qu'il qualifie de «phénoménologique»? Elle contient plusieurs intuitions capitales, dont l'une des plus importantes est celle d'approcher la photographie avant tout par son caractère *indiciel* plutôt que par sa nature iconique, en privilégiant ainsi le temps sur l'espace. Mais cette intuition n'a rien de «phénoménologique»: elle cherche à donner sens à la «connaissance commune» que l'on a de la genèse technique de l'image photographique; et elle est par ailleurs insuffisante pour saisir les discursivités sociales qui peuvent être bâties à partir de la technique. Dans le contexte de chaque discursivité sociale organisée par des usages, les «effets sémiotiques» se transforment. Ce que l'histoire de la photographie montre d'une façon exemplaire.

Un support au cœur de l'individualisme moderne

Au beau milieu du XIXe siècle, un support vient de naître: la photographie. Il est immédiatement pris dans les tourbillons de la société et la culture. Rappelons brièvement quelques aspects de la genèse des discursivités photographiques.

Dès les premières années de la photographie, un usage s'installe qui reprend les codes picturaux du portrait. Les notables, à commencer par l'empereur lui-même, se font photographier à la façon dont ils se faisaient, auparavant, peindre (Rouillé, 1985). Ici, la stratégie énonciative, en reprenant les règles de production du portrait peint, exprime, comme ce dernier, une volonté d'exemplarité: travaillée par la stylistique du portrait peint, la pose a un relent d'éternité. Dans le domaine photographique, nous avons là une première figure énonciative de la *neutralisation* des conditions spécifiques de la «prise de vue»: le référent (pour reprendre la terminologie de Barthes) est *dé-temporalisé.*

Une stratégie énonciative associée à un support (la peinture) est transférée à un nouveau support (la photographie). Or, dans le cas de la peinture, l'ensemble des processus de circulation du sens reste dans la sphère publique; c'est parce qu'il s'agit d'un notable (c'est-à-dire, d'un homme public) que le portrait se justifie. Et la peinture étant un art autographique par excellence (Goodman, 1968), la consommation collective de cette œuvre unique ne pourra avoir lieu que dans un contexte public. La technique photographique introduit ici une différence capitale: l'image photographique est reproductible à dessein. On peut donc s'acheter une photographie de l'empereur (c'est l'accès payant, aspect fondamental de la médiatisation), ce qui fait apparaître une modalité nouvelle d'appropriation *privée* d'un élément signifiant de l'ordre *public*. Depuis lors, la photographie a partie liée, dans les médias, avec la consommation privée de valeurs publiques, incarnées dans les multiples figurations du pouvoir et des institutions.

«L'âge de la Photographie – rappelle Barthes – correspond [...] à la création d'une nouvelle valeur sociale, qui est la publicité du privé: le *privé* est consommé comme tel, *publiquement*» (Barthes, 1980, p.153). Mouvement qui apparaît, on le voit, comme l'inverse du précédent: ce n'est pas ici le portrait de l'empereur; c'est l'empereur à table, entouré de sa famille, ou en train de jouer avec ses enfants: il a, lui aussi, une vie privée. Dans ce cas, les effets techniques de la photographie affectent la stratégie énonciative elle-même, au-delà des conditions de réception: ce qui est mis en valeur ce n'est pas, comme dans le cas du portrait, la dignité dé-temporalisée de la notabilité, mais plutôt, pourrait-on dire, la naturalité d'une vie qui, étant marquée du sceau du public, n'est pas pour autant moins une vie. En mettant en évidence sa face cachée (privée), une valeur publique retrouve, dans l'appropriation privée du récepteur, le statut d'un lieu de reconnaissance, d'une certaine mise en parallèle de deux sphères du privé. Même si, bien entendu, la mise en représentation photographique de ce privé-là n'a d'intérêt que parce qu'elle est le revers de la notabilité, et donc inséparable de celle-ci. Ce mécanisme est devenu fondamental dans les médias informatifs modernes. Ici, c'est le présent, l'actualité de l'image qui prime: le «il est là» (notre empereur jadis, comme notre Johnny aujourd'hui) plutôt que l'«avoir été là».

Grâce à la simplification rapide de la technique, avec la généralisation du procédé de la couche argentée par opposition au daguerréotype, ces deux processus se retrouvent rapidement dans la sphère du privé de chaque citoyen. D'un côté, l'esthétique du portrait peint, transposée à la photographie, se diffuse: les bourgeois, qui ne pouvaient pas se payer un peintre, se font photographier. Certains photographes proposent même des photos équestres. D'un autre coté, pouvoir photographier le quotidien fait naître le désir de construire, par l'image, la saga familiale (Corbin, 1987). C'est dans ce cas précis que la photographie, dans son usage privé, acquiert toute sa valeur signifiante de l'«avoir été là»: l'album des photos de famille est la matérialisation, chargée de nostalgie, du temps qui passe.

Dans un cas comme dans l'autre, l'image photographique sert de support, dans le domaine du *privé*, à l'émergence d'un désir de *publicité*: le portrait du père (ou du couple de «géniteurs», ou de l'ensemble du groupe familial en pose) mime, dans l'espace restreint du clan familial, l'exemplarité de la notoriété publique; l'album de famille, lui, est à montrer aux amis, aux parents, aux relations... S'exprime ici, pourrait-on-dire, le désir d'une mise en public du privé, et le support photographique rend possible, pour la première fois, la mise en représentation de *ce que le privé comporte de communautaire.*

Rappelons encore deux phénomènes complémentaires, l'un médiatique, l'autre non : la carte postale et la photo « touristique ». La carte postale est l'un des grands médias issu, très rapidement, de l'émergence de la technique photographique. La carte postale montre, par définition, des lieux publics : monuments, fontaines, rues de villes, châteaux... Son énorme succès témoigne d'une volonté nouvelle de marquage du public par le privé, et du privé par le public. L'appropriation privée d'un élément public (qui s'exprime dans l'acte d'envoyer la carte postale à la famille, à des amis, etc.) signifie : « *nous* avons été *là*, et en étant là, nous avons pensé à *toi* ». C'est ce double croisement du public et du privé qui donne toute sa valeur à la mise en circulation de la carte postale, qui est un média. Quant à la photo « touristique », qui ne l'est pas, elle rend possible une autre variante de cette stratégie de marquage : on se fait photographier devant le monument ou le château. Ici, l'« avoir été là » de la photographie ne renvoie pas, tout au moins dans un premier moment discursif (celui de l'exhibition, avec les proches, des photos de voyage), au « temps qui passe », logique de base de l'album de famille, même si ces photos vont, par la suite, s'y intégrer. Il y a d'abord un mouvement de légitimation de la pertinence des déplacements des individus, pertinence qui se nourrit du contact avec la notoriété des espaces publics.

Voici donc un objet technique jeté au milieu de la tourmente de l'individualisation moderne : la nouvelle technologie de la photographie se met à jouer des rôles (un faisceau de rôles) au cœur du processus à travers lequel les individus re-définissent leur identité et leurs rapports au social.

Il y a, en effet, une spécificité purement technique de la photographie : cette causalité indicielle impliquée dans la captation, à un instant donné et à jamais perdu, de la lumière provenant de l'objet. De ce point de vue, on peut dire qu'une photographie est *ce qui reste* de l'objet ou de la scène représentés. Mais ce « reste » va s'historiciser et se socialiser progressivement, sous la forme d'une multiplicité d'opérations destinées à gérer les articulations entre espaces privés et espaces publics, à un moment crucial de la construction de l'individu de la modernité.

Nous sommes amenés ainsi à une conclusion plus complexe que celle du « noème » de Barthes. Ce « noème » est un fait technique. L'« avoir été là » prend tout son sens dans la photo de famille. Mais la temporalité de la photo peut être neutralisée (c'est le cas du portrait, mais nous verrons d'autres exemples un peu plus loin); elle peut s'interpréter plutôt comme un « être là » (dans l'actualité). Derrière ces discursivités, médiatiques et non médiatiques, qui prennent progressivement forme autour de l'objet technique, on retrouve une configuration de modalités d'articulation entre le privé et le public. Sans paradoxe, nous pouvons dire que c'est la *temporalité* qui est au cœur de la technique, qui la rend apte, à travers de multiples formes, à traiter les rapports entre les *espaces mentaux* du public et du privé.

Cette relation intime entre la photographie et la structuration de l'individualisme moderne, éclaire une autre intuition capitale de *la Chambre claire*. Barthes est parfaitement conscient que la référence à la phénoménologie n'est qu'un prétexte, et il le fait comprendre : « c'était une phénoménologie vague, désinvolte, cynique même, tellement elle acceptait de déformer ou d'esquiver ses principes selon le bon plaisir de mon analyse » (Barthes, 1980, p. 40). En privilégiant le *punctum*, quelque chose dans une photographie « qui part de la scène, comme une flèche, et vient me percer» (p. 49) au détriment du *studium* qui, lui, relève de la culture, «de ce contrat passé entre les créateurs et les consommateurs» (p. 51), Barthes s'obstine à construire un discours purement subjectif, à partir de la découverte de l'image de sa mère enfant, la photo du Jardin d'Hiver. De la part du principal protagoniste de l'«aventure sémiologique» en France, ce livre a pu être interprété comme un aveu final d'impuissance: une science de l'image étant impossible (ou sans intérêt), il ne nous reste qu'à tisser nos souvenirs, dans une démarche qui relève définitivement de la littérature. Et pourtant, à sa manière, paradoxale et sournoisement provocatrice, *la Chambre claire* pointe et met en scène l'aventure *historique* de la photographie, ce support devenu inséparable de la singularité de l'individu.

En même temps, cette mise en avant de la subjectivité dans la «lecture» des images photographiques nous oblige à affronter un problème théorique fondamental: celui de la pluralité de modalités d'appropriation des discours, qui se traduit par ce que j'appelle le décalage entre la production et la reconnaissance, et donc par le constat de la non-linéarité de la circulation du sens (Véron, 1988). Cette pluralité, on aurait tort de l'assimiler à l'arbitraire. J'ai réalisé, il y a quelques années, une recherche sur les modalités de visite d'une exposition, précisément, de photographies d'art, ayant pour thème les vacances des Français. Parmi les quatre principales «stratégies» déployées par les visiteurs, l'une d'entre elles, que j'avais appelée la stratégie des «sauterelles», est organisée exactement autour du *punctum* décrit par Barthes dans *la Chambre claire*. Figure exemplaire du détournement individualisant d'un contrat culturel proposé par l'institution (Véron et Levasseur, 1983).

La subjectivité du *punctum* prend sa forme à partir de la matière du *studium*, la construction de la *singularité* de l'individu ne peut être comprise que comme une stratégie de négociation permanente avec les «contrats» proposés dans l'offre culturelle. Depuis qu'il est né, le support photographique «travaille» ce croisement-là, cette convergence-divergence entre l'individuel et le social. [...]

Références bibliographiques

BARTHES, ROLAND, *Mythologies*, Paris, Le Seuil, 1957.

BARTHES, ROLAND, «Le message photographique», in *Communications*, n° 1, Paris, Le Seuil, 1961.

BARTHES, ROLAND, «Rhétorique de l'image», in *Communications*, n° 4, Paris, Le Seuil, 1964.

BARTHES, ROLAND, *la Chambre claire. Note sur la photographie*, Paris, Cahiers du Cinéma-Gallimard-Seuil, 1980.

CORBIN, ALAIN, «Coulisses», *in* Philippe Ariès et Georges Duby (éds.), *Histoire de la vie privée*, Paris, Éditions du Seuil, vol. 4, 1987.

GOODMAN, NELSON, *Langages de l'art*, Paris, Éditions Jacqueline Chambon, 1990 (1re éd. en anglais: *Languages of Art*, 1968).

METZ, CHRISTIAN, «Au-delà de l'analogie, l'image», in *Communications*, n° 15, Paris, Éditions du Seuil, 1970.

METZ, CHRISTIAN, *Langage et cinéma*, Paris, Klincksieck, 1971.

VERON, ELISÉO, «Quand lire, c'est faire: l'énonciation dans le discours de la presse écrite», in *Sémiotique II*, Paris, Institut de recherches et d'études publicitaires, pp. 33-56, 1984.

VERON, ELISÉO, «L'analyse du "contrat de lecture": une nouvelle méthode pour les études

de positionnement des supports presse », in *les Médias. Expériences, recherches actuelles, applications*, Paris, Institut de recherches et d'études publicitaires, pp. 203-230, 1985.
VERON, ELISÉO et LEVASSEUR, MARTINE, *Ethnographie de l'exposition ; l'Espace, le corps et le sens*, Paris, Centre Georges-Pompidou, Bibliothèque publique d'information, 1984.
VERON, ELISÉO, *la Sémiosis sociale. Fragments d'une théorie de la discursivité*, Paris, Presses universitaires de Vincennes, 1988.

La Folle du logis. La télévision dans les sociétés démocratiques

(1983)

JEAN-LOUIS MISSIKA
(né en 1951)
et DOMINIQUE WOLTON
(né en 1947)

Dans « La conquête de l'ubiquité » (parue en 1928), Valéry imagine que « comme l'eau, comme le gaz, comme le courant électrique viennent de loin dans nos demeures répondre à nos besoins moyennant un effort quasi nul, ainsi serons-nous alimentés d'images visuelles ou auditives, naissant ou s'évanouissant au moindre geste [...]. Ainsi trouverons-nous fort simple d'y obtenir ou d'y recevoir ces variations ou oscillations très rapides dont les organes de nos sens qui les cueillent et qui les intègrent font tout ce que nous savons. Je ne sais si jamais philosophe a rêvé d'une société pour la distribution de Réalité Sensible à domicile » (Bibliothèque de la Pléiade, tome 2, pp. 1284-1285).

Ce rêve prémonitoire a bien sûr vu le jour avec la télévision, qui est née à peu près à la mort de Valéry, en 1946. On peut penser que son développement extraordinaire n'aurait pas laissé insensible le poète académicien, qui fut aussi un attentif médiologue. Dans l'imaginaire collectif comme dans les mesures d'audience, la télévision vient en effet au premier rang des technologies modernes de communication (donc d'influence), et les jugements contradictoires ou sommaires ne cessent de l'accompagner. D'un flot considérable d'études nous extrayons cinq textes : la préface à un ouvrage de référence paru en 1983, qui pose bien le problème de cet objet ubiquitaire, et mal aimé par ceux qui réfléchissent sur le devenir de la culture ; une tribune parue dans le Monde *en 1992, qui récapitule les arguments d'une polémique autour de la naissance d'*Arte *; une mise au point sur l'intérêt et les résultats des mesures d'audience. En complément à ce premier dossier, on lira au chapitre* VIII *les contributions de Serge Daney sur l'information télévisée, et de Gérard Leblanc sur les* reality shows.

Jean-Louis Missika a dirigé le service d'information et de documentation du Premier ministre ; Dominique Wolton est directeur de recherche au C.N.R.S. (laboratoire « Communication et politique ») et dirige la revue Hermès.

Source : *Jean-Louis Missika et Dominique Wolton,* la Folle du logis ; la télévision dans les sociétés démocratiques, *Gallimard, Paris, 1983.*

Bibliographie : *Dominique Wolton,* Éloge du grand public ; Une théorie critique de la télévision, *Flammarion, Paris, 1990 ; Jérôme Bourdon,* Histoire de la télévision sous de Gaulle, *Anthropos/INA, 1990 ; Alain Le Diberder et Nathalie Coste-Cerdan,* Briser les chaînes ; Introduction à l'après-télévision, *La Découverte, Paris, 1988, et* la Télévision, *La Découverte, collection « Repères », nouvelle édition 1991 ; Dominique Mehl,* la Fenêtre et le miroir, *Payot, Paris, 1992.*

Introduction

TOUT LE MONDE REGARDE LA TÉLÉVISION et personne n'en est satisfait. Chacun y cherche quelque chose qu'il n'y trouve pas, sans pour autant pouvoir s'en détourner. Installée dans le lieu le plus privé, le domicile, familière et quotidienne, elle nous entraîne dans le spectacle d'un monde que l'on n'est pas certain de vouloir connaître et n'apporte pas toujours le divertissement attendu. S'adressant à tous et à personne, elle suscite le dépit amoureux car nous n'aimons pas les miroirs collectifs. Si le miroir individuel nous plonge dans les délices du narcissisme, le miroir collectif nous fait patauger, lui, dans l'insatisfaction.

Chacun a une opinion sur la télévision, sa fonction, son influence, son utilité ou sa nocivité. Et ces opinions sont passionnées, violentes, souvent négatives. Il est rare en effet, d'entendre quelqu'un tenir sur la télévision des propos raisonnables. Comme si cet objet domestique, cet art ménager, semblait davantage fait pour susciter les griefs et les railleries que les arguments et les idées. Ces propos s'appuient souvent sur des préjugés défendus à toute force contre les faits ou les connaissances. En tout cas, chaque citoyen semble avoir un droit sur la télévision, se sent autorisé à en parler et possède même parfois en réserve un projet de réforme.

Mais pourquoi ? Pourquoi les discours sur la télévision relèvent-ils de la passion et non de la raison ? Telle est sans doute la question qui est à l'origine de ce livre. Nous étions curieux de comprendre pourquoi personne n'a envie de comprendre la télévision...

La réponse que nous apportons surprendra peut-être. Pour nous, la télévision suscite les passions parce qu'elle touche à l'essence de la démocratie. Elle est l'objet le plus démocratique des sociétés démocratiques. C'est pourquoi elle condense un nombre considérable de problèmes. Dès que l'on tire sur un fil, c'est toute la société qui vient, avec ses histoires, ses drames et ses rêves.

Celui qui aborde ce sujet est d'ailleurs proprement asphyxié par la multiplicité des opinions, préjugés et analyses dont il doit essayer de se débarrasser. Et pour lui aussi la tentation de la prescription est permanente. Il est difficile en effet de ne pas glisser subrepticement vers la définition de ce que doit être « la bonne télévision ». Au fil de nos lectures et de nos entretiens, nous avons été frappés par ce passage de l'analyse à la réforme qui traduit sans doute cette troublante familiarité avec la télévision. Si nous ne pouvons garantir d'y avoir totalement échappé, au moins avons-nous essayé.

Nous avions au départ une réticence à l'égard de ce qui est spontanément considéré comme la question majeure concernant la télévision : quelle est son influence sur le public ou sur la société ? Il nous a semblé au contraire qu'il fallait se placer en amont : comment s'explique la conquête d'un immense public par un nouveau medium ? Pourquoi la télévision est-elle si familière ? Comment s'est-elle imposée comme le grand moyen de communication de la fin du XXe siècle ? Qu'est-ce que la communication par l'image ? Qu'apporte-t-elle de plus ou de moins que la presse écrite, le livre, ou la radio ? Comment s'est-elle insérée dans le jeu démocratique ?

Pour répondre à ces questions, nous avons cherché un certain nombre d'indications dans l'histoire de la télévision française et dans la comparaison entre l'Europe et les États-Unis. Nous avons également tenté de cerner les caractéristiques de la communication par l'image. Nous avons conservé à l'esprit la nécessité de faire preuve de prudence tant il y a eu d'interprétations hâtives sur la place de la télévision dans la société. Quarante années, c'est très court dans l'histoire d'une technique, surtout de communication, pour en comprendre la signification, et les faits se chargent vite de contredire les jugements définitifs.

Le fil conducteur de ce livre est donc la question de la démocratie dans ses rapports avec la communication par l'image. Quels changements de la représentation et de la connaissance de la société résultent de cette multitude d'images accessibles à tous ? Quels usages en font les individus ? Quelles modifications en sont apportées à l'espace public ? Il y a quarante ans, la grande rupture fut l'irruption de l'image à domicile. Pour la première fois le spectacle du monde était visible par un public immense. Cette irruption bouleversa les usages de la société et de la politique, en mettant en scène des aspects de la réalité qui jusque-là n'avaient jamais été visibles. Elle modifia l'équilibre de la relation entre vie privée et vie publique et transforma sensiblement les conditions du jeu politique.

L'inscription en images de pans entiers de la réalité vécue ou imaginée a donc des conséquences considérables sur la perception du monde et la connaissance de la réalité. Or cette image télévisée est extrêmement ambiguë et institue un mode de communication tout à fait particulier, plein de malentendus et de sous-entendus.

En effet les images charrient trop de choses, de signes pour qu'un sens simple et clair se dégage, conforme aux intentions de ceux qui les font. Il y a toujours quelque chose qui échappe ou qui est remarqué sans qu'il y ait eu d'intention. Les messages ne peuvent jamais être totalement maîtrisés malgré les corrections et les précisions. Cela rend la communication par l'image pleine d'incertitudes et d'ambiguïtés, et finalement de liberté. Mais ce sens flottant donne également l'impression que la communication est incontrôlable.

C'est d'ailleurs probablement la raison pour laquelle la télévision fascine et inquiète. Les images télévisées ont souvent été chargées de toutes les magies, parfois jusqu'à être considérées comme des narcotiques. Certains estiment, encore aujourd'hui, que l'image subjugue la conscience et renforce la domination politique au lieu d'émanciper les citoyens. Nous essayons de montrer qu'ils ont tort.

Le trouble créé par l'arrivée des images a suscité dans tous les pays une méfiance et une volonté de contrôle des pouvoirs publics. Aucun État n'est resté indifférent à l'égard de ce nouveau moyen de communication, tous l'ont strictement réglementé. D'autant que la télévision venait après la radio qui, à l'issue de la Première Guerre mondiale, avait déjà posé de redoutables problèmes d'organisation et de contrôle. Si tous les pays démocratiques acceptent le principe de la liberté de l'information et de la communication, la plupart d'entre eux ont établi des distinctions entre presse écrite, radio et télévision. Celle-ci a été dotée d'un « statut d'exception » à cause du nombre limité des canaux. Ces limites physiques de la communication ont facilité la constitution de monopoles, publics ou privés, qui ont contredit les principes du pluralisme. La légitimité de l'intervention de l'État se fonda sur ce monopole de la communication, mais le pouvoir politique utilisa souvent cet état de fait pour exercer un contrôle sur l'espace public. Selon les pays ou les traditions, on a cherché à rendre compatible le monopole avec la démocratie, à partir de deux modèles. Un modèle public, la télévision d'État, entièrement tournée vers le Service public, un modèle privé, la télévision de société, contrôlée par quelques oligopoles, eux-mêmes assujettis à des réglementations publiques rigoureuses.

Quel que soit le mode d'organisation choisi, la relation entre télévision et démocratie est restée conflictuelle, à cause de la forme image du message, du nombre limité des canaux et de l'extraordinaire dimension du public touché.

Les hommes politiques ont vu croître le public de la télévision avec un mélange de méfiance et d'appétit. Ils ont tout de suite vécu celle-ci comme un instrument de pouvoir. Les électeurs, si difficiles à atteindre, étaient là, à portée de la main. On pouvait même entrer chez eux pour les séduire et les convaincre. En outre, ils ne pouvaient pas contester ou protester puisque la télévision fonctionne dans un seul sens. Les conditions étaient réunies pour un fantastique contresens : la toute-puissance politique de la télévision. Il reste à expliquer pourquoi cette croyance dans la toute-puissance persiste dans l'esprit des hommes politiques, alors que les contre-exemples abondent.

Quant aux intellectuels, ils ont eux aussi été affectés dans leurs rôles et leurs pratiques de communication par la télévision. La pluralité et l'incertitude des sens contenus dans les images ont suscité leur désarroi. De plus, ils ont été agacés par le plaisir frivole que prend le public à se divertir d'images superficielles. Ils ont réagi en développant, dans l'ensemble, un discours sceptique quant à la qualité des programmes et critique quant à leur influence sur le public. Mais ils n'ont guère analysé leur propre rapport à la télévision.

La suspicion de la classe politique, partagée par une bonne partie des élites, n'a pas empêché la télévision de connaître un succès foudroyant. Un nombre limité de chaînes ont adressé un message unique à un public immense. L'équipement des ménages a crû à un rythme vertigineux. Le temps passé devant le petit écran ne cessa lui-même de croître. La télévision trouvait sa place dans la vie quotidienne des masses. Elle séduisait, exaspérait, et devenait irremplaçable. Ce public de la télévision, anonyme et innombrable, donnait l'impression d'une masse passive, manipulée par le médium. L'opinion publique semblait devenir un appendice des pouvoirs, perdant son autonomie et sa capacité critique. La télévision a certainement offert une représentation concrète de la masse, à un moment où la société de masse semblait être l'horizon indépassable du développement économique et social. Nous essayons de montrer que la relation entre individu et masse nouée par la télévision a été beaucoup plus complexe et surtout s'est transformée dans le temps.

De toute façon, cette époque de la télévision de masse se termine. Les évolutions techniques, et surtout sociales et culturelles, vont conduire à une télévision fragmentée, plus ouverte sur l'extérieur, où une multitude de programmes cohabiteront sur des supports différents. La télévision entre dans une nouvelle période de son histoire. C'est pourquoi il nous semble qu'il est grand temps de relancer une réflexion commencée en France dans les années cinquante, mais assoupie depuis une bonne dizaine d'années. Les mutations actuelles obligent à réexaminer les rapports entre télévision, société et démocratie.

Contrairement aux pays anglo-saxons, une discussion rationnelle sur la télévision semble d'avance vouée à l'échec en France. Les travaux sur la communication de masse y sont d'ailleurs peu nombreux et fortement marqués d'une vision critique *a priori*. Mais peut-être est-il possible, aujourd'hui, de changer ces habitudes.

Le lecteur constatera que notre manière d'aborder le problème conduit à des conclusions surprenantes au regard de certaines idées reçues. Que la prétendue passivité face aux images n'a jamais été démontrée. Que l'image offre, sous certaines conditions, une liberté d'interprétation plus grande que l'écrit. Que malgré les craintes et les augures, la télévision n'a pas remis en cause la démocratie, qu'elle s'y est adaptée et l'a peut-être même servie.

Que la politique n'a pas attendu la télévision pour se donner en spectacle. Et que la liberté de communication s'accommode mal du Service public.

Aussi demandons-nous au lecteur d'aller jusqu'au bout de nos arguments, fût-ce pour les rejeter, et d'accepter, le temps d'un livre, d'exercer sa raison sur la folle du logis.

L'Instrument de la démocratie de masse
(1992)

DOMINIQUE WOLTON

Source: Le Monde *du 1er février 1992, page 2, sous le titre «Pour la télévision publique».*

Les difficultés de la Cinq illustrent la fragilité économique et financière de la télévision. C'est le premier événement qui en dix ans montre que la télévision privée n'est pas en soi la solution aux défauts longtemps reprochés à la télévision publique. Il relativise le discours qui, en France et en Europe présenta le secteur public comme archaïque, dépassé, et le privé comme le seul avenir raisonnable pour la télévision. En réalité, il n'y a pas trop de deux secteurs pour résoudre les problèmes diablement compliqués posés par la télévision. Leur opposition radicale est d'autant plus discutable, que pour le moment la télévision privée, récente en Europe, est en bonne partie dirigée par des hommes formés par la télévision publique. Quant aux télévisions publiques, tout en clamant bien fort leur différence, elles n'offrent pas au spectateur la preuve quotidienne de leur supériorité naturelle...

Trois choses sont certaines. Un système de concurrence équilibré est indispensable pour compenser les dérives de l'un et de l'autre secteur. Il existe une différence de nature et de conception entre les deux qu'il est indispensable de conserver, car elle traduit deux manières complémentaires de concevoir le rôle de la télévision dans la société. Le déficit de réflexion concerne aujourd'hui plutôt la télévision publique qui doit redéfinir sa place dans un système concurrentiel. Pour contribuer à relancer une réflexion sur la télévision publique, je voudrais ici rappeler quinze arguments d'ordre théorique en sa faveur.

Une égalité indispensable

— La démocratie de masse est une rupture considérable dans l'histoire politique de l'humanité. Jamais auparavant autant de citoyens n'ont participé à la vie publique, n'ont été informés, ne se sont exprimés et n'ont voté de manière égalitaire. Qui en dehors des médias de masse, et au premier rang desquels la télévision peut assurer cette égalité indispensable à l'exercice de la démocratie ?

La télévision n'est donc pas un frein à la démocratie, mais au contraire une condition de son exercice. Elle est d'ailleurs pour des millions de citoyens la principale, pour ne pas dire la seule source d'information, de distraction et de culture. Cela crée une responsabilité.

Dans la mesure où la télévision publique est un peu plus indépendante du profit, il lui est plus facile d'affronter cette responsabilité. Et, contrairement à ce qui est souvent dit, la télévision privée n'est pas indépendante du pouvoir politique car les seules chaînes privées susceptibles de produire doivent, pour des raisons financières, être adossées à des grands groupes de communication qui sont en négociation permanente avec le pouvoir politique. Cela n'a rien d'extraordinaire, mais exorcise l'idée un peu naïve selon laquelle la télévision privée est indépendante du pouvoir politique.

— L'égalité d'accès à la télévision est fondamentale, car tout le monde la regarde, et tout le monde en parle. Du haut en bas de l'échelle sociale. C'est peut-être même la seule activité réellement égalitaire dans une société où les inégalités sont aussi nombreuses que les mesures en faveur de l'égalité.

— La télévision généraliste qui essaye, sans jamais y arriver complètement, de satisfaire les publics est le médium de masse par excellence. Nul doute qu'une télévision publique généraliste satisfait un peu plus facilement à cette exigence que la télévision privée, obligée de dégager des profits et de conserver les seuls programmes rentables.

— La télévision publique admet la primauté de l'offre sur la demande, comme on le constate d'ailleurs pour la plupart des industries culturelles. Plus l'offre obéit à une certaine exigence de qualité, plus cette exigence a des chances de se répercuter du côté de la demande. En tout cas partir de l'offre déplace le raisonnement fréquent qui, audimat à l'appui, nie la nécessité de meilleurs programmes. C'est oublier que l'audimat ne mesure pas la demande mais la réaction à l'offre. Plus l'offre est mauvaise, plus il y a de chances que la demande la reflète. Et inversement.

— La télévision publique en valorisant l'offre introduit une indépendance relative par rapport à l'audience. Celle-ci n'exprime pas toute la demande, et les dirigeants peuvent poursuivre une politique de programmes hors des résultats immédiats. Les ressources ne dépendent pas uniquement de l'audience, elle peut offrir à des heures de grande écoute des programmes non assurés de la plus forte audience, et éviter le rejet en deuxième partie de soirée des programmes « plus intelligents ».

— Maintenir l'existence d'un principe de qualité des programmes est plus facile à la télévision publique pour assurer les missions de service public vis-à-vis de la francophonie, et pour la coopération internationale, afin d'éviter que l'explosion commerciale de la communication ne soit uniquement régie par le marché.

Économie

— La télévision publique facilite le maintien d'un secteur de production diversifié et non réduit aux seuls programmes à succès. La diversité d'une industrie des programmes est aussi une condition de la diversité des émissions. Revaloriser l'économie publique de la télévision est essentiel au moment où beaucoup veulent la soumettre uniquement au marché. D'ailleurs, dans tous les pays, il existe une économie protégée de la presse, de l'édition, du cinéma. Pourquoi admettre la fragilité de ces industries culturelles et la nier pour la télévision ? Les enjeux sociaux et culturels de la télévision ne débordent-ils pas aussi les règles du jeu économique ? Laisserait-on la science, l'éducation, la défense, la santé obéir aux seules règles de ce même marché ?

— Enfin face aux nouvelles technologies, la télévision publique ménage une certaine distance à l'égard des promesses de « la révolution de la communication ». Certes, les échecs du câble en France et les difficultés européennes de la TVHD ne plaident pas *a priori* dans ce sens ! Mais dans une perspective historique élargie, il est probable qu'une référence à l'intérêt général nuancera les promesses techniques qui, tous les dix ans, annoncent une « révolution de la société ». La rentabilité économique indispensable ne doit pas faire oublier qu'au bout des téléviseurs se trouvent des millions d'individus pour lesquels la télévision est le compagnon le plus intime de la vie privée et de l'accès au monde.

Le lien social

— Le génie de la télévision est de pouvoir participer librement, de chez soi, à une activité collective. C'est le mélange de ces deux dimensions contradictoires, la consommation privée d'une activité collective, qui en fait un lien social irremplaçable dans une société de masse. Contrairement à ce que l'on dit souvent, la télévision ne crée pas l'isolement ni le repli sur soi. Elle vient après les transformations sociales et culturelles qui, de l'exode rural à la création des banlieues et à l'éclatement de la famille..., ont multiplié les situations de solitude. Elle est donc plutôt un remède à la solitude qu'une cause de solitude en attendant mieux
— La télévision publique contribue à freiner la réinstallation d'une télévision à deux vitesses : généraliste et bas de gamme pour les quelques programmes assurés de succès, thématique et plus ou moins payante pour les programmes intéressants. Au contraire, la force de la télévision est d'offrir le plus grand nombre possible de programmes au sein d'une grille, en laissant aux spectateurs la liberté de choisir.
— Il est plus facile de faire des chaînes « thématiques » que des chaînes généralistes car on prend le spectateur au pied de sa demande, sans avoir à essayer de l'intéresser à autre chose. Sous couvert de liberté, il s'agit d'une réification des inégalités sociales et culturelles puisque les programmes recouvrent les strates culturelles. Chacun à sa place, et tout reste en ordre.

L'Europe

— Les adeptes du libéralisme ramènent l'Europe à un marché, et les eurocrates veulent utiliser la télévision pour accélérer la construction d'une identité européenne incertaine. Dans les deux cas, la télévision se trouvera rapidement au cœur d'enjeux économiques et politiques considérables. Si l'espace européen s'ouvre sur le plan économique et politique, il est souhaitable de conserver le seul facteur de différence, les identités culturelles, qui s'expriment notamment au sein des télévisions nationales. Il suffit d'être en Belgique ou en Suisse romande pour constater comment, dans des pays pourtant si proches, la télévision traduit et reflète un style propre à chacune de ces cultures. Et que dire de la Grande-Bretagne ou la Grèce...

Ce n'est pas au moment où disparaissent les frontières qu'il faut, en plus, vouloir un espace de communication européen. Celui-ci se fera, mais plus lentement que l'Europe économique et politique, justement parce qu'il renvoie aux identités culturelles qui resteront les seuls facteurs distinctifs. Plus on veut faire l'Europe, plus il faut préserver ces identités dont on rabâche pourtant qu'elles sont sa chance tout en voulant les réduire au plus vite. Autrement dit l'identité, le plus souvent nationale, est une condition de la communication.
— La télévision publique est mieux placée pour assurer ce mouvement de reflet d'une identité nationale et d'ouverture progressive sur les autres. De même qu'hier la télévision privée a favorablement bousculé la télévision publique, de même aujourd'hui faut-il

apprécier l'existence des télévisions publiques pour éviter l'identification de l'espace audiovisuel aux seuls intérêts des grands groupes de communication.

— La redécouverte des frontières historiques de l'Europe souligne la nécessité de respecter les différentes entités politiques, géographiques et culturelles. Et en leur sein, le rôle joué par la télévision, comme média de masse. Ces pays et ces cultures, encore plus qu'en Europe de l'Ouest, requièrent le respect de leur histoire passée et immédiate. La coopération entre les télévisions en Europe constitue un moyen pour éviter l'antinomie entre nationalisme et construction d'un nouvel espace européen, entre identité et élargissement de l'Europe.

En un mot, la télévision condense les questions les plus complexes des sociétés modernes, et, si la télévision publique n'apporte en soi aucune réponse idéale, rien ne permet au nom du modernisme d'en disqualifier l'apport. La concurrence entre les deux secteurs ne garantit pas non plus, en soi, une solution. Au moins traduit-elle une certaine modestie.

«Le vieux canon de 75» L'apport des méthodes quantitatives à la connaissance du public de la télévision

(1993)

MICHEL SOUCHON
(né en 1931)

Le père Michel Souchon, s. j., directeur des études à la présidence commune de France 2 et de France 3, et rédacteur en chef adjoint à la revue Études, *enseigne les sciences de la communication à l'Institut d'études politiques de Paris. Également attiré par les lettres, les chiffres et les images, il lit chaque matin les sondages de Médiamétrie pour conseiller l'élaboration des programmes.*

De gros investissements dépendent en effet de ces statistiques, dont l'examen tend à contredire les idées communément reçues sur la consommation des émissions. Faut-il comparer la télévision à une salle de cinéma, ou à un hall des pas perdus? La réponse inattendue et nuancée des chiffres suggère:
— que le «zapping» est moins pratiqué qu'on ne le dit;
— qu'il n'y a pas de contradiction évidente entre l'audience et la qualité des programmes;
— et que seule enfin la télévision publique est authentiquement généraliste.

Source: *article à paraître dans la revue* Hermès, éd. du *C.N.R.S., Paris, 1993.*

Bibliographie: *Michel Souchon,* Petit Écran, grand public, *INA/La Documentation française, Paris, 1981.*

AVANT D'EN VENIR À L'ESSENTIEL DE CE TEXTE, je voudrais rappeler ce qu'était l'ambiance intellectuelle lorsque j'ai abordé la sociologie des médias et l'étude de la télévision, au milieu des années 60. Une équipe dominait la scène française : le CECMAS (Centre d'études des communications de masse), à l'École pratique des hautes études. Créé et animé par Georges Friedmann, le CECMAS réunissait des chercheurs comme Edgar Morin, Roland Barthes, Claude Bremond ou Christian Metz. Les analyses de contenu y étaient l'activité principale. Sans être soutenue explicitement ni théorisée, la conviction était que ces contenus passaient dans le public : les « mass media » façonnaient les esprits et fabriquaient de la « culture de masse ». La « clôture du texte » interdisait les études de la réception. Comme souvent, un problème écarté finissait par trouver une réponse implicite : si on n'étudiait pas la réception, c'est qu'elle n'avait pas au fond une grande importance dans le phénomène de la « culture de masse » ; pour l'essentiel, l'analyse des messages devait permettre de décrire les changements culturels de la société, « l'esprit du temps ». Il m'a semblé utile d'aller étudier sur le terrain le devenir de ces messages.

Le vieux canon de 75

D'où une enquête conduite à Saint-Étienne, dans une école technique d'abord, puis dans l'ensemble des établissements scolaires. Les entretiens révélaient le travail important de la réception : l'humour, la distance critique, le scepticisme, la sélectivité, le refus des émissions cryptées livrées sans clés d'accès, la réinterprétation des messages avec l'outillage intellectuel et psychologique disponible, la recomposition des fictions dans un système narratif souvent différent de l'original, etc[1]. Dans cette même enquête, j'ai voulu comparer les comportements et les jugements des élèves de l'école technique à ceux des jeunes des autres établissements de la ville. J'ai eu alors recours aux méthodes quantitatives pour analyser les différences des jugements et des modes de réception. Lorsque j'ai soutenu ma thèse, à la fin des années 60, Edgar Morin m'a reproché d'utiliser le « vieux canon de 75 » des enquêtes par questions fermées sur gros échantillon.

Tout en reconnaissant que j'avais utilisé le « vieux canon » avec l'ardeur des néophytes, dans une grande débauche de « Chi deux » et de « tests de Kolmogorov-Smirnov », j'ai répondu en paraphrasant La Fontaine : « J'étais là. Telle chose m'advint. » J'ai été là. J'ai rencontré des gens qui avaient telles caractéristiques. Je leur ai posé telles questions. Il m'ont répondu de telle manière... Je crois encore qu'on peut défendre, au nom de la modestie et de l'honnêteté, les études de terrain. Y compris lorsqu'elles utilisent la méthodologie archaïque du questionnaire fermé.

Dans mon travail professionnel au sein des organismes de recherche de la télévision, j'ai utilisé fréquemment des méthodes qualitatives. Par exemple, pour analyser les récits d'émissions de fiction produits pour les jeunes. Et encore pour étudier les dessins d'enfants sur le thème de la télévision, ou, à la demande de l'Unesco, la lecture interculturelle des images. Et, plus récemment, dans le domaine en plein développement des tests d'émission. Pourtant, depuis 1970, je travaille beaucoup sur des pourcentages et des indicateurs statistiques.

C'est en effet la part majeure de ce que les médias – et surtout, peut-être, la télévision – consacrent à l'étude de leur public. Si on présente un tableau à quatre cases : les enquêtes par sondages distinguées des études utilisant d'autres méthodes, le comptage des téléspectateurs

1. Cf. *la Télévision des adolescents*, Paris, Éditions ouvrières, 1969.

distingué des autres thèmes d'étude, on voit bien qu'une seule case mobilise l'essentiel de l'argent et des recherches : celle qui regroupe les enquêtes par sondages destinées à connaître l'« audience » (entendue au sens français : l'« audience research » des Anglo-Américains recouvre le champ beaucoup plus vaste des travaux thématiquement et méthodologiquement très divers destinés à mieux connaître l'*audience*, c'est-à-dire le « public »).

C'est pourquoi j'ai dû souvent, dans des conférences, des cours ou des séminaires, répondre aux critiques qui mettaient en question les nomenclatures, qui dénonçaient la manipulation dans le fait de poser telle question et de ne pas poser telle autre, etc. Toujours la réponse est : « J'étais là. Telle chose m'advint. » Au-delà de cette réponse un peu trop simple, j'aimerais montrer ici que ces méthodes permettent de donner des débuts de réponse à quelques questions essentielles sur la place de la télévision dans la vie des gens.

Parmi les critiques adressées aux enquêtes empiriques et quantitatives, la plus fréquente consiste à dire qu'elles ne font guère que redécouvrir laborieusement des évidences, des choses que tout le monde sait. P.F. Lazarsfeld, dans un texte célèbre, rappelle la pertinence des études sur des questions dont la réponse paraissait pourtant aller de soi : l'enquête contredit les évidences du bons sens[1]. Il est de nombreuses questions auxquelles les méthodes quantitatives seules permettent de répondre. Et les réponses sont bien souvent différentes des *a priori* de la « sociologie spontanée ». En présentant ici quelques concepts et indicateurs statistiques permettant d'étudier les comportements des téléspectateurs, il m'a semblé utile de rappeler les « évidences » du « bon sens », avant de donner les réponses des enquêtes quantitatives.

Les questions que j'aborderai : quelle est l'incidence du niveau d'instruction sur les comportements télévisuels ? Comment ont évolué les programmes et les publics ? Que peut-on dire de la diversité géographique du fonctionnement de la télévision ? Les comportements des Français sont-ils relativement homogènes ou non ? Comment caractériser les attentes des « gros consommateurs » ? La télévision publique remplit-elle son rôle au service de l'information et de la connaissance ? Rappelons que nous nous intéressons aux capacités de réponse des méthodes quantitatives à de telles questions : on trouvera ici des *exemples* de réponse, plutôt que des réponses exhaustives.

Héritage et acquis culturels

Parce que le choix de l'école n'est pas aléatoire, parce que l'école donne telles ou telles clés, tels ou tels appétits, telles ou telles ouvertures, les caractéristiques de la formation initiale et le niveau d'instruction sont sans doute des déterminants importants en ce qui concerne les jugements et les comportements à l'égard de la télévision. Dans cette conviction, j'ai, à plusieurs reprises, utilisé une typologie que j'ai baptisée « ANIS », pour « Age/Niveau d'Instruction/Sexe »[2].

L'hypothèse spontanée est que l'addition des deux caractéristiques de l'âge et du niveau d'instruction devraient creuser les différences des jugements et des comportements en

1. Cf. le texte célèbre sur le « soldat américain » publié sous le titre « La statistique et le bon sens » dans le livre de P. Bourdieu, J.-Cl. Chamboredon et J.-Cl. Passeron, *le Métier de sociologue* (Mouton, 1968), pp. 141-142.
2. Voir, pour les premiers travaux, *Petit Écran, grand public*, Paris, La Documentation française, 1980, pp. 33-60. Plus récemment : « La réception des émissions culturelles », dans *l'Économie du spectacle vivant et l'audiovisuel* (Colloque international, Nice, 15-16 octobre 1984), Paris, La Documentation française, 1985, pp. 189-209.

matière de télévision chez les personnes les moins âgées : les jeunes instruits devraient regarder peu, et ne voir que les émissions « haut de gamme », les jeunes moins instruits étant plus dépendants de la télévision ; à l'inverse, on peut supposer que les différences tendront à s'estomper avec l'âge...

Les enquêtes analysant les comportements donnent des résultats en partie différents. Examinons la durée d'écoute journalière (exprimée en minutes) de douze groupes constitués à partir des trois caractéristiques : le sexe (H = Hommes – F = Femmes), l'âge (J = Jeunes : 20-39 ans – M = Moyens : 40-59 ans – V = Vieux : 60 ans et plus) et le niveau d'instruction (S = Supérieur – A = Autre).

DURÉE D'ÉCOUTE JOURNALIÈRE DE LA TÉLÉVISION

FJS	HJS	HMS	FMS	HJA	FJA	HMA	FVS	FMA	HVS	HVA	FVA
115	119	126	144	161	193	194	202	218	221	272	277

Source : Panel Médiamat, 30 septembre-1er décembre 1991.

L'âge et le niveau d'instruction jouent fortement. Les quatre groupes de plus faible durée d'écoute sont de niveau d'instruction supérieur et de niveau d'âge jeune (d'abord) ou moyen (ensuite). À l'opposé, sur les quatre groupes de plus forte écoute, trois sont de niveau « autre ». Les différences sont particulièrement fortes entre les deux groupes de femmes jeunes (78 minutes) et « moyennes » (74 minutes). Mais, si tous les groupes « vieux » sont au-delà des 200 minutes, l'âge n'efface pas la différence socioculturelle : il y a encore 75 minutes d'écart entre les deux groupes de femmes âgées et 51 minutes entre les deux groupes d'hommes âgés.

De l'offre à la réception

Tous ceux qui estiment que les programmes sont de plus en plus médiocres, et qui déplorent la fin des grands espoirs de démocratisation culturelle par la télévision, sont persuadés qu'il y a eu un âge d'or pendant lequel la télévision diffusait de beaux programmes susceptibles de rendre les gens meilleurs et plus intelligents. D'où les questions : que diffusait la télévision il y a vingt ans ? Quels étaient les programmes qui occupaient le temps des téléspectateurs ? Par rapport à aujourd'hui, y a-t-il de grandes différences ?

La réponse semble évidente : la fin de l'ORTF a créé une situation de concurrence conduisant les trois chaînes à programmer les émissions les plus populaires aux heures où le public potentiel est le plus nombreux ; la multiplication des chaînes et l'apparition d'un nouveau paysage dominé par les télévisions commerciales ont encore augmenté la concurrence et diminué la place des émissions d'information, de culture et de connaissance. On va donc constater une augmentation forte des émissions de divertissement et de fiction dans la structure de la « télévision diffusée » (le temps d'antenne) et davantage encore dans la structure de la « télévision reçue » (le temps d'écoute)...

Les comparaisons sur de longues périodes ne sont pas faciles : les méthodes de l'« audience research » ont changé, les nomenclatures applicables pendant une période donnée ne sont plus adéquates quelques années plus tard. À condition de ne considérer les chiffres du tableau suivant que comme des ordres de grandeur, on peut toutefois essayer de comparer la situation de 1974[1], à la veille de l'éclatement de l'ORTF (trois chaînes publiques, avec un temps d'antenne très inférieur à ce qu'il est aujourd'hui), et celle de 1991 (deux chaînes publiques et trois chaînes commerciales).

En 1991, la précision du relevé exact du temps d'antenne augmente considérablement la catégorie « autres » (en 1974, la publicité était exclue des calculs, ainsi que l'ensemble des interprogrammes) : elle a donc été éliminée des pourcentages. De plus, les sondages de 1974 portaient sur les personnes de 15 ans et plus, alors que ceux de 1991 prennent en compte les enfants à partir de 6 ans. Malgré ces modifications de méthode, on peut, je crois, tirer quelques conclusions de la comparaison.

	TÉLÉVISION DIFFUSÉE		TÉLÉVISION REÇUE	
	1974	1991	1974	1991
Fiction	31 %	43 %	46 %	44 %
Variétés, divertissement	11 %	17 %	15 %	22 %
Sport	10 %	5 %	7 %	6 %
Journaux télévisés	20 %	10 %	21 %	16 %
Magazines, documentaires	28 %	26 %	10 %	13 %
Total	100 %	100 %	100 %	100 %

On voit que les changements sont plus importants dans le temps d'antenne que dans le temps des spectateurs. La forte augmentation de la fiction diffusée (+ 12 points) n'a que peu de répercussion sur l'emploi du temps d'écoute (la fiction y est même en légère baisse). Les journaux télévisés passent de 20 à 10 % dans le temps d'antenne : la baisse n'est que de 5 points dans la télévision reçue. La baisse importante du pourcentage des sports dans la télévision diffusée (–5 points) ne se traduit, du côté des téléspectateurs, que par une baisse très faible. En ce qui concerne les magazines et documentaires, le mouvement s'inverse : baisse de 2 points dans le temps d'antenne, augmentation de 3 points dans le temps des téléspectateurs. La seule variation importante, et dans le même sens, est celle du divertissement (variétés, jeux et autres) qui augmente de 6 points dans la télévision diffusée et de 7 points dans la télévision reçue. Mais on n'assiste pas, en revanche, à la montée spectaculaire de la fiction et à l'effondrement de la télévision d'information et de connaissance que prévoyaient le bons sens et la sociologie spontanée.

La diversité géographique

La télévision est de plus en plus un phénomène mondial. Partout présente, fonctionne-t-elle partout selon la même logique ? Entre les pays, les ressemblances l'emportent-elles sur les différences, ou l'inverse ?

Quelles sont les hypothèses que suggère ici le bon sens ? Il semble évident que les différences proviennent de la politique des programmes pratiquée dans les divers pays : l'offre de programmes structure la réception ; on ne peut regarder que ce que les télévisions

1. Cf. *la Télévision et son public ; 1974-1977*, Paris, La Documentation française, 1978.

nous offrent, dans la proportion où elles nous l'offrent, et selon la programmation qu'elles adoptent ; les téléspectateurs regardent beaucoup de films ou beaucoup de variétés dans les pays où on leur en propose beaucoup et aux heures de grande écoute... Qu'en est-il en réalité ?

La réponse n'est pas facile : le travail de constitution d'un corpus méthodologique cohérent est malaisé. Pour opérer une comparaison internationale, j'ai mis sur pied, à la fin des années soixante-dix, un dispositif complexe. Ce dispositif consistait en quatre indicateurs : les programmes diffusés, les programmes disponibles, la réception potentielle et la réception effective. Rappelons la définition de ces indicateurs.

Plus que les déclarations officielles, la proportion des diverses catégories d'émissions dans le temps d'antenne est un bon indicateur des politiques pratiquées par les organismes de télévision : la *structure des programmes diffusés,* c'est-à-dire la structure du temps d'antenne en terme de genres, nous indique le pourcentage des films, de l'information ou des variétés dans le total des heures de diffusion. Mais ce premier indicateur est insuffisant pour cerner une politique de programmes. Trois autres ont été utilisés qui, bien entendu, reprennent le même classement des émissions par genres.

L'existence de plusieurs canaux limite la possibilité de voir toutes les émissions d'un genre déterminé, en raison de programmations identiques sur plusieurs chaînes. L'*analyse des programmes disponibles* est un indicateur de la concurrence ou de la complémentarité des diverses sociétés de télévision. Le temps total est ici celui du téléspectateur : s'il suit la télévision pendant toute la durée de diffusion des programmes et regarde pendant ce temps toutes les émissions disponibles d'un genre donné, sachant qu'il ne peut suivre qu'une chaîne à la fois, quel pourcentage de cette durée occupera le genre en question ?

La programmation des émissions à des heures différentes leur assure des chances inégales d'atteindre un vaste public, la disponibilité des spectateurs n'étant pas la même au milieu de l'après-midi ou en début de soirée : une politique de programmes se juge aussi aux genres placés aux meilleures et aux moins bonnes heures d'écoute. La *structure de la réception potentielle* est ce que devient la structure des programmes diffusés lorsque la durée de chaque programme est pondérée par son audience potentielle.

Au bout du compte, les résultats d'une politique de programmes peuvent être analysés en examinant ce que les spectateurs regardent et la place qu'occupent les différents genres dans le temps qu'ils consacrent à la télévision. Pour mesurer la *structure de la réception effective,* c'est-à-dire du volume d'écoute, la durée de chaque programme est pondérée par la fraction des spectateurs qui l'ont suivi.

J'ai rapporté longuement les conclusions de cette comparaison internationale conduite en 1979[1]. Retenons seulement un point qui va à l'encontre des hypothèses suggérées par le bon sens : alors que l'offre de programmes diffère selon les pays et selon les situations télévisuelles (chaînes rares ou nombreuses, présence ou absence d'un secteur commercial, etc.), on trouve une relative uniformité dans la réception et une assez grande ressemblance des « consommations » : les structures de temps d'écoute sont plus proches, d'un pays à l'autre, que les chiffres de diffusion. Cette proximité traduit une relative uniformité des comportements des spectateurs.

1. C.f *Trois Semaines de télévision. Une comparaison internationale,* Unesco, coll. « Coopération culturelle : études et expériences », Paris, décembre 1981, 86 pages.

Donnons quelques exemples illustrant cette constatation surprenante[1]. La fiction représente 41 % des programmes diffusés au Canada et 22 % en France : elle occupe dans les deux cas à peu près la moitié du temps d'écoute (51 % au Canada, 48 % en France). Il y a davantage d'émissions culturelles dans le temps d'antenne en Belgique (15 %) et en France (20 %) qu'en Italie (9 %) et au Japon (9 %), mais, dans le temps d'écoute, les chiffres sont très proches (Belgique : 5 % – France : 6 % – Italie : 4 % – Japon : 5 %). Pour l'ensemble de l'information, il y a 12 points d'écart entre la Belgique et le Japon dans les programmes diffusés (34 et 22 %) : l'écart dans la réception effective n'est plus que de 6 points (25 et 19 %). On pourrait multiplier les exemples traduisant la tendance au rapprochement des consommations et à l'uniformisation des comportements.

Les moyennes sont trompeuses

La télévision est présente dans la quasi-totalité des foyers français. En dehors de rares réfractaires, tout le monde la regarde plus ou moins. Confusément, on a l'impression que la télévision tend à occuper – comme les gaz – tous les espaces disponibles. Telle est du moins l'hypothèse de la sociologie spontanée. La généralisation de la pratique de la télévision en fait le grand facteur d'homogénéisation de la société. Alors que la pratique de la lecture, la fréquentation des théâtres, l'audition des concerts « distinguent », la télévision unifie dans une pratique unanime : telle est l'évidence du bon sens.

Prenons à titre d'exemple la durée d'écoute de la télévision : trois heures par jour, en moyenne, 50 milliards d'heures-spectateurs par an ! Des chiffres qui sont ceux de l'*ensemble* de la population. Il ne faudrait pas les interpréter comme si *chacun* des Français étaient proches des résultats moyens : il n'en est rien. C'est ce qu'il faut montrer. Et d'abord par une analyse de la dispersion des durées d'écoute. Dans un échantillon d'adultes étudié pendant un mois, en mars 1990[2], on observe une durée d'écoute de 175 minutes par jour. Le premier décile (les 10 % de l'échantillon dont la durée d'écoute est la plus courte) regarde la télévision 7 minutes par jour en moyenne et ne réalise que 0,7 % du volume total d'écoute (c'est-à-dire du total des « heures-spectateurs » de l'échantillon). À l'autre extrémité, le dernier décile (les 10 % qui regardent le plus longtemps) a une durée d'écoute journalière de 461 minutes (7 heures 41 minutes) en moyenne, et il réalise 26,1 % du volume d'écoute de l'échantillon. Moins de 1 % d'un côté, plus du quart de l'autre ! Si on partage l'échantillon en deux, on découvre qu'une moitié des spectateurs réalise moins du quart des heures-spectateurs, l'autre moitié plus des trois quarts.

Si maintenant nous analysons les chiffres de durée d'écoute en utilisant les ventilations socio-démographiques classiques, des différences apparaissent. L'âge – et la disponibilité qu'il assure – est un facteur explicatif particulièrement évident. Alors qu'on a une durée d'écoute moyenne de 175 minutes dans l'ensemble de l'échantillon, cette durée n'est que de 138 minutes chez les 15-49 ans ; elle est de 235 minutes chez les 50 ans et plus. D'où la tentation de penser que la télévision occupe tout l'espace de loisir disponible de chacun. Seule la dimension de cet espace serait différent selon les individus et leurs emplois du temps. On a alors l'image d'une télévision envahissante qui comble tous les vides et remplit

1. La comparaison internationale ne prenait en compte que les programmes diffusés entre 19 et 23 heures.
2. Cf. *le Public de la télévision : des comportements différents*, Institut national de l'Audiovisuel et Médiamétrie, mai 1991). L'étude porte sur le panel du système Médiamat : 3 805 individus de 15 ans et plus, du 5 mars au 1er avril 1990.

tous les interstices. D'où aussi la conclusion qu'il y a une relative homogénéité des comportements télévisuels.

Je crois que cette représentation est contestable: la télévision envahit tout le temps disponible de *certains*, non de *tous ;* et, par conséquent, on ne peut parler d'homogénéité – même relative – des comportements en matière de télévision. Je vais essayer de présenter quelques arguments pour étayer ces deux propositions. Nous allons voir que les moyennes sont différentes *aussi* à des heures pendant lesquelles les différences de disponibilité sont peu importantes. Et, d'autre part, que dans chaque catégorie les écarts à la moyenne sont encore très élevés.

Reprenons d'abord les différences entre les personnes relativement âgées et les autres dans ce qu'on appelle le «prime time» (19-23 heures): les différences s'estompent-elles du fait d'une disponibilité qui est, à ce moment-là, beaucoup plus comparable? La durée d'écoute moyenne est pendant cette tranche horaire de 94 minutes; celle des 15-49 ans de 76 minutes; celle des 50 ans et plus de 123 minutes. L'écart entre les deux groupes est un peu moins élevé, il reste pourtant très important: le rapport est de 1 à 1,7 sur l'ensemble de la journée (138 et 235 minutes); il est encore de 1 à 1,6 dans cette tranche horaire de 19 heures à 23 heures.

Deuxième étape de la démonstration: les écarts à la moyenne sont très importants *à l'intérieur* de tous les groupes de la population constitués selon les variables socio-démographiques. On a calculé le coefficient de variation (CV) des différents groupes (c'est-à-dire le rapport de l'écart-type à la moyenne). Il est de 0,74 pour l'ensemble de l'échantillon sur toute la journée, de 0,73 pour les personnes de 15 à 49 ans, de 0,72 pour les personnes actives et de 0,73 pour les femmes actives. Si nous retenons seulement le «prime time», la dispersion se révèle pratiquement aussi forte dans les divers groupes que dans l'ensemble de l'échantillon: le CV est de 0,60 pour l'ensemble de l'échantillon, de 0,61 pour les personnes de 15 à 49 ans, de 0,58 pour les personnes actives et de 0,57 pour les femmes actives. Il est vrai que l'on obtient des groupes un peu plus homogènes en croisant plusieurs variables socio-démographiques (comme on l'a vu plus haut avec la typologie ANIS). On peut ainsi trouver les facteurs qui conduisent à une probabilité plus élevée d'une forte écoute (l'âge avancé, l'inactivité – au sens des catégories socio-professionnelles –, la présence d'enfants au foyer sont souvent liés à une durée d'écoute plus importante que la moyenne). Mais les catégories ainsi obtenues présentent encore une forte hétérogénéité (les coefficients de variation sont encore élevés). On peut être jeune et actif et regarder beaucoup la télévision. On peut à l'inverse être une femme âgée et inactive et ne la regarder que très peu.

Les gens qui regardent la télévision ne sont pas nuls

Les attentes sont différentes de ce qu'on imagine parfois et il faut aller ici encore à l'encontre de bien des idées reçues. Pour beaucoup, le grand public (on a presque envie de dire le «gros public», tant la vision qu'on en présente est dévalorisée), ceux qui regardent beaucoup la télévision, choisissent peu, et mal. Dès qu'on la regarde beaucoup, on en est l'esclave fasciné: la liberté disparaît, la raison s'émousse, les passions s'exacerbent, les choix deviennent de plus en plus médiocres. À l'inverse, le «petit public» serait composé de gens exigeants, curieux qui sélectionneraient avec soin les émissions «haut de gamme» répondant à des attentes élitaires.

Ma conviction est inverse. Je voudrais ici montrer qu'on trouve, chez ceux qui regardent beaucoup la télévision, une diversité des attentes et une attente de la diversité qu'on ne découvre pas au même degré chez les «petits téléspectateurs». Ceux qui regardent beaucoup la télévision, précisément parce qu'ils n'ont pas à leur disposition beaucoup de moyens de distraction, d'information, de loisirs, de spectacles, en ont vraiment besoin; elle remplit pour eux des fonctions nombreuses, répond à des attentes multiples: elle est un média utile à toutes fins, *an all-purpose medium*[1]. Puisque la télévision répond, pour eux, à des attentes multiples, ils choisissent. Et leur choix les porte vers des émissions diverses. De la distraction, du rire et des jeux, bien sûr, mais aussi de l'information, des documents, des œuvres de fiction émouvantes et profondes...

Au contraire, les individus qui ont beaucoup d'autres moyens disponibles pour occuper leurs loisirs, pour s'informer, se distraire ou se cultiver n'attendent pas grand-chose de la télévision. Ils en ont une vision souvent très dévalorisée. Ils ne la regardent que quand ils n'ont «rien de mieux» à faire, lorsqu'ils n'ont pas le courage de se livrer à une occupation de plus grande valeur.

Il faut rappeler cette évidence trop ignorée: le public des émissions à petit public n'est pas composé des «petits téléspectateurs», mais d'une fraction du «grand public». S'il y a des spectateurs pour les journaux télévisés, les magazines et les documentaires, c'est parce que les gens qui utilisent beaucoup la télévision les regardent. L'image stéréotypée des petits téléspectateurs exigeants et sélectifs, ne regardant la télévision que pour des émissions «haut de gamme» et des programmes d'information, ne résiste pas à l'analyse.

Dans un échantillon étudié pendant quatre semaines de mars 1990, la moitié des personnes responsables seulement d'un peu moins du quart du volume d'écoute est surreprésenté dans le temps d'écoute de genres peu nombreux et inattendus.

PART DES DEUX GROUPES DANS LE VOLUME D'ÉCOUTE DES GENRES

	1re moitié	**2e moitié**
Films	30 %	70 %
Variétés	25 %	75 %
Information	22 %	78 %
Culture et connaissance	25 %	75 %
Sports	28 %	72 %
Ensemble des émissions	24 %	76 %

Exemple de lecture: pendant les quatre semaines du mois de mars 1990, les Français de 15 ans et plus ont vu 345,8 millions d'heures-spectateurs de films à la télévision; les 50 % regardant moins longtemps sont responsables de 103,4 de ces heures, soit 29,9 %; l'autre moitié de 242,4 millions d'heures, soir 70,1 %.
Source: Médiamat, quatre semaines de mars 1990.

Les gens qui regardent peu la télévision n'ont pas une écoute centrée sur les émissions prestigieuses dont ils disent souhaiter la multiplication: les seuls genres qu'ils regardent

1. Denis McQuail, Jay G. Blumler et J.R. Brown, dans *Sociology of Mass Communications*, Penguin Books, 1972, p. 163.

plus que les autres téléspectateurs (en terme relatif, bien entendu) sont le cinéma et le sport. À l'inverse, aucune enquête ne prouve que le « grand public », *entre deux émissions d'égal intérêt*, choisit systématiquement la plus médiocre.

Les missions de la télévision publique

Dans le procès permanent instruit contre la télévision publique, la cause est entendue : les programmes qu'elle diffuse sont médiocres, à de rares exceptions (*Océaniques, Continentales, Thalassa, la Marche du siècle, Envoyé spécial...*). Pour l'essentiel, elle se contente de suivre la télévisison commerciale, et encore avec moins de talent.

Dans le tableau ci-dessous, on trouvera, pour quelques genres de programme relevant plus particulièrement des missions de la télévision publique, les parts de marché d'Antenne 2 et de FR3 (calculées sur les cinq chaînes émettant en clair de manière permanente).

PARTS DE MARCHÉ DES DEUX CHAÎNES PUBLIQUES

Ensemble des émissions	35 %
Journaux télévisés	45 %
Autres émissions d'information	46 %
Magazines et documentaires	59 %

Exemple de lecture : sur 100 millions d'heures-spectateurs des journaux télévisés, 45 millions vont à A2 et FR3.
Source : Médiamat, ensemble de l'année 1991.

Parce qu'elle diffuse plus d'émissions d'information, de magazines et de documentaires variés, et parce qu'elle les place à de meilleures heures d'écoute, la télévision publique obtient pour ces émissions des parts de marché supérieures à sa moyenne. On peut dire que ces deux chaînes sont les plus authentiquement généralistes : non seulement elles présentent tous les genres, mais elles leur assurent des chances plus égales d'être vus.

Les deux métaphores

Pour donner une idée de la réussite d'une émission auprès du public, l'indicateur le plus utilisé dans les télévisions (et le plus souvent publié dans les journaux) est l'audience moyenne, c'est-à-dire le nombre de personnes présentes, en moyenne, pendant la durée d'une émission (même si, assez souvent, on raffine un peu en examinant les courbes montrant l'évolution de l'audience au fil de l'émission : une figure relativement plate indique la stabilité du public ; une pente descendante traduit une désaffection progressive des spectateurs, etc.). Comme d'habitude, l'indicateur dominant se substitue à la réalité : on oublie son caractère partiel. Alors s'impose confusément ce qu'on pourrait appeler *la métaphore de la salle de cinéma* : « Mon émission a eu 10 % d'audience (moyenne), dit le réalisateur, ce qui signifie que 5 millions de gens l'ont vue. » On sait pourtant bien que les chiffres d'audience cumulée sont beaucoup plus élevés que ceux d'audience moyenne, mais on l'oublie dans la métaphore de la salle de cinéma.

D'où l'intérêt d'utiliser un autre indicateur : l'audience entière, c'est-à-dire le pourcentage des personnes qui ont vu toute l'émission. On découvre alors que la métaphore de la salle de cinéma ne s'applique qu'à une partie des personnes comptabilisées dans l'audience moyenne : elle doit être complétée par *la métaphore de la grande surface* ou *du hall des pas perdus* : des gens vont et viennent, entrent et sortent. Donnons quelques exemples pour une même journée de mai 1991 [1].

	AUDIENCE ENTIÈRE	AUDIENCE MOYENNE
Club Dorothée (TF1, 16 h 16)	0,7 %	3,4 %
Questions pour un champion (FR3, 18 h 32)	4,6 %	6,3 %
Santa Barbara (TF1, 19 h 02)	9,7 %	12,3 %
Mac Gyver (A2, 19 h 07)	5,0 %	9,5 %
Envoyé spécial (A2, 20 h 46)	4,8 %	8,2 %
Navarro (TF1, 20 h 49)	13,9 %	20,2 %
Quatre Étranges Cavaliers (FR3, 20 h 46)	8,0 %	11,6 %
Les Aventures de Jack Burton (A2, 21 h 55)	2,5 %	10,5 %

Source : Médiamat, jeudi 2 mai 1991.

De ces chiffres, il est possible de tirer des conclusions différentes. On peut d'abord être sensible aux écarts entre les deux séries de pourcentages et donc à l'infidélité d'une partie importante des téléspectateurs : une bonne partie de l'auditoire est faite de zappeurs fous ! Mais on peut, à l'inverse, noter l'importance des chiffres d'audience entière : il existe encore des personnes attardées qui, en cachette et presque honteusement, regardent non pas de la télévision mais des émissions, comme subsistaient, dans *Fahrenheit 451*, quelques lecteurs de livres, irréductibles et clandestins...

*

Ma conclusion sera brève, dans la mesure où j'espère avoir été convaincant : pour combattre les idées reçues et les évidences du bon sens, le « vieux canon de 75 » peut encore servir !

Les Temps de la lecture et les nouveaux instruments de la mémoire

(1991)

BERNARD STIEGLER
(né en 1952)

L'imaginaire lié au livre de papier s'éloigne-t-il ? Les écrans vont-ils tuer les écrits ? Et quelles navigations nous promettent les futurs hypertextes, qui enchevêtreront le visible

1. Cf. « Regarder la télévision ou regarder des émissions ? L'audience de la télévision entre deux métaphores », exposé au séminaire de l'Institut de recherches et d'études publicitaires, 26 juin 1991 (à paraître dans la collection de l'IREP).

au lisible, la parole à l'image et mobiliseront de manière inouïe les savoirs sur leurs réseaux de mémoires fluides ?

Les nouvelles technologies offrent déjà des possibilités inédites d'archivage, d'indexation et de lecture. Bernard Stiegler réfléchit en philosophe (à partir de Husserl, Derrida et Leroi-Gourhan), mais aussi en praticien de l'ordinateur, à la façon dont les NTIC (Nouvelles Technologies de l'Information et de la Communication) modifient les catégories et les usages de la mémoire et du temps, depuis la barette d'ivoire de l'alphabet cunéiforme d'Ugarit jusqu'aux puces de silicium. Enseignant à l'université de technologie de Compiègne, il a été commissaire à l'exposition « Mémoires du futur » au Centre Georges-Pompidou en 1987, et il collabore à l'équipement des postes de lecture assistée par ordinateur (PLAO) de la future Bibliothèque de France.

Source : *Article paru sous le titre « Machines à lire » dans la revue* Autrement *d'avril 1991, numéro 121, « la Bibliothèque ».*

Bibliographie : La Faute d'Épiméthée – la technique et le temps, *thèse soutenue à l'École des hautes études en sciences sociales, Paris, 1993.*

> Le processus de la composition littéraire une fois démonté et remonté, le moment décisif de la littérature deviendra la lecture. L'œuvre ne cessera pas de naître, d'être jugée, d'être détruite ou sans cesse renouvelée au contact de l'œil qui la lit ; ce qui disparaîtra, ce sera la figure de l'auteur, ce personnage à qui l'on continue d'attribuer des fonctions qui ne sont pas de sa compétence.
>
> CALVINO

CÉLÉBRANT la *machine littérature* projetée dans son horizon cybernétique, Calvino voit venir *le véritable temps du lecteur*. N'est-ce pas aussi l'annonce de temps nouveaux pour la Bibliothèque ?

Avec l'apparition des technologies *analogiques*[1] puis *numériques*[2], les conditions de l'élaboration et de la conservation de la mémoire collective ont connu un processus d'intense évolution, qui se traduit dès à présent par l'introduction de supports de mémoire non livresques dans des bibliothèques de plus en plus nombreuses, et qui semble avoir aujourd'hui suffisamment mûri pour que deviennent imaginables de *nouvelles* pratiques d'écriture et de lecture. La situation *actuelle* de certaines bibliothèques, qui seront à l'avenir relayées par la Bibliothèque de France, porte en germe les principales tendances qui caractériseront l'avenir.

Ces tendances germinales sont en rupture par rapport à la figure traditionnelle de la *bibliothèque publique* qui se dessine après la Révolution française en relation étroite avec l'institution d'une *instruction publique*. Deux traits la caractérisent :
– l'*accès* à la bibliothèque est rendu possible par la mise en place d'un système étatique

1. Photographie, phonographie, cinématographie, radiodiffusion, télédiffusion, vidéographie, etc.
2. Banques de données textuelles, mémoires numériques et interfaces diverses pilotées par micro-ordinateurs tels que lecteurs de CD-ROM et de vidéodisques, logiciels de reconnaissances optiques de caractères et scanners, logiciels de publication et de traduction, etc.

de qualification à cette technologie de conservation de la mémoire qu'est l'écriture – qualification générale reposant sur l'obligation de scolarité, sur laquelle repose à son tour la forme politique spécifique qu'est la démocratie moderne;

– l'écriture supporte un patrimoine caractérisé comme savoir: ce sont essentiellement des œuvres (scientifiques, littéraires, philosophiques), et accessoirement des documents, qui constituent les fonds des bibliothèques.

Aujourd'hui et à l'inverse, les bibliothèques

– conservent des supports de mémoire issus des *technologies analogiques et numériques d'enregistrement*, et non seulement les supports livresques de ce que j'appellerai la *technologie littérale* – supports qui déterminent de *nouvelles conditions d'accès* à la mémoire;

– reçoivent de l'*information*, et non seulement des œuvres.

La bibliothèque est un lieu technologique dans son essence.

L'écriture alphabétique est *déjà* une technologie de la mémoire. Nous sommes enclins à l'oublier: nous avons fait de cette *technique*, en tant qu'Occidentaux, notre seconde *nature*, tandis que nous avons par ailleurs tendance à ne voir de la technologie que là où sont visibles des appareils matériels.

La technologie littérale a des caractéristiques bien différentes des technologies analogiques et numériques. En particulier, elle suppose que le destinataire d'un énoncé littéral dispose d'une compétence de lecture et d'écriture. De ce point de vue, il est lui-même un appareil, il est «appareillé»: il accède *de lui-même* au contenu d'un enregistrement littéral à condition d'avoir passé de nombreuses années à instrumentaliser et en quelque sorte à machiniser le fonctionnement de sa mémoire, s'étant lui-même et pour lui-même transformé en une sorte d'instrument de lecture. Au contraire, avec les technologies analogiques et numériques, les fonctions d'encodage et de décodage sont déléguées à des machines. Autrement dit, dans la technologie littérale, le destinateur d'un énoncé est aussi l'encodeur de cet énoncé, et le destinataire en est le décodeur.

Avec les technologies analogiques et numériques, *destinateur* et *destinataire* ne coïncident pas avec *encodeur* et *décodeur*. Qu'est-ce que cela implique, dès lors, quant à la *lecture* (et à l'écriture) de la mémoire analogique et numérique? Dans quelle mesure est-elle comparable et incomparable avec la lecture (et avec l'écriture) de la mémoire littérale? De fait, lorsque la mémoire collective devient analogique ou numérique, les relations entre les *énoncés*, les *destinateurs* et les *destinataires* de cette mémoire se transforment sensiblement. En premier lieu, le public de la «médiathèque» que tend à devenir la bibliothèque paraît pouvoir se dispenser de toute formation spécifique à ces formes de mémoire (et peut-être, au-delà, de ce que l'on appellait une *Bildung*), à l'inverse de ce qui caractérise la bibliothèque qui accueille les énoncés de la technologie littérale de la mémoire.

Pourtant, cette situation ne nous paraît pas pleinement rendre compte de ce que peut signifier une *lecture* de la mémoire analogique et numérique. Autrement dit, décodage et encodage ne recouvrent pas ce que signifient lecture et écriture, non seulement dans le domaine de la technologie littérale, mais aussi dans ceux des technologies analogiques et numériques – *même si ces dernières en donnent l'illusion*, ce qui rend possible un accès à la mémoire analogico-numérique *sans savoir*, c'est-à-dire que de fait, le public actuel d'une médiathèque peut accéder à de tels fonds pourvu que soient mis à sa disposition des appareils de «lecture» (de décodage) sans qu'il dispose nécessairement et du même coup d'une capacité d'*écriture* analogique et numérique – ce qui n'est pas possible avec la technologie littérale où *savoir lire, c'est aussi savoir écrire*. On peut alors se demander:

une véritable lecture de la mémoire analogique et numérique ne serait-elle pas fondée dans la possibilité ouverte de son écriture, ouverture qui en constituerait le seul horizon authentique ?

Quoi qu'il en soit, le public des fonds analogiques et numériques de la bibliothèque peut de fait rester un simple consommateur d'énoncés de mémoire collective. Imaginons un lecteur qui se rend à la Bibliothèque publique d'information du Centre Georges-Pompidou : il parcourt les fonds livresques, y sélectionne divers textes ; il s'installe sur une table de travail, sort de son sac un cahier et un stylo, *copie* et *commente* les phrases qui l'intéressent, *annote*, bref : il lit *en écrivant.* On peut certes objecter que toutes sortes de lecteurs se contentent de lire sans écrire. Mais d'une part cette écriture peut se faire plus tard (et dans ce cas la lecture s'achève ou plutôt se marque, se réalise effectivement, dans ce retard) ; et surtout le seul fait qu'existe la *possibilité* de l'écriture à partir de la lecture détermine la forme même de la lecture, quoi qu'il en soit de l'actualisation effective de cette possibilité ; enfin, une lecture qui ne donne jamais lieu à une écriture (ce qui reste à mon sens fort improbable et en tout cas invérifiable) est une lecture fantasmatique (quoique possible), de même que pour Cézanne, *une vision de la montagne Sainte-Victoire qui ne peut être montrée (peinte) n'est pas une vision de la montagne, mais l'illusion d'une vision*[1]. Imaginons maintenant le même lecteur allant consulter le fonds de vidéographie de la même bibliothèque. Il emprunte une bande, ainsi qu'un appareil de lecture ; il regarde le film. Et il en reste là. Il n'a en aucun cas la possibilité de dupliquer une séquence, d'y insérer ses propres annotations vidéographiques, bref, d'écrire (vidéo-graphiquement) sa lecture. Il ne lit donc pas, du moins au sens suggéré plus haut.

L'information est une notion récente qui apparaît au XIXe siècle avec le télégraphe. Trace plus ou moins éphémère, sa valeur est essentiellement déterminée par le temps, et c'est ainsi qu'elle se distingue radicalement du savoir et des œuvres : il serait absurde de dire que le théorème de Pythagore, un dialogue de Platon, un traité de Newton, un poème de Goethe ou un roman de Flaubert ont perdu ou gagné de la valeur avec le temps. Corrélant temps et valeur, étant par là *essentiellement* une marchandise, elle ouvre une nouvelle forme de temporalité. Produit industriel diffusé par des réseaux de communication, elle appartient au vaste secteur des *industries de la mémoire*. Par *mémoire*, je ne désigne pas seulement les traces *conservées* : tout ce qui, industriellement produit, vient s'inscrire de façon plus ou moins durable dans une mémoire quelconque, machinique ou vivante, relève des industries de la mémoire : une information diffusée massivement sur un réseau public est un produit des industries *de la mémoire* dans la mesure où elle vient impressionner (les mémoires de) ses destinataires et en constitue un « référent » commun[2].

1. Cézanne *in* Émile Bernard, *Conversations avec Cézanne*, éd. Macula, page 36.
2. Les industries de la mémoire, dans la mesure où l'on y inclut aussi bien le *matériel* analogique et numérique de collecte, de stockage, de traitement et de diffusion que les *traces* analogiques et numériques recueillies, conservées, traitées et diffusées, constituent aujourd'hui le secteur de pointe de l'activité économique mondiale, autant par la vente de matériels, de programmes audiovisuels et de produits logiciels et éditoriaux, que par le trafic des données brutes. (Le secteur des traces littérales pour une très grande part s'y intègre, s'y redistribue et y redéfinit ses finalités.) Elles prennent la place que l'industrie lourde occupait au XIXe siècle. L'industrie informatique des matériels et logiciels utilisés pour le traitement et la transmission des données a ainsi effectué à elle seule, dès le début des années 80, près de 25 % du PNB des pays de l'OCDE. Selon les experts, l'industrie de l'information au sens large occupera 40 % de la production industrielle mondiale en l'an 2000 et représente actuellement 60 % du PNB

Les *réseaux* de l'actualité[1] sont des éléments essentiels du vaste dispositif par lequel la production de la mémoire est devenue marchande, quotidienne et mondiale. Utilisant massivement les technologies électroniques de communication, ils travaillent à la vitesse de la lumière *parce que* l'actualité et l'information sont des marchandises dont la valeur est fonction du temps. L'accès à ces réseaux est rendu possible par des interfaces de toutes sortes. Les produits qu'ils transportent doivent être diffusés massivement. Une telle diffusion massive implique la concentration industrielle des moyens de production : le coût d'une image de télévision est tel qu'il faut pour l'amortir en assurer la diffusion vers des millions de destinataires. La multiplication des chaînes donne l'illusion d'une diversification de l'information, mais c'est au stade du très petit nombre des producteurs de *matière première* de la mémoire collective (les agences) que se fait *la sélection de l'événementialisable.*

Quant à cette « événementialisation », une véritable *fabrication industrielle du présent* résulte de la *dimension planétaire de la diffusion* conjuguée à la *transmission à une vitesse proche de celle de la lumière* (on dit « en direct » dans le domaine analogique et « en temps réel » dans le domaine informatique) : un événement n'a effectivement lieu, n'accède au rang d'événement, que s'il est « couvert » ; même s'il ne peut jamais être totalement réduit à ce pur artifice, le temps est toujours au moins coproduit par les médias. La « couverture » obéit évidemment à des critères de sélection des événements articulés par la finalité de la production d'une plus-value.

Cette mémoire, en tant que *flot permanent,* s'efface nécessairement à mesure qu'elle se produit : « une information chasse l'autre ». Elle a pour principe son propre oubli massif et immédiat. Cela tient à la périssabilité essentielle de l'information. Une information est ce dont la valeur est liée au temps de diffusion – ce que l'on peut encore formuler ainsi : *l'information est ce qui n'a de la valeur que parce qu'elle la perd.* Moins elle est connue, plus une information est une information. Les agences de presse, qui sélectionnent ce qui mérite le statut d'information, qui se sont créées en même temps que les réseaux de diffusion rapide, consacrent tous leurs efforts à diminuer les temps de transmission et de traitement. L'information transmissible qui a d'abord été textuelle (télégraphe et aujourd'hui téléscripteur) est devenue sonore (téléphone et radiodiffusion) puis photographique (bélinographe et chambre noire électronique), audiovisuelle (images télédiffusées par satellites), et enfin numérique (télématique)[2].

---

des USA et 55 % du PNB de la CEE (d'après Mahdi Elmandjra, université Mohammed V, Rabat). Des prévisions américaines concernant la croissance annuelle des dépenses pour la période 1984-1995 montrent que les secteurs liés aux technologies de l'information devraient occuper quatre des cinq premières places en matière d'investissement. En 1995, l'informatique sera en tête avec 62,4 milliards de dollars, devant l'industrie automobile avec 41,8 milliards de dollars (d'après Dieter Kimbel, OCDE).

1. Cf. Simon Nora et Alain Minc, *l'Informatisation de la société*, rapport au président de la République, 1978, publié aux éditions du Seuil dans la collection « Points ».

2. L'agence France Presse distribue environ 800 dépêches textuelles par jour vers ses clients sélectionnées parmi des milliers d'événements quotidiens. Du journaliste sur le terrain à la rédaction d'un quotidien qui reprend ou ne reprend pas une dépêche, en passant par le *desk* central qui retient ou ne retient pas une dépêche, la classe dans une rubrique, lui attribue un coefficient d'urgence, les critères de la sélection sont évidemment marchands. L'information doit être « fraîche » et c'est pourquoi l'idéal de la presse est la suppression de tout retard dans les transmissions. L'explosion *en direct* de la navette Challenger fut un événement d'une gravité exceptionnelle pour l'administration Reagan, laquelle avait organisé cette superproduction en misant totalement sur le succès de l'opéra-

L'introduction de l'information dans la bibliothèque est et sera celle des réseaux de communication fonctionnant en temps réel ou en direct, et donc de traces éphémères régies par la loi de la non-durabilité, pour reprendre un thème d'Hannah Arendt. C'est aussi bien l'introduction d'une modalité de la temporalisation qui semble en contradiction formelle avec ce dont relèvent traditionnellement les fonds de la bibliothèque : le temps du savoir – qui est aussi celui de la lecture. L'information est à consommer. Or la bibliothèque est un lieu pour le temps de la réflexion. Lieu de lecture : *où l'on prend son temps*. De ce point de vue, on ne « lit » pas le journal. Ou si on lit un journal, ce n'est pas en tant que journal, c'est en tant que *document* : la lecture est une *attitude* incompatible avec ce à quoi le journal *en tant que journal* nous destine.

La vérité de l'information, c'est-à-dire de la production industrielle de la mémoire, est le *temps-lumière* [1]. Cette expression désigne d'abord la transmission de l'information quasiment à la vitesse de la lumière : sans délai sensible pour nous. C'est-à-dire une sorte de *détemporalisation*. Ce sont les technologies analogiques et numériques qui le permettent. La technologie littérale, au contraire, implique un *retard* essentiel entre ce que l'on peut appeler l'événement ou sa saisie d'une part, sa réception ou sa lecture d'autre part. Mais le temps-lumière ne désigne pas seulement la *transmission* sans délai : c'est dès la saisie, et au sein même de son « traitement », que l'événement analogiquement ou numériquement informé est soumis à la logique du temps-lumière.

Si le réseau du temps-lumière supprime le retard entre la saisie d'un événement et sa réception en réduisant infinitésimalement le temps de la transmission, *l'instrument de saisie analogique ou numérique supprime également tout retard entre l'événement et sa saisie*. Ainsi, il n'est pas possible de photographier Lewis Payne vivant *après* sa pendaison, ni aucun événement *après* qu'il ait eu lieu. Cette apparente lapalissade est lourde de conséquences : il en résulte ce que Barthes a appelé le « pouvoir d'authentification de la photographie [2] », ou ce que Bazin appelait l'« objectivité de l'objectif [3] », qui est un *effet de*

tion. À l'inverse, lorsque les troupes françaises entrèrent à Mexico le 1er mai 1863, la nouvelle mit six semaines pour parvenir à Paris. Cet événement non négligeable pour l'Empire en général et Napoléon III en particulier n'eut donc pas toute l'importance que celui-ci aurait pu espérer : vieille de plus de trente jours, la nouvelle n'était pas une nouvelle, mais plutôt une histoire qui tenait déjà quelque peu de la fiction. De façon générale, les Amériques semblaient alors si éloignées qu'elles n'existaient encore pour le commun des mortels européens que comme un pays mythique où vivaient des sauvages. Lorsqu'en 1866 le Great-Eastern posa finalement le premier câble transatlantique, l'Europe découvrit *effectivement* un continent qui, pour la plupart des gens, n'avait encore été que *rêvé*. Est-ce que ce ne fut pas là le début de son déclin ? Sa grandeur ne reposait-elle pas sur un *retard essentiel dans les transmissions* ? La « révolution » roumaine, la crise et la guerre du Golfe, n'auraient pas été possibles dans cet horizon.

C'est peut-être l'affaire Troppman (1869) qui donne le plus à comprendre sur l'essence de la presse et, au-delà, de l'information. Avec la découverte de huit cadavres massacrés dans le bois de Pantin, le journaliste peut raconter à son lectorat « une histoire [sensationnelle] enfin *vraie* et *actuelle* » (M.-B. Palmer), ce que n'étaient pas les histoires sensationnelles que jusqu'alors seuls les romans-feuilletons racontaient. En quatre mois, c'est-à-dire entre la date du crime et l'exécution du coupable, l'ensemble du dossier étant co-instruit par la police, le juge et *le Petit Journal*, sous la pression du public du quotidien, ce dernier parvint presque à doubler le chiffre de ses ventes : de 350 000 à 600 000 exemplaires. Le sensationnel d'une nouvelle fraîche est le meilleur argument de vente de l'information, et c'est pourquoi toute presse est une « presse à sensation(s) ». (La sensation est ce qui marque une différence.)

1. Je dois cette expression à Jean Hébrard.
2. Barthes, *la Chambre claire*, éd. Cahiers du Cinéma, Seuil et Gallimard, page 139.
3. André Bazin, *Qu'est-ce que le cinéma ?*, éd. Cerf, page 14.

réel propre à toutes les technologies analogiques et qui inaugure un rapport au passé totalement neuf[1]. Conjuguant ces deux effets, d'une part l'effet de réel de la saisie, où événement et saisie de l'événement coïncident dans le temps, d'autre part le *temps réel* ou le *direct* de la transmission, où événement saisi et réception de cet événement saisi coïncident également et dans le même temps, les technologies analogiques et numériques inaugurent une *toute nouvelle expérience du temps* par rapport à l'écriture. Cette inauguration est une sortie du temps historique s'il est vrai que celui-ci repose sur un temps essentiellement différé[2].

Cette coïncidence se retrouve, dans d'autres conditions et avec d'autres conséquences, dans le domaine des technologies numériques. Un clavier informatique est un terminal de saisie où l'introduction d'une donnée coïncide pratiquement avec son traitement lorsque l'appareil fonctionne «en temps réel». Ici, ce ne sont plus seulement la transmission et la saisie qui s'accomplissent «en temps-lumière»: le *traitement* de l'information est réalisé sous la forme d'un *calcul* en temps réel.

En 1934, le groupe industriel allemand BASF lance sur le marché le premier support magnétique. La portée de cette innovation est immense. Elle permet tout d'abord la conservation du flot des informations saisies en direct et s'effaçant à mesure de leur diffusion sur les réseaux: avec l'enregistrement magnétique, la constitution d'archives analogiques devient concevable. D'autre part, la technologie électromagnétique qui se développe dès lors est à l'origine des machines numériques de traitement de l'information appelées ordinateurs.

Aujourd'hui, la plupart des appareils de traitement analogiques et numériques utilisent la technologie électromagnétique et sont des dispositifs de duplication. L'écrivain est lui-même un «appareil» d'écriture et de duplication littérales, qui se copie et se cite *à la lettre*: l'écriture de la mémoire est toujours la mise en œuvre d'un montage où l'on «coupe» et où l'on «colle». Lire n'est pas seulement déchiffrer les traces, mais les *dupliquer* et produire avec elles de nouveaux énoncés: un acte de lecture accompli donne une écriture, et toute écriture est aussi une duplication, une citation ou un réagencement de matériau préconstitué (l'apprentissage même du langage est de cet ordre). «De même que nous ne pouvons écrire aucun mot, remarque Descartes, dans lequel ne se trouvent d'autres lettres que celles de l'alphabet, ni remplir aucune phrase, sinon par des termes qui sont dans le dictionnaire: de même un livre, sinon par des phrases qui se trouvent chez d'autres. Mais si les choses que je dirai ont une telle cohérence entre elles, et se trouvent si étroitement liées (connexa), que les unes s'ensuivent des autres, ce sera la preuve que je n'ai pas plus emprunté ces phrases à d'autres, que je n'ai puisé les termes eux-mêmes dans le

1. Le ça-a-été peut revenir comme présence d'une absence. Comme un fantôme. C'est une autre expérience de la mort, contemporaine, selon Barthes, du «renoncement au Monument» (*op. cité*, page 146) dans la société moderne.
2. C'est-à-dire sur une opposition constitutive, posée en principe (quoique sans doute elle-même illusoire – mais cette illusion a des effets très réels) entre le récit et ce qu'il désigne. S'il est vrai que le fait ne devient jamais événement que par le récit qui le saisit, l'actuelle conjugaison technologique de l'événement, de sa saisie et de sa réception en un seul instant induit une *performativité généralisée*, raison pour laquelle il est permis de dire: l'événement est produit, et non seulement co-produit ou re-produit, par le média. C'est une véritable inversion par laquelle les médias «racontent» quotidiennement la vie en l'anticipant, avec une force telle que ce «récit» de la vie semble non seulement anticiper mais inéluctablement précéder la vie elle-même. Mais cette force tient d'abord à la structure de l'extase temporelle induite par les technologies analogiques et numériques.

dictionnaire[1]. » Aujourd'hui, les instruments analogiques et numériques de duplication, s'ils étaient utilisés largement pour la mobilisation, la citation et l'agencement des éléments fournis par toutes les sources patrimoniales et informationnelles disponibles, pourraient faire franchir à la lecture du temps-lumière et donc à son écriture un véritable seuil qualitatif. Depuis la photocopieuse jusqu'au micro-ordinateur, en passant par le magnétoscope connecté aux consoles de montage et le scanner complété d'un logiciel de reconnaissance de caractères, ces appareils se multiplient et, venant à la portée de l'homme ordinaire, permettent déjà que le flot du temps réel soit mis en réserve, enregistré, qu'il puisse être revu et réentendu comme un livre doit pouvoir être relu, confronté. Généralisation du *musée imaginaire*, né de la photographie comme imprimerie des arts plastiques, à présent porté au rang d'imprimerie de toutes les sensations, ils devront un jour permettre que ces lectures donnent lieu à d'autres écritures, par exemple dans des médiathèques publiques conçues selon cette idée.

Les supports magnétiques se sont multipliés après la Seconde Guerre mondiale et ont permis non seulement le développement de l'informatique, mais l'ouverture d'un nouveau marché dans le grand public : à mesure que se diffusaient des appareils de reproduction (magnétophones, lecteurs de cassettes, magnétoscopes, micro-ordinateurs), les reproductibles magnétiques ont envahi les vitrines des magasins. Ces supports, auxquels il faut maintenant ajouter ceux issus des technologies photoniques (disques compacts), sont désormais présents dans les bibliothèques où ils constituent, avec le disque phonographique, la photographie, et dans une moindre mesure, le film, de nouveaux fonds.

La technologie photonique autorisant la conservation simultanée d'images, de sons et de textes sous forme binaire sur un même support, les technologies littérales et analogiques sont entièrement réintégrées par la technologie numérique – et cela permet d'introduire le traitement en temps réel des textes, des images et des sons. Les capacités de stockage des supports photoniques sont incomparables avec les performances de leurs prédécesseurs. Un CD-ROM peut contenir 270 000 pages de texte. Si l'enregistrement magnétique ne garantit pas une stabilité absolue du signal[2], un support photonique (« lu » par rayon laser) est quasiment inaltérable.

Les réseaux d'information transmettent des traces de la mémoire à la vitesse de la lumière. Cette performance-limite est également devenue l'horizon de la *saisie* et du *traitement* de la mémoire. *Mobilité* des énoncés pour leur traitement ou leur diffusion, mais aussi *duplicabilité* en masse, approchent ainsi la véritable limite physique qu'est la vitesse absolue. C'est un seuil qualitatif de la mémoire qui est franchi, celui où événement, saisie, traitement et transmission coïncident, avec tous les effets que cela induit, et en premier lieu la « performativité généralisée » – seuil qui se situe au terme d'une lente évolution de la mémoire humaine et des caractéristiques et performances de ses « supports », de la paroi rupestre au papier journal. L'histoire des techniques de mémorisation montre qu'elles se développent de manière à augmenter la mobilité combinatoire des composants des messages, la mobilité des messages sur les supports, la mobilité des supports eux-mêmes, et enfin leur reproductibilité : la circulation et la duplication des énoncés de mémoire ne cessent de s'accélérer et de s'intensifier à travers le temps.

1. Descartes, fragment cité par Jean-Luc Marion, *Sur l'ontologie grise de Descartes*, Vrin, 1981.
2. Guère plus que l'enregistrement mécanique, même si de très sensibles progrès ont été réalisés : le premier phonographe d'Edison n'autorisait pas plus de trois écoutes du phonogramme, après quoi le signal était totalement détruit par le passage de l'aiguille.

Les technologies analogiques et numériques reproduisent fidèlement la mémoire (de façon durable ou dans l'éphémère des télécommunications) en la synthétisant : on peut parler de *synthèse analogique* comme on parle de *synthèse numérique* – même si cette dernière autorise une *simulation* qui n'est pas possible dans le domaine analogique. De la même manière, on peut parler d'une *synthèse littérale* de la mémoire, laquelle n'est véritablement réalisée que par les écritures alphabétiques phonologiques.

Il y a un point commun entre les « mnémotechnologies » littérales, analogiques et numériques, et qui les distinguent de toutes celles qui les précèdent, en particulier les écritures préalphabétiques et non littérales : il s'agit de l'exactitude de l'encodage. Lisant un discours de Périclès, nous pouvons dire : voici *exactement* ce qu'il a dit ce jour-là (*comment* il l'a dit est une autre question).

Il est nécessaire d'analyser le saut que fait l'écriture de la mémoire lorsqu'elle devient alphabétique. Il est tout aussi indispensable de ne pas simplement l'opposer aux dispositifs d'engrammage qui la précèdent : il faut penser cet ensemble sous la catégorie d'archi-écriture élaborée par Jacques Derrida.

Les écritures dites « pictographiques[1] » ne synthétisent pas la parole : elles enregistrent un sens sous la forme de signes dont la structure n'est pas isomorphe à la matière du discours. Il faut toujours des éléments du contexte dans lequel elles ont été écrites pour les interpréter, et il n'est jamais permis de savoir en toute certitude ce qu'elles disent[2]. Parce qu'elles sont composées d'un très grand nombre de signes, seuls des spécialistes en très petit nombre savent lire et écrire : les scribes, qui sont aussi les instruments du pouvoir.

Au contraire, l'écriture alphabétique conjugue économie du nombre de signes et exactitude de l'enregistrement. Il en résulte deux effets principaux : d'une part la mémoire devient lisible et inscriptible par le plus grand nombre, sous réserve de généraliser un processus d'alphabétisation ; d'autre part la mémoire devient accessible à la lettre, et c'est une tout autre relation au passé qui s'ouvre ainsi – et une relation paradoxale : si le texte du passé est identifié sans équivoque, s'il n'est plus nécessaire de posséder le contexte d'un énoncé pour accéder à sa lettre, si donc chacun peut y accéder identiquement, la textualité littérale de la mémoire ainsi obtenue engendre néanmoins des différences dans l'infinité des interprétations possibles : *plus la mémoire est identifiée, plus elle ouvre un paradoxe de la différence* : la lecture d'un énoncé se fait toujours dans un *contexte* qui en surdétermine l'interprétation (mais qui n'est plus du tout, ici, celui de l'écriture de cet énoncé). L'identité « produit » de la différence. Cette différence entre les interprétations ne tient plus à l'incertitude quant à ce qui a été dit. C'est au contraire la certitude quant à ce qui a été dit, et la possibilité de le relire (de le « réentendre ») dans d'*autres* contextes, qui en met le sens en *crise* : ce qui s'ouvre ainsi est le temps de la *critique* – et du savoir dit *rationnel*. Cela s'ouvre dans l'*espace devenu politique*, et c'est aussi en fin de compte le *temps historique* à proprement parler[3].

1. Jacques Derrida montre dans *De la grammatologie*, éd. de Minuit, 1967, que la notion d'écriture pictogrammatique est contradictoire et appartient à la définition « métaphysique » de l'écriture : le signe pictogrammatique, en tant que signe, c'est-à-dire en tant que « représentant » d'une diversité de « représentés » (de « référents »), est toujours déjà autre chose qu'une simple représentation, autre chose que picto-graphique.
2. Jean Bottéro, *la Mésopotamie*, éd. Gallimard, pages 107 à 122.
3. Je développe ces hypothèses dans « Mémoires gauches », *la Revue philosophique*, Presses universitaires de France, juin 1990. Sur toutes ces questions, voir *les Savoirs de l'écriture en Grèce ancienne*, sous la direction de Marcel Detienne, Presses universitaires de Lille.

L'espace devient politique lorsqu'il est celui d'une communauté de lettrés : le citoyen est *lisant* et *écrivant*. La mémoire politique est constituée technologiquement : elle suppose une technologie littérale de la mémoire. L'*isonomie* des citoyens, condition de leur *autonomie*, est impensable sans qu'ils soient égaux devant l'accès à la mémoire, pour sa lecture comme pour son écriture. C'est pourquoi Marrou insiste fortement sur la place de l'enseignement des lettres dans la constitution de la citoyenneté grecque[1]. C'est dire aussi que la question qui se pose à nous est de savoir si une communauté politique est encore promise par la mémoire d'aujourd'hui et de demain.

La généralisation de l'alphabétisation a demandé plus de vingt-cinq siècles. Pendant ce temps, la conservation et donc l'organisation de la mémoire écrite a connu divers stades. Dès qu'il s'agit de sélectionner et de classer les supports de la mémoire objective, c'est la constitution du savoir qui est en jeu. L'organisation de la mémoire est un élément déterminant de la force des civilisations (leur capacité d'oubli l'est aussi – mais c'est la même question). Il n'y aurait pas eu la Mésopotamie telle que nous la connaissons ni telle qu'elle s'est connue elle-même sans le classement et le catalogage systématiques des tablettes d'argile. Alexandrie, l'édit de Montpellier en 1537, la *nationalisation* de la mémoire sous la Révolution (création des Archives, des Musées), l'obligation de l'instruction publique au XIXe siècle, sont ces grands moments dans lesquels la communauté sait qu'elle n'est rien que sa mémoire et qu'une politique de la mémoire engage toujours et totalement l'avenir d'une communauté.

Aujourd'hui, les nouveaux supports de l'archivage sont ceux d'une époque où la mémoire est devenue le principal champ de l'activité économique. C'est dire que sa conservation et son organisation sont les objets d'enjeux et de pressions énormes : plus coûteux lorsqu'ils sont analogiques et numériques, les fonds d'archives doivent être rentabilisés[2].

Plus les supports sont industriels, plus est grande la quantité des traces et plus les budgets consacrés à leur conservation tendent à s'élever. Or la mémoire ne se constitue que par ses oublis : mémoriser, c'est retenir, c'est-à-dire sélectionner. Il faut éliminer, non seulement par réalisme économique, mais pour pouvoir se souvenir – même si la délégation de la « lecture » aux machines travaillant à la vitesse de la lumière permet d'augmenter très considérablement la masse du mémorisable. Trop de mémoire équivaudrait à un trou de mémoire. S'il est vrai que le *critère* de l'élimination tend à devenir la stricte *rentabilité commerciale* du fonds conservé, peut-on concevoir que les « nouvelles archives » soient *exclusivement* soumises aux finalités de la rentabilité économique ? La mémoire à venir ne sera-t-elle que le résultat de son amortissement ? La question est de savoir sur quels critères on organise et sélectionne et donc sur quoi repose la « rentabilité » de la mémoire pour la communauté dans son ensemble et à long terme – *long terme* peu compatible avec la loi de l'amortissement rapide qui domine aujourd'hui. Cette « rentabilité » est-elle même calculable ? On peut en douter : ce que la mémoire tient en réserve, c'est l'avenir en tant

1. Henri-Irénée Marrou, *Histoire de l'éducation*, tome 1, éd. du Seuil, page 76.

2. Ce sont aussi des secteurs prometteurs pour l'investissement, raison pour laquelle l'agence d'information Visnews a fait l'acquisition des archives cinématographiques Gaumont, Empire News Buletin, Gaumont British News, Universal News, British Paramount News. En France, les chaînes de télévision sont désormais responsables de leurs archives. « Bientôt, il deviendra difficile, sinon impossible, de conserver – comme il est de règle aujourd'hui – tout ce qui passe sur l'antenne : le secteur public, les chaînes privées, les programmes directs reçus par satellite, les réseaux câblés. Le flot d'images va être décuplé. Qui va décider quoi ? Qui va les conserver et comment ? » (Colette Lustière, Geneviève Piejut et Gilbert Lauzun in *Dossiers de l'Audiovisuel*, n° 11, INA).

que l'incalculable même, c'est l'ouverture d'un improbable – de cette chance qu'est le temps comme indéterminé[1].

L'investissement des industries de la mémoire du côté des archives ne se limite pas au rachat par les agences de presse des actualités cinématographiques devenues historiques. Tout le secteur des banques de données, en expansion continue depuis le développement de la télématique, témoigne de l'investissement industriel dans le domaine de l'archivation. Plus significatif par rapport à ce qui a été dit plus haut est l'exemple de la presse écrite qui emploie à présent les technologies numériques pour l'exploitation de ses sous-produits documentaires. *Le Monde* a ainsi développé une banque de données en texte intégral où sont stockés et indexés tous les articles du journal depuis juin 1987. Ce type d'informations textuelles numérisées est maintenant édité, parfois annuellement, sous forme de CD-ROM – pratique déjà ancienne de plusieurs quotidiens aux États-Unis et au Canada. La composition des journaux étant informatisée, il est logique que la presse exploite son capital de mémoire en développant les possibilités nouvellement ouvertes par la saisie numérique des textes.

Les supports photoniques par lesquels *l'ensemble des enregistrements littéraux seront à terme convertis numériquement* viennent ainsi compléter la « gamme des produits » de l'archivation électronico-industrielle. Les banques de données sont « en réseau » : conjuguant les avantages de la transmission à la vitesse de la lumière et du calcul en temps réel, elles peuvent être mises à jour instantanément. L'accès est commandé par un logiciel-thésaurus, c'est-à-dire que la lecture est soumise à des catégories *a priori* qui téléguident l'utilisateur de la banque de données, qui se trouve soumis à un point de vue unilatéralement appliqué à son domaine de recherche – dispositif qui doit uniformément satisfaire à la demande de tous les publics, selon une loi comparable à celle de l'*audimat* régnant sur les médias audiovisuels : la réalisation du système d'accès, par l'application de syntaxes et de catégories sémantiques prédéterminées, anticipe les types d'interrogations pouvant être adressées à la base et ferme celle-ci aux questions échappant à la sémantique officialisée par le système – et, *a fortiori*, aux questions proprement imprévisibles. Cette anticipation des possibilités d'interrogation d'une base de données en ligne par son thésaurus et la fermeture en résultant constituent une limite importante à l'utilisation de l'informatique documentaire, en particulier pour les chercheurs, dans la mesure où une question scientifiquement *pertinente*, étant toujours en quelque manière *imprévue*, vient au moins perturber et parfois bouleverser la sémantique dominant un champ de savoir. Ces systèmes de consultation, qui fournissent plus souvent des références que du texte intégral, coûteux[2], nécessitent par ailleurs l'acquisition de langages d'interrogation parfois difficiles à maîtriser.

Diffusés sur CD-ROM, les archivages numériques s'effectuent le plus souvent en texte intégral et deviennent accessibles à un très large public dans les bibliothèques : il sera bientôt naturel que celles-ci les conservent. Ils sont vendus avec des disquettes d'accès : le logiciel par lequel on accède à une banque de données est alors implanté dans un micro-ordinateur qui pilote une platine « laser » où est lu le disque compact. Le système d'accès en est tout aussi figé que celui des banques de l'information en ligne. On verra

1. Ces questions sont également introduites dans *l'Informatisation de la société* par une mise en perspective des techniques de mémorisation depuis l'écriture jusqu'aux technologies électroniques.
2. Le coût moyen des banques de données est de 400 francs pour une heure de consultation (dans une fourchette oscillant entre 100 et 1000 francs), ce qui limite le nombre de leurs destinataires.

cependant plus bas que le support optique permet un assouplissement des conditions d'accès inconcevable sur un réseau télématique.

Une partie de la littérature française est accessible depuis plusieurs années à partir du serveur *Cyril* du CNRS. Ce fonds littéraire électronique, de 500 000 pages, qui est enrichi chaque années, sera disponible sur CD-ROM dès 1991 : tout chercheur pourra lire de cette manière tel auteur à condition de posséder un micro-ordinateur, une platine de lecture laser, un logiciel d'accès et le disque compact où le texte aura été numériquement enregistré. Mais cela ne concerne pas seulement la littérature ou l'information professionnelle : bientôt, une partie des productions de la presse écrite, avec peut-être, un jour plus lointain, la presse radiophonique et télédiffusée, deviendront « lisibles » dans ces conditions. Or, s'il est vrai qu'aujourd'hui le temps est fabriqué de façon industrielle, s'il est vrai que toute l'actualité politique, et plus largement, toute la vie publique, ont lieu sur les supports médiatiques qui les coproduisent et même les *anticipent* (l'espace public en tant que tel étant devenu, non plus l'agora, mais l'espace technologique – mais il a *toujours* été technologique si l'agora ne peut être ouverte que *comme livre*, c'est-à-dire : que dans les conditions d'une technologique *littérale* de la mémoire), alors c'est l'intégrale du passé public et des événements ayant accédé au statut événementiel qui est en train de devenir disponible à tout lecteur. Autant dire que c'est une expérience du temps encore absolument inouïe qui se prépare ainsi. Cette expérience soulève d'incommensurables difficultés : une mémoire en texte intégral reste d'une manière ou d'une autre inconcevable si la mémorisation *est* l'oubli[1].

Des logiciels apparus sur le marché en 1989 permettent de générer, à partir de données saisies « au kilomètre » et en texte intégral, des bases de données textuelles personnelles, structurées par l'utilisateur lui-même, qui définit selon ses besoins le format de l'unité documentaire, les listes de synonymes, l'antidictionnaire, etc., et consultables à partir des opérateurs booléens[2]. Des entreprises proposent également des systèmes d'annotation électronique de documents articulés sur des systèmes d'archivage personnel. Enfin, une nouvelle industrie éditoriale est en train de voir le jour, et les premiers éléments de la bibliothèque électronique personnelle, consultable sur micro-ordinateur pilotant un lecteur de disque compact, sont déjà sur le marché : encyclopédies[3], dictionnaires[4], anthologies[5], éditions d'œuvres complètes, de documentation de presse, sont en projet ou déjà commer-

1. Dès lors, il s'agit d'organiser l'oubli : toute une économie de l'accès sélectif, de la hiérarchisation, de la régulation des conditions de production du présent et du passé, est à inventer, en passant par les problèmes techniques (par exemple la reduplication des enregistrements dans les standards nouveaux), donc économiques, mais aussi éthiques, juridiques et politiques. Il faut pouvoir effacer la mémoire non seulement en ce que la mémoire n'est que l'oubli, mais parce que les fautes et les blessures qui entament les communautés doivent pouvoir être annulées; le droit des citoyens, question posée dans ce nouvel horizon de mémoire dès la création de la commission *Informatique et liberté*, devra se redéfinir très largement dans ce contexte; il faudra bien d'autre part en venir à réguler les catégorisations, la production des critériologies, et à protéger les conditions d'accès en général d'une *pure hégémonie du court terme*, c'est-à-dire des impératifs de rentabilisation de la mémoire.

2. Le logiciel PHRASEA, trophée Apple 1989, en est un excellent exemple – réalisé par un universitaire, enseignant le droit, pour ses propres besoins d'étude de la jurisprudence.

3. Par exemple l'encyclopédie Grollier.

4. Par exemple le Grand Robert.

5. Par exemple le Trésor de la Langue Française, ou le *Thesaurus Linguae Graecae*, comportant « toute la littérature grecque ancienne ..., d'Homère au VIIe siècle apr. J.-C. : 3 000 auteurs, 8 400 œuvres et 61 millions de mots » (Ch. Jacob, « *Le Thesaurus Linguae Graecae* sur CD-ROM », *Préfaces*, n° 14, juillet 1989). Un projet semblable est en cours concernant la littérature latine.

cialisés[1]. L'ensemble de ces développements techniques est à conjuguer avec une nouvelle offre dans le domaine des télécommunications, qui verra dans les prochaines années la mise en place du réseau NUMERIS.

C'est dans ce contexte que s'est développé le projet de créer la Bibliothèque de France. L'une de ses caractéristiques sera la conservation d'une partie de son fonds sous forme numérique. Outre les avantages purement bibliothéconomiques d'une telle solution, le fonds électronique, qui devrait comporter dans un premier temps trois cent mille ouvrages stockés en mode image (et trente mille saisis en mode caractère[2]), sera accessible en texte intégral à partir des consoles du catalogue électronique, consultable à distance, et alimentera en données textuelles des postes de lecture assistée par ordinateur implantés à la Bibliothèque même ou à distance.

Ces postes de lecture seront dotés de mémoires de stockage amovibles de très grandes capacités, et de périphériques de saisie numérique de textes et de lecture de supports optiques. Le chercheur qui souhaitera travailler à la Bibliothèque sur un corpus électronique aura sept solutions pour le constituer: sélectionner, à partir du catalogue électronique, une partie du fonds numérisé en mode caractère, et la télédécharger (c'est-à-dire la dupliquer) dans la mémoire de sa machine; télédécharger une partie du fonds en mode image; transformer ce corpus en mode image en mode texte par le moyen d'un logiciel de reconnaissance optique de caractères (OCR) implanté sur sa machine; numériser lui-même des textes par le biais du scanner et du même OCR; consulter des bases de données par le biais d'un modem; consulter un CD-ROM à partir d'une platine de lecture de disques compacts; apporter ses propres données numériques sur un support *ad hoc* (disquette, disque dur ou cartouche magnéto-optique amovibles). Autrement dit, le fonds électronique de la Bibliothèque de France constituera une base «mère», dont chacun des postes de lecture assistée par ordinateur abritera des bases «filles».

Ce poste de lecture est conçu comme un bureau électronique en même temps que comme une bibliothèque personnelle. Une fois constitué son corpus personnel, le chercheur doit pouvoir effectuer un traitement numérique du texte, des analyses et des exploitations de contenus profitant des ressources propres aux supports numériques et enrichissant de la sorte l'accès du lecteur au texte – ce qui ne signifie en aucune manière que la lecture électronique se substitue à la lecture traditionnelle: elle vient l'amplifier.

Un aspect essentiel de la lecture est la *corrélation*. Lire, c'est alors rassembler sous des mots clés, structurés en index, en *thesaurii*, sur des fiches, dans des dossiers, par des notes, citations, remarques, commentaires. Tout ce qui est recueilli au cours des opérations de constitution de corpus, d'annotation, d'extraction, de documentation et de commentaire caractéristiques de la lecture du chercheur, qui se mue toujours immédiatement en écriture, tout cela, pour former un véritable appareil de lecture-écriture, doit être mis en réseau, relié, corrélé. Cela se manifeste par des activités effectuées à divers rythmes. Les fiches sont une manière de créer de tels liens. Mais c'est dès le moment de l'annotation que cette opération

1. Les œuvres complètes de Shakespeare, livrées avec la machine NeXT, sont également disponibles depuis 1990 sur CD-ROM lisible sur PC. Un éditeur spécialisé envisage la publication de cinquante mille livres du patrimoine sur support optique; aux USA et au Canada, plusieurs journaux quotidiens publient annuellement le texte intégral de leurs articles sous forme d'annales électroniques – et des projets semblables existent en France.
2. Un texte numérisé en «mode image» n'est pas reconnu par la machine comme un texte; la transformation du document «mode image» en «mode caractère» permet en revanche d'y effectuer tous les traitements et calculs autorisés par les logiciels linguistiques.

est effectuée par anticipation : l'application d'un même mot clé à deux passages, où le mot n'est pas nécessairement présent dans les textes commentés eux-mêmes, est la création d'un lien conceptuel, d'une corrélation, l'élaboration d'une « grille de lecture ». La mise en relation s'effectue par comparaisons, juxtapositions, réductions, assimilations, etc. La lecture est cette alchimie. Ce n'est pas une chimie parce qu'aucune technique de lecture, aussi efficace qu'elle puisse apparaître, n'éliminera jamais le travail de taupe qui, comme « dans le dos de la conscience », guide profondément la juste lecture.

Corréler, c'est *accomplir* la lecture dans une écriture qui est une *sériation*. Le problème est qu'en très grande part, ces corrélations, lorsqu'elles sont effectuées selon les méthodes traditionnelles, sont seulement entrevues au cours des lectures et ne se réeffectuent pas lorsque cela devient nécessaire. C'est encore la mémoire psychologique qui effectue le tri dans son essentielle inconscience : refermés, empilés sur le bureau, alignés dans la bibliothèque, les livres sont autant de cryptes sans autres communes mesures que les faibles souvenirs du lecteur – boyaux aléatoires traversant ces arcanes selon la mouvante géologie de sa mémoire. C'est cette situation que vient bouleverser la lecture assistée par ordinateur.

Le principal avantage de la numérisation est, outre le stockage sur un même support d'énormes quantités de textes (et des images et des sons pouvant accompagner ces textes), la possibilité de *« lire » à la vitesse de la lumière*, par exemple en adressant au fonds numérique une question ou une série de questions correctement formalisées, auxquelles il sera répondu après que la machine aura effectivement parcouru, décodé et analysé l'*intégralité* du texte numérisé – en quelques fractions de seconde. C'est là un des bénéfices les plus immédiatement appréhendables de la délégation du savoir-lire aux machines cybernétiques. Mais lire avec la machine, c'est aussi et surtout écrire – c'est-à-dire corréler, sous forme électronique – à partir de cette lecture : c'est organiser, au sein de fichiers hypertextuels, de bases de donnéees personnelles, de systèmes d'archivage électronique, *des séries corrélatives, sans perte de mémoire* ; c'est pouvoir en afficher en permanence les structures, intervenir sur les séries et réduire les structures de manière à *limiter* le bruit qu'engendre cette puissante mise en échos et miroirs, et finalement accéder à de nouvelles séries et métastructures. En ce sens, la machine apporte une dimension absolument originale à la lecture :

– pour le lecteur « nu », la visibilité du texte (qui conditionne sa lisibilité y compris en ce que celle-ci procède profondément d'une invisibilité textuelle – celle qui ouvre le texte à une interprétation infinie) ne porte que sur quelques pages ou dizaines de pages en amont et en aval de la page actuellement lue. Au-delà de ce champ, de cet angle de vue, de sa « focale » et de la « profondeur de champ » qu'elle emporte, la mise en jeu des séries devient floue et se trouve livrée aux infortunes de la subjectivité ;

– au contraire, la lecture de la machine est sans faille, sans délais. Sa visibilité du texte est totale (elle est discrète et s'effectue quasiment, par rapport à notre échelle, à la vitesse de la lumière). Son objectivité mécanique souffre cependant de cette absence de faille. De même que le programme Chant[1], qui simule l'*aria* de *la Reine de la Nuit*, donne une voix sans musicalité parce qu'absolument exacte (mais qu'on ne peut dire juste), l'absolue exactitude de la mémoire machinique doit être corrigée par une réintroduction de la lecture comme défaillance, comme justesse procédant de l'espèce d'injustice, de finitude et donc d'impératif de décider (d'interpréter) d'où provient la nécessité même d'un texte – « réintroduire la lecture comme défaillance », c'est-à-dire comme nécessité de réduire les séries et

1. Réalisé par l'IRCAM.

de décider des raisons qui les articulent, d'où il s'agit d'éliminer les excès de l'exactitude pour y frayer un chemin, y ouvrir une perspective. Cette défaillance nouvelle, voulue, réfléchie (par l'écran), sinon tout à fait raisonnée, se trouve érigée à un point de vue si large que c'est le texte lui-même qui s'en trouve transformé. Il y a, littéralement, *co-rection* du lecteur par la machine et de la machine par le lecteur, et production par là même d'un nouvel objet: le texte est cet objet qui se définit par les conditions dans lesquelles on y accède; en modifiant ces conditions, c'est l'objet lui-même que l'on modifie.

Les supports de mémoire numériques dans lesquels investit ainsi le secteur industriel, les appareils de décodage et les logiciels d'analyse qui les accompagnent, sont des dispositifs instrumentaux de *lecture rapide* qui bouleversent le rapport au texte dans une mesure comparable à ce qui advient à la vision humaine de l'univers lorsque Galilée, non seulement le contemple, mais l'*observe* à travers sa lunette.

Ils réintroduisent massivement le temps différé dans le temps-lumière, analysé ici tout d'abord comme «temps direct» ou «temps réel». Ces supports mettent en réserve et, en ce sens, diffèrent, tiennent à disposition pour une réactualisation, pour une répétition. Pilotés par des logiciels «interactifs», ce sont aussi des instruments de lecture en temps réel; mais ce temps réel, en tant que nouvel horizon technologique de la lecture, est mis au service du temps différé, *c'est-à-dire de la lecture en tant que telle*. Il y a des temps technologiques de la lecture. Et l'on doit dire aussi: la lecture *est* le temps. Le temps de la lecture, ou la lecture comme temps, n'est évidemment pas le calcul (ce qu'est tout logiciel interactif), c'est au contraire l'ouverture de l'improbable et l'endurance de l'incalculable que recèle la textualité. Mais ici, le calcul en temps-lumière qu'est le traitement de l'information est une condition nouvelle pour l'endurance de la textualité irréductible des textes, de leur incalculabilité – même si l'on a pu considérer d'abord que la lecture assistée par ordinateur, c'est-à-dire par l'intermédiaire de logiciels, était une anticipation des possibilités de la lecture et en ce sens une élimination de l'improbable: ce qui était vrai au cours de la première époque de l'informatique documentaire, qui s'achève aujourd'hui, est devenu sans objet. Ou bien il faut dire que les instruments nouveaux auront sur le lecteur le même poids et la même nécessité que tous les appareils donnant accès depuis tant de siècles à la mémoire livresque: des catalogues – ceux de la Mésopotamie comme ceux de la rue de Richelieu – jusqu'aux manuels scolaires pour le meilleur et pour le pire, en passant par les ouvrages critiques, d'Aristote à Blanchot et Genette – toute cette glose, chère à Montaigne, dans laquelle Proust déclare affûter son style.

Les instruments de lecture rapide qui vont se développer massivement sous diverses formes inaugurent donc une nouvelle époque de la lecture. Bientôt, *toutes* les bibliothèques seront équipées de scanners et de logiciels de reconnaissance optique de caractères qui permettront de numériser à la demande n'importe quel support livresque. Dès 1990, les supports magnéto-optiques réinscriptibles sont apparus sur le marché de la micro-informatique. Tout un chacun peut dès lors numériser sa propre bibliothèque. La question qui se posait il y a à peine quelques années de l'*indexation* de tels fonds personnels, et du même coup de la constitution de logiciels d'accès par les lecteurs eux-mêmes, n'est plus de mise.

Lorsque Cézanne nous intime de *lire* la nature, il signifie qu'il ne voit que ce qu'il est capable de montrer. Ses visions de la montagne ne sont véritables que lorsqu'il peut les peindre:

«*Lisons* la nature; réalisons nos sensations dans une esthétique personnelle et traditionnelle à la fois. Le plus fort sera celui qui aura vu le plus à fond et qui réalisera pleinement, comme les grands Vénitiens.

«Peindre d'après nature ce n'est pas copier l'objectif, c'est *réaliser* ses sensations.

«[...] Lire la nature, c'est la voir sous le voile de l'*interprétation* par taches colorées se succédant selon une loi d'harmonie. Ces grandes teintes s'analysent ainsi par les modulations. *Peindre c'est enregistrer ses sensations colorées.*

«[...] Tout se résume en ceci : avoir des sensations et lire la Nature[1].»

Voir *pleinement* n'est donc pas *seulement* avoir des sensations : cela, c'est le fantasme qu'est le voir. Le voir plein *réalise* ces sensations : il les montre comme une *interprétation* en les *enregistrant*. Tout se résume en ceci : avoir des sensations, *c'est-à-dire* lire la nature *en les enregistrant.*

Lire véritablement, c'est écrire, ou lire à partir d'un pouvoir-écrire ; voir véritablement, c'est montrer, ou voir à partir d'un pouvoir-montrer. Cela signifie que dans le domaine des technologies analogiques et numériques, il ne peut y avoir de lecture véritable des enregistrements que si les instruments non seulement de consultation mais de duplication et de traitement des fonds analogiques et numériques sont mis à disposition des lecteurs. [...]

Qu'est-ce que lire ? veut donc dire *qu'est-ce que le temps ?* Mais cette seconde question signifie à son tour : *que nous promet la technique ?* Ce que nous promet la technique, c'est une lutte entre plusieurs «modèles» de développement dans lesquels sont contenues des possibilités contradictoires d'organisation de la mémoire. Autrement dit, la question de la mémoire, que le projet de la Bibliothèque de France a eu l'immense mérite de poser à son niveau le plus élevé, dont nous ne faisons que découvrir l'urgence, comprise, dans l'horizon industriel qui est aujourd'hui le sien, comme question de la technique, est la grande question politique de demain.

La Transformation de l'argent en capital
(1867)

KARL MARX
(1818-1883)

Il faut au cœur de la médiologie introduire une réflexion sur la monnaie. L'argent ne prétend-il pas au rôle de médium universel, et les relations sociales, partout où il pénètre, ne subissent-elles pas des transformations considérables, et pas seulement symboliques ? L'argent est « la comparaison personnifiée », écrit Marx dans le Capital. *Cet équivalent général met en relation de proportion presque tous les biens et services, et il s'en faut de peu qu'il ne soit devenu « la mesure de toutes choses ».*

Cela commence par le troc. Personne n'étant autonome (l'autosuffisance de Robinson sur son île est une fiction an-économique), il faut que les objets changent de mains. Chaque objet voit dans ce passage sa valeur d'usage se doubler d'une valeur d'échange ; il est devenu marchandise. Ce premier détachement dans le cadre d'un marché encore très

1. *Op. cité*, p. 34 et 36 (je souligne).

fruste (une chose pour une autre chose) est bientôt suivi d'un second : la monnaie, d'or ou d'argent, se substitue au bœuf homérique, une unité comptable malcommode à manier et à diviser sur les marchés. Ce métal, choisi pour ses propriétés de divisibilité et d'homogénéité dans ses plus petites parties, est une marchandise au carré, ou une « cristallisation » de la valeur d'échange de toutes les marchandises : « Le procès d'échange, écrit Marx, est en même temps le procès de formation de la monnaie. »

L'apparition et la consolidation du système de la valeur d'échange (doublant la valeur d'usage) prennent donc la forme du marché, qui tend à autonomiser l'argent : le représentant éclipse son référent, le signe devient la chose même. Marx soupçonne dans cette inversion, ou réification sémantique, une catastrophe : l'argent appelle toujours davantage l'argent, et transforme tout en lui-même ; il homogénéise la diversité sensible, et noie les relations traditionnelles « dans les eaux glacées du calcul égoïste ». Cette bancarisation de la vie culmine dans le règne du Capital, qui s'accomplit quand « le travailleur voit en sa force de travail une marchandise ».

L'extrait ci-dessous du Capital *décrit la transformation d'un moyen (la monnaie qui allège les transactions, simple intermédiaire entre deux marchandises dotées chacune d'une valeur d'usage) en fin : la marchandise se renverse en intermédiaire, ou en moyen de passer d'une première somme d'argent (100 £) à une seconde (110 £). Et ce mouvement, conclut Marx, définit le capitalisme.*

Mouvement capital en effet. Cette promotion du moyen en fin est typique de notre modernité en général, elle relève de l'épaississement médiatique, ou de l'autoréférence, ou de l'autonomisation du signifiant..., que nous avons déjà tour à tour évoqués. On sait qu'aux yeux de Marx ce processus est celui d'une aliénation croissante, et qu'il est donc globalement négatif : quels que soient les mérites historiques qu'il reconnaît par ailleurs au capitalisme (qui a brisé le féodalisme, et libéré à une échelle inouïe les forces productives de l'humanité), l'argent n'est pas pour lui une valeur, ni un moteur, mais un signe parasitaire. Et l'homme d'argent, ou le capitaliste qui fait « travailler l'argent » (au lieu de travailler lui-même) n'est pas le dépositaire du sens de l'histoire. L'énergie véritable provient de l'infrastructure, non des signes (fussent-ils signes de signes), et en bonne logique communiste les forces productives excluent l'argent, ou sauront du moins s'en passer le jour où le socialisme triomphera.

Cristallisation, fétiche, réification..., ces mots dénoncent l'argent comme le *parasite dans la théorie marxiste, et cette connotation demeure très sensible dans le discours des socialistes (et par exemple des socialistes français jusqu'à une date qu'on peut situer assez précisément : 1983). Le* XXe *siècle pourtant aura fait l'expérience opposée, en consacrant l'argent comme le moteur de l'échange, et en définissant à partir de l'échange la forme même de la culture (cf.* supra *le texte de Lévi-Strauss au chapitre* II*).*

Source : *Karl Marx,* le Capital, Critique de l'économie politique, *livre premier : « Le développement de la production capitaliste », traduction de Joseph Roy révisée par Marx, Éditions sociales, Paris, 1950, pp. 151-159.*

Bibliographie : *Pierre Salama et Tran Hai Hac,* Introduction à l'économie de Marx, *La Découverte,* coll. *« Repères », Paris, 1992 ; Jean Baudrillard,* Pour une critique de l'économie politique du signe, *Gallimard, Paris, 1972.*

La formule générale du capital

La circulation des marchandises est le point de départ du capital. Il n'apparaît que là où la production marchande et le commerce ont déjà atteint un certain degré de développement. L'histoire moderne du capital date de la création du commerce et du marché des deux mondes au XVIe siècle.

Si nous faisons abstraction de l'échange des valeurs d'usage, c'est-à-dire du côté matériel de la circulation des marchandises, pour ne considérer que les formes économiques qu'elle engendre, nous trouvons pour dernier résultat l'argent. Ce produit final de la circulation est la première forme d'apparition du capital.

Lorsqu'on étudie le capital historiquement, dans ses origines, on le voit partout se poser en face de la propriété foncière sous forme d'argent, soit comme fortune monétaire, soit comme capital commercial et comme capital usuraire. Mais nous n'avons pas besoin de regarder dans le passé, il nous suffira d'observer ce qui se passe aujourd'hui même sous nos yeux. Aujourd'hui comme jadis, chaque capital nouveau entre en scène, c'est-à-dire sur le marché – marché des produits, marché du travail, marché de la monnaie – sous forme d'argent, d'argent qui par des procédés spéciaux doit se transformer en capital.

L'argent en tant qu'argent et l'argent en tant que capital ne se distinguent de prime abord que par leurs différentes formes de circulation.

La forme immédiate de la circulation des marchandises est M-A-M, transformation de la marchandise en argent et retransformation de l'argent en marchandise, vendre pour acheter. Mais, à côté de cette forme, nous en trouvons une autre, tout à fait distincte, la forme A-M-A (argent-marchandise-argent), transformation de l'argent en marchandise et retransformation de la marchandise en argent, *acheter pour vendre*. Tout argent qui dans son mouvement décrit ce dernier cercle, se transforme en capital, devient capital et est déjà par destination capital.

Considérons de plus près la circulation A-M-A. Comme la circulation simple, elle parcourt deux phases opposées. Dans la première phase A-M, achat, l'argent est transformé en marchandise. Dans la seconde M-A, vente, la marchandise est transformée en argent. L'ensemble de ces deux phases s'exprime par le mouvement qui échange monnaie contre marchandise et de nouveau la même marchandise contre de la monnaie, achète pour vendre, ou bien si on néglige les différences formelles d'achat et de vente, achète avec de l'argent la marchandise et avec la marchandise l'argent.

Ce mouvement aboutit à l'échange d'argent contre argent, A-A. Si j'achète pour 100 livres sterling 2 000 livres de coton, et qu'ensuite je vende ces 2 000 livres de coton pour 110 £, j'ai en définitive échangé 100 £ contre 110 £, monnaie contre monnaie.

Il va sans dire que la circulation A-M-A serait un procédé bizarre, si l'on voulait par un semblable détour échanger des sommes d'argent équivalentes, 100 £, par exemple, contre 100 £. Mieux vaudrait encore la méthode du thésauriseur qui garde solidement ses 100 £ au lieu de les exposer aux risques de la circulation. Mais, d'un autre côté, que le marchand revende pour 110 £ le coton qu'il a acheté avec 100 £ ou qu'il soit obligé de le livrer à 100 et même à 50 £, dans tous ces cas son argent décrit toujours un mouvement particulier et original, tout à fait différent de celui que parcourt par exemple l'argent du fermier qui vend du froment et achète un habit. Il nous faut donc tout d'abord constater les différences caractéristiques entre les deux formes de circulation A-M-A et M-A-M. Nous verrons en même temps quelle différence réelle gît sous cette différence formelle.

Considérons en premier lieu ce que les deux formes ont de commun.

Les deux mouvements se décomposent dans les deux mêmes phases opposées, M-A, vente, et A-M, achat. Dans chacune des deux phases les deux mêmes éléments matériels se font face, marchandise et argent, ainsi que deux personnes sous les mêmes masques économiques, acheteur et vendeur. Chaque mouvement est l'unité des mêmes phases opposées, de l'achat et de la vente, et chaque fois il s'accomplit par l'intervention de trois contractants dont l'un ne fait que vendre, l'autre qu'acheter, tandis que le troisième achète et vend tour à tour.

Ce qui distingue cependant tout d'abord les mouvements M-A-M et A-M-A, c'est l'ordre inverse des mêmes phases opposées. La circulation simple commence par la vente et finit par l'achat; la circulation de l'argent comme capital commence par l'achat et finit par la vente. Là, c'est la marchandise qui forme le point de départ et le point de retour; ici, c'est l'argent. Dans la première forme, c'est l'argent qui sert d'intermédiaire; dans la seconde, c'est la marchandise.

Dans la circulation M-A-M, l'argent est enfin converti en marchandise qui sert de valeur d'usage; il est donc définitivement – *dépensé*. Dans la forme inverse A-M-A, l'acheteur donne son argent pour le reprendre comme vendeur. Par l'achat de la marchandise, il jette dans la circulation de l'argent, qu'il en retire ensuite par la vente de la même marchandise. S'il le laisse partir, c'est seulement avec l'arrière-pensée perfide de le rattraper. Cet argent est donc simplement – *avancé*.

Dans la forme M-A-M, la même pièce de monnaie change deux fois de place. Le vendeur la reçoit de l'acheteur et la fait passer à un autre vendeur. Le mouvement commence par une recette d'argent pour marchandise et finit par une livraison d'argent pour marchandise. Le contraire a lieu dans la forme A-M-A. Ce n'est pas la même pièce de monnaie, mais la même marchandise qui change ici deux fois de place. L'acheteur la reçoit de la main du vendeur et la transmet à un autre acheteur. De même que, dans la circulation simple, le changement de place par deux fois de la même pièce de monnaie a pour résultat son passage définitif d'une main dans l'autre, de même ici, le changement de place par deux fois de la même marchandise a pour résultat le reflux de l'argent à son premier point de départ.

Le reflux de l'argent à son point de départ ne dépend pas de ce que la marchandise est vendue plus cher qu'elle a été achetée. Cette circonstance n'influe que sur la grandeur de la somme qui revient. Le phénomène du reflux lui-même a lieu dès que la marchandise achetée est de nouveau vendue, c'est-à-dire dès que le cercle A-M-A est complètement décrit. C'est là une différence palpable entre la circulation de l'argent comme capital et sa circulation comme simple monnaie.

Le cercle M-A-M est complètement parcouru dès que la vente d'une marchandise apporte de l'argent que remporte l'achat d'une autre marchandise. Si, néanmoins, un reflux d'argent a lieu ensuite, ce ne peut être que parce que le parcours tout entier du cercle est de nouveau décrit. Si je vends un quart de froment pour 3 £ et que j'achète des habits avec cet argent, les 3 £ sont pour moi définitivement dépensées. Elles ne me regardent plus; le marchand d'habits les a dans sa poche. J'ai beau vendre un second quart de froment, l'argent que je reçois ne provient pas de la première transaction, mais de son renouvellement. Il s'éloigne encore de moi si je mène à terme la seconde transaction et que j'achète de nouveau. Dans la circulation M-A-M, la dépense de l'argent n'a donc rien de commun avec son retour. C'est tout le contraire dans la circulation A-M-A. Là, si l'argent ne reflue pas, l'opération est manquée; le mouvement est interrompu ou inachevé, parce que sa seconde phase, c'est-à-dire la vente qui complète l'achat, fait défaut.

Le cercle M-A-M a pour point initial une marchandise et pour point final une autre marchandise qui ne circule plus et tombe dans la consommation. La satisfaction d'un besoin, une valeur d'usage, tel est donc son but définitif. Le cercle A-M-A, au contraire, a pour point de départ l'argent et y revient ; son motif, son but déterminant est donc la valeur d'échange.

Dans la circulation simple, les deux termes extrêmes ont la même forme économique ; ils sont tous deux marchandise. Ils sont aussi des marchandises de même valeur. Mais ils sont en même temps des valeurs d'usage de qualité différente, par exemple, froment et habit. Le mouvement aboutit à l'échange des produits, à la permutation des matières diverses dans lesquelles se manifeste le travail social. La circulation A-M-A, au contraire, paraît vide de sens au premier coup d'œil, parce qu'elle est tautologique. Les deux extrêmes ont la même forme économique. Ils sont tous deux argent. Ils ne se distinguent point qualitativement, comme valeurs d'usage, car l'argent est l'aspect transformé des marchandises dans lequel leurs valeurs d'usage particulières sont éteintes. Échanger 100 £ contre du coton et de nouveau le même coton contre 100 £, c'est-à-dire échanger par un détour argent contre argent, *idem* contre *idem*, une telle opération semble aussi sotte qu'inutile. Une somme d'argent, en tant qu'elle représente de la valeur, ne peut se distinguer d'une autre somme que par sa quantité. Le mouvement A-M-A ne tire sa raison d'être d'aucune différence qualitative de ses extrêmes, car ils sont argent tous deux, mais seulement de leur différence quantitative. Finalement il est soustrait à la circulation plus d'argent qu'il n'y en a été jeté. Le coton acheté 100 £ est revendu 100+10 ou 110 £. La forme complète de ce mouvement est donc A-M-A', dans laquelle $A'=A+\Delta A$, c'est-à-dire égale la somme primitivement avancée plus un excédent. Cet excédent ou ce surcroît, je l'appelle *plus-value* [en anglais *surplus value*]. Non seulement donc la valeur avancée se conserve dans la circulation, mais elle y change encore sa grandeur, y ajoute un plus, se fait valoir davantage, et c'est ce mouvement qui la transforme en capital.

Il se peut aussi que les extrêmes M, M, de la circulation M-A-M, froment – argent – habit par exemple, soient quantitativement de valeur inégale. Le fermier peut vendre son froment au-dessus de sa valeur ou acheter l'habit au-dessous de la sienne. À son tour, il peut être floué par le marchand d'habits. Mais l'inégalité des valeurs échangées n'est qu'un accident pour cette forme de circulation. Son caractère normal, c'est l'équivalence de ses deux extrêmes, laquelle au contraire enlèverait tout sens au mouvement A-M-A.

Le renouvellement ou la répétition de la vente de marchandises pour l'achat d'autres marchandises rencontre, en dehors de la circulation, une limite dans la consommation, dans la satisfaction de besoins déterminés. Dans l'achat pour la vente, au contraire, le commencement et la fin sont une seule et même chose, argent, valeur d'échange, et cette identité même de ses deux termes extrêmes fait que le mouvement n'a pas de fin. Il est vrai que A est devenu $A+\Delta A$, que nous avons 100+10 £, au lieu de 100 ; mais, sous le rapport de la qualité, 110 £ sont la même chose que 100 £, c'est-à-dire argent, et sous le rapport de la quantité, la première somme n'est qu'une valeur limitée aussi bien que la seconde. Si les 100 £ sont dépensées comme argent, elles changent aussitôt de rôle et cessent de fonctionner comme capital. Si elles sont dérobées à la circulation, elles se pétrifient sous forme trésor et ne grossiront pas d'un liard quand elles dormiraient là jusqu'au jugement dernier. Dès lors que l'augmentation de la valeur forme le but final du mouvement, 110 £ ressentent le même besoin de s'accroître que 100 £.

La valeur primitivement avancée se distingue bien, il est vrai, pour un instant, de la plus-value qui s'ajoute à elle dans la circulation ; mais cette distinction s'évanouit aussitôt. Ce qui finalement sort de la circulation, ce n'est pas d'un côté la valeur première de 100 £, et de l'autre la plus-value de 10 £ ; c'est une valeur de 110 £, laquelle se trouve dans la même forme et les mêmes conditions que les 100 premières livres sterling, prête à recommencer le même jeu. Le dernier terme de chaque cercle A-M-A, acheter pour vendre, est le premier terme d'une nouvelle circulation du même genre. La circulation simple – vendre pour acheter – ne sert que de moyen d'atteindre un but situé en dehors d'elle-même, c'est-à-dire l'appropriation de valeurs d'usage, de choses propres à satisfaire des besoins déterminés. La circulation de l'argent comme capital possède au contraire son but en elle-même; car ce n'est que par ce mouvement toujours renouvelé que la valeur continue à se faire valoir. Le mouvement du capital n'a donc pas de limite.

C'est comme représentant, comme support conscient de ce mouvement que le possesseur d'argent devient capitaliste. Sa personne, ou plutôt sa poche, est le point de départ de l'argent et son point de retour. Le contenu objectif de la circulation A-M-A', c'est-à-dire la plus-value qu'enfante la valeur, tel est son but subjectif, intime. Ce n'est qu'autant que l'appropriation toujours croissante de la richesse abstraite est le seul motif déterminant de ses opérations, qu'il fonctionne comme capitaliste, ou, si l'on veut, comme capital personnifié, doué de conscience et de volonté. La valeur d'usage ne doit donc jamais être considérée comme le but immédiat du capitaliste, pas plus que le gain isolé; mais bien le mouvement incessant du gain toujours renouvelé. Cette tendance absolue à l'enrichissement, cette chasse passionnée à la valeur d'échange lui sont communes avec le thésauriseur. Mais, tandis que celui-ci n'est qu'un capitaliste maniaque, le capitaliste est un thésauriseur rationnel. La vie éternelle de la valeur que le thésauriseur croit s'assurer en sauvant l'argent des dangers de la circulation, plus habile, le capitaliste la gagne en lançant toujours de nouveau l'argent dans la circulation.

Les formes indépendantes, c'est-à-dire les formes argent ou monnaie que revêt la valeur des marchandises dans la circulation simple, servent seulement d'intermédiaire pour l'échange des produits et disparaissent dans le résultat final du mouvement. Dans la circulation A-M-A', au contraire, marchandise et argent ne fonctionnent l'une et l'autre que comme des formes différentes de la valeur elle-même, de manière que l'un en est la forme générale, l'autre la forme particulière et, pour ainsi dire, dissimulée. La valeur passe constamment d'une forme à l'autre sans se perdre dans ce mouvement. Si l'on s'arrête soit à l'une soit à l'autre de ces formes, dans lesquelles elle se manifeste tour à tour, on arrive aux deux définitions: le capital est argent, le capital est marchandise; mais, en fait, la valeur se présente ici comme une substance automatique, douée d'une vie propre, qui, tout en échangeant ses formes sans cesse, change aussi de grandeur, et, spontanément, en tant que valeur mère, produit une pousse nouvelle, une plus-value, et finalement s'accroît par sa propre vertu. En un mot, la valeur semble avoir acquis la propriété occulte d'enfanter de la valeur parce qu'elle est valeur, de faire des petits, ou du moins de pondre des œufs d'or.

Comme la valeur, devenue capital, subit des changements continuels d'aspect et de grandeur, il lui faut avant tout une forme propre au moyen de laquelle son identité avec elle-même soit constatée. Et cette forme propre, elle ne la possède que dans l'argent. C'est sous la forme argent qu'elle commence, termine et recommence son procédé de génération spontanée. Elle était 100 £, elle est maintenant 110 £, et ainsi de suite. Mais l'argent lui-même n'est ici qu'une forme de la valeur, car celle-ci en a deux. Que la forme marchandise soit mise de côté et l'argent ne devient pas capital. C'est le changement de place par deux fois de la même marchandise: premièrement dans l'achat où elle remplace l'argent avancé, secondement dans la vente où l'argent est repris de nouveau; c'est ce double déplacement seul qui occasionne le reflux de l'argent à son point de départ, et de plus d'argent qu'il n'en avait été jeté dans la circulation. L'argent n'a donc point ici une attitude hostile, vis-à-vis de la marchandise, comme c'est le cas chez le thésauriseur. Le capitaliste sait fort bien que toutes les marchandises, quelles que soient leur apparence et leur odeur, sont « dans la foi et dans la vérité » de l'argent, et de plus des instruments merveilleux pour faire de l'argent.

Nous avons vu que, dans la circulation simple, il s'accomplit une séparation formelle entre les marchandises et leur valeur, qui se pose en face d'elles sous l'aspect argent. Maintenant, la valeur se présente tout à coup comme une substance motrice d'elle-même, et pour laquelle marchandise et argent ne sont que de pures formes. Bien plus, au lieu de représenter des rapports entre marchandises, elle entre, pour ainsi dire, en rapport privé avec elle-même. Elle distingue en soi sa valeur primitive de sa plus-value, de la même façon que Dieu distingue en sa personne le père et le fils, et que tous les deux ne font qu'un et sont du même âge, car ce n'est que par la plus-value de 10 £ que les 100 premières livres avancées deviennent capital ; et dès que cela est accompli, dès que le fils a été engendré par le père et réciproquement, toute différence s'évanouit et il n'y a plus qu'un seul être : 110 livres sterling. La valeur devient donc valeur progressive, argent toujours bourgeonnant, poussant et, comme tel, capital. Elle sort de la circulation, y revient, s'y maintient et s'y multiplie, en sort de nouveau accrue et recommence sans cesse la même rotation. A-A', argent qui pond de l'argent, monnaie qui fait des petits – *money which begets money* – telle est aussi la définition du capital dans la bouche de ses premiers interprètes, les mercantilistes. Acheter pour vendre, ou mieux, acheter pour vendre plus cher, A-M-A', voilà une forme qui ne semble propre qu'à une seule espèce de capital, au capital commercial. Mais le capital industriel est aussi de l'argent qui se transforme en marchandise et, par la vente de cette dernière, se retransforme en plus d'argent. Ce qui se passe entre l'achat et la vente, en dehors de la sphère de circulation, ne change rien à cette forme de mouvement. Enfin, par rapport au capital usuraire, la forme A-M-A' est réduite à ses deux extrêmes sans terme moyen ; elle se résume, en style lapidaire, en A-A', argent qui vaut plus d'argent, valeur qui est plus grande qu'elle-même.

A-M-A' est donc réellement la formule générale du capital, tel qu'il se montre dans la circulation.

Cash, check or charge?
(1989)

JEAN-JOSEPH GOUX
(né en 1943)

Marx décrit l'autonomisation de la monnaie, Goux l'autonomisation du signifiant en reliant l'histoire de la monnaie à l'histoire plus générale des jeux d'écriture, et de leur progressif détachement.

L'argent perd en référence, ou se déréalise au fil de son histoire. Le système boursier accentue cette tendance du système bancaire, en détachant les écritures de la valeur réelle des entreprises dont on échange les titres, pour indexer cette valeur sur la disposition psychologique des opérateurs, c'est-à-dire sur la seule logique de la valeur d'échange déliée de l'usage : avec la spéculation (dont nous avons vu au chapitre IV *dans le texte de Dupuy la nature spéculaire), la monnaie devient de plus en plus fiduciaire, elle exprime une promesse gagée sur l'avenir. Le jeu des écritures ne renvoie plus à une encaisse substantielle mais à un trésor virtuel, identifié au flux même des échanges. La banque n'est plus un coffre-fort ou un stock, mais un gigantesque* computer *qui fait circuler des chiffres.*

Nous dirions sémiotiquement qu'on est passé du régime de l'indice, qui consiste toujours en quelque dépôt, au détachement iconique des billets, lui-même suivi du détachement supplémentaire des purs symboles au sens de Peirce: jeux d'une écriture de moins en moins matérielle, et qui court aujourd'hui à la vitesse de l'électron.

*D'autre part, ce passage du bœuf homérique à la pièce d'or, et de l'or aux cartes à mémoire de la monétique, illustre clairement une autre loi médiologique: le déclin et la chute des graves, la promotion du léger et du fluide. De même que le papier du livre doit, dans la prophétie hugolienne (*supra *chapitre* VI) *« tuer la cathédrale », et le papier-monnaie nombre d'autres valeurs, l'électron détrône aujourd'hui dans nos transactions le papier des billets et des chèques.*

On verra dans ce texte, qui résume un ouvrage important, comment l'auteur élargit son enquête à la sémiotique, à l'imaginaire, voire à l'ontologie (car les repères que nous prenons dans le réel, dans le temps et l'espace ont beaucoup changé depuis que time is money*). Mais il suggère aussi, à la suite de Simmel et des anthropologues qui ont réfléchi sur l'échange, et sur les liens entre l'institution (l'État), l'économie et la religion, comment l'argent fait concurrence à Dieu, garant traditionnel de la stabilité universelle. L'argent n'est-il pas l'unificateur et l'interprétant le plus général de tous les objets? Et ce qui relie en les dispersant un nombre toujours croissant de sujets?*

De plus en plus fiduciaire, et immatériel, l'argent est d'autre part à la fois la cause et l'effet d'une nouvelle sorte de confiance, ou de foi. Comme dit la publicité de la carte Visa citée ci-dessous, il garantit à son heureux porteur un maximum de mobilité dans la sécurité. Cette dispersion reliante *constitue un étrange compromis, et un tour de force dont on est loin d'avoir mesuré tous les effets.*

Source: *Revue* Communications, *numéro 50, Le Seuil, Paris, 1989.*

Bibliographie: *Jean-Joseph Goux,* Économie et symbolique, *Le Seuil, Paris, 1973;* les Monnayeurs du langage, *Galilée, Paris, 1984; «Catégories de l'échange: idéalité, symbolicité, réalité», article de* l'Encyclopédie philosophique universelle, tome *«L'univers philosophique», sous la direction d'André Jacob, PUF, Paris, 1989; Georges Simmel,* la Philosophie de l'argent, *PUF, Paris, 1987 (première édition allemande en 1907); Pierre Vilar,* Or et monnaie dans l'histoire, 1450-1920, *Flammarion, Paris, 1978.*

Lorsque le consommateur au chariot débordant s'arrête devant la caisse d'un supermarché américain, une question, presque rituellement, lui est posée, d'un ton à la fois absent et comminatoire: «CASH, CHECK OR CHARGE?» Il s'agit bien sûr, pour la caissière de savoir par lequel de ces trois moyens de paiement le client veut régler ses achats: en billets de banque, avec un chèque, ou par une carte de crédit? Ce qui est intéressant dans ce rituel commerçant est que le client est placé devant ce choix quotidien par une question stéréotypée où l'ordre des possibilités de paiement répète fidèlement l'ordre historique suivant l'ancienneté décroissante, de différents types d'usages monétaires.

Le paiement *cash* (du mot français «caisse») reste fidèle à la pratique bien établie du billet de banque. Le paiement *check* prolonge sous sa forme présente l'innovation anglaise qui étonnait encore Jevons dans les années 1870 et qui ne s'est généralisée que beaucoup plus tard pour le commerce de détail. Enfin, le paiement *charge,* le dernier-né des moyens de paiement, encore en pleine évolution, apparaît dans les années 50 et marque le processus d'électronisation des transactions monétaires, ouvrant l'ère de la monétique...

Ainsi, plusieurs moyens, historiquement datables, de se libérer d'une dette persistent et s'ajoutent l'un à l'autre sans, pour l'instant, s'évincer. Chaque acheteur entre, par son choix, dans un système d'opérations qui le situe dans un régime différent de l'échange. À l'un des bouts de cette séquence historique persiste encore, peut-être, le souvenir, ou au moins la place structurale nécessaire, du métal précieux que le billet de banque, il y a encore peu de temps convertible en or, était censé représenter dans la circulation quotidienne. À l'autre bout, celui du «règlement par écritures» et des opérations mécanographiques, on ne trouve nulle part de signes monétaires proprement dits mais des «ordres de transfert». On enregistre des informations.

«Cash, check or charge?»: trois possibilités de payer, trois régimes de la monnaie qui inscrivent celui qui achète dans une relation différente avec l'«argent», qui lui offrent le choix quotidien entre des symbologies différentes de la valeur. Ce que cette différence engage n'est sans doute pas bien conçu par celui qui, pour des raisons variées, souvent contingentes, répond à la question mécanique de la caissière. Et pourtant n'est-ce pas toute une sémiotique sociale, n'est-ce pas tout un mode de symboliser impliquant non seulement un certain statut du signe et de la valeur, mais plus implicitement une certaine relation structurante à la loi, à l'État, à ce qui est privé et public, à la représentation, à la réalité, à la matière et à l'idéalité, qui chaque fois s'exposent dans cet acte minime? N'est-ce pas un mode cohérent d'institution sociale, avec sa philosophie implicite et ses postulats préréflexifs, qui est impliqué et mis en acte dans chacune de ces pratiques?

Que notre siècle ait connu ce qu'il est convenu d'appeler une dématérialisation de la monnaie, conduisant à un régime radicalement nominaliste de l'instrument monétaire allant jusqu'à l'inconvertibilité et à la flottaison, et qu'il soit aussi marqué par une rupture sans précédent dans le mode de représentation ainsi que par une inquiétude de plus en plus profonde sur la nature du signe et sur le statut du langage, n'est sans doute pas une simple coïncidence. Dans la pratique monétaire, se décide un régime inouï des signes et des valeurs qui dessine et accompagne à sa façon toutes les mises en cause et tous les ébranlements que la pensée contemporaine a tenté de conceptualiser. Effondrement des référents, dissolution des valeurs-étalons, dissociation du signe et de ce qu'il signifie, évacuation de toute «présence» ou de tout «trésor» garantissant le jeu des signifiants, report indéfini du sens dans les pures opérations de l'écriture; c'est une crise extrême du langage, au sens le plus large, que le nouveau nominalisme monétaire entretient par une contagion ou un parallélisme qu'il ne faut pas se hâter de réduire.

Ce qui se défait avec la disparition historique de la monnaie-or qui avait régné au siècle dernier, c'est un moment de conjonction privilégié, en un même corps, des trois fonctions de la chose monétaire qui n'ont pas toujours été réunies et qui, aujourd'hui, ne le sont plus. À la fois mesure *idéale* des valeurs, instrument *symbolique* d'échange et moyen *réel* de réserve, la monnaie-or rassemblait en un objet unique les fonctions *d'archétype*, de *jeton* et *de trésor* [1]. C'est la tresse historique de ces trois fonctions qu'on avait pris l'habitude de considérer comme *la* monnaie. Mais, en ce sens, *la* monnaie n'existe plus. Cette tresse est défaite. Il n'est plus aucun corps qui s'institue comme étalon des valeurs, tout en circulant sur le marché quotidien et tout en étant thésaurisable comme garantie de valeur stable. Les trois fonctions ont éclaté. Le signifiant inconvertible qui circule aujourd'hui, qui court, qui diffère toujours sa «réalisation», assure la fonction monétaire dans le registre de la pure symbolicité, mais ce n'est qu'en portant le deuil d'un étalon introuvable (ou flottant) et d'une valeur de réserve incertaine, gagée sur rien.

1. Sur cette distinction, cf. *les Monnayeurs du langage* (surtout 1, 4) Paris, Galilée, 1984.

Et si cette mutation du signe et ce deuil de la représentation n'étaient que le prélude à une emprise encore inconnue : bancarisation totale de l'existence, par la conjugaison des pouvoirs de la finance et de l'ordinateur ?

Considérons un instant le « billet vert » de un dollar. Manifestement, ce billet de banque a été conçu pour qu'émane de lui une force emblématique qui en fait un puissant symbole politique. C'est un monument civil, qui, pour être de papier, n'en est pas moins chargé cérémonieusement de tous les insignes de l'officialité étatique. Il y a quelque chose de solennel dans cette symétrie rigoureuse du graphisme, dans cette disposition concentrée de tous les grands symboles de la nation. Sur l'une des faces, au centre, le portrait d'un père fondateur, le premier président, Washington, entouré de deux paraphes, celui du trésorier des États-Unis et celui du secrétaire du Trésor. Sur l'autre face, à droite et à gauche de la mention centrale *in Gode we trust,* deux cercles où s'inscrivent le « grand sceau des États-Unis » : une pyramide tronquée surmontée d'un œil triangulaire avec la devise en latin *Annuit coeptis* et *Nodus ordo seclorum,* et, du côté droit, l'aigle aux serres porteuses de la paix et de la guerre (la branche d'olivier et le faisceau de flèches), au bec tenant la devise, encore une fois en latin, *E pluribus unus.* On pourrait détailler mieux, mais chacun de ces éléments est déjà assez parlant, comme leur conjonction sur le même rectangle de papier, où figure en petits caractères la mention de l'universalité de ce moyen de paiement : *This note is legal tender for all debts, public and private...*

Dans ce billet, la simple fonctionnalité du signe bancaire n'a pas détruit encore la richesse des symboles civils, ou, plutôt, cette richesse emblématique est encore nécessaire pour soutenir la fonction du signe. *L'État* (et son Trésor), *Dieu* (et notre foi en *Lui),* le *Père* (fondateur), la *Langue* morte et sacralisée (le latin) : tous ces signifiants puissants, centraux[1] s'assemblent, se conjuguent, se renforcent l'un l'autre, pour donner au billet de banque son poids.

C'est l'État dans toute sa stabilité fondatrice qui garantit la valeur du billet, couvert par l'autorité du Trésor. Par construction, même si la convertibilité-or du dollar a été de fait suspendue il y a plus d'une décennie, le billet américain, dans l'austérité presque romaine de sa gravure, reste fortement charpenté par les emblèmes de la religion civile, par l'imaginaire de la valeur garantie et de l'étalon stable. La valeur du billet renvoie encore à une profondeur, à une verticalité. Quelque part, un trésor est présent, un dépôt, un fonds, sur lequel ce billet est gagé. Il y a une valeur profonde, protégée, que l'État détient, conserve, garantit par son institution, et que ce billet *représente.*

Mais si le billet de banque se donne solennellement comme un symbole politique, marqué par le rôle régulateur et fondateur de la médiation étatique, dans un espace civique régi par le dispositif de la représentation, n'est-ce pas à une configuration bien différente (qui se superpose à la première plutôt qu'elle ne lui succède et ne l'évince brusquement) que renvoie la pratique du paiement par chèque ? Et ne peut-on pas voir, dans la généralisation du chèque, l'indice (et aussi l'opérateur) d'un autre mode de signifier, nouant différemment le politique, la représentation, le signe et le sujet ?

Ce qui frappe dans le chèque, par rapport au billet de banque, c'est le déplacement d'un régime de personnalisation uniquement publique et politique (signature des trésoriers de

1. Très curieusement, les emblèmes du billet de banque américain semblent confirmer l'analyse faite dans « Numismatiques » des signifiants axiologiques les plus centraux. Cf. *Économie et symbolique,* Paris, Éd. du Seuil, 1973.

l'État) à un régime de personnalisation privée qui implique très différemment les identités. Tandis que le billet de banque médiatise une relation où l'acheteur et le vendeur restent anonymes, comme si étaient déléguées au tiers étatique toute la responsabilité et l'assurance de la couverture, la transaction par chèque est une opération tripartite, où chacune des parties est identifiée par un nom propre : le banquier, le porteur, le bénéficiaire. La réserve invisible qui sert de fonds à la transaction n'est plus le Trésor public, mais l'avoir d'un particulier inscrit au compte d'une banque particulière. Le chèque n'est pas une monnaie à proprement parler, qui s'échange anonymement et épuise dans le donnant-donnant sa fonction libératoire de dette, mais c'est un « ordre de transfert » donné par un porteur clairement dénommé, à effectuer par telle banque au bénéfice de telle ou telle personne, non moins clairement dénommée. Avec la monnaie scripturale, ou plutôt le *règlement par écritures,* on entre donc dans un autre espace sémiotique ou praxéologique, où les marques ne sont pas tant des *signes de valeur* (comme dans un régime de représentation où le trésor est encore présent à l'horizon comme garantie référentielle) que des *signes d'opérations sur les valeurs,* les signes en eux-mêmes n'étant pas chargés d'un sens ou d'une valeur directement appropriables, mais lancés dans un jeu indéfini de reports, de renvois (traces d'opérations sur des traces) sans qu'aucun trésor directement échangé, ou même désignable, soit impliqué.

L'avoir bancaire est l'inscription d'une créance qui elle-même renvoie à un système indéfini d'inscription de créances. Tout se passe comme si la « monnaie scripturale » impliquait un mode de substituer qui n'est plus gagé directement sur une valeur matérialisée. Le régime *bancaire* du signe pourrait être ainsi opposé à son régime *marchand,* dans lequel la présence matérielle d'une marchandise (y compris la monnaie-marchandise elle-même) garantit le rapport étroit de représentation et d'équivalence.

Le trésor du banquier est un dépôt. Mais ce dépôt est constitué de fonds qui à leur tour sont des créances. La « trésorerie » d'une banque (suivant une expression de plus en plus désuète qui ne garde qu'un sens métaphorique dont on oubliera bientôt la signification propre) n'est donc que signes d'opérations sur des créances. L'avoir est scriptural. Tout se passe comme si la personnalisation juridique de l'opération devait compenser, par les contraintes du droit, la dématérialisation de la trésorerie.

On peut légitimement se demander si la rupture profonde, à la fin du siècle dernier et au début de ce siècle, dans les conceptions *sémiotiques* (Peirce), *linguistiques* (Saussure) ou *esthétiques* (cubisme, art abstrait), qui toutes impliquent une tentative de fonder le sens sur la relation réciproque et différentielle de signifiant à signifiant, dans un jeu indéfini de renvois et de reports, et non plus sur le rapport direct du signe à la chose qu'il signifie ou représente, n'est pas parfaitement congruente à cette transformation socio-symbolique du régime monétaire du signe.

Repensant la nature du signe linguistique, Saussure, on le sait, tente de rompre avec la conception, qu'il juge simpliste, de la *langue-nomenclature* pour faire prévaloir celle de la *langue-système.* La langue, loin d'établir un rapport fixe et isolable entre un mot, une idée et une chose, est un système de valeurs différentielles, de pures valeurs que rien ne détermine en dehors de l'état momentané de ses termes. Le passage de la langue-nomenclature (où un mot vaut pour une chose signifiée) à la langue-système (où c'est la relation de mots entre eux qui détermine la valeur) n'est pas sans évoquer le passage d'une monnaie représentative à une monnaie scripturale dans un régime où l'axe spéculatif et bancaire des *changes* et des opérations financières est plus important que l'axe marchand des *échanges* (où la monnaie vaut pour la marchandise, et réciproquement). Et il est remarquable que la rupture saussurienne en linguistique se réclame d'une comparaison monétaire qui suppose le privilège et presque le monopole de l'axe des changes (une monnaie qui s'échange contre une autre monnaie) sur l'axe des échanges (une monnaie qui s'échange contre une marchandise). Saussure comprend la valeur en linguistique suivant un modèle économique de la valeur emprunté directement au nominalisme monétaire.

Ce changement de paradigme dans la pensée du signe est d'autant plus remarquable qu'il est contemporain des nouvelles conceptions monétaires de Knapp (qui, en 1905, pousse à un degré jamais atteint la conception de la valeur «décisoire» et purement nominale du signe monétaire émis par l'État) et de celles de Hilferding qui, dans *Das Finanz Kapital* (paru en 1910, l'année où Kandinsky peint le premier tableau abstrait), fait pour la première fois la théorie de la domination du capital financier sur le capital industriel et commerçant dans la nouvelle phase du capitalisme.

La recherche de Wittgenstein n'est pas sans s'inscrire, elle aussi, dans le même changement de paradigme. Déplaçant l'intérêt de la philosophie vers les jeux de langage, elle suspecte dès le départ la notion simpliste de référent, le postulat augustinien que «les mots du langage nomment des objets[1]». Et la métaphore monétaire, là encore, comme on pouvait s'y attendre, n'est pas absente, rigoureusement conforme à l'axiologie économique qui s'y joue en profondeur. Lorsqu'il veut suspecter, et même railler, la croyance en une signification qui serait différente du mot lui-même, Wittgenstein écrit: «On dit: ce n'est pas le mot qui importe, mais sa signification; et l'on pense ce disant à la signification comme à une chose de la même sorte que le mot, encore que différente de ce dernier. *Là le mot, ici la signification. L'argent et la vache que l'on achète avec de l'argent*[2].» Ainsi, ce que raille Wittgenstein, c'est bien un langage pensé sur le mode marchand, où le mot renvoie à la chose signifiée qui lui équivaut, comme l'argent renvoie à la marchandise (sur le marché du village, où les paysans achètent ou vendent des vaches).

Il apparaît donc que les théories les plus puissantes du signe, qui mettent en cause le trinaire aristotélicien et stoïcien (signifiant, signifié, référent) et qui se prolongent aujourd'hui dans la déconstruction grammatologique opérée par Derrida, où elles ont trouvé leur radicalisation philosophique la plus aiguë, ne sont pas sans correspondances avec le bouleversement du régime du signe qu'introduisent les pratiques du nominalisme monétaire, avec la monnaie scripturale et le billet inconvertible. Il faut se garder d'interpréter trop hâtivement la causalité de cette correspondance dont on ne saurait rendre compte d'une façon simple et qui pose des problèmes redoutables.

Mais il est remarquable que la perte de tout référent présentable (trésor) ou de toute mesure idéale des valeurs (étalon) dans le système monétaire d'aujourd'hui, le mouvement qui fait de toute monnaie une écriture (et non plus un signe de valeur de l'échange, ou encore moins une «chose» possédant une valeur) en un mouvement indéfini de reports et de renvois où l'on ne rencontre jamais que des traces renvoyant à d'autres traces, sans que l'épurement de tous les comptes ne soit jamais possible ni même pensable, n'est pas sans analogie avec le régime du signe que tente de penser l'entreprise grammatologique, en l'opposant à la métaphysique du signifié transcendantal. Dans l'un et l'autre cas, nous n'avons plus un gage plein (une monnaie-or), sûr du sens stable (la valeur) qu'il véhicule, mais une écriture d'écritures, sans terme assignable, un jeu indéfini de reports qui diffère toujours la possibilité d'une valeur présentable, qui ne serait pas, à son tour, écriture.

1. Wittgenstein, *Investigations philosophiques*, trad. fr. par P. Klossowski, Paris, Gallimard, coll. «Tel», 1986, p. 115 (à la suite, dans cette édition, du *Tractatus logico-philosophicus*).
2. *Ibid.*, p. 167.

Que la monnaie, au sens classique, ait disparu pour laisser place au régime du « règlement par écritures » (avec tout le système du crédit, c'est-à-dire du différé qui lui est lié, et donc avec la disparition du « présent » comme référence centrale de la temporalisation), cette grammatologie bancaire ne peut que bouleverser nos cadres philosophiques les plus tenaces. La monnaie, invention grecque, a eu partie liée avec la naissance de la philosophie, avec la structure ternaire de la sémiotique d'Aristote et des stoïciens. La fin de cette monnaie-là (et de ce mode de signifier, que le siècle dernier avait reconduit et porté à son apogée) ne peut que correspondre à un ébranlement de cette métaphysique.

Si l'écriture, au sens restreint, s'est détachée peu à peu des conditions originaires de l'échange de la parole par des interlocuteurs vivants et présents, la monnaie scripturale s'est détachée des conditions concrètes de l'échange marchand, poursuivant sa logique propre par une autonomisation du signifiant, dont les systèmes bancaire et boursier constituent l'aspect le plus visible. L'écriture, dès le départ, comme procédé artificiel séparant de lui-même le locuteur vivant, incarne toutes les ambiguïtés de la technique : la gestion de la monnaie scripturale devient le point de conjonction le plus critique entre l'économie et les techniques du signifiant. L'histoire de l'écriture et l'histoire de la monnaie confluent spectaculairement dans la technologie monétique.

Avec la carte bancaire (le paiement *charge*), une rupture supplémentaire se dessine. Libérant du travail personnel de manuscription que demandait encore le chèque, la carte ouvre la voie à toutes les possibilités ultérieures d'automatisation des opérations. Empruntant la disposition déjà mise en place par la pratique du chèque (une banque, un porteur, un bénéficiaire), la carte multiplie la puissance de communication automatisée de l'information bancaire. Elle permet le branchement direct sur des guichets électroniques sans intervention humaine de l'agence. C'est le possesseur de la carte, en dialogue avec la machine, qui réalise lui-même une partie des opérations qui étaient auparavant effectuées par le personnel de la banque. L'essence purement informationnelle de la monnaie se révèle de mieux en mieux. Cette fois, plus rien n'est physiquement « échangé ». Seuls des signaux sont émis et enregistrés.

Dans ce mouvement d'automatisation (où l'opération sur les ordres de transfert est de plus en plus soustraite au travail humain), la « carte à mémoire », qui est en train de succéder à la carte bancaire de première génération, représente un nouveau pas, aussi important que rapide. Ici, la carte ne renferme plus seulement la possibilité, assez simple, de déclencher par son code l'effectuation d'opérations par le guichet automatique, mais, par son microprocesseur encastré dans l'épaisseur de sa matière plastique, elle effectue elle-même une partie des opérations de mémorisation et de traitement qui étaient réservées à la banque. Tout se passe comme si la « carte à mémoire » (sans rapport en cela avec le vieux billet) avait *internalisé* la pratique des opérations bancaires, conjuguant par la mémoire de son micro-ordinateur les traces dont était faite la monnaie scripturale et la possibilité d'autotraitement de ces traces, en dialogue machinique avec le système bancaire.

Par la puissance de traitement et la capacité de mémorisation devenue interne à la carte elle-même, l'opposition entre le signe arrêté, fixe, et l'opération faite sur le signe est dépassée, et le sujet détenteur de la carte est le porteur individualisé d'une partie, disséminée, de la compétence bancaire. La carte à mémoire n'est plus monnaie scripturale, mais puissance d'opération dans la communication bancaire. Comme si un livre, au lieu d'être un imprimé immuable et « devant-être-lu », devenait capacité active d'entrer en rapport avec d'autres livres pour s'écrire autrement. On peut se demander si ce n'est pas la notion même d'écriture, trace « durable » et « morte » (opposée traditionnellement à la parole vive), qui, à son tour, est subvertie. Ce n'est plus la parole qui se révèle être structuralement une écriture, mais l'écriture qui devient à son tour, étrangement, une sorte de « parole », si l'idée même de parole implique la production imprévisible, active, de nouveaux arrangements de significations, dans la relation communicative.

S'il est encore difficile de dire quel mode de subjectivité, quel statut ontologique du « signe » correspond à la carte à mémoire, il est cependant d'ores et déjà possible de percevoir en quoi ce que l'on a appelé ailleurs le « sujet opératif » (pour le distinguer du « sujet perspectif[1] ») trouve dans ce mode de transaction financière une manifestation remarquable.

Par ailleurs, c'est l'essence purement informationnelle de la monnaie qui se révèle dans ce pas décisif. De sorte que l'intérêt stratégique qu'a pu avoir le dégagement d'une homologie structurale très serrée entre la monnaie et le langage dévoile ici sa nécessité historique la plus contraignante : la monnaie *est* « langage », information, écriture. Il ne s'agit plus ici d'une homologie, mais (en un point) d'une identité. Ce que ne permettait pas de voir complètement la circulation monétaire métallique, l'archaïque et presque incroyable « monnaie-marchandise », devient patent avec la généralisation de la monnaie scripturale et, mieux encore, de la monnaie-micro-calculatrice qui se souvient et opère elle-même.

Pur langage, signifiant autonomisé : à condition d'ajouter que ces traces renvoient toujours à une identité juridique, celle des agents propriétaires, et qu'elles sont lestées par les contraintes juridiques (c'est-à-dire, en dernière instance, *violentes*) de la *dette*. Ce qui règle la trace, ce qui entraîne le mouvement du différé, c'est la circulation de plus en plus compliquée, détournée, dérivée, d'une dette jamais soldée. Et donc une force juridique qui rejoint une valeur éthique : la *promesse* inhérente au crédit comme au débit. Le système bancaire est l'enregistrement actif, la gestion scripturale permanente d'un immense mouvement entrecroisé de promesses, faites entre personnes juridiques. Il inclut donc, par la structure même du différé, le facteur temps, et précisément l'*avenir*, comme orientation constituante, obligée. La société dominée par l'activité bancaire, donc par le crédit, *joue* du temps et de l'attente, joue de l'avenir, comme si toutes ses activités étaient massivement comptées *en avant* d'elle-même, en avance sur elle-même dans l'expectative et l'escompte.

Si la monnaie-or, chère aux bourgeois de Balzac, et le billet lui-même (qui au début est encore « signe d'or ») peuvent être considérés comme l'emblème de la société marchande et du rôle central et sacré de l'État, autorité ayant le monopole de la frappe, les monnaies scripturales, puis électroniques, sont le signe et l'opérateur d'une société bien différente, marquée par l'appropriation de plus en plus générale du service monétaire par les réseaux bancaires et d'une bancarisation de plus en plus étendue de la vie, effet de la jonction vertigineuse entre la finance et la technologie informatique.

Nous sommes bien loin du père Grandet, du trésor de louis d'or, bien caché, qui, pensait-on à Saumur, lui procurait, nuitamment, d'« ineffables jouissances ». La bancarisation accélérée a produit et continue de fabriquer un tout autre imaginaire. L'argent, pour séduire et convaincre, y apparaît lié à une sensibilité voyageuse, exotique, qui n'a plus rien du confinement frileux et de l'accumulation maniaque. L'argent ne concerne plus l'« économie », au sens de la réserve parcimonieuse.

1. In *les Iconoclastes*, Paris, Éd. du Seuil, 1978.

Ouvrons, pour nous distraire, cet hebdomadaire illustré. Une publicité en pleine page nous interpelle :

« Que vous ayez besoin de roupies pour un tapis au Cachemire ou de dollars pour une urgence à Seattle, il y a plus de 200 000 endroits dans le monde où votre carte Visa vous permet d'obtenir du cash. Le symbole Visa signifie que vous avez un accès instantané aux dollars, aux drachmes, aux cruzados, ou aux pesos dans plus de 190 000 banques aux USA et à l'étranger [...].

« Le symbole Visa signifie un accès facile à du cash en quelque langue que ce soit[1]. »

Ce texte publicitaire est hautement significatif de l'axe qui oriente l'imaginaire bancaire. Il exprime parfaitement une conception « saussurienne » du signe monétaire. Ce qui importe est moins le prix d'achat d'un tapis (la monnaie contre la marchandise) que la possibilité même d'un change toujours et partout. Si la valeur en économie peut s'exprimer suivant deux axes : échange d'une chose (monnaie) contre une chose dissemblable (pain) et échange de choses semblables entre elles (monnaie contre monnaie), c'est cet axe-ci, c'est cette valeur-ci que privilégie (comme le fait Saussure homologiquement pour le signe linguistique) l'activité bancaire. C'est sur ce statut de la valeur qu'elle fonde la toute-puissance de l'équivalence universelle. L'universalité de l'équivalence passe ici non par le commerce, mais par l'opération bancaire d'un change (d'une traduction) possible toujours et partout, et qui tient entièrement sous sa dépendance la possibilité de l'achat, l'équivalence devenue seconde, suivant l'axe monnaie/marchandise.

Cet imaginaire d'un cash qui serait nécessairement médiatisé par la carte bancaire pouvant traduire votre argent en toute monnaie exprime donc parfaitement la domination du capital financier sur les transactions marchandes, le privilège (qui est au fondement théorique du structuralisme) de l'axe des changes sur l'axe des échanges dans la détermination de la valeur. Il correspond, sur le plan des signes, à la mise à l'arrière-plan du référent (la chose même, dans sa présence sensible) au profit de la pure valeur.

Mais attention : ce polyglottisme monétaire qui permet de se sentir chez soi dans le monde entier, par la détention d'un instrument universel de change, n'est pas donné à tout le monde. C'est un privilège. « Vous êtes définitivement privilégié dans le plus grand réseau du monde », dit la publicité pour Premier Visa. « Vous êtes un membre (*member*), pas un nombre (*number*) », dit le dépliant américain pour la carte American Express. Ce privilège fait de vous une personne à part. Votre rapport aux signes monétaires est, malgré leur abstraction et leur universalité, tout aussi personnalisé, veut-on vous faire croire, que peut l'être le rapport du compositeur à la musique qu'il crée... Vous êtes un chef d'orchestre pour qui la musique, ce langage universel, a besoin chaque fois d'une interprétation personnelle. Cette conjonction paradoxale entre un imaginaire de la personnalisation (qui doit vous convaincre que la banque vous distingue) et un imaginaire de l'universalité la plus abstraite trouve en effet une remarquable expression dans une page publicitaire de Master Card (qui montre aussi, à son insu, qu'une certaine esthétique correspond nécessairement à cette « abstraction »).

Un musicien aux traits fins d'artiste sensible et méditatif prononce derrière une carte de crédit cet éloge appuyé :

« La substance fait de la musique un langage universel. La musique, ce ne sont pas simplement des notes imprimées sur une page, c'est une pensée derrière elles. L'intention

1. *Newsweek*, 7 avril 1986.

du compositeur ne peut être réalisée sans un chef d'orchestre et des musiciens pour interpréter, des instruments pour jouer, et un auditoire pour écouter.

« La GoldMaster Card n'est pas simplement une carte que je transporte avec moi dans une mallette. C'est un instrument de crédit qui parle un langage compris n'importe où dans le monde. Elle me donne à la fois la possibilité et le crédit substantiel que ma vie affairée nécessite.

« Que ce soit en Europe, dirigeant, ou chez moi, composant, la GoldMaster Card est un instrument de possibilités[1]. »

Ainsi, merveille de sensibilité, de puissance et d'abstraction, par la carte de crédit, je parle une langue aussi universelle que la musique et qui nécessite comme elle la personnalité créatrice de celui qui compose ou qui interprète et l'existence de ceux qui jouent. L'argent n'est pas que chiffres. Le système bancaire dont je peux *jouer* partout dans le monde n'est-il pas l'orchestre qui se met en mouvement pour interpréter, réaliser la partition abstraite des chiffres, leur donner de la substance? Dans mes rapports à la banque, je compose et interprète, comme un chef; je ne me plie pas servilement à des règles. Je suis, comme dit le titre de la page, « maître des possibilités ».

Universalité de la valeur qui donne puissance d'achat partout dans le monde, grâce aux réseaux planétaires de ma banque, qui transcendent, par la puissance de ses connexions transnationales, tous les particularismes locaux, les idiomes rares des marchands de tapis et des vendeurs de vaches...

Dès lors, tout déplacement (de tourisme ou d'affaires) est une aventure certes exaltante, mais absolument garantie sans danger. Car ma banque est avec moi. Elle me protège. Elle m'assiste personnellement dans mes tours du monde. Elle me dispense de tout problème matériel. C'est ce que promet la carte Premier Visa. Plus fort que Jules Verne:

« Avant de recevoir votre carte Premier, vous faisiez déjà partie de ce monde restreint des grands voyageurs, que leurs affaires ou leur curiosité amènent sur les cinq continents.

« Désormais, avec votre carte Premier, plus heureux que le Phileas Fogg de Jules Verne, vous n'aurez plus besoin de vous soucier de problèmes matériels... ou si peu: argent liquide, assistance, assurances, réservations, votre carte est là, tel un sésame, pour tout simplifier.

« Les pages qui suivent vous montreront comment le crédit dont vous bénéficiez auprès de votre banque ou établissement financier vous accompagne désormais partout dans le monde... sans valise de tapisserie bourrée de bank notes.

« Votre carte est l'instrument rêvé du grand voyageur, tel que nous l'avons conçu pour vous[2]. »

La carte se charge de tout. La banque n'est plus seulement la gérante des dépôts monétaires, c'est une présence partout dans le monde, qui vous assiste et vous protège. Tout se passe comme si l'abstraction grandissante du signe monétaire était compensée par (et en même temps permettait) une bancarisation totale de la vie. Non seulement la carte vous permet, c'est la moindre des choses, « de vous procurer de l'argent tous les jours, à toute heure, dans le monde entier » (même celui que vous n'avez pas en compte, grâce à « votre crédit mondial »), mais elle vous couvre entièrement, en termes d'assistance et d'assurance. « Avec la carte Premier, ne vous préoccupez ni d'assurance ni d'assistance lors de vos voyages dans le monde entier: vous êtes amplement couvert. » Assistance médicalisée, hospitalisation, rapatriement, vol, décès ou invalidité (« y compris pour les

1. *Harper's Magazine*, décembre 1986.
2. Document commercial « Votre carte Premier Visa », mars 1987.

"risques de guerre" – prises d'otages, émeutes, détournements d'avions»): il n'est guère de risques que la banque ne prévoie et ne couvre automatiquement, annexant des fonctions de couverture qui auparavant lui échappaient.

Tel est le mouvement. La banque, télématisée, déborde rapidement de son rôle séculaire limité pour annexer le *chez-soi* (télépaiement, télévirement) et le *lointain* (le change, partout), le *présent* (cash) et le *futur* (crédit, assurance, retraite) en une bancarisation providence intéressant tous les aspects de la vie.

De l'étude des médias à l'analyse de la médiation : esquisse d'une problématique

(1990)

ANTOINE HENNION
(né en 1952)

Antoine Hennion est chercheur au Centre de sociologie de l'innovation, dans l'équipe de Michel Callon et Bruno Latour. Ni sociologue ni sémiologue, il se veut médiologue, celui qui montre entre les choses et les signes le patient travail des médias.

*Dans le prolongement de la réflexion de Bruno Latour sur ce nouveau paradigme (*supra *chapitre* VI*), Hennion reconstitue aussi quelques médiations concrètes, c'est-à-dire des incorporations réciproques ou des compositions : ces études (ici appliquées aux « mondes de l'art ») annoncent la fin des dualismes, et le retour des acteurs.*

Source : *Revue* MédiasPouvoirs, *n° 20, octobre-décembre 1990.*

Bibliographie : *Antoine Hennion,* la Médiation musicale, *thèse dactylographiée, École des hautes études en sciences sociales, Paris, 1991.*

POURQUOI PASSER DES MÉDIAS à la médiation ? Qu'y a-t-il à gagner, à glisser ainsi d'un terme qui désigne les instruments concrets de la communication moderne à une notion abstraite, générale, atemporelle ? Ou bien s'agit-il – mais n'est-ce pas alors ce que le mot communication est déjà chargé de faire – de rappeler à l'empirisme obstiné des Américains les interrogations philosophiques préalables à toute enquête empirique ?

Un partage désastreux

Bien au contraire. Études sur les médias/philosophie de la communication : la préférence donnée par les divers auteurs à l'un ou l'autre de ces termes recouvre un partage désastreux, qui, à notre sens, est actuellement la principale limite au développement nécessaire du domaine, et que le recours au mot de *médiation* vise précisément à périmer :

– derrière les médias, il faut sous-entendre la cohorte des analyses minutieuses et aveugles, décomposant point à point la ligne qui va de l'émission à la réception, en passant par les professionnels, les recherches sur l'innovation, les contraintes techniques et organisation-

nelles, l'analyse des contenus, l'économie, et en allant jusqu'aux publics et aux études de comportements, d'impacts ou d'influences;
– alors que du côté de la communication, avec un grand C, ce qui attire le chercheur, c'est la remontée plus ou moins vertigineuse vers les enjeux philosophiques de l'intersubjectivité, du tiers symbolisant, de l'espace public.

Il ne faut lire aucune ironie dans ces listes de problèmes, tous importants et bien réels. Même pas le constat d'un abîme infranchissable entre deux cultures, celle du pragmatisme incorrigiblement empiriste des Anglo-Saxons, dont la version américaine est toujours soupçonnée de remplacer quelque peu par la quantité des travaux la pertinence de l'interrogation, et celle de la tradition philosophique européenne, c'est-à-dire, vu de la première, le terrorisme des conditions préalables, la revendication de l'explicitation des *a priori* de toute réalité à interroger, comme condition *sine qua non* de l'observation empirique; ce qui immanquablement, malgré les dénégations dont cette position s'entoure, rend le chercheur contaminé allergique à l'idée qu'un terrain puisse modifier des présupposés si profonds, et faire autre chose qu'illustrer une grande thèse générale sur la communication.

Bien loin de reprendre cette complaisante opposition, nous voudrions suggérer la complicité fondamentale des deux termes de cette double construction du domaine de la communication (parfois aussi marquée par le recours au singulier ou au pluriel du mot). Le pas de deux des études sur les médias et des philosophies de la communication permet d'en parcourir l'ensemble, mais en évitant le plus possible, non sans une certaine virtuosité des danseurs, de faire se rencontrer les postulats premiers des théories et les hypothèses vérifiables des recherches sur le terrain. En leur ajoutant avec le mot médiation le suffixe «-tion» de l'action, il ne s'agit donc pas seulement d'insister sur le caractère «performatif», et non «constatif», des médias, pour reprendre le vocabulaire de la pragmatique: l'anthropologie des médias, depuis McLuhan, vit déjà entièrement de cette (bonne) idée. L'objectif est surtout de sortir d'un partage néfaste entre théorie et recherches empiriques, et, derrière cela, entre la position «critique» des uns et le positivisme des autres. Mais non pas en rappelant, ce que tout le monde répète sans que cela change personne, que l'empirisme est une position théorique qui n'avoue pas sa théorie, ou inversement que l'illustration ne saurait tenir lieu d'épreuve de terrain à des philosophies toutes faites. En montrant qu'un tel partage permet une curieuse combinaison: une analyse concrète des médias, ne tenant aucun compte de la communication et de ses enjeux théoriques, fonctionne sur un modèle émetteur-message-récepteur qui lui est radicalement étranger; mais elle ne s'en trouve pas moins couverte par elle, elle est comme dédouanée par les provocations fondatrices d'un McLuhan ou les sommations monstrueuses d'un Habermas.

Nous voudrions montrer brièvement ici que l'opposition entre ces deux modalités de la recherche en communication s'est installée ainsi chez les chercheurs parce qu'elle redouble une opposition plus fondamentale, à l'œuvre au cœur du travail des médias eux-mêmes; que cette opposition porte sur l'oscillation entre deux types d'explication, que nous appellerons le modèle linéaire (ou encore naturel, ou externe) et le modèle circulaire (ou culturel, ou interne); et que, enfin, le mot de médiation n'est pas choisi arbitrairement pour désigner ce problème, car il a toujours servi précisément à nommer les diverses opérations qui font passer d'un modèle à l'autre.

Deux modalités de l'explication

L'enjeu est d'importance. Il ne s'agit plus de parcourir les morales méthodologiques des uns ou des autres, si volontiers dénégatrices, mais de refuser, selon le mot heureux des ethnométhodologues, le statut de «ressources» pour l'observateur aux «ex-plications». Celles-ci, comme le mot l'indique, rapportent les faits à autre chose qu'eux-mêmes, et pour ce faire, elles ont à leur disposition deux modèles de base, et deux seulement : elles peuvent les rapporter soit à l'extériorité d'une réalité naturalisée, soit à l'intériorité culturelle du groupe qui se donne des représentations. Il faut montrer, en les faisant basculer du côté des acteurs, que, loin de ne concerner que les hypothèses théoriques ou les présupposés cachés des chercheurs en communication, les explications sont à la base même du travail des acteurs. L'attribution des causes n'est pas une opération théorique dont décide le chercheur, c'est le travail pratique le plus constant des acteurs qu'il observe et l'objet même de ses recherches. En appelant donc médiation toute opération qui déplace, vers le modèle linéaire ou vers le modèle circulaire, la cause que se forgent les acteurs d'une réalité, nous pourrons retrouver le sens de ce mot dans d'autres disciplines, le principal avantage de ce déplacement étant qu'elles ont le plus souvent déjà formulé en des termes moins dualistes le problème de l'attribution des causes.

L'idée n'est donc pas de remonter, vers le «haut», la piste philosophique que, de la *métaxu* grecque à Hegel, nous ouvre aussi le mot de médiation ; mais au contraire, latéralement, de rétablir la continuité du domaine de la communication avec des disciplines voisines, confrontées du fait des objets qu'elles rencontrent à des problèmes méthodologiques tout à fait analogues, mais que la tradition des revues bibliographiques sur les médias et, dans une moindre mesure, sur la communication, ne rapproche pas d'ordinaire du problème de l'attribution des causes : autour des définitions conséquentes de la médiation que ces disciplines ont été amenées à proposer, nous tenterons de suggérer l'intérêt de ce possible rapprochement, en partant de l'ethnologie, puis sur l'exemple de l'histoire de l'art et plus généralement de la sémiologie de la représentation (religieuse, artistique, politique).

Le «délire fondé»

L'ethnologie durkheimienne nous fournit l'une des origines de l'idée de médiation culturelle. L'analyse que fait Durkheim de la religion primitive nous permet de poser clairement les deux modèles en cause – il donne du modèle circulaire une formulation d'autant plus nette qu'elle lui sert à disqualifier le modèle linéaire des indigènes, tout en essayant d'en respecter l'importance pour eux. Ce que résume parfaitement son idée des «emblèmes» : certains objets, «culturels», ne tirent pas leur force d'eux-mêmes, mais du collectif dont ils sont le symbole. L'indigène sent une force s'exercer sur lui, extérieure, indépendante de lui, ayant des effets obligatoires, mais détachée de supports précis – elle lui est rigoureusement abstraite ; il ne sait pas d'où elle vient, il en cherche la cause ; à défaut de la trouver, il lui donne un nom : «L'objet du symbole ne fait que traduire cette extériorité [de la force du groupe][1].»

Au cœur du problème, donc, tout de suite, et de façon indissolublement liée, le double problème de l'attribution de la cause et de la représentation :

1) les indigènes attribuent à certaines choses une puissance magique ;

1. In *les Formes élémentaires de la vie religieuse*, Paris, PUF-Quadrige, 1985, p. 331.

2) les bons esprits modernes se contentent de ridiculiser les indigènes en montrant que, « en réalité », ces choses n'ont pas les pouvoirs qu'ils leur prêtent;
3) Durkheim « excuse » les indigènes et ridiculise le faux rationalisme de la critique « moderne » en déplaçant l'attribution de la cause: la religion primitive est un « délire fondé », il n'y a pas erreur sur la force, bien réelle, mais sur son origine, qui n'est pas « dans » les objets eux-mêmes, mais dans ce qu'ils représentent – le social, la force collective du groupe.

Durkheim forge ainsi la matrice de toutes les analyses futures en termes de « croyance », représentation des acteurs qu'on prend au sérieux mais qu'on explique par une autre cause que celle qu'elle se donne. On voit aussi l'importance de la référence que, à ce moment précis, il fait à Saussure, il s'agit bien de faire basculer l'interprétation des objets culturels dans un modèle linguistique. Au lieu d'être les choses qu'ils sont, auxquelles les indigènes attribuent directement l'origine de leur force, les « objets culturels » (les totems, les noms, les rites, les institutions...) sont des symboles, les « médiateurs » (le mot est celui de Durkheim) d'une force, mais d'une force invisible et extérieure à l'individu, qu'il a donc besoin de se représenter, grâce à sa matérialisation dans un emblème; c'est la théorie du « drapeau » pour lequel meurt le soldat patriote, ni chiffon ridicule ni objet réel du sacrifice: matérialisation pour les soldats d'une idée forte, mais trop abstraite sans cette représentation, la patrie.

Toutes les variables de la médiation sont déjà en place dans ce triple jeu, de l'attribution d'une cause de la force par les indigènes à la « chose elle-même », de la dénonciation externe de cette attribution comme croyance des autres par le rationaliste (« en réalité, il n'y a pas de force »), de l'excuse des indigènes par l'ethnologue (« il y a bien une force ») et du déplacement de l'explication (« mais elle vient d'ailleurs »). On peut même, par anticipation, deviner l'accusation future des sujets modernes par la sociologie, qui fera de ceux-ci, derrière l'affirmation dénégatrice de leur conquête de l'objectivité et de l'autonomie individuelle, de grands dissimulateurs de la cause sociale qui les meut. Durkheim a en effet aussi jeté là les bases de tous les sociologismes actuels: il est facile de montrer qu'ils consistent à appliquer au monde moderne ses hypothèses ethnologiques, par exemple au prix de la transformation de ces mécanismes de représentation déplacée en réalités refoulées par les acteurs et dévoilées par le sociologue (Bourdieu), ou en miroirs aveugles où se perd le sens des objets (Baudrillard), lorsque, en bonne ethnologie positiviste, ils n'avaient qu'à être tranquillement établis par l'observateur. Le sociologisme, c'est l'ethnologisme plus la dénégation.

Des choses ou des signes...

Vous croyez que la force vient des objets (modèle linéaire), lorsque c'est vous qui les faites tourner (modèle circulaire)... Le parallèle avec les problèmes théoriques de la communication est immédiat – faut-il boucler le modèle de la communication sur les conditions qui la permettent, ou l'ouvrir en le décomposant le long de la sacro-sainte chaîne émetteur-message-récepteur; analyser, les unes après les autres, les « forces » – motivation, influence, impact, pouvoir – des éléments successifs de cette chaîne, ou au contraire montrer que chacun d'eux ne tient sa place qu'à cause du système d'ensemble qui la lui affecte? Mais notons que le parallèle est tout aussi net avec les problèmes pratiques du marketing ou des publicitaires: faut-il décrire les propriétés du produit, analyser la demande, isoler des causes et des effets, ou faut-il déclencher les mécanismes arbitraires du désir ? Autrement dit, toujours : sommes-nous devant des choses ou devant des signes... ?

Nous retrouvons chaque fois à l'œuvre l'opposition même que nous cherchions à déterminer, dont l'oscillation entre les deux faces définit la médiation : opposition entre une circularité sociologique du groupe cherchant à se représenter et un face-à-face des humains avec des choses. Devant la force du totem – des images, des médias... –, l'indigène – l'homme moderne, le téléspectateur, l'*homo communicans* – attribue à l'objet les effets qu'il sent sur lui (pour s'y soumettre ou pour les repousser) : il se place dans le modèle linéaire « causal », ou « naturel », « physique ». La dénonciation rationaliste, « faible », se place dans le même modèle causal, et nie l'existence de la force – il n'y a rien là-dedans, qu'une illusion « magique » ; c'est une simple négation. L'explication naturaliste mobilisée par les études sur les médias va étudier au contraire cette force pour elle-même, mais en faire varier scientifiquement le point d'application, l'origine, les variables qui en modifient l'impact, etc. La dénonciation ethnologique, « forte », enfin – puis son double sociologique – va rapporter le modèle causal « naturel » à sa « vraie » nature, sociale ; non pas le face-à-face des objets, propriétaires de leurs propriétés, et des humains, dotés de leurs compétences, mais le cercle des humains, atomisés à l'état naturel, transmués en un collectif lorsqu'ils se représentent leur propre groupe à travers les médiateurs qu'ils se donnent.

Nous voyons aussi les conséquences immédiates de l'adoption d'un modèle ou de l'autre sur le plan des objets de recherche que l'on privilégiera. Ce n'est pas par hasard que les théories « internes », pragmatiques, opérationnelles, proches des milieux professionnels de la communication et des médias, penchent pour le modèle linéaire, et qu'au contraire les théories « critiques », distantes des acteurs, se désintéressent profondément du travail quotidien des médias – même lorsqu'elles ne veulent pas l'avouer – et abandonnent ce terrain au profit de la généralisation théorique : toutes deux ne font ainsi que renforcer la cause qu'ils ont déjà élue. Si, lorsque nous regardons nos images, il s'agit bien d'images extérieures au sujet qui les reçoit, alors nous sommes renvoyés à des questions « instrumentales », relevant typiquement du modèle linéaire, sur les intermédiaires de la représentation – idéologies, marché, professions, organisations, etc. – et sur les « biais » qu'ils introduisent par rapport au donné qu'ils sont supposés seulement représenter. S'il s'agit à l'inverse d'images de nous-mêmes comme groupe, projetées à l'extérieur sur des objets qui ne sont que les supports de notre représentation collective, alors nous sommes renvoyés à la problématique circulaire, qui part du groupe pour y revenir après le passage par des objets – mais des objets devenus désormais fondamentalement arbitraires, au sens de Saussure ; et c'est tout naturellement que les questions ne portent plus sur les techniques ou les contenus réels de la représentation, et qu'elles remontent au type de sociologie que l'on se donne : ce n'est plus la représentation comme chose représent*ée* qui importe – elle est arbitraire ; ni même son émetteur ou son récepteur – ils sont déjà placés à l'intérieur du monde naturel, linéaire, que découpe la circulation du message ; c'est la représentation comme pratique représent*ante,* le social lui-même qui *se met en forme* – et, à la différence de ce que croyait le positiviste Durkheim, le problème ne s'arrête pas là, sur la société devenue cause première ; bien au contraire il s'ouvre grand, sur les multiples possibilités de « faire causer » le social – et de le mettre dans des choses, là, devant nous. Quelle meilleure définition des médias ?

Une médiation active?...

Médiation, donc, chez Durkheim, mais médiation restreinte (elle ne porte que sur certains objets, sacrés), instrumentale (elle tient au caractère invisible de la force du collectif) et passive (le social est la cause réelle, le symbole un substitut visuel). Durkheim restera le plus souvent cohérent avec lui-même, notamment sur les deux premiers traits de sa conception de la médiation, trop profondément solidaires de sa définition la plus constante du social, comme réalité objective et déterminante, distincte d'autres réalités mais régie comme elles par des lois que la science peut et doit exprimer. Mais sur le dernier point, son caractère « neutre » ou passif, c'est lui-même qui ouvrira la porte à une théorie différente de la sienne, en insistant au contraire à plusieurs reprises sur le caractère actif de la médiation; il est vrai que dans son acception la plus faible, ce caractère peut se limiter à la reconnaissance d'une sorte d'efficacité propre de la représentation, qui permet au groupe d'« actualiser» sa réalité, et d'en «réactiver» la conscience dans chacun de ses membres. Mais le glissement n'est pas loin, qui va donner, non pas au signe lui-même, certes, comme les indigènes, mais à la signification, un pouvoir premier, fondateur, dont le social est aussi un effet, et non seulement une cause:

« [Les représentations collectives] supposent que des consciences agissent et réagissent les unes sur les autres; elles résultent de ces actions et de ces réactions qui, elles-mêmes, ne sont possibles que grâce à des intermédiaires matériels. Ceux-ci ne se bornent donc pas à révéler l'état mental auquel ils sont associés; ils contribuent à le faire. [...] [Ces mouvements stéréotypés] ne symbolisent [les représentations correspondantes] que parce qu'ils ont concouru à les former[1]. »

Dans la brèche ouverte va s'engouffrer la sociologie. Le problème de la médiation chez Durkheim était simple, car posé en termes binaires et exclusifs. D'où vient la force des choses? ou bien des choses elles-mêmes, ou bien du groupe social qui les traverse. Splendide clarté de l'opposition. L'histoire de la sociologie se résume facilement aux mille façons dont cette clarté va s'obscurcir. [...]

L'art exemplaire: de l'annulation des intermédiaires à la prolifération des médiateurs

Mais c'est aussi le cas de la sociologie et de l'histoire de l'art. Pourquoi l'art? D'abord parce que, comme les médias, il est plus proche d'une interprétation sociale de ses œuvres que la technique, et sa leçon portera donc mieux. Ensuite parce que, inversement, il prend aussi bien à contrepied son interprétation « emblématique » que son interprétation naturelle: l'opacité de son matériau refuse la simple lecture sémiologique. Le geste sémiologique, face à la matière du signifiant, Durkheim l'avait compris, c'est l'archétype de l'opposition binaire et exclusive entre le social et le naturel; le signe comme chose est opaque et arbitraire; saisi par le code, il est annulé comme chose et transformé en support transparent du sens. Entre sa réalité «naturelle» et sa réalité «culturelle», la barre infranchissable d'une annulation réciproque, redoublée dans le cas du langage par l'arbitraire du code. Comment donne-t-on du sens aux choses? La question, que nous nous posons pour les médias, et qui entraîne vers le modèle linguistique, se pose dans les mêmes termes pour l'art. Mais la réponse est opposée à celle qu'induit le modèle linguistique. Comme le

1. *op. cité*, p. 300.

montre Louis Marin[1], précisément pour affranchir de la sémiologie la théorie de la représentation qu'il lit dans le travail des peintres, c'est au contraire l'accumulation des opacités qui va permettre la signification. La matière (et la manière, et le support, et le grain, et le cadre, et le sujet, etc.) compte au plus haut point, il ne s'agit pas d'en abstraire le signe qu'elle ne fait que porter, mais bien au contraire de surcharger de tout son poids l'idée représentée.

Comme la sociologie de Durkheim, comme la dualité médias/communication, la sémiologie dépeuple la zone intermédiaire entre les signes et les choses. L'art la repeuple. C'est en cela que les disciplines qui l'ont étudié nous intéressent. Au modèle spontané que l'interprétation du travail des médias appelle (modèle sémiologique: les médias sont des écrans, caractérisés en termes duaux par leur transitivité – que montrent-ils? – et leur réflexivité – en quoi impriment-ils leur forme à ce qu'ils montrent?), elles permettent d'opposer le modèle religieux de la médiation: la prolifération des médiateurs, humains et matériels, l'indispensable «présence» de tous, comme conditions premières de la représentation. Non pas substitution, mais addition des signifiants. La chose «pour» l'autre chose, toujours, mais non pas à sa place: à son service.

Cette prolifération des médiateurs, que la critique de la sémiologie de la représentation ne rétablit que pour l'opacité des signifiants, le pas de deux de l'histoire et de l'histoire sociale de l'art l'a en effet mise en scène, mais de façon beaucoup plus large, à tous les niveaux de l'analyse, des œuvres aux publics, des relations internes au milieu artistique et de la production à la diffusion et aux mécanismes collectifs de la désignation de la valeur des objets d'art – avec une avance, dans le temps, et une finesse, dans les analyses concrètes, que la sociologie en général peut leur envier. De plus, par rapport à la leçon que nous voulons en tirer, il faut noter que c'est comme de bien entendu à partir de deux positions initialement exclusives, calquées sur le problème durkheimien du statut à reconnaître aux «objets eux-mêmes», causes à établir (histoire de l'art) ou produits à expliquer (histoire sociale), que s'est déployée la progression de ce vaste travail de restitution des intermédiaires; et, enfin, que ce double mouvement de rapprochement a consisté à décliner les divers registres de l'attribution des causes – au départ les plus générales, externes, «ex-plicatives», du côté de l'histoire sociale, les plus ponctuelles, internes, implicatives, du côté de l'histoire de l'art; à l'arrivée, toutes engluées dans les médiations croisées, aucune ne pouvant être sortie du lot sans s'appuyer sur la série des autres, ni sans qu'on puisse identifier ses tenants parmi les acteurs du «monde de l'art[2]» eux-mêmes. Parties sur la même éternelle rivalité binaire entre sociologisme et naturalisme, avec une virulence qui en confirmait l'importance fondatrice pour les acteurs[3], l'histoire de l'art et l'histoire sociale de l'art n'ont pas opéré leur rapprochement progressif en dissolvant leur opposition dans un inventaire plus vaste de causes possibles, allant des plus internes aux plus externes, mais bel et bien en faisant

1. In *Opacité de la peinture*, Paris, Usher, 1989.
2. Pour reprendre le mot de H. S. Becker, qui développe et systématise ce point de vue en sociologie (in *les Mondes de l'art*, Paris, Flammarion, 1988), l'ayant lui-même importé de H. C. & C. A. White, *Canvases and careers : institutional change in the French painting world*, NY, John Wiley & sons, 1965.
3. Cf. les termes du compte rendu fait par E. H. Gombrich en mars 1953 dans l'*Art Bulletin* (traduit in *Méditations sur un cheval de bois*, Paris, W, 1986, pp. 159-173) du livre de A. Hauser qui fonde l'histoire sociale de l'art, en 1951 (en français, *Histoire sociale de l'art et de la littérature*, Paris, Le Sycomore, 1982).

apparaître de façon de plus en plus précise et différenciée le travail de causation de leur monde par les acteurs eux-mêmes.

Un vaste repeuplement

Mouvement double, donc, qui fait passer d'un côté l'histoire sociale de l'art d'une mobilisation « lourde » de causes sociales générales, indépendantes de l'art lui-même, sélectionnées par le chercheur (économie, démographie, idéologie dominante, représentation de sa vision du monde par l'élite, etc.), à des « causes » intermédiaires plus spécifiques (goût et pratiques culturelles des élites, mécanismes précis de l'investissement dans l'art, rapports de pouvoir entre commanditaires, organisation du marché et de l'accès aux œuvres, fonctionnement des institutions, organisation des professions, etc.), en passant par le recours plus ou moins contrôlé aux médiations « intellectuelles » ouvertes par les outils sociologiques (institutions, professions, marché...) ; et qui, du côté de l'histoire de l'art, fait en quelque sorte reculer et pivoter le point de vue, de son objectif initial entièrement tendu vers l'œuvre d'exception, à l'observation d'un paysage plus vaste, à l'intérêt nouveau pour les œuvres « mineures », à l'établissement des « moyennes » du goût et des œuvres effectivement produites ou diffusées [1], et surtout à l'entrée dans le champ de vision d'une nouvelle multitude bariolée, celle des médiateurs de l'art : mécènes, commanditaires, critiques, marchands, collectionneurs, musées et académies envahissent la scène de la nouvelle histoire de l'art, venant remplir de figures historiques riches et complexes les personnages abstraits que l'histoire sociale ne réclamait en quelque sorte que pour le principe, en tant que « représentants » nécessaires de forces sociales plus larges. En leur point médian, il reste des « sensibilités » distinctes : l'histoire de l'art aura plus tendance à retrouver des médiateurs individuels, proches de la production, spécifiques et appartenant au milieu artistique [2], l'histoire sociale des médiateurs collectifs, proches de la réception et du public, plus généraux, systématiques et externes au milieu artistique (des classes dominantes et des élites bourgeoises [3] à la mobilisation de « tendances » plus larges, comme la rationalisation, les conséquences de l'écriture, les changements de fonction de l'art, etc.). Mais le passage est désormais facile, de l'une à l'autre, et le domaine est définitivement sorti des anathèmes réciproques que se lançaient, d'un bord à l'autre du fleuve de la croyance, les gardiens du temple et les mécréants qui dénonçaient dans le culte de l'art un culte déplacé de la domination sociale.

C'est à un véritable repeuplement du monde de l'art qu'on a alors assisté, par rapport au sanctuaire seulement rempli de tableaux prestigieux et d'artistes uniques de l'histoire de l'art traditionnelle, mais aussi par rapport au théâtre d'ombres que nous présentait l'histoire sociale de l'art, dans lequel les hommes et les choses de l'art n'étaient que les animations des forces sociales réelles qu'il fallait découvrir derrière eux. La liste est longue, des médiations que ce gigantesque travail de restitution vient intercaler entre l'objet d'art

1. Par exemple J. M. Montias, *Artists and Artisans in Delft : a Socio-Economic Study of the 17th Century*, Princeton, Princeton University Press, 1982.
2. Citons E. Panofski, dès 1946, avec « l'Abbé Suger de Saint-Denis » (in *Architecture gothique et pensée scholastique*, Paris, Minuit, 1967) ; ou C. Ginzburg, qui construit son *Enquête sur Piero Della Francesca* (Paris, Flammarion, 1983) sur le mode du roman policier – mettant ainsi en scène la même question : quels sont les médiateurs du sens d'une œuvre ?
3. Par exemple F. Antal, *Florentine painting and its social background*, Londres, Routledge & Kegan Paul, 1948-1965, ou T. Crow, *Painters and Public Life in Eighteenth Century Paris*, New Haven/Londres, 1985.

et le sujet de goût, elle comprend vite les intermédiaires officiels les plus évidents, mécènes, princes et marchands[1], mais elle découvre sans cesse de nouveaux relais derrière ceux qu'elle a enregistrés – ainsi la vogue actuelle des recherches sur les collectionneurs[2], particulièrement caractéristique de cette ouverture toujours plus fuyante de la longue perspective des intermédiaires, ou les travaux de Haskell sur les copies[3], décalant aussi le problème de la valeur, mais cette fois du côté des « objets eux-mêmes ». Cette liste mêle tout, les humains, les institutions, les normes, les langages, les codes, et va jusqu'aux matériaux utilisés[4] ; elle ne laisse aucun point fixe, aucune cause hors de cause ; elle remonte à l'artiste lui-même, qu'une Alpers reconstruit comme producteur de sa propre autorité future, de son nom[5] : après Rembrandt, on dira « un » Rembrandt. Après Rembrandt, mais non pas « sans » lui, comme dans l'histoire traditionnelle : comme un résultat de l'incroyable stratégie qu'il déploie, du studio au marché. Détaché des fonctions, des commanditaires, des acheteurs qui le définissaient, c'est désormais le tableau qui reviendra sur eux, pour les définir. Comment mieux dire que l'établissement du tableau comme cause d'un nouveau monde de l'art, le faisant basculer d'un univers social où il était le signe du groupe à un univers artistique où le groupe se signe devant lui, est l'objet même du travail de l'artiste, et plus généralement du monde de l'art – et que l'attribution de cause ne saurait par conséquent être reprise comme hypothèse théorique par les disciplines qui l'étudient, mais doit devenir leur propre objet ?

Peut-on généraliser ?

La leçon que nous donne l'histoire de l'art va plus loin encore ; car la théorisation de ce mouvement reste ouverte, si l'accord est fait sur la nécessité de retrouver des médiateurs spécifiques, historiquement identifiés, modifiant par leur action la définition même de l'art et les critères de sa qualification. Elle peut conduire soit vers un historicisme érudit, qui promeut en exigence épistémologique absolue le refus de toute cause générale, et retrouve à plaisir les contre-exemples historiques qui infirment aussitôt toute tentative de généralisation. Un Haskell pousse sans doute le plus loin ce « relativisme absolu » : il suit[6] les œuvres dans leurs voyages, leurs rachats, leurs réinterprétations, les variations de leurs évaluations, par exemple pour les tableaux rapportés d'Italie par les Français sous Napoléon et massivement rachetés par des Anglais, et montre que rien ne reste à l'abri des aléas et des variations arbitraires, dans la valeur successive, tant esthétique que financière, qui sera affectée à tout tableau par le jeu de ces déplacements. Cérémonie décapante, qui lance un défi tant à

1. Par exemple F. Haskell, *Peintres et mécènes*, Paris, Flammarion, 1992 ; l'original, *Patrons and painters : a study in the relations between Italian art and society in the age of the baroque*, est de 1963.
2. Voir K. Pomian, *Collectionneurs, amateurs et curieux : Paris-Venise, XVIe-XVIIIe siècle*, Paris, Gallimard, 1987, A. Schnapper, *le Géant, la licorne, la tulipe. Collections françaises au XVIIe siècle*, Paris, Flammarion, 1988, et J. Alsop, *The rare art traditions*, New York, Harper & Row, 1982.
3. Cf. F. Haskell & N. Penny, *Pour l'amour de l'antique*, Paris, Hachette, 1988.
4. Nous pensons à l'extraordinaire reprise du problème classique du bleu d'outremer dans les tableaux du quattrocento par M. Baxandall, l'un des meilleurs représentants de cette nouvelle histoire de l'art (in *l'Œil du quattrocento : l'usage de la peinture dans l'Italie de la Renaissance*, Paris, Gallimard, 1985) : exigence religieuse par rapport au sujet représenté, mais aussi signe de la puissance du commanditaire, et enfin – mais sans qu'on puisse y lire une intention – vecteur de la reconnaissance future des œuvres de qualité, à travers la meilleure durée de ce pigment.
5. S. Alpers, *l'Atelier de Rembrandt*, Paris, Gallimard, 1991 ; plus incisif, le titre original était *Rembrandt's enterprise. The studio and the market* (University of Chicago Press, 1987).
6. In *la Norme et le caprice*, Paris, Flammarion, 1986.

l'esthète, persuadé de la transcendance de la beauté, qu'au sociologue, toujours pressé de rapporter ces variations à une explication qui se tienne un peu mieux que ce chaos de circonstances hétéroclites, imprévisibles, rétives à toute sommation.

Mais le relativisme n'est pas l'issue la plus intéressante du mouvement – en niant toute cause, il ne fait que tenir une sorte de miroir sarcastique devant les tenants d'une cause régulière, quelle qu'elle soit. D'un général trop bien ordonné, il renvoie à un particulier où ne règne que le fortuit. La médiation, l'étude de l'attribution des causes, n'a pas, elle, à basculer ainsi de la reconnaissance obligée de causes régulières, externes, stabilisées par le sociologue, à l'abandon de toute cause; elle n'a pas à renoncer, sur le deuil des explications finales, à comprendre comment un monde se tient, organise certains parcours, rend des choses et des hommes d'inégales valeurs; des causes contradictoires, hétérogènes, sans cesse composées et réinterprétées, peuvent néanmoins produire du stable, à condition de composer aussi avec les choses. C'est vers cette construction croisée des humains par les choses et des choses par les humains que tendent simultanément les efforts d'un Becker, pour faire une théorie de l'art qui n'ait pas besoin de stabiliser elle-même une définition esthétique interne ou sociologique externe de la valeur de l'art; et les travaux d'histoire de l'art d'une Alpers ou d'un Baxandall, soucieux de rétablir cas par cas non pas seulement l'infinie complexité et l'unicité ultime de chaque fait, mais aussi la façon dont certains se dégagent peu à peu, se stabilisent, se généralisent – quitte à recourir pour cela à la fois à des volontés construites et à des circonstances aléatoires, à des projets explicites et à des effets pervers, à des propriétés recherchées et à des caractères apparus.

Un monde composé

Au sens que nous lui avons donné, l'histoire et l'histoire sociale de l'art ont donc très exactement opéré leur passage à la médiation: la «cause» ne vient plus soit de l'œuvre elle-même, à qui il faut et il suffit de dresser le plus beau cadre possible, soit de la société, origine véritable d'artefacts qui n'en seraient que les trop fameux «reflets»; c'est le travail même des acteurs pour mettre en cause leurs rapports dans des objets qui devient l'objet de la recherche, et nous montre la voie à suivre pour repeupler de même de leurs médiateurs réels les autres univers où humains et choses composent leur représentation croisée. Restitution des médiations qui rend caduque la grande opposition entre les signes et les choses, et montre comment, de façon locale, hétérogène et spécifique, un travail continu de recomposition projette l'instabilité de nos rapports dans «des choses qui durent» (Durkheim), donnant en retour à nos rapports une part de leur dureté.

C'est le programme que nous proposons pour l'étude des médias. La comparaison à l'art n'est pas arbitraire, ils travaillent comme lui à composer les humains dans les choses; entre une représentation représentée et une représentation représentante, ils nous montrent le monde tout en faisant de notre présence un ressort essentiel de l'intérêt de ce qu'ils montrent. Pour qu'ils ne soient plus tour à tour, sans que ces deux conceptions puissent être articulées entre elles, une fenêtre transparente (plus ou moins «sale») ouverte sur le monde, et un miroir opaque (plus ou moins déformant) tendu devant elle par la société, il faut restituer leur travail comme le lieu privilégié où nous composons le social et le naturel, à travers la chaîne des médiations qu'ils tendent; avant les médias, certes, mais sûrement beaucoup plus depuis leur extension moderne, il n'est plus une définition «sociale» qui puisse se tenir sans s'appuyer sur la fermeté des choses, il n'est plus un objet «naturel» qui nous apparaisse sans être traversé par le travail social de son appropriation. Mais, dans la littérature, le dépeuplement binaire de la sociologisation et de la naturalisation les traverse toujours, qu'il s'agisse de montrer le traitement de nos besoins (modèle naturel) ou de nos désirs (modèle culturel) par la publicité, d'analyser le journal télévisé comme rituel qui conforte notre vision commune du monde ou comme instrument aux mains des puissances de la manipulation, de se pencher sur l'opinion publique ou de s'interroger sur la médiatisation du politique. L'étude des médias réclame de sortir de cette oscillation réductrice, aux deux versants complices.

L'opinion publique, pour conclure sur cet exemple caractéristique, n'est ni fabriquée de toutes pièces par les médias, ni une cause externe à leur travail, qu'ils ne feraient que guetter, mesurer et amplifier. Analyser les biais (par rapport à quoi ?) ne suffit pas. L'opinion publique, c'est bien ce composé, sans cesse remis en cause, entre des humains et les choses par lesquelles ils passent, à travers la médiation qui en fait tour à tour une cause agissant sur le groupe et un produit de ce groupe. Tout un empilement de métiers, de procédures, de techniques, de codes et de mesures (empilement irréductible : non, on ne peut « faire dire n'importe quoi » aux chiffres ; non, ils ne sont pas pour autant la simple mesure d'une réalité naturelle) est là pour la faire devenir une réalité indécomposable, naturelle et sociale. L'opinion publique ne peut apparaître comme une représentation linéaire, opératoire, comme le résultat objectif d'un dispositif qui la mesure et la naturalise – et qui la rend active du fait même de cette naturalisation – que parce qu'en même temps, tout le long de la chaîne des acteurs qui la font en s'appuyant réellement sur des procédures statistiques et des instruments techniques la faisant passer par la solidité des choses, elle est aussi inversement l'objet d'une dénaturalisation continue, d'une dénonciation sociologiste qui traque les intérêts, les biais, les artéfacts dus à l'instrument de mesure, qui remonte au principe du droit et de la représentation, qui oppose le sondage et la représentation politique, qui guette l'effet autoréflexif par lequel le mimétisme conforte ses représentations du fait même qu'il se les donne, etc. Loin de les opposer, une théorie de la médiation fait passer ces deux efforts symétriques de socialisation et de naturalisation du côté des acteurs, et permet de les saisir dans l'accumulation des procédures hétérogènes, humaines et physiques, par lesquelles ces acteurs cherchent à généraliser leur monde[1]. Ce sont ces opérations d'incorporation réciproque qu'il faut décliner, ce sont elles qui nous feront aller sans solution de continuité des causes les plus locales, ponctuelles, pratiques, aux raisons les plus générales, communes, théorisées. Construit par les médias ou animé par ses œuvres d'art, le collectif n'est nulle part ailleurs que dans la liste des objets naturels que les médiateurs lui incorporent, et le monde naturel qui nous entoure est entièrement façonné par le travail d'appropriation que nous lui appliquons.

1. Pour utiliser le vocabulaire mis au point par L. Boltanski et L. Thévenot, in *les Économies de la grandeur*, Paris, PUF, 1987.

Structure et fonction de la communication dans la société
(1948)

HAROLD D. LASSWELL
(1902-1978)

Dans l'article ci-dessous, un classique de la sociologie des communications de masse, l'Américain Harold Lasswell présente ce qu'on a appelé depuis le « paradigme des effets ». Son succès s'explique sans doute par la préoccupation des élites intellectuelles libérales, inquiètes des possibilités de manipulation nées des nouveaux médias ; par la demande des industriels, désireux de connaître (ou d'orienter) les modes de la consommation ; et par celle des pouvoirs publics, toujours intéressés à l'idée d'agir sur l'opinion en meilleure connaissance de cause. « Utiles et rassurantes pour la collectivité, ces études connurent un succès et un développement sans précédent », résument les préfaciers de l'édition Larousse.

Le succès de ce paradigme est également dû à son évidente proximité avec les routines de la psychologie sociale, où nombre de chercheurs en communication poursuivent leur carrière.

Ces études ont pris pour champ privilégié la campagne électorale ou publicitaire, vues à travers le modèle de la « piqûre hypodermique », c'est-à-dire la recherche des relations directes, immédiates ou « de cause à effet » entre tel message et tel comportement subséquent des récepteurs.

Dans la mesure où les deux « qui », sujets de l'émission et de la réception, y renvoient à un acteur bien spécifique, le cadre posé par l'enquête s'adapte mal à la production de messages de masse par des organismes se disputant des parts d'audience. On a reproché à ce schéma trop individualiste, calqué sur une communication face à face, de se laisser difficilement étendre aux communications de masse,
– qui ne sont pas toujours émises à partir d'une source ou d'un énonciateur ponctuel ;
– qui cherchent la relation plus qu'elles ne véhiculent des contenus, et pour lesquelles « l'analyse des contenus » n'est donc pas toujours pertinente ;
– qui pratiquent une diffusion trop... diffuse, pour faire l'objet d'un comptage.

En rabattant les phénomènes sur une communication de point à point, ce trop fameux schéma méconnaît sans doute ce qu'il s'agit justement de penser : l'efficace des médias. Mais les très nombreuses études qu'il inspira mirent en évidence la résistance des citoyens-consommateurs aux injonctions de la propagande, et ce résultat est à rapprocher des études d'Elihu Katz sur la réception et le « people's choice » (texte suivant).

Source : *article paru dans* Sociologie de l'information, textes fondamentaux, *rassemblés et commentés par Francis Balle et Jean Padioleau, Larousse, Paris, 1973, et repris de l'ouvrage de Lyman Bryson,* The Communication of Ideas *(Harper, New York, 1948, 296 p.).*

L'action de communication

On peut décrire convenablement une « action de communication » en répondant aux questions suivantes :

qui,
dit quoi,
par quel canal,
à qui,
avec quel effet ?

L'étude scientifique du processus de communication tend à se centrer sur l'une ou l'autre de ces questions. Le spécialiste du « qui » (le « communicateur ») s'attache à l'étude des facteurs qui engendrent et dirigent la communication. Nous nommons cette subdivision du domaine, « analyse de régulation » *(control analysis).* Le spécialiste du « dit quoi » pratique l'« analyse de contenu » *(content analysis).* Celui qui étudie surtout la radio, la presse, le cinéma, et les autres canaux de communication, participe à l'« analyse des media » *(media analysis).* Lorsque le centre d'intérêt est constitué par les personnes atteintes par les media, nous parlons d'« analyse de l'audience » *(audience analysis).* Si le problème traité est celui de l'impact sur les récepteurs, il s'agit d'une « analyse des effets » *(effect analysis).*

L'intérêt qu'il faut accorder à de telles distinctions dépend entièrement du degré de raffinement qu'on juge souhaitable en fonction d'un objectif scientifique ou administratif donné. Par exemple, il est souvent plus simple de combiner les analyses d'audience et d'effets plutôt que de les distinguer. De même, on peut s'attacher à l'analyse de contenu, et à cet effet subdiviser le domaine en deux zones distinctes, l'étude des données, centrées sur le message, et l'étude du style, centré sur l'organisation des éléments du message.

Structure et fonction

Aussi tentant que soit l'établissement d'une classification plus détaillée de ces catégories, ce n'est pas le but du présent article. Nous nous intéressons moins à fractionner l'action de communication qu'à la voir comme totalité, en relation avec l'ensemble du processus social. Tout processus peut être examiné dans deux cadres de référence, l'un fonctionnel, l'autre structurel. Dans notre analyse nous nous intéresserons à ces rôles spécialisés qui remplissent certaines fonctions, et qu'on peut nettement classer en 1 : surveillance de l'environnement, 2 : coordination des différentes parties de la société dans leur réponse à l'environnement, 3 : transmission de l'héritage social d'une génération à l'autre. [...]

Le problème de la société humaine

En examinant le processus de communication dans n'importe quel État de la communauté mondiale, on peut distinguer trois catégories de spécialistes : un groupe qui enquête dans l'environnement politique de l'État, un second qui coordonne les réactions de l'ensemble de l'État à l'environnement, et un troisième qui transmet certains modèles de réponse des anciens membres aux néophytes. Diplomates, attachés et correspondants étrangers sont les spécialistes de l'environnement. Éditeurs, journalistes et porte-parole coordonnent la réponse interne. Éducateurs familiaux et scolaires transmettent l'héritage social.

Les communications originaires de l'étranger passent par différents chaînons dans lesquels divers émetteurs et récepteurs sont liés. Elles sont susceptibles de modification à chaque point de la chaîne : les messages émis par un diplomate ou un correspondant étranger peuvent passer par l'intermédiaire du bureau d'un éditorialiste et éventuellement atteindre un large public.

Si l'on considère le processus d'observation du monde comme une série de cadres d'observation, on peut décrire le taux auquel un même contenu est porté à la connaissance d'individus et de groupes. Nous pouvons chercher le point à partir duquel la conductibilité n'existe plus; et nous pouvons examiner la distance entre «conductibilité totale» et «conductibilité minimum». Les caractéristiques des centres métropolitains et politiques du monde ont beaucoup de points communs avec l'interdépendance, la différenciation et l'activité des centres corticaux et sub-corticaux d'un organisme individuel. Parmi tous les cadres d'observation de la communauté mondiale, ce sont donc les plus variables, les plus raffinés et les plus susceptibles d'interaction.

À l'autre extrême, on trouve les cadres d'observation des habitants de régions isolées. Non que les cultures primitives soient totalement vierges de la civilisation industrielle. Que nous soyons parachutés au cœur de la Nouvelle-Guinée ou que nous atterrissions sur les pentes de l'Himalaya, nous ne trouverons aucune société dépourvue de contacts avec le monde. Une longue histoire de relations commerciales, de zèle missionnaire, d'exploration scientifique ou aventurière, et de guerre totale a atteint des lieux fort éloignés. Personne ne vit entièrement hors du monde.

Chez les primitifs, la communication prend la forme finale de la ballade ou du conte. Les événements éloignés du monde moderne qui parviennent à la connaissance des audiences métropolitaines sont reflétés, bien que succinctement, dans le matériel thématique des baladins ou des conteurs. De lointains leaders politiques peuvent y prendre figure de bienfaiteurs prodiguant la terre aux paysans ou restituant leur fertilité aux collines. Les habitants de villages sédentaires remplissent quelquefois la fonction de relais pour les tribus nomades qui vivent loin du monde mais entrent occasionnellement en contact avec eux. L'agent-relais peut être l'instituteur, le médecin, le juge, le collecteur d'impôts, l'agent de police, le soldat, le marchand ambulant, le commerçant, le missionnaire ou l'étudiant; dans tous les cas, il représente un maillon dans la chaîne des nouvelles et des commentaires.

Équivalences plus précises

Lorsqu'on entre dans le détail des processus de communication de la société humaine, on y découvre de nombreuses équivalences avec les fonctions spécialisées de l'organisme physique et des sociétés animales inférieures. Ainsi, les diplomates d'un État donné sont implantés dans le monde entier et envoient des messages vers un petit nombre de points focaux. Évidemment, ces informations diminuent en nombre quand elles passent les frontières, et réagissent les unes sur les autres. Par suite, elles se répandent à partir d'un petit nombre de personnes : par exemple, lorsqu'un ministre des Affaires étrangères fait un discours en public ou lorsqu'un article ou un nouveau film paraissent. Les réseaux qui relient l'environnement externe à l'État sont fonctionnellement équivalents aux canaux qui font affluer le courant nerveux vers le système nerveux central d'un être vivant et aux systèmes d'alarme dans un troupeau. Les impulsions dirigées vers l'extérieur, ou impulsions centrifuges, se provoquent suivant des flux correspondants.

Le système nerveux central du corps n'est que partiellement impliqué dans le flux total des impulsions centrifuges et centripètes. Il existe des systèmes automatiques qui peuvent entrer en interaction sans mettre en jeu les centres nerveux supérieurs. La stabilité de l'environnement interne est maintenue principalement par la médiation de spécialisations végétatives et autonomes du système nerveux. De la même façon, la plupart des messages internes d'un État quelconque ne met pas en jeu les canaux centraux de communication. Ils sont émis dans les familles, les groupes de voisinage, les boutiques et d'autres contextes locaux. La plus grande partie du processus éducatif se déroule de façon semblable. Un autre groupe d'équivalences significatives concerne les circuits de communication, qui sont en majorité uni- ou bilatéraux, selon le degré de réciprocité entre les messages communiqués et l'audience. En d'autres termes, une communication bilatérale se produit lorsque les fonctions d'émission et de réception sont remplies avec la même fréquence par deux ou plusieurs personnes. On admet généralement qu'une conversation suit un modèle bilatéral (bien qu'on connaisse généralement le monologue). Les instruments modernes de communication de masse donnent un avantage énorme à ceux qui contrôlent les entreprises de presse, les installations de radiodiffusion, et d'autres formes de capital fixe et spécialisé. Mais il faut tout de même remarquer que les audiences «donnent une réponse» *(talk back)* après un certain délai ; les «contrôleurs» des mass media utilisent souvent des méthodes scientifiques d'enquêtes par sondages pour activer cette clôture du circuit.

C'est dans les grands centres métropolitains, politiques et culturels du monde qu'on décèle le plus facilement l'existence de circuits dans lesquels se produit un contact bilatéral. New York, Moscou, Londres et Paris, par exemple, entretiennent d'intenses contacts bilatéraux, même lorsque les flux en sont sévèrement restreints en volume (comme c'est le cas entre Moscou et New York). Même des endroits insignifiants peuvent devenir des centres mondiaux lorsqu'ils sont transformés en capitales (Camberra en Australie, Ankara en Turquie, le district de Columbia aux États-Unis). Un centre culturel tel que le Vatican est en contact bilatéral intense avec les centres principaux du monde entier. Même des centres de production spécialisée comme Hollywood, qui ne fournissent pourtant que des produits qui seront consommés à l'extérieur, reçoivent une masse énorme de messages.

On peut établir une autre distinction entre les centres et formations sociales qui contrôlent le message et ceux qui le traitent. À Washington DC, le centre de communication du vaste bâtiment du Pentagone transmet à ses destinataires des messages qui ne subissent que des modifications anodines. La fonction de traitement du message est remplie par les imprimeurs et les distributeurs dans l'édition, les diffuseurs et les messagers dans les communications télégraphiques ; des ingénieurs et autres techniciens dans la radiodiffusion. On peut distinguer ces utilisateurs de messages de ceux qui en modifient le contenu : éditeurs, censeurs et agents de propagande remplissent cette fonction. C'est pour cette raison que, parlant des spécialistes du symbole, nous distinguons les manipulateurs (ou agents de contrôle) des agents de traitement ; le premier groupe se caractérise par le fait qu'il modifie le contenu, alors que le second s'en abstient. [...]

Recherches sur les communications

Les remarques précédentes concernant quelques-uns des facteurs qui entravent l'efficacité d'une communication nous amènent à imaginer les types de recherches qui seraient utiles à l'analyse des points stratégiques de la chaîne des communications. Quiconque remplit une fonction de relais peut être considéré dans un système d'entrées-sorties. Quelles données sont portées à l'attention du relais ? Qu'y ajoute-t-il ? Qu'en retire-t-il ? Quelles modifications y apporte-t-il ? Comment les différences dans les entrées et les sorties sont-elles liées à des différences de culture ou de personnalité ? C'est en répondant à de telles questions qu'il est possible de pondérer les différents facteurs affectant le degré de conductibilité.

À côté du relais, il est nécessaire de considérer le premier maillon de la séquence de communication. En analysant des centres d'intérêt du premier observateur, on met en lumière deux types d'influences: celles des données auxquelles il est exposé, celles des faits de son environnement. Un attaché d'ambassade ou un correspondant étranger est exposé aux influences des mass media et des conversations privées; il peut également compter le nombre de soldats, localiser l'emplacement des canons, compter le nombre d'heures de travail dans les usines, voire les quantités de beurre et de liquides utilisées pendant les repas.

Il est bien entendu utile de s'intéresser au cadre d'intérêt (en terme d'exposition aux influences des media et autres) du relais aussi bien qu'à celui de l'observateur initial. Le rôle des facteurs extérieurs aux media est très faible lorsqu'il existe de nombreux agents-relais, alors qu'il est toujours significatif en ce qui concerne l'observateur initial.

Masses et publics

Il est important de noter que tout le monde ne fait pas partie du public mondial, même s'il fait partie, dans une certaine mesure, de la masse des «observateurs» du monde. Pour appartenir à cette masse, il suffit d'avoir des symboles de référence communs. Lorsqu'on possède un symbole de référence pour qualifier New York, les États-Unis, l'Amérique du Nord, ou le monde entier, on est respectivement membre du groupe d'observation de New York, des États-Unis, de l'Amérique du Nord et du monde.

Mais pour être membre du public new-yorkais, il est nécessaire d'exprimer des demandes concernant l'action publique à New York, ou affectant expressément la vie de New York.

Le public des États-Unis, par exemple, ne se limite pas aux résidents ou aux citoyens puisque des non-citoyens vivant en dehors des frontières peuvent tenter d'influer sur la politique américaine. En revanche, tout résident des États-Unis n'est pas nécessairement membre du public américain; cela exige qu'il soit plus qu'un observateur passif. De membre d'une masse, un individu devient membre d'un public lorsqu'il commence à vouloir influer sur la vie publique.

Groupes de sentiment et public

On doit tenir compte d'une seconde limitation avant de pouvoir correctement classer une personne ou un groupe donnés dans la catégorie «public». Les demandes concernant la vie publique peuvent faire l'objet de débats. Le public mondial est relativement faible et peu développé, en partie parce qu'il appartient à des zones affectives dans lesquelles aucun débat politique n'est autorisé. Pendant une guerre ou une crise, par exemple, les habitants d'une région donnée sont particulièrement concernés par la politique imposée. Puisque le résultat du conflit est fonction de l'exercice de la violence, et non du débat, il n'existe pas de public dans ces conditions. Il existe un réseau de groupes, unis sur la base de sentiments, qui agissent en tant que foule, et qui ne tolèrent donc aucun désaccord.

D'après l'analyse précédente, il est clair que les zones d'observation, les publics et les zones de sentiment présentent divers degrés d'inclusivité dans la vie politique mondiale. Elles sont en relation avec les données fonctionnelles et structurelles de l'humanité, et en particulier avec la distribution du pouvoir dans le monde. Ainsi, il est évident que les pouvoirs *les plus forts tendent à être groupés dans la même zone d'observation,* puisque les élites dirigeantes se regardent les unes les autres comme une grave menace potentielle. Les pouvoirs les plus forts accordent proportionnellement moins d'attention aux pouvoirs plus faibles que ces derniers ne leur en donnent, parce que les plus forts sont pour les faibles des sources de menace ou de protection plus importantes que les faibles pour les plus forts[1].

La structure d'observation dans un État est un indice valable de son degré d'intégration. Lorsque les classes dirigeantes craignent les masses, elles ne partagent pas la vision de la réalité du citoyen moyen. Quand l'image de la réalité qu'ont les rois, les présidents et les cabinets ministériels n'est pas autorisée à circuler à travers l'État tout entier, l'écart entre leur vision du monde et celle des citoyens montre le degré auquel les groupes dirigeants font reposer leur pouvoir sur une distorsion de la réalité. Ou, en d'autres termes : si la « vérité » n'est pas partagée, les éléments dirigeants s'attendent à un conflit interne plutôt qu'à un ajustement harmonieux à l'environnement externe de l'État. Par conséquent, les canaux de communication sont contrôlés dans l'espoir d'organiser l'observation de la communauté dans son ensemble, de telle sorte que seules apparaissent les réponses favorables à la position de pouvoir de la classe dirigeante.

Le principe de connaissance équivalente

Selon la théorie démocratique, on dit souvent que la rationalité de l'opinion publique dépend de son degré de connaissance. Il y a cependant beaucoup d'ambiguïtés dans la nature de cette connaissance, et le terme est parfois pris dans le sens de connaissance parfaite. Une conception plus modeste et plus immédiate consisterait à parler, non de « connaissance parfaite », mais de « connaissance équivalente ». La structure d'observation d'une politique donnée par un spécialiste qui y consacre son existence est plus élaborée et plus raffinée que celle d'un citoyen moyen. Il est sûr que cette différence existera toujours. Toutefois, il est bien possible que malgré cette distance entre leurs connaissances, le spécialiste et le non-spécialiste soient d'accord sur les grandes lignes de la réalité. Un des buts que pourrait se fixer une société démocratique serait d'aboutir à une connaissance équivalente entre l'expert, le leader et le citoyen.

Expert, leader et citoyen peuvent faire la même estimation globale de la croissance de la population dans le monde. Ils peuvent partager les mêmes idées quant à l'éventualité d'une guerre. Il n'est pas inconcevable d'imaginer que ceux qui contrôlent les mass media vont diriger un mouvement qui conduira à un haut degré d'équivalence à travers la société entre l'image des relations significatives du citoyen, de l'expert ou du leader.

(Traduction de Catherine Paradeise.)

1. Les propositions émises dans ce paragraphe peuvent être englobées dans la théorie générale du pouvoir à laquelle se réfère *Power and Society* de Harold D. Lasswell et Abraham Kaplan.

Les Deux Étages de la communication*

(1956)

ELIHU KATZ
(né en 1926)

La thèse que résume le titre de ce texte a marqué les études de réception en renversant deux préjugés: la représentation d'une masse amorphe que n'articuleraient plus les groupes traditionnels (famille, voisins, hiérarchies professionnelles et sociales...), et celle d'un individu solitaire, matraqué par la propagande (selon le fantasme de 1984 *d'Orwell).*

Le schéma de Lasswell (cf. texte supra*) avait atomisé le public. Celui du « two-step flow » contribue à le refaçonner, en montrant que l'exposition aux médias est sélective, et passe par des relais. Non seulement la communication moderne n'instaure pas « la masse » (qui noierait les communautés antérieures dans un grand tout anonyme), mais ce sont ces relais traditionnels qui assurent la diffusion et la pénétration des messages auprès des individus. Les communications de masse, pour fonctionner, s'articulent (et font appel) aux communications préexistantes. On rapprochera le courant d'études représenté par Elihu Katz de l'œuvre de Tarde (qui voyait dans la conversation l'un des médias par excellence), ainsi que des développements de René Girard sur le mimétisme et le médiateur caché (textes* supra, *chapitre* IV*).*

*Dans leur présentation de cet extrait dans l'édition Larousse, Francis Balle et Jean Padioleau précisent: « [cette recherche] a permis notamment de mettre en évidence le rôle des relations de face-à-face dans la formation des opinions individuelles. En d'autres termes, la communauté des valeurs vécues et véhiculées à l'intérieur des groupes primaires tels que la famille ou les divers groupes d'appartenance professionnelle, syndicale, politique ou religieuse serait loin d'être battue en brèche par la société moderne et ne serait pas du tout exclue dans la formation des opinions par les messages diffusés conjointement par les divers mass media. [...] À l'intérieur de ces groupes primaires et secondaires se trouvent des personnes plus exposées que d'autres aux media; ils en subissent directement l'influence. Ensuite, ces bénéficiaires privilégiés de l'information qui, par ailleurs, sont aussi ceux dont la participation à la vie sociale est la plus grande, diffuseront dans leurs propres groupes les thèmes auxquels ils auront été sensibles. Il est essentiel que l'observation nous révèle quels sont ces "leaders d'opinion" qui sont à la fois les plus exposés aux media et ceux qui bénéficient de la plus grande autorité dans leurs divers milieux sociaux » (*op. cit., *pp. 285-286).*

Source: *Texte de la publication n° A-225 du Bureau de la recherche sociale appliquée, Columbia University. Version abrégée de la thèse de doctorat de l'auteur, intitulée* Interpersonal Relations and Mass Communications: Studies in the Flow of Influence, *Columbia University, 1956, pp. 61-78. Texte traduit et reproduit dans* Sociologie de l'information, textes fondamentaux, *par F. Balle et J. Padioleau, Larousse, Paris, 1973.*

Bibliographie: *Paul Lazarsfeld, Bernard Berelson et Hazel Gaudet,* The People's Choice, *Columbia University Press, New York, 1948; E. Katz, « À propos des médias et de leurs effets », texte traduit par Daniel Dayan et publié dans le Colloque de Cerisy*

* Titre original: The two-step flow of communication.

Technologies et symboliques de la communication *(sous la direction de Gilles Coutlée et Lucien Sfez), Presses universitaires de Grenoble, 1990.*

L'ANALYSE DU PROCESSUS de la formation des décisions au cours d'une campagne électorale a mené les auteurs du *People's Choice* à suggérer que la transmission des communications de masse pouvait être moins directe qu'on ne le supposait généralement. (Paul L. Lazarsfeld, Bernard Berelson et Hazel Gaudet, *The People's Choice*, p. 151.) Il est possible, proposaient-ils, que certaines influences transmises par les mass media atteignent d'abord des leaders d'opinion qui, à leur tour, communiquent ce qu'ils lisent et entendent à ceux de leurs semblables sur lesquels ils exercent de l'influence. On a appelé cette hypothèse «les deux étages de la communication». Cette hypothèse suscita un énorme intérêt. Les auteurs eux-mêmes se sont interrogés sur ses implications dans une société démocratique. Ils ont trouvé bon signe que les gens acquièrent leurs convictions de façon très heureuse par l'intermédiaire d'échanges avec d'autres personnes et que l'influence des mass media se révèle moins automatique et moins puissante qu'on ne l'avait supposé. En ce qui concernait la théorie sociale et les buts de la recherche sur les communications, l'hypothèse laissait penser qu'il fallait reconsidérer l'image de la société urbaine moderne. On ne pouvait concilier l'image du public comme une foule d'individus séparés, accrochés aux mass media mais isolés les uns des autres, avec la notion d'une communication à deux étages impliquant, au contraire, des réseaux d'individus liés les uns aux autres et servant de canaux aux communications de masse.

De toutes les idées renfermées par *The People's Choice*, cependant, celle de l'hypothèse de la communication à deux étages est certainement la moins documentée en données empiriques. La raison en est claire: le but de l'étude ne laissait pas prévoir l'importance que les relations interpersonnelles prendraient avec l'analyse des données. Étant donné cette image d'un public atomisé qui caractérisait tant de recherches sur les mass media, il est étonnant que l'influence interpersonnelle ait fini par attirer l'attention d'un petit nombre de chercheurs.

Depuis presque dix-sept ans que cette étude sur le vote a été entreprise, plusieurs études du Bureau de la Recherche Sociale Appliquée de la Columbia University ont tenté d'examiner cette hypothèse et de se fonder sur elle. Quatre de ces études seront sélectionnées: ce sont celles de Merton sur l'influence interpersonnelle et le comportement des communications à Rovere[1]; l'étude de Decatur par Katz et Lazarsfeld sur la formation des décisions dans le marché, les modes, la fréquentation des cinémas et les affaires publiques[2]; celle d'Elmira par Berelson, Lazarsfeld et McPhee sur la campagne électorale de 1958[3]; et enfin, une étude très récente par Coleman, Katz et Menzel sur la diffusion d'un nouveau remède parmi les médecins.[4]

1. Robert K. Merton, « Patterns of Influence : A study of Interpersonal Influence and Communications Behavior in a Local Community», dans l'ouvrage de Paul L. Lazarsfeld et Frank N. Stanton, *Communications Research*, 1948-1949, pp. 180-219.
2. Elihu Katz et Paul L. Lazarsfeld, *Personnal Influence : the Part Played by the People in the Flow of Mass Communications*, The Free Pres, Glencoe 1955, 2e partie.
3. Bernard R. Berelson, Paul L. Lazarsfeld et William N. McPhee, « Voting : Opinion Formation in a Presidential Campaign», University of Chicago Press, Chicago 1955.
4. On peut trouver un rapport sur la phase expérimentale de cette étude dans l'ouvrage de Herbert Menzel et Elihu Katz, *Social Relations and Innovation in the Medical Profession*, Public Opinion Quaterly, 72, vol. 19, 1955, pp. 337-352. Un livre et plusieurs articles sur l'ensemble de l'étude sont actuellement en préparation.

Ces études serviront de cadre à l'intérieur duquel on tentera de décrire l'état présent de l'hypothèse des deux étages de la communication, d'examiner dans quelle mesure elle a été confirmée, ainsi que les différentes façons dont elle a été prolongée, raccourcie ou reformulée. En outre, on aura recours à ces études pour éclairer les stratégies successives qui ont été développées pour tenter de donner une description systématique des relations interpersonnelles dans le cadre des recherches sur les communications, avec comme but ultime de parvenir à une sorte de « sociométrie de l'enquête ». Enfin, ces études, ainsi que plusieurs autres qui seront citées au passage, nous donneront l'occasion inhabituelle de réfléchir sur les problèmes posés par la continuité de la recherche sociologique. [...]

Résultats du *People's Choice*

Le point de départ de cette révision doit être un examen des preuves apportées dans l'étude sur les votes de 1940, qui ont permis la formulation de la première hypothèse. Cela concerne essentiellement trois ensembles de résultats. Les premiers s'appliquent à l'« impact » de l'influence *personnelle*. Les personnes qui se décidèrent en fin de campagne, comme celles qui changèrent d'idée entre-temps, indiquaient, plus souvent que les autres, que l'influence provenant d'une personne particulière avait joué un rôle dans leur décision. La pression politique s'exerçant sur des groupes ordinaires, tels que la famille ou les amis, apparaît dans l'homogénéité politique qui caractérise ces groupes. De plus, pour une journée, un plus grand nombre de personnes affirmèrent avoir participé à une discussion politique, plutôt qu'avoir écouté un discours électoral ou lu un éditorial. De tout ceci les auteurs concluent que les contacts personnels semblent avoir une influence à la fois plus fréquente et plus efficace que les mass media sur les choix des votes.

La deuxième partie de la formulation de l'hypothèse concerne *« la transmission de l'influence personnelle »*. Étant donné l'importance apparente de l'influence interpersonnelle, il est évident que le second stade consistait à se demander si certaines personnes jouaient un rôle plus important que d'autres dans la transmission de l'influence. L'étude chercha à isoler les « leaders d'opinion » à l'aide de deux questions : « Avez-vous récemment essayé de convaincre quelqu'un de vos opinions politiques ? » et « Quelqu'un vous a-t-il récemment demandé votre avis sur une question politique ? ». En les comparant avec les autres personnes, les auteurs ont trouvé que les leaders d'opinion s'intéressaient davantage à l'élection. En se basant sur une répartition pratiquement égale des leaders d'opinion dans toutes les classes sociales et professions ainsi que sur le fait que les personnes ayant pris des décisions faisaient souvent allusion à l'influence d'amis, de collaborateurs ou de parents, on est arrivé à cette conclusion que les leaders d'opinion existent à tous les niveaux de la société et que, en conséquence, ils ressemblent probablement beaucoup aux personnes qu'ils influencent.

Une comparaison plus poussée des leaders avec les autres personnes face aux mass media constitue la troisième partie : *« les leaders d'opinion et les mass media »*.

Comparativement au reste de la population, on a constaté que les leaders d'opinion étaient beaucoup plus exposés à la radio, aux journaux et aux magazines, c'est-à-dire aux moyens formels de communication.

L'argument apparaît désormais clairement : si l'expression de vive voix est si importante, si les spécialistes de l'expression de vive voix sont largement dispersés et si ces spécialistes sont plus exposés aux media que les gens qu'ils influencent, alors peut-être que « les idées se transmettent bien souvent, par l'intermédiaire de la radio et des journaux, à des leaders d'opinion qui les répandent ensuite dans les couches moins actives de la population» (*The People's Choice*, p. 151).

Plan de l'étude sur le vote

En ce qui concerne l'étude de la transmission de l'influence telle qu'elle intervient sur la prise des décisions, le plan du *People's Choice* présentait plusieurs avantages. Le plus important était celui de la méthode des panels qui permettait de localiser les changements presque au fur et à mesure qu'ils se produisaient et de les lier ensuite aux influences qui s'exerçaient sur les décisions des personnes. Deuxièmement, l'unité d'effet, la décision, constituait un indicateur de changement tangible et facile à enregistrer. Par contre, la partie qui étudie les contacts entre les personnes est insuffisante car elle utilise un échantillon au hasard d'individus dissociés de leur environnement social. C'est cet élément traditionnel dans le plan de la recherche par enquête qui explique le bond que l'on a dû effectuer pour passer de simples données valables à l'hypothèse des deux étages de la communication.

Un homme ne pouvant parler, dans un échantillon au hasard, que pour lui-même, les leaders d'opinion, dans l'étude des votes de 1940, ont dû être localisés selon leur désignation personnelle, c'est-à-dire sur les bases de leurs propres réponses aux deux questions énoncées ci-dessus. (À proprement parler, bien sûr, lorsqu'un répondant affirme être ou ne pas être un leader, il ne parle pas pour lui-même, mais pour les personnes, réelles ou imaginaires, qui le suivent. Il faut signaler en outre qu'il est possible qu'un répondant ne parle pas seulement pour lui-même, mais aussi pour d'autres. Les études de votes, par exemple, demandent aux répondants d'indiquer les intentions de vote des autres membres de leur famille, de leurs amis ou de leurs collaborateurs, même si cette procédure est d'une validité incertaine.) En effet, on demanda simplement aux répondants de dire s'ils étaient ou non des leaders d'opinion. Beaucoup plus important encore que le problème de validité évident que pose cette technique est le fait que celle-ci ne permet pas de comparaison entre les leaders et ceux qu'ils influencent, mais seulement une comparaison entre les leaders et les non-leaders en général. En d'autres termes, les données ne sont constituées que par deux groupes statistiques: les personnes ayant répondu donner des conseils et celles ayant répondu ne pas en donner. On ne peut dire, par conséquent, que le fait que les leaders sont plus intéressés par l'élection que les non-leaders signifie que l'influence se transmet des personnes les plus intéressées aux personnes les moins intéressées. Pour poser le problème sans ambiguïté, il se peut même que les leaders s'influencent uniquement les uns les autres, tandis que les non-leaders inintéressés se tiennent tout à fait à l'extérieur du marché des influences. La tentation de supposer que les non-leaders suivent les leaders est très grande néanmoins et, tout en restant très prudent sur ce point, *The People's Choice* ne peut s'empêcher d'y succomber. Il existe une autre procédure quelque peu meilleure. On peut demander aux répondants d'indiquer non seulement s'ils ont donné des conseils, mais aussi s'ils en ont reçus. C'est ce qui a été fait dans les études de Decatur et d'Elmira citées ci-dessous. On peut classer ainsi les non-leaders selon qu'ils participent ou non au marché des influences, c'est-à-dire selon qu'ils sont ou non des «followers».

C'est donc de la constatation du fait que les leaders d'opinion sont plus exposés aux mass media que les non-leaders qu'est née la notion des deux étages de la communication; manifestement cependant, ceci n'est vrai que si les non-leaders suivent réellement les leaders.

Les auteurs soulignent eux-mêmes qu'il aurait beaucoup mieux valu, du point de vue méthodique, commencer par «demander aux gens vers qui ils se tournaient lorsqu'ils désiraient un conseil sur une question et étudier ensuite l'interaction entre les conseilleurs et les conseillés. Mais ce processus aurait été extrêmement difficile, sinon impossible, du fait que peu de leaders risquaient de rencontrer leurs "followers" respectifs dans l'échantillon» (Lazarsfeld, Berelson et Gaudet, *op. cit.*, pp. 49-50). Comme nous allons le voir immédiatement, ceci constitue peut-être le problème majeur que les études suivantes ont tenté de résoudre.

Plans des trois études suivantes

Deux aspects de la conception originale des deux étages de la communication ont été révisés jusqu'à maintenant. Il a été montré tout d'abord que l'hypothèse comportait trois parties concernant respectivement: l'impact de l'influence personnelle, la transmission de l'influence personnelle, les relations unissant les leaders d'opinion aux mass media. Les preuves sous-jacentes à chacune ont été examinées. En second lieu, le plan de l'étude a été rappelé afin de souligner la difficulté qui apparaît lorsqu'on tente de faire face au problème fondamentalement nouveau de l'incorporation simultanée des *deux* partenaires d'une transaction d'influences dans une étude transversale.

Nous allons maintenant porter notre attention sur les études qui ont suivi *The People's Choice*. Nous rappellerons d'abord les différentes façons dont trois parmi ces quatre études choisies ont abordé le problème de l'organisation de la recherche sur l'influence interpersonnelle. (L'étude d'Elmira ne sera pas mentionnée ici car son plan est essentiellement le même que celui de l'étude du vote en 1940. Elle en diffère simplement par le fait que, pour chaque répondant, elle obtint une information beaucoup plus importante sur les intentions de vote des personnes de son environnement, le genre de personnes avec lesquelles il conversait, etc.) Par la suite, les résultats indépendants des différentes études seront repris et estimés en vue de constituer un rapport à jour de toutes les preuves pour ou contre l'hypothèse des deux étages de la communication.

L'étude de Rovere. Entreprise juste au moment où l'étude sur le vote de 1940 se terminait, la première de ces trois études fut menée dans une petite ville du New Jersey. Elle commençait par demander à un échantillon de 86 répondants de désigner les gens auxquels ils s'adressaient pour obtenir une information ou un conseil sur un certain nombre de questions. Des centaines de noms furent apportés en réponse et les personnes mentionnées quatre fois ou plus furent considérées comme des leaders d'opinion. Ces personnes influentes furent alors recherchées pour une interview.

Voici donc, sur une échelle expérimentale, la première tentative de résolution du problème posé par *The People's Choice*. Cette étude suggère, pour localiser les personnes influentes, de commencer par demander «Qui vous influence?» et de procéder de ces personnes influencées vers celles désignées comme influentes.

On doit signaler deux différences importantes entre cette étude et celle du vote de 1940. Il existe premièrement une différence dans la conception du leadership d'opinion. Tandis que l'étude sur le vote considère tout conseilleur comme un leader d'opinion, même s'il n'influence qu'une seule personne (comme c'est le cas pour un mari indiquant à sa femme pour qui voter), les leaders sélectionnés selon le critère utilisé à Rovere exerçaient certainement une influence plus étendue.

Deuxièmement, l'étude sur le vote s'intéressait, du moins implicitement, à des questions telles que l'importance du rôle de l'influence interpersonnelle dans la formation des choix et son efficacité relative comparée à celle des mass media. L'étude de Rovere considérait comme acquise l'importance de ce genre d'influence et tentait de rechercher les gens qui jouaient un rôle déterminant dans cette transmission.

Un dernier point à signaler concernant le plan de cette étude est qu'il utilise les premières interviews presque uniquement pour *localiser* les leaders d'opinion, mais rarement pour explorer les *relations* entre leaders et « followers ». Une fois que les leaders ont été nommés, l'attention se porte presque exclusivement sur leur classification en différents types, l'étude du comportement des communications des différents types et sur l'interaction des leaders eux-mêmes, tandis qu'elle se porte très peu sur l'interaction entre les leaders et les informateurs qui les ont désignés à l'origine.

L'étude de Decatur. Exécutée en 1945-1946, elle a tenté d'aller un peu plus loin. Comme l'étude sur le vote et au contraire de celle de Rovere, elle a essayé de décrire les décisions – exemples spécifiques révélant les effets des différentes influences. Comme celle de Rovere, mais au contraire de celle sur le vote, elle fournit des interviews des personnes ayant été reconnues, par les individus du premier échantillon, avoir eu une influence sur leurs décisions récentes (à propos des marchés, de la fréquentation des cinémas et des affaires publiques).

Cette étude n'est pas cette fois centrée uniquement sur les leaders d'opinion, mais 1) sur l'importance relative de l'influence interpersonnelle et 2) sur la personne ayant désigné le leader autant que sur le leader lui-même – soit sur le couple conseilleur-conseillé. Cette étude peut donc parfaitement s'interroger sur la question de savoir si les leaders tendent à appartenir à la même classe sociale que leurs « followers » ou si l'influence a tendance à se transmettre des classes supérieures aux classes inférieures. Les membres de ces couples ont-ils le même âge, le même sexe, etc. ? Le leader s'intéresse-t-il plus à sa sphère particulière d'influence que celui qu'il conseille ? Est-il en général plus exposé aux mass media ? [...]

Il apparut, en réfléchissant sur l'étude de Decatur, que, tandis que l'on pouvait parler du rôle des différentes influences sur les *décisions prises par les individus* concernant la mode, le plan de l'étude ne convenait pas à un examen de la mode dans son ensemble – *la mode en tant que processus de diffusion* – dans la mesure où il ne tenait compte ni du contenu de la décision, ni du facteur temps impliqué. Les décisions des « changeurs de mode » étudiées à Decatur peuvent s'être annulées les unes les autres : tandis que Mrs. X déclarait changer la mode A en mode B, Mrs. Y pouvait déclarer, elle, passer de B à A. Ce qui est vrai pour la mode l'est aussi pour n'importe quel autre phénomène de diffusion : pour le vérifier, il faut suivre la transmission d'un item particulier avec le temps. Cette combinaison de l'étude sur la diffusion avec celle sur les réseaux sociaux de communication, plus élaborés, a donné naissance à une étude nouvelle centrée sur 1) un item particulier, 2) sa diffusion dans le temps, 3) à travers la structure sociale de toute une communauté.

L'étude sur les remèdes.

[...] Dans cette étude, les réseaux des relations sociales sont tracés « avant » que le nouveau médicament à étudier ne soit introduit, en ce sens que l'amitié, les consultations et les autres points sont enregistrés indépendamment de toute décision particulière du médecin. L'étude concerne les rapports latents qui existent entre les différentes parties de ces structures sociométriques et la transmission de l'influence. Il est possible, par exemple, de dégager les parties de la structure qui «entrent en action» dès l'apparition d'un nouveau médicament et de décrire les étapes de la diffusion de celui-ci au fur et à mesure qu'il est adopté par les individus et les groupes de la communauté. Tandis que l'étude de Decatur se contentait de n'examiner que les relations particulières, en face à face, ayant exercé une influence sur une décision donnée, celle sur les remèdes parvient à localiser ces relations sur l'ensemble du réseau de relations liées de façon *latente* et entremêlées autour du médecin. [...]

Résultats d'études postérieures au *People's Choice*

Après avoir examiné les *plans* de ces études, l'étape suivante consiste à étudier leurs *résultats,* dans la mesure où ils ont un rapport avec l'hypothèse des deux étages de la communication. Il sera utile de revenir aux trois catégories déjà sélectionnées dans la discussion du *People's Choice:* 1) l'impact de l'influence personnelle; 2) la transmission de l'influence personnelle; 3) les leaders d'opinion et les mass media. Des preuves apportées par les trois études précédentes, par l'étude d'Elmira de 1948 ainsi que par d'autres, seront mises ici en lumière; mais il est en tout cas nécessaire, en examinant une preuve, de garder présentes à l'esprit les caractéristiques du plan de chacune des études.

L'impact de l'influence personnelle

Influence personnelle et influence des mass media. L'étude de 1940 montrait que l'influence personnelle affectait les choix de vote plus que ne le faisait celle des mass media, particulièrement dans le cas des personnes qui changeaient d'idée au cours de la campagne. L'étude de Decatur examinait encore l'impact relatif des influences personnelles et de l'influence des mass media dans trois domaines différents: le marché, la mode et la fréquentation des cinémas. En appuyant ses conclusions sur les témoignages mêmes des personnes ayant pris une décision et en utilisant un instrument pour calculer l'efficacité relative des mass media ayant eu une action sur les décisions, l'étude de Decatur a trouvé elle aussi que l'influence personnelle était à la fois plus fréquente et plus efficace que celle des mass media.

L'étude sur les médicaments n'a pas abordé le problème de l'efficacité relative des différents media du point de vue de la reconstitution par le médecin de ce qui était intervenu dans sa décision. Si l'on compare simplement le nombre de fois où les différents media ont été nommés, il apparaît clairement que les confrères ne sont en aucun cas la source la plus souvent nommée. Il apparaît néanmoins, à travers l'étude des facteurs ayant un rapport sur la décision plus ou moins tardive du médecin d'adopter le médicament, que le facteur le plus fortement associé à la date d'adoption est l'intégration du médecin dans la communauté médicale. C'est-à-dire: plus un médecin est reconnu par ses confrères comme un ami ou un partenaire de discussion, plus il a de chances d'être un innovateur en ce qui concerne le nouveau médicament. La force d'intégration se révèle un facteur plus important que n'importe quel facteur de l'arrière-plan (âge, école de médecine ou revenus des patients) ou que n'importe quelle autre source d'influence (lecture de journaux médicaux, par exemple) étudiée.

La question de savoir pourquoi l'innovation est liée à l'intégration fait apparaître deux facteurs principaux: 1) la communication interpersonnelle, les médecins intégrés ont plus de contacts et sont plus à la page; 2) le support social, les médecins intégrés se sentent mieux protégés des risques qu'entraîne l'innovation en matière de médecine. L'étude sur les médicaments fournit donc, elle aussi, des preuves de l'importance des relations personnelles – même en ce qui concerne des décisions d'ordre scientifique.

Homogénéité de l'opinion dans les groupes primaires. L'efficacité des relations interpersonnelles, telle que la révèlent ces différentes études, se reflète dans l'homogénéité des opinions et des actions des groupes primaires. Le medium de la communication dans les groupes primaires est, par définition, un medium de personne à personne. Les deux études sur le vote soulignent le fort degré d'homogénéité des opinions politiques des membres d'une même famille, de collaborateurs ou d'amis. L'efficacité de ces groupes primaires dès qu'il s'agit de ramener un déviationniste dans le droit chemin est démontrée par le fait que ceux qui avaient modifié leur choix étaient pour la plupart des gens qui, au début de la campagne, avaient affirmé être décidés à voter différemment de leur famille ou de leurs amis. [...]

La transmission de l'influence personnelle

L'étude sur le vote de 1940 trouvait que les leaders d'opinion n'étaient pas tous rassemblés dans les classes supérieures de la population, mais dispersés presque en égale proportion à l'intérieur de chaque groupe social et strate. Ce résultat a poussé les études suivantes à mesurer dans quelle mesure ceci se vérifiait dans des domaines autres que celui des campagnes électorales et à déterminer aussi ce qui distingue *véritablement* les leaders d'opinion de ceux qu'ils influencent.

La première chose qui ressort clairement de ces études, c'est que le genre de l'influence transmise intervient pour une grande part dans la détermination du leader et du « follower ». L'étude de Rovere suggère, par exemple, qu'à l'intérieur du vaste domaine des affaires publiques un groupe de personnes influentes s'occupe des affaires « locales » et un autre des affaires « étrangères ». Ainsi, en ce qui concerne le marché, elle suppose qu'il existe une forte concentration de leadership d'opinion parmi des femmes d'un certain âge, ayant la responsabilité d'une famille nombreuse, tandis qu'en matière de mode ou de films on risque beaucoup plus de demander conseil à des femmes jeunes et célibataires. Les leaderships se chevauchent très rarement : un leader dans un domaine a peu de chance d'être influent dans un autre sans aucun rapport.

Cependant, même lorsque le leadership, dans l'un ou l'autre domaine, repose principalement sur les membres d'un même groupe – comme c'était le cas pour le leadership du marché à Decatur – il est de toute évidence que les gens parleront malgré tout, pour la plupart, avec leurs semblables. Alors que, parmi les « mères de familles nombreuses » plus âgées, les leaders du marché influençaient également d'autres catégories de femmes, leur influence s'exerçait surtout sur des femmes du même âge et ayant la responsabilité de familles aussi grandes. Ni pour le marché, ni pour la mode, ni pour la fréquentation des cinémas, il ne fut en outre possible de distinguer une concentration appréciable de personnes influentes à aucun des trois niveaux socio-économiques. Une certaine concentration de leadership n'existait que dans les affaires publiques, au rang le plus élevé, et quelques indices permettaient de penser que cette influence passait de ce groupe aux individus dotés d'un statut moins élevé. L'étude d'Elmira trouvait également des leaders d'opinion en proportion semblable à chaque niveau socio-économique et professionnel ; elle rapportait aussi que les discussions sur la campagne se poursuivaient principalement entre gens du même âge, ayant une profession et des opinions politiques semblables.

Qu'est-ce qui favorise la concentration de certaines formes de leadership d'opinion à l'intérieur de certains groupes ? Et lorsque la personne influente et la personne influencée sont en apparence semblables – comme c'est si souvent le cas – qu'est-ce qui les distingue, si cela est possible, l'une de l'autre ? De façon générale, l'influence paraît être liée 1) à la *personnification de certaines valeurs* (qui l'on est) ; 2) à la *compétence* (ce que l'on sait) ; 3) à la *position sociale stratégique* (qui l'on connaît). Cette dernière se divise à son tour en : qui l'on connaît à l'intérieur du groupe et qui l'on connaît à « l'extérieur » du groupe.

L'influence se transmet très fréquemment par la suite, la personne influencée désirant le plus possible ressembler à la personne influente. (Le fait que les leaders soient, en un sens, les membres les plus conformistes de leur groupe – maintenant leurs positions quelles que soient les normes et les valeurs essentielles du groupe – est une déclaration qui illustre davantage ce point.) Le fait que des jeunes femmes célibataires soient des leaders de mode se comprend facilement dans une culture où la jeunesse et la pleine jeunesse constituent les valeurs suprêmes. Voici un exemple où le « qui l'on est » compte énormément.

Mais « ce que l'on sait » n'a pas moins d'importance. Il est un fait que des femmes plus âgées, en vertu de leur plus grande expérience, sont considérées comme des conseillères en matière de marché et que des spécialistes de la médecine internationale – les plus « scientifiques » des médecins traitants – sont les plus souvent mentionnés comme leaders d'opinion par les docteurs. L'influence des jeunes en matière de films s'explique également très bien par leur familiarité avec le monde du cinéma. L'étude d'Elmira trouvait une concentration légèrement plus importante de leadership d'opinion parmi les gens plus instruits de chaque couche socio-économique, ce qui sous-entendait à nouveau l'importance de la compétence. Enfin, l'influence des « cosmopolites » dans l'étude de Rovere s'appuyait sur le sentiment qu'ils disposaient d'une plus large information.

Ceci ne suffit pas, cependant, pour que les autres vous trouvent compétents ou souhaitent *exercer sur vous de l'émulation.* Il faut aussi être accessible. C'est ainsi que l'étude de Decatur montre que l'instinct grégaire – qui l'on connaît – accompagne chaque sorte de leadership. L'étude de Rovere rapporte que le leadership des personnalités « locales » repose sur leur position centrale dans le réseau des contacts interpersonnels. Les études sur la transmission des rumeurs ont reconnu de même dans les personnes « socialement actives » les « agents de rumeurs ». [...]

Les leaders d'opinion et les mass media

Le troisième aspect de l'hypothèse des deux étages de la communication suppose que les leaders d'opinion sont plus exposés aux mass media que ceux qu'ils influencent. Le *People's Choice* vérifie cette supposition en comparant le comportement des leaders et celui des non-leaders en face des media.

Corroborant ces résultats, l'étude de Decatur examinait en outre certains aspects supplémentaires de la même idée. Elle montrait tout d'abord que les leaders d'un domaine particulier (mode, affaires publiques, etc.) risquaient tout particulièrement d'être exposés aux media correspondants à ce domaine. Ceci confirme essentiellement les résultats de l'étude de Rovere montrant que les personnes qui se révélaient avoir le plus d'influence sur les questions « étrangères » étaient celles qui lisaient le plus de journaux sur les nouvelles nationales ; ceci paraissait moins vrai cependant pour les personnes influentes sur les questions « locales ». L'étude de Decatur montrait deuxièmement que, du moins pour la mode, les leaders n'étaient pas seulement exposés aux mass media, mais que ceux-ci agissaient également plus sur leurs décisions. Ceci ne paraissait pas être le cas dans d'autres domaines où les leaders d'opinion, bien que plus exposés que les non-leaders aux media, donnaient néanmoins l'influence personnelle comme le principal facteur de leurs décisions. Ceci suggère qu'il existe pour certains domaines des chaînes d'influence de personne à personne beaucoup plus longues que la simple dyade et qu'il faut peut-être remonter le long de ces chaînes avant de rencontrer une influence décisive des mass media, même si l'on peut en percevoir quelques traces en certains points. [...]

La plus grande exposition des leaders d'opinion aux media n'est en fait qu'un cas spécial de la proposition plus générale qui décrit les leaders comme servant à relier les groupes à l'environnement, quel que soit le medium approprié. Cette affirmation plus générale explique le rôle analogue des journaux des grandes villes pour le leader de mode à Decatur, celui des magazines de nouvelles nationales pour les «cosmopolites» influents de Rovere, celui des réunions médicales extra-urbaines pour les médecins influents, et enfin celui des contacts avec la ville pour les innovateurs agricoles de l'Iowa ainsi que pour les jeunes leaders d'opinion des régions sous-développées du monde. [...]

Conclusions

[...] L'hypothèse des deux étages de la communication semble n'insister que sur un seul aspect des relations interpersonnelles – les relations interpersonnelles en tant que canaux de la communication. Mais il ressort de ces différentes études que ces mêmes relations interpersonnelles influencent la formation des décisions d'au moins deux façons supplémentaires. Outre le fait qu'elles servent de réseaux de communications, les relations interpersonnelles constituent aussi des sources de pression pour se conformer aux façons de penser et d'agir du groupe, ainsi que des sources de support social. Le travail de la pression de groupe apparaît nettement dans l'homogénéité d'opinion et d'action observée chez les votants et les médecins dans des situations troubles et incertaines. Le soutien social que procure l'intégration à la communauté médicale peut donner au docteur la confiance voulue pour se déterminer à adopter le nouveau médicament. Les relations interpersonnelles sont donc 1) des canaux de l'information, 2) des sources de pression sociale et 3) des sources de support social; chacune de ces trois définitions relie d'une façon quelque peu différente les relations interpersonnelles à la formation des décisions.

Le problème majeur dans ces trois études a été de décrire les relations interpersonnelles tout en maintenant l'économie et la représentativité que permet l'échantillon au hasard. Plusieurs réponses à ce problème ont été possibles: en demandant aux individus de l'échantillon de décrire les personnes avec lesquelles ils entraient en interaction (Elmira), en menant des interviews «boule de neige» avec les couples personne influente-personne influencée (Decatur), en interviewant une communauté tout entière (étude sur les médicaments). Les études futures trouveront sans doute des solutions intermédiaires. Pour la plupart cependant, le principe conducteur devrait être de construire, autour de chaque atome individuel de l'échantillon, des molécules sociales plus grosses ou plus petites.

(Traduction d'Élisabeth Potel.)

L'Actualité, ou l'Impasse du temps

(1993)

JEAN-FRANÇOIS TÉTU
(né en 1945)

L'actualité, *qui renferme la notion d'acte (de langage), donc une dimension performative au sens développé au chapitre* III, *façonne en permanence notre perception des événements, et en particulier les cadres les plus généraux de ceux-ci : les formes de l'espace et du temps.*

Dans cet article rédigé en février 1993 (et demeuré inédit à cette date), Jean-François Tétu, professeur de sciences de la communication à l'université Louis-Lumière de Lyon-II, ne montre pas seulement que le dispositif technique de la presse construit notre expérience quotidienne du monde, mais aussi comment cette création continuée débouche sur l'expérience spécifique d'un espace et d'un temps médiatiques.

Bibliographie : *Maurice Mouillaud et Jean-François Tétu,* le Journal quotidien, *PUL, Lyon, 1989.*

L'USAGE VEUT QU'ON DISE « le » journal, « la » radio, ou « la » télévision, au singulier très macluhanien, mais qu'on dise « les » informations, au pluriel, comme on disait naguère, et c'est plus troublant, « les actualités cinématographiques ». Comme si le médium conférait une unité au divers intrinsèque des contenus, dans l'espace de ses pages ou dans le temps de sa lecture ou de sa réception. Depuis quelque temps, en revanche, on ne parle plus guère « des nouvelles » mais de « l'événement », au point d'en faire le titre d'un hebdomadaire (*l'Événement du jeudi*), le sous-titre d'un quotidien (*la Croix – l'Événement*) ou la rubrique de tête de divers journaux (*Libération*, entre autres). Pourtant, malgré l'usage de ce vocable au singulier, il semble bien que l'événement ne fasse information qu'au pluriel, comme le veut le maintien, en anglais, du nom de « News ». Dans l'information, l'événement n'existe qu'au pluriel. C'est un effet de la structure même de l'information qu'on peut faire un point de départ utile pour examiner le rapport à l'espace et au temps, dont Virilio faisait remarquer, pendant la guerre du Golfe, que la première guerre « en temps réel » annulait l'un et l'autre ou encore que l'usage du direct télévisé, de l'image du direct, est une forme particulièrement sélective du « *gate keeping* » et ne laisserait passer que le présent[1].

Le monde fragmenté

Les réseaux de capture de l'information ne fonctionnent pas à la façon d'un filet de pêche, d'une nasse, ou d'une toile d'araignée. (Ce serait plutôt le lecteur ou l'auditeur qu'on tente de prendre de cette façon.) Ces réseaux fonctionnent plutôt à la façon d'un arbre dont les fibres se rencontrent dans des nœuds qui, à différents étages, sont le départ de branches et de rameaux. Mais la circulation dans ces arbres ne se fait pas à la manière de la sève qui part des racines et aboutit aux rameaux ; c'est un mouvement inverse qui les irrigue, à la façon dont l'acacia, par exemple, prélève l'azote dans l'air qui l'environne, grâce à des micro-capteurs situés à toutes ses extrémités, pour le stocker au sol, près de ses racines qui

1. Les pages qui suivent reprennent et poursuivent une réflexion engagée par M. Mouillaud dans M. Mouillaud et J.-F. Tétu, *le Journal quotidien*, PUL, 1989, pp. 22 sq.

s'en nourrissent. L'information prélevée dans l'air ambiant, issue des capteurs que sont les correspondants, les informateurs, les autres médias, rencontre à chacun des nœuds un flux issu d'autres horizons, d'autres atmosphères avec lequel elle entre en concurrence ; et les rameaux qui périclitent ne sont pas ceux qui sont moins irrigués par la sève venue du centre, mais par l'information prélevée à la périphérie. L'ensemble ainsi constitué a l'apparence d'une totalité, avec ses rubriques pour branches maîtresses, mais ce n'est qu'une « quasi-totalité » parce que les éléments rassemblés n'ont pas d'unité : l'organe d'information, dans le même temps, désigne le semblant d'unité (les rubriques) et les rompt par ses filets, ses encadrés, ses jingles, etc. La relation des informations entre elles, comme on le voit très bien à la télévision, n'a pas changé depuis *la Gazette* de Renaudot, c'est celle de l'addition. L'existence des rubriques et de tous les modes d'organisation ne change rien à ce fait fondamental que l'information reste un assemblage de fragments, au départ, comme à l'arrivée.

Au départ, elle est un prélèvement sur une expérience, sur l'activité d'acteurs sociaux qui, de toute façon restent *hors texte* même si, par l'effet de citations sonores, visuelles ou textuelles, elle offre comme la caution du réel d'où l'information est prélevée. Dans ce mouvement de prélèvement, une double opération se produit : celle de la fragmentation d'abord, ou de l'extraction d'une partie seulement de ce qui, dans l'expérience, est vécu comme totalité ; celle d'un changement de nature ensuite puisque l'information, de nature essentiellement symbolique, vise l'élaboration des représentations et rompt par là avec l'activité pratique des « acteurs » ou des « agents » sociaux. Dans cette double opération, d'ailleurs, l'information n'est qu'un opérateur second puisque la « matière première » de l'information, comme Marc Paillet l'a montré[1], n'est jamais, malgré une idée reçue, une réalité quelconque, mais des mots, toujours, une matière langagière, *i. e.* des représentations que les acteurs sociaux ont préalablement élaborées, ce qui permet de voir dans l'information le miroir, la scène ou l'écran (selon les variables des chercheurs) où s'élabore le sens, négocié sans cesse par lesdits agents sociaux.

À l'arrivée elle est une information parmi d'autres, ou, comme on le disait joliment au XVIIIe siècle, un morceau de « variétés ». On la dit parfois événement comme pour justifier une hiérarchie ponctuelle car la quasi-totalité de ces événements, aussitôt oubliés que publiés, sont déjà passés au moment où un autre événement surgit, sans qu'aucun ne produise une rupture telle que l'organisation de l'ensemble en soit plus d'un jour modifiée. On pourrait ici, dans le fil d'une piste ouverte par Pierre Nora[2], opposer l'événement au fait divers en ce que le fait divers ramène le lecteur de la nouveauté d'un contenu à un ensemble de conventions admises, alors que l'événement *stricto sensu* bouleverserait justement ces conventions. Le traitement usuel de l'information « évite » l'événement, ou se trouve incapable de le désigner comme tel, parce qu'il traite *a priori* le fait comme divers. Nous avons montré ailleurs comment par exemple un indiscutable événement comme le bombardement d'Hiroshima a été, dans les journaux, dès le premier jour, comme éclaté en une pléiade de discours divers (sur le « père » de la bombe, sur l'usine d'Oak Ridge, etc.) qui, appartenant à des registres bien connus de l'information usuelle, interdisaient de traiter cette explosion autrement que comme un « gros » fait divers[3].

L'information, sous ce point de vue, n'a pas l'unité du livre que le journal a typographi-

1. Marc Paillet, *le Journalisme*, Paris, 1974.
2. P. Nora, « L'événement monstre », in *Communications*, n°18, 1972, pp. 162 sq.
3. J.-F. Tétu, *le Discours du journal*, thèse de doctorat d'État, Lyon, 1982, t. 2, pp. 420-427.

quement mimé à ses débuts, ni celle du discours qui pourtant, pendant longtemps, a caractérisé le journalisme «littéraire» ou la presse d'opinion. Depuis longtemps, donc, depuis la fin du XIXe siècle de façon dominante, l'information présente une forme éclatée et c'est bien pour cela qu'une nouvelle forme s'est imposée alors, avec une mise en page fondée sur la disposition de l'espace de la page et non sur le temps du discours ou sa linéarité temporelle[1].

L'espace de la page du journal est ainsi devenue un indicateur puissant de l'espace qu'elle représente.

Espèces d'espaces

L'espace de l'information, comme Janus, est bi-frons, ou à double face, selon qu'on envisage l'assemblage ou le fragment.

Si on considère l'assemblage, on ne peut qu'être frappé, comme Maurice Mouillaud l'a montré, par l'analogie que présente le dispositif de présentation des informations écrites avec les conventions qui permettent l'élaboration d'une carte: les pages «Étranger» du *Monde* font se suivre les continents et les nations comme le ferait un regard qui parcourt une carte, et, dans la presse locale, les communes et les cantons se suivent le long des colonnes, séparés par des filets comme les limites des cartes administratives. Même si le rapport de la carte au territoire a souvent été exploré, on retiendra encore ici que, comme sur une carte, les informations dans le journal sont mises à plat, à la même distance du lecteur, de l'œil du lecteur, tout comme, à la télévision, les lieux sont à la même distance du téléspectateur, celle qui le sépare de l'écran. Cette équidistance que l'information partage avec un morceau de planisphère (car la planisphère comporte bien un centre, cf. l'atlas stratégique de Chaliand et Rageau) rend cette distance abstraite, virtuelle ou théorique. En somme, au moment où un «événement» devient information, il perd tout aussitôt sa dimension spatiale, celle qu'il possède dans le territoire d'où l'information est prélevée. Cela ne veut pas dire qu'il n'y ait pas de relief dans l'information; les titres, les chapeaux, les intertitres sont faits pour cela, mais la fragmentation même de l'information fait que le prélèvement fait disparaître le territoire vécu.

C'est d'ailleurs probablement la première source de frustration de quiconque, ayant participé à un «événement», en examine la relation sous forme d'information: il ne s'y retrouve pas vraiment, parce que tout comme l'espace théorique de la carte s'oppose à l'espace vécu du territoire, l'information fait violence à l'expérience vécue. Avec une différence notable, selon les médias, ou une brutalité variable dont la télévision atteint l'acmé: le propos du présentateur ou la carte filmée dans le studio sont remplacés soudain sur l'écran par des images du terrain, de telle sorte que ces «citations» du territoire vécu font croire à sa présence – du moins pour qui n'y est pas –, et cela d'autant plus que la parole et le temps du studio, assimilables au temps de la réception, semblent, pour un instant, suspendus, remplacés par ce temps hors temps de passage des images.

L'assemblage des fragments, réunis dans l'espace du journal ou le temps de la télédiffusion, relève donc d'un autre ordre que celui de la connaissance empirique de l'espace

1. La modification radicale de la mise en page s'opère au moment où la presse «d'opinion» cède la place à une presse d'information. Cette transformation, importée d'Angleterre, est particulièrement évidente dans *le Matin* à partir de 1896, cf. J.-F. Tétu, «Mises en page et illustrations au début du XXe s.», in *Cahiers de textologie* n°3, «Textologie du journal», Paris, Minard, 1990.

vécu. La perspective de l'univers pratique et celle de l'information ne sauraient être les mêmes; le point de vue de l'information est hétérogène à celui de quiconque se trouve dans un territoire. La rupture de la perspective, de l'un à l'autre, est à ce point nette qu'avec une constance frappante, tout pouvoir (quel qu'il soit) incite les médias à reprendre son point de vue, jusqu'à ces cas, «totalitaires» justement, où une représentation et une seule tend à s'imposer contre toutes les autres, et, plus encore, contre l'expérience.

Cet assemblage est aussi révélateur de ce qu'on nomme «opinion publique» et qui, on le sait bien, est une pure construction. Mais on aurait tort de créditer cette opinion, toute construite qu'elle est, d'une quelconque «réalité». L'information est seulement ce lieu, théorique, où se forme, pour un groupe donné, une représentation commune, mais cette représentation n'existe pas ailleurs justement que dans ce lieu où elle se forme comme pure représentation. Des expressions comme: «l'opinion publique veut que» ou «pour l'opinion publique», n'ont, à proprement parler aucun sens, car cette opinion n'existe pas dans un autre lieu que le journal d'information où ces mots figurent. Le lieu, au sens propre, où est censé se produire l'ensemble des représentations visées par «l'opinion» ne représente rien que lui-même.

Quand on considère, au contraire, chaque fragment, c'est un autre phénomène qui apparaît: le mimétisme du point de vue «local», qui reste à peu près constant, quel que soit l'objet de l'information, ou plutôt quel que soit le personnage qui l'incarne, dans toute situation locale, justement, qu'il s'agisse d'un conflit armé ou d'un candidat en campagne. On peut saisir là une des formes les plus sensibles du «réalisme» de l'information qui ne peut éviter le mimétisme des acteurs sociaux, ancrés dans un territoire vécu, et dont les mots désignent le point de vue: les médias, en les citant, en font autant d'effets de réel.

Cet effet de réel prend deux formes. La première, manifestée par l'usage des citations, repose sur un des instruments essentiels dont Aristote montrait, dans la *Poétique*, comment il concourt à l'«imitation» de la réalité: laisser à ses personnages la responsabilité (l'énonciation) de leurs énoncés. Le débrayage énonciatif par lequel l'auteur de l'article (on aimerait dire le «récitant») s'efface en laissant sur le devant de la scène le propos d'un personnage constitue chaque fois un embrayage sur une réalité supposée. La citation (propos tenu ou image du terrain) produit ainsi le surgissement d'un réel brut ou fait mine d'ancrer l'information sur lui. La seconde forme est celle de la description, ou plutôt de ce que Roland Barthes appelait la «notation insignifiante» dans la description, celle qui ne possède pas de fonction dans le tissu narratif, et qu'on trouve aussi bien dans l'information écrite (indices d'atmosphère, détail d'un vêtement ou d'une attitude, etc.) que dans l'information audiovisuelle où l'insistance sur le concret est quasiment obsessionnelle (voir les reportages sur les conflits dans l'ex-Yougoslavie). Dans ce «réel concret», Roland Barthes voyait «une machine de guerre contre le sens», ou encore «la justification suffisante du dire». Pour notre part, nous y voyons la marque même de cet «ancrage local» dont le fragment ne peut se passer.

L'ancrage dans un «réel brut,» joint à la perspective énonciative d'un locuteur cité, est, croyons-nous, un des moyens majeurs par lesquels l'information peut «manipuler», ou être manipulée, comme on le voit dans le témoignage suivant:

«Au milieu d'avril 1992, la ville de Visegrad, dans la partie est de la Bosnie, connut des moments dramatiques. Des soldats musulmans en avaient occupé le barrage, installé des explosifs et annoncé qu'ils allaient le faire sauter. En tant que rédacteur en chef de TV-Sarajevo, je reçus deux coups de téléphone. Le premier venait du groupe politique musulman:

«– M. Pejic, si vous ne diffusez pas en direct notre entretien téléphonique avec les soldats du barrage de Visegrad, ils le feront sauter.
«– M. Pejic, si vous diffusez en direct cet entretien avec les paramilitaires musulmans du barrage, nous bombarderons votre émetteur.
«J'avais donc deux appels venant de deux partis, antagonistes tous deux dans cette guerre, deux menaces, deux secondes pour décider, et en fin de compte, deux conséquences. Je décidai finalement de transmettre l'entretien avec les soldats musulmans afin de sauver le barrage et éviter une catastrophe écologique. Quelques minutes plus tard, un groupe de paramilitaires serbes commença à pilonner notre émetteur[1].»

Certes il faudrait ici introduire une différence forte entre les médias qui, selon les supports, ont une stratégie différente: l'écrit, parce qu'il peut placer côte à côte l'O.L.P. et Israël, Washington et Bagdad, sans autre frontière qu'un filet, montre sa supériorité polyphonique, et sa plus grande force à imposer l'à-plat qui résulte de la coexistence des reliefs. De là vient aussi sa plus grande aptitude distanciatrice, sa capacité à produire du doute à partir de la coexistence d'énoncés distincts. L'audiovisuel, lui, parce qu'il est diffusé dans le temps, ne peut user de la concomitance des énoncés, de leur coexistence malgré toutes les prouesses techniques (le duplex, l'incrustation d'images, etc.), et le vertige du direct. Ces deux supports, aux logiques très opposées, logique spatiale de la page, logique temporelle de l'«émission», permettent cependant l'un et l'autre d'observer la double tendance d'une totalité, qui tend à annuler la référence à l'expérience, et du fragment, qui tend à la réintroduire sur le seul mode de la citation de l'expérience, c'est-à-dire de l'affect.

Mais les nœuds de croisement des flux de nouvelles, dont nous disions plus haut la concurrence, se rassemblent aussi dans le temps, ou plutôt posent une double question sur le temps, du fait des rapports entre l'unité de temps pendant laquelle l'information est valide, et le temps du monde représenté.

L'actualité et l'événement

Le système d'information, dont on vient de voir que, fait de prélèvements, il accroche les événements à leurs racines, les arrache à leur territoire pour leur donner un nouvel espace, les arrache aussi à leur profondeur temporelle («à leur dimension historique», écrivait Pierre Nora). Prélevées à des moments divers (d'où l'effet de tromperie qu'on éprouve à retrouver comme nouvelle d'«aujourd'hui» ce qu'on avait vu ailleurs la veille ou l'avant-veille), appartenant elles-mêmes à différents moments du développement d'une action, les informations ne «tiennent ensemble» que par l'effet d'un support (le médium) dont il est convenu que sa durée va de quelques minutes (*France-Info*), à 24 heures (le journal) ou une semaine (les *news*). Cette coexistence temporelle des items dans un même support d'information est ce qu'on appelle l'actualité. On voit bien, à partir de la variation considérable du temps de validité du journal, qu'il n'y a pas de durée objective de l'actualité. Ce qui la valide comme actualité est que, par une sorte de contrat énonciatif qui lie le journaliste au lecteur et l'information produite à l'horizon d'attente du même lecteur, l'actualité est ce qui, pour cette durée variable, fait information, et que, pour cette durée, l'information demeure vraie. Avec une évidence frappante, le lecteur trouve parfaitement

1. Menad Pejic, «Les médias sont responsables de la guerre civile en ex-Yougoslavie», in *Médias-Pouvoirs*, n° 29, janvier-mars 1993, p. 28.

normal que l'actualité d'un journal (ses contenus « actuels ») soit légèrement antérieure aux contenus des bulletins radiophoniques qu'il a déjà entendus, le matin, par exemple, avant de lire le journal, mais il ne supporte pas que, par erreur parfois, une information d'une livraison se retrouve dans la suivante. La limite de cette convention est indiquée par des supports d'information continue ; *France-Info*, par exemple, permet d'écouter à tout moment « l'actualité », mais son seuil de renouvellement est trop lent, ou son seuil de répétition trop élevé, pour qu'il soit supportable de l'écouter très longtemps d'affilée. On voit bien par ces exemples que, dans l'actualité, le rapport au temps est étrange puisque l'actualité est validée par la durée de vie de son support, et non par une quelconque référence à un temps propre du monde vécu. De ce fait, elle introduit à un régime de vérité tout à fait particulier, et probablement unique : tant qu'elle est actuelle, une information est vraie. Ainsi une « fausse » information est vraie tant qu'une autre ne l'a pas démentie, laquelle devient vraie à son tour. Et, pour comble, l'usager trouve légitime, et donc recevable comme information, un énoncé dont il sait que son contenu appartient à l'empan du support considéré, bien que ce contenu soit déjà démenti : c'est, par exemple, ce qui s'est passé dans les journaux au soir de la « dernière chance » avec la rencontre de James Baker et de Tarek Aziz, à la veille de la guerre du Golfe ; on savait déjà que cette négociation avait échoué.

La limite est ténue entre « ce qui se passe », et, comme tel, peut légitimement être retenu par les médias d'information, et ce qui est condamné à être aussitôt dépassé. Les tentatives d'une information en continu montrent ici leurs limites qui sont doubles :

– soit se condamner à consommer de plus en plus d'« événements ». Nous verrons plus loin que cela interdit absolument à l'information de dire l'événement ;

– soit se condamner à faire du direct en continu, et cela interdit à l'événement d'être une information, parce qu'il lui manque ce jeu des espaces que nous venons de dire.

L'actualité, donc, en somme, ne vise pas un temps particulier, mais une forme de coprésence du journaliste et du lecteur-spectateur, à l'occasion de quelque chose. Et cela, sans doute, est une propriété forte des sociétés modernes, dont le temps n'est guère comparable à ce que nous savons de la perception du temps dans d'autres sociétés : ce n'est ni le temps des cycles récurrents, lesquels interdisent l'événement qui bouleverserait le cycle, ni celui de l'attente de la fin des temps, qui ne connaît qu'un événement initial dans l'attente de l'événement final, ni non plus celui qui, à l'est de l'Europe, ne voyait d'information que dans la commémoration de l'événement fondateur ou la confirmation d'un plan. Les sociétés modernes connaissent un temps rythmé par ce qu'on nomme événement, lequel est censé « ouvrir » la société sur un avenir incertain ou constituer le signe, ou le signal, du changement supposé. L'événement constitue ici quelque chose comme le mouvement (le changement) sur lequel Aristote fondait l'existence du temps. Mais, alors qu'Aristote insistait sur le fait que le temps est quelque chose du mouvement mais n'est pas le mouvement, l'information vise à signifier le présent par le changement. Les médias modernes (journal d'information *vs* journal d'opinion par exemple) sont nés de cette construction de l'événement, ce qui a produit une nouvelle figure du temps, la synchronie (voir sur ce point les machines et moyens de transmission qui fonctionnent, comme on dit, en « temps réel »).

Ainsi l'information ne peut être que d'actualité, et l'actualité condamne à se dessaisir sans cesse de son objet pour re-paraître comme information. Cela n'est possible que parce que le rapport de l'information au savoir et à l'événement n'est pas celui qu'on croit. Un peu à la façon dont le roman policier se nourrit non pas de la recherche de la solution, mais de son retard, l'information n'a pas pour but de dire un savoir, mais de maintenir une incertitude. Et chaque item a d'abord pour fonction de faire attendre la suite.

L'aporie du présent

La loi de l'information semble donc être celle d'un présent absolu, qui est une chose très étrange, parce que l'existence même de ce présent ne peut être saisie. Qu'on observe avec un peu d'attention le texte même de l'information. Deux tendances dominantes la caractérisent:
– d'abord un usage massif du présent, notamment dans les titres, dont il est évident qu'ils ne désignent pas le temps présent mais une volonté de «présenter» un objet à l'esprit du lecteur. Présent «narratif» ou présent «a-historique» ou encore «a-chronologique» destinés à «dramatiser» l'action, dit-on. Puis, évidemment, on remarque la fréquence considérable des temps du passé, avec un évitement scrupuleux du passé simple, qui ferait précisément basculer hors de l'actualité vers un passé révolu, mais un usage considérable des imparfaits et passés composés et de toutes les formes duratives qui permettent de marquer la présence des effets d'actions passées. On remarque aussi l'usage quasiment systématique selon lequel un titre au présent est suivi par un article qui débute au passé. Qu'est-ce à dire? Que le présent ne peut se dire qu'au passé?

C'est probablement cela: le présent semble pouvoir se *montrer* sous une forme déictique qui indique la coprésence du locuteur et de l'allocutaire; le titre fonctionne alors comme le «voici» plus fréquemment montré à la télévision par le regard ou le geste du présentateur ou d'une autre personne. Mais, au-delà de cette désignation ou de cette ostentation, le présent n'est pas dicible. Apparaît alors l'aporie du présent , qui n'est proprement pas représentable autrement que dans la seule désignation; et puisque l'événement n'est saisissable que dans le temps, c'est donc le temps, et non le présent, qu'il faut dire. Ainsi, puisque le titre, exprimé au présent, comporte une ellipse du temps, il n'y a pas d'autre moyen de faire que de commencer ensuite par une forte analepse qui installe le temps dans la seule forme de représentation possible, celle du récit.

Dans la mesure où il y va de la représentation constante qu'une société se donne à elle-même, la question de l'actualité ne peut se résoudre sur l'affirmation que le journaliste est l'historien du présent, puisque ce présent lui-même ne peut apparemment pas être saisi comme présent.

Cette question n'est pas neuve. On sait comment saint Augustin a tenté de résoudre cette énigme du temps vécu en proposant un triple présent, ou plutôt en observant que le passé et le futur sont des modalités du présent (celle de la mémoire et celle de l'attente), et qu'ainsi le présent constitue une distension *(distentio animi)* entre la mémoire et l'attente.

Cela permet un réexamen de l'opposition classique entre l'histoire et l'information. Yves Lavoinne a récemment proposé trois figures majeures de l'attitude des journalistes à l'égard de l'histoire depuis le moment où l'histoire s'est consacré moins à la mémoire des phénomènes qu'à leur intelligibilité. Ces trois figures sont celles du serviteur de l'histoire future (et donc impose un strict respect de l'exactitude du fait, dans la tradition de l'information factuelle anglo-saxonne); celle de l'historien de l'immédiat (Nizan, Camus, Lacouture); celle enfin, la plus revendiquée de nos jours, d'être le médiateur de l'histoire qui « déplace le téléspectateur de l'intelligible vers le vécu, c'est-à-dire d'abord vers la participation, affective à défaut d'être effective [1] ».

La méditation de saint Augustin nous semble éclairer la question autrement; si ce n'est pas le temps qui passe, mais le présent, alors il faut comprendre que la distension augustinienne porte l'historien et le journaliste dans les deux directions opposées, de la mémoire, et de l'attente dans la signifiance du passé à l'imaginaire de l'anticipation. Après Pierre Nora, donc, il nous semble qu'il faut affirmer la profonde opposition directionnelle des deux. L'information n'est pas tournée vers l'intelligibilité de ce qui s'est passé, mais vers l'attente de ce qui n'est pas encore.

Il faut y ajouter autre chose : l'information, pas plus que l'histoire, n'est dans ce qui se fait, mais dans ce qui se communique. L'un et l'autre ont donc un rapport très fort à l'identité d'un groupe social. Mais ce que nous disions précisément de l'espace et du territoire indique là encore une profonde différence : l'histoire a partie liée avec la construction des territoires dont elle rend compte : elle construit la représentation du passé dans un souci d'homogénéité (*l'Enfant et la vie familiale sous l'Ancien Régime*, *Mythe et pensée chez les Grecs*, *l'Incroyance au XVIe siècle*, etc.) qui permet de rendre compte de l'événement auquel le courant actuel de l'histoire nous ramène (la mort de Louis XVI ou la bataille de Bouvines, dans le même temps que celui où on consacre les « lieux de mémoire »), alors que l'information, parce qu'elle est fragmentaire, discontinue, hétérogène, manque l'événement dont elle ne perçoit que l'écume : la chute du mur de Berlin ne saurait être le démantèlement physique de l'édifice, ni la liesse qui l'accompagnait.

L'information ne peut être que liée à l'attente. Attente de quoi ? D'un devenir d'autant plus incertain que dans les sociétés modernes, tout peut être l'indice d'un bouleversement proche. La fin des grands récits a accru la discontinuité : l'actualité en somme est ce qui pousse à consommer l'événement pour mieux l'éviter parce qu'on n'y trouve en fait que l'affirmation de « ce qui se passe », sans que puisse s'y forger un lien véritable avec le passé.

Alors même que l'information fait un grand usage des rappels du passé, ce même passé ne parvient pas à éclairer le présent parce qu'il fournit du mythe, là où il faudrait saisir la spécificité du présent. Au fond, et ce serait là un hommage involontaire que l'information rendrait à la *Poétique* d'Aristote, elle ne peut saisir le temps que sous la forme du récit. Mais comme on ne peut, à proprement parler, faire le récit de l'instant, de l'actuel, il est inévitable que ce récit-là soit démarqué des récits du passé. Ainsi, par exemple, on a vu que l'information ne pouvait rendre compte de la chute du communisme qu'en lui donnant le visage du nazisme, *i.e.*, en construisant une fiction à partir des figures reconnaissables du passé. Ni Ceauşescu, ni Saddam ne sont ou ne furent Hitler. Ce n'est que par un effet de fiction qu'on peut les représenter ainsi. Pourquoi ? Pour faire attendre la suite, bien sûr, comme le futur procès d'un nouveau Nuremberg qu'on brandit imaginairement pour les viols systématiques commis par les Serbes en Bosnie.

Ces « dérapages », comme on dit souvent, sont moins des ratés de l'information qu'ils n'indiquent sa tendance structurelle lorsque, branchée sur l'actualité, focalisée sur ce qui se passe, elle ne peut, dans sa rage à vouloir saisir le présent, que le manquer, car elle le fige sur l'objet changeant alors qu'il est *dans* le changement. De là vient que l'actualité oublie sans cesse ce qui était l'actualité de la veille, et s'interdit, de ce fait, de donner sens à l'événement.

1. Y. Lavoinne, « Le journaliste, l'histoire et l'historien », in *Réseaux*, n° 51, janvier-février 1992, Paris, CNFT, pp. 39-53.

L'information, se voulant en outre de plus en plus communication, tend au partage de l'événement, mais ce partage n'est que celui d'images d'autant plus trompeuses et dangereuses qu'elles sont davantage partagées. Nous voyons en effet, aujourd'hui plus que jamais, à quel point la possession d'une information exacte dans les meilleurs délais confère à l'action un avantage stratégique décisif (cf. la coalition onusienne dans la guerre du Golfe). Mais cette information «stratégique», vécue comme aide à la décision, montre l'écart absolu qui sépare l'action de la «communication». L'opinion publique n'est pas le lieu d'un «faire», même si un «faire» s'ensuit. Ces deux dernières années sont très éclairantes là-dessus parce que les médias concouraient à qui mieux mieux dans la construction d'une image forte: le spectacle des malheurs de l'Est ou de la brutalité irakienne confortait soudain l'identité des Européens de l'Ouest dans un grand élan de générosité ou une grande ardeur belliqueuse. Moins de deux ans plus tard, la manipulation informative sur la Roumanie fait que la guerre civile yougoslave, autrement plus sanguinaire, laisse l'opinion perplexe ou que l'ardeur guerrière à l'encontre de l'Irak est fortement retombée: l'identité d'un moment n'était pas celle d'une «action» mais d'une «passion», comme Abraham Moles le disait, justement, de l'événement.

Le partage de l'événement reste ainsi loin de l'expérience sinon de celle des affects. Mais cela fortifie aussi l'idée que l'information n'est pas exactement la même selon les supports qu'elle emprunte parce que la communication n'est pas la même: la communication immédiate de la télévision implique une durée du discours identique pour l'émetteur et pour le récepteur alors que la presse écrite s'inscrit dans une communication différée où la date du journal tend à ancrer l'information dans un temps historique (et impose le récit) alors que la stratégie énonciatrice du journaliste vise la présence de l'actualité. La télévision, toute de spectacle, brandit sur le mode de la monstration ce qui constitue moins les signes que les insignes de l'événement. L'image, toute pleine, rate ce qui de l'événement troue la représentation, produit une faille dans la séquence ordinaire, et laisse, pour un temps, inter-dit. La presse écrite, elle, peut user du conditionnel, de la négation ou de l'interrogation qui sont impossibles aux images, et se prête à l'argumentation. Mais son mode d'argumentation, sous peine de paraître subjective, repose sur le récit. Et c'est là que le bât blesse car c'est toujours plus ou moins à une autre histoire que les figures du récit sont empruntées.

En somme, «l'ère du soupçon» dont Ignatio Ramonet faisait le titre d'un éditorial, en mai 1991 dans le *Monde diplomatique*, ne peut que s'étendre davantage parce qu'à force de vouloir fonder l'information sur un présent perpétuel, c'est le temps qui vient à manquer. Il reste tout de même une forte inégalité entre les médias parce que l'effet de la télévision est de partager non pas l'événement, mais la vibration qu'il provoque, alors que l'écrit, dont le titre pointe l'actualité, demeure plus complexe, et que son récit s'enfonce toujours au moins un peu dans le temps, à l'image des colonnes dans la profondeur de la page.

Les Médias contre la démocratie
(1993)

JEAN-CLAUDE GUILLEBAUD
(né en 1944)

Jean-Claude Guillebaud est grand reporter, éditeur, romancier, et président de Reporters sans frontières. *Cette association ne se contente pas de réfléchir sur le fonctionnement des médias à travers le monde, mais elle intervient pour défendre les journalistes partout où la liberté de l'information est gravement menacée, et les journalistes emprisonnés et systématiquement persécutés. Le champ d'intervention des* RSF *est donc, en pratique, très étendu...*

Dans la mesure où l'information témoigne et dérange, le reporter se définit, selon l'illustre formule d'Albert Londres, comme celui qui « porte la plume dans la plaie ». De sa plume lucide, Jean-Claude Guillebaud énumère quelques-unes des plaies dont souffre aujourd'hui, et pas seulement chez les autres, l'information.

Source : *article paru dans la revue* Esprit, *mars-avril 1993.*

Bibliographie : Reporters sans frontières *(17, rue Abbé-de-l'Épée, 34000 Montpellier, et 13, rue du Mail, 75002 Paris) édite une « lettre » mensuelle et différents ouvrages issus de colloques tenus entre des journalistes et des intellectuels :* la Presse en état de guerre, *L'Express-RSF, Paris, 1991 ;* les Mensonges du Golfe, *Arléa-RSF, Paris, 1992. Sur l'histoire de la presse en général, et sur sa déontologie (aujourd'hui objet de nombreuses publications), la bibliographie serait trop longue à dresser ici. Citons particulièrement l'indispensable* État des médias, *publié à La Découverte sous la direction de Jean-Marie Charon, et du même auteur,* la Presse en France de 1945 à nos jours, *Points/Seuil, Paris, 1991 ; Yves de la Haye,* Journalisme, mode d'emploi, *Ellug/La Pensée sauvage, Grenoble, 1985. Et à titre de curiosité, la monographie de la presse parisienne d'Honoré de Balzac,* les Journalistes, *réédition Arléa, Paris, 1991.*

UN SOUPÇON DEMEURE, au sujet des médias et de la démocratie, que ni les polémiques désormais rituelles, ni les colloques divers, interpellations ou publications (innombrables en 1991 et 1992) ne parviennent à dissiper. Sur un terrain largement balisé, un malaise, inexplicablement, persiste. Toutes les deux ou trois semaines, et comme si rien n'avait été dit, l'actualité réactive le même malaise et relance un « débat » récurrent dont les termes sont d'autant plus vifs que le contenu demeure inchangé. Le débarquement grotesque sous les *sunlights* de l'armée américaine en Somalie ou la vénalité ingénue des stars de la télévision mise en évidence par « l'affaire Botton » venant relayer, en 1992, ce qu'avaient été l'indécent « camouflage » de la guerre du Golfe sous le spectacle télévisé en 1991 ou l'affaire du faux charnier de Timisoara en 1991. Même malaise, mêmes commentaires... Un débat qui, inlassablement, reprend un argumentaire archiconnu et finit par se dissoudre dans la même incomplétude. Des explications sont convoquées qui rassurent fugitivement, sans éclairer. Le « débat » en question, d'ailleurs, est gâté, davantage qu'un autre sans doute, par la dispute corporatiste, la feinte politique, ou la prudence électorale... Qui donc s'y retrouverait ? Ruine d'une morale professionnelle ? Hégémonie culturelle de la télévision ? Tyrannie des lois du marché ? Corruption par l'argent ? Naufrage de la démocratie dans « l'effet d'annonce » et le mimétisme des sondages ? Crise des grandes institutions (parlement, justice, enseignement, police, etc.) auxquelles les médias, indûment, se substituent ?

L'éclectisme et la redondance des « explications » disent assez leur vanité. Au bout du compte, un résidu demeure qui n'est pas subalterne ; une question persiste dont il n'est pas abusif de dire qu'elle hante littéralement la vie démocratique. Cette question, c'est celle d'un mensonge fondamental que chacun pressent mais qu'il n'est pas si aisé de localiser. Ce « mensonge », en définitive, est moins le produit d'une intention que de mécanismes d'autant plus dévastateurs qu'ils sont encore mal élucidés. Et rarement contrôlés par ceux-là même qui les mettent en mouvement. À ce stade, bien sûr, la question n'est plus médiatique mais devient politique. (La liberté de la presse, fondement de la démocratie représentative, etc.) Y aurait-il une autonomie du « médiatique » qui autoriserait à cantonner la réflexion ? Sûrement pas. Les médias sont un baromètre et leur « crise », un symptôme. La question est bel et bien devenue celle-ci : les médias, qui furent la *condition* de la démocratie, ne seraient-ils pas en train de détruire celle-ci ?

Quant aux fameux et spectaculaires « dérapages » (telle interview bidonnée, telle mise en scène, telle intrusion inconsidérée...), ils sont des cas d'exception assez peu significatifs grâce auxquels, exceptionnellement, une intention affleure, une « faute » est repérable. Brefs moments de (fausse) clarté où prévaut soudain l'illusion d'une simple et rassurante défaillance professionnelle et où chacun se prend à espérer une « solution » déontologique, un réformisme, en somme, qui seraient à portée de main. En réalité, c'est dans ces moments d'agitation contrite et d'autocritique qu'on est paradoxalement le plus éloigné de l'essentiel.

Sans doute n'est-il pas inutile de prendre d'abord un peu de recul pour mieux repérer les mécanismes dévastateurs qui, sans que l'on y prenne garde, ont commencé d'agir chez nous. Un peu de recul dans le temps, mais aussi dans l'espace.

*

Une première idée s'impose : les médias et la démocratie ont, depuis l'origine, *partie liée*. Telle est la constatation de base.

La liberté de la presse, son extension à un vaste public de « consommateurs » d'informations correspondent toujours à un certain degré de démocratie. Comme si les deux, non seulement allaient de pair, mais se trouvaient consubstantiellement liés. Il n'y a pas d'exemple de démocratie moderne sans un libre accès du plus grand nombre à l'information. Si la démocratie postule la participation de tous à la décision politique, la libre information en est *ipso facto* l'instrument obligé.

Précisons à nouveau : la démocratie n'exige pas seulement une information indépendante du pouvoir politique, elle réclame aussi le libre accès du plus grand nombre à celle-ci. Autrement dit, l'histoire conjointe de la démocratie et des médias ne met pas seulement en jeu des critères *qualitatifs* (indépendance des journaux, qualité et véracité de l'information, etc.) mais tout aussi bien des notions *quantitatives* comme celles qui concernent la diffusion. On verra plus loin, à propos de l'audiovisuel, que cet élément a son importance.

Sous l'Ancien Régime et au début du XIXe siècle, des organes d'information indépendants (clandestins parfois, les libelles, pamphlets, etc.) ont existé, mais, dans le meilleur des cas, ils ne touchaient guère qu'une minorité. Celle du suffrage censitaire. Aujourd'hui, dans certains régimes non démocratiques, il peut arriver qu'une information véridique circule. Mais elle est encore le privilège d'une minorité. Dans les pays de l'Est, par exemple, la *nomenklatura* était relativement bien informée. Pas le citoyen de base. Dans certaines dictatures d'Amérique du

Sud, une information crédible et indépendante existe bel et bien (ne serait-ce que parce que la presse internationale y est disponible), mais elle est réservée à l'élite et aux classes dirigeantes. La différence n'est pas mince.

Liberté *et* accessibilité à tous : les deux notions, au demeurant, sont explicitement contenues dans l'expression anglo-saxonne *mass medias,* qui est désormais passée dans le langage courant international. Le langage n'est jamais accidentel ou innocent : on est bel et bien passé, au cours des vingt dernières années, de la « presse » aux « médias ».

De ce seul point de vue quantitatif, la véritable révolution introduite par le développement des moyens d'information audiovisuels est assez comparable à ce qu'avait été la première « révolution » de la presse française. Celle, provoquée dans le domaine de la diffusion par Émile de Girardin au milieu du XIXe siècle (introduction de la publicité, abaissement des coûts). Mais cette fois, un nouveau seuil a été franchi et de nouveaux problèmes se sont trouvés posés : radio et télévision sont accessibles à un nombre encore plus grand de citoyens. Qu'ils soient ou non alphabétisés. Les frontières nationales elles-mêmes ont cessé d'être un frein à cette diffusion. Mais les destinataires de cette information-là ne disposent pas tous, loin s'en faut, des moyens de résistance intellectuelle et de l'esprit critique minimal qui les rendraient moins vulnérables. Destinés à des foules énormes, possédant des capacités de propagande et de manipulation sans précédent, les moyens audiovisuels modernes sont donc devenus des enjeux de pouvoir (politique ou financier) sans comparaison avec ce qu'ils étaient hier.

C'est dans ce contexte, modifié de fond en comble, que se situe désormais la réflexion sur les nouveaux rapports entre médias et démocratie. Des rapports plus difficiles qu'on ne l'imagine; d'autant plus difficiles qu'on ne peut plus les circonscrire au territoire national. Comme la démocratie, la gestion des médias, dans ce « village planétaire » qu'annonçait Mac Luhan, est devenue une affaire planétaire au sens propre du terme.

La presse libre et la démocratie sont nées ensemble

Officiellement en France, c'est la loi « fondatrice » de juillet 1881 qui codifie la liberté de la presse. Mais cette loi, qui suivit de près l'installation définitive de la République (1875), fut elle-même le résultat de près d'un siècle de balbutiements. La liberté de la presse, comme la démocratie, fut une conquête lente et difficile, jalonnée de retours en arrière et « d'accidents ».

En pure théorie, la liberté de la presse était solennellement proclamée dans l'article 11 de la Déclaration des droits de l'homme et du citoyen du 24 août 1789 : *« La libre communication des pensées et des opinions est un des biens les plus précieux de l'homme ; tout citoyen peut donc parler, écrire, imprimer librement, sauf à répondre de l'abus de cette liberté dans les cas déterminés par la loi. »*

Sachons d'ailleurs que le duc de La Rochefoucauld d'Enville, rédacteur de ce texte, avait argumenté en sa faveur, au cours des débats, de manière fort significative. Faisant l'éloge de la presse, il reconnaissait à celle-ci le mérite d'avoir *« détruit le fanatisme »* et *« détruit le despotisme ».* Et notons aussi – comme le fait Jean-Luc Pouthier, professeur au CFPJ – que Robespierre avait souhaité aller plus loin encore en s'insurgeant contre les restrictions introduites par la dernière phrase. Il voulait pour la presse une liberté « illimitée ».

À peu près à la même époque, le premier amendement à la Constitution américaine stipulait que *« le Congrès ne fera aucune loi qui restreigne la liberté de parole ou de presse ».* En Grande-Bretagne, c'est un acte de gouvernement plus ancien, l'abolition du *Licensing Act* (censure), qui avait fondé, *dès 1695,* la liberté de la presse.

Dans les faits, pourtant, la liberté de la presse – comme la République – mettra, en France, plusieurs décennies à s'imposer. Après l'effervescence libertaire extraordinaire des débuts de la Révolution, la Terreur (1793) vint mettre un terme brutal à cette liberté. Rien n'était changé dans les principes invoqués, mais, de mille façons, l'indépendance – ou l'existence même – des journaux se trouva grignotée. Quant aux journalistes, comme on le sait, ils payèrent plus souvent qu'à leur tour leur tribut à la guillotine.

Les régimes suivants, tout au long du XIXe siècle, s'employèrent eux aussi à museler la presse. Autorisations préalables, droits de timbre, intimidation, etc. Tous les moyens furent bons. Napoléon fit de la presse l'instrument de sa propagande impériale. Sous la Restauration, le contrôle se relâcha quelque peu mais la presse fut souvent accusée d'être *«fauteuse de désordre»* (notamment par Polignac). Sous la monarchie de Juillet, la deuxième République et le second Empire, l'opposition chronique entre la presse et le pouvoir évolua progressivement en faveur de la première. Peu à peu, lentement, une liberté réelle était conquise qui fut enfin codifiée et protégée par la loi du 29 juillet 1881, toujours en vigueur de nos jours.

Simultanément, des bouleversements techniques et commerciaux permettaient aux journaux de connaître un essor rapide et de toucher un public sans cesse plus nombreux. Invention des agences de presse (Havas en 1835, Reuter en 1851), des rotatives, des Linotype... Puis invention des «annonces» publicitaires par Émile de Girardin, grâce auquel le prix de vente des journaux fut brusquement abaissé de moitié.

Aux États-Unis, le nombre des quotidiens passa de 8 à 1662 (!) entre 1790 et 1890. En France, le nombre d'exemplaires vendus passa de un à dix millions entre 1870 et 1914. Progressivement naissait ainsi, des deux côtés de l'Atlantique (et de la Manche!), une presse de masse dont le destin se confondait avec celui de la démocratie. Et qui, comme elle, demeurait fragile, vulnérable, sujette à toutes sortes de dérives.

La presse libre et la démocratie souffrent des même maux

Comme on le sait, la conquête de la «démocratie formelle» n'a pas suffi, loin s'en faut, à faire triompher, dans les faits, les idéaux de la Révolution: justice, égalité, etc. Les débuts de la République, au contraire, coïncidèrent avec l'essor du capitalisme sauvage qui mettra plus d'un siècle – jalonné de luttes et de revendications – à s'amender peu à peu.

De la même façon, l'indépendance conquise par la presse à l'égard du politique ne suffit pas à en faire, du jour au lendemain, l'instrument harmonieux de la démocratie représentative. À peine libérée du pouvoir, la presse se trouva aux prises avec deux «ennemis» aussi redoutables: l'argent et la propagande.

La presse et l'argent

Il faut évoquer ces questions sans fausse pudeur. Et dire les choses comme elles sont. Les grands romanciers français du XIXe siècle (Balzac, Maupassant, Flaubert...) se sont beaucoup intéressés à la presse et, surtout, au personnage – devenu tout-puissant – du journaliste. À la fin du XIXe, le journaliste parisien, mirobolant et très à la mode, fait trembler les ministères, fait et défait les gouvernements, pèse lourdement sur le débat politique, etc. Mais, sauf exception, c'est aussi un personnage passablement corrompu. (Voir *Bel-Ami* de Maupassant ou *Illusions perdues* de Balzac.)

La presse française, on l'oublie trop souvent, a traversé une longue période essentiellement marquée par la vénalité. Des financiers plus ou moins véreux, des parfumeurs ou des lobbies possèdent des grands journaux et en font des instruments de pouvoir. Ou de chantage. La profession de journaliste n'est ni organisée ni vraiment reconnue. On y «passe» au hasard d'une carrière et l'on forge un adage mondain qui en dit long sur le déficit de respectabilité dont souffre la profession : *Le journalisme mène à tout à condition d'en sortir.* Pour quelques exceptions flamboyantes (la campagne de Zola dans *l'Aurore*, au moment de l'affaire Dreyfus), combien de compromissions, de truquages et de jeux d'influences. Jusqu'à la guerre de 1940, la presse est largement l'otage de l'argent. De cette situation, la biographie d'Hubert Beuve-Méry, fondateur du *Monde*, donne d'ailleurs quelques illustrations bien intéressantes. Beuve-Méry, en effet, démissionna à trois reprises des journaux pour lesquels il travaillait et qui lui interdisaient d'écrire des vérités dérangeantes. Il est vrai qu'à l'époque le quotidien français considéré comme le plus sérieux – *le Temps* – appartenait au... Comité des Forges.

C'est contre cette presse-là, s'en souvient-on, que s'insurgeait déjà Péguy au début du siècle, Péguy qui rêvait d'un journal se donnant stoïquement pour mission... la vérité !

La tentation de la propagande

La fin du XIXe siècle et la première moitié du XXe furent marquées, comme on le sait, par l'émergence des nationalismes, des pensées totalitaires, des passions politiques qui menacèrent gravement – et durablement – la démocratie. La presse, elle aussi, en fut à la fois la victime et la complice. Et cela, d'autant plus que la tradition initiale de la presse française est davantage celle d'une presse d'opinion que d'information. (On remarquera que c'est « d'opinions » et non « d'informations » que parle l'article 11 de la Déclaration des droits de l'homme). Cette particularité distingue, dès l'origine, la presse française de la presse anglo-saxonne, plus pragmatique, plus attachée au « factuel ». On verra qu'aujourd'hui encore il reste des traces de cette différence. Le journalisme, chez nous, a longtemps privilégié – et privilégie encore – l'éditorial sur l'investigation. De l'éditorial à la propagande...

L'expression « bourrage de crâne » date de la guerre de 1914-1918. Le délire patriotique – ou « patriotard » – de la grande presse à cette époque fut tel qu'il jeta globalement sur les journaux un discrédit dont les effets se font encore sentir. Il n'est que de relire quelques titres des quotidiens parisiens d'août 1914 ou de l'année suivante qui annoncent triomphalement que les « Boches » sont des « couards » qui s'enfuient comme des lapins dès qu'ils aperçoivent un poilu, que la guerre « fraîche et joyeuse » sera donc une affaire de quelques jours, etc. Pour la première fois à cette échelle, la presse fut utilisée comme un instrument de propagande sans nuance au service de la guerre.

(N'oublions pas de noter tout de même que c'est en réaction contre ce délire que fut créé, au moment des mutineries de Verdun, un organe qui allait devenir une véritable institution française : *le Canard enchaîné.*)

De la même façon, la période de l'Occupation et du régime de Vichy marqua une grande cassure historique dont les effets n'ont pas tous disparu. Dans leur grande majorité, les journaux continuèrent de paraître sous l'Occupation et une proportion notable d'entre eux versèrent dans la collaboration.

À la Libération, ils furent interdits et leurs biens transférés aux organes issus de la Résistance. Dans le même temps furent promulguées les fameuses ordonnances d'août 1944 qui visaient à refonder littéralement la presse française sur d'autres bases. Il ne s'agissait pas seulement de « punir » les journaux collaborationnistes. On voulait également – et explicitement – en finir avec la corruption de la troisième République. D'où ces dispositions sur la transparence financière, ces mesures destinées à garantir le pluralisme en interdisant la concentration, etc. Porteuses d'une grande espérance, ces ordonnances ne furent qu'incomplètement appliquées. La transparence resta un vœu pieux et la concentration ne fut réellement empêchée ni dans la presse nationale (l'empire Hersant), ni en province (absorption des quotidiens départementaux par les groupes régionaux). Ces dispositions visant essentiellement la presse écrite furent d'ailleurs rendues caduques, dès la fin des années 60, par la montée en puissance de l'audiovisuel.

Presse libre et démocratie gagnent du terrain

C'est, incontestablement, le grand phénomène des vingt dernières années. Les progrès continus, irrésistibles de la démocratie – et de la liberté de la presse – à travers le monde. C'est vrai, naturellement, à l'Est dans les anciens pays communistes. Mais c'est aussi vrai dans l'hémisphère Sud où les pays appartenant à ce qu'il est encore convenu d'appeler le « tiers monde » découvrent peu à peu – lentement – la liberté de l'information. Certains d'entre eux – comme l'Inde – témoignant d'ailleurs d'une avance remarquable.

Concernant ces progrès spectaculaires de la liberté, on peut faire trois remarques de base, l'une théorique, l'autre plus « dynamique », la dernière technologique et géographique.

Vers un consensus mondial au sujet de l'information

Hier encore, il faut s'en souvenir, un désaccord essentiel séparait l'Est et l'Ouest à propos de l'information. Pour les régimes communistes, la prétendue « liberté de la presse » mise en avant à l'Ouest n'était jamais qu'une liberté « formelle », illusoire travestissement de l'oppression capitaliste ou de l'immoralité occidentale. La presse, pour les disciples de Lénine, est avant tout un instrument d'éducation des citoyens et un moyen d'accélérer l'édification du socialisme. Par conséquent, les questions de la vérité, de l'exactitude, de l'objectivité, de l'indépendance, ne se posaient pas du tout dans les mêmes termes qu'à l'Ouest. (Voir les écrits de Lénine sur le journalisme.) Quant à l'information proprement dite, elle n'était pas traitée, à l'Est, selon les mêmes critères. L'information purement factuelle – notamment les faits divers – était considérée comme une manière de divertissement sans importance et sans utilité.

C'est bien ce désaccord théorique radical qui a pratiquement disparu. Même à l'Est, où le communisme s'est effondré, la liberté de la presse n'est plus désignée comme une simple liberté « formelle » ou « bourgeoise » dont il convient de se méfier. Bien au contraire, elle est reconnue comme l'un des éléments constitutifs de cet État de droit qu'il s'agit de bâtir.

Pour la première fois depuis longtemps, un consensus mondial est donc en train d'émerger au sujet de la liberté de la presse. Il rend envisageables de nouveaux progrès substantiels dans le droit international concernant l'information, favorise l'action des organisations internationales spécialisées qui achoppaient jusqu'alors sur le désaccord idéologique mentionné plus haut. De ce point de vue, la liberté de la presse, tout comme la démocratie, a gagné la « bataille idéologique » du siècle.

La presse en première ligne

Les événements des dix ou vingt dernières années ont apporté, si besoin en était, une preuve *a contrario* des liens étroits, indissolubles, qui existent entre la liberté de la presse et la démocratie. Dans tous les pays où une renaissance démocratique était en marche, des organes de presse et des journalistes jouèrent, dans ce processus, un rôle de tout premier plan. Comme si la liberté de la presse était le tout premier « symptôme » tangible et mesurable de la démocratie.

Qu'on pense par exemple au rôle joué, dans l'Espagne post-franquiste, par un journal comme *El Paìs* qui affirma, dès l'origine, s'inspirer de l'exemple français du *Monde*. Que l'on se souvienne qu'au Portugal l'échec du parti communiste dans sa tentative de confisquer à son profit la «Révolution des œillets» fut symbolisé par la fameuse affaire de la *Republica* qui mobilisa pendant des semaines l'opinion internationale.

Au Nicaragua, c'est la lutte à l'issue changeante selon les périodes du quotidien d'opposition *La Prensa* (suspendu pendant quinze mois en 1987) qui témoigna du degré de libéralisation du régime sandiniste.

Dans les pays de l'Est, les exemples sont innombrables. En U.R.S.S., c'est d'abord dans la presse écrite et à la télévision que les conséquences de la *perestroïka* et de la *glasnost* furent les plus spectaculaires. C'est là que se mesura, mois après mois, le progrès de la démocratisation. Le rôle déterminant fut joué, durant toute cette période, par des organes comme *Ogoniok, les Nouvelles de Moscou, Faits et arguments*, ou, à la télévision, par des émissions comme *Vzgliad* ou *600 secondes*.

En Pologne, de la même manière, le quotidien d'Adam Michnik, *Gazeta Wyborcza*, exerça une influence considérable sur le processus de démocratisation. Et, en Roumanie, où la démocratie n'est pas encore victorieuse, la chute de Ceauşescu s'est immédiatement traduite par une efflorescence extraordinaire de journaux de toutes tendances: plus de 700 titres enregistrés fin 1990. Dont certains de qualité, comme *Romania Libéra* ou le magazine *22*.

Dans d'autres pays, ce ne fut pas tel ou tel journal mais les journalistes dans leur ensemble qui se trouvèrent ouvertement en première ligne dans la revendication démocratique: octobre 1988 en Algérie, printemps 1989 en Chine, etc.

Une information sans frontières

C'est sûrement l'un des phénomènes technologiques les plus lourds de conséquences politiques: la perméabilité sans cesse accrue des frontières à l'information. La transmission par satellites fut, à cet égard, déterminante. Dans le passé, les régimes non démocratiques avaient tenté d'édifier toutes sortes de barrières pour se prémunir contre les influences «pernicieuses» venues du dehors. Brouillage des émissions des radios étrangères, interdiction de posséder certains types de matériel et certaines antennes, sanctions pénales frappant l'écoute des radios interdites, etc.

Or, toutes ces défenses ont été littéralement pulvérisées par les progrès de la transmission hertzienne. Y compris dans les pays les plus obstinément fermés. L'exemple de l'Albanie est à cet égard le plus spectaculaire. Dans ce bastion-vestige du stalinisme pur et dur, où toute conversation avec un étranger était encore interdite en 1990, où tous les contacts avec le dehors étaient limités au strict minimum, la plupart des habitants captaient depuis plusieurs années les émissions de la télévision italienne. Ils étaient donc parfaitement informés sur le mode de vie capitaliste – et parfois, il est vrai, abusés par lui.

On pourrait multiplier les exemples qui illustrent l'influence politique décisive de cette nouvelle mondialisation – quasi mécanique – de l'information. (Voir le rôle joué, au Maghreb, par les fameuses antennes paraboliques qui permettent de capter les émissions de la télévision française.)

Cet événement-là est sans précédent. Et ses conséquences encore incalculables. Le temps est définitivement révolu, en tout cas, où des centaines de millions de Chinois pouvaient être tenus plusieurs années dans l'ignorance des premiers pas d'un homme sur la Lune. Aucun régime, aucun gouvernement ne peut désormais claquemurer son peuple dans la nuit de la censure et de la propagande.

Sans doute la démocratie y trouve-t-elle de nouvelles forces, mais cette planétarisation de l'information n'en pose pas moins, on le verra, de nouveaux problèmes: ceux du quasi-monopole occidental et notamment américain en matière audiovisuelle. Et donc culturelle.

Le privilège d'une minorité de pays

On aurait tort, cependant, de tirer des évolutions décrites plus haut des conclusions exagérément optimistes. Si la liberté de la presse gagne du terrain à travers le monde, elle est encore loin d'être la règle mais demeure au contraire l'exception.

Les chiffres, à cet égard, sont particulièrement parlants. On considère que l'État exerce encore un monopole absolu sur la presse écrite dans cinquante-sept pays. Pour ce qui concerne l'audiovisuel, il convient de porter ce chiffre à cent deux pays, soit une majorité de ceux qui sont membres de l'Organisation des Nations unies. Le véritable pluralisme de la presse écrite – et *a fortiori* de l'audiovisuel – n'est effectif que dans une petite minorité de pays, essentiellement situés en Europe, en Asie et sur le continent américain.

À noter d'ailleurs que même dans les pays classés dans la catégorie du «pluralisme», l'indépendance de la presse et de la télévision n'est jamais absolument assurée. Les interventions de l'État y demeurent fréquentes et plus ou moins efficaces selon les circonstances. Une véritable étude reste à faire sur le thème «désinformation et manipulation de l'opinion en régime démocratique».

Concernant le statut et le sort des journalistes, il est utile de rappeler certaines données statistiques trop souvent négligées. Entre 1969 et 1989 – en vingt années – 715 journalistes ont été tués à travers le monde dans l'exercice de leur métier. Et ce phénomène n'est pas, lui, en voie d'amélioration. En 1988, 50 journalistes tués; en 1989, 71; en 1990, 40. Au début de l'année 1991, on recensait 198 journalistes emprisonnés pour «délit d'opinion»: 41 en Iran, 32 en Chine, 28 en Turquie, 25 en Israël, 11 en Syrie, etc. (Voir les chiffres détaillés et complets publiés par *Reporters sans frontières*.)

La liberté de s'informer et d'informer demeure dans la plupart des pays un combat à mener, une conquête à garantir. En réalité, des zones entières de la planète continuent d'être purement et simplement privées d'informations crédibles et indépendantes – sauf par le biais des émissions venues de l'étranger qui n'échappent pas aux impératifs de la *contre-propagande*.

Mais on doit également rappeler que, dans les pays démocratiques eux-mêmes, la liberté de la presse connaît de nouvelles dérives, de nouvelles «maladies domestiques» qui en limitent gravement la portée.

Les nouvelles maladies de la liberté.
Dans la plupart des pays industrialisés, le fameux «malaise des médias» est devenu, depuis quelques années, un thème récurrent de réflexion, de polémiques et de colloques. Des centaines de livres, des milliers d'articles ont été publiés en deux ou trois ans sur ce sujet qui témoignent, à tout le moins, de l'acuité du problème. Comment clarifier les choses en quelques lignes? Pourquoi, tandis que la démocratie triomphe de manière si spectaculaire, la presse libre et les médias doutent-ils si spectaculairement d'eux-mêmes? Quelle sorte de virus menace, de l'intérieur, le couple indissoluble que forment la liberté de la presse et la démocratie?

Les médias contre la démocratie

En réalité toutes sortes de mécanismes insidieux sont désormais à l'œuvre dans les pays industrialisés qui tendent à transformer les citoyens en quête de vérité en consommateurs en mal de distraction. Une «société des apparences», une «télé-démocratie» se substitue ainsi progressivement aux formes classiques de délibération, de représentation et de décision. Ruine vertigineuse, gravissime, et qu'il est sans doute vain d'évoquer sur le mode nostalgique. Les formes et les mécanismes détruits ne seront pas restaurés. Une nouvelle citoyenneté sera sans doute à penser. Mais il s'agit d'abord de prendre l'exacte mesure du désastre.

Une réflexion beaucoup plus approfondie s'impose au sujet des médias. On voudrait se borner à indiquer quelques pistes, à énumérer quelques « têtes de chapitre » d'un vrai travail théorique, engagé ici et là mais qu'il s'agirait de mettre véritablement en débat.

La corruption du temps. Il y a désormais un « temps médiatique », autogéré et raccourci qui obéit à sa propre logique et qui violente la raison. Le temps des médias n'est pas celui de la connaissance. Fraîche et redoutable ingénuité d'un discours qui réinvente le monde chaque matin, s'affranchit de la mémoire, etc. Singulière amnésie qui énonce, sans s'en rendre compte, des paroles somnambuliques. Hâte redoutable, surtout, qui court vers une « explication » appauvrie en brûlant littéralement l'étape du savoir et en brusquant la moindre ébauche d'analyse. (Voir l'hypertrophie de l'éditorial sentencieux et peu informé au détriment de l'enquête et du « dossier »...) Les médias n'ont jamais le temps, ils souffrent en cela d'une éjaculation précoce récidivante qui abandonne la connaissance à son insatisfaction...

La rumeur contre l'information. Difficile à avouer : la représentation médiatique s'apparente désormais plus à la rumeur qu'à l'information. La brièveté des délais, le raccourcissement du « temps utile » favorisent la reprise fulgurante d'éléments invérifiés, de clichés naïfs ou d'erreurs qui nourrissent – en quelques heures – une véritable rumeur analogue à celles qui traversent mystérieusement l'opinion. Mais une rumeur à qui, cette fois, l'écrit et l'image confèreraient une légitimité fugace mais puissante : l'autorité de la chose médiatisée. Ces mécanismes et ces mensonges-là sont largement mimétiques. L'univers des médias est celui de l'imitation et de la « recopie ». On a trop rarement expliqué de quelle manière ce mimétisme-là se trouvait au centre des « délires » ou des « dérapages ». Et en quoi il caricature les engouements électoraux, maladie pernicieuse de la démocratie.

La trouble effusion du « direct ». Le « direct » télévisé ne coïncide pas seulement avec une abolition du temps, une renonciation implicite à la réflexion. Il n'aboutit pas seulement à l'effacement d'une distance. Il propose, plus insidieusement, un autre type de commerce avec l'événement. L'effusion au lieu de la compréhension, la chaleur de « l'être-avec » plutôt que la curiosité rationnelle, la fausse participation aux lieu et place de l'intelligence distanciée. Il fait du citoyen un convive hébété que l'image brute précipite dans l'incohérence du monde. Un convive ignorant et irresponsable qui peut apparaître, *stricto sensu,* comme *le contraire d'un citoyen.* Là encore, le mécanisme décrit s'apparente à un symptôme d'une crise de la citoyenneté.

Les impostures du marché. Les contraintes du marché, progressivement renforcées depuis dix ans, produisent des effets bien plus redoutables que ceux qu'il est convenu de dénoncer. (Audimat, marketing, mercantilisme ambiant, etc.) En fait, le marché finit par remodeler la réalité et la perception que nous en avons. Soit par omission : la vérité ou l'information invendables cessent peu à peu d'exister. Soit par promotion abusive : les sujets vendables bénéficient d'un statut artificiellement exagéré. Toute une série de « problèmes » ou d'informations sont réévalués à la hausse pour être vendus (le mal au dos, le salaire des cadres, etc.). La réalité se trouve ainsi distordue, redécoupée et le discours qui prétend la décrire, en réalité, l'invente.

La dispute. L'inclination des médias, on le sait, privilégie la symétrie des opinions, l'équivalence des points de vue, l'affrontement des «thèses». Elle porte à la caricature ce vide, cette érosion du sens qui habite la démocratie comme une fatalité sans cesse menaçante. Le médiatique s'organise ainsi peu à peu dans un contexte de «dispute» attrayante et fondamentalement nihiliste qui se substitue à la notion même de connaissance. On a déjà repéré cette logique folle (idéalement: Hitler débattant avec Roosevelt ou Churchill!) mais sans aller jusqu'au bout de l'analyse. En réalité, la «couverture» médiatique de domaines aussi différents que la politique, l'économie, la culture, obéit à cette logique de la dispute (je préfère ce mot à celui de «débat»), de la petite phrase, de la posture combative qui est en elle-même porteuse d'un principe mensonger. Il n'y a pas de connaissance sans un minimum de pacification ni de compréhension sans sympathie. Il n'y a pas de «sens», en somme, ni de démocratie sans appartenance.

Le simulacre. L'image télévisée, dans son invitation permanente à jouir de la possession du monde, reprend ingénument l'occurrence biblique de la «tentation au désert». «Vois, tout ceci est à toi!» En réalité, bien sûr, la proposition est un piège. Cette réalité offerte est un hologramme et la «possession» du monde renvoie chacun à une solitude fondamentalement frustrée. Mais ce simulacre-là n'est qu'un cas limite d'un principe médiatique qui se trouve mis en œuvre de bien d'autres manières. Et pas seulement à la télévision. Le discours médiatique, dans son ensemble, participe du simulacre et convie inlassablement à un immense bavardage sans véritable objet ni enjeu.

L'idéologie du choix. Le médiatique, en somme, n'est rien d'autre qu'un redécoupage subjectif de la réalité qui se présente indûment comme un reflet objectif; un discours intentionnel travesti en «compte rendu» neutre; un choix permanent mais qui ne s'avoue jamais comme tel. Chaque présentateur devrait commencer son journal télévisé de 20 heures en disant: «Ce soir, j'ai choisi de vous parler de...» En réalité, bien sûr, il objective son point de vue, seule manière de le légitimer. Il dit implicitement: «Telles sont les choses qui sont advenues aujourd'hui et dont je vous rends compte.» Une bonne part du «mensonge ingénu» tient à cette ambiguïté du point de vue, à cette posture abusive qui permet de faire l'économie d'une explication sur les critères de choix. Les médias, jour après jour, établissent une hiérarchie à laquelle ils feignent d'obéir. Et si la question des «valeurs» qui arbitrent ce choix n'est jamais clairement posée, c'est qu'elle est insoluble dans ce contexte étroit. Elle renvoie impérativement à la morale, à l'éthique, au politique.

L'évasion dans le lointain. Le discours médiatique renseigne d'autant mieux que son objet est lointain. Les médias, par définition, sont hypermétropes: ils voient mieux ce qui est au loin. Pourquoi? Parce que la proximité implique des contraintes, des pesanteurs qui parasitent la vision. L'information nationale est plus passionnelle, subjective que l'internationale; l'information locale est plus timorée encore que la «nationale», pour ne pas dire inexistante. Quant à l'information de quartier, elle relève du prospectus ou du tract. C'est un paradoxe redoutable. Le citoyen se trouve convoqué sans cesse vers des terrains qui échappent à son influence, vers des sujets sur lesquels il n'a pas de prise, vers des affrontements qui ne l'impliquent pas... Conséquence ultime et capitale: un rapport spécifique à l'information s'impose peu à peu, un rapport de pure gratuité. L'information ne prête pas à conséquence, elle est en quelque sorte détachée de sa fonction originelle qui devait être d'informer les citoyens pour éclairer leurs choix. Derrière ce mécanisme faussement « autonome » se révèle ainsi un dysfonctionnement – une « abstention » tout autre nature que médiatique.

L'impérialisme sans empereur. Le médiatique est, comme on le sait, aspiré par le vide. Il tend à se substituer mécaniquement à toute institution défaillante ou trop affaiblie pour résister (justice, enseignement, parlement, police même, etc.). Partant, et sans l'avoir clairement revendiqué, il est sommé d'exercer des fonctions qui ne sont pas les siennes et pour lesquels il n'est ni armé, ni préparé, ni surtout responsabilisé. C'est donc sous l'effet d'une logique qui lui échappe que le prétendu « empire des médias » étend son autorité et recule ses frontières. Cet impérialisme des médias a ceci de notable qu'il est sans empereur identifiable. Ce qui importe, c'est de bien voir dans l'omnipotence obsédante du « médiatique » un symptôme de crise. Dans le procès assez vain que la démocratie instruit inlassablement contre les médias, c'est son propre procès et son propre délabrement qui sont en jeu. Ou en creux.

Le spectacle et l'ennui. La dénonciation rituelle du « spectacle médiatique » ou de la « mise en scène » permanente n'est pas sans fondements. Mais elle se tait sur l'essentiel. L'individualisme moderne, l'atomisation sociale, la disparition des structures d'encadrement et des réseaux participatifs livrent chaque citoyen à la solitude et à l'ennui. C'est cet ennui, inavoué, qu'il s'agit de conjurer. Une fonction nouvelle est ainsi attribuée aux médias qui se substitue à l'ancienne : divertir au lieu d'informer, distraire au lieu d'impliquer. Telle est la vraie signification du spectacle et de ses règles particulières auxquelles se trouvent désormais assujettis les médias. Règles du show-biz, du mélo, du feuilleton, du pugilat sportif, en effet. Mais leur dénonciation vertueuse ne saurait dispenser d'une réflexion plus exigeante : quel est exactement le « vide » qu'il s'agit de remplir, à quel manque s'agit-il de remédier, sur quel échec prospère ce spectacle-là, etc.

Misère de la décision. On a beaucoup écrit sur « l'effet d'annonce » auquel sacrifieraient sans cesse les politiques « obsédés par les médias ». La gestion médiatique d'une décision, l'annonce, devenant ainsi une composante essentielle de l'activité politique, tendrait même à se substituer à la décision elle-même. Faire connaître serait plus important que faire ou même en tiendrait lieu, etc. Mais on va rarement au bout de cette analyse : le rétrécissement vertigineux de la « marge » dont dispose encore le politique. Il ne s'agit pas seulement d'expliquer pourquoi l'on préfère l'ostentation d'un « geste » médiatique à l'épaisseur d'une décision politique. Il s'agit de soupeser ce que le politique peut encore, concrètement, décider. Pas grand-chose au demeurant. (Interdépendance économique, décentralisation, recul de l'État, Europe, etc.) Derrière cet affaiblissement-là se révèle l'ampleur d'une crise de la démocratie que personne ne semble vouloir examiner. L'effet d'annonce, la dérive ostentatoire, l'ivresse publicitaire des homme politiques : autant de réalités qui ne sont pas des maux « en soi » ou des défaillances individuelles, mais des symptômes.

*

Un silence étrange entoure enfin ce qu'on pourrait appeler « le devenir des médias » et qui commande largement celui de la démocratie. Or, sur ce terrain, nous sommes à la veille d'un bouleversement sans commune mesure avec ce qui a été vécu jusqu'alors. Mondialisation, puissance symbolique accrue de la TV haute définition, miniaturisation, accélération de la « mise en réseau » de l'information mondiale, développement des images dites de synthèse et donc du « simulacre », modification des rapports de pouvoir à l'échelle internationale, etc. Trop peu souvent décrite, cette révolution médiatique-là n'est jamais pensée en termes politiques. Elle risque pourtant de porter à un niveau incomparablement plus contraignant la plupart des mécanismes décrits ci-dessus.

Ils concourent tous à démontrer la même chose. La démocratie représentative, littéralement métamorphosée par les médias, n'obéit déjà plus tout à fait à ses principes fondateurs, ni aux mécanismes précis qu'inventèrent ses théoriciens, de Rousseau à Tocqueville, de Montesquieu à Adam Smith. Un modèle politique nouveau, ambigu, imparfaitement conceptualisé est d'ores et déjà en service sous nos yeux, pourrait-on dire. Une « démocratie médiatique » à laquelle ni les Constitutions ni les lois ne se sont adaptées. D'où cet interminable « malaise » qui perdure. Un malaise qui, parions-le, ne se dissipera pas de sitôt.

On discerne bien, en tout cas, ce qui est en jeu là-dedans. Face au « tout médiatique » incarné, notamment par la télévision planétaire ; devant cette « chose » encore mystérieuse qui échappe largement à l'intelligibilité et au contrôle, nous en sommes tous au stade de l'apprentissage tâtonnant. Et aux deux bouts de la chaîne. À l'apprentissage de la manipulation – qui fera des progrès, n'en doutons pas – s'oppose l'apprentissage des citoyens téléspectateurs. Ceux-ci apprennent peu à peu à déjouer les mensonges, à décrypter la fausse évidence de l'image, à résister aux « matraquages cathodiques » que , pour l'instant, ils subissent assez passivement. Entre ces deux apprentissages, une course de vitesse est engagée. La démocratie en est l'ultime enjeu.

VIII

DONNER UN CORPS À LA COMMUNAUTÉ ?

Le premier des médias, celui auquel tous les autres s'adossent et renvoient, c'est le corps de la communauté. Non seulement parce que « pour penser il faut un corps » (comme nous l'avons vu avec Dreyfus au chapitre v), mais parce que « ce sont les corps qui pensent, et non les esprits » (Régis Debray). Et ce corps communautaire ou d'avance constitué n'est pas simple métaphore, mais réalité tangible et active de liaison et d'articulation entre les sujets.

Quelle erreur d'avoir par exemple conçu l'idéologie (catégorie fourre-tout) comme simple défaut de science, alors que sa fonction est d'organiser avant de concerner le savoir ! Les taches aveugles de la connaissance correspondent aux points chauds dans le social ou dans l'histoire ; les représentations religieuses en particulier s'avèrent spécialement résistantes à toutes les tentatives faites depuis les Lumières pour les réfuter ou les éradiquer. On a dénoncé la religion comme l'opium du peuple, alors que nous voyons tous les jours sur nos écrans qu'elle jouerait plutôt le rôle de vitamine...

Les grands messages, religieux, politiques, esthétiques ou civilisateurs, sont ceux qui apportent une parole et un corps à la communauté. Plus performant ou performatif que le poète (dont la parole tend un miroir au corps ému de l'auditeur), le prophète propose un moule où le corps social se projette. Les pensées dominantes sont des actes d'organisation : elles transforment la masse en corps, et un tas en tout. Que serait devenu le message du Christ sans saint Paul, Constantin, les Conciles et le corpus soigneusement clos des Évangiles ?

C'est à ce corps communautaire que se consacrent donc les grandes œuvres fondatrices, politiques ou religieuses. Pour traiter de religion, nous avons retenu deux textes qui font ressortir cette physique de la relation, et qui distinguent les médias les plus propres à soutenir celle-ci : l'eucharistie ou l'incorporation indicielle, rappelée aux Corinthiens par saint Paul, et l'image, la « Bible des illettrés » selon Grégoire le Grand (on songera également, dans le prolongement de cette veine, à la vision dirigée, véritable imagotechnie *– comme il y a une mnémotechnie – mise au point par Ignace de Loyola, le fondateur de la Compagnie de Jésus, dans ses* Exercices spirituels).

La médiologie ne se prononce pas sur le bien-fondé ou la vérité « en dernière analyse » des messages, elle ne s'intéresse à eux que dans la mesure où ils circulent. L'indéniable succès de la doctrine chrétienne, qui a connu presque vingt siècles de transmission ininterrompue sans altération majeure de son contenu, force le respect et exige une autre explication que celle, trop dévote, de l'« admirable propagation de la foi ». Sans attendre le célèbre medium is message *du Canadien McLuhan, le Messie s'était présenté en disant : « Je suis la Voie, la Vérité, la Vie... », et la bonne nouvelle de cet Évangile continue de faire des disciples qui pourraient apprendre quelque chose à nos modernes conseillers en communication.*

*Communication et religion (= ce qui relie) se découvrent largement solidaires. Et si des hommes d'Église, comme le pape Jean-Paul II ou les télévangélistes américains, savent très bien se servir des nouveaux médias, réciproquement les spécialistes de ceux-ci regarderont avec profit du côté des Églises. La vidéosphère, et ce que Debray appelle la « ligne chair » (*supra *chapitre* VI*) n'ont pas tué la croyance religieuse, bien au contraire. D'où, entre mille indices de l'alliance catholico-cathodique, ce surprenant cantique diffusé par* « le Jour du Seigneur, *l'émission du dimanche matin sur France 2 :*

Marie Média / Au cœur si doux / Devant la Croix / Tu pries pour tous ces fous / Qui n'y croient plus / Qui n'y croient pas / Marie Média

Ô toi qui vois / Ce qui parfois / Ne se voit pas / Derrière ce qui se voit, / Je te salue / J'ai foi en toi / Marie Média »

(Chanson interprétée par Mireille Mathieu, en création mondiale à Notre-Dame de Paris, Noël 1989, paroles de Claude Lemesle et Jean Debruyne, musique de Roger Camoy et Guy Matteoni.)

Sur le versant politique, la question nationale, ou de l'unification de l'empire, passe clairement par la langue. « IL EST INTERDIT DE PARLER PATOIS ET DE CRACHER PAR TERRE. » *L'avertissement affiché dans les classes au début de la troisième République rappelle que l'École de Jules Ferry joue, pour l'unification et la diffusion de la langue, le même rôle que l'Église pour le message divin. Ces deux institutions qui se sont souvent regardées en adversaires fonctionnent de fait en miroir, et il serait instructif de comparer leurs cléricatures.*

Le prologue que le professeur Antonio de Nebrija rédigea pour dédier à Isabelle sa Grammaire castillane *est à cet égard exemplaire d'une alliance nouvelle entre* armas y letras, *mais surtout d'une conception moderne de la guerre, ou de l'extension de l'empire, qui repose désormais sur le traitement et le perfectionnement des « lettres ».*

Les textes de Mesguich, de Cochin ou de Baudrillard discutent (avec des perspectives et des objectifs propres) différentes façons de perdre ou de dissoudre le lien communautaire. Celui d'Armand et de Michèle Mattelart pose la question de l'État, dont la stabilité est menacée par le haut (le développement de l'international, et de logiques entrepreneuriales qui ne se soucient plus des frontières), autant que par le bas, avec le retour des sujets locaux ou communautaires. La violence des factions aux USA ou dans l'ex-U.R.S.S., et les guerres qui ont ravagé le Liban, et aujourd'hui l'ex-Yougoslavie, ne permettent certes pas de traiter à la légère la question de la permanence et du devenir des identités nationales.

Quatre textes enfin, en conclusion de ce volume, interrogent des formes nouvelles et fort équivoques de convivialité, à l'heure où les « grands ensembles » se fracturent. Les mass media apportent une menace de délocalisation, mais se consomment aussi sur le mode tribal et villageois, voire familial. Le cocooning télévisuel équilibre l'internationalisation centrifuge, que simultanément il propage et contient. *Le repli sur le local, complaisamment décrit comme la forme marquante de l'individualisme postmoderne, peut en particulier s'investir dans la publicité (abordée par Gilles Lipovetsky), dans la convivialité télématique des « messageries roses » (Josiane Jouët), dans le « village » télévisuel (Serge Daney) ou, plus minuscule encore, dans les retrouvailles familiales d'un* reality show *(Gérard Leblanc), ces nouvelles émissions-dont-vous-êtes-le-héros, et où « l'habitant du cocon » se surpasse.*

Première Épître aux Corinthiens

SAINT PAUL
(entre 5 et 15 - entre 62 et 64)

Premier organisateur de l'Église, qu'il théorise comme le corps à la fois visible et invisible du Christ, saint Paul dans cette célèbre Épître *rappelle aux Corinthiens le mystère de l'eucharistie, par laquelle le corps des fidèles rassemblés s'unit charnellement au corps du Christ en consommant le pain et le vin.*

L'imitation de Jésus-Christ passe en effet, dans la dévotion chrétienne, par cette incorporation physique (qui réalise selon la psychanalyse la première et la plus sûre des identifications). Toute l'argumentation paulinienne de cette lettre est parcourue d'une folie de la croix, *qui donne au premier christianisme sa grandeur et sa force de conviction: contre les philosophes grecs et romains, qui incarnent la raison, l'apologétique chrétienne choisit l'exaltation, seule capable de renverser la sagesse païenne. Les institutions de l'Empire romain seront conquises depuis le bas, et depuis ses marges, par un christianisme qui constitue alors la réponse du faible au fort: de l'enfant Jésus aux docteurs de la loi, des femmes et des esclaves aux hommes, des Orientaux aux Latins, des «fous» aux philosophes et aux sages... «Dieu a choisi ce qui était folie aux yeux du monde pour remplir de confusion sa sagesse», écrit saint Paul dans cette même épître.*

Le plus sûr vecteur de cette «folie aux yeux du monde», c'est la communication ou, mieux, la communion indicielle: il faut suivre non pas l'image seule du Christ, mais ses empreintes ou sa chair. «Je complète en ma chair ce qui manque aux épreuves du Christ» (épître de Paul aux Colossiens, 1, 24). L'apôtre demande ainsi aux fidèles d'épouser la matière, et non la forme seule ; de «porter sans cesse la passion et la mort du Christ dans nos corps» (deuxième épître aux Corinthiens). La communauté de l'Esprit passe par cette unification des corps invités à ne faire qu'une seule chair (divinisée par l'Incarnation).

Ce motif de l'Incarnation constitue une sollicitation autrement puissante que la simple imitation; de même l'indice l'emporte sur l'icône ou sur les mots; l'hostie indicielle ne ressemble pas mais rassemble, et la parole des témoins est gagée par le martyre (qui laisse aux fidèles des reliques, dont le culte s'organise).

Paul n'est pas un des Douze, il n'a pas vu physiquement le Christ. Mais il a été terrassé par sa voix sur le chemin de Damas, puis ravi au ciel pour une vision béatifique. Toute sa parole apostolique traduit un sentiment d'urgence partagé par les premiers chrétiens: ils sont persuadés que les temps sont proches, que bientôt ils verront Dieu face à face, et que la parousie est pour demain. Cette faim et cette soif de vision, *qui passent par le truchement du toucher comme la communion des esprits par le rassemblement des corps, se condensent en un mot:* amour. *C'est lui qui résume et scelle la naissante communauté, et qui inspire ici à saint Paul une page frémissante.*

Source: Nouveau Testament, *traduction œcuménique de la Bible, éditions du Cerf – Société biblique française, Paris, 1988.*

Le repas du Seigneur

CECI RÉGLÉ, je n'ai pas à vous féliciter: vos réunions, loin de vous faire progresser, vous font du mal. Tout d'abord, lorsque vous vous réunissez en assemblée, il y a parmi vous des divisions, me dit-on, et je crois que c'est en partie vrai : il faut même qu'il y ait des scissions parmi vous afin qu'on voie ceux d'entre vous qui résistent à cette épreuve. Mais quand vous vous réunissez en commun, ce n'est pas le repas du Seigneur que vous prenez. Car chacun se hâte de prendre son propre repas, en sorte que l'un a faim, tandis que l'autre est ivre. N'avez-vous donc pas de maisons pour manger et pour boire ? Ou bien méprisez-vous l'Église de Dieu et voulez-vous faire affront à ceux qui n'ont rien ? Que vous dire ? Faut-il vous louer ? Non, sur ce point je ne vous loue pas.

Moi, voici ce que j'ai reçu du Seigneur, et ce que je vous ai transmis : le Seigneur Jésus, dans la nuit où il fut livré, prit du pain, et après avoir rendu grâce, il le rompit et dit : « Ceci est mon corps, qui est pour vous, faites cela en mémoire de moi. » Il fit de même pour la coupe, après le repas, en disant : « Cette coupe est la nouvelle Alliance en mon sang ; faites cela toutes les fois que vous en boirez, en mémoire de moi. » Car toutes les fois que vous mangez ce pain et que vous buvez cette coupe, vous annoncez la mort du Seigneur, jusqu'à ce qu'il vienne. C'est pourquoi celui qui mangera le pain ou boira la coupe du Seigneur indignement, se rendra coupable envers le corps et le sang du Seigneur. Que chacun s'éprouve soi-même, avant de manger ce pain et de boire cette coupe ; car celui qui mange et boit sans discerner le corps du Seigneur mange et boit sa propre condamnation. Voilà pourquoi il y a parmi vous tant de malades et d'infirmes et qu'un certain nombre sont morts. Si nous nous examinions nous-mêmes, nous ne serions pas jugés ; mais le Seigneur nous juge pour nous corriger, pour que nous ne soyons pas condamnés avec le monde. Ainsi donc, mes frères, quand vous vous réunissez pour manger, attendez-vous les uns les autres. Si l'on a faim, qu'on mange chez soi, afin que vous ne vous réunissiez pas pour votre condamnation. Pour le reste, je le réglerai quand je viendrai.

Les dons de l'Esprit

Au sujet des dons de l'Esprit, je ne veux pas, frères, que vous soyez dans l'ignorance. Vous savez que, lorsque vous étiez païens, vous étiez entraînés, comme au hasard, vers les idoles muettes. C'est pourquoi je vous le déclare : personne, parlant sous l'influence de l'Esprit de Dieu, ne dit : « Maudit soit Jésus » et nul ne peut dire « Jésus est Seigneur » si ce n'est par l'Esprit Saint.

Il y a diversité de dons, mais c'est le même Esprit ; diversité de ministères, mais c'est le même seigneur ; divers modes d'action, mais c'est le même Dieu qui produit tout en tous. Chacun reçoit le don de manifester l'Esprit en vue du tous. L'Esprit donne un message de sagesse à l'un et de science à l'autre ; à un autre, le même Esprit donne la foi, à un autre encore, le seul et même Esprit accorde des dons de guérison ; à un autre le pouvoir de faire des miracles, à un autre la prophétie, à un autre le discernement des esprits, à un autre le don de parler en langues, à un autre encore celui de les interpréter. Mais tout cela, c'est le seul et même Esprit qui le produit, distribuant à chacun ses dons, selon sa volonté.

Diversité des membres et corps

En effet, le corps est un, et pourtant il a plusieurs membres ; mais tous les membres du corps, malgré leur nombre, ne forment qu'un seul corps : il en est de même du Christ. Car nous avons tous été baptisés dans un seul Esprit pour être un seul corps, Juifs ou Grecs, esclaves ou hommes libres, et nous avons tous été abreuvés d'un seul Esprit. Le corps ne se compose pas d'un seul membre mais de plusieurs. Si le pied disait : « Comme je ne suis pas une main, je ne fais pas partie du corps », cesserait-il pour autant d'appartenir au corps ? Si l'oreille disait : « Comme je ne suis pas un œil, je ne fais pas partie du corps », cesserait-elle pour autant d'appartenir au corps ? Si le corps entier était œil, où serait l'ouïe ? Si tout était oreille, où serait l'odorat ? Mais Dieu a disposé dans le corps chacun des membres, selon sa volonté. Si l'ensemble était un seul membre, où serait le corps ? Il y a donc plusieurs membres mais un seul corps. L'œil ne peut pas dire à la main : « Je n'ai pas besoin de toi », – ni la tête dire aux pieds : « Je n'ai pas besoin de vous. » Bien plus, même les membres du corps qui paraissent les plus faibles sont nécessaires, et ceux que nous tenons pour les moins honorables, c'est à eux que nous faisons le plus d'honneur ? Moins ils sont décents, plus décemment nous les traitons : ceux qui sont décents n'ont pas besoin de ces égards. Mais Dieu a composé le corps en donnant plus d'honneur à ce qui en manque, afin qu'il n'y ait pas de division dans le corps mais que les membres aient un commun souci les uns des autres. Si un membre souffre, tous les membres partagent sa souffrance ; si un membre est à l'honneur, tous les membres partagent sa joie. Or vous êtes le corps de Christ et vous êtes ses membres, chacun pour sa part. Et ceux que Dieu a établis dans l'Église sont, premièrement des apôtres, deuxièmement des prophètes, troisièmement des hommes chargés de l'enseignement ; vient ensuite le don des miracles, puis de guérison, d'assistance, de direction, et le don de parler en langues. Tous sont-ils apôtres ? Tous prophètes ? Tous enseignent-ils ? Tous font-ils des miracles ? Tous ont-ils le don de guérison ? Tous parlent-ils en langues ? Tous interprètent-ils ? Aspirez aux dons les meilleurs. Et de plus, je vais vous indiquer une voie infiniment supérieure.

L'amour fraternel

Quand je parlerais en langues, celle des hommes et celle des anges,
s'il me manque l'amour,
je suis un métal qui résonne, une cymbale retentissante.
Quand j'aurais le don de prophétie, la connaissance de tous les mystères et de toute la science,
quand j'aurais la foi la plus totale, celle qui transporte les montagnes, s'il me manque l'amour,
je ne suis rien.
Quand je distribuerais tous mes biens aux affamés,
quand je livrerais mon corps aux flammes,
s'il me manque l'amour,
je n'y gagne rien.
L'amour prend patience, l'amour rend service,
il ne jalouse pas, il ne plastronne pas, il ne s'enfle pas d'orgueil,
il ne fait rien de laid, il ne cherche pas son intérêt, il ne s'irrite pas, il n'entretient pas de rancune,
il ne se réjouit pas de l'injustice, mais il trouve sa joie dans la vérité.
Il excuse tout, il croit tout, il espère tout, il endure tout.
L'amour ne disparaît jamais.
Les prophéties ? Elles seront abolies.
Les langues ? Elles prendront fin.
La connaissance ? Elle sera abolie.
Car notre connaissance est limitée et limitée notre prophétie.

Mais quand viendra la perfection, ce qui est limité sera aboli.

Lorsque j'étais enfant, je parlais comme un enfant, je pensais comme un enfant, je raisonnais comme un enfant.

Devenu homme, j'ai mis fin à ce qui était propre à l'enfant.

À présent, nous voyons dans un miroir et de façon confuse, mais alors, ce sera face à face. À présent, ma connaissance est limitée, alors, je connaîtrai comme je suis connu.

Maintenant donc ces trois-là demeurent, la foi, l'espérance et l'amour, mais l'amour est le plus grand.

Les dons de l'Esprit pour l'édification de tous

Recherchez l'amour; aspirez aux dons de l'Esprit, surtout à la prophétie. Car celui qui parle en langues ne parle pas aux hommes, mais à Dieu. Personne ne le comprend: son esprit énonce des choses mystérieuses. Mais celui qui prophétise parle aux hommes: il édifie, il exhorte, il encourage. Celui qui parle en langues s'édifie lui-même, mais celui qui prophétise édifie l'assemblée. Je souhaite que vous parliez tous en langues, mais je préfère que vous prophétisiez. Celui qui prophétise est supérieur à celui qui parle en langues, à moins que ce dernier n'en donne l'interprétation pour que l'assemblée soit édifiée. Supposez maintenant, frères, que je vienne vous voir et vous parle en langues: en quoi vous serai-je utile, si ma parole ne vous apporte ni révélation, ni connaissance, ni prophétie, ni enseignement? Il en est ainsi des instruments de musique, comme la flûte ou la cithare: s'ils ne rendent pas des sons distincts, comment reconnaître ce que jouent la flûte ou la cithare? Et si la trompette ne rend pas un son clair, qui se préparera au combat? Vous de même: si votre langue n'exprime pas des paroles intelligibles, comment comprendra-t-on ce que vous dites? Vous parlerez en l'air. Il y a je ne sais combien d'espèces de mots dans le monde, et aucun n'est sans signification. Or, si j'ignore la valeur du mot, je serai un barbare pour celui qui parle et celui qui parle sera pour moi un barbare. Vous de même: cherchez à être inspirés, et le plus possible, puisque cela vous attire; mais que ce soit pour l'édification de l'assemblée. C'est pourquoi celui qui parle en langues doit prier pour avoir le don d'interprétation. Si je prie en langues, mon esprit est en prière mais mon intelligence est stérile.

Que faire donc? Je prierai avec mon esprit, mais je prierai aussi avec mon intelligence. Je chanterai avec mon esprit, mais je chanterai aussi avec mon intelligence. Car si ton esprit seul est à l'œuvre quand tu prononces une bénédiction, comment celui qui fait partie des simples auditeurs pourra-t-il dire «amen» à ton action de grâce, puisqu'il ne sait pas ce que tu dis? Sans doute ton action de grâce est remarquable, mais l'autre n'est pas édifié. Grâce à Dieu, je parle en langues plus que vous tous, mais dans une assemblée, je préfère dire cinq paroles intelligibles pour instruire aussi les autres, plutôt que dix mille en langues.

Frères, pour le jugement, ne soyez pas des enfants; pour le mal, oui, soyez de petits enfants, mais pour le jugement, soyez des adultes. Il est écrit dans la loi: *Je parlerai à ce peuple par des hommes d'une autre langue et par des lèvres étrangères, et même ainsi ils ne m'écouteront pas*, dit le Seigneur.

Par conséquent, les langues sont un signe non pour les croyants, mais pour les incrédules; la prophétie, elle, est un signe, non pour les incrédules, mais pour les croyants. Si, par exemple, l'église est tout entière rassemblée et que tous parlent en langues, les simples auditeurs ou les non-croyants qui entreront ne vous croiront-ils pas fous? Si, au contraire, tous prophétisent, le non-croyant ou le simple auditeur qui entre se voit repris par tous, jugé par tous; le secret de son cœur est dévoilé; il se jettera la face contre terre, il adorera Dieu et il proclamera que Dieu est réellement au milieu de vous.

Lettres à Serenus
(599-600)

GRÉGOIRE LE GRAND
(540-604)

Le génie du christianisme a d'abord été celui des médiations, nous rappelle Régis Debray, au premier rang desquelles le dogme de l'Incarnation, qui aura permis et engendré les images: si Dieu a voulu prendre forme humaine, il est licite de reproduire celle-ci, et de le rechercher à travers elle.

Ce texte souvent cité du pape Grégoire à Serenus, l'évêque (iconoclaste) de Marseille, est à l'origine d'une appellation familière: les images sur les murs des églises sont «la Bible des illettrés». Leur vision remplace pour eux la lecture de l'Écriture sainte, in ipsa legunt, qui litteras nesciunt. *Il s'agit d'une recommandation pastorale, qui n'a ni l'ampleur ni la subtilité de l'argumentation anti-iconoclaste que développeront les théologiens de Byzance, auxquels deux siècles plus tard le second concile de Nicée donnera raison (787).*

Les chrétiens d'Occident ne sont pas tentés de penser, avec les orthodoxes ou les néoplatoniciens de l'Église orientale, que la présence divine transite *à travers la surface de l'icône. Pour Grégoire, celle-ci ne recèle en elle-même aucune valeur sacrée. Plus modestement mais fermement, le pape se borne à distinguer l'image médiatrice, qui aide à l'instruction et au développement de la foi, des objets d'adoration qui détourneraient celle-ci de son vrai but: la recherche de Dieu et de «la toute-puissante Sainte Trinité». Le fidèle peut rendre aux icônes un culte de* dulie, *mais non de* lâtrie*: le christianisme sera iconophile sans être iconoclaste.*

On retiendra de ces lettres, demeurées à notre connaissance inédites en français, que le bon usage des images ne doit pas dépasser «une ardente componction». (Dans la théologie morale de Grégoire, la componction désigne le sentiment d'humilité douloureuse de l'âme qui se découvre pécheresse.) Et l'on rapprochera cette efficace pédagogie du témoignage de François Villon qui, dans le Testament, *évoquant sa mère à l'église, nous peint une fidèle illettrée, mais sensible aux images:*

Femme je suis, povrette et ancienne,
Et rien ne sais, oncques lettre ne lus;
Au monstier vois, dont suis paroissienne,
Paradis peint, où sont harpes et luths,
Et un enfer où damnés sont boulus:
L'un me fait peur, l'autre joie et liesse [...]

(«Ballade que Villon fit à la requête de sa mère, pour prier Notre Dame.»)

Source: *Grégoire le Grand, «Lettres IX et XI»,* Corpus Christianorum Latinorum, *séries Latina 140A, p. 768 et pp. 873-875. Je remercie vivement Paul Mattéi d'avoir spontanément traduit ces textes.*

Bibliographie: *François Boespflug et Nicolas Lossky,* Nicée II, 787-1987, douze siècles d'images religieuses, *actes du colloque tenu en 1986 au Collège de France, éditions du Cerf, Paris, 1987 (voir en particulier la communication de Jean-Claude Schmitt); Nicéphore,* Discours contre les iconoclastes, *présentation de Marie-José Mondzain-Baudinet, Klincksieck, Paris, 1989; Georges Didi-Huberman,* Devant l'image, *Minuit, Paris, 1990; Jean-Luc Marion,* la Croisée du visible, *éditions de La Différence, Paris, 1991; «Destins de l'image»,* Nouvelle Revue de psychanalyse, *numéro 44, Gallimard, Paris, 1991.*

Lettre IX

(Le pape recommande à son correspondant un certain abbé Cyriaque; puis il aborde la question des images.)

Grégoire à Serenus, évêque de Marseille (juillet 599):
[...] [Il est parvenu] jusqu'à nous que Votre Fraternité, voyant que certains adoraient les images, a brisé et jeté à terre lesdites images dans les églises. Que vous ayez eu le zèle de ne point laisser adorer œuvre faite de main d'homme, cela, nous le louons; mais nous jugeons que vous ne deviez pas briser lesdites images. Car si l'on met des peintures dans les églises, c'est pour que les illettrés puissent en regardant lire au moins sur les parois ce qu'ils ne peuvent lire dans les livres. Donc, Ta Fraternité aurait dû à la fois préserver ces représentations et empêcher le peuple de les adorer, afin à la fois que les illettrés eussent un moyen d'en retirer une connaissance de l'histoire et que le peuple ne commît pas de péché en adorant une peinture.

Lettre XI

(Le pape se plaint de l'accueil mêlé réservé par son correspondant à la lettre précédente, et revient plus longuement sur la question.)

Grégoire à Serenus (octobre 600):
Il avait été porté à notre connaissance que, enflammé d'un zèle inconsidéré, tu avais brisé des images de saints, sous le prétexte qu'on ne doit pas les adorer. Que tu aies défendu de les adorer, nous y avons applaudi; mais nous t'avons blâmé de les avoir brisées. Dis-moi, frère, de quel évêque a-t-on jamais ouï dire qu'il ait fait ce que tu as fait? À défaut d'autre réflexion, celle-ci au moins aurait dû te retenir: mépriserais-tu tes frères évêques et te croirais-tu seul sage et seul saint? Une chose est adorer une peinture, une autre apprendre ce qu'il faut adorer en utilisant ce que raconte la peinture. Car, ce que l'écrit procure aux lecteurs, la peinture l'offre aux simples qui la regardent: en elle les ignorants voient ce qu'ils doivent imiter, en elle lisent les illettrés; pour ce motif, aux barbares surtout, la peinture tient lieu de lecture. Or c'est à cela, puisque tu habites parmi les barbares, qu'il te convenait de prêter une grande attention, pour éviter, en te laissant imprudemment enflammer d'un juste zèle, de créer le scandale en des cœurs sauvages. Il ne fallait donc pas briser ce qui dans les églises a été établi non pour être adoré mais seulement pour l'instruction des ignorants. Non sans raison la coutume a admis que soient peints dans les lieux sacrés

les récits de l'histoire des saints; fort de cela, tu aurais pu certainement, si tu avais assaisonné ton zèle de tact, à la fois parvenir sans dommage à tes fins et, loin de disperser le troupeau rassemblé, réunir plutôt le troupeau dispersé: ainsi sur toi à juste titre aurait brillé la gloire d'être un bon pasteur et la responsabilité d'une dispersion n'aurait pas pesé. Mais en agissant comme tu l'as fait, dans un mouvement imprudent à l'excès, tu as, rapporte-t-on, scandalisé tes fils au point que la majorité d'entre eux s'est écartée de ta communion. Comment donc pourrais-tu conduire au bercail du Seigneur les brebis perdues, si tu n'as pas la capacité de conserver celles que tu as? En conséquence, nous t'exhortons à faire ton possible, au moins maintenant, pour être plein de sollicitude, à renoncer à ta présomption et à t'empresser de ramener à toi, avec une paternelle douceur, de toutes tes forces et de tous tes moyens, le cœur de ceux que tu vois séparés de ton unité.

Car tu dois convoquer les divers fils de l'Église et leur montrer, par les témoignages de la Sainte Écriture, qu'il n'est point permis d'adorer aucune œuvre faite de main d'homme, puisqu'il est écrit: *Tu adoreras le Seigneur ton Dieu et c'est lui seul que tu serviras* (*Luc* 4, 8; *Deut.* 6, 13; 10, 20); puis tu devras ajouter que, ayant constaté qu'étaient devenues objet d'adoration des peintures à l'origine réalisées pour l'édification du peuple ignorant (de cette façon les illettrés, attentifs au contenu de l'histoire, apprenaient ce qui y est dit), tu en as été bouleversé jusqu'à ordonner de briser ces images. Et tu devras leur déclarer: «Si vous voulez avoir dans l'église des images pour l'instruction (but dans lequel les images ont traditionnellement été réalisées), j'autorise sans restriction qu'on en fasse et qu'on en ait.» Indique aussi que ce qui t'a déplu, ce n'est pas le spectacle de l'histoire dont la peinture retraçait la scène, c'est l'adoration indûment adressée aux peintures. Par ces mots apaise leurs esprits et amène-les à se réconcilier avec toi. Et si quelqu'un veut faire des images, ne l'interdis pas, mais empêche absolument qu'on adore ces images. Que Ta Fraternité leur recommande avec insistance d'éprouver, au spectacle d'une histoire, une ardente componction, mais de réserver l'humble prosternement à l'adoration de la toute-puissante Sainte Trinité.

Grammaire castillane
(1492)

ANTONIO DE NEBRIJA
(1444-1522)

C'est la grande scène qui manque aux commémorations du cinq centième anniversaire de « l'année merveilleuse » : dans Grenade reconquise, où Isabelle et Ferdinand sont entrés solennellement le 6 janvier 1492, on célèbre la messe à l'Alhambra, au-dessus de laquelle flottent les bannières de saint Jacques, les armes de la Castille et la Croix.

C'est là que le 25 février, devant Isabelle entourée de ses pages et de ses chiens, un homme en noir s'incline pour remettre à sa souveraine l'ouvrage qu'elle a daigné lui commander, et qu'il vient d'achever dans sa studieuse retraite de l'université de Salamanque : la première grammaire de la langue castillane, Arte de la lengua castellana.

Son prologue est intéressant à plus d'un titre : dès la seconde phrase, le professeur Nebrija rattache le destin des langues à celui des empires, « toujours la langue fut compagne de l'empire». Affirmation qui entraîne dans la suite du propos une ambivalence certaine, puisque la comparaison de l'empire naissant d'Isabelle avec celui d'Alexandre ou de Rome annonce pour l'Espagne aussi un inexorable déclin («à présent notre langue est à son point culminant, et l'on a plus à craindre une descente qu'une ascension...»).

Pourquoi Isabelle s'est-elle attaché les services du grammairien? On peut caractériser son règne par le passage d'un pouvoir féodal aux exigences d'un empire certes théocratique, mais administré par des lois et une solide bureaucratie. D'où l'usage mêlé du castillan et du latin, prévu par Nebrija dans son exorde: «Lorsqu'ils [les étudiants] passeront au latin, toutes les difficultés deviendront légères...» Ce passage est celui de la langue vernaculaire et des affaires à la langue du droit, *et bien sûr de la théologie. Les rois catholiques ont mis au pas la noblesse, qu'ils vont encadrer par le* letrado. *Les hommes de plume supplanteront désormais la noblesse d'épée, et les décisions du gouvernement s'appuieront sur des textes. Isabelle doit se doter pour cela d'une administration moderne, et tirer des universités un corps de fonctionnaires compétents et dévoués.*

Une autre préoccupation court à travers ce prologue, celle d'une langue claire et virtuellement universelle, et pour cela purifiée. *Le grammairien compare son travail à l'opération en cours sur la religion chrétienne,* repurgada *(«après que fut purifiée de nouveau la religion chrétienne, grâce à laquelle nous sommes les amis de Dieu ou réconciliés avec Lui...»). Cette purification fait clairement allusion à la reconquête de l'Andalousie, c'est-à-dire au remembrement et à la régénération du corps social où la langue circule comme le sang et l'esprit. Le corps de la communauté est le principal facteur de la santé des langues, et réciproquement un corps purifié exige une langue qui le soit aussi.*

Certes le professeur ne parle pas ici de la limpieza de sangre, *mais d'autres y songent activement. On prépare, tandis qu'il publie sa Grammaire, le décret d'expulsion des Juifs, et ceux qui se sont convertis à la foi officielle (les fameux* conversos*) ont quelquefois du mal à faire valoir leur «pureté» retrouvée. À cette date, Christophe Colomb lui-même n'est pas parvenu à intéresser Isabelle à ses projets chimériques, et l'on s'emploie à la cour à discréditer cet aventurier de douteuse origine. C'est un même empire pourtant que promettent le marin et le grammairien: soumettre à des règles* (reduzir), *unifier, uniformiser, ces trois objectifs de Nebrija ne concernent pas que son domaine. En cet an de grâce 1492, d'autres comme Torquemada, ou les docteurs du Saint-Office, se chargent simultanément de hâter l'expulsion hors d'Espagne des Juifs, de réunir les tribunaux de l'Inquisition et de préparer les bûchers.*

Source: *Texte reproduit sous sa forme originale dans Edmond Cros,* De l'engendrement des formes, *Montpellier, 1990. Je remercie mes collègues Jean-Jacques Gimenez et Michel Moner de m'avoir procuré ce chapitre, et Maïté de Muller d'avoir bien voulu en préparer une traduction littérale.*

Bibliographie: *Jacques Attali,* 1492, *Fayard, Paris, 1991; Bernard Vincent,* 1492, l'année admirable, *Aubier, Paris, 1991; Ivan Illich et Barry Sanders,* ABC, l'alphabétisation de l'esprit populaire, *La Découverte, Paris, 1990.*

À LA TRÈS HAUTE ET ILLUSTRE PRINCESSE DONA ISABEL III, PORTANT LE NOM DE REINE ET DAME D'ESPAGNE ET DES ÎLES DE NOTRE MER. COMMENCE LA GRAMMAIRE REFAITE PAR LE MAÎTRE ANTONIO DE NEBRIJA SUR LA LANGUE CASTILLANE, COMMENÇANT PAR LE PROLOGUE.

Prologue à lire au moment opportun

QUAND JE PENSE, mon illustre reine, et que je pose mes yeux sur l'ancienneté de toutes les choses qui pour nos souvenir et mémoire restèrent écrites, je trouve et j'en tire la conclusion d'une chose bien certaine, que toujours la langue fut la compagne de l'empire, et cela de telle façon qu'ils commencent à grandir, à s'épanouir, puis tombent ensemble. [...]

Le fait que la langue hébraïque eut une enfance pendant laquelle on pouvait à peine parler, est difficilement vérifiable. Et ce que j'appelle sa première enfance est toute la période pendant laquelle les Juifs furent en terre d'Égypte, parce qu'il est vrai, ou très proche de la vérité, que les Patriarches parlaient dans la langue qu'Abraham avait emmenée depuis la terre de Chaldée jusqu'au moment où ils descendirent en Égypte, perdant alors un peu de leur langue et la mélangeant avec celle d'Égypte.

Mais une fois qu'ils sortirent d'Égypte et qu'ils commencèrent à former un véritable peuple, petit à petit ils laissèrent de côté la langue prise à la langue de Chaldée et à la langue égyptienne pour ne plus parler que celle qu'ils avaient toujours utilisée pour communiquer entre eux, afin de s'éloigner de la religion des barbares sur la terre desquels ils avaient habité.

Ainsi commença à s'épanouir la langue hébraïque du temps de Moïse ; lequel après avoir appris la philosophie et les lettres des sages d'Égypte, et avoir eu le droit de parler avec Dieu et de raconter toutes les choses à son peuple, fut le premier qui osa écrire l'histoire des Juifs et donner naissance à la langue hébraïque, laquelle trouva sa meilleure époque à l'âge de Salomon, dit le Pacifique, parce qu'en son temps s'épanouit la paix créatrice de tous les beaux et honnêtes arts.

Mais, après que commença à se démembrer le royaume des Juifs, au même moment la langue commença à se perdre jusqu'à arriver au stade où nous la connaissons aujourd'hui. Elle a été si bien perdue que, de tous les Juifs qui vivent aujourd'hui, aucun ne connaît la langue de sa loi, les raisons de la perte de leur royaume et du Messie qu'ils recherchent en vain.

La même chose est arrivée à la langue grecque, qui commença à montrer sa force juste avant la guerre de Troie, en même temps que s'épanouirent la musique et la poésie d'Orphée, de Linus, de Musée et d'Amphyon ; et, peu après que Troie avait été détruite, d'Homère et d'Hésiode. Et ainsi grandit cette langue jusqu'à la monarchie du célèbre Alexandre, à l'époque duquel il y eut une multitude de poètes, d'orateurs et de philosophes qui amenèrent non seulement la langue mais également tous les autres arts et sciences à leur point culminant. Mais une fois que les royaumes et républiques de Grèce commencèrent à se démembrer et que les Romains s'en firent les maîtres, alors, au même moment la langue grecque commença à s'affaiblir et la langue latine à devenir forte.

Nous pouvons dire que l'enfance de cette dernière correspond à la naissance et au peuplement de Rome, et qu'elle commença à s'épanouir presque cinq cents ans après, lors de la première publication par Livius Andronicus de son œuvre en vers latins.

Et elle grandit ainsi jusqu'à la monarchie de César Auguste au temps duquel, comme le dit l'apôtre : vint le moment où Dieu envoya son Fils Oint et naquit le Sauveur du monde dans la paix dont avaient parlé les prophètes, et les anges chantèrent alors : « La Gloire est à Dieu dans les Cieux très Hauts, et Sa paix est accordée sur la terre aux hommes qu'Il aime. » Ce fut donc cette multitude de poètes et d'orateurs qui envoyèrent à nos siècles la copie et les jouissances de la langue latine : Cicéron, César, Lucrèce, Virgile, Horace, Ovide, Tite-Live et tous ceux qui les suivirent jusqu'à l'époque d'Antonin le Pieux. À partir de là, commença à décliner l'Empire romain et la langue latine au même moment à devenir caduque, jusqu'à arriver au stade auquel nos pères la reçurent, de telle façon que si on la comparait à la langue latine de l'ancienne époque, elle aurait avec elle autant de points communs qu'avec la langue arabe.

Tout ce qu'on a dit des langues hébraïques, grecques, latines, on peut également le démontrer s'agissant du castillan qui eut son enfance au temps des juges et rois de Castille et León, et commença à montrer ses forces au temps de l'illustre roi Don Alfonse le Sage, sous l'ordre duquel on écrivit *les Sept Parties* et l'*Histoire générale ;* de nombreux livres de langue latine et arabe furent traduits dans notre langue castillane, laquelle s'étendit ensuite jusqu'en Aragon et Navarre, et de là en Italie, suivant les compagnies d'infanterie que nous envoyâmes gouverner ces royaumes.

Et ainsi grandit la langue jusqu'à la monarchie dont nous jouissons, grâce à la bonté et à la providence divine, à l'industrie, au travail et à la diligence de Votre Royale Majesté, sous le règne de laquelle les membres et les territoires d'Espagne, qui étaient autrefois dispersés en de nombreux morceaux, se réunirent en un seul corps, de telle façon que ni les siècles, ni les blessures, ni le temps ne la pourront rompre ni délacer. Ainsi, après que fut purifiée de nouveau la religion chrétienne, grâce à laquelle nous sommes les amis de Dieu ou réconciliés avec Lui, après que les ennemis de notre foi furent vaincus par la guerre ou par la force armée, à cause desquels les nôtres reçurent tant de blessures et en craignirent plus encore, après que la justice et l'exécution des lois permirent de nous rassembler et de vivre en égaux dans cette grande communauté qu'on appelle royaume et république de Castille, il ne reste plus qu'à attendre la floraison de la paix et des arts. Parmi les premiers il y a celui qui nous enseigne la langue, nous différenciant des autres animaux et étant propre à l'homme, et qui est le premier des arts après la contemplation qui caractérise l'entendement. Cette langue jusqu'à notre ère évolua seule et sans règles, et à cause de cela subit de nombreuses mutations ; ainsi, si on veut la comparer avec la langue d'il y a cinq cents ans, leur différence et diversité seraient aussi grandes qu'entre deux langues étrangères.

Et puisque ma pensée et mon désir furent toujours d'agrandir les choses de notre nation et de donner aux hommes qui parlent ma langue des œuvres grâce auquelles ils pourront mieux employer leur temps libre – qu'ils emploient aujourd'hui à lire des romans et des histoires enveloppées de mille mensonges et erreurs, considérant le fait qu'avant toute chose ceci contribue à faire perdre de sa splendeur à notre langue castillane – afin que, désormais, tout ce qui s'écrit puisse rester uni et se conserver jusqu'à la fin des temps, comme cela est arrivé aux langues grecque et latine, lesquelles, pour avoir été utiles aux arts, et malgré les siècles qui ont passé, sont toujours restées uniformes. Car si on n'agit pas avec notre langue de même qu'avec les autres, en vain vos chroniqueurs et historiens écriraient et porteraient à la postérité la mémoire de vos louables prouesses, et nous aurions alors la tentation d'écrire en castillan des choses éphémères et bizarres ; car ceci est un labeur de longue haleine. L'une de ces deux choses arrivera : ou la mémoire de vos prouesses périra avec la langue, ou elle ira pérégriner en des pays étrangers, faute d'avoir son propre foyer.

C'est moi qui ai voulu poser sa première pierre, faisant la même chose que Zénodote pour la langue grecque, et Cratès pour la latine. Ces derniers, bien qu'ils aient été dépassés par ceux qui les ont suivis, ont eu au moins cette gloire, qui sera la nôtre car nous fûmes les premiers inventeurs d'une œuvre si nécessaire, écrite au moment le plus opportun, puisque à présent notre langue est à son point culminant et que l'on a plus à craindre une descente qu'une ascension. Et il en résultera ce profit non moindre pour ceux qui voudront étudier la grammaire de la langue latine, car une fois qu'ils comprendront bien l'art du castillan – ce qui ne sera guère difficile parce que c'est leur propre langue – lorsqu'ils passeront au latin, toutes les difficultés deviendront légères, d'autant plus s'ils s'aideront de *l'Art de la grammaire* que Votre Altesse m'a commandé pour traduire ligne par ligne en latin les romances; et de cette façon ils apprendraient la grammaire latine non en quelques mois mais en quelques jours, et mieux encore que de la façon dont on l'apprit depuis de nombreuses années.

Le troisième profit que l'on peut tirer de mon travail est celui que – lorsque Votre Majesté me demanda à quoi pourrait servir l'œuvre que je venais de lui donner à Salamanque – l'illustre évêque d'Avila, me coupant la parole et répondant à ma place, dit: après que Votre Altesse eut soumis beaucoup de peuples barbares et de nations de langues étrangères, et qu'avec cette victoire les vaincus furent obligés de recevoir les lois imposées par le vainqueur et avec elles notre langue, notre *Art de la grammaire* leur permettrait de l'apprendre de la même façon que nous apprenons la grammaire latine pour apprendre le latin. Et il est bien vrai que non seulement les ennemis de notre foi, qui ont besoin de connaître notre langue castillane, mais aussi les Bizcayens, Navarrais, Français, Italiens et tous les autres, qui ont quelque relation ou affaire en Espagne et qui doivent donc user de notre langue, s'ils ne sont pas venus l'apprendre ici dès l'enfance, tous pourront l'apprendre par le biais de mon œuvre, laquelle avec honte, obéissance et crainte j'ai voulu dédier à Votre Royale Majesté; tout comme Varron dédia à Cicéron ses *Origines de la langue latine;* comme Grylus au poète Virgile ses *Livres de l'accent;* comme saint Jérôme à Damase; comme Orose à saint Augustin ses *Livres d'histoires;* et comme beaucoup d'autres auteurs dédièrent leurs travaux à des personnes bien plus savantes qu'eux sur le sujet, non pour leur apprendre quelque chose qu'ils ne savaient déjà, mais pour témoigner de la force d'âme et de la volonté qu'ils tenaient d'elles, et pour de leur autorité obtenir quelques faveurs pour leurs œuvres.

Et ainsi, après mûre réflexion, conscient du grand danger de l'opinion que beaucoup se feront de moi, en me voyant tirer mon œuvre de l'ombre et des ténèbres des écoles jusqu'à la lumière de votre cour, à aucune autre personne je n'aurais pu plus justement consacrer mon œuvre qu'à celle qui a entre ses mains et pouvoir non seulement le sort de la langue, mais aussi l'arbitrage de toute autre chose.

«Andromaque» de Jean Racine
(1992)

DANIEL MESGUICH
(né en 1951)

«Celui qui parle en langues ne parle pas aux hommes mais à Dieu [...]. Celui qui parle en langues s'édifie lui-même...»

*La glorification de la langue pour elle-même, prévenait saint Paul, peut détourner de l'*agir communicationnel. *C'est ce que Daniel Mesguich observe avec la tragédie racinienne: on y parle trop bien. Prisonniers de la transcendance de l'alexandrin, les protagonistes ne communiquent plus. Le vers ne s'enchaîne pas au vers, son fil échoue à lier les hommes entre eux.* Andromaque *ou la déliaison: cette autoréférence poétique*[1] *d'une parole consumée dans sa profération singulière enferme chaque sujet dans son incantation comme dans un étui, et c'est cela la tragédie.*

Source: *Programme du théâtre (La Métaphore), Lille, 1992.*
Bibliographie: *Daniel Mesguich,* l'Éternel éphémère, *Le Seuil, Paris, 1991.*

LE SUJET d'*Andromaque* n'est pas Pyrrhus, ou Hermione. Ce «sujet» n'est pas davantage que «Oreste aime Hermione qui aime Pyrrhus qui aime Andromaque qui aime Hector qui est mort...» Non. Le «sujet» d'*Andromaque* n'est ni un personnage ni une situation: c'est le vers. La «tragédie» de chaque personnage, c'est de parler en vers. La tragédie, c'est le vers.

Le vers n'est pas à prendre, au théâtre, comme une façon ancienne, ou précieuse, ou ampoulée, ou simplement très belle, de s'exprimer mais, au contraire, comme ce qui empêche de s'exprimer: une loi, imprimée à vif, qui vient barrer un désir, une écriture qui vient «souffler» une parole, qui empêche de dire ce que l'on veut dire, oblige à le dire dans la langue d'un autre, à ne le dire qu'à demi, à n'en dire que l'en-vers. La «solution» de la tragédie ne serait pas que Pyrrhus ne meure pas, ou qu'Oreste épouse Hermione, mais que tous parviennent enfin à parler en prose. À parler.

Le vers est une incessante faillite du vouloir dire, une éternelle victoire de la loi sur la parole: et ce qui est tragique pour le personnage, c'est chaque fois d'y croire et d'être déçu chaque fois. Le vers n'exprime pas quelque chose, il s'exprime. Il ne s'adresse à personne, ou alors c'est à Dieu, au théâtre, à Racine, à un projecteur, que sais-je? Le vers est une bouteille à la mer, un appel qu'on lancerait, non plus à quelqu'un, mais à l'appel lui-même; un désespoir.

Andromaque se passe dans un palais qui est, comme chacun sait, l'abri de la langue; mais chaque vers ici a son paysage, son décor, sa scène propre, que le vers suivant défait. Il n'y a qu'un vers dans *Andromaque,* il est, chaque fois, le premier, le dernier, le seul.

1. L'autoréférence, qui définit pour Roman Jakobson l'énonciation poétique, est expliquée dans son texte *supra* au chapitre II.

La Révolution et la libre-pensée
(1924)

AUGUSTIN COCHIN
(1877-1916)

Comment durent les communautés, et de quelles pernicieuses influences périssent-elles ? Historien catholique et monarchiste militant (mort au front à l'âge de 39 ans), Augustin Cochin n'a pas pu achever la monumentale Histoire de la Révolution *en dix volumes à laquelle il avait consacré sa vie depuis sa sortie de l'École des chartes. Il en explique le projet dans le discours préliminaire d'où nous tirons notre passage. Quel fut le moteur véritable de ce funeste événement ?*

Cochin commence par écarter la réponse par la philosophie, comme il récuse le rôle des individus (la libre-pensée, ou « c'est la faute à Voltaire... ») ; derrière les idées impuissantes ou frivoles, ou la psychologie de personnages qui n'avaient en eux-mêmes rien d'exceptionnel, il met en évidence le rôle des Sociétés (clubs, appareils et partis), à la fois médias de communication et moyens d'organisation. Ces Sociétés ont traversé dans leur développement trois étapes : philosophique d'abord (1750-1789), et la socialisation de la pensée est alors conduite au nom de la Vérité ou de la Raison (cf. supra *le texte de l'*Encyclopédie *au chapitre premier) ; politique ensuite, et c'est la socialisation des personnes (1789-1793), mobilisées autour du mot d'ordre de la Liberté ; révolutionnaire enfin, avec la socialisation des biens durant les douze mois de la Terreur (1793-1794), menée au nom de la Justice.*

Ce qui scandalise Cochin dans ces Sociétés, c'est qu'elles sont artificielles ou contre-nature, fondées non sur l'hérédité, l'expérience ou la foi, mais sur un libre contrat passé entre individus abstraits. Il ne cite pas l'Allemand Ferdinand Tönnies, qui publia en 1887 Gemeinschaft und Gesellschaft *(soit l'opposition de la Communauté, de nature affective et existentielle, et de la Société, de nature rationnelle), mais sa propre critique s'organise manifestement autour de cette distinction devenue classique en sociologie.*

Cochin se veut avant tout sociologue. Convaincu que ni les idées ni les hommes comme tels ne peuvent faire l'histoire, cet adversaire de la Révolution française fut l'un de ses meilleurs historiens ; il chercha pour expliquer l'inacceptable un moteur plus organique, moins évanescent que les Lumières, *ou* le Peuple. *Quand on écrit l'histoire, on se paye trop facilement de formules telles que : « Ces idées qui ébranlèrent le monde... », ou « Sous l'irrésistible poussée des masses populaires... ». Cochin veut comprendre, et non pas célébrer, et il s'acharne pour cela à reconstituer le maillon manquant : entre la parole des prophètes et les trop réelles journées révolutionnaires, ce sont les Sociétés, avec leurs outils matériels de discipline et d'organisation, qui ont su transformer des mots de philosophes en « une fort tangible réalité ».*

Source : *Augustin Cochin,* la Révolution et la libre-pensée, *Plon, Paris, 1924, réédition Copernic, Paris, 1979.*

Bibliographie : *Régis Debray,* Cours de médiologie générale, *sixième leçon, Gallimard, Paris, 1992.*

Il y a eu de tous temps des intrigants et des égoïstes, il n'y a de révolutionnaires que depuis cent cinquante ans. D'où vient la force inconnue et la dignité aussi dont se revêtent des vices connus de tout temps ?

La vérité paraît plus simple. On oublie que la Révolution fut le triomphe de *la philosophie*, et non d'une doctrine déterminée ; de la *liberté de pensée* en général et non de telle ou telle idée libérale. La force des idées de 1789 est dans la *méthode* et non dans le *système*.

C'est à ce point de vue que nous essayerons de l'étudier. Nous montrerons :

1°) Que les doctrines se tiennent ;

2°) Que les factions se succèdent nécessairement[1].

Il s'agit, non d'une doctrine définie, c'est-à-dire d'un ensemble de connaissances positives et d'exigences déterminées ; mais d'une méthode de l'ordre intellectuel et d'une tendance dans l'ordre moral.

Allons plus loin : c'est la substitution systématique et radicale en principe de la *méthode* à la *doctrine*, de la tendance à l'état stable. Nous voulons dire et nous montrerons que la méthode engendre la doctrine et que la tendance aboutit à un état social déterminé.

Il serait abusif de faire honneur à la perversité individuelle d'actes inouïs, de sentiments dénaturés, quand ils relèvent des causes *sociales* bien autrement puissantes et profondes.

L'histoire de la Défense républicaine[2] fait de la Révolution l'œuvre du peuple ; l'histoire de fait y voit un coup monté, intrigue de quelques ambitieux, thèse aussi fausse que la première. L'erreur provient toujours de la même source : on fait un problème psychologique de ce qui est un problème social : on rapporte à l'action personnelle ce qui est le fait d'une situation, de la force des choses.

Ce n'est point la psychologie du jacobin qui sera le dernier mot de l'énigme révolutionnaire ; ce sera la *sociologie du phénomène démocratique*.

Les Sociétés

Un peu avant la Révolution se présente un phénomène encore mal connu dont on ne voit pas clairement les causes, ni le terme, ni les derniers effets : les Sociétés.

« Les Sociétés », ce terme est employé absolument sans détermination. On dit, en octobre 1788, que les parlementaires sont vaincus d'avance parce qu'ils sont « chassés de toutes les Sociétés ». On rapporte les paroles prononcées par tel homme en vue dans une « Société ». On parle de « l'opinion des Sociétés ». Le terme de Société est le véritable, non celui de Club, pour désigner les Sociétés révolutionnaires. On dit en 1792 : la Société de telle ville.

Cette manière de parler a sa raison. Il ne s'agit plus des salons littéraires du dix-septième siècle. Ce sont des sociétés de philosophes.

C'est au déclin du règne de Louis XV que le phénomène se répand en France. Le Grand-Orient se constitue en 1773. Les Sociétés secrètes et ordres divers, Écossais, Illuminés, Swedenborgiens, Martinistes, Égyptiens, Amis réunis, se disputent les adeptes et les correspondances. On voit enfin de 1769 à 1780 sortir de terre des centaines de petites sociétés à demi découvertes, autonomes en principe comme des loges, mais agissant de concert, comme des loges aussi, constituées comme elles, animées du même esprit « patriote » et « philosophe », et cachant mal des visées politiques semblables, sous des prétextes

1. Voir plus loin le Progrès des lumières.
2. M. Aulard, cf. *les Sociétés de pensée et la démocratie*.

officiels de science, de bienfaisance ou de plaisir : Sociétés académiques, littéraires, patriotiques, musées, lycées, sociétés d'agriculture même.

« La république des lettres », simple allégorie en 1720, est devenue vers 1770, grâce à Voltaire et aux encyclopédistes, une fort tangible réalité. Le règne des salons et du persiflage élégant est fini. Celui des Sociétés de pensée et du philosophisme commence. Les « Cacouacs » ont suivi les conseils de leur vieux maître. Ils ont formé un « corps d'initiés », une « meute », pour faire la chasse à l'« infâme » avec un acharnement qui trouble quelque peu la majesté du Parnasse français. M. Roustan, dans son livre sur *les Philosophes et la société française au dix-huitième siècle*, a fort justement insisté sur la formation de la « secte » philosophique vers 1760, et ce qu'il appelle le « clergé laïc ». Elle règne à l'Académie sous d'Alembert, dispose de la censure par Malesherbes, fait interdire les livres de ses adversaires, et jeter les auteurs à Vincennes et à la Bastille, répand sur l'opinion et sur le monde des lettres une sorte de terreur sèche. Les lettres de lord Chesterfield, les mésaventures du président de Brosses, de Palissot, de Gilbert, de Rousseau, de Fréron, de Linguet, pour ne citer que les plus célèbres, montrent ce que risquaient les indépendants et les héroïques.

L'objet des Académies est de susciter une opinion publique. Elles ne sont pas seulement une agence de nouvelles, mais des sociétés d'encouragement au patriotisme, des barreaux d'esprit public. Pour atteindre ce but, elles créent une république idéale en marge et à l'image de la vraie, ayant sa constitution, ses magistrats, son peuple, ses honneurs et ses luttes. On y étudie les mêmes problèmes politiques, économiques, etc., on y traite d'agriculture, d'art, de morale, de droit. On y débat les questions du jour, on y juge les hommes en place. Bref, ce petit État est l'image exacte du grand, à une seule différence près ; il n'est pas grand, et il n'est pas réel. Ses citoyens n'ont ni intérêt direct, ni responsabilité engagée dans les affaires dont ils parlent. Leurs arrêtés ne sont que des vœux, leurs luttes des conversations, leurs travaux des jeux. Dans cette cité des nuées, on fait de la morale loin de l'action, de la politique loin des affaires ; c'est la cité de la *pensée*. Voilà son caractère essentiel, celui que les initiés comme les profanes oublient d'abord, parce qu'il va de soi, et auquel il faut d'abord revenir pour apprécier la valeur et s'expliquer les lois et la pente fatale de l'association. Il n'est pas indifférent en effet qu'il s'éveille et se forme un esprit public de cette manière – *socialement* ; ni qu'une société se fonde – *théoriquement*.

C'était, au XVIIIe siècle, une nouveauté. On avait déjà vu des philosophes, des bâtisseurs de systèmes métaphysiques, politiques, mais isolés, ennemis les uns des autres, laissant chacun son édifice intellectuel, achevé, distinct, complet. On avait vu des sectes religieuses, des corps professionnels, des sociétés de commerce, jamais encore des associations constituées dans le seul but de réunir « ses lumières », de penser en commun, par amour de l'art et sans but pratique, de chercher ensemble la vérité spéculative pour l'amour d'elle.

Il y a là un fait général qu'il faut étudier en lui-même, si l'on veut bien en comprendre les effets au début de la Révolution.

Toutes ces Sociétés ont le même caractère : ce sont des Sociétés *égalitaires* de forme et philosophiques d'objet, ce que nous appellerions aujourd'hui des Sociétés de *libre-pensée*. Elles formaient la charpente matérielle de la « république des lettres », et donnèrent à la « philosophie » une consistance, une vigueur, un empire sur l'opinion, sans exemple jusque-là.

En effet, tout idéal qu'il soit, le nouvel État, la « république des lettres », a pris une prodigieuse extension, entre 1760 et la Révolution. Les sociétés dont le royaume est semé sont toutes plus ou moins reliées les unes aux autres, et rattachées à celles de Paris. Ce ne sont, dans leur sein, que débats, élections, députations, correspondances, brigues; et par leur moyen se développe une véritable vie publique. Or, n'est-ce pas là un fait capital, et trop négligé, de la fin de ce siècle?

Cet état de choses, l'existence même des *Sociétés de pensée*, du genre d'opinion qui s'y développait, des conditions spéciales où elles mettaient les auteurs et le public, eut de fort graves effets sur le mouvement des idées: car il impose d'avance, et sans appel, aux auteurs et au public, le point de vue intellectuel, irréel.

Jamais peut-être le courant général des idées, de la littérature, ne fut plus éloigné du monde des réalités, du contact avec les choses, que dans cette fin de siècle. Il suffit de nommer les philosophes politiques comme Rousseau et Mably, un historien comme Raynal, des économistes comme Turgot, Gournay et l'école du laisser-faire, des gens de lettres comme La Harpe, Marmontel, Diderot.

C'est ainsi que naît le philosophisme.

L'entraînement de la pensée libre a de graves conséquences, dans l'ordre intellectuel d'abord. Des privilégiés oublient, grâce à lui, leurs privilèges; nous pourrions citer de même le savant oubliant l'expérience, le religieux oubliant la foi. Le fait d'expérience, le dogme religieux, tels sont en effet les deux ordres de faits imposés brutalement du dehors à notre intelligence, et arrêtant l'essor de la «philosophie» ou, comme on dit aujourd'hui, de la libre-pensée. La «philosophie» renversera ces entraves à la liberté: l'*expérience*, la *tradition*, la *foi*.

Il faut distinguer entre l'Union *artificielle* fondée sur des théories et des principes et l'Union *réelle* fondée sur des faits. Je ne dis pas que dans le mouvement de 1789 il ne soit entré que de l'union artificielle; il y avait des causes réelles de la Révolution, un mauvais régime fiscal, qui demandait très peu, mais de la manière la plus irritante et la plus injuste... Je dis seulement que ces causes réelles ne sont pas de mon sujet. Elles ont pu d'ailleurs contribuer à la Révolution de 1789, non à celle du 10 août ni du 31 mai: et en tous cas l'Union artificielle existait.

Or, une telle union ne repose pas sur une situation de fait, elle doit trouver son lien ailleurs. Elle ne peut reposer sur les idées seules. Il faut aux idées une charpente qui les soutienne, et à plus forte raison l'action l'exige: c'est l'*organisation* des Sociétés,

Les écrits du temps désignent cette organisation nécessaire, par un mot vague: «Les Sociétés». Il faut connaître ces Sociétés, chercher comment elles se forment et se maintiennent, quelle est leur action sur les hommes et les mœurs politiques du temps. L'instinct des contemporains ne les trompe pas: la *forme* même de ces associations importait plus encore que la personne de tel de leurs membres ou que leur but réel ou fictif, et c'est de ce caractère général, si simple et si banal qu'il paraisse, qu'il faut nous occuper d'abord.

Si l'on consulte les statuts et l'esprit des Sociétés, depuis les Sociétés littéraires jusqu'aux Jacobins, on voit que ce mot est toujours pris dans le sens le plus général et le plus rigoureux.

Qu'est-ce qu'une Société? Qu'est-ce qu'une Société au sens général et rigoureux du mot? On peut la définir: un groupe d'hommes unis *par leur seule volonté et pour leur seul bien*. Elle est active, elle est permanente et durable, elle est libre, elle n'a pour fin que le bien de ses membres et ce mot «bien» est pris en son sens le plus général, sans restriction ni détermination.

Ainsi, un corps d'État, l'armée, la magistrature ne sont pas des Sociétés: leurs membres sont librement unis, mais non pour leur propre bien. L'armée n'est pas autonome et la magistrature n'est pas active. Une assemblée délibérante n'est pas une Société; elle n'est pas active ni unie. Une famille, un clan, ne sont pas des sociétés, ils ne sont pas librement formés. Une nation n'est pas une société : c'est la communauté d'origine et non la communauté de but, le lien du sang avant l'alliance des intérêts, la nature avant la volonté qui unit les compatriotes. Une corporation ouvrière n'est pas une société, tant du moins qu'elle reste professionnelle. Un corps de métier, une communauté de palais, ne sont pas des sociétés ; car ses membres n'y sont que par leur état et non par leur seule volonté. Une « commune », c'est-à-dire la généralité des habitants d'un village ou d'une ville, n'est pas une société : les habitants en font partie, du fait de leur résidence et non de leur libre choix.

Mais tous ces groupements peuvent devenir des sociétés, de manière différente : les corps, quand l'esprit de corps prévaut sur le devoir d'État et l'honneur. Les assemblées représentatives, quand les partis y deviennent des associations d'électeurs. Les corporations, quand elles élargissent leur but, et abandonnent l'intérêt professionnel. Les communes, quand elles admettent des étrangers et que le lien naturel perd sa valeur. Les églises enfin ou les ordres religieux, les églises protestantes livrées au libre examen, frisent sans cesse ce danger et y tombent souvent quand elles actualisent leur idéal immédiatement, le ramènent en ce monde, soit de fait par le relâchement et la politique, soit de droit par le libre examen, et ce qu'on appelle la largeur d'idées. Surtout par les systèmes sociaux.

Toutes ces voies différentes mènent ces groupements au même point, « la société ».

Et notons ce premier point : dans une société les participants figurent comme libres, libérés de toute attache, de toute obligation, de toute fonction sociale.

De ces sociétés du XVIIIe siècle, libres, égalitaires, il va se dégager une conception nouvelle des lois, du pouvoir et des droits. Rousseau a fait la théorie de ce régime. Les sociétés secrètes l'avaient pratiqué de tout temps dans leur enceinte fermée. Les Jacobins ont essayé de l'appliquer au gouvernement d'une nation. Ce régime n'est autre que la *démocratie pure*, gouvernement personnel et direct du peuple par lui-même. C'est l'opinion soumise à ce régime qu'on appelle « le peuple » en 1793. Les *Sociétés de pensée* sont le milieu artificiel où germera la nouvelle conception morale et politique.

Nous sommes devant la République de Jean-Jacques : voilà, en effet, la première chose qui frappe quand on est en présence d'un système de sociétés, d'un ordre. Ce n'est pas dans l'Antiquité, ni dans un tout petit État qu'il faut aller en chercher le plan : c'est là, dans les loges, dans les sociétés littéraires.

Ainsi le Contrat social, en un sens, n'est pas une chimère, il est réalisé ; il l'était avant Rousseau dans la république des lettres ; il tenta de devenir le régime de la France sous la Terreur.

Un régime si nouveau produit et suppose des mœurs politiques nouvelles. Ces mœurs et ces procédés ne sont pas le fait d'un temps ni d'un pays, mais du régime lui-même et des rapports nouveaux qu'il établit entre les hommes. Il existe un type du bon associé, un code de la pratique sociale ; nous les décrirons pour montrer comment il procède de la *forme* sociale elle-même.

Le développement social de l'idée de Rousseau coïncide donc avec le développement politique des *Sociétés de pensée* qui fera l'objet de cette étude.

Le phénomène de la libre-pensée mérite l'attention des sociologues, car c'est peut-être le seul fait de leur ressort qui soit pur de tout alliage religieux, économique, ethnique. La libre-pensée est la même à Paris et à Pékin en 1750 et en 1914. L'identité de nature en des milieux si divers témoigne que nous sommes devant un travail mental aussi inconscient que la coutume et le folklore. C'est un phénomène historique séculaire qui a ses lois, ses phases.

Rousseau pose avec les autres philosophes de son temps la Société de pensée comme la seule forme régulière des sociétés humaines[1].

Or dans l'histoire d'une société l'on peut distinguer deux sortes de règles: les unes se rapportent à sa conservation, à des raisons d'ordre et de discipline, à la pratique sociale; les autres à son objet, à des raisons de justice et de liberté, à la théorie sociale.

Rousseau s'en est tenu au second point de vue; il a fixé les règles du contrat au point de vue des idées en partant de son *principe* idéal de liberté et d'égalité.

On peut faire le travail complémentaire: rechercher dans la réalité si le développement des sociétés n'est pas soumis à certaines lois, leur existence subordonnée à certaines conditions. Au lieu de prendre pour principe le but idéal de la société, prendre pour point de départ sa subsistance, son existence réelle. Cette seconde méthode mène à établir la contrepartie du Contrat social, comme la première établissait son code de droit rationnel; et nous verrons que la seconde est aussi liée, aussi nécessaire que la première, mais pratique au lieu d'être théorique.

Rousseau se demande: Que doit être une société visant au bien commun, pour être fondée en justice? On peut se demander: Quelle doit être la société de Rousseau pour vivre et se maintenir?

Les données historiques qui permettent de répondre à cette question sont nombreuses. Dans notre documentation, nous essaierons de montrer quels furent les effets et les conditions du jeu des Sociétés en 1789 et en Bretagne[2], en 1793 dans la France entière[3]. Mais ce sont là des cas particuliers; l'action des sociétés a des lois générales, nécessaires, qui tiennent *à la nature même de l'union*, et non aux hommes ni aux circonstances. Nous devons donner de ces lois une idée sommaire, indispensable pour bien comprendre le phénomène révolutionnaire.

Nous nous aiderons dans cet exposé des plus frappants exemples fournis par l'histoire des sociétés pendant les deux derniers siècles. En France, celle – soit des sociétés secrètes, par exemple la Congrégation, la maçonnerie royaliste du Directoire et de l'Empire, le Grand-Orient, – soit des sociétés à demi découvertes, comme les sociétés révolutionnaires, les Amis de la Constitution, les Jacobins; – soit enfin, au-dehors, de ces vastes associations électorales permanentes, la «Machine», ou le «Caucus», qui ont régné en Amérique dès le temps de Washington, en Angleterre depuis 1880, et qu'un ouvrage critique de premier ordre a récemment décrites[4].

Ces modèles d'illustration ne sont pas les seuls; et sans aller si loin, nous en trouverons aussi dans notre sujet même.

Pour prévenir quelque confusion, il n'est pas hors de propos de définir le sens des termes et de marquer la différence qu'il y a entre les mœurs de la «démocratie pure» et les mœurs politiques des partis, c'est-à-dire du «régime parlementaire», avec lequel on est le plus tenté de confondre le «régime social» à cause de leurs principes communs et du commun nom de démocratie.

---

1. D'ailleurs tous les historiens maçons ont dit que la Révolution était faite en loges avant de l'être dans la nation.
2. Voir sur les origines du mouvement révolutionnaire: *les Sociétés de pensée et la Révolution en Bretagne, 1788-1789.*
3. Voir les *Actes du gouvernement révolutionnaire (23 août 1793 – 27 juillet 1794)* par Augustin Cochin et Charles Charpentier.
4. Ostrogorski.

Dans la *démocratie pure*, ou démocratie directe, la volonté *actuelle* de la collectivité, à tout instant, fait loi: dès lors le gouvernement personnel du peuple ne peut se concevoir autrement que sous la forme de consultation permanente, donc de *Sociétés permanentes* de libre discussion.

Dans le *régime parlementaire* la théorie démocratique n'est pas pure, ni le gouvernement du peuple direct. En effet, sous le régime représentatif ou bien l'électeur vote pour un homme plus que pour le programme et alors il ne discute guère, ou s'il discute ce n'est après tout que sur des questions générales, tous les quatre ans et pendant six semaines. Dans ces conditions, partis et candidats peuvent accepter le débat, se donner le luxe d'éclairer les électeurs et de répondre aux objections; l'entente n'en souffre pas trop et la dignité des deux parties y gagne: c'est le temps des réunions sérieuses, des conférences étudiées, des professions sincères, des «lectures», comme disent les Anglais. – Mais les lectures sont abandonnées en Angleterre depuis que la pratique des «associations permanentes» a remplacé celle des campagnes périodiques.

Le régime parlementaire des associations périodiques et électorales n'est qu'une forme intermittente de démocratie. Ainsi en ont jugé les purs démocrates de tout temps: nos jacobins de 1793, pour qui le peuple, la volonté du peuple, résidait essentiellement dans les Sociétés populaires; les démocrates anglais et américains qui ont transformé dans ce sens l'ancienne organisation autoritaire et féodale des *partis*, le député devenant le porte-parole, et non plus le maître et le chef, d'une circonscription où le peuple restait assemblé en permanence, organisé et «debout», au lieu de se disperser, l'élection faite et le pouvoir donné. Les sections de vote sont devenues des sections délibérantes et permanentes, phénomène déjà connu du temps de la Révolution.

La *démocratie pure* ne reconnaît plus ni doctrine ni docteur; tout est livré à la discussion libre, et, d'autre part, cette discussion est étendue à toutes les questions et à tout le monde et à tous les temps, et non limitée aux questions générales, à certains électeurs et à certaines époques comme dans la *démocratie tempérée* ou parlementaire.

Le régime parlementaire est une liberté réglée par une Constitution.

Il faut insister sur la différence parce que l'on confond toujours la démocratie pure avec la démocratie parlementaire. La démocratie directe ne s'est jamais exercée jusqu'ici d'une façon stable que dans les sociétés de pensée. Elle se pratique cependant aux Jacobins, au Grand-Orient, à la C.G.T. Toutes ces organisations permanentes sont aussi différentes de la démocratie représentative que celle-ci l'est du droit divin.

Pour une critique de l'économie politique du signe
(1972)

JEAN BAUDRILLARD
(né en 1929)

Jean Baudrillard est avec Barthes, Derrida et Morin, l'un des principaux éveilleurs à nos études en France ; et comme eux il enseigne autant par le style, ou l'allure de la pensée, que par les contenus théoriques. On ne lit pas Baudrillard d'une traite, ni d'un bout à l'autre, on y flâne, on y rêve, on y revient.

Pour une critique de l'économie politique du signe, *titre paru en 1972 mais où résonne l'écho des amphis de mai 68, est un ouvrage de transition: l'auteur y conteste le modèle marxiste, particulièrement discuté dans la confrontation, qui occupe plusieurs chapitres, entre valeur d'usage et valeur d'échange. La première se réfère au simple besoin, la seconde aux dérives du désir; il est clair que notre* société de consommation *(titre de l'ouvrage précédent, de 1970) requiert un nouveau paradigme, celui de la séduction contre la production. La sémiologie y sert à contester la fétichisation (marxiste) de la production comme instance séparée ou «dernière» (c'est-à-dire première); mais l'économie signifiante n'a elle-même aucune autonomie, et renvoie pour Baudrillard aux stratégies pragmatiques, et désirantes, des acteurs sociaux. L'orientation sémiologique de son premier ouvrage,* le Système des objets *(1968), rédigé dans la proximité des thèses qui étaient à l'époque celles de Barthes et d'un structuralisme intransigeant, semble donc également dépassée.*

Le chapitre que nous publions insiste sur la logique et la résistance des médias, qui n'agissent pas par leurs contenus (dont ils seraient les simples véhicules); c'est dans leur forme même que les médias induisent un rapport social, rapport non d'exploitation mais d'abstraction, de séparation et d'abolition de l'échange. L'idéologie, suggère Baudrillard, n'est pas la conséquence de la valeur d'échange, elle est son opération même. La même année, Jean-François Lyotard proposait également, dans Discours, Figure, *qu'on en finisse en psychanalyse avec une idée naïve de la censure qui, par exemple, déformerait les «pensées du rêve»: or celui-ci agit moins comme un déguisement de désir que comme un désir de déguisement, ou de confusion primaire, et il plaît d'abord par cette forme (condensation-déplacement-figuration), et non par tel hypothétique contenu.* Medium is message*: sans refaire la théorie de McLuhan, Baudrillard prophétise avec détachement, dans ce texte de 1972, les déboires que rencontreront les socialistes (représentés ici par les thèses du sociologue allemand Enzensberger) quand ils investiront l'appareil médiatique, et l'écart dramatique pour eux entre* sa *logique et* leur *message.*

Ce texte est également contemporain des réflexions de Michel Foucault sur les micro-dispositifs (et pas seulement les appareils idéologiques d'État d'Althusser) de contrôle et de pouvoir. Baudrillard annonce des formes inédites de censure, non par répression des messages mais par le glissement de ceux-ci dans la valeur d'échange, c'est-à-dire dans la ronde des mass media qui, dit-il, rendent homogènes des productions symboliques, culturelles ou révolutionnaires au départ incommensurables. L'exemple, développé ci-dessous, de la digestion (ou de la gestion) de mai 68 par les grands médias semble en effet éclairant.

Il y a une certaine ironie dans les thèses et les observations de Baudrillard, roboratives et renversantes pour la pensée héritée. Sa revue des principaux paradigmes actuellement disponibles sur le marché théorique est sévère! Et sa critique, radicale, oblige à imaginer des alternatives imprévues ou inouïes: ici, l'auteur conclut sa démonstration par l'appel à une libération inspirée de la psychanalyse, soit une plongée dans le processus primaire et les pulsions du sans-code, qui ne jouent pas le jeu de l'échange, et sautent ainsi hors de tout système.

Cet anarchisme gauchiste est utopique bien sûr, puisqu'il ne peut constituer un programme sous peine de se nier lui-même. Mais Baudrillard le sait, et cela donne à ses livres le charme du chat de Cheshire dont le sourire (nous dit Lewis Carroll) flottait encore dans l'air après la disparition du félin.

Source: Pour une critique de l'économie politique du signe, *Gallimard, coll. «Les Essais», Paris, 1972, aujourd'hui en collection «TEL».*

Bibliographie: *Jean Baudrillard,* le Système des objets, *Gallimard, 1968;* la Société de consommation, *Denoël, 1970 ;* l'Échange symbolique et la mort, *Gallimard, 1976 ;* À l'ombre des majorités silencieuses, *Gonthier/Médiations, 1982 ;* les Stratégies fatales, *Grasset, 1983 ;* Amérique, *Grasset, 1986.*

Requiem pour les média

Introït

IL N'Y A PAS DE THÉORIE DES MÉDIA. La « révolution des média » est restée jusqu'ici empirique et mystique, tant chez McLuhan que chez ceux qui le prennent à parti. Celui-ci disait avec sa brutalité de Canadien texan que la théorie de Marx, contemporaine de la vapeur et des chemins de fer, était déjà révolue de son vivant, où le télégraphe avait fait son apparition. À sa façon candide, c'est dire que Marx, dans son analyse matérialiste de la production, a comme circonscrit un domaine réservé des forces productives, d'où se sont trouvés exclus le langage, les signes et la communication. À vrai dire, il n'y a même pas chez Marx une théorie des chemins de fer comme « médium », comme mode de communication : ils n'entrent en considération, et toute l'évolution technique en général, que sous l'aspect de la production, production de base, matérielle, infrastructurelle, seule déterminante des rapports sociaux. Voué à une idéalité intermédiaire et à une pratique sociale aveugle, le « mode de communication » a eu loisir depuis un siècle de « faire sa révolution » sans rien changer à la théorie du mode de production.

À partir de là, et à condition (ce qui est déjà une révolution par rapport au marxisme héréditaire) de ne pas considérer l'échange des signes comme une dimension marginale, superstructurelle chez des êtres que la seule vraie théorie (matérialiste) définit irrévocablement comme « producteurs de leur vie réelle » (des biens destinés à satisfaire leurs besoins) – on peut envisager deux perspectives :

1. – Ou bien on garde la forme générale de l'analyse marxiste (contradiction dialectique entre forces productives et rapports de production), mais on admet que la définition « classique » des forces productives est une définition *restreinte*, et on élargit l'analyse en termes de forces productives à tout ce champ aveugle de la signification et de la communication. Cela implique de dégager dans toute leur originalité les contradictions issues de cette extension théorique et pratique du champ de l'économie politique. C'est l'hypothèse de départ d'Enzensberger dans son article de la *New Left Review* (« Constituents of a theory of the media », automne 1970) : « Le capitalisme monopoliste développe l'industrie de la conscience plus rapidement et d'une façon plus extensive que n'importe quel autre secteur de production. Mais en même temps il doit la freiner et la restreindre. C'est sur cette contradiction que doit travailler une théorie socialiste des média. » Cette hypothèse ne fait, somme toute (et, dans ce sens, elle arrive déjà bien tard), que prendre acte de l'extension virtuelle de la forme/marchandise à tous les domaines de la vie sociale et, du fait qu'il existe d'ores et déjà une théorie « classique » de la communication, une économie politique « bourgeoise » des signes et de leur production, comme il a pu en exister une de la production matérielle dès le XVIIIe siècle, – discipline théorique de classe[1] à laquelle n'a répondu

1. Cette économie politique du signe, c'est la linguistique structurale (avec, bien sûr, la sémiologie et tous ses dérivés, dont la théorie de la communication dont nous parlerons plus loin). Nous savons

jusqu'ici aucune critique fondamentale qui eût été l'extension logique de celle de Marx en son temps. Cette *critique de l'économie politique du signe* a été rendue impossible par la relégation de tout ce domaine dans la superstructure. Au mieux, donc, l'hypothèse Enzensberger ne ferait que combler l'immense retard pris par la théorie marxiste classique.

2. – Radicale, cette hypothèse ne l'est qu'au regard du marxisme officiel, lequel, totalement immergé dans les modèles dominants, et pour sa propre survie, s'interdit même de la faire. Mais *l'alternative radicale est ailleurs.* Au lieu de réinterpréter le problème crucial que pose à la théorie révolutionnaire la production du sens, des messages et des signes en termes de forces productives classiques – c'est-à-dire de généraliser une analyse marxiste considérée comme définitive et mise sous scellés par les « porte-parole de la Révolution » –, l'alternative est de bouleverser cette dernière à la lumière de l'irruption de ce problème dans le champ théorique (ce que nul marxiste qui « se respecte » ne fera, même à titre d'hypothèse).

Autrement dit : peut-être la théorie marxiste de la production est-elle irrémédiablement partielle, et ne saurait être généralisée. Ou encore : la théorie de la production (l'enchaînement dialectique des contradictions lié au développement des forces productives) est strictement homogène à son objet, la production *matérielle*, et ne saurait être transférée, comme postulat ou cadre théorique, à des contenus qu'elle ne s'est jamais donnés[1]. La forme dialectique est adéquate à un certain contenu, celui de la production matérielle : elle en épuise le sens, mais n'excède pas, tel un archétype, la définition de cet objet. La dialectique est en cendres, parce qu'elle s'est donnée comme système d'interprétation de l'ordre *séparé* de la production matérielle.

Cette hypothèse est, somme toute, logique. Elle accorde à l'analyse marxiste une cohérence globale, une homogénéité interne qui interdit d'en retenir tel élément et d'en exclure tel autre, selon une technique de bricolage dont les althussériens sont les artificiers les plus subtils. À l'inverse, nous ferons à la théorie marxiste le crédit d'une cohérence maximum, et c'est pour cette raison même que nous dirons que cette cohérence doit être brisée, parce qu'elle est sans réponse devant un procès social qui excède de loin celui de la production (matérielle)[2].

---

que c'est elle qui, dans le cadre de l'idéologie générale, est aujourd'hui la discipline maîtresse, inspirant l'anthropologie, les sciences humaines, etc., comme en son temps le fut l'économie politique, dont les postulats inspiraient profondément toute la psychologie, la sociologie et les sciences « morales et politiques ».

1. Dans ce cas, l'expression « industrie de la conscience » – qu'emploie Enzensberger pour caractériser les média actuels –, n'est qu'une métaphore dangereuse. Or, elle supporte toute son hypothèse analytique, qui est d'étendre aux média l'analyse marxiste du mode de production capitaliste, jusqu'à retrouver une analogie structurelle dans les rapports : classe dominante/classe dominée – producteur-entrepreneur/consommateur – émetteur-transmetteur/récepteur.

2. En fait, l'analyse marxiste peut être mise en cause à deux niveaux très différents de radicalité : ou bien en tant que système d'interprétation de l'ordre séparé de la production matérielle, ou bien en tant que système d'interprétation de l'ordre séparé de la production (en général). Dans le premier cas, l'hypothèse de la non-pertinence de la dialectique hors de son champ « d'origine » doit logiquement être poussée plus loin : si les contradictions « dialectiques » entre forces productives et rapports de production s'effacent largement dans le champ du langage, des signes et de l'idéologie – *peut-être n'ont-elles jamais été vraiment à l'œuvre non plus dans le champ de la production*

Enzensberger : une stratégie «socialiste»

Faute d'une théorie et d'une stratégie offensive, dit Enzensberger, la «gauche» reste désarmée. Elle se contente de dénoncer la culture massmédiatique comme manipulation idéologique. Elle rêve d'une prise de pouvoir sur les média, tantôt comme *moyen* d'aider à la prise de conscience révolutionnaire des masses, tantôt comme *conséquence* d'un changement radical des structures sociales. Velléité contradictoire, qui reflète simplement l'impossibilité d'intégrer les média dans une théorie de l'infra- et de la superstructure. Faute de les concevoir comme un nouvel et gigantesque potentiel de forces productives (Enzensberger), les média (et, faut-il ajouter, tout le domaine des signes et de la communication) restent un mystère social pour la «gauche»: elle est partagée entre la fascination et la pratique devant cette sorcellerie à laquelle elle n'échappe pas, mais qu'elle réprouve moralement et intellectuellement (c'est bien sûr ici l'«intellectuel de gauche» qui parle par la bouche d'Enzensberger et fait son autocritique). Cette ambivalence ne fait que refléter l'ambivalence des média eux-mêmes, sans la dépasser ni la réduire. En bon sociologue marxiste, Enzensberger impute cette «phobie» des intellectuels et des mouvements de gauche à leur origine bourgeoise ou petite-bourgeoise: ils se défendent instinctivement de la culture de masse parce qu'elle brise leur privilège culturel[1]. Vrai ou faux, peut-être vaudrait-il mieux se demander quelle responsabilité a dans ce mépris fasciné, ce désarroi tactique et ce refus d'investissement de l'intelligentsia de gauche devant les média, quelle responsabilité a précisément le préjugé marxiste, son idéalisme nostalgique de l'infrastructurel et son allergie théorique à tout ce qui n'est pas production «matérielle» et «travail productif». La doctrine «révolutionnaire» n'a jamais tenu compte de l'échange des signes autrement qu'à usage fonctionnel: information, diffusion, propagande. Et le new-look actuel en matière de *public relations*, toute la subculture moderniste des partis de gauche n'est pas fait pour briser cette tendance: elle montre assez comment l'idéologie bourgeoise peut passer ailleurs que par l'«origine sociale».

Tout ceci résulte, poursuit Enzensberger, en une schizophrénie politique de la gauche. D'une part, toute une fraction révolutionnaire (subversive) se lance dans l'exploration apolitique des média nouveaux (subculture, *underground*), d'autre part les groupes politiques «militants» vivent encore pour l'essentiel sur un mode archaïque de communication, se refusant à «jouer le jeu», à exploiter les gigantesques virtualités des média électroniques. Il reproche ainsi aux étudiants de mai 68 d'avoir recouru aux moyens artisanaux (les beaux-arts) pour la diffusion de leurs mots d'ordre, et d'avoir occupé l'Odéon, vieux sérail de la culture, plutôt que l'O.R.T.F.

La pensée d'Enzensberger, elle, se veut optimiste et offensive. Les média sont actuellement sous le monopole des classes dominantes, qui les *détournent* à leur profit. Mais leur

---

matérielle, puisqu'un certain développement capitaliste des forces productives a pu éponger, non pas tout conflit bien sûr, mais les antagonismes révolutionnaires au niveau des rapports sociaux. Quelle est alors la validité de ces concepts, sinon une cohérence purement conceptuelle ?
Dans le deuxième cas, c'est à la racine même (et non dans ses divers contenus) que le concept de production doit être mis en cause avec la forme séparée qu'il institue, avec le schème de représentation et de rationalisation qu'il impose. C'est sans doute là qu'à l'extrême il faut en venir.

1. On trouve ce genre de déterminisme réducteur chez Bourdieu et dans la phraséologie du P.C. Il est sans valeur théorique. Il fait du mécanisme de démocratisation une valeur révolutionnaire en soi. Que les intellectuels répugnent à la culture de masse ne suffit pas à en faire une alternative révolutionnaire. Les aristocrates ont rechigné de la même façon à la culture bourgeoise : cela n'a jamais suffi à faire de celle-ci autre chose qu'une culture de classe.

structure, elle, reste «fondamentalement égalitaire», et c'est à la pratique révolutionnaire de dégager cette virtualité inscrite en eux, mais pervertie par l'ordre capitaliste – disons le mot: à les libérer, à les rendre à leur *vocation* sociale de communication ouverte et d'échange démocratique illimité, à leur véritable destination socialiste.

Il est clair qu'il s'agit ici de l'extension du même schéma assigné depuis toujours, de Marx à Marcuse, aux forces productives et à la technique. Elles sont la promesse de l'accomplissement humain, mais le capitalisme les gèle ou les confisque. Elles sont libératrices, mais il faut les libérer[1]. Les média, on le voit, n'échappent pas à cette logique fantastique de l'inscription en filigrane de la révolution dans les choses. Remettre les média à la logique des forces productives n'est plus alors un acte critique, car c'est pour mieux les enfermer dans la métaphysique révolutionnaire.

Comme d'habitude, cette position se perd d'ailleurs en contradictions. D'une part les média, de par leur développement même (capitaliste), assurent une socialisation de plus en plus poussée – bien que ce soit techniquement pensable, il n'y a pas de circuit fermé de télévision pour les *happy few*, «parce que ça irait contre la structure du médium TV» *(against the grain of the structure)* – «pour la première fois dans l'histoire, les média rendent possible une participation de masse dans un procès productif social et socialisé, participation dont les moyens pratiques sont aux mains des masses elles-mêmes» – d'autre part «les mouvements socialistes doivent combattre et combattront pour leurs propres longueurs d'onde». Pourquoi se battre (surtout pour une longueur d'onde), si les média réalisent d'eux-mêmes le socialisme? Si telle est leur vocation structurelle?

L'ordre actuel, dit Enzensberger après Brecht (*Théorie de la radio*, 1932), réduit les média à un simple «médium de distribution», il faut en faire un véritable médium de communication (toujours le même rêve qui hante l'imaginaire marxiste: arracher les objets à leur valeur d'échange pour les rendre à leur valeur d'usage), et cette transformation, ajoute-il, «n'est pas techniquement un problème». Mais:

1. – Il est faux que les média soient dans l'ordre actuel «de pure et simple distribution». Là encore, c'est en faire le relais d'une idéologie qui trouverait ses déterminations ailleurs (dans le mode de production matérielle). Autrement dit: les média comme marketing et merchandizing de l'idéologie dominante – d'où l'assimilation du rapport capitaliste/salarié avec celui de producteur-émetteur de média/masses réceptrices irresponsables. Ce n'est pas comme véhicule d'un contenu, c'est dans leur forme et leur opération même que les média induisent un rapport social, et ce rapport n'est pas d'exploitation, il est d'abstraction, de séparation, d'abolition de l'échange. Les média ne sont pas *coefficients*, mais *effecteurs* d'idéologie. Non seulement ils ne sont pas révolutionnaires par destination, mais ils ne sont même pas, ailleurs ou virtuellement, neutres ou non idéologiques (le phantasme de leur statut «technique» ou de leur «valeur d'usage» sociale). Réciproquement, l'idéologie n'existe pas non plus quelque part ailleurs comme discours de la classe dominante avant de s'investir dans les média. Il en est de même dans la sphère de la marchandise: nulle part celle-ci n'a d'autre statut de réalité (la «valeur d'usage du produit») que la forme qu'elle prend dans l'opération du système de la valeur d'échange. Et l'idéologie n'est pas non plus quelque imaginaire flottant dans le sillage de la valeur d'échange, elle est l'opération même

1. Ainsi des institutions, du pouvoir et de l'État: selon qu'ils sont aux griffes du Capital ou que le peuple s'en empare, ils se vident ou se remplissent de contenu révolutionnaire, sans que jamais leur forme soit interrogée.

de la valeur d'échange. Après le *Requiem* pour la Dialectique, il faut sonner le *Requiem* de l'Infra- et de la Superstructure.

2. – Il s'ensuit que lorsque Brecht et Enzensberger affirment que la transformation des média en véritable médium de communication n'est pas techniquement un problème (« elle n'est, dit Brecht, que la conséquence naturelle de leur développement technique »), il faut entendre en effet (mais à l'inverse et sans jouer du tout sur les mots) que *ce n'est justement pas un problème technique*, puisque l'idéologie des média est au niveau de la *forme*, de la séparation qu'ils instituent, et qui est une division *sociale*.

La parole sans réponse

Ce qui caractérise les média de masse, c'est qu'ils sont antimédiateurs, intransitifs, qu'ils fabriquent de la non-communication – si on accepte de définir la communication comme un *échange*, comme l'espace réciproque d'une parole et d'une *réponse*, donc d'une *responsabilité*, – et non pas une responsabilité psychologique et morale, mais une corrélation personnelle de l'un à l'autre dans l'échange. Autrement dit, si on la définit comme autre chose que la simple émission/réception d'une information, celle-ci fût-elle réversibilisée dans le feed-back. Or, toute l'architecture actuelle des média se fonde sur cette dernière définition : *ils sont ce qui interdit à jamais la réponse*, ce qui rend impossible tout procès d'échange (sinon sous des formes de *simulation* de réponse, elles-mêmes intégrées au procès d'émission, ce qui ne change rien à l'unilatéralité de la communication). C'est là leur véritable abstraction. Et c'est dans cette abstraction que se fonde le système de contrôle social et de pouvoir.

Pour bien comprendre ce terme de *réponse*, il faut l'entendre dans un sens fort, et pour cela se référer à ce qui en est l'équivalent dans les sociétés « primitives » : le pouvoir est à celui qui peut donner et à *qui il ne peut pas être rendu*. Donner, et faire en sorte qu'on ne puisse pas vous rendre, c'est briser l'échange à son profit et instituer un monopole : le procès social est ainsi déséquilibré. Rendre, au contraire, c'est briser cette relation de pouvoir et instituer (ou restituer), sur la base d'une réciprocité antagoniste, le circuit de l'échange symbolique. Il en est de même dans la sphère des média : il y est parlé, *et fait en sorte qu'il ne puisse nulle part y être répondu*. C'est pourquoi la seule révolution dans ce domaine – et partout ailleurs, la révolution tout court – est dans la restitution de cette possibilité de réponse. Cette simple possibilité suppose le bouleversement de toute la structure actuelle des média.

Il n'y a pas d'autre théorie ou stratégie possible. Toute velléité de démocratiser les contenus, de les subvertir, de restituer la « transparence du code », de contrôler le processus d'information, de ménager une réversibilité des circuits, ou de prendre le pouvoir sur les média, est sans espoir, – si n'est pas brisé le monopole de la parole, et ceci non pas pour la donner individuellement à chacun, mais pour qu'elle puisse s'échanger, se donner et se rendre[1], comme le regard ou le sourire parfois, et sans qu'elle puisse jamais être arrêtée, figée, stockée et redistribuée en quelque endroit du procès social[2]. Pour l'instant, nous

1. Il ne s'agit pas de « dialogue », qui n'est jamais que l'ajustement fonctionnel de deux paroles abstraites sans réponse, où les deux « interlocuteurs ne sont jamais présents l'un à l'autre, mais seulement leur discours modelisé ».

2. On voit que la prise de l'O.R.T.F. en mai 68 n'eût rien changé en soi, sinon à « diffuser » des « contenus » subversifs – ou alors pour saborder l'O.R.T.F. en tant que tel, dont toute la structure technique et fonctionnelle reflète l'usage monopolistique de la parole.

sommes dans la non-réponse, l'irresponsabilité. «Activité autonome minimale de la part du spectateur ou de l'électeur», dit Enzensberger. Le premier et le plus beau des mass media est en effet le système électoral : le référendum en est le couronnement, où la réponse est impliquée dans la question, comme dans les sondages – c'est une parole qui se répond à elle-même par le détour simulé d'une réponse, et, là encore, l'absolutisation d'une parole sous le masque formel de l'échange est la définition même du pouvoir. Barthes signale la même non-réciprocité dans la littérature : «Notre littérature est marquée par le divorce impitoyable entre le fabricant et l'usager du texte, entre son propriétaire et son client, son auteur et son lecteur. Ce lecteur est alors plongé dans une espèce d'oisiveté, d'intransitivité, et, pour tout dire, de sérieux : au lieu de jouer lui-même, d'accéder pleinement à l'enchantement du signifiant [...], il ne lui reste plus en partage que la pauvre liberté de recevoir ou de rejeter le texte : la lecture n'est plus qu'un *référendum*» *(S/Z)*. Le statut de consommateur définit aujourd'hui cette relégation, et l'ordre généralisé de la consommation n'est autre que celui où il n'est plus permis de donner, de rendre ou d'échanger, mais seulement de prendre et de faire usage (appropriation, valeur d'usage individualisée). Dans ce sens, les biens «de consommation» sont aussi un médium de masse : ils répondent à la forme générale que nous avons décrite. Peu importe leur fonction spécifique : la consommation de produits et de messages, c'est la relation sociale abstraite qu'ils instituent, c'est l'interdit jeté sur toute forme de réponse et de réciprocité.

Ainsi il n'est pas vrai, comme l'affirme Enzensberger, que «pour la première fois dans l'histoire, les média rendent possible une participation de masse à un procès social productif», ni que «les moyens pratiques de cette participation soient aux mains des masses elles-mêmes». Comme si la possession d'un poste de télévision ou d'une caméra inaugurait une possibilité nouvelle de relation et d'échange. Strictement pas plus que celle d'un réfrigérateur ou d'un grille-pain. Il n'y a pas de *réponse* à un objet fonctionnel : sa fonction est là, parole intégrée à laquelle il est déjà répondu, et qui ne laisse aucune place à un jeu, à un *enjeu* réciproque (sinon de le détruire ou de le détourner de sa fonction)[1]. L'objet fonctionnel, comme tous les messages fonctionnalisés par les média, comme l'opération du référendum, contrôle donc la rupture, l'émergence du sens, et la censure. À la limite, le pouvoir (s'il n'était lui aussi obsédé par les contenus et convaincu de la force de «persuasion» idéologique des média, et donc de la nécessité d'un contrôle des messages) offrirait à chaque citoyen une télévision sans se préoccuper des programmes. Il est inutile en effet de phantasmer le détournement policier de la TV par le pouvoir (Orwell, *1984*) : la TV, c'est, par sa présence même, le contrôle social chez soi. Pas besoin de l'imaginer comme périscope espion du régime dans la vie privée de chacun, puisqu'elle est mieux que cela : elle est la *certitude que les gens ne se parlent plus*, qu'ils sont définitivement isolés face à une parole sans réponse.

Dans ce sens, McLuhan, qu'Enzensberger méprise en le traitant de ventriloque, est beaucoup plus proche d'une théorie lorsqu'il dit que «le médium est le message» (sinon que, totalement aveugle à la forme sociale dont nous parlons, il exalte les média et leur message planétaire avec un optimisme tribal délirant). *Medium is Message* n'est pas une proposition critique, mais, sous sa forme paradoxale, elle a valeur analytique, alors que

1. La multifonctionnalité ne change évidemment rien à cela. Multifonctionnalité, pluridisciplinarité, polyvalence sous toutes ses formes, c'est la réponse du système à sa propre obsession de la centralité et de l'uni-équivalence. C'est la réaction du système à sa propre pathologie, mais sans toucher à sa logique.

l'ingénuité d'Enzensberger sur la « nature structurelle des média[1] », telle qu'« aucun pouvoir ne peut se permettre de libérer leur potentialité », en se voulant révolutionnaire, n'est que mystique. Mystique de la prédestination socialiste des média, inverse mais complémentaire du mythe orwellien de leur manipulation terroriste par le pouvoir. Dieu même serait pour le socialisme : les chrétiens le disent.

Stratégie subversive et « action symbolique »

On a pu objecter que les média de masse avaient joué leur rôle en mai 68, en amplifiant spontanément le mouvement révolutionnaire. À un moment au moins de l'action, ils se seraient retournés (involontairement) contre le pouvoir. C'est sur cette faille et ce retournement possible que se fonde la stratégie subversive des yippies américains (Hoffman, Rubin) et que s'élabore dans les mouvements révolutionnaires mondiaux une théorie de l'« action symbolique ». Détourner les média dans leur pouvoir de réaction en chaîne. Utiliser leur fonction de généralisation instantanée de l'information. Sous-entendu : l'impact des média est réversible, c'est une variable de la lutte de classes qu'il faut savoir intégrer à son profit. Il faut s'interroger sur ce qui n'est peut-être encore qu'une grande illusion stratégique.

Mai 68 peut servir d'exemple. Tout peut laisser croire à l'impact subversif des média pendant cette période. Radios périphériques, journaux ont répercuté partout l'action étudiante. Si celle-ci fut le détonateur, les média furent le résonateur. Le pouvoir ne s'est d'ailleurs pas privé de les accuser de « faire le jeu » des révolutionnaires. Mais cette évidence se fonde sur une absence d'analyse. Je dirais à l'inverse que les média n'ont jamais si bien tenu leur rôle et qu'ils ont été, dans leur fonction de contrôle social *habituelle*, à la hauteur des événements. Cela parce qu'ils ont gardé leur *forme* (sous le bouleversement des contenus) et que c'est cette forme, quel que soit le contexte, qui les rend inexorablement solidaires du système de pouvoir. En diffusant l'événement dans l'*universalité abstraite* de l'opinion publique, ils lui ont *imposé* un développement soudain et démesuré et, par cette extension *forcée* et anticipée, ont dépouillé le mouvement originel de son rythme propre et de son sens – en un mot : ils l'ont court-circuité.

Dans le champ traditionnel de la politique (de gauche ou de droite[2]), là où s'échangent des *modèles* consacrés et une parole canonique, les média transmettent sans altérer le sens. Ils sont homogènes à cette parole-là comme ils le sont à la circulation de la marchandise. Mais la transgression et la subversion, elles, ne passent pas sur les ondes sans être subtilement niées en tant que telles : transformées en *modèles*, neutralisées en *signes*, elles

1. Enzensberger l'interprète ainsi : *Medium is Message* est une proposition bourgeoise. Elle signifie que la bourgeoisie n'a plus rien à dire. N'ayant plus de message à transmettre, elle joue la carte du médium pour-le-medium. – Si la bourgeoisie n'a plus rien à dire, le « socialisme » ferait mieux de se taire.

2. Cette distinction n'a plus de sens au regard des média. Il faut leur rendre cet honneur d'avoir largement contribué à l'effacer. Elle est solidaire d'un ordre caractérisé par la *transcendance* du politique, et n'a plus rien à voir avec ce qui s'annonce sous toutes sortes de formes comme la *transversalité* du politique. Mais il ne faut pas s'y tromper : les média ne contribuent à liquider la transcendance du politique que pour y substituer leur propre transcendance, celle abstraite de la forme massmédiatique qui, elle, est définitivement intégrée et n'offre même plus de structure conflictuelle (gauche/droite). La transcendance massmédiatique est donc réductrice de la transcendance traditionnelle du politique, mais elle l'est bien plus encore de la transversalité nouvelle du politique.

sont vidées de leur sens[1]. Il n'y a pas de modèle de la transgression, de prototype ni de série. C'est donc encore la meilleure façon de la réduire que de lui faire une publicité mortelle. Dans un premier temps, cette opération peut laisser croire à des résultats « spectaculaires ». En fait, elle équivaut à démanteler le mouvement en lui ôtant son impulsion propre. L'acte de rupture s'est changé en modèle bureaucratique à distance – et cela est proprement le travail des média [2].

Tout ceci est lisible dans la dérivation, la distorsion du terme « symbolique ». L'action du 22 mars à Nanterre était symbolique parce que transgressive, parce que, à tel moment et en tel lieu, elle inventait une rupture radicale ou, pour reprendre l'analyse proposée plus haut, inventait une *réponse* là où l'institution du pouvoir administratif et pédagogique parlait seule et avait pour fonction de n'en permettre aucune. Ce n'est pas du tout par le fait de la diffusion et de la contagion massmédiatique que cette action fut symbolique. Aujourd'hui pourtant, c'est de plus en plus cette dernière acception (l'impact de la divulgation) qui suffit à définir l'action symbolique. À la limite, l'acte subversif n'est plus produit qu'*en fonction de sa reproductibilité*[3]. Il ne s'invente plus, il se produit d'emblée comme *modèle*, comme geste. Le symbolique a glissé de l'ordre de la production même du sens (politique ou autre) à l'ordre de sa reproduction, qui est toujours celui du pouvoir. Le symbolique devient pur et simple *coefficient* symbolique, la transgression devient valeur d'échange.

Toute la pensée critique rationaliste (Benjamin, Brecht, Enzensberger) voit là un progrès décisif. Les média ne font qu'actualiser et renforcer la « nature *démonstrative* de n'importe quel acte politique » (Enzensberger). Ceci concorde évidemment avec la conception *didactique* de la révolution, et, plus loin, avec la « dialectique de la prise de conscience », etc. Cette pensée rationaliste n'a pas renié la pensée bourgeoise des Lumières, elle est l'héritière de toutes ses conceptions sur la vertu démocratique (ici révolutionnaire) de la diffusion des Lumières. Dans son illusion pédagogique, cette pensée oublie que – l'acte politique visant délibérément les média et attendant d'eux son pouvoir – les média, eux aussi, le

1. Cette forme de la « divulgation » ou « propagation » s'analyse aussi bien dans le champ de la science ou de l'art. La reproductibilité généralisée oblitère le procès de travail et de sens pour ne livrer que des contenus modélisés (cf. Raoul Ergmann, « Le miroir en miettes », in *Diogène,* n° 68, 1969 ; Baudouin Jurdant, « La vulgarisation scientifique », in *Communications,* n° 14).
2. Il faut signaler que ce travail se double toujours d'un travail de sélection et de réinterprétation au niveau du groupe d'appartenance (*two step flow of communication*, de Lazarsfeld). D'où la prégnance très *relative* des *contenus* des média, et les résistances multiples qu'ils provoquent (il faudrait se demander d'ailleurs si ces résistances ne visent pas, plutôt que les contenus, l'abstraction du médium lui-même : la double articulation de Lazarsfeld irait dans ce sens, puisque la deuxième articulation est celle, opposée à la généralité des messages médiatiques, du réseau des relations *personnelles*). Pourtant, cette lecture « seconde », où le groupe d'appartenance oppose son propre code à celui des émetteurs, n'aboutit certainement pas à neutraliser, à « réduire » les contenus idéologiques dominants de la même façon que les contenus critiques ou subversifs. Dans la mesure où les premiers (modèles culturels, systèmes de valeurs imposés, sans alternative ni réponse, contenus bureaucratiques) sont homogènes à la forme générale massmédiatique (non-réciprocité, irresponsabilité) et s'y intègrent en la redoublant, il y a comme un effet de surdétermination et donc prégnance plus grande des contenus idéologiques dominants. Ceux-ci « passent » mieux que les *contenus* subversifs. Mais ceci n'est pas l'essentiel. Ce qu'il faut savoir c'est que la *forme* de la transgression ne passe pas « plus ou moins bien » : elle est radicalement niée par la forme massmédiatique.
3. Ainsi, pour Walter Benjamin (« L'œuvre d'art à l'ère de sa reproductibilité technique »), l'œuvre reproduite devient de plus en plus l'œuvre « désignée » en fonction de sa reproductibilité *(designed for reproducibility).* C'est alors, pour lui, que l'œuvre passe du rituel à la « politique ». La « valeur d'exhibition » révolutionne l'œuvre d'art et ses fonctions.

visent délibérément pour le dépolitiser. Un fait intéressant peut être cité ici à l'appui : l'irruption contemporaine du fait divers dans la sphère du politique (ce qui converge avec l'idée de Benjamin du passage de l'œuvre d'art au stade politique de par sa reproductibilité). Un raz de marée au Pakistan, un match de boxe noir aux États-Unis, un patron de bistrot qui tire sur un jeune, etc. – cette sorte d'événements jadis mineurs et apolitiques se trouve investie de toute une puissance de diffusion qui lui donne une envergure sociale et « historique ». Nul doute que le sens nouveau qu'ils prennent, la conflictualisation d'incidents qui faisaient jadis partie de la chronique, et où viennent cristalliser des formes nouvelles du politique, ne soient pour une bonne part le fait des média. Ces faits divers sont des « actions symboliques » non délibérées, mais rentrant dans le même procès de signification politique. Nul doute non plus que l'audience qu'ils reçoivent ne soit ambiguë, et que si, grâce aux média, le politique resurgit sous la catégorie du fait divers, grâce aux mêmes média, la catégorie du fait divers envahit partout le politique. Le fait divers a d'ailleurs changé de statut avec l'extension des mass media : de catégorie parallèle (venue des almanachs et des chroniques populaires) il est devenu système total d'interprétation mythologique, réseau serré de modèles de signification auquel nul événement n'échappe. La massmédiatisation, c'est cela. Ce n'est pas un ensemble de techniques de diffusion de messages, c'est l'*imposition de modèles*. La formule de McLuhan est ici à revoir : *Medium is Message* opère un transfert de sens sur le médium lui-même en tant que structure technologique. C'est encore de l'idéalisme technologique. En fait, le grand Medium, c'est le Modèle. Ce qui est médiatisé, ce n'est pas ce qui passe par la presse, la TV, la radio : c'est ce qui est ressaisi par la forme/signe, articulé en modèles, régi par le code. De même que la marchandise n'est pas ce qui est produit industriellement, mais ce qui est médiatisé par le système d'abstraction de la valeur d'échange. On voit qu'au mieux, ce qui peut s'opérer sous le signe des média, c'est le dépassement formel des catégories du fait divers et du politique et de leur séparation traditionnelle, mais pour mieux les assigner ensemble au même code général. Il est étrange qu'on n'ait jamais voulu mesurer la portée stratégique de cette *socialisation forcée* comme système de contrôle social. Encore une fois, le système électoral en est le premier grand exemple historique. Et il n'a jamais manqué de révolutionnaires (jadis parmi les plus grands, aujourd'hui parmi les moindres) pour croire pouvoir « jouer le jeu ». La grève générale elle-même, ce mythe insurrectionnel de tant de générations, est devenue un schème réducteur. Celle de mai 68, à laquelle les média ont largement contribué en exportant la grève à tous les coins de France, fut en apparence le point culminant de la crise, en fait le moment de sa décompression, de son asphyxie par extension, de sa défaite. Bien sûr, des millions d'ouvriers se sont mis en grève. Mais cette grève « médiatisée », transmise et reçue comme modèle d'action (que ce soit par les média ou les syndicats), ils n'ont su qu'en faire. Abstraite en un sens, elle a neutralisé les formes d'action locales, transversales, spontanées (pas toutes). Les accords de Grenelle ne l'ont pas trahie. Ils ont sanctionné *ce passage à la généralité de l'action politique qui met fin à la singularité de l'action révolutionnaire*. Aujourd'hui, elle est devenue (sous forme d'extension calculée de la grève) l'arme absolue des syndicats contre les grèves sauvages.

Le système électoral, la grève générale sont ainsi eux aussi des média, en quelque sorte. Jouant sur la socialisation formelle, extensive, ce sont les institutions les plus subtiles et les plus sûres de filtrage, de démantèlement et de censure. Il n'y a pas d'exception, ni de miracle.

Le vrai médium révolutionnaire en Mai, ce sont les murs et leur parole, les sérigraphies ou les affiches à la main, la rue où la parole se prend et s'échange – tout ce qui est inscription *immédiate*, donné et rendu, parlé et répondu, mouvant, dans un même temps et un même lieu, réciproque et antagoniste. La rue dans ce sens est la forme alternative et subversive de tous les mass media, car elle n'est pas, comme ceux-ci, support objectivé de messages sans réponse, réseau de transit à distance, elle est l'espace frayé de l'échange symbolique de la parole, éphémère et mortelle, parole qui ne se reflète pas sur l'écran platonicien des média. Institutionnalisée par la reproduction, spectacularisée par les média, elle crève.

C'est donc une illusion stratégique de croire en un *détournement* critique des média. Une telle parole passe aujourd'hui par la *destruction* des média en tant que tels, par leur déconstruction en tant que système de non-communication. Ceci n'implique pas liquidation, pas plus que la critique radicale du discours n'implique la négation du langage en tant que matériel signifiant. Mais ceci implique certainement la liquidation de toute leur structure actuelle, fonctionnelle et technique, de leur forme opérationnelle si on peut dire, qui reflète partout leur forme sociale. À la limite, bien sûr, c'est le concept même de médium qui disparaît, et doit disparaître : la parole échangée, l'échange réciproque et symbolique nie la notion et la fonction de médium, d'intermédiaire. Il peut impliquer un dispositif technique (son, image, ondes, énergie, etc.) comme aussi bien un dispositif corporel (gestes, langage, sexualité), mais celui-ci ne joue plus dans ce cas comme *médium*, comme système autonome régi par un code. La réciprocité passe par la destruction du médium en tant que tel. « On rencontre enfin ses voisins quand on contemple avec eux son immeuble en feu » (Jerry Rubin, *Do it*).

Le modèle théorique de la communication

Résumons les diverses hypothèses :

1. – McLuhan (pour mémoire) : les média font, ils sont la révolution, indépendamment de leur contenu, de par leur seule structure technologique. Après l'alphabet phonétique et le livre, la radio et le cinéma. Après la radio, la télévision. Nous sommes d'ores et déjà à l'ère de la communication instantanée et planétaire.

2. – Les média sont contrôlés par le pouvoir. Il faut les lui arracher, soit par la prise de pouvoir, soit en les détournant par la surenchère spectaculaire de contenus subversifs. Les média ne sont envisagés ici que comme message. Leur forme n'est pas mise en cause (elle ne l'est bien sûr pas non plus chez McLuhan, où le médium n'est envisagé qu'en tant que médium).

3. – Enzensberger : la forme actuelle des média induit un certain type de rapport social (assimilable à celui du mode de production capitaliste). Mais il y a en eux, de par leur structure et leur développement, la virtualité d'un mode socialiste et démocratique de communication, d'une rationalité et d'une universalité de l'information. Il suffit d'en libérer le potentiel.

Seules nous intéressent (nous ne parlons pas de la pratique de la gauche officielle, marxiste ou non, qui se confond avec celle de la bourgeoisie) l'hypothèse Enzensberger (marxiste-éclairée) et celle de la gauche radicale américaine (gauchiste-spectaculaire). Nous les avons analysées comme *illusions stratégiques*, la cause en étant que l'une comme l'autre partagent avec l'idéologie dominante la référence implicite à une même *théorie de la communication* – théorie partout admise, forte de l'évidence reçue et d'une formalisation hautement « scientifique » par une discipline, la sémio-linguistique de la communication, appuyée à la linguistique structurale d'un côté, à l'informatique de l'autre, avalisée dans les universités et dans la culture de masse (les massmédiatiseurs en sont très friands). Toute l'infrastructure conceptuelle de cette théorie est idéologiquement solidaire de la pratique dominante, comme l'était et l'est encore celle de l'économie politique classique. Elle est l'équivalent de cette économie politique bourgeoise dans le champ de la communication. Et je pense que si les pratiques révolutionnaires en sont restées à l'illusion stratégique des média, c'est qu'elles n'ont jamais fait qu'une analyse critique superficielle, sans aller jusqu'à la critique radicale de cette matrice idéologique qu'est la théorie de la communication.

Formalisée plus particulièrement par Jakobson, elle prend pour unité de base la séquence :

ÉMETTEUR - MESSAGE - RÉCEPTEUR
(ENCODEUR - MESSAGE - DÉCODEUR)

le message lui-même étant structuré par le code et déterminé par le contexte. À chacun de ces « concepts » correspond une fonction spécifique : référentielle, poétique, phatique, etc. Chaque procès de communication est ainsi vectorisé dans un seul sens, de l'émetteur au récepteur : celui-ci peut devenir émetteur à son tour, le même schéma se reproduit, la communication pouvant toujours se réduire à cette unité simple où les deux termes polaires ne s'échangent pas. Cette structure se donne pour objective et scientifique, puisqu'elle suit la règle de méthode : décomposer son objet en éléments simples. En fait, elle se contente de formaliser une donnée empirique, l'abstraction de l'évidence et de la réalité vécue : c'est-à-dire les catégories idéologiques sous lesquelles se parle un certain type de rapport social, précisément celui où l'un parle et l'autre non, où l'un a le choix du code et l'autre la seule liberté de s'y soumettre ou de s'abstenir. Cette structure se fonde sur le même arbitraire que celle de la signification : deux termes y sont artificiellement isolés et artificiellement réunis par un contenu objectivé appelé message. Il n'y a pas de relation réciproque ni de présence l'un à l'autre des deux termes[1], puisque l'un et l'autre se déterminent isolément dans leur rapport au message et au code, « intermedium » qui maintient les deux dans une situation *respective* (c'est le code qui les tient tous deux en « respect »), à distance l'un de l'autre, distance que vient combler la « valeur » pleine et autonomisée du message (en fait : sa valeur d'échange). Cette construction « scientifique » institue un *modèle de simulation* de la communication d'où sont exclus d'emblée la réciprocité, l'antagonisme des partenaires, ou l'ambivalence de leur échange. Ce qui circule en effet, c'est de l'information, contenu de sens supposé lisible et univoque. C'est l'instance du code qui garantit cette univocité, et par là même les positions respectives d'encodeur et de décodeur. Tout se tient : la formule a une cohérence formelle qui l'assure comme seul schéma de la communication *possible*. Mais qu'on suppose une relation *ambivalente*, tout s'écroule. Car il n'y a pas de code de l'ambivalence. Sans code, plus d'encodeur, ni de décodeur, les figurants s'envolent. Plus de message non plus, puisque celui-ci se définit comme « émis » et « reçu ». Toute cette formalisation n'est là que pour éviter cette catastrophe. C'est là sa « scientificité ». Ce qu'elle fonde en fait, c'est le terrorisme du code. Le code devient dans ce schéma directeur la seule instance qui parle, qui s'échange elle-même et se reproduit à travers la dissociation des deux termes et l'univocité (ou l'équivocité, ou la multivocité, peu importe : à travers la non-ambivalence) du message. (De même, dans le procès économique d'échange, ce ne sont plus des personnes qui échangent, c'est le système de la valeur d'échange qui se reproduit à travers elles.) Cette formule de base de la communication réussit ainsi à donner, comme en modèle réduit, un raccourci parfait de l'échange social *tel qu'il est*, tel qu'en tout cas l'abstraction du code, la rationalité forcée et le terrorisme de la séparation le régissent. Ainsi va l'objectivité de la science.

Séparation et clôture : c'est déjà le même schéma qui joue au niveau du signe dans la théorie linguistique. Chaque signe écartelé en un signifiant et un signifié, assignés l'un à l'autre, mais en position « respective », et chaque signe du fond de son isolement arbitraire

1. Les deux termes sont si peu présents l'un à l'autre qu'il a fallu créer une catégorie de « contact » pour reconstituer théoriquement l'ensemble !

«communiquant» avec tous les autres à travers un code appelé langue. Là aussi, l'interdit scientifique est jeté sur la possibilité qu'ont les termes de s'échanger symboliquement, par-delà la distinction signifiant/signifié, dans le langage poétique par exemple. Dans celui-ci comme dans l'échange symbolique, les termes *se répondent* par-delà le code. C'est cette réponse que nous avons marquée tout au long du texte comme déconstructive de tout code, de tout contrôle, de tout pouvoir, qui, à l'inverse, se fonde toujours sur la séparation des termes et leur articulation abstraite.

Ainsi la théorie de la signification sert-elle de modèle nucléaire à la théorie de la communication, et l'arbitraire du signe (ce schème théorique de répression du sens) prend-il toute son envergure politique et idéologique dans l'arbitraire du schéma théorique de la communication et de l'information. Lequel se répercute, comme nous l'avons vu, non seulement dans la pratique sociale dominante (caractérisée par le monopole virtuel du pôle émetteur et l'irresponsabilité du pôle récepteur, la discrimination des termes de l'échange et le diktat du code), mais aussi, sans qu'elle en ait conscience, à travers toutes les velléités d'une pratique révolutionnaire des média. Il est clair, par exemple, que toutes celles qui visent à subvertir leur contenu ne font que renforcer dans son autonomie la notion séparée de message, et donc la bipolarité abstraite des termes de la communication.

L'illusion cybernétique

Enzensberger, sensible à la non-réciprocité du procès actuel, croit la pallier en exigeant que la même révolution intervienne au niveau des média que celle qui a bouleversé les sciences exactes et la relation sujet/objet de connaissance, désormais engagés dans une interréaction «dialectique» continuelle. Les média auraient à prendre en compte toutes les conséquences de l'interréaction, ceci ayant pour effet de briser le monopole et de permettre l'intégration de tous à un processus ouvert. «Les programmes de l'industrie de la conscience doivent intégrer en eux-mêmes leurs propres résultats, les réactions et les corrections qu'elles appellent... Il faut les concevoir non comme moyens de consommation, mais comme moyens de leur propre production.» Or, cette perspective séduisante:
1. – Laisse intacte l'instance séparée du code et du message;
2. – Elle tente par contre de briser la discrimination des deux pôles de la communication, vers une structure plus souple d'échange des rôles et de feed-back («réversibilité des circuits»). «Dans sa forme actuelle, des dispositifs comme la TV ou le film ne servent pas à la communication, ils y font barrage. Ils ne laissent place à aucune action réciproque entre émetteur et récepteur. D'un point de vue technique, ils réduisent le feed-back au taux minimum compatible avec le système.» Là encore, on ne dépasse pas les catégories d'«émetteur» et de «récepteur», quel que soit l'effort pour les mobiliser par «roulement». La *réversibilité* n'a rien à voir avec la *réciprocité.* C'est sans doute pour cette raison profonde que les systèmes cybernétiques s'entendent fort bien à mettre en œuvre aujourd'hui cette régulation complexe, ce feed-back, sans rien changer à l'abstraction du procès d'ensemble ni rien laisser passer d'une «responsabilité» réelle dans l'échange. C'est même pour le système le meilleur moyen d'y parer, puisqu'il intègre ainsi d'avance l'éventualité d'une telle réponse.

On ne peut en effet plus concevoir, comme le montre Enzensberger dans sa critique du mythe orwellien, de mégasystème de contrôle centralisé (un système de contrôle du système téléphonique actuel devrait le dépasser n fois en complexité; il est donc pratiquement exclu). Mais il est un peu naïf de penser que la censure soit ainsi liquidée du fait de l'extension des média. Même à long terme, l'impossibilité des mégasystèmes policiers signifie simplement que les systèmes actuels intègrent en eux-mêmes, par le feed-back et l'autorégulation, ces métasystèmes de contrôle désormais inutiles. Ils savent introduire ce qui les nie *comme variable supplémentaire*. Ils sont la censure dans leur opération même: pas besoin de métasystème. Ils ne cessent donc pas d'être totalitaires: ils réalisent en quelque sorte l'idéal de ce qu'on peut appeler un totalitarisme décentralisé.

À un niveau plus pratique, les média savent fort bien eux aussi mettre en place une «réversibilité» formelle des circuits (courrier des lecteurs, intervention téléphonique des auditeurs, sondages, etc.), sans laisser place à aucune réponse, sans rien changer à la discrimination des rôles[1]. C'est la forme sociale et politique du feed-back. Enzensberger est donc toujours, dans sa «dialectisation» de la communication si étrangement proche de la régulation cybernétique, victime, quoique de façon plus subtile, du modèle idéologique dont nous parlions. Dans la même perspective: briser l'unilatéralité de la communication, qui se traduit à la fois par le monopole des spécialistes et des professionnels et par celui de l'ennemi de classe sur les média, Enzensberger donne pour solution révolutionnaire que chacun devienne son manipulateur, au sens d'opérateur actif, de monteur, etc., bref passe du statut de récepteur à celui de producteur/émetteur. C'est là en quelque sorte un détournement critique du concept idéologique de manipulation. Mais là encore, parce que cette «révolution» conserve au fond la catégorie d'«émetteur», se contentant de la généraliser en tant que séparée et faisant de chacun son propre émetteur, elle ne met pas en échec le système massmédiatique. Que chacun possède son talkie-walkie ou son Kodak et se fasse son propre cinéma, on sait ce qui en résulte: l'amateurisme personnalisé, l'équivalent du bricolage dominical à la périphérie du système[2].

Ce n'est évidemment pas cela que veut Enzensberger. Ce à quoi il pense, c'est à une presse rédigée, distribuée, travaillée par ses propres lecteurs (comme l'est en partie la presse Underground), à des réseaux vidéo à l'usage des groupes politiques, etc.

Ce serait le seul moyen de dégeler une situation bloquée: «Dans les mouvements socialistes, la dialectique de la discipline et de la spontanéité, du centralisme et de la décentralisation, du leadership autoritaire et de la désintégration anti-autoritaire a depuis longtemps atteint un point mort. Seuls des modèles de réseaux de communication fondés sur le principe de la réversibilité des circuits pourraient permettre de dépasser cette situation.» Il s'agit donc de restituer une pratique dialectique. Mais le problème peut-il continuer d'être posé en termes dialectiques? N'est-ce pas la dialectique elle-même qui est au point mort? Les exemples qu'il donne sont intéressants en ceci qu'ils dépassent une «dialectique» de l'émetteur et du récepteur. On y retrouve en effet un procès de communication immédiate, non filtrée par des modèles bureaucratiques, une forme d'échange originale parce qu'en fait il n'y a *plus d'émetteurs ni de récepteurs*, mais des gens qui *se répondent*. Le problème de la spontanéité et de l'organisation n'est pas ici *dépassé* dialectiquement,

1. Là encore, Enzensberger, qui analyse et dénonce ces circuits de contrôle, enchaîne cependant avec idéalisme: «Mais ceci, naturellement (!), va contre la structure, et les nouvelles forces productives non seulement permettent, mais exigent (!) le renversement de cette tendance.» Feed-back et interaction sont la *logique même* du cybernétique, et il y a la même illusion à sous-estimer les possibilités du système d'intégrer ces innovations «révolutionnaires» qu'à sous-estimer la capacité du capitalisme de développer les forces productives.

2. Enzensberger tire argument du fait que Xerox se garde le monopole de la ronéo électrostatique à papier ordinaire (possibilité de «free press» générale) et n'accepte que de la louer à des prix exorbitants. Mais chacun aurait-il sa Xerox ou même sa longueur d'onde, l'essentiel n'est pas là. Le véritable monopole n'est jamais celui des moyens techniques, mais de la parole.

il est *transgressé* dans ses termes. Là est la différence essentielle : les autres hypothèses laissent subsister les catégories séparées. Dans le premier cas (la démultiplication privée des média), émetteur et récepteur sont simplement réunis en une seule personne : la manipulation est en quelque sorte « intériorisée »[1]. Dans l'autre cas (la « dialectique des circuits »), émetteur et récepteur sont simultanément des deux côtés : la manipulation est devenue réciproque (combinaison hermaphrodite). Le système peut jouer sur ces deux tableaux en même temps que sur le modèle bureaucratique classique. Il peut jouer sur toutes les combinaisons possibles des deux catégories. L'essentiel est que ces catégories idéologiques soient sauves, et avec elles la structure fondamentale de l'économie politique de la communication.

Encore une fois, dans la relation symbolique d'échange, il y a réponse simultanée, il n'y a pas d'émetteur ni de récepteur de part et d'autre d'un message, il n'y a pas non plus de « message », c'est-à-dire de corpus d'information à décrypter de façon univoque sous l'égide d'un code. Le symbolique consiste précisément à briser cette univocité du « message », à restituer l'ambivalence du sens, et à liquider du même coup l'instance du code.

Cela peut aider à juger de l'hypothèse d'Umberto Eco[2]. En résumé : rien ne sert de changer les contenus de message, il faut modifier les codes de lecture, imposer d'autres codes de lecture. Le récepteur (qui n'en est plus un en fait) intervient ici sur l'essentiel, il oppose son propre code à celui de l'émetteur, il invente une véritable réponse en échappant au piège de la communication dirigée. Mais qu'en est-il de cette lecture « subversive » ? Est-ce encore une lecture, c'est-à-dire un déchiffrement, le dégagement d'un sens univoque ? Et qu'est-ce que ce code qu'il oppose ? Est-ce un minicode singulier (idiolectal mais alors sans intérêt), ou bien est-ce de nouveau un schéma directeur de lecture ? Auquel cas on n'a affaire qu'à une variation textuelle. Un exemple peut illustrer la perspective d'Eco : le détournement publicitaire par les graffiti après mai 68. Transgressif, non parce qu'il substitue un autre contenu, un autre discours, mais bien parce qu'il répond, là, sur place, et brise la règle fondamentale de non-réponse de tous les média. Oppose-t-il un code à un autre code ? Je ne pense pas : il brise tout simplement le code. Il ne se donne pas à déchiffrer comme texte concurrent du discours publicitaire, il se donne à voir comme transgression. Ainsi le mot d'esprit, détournement transgressif du discours, ne joue pas sur un autre code en tant que tel, il joue sur la déconstruction instantanée du code discursif dominant. Il volatilise la catégorie du code, et celle du message.

Là est la clef du problème : à vouloir conserver (même en les « dépassant dialectiquement ») n'importe laquelle des instances séparées de la grille structurelle de la communication, on s'interdit de rien changer fondamentalement, et on se condamne à des pratiques manipulatoires fragiles, qu'il serait dangereux de prendre pour une « stratégie révolutionnaire ». Seul est stratégique en ce sens ce qui met radicalement en échec la forme dominante.

1. C'est pourquoi le cameraman amateur *individuel* reste dans l'abstraction séparée de la communication de *masse*. Par cette dissociation interne entre les deux instances, tout le code et les modèles dominants s'engouffrent et viennent ressaisir sa pratique.
2. In *La Struttura assente*, Bompiani, 1968.

Penser les médias
(1986)

ARMAND ET MICHÈLE MATTELART
(nés en 1936 et 1941)

Les auteurs de ce livre résument la communication par quatre impératifs :
– un défi épistémologique (que tente de relever par exemple le paradigme de la cybernétique, cf. supra *chapitre v) ;*
– la reconversion économique des grands pays industriels ;
– les redistributions symboliques et sociales ;
– un élément clé de l'internationalisation des économies et des cultures.

C'est à ce quatrième aspect que s'attache l'extrait ci-dessous : les médias modernes nous relient en nous dispersant, nous vivons la fin des « anciens parapets » (nationaux ou européens), dont l'effondrement frappe d'incertitude nos repères territoriaux, et les identités qui traditionnellement s'y attachent.

La question du devenir de l'État n'est donc pas marginale, quand on s'interroge sur les effets organisateurs et sur les reclassements propres aux modernes technologies de la communication. L'État est un archiconcept qui fait système avec beaucoup d'autres, comme le rappelle ci-dessous une citation d'Henri Lefebvre : facteur d'ordre et de liaison, l'État est en résonance avec la pensée abstraite, et par exemple avec l'enseignement laïque et obligatoire qui forge et transmet celle-ci dans l'imaginaire de la République. « État stable » est d'ailleurs un pléonasme, les deux mots dérivant de la même étymologie.

Il est clair que ce très grand sujet se trouve aujourd'hui menacé sur deux fronts, par le développement de l'international, et par les multiples poussées du local *et du régional. C'est d'ailleurs sur ce dernier, plus visible et souvent sympathique, que se polarise l'attention des médias. Partout on assiste au retour des acteurs et des micro-sujets ; et l'on préfère un philosophe-sociologue de proximité, comme Ervin Goffman ou Gilles Lipovetsky, aux découpages par Althusser des « appareils idéologiques d'État ». En s'étendant à l'international, le macro-sujet s'éloigne, et semble desserrer son emprise ; l'individu s'ébroue et retourne au « vécu ».*

Armand et Michèle Mattelart n'aimeraient pas que dans l'euphorie d'un local *retrouvé et fêté, on brade l'observation et la critique des super-sujets internationaux, qui développent d'autant mieux leur emprise qu'on semble renoncer à les penser. Ces deux chercheurs ont enseigné et vécu dans le Chili de Salvador Allende. Ils s'intéressent aux grandes manœuvres d'une communication devenue mondiale, et à l'extension planétaire des marchés, un mouvement que la dislocation du bloc soviétique, postérieure à la parution de ce texte, devrait accélérer.*

Source : *Armand et Michèle Mattelart,* Penser les médias, *La Découverte, Paris, 1986.*

Bibliographie : *A. Mattelart et A. Dorfman,* Donald l'imposteur, *Alain Moreau, Paris, 1977 ; A. et M. Mattelart, et Xavier Delcourt,* la Culture contre la démocratie ? L'Audiovisuel à l'heure transnationale, *La Découverte, Paris, 1984 ; A. Mattelart,* la Publicité, *La Découverte, Paris, 1990 ; A. Mattelart,* la Communication-monde, Histoire des idées et des stratégies, *La Découverte, Paris, 1992.*

Le macro-sujet État

Une tradition bien française

« Moins d'État, plus de liberté. » Hier encore, simple objet de spéculation intellectuelle, le déclin du macro-sujet État est devenu dans les années quatre-vingt, grâce à la montée des idéologies néo-libérales, une référence quotidienne. À croire que le moribond est encore bien vivant.

Au-delà des divergences profondes sur la nature de l'État et la façon de le changer, un consensus réel sur la légitimité de ce macro-sujet réunissait les familles politiques et idéologiques les plus diverses. N'est-ce pas au nom de l'intégrité de l'État que la droite libérale criminalisait encore en 1981 le mouvement des radios libres ?

« Moins d'État, plus de liberté. » La réduction du champ où discuter de l'évolution de l'État contraste violemment avec l'accumulation des savoirs réalisée au cours des dernières décennies en France. Par ailleurs, elle semble être inversement proportionnelle à la montée des investissements passionnels dans le débat.

Tout prédisposait la classe intellectuelle française, ainsi que la classe politique, à focaliser sur cette question de l'État. On se rappelle le mot de De Gaulle devant le Conseil d'État : « Il n'y a de France que grâce à l'État. La France ne peut se maintenir que par lui. » N'est-ce pas en s'emparant de l'État que la bourgeoisie française a assis son hégémonie sur une société encore agraire ? Comme l'a fait remarquer Henri Lefebvre : « En France, l'hégémonie bourgeoise précède l'expansion industrielle et le capitalisme, alors qu'en Angleterre, elle en procède[1]. »

C'est sans doute ce sceau originel qui explique les raisons profondes du rejet – latent ou explicite selon les moments historiques – des doctrines et des théories qui accordent la préséance de la « base économique » sur « la superstructure ». Sans doute faut-il trouver là la raison anthropologique profonde qui explique pourquoi le milieu culturel français, la culture légitime française éprouve une telle difficulté à reconnaître la nécessité d'analyser les conditions de production des idées et pourquoi le problème des contenus, du discours, de la langue occupe une place aussi prépondérante. C'est enfin la raison pour laquelle il a fallu attendre tant d'années pour voir accepter l'idée que l'économie et la culture pouvaient avoir quelques liens entre elles.

Le caractère central de l'État comme référence plane sur le comportement de la gauche française qui a tant sacrifié au fétichisme du pouvoir d'État, dans lequel elle a trop souvent vu le levier exclusif de la transformation révolutionnaire du capitalisme. Tradition fétichiste qui l'a mal armée pour répondre à la montée des idéologies du retour à la société civile opposée à l'État, et à la montée de l'idéologie du marché comme expression privilégiée de cette société civile.

C'est sans doute cet ancrage dans une longue tradition de culture étatique qui fait toute la différence entre la théorie althussérienne des appareils idéologiques d'État et la théorie gramscienne de l'hégémonie. Autant la première reste enfermée dans la vision mécanique d'une structure étatique intangible, fonctionnant en marge des contradictions de la société civile, autant la seconde est attentive aux échanges incessants entre cet État et la société civile, à la fluidité des expressions des différences dans les cultures populaires et le mouvement de la société civile. Autant chez Gramsci les groupes et les classes subalternes

1. Lefebvre H., *De l'État*.

sont présents comme sujet historique dans les luttes pour la construction de l'hégémonie, autant chez le théoricien français les assujettis au processus de reproduction sociale sont-ils dépourvus de statut dans un théâtre sans sujets.

Le conçu et le vécu

La réduction du champ où discuter de l'évolution de l'État offre de nombreux inconvénients. Le premier étant sans doute d'induire une perception de l'État qui le confine à l'échafaudage de ses appareils administratifs et politiques. Or, tout en étant cela, mais avant que d'être cela, l'État constitue la pierre angulaire d'un mode de pensée. Il est, comme après Hegel le fait remarquer Henri Lefebvre, « le concept des concepts ». Il règne sur la pensée abstraite et renvoie à l'opposition entre le naturel et l'abstrait. La crise de l'État est contemporaine de la crise du concept et du mode de pensée abstraite au centre duquel l'État régnait.

Lézardée cette référence abstraite séculaire, le vécu réoccupe le terrain et le mode d'approche qu'il implique se voit de plus en plus légitimé, tandis que l'autre se voit considérablement remis en cause.

Dans le vieux débat naturalité/rationalité (mais aussi coutume/loi, usage/code) tranché autrefois en faveur du second, triomphe le premier terme comme mode de connaissance de la réalité. Aspect positif s'il en est, puisqu'il insinue le doute à l'égard des philosophies de l'histoire (Hegel, Comte, Marx-Engels, Spencer...) que François Châtelet définira comme « ces discours systématiques à vocation totalisante, visant à présenter sous les aspects d'un savoir l'essentiel du devenir de l'humanité *(res gestae)*[1] ». Dans le champ politique, les philosophies de l'histoire, expression de la volonté métaphysique d'unification autour d'un savoir primordial, ont précisément légitimé les pouvoirs centralisateurs à prétention scientifique et accrédité leur idéologie du progrès.

Leur remise en cause aujourd'hui est sans conteste positive : elle permet de lever enfin l'opposition fondamentale corps/esprit, qui est au centre de la pensée occidentale, du logos occidental, et d'opérer un recentrement de soi dans le rapport au monde. Mais cette remise en cause n'est pas sans ambiguïtés, car elle risque d'occulter l'émergence de ces nouveaux macro-sujets qui relaient l'action de l'État dans la reconduction d'un modèle de développement inscrit dans la même philosophie du progrès.

Ce retour fulgurant au vécu risque en effet d'oblitérer la façon dont se redéfinissent dans le contexte national et international les macro-sujets que d'aucuns estiment appartenir à la préhistoire de la « lutte des classes ».

Est-il besoin de dire que ce retour au « vécu » contraste avec la mise en place dans les rapports entre les nations et les peuples d'une rationalité nouvelle, d'un « conçu » d'un type nouveau qui s'exprime dans des stratégies ? C'est une des caractéristiques du passage de l'échelle nationale, celle de l'État-nation, à l'échelle mondiale, celle de l'internationalisation des économies : « Du national au mondial, il y a bond, coupure politique, rupture. Le mondial ne relève plus de l'historicité au sens classique (enchaînement causal, genèse, etc.). Si l'on veut appliquer au mondial ces termes classiques – histoire, historicité–, il faut en modifier le sens. Pourquoi ? Parce que avec l'échelle mondiale la stratégie domine les déterminismes et hasards qui ont fait le temps historique. Les grandes stratégies qui s'affrontent tiennent compte de l'espace planétaire entier et disposent d'une quantité énorme d'informations sur

1. Chatelet F., Intervention au colloque « 1970-1980 : les années gauches » organisé par le groupe DIRE, intitulée « Remarques sur les philosophies de l'histoire », 8 mai 1980.

la quasi-totalité des éléments de cet espace. L'histoire? Comme le dit Marx, les hommes faisaient leur histoire sans bien savoir ce qu'ils faisaient, à l'aveugle. Les effets différaient et des causes et des prévisions, ce qu'illustre l'histoire contemporaine de la révolution, dernière forme de l'histoire classique. Dans les grandes stratégies apparaît une rationalité nouvelle, pleine de dangers, mais rationnelle comme un missile, comme une bombe atomique, comme un laser. Ce qui rompt avec l'optimisme de la raison classique. Le rapport change du vécu au *conçu*[1].»

À l'heure où l'internationalisation des systèmes d'information et de communication accompagne le redéploiement des économies nationales, ce débat sur le vécu et le conçu apparaît bien nécessaire. Il est loin cependant d'être même amorcé. Il aurait sa place dans les discussions sur les politiques de réindustrialisation, mais aussi dans celles qui se penchent sur le statut de la théorie et de la fonction de l'intellectuel dans la société d'aujourd'hui et de demain.

Le proche contre le lointain

Le retour au vécu se répercute aussi sur la perception des analyses critiques du rôle des transnationales dans la conformation d'un modèle de développement et de croissance. Pour beaucoup, les analyses des stratégies de ces firmes semblent refléter plutôt la paranoïa de l'observateur inspiré par une théorie du complot que la réalité du pouvoir. À l'opposé, plus l'analyse progresse vers le micro le plus menu, plus elle paraît réconfortante parce qu'elle explore les territoires avec lesquels nous avons des liens de proximité, parce qu'on s'y reconnaît et qu'elle procure sur tous les plans une impression de sécurité. L'analyse du micro permet en effet à chacun et à chacune d'aborder les déterminations qui pèsent sur son existence quotidienne, sur son cadre social immédiat (famille, quartier, bureau, etc.), déterminations sur lesquelles chacun/chacune garde une certaine prise, alors que les déterminations des macro-structures restent pour la plupart des gens des super-abstractions sur lesquelles ils n'ont plus aucune prise et qui les réduisent à l'impuissance.

Pour reprendre la problématique évoquée par le philosophe italien que nous citions en préambule de cette partie, on peut se demander si c'est seulement la dialectique que l'on envoie par-dessus bord, à l'occasion de la célébration univoque du retour au micro-sujet. Ne serait-ce pas sur l'existence même de ce pouvoir transnational et sur son incidence dans les grandes sociétés post-industrielles que l'on jette le doute?

Une rupture épistémologique a certes été consommée lorsque dans le champ de la théorie l'histoire économique n'a plus été appréhendée comme déterminant unique. Encore faut-il pour consolider cet acquis le retenir au rang des déterminants multiples, et non des moindres.

Une chose est certaine: le doute semble être déjà confortablement installé dans les représentations collectives. On n'en est certainement plus au temps où les multinationales se voyaient stigmatiser comme les porteuses de tous les maux. On est en effet loin des accents dénonciateurs des complots de la firme ITT dans le Chili de Salvador Allende. On est loin aussi des vitupérations contre le cartel des sept sœurs en plein cœur de la déréglementation pétrolière. À la condamnation du gigantisme transnational, a succédé la reconnaissance de sa nécessité. Le temps du réquisitoire contre l'impérialisme des transnationales a fait place au temps de la banalisation du fait transnational, avant de se

1. Lefebvre H., *De l'État*, tome 2.

diluer sous l'appellation « mondialisation de l'économie ». Dans des pays comme la France, ce changement d'optique a été tout aussi rapide que radical.

Restons dans le domaine de la sémantique. Une recherche qui analyse le discours de la presse française sur les transnationales dans les dix dernières années rend compte de ces changements[1]. En 1976, corruption, impérialisme, abus, colonialisme, profits, sont encore les mots qui reviennent le plus souvent sous la plume des journalistes pour désigner l'action des firmes transnationales. En 1979, les pratiques illicites de ces sociétés ont pratiquement disparu des références. Les transnationales sont perçues sous un angle économique comme en témoigne la présence majoritaire des termes : marché, industrie, produits, prix. En 1982, parler des transnationales, c'est reconnaître leur dynamisme et leur prodigieuse capacité d'adaptation face à la crise, mais c'est avant tout parler d'emplois. Cette même recherche montre que l'évolution de l'image de ces firmes que l'on constate dans la presse (le changement est surtout sensible dans les journaux inscrits dans la mouvance de la gauche) est avalisée par l'évolution des mentalités : plus de réactions passionnées. Les transnationales sont perçues comme les données du monde économique moderne. Le regard pragmatique domine. La transnationale est l'entreprise qui a su traverser la crise.

De nombreux facteurs expliquent cette évolution des idées, alors même que ces firmes n'ont cessé d'accroître leur pouvoir et leur poids dans la restructuration globale de nos sociétés. Énumérons-en quelques-uns : la réalité de l'émergence de transnationales appartenant à d'autres pays industriels que les États-Unis. Le fait que ces firmes paraissent des sources sûres d'emploi dans le climat de récession généralisée. (Encore que dans la réalité il s'agisse là d'un phénomène bien plus complexe : on critique les transnationales originaires de son propre pays parce qu'elles exportent des emplois en installant des filiales à l'étranger ; on apprécie l'investissement étranger et l'installation de filiales de transnationales étrangères dans son propre pays parce qu'elles y créent des emplois.) Le fait que ces firmes sont dorénavant inscrites dans un système de pouvoir où les différences d'intérêts entre les États et le secteur privé sont beaucoup moins contrastées qu'il y a dix ans. Le fait enfin que le rapport des transnationales avec l'ensemble de la société ait fortement évolué, ces firmes cessant d'être des agents exogènes pour se fondre dans le paysage national. [...]

Les micro-sujets locaux

S'il y a en France un thème qui a bien cristallisé l'évolution des perceptions des tensions entre le macro-sujet État et les micro-sujets, et qui a bien cristallisé aussi la tension entre le conçu et le vécu, c'est celui qui pointe à l'horizon des années soixante-dix avec l'irruption du « local ». Le local, défini, et surtout vécu comme contre-pouvoir apparut comme le lieu où réaliser le « possible-impossible changer la vie ».

Rien d'étonnant à ce que la « communication alternative », la quête des cultures populaires aient été un théâtre d'opérations de ce mouvement. Comme l'expliquait un acteur de la presse d'expression locale, retraçant l'histoire de ces journaux : « Les cheminements ont été multiples, les motivations différentes : besoin d'un "enracinement" pour certains "militants". Volonté de produire une "autre vie", nécessité de "se retrouver" ou de "sortir" de sa sphère "politique"... Possibilité nouvelle pour le militant issu de milieu intellectuel de ne plus être en rupture avec son statut social, mais de conserver une pratique commune avec des militants issus d'autres milieux, sans volontarisme ni esprit de sacrifice. Découverte des

1. Cotteret J.-M. *et al.*, *l'Image des multinationales dans une France socialiste*, PUF-IRM, 1985.

luttes locales qui n'étaient pas ou peu prises en compte par les organisations politiques. Dimension plus "humaine", plus concrète de ce nouveau type d'intervention... Découverte que le quartier, la localité, la région est un lieu où il y a des problèmes concrets, des luttes, des expériences, un lieu où il y a des associations, des syndicats, des forces qui bougent. Un lieu où se sont tissés des liens, où se sont rencontrés des gens d'horizons différents, où se sont retrouvées de mêmes aspirations... Il faut partir de l'idéologie dominante telle qu'elle est vécue et ressentie par les gens pour y trouver les failles qui permettent d'ouvrir la voie au changement des mentalités... Il faut partir de la réalité locale pour trouver les "valeurs" de la résistance à l'oppression dans les luttes populaires, les chants, les jeux[1]... »

Le retour au local ébranlait les schémas exclusifs des stratégies centrées sur la classe et des analyses qui réduisaient les formes d'oppression au seul champ classiste de l'exploitation dans la production. En même temps, il mettait en question l'infaillibilité des partis de la classe ouvrière comme organisateurs des luttes sociales, désignant un terrain peu fréquenté par la gauche : l'espace, l'enracinement, le quotidien et la mémoire[2].

Ce retour au local paraissait d'autant plus paradoxal que la France s'engouffrait dans l'internationalisation de son économie. À la redécouverte de la diversité des territoires et des cultures, à cette explosion de spécificités contenues dans l'éclatement local, faisait face l'homogénéité croissante sous-tendue par l'intégration de la nation à l'économie-monde, qui dans les années soixante s'accélère après une période de protectionnisme et la perte de l'empire. Alors que le local, mais aussi le national se voyaient de plus en plus dépossédés des décisions sur la gestion et la modification du système productif, le retour à la notion de besoins et de demandes locales semblait pouvoir échapper à la détermination des modes de vie, et des structures mêmes de la vie quotidienne par l'économique. Pour certains mouvements sociaux se réclamant du local, il s'agissait bien d'aller à contre-courant de l'économisme des politiques planifiées par l'État central en fonction des contraintes du marché international. Il s'agissait bien d'aller à contre-courant de l'économisme des grandes organisations ouvrières fondé sur l'idée que l'industrie devait tourner, que la production était prioritaire. Ce refus du déterminisme économique ne pouvait se concevoir que comme une critique radicale du consensus de gauche sur le mode de vie et comme la volonté de ramener à la discussion le thème systématiquement refoulé de la croissance, puisque, pour cette gauche, il s'agissait d'améliorer le niveau de vie, et non d'en changer le mode. N'avait-elle pas toujours dénoncé que la remise en cause de la croissance ne pouvait qu'aboutir à plus de chômage ? Le débat s'ouvrait à nouveau et l'on ne pouvait s'en débarrasser en se ralliant à la conception quantitativiste de la croissance où se profilent les éternelles lunes du « développement des forces productives » et de leur « blocage ».

On ressentait confusément que les médias n'étaient pas ce qu'ils étaient uniquement à cause de la manipulation d'une classe dominante. « Issue d'un mode de production et comme tout produit, nécessitant une technique d'élaboration, l'information est délivrée par des spécialistes qui, malgré leur diversité d'opinion, ne sont pas en mesure de remettre en cause son fondement idéologique... Il ne s'agit pas de cracher sur les gens de gauche : encore leur logique devrait-elle les amener à remettre en cause le produit "information" ; c'est-à-dire son mode de production et la pratique qui l'engendre, avec leurs conséquences :

1. « Utopies ! », in *Alternatives*, numéro sur la presse d'expression locale, 1977, p. 10 et 12.
2. Sur cette question du local, voir l'ouvrage collectif coordonné par L. Sfez, *l'Objet local*, Paris, 10/18, 1980.

le centralisme contre la *dimension locale*, le sensationnel contre *le normal*, les idées contre *le vécu*[1].»

De la même façon, on ressentait aussi confusément que ce n'était pas à cause de la duplicité des manipulateurs de capitaux ni de l'insuffisance de la quantité de biens produits que la production capitaliste n'avait pas pour fin le bien-être du peuple. Face à une gauche engagée dans le même aveuglement productiviste, on s'opposait à recommencer à reproduire à l'infini les conditions, habitudes et modalités de ce développement. L'image commençait à s'imposer d'une histoire non pas lancée sur une ligne fièrement progressive vers un avenir radieux, mais dans un cycle de reproduction avec lequel il faut rompre pour en sortir. Les conceptions du temps qui émergeaient de toutes ces constatations s'inscrivaient en rupture avec l'évolutionnisme de rigueur, dans la pensée «progressiste».

Faute de penser le contexte, la revendication du local, coupée des enjeux de la production économique, fut aussi l'occasion de déclarer la pseudo-autonomie de l'outil socio-culturel. C'est là, dans l'espace socio-culturel local, que l'on vit apparaître les premières intuitions sur l'essor de la «nouvelle petite bourgeoisie», le contrôle des appareils culturels devenant un instrument privilégié pour sa constitution et sa légitimité politique. La redéfinition des rapports de pouvoir était en train de préparer son terrain. À cette classe, il revenait «d'assurer la gestion au niveau local et culturel des retombées d'une orientation stratégique globale issue du processus d'internationalisation... La tentation est forte de culturaliser le social et le politique, c'est-à-dire de traiter sur le mode culturel des problèmes qu'on ne veut pas (ou qu'il y a intérêt à ne pas pouvoir) traiter en termes politiques. Certaines tendances de l'animation, certaines conceptions de l'action culturelle, une certaine mythologie néo-travailliste de l'autogestion, une certaine survalorisation de la culture qui va de pair avec une sous-estimation de la conscience sociale, en sont les manifestations les plus saillantes[2].»

Beaucoup s'abstinrent de voir que le local était pris dans le double mouvement contradictoire à la fois localiste et universaliste – les publicitaires l'interpréteraient comme la tension entre la globalisation et la personnalisation. [...]

Plus généralement, ces contraintes d'efficacité et de rentabilité s'imposent de façon plus nette que par le passé à toutes les petites entreprises soucieuses de développer une activité de production ou de services «alternatifs» dans un cadre de travail autogestionnaire. Elles s'imposent à ces entreprises qui au départ peuvent tout simplement les nier au nom du refus de la logique du profit. Cette opposition exclusive liberté/profit a en effet causé beaucoup de tort. Ne peut-on en effet imaginer un projet d'entreprise alternatif qui ne soit pas obsédé par l'impératif du profit, tout en sachant prendre en compte les impératifs de la saine gestion? Et cela vaut particulièrement pour les entreprises à vocation «culturelle» (presse, édition, radio, vidéo[3]...).

1. In *Alternatives, op. cit.*, p. 8.
2. Mattelart A. et Piemme J.-M., *Télévision, enjeux sans frontières*, pp. 225-226.
3. Voir à ce propos la critique que fait un petit groupe de presse et d'édition alternative anglais, Comedia, aux concepts qui ont mené à l'échec de nombreuses pratiques de gauche dans le domaine de l'intervention culturelle: Landry C., Morley D. et *al.*, *What a Way to Run a Railroad: an Analysis of Radical Failure*, Comedia, Londres, 1986.

Crises de légitimité

La façon dont est mené le débat sur l'État aujourd'hui offre un autre inconvénient majeur: à force de faire du dépérissement de l'État la condition du renouvellement des libertés, on en oublie que l'État a déjà commencé à changer et que les logiques qui le traversent témoignent plus d'une complicité dans la dépossession de certaines de ses fonctions que d'un attachement inconditionnel à une sorte d'essence dont ses adversaires ont coutume de le créditer. N'est-ce pas à nouveau consacrer l'idée d'une citadelle étatique que de penser qu'il faut en abattre les remparts pour s'émanciper de son pouvoir? Alors que c'est sans doute de l'intérieur qu'ont commencé à s'ouvrir les portes.

Car ce sont les formes mêmes de la légitimité de l'État qui ont évolué radicalement. Mais pour bien cadrer cette crise de légitimité de l'État, encore faut-il l'envisager dans le contexte de la crise des systèmes de légitimation de toutes les grandes formes d'organisation, aussi bien privées que publiques.

Parasitisme, nonchalance, irresponsabilité, inefficacité, inhumanité, ingérence dans la vie des particuliers, voilà les accusations portées contre l'État et ses divers agents. Trop d'importance accordée au profit, à l'efficacité de la production et au revenu des cadres supérieurs, pas assez au consommateur, à l'environnement et aux catégories sociales les plus défavorisées: tels sont les reproches que les grandes firmes privées, *a fortiori* si elles ont une envergure internationale, essuient depuis de nombreuses années. La notion de service public ne protège pas plus celui qui s'en prévaut que celle du profit.

Contre l'accusation de gaspillage, contre l'accusation d'inhumanité, l'État demandera au *management* les instruments pour rationaliser son action, mais aussi pour commencer à vendre ses services. La crise des grandes organisations étant aussi une crise d'image, c'est du côté des stratégies de communication que les remèdes seront recherchés. Pour redresser son image, l'État fera donc appel au marketing afin d'améliorer la qualité de son rapport avec le citoyen. Double paradoxe. L'État importe les techniques de gestion du personnel et des opinions propres au secteur privé, tandis que le secteur privé, sous la pression de l'environnement social, connaîtra une évolution de son management vers des formes se rapprochant de celles qui s'élaborent dans le secteur public. Contestés l'un et l'autre dans leurs objectifs et leurs méthodes, le secteur privé et le secteur public échangent leurs finalités et leurs méthodes: « Le secteur privé doit s'inspirer des finalités du secteur public; le secteur public doit utiliser les méthodes du secteur privé[1]. »

Pour faire face à la crise des langages administratifs traditionnels, l'État compte sur le langage publicitaire pour lancer ses campagnes de sensibilisation de l'opinion sur des sujets aussi multiples que la promotion de la lecture, l'égalité des chances pour les femmes, la sécurité routière, etc. Ce faisant il confère à la démarche publicitaire une légitimité publique que le seul marché ne pouvait lui conférer. Et plus, dans une société où l'idée même de profit entre en collision avec la notion de culture et avec la notion de service public, ce rapprochement entre le langage administratif et le langage du marketing opère en quelque sorte le « blanchissage » de l'argent.

Avec la montée de la rationalité publicitaire dans la gestion étatique, c'est un autre rapport avec la société civile qui s'établit. Comme le remarquait Yves de La Haye, ces campagnes publicitaires laissent croire qu'elle relèvent de « procédures techniques

1. Laufer R., « Crise de légitimité dans les grandes organisations », in *Revue française de gestion*, mars-avril 1977, p. 117.

nouvelles alors qu'elles ne prennent sens et relief que dans la vieille histoire des mécanismes par lesquels l'État sous sa forme constitutionnelle instrumente la communication de son pouvoir et organise la représentation du peuple, fondement fictif de ce pouvoir. Elle donne à penser que ces actions de communication publique n'ont pas d'autres visées que la transparence des décisions et des réglementations administratives, comme si l'État-émetteur se faisait soudain pédagogue, armé entre autres des talents du publiciste, pour s'adresser au citoyen-récepteur, souvent distrait, et augmenter ainsi les chances des succès du message ! [1] »

Mais ce qui se passe sur le territoire de l'État-nation – nous l'avons déjà dit – n'est intelligible que si on le croise avec des tendances lourdes qui transcendent les frontières nationales. Cela nous renvoie au procès de redéfinition de l'État en fonction des demandes et des pressions d'acteurs supranationaux. C'est un aspect, essentiel, de la question que le débat sur l'État enfermé dans l'idéologie nationale de la fin du siècle dernier a tendance à passer sous silence.

D'importantes sphères de décision ne sont déjà plus du ressort institutionnel de l'État-nation. Et ce dernier est d'ailleurs, là aussi, souvent lui-même complice de sa propre dépossession. Dans ce remodèlement, les technologies de communication et d'information, comme dispositifs structurants, occupent une place décisive.

L'État-nation éprouve de plus en plus de difficultés à maîtriser son système de communication. On n'en veut pour preuve que le procès de déréglementation des monopoles nationaux des télécommunications (mais aussi de l'audiovisuel). Les valeurs explicites, les modes de représentation du monde et les formes concrètes d'articulation du niveau national avec le niveau international qui ont caractérisé l'État-nation, ont inspiré des institutions et des réglementations peu aptes à répondre aux besoins suscités par la logique globalisante du nouveau mode historique de réalisation du capital. Avec l'internationalisation des économies, c'est tout à la fois un nouvel ordre de grandeur, de nouvelles notions d'espace et de temps qui émergent. L'univers du temps réel du marché global vingt-quatre heures sur vingt-quatre et du procès de production conçu à une échelle mondiale s'accommode difficilement des dispositifs juridico-politiques orientés par l'idée de souveraineté nationale. Tout comme il s'accommode mal de cette autre idée, corollaire, de volonté populaire. Ces idées ont fondé un mode institutionnel de représentation de l'opinion nationale, un « espace public », lui-même indissociable des procédures de légitimation de l'État-nation. Cette conception du politique sanctionnée par des institutions représentatives et le « code » est implicitement remise en question par le pragmatisme des acteurs transnationaux qui raisonnent en termes d'« usage », de formes de concertation et de prise de décisions expéditives et directement opérationnelles. [...]

1. De La Haye Y., *Dissonances*, La Pensée sauvage, Grenoble, 1984, p. 81.

L'Ère du vide
(1983)

GILLES LIPOVETSKY
(né en 1944)

La généralisation de l'économie de marché a entraîné le développement, puis la transformation de la publicité. D'abord simple réclame, celle-ci vantait les qualités intrinsèques ou la valeur d'usage des objets. Mais avec la satisfaction des besoins primaires, et le dépassement considérable de l'offre sur la demande, le système marchand a dû, comme dit Marx, produire non seulement des biens et des services pour les consommateurs, mais des consommateurs pour absorber ceux-ci. La marchandise est donc devenue signe de relation, ou d'appartenance, et la publicité s'est chargée d'habiller et de scénariser les marques par toutes sortes de connotations, de moins en moins référentielles (elles ne décrivent pas le produit), de plus en plus ludiques et fantaisistes.

La « pub » irréalise ce qu'elle touche. Elle néglige le contenu des objets pour tout miser sur la relation; *très pauvre en informations véritables, elle propose inlassablement une communication qui est une promesse de communauté : « Bienvenu dans le monde enchanté des privilégiés qui consomment (tel produit)... », nous disent les annonces. Nous vérifions avec elles le schéma du désir mimétique selon René Girard (*supra *chapitre* IV*) : à travers le produit qu'il nous vante, le spot nous promet une relation d'identification ou de connivence avec ceux qui le possèdent déjà. En achetant telle marque, nous nous payons une identité. Les spots de Hollywood chewing-gum, ou de Coca-Cola par exemple, nous plongent sans commentaires superflus dans un monde de jeunesse bondissante et fraîche, un monde au-delà, ou fort en deçà, du vrai et du faux, du bien et du mal, étranger au principe de réalité. Amorale, souriante et soumise au seul* principe de plaisir, *la publicité s'arrange pour être irréfutable, non au prix d'une argumentation correcte, mais au contraire en ridiculisant celle-ci. En torpillant efficacement l'esprit critique, elle propose une bulle de rêve, de tendresse, d'ironie ou de chant – des offres qui ne se refusent pas.*

Cette rhétorique ludique et poétique (autoréférentielle dans les termes de Jakobson, cf. supra *chapitre* II*) est donc merveilleusement accordée à la prophétie postmoderne, et à l'individualisme qu'elle proclame. Déliante, la publicité nous détache en effet des anciens discours d'autorité, qu'elle frappe d'ironie, en enrôlant presque toutes les figures consacrées du Travail, de l'État, du Savoir, de l'Art ou de la Religion dans son défilé loufoque. À cet égard, elle se propose un peu comme le solvant universel des anciennes* colles: *partout où l'on nous presse d'adhérer, nous pensons désormais aux pneus, ou à la glu! Mais reliante, la pub nous retient cependant par sa prévenance et sa tolérance : « Le bonheur* si je veux... » *L'annonce du Club Med prévoit que nous nous dérobions, et elle ne nous en voudra pas. Ce ne sont pas des recrues qu'elle cherche, mais des complices ironiques, des partenaires avisés et heureux de se laisser draguer par elle (« de toutes façons, je ne suis qu'une pub... », reconnaît le spot).*

La publicité sous ses formes aujourd'hui les plus sophistiquées nous propose donc, paradoxalement, une communauté détachée. Le mensonge ou l'illusion constitutifs du lien social (les grands récits religieux ou idéologiques de jadis) se sont morcelés ; nous partageons désormais les petits mensonges quotidiens, avoués et donc pardonnés, des objets ; nous sourions de la prétention exorbitante d'une lessive ou d'un rasoir à « changer notre vie », et nous ne tenons pas rigueur aux « chevrons sauvages », ou à la Maison du café, de dissoudre le temps d'un joli petit film la dureté de la production industrielle, ou des échanges Nord-Sud, dans les eaux tièdes du bonheur consumériste.

Lénifiante, bavarde, infantile, la publicité se tient au carrefour de toutes nos communications. Et le miroir qu'elle tend à l'homme moderne mérite certainement réflexion. Aimerions-nous vivre dans une société où la publicité serait devenue la mesure de toutes choses ?

Gilles Lipovetsky, que l'on classera parmi les « intégrés » selon Umberto Eco (cf. supra *chapitre* VI*), s'est imposé en trois ouvrages largement repris et fêtés dans les médias comme le théoricien principal de cette nouvelle ère dont il décline les valeurs : la séduction, le détachement indifférent, le narcissisme ou, en un mot, l'individualisme. Le phénomène publicitaire est donc au centre de son propos, un phénomène que l'on opposera au* principe de publicité *développé par les philosophes du* XVIII*e siècle (*Öffentlichkeit, *selon Kant et la philosophie des Lumières), fondé sur le raisonnement critique, la circulation des écrits et l'extension d'une opinion éclairée. La publicité moderne a renversé sur à peu près tous les points le modèle des Lumières, et l'espace public qui s'y rattachait selon Habermas. Mais Habermas a peut-être surévalué l'existence historique de ce modèle, et Lipovetsky s'efforce de montrer que nous n'avons rien perdu en échangeant l'utopie historique des Lumières pour celle, assurément moins sévère, de nos « sociétés démocratiques avancées ».*

Source : *Gilles Lipovetsky,* l'Ère du vide, *Gallimard, coll. « Les Essais », Paris, 1983 (aujourd'hui disponible en Folio), pp. 165-169.*

Bibliographie : *Gilles Lipovetsky,* l'Empire de l'éphémère, *Gallimard, Paris, 1987 ;* le Crépuscule du devoir, *Gallimard, Paris, 1992 ; Jean Baudrillard,* le Système des objets, *Gallimard, Paris, 1968 ; Bernard Brochand et Jacques Landrevie,* le Publicitor, *Dalloz, Paris, 1985 ; Bernard Cathelat,* Pub et société, *Payot, Paris, 1987 ; Armand Mattelart,* l'Internationale publicitaire, *La Découverte, Paris, 1989.*

Métapublicité

C'EST PROBABLEMENT LA PUBLICITÉ qui révèle de façon la plus manifeste la nature du phénomène humoristique : films, panneaux, annonces renoncent de plus en plus aux discours sentencieux et austères au profit d'un style fait de jeux de mots, de formules détournées (« T'as de beaux yeux, tu sais », pour des montures de lunettes), de pastiches (Renault Fuego : « La voiture qui roule plus vite que son ombre »), de dessins drôles (petits bonshommes Michelin ou Esso), de graphismes empruntés aux *comics,* de paradoxes (« Regardez, il n'y a rien à voir » : rubans adhésifs Scotch), d'homophonies, d'exagérations et amplifications cocasses, de gags, bref, un ton humoristique vide et léger aux antipodes de l'ironie mordante. « Vivre d'amour et de Gini », cela ne veut rien dire, cela n'est même pas mégalomaniaque, c'est une forme humoristique à mi-chemin entre le message de sollicitation et le *nonsense.* Assurément, le spot publicitaire n'est pas nihiliste, ne tombe pas dans l'incohérence verbale et l'irrationnel absolu, son propos étant contrôlé par la volonté de dégager la valeur *positive* du produit. Là est la limite du *nonsense* publicitaire : tout n'est pas permis, l'extravagance doit servir à terme à rehausser l'image du produit. Il reste que la publicité peut pousser très loin la logique de l'absurde, le jeu du sens et du non-sens et ce, dans un espace où certes l'enjeu est l'inscription de la marque, mais, et c'est là l'essentiel, qui en fait ne se donne pas les moyens de sa crédibilité. Tel est le paradoxe : la publicité qu'on stigmatise de toutes parts pour être un instrument d'endoctrinement, de matraquage idéologique, ne se donne pas les moyens d'une telle inculcation. Dans ses formes avancées, humoristiques, la publicité ne dit rien, s'amuse d'elle-même : la vraie publicité se moque de la publicité, du sens comme du non-sens, évacue la dimension de vérité, et là est sa force. La publicité a renoncé, non sans lucidité, à la pédagogie, à la solennité du sens ; plus on assène de leçons, moins on écoute : avec le code humoristique, la réalité du produit est d'autant mieux mise en relief qu'il apparaît sur fond d'invraisemblance et d'irréalité spectaculaires. Le discours démonstratif fastidieux s'efface, ne reste qu'une trace clignotante, le nom de la marque : l'essentiel.

L'humour publicitaire dit la vérité de la publicité, à savoir qu'elle n'est ni récit ni message, ni mythique ni idéologique : forme vide à l'instar des grandes institutions et valeurs sociales, la publicité ne raconte rien, aplatit le sens, désamorce le non-sens tragique, son modèle est bien davantage le dessin animé. Disneyland ici et maintenant, dans les magazines, sur les murs de la ville et du métro, un vague surréalisme expurgé de tout mystère, de toute profondeur nous entoure, nous livrant à l'ivresse désenchantée de la vacuité et de l'innocuité. Lorsque l'humour devient une forme dominante, l'idéologie, avec ses oppositions rigides et son écriture en lettres majuscules[1], s'efface. S'il est certes toujours possible d'y déceler des contenus idéologiques, le fonctionnement publicitaire dans sa spécificité humoristique n'en court-circuite pas moins la dimension idéologique, laquelle se trouve détournée de son usage majeur. Tandis que l'idéologie vise l'Universel, dit le Vrai, l'humour publicitaire est au-delà du vrai et du faux, au-delà des grands signifiants, au-delà des oppositions distinctives. Le code humoristique mine la prétention au sens, destitue les contenus : en lieu et place de la transmission idéologique, la désubstantialisation humoristique, la résorption du pôle référentiel. À la glorification du sens s'est substituée une dépréciation ludique, une logique de l'invraisemblable.

Par sa tonalité légère et inconsistante, la publicité, avant même de vouloir convaincre et inciter à la consommation, se désigne immédiatement comme publicité : le médium publicitaire a pour message premier le médium lui-même, la publicité est ici métapublicitaire. C'est là où les catégories d'aliénation et d'idéologie cessent d'être opératoires : un nouveau procès est en cours qui, loin de mystifier en cachant ses ressorts, se présente comme « mystification » en énonçant des propositions qui annulent d'elles-mêmes leur indice de vérité. De sorte que la publicité n'a plus grand-chose à voir avec les fonctions traditionnellement accolées à l'idéologie : occultation du réel, inculcation de contenus, illusion du sujet. Quitte à heurter notre conscience contemporaine, largement hostile au fait publicitaire, il ne faut pas craindre de poser celui-ci, dans sa version humoristique, comme participant au large mouvement « révolutionnaire » de la critique de l'illusion, mouvement inauguré beaucoup plus tôt dans la peinture et poursuivi en littérature, au théâtre, au cinéma expérimental tout au long du XXe siècle. Impossible d'ignorer certes que l'espace publicitaire adopte une scénographie classique, reste immédiatement lisible et communicationnel, qu'aucun travail formel n'en dérange la lecture et que l'image comme le texte demeurent assujettis aux contraintes d'une certaine narration-représentation. Bref, tout ce que les mouvements d'avant-garde ont eu précisément à cœur de déconstruire. Pourtant, en dépit de ces différences hautement significatives, il

1. Cl. Lefort, « Esquisse d'une genèse de l'idéologie dans les sociétés modernes », in *Textures*, 1974, n°s 8-9. Repris dans *les Formes de l'histoire*, Paris, Gallimard, 1978.

reste que le code humoristique fait basculer la publicité dans un registre qui n'est déjà plus celui de la séduction classique. L'humour tient à distance, empêche le spectateur d'adhérer au « message », fait obstacle à la rêverie diurne et au procès d'identification. N'est-ce pas cela, cette *distanciation* qu'a réalisée précisément l'art moderne ? N'est-ce pas la critique de l'illusion, de la séduction, qui a animé de part en part la production des grandes œuvres esthétiques ? De même qu'avec Cézanne, le cubisme, les abstraits ou le théâtre depuis Brecht, l'art cesse de fonctionner dans le registre de la mimesis et de l'identification, pour apparaître comme pur espace pictural ou théâtral et non plus comme double fidèle du réel, de même avec l'humour, la scène publicitaire se détache du référent, acquiert une autonomie et s'érige en fait publicitaire dans une sorte de formation de compromis entre la représentation classique et la distanciation moderne.

Critique de l'illusion et des magies de la profondeur qu'il faut replacer dans une durée beaucoup plus longue, celle des sociétés modernes qui, dans leur expérimentation historique, se définissent par leur rejet de tout assujettissement à un *modèle* extérieur, transcendant ou reçu, et corrélativement par la visée d'une auto-institution, autoproduction du social par lui-même. Dans une société dont la visée est de se maîtriser de part en part, de se faire, de se voir à partir de son lieu même, les formes de l'illusion cessent d'être prévalentes et sont appelées à disparaître en tant qu'ultime vestige d'une hétéronomie sociale. La représentation et son schème de fidélité mimétique, la séduction et la dépossession du spectateur qu'elle institue ne peuvent subsister dans les systèmes refusant tout fondement ou toute extériorité reçus. Partout c'est le même procès d'autonomisation ou d'éradication des modèles transcendants qui apparaît : avec l'institution du capitalisme et du marché, la production se libère des antiques traditions, usages et contrôles ; avec l'État démocratique et le principe de la souveraineté du peuple, le pouvoir s'émancipe de ses fondements jadis sacrés ; avec l'art moderne, les formes renoncent à la séduction représentative, à l'illusion de la mimesis et trouvent leur intelligibilité non plus en dehors d'elles-mêmes mais en elles-mêmes. Replacé dans ce large contexte, le code humoristique n'est plus qu'une des figures de ce processus de destitution de l'illusion et d'autonomisation du social. Et lorsque la publicité se donne à voir comme publicité, elle ne fait que s'inscrire dans l'œuvre déjà lointaine de l'émergence d'une société sans opacité, sans profondeur, une société transparente à elle-même, cynique, en dépit de son humour cordial.

Dans le temps plus court, il faut interpréter la suspension de l'illusion engendrée par le code humoristique comme une des formes que prend le phénomène de *participation*, aujourd'hui en place à tous les niveaux de la société. Faire participer les individus, les rendre actifs et dynamiques, les rendre à leur statut d'agent de décision est devenu un axiome de la société ouverte. Aussi l'illusionnisme et le dessaisissement du sujet qu'il implique deviennent-ils incompatibles avec un système fonctionnant à l'option et au libre-service. Le dressage autoritaire, les formes lourdes de manipulation et de domestication deviennent obsolètes parce que ne prenant pas en considération l'activité et l'idiosyncrasie de l'individu. En revanche, le code humoristique et la distance qu'il produit entre le sujet et l'information se trouvent correspondre au fonctionnement d'un système requérant l'activité, fût-elle minimale, des individus : point d'humour, en effet, qui n'exige une part d'activité psychique du récepteur. Le temps de la persuasion massive, de l'enrégimentation mécaniste dirigée vers des individus rigides s'éclipse ; l'illusionnisme, les mécanismes d'identification aveugle deviennent archaïques ; avec le code humoristique, la publicité fait appel à la complicité spirituelle des sujets, s'adresse à eux en usant de références « culturelles », d'allusions plus ou moins discrètes, comme à des sujets éclairés. Elle entre, ce faisant, dans son âge cybernétique.

L'amour sur Minitel
(1991)

JOSIANE JOUËT
(née en 1948)

En consacrant sa recherche aux usages des nouvelles technologies, Josiane Jouët met en évidence l'autonomie relative des utilisateurs des « machines à communiquer », qui savent s'approprier ou détourner les outils, et investir les réseaux disponibles.

C'est ainsi que la télévision est retraitée par les usages du zapping et du magnétoscope, et que les messageries du Minitel constituent un « modèle type » de l'interaction entre le social et la technique. L'écriture s'adapte au clavier, et les relations amoureuses y subissent le formatage du dispositif, mais sans que nous entrions pour autant dans une société purement technicienne. Les observations qui guident Josiane Jouët ne vont pas dans le sens de l'avertissement formulé ci-dessous par le philosophe Alain Finkielkraut : la médiation technique permet de conserver, voire de renouer le lien social, sans que l'on sache exactement où passe la frontière entre le public et le privé, entre les contraintes de l'objet et les bonheurs de l'intersubjectivité. Ces pratiques offrent l'exemple d'interactions complexes qui défient l'explication linéaire, et ne se laissent pas ramener à un facteur « déterminant en dernière instance ».

Source : *Communication présentée au colloque* Paroles d'amour *organisé par le Planning familial de l'Isère, éditions Syros/Alternatives, Paris, 1991.*

Bibliographie : *Josiane Jouët,* la Communication au quotidien *(en collaboration avec D. Collin), La Documentation française, Paris, 1985 ;* l'Écran apprivoisé : télématique et informatique à domicile, *CNET, coll. « Réseaux », Paris, 1987 ; Philippe Mallein et Yves Toussaint,* Usages et usagers du Minitel grand public, Arte, 1986.

LES MESSAGERIES ROSES... Que d'images surgissent à leur simple évocation ! Carnaval électronique, miroir aux alouettes, espace de rencontre, commerce de la drague, réseaux de perversion... Les messageries sont-elles cela ? Une partie ? Le tout ? Sans doute. Et l'amour ?

Des placards publicitaires exhibant des femmes aguicheuses aux campagnes de défense des bonnes mœurs, les messageries gênent, voire choquent. Et l'amour ? Où est-il ? Partout et nulle part. Dans les méandres des messages banals, hard, poétiques, il se cache, se devine, se lit, s'affiche. Que fait-il ? Tout dans l'expression des pulsions libérées et rien sur écran. Voyons ! Des fantasmes alors ! Et pourtant...

L'amour sur Minitel est polymorphe ; il se vit sous les mille masques que permettent l'anonymat et l'emprunt de pseudonymes. On assiste à une mise en scène ou plutôt à une remise en scène du jeu de l'amour et du hasard qui comporte son langage et ses codes propres. Car les messageries sont avant tout un jeu, une vaste fiction amoureuse alimentée par le plaisir de la transgression des interdits et de la rencontre d'inconnus.

Faire l'amour avec les mots

La magie des mots. Rien de nouveau. Les mots sont depuis toujours « au cœur » de l'amour. Ils ouvrent la voie au dévoilement et à la parade, au désir et à la séduction. En fait, le dialogue amoureux par le truchement du Minitel est à plus d'un titre ordinaire, mais il témoigne aussi de formes innovantes dans la relation entre les sexes.

Les messageries inaugurent, en effet, un nouveau protocole de rencontre, sur écran, fondé sur une communication interactive et anonyme. Se dire et accrocher l'autre en composant des mots sur un clavier, dialoguer concurremment avec plusieurs interlocuteurs par le canal d'un réseau sur lequel circulent des informations binaires, modifie de fait l'approche amoureuse.

Cette séduction immatérielle joue sur l'absence des sens de la vue, de l'ouïe, de l'odorat, de la gestuelle et du toucher qui suscitent usuellement l'attraction entre les sexes. La désincarnation des relations ouvre la voie à l'imaginaire, au débordement de la raison, aux désirs les plus fous, et engendre la réintroduction de la corporalité à travers les messages et le surgissement du sexe enfin affranchi des contraintes sociales. La perte des référents traditionnels fait bien tout le sel des messageries. L'anonymat entretient la fascination de l'accrochage d'inconnus, impossibles à rencontrer dans la vie courante, et favorise l'expression de fantasmes en toute impunité. Sur écran on peut jouer son identité, en prendre d'autres et, sous le couvert de pseudonymes, on sort du carcan de la quotidienneté et de son rôle social. On peut se travestir, s'inventer autre, ou tout simplement se découvrir sous les traits de sa personnalité profonde, enfin mise à nu. Dans ce kaléidoscope d'identités mi-fictives et mi-réelles, les jeux de masques provoquent la curiosité et l'excitation amoureuses.

Cette « communication spectrale », comme la qualifie Marc Guillaume[1], tourne autour d'un lien imaginaire qui se fonde sur moins d'identification et plus de transgression. Au registre du réel, elle substitue celui de la fiction et de la simulation. Selon cet auteur, « l'autre est à la fois réel et annulé. Dans ces conditions, il n'existe plus de frein qui s'oppose au déploiement d'une forme d'excès érotique ».

Les messageries inaugurent bien de nouveaux codes amoureux, hors visuel et hors corps. Ces codes passent par l'écrit qui, largement délaissé, reprend sa place dans le dialogue amoureux. Mais il s'agit de formes d'écriture spécifiques car les messageurs ont construit leur propre sous-langage qui comporte des abréviations (H et F pour homme et femme, BJR et BSA pour bonjour et bonsoir, etc.) et joue sur les symboles graphiques. L'écriture phonétique (*koa* pour *quoi*, par exemple) vise à reproduire la sonorité du mot et à réinsuffler le sens auditif dans la communication. Les descriptions vestimentaires et corporelles, fréquentes, stimulent l'œil. Les sens absents du dispositif d'échange s'infiltrent donc à travers les mots et s'enrichissent du pouvoir de l'évocation. Faire l'amour avec les mots, sur écran télématique, est source d'une créativité qui tente de réinventer le désir millénaire mais sous d'autres artifices.

1. Marc Guillaume, *la Contagion des passions. Essai sur l'exotisme intérieur*, Paris, Plon, 1989.

L'écran fantasmatique

Les messageries ouvrent un nouvel espace pour la drague et prennent la place de la rue et du café où cette pratique, sous les coups du féminisme et de l'évolution des rapports de sexe, a régressé sans pour autant bien sûr disparaître. Les divers lieux de la drague télématique annoncent des rencontres de divers types. Les messageries hard ou homosexuelles affichent clairement le ton. Les messageries conviviales offrent, en revanche, une plus vaste gamme d'échanges. Plusieurs styles président à l'accrochage d'inconnus sur écran. De même, les attentes et les démarches sont multiformes. Les messageurs en mal de confidences intimes ou de voyeurisme se bornent souvent au seul échange télématique tandis que la rencontre *de visu* anime davantage les personnes en quête de convivialité, de sexe ou d'amour. Les pratiques se déclinent aussi sous diverses modalités et vont de la consultation furtive et épisodique des messageries à des formes plus régulières, voire à un usage frénétique. Aussi les « accros » parlent-ils de drogue, leur pratique immodérée faisant fi des lourdes factures téléphoniques qui pèsent peu au regard de la jouissance fantasmatique. Le sevrage s'accompagne d'ailleurs souvent de « rechutes ».

Derrière les messages, un public composé majoritairement de gens ordinaires. Les catégories sociales (employés, techniciens, commerçants, professions libérales...) se mélangent et le brouillage des repères sociaux libère la parole. Des gens à plus d'un titre banals et qui, malgré la diversité de leurs approches, partagent une recherche en bien des points identique. L'aspiration à la complétude se lit dans tous les discours auprès des aventuriers du sexe comme auprès des passionnés d'amour. L'isolement, la fracture occasionnée par un divorce ou un déménagement, le célibat, bref la dissolution des structures d'intégration peuvent conduire à la messagerie. Mais la solitude profonde est intérieure et également commune aux praticiens qui vivent en couple. L'investissement dans la messagerie relève d'attentes relationnelles qui libèrent l'expression de soi. L'intimité des échanges permet de se dire, d'énoncer le refoulé, de coller à son désir car la messagerie est aussi une façon de se faire l'amour. Tout comme Narcisse, les messageurs sont d'abord en quête d'eux-mêmes.

Dans la drague électronique, seuls les mots comptent. Le pseudonyme en est le premier et parle déjà. Un prénom, un descriptif de la recherche (hchfdominatrice...), un fantasme, un masque de star, une allusion littéraire, quel qu'il soit le pseudonyme est l'accroche initiale tout comme la carte de visite qui annonce franchement la couleur ou joue sur le secret du moi à découvrir et sur un éventail de tableaux de séduction propres à susciter la curiosité et le désir. Il s'agit ensuite de susciter l'intérêt de l'autre à poursuivre l'échange, d'éviter le rejet, de l'emmener vers l'éventualité de la rencontre en face-à-face. L'interaction amoureuse une fois engagée se déroule sous divers modes. Elle peut être pragmatique et cibler directement la rencontre sexuelle, ludique et jouer avec les mots et les masques, sérieuse et développer des conversations affinitaires, désespérée et faire appel à l'écoute de l'autre. Mais les mots ne sont pas neutres. Ce sont des révélateurs d'identité et des opérateurs de sélection qui se font sur l'orthographe, l'humour, le style, le contenu des échanges. Tel refusera la conversation avec des individus « illettrés », tel autre ne retiendra que les interlocuteurs qui s'entourent de mystère ou au contraire se révèlent. Ainsi l'entremêlement des individus se dissipe peu à peu et le dialogue interactif réintroduit des clivages et remet de l'ordre dans la recherche amoureuse.

Et la rencontre se produit-elle ? Oui, et de façon fréquente. Davantage satisfaisante pour les personnes en quête de simples rapports sexuels, elle s'avère plus décevante pour celles qui aspirent à une vraie relation amoureuse. Le désir trop provoqué dans l'interaction télématique a du mal à déboucher ensuite sur un suivi. Aussi, considérée par certains comme un vivier inépuisable, la messagerie se révèle être pour d'autres une illusion. L'amour sur Minitel est avant tout sur écran car c'est là que se jouent tous les ressorts fantasmatiques du lien amoureux.

Le retour de la chasse

L'amour sur Minitel est novateur et libératoire. Il remet en cause les conventions sociales et provoque l'expression des pulsions. Mais il est aussi profondément traditionnel et régressif. Il réintroduit, en effet, des rapports de sexe fondés sur la chasse. La forte majorité d'hommes (les deux tiers peut-être mais les statistiques sont rares et peu fiables) imprime des relations qui se ressourcent aux canons traditionnels de la séduction masculine : autovalorisation, bluff, flatterie, acharnement à la conviction, rivalité avec les concurrents.

Certes l'anonymat et la protection de l'écran permettent aux femmes d'aborder, elles aussi, des hommes inconnus. Elles draguent et séduisent mais l'initiative de la rencontre, la persuasion d'aller plus loin demeurent le plus souvent l'apanage des hommes qui retrouvent sur la messagerie leurs attributs traditionnels de chasse et de capture de « proie ». Comme le remarque Gérard Neyrand[1], une certaine « organisation phallocentrique » se manifeste dans la drague télématique, d'autant que les femmes qui s'y adonnent sont souvent seules alors que la proportion d'hommes en couple y est plus élevée, ces derniers cherchant avant tout des aventures.

La chasse électronique relève de différentes formes de cour : la provocation, l'humour, l'agressivité mais aussi la séduction feutrée et assidue. Il s'agit bien d'une forme de cour, classique à certains égards, et plusieurs hommes gravitent autour d'une même femme et s'évertuent à la conquérir. Il faut paraître le plus beau et le plus fort car la femme convoitée entretient des dialogues parallèles avec des rivaux anonymes à éliminer. La femme, minoritaire en nombre, est difficilement accessible. Elle redevient une valeur car les messageries réintroduisent la rareté des femmes disponibles dans le marché de l'offre et de la demande. La chasse n'en est que plus excitante et ardue !

Sur l'écran du Minitel on peut enfin jouer pleinement son identité sexuée, échapper au laminage ambiant de la différenciation sexuelle et revivre les modèles archaïques des relations entre les genres. La femme s'extirpe des revendications féministes et se repositionne franchement comme objet de désir. Elle aguiche l'homme et reprend ses attributs traditionnels mais, cette fois, elle ose aussi. Sa démarche témoigne donc d'une libération concrète tout en aspirant à renouer avec sa féminité. L'homme peut, à nouveau et sans impunité, jouer à être le mâle. Sur la messagerie, l'homme réagit contre la déconstruction ambiante de la masculinité dans son identité personnelle et sociale. Il s'affirme comme « mec ». Son insécurité s'évanouit car la chasse sur Minitel est un espace à l'abri des tabous et de la réprobation sociale des chasseurs. Elle est sans danger et l'écran protège contre les blessures narcissiques d'un rejet public. En ce sens, elle se dépouille aussi de sa bravoure et ne présente en rien la noblesse de l'acte de cour. On s'en cache même et on en éprouve souvent une honte. Le stigma social demeure ancré auprès de ses adeptes car la messagerie

1. Gérard Neyrand, « Stratégies de séduction et fascination médiatique : le Minitel squatterisé », in *Revue Quaderni*, n° 5, automne 1988.

est assimilée à un interdit qui offre certes le plaisir de la transgression mais ne peut échapper totalement aux valeurs de l'environnement social.

On peut y livrer ses affects et ses pulsions sans inhibition aucune. Les perversions y ont libre cours et on peut aussi changer de sexe. Aussi, à côté de l'affirmation de son sexe, on joue également parfois à être l'autre. Démasquer les hommes qui se déguisent en femme est d'ailleurs une pratique préliminaire dans l'établissement de l'échange. On peut être chasseur de femme un jour, emprunter des oripeaux féminins le lendemain et vivre ainsi sa bisexualité. Se travestir est une découverte de l'autre mais aussi une façon d'accéder à sa propre altérité. Aussi la messagerie révèle-t-elle la permanence des grandes figures archaïques de l'unicité première et de la différenciation sexuée. L'enfoui remonte, le refoulé s'exprime dans des identités polyvalentes.

L'informatisation de l'amour

La médiation du réseau télématique influe largement sur les modalités de l'échange amoureux qui n'échappe pas à une certaine technicité. L'espace de rencontre des messageries est, en effet, défini par la configuration du système technique. L'écran du Minitel remplit une double fonction : c'est un bouclier qui encourage l'anonymat et l'emprunt de pseudonyme mais aussi un miroir où se projettent les fantasmes et le narcissisme. La communication conjugue donc à la fois l'évitement relationnel (on se protège) et l'intimité des échanges (on se dit).

Le dialogue sur la messagerie est codifié par les procédures du fonctionnement technique : peu de lignes pour l'écriture, obligation de passer par certaines touches pour envoyer ou lire les messages, consulter les cartes de visite. La conversation s'adapte immanquablement au rythme et à la structure séquentielle de la logique algorithmique. Elle suit, en fait, à l'insu même des participants, le schéma de la boucle informatique.

Aussi l'échange amoureux exige-t-il une dextérité de manipulation et une connaissance des procédures comme une maîtrise de l'écriture sur écran et de la gestion des dialogues. Le dialogue télématique se greffe sur l'interactivité du logiciel de communication et est composé d'opérations techniques qui mettent en œuvre une certaine compétence. Les valeurs de performance technique infiltrent la pratique et ne paraissent pas étrangères à l'instrumentalité des relations qui se nouent sur la messagerie.

On assiste bien à l'émergence d'un nouveau mode de relation entre les sexes qui emprunte le canal de la communication informatique pour se parler. Il se produit un « formatage » du dialogue amoureux qui, sous certains aspects, s'informatise lui aussi. Selon Alain Finkielkraut[1], la « libération sexuelle n'est peut-être que le nom lyrique donné à cette colonisation du domaine amoureux par la raison instrumentale », et cet auteur y voit la fin de l'érotisme au profit de la sexualité qu'il assimile « à un ensemble de recettes, de procédures scientifiquement déterminées pour optimiser la jouissance ». Les messageries sont, sans doute, une autre forme du triomphe de la raison instrumentale qui gagne cette fois les mots. L'échange amoureux lui-même devient empreint de technicisation.

La rencontre électronique s'inscrit dans le modèle de la performance technique. Aussi l'artificialité des relations fait écho à l'immatérialité de l'échange. Les messageries développent un nouveau type de jeu amoureux : celui de la connexion sur des réseaux invisibles.

1. Alain Finkielkraut, « Le temps de l'innocence », *in* « Le nouveau code amoureux », *Documents Observateur*, n° 2, juillet 1988.

Le fantasme anime cette forme de «cool sex» à distance et la séduction sur écran se vit dans l'éphémère du branchement.

Face à l'envahissement du sexe et de l'amour dans les médias, le recours à la messagerie témoigne du désir d'être aussi soi-même un acteur du grand jeu de la médiatisation du sexe. La mise en scène de soi dans l'échange télématique peut donc se lire comme un artefact qui permet d'accéder à l'extase de l'amour et du sexe si largement exaltée. Mais elle peut aussi se lire comme une réaction contre la désexualisation ambiante des relations sociales qui accompagne paradoxalement l'irruption croissante du sexe dans les médias.

Dans la messagerie, l'identification de sexe est première et centrale; elle permet la libération et l'expression du «ça». L'amour sur Minitel témoigne de la rémanence des modèles archaïques face à la montée d'une société technicienne qui lui fournit pourtant le moyen de se dire. Aussi repose-t-il sur le paradoxe de la régression fantasmatique et de l'avancée technologique. Il les conjugue dans une ambivalence où pulsions et haute technologie s'accordent pour inventer une forme autre de l'amour.

Devant la recrudescence des vols de sacs à main,
(1992)

SERGE DANEY
(1944-1992)

Serge Daney était rédacteur en chef aux Cahiers du cinéma, *avant de tenir à* Libération *la chronique du «Salaire du zappeur», puis celle de savoir «ce que deviennent les films quand ils passent à la télévision». Ses réflexions percutantes et drôles, recueillies aujourd'hui dans deux ouvrages, n'ont pas fini d'inspirer nos études. Serge Daney observait en cinéphile et en littéraire les images du petit écran, et il s'amusait des prétentions de la grenouille-télévision à se faire aussi grosse que le bœuf...*

Il s'était, à la fin de sa vie, bricolé deux ou trois concepts, comme la distinction du visible et du visuel (expliquée ci-dessous), pour éviter de mélanger les genres, ou les écrans. Et il était devenu presque indulgent pour la grenouille : trop d'intellectuels disent du mal de la télévision sans se donner la peine de l'examiner (sinon par déficit, ou comparaison négatives avec les livres, le cinéma ou les formes majestueuses de la représentation) ; sans s'aviser surtout que la télévision est, à la lettre, météorologique : qu'elle accompagne le temps qu'il fait (à défaut de le prévoir). En sorte qu'il est aussi vulgaire de se plaindre de l'une que de l'autre.

Un autre argument se fait jour dans le texte ci-dessous, que nous pourrions si nous l'entendons bien rapprocher du texte de Lacan qui figure au chapitre IV. La vérité de la télé est à chercher non au niveau de l'énoncé, mais à celui de l'énonciation. C'est le côté indiciel, ou symptomal, de sa sémiotique, assez comparable à celle du divan : nous y voyons et entendons en direct chaque locuteur, ou chaque image, prétendre à la vérité de sa prestation ; le pouvoir se construit sous nos yeux avec sa rhétorique et ses manigances, et cet étalage n'est pas la moindre leçon (quotidienne) du petit écran.

Un troisième aspect de ce texte (qui traite par ailleurs d'un épisode traumatique devenu depuis deux ans un classique des études de médias : la guerre du Golfe) touche à la déontologie. Non pas celle de la fabrication des émissions (dont les journalistes nous parlent beaucoup depuis les mémorables dérapages de la guerre du Golfe), mais la déontologie du téléspectateur. L'idée que « l'information n'est pas un dû mais une pratique... » rappelle (gentiment) au zappeur quelques-uns de ses devoirs, et méritera d'être reprise. Face à ces images qui nous regardent, nous ne sommes pas près d'oublier sur quel ton, et avec quel regard, Serge Daney savait tranquillement leur répondre.

Source : *Serge Daney,* Devant la recrudescence des vols de sacs à main, *éditions Aléas, Lyon, 1991.*

Bibliographie : *Serge Daney,* le Salaire du zappeur, *Ramsay/Les Cahiers du cinéma, Paris, 1988. Quelques mois avant sa mort, Serge Daney avait enregistré trois heures d'entretien avec Régis Debray, « Mémoires d'un ciné-fils », qui ont été diffusées sur France-3 dans le cadre d'* Océaniques, *et il avait également lancé chez l'éditeur POL une revue, dont le titre,* Trafic, *est un hommage à Jacques Tati.* Les Cahiers du cinéma *ont évoqué sa mémoire dans leur numéro de juillet-août 1992, et la revue* Esprit *a publié avec lui trois entretiens (novembre 83, janvier 89 et août-septembre 92).*

Montage obligé
La guerre, le Golfe et le petit écran

L'information, c'est de nouveau l'affaire des chefs

Même provisoire, le bilan de cette gigantesque opération de police appelée « guerre du Golfe » est un rappel à l'ordre. D'un côté, les opinions publiques occidentales se sont progressivement rangées derrière leurs gouvernants. De l'autre, cette même opinion, en France du moins, a continué (c'est l'habitude) à se plaindre de sa télévision. Il suffisait (c'est mon travail) de lire le courrier reçu par *Libération* pour sentir que la seule certitude qui restait quand tout vacillait, c'était l'obscénité inutile de la télé, comparable à une drogue de mauvaise qualité (« le direct »), mal coupée, et à laquelle on ne couperait plus. Comme si, à force de pavoiser à vide, les têtes parlantes de l'information télévisée n'avaient que trop mérité de devenir les boucs émissaires du moment.

Nombreux furent ceux (j'en étais) qui, redoutant l'emballement de la logique de guerre et l'accumulation de toutes les bavures, reprochaient par avance à la télévision de n'avoir été qu'une lecture à voix haute du feuilleton CNN ou des *briefings* du Sirpa. Ceux-là se plaçaient (un peu vite) dans l'hypothèse du pire et le pire, une fois de plus, n'était pas sûr. À la limite, il *fallait* que cette guerre dégénère pour que tous voient à quel point notre « droit à l'information » était dans de mauvaises mains. Mais plus nombreux (quoique moins bavards) furent ceux qui, au contraire, fiers de ne pas trop nourrir d'« états d'âme » quant à la divine surprise d'un nouvel ordre mondial et au bien-fondé de cette guerre, la préféraient gagnée chirurgicale et sans images qu'exposée « sale » aux yeux de tous.

Résultat : les partisans de la guerre se gardèrent de trop faire le procès des médias, procès qui, cette fois, allait contre leurs convictions. Tant qu'à ne faire qu'un avec la raison d'État et à obéir à ses chefs (qui sont, ils l'ont dit eux-mêmes, le Bien incarné), autant reconnaître directement au souriant Raymond Germanos le droit de gérer l'information comme il l'entendait. Résultat : ce sont ceux qui refusaient le principe de cette guerre qui reprochèrent le plus à la télévision de vouloir en escamoter le spectacle ou de ne pas être en mesure de le produire. Comme le dit très bien Lyotard dans *le Différend* (1983), « La réalité est toujours à la charge du plaignant [...]. La défense est nihiliste, l'accusation plaide l'étant. C'est pourquoi il revient aux victimes des camps d'extermination de faire la preuve de celle-ci. » Le nombre des morts irakiens sera donc laissé à la charge de ceux que ce genre de comptabilité amuse ou aux bons soins de l'Histoire dont on ne dira plus trop qu'elle est « immédiate ».

Lorsqu'il s'avéra que la guerre avait été sèchement gagnée par la coalition et que le gendarme américain n'avait pas dérapé, la défiance envers la télé prit donc un autre visage, aussi biface que celui de Janus. Ou bien la télé joue *son* rôle (il y va du contenu de la démocratie), ou bien elle écoute la voix de *son* maître (il y va du succès de l'opération de police). C'est la conjonction (ou la succession) de ces deux attitudes (parfois chez les mêmes) qui a créé ce sentiment d'obscénité *soft* et de direct irréalisant. Et si Poivre d'Arvor, cherchant à poser à côté de Saddam, d'un Scud, de n'importe quoi ou du bidon capitaine Karim, risque de rester comme la tête à claques et le Zelig à tout faire de cette guerre, c'est bien parce qu'il s'est indûment exhibé en train de mimer toutes les attitudes à la fois, de celle du « pro » outragé à celle du répondeur automatique à voix douce.

Grand Satan, petit Saddam

En précipitant cette guerre archaïque, Saddam Hussein a sans doute permis aux Occidentaux de se réconcilier jusqu'à un certain point avec leurs propres archaïsmes. En renonçant volontairement à une certaine part d'information (ce fameux « quatrième pouvoir » qui, soudain, n'a pas pesé bien lourd dans la balance et dont personne ne parle plus), le citoyen consommateur d'information des pays riches a « gagné » quelque chose. Il a gagné le droit de régresser, lui aussi. Il suffit de voir l'hystérie patriotarde et la re-tribalisation américaines, les chefs en prière et les populations pâmées dans leurs drapeaux. De son côté, en préférant une fois de plus le fantasme à l'information, la « rue arabe » a subi une nouvelle défaite qu'elle a, bien sûr, vécu comme une victoire de plus.

L'un des enseignements de cette guerre, c'est que, malgré ses services secrets, Saddam Hussein ait été à ce point incapable d'utiliser l'information dont il disposait et qu'il ait joué toutes ses cartes, y compris les plus symboliques (otages, religion, tiers-mondisme), dans un mauvais *timing*. Sommes-nous entrés dans l'ère où les chefs du Sud, aussi dangereux, fous et suicidaires soient-ils, sont devenus incapables de retourner leurs armes – matérielles et conceptuelles – contre ceux qui les leur ont vendues ? Saddam, tueur pas si malin que ça, perd la guerre de l'information moderne, tandis que Bush, lui, gagne la première opération de police postmoderne.

Que veut dire, ici, « postmoderne » ? Qu'avant d'être due au citoyen, l'information relève du pouvoir, de tous les pouvoirs, politique, économique et (on l'avait oublié) militaire ? Certes, mais n'en a-t-il pas toujours été ainsi ? Il faut donc ajouter ceci, que pour la première fois depuis longtemps le citoyen de base a plutôt accepté de se laver les mains de cette guerre « in vitro ». L'événement, en effet, n'est pas la guerre mais le « in vitro » et celui-ci ne peut fonctionner qu'avec notre complicité active. La preuve ? Une journaliste de CNN, invitée sur un plateau d'après-guerre, disait sa tristesse à l'idée que la majorité des Américains pensaient qu'il y avait eu *trop d'images* de la guerre. Personne ne la consola.

À vrai dire, on aurait pu sentir tout cela dès l'été, quand Bush annonça le prix de l'opération et fit payer les spectateurs-bénéficiaires *d'avance*. C'est le principe du *pay per view* dont on sait qu'il est sans doute le seul avenir de la télévision. Bush a d'abord obtenu des siens le droit de ne plus partager l'information avec eux et de troquer le spectacle gratuit et universel de la Guerre contre le spectacle domestique des seules parades de Victoire. Est-ce qu'on invite le quartier à la fête annuelle de la police ? Non. On se contente de lui faire visiter l'arsenal du commissariat et on le dissuade de trop vérifier « comment » l'ordre est maintenu. C'est là sans doute le nouvel « ordre mondial » et l'honnêteté oblige à reconnaître que rares furent ceux (je n'en étais pas) qui savaient que la leçon de la guerre du Viêt-nam (un certain « plus jamais ça ! ») avait été à ce point radicalement tirée. Plus rares encore ceux qui ont compris combien, dans sa volonté d'utiliser le cinéma afin de raconter son histoire, l'Amérique est non la règle, mais l'exception.

Seule superpuissance restée en lice, l'Amérique s'est donc transformée en mercenaire professionnel, « au service » des Nations Unies, et a écrasé un mercenaire local, finalement trop bête et peu fiable. Mais par ricochet, la guerre a mis en lumière ce qui, ici, ailleurs, et un peu partout, a déjà changé. En France, par exemple. Si l'idée de contre-pouvoir s'est comme évaporée, si le mot « démocratie » est devenu un sigle vide et un slogan facile et si le « droit à l'information » sonne comme une antienne fatiguée et une cause pour perdants-nés, c'est qu'en France aussi, on assiste à une re-territorialisation frileuse (le mot « pacification » est ré-entendu, l'affaire Boudarel tombe du ciel, le débat sur la réhabilitation de l'« épopée coloniale » est sans doute pour bientôt).

D'où cette réconciliation silencieuse de tout un chacun (la génération de grands communicants issue du gauchisme étant souvent la moins digne), avec l'idée même de pouvoir et ce *modus vivendi* qui tire un trait sur ces « trente glorieuses » de l'après-guerre qui eurent tant besoin d'émancipations et de « libérations » en tous genres. D'où, dans le cinéma, ces années quatre-vingt marquées par le retour et les succès d'un *art pompier*. D'où ce face-à-face entre adolescents en mal de soumission *(le Cercle des poètes disparus)* et parents d'élèves en mal de chefs-d'œuvre *(Merci la vie)*. D'où enfin l'interminable liquéfaction de cet objet impossible qu'est la télévision. Il est probable, en effet, qu'on reproche moins à cet objet sa docilité que sa prétention hypocrite à exister « à côté » du pouvoir, face à lui, voire contre lui. Elle agace quand elle mime encore l'indépendance et elle atterre quand elle se couche.

La télévision est tout ce qu'il y a de réaliste.

Pourquoi donc, regardée par tout le monde, est-elle si peu respectée ? Il se peut que la réponse soit simple. La télé est regardée parce qu'elle est tout ce qu'il y a de réaliste. Elle dit vrai et elle informe absolument. Elle est la pollution vraie de notre oxygène mental. On ne se révolte pas plus contre la télé qu'on ne cesse de respirer au nom de l'écologie. À un détail près, cependant : le seul monde dont elle ne cesse de nous donner des nouvelles (aussi précises et survoltées que les cours de la bourse ou le Top 50), c'est le monde vu *du pouvoir* (comme on dit « la terre vue de la lune »). C'est là sa seule réalité. Comment saurions-nous, sans elle, qui a du pouvoir et qui n'en a pas ? Qui vaut quoi et qui ne vaut rien ? Si le pouvoir que les hommes exercent les uns sur les autres se trouve toujours au croisement de l'économique et du sacré, la télévision est une cotation en Bourse généralisée devenue liturgie (elle-même cotée). C'est bien pourquoi nous la regardons, car de cela, au moins, elle nous informe. De cela, oui, mais de *rien* d'autre. De la Bourse, oui, mais pas de la vie. C'est pourquoi, quand même, nous ne la respectons pas.

C'est pourquoi, aussi, il ne faut plus trop parler des «images». Jamais on n'a autant parlé du «pouvoir de l'image» que depuis qu'elle n'en a plus. L'écrasante majorité des «images» qui ont droit de cité aujourd'hui à la télévision sont moins celles qui posséderaient une force intrinsèque que celles qui représentent *du* pouvoir et qui «travaillent» pour lui comme les «images de marque» travaillent pour l'entreprise. Il est étrange qu'il nous ait fallu une guerre pour re-découvrir que l'image, de tout temps, fut aussi un *leurre* (Lacan s'intéressait au mimétisme animal, aux ocelles de la queue du paon et à leur façon grotesque de nous «faire de l'œil»). Un leurre destiné à faire le guet, à détourner l'attention et à procurer du temps. La publicité, par exemple, consiste moins à inculquer des réflexes de vente qu'à signaler le pouvoir d'acheter très cher un espace à seule fin que nul autre ne l'occupe.

Spéculation immobilière, «achat d'espace», image-robot, image-vigile, c'est tout un. Pour s'en convaincre, il suffisait de voir l'attitude des publicitaires pendant cette guerre. Dès qu'elle fut finie, le fabricant d'armes Aérospatiale achetait des pages dans les journaux, alors qu'un mois plus tôt des publicitaires vertueux se disaient sincèrement désolés que leur jargon technique (de «cible» à «campagne») soit intégralement militarisé. Ce n'est pas qu'Aérospatiale voulait vendre des Exocets au lecteur, c'est qu'elle tenait à se payer des bulletins de victoire. À *Libération* il y eut (paraît-il) des remugles et (dit-on) du courrier en colère. Chevaleresque, la société des rédacteurs fit seulement savoir que ce qui était choquant dans cette publicité, c'était *l'humiliation* inutile d'un ennemi à terre.

C'est en ce sens que la guerre du Golfe a été très convenablement couverte (et, simultanément, «re-couverte») puisque, bon gré mal gré la télévision n'a pu montrer *que* les images dont il est clair aujourd'hui *qu'elles faisaient déjà partie de la victoire*. La rétention américaine et le laconisme subit des soldats, le spectacle électronique qui succède à l'exhibition logistique, la surestimation calculée de «la quatrième armée du monde», tout cela constituait, dès août, une image globalement réaliste, non pas de la guerre (il faut être deux pour ça), mais de la victoire (c'est le plus fort qui racontera l'histoire, s'il le veut). C'est, du reste, l'une des leçons de la guerre: partout, elle a renforcé ce qui était fort et affaibli ce qui était faible. Dans un *talk show* du 11 mars («Le point sur la table»), Mougeotte, huile de TFI, faisait état d'un sondage récent auquel «les Français» avaient répondu «oui». Question posée: «Estimez-vous que la télévision sort renforcée de la guerre?» C.Q.F.D.

Une guerre sans images?

Je me souviens qu'au moment de la guerre des Malouines, j'avais soudain réalisé que ce conflit, que nul n'avait prévu, se déroulait sans coup férir et qui plus est, sans images. Images dont personne ne remarquait l'absence parce que l'idée fixe de l'époque, sa *doxa* pathétique, c'était que la guerre du Viêt-nam marquait le début d'une ère de pure transparence, vouée à l'obscénité d'un robinet tragique et d'un «tout-à-l'image» fascinant. Plus tard, je me souviens avoir publié dans *Libération* deux photos à peu près identiques: l'une de Verdun, l'autre de la guerre Iran-Irak, côte à côte. L'idée était simple: puisque cette guerre n'intéresse personne, trouvons en quoi, à travers le vague souvenir des poilus et des tranchées, elle peut (re)susciter un minimum d'empathie. Mais c'était déjà tard et on sentait bien que l'ère des «guerres sans images» était annoncée.

Lorsque le Golfe s'est embrasé et que tout un chacun eut passé une ou deux nuits blanches à regarder CNN, l'expression «guerre sans images» fit soudain florès, vite suivie de « jeu vidéo ». Beaucoup furent surpris, car cette guerre-là, qui n'était plus de celles qu'on faisait faire par d'autres (Iran-Irak) ou qu'on laissait faire par des sous-autres (le Liberia), nous touchait directement. Pourtant, malgré quelques cris de déception, on se fit vite une raison. Pourquoi si vite ? N'y avait-il pas comme le soupçon que ces images-là (celles du cinéma et de la photographie) ne faisaient plus foi, preuve et spectacle avec autant d'efficacité que par le passé ? Je vérifiai donc ce que certains d'entre nous (Godard est le plus connu) disaient depuis des années (mais on ne les croyait jamais), à savoir que la télé, d'une façon générale, ne fonctionnait pas « à l'image ». Cette fois-ci, on nous crut un peu et ce fut presque un « scoop ».

Car il était clair, inversement, que tous les autres types de « visualisation » donnaient de meilleures informations ou, du moins, « habillaient » plus convenablement la victoire américaine. Les simulations électroniques, les dessins animés ou humoristiques, les génériques de synthèse, les cartes d'état-major, les schémas, les logos (certain cormoran enlisé) ou les images sonores de la radio étaient mieux aptes à illustrer la « guerre » vue d'un seul côté. Exactement de la même façon que le dessin animé est mille fois supérieur au cinéma s'il n'est question *que* de raconter la déroute absolue de Tom et le triomphe absolu de Jerry, ces petites bêtes aussi indestructibles que le Bien et le Mal. En tant qu'elles intéressent le nerf optique et qu'elles passent à la télé, on peut appeler « images » tous ces modes de visualisation, de visionnage ou de vérification. Mais on n'est pas obligé.

Le zappeur reprend du service

Je ruminais (déjà) ces choses lorsque la guerre a commencé. D'un côté, l'idée de reprendre une chronique dans *Libération* allait de soi. De l'autre, reprendre le bâton de pèlerin du « Monsieur Images », ça n'allait plus. C'est pour cesser de me compliquer la vie que je décidai de faire une distinction franche entre l'« image » et le « visuel ». Le visuel, ce serait la vérification optique d'un fonctionnement purement technique. Le visuel est sans contrechamp, il ne lui manque rien, il est clos, en boucle, un peu à l'image du spectacle pornographique qui n'est que la vérification extatique du fonctionnement des organes et de lui seul. Quant à l'image, cette image dont nous avons aimé au cinéma jusqu'à l'obscénité, ce serait plutôt le contraire. L'image a toujours lieu à la frontière de deux champs de forces, elle est vouée à témoigner d'une certaine *altérité* et, bien qu'elle possède toujours un noyau dur, il lui manque toujours quelque chose. L'image est toujours *plus et moins qu'elle-même*.

Ce n'était pas une découverte fracassante (c'est même l'essentiel de ce autour de quoi quarante ans de *Cahiers du cinéma* ont gravité et piétiné), mais ça m'aidait à ne pas trop faire du mot « image » une rente d'expert psy et à poursuivre l'éloge funèbre de cette chose en voie de disparition qu'est le Cinéma. Qu'il y ait aussi *de l'autre* (petit ou grand, ça dépend mais peu importe), c'est donc ça, l'image de cinéma. Et qu'il n'y ait que *de l'un* (ni grand ni petit, mais très vite « gros », enflé, plein de lui-même), c'est le visuel de télévision. Et si le visuel l'emporte aujourd'hui, c'est parce que les retours plus ou moins bien négociés des fantasmes identitaires ont lieu partout. Alors, non seulement l'image se fait rare, mais elle devient une sorte de résistance obtuse ou de souvenir ému dans un univers de pure signalisation. Ce qui résiste en elle, c'est cet humanisme aussi vieillot que digne (disons nos raisons actuelles de pleurer à John Ford), lequel a bien du mal à ne pas virer à un humanitarisme bourgeois (disons le *charity business*). Car si l'image informait, elle aussi, ce n'était jamais du seul point de vue du plus fort, mais à partir d'un entre-deux où se dessinait, parfois *in extremis* le visage du moins fort (au sens où la physique atomique parle de la «force faible»).

Vivre avec les images, c'est faire deux choses à la fois

Exercer, face aux images et aux sons, un sens critique, fut de tous temps une étrange lubie. Un flirt avec l'impossible. Regarder cette guerre du Golfe-là, c'était se livrer à une gymnastique épuisante. D'un côté il fallait prendre connaissance du matériel informatif disponible. De l'autre il fallait exercer sur lui une sorte de vigilance inquiète, une méfiance de principe, un regard «de biais». «Être vu ne voyant pas», c'est la prise de conscience de l'autruche, c'est-à-dire de l'idiote: c'est vexant et ce n'est peut-être même pas recommandable. C'est pourquoi beaucoup se sont retirés du jeu, persuadés que, de toutes façons, *on* leur mentirait toujours. L'ennuyeux, c'est que ce n'est plus de gaieté de cœur qu'on renonce aujourd'hui à être correctement informé. Ou qu'on laisse à nos élus (quand bien même nous les aimerions) le monopole de cette gestion-là. Nous ne lisons plus *Pékin Information* depuis longtemps: nous savons que nulle part au monde la démocratie ne passe par le manque d'information.

Mais nous vérifions alors que, comme la démocratie, l'information n'est pas un dû mais une pratique, pas un rêve mais une passion. Une chose est d'en vouloir à ceux «dont c'est le métier» de mal la faire, une autre est de comprendre que cela dépend *aussi* de nous. Si le visuel nous empêche de voir (parce qu'il préfère qu'on décode, qu'on décrypte, bref qu'on «lise»), l'image nous met toujours au défi de la *monter* avec une autre, avec *de* l'autre. Parce que dans l'image, comme dans la démocratie, il y a «du jeu» et de l'inachevé, une entame ou une béance. Mais c'est un jeu trop sérieux qui nous transforme vite en moralistes acariâtres ou en donneurs de leçons. Il faudrait être plus nombreux à nous y livrer, pour que le jeu soit plus marrant que la chandelle et que celle-ci ne vire pas à la petite flamme de la belle âme en colère. En attendant, c'était drôle de voir certains journalistes sentir que ce jeu était possible. Guillaume Durand, par exemple. Il avait l'air surpris d'avoir compris quelque chose qui ne se ramenait pas à son seul «professionnalisme».

Gestion du manque et du reste

Si le visuel est une boucle, l'image est à la fois un manque et un reste. Vivre démocratiquement avec les images, tirer d'elles un peu d'information, c'est comme vivre avec des animaux domestiques. Tantôt on ne voit que ce qui leur *manque* (la parole, par exemple), tantôt on ne voit que ce qui leur *reste* (l'amour, par exemple). C'est une oscillation, une navette, pas vraiment une «place» confortable. Si le cinéma en savait long sur «la place du spectateur», s'il pouvait jouer avec la façon dont j'étais immobile dans la salle, mon téléviseur, lui, ne sait rien de ce qui me manque et de ce qui me reste. D'autant qu'il manque toujours quelque chose et qu'il reste toujours quelque chose.

Prenons le manque. Et saluons au passage les petits progrès (tout est relatif) que l'on a pu constater. Au nombre des choses qui manquaient à l'info télévisée, il y avait en effet tout ce qu'on écrit désormais à même l'image: les sources, les dates, les archives, les noms, le visage du journaliste ou du cameraman, la mention de la censure locale, tout ce qui est du domaine du «qui parle?». L'image est désormais aussi décorée qu'une poitrine de général soviétique. L'une des plus «belles» (c'est Christian Caujolle qui me l'a communiquée) est une photo prise sur TF 1 et vendue comme document AFP où l'on voit une image (d'archive) de Saddam Hussein avec deux inscriptions: «Radio Bagdad en direct» et «Message radio de Saddam Hussein». Une photo prise à la télé où on écrit qu'il s'agit de radio, c'est le manque fait gag. Mais il est des manques moins drôles, des manques voulus délibérés, de l'intox. Des questions sans réponses, des champs sans contrechamps, des vainqueurs sans vaincus: de l'un sans l'autre.

Il me semble qu'il a existé pendant cette guerre une véritable *image manquante*, celle de Bagdad sous les bombes. Image dont l'absence même a obligé tout un chacun à «imaginer» quelque chose, au gré de ses opinions, de ses fantasmes ou de ses souvenirs de films de guerre. Cette image mentale devenait peu à peu plus «vraie» que les autres et je suppose que certains ont dû désirer voir Bagdad en ruines, rien que pour infirmer la thèse du bombardement chirurgical. L'énergie rageuse mise à *imaginer* ce que ni Bush ni Saddam ne voulaient plus montrer est l'un des premiers effets de cette guerre «sans images» sur les cobayes que nous fûmes. Plus le jeu vidéo était imposé, plus l'abstraction grandissante de ses cibles angoissait. Était-ce par compassion pour le peuple irakien ou parce que le cinéma nous a légué ces réflexes-là? Et si c'était la même chose?

Montage obligé

Tout à ma chronique, j'ai eu le sentiment, euphorique au début et pesant à la fin, d'être devenu *monteur dans ma tête*. Histoire de me fabriquer assez d'imaginaire pour lutter contre une vraie menace d'irréalisation. Je montais ce que je voyais avec les images manquantes, avec tous les hors-champs, en vrac, comme un fou. Ces images, je les trouvais partout, selon le moment ou le caprice, comme un hystérique qui ne cesse d'exiger *justement* ce qu'on ne lui donne pas. Or, il est facile de manipuler l'hystérique parce qu'il suffit de lui interdire une babiole pour qu'il la croie importante. Je soupçonnais tout le monde, je m'usais les méninges à rétablir du suivi là où il n'y avait plus que de la coupure de flux, à ne pas oublier de me souvenir là où l'amnésie était la règle. Pourquoi on ne voit pas l'émir Jaber? Pourquoi, soudain, plus aucun reportage sur les travailleurs indiens ou philippins? Pourquoi si tardive, l'image russe de la marée noire? Pourquoi ce sentiment de faire un travail qui *ne devrait pas être le mien?*

Pour la première fois peut-être dans l'histoire de la télévision, la raréfaction des images au bénéfice du pur visuel a créé un *déficit d'imagination* de plus en plus lourd à colmater. Il ne suffit plus, en effet, d'en savoir un peu plus long que la moyenne des téléspectateurs sur le montage, le champ-contrechamp, les ruses de l'énonciation et les liturgies du direct, pour *disposer* automatiquement des images (ou des rapprochements d'images) dont on ne sait plus si elles nous manquent par hasard ou si elles nous sont bel et bien interdites. En ce sens, c'est comme si notre perception habituelle du monde sortait rétrécie de cette guerre en mondiovision, rendue à une abstraction flottante zébrée d'«événements» fantômes, donnant presque raison à Baudrillard lorsqu'il annonce, imperturbable, que la guerre du Golfe «n'a pas eu lieu».

Parfois, rarement, une image passait, une vraie. Mais que ce soient les pilotes sans doute tabassés, Isaac Stern et son public de masques à gaz, Saddam caressant une tête d'enfant ou l'homme de CNN faisant de la radio à la télé, c'était toujours des gens qui, de gré ou de force, «faisaient image» et le savaient. Il n'y a image que lorsqu'il y a assez *d'autre* pour qu'un quiproquo soit encore possible. J'ai vu ainsi un Koweiti se plaindre de son frigo foutu et de ses esclaves enfuis: il était à ce point persuadé que l'image qu'il donnait de lui « nous » plairait que je ne lui en voulus plus de ses mauvaises manières : ne constituaient-elles pas, après tout, l'une des rares informations qui me soient parvenues du « peuple » du Koweit ?

La gymnastique est aussi épuisante que la crainte d'un *passing-shot* sur un court de tennis. Il faut ne jamais être là où la télé nous attend et épouser, s'il le faut, tous les points de vue du Diable. Car il n'y a pas que la riche gamme des manques, il y a le pauvre être-là des restes. Tantôt, on sent qu'il faut monter ce qu'on voit avec ce qu'on ne voit pas, et tantôt c'est le contraire : il faut regarder *malgré tout* le peu qu'on voit. C'est ainsi que les rares reportages réalisés « sous contrôle irakien » dans les rues de Bagdad ont dû être peu regardés, sous le prétexte évident que les propos de « l'homme de la rue » bagdadi sentaient trop la langue de bois. Mais il n'y a pas que ceux qui parlent à la caméra, il y a les passants qui regardent la caméra du fond de l'image, l'air sonné et le regard de travers. Qui me dit que cet air et ce regard-là ne sont pas le noyau dur sans lequel il n'y aurait que des signes à « lire » et plus d'hommes à « voir » ? Je veux bien que, dans ce cas précis, l'information soit minimale (quelque chose comme « les Irakiens existent »), mais elle n'est minimale que du point de vue du visuel, pas de l'image.

Il y a dans la « critique des images de télévision », comme dans toute critique des médias, une drôle de satisfaction. Une *foi* dans les images, mais devenue mauvaise, une « mauvaise foi » qui se traduit par la triste passion d'avoir toujours le dernier mot. La raréfaction de l'image commence lorsque ces deux actes jumeaux, *voir* et *montrer* ne sont plus naturels et sont devenus comme des actes de résistance. Reste alors à imaginer ce qu'on ne voit plus. L'imagination est le fantôme de l'image. Elle est notre amère victoire.

Happy ending ? Scénarios de la vie ordinaire

(1993)

GÉRARD LEBLANC
(né en 1942)

Télévision de voyeur, ou de cannibale, démagogie, exhibitionnisme ou stade suprême de la démocratie cathodique..., les épithètes dépréciatives n'ont pas manqué pour flétrir l'éclosion sur nos petits écrans d'un genre made in USA, *tellement vulgaire ou innommable qu'on n'ose pas le traduire en français (remarque Serge Daney), les « Reality Shows ». Clairement les intellectuels n'aiment pas* ça, *qui semble concentrer ce que les programmes offrent de pire. Mais les mêmes arguments avaient déjà servi contre la télévision dans son ensemble, ou contre le cinéma (art forain), ou contre le livre au format de poche (désacralisant)... Plutôt que de blâmer* a priori *ces tentatives de convivialité cathodique, on notera que les* reality shows *sont divers, qu'ils n'obéissent pas tous aux mêmes recettes (ni aux mêmes publics) et que leur histoire récente découle d'une logique qu'on perçoit mal tant que l'on confond l'outil de la télévision avec le cinéma, ou la fiction en général. Ces émissions nous parlent* au nom du réel. *Nous mettons généralement celui-ci à plus haut prix, mais cette prétention mérite l'examen.*

La réalité et la fiction ne se mélangent généralement pas, et notre culture (comme on le voit par le cinéma ou le théâtre) repose largement sur ce rassurant partage, qu'on rattachera à la coupure sémiotique: *les acteurs jouent des personnages et non leur propre rôle ; l'espace et le temps de la fiction représentée échappent au nôtre. Les* reality shows *frappent d'incertitude cette coupure. Ces émissions tendent au direct, qui leur donne leur impact, alors que les représentations culturelles (dont le livre demeure le prototype) se déroulent nécessairement en différé. Le spectateur vit le même temps que les protagonistes, et sa participation culmine en interaction quand on le convie à entrer dans l'émission par le biais du téléphone.*

Le reality show *nous proposerait ainsi l'utopie d'une communication plus directe, ou d'une télévision capable de « changer la vie » de ses participants. On pourrait à partir de là classer rapidement ces émissions selon qu'elles remplissent ou non ce programme, depuis les récits en différé joués par des acteurs (sans mention de générique), jusqu'aux vrais protagonistes présents sur le plateau, et qui produisent en direct leur histoire. Avec* l'Amour en danger *par exemple, la représentation ou la « carte » rejoint fortement le « territoire » puisqu'on se passe d'acteurs : c'est le couple lui-même qui rejoue ses conflits (en présence de la psychanalyste Catherine Muller). Mais ces drames bien réels sont précisément répétés et scénarisés, et le temps de la diffusion n'est pas celui de l'enregistrement : le montage a transformé six heures de cafouillages conjugaux en soixante minutes de temps forts avec résolution de crise.*

C'est dans Perdu de vue *ou* Mea Culpa *que la formule du* reality show *mérite pleinement son nom : les petits films de reconstitution (joués par les protagonistes) tendent à disparaître, au profit d'un suspense d'ailleurs très classique ; le dénouement est attendu en direct et des « gens eux-mêmes » : vont-ils appeler, se parler, changer d'avis ? Ici le* show *recule, au profit d'une parole intensément dramatisée : il y a peu à voir dans* Mea Culpa *(l'émission à notre avis la plus forte), mais beaucoup à entendre quand les habitants d'une commune se confrontent sur le plateau pour parler avec leurs victimes d'une rumeur ou d'une injustice, réparée en direct au terme d'une laborieuse audition de toutes les parties.*

Une communication chaude et émotionnelle préside à ces jeux, qui court-circuitent la représentation (donc la culture) au profit d'une présence sensible. Cette économie se traduit évidemment en compressions budgétaires, et explique la propagation rapide du genre : en évacuant le scénario, le décor et les acteurs qualifiés, ces shows *coûtent 30 à 50 % moins cher qu'une fiction pour une audience bien supérieure. Le choix de la « réalité » est donc une bonne affaire dans le contexte de la guerre des chaînes. Mais ceci ne doit pas conduire à minimiser un phénomène qui accompagne et révèle toute une évolution de l'art, de la culture et de la représentation en général : le théâtre (depuis au moins Tchekhov) s'est rapproché lui aussi de la « simple vie », en rongeant la coupure sémiotique ; en art de même, plusieurs manifestations d'avant-garde (toujours accusées de « mélanger les genres ») se sont, de collages en* ready made *ou en performances, acharnées contre cette coupure pour nous montrer « les choses mêmes ». À chaque fois la représentation recule, au profit d'une équivoque présence, et d'une mise en évidence de l'objet ou de l'homme* d'en bas. *Coluche récemment s'était fait le porte-parole de cet homme – mais il n'était encore qu'un formidable imitateur. Aujourd'hui, ils sont là, en personne, sur les plateaux, et leur présence provoque un malaise.*

Passer à la télé, ce lieu capital de réalisation symbolique, semble en effet la chose du monde la moins partagée ; c'est le privilège des vedettes ou des politiques, des informateurs ou des acteurs. Le reality show *casse ce monopole : on peut y accéder non parce qu'on est connu, ou plus savant, mais parce qu'on est inquiet, malheureux ou terriblement coincé. C'est la revanche de l'homme d'en bas, celui qui ne représente que lui-même, et nous conte ses ennuis ; la revanche du cœur et de l'émotion (répètent tous ses promoteurs) contre le discours d'en haut, la langue de bois des médias, des clercs ou de l'intelligentsia. Si le* réel *se reconnaît à son effet d'irruption, les* reality shows *(au moins* l'Amour en danger, Perdu de vue *et* Mea culpa*) marquent dans la grille des programmes l'irruption d'un fait divers et d'un temps bruts, tâtonnants et mal policés, d'une parole constituante plutôt que déjà formulée.*

Dans leur forme comme dans leurs effets, ces émissions prétendent court-circuiter plusieurs institutions défaillantes : la télé s'y pose en rivale ou en substitut des recours traditionnels, de la police (Perdu de vue), *de la justice* (Mea culpa), *de la psychanalyse exercée ici avec l'accéléré du* Blitzkrieg (l'Amour en danger), *ou des professionnels du spectacle remplacés par de convaincants amateurs [...]*

Philippe Plaisance, patron de Sygma TV et coproducteur de la Nuit des héros, *a illustré cette fin d'un monopole en comparant la télévision à l'invention de Gutenberg : au début les clercs se félicitent de l'imprimerie qui va favoriser la propagation de leurs messages. Mais « les masses » peu à peu commencent à lire autrement, à écrire ou à détourner les livres, et la parole d'en haut se voit supplantée par le roman, l'esprit critique et le libertinage. De même la télé fut rêvée par ses fondateurs sur le modèle d'un cours du soir, ou d'un musée au patrimoine universel – avant de se voir détournée de mille façons, mercantiles et divertissantes. Avec le* reality show, *qui en effet mélange les genres (spectacle, document ou morale ?), il s'agit moins de transmettre un contenu que de restaurer une bonne relation (familiale, villageoise), moins d'informer sur l'état du monde que de faire appel aux gens. Donc à leur sympathie, à leur capacité d'identification et d'émotion. La « fin des grands récits » n'est nulle part plus sensible que dans ces émissions, qui expriment bien notre modernité : place au micro, au mélo, au psycho, fin du socio ou de l'intello noyés dans l'affect et la participation. Il s'agit certes de dire quelque chose, mais cette vérité (au moins dans les* shows *« haut de gamme ») est tout individuelle et fragile, elle montre une personne et elle fait quelque chose. Sa dimension de catharsis (dont les effets semblent assez réels sur les protagonistes) distingue cette parole-avec du discours-cadre, ou* sur *(par exemple de* l'Amour en France *de Karlin et Laîné où le regard médical impose parfois son interprétation aux sujets). Avec le temps réel ou émotionnel de* Perdu de vue *ou* Mea culpa, *une parole se risque, retarde le moment de juger et s'expose dans ses dérapages, ses ruptures, ses reprises de contact.*

La politique se faisant à la télévision, pourquoi le social ne serait-il pas assisté par elle ? Avec sa vulgarité et sa naïveté dénoncées par les clercs, le reality show *tend peut-être à cette utopie : faire une « télé des gens », rendue à ses usagers. Gérard Leblanc (qui aime l'audiovisuel autant que la littérature, et enseigne la communication à l'université de Paris-III) propose de voir dans ces tentatives moins la décomposition du social en spectacle, que l'ambition de régénérer la communauté. Notre démocratie a rongé plusieurs transcendances (Église, roi, élites des affaires ou de la culture), et ce nivellement progressif nous laisse face à nous-mêmes, privés de nos médiateurs traditionnels. Or le jeu social exige constamment des arbitres, de la visibilité ou de la « transparence ». La télévision est cette fenêtre-miroir où les gens sont heureux de* se *voir, et d'être ensemble à regarder les mêmes choses. Cette fête n'exige pas de grands préparatifs : en démocratie, dit Rousseau, plantez un arbre ou un piquet au centre de la foule assemblée, et vous aurez une fête !*

Aujourd'hui ce piquet s'appelle Jacques Pradel ou Laurent Cabrol, et les gens, grâce à la tendre sollicitude de ces médiateurs, jouissent de se découvrir unis, et compatissants. Le fond des messages échangés varie peu, mais remue chacun : Pourquoi nous as-tu quittés, nous qui t'aimons ? *Pourquoi me persécutez-vous ? Je t'aime, moi non plus, etc. Grandes questions partout ressassées, auxquelles l'émission n'apporte nul commentaire, mais d'abord un lieu pour les formuler, et si possible un geste de réparation ou de pardon.*

Réaliste par participation, la télévision accompagne les phénomènes plus qu'elle ne les surplombe. Elle ne triomphe pas dans l'explication ni le cours du soir, mais dans le constat, et la secousse. Ce média à tous égards de masse se veut délibérément moyen, et de relation (plutôt que d'information). On ne dira donc plus que «la télé rend con»: grâce aux retrouvailles familiales des reality shows, *nous savons désormais que la télé rend* bon.

Source: *article paru dans le dossier «Les* reality shows, *un nouvel âge télévisuel?», revue* Esprit, *janvier 1993 (avec des articles de Vincent Amiel, Pierre Chambat et Alain Ehrenberg).*

Bibliographie: *Gérard Leblanc,* Treize heures/vingt heures, le monde en suspens, *Hitzeroth, Marburg, 1987.*

L'OPTION *reality show* correspond à une évolution profonde des chaînes «tous publics», qui prétendent interagir toujours plus fortement avec la vie de ceux auxquels elles s'adressent. Elle constitue le moyen le plus performant que la télévision ait trouvé à ce jour pour simuler la réalisation de cet objectif. C'est d'ailleurs le «mélange» entre la télévision et la vie qui fait problème, bien davantage que le rapport réalité-fiction. La télévision, en tant qu'institution, affiche ici une ambition sociale majeure et qu'il faut prendre très au sérieux: établir ou rétablir la communication entre les Français, poser et résoudre leurs problèmes privés par des méthodes dont l'efficacité est immédiatement vérifiable, leur proposer des modèles positifs de comportement qui les aideront à s'orienter dans la vie. L'institution télévisuelle intervient ainsi dans l'organisation des rapports sociaux, dans le cadre d'un nouveau partage de compétences et de pouvoirs avec l'État. Là où l'État se révèle incompétent ou défaillant, la télévision intervient. Le privé devient espace public.

Il est vrai que le privé interfère souvent avec le public et que la ligne frontière est bien difficile à tracer. D'où un redoublement de précautions de la part des animateurs des émissions. «La police et la justice font très bien leur travail», affirme Jacques Pradel, mais, de fait, l'équipe de *Perdu de vue* réussit souvent là où la police avait échoué – retrouver un père, un enfant, voire un emploi ou un amour disparu. L'objectif de *Mea Culpa,* d'après les concepteurs de l'émission, est de «corriger des injustices sur lesquelles la justice ne peut plus rien», même lorsqu'elle a jugé qu'il y avait non-lieu (un non-lieu ne fait pas taire une rumeur). Ainsi la télévision peut aider le téléspectateur en relayant l'État dans certaines de ses fonctions et en intervenant là où il n'a pas vocation d'intervenir, par exemple, dans les dysfonctionnements du couple. À l'opposé, on trouve quelques scénarios institutionnels où police et justice se mettent en valeur. *État de choc* reconstitue des affaires qui se sont bien terminées du point de vue institutionnel, où les coupables ont été arrêtés, jugés, emprisonnés. Mais ces scénarios sont nettement minoritaires.

Cette ambition sociale se double d'une autre ambition, tout aussi importante: programmer la substitution de la télévision au cinéma. Les *reality shows* intègrent à leurs reconstitutions certains codes hérités du cinéma et proposent, en temps réel et en direct, ce que le cinéma n'avait pu qu'offrir à l'imagination: le *happy ending*. Ce que le cinéma projetait sur l'écran, la télévision le réalise dans la vie. La scénarisation consiste précisément à assurer, selon diverses modalités, le passage-relais entre le cinéma (identifié le plus souvent aux reconstitutions) et la télévision (l'espace plateau où le bonheur est enfin accessible).

Pour retrouver le bonheur qu'ils avaient perdu, les héros des *reality shows* doivent absolument sortir du cinéma, qui n'est autre que la forme indéfiniment répétée du cauchemar. La plupart des reconstitutions se structurent autour de chocs affectifs et se réduisent à une tentative de restitution de ces affects : accidents, assassinats, séparations et ruptures en suspens, etc. Aux affects les plus traumatisants, aux conflits apparemment les plus insolubles, la télévision offre sur un plateau un lieu d'expression et de résolution.

On connaissait la télévision dans le personnage déjà ancien de « marchande de bonheur » (publicité et jeux télévisés). Mais le commerce du bonheur, associé au plaisir de consommer, ne lui suffisait décidément pas. Pour demeurer crédible et porteuse de comportements d'achat, la vision publicitaire du monde se devait d'intégrer les risques et les aléas de la vie humaine, en pratiquant un marketing des nouvelles valeurs. Il lui fallait mettre en scène des braves gens auxquels arrive un malheur sans qu'ils en soient aucunement responsables. Il lui fallait représenter une France profonde, pétrie de bons sentiments, héroïque sans le savoir. Bref, il lui fallait faire retour à l'ancestrale sagesse populaire qui dit que l'argent ne fait pas le bonheur. Il lui fallait prendre en compte le fait que la société produit du malheur et que la télévision peut produire du bonheur, ou du moins en simuler la production. C'est fait.

Pour assurer le passage du cinéma-enfer au plateau-paradis, les concepteurs des émissions ont pris soin de choisir des animateurs qui ressemblent au commun des téléspectateurs (Laurent Cabrol – *la Nuit des héros* – et Jacques Pradel – *Perdu de vue* et *l'Amour en danger* – sont les plus représentatifs). Visage marqué par les épreuves de la vie, gentils, souriants, sympathiques, accueillants et sensibles, on peut leur faire pleinement confiance pour accueillir nos souffrances et panser nos plaies. Ils sont d'emblée de plain-pied avec nous et nous pourrions être à leur place. C'est pourquoi ils peuvent s'adresser à nous dans le registre de l'intime et du privé, sans distance ni cérémonie. La composition de leur personnage doit leur permettre de faire sauter les médiations entre les ressorts classiques de la fiction et le réel que la télévision prend en charge.

Familles

Dans sa tentative de relayer le cinéma comme spectacle populaire, la télévision s'efforce de faire coïncider ses scénarios avec les accidents de la vie familiale, la famille constituant l'unité de base du public du spectacle cinématographique. La télévision prétend ainsi rejoindre et dépasser le cinéma. La mise en scène de l'interactivité est interne à la scénarisation. Le public devient l'acteur virtuel des scénarios qui lui sont proposés. Il n'y a plus de séparation entre la scène et la salle (salle à manger ou living). Il n'y a plus de projection-identification qu'en termes de reconnaissance des situations vécues. Les animateurs insistent d'ailleurs sur la fréquence statistique des événements perturbateurs (accidents domestiques ou accidents de la route). Nous aurions pu vivre ce qui a été vécu par d'autres, nous pourrions le vivre si, par bonheur, nous ne l'avons pas encore vécu. Nous sommes en train de le vivre, même si nous savons déjà que tout cela n'était que du mauvais cinéma, dont la télévision va nous permettre de sortir par le *happy ending*. Nous lui en sommes reconnaissants.

Chaque *reality show* se réfère à un modèle familial implicite et le fait fonctionner dans des conditions qui varient d'une émission à l'autre. Dans *la Nuit des héros*, le modèle de référence est celui de la grande famille, toutes générations confondues. La grande famille est unie et elle vivrait une vie heureuse et sans histoire si l'accident ne s'en mêlait pas. L'émission tire la majorité de ses scénarios d'accidents survenus aux maillons les plus faibles de la grande famille : les enfants et les vieillards. L'enfant est placé soit en situation de victime, soit en situation de sauveteur[1] [...].

Le modèle familial de référence est identique dans *Perdu de vue*, mais la grande famille est ici dispersée, menacée d'éclatement par ses propres divisions internes. Situation typique : un père a abandonné le foyer conjugal il y a dix, vingt, trente ans ou plus, et ne l'a jamais réintégré. Le fils ou la fille a entrepris des recherches, avec l'aide de la police. En vain. C'est alors que l'équipe de *Perdu de vue* le retrouve. Le grand-père apparaît sur le petit écran, tout heureux d'avoir été ainsi débusqué dans sa retraite. Voici maintenant la scène des retrouvailles en direct.

Réduite au couple parents-enfants, la famille n'en est pas moins menacée par plusieurs dangers, à commencer par le banalement statistique accident de la route. À la différence des accidents scénarisés dans *la Nuit des héros*, ceux de *La vie continue* laissent des traces. Le *happy ending* ne porte pas sur l'accident lui-même mais sur ses suites. Un accident de la route peut vous laisser paralysé sur le carreau sans que le goût de vivre vous abandonne. Quel exemple positif pour un téléspectateur qu'une simple hémiplégie pourrait décourager ! La famille peut être aussi en butte à la rumeur publique, suite à une situation dont elle n'est pas responsable ou à une mauvaise action qu'elle n'a pas commise. Là encore une équipe de télévision, celle de *Mea culpa*, rétablit la communication entre la famille et la communauté. Voici enfin la famille réduite à sa plus simple expression, celle du couple, généralement jeune et sans enfant. La communication est rompue, le divorce menace. Aidée par les conseils éclairés d'une psychanalyste, Catherine Muller, l'équipe de *l'Amour en danger* s'efforce de faire comprendre au couple comment il en est arrivé là et lui fait des propositions propres à résoudre son problème.

La reconstitution des faits et des affects

Même si elle ne s'insère pas toujours dans une enquête judiciaire ou parajudiciaire, il faut entendre ici le terme de « reconstitution » dans son sens juridique. Pour être partagé par les téléspectateurs, le récit de l'accident, du crime, doit sembler se conformer à la réalité factuelle. Il est d'ailleurs fait appel aux protagonistes, aux témoins qui, souvent, sont invités à jouer leur propre rôle. Dans certaines reconstitutions, protagonistes et témoins délèguent tout ou partie de leur pouvoir de représentation à des acteurs, mais leur présence sur le plateau a, entre autres fonctions, celle de garantir l'authenticité du récit et du jeu. La scénarisation interne à la reconstitution, fondée sur une enquête journalistique qui ne se confond pas avec une enquête judiciaire (elle n'est pas soumise à la recherche de la vérité dans les faits), obéit à certaines règles de construction dramatique qui l'éloignent fréquemment de la vérité factuelle[2]. Pour les téléspectateurs, le monde de référence de la reconstitution est bien le monde réel et tout manquement à la vérité factuelle, s'il était dévoilé, serait ressenti comme un mensonge qui discréditerait la reconstitution et l'émission tout entière.[...]

1. Situation typique : un enfant sauve des flammes une grand-mère impotente. Le fil des générations en sort maintenu et renforcé.
2. Il arrive que cela se plaide devant les tribunaux (cf., par exemple, le procès intenté à Antenne 2 et à la société de production Sygma TV- Plaisance pour une reconstitution réalisée en 1991 dans *la Nuit des héros*). Il est alors savoureux d'entendre les accusés invoquer les droits « du travail de création artistique ». Pareil argument peut être utilisé devant un tribunal, sans doute, mais il ne saurait l'être devant les téléspectateurs qui s'impliquent dans le fonctionnement de l'émission.

Pour faire « vécu », il faut faire « amateur » au niveau du filmage. N'importe quel téléspectateur équipé d'un Caméscope pourrait en faire autant. Les reconstitutions n'en obéissent pas moins à de très vieux schémas dramatiques. Elles s'articulent rituellement en deux temps autour du drame : l'avant et l'après. Le temps de l'avant comporte de nombreux effets d'annonce : fausses pistes, fausses alertes, soulignées musicalement. Images d'éveil à la peur, mise en condition du téléspectateur. Le pied glisse sur le talus mais le vieil homme handicapé ne tombera pas dans l'eau glacée où il risque de se noyer. Pas cette fois, pas encore. Le jouet téléguidé de l'enfant est écrasé sur la route, signe annonciateur de plus graves catastrophes. On attend l'accident et l'accident finit par arriver. Le temps de l'après est aussi dilaté que celui de l'avant et repose sur le vieux principe du montage alterné (victime/sauveteur) avec à la clef, un sauvetage à la dernière minute, effectué le plus souvent par les pompiers. Entre-temps nous serons passés par plusieurs phases d'espoir et de crainte. Le sauvetage aura bien lieu, nous le savons, mais il faut que nous en doutions jusqu'au dernier instant.

Le suspens du récit reçoit un double soutien dramatique : une musique, tantôt aux allures de sonnerie d'alarme (temps de l'avant), tantôt de sirène d'ambulance (temps de l'après) ; la voix documentaire d'un narrateur qui souffle le chaud et le froid et distribue judicieusement les informations-émotions. Cette voix omnisciente, dans sa neutralité même, mime le caractère objectif du Destin. Enfin le récit combine les scènes reconstituées avec des témoignages filmés sur le mode du reportage, témoignages de ceux-là mêmes qui sont invités à jouer leur propre rôle dans les scènes reconstituées. Dans ce chevauchement de temporalités se jouent la place et le rôle de l'affect. Les « témoins » parlent du passé à partir du présent, mais la reconstitution rend le passé plus actuel que leur témoignage pourtant postérieur. Ils ne peuvent que répéter ce qu'ils ont vu ce jour-là, ce qu'ils ont fait ou voulu faire.

Les voici maintenant sur le plateau, où ils viennent d'assister avec nous, sur grand écran, à la reconstitution de l'événement dont ils furent les héros. L'affect a reflué loin d'eux. « Qu'avez-vous fait ? Que s'est-il passé ? », demande Laurent Cabrol. Ils ne savent pas quoi dire, rougissent, la parole dérape. « Je suis incapable de décrire l'état dans lequel je me trouvais », dit l'un d'eux. Ils sont déjà retournés à la vie anonyme, muette et sans histoire dont la télévision les avait tirés. Leur présence sur le plateau n'a pas de rôle informatif. Ils sont là pour authentifier la reconstitution et pour recueillir des récompenses, dont certaines sont offertes par des entreprises[1]. Compliments, gratifications, remise des prix, comme à la fin d'une bonne année scolaire. « On a sauvé une vie, je suis fière de moi », dit une jeune fille. « Vous pouvez être fier de vous », ne cesse de répéter l'émission au téléspectateur anonyme, nouvelle version de la célèbre émission radiophonique de Pierre Bellemare, *Vous êtes formidables*. La télévision est formidable parce que vous êtes formidables... Mieux vaut toutefois ne pas tenter le sort. Mieux vaut éviter l'implosion d'un téléviseur qui pourrait mettre votre maison en feu. Un responsable technique expose les mesures de sécurité à prendre.

Le plateau comme espace public

Dans *l'Amour en danger*, la reconstitution a une tout autre fonction qui l'éloigne du modèle cinématographique. Assisté par la psychanalyste Catherine Muller, un couple est invité à jouer des situations qu'il a vécues. La reconstitution a ici une fonction thérapeutique. Il

1. Ainsi Mabel France reconstitue pour l'enfant-héros le parc de jouets qui avait brûlé dans l'incendie où avait failli périr sa grand-mère.

s'agit de placer les protagonistes en position d'observateurs de leur propre comportement pour favoriser une prise de conscience critique. *Mea culpa* fait bien encore appel au cinéma mais ce n'est plus en termes de reconstitution. Inséré en début d'émission, un court film, faiblement dramatisé, a pour fonction de «rappeler les faits» et quelques témoignages extérieurs au plateau sont également insérés en cours d'émission. Bien que porteur d'une mémoire des faits qui se veut «objective», son rôle consiste essentiellement à montrer que la situation est bloquée et que seuls les moyens de la télévision, déployés sur le plateau, permettront d'avancer.

Dans *Perdu de vue*, le cinéma n'a plus aucune existence, même à l'état de vestige. Ici, pas de reconstitution mais, pourrait-on dire, des *constitutions*. Tout se passe sur le plateau, au présent et en direct. L'émission tout entière repose sur une interactivité généralisée et oscille en permanence entre une scénarisation du futur (l'événement va avoir lieu car il est programmé) et une scénarisation de l'hypothétique (l'événement n'aura peut-être pas lieu et, s'il a lieu, on ignore la forme qu'il va prendre). Nouvelle version, télévisuelle, du «je sais bien mais quand même» cher au spectateur de cinéma. «Je vous étonne si je vous dis que je l'ai retrouvé?», demande Jacques Pradel à Gérard, au sujet de son père disparu il y a 36 ans, et dont la police n'avait pu retrouver la trace (rubrique «Pères disparus»). Gérard et le téléspectateur savent bien que le père indélicat va réapparaître (sinon il n'y aurait pas de rubrique), mais qui sait? «Il nous regarde peut-être ce soir», dit le même Pradel à Eugénette, 74 ans, qui rêve de retrouver René, un amour évanoui il y a 34 ans. Gros plan insistant sur le téléphone. René va-t-il appeler Eugénette? Bien sûr que oui! Mais il faut que nous en doutions un peu pour que le suspens fonctionne (rubrique «Le cri»).

La scénarisation préparatoire au direct de plateau joue sur un imprévisible programmé dans ses moindres détails. Va-t-on retrouver la trace de Corinne, 17 ans, en fugue depuis un an? Dans l'attente d'éventuels appels téléphoniques qui ne manqueront pas de se manifester en cours d'émission, ses parents espèrent et souffrent sur le plateau (rubrique «Enfants disparus»). L'équipe de *Perdu de vue* a retrouvé le père de Gérard, mais Pradel fera monter la pression avant de nous le faire enfin découvrir. Le grand moment arrive enfin, que l'animateur ne manque pas de souligner par un «c'est une émotion très forte». Cette femme abandonnée par son mari avec leurs deux enfants retrouvera-t-elle un travail et un toit? Il faudra attendre de longues minutes pour qu'Isabelle, depuis SVP, nous rassure. *Perdu de vue* réussit là où l'ANPE aurait peut-être échoué: les propositions affluent (rubrique «J'ai tout perdu»). Les différentes rubriques s'entrecroisent au gré des appels et l'impression de direct en sort renforcée. Il est des moments de l'émission où Pradel n'arrive plus à faire face: trop d'appels ont lieu simultanément et l'animateur doit jongler avec eux. C'est le point dramatiquement culminant de l'émission, son *climax*[1].

La difficulté relationnelle trouve sa traduction matérielle dans une communication techniquement difficile à établir. L'image du père de Gérard apparaît puis disparaît (il y a des coupures liées, nous dit-on, à des «problèmes de courant»). Comme si le téléspectateur devait encore douter du rétablissement de la relation entre le père et le fils. Heureusement, nous rassure Pradel quelques instants plus tard, «on me fait signe que la liaison avec Andorre est rétablie». Pas si bien rétablie que ça, à ce qu'il semble, car, après un «est-ce

1. Comme dans *la Nuit des héros*, les entreprises sont ici aussi de la fête et font la démonstration de leur grande sensibilité aux détresses humaines. Jacques Séguéla intervient en direct pour proposer une participation des publicitaires à la recherche des enfants disparus. Pourquoi pas une campagne d'affiches?

que tu me pardonnes ? », le père ajoute « je vous entends très mal ». « Ça mérite que vous en parliez tranquillement au téléphone, en privé », conclut Pradel.

Le double jeu d'équilibre et de bascule consiste à tirer le privé vers le public, puis le public vers le privé, quand l'émotion sollicitée est déclarée trop forte. La télévision a offert à Gérard un cadeau inespéré mais, pudique, ne veut pas pousser trop loin son avantage. René appelle Eugénette, mais la caméra se déplace après les premiers échanges. C'est Eugénette, si elle y consent, qui viendra lui faire le récit des déclarations de René. Produire du bonheur suffit au bonheur de la télévision.

De l'opacité à la transparence

La grande famille de *la Nuit des héros* est unie et son unité n'est menacée que par des dangers d'ordre principalement domestiques. Elle ne connaît pas le conflit. La grande famille de *Perdu de vue* est dispersée et pour la reconstituer, il est inévitable d'aborder les contradictions qui l'ont divisée. [...] L'unité de la famille doit être restaurée, comme il est naturel, en dépit des contradictions qui la traversent.

L'Amour en danger et *Mea culpa* proposent au contraire de résoudre des conflits, au nom d'un savoir constitué (la seule prétention de ces émissions à démonter les rouages des comportements conduit les programmateurs à les placer en fin de grille). Il s'agit cette fois de comprendre les déterminations exactes qui ont désuni un couple, le développement d'une rumeur villageoise à l'encontre d'innocents. Les termes du conflit sont posés, exposés, débattus, démontés, résolus. Le procès de connaissance mis en scène par les deux émissions prétend nous faire passer de l'opacité à la transparence. Il faudrait parler de mise en lumière. Ici la télévision ne se contente pas de distribuer des récompenses (*la Nuit des héros*) ou de rétablir la communication entre les membres de la famille éclatée (*Perdu de vue*), elle guérit, résout des problèmes, et cela en direct, le temps que dure l'émission. Les concepteurs jouent sur la résorption de la scénarisation et du montage dans *l'impression* de direct, comme si l'on ne pouvait offrir au téléspectateur – encore un cadeau – que les meilleurs moments dans les différentes étapes de la résolution d'une crise. Pas question de présenter des échecs ou des situations dont on ne verrait pas qu'elles pourraient déboucher sur une réussite. La télévision se révèle alors capable de soigner et de guérir les rapports interindividuels comme les rapports sociaux. Et la télévision qui soigne et guérit est une télévision qui gagne. Sans doute les animateurs prennent-ils quelques précautions avec le réel, comme d'autres en avaient pris pour ménager l'État défaillant. Il est conseillé aux couples de *l'Amour en danger* de consulter un spécialiste après l'émission. Mais cette précaution oratoire ne trompe personne. L'essentiel est fait, la situation est débloquée, les verrous ont sauté. Les couples ont enfin compris, grâce à la télévision, le fond inconscient de leurs désaccords. Ils sont sauvés. On n'est pas du tout certain qu'il leur soit nécessaire de consulter un spécialiste. Peut-être même auraient-ils des choses à lui apprendre. Jamais, au cours de l'histoire de la télévision, la notion de « service » n'avait pris un sens aussi fort.

L'Amour en danger fait appel au savoir psychanalytique mais il sort métamorphosé de son passage à la télévision. Il devient un objet magique dans les mains de la fée Télévision, capable d'ouvrir très vite et sans effort les serrures les plus compliquées. Ce savoir affronterait-il des obstacles et les exposerait-il, il deviendrait lui-même un obstacle. En fait, tout savoir est jugé défaillant quand il se révèle incapable de résoudre immédiatement un problème. La police, la justice, l'ANPE, d'autres institutions encore, « font très bien leur travail » mais la télévision le fait encore mieux.

Au terme de son émission, l'animateur de *Mea culpa* fait montre de la même prudence que celui de *l'Amour en danger*. « La communication doit se rétablir, vous vous êtes parlé. » *Mea culpa* s'attache en effet à démonter des cas d'exclusion qui reposent sur des rumeurs apparemment infondées. Le démontage a lieu en direct et en présence de toutes les parties, calomniateurs inclus. Il s'agit de rapprocher des points de vue qui paraissaient définitivement antinomiques. La force de l'émission réside tout entière dans sa tentative d'échapper aux vieux scénarios manichéens. Il n'y a pas de fumée sans feu et les accusateurs ne sont pas forcément de mauvaises gens, mais des gens qui, parmi beaucoup de mauvaises, avaient quelques bonnes raisons d'en soupçonner d'autres. Certains comportements des innocents pouvaient en effet donner prise à la rumeur.

Un dépassement de la fiction ?

Avec les *reality shows*, la télévision signifie qu'elle n'a plus besoin de la fiction puisqu'elle se révèle capable d'agir sur le réel, avec la participation de ceux qui sont directement concernés et qui pourraient être chacun d'entre nous. C'est une « télévision des téléspectateurs » qui, comme le dit Pascale Breugnot, « veulent faire les choses et non les regarder faire[1] ». Elle leur propose un voir-agir et non plus un voir-évasion. Elle fait descendre le *happy ending* du ciel cinématographique à la terre télévisuelle. Mais pour réaliser cette opération, elle prend ses aises avec le réel. Elle en écarte tout ce qui pourrait s'opposer à la solution des problèmes qu'elle pose. C'est la recherche d'une « fin heureuse » qui détermine le choix des situations ainsi que les modalités de leur traitement. Avec le direct, elle simule une prise de risque qui n'existe pas.

Elle implique le téléspectateur en s'appuyant sur des mécanismes dramatiques maintes fois éprouvés dans l'ordre de la fiction, dont le principal consiste à retarder la satisfaction de son désir pour mieux l'aiguiser, en présentant comme imprévisible et aléatoire ce qui est programmé.

Rien n'a donc fondamentalement changé avec les *reality shows*, sinon qu'ils renforcent le désir, faute de l'avoir satisfait, d'une ouverture sur un réel qui ne serait pas *joué* d'avance.

1. *L'Événement du jeudi*, 12 mars 1992.

BIBLIOGRAPHIE COMPLÉMENTAIRE

Sémiotique et pragmatique

KARL-OTTO APEL, *Sur le problème d'une fondation rationnelle de l'éthique à l'âge de la science : l'a priori de la communauté communicationnelle et les fondements de l'éthique,* Presses universitaires de Lille, 1987; «L'éthique de la discussion: sa portée, ses limites», dans *l'Univers philosophique,* pp. 154-165, PUF, Paris, 1989.
FRANÇOISE ARMENGAUD, la Pragmatique, PUF, coll. «Que sais-je?», Paris, 1985.
ROGER BAUTIER, *Rhétorique et logique dans le champ de la communication,* dossier d'habilitation, 2 vol., exemplaire dactylographié, Grenoble, 1993.
ALAIN BERRENDONNER, *Éléments de pragmatique linguistique,* Minuit, Paris, 1981.
DANIEL BOUGNOUX, *Vices et vertus des cercles,* La Découverte, Paris, 1989.
OSWALD DUCROT, *les Échelles argumentatives,* Minuit, Paris, 1980; *le Dire et le dit,* Minuit, Paris, 1984.
FRANÇOIS FLAHAULT, *la Parole intermédiaire,* préface de Roland Barthes, Le Seuil, Paris, 1978.
ERVING GOFFMAN, *la Mise en scène de la vie quotidienne,* 2 volumes, Minuit, Paris, 1973; *Façons de parler,* Minuit, 1987; *les Cadres de l'expérience,* Minuit, Paris, 1991.
JÜRGEN HABERMAS, *Morale et communication, conscience morale et activité communicationnelle,* Fayard, Paris, 1983.
EDWARD T. HALL, *le Langage silencieux,* Le Seuil, Paris, 1986; *Au-delà de la culture,* Le Seuil, Paris, 1987.
FRANCIS JACQUES, *Différence et subjectivité,* Aubier Montaigne, Paris, 1982; *l'Espace logique de l'interlocution,* Presses universitaires de France, Paris, 1985.
JOSETTE REY-DEBOVE, *le Métalangage,* Le Robert, Paris, 1978.
JEAN-MARIE SCHAEFFER, *l'Image précaire,* Le Seuil, Paris, 1987.

Psychanalyse et communications de masse

DIDIER ANZIEU, *le Groupe et l'inconscient,* Dunod, Paris, 1975.
MARIE BALMARY, *la Divine Origine,* Grasset, Paris, 1993.
DANIEL BOUGNOUX, *le Fantôme de la psychanalyse ; Critique de l'archéologie freudienne,* Ombres-Presses universitaires du Mirail, Toulouse, 1991.
CORNÉLIUS CASTORIADIS, *l'Institution imaginaire de la société,* Le Seuil, Paris, 1975.
BORIS CYRULNIK, *Sous le signe du lien, une histoire naturelle de l'attachement,* Hachette, Paris, 1989.

MICHEL DE CERTEAU, *la Possession de Loudun,* Gallimard, Paris, 1980.
EUGÈNE ENRIQUEZ, *De la horde à l'État,* Gallimard, Paris, 1983.
PIERRE KAUFMANN, *Psychanalyse et théorie de la culture,* Denoël, Paris, 1975; *l'Inconscient du politique,* Denoël, Paris, 1979.
PIERRE LEGENDRE, *l'Amour du censeur,* Le Seuil, Paris, 1974; *le Crime du caporal Lortie,* Fayard, Paris, 1989
SERGE MOSCOVICI, *l'Âge des foules,* Fayard, Paris, 1981; *la Machine à faire des dieux,* Fayard, Paris, 1988.

Cybernétique et nouveaux paradigmes

MARIO BORILLO, *Informatique pour les sciences de l'homme, Limites de la formalisation du raisonnement,* Mardaga, Liège, 1985.
JEAN-PIERRE CHANGEUX, *l'Homme neuronal,* Fayard, Paris, 1983.
MICHEL CROZIER et ERHARD FRIEDBERG, *l'Acteur et le système,* Le Seuil, Paris, 1981.
JACQUES HOCHMANN, MARC JEANNEROD, *Esprit, où es-tu? Psychanalyse et neurosciences,* Odile Jacob, Paris, 1991
GUITTA PESSIS-PASTERNAK, *Faut-il brûler Descartes?,* La Découverte, Paris, 1991.
JOËL DE ROSNAY, *le Macroscope,* Le Seuil, Paris, 1975.
JUDITH SCHLANGER et ISABELLE STENGERS, *les Concepts scientifiques: invention et pouvoir,* Gallimard, Paris, 1991.
LUCIEN SFEZ, *Critique de la communication,* Le Seuil, Paris, 1988.
RAYMOND SMULLYAN, *Quel est le titre de ce livre?,* Dunod, Paris, 1981.
FRANCISCO VARELA, *Connaître: les sciences cognitives, tendances et progrès,* Le Seuil, Paris, 1989.

Culture, médias, opinion publique

PAUL BEAUD, *la Société de connivence: médias, médiations et classes sociales,* Aubier, Paris, 1984.
CATHERINE BERTHO: *Télégraphes et téléphones,* Le Livre de Poche, Paris, 1981.
MAURICE BLANCHOT, *la Communauté inavouable,* Minuit, Paris, 1984.
FABRICE CARLIER, *Démocratie et sondages d'opinion,* La Documentation française, Paris, 1991.
JEAN CAUNE, *la Culture en action, de Vilar à Lang: le sens perdu,* Presses universitaires de Grenoble, 1992.
ROLAND CAYROL, la Nouvelle communication politique, Larousse, Paris, 1986.
MICHEL DE CERTEAU, *Inventions du quotidien, 1: les Arts de faire,* UGE, Paris, 1980; *la Culture au pluriel,* Christian Bourgois, Paris, 1980.
PIERRE CHAMBAT et PIERRE LÉVY, *les Nouveaux Outils du savoir,* textes collectifs université d'été, (sous la direction de), Association et éditions Descartes, Paris, 1992.
PATRICK CHAMPAGNE, *Faire l'opinion,* Minuit, Paris, 1990.
FRANÇOIS DAGOGNET, *Philosophie de l'image,* Vrin, Paris, 1984.
JACQUES ELLUL, *Histoire de la propagande,* PUF, coll. «Que sais-je?», Paris, 1967.
«Éthique de la communication publique et de l'information», *Cahiers de recherche éthique,* numéro 17, Rimouski, Québec, 1992 (articles de Gilles Gauthier et Lise Boily).
THOMAS FERENCZI, Défense du consensus, Flammarion, Paris, 1989.

PATRICE FLICHY, *les Industries de l'imaginaire,* PUG, Grenoble, 1980; *Une histoire de la communication moderne, espace public et vie privée,* La Découverte, Paris, 1991.
IGNACE GELB, *Pour une théorie de l'écriture,* Flammarion, Paris, 1973.
PASCAL GRISET, *les Révolutions de la communication, XIXe-XXe siècles,* Hachette, Paris, 1991.
RICHARD HOGGART, *la Culture du pauvre,* Minuit, Paris, 1970.
GILBERT HOTTOIS, *Du sens commun à la société de communication,* Vrin, Paris, 1989.
FRANÇOIS JOST, *Un monde à notre image, énonciation, cinéma, télévision,* Méridiens Klincksieck, Paris, 1993.
YVES DE LA HAYE, *Dissonances: critique de la communication,* La Pensée sauvage, Grenoble, 1984.
BERNARD LAMIZET, *les Lieux de la communication,* Mardaga, Liège, 1992.
ROGER LAUFER (sous la direction de), *le Texte en mouvement,* Presses universitaires de Vincennes, 1988; R. LAUFER et DOMENICO SCAVERRA, *Texte, hypertexte, hypermedia,* PUF, «Que sais-je?», Paris, 1992.
DAVID LE BRETON, *Anthropologie du corps et modernité,* PUF, Paris, 2e édition, 1992.
JEAN-LUC MICHEL, *la Distanciation, essai sur la société médiatique,* L'Harmattan, Paris, 1992.
ABRAHAM MOLES, *Sociodynamique de la culture,* Mouton, Paris, 1967.
MICHAEL PALMER, *Des petits journaux aux grandes agences: naissance du journalisme,* Aubier Montaigne, Paris, 1983.
JACQUES PERRIAULT, *Mémoires de l'ombre et du son, une archéologie de l'audiovisuel,* Flammarion, 1981; *la Logique de l'usage: essai sur les machines à communiquer,* Flammarion, Paris, 1989.
PHILIPPE QUÉAU, *Éloge de la simulation,* Champ Vallon, Seyssell 1986; *le Virtuel, vertus et vertiges,* Champ Vallon, Seyssell, 1993.
LOUIS QUÉRÉ, *Des miroirs équivoques,* Aubier Montaigne, Paris, 1982.
ISABELLE RIEUSSET-LEMARIÉ, *Une fin de siècle épidémique,* Actes Sud, Arles, 1992.
DANIEL SIBONY, *Entre dire et faire, penser la technique,* Grasset, Paris, 1989.
LUCIEN SFEZ, Dictionnaire de la communication, sous la direction de, Presses universitaires de France, 2 vol., Paris, 1993.
PAUL VIRILIO, *la Machine de vision,* Galilée, Paris, 1988; *l'Inertie polaire,* Christian Bourgois, Paris, 1990.

Aubin Imprimeur
LIGUGÉ, POITIERS

Photocomposition SHUTTER, Bruxelles
Dépôt légal octobre 1993
N° de série éditeur 17620
N° d'imprimeur L 43603
Imprimé en France
(Printed in France) - 741010 - octobre 1993